谨以此书

献给绵延不绝的华夏文明

献给历史、天空和湖湘大地

献给淹没在时间深处的志士仁人

湖南省作家协会"湖湘历史文化名人长篇小说"创作工程项目

四卷本长篇历史小说

王船山

卷一

残局

聂茂 —— 著

团结出版社
UNITY PRESS

图书在版编目（CIP）数据

王船山 / 聂茂著 . -- 北京 : 团结出版社，2024.6
ISBN 978-7-5234-0509-3

Ⅰ.①王… Ⅱ.①聂… Ⅲ.①王夫之（1619-1692）
－生平事迹 Ⅳ.①B249.2

中国国家版本馆 CIP 数据核字（2023）第 197126 号

出　版：团结出版社
　　　　（北京市东城区东皇城根南街 84 号　邮编：100006）
电　话：（010）65228880　65244790（出版社）
　　　　（010）65238766　85113874　65133603（发行部）
　　　　（010）65133603（邮购）
网　址：http://www.tjpress.com
E-mail：zb65244790@vip.163.com
　　　　tjcbsfxb@163.com（发行部邮购）
经　销：全国新华书店
印　装：三河市东方印刷有限公司

开　本：163mm×230mm　16 开
印　张：89.25
字　数：1074 千字
版　次：2024 年 6 月　第 1 版
印　次：2024 年 6 月　第 1 次印刷

书　号：978-7-5234-0509-3
定　价：258.00 元（全四卷）

卷一　残局

目 录
contents

第一章　生于乱世

一

"经年浮名总负以，半生冷暖随风去。"

王朝聘给好友章梁留下这一行文字，掷笔，起身，抖一抖衣襟，长舒一口气，然后缓缓走出低矮灰白的屋檐，疲惫不堪地爬上马车。

"驾！——"的一声，马车向着南方，车轮溅起碎泥，丁丁零零，驶进了残根断枝的泥泞途中。

其时，夕阳西下，京城苍茫，黄沙弥漫。一只滴血的老鹰飞在半空中，稀薄的影子无声地落入孤寂的山峦……

这是万历四十七年（公元 1619 年）初秋。华夏大地正沐浴大明王朝最后的余晖。作为大明王朝的回光返照，万历朝初期，在首辅张居正等名臣良将的辅助下，实现了中兴之治，一时国强民富。

然而，好景不长，随着一批名臣良将相继辞世，万历皇帝好大喜功，看不到忠诚，听不进良言，大明开始走向混乱，日益衰败。此前一年，努尔哈赤发布了征讨大明王朝的"七大恨檄文"。万历皇帝一脸鄙夷，斥之为"不自量力"。满朝文武百官也认为努尔哈赤乃一介狂徒，不足为虑。皇权与诸侯矛盾迭起，张居正推动的一系列改革也被否定和废弃。不仅如此，魂归西天的张居正还被万历皇帝钦定为"诬蔑亲藩、钳制言官、蔽塞朕聪、专权乱政、罔上负恩、谋国不忠"之滔天大罪，剥夺其生前一切封号。朝堂之上，奸臣当道，党争不断，政治腐朽，官员浮夸，东林人士纷纷获罪，正直者寒心求自保，敢怒不敢言。朝堂之下，暴民横行，道德沦丧，械斗频发，民不聊生。

残局已定，荣光不再。这不是一个王朝的残局，而是每一个人的残局。在危机四伏、大厦将倾的乱世风云中，南方的衡州岂能独处局外？历史的巨浪正以自己独有的方式扑面而来，裹挟着每一个人。风声，雨声，声声急。只是，身处"残局"中的人大都无法意识到现实的残酷。

"微阳下乔木，远色隐秋山。"这不，衡山脚下的王衙坪，天高云淡，风平浪静，看不出半点别样的端倪。

很久没有落下雨滴，风也跑得无影无踪，地面变得有些闷热。一个七八岁的小孩蹲在路边，一边堆着一摊泥巴，一边逗着两只蝌蚪，很入神地玩着。他叫王参之，衣上沾有泥巴，脸上布满汗渍。

"参弟，我叫你几遍都没听见吗？"

突然，一双手从背后伸来，大声道："父亲大人回来了。瞧你这个样子，父亲大人一定会生气的。到时我也脱不了干系。"

来者叫王介之，他是王参之的哥哥。他一说完，立即抓起王参之的手，快速走向一座土砖瓦房的灰白小院。显然，父亲回来，让王氏兄弟感到有些紧张。

远远地，王参之就看见一个温文尔雅却颇具威严的男子立在门旁，他头上戴着布帽，身穿一袭轻薄长袍，脚蹬一双黑色布靴，眉宇间闪过一丝凝重。王参之快速上前，叫了一声"父亲大人"。

"看你一身泥巴，又在外面玩野了？"果然，父亲王朝聘皱了皱眉，道："我出门这么长时间，你们的学业荒废没有？"他一边说着，一边从身上摸出两块果脯，一人一块。"两个都给我坐下。"

王朝聘自己仍然站着，他对王介之道："介儿，你且背一下《春秋》之《隐公六年》吧。"

王介之便小声背道："春，郑人来渝平。夏五月辛酉，公会齐侯盟于艾。"背到此处，王介之突然卡住，一脸涨红，讪讪地看着父亲。

王朝聘抿了一下嘴唇，没有吱声，眼睛转向王参之。

王参之立即背道："秋七月。冬，宋人取长葛。"

王朝聘点点头，又问："'春正月，公狩于郎。夏，天王使宰渠伯纠来聘。'此为何年之事？"

王介之与王参之异口同声道："桓公四年。"

王朝聘接着道："'王者之迹熄而《诗》亡，《诗》亡然后《春秋》作。晋之《乘》、楚之《梼杌》、鲁之《春秋》，一也。'此为谁之言？"

王参之抢着说道："孟轲所言。"

王介之补上一句："孟子尚有一言：《春秋》，天子之事也'。"

"孔子自谓曰：'知我者，其惟《春秋》乎！罪我者，其惟《春秋》乎！'古往今来，凡有为者，不因知我罪我而停之，亦不因利我害我而趋之。心地澄明，从容淡定，方为境界。"说到这里，王朝聘突然打住，仿佛意识到自己也无法拥有如此"澄明"之境界，下意识地咧咧嘴。然后他朝后房瞥了一眼，见无动静，又回头注视二子，面露慈祥之色，思索片刻后，道:《春秋》微言大义，字字珠玑。我让你们日日温习，时时揣摩，明真义，积厚德，此乃为父之苦心。你们每每背诵，时时释义，如细雨入心，若日后有成，必有此功也。"

王介之和王参之顿首道："父亲大人用心之良苦，为儿的记住了。"

这时，王朝聘忽地问王介之："今年多大了？十三岁吧？"停了一下，扭头看了一眼衣服上沾有泥巴的王参之，略为责备道："参儿也不小了。我不在家，你当跟着哥哥，勤学多思，不废光阴。岂能放任自得，在野外疯玩？介儿作为兄长，亦睁眼闭眼，不加管束？"

王介之和王参之垂着双手，不说话。他俩知道：父亲大人表面上显得严厉，实则内心柔和，充满慈爱。此刻，父亲大人有些心不在焉。看来此番赴京，想必又是空手而归吧！

王朝聘叹了一口气，朝二人摆摆手，道："好好用功去吧！"

望着两个儿子离去的背影，王朝聘内心苍凉惆怅，颇为酸楚。当年父亲给他取名为"朝聘"，就是希望他有朝一日位列朝堂，为国效力。可他年过五旬，奔波半世，仍然一事无成。尤其令人愤懑的是，当时新学盛行，崇心学，轻致用，虚玄丛生，依傍释氏。每次科考，附会良知之说大受考官青睐。而王朝聘坚持理学，清廉不阿，提倡以诚意为省察密用，学务克己，敛华就实，与新学风潮相去甚远，以致七试乡闱皆不第。

需要交代的是，明末入仕采取"科举"制，参加乡试者，须为官办学校的生员；地方学校的优秀生员，可以推荐到京师国子监读书，在国子监读书者称为监生，可以直接选授官职。国子监有着繁琐的等级和严格的荐贤制度：地方学校向国子监贡送优秀生员，称为岁贡；通过筛选各学校中优秀的廪生、增生入贡国子监，称为选贡；在廪生、增生和新入学的附生中再进行优选入贡，称为优贡；在各省乡试中未能考中举人，但成绩较优异者，录入副榜，选取副榜生员入贡国子监，称为副贡。

王朝聘虽曾位列副榜，也多次赴京候官，费心费力，劳民伤财，却一无所获。期间，王朝聘与谭孺人成亲。谭孺人故籍茶陵，后移于衡阳之重江郡，世为甲族，干练贤惠，持家有方。

成家后的王朝聘仍然坚持在科举和入仕路上奔波忙碌，原本殷实的家底也慢慢被掏空。他虽满腹经纶，却无处施展，心烦也好，焦急也罢，这就是现实。王朝聘做了父亲，心思有了转移，把希望寄托到下一代身上。为给儿子取个好名，他煞费苦心，翻了许多典籍，给大儿子取名介之，乃据《韩非子·外储说左下》"夫介异于人臣，而独忠于主"所得，希望大儿子日后能成为忠于君王的大臣。他给二儿子取名参之，同样希望二儿子将来供奉朝中，时时参见君王，成就大业。然而，愿望很美好，现实很残酷啊！

二

午后，突然刮起了大风，乌云跑马似的狂奔。四周顿时暗了下来，不一会儿，竟然下起了滂沱大雨。

王朝聘站在书房里，望着窗外狂风暴雨，他浮想联翩，思绪难宁。王家并非大户人家，但祖上还算显赫。他们原是太原王氏一脉，曾在扬州高邮的打鱼村生活多年。先祖王仲一跟着朱元璋打天下，立了战功，封为山东青州左卫千户侯。他的儿子王成则有拥立明成祖之功，任衡州卫指挥佥事，官居正三品。也就是从这个时候开始，王家来到了衡州这片土地。

那么，一个军营世家如何变成了儒学世家？这要从王朝聘的五世祖王震说起。五世祖虽然是个军官，却立志于经术儒学，他把儿子王翰送到明朝理学大师庄昶那里学习，得了真传。王家据此转身，弃武从文。短短五十年间，理学就植根在王家人的基因和血液中，祖辈们个个博古通今，博闻强识，可惜天道不测，造化弄人，他们虽尽力参加科考，试图以此走上仕途，却屡试不中。王朝聘的祖父王雍学问大，名声好，然毕其一生，都没有考中举人。

每念及此，王朝聘都颇为失落和遗憾。唯一欣慰的是，祖上虽然没有靠科举走上仕途，飞黄腾达，但都是学问大家，在衡州德高望重，受人尊敬。王朝聘的父亲王惟恭也是当地大儒，常在衡山设坛讲学，整个衡州有志青年纷纷前来拜师求学。王朝聘与两个弟弟王廷聘和王家聘也曾长时间随其学习。王惟恭对三个儿子要求甚严，悉心以授，有时累至半夜，以期儿子们学有所成。

王朝聘没有让父亲失望，他天资聪明，年少时壮志凌云，除了虚心向父亲求教外，他还跟着本乡大儒伍定相学习经史子集，天文地理，后来又到江西，师从邹守益，归入"江右王门"。邹守益乃明代大儒王阳明的弟子，是王阳明理学的正宗传人。但王朝聘最崇敬的却是朱熹。朱熹曾长时间在武夷山下讲学，王朝聘把武夷山视为圣地，多次试图前往"朝圣"，均因种种原因未能成行，后干脆自称"武夷先生"，以此向朱熹致敬。与大弟王廷聘追求的逍遥自在不同，王朝聘聪明睿智，博闻好学，行事严谨，有着极强的自律性，对《诗经》和"春秋学"钻研尤深……

不知过了多久，大雨已然停歇，只有稀稀拉拉的雨滴从屋檐上落下。透过低矮的天空，王朝聘看到一层薄薄的夕晖照在自家的屋垛上。他回家后，得知谭孺人在后房待产，本想立即前去探视，但接生婆不让进。他忐忑不安，让王介之把弟弟喊回来。匆匆考完两个儿子，家里还是没有动静。

不会出什么意外吧？王朝聘越来越急，在房间来回踱步。

"哇呜！——"突然，一阵婴儿的啼哭声响起。王朝聘心头一颤，只听接生婆高喊："恭喜王家又添了一个公子。"

"谢天谢地！"51岁的王朝聘喜不自禁，长松一口气，喃喃道。

王朝聘来不及去见新生的儿子，转身先去正堂，给祖宗磕头上香；接着又回到书房，对着圣人的挂像俯首作揖。他仕途不顺，新添家丁，也算上天对他的眷顾吧！王朝聘立即给这个儿子取名夫之，即大丈夫也。他希望夫之能堂堂正正，出人头地，成为一个顶天立地之人。

历史记住了这一天：公元1619年10月7日（夏历九月初一子时），

王夫之出生在衡州王衙坪。

王朝聘急忙跑进后房，见谭孺人脸色苍白地躺在床上，趋上前去，正要问候。谭孺人抢先开口，弱声道："你回来得真及时，我又给家里添了一张嘴。"

谭孺人没问丈夫赴京情况，只知道王家又添新丁，家里开销又大了不少。

王朝聘会意地点了点头，凑近看了一下躺在妻子身边的夫之，只见他瘦瘦小小的，脸上布满细细的皱纹，嘴唇微动，眼睛里亮着光。王朝聘嘀咕一句："生儿望老，如此甚好。"

正在这时，有客人进来。

王朝聘闻讯迎出，见之一怔：来者竟是伍定相。

伍定相系王朝聘恩师，早年喜吟咏，谓诗文古今未有合一者，因选汉魏以来十一朝诗文各成一部，名曰《三垒》。万历中，入南京国子监，曾上安民定乱十三策，但未有作为。

"听说你回来了，我顺道过来看看。"伍定相笑道："不意撞喜，祝贺王家又添公子。"他看了王朝聘一眼，又道："前番你说，如添新口，不论男女，皆名'夫之'。当时老夫不以为然。盖若为女者，以'夫之'称之似有违和之感。今添公子一枚，谓之'夫之'，可谓名正言顺，如此，岂非天意乎？"

"托恩师的福，夫之顺利降生。王家香火尚算旺盛。"王朝聘连忙点头，将伍定相请进家门，叹道："然此番进京，弟子又无所获。"

"无妨，无妨。"伍定相道："福与祸，得与失，总有定数。"停了一下，又道："不管怎样，上回你与憨山大师在南岳交锋，丝毫不落下风，举目衡广，无人能及。此番风光，老夫亦不及矣……"

"惭愧，惭愧。老师过誉，弟子担当不起。"王朝聘作揖道。

伍定相喝了一口茶，瞪了王朝聘一眼，道："老夫几时夸过你？你与憨山大师过招一事，名播江湖，学人皆知，亦无须老夫动嘴矣。"言罢，伍定相从长袖里掏出一笺，塞到王朝聘手中，道："此为憨山大师所赠，托人送来。你且看看。"

王朝聘一惊，连忙接过一看，上面是两首禅诗：

其一："一落风尘二十年，相逢须信是前缘。自从衣钵南来后，今日重拈直指禅。"

其二："底事分明在己躬，不须向外问穷通。但能触处回光照，莫被尘劳困主公。"

"大师真乃世外高人。弟子有缘结识，三生有幸矣。"王朝聘细细品味，一时感慨万千。

伍定相道："能得憨山大师禅诗，老夫先前未有所闻。有此荣光，京城之失，何需挂齿！况今喜得公子一枚，你当知足矣。"他边说边起身道："快带老夫见见你的'大丈夫'，亦算是沾沾喜吧……"

三

1620年，王夫之一岁时，万历皇帝驾崩。天启帝登基，即明熹宗，大赦天下。

没过多久，王朝聘收到章梁的来信，称"恩于副第者贡太学"，即中了副榜的人可以入国子监、进而入朝做官了。章梁是上海松江人，他说自己已从上海动身，盼与王朝聘重逢于京城。

本已心灰意冷的王朝聘阅毕来信，重振旧念。他将北上的消息告诉了谭孺人。谭孺人说了声"知晓了"，立即帮丈夫收拾好行囊。翌日一早，王朝聘看了一眼牙牙学语中的小夫之，又照例叮嘱介之、参之一番，遂乘船离开衡州，再次做起了"朝聘"之梦。

"上次你不辞而别，留下一行字，让我徒增惆怅。"章梁见到王朝聘，异常兴奋，"真没想到，咱们又见面了。"

王朝聘也很感慨，抱拳道："但愿皇天不负苦心人，咱们一道入朝，为国效力。"

"对了，上次见面章某曾提及，你与憨山德清大师在衡山交锋，才华尽现，名动江湖。"章梁道："憨山大师实非寻常之人。章某曾读过他一首山居诗，记忆犹深。"当即诵道："松下数椽茅屋，眼前四面青山。日月升沉不住，白云来去常闲。"诵毕，章梁笑道："此诗真义丰沛，令人回味无穷。憨山大师风采，章某心向往之。王兄与之切磋，令人感佩久矣。可否说来听听？"

王朝聘道："想不到章兄念兹在兹，对憨山大师有此兴趣。"

章梁道："王兄何出此言？"

"无他。若如憨山大师所悟，吾辈何来京城？"王朝聘道："'门前青山朵朵，窗前黄叶萧萧。独坐了无言说，四看妄念全消。'此亦憨山大师所写，章兄品之，是否与兄所诵之诗有异曲同工之妙？"

"咦，倒也是。"章梁沉吟片刻，点头道："人各有志，境界不同，言说不同，追求亦不同。"

"吾辈之梦与憨山大师之梦亦不同，此乃吾辈来京之由矣。"王朝聘笑道："敢问章兄有异乎？"

章梁拊掌大笑，道："入朝为官，为国效力，此乃吾辈之梦也。"

然而，这梦来得快，醒得也快。王朝聘和章梁二人每天来到紫禁城内乾清宫旁的一处官邸，与全国各地赶来的学子一起，焦急地等着天启帝的入朝召见，每天清早满怀希望而来，每天傍晚疲惫不堪而去。一个多月时间里，每天做着同样的事情，得到同样的折磨。他们莫说见到皇帝，连个重臣都见不上。倒是有一吏部选郎暗示王朝聘要先送上一份厚礼，打通关节才行。王朝聘当即拒绝，气愤道："仕以荣亲，而赂以取辱，可乎？"

就这样，直到盘缠快要用尽时，王朝聘终于等来一个消息，说皇上实在太忙，顾不上"学而优则仕"的事情，让大家回去再等消息。学子们一听，肺都气炸了，千里迢迢赶到京城，等来的竟是如此结果。

但气愤归气愤，不回去又能怎样？

章梁望着一脸发黑的王朝聘，叹道："看来，我好心叫你来京，没想到如此令人失望。"

"不怪章兄，亦不怪皇上。"王朝聘摇摇头，自嘲道，"老子云：'天地不仁，以万物为刍狗'。谁能逆天改命？"

"既如此，王兄保重。后会有期。"章梁抱拳告辞。

仕途渺渺，前路茫茫。王朝聘又一次心情压抑地回到衡州。

王家人看着王朝聘表情肃然的样子，也不敢多问，都有些害怕。王介之拉着王参之的手，叫了声"父亲大人"，便走到一边去了。妻子谭孺人倒了一杯井水递过去，说道："回来就好。三儿这几天正闹肚子，估摸得叫大夫来看一下才行。"

王朝聘喝了口水，看了看刚刚学会走路的小夫之，抱起，摸了摸他的头，旋即放下，道："有点发烧，像是着凉了。一会儿我去叫大夫吧！"说完，径直走进自己的书房。

四

此时的大明王朝，已经病入膏肓。天启皇帝朱由校不理国事，忙着自己的木工活。他的皇宫大院，成了木匠房，锤子叮叮当当，木头咯咯作响，一个木工物件似乎比他的天下还要重要。魏忠贤成了千岁千千岁，横亘在皇帝与群臣之间。一个小小太监，却掌握了整个大明的命脉。这样的怪事，后人想都不能想象。而当时的北疆，袁崇焕几乎凭一己之力抵挡住了强大后金的铁骑。在边关，他与努尔哈赤大大小小打了几十场仗，不仅未尝败绩，还取得了宁远大捷、宁锦大捷等辉煌战绩。他用"红衣大炮"把后金重新赶回了辽东，气死了努尔哈赤，大明王朝得以苟延残喘。

然而，袁崇焕敌得过数十万铁骑，却敌不过一个阉吏，他最终还是败给了魏忠贤，被贬离京。

大明王朝的灭亡开始加速。

王朝聘虽然感觉时局有变，却没有意识到大明王朝大厦将倾。他甚至不辞辛劳，最后一次参加乡试，又得副榜。八次乡试，两度副榜。王朝聘仰天长叹，终于明白即便再考几回，也不会中得举人。从此，他把全部心思用在研治儒学经典和教育儿子身上。他每天翻看《春秋》，琢磨《诗经》，沉浸于朱子理学的考释中，同时，他比以往任何时候更加有效地管教三个儿子。王朝聘对小儿子夫之，尤其怜爱。

王夫之天赋异禀，聪明过人，三岁读《论语》，虽不明其意，却跟着父亲和两个哥哥，摇头晃脑，乐此不疲。四岁时随长兄介之入私塾问学，六岁通读了文字艰深的十三经等，八岁时父亲教他习学五经经义，善思爱辩，颇负口才，时有新见。

晚年的王夫之在《家世节录》中写道："吾家自骁骑公从邡上来宅于衡，十四世矣。废兴凡几而仅延世泽……乃所以能然者何也？自少峰公而上，家教之严，不但吾宗父老能言之，凡内外姻表交游邻里，皆能言之。"意思是，他的口才好，延续了"吾宗父老"的优秀基因。

大约是王夫之五岁多的时候，一天，王朝聘带着他去拜会伍定相。伍定相很高兴，当即与王朝聘探讨《春秋》之奥秘，两人说着《春秋》

之奇：自汉代开始，《春秋》就成为令"乱臣贼子惧"的治世宝典，并提及东汉王充所言"孔子不王，素王之业，在于《春秋》"，云云。两人畅所欲言，谈笑风生，一旁的王夫之竟然听得津津有味。

伍定相见状，有些惊奇，忽然问道："小夫之，你听得如此专注，似有所懂。且来说说，何为《春秋》？"

王朝聘见状，面露愠色，本欲支开。不料，王夫之昂首道："《春秋》者，帝王之师、治国之典也。所记鲁史，以事系日，以日系月，以月系时，以时系年，上探天端，下明得失。天地井然，万物有序，皆由此始。"

伍定相闻此震骇不止，连声道："小夫之，大丈夫。未来绝非等闲之辈也！"

王朝聘也很奇怪，心想：他从哪里学到这些？遂问道："夫儿，看来这些日子，你跟介儿、参儿两位兄长偷学不少，方有此论。你能背诵《春秋》乎？"

王夫之摇摇头，停了一下，道："若让我背，先让我读。"

伍定相当即递上《春秋》，道："你且看看。"

王夫之一目十行，很快看了一遍，然后将书奉还伍定相，道："我大致记住了。"

伍定相有些不信，看了王朝聘一眼，回头对王夫之道："可否背诵《桓公元年》？"

王夫之朗声道："春王正月，公即位。三月，公会郑伯于垂，郑伯以璧假许田。夏四月丁未，公及郑伯盟于越。秋，大旱。冬十月。"

"好！"王朝聘很欣慰，他摸了摸王夫之的头，纠正道："'秋，大水。'非大旱也。"

伍定相激动异常，对王朝聘道："小夫之天赋，远胜你我及衡州诸生，多加磨砺，日后必成栋梁之材也。"他当即主动要求纳王夫之为门生，王朝聘十分感动，朝王夫之道："快快拜见恩师。"

"小小年纪，无须拘束。"伍定相拉起王夫之，笑道："老夫不才，毕生施教，经年累月，门徒破千，但有夫之之才者，实乃罕见。而父子同门，亦是衡州佳话矣。"

从此，王夫之不仅得到父亲的言传身教，而且得到伍定相的倾心相授。伍定相教之综天地、地纪、人官、物曲、兵农、水利之书，王夫之如饥似渴，境界大开。不仅如此，伍定相还经常把王夫之带向他的师长同道，交流切磋。小小年纪的王夫之虚心好学，博闻强记，打下了远胜同龄人的扎实的基本功。

半年后，伍定相突然得了一种疫病，具有很强的传染性。伍家亲友和许多弟子都不敢靠近，但王朝聘和王夫之从未嫌弃，父子二人始终执弟子之礼，日日照料。伍定相赋诗《过应山绝顶》以赠之："原草青青入望新，归云将雨润轻尘。只今江北春将尽，渺渺江南愁煞人。"

天启六年（公元1626年），伍定相日弱一日，临终时他将王朝聘叫到床前，道："家有藏书万余卷，多为经史之书，如有用，皆取之。"同时反复叮嘱：一定要让王夫之遍访名师，极目天下，"泰山不拒细壤，故能成其高也。"最后大笑道："丈夫不死于妇人之手。子，丈夫也。吾死子手矣！"语毕，遂逝。

五

1627年6月下旬的一天，王朝聘忽然收到章梁来信，希望他前往京城再作一次努力。

章梁在信中直言："已有蹊道，可通朝中。虽然如此，亦难万全。"意思是，虽然有了特殊渠道，但朝中人士，其心难测，如有意外，希能谅解。章梁最后特地叮嘱："盘缠充裕，行事方便。全力以赴，得偿所愿。"

然而，正是这番叮嘱，令王朝聘纠结犹疑，痛苦不堪。这些年来，王朝聘为了科考和北上京城，耗光了家底，谭孺人娘家虽暗中接济一二，但难以长久，加之家丁增多，开销加大，家里早就捉襟见肘。因此，此番进京，莫说"盘缠充裕"，连往返路费都成问题。

去，还是不去，成了摆在王朝聘面前的重要难题。

关键时刻，妻子谭孺人开口道："去了，未必位列朝中。不去，就一定不会位列朝中。此乃妇人都能明白的道理，何况夫君乎？"

"你说得倒是轻松！我能变鸟飞去吗？"王朝聘没好气道。

"给，这是我从堂妹那里借来的，你看够不够？"谭孺人将一包银子塞到王朝聘手中，道："这些天，我见你天天垂头丧气，阴沉着脸，就知道为此烦扰。你们读书人拉不下面子，我乃妇人，借钱养家，无可非议。况且我家堂妹也不是外人，她的夫君姜德明好歹也是个秀才，听我一说，立马支持你赴京，还说不去可惜，十年寒窗，前功尽弃。他能体味到'苦读经义，付之东流'的痛楚。他说，读书人事事能忍，唯此事不能忍。"

"唉，堂妹和德明的心意我是领了。我怕的是劳民伤财咧。"王朝聘嘴上这么说，心里倒是有些感动：一是感动于妻子的明事理；二是感动于妻子堂妹家的鼎力支持。

这个堂妹叫谭梅儿，漂亮精干。王朝聘与她见过几面，也见过她的夫君姜德明，但两家走动不多。原因是，谭梅儿一家在耒阳开店，生意好，又有四个女儿要照料，每天忙得不亦乐乎。人家忙，自己也非闲人，因而两家人交往并不多。

"什么劳民伤财？"谭孺人快人快语，道："权当最后一次吧！一张床上的夫妻，就是一根绳上的蚂蚱。成，当然好；不成，就死了这条心。"

见谭孺人把话说到这个份上，王朝聘还能说什么呢？况且钱都借了，不去，就辜负了谭孺人和堂妹谭梅儿一家的心意，也辜负了自己大半辈子的奔波。去就去，反正是最后一回。

不过，尽管章梁信中提到所谓的"蹊道"，但王朝聘还是作了最坏的打算。多年奔波的遭遇告诉他，这入仕的事情，千变万化，只有真正登堂入室，才算大功告成。因此，以前几次出门，衡州老友都会前来喝杯酒，提前祝贺一番，但这一次，他决意不惊动友人，独身乘船，趁着夜色，悄然北上。

王朝聘离家后，王家三兄弟顿时显得轻松起来。心想，父亲大人这一去，不管入朝成功与否，至少他们有很长一段时光可以自由地读书和玩耍，不用担心父亲突然出现在面前，一本正经地考问他们。身为大哥的王介之，一贯中规中矩，没有放任自我。不过，他对两个弟弟，虽有督促，但并不严厉。多数时候，他只是提醒：你们要以功课为重，惜时如金。

王参之喜欢野外童趣。有时带一本书，拉上王夫之，名义上是读书，实则疯玩：观蚂蚁，捉青蛙，摘野菜，吃地瓜，乐此不疲，出门就是大半天。

王夫之人小胆大，经常跑到大叔王廷聘家。王廷聘才学丰赡，文笔孤清，能诗好酒，诗品颇具建安风骨，做人追求魏晋风度。每次王夫之去，两人不拘小节，没大没小，吃酒论诗，好不快活。

然而，这样的生活大约只持续了一个月。这天下午，王夫之正与二哥王参之在山上采蘑菇，追野兔，掏鸟窝，收获颇丰，装了满满一竹篮。当两人兴高采烈地回到家，才知道父亲大人回来了。

王介之拦在门口，小声责备道："你俩私自外出，荒废功课，父亲大人可要惩罚你们了。"

王参之赶紧道："大哥，父亲大人何时回来的？"

"你们出门不久，父亲大人就回家了。"王介之停了一下，又道："不过说来奇怪，此番回家，父亲大人阴郁沉闷，不同寻常。"

"有什么不同寻常？最多不过是没入朝为官罢了……"王夫之毕竟年少，不知世道艰险，因而没有两位兄长那么紧张。

王介之立即捂住小弟的嘴，王参之也放下竹篮，和弟弟王夫之一起，跟着王介之，低着头，进了内堂，去给父亲大人请安。

短短一个月左右时间，王朝聘比出门前更加消瘦，仿佛一下子老了许多。王介之有些心疼，王参之和王夫之更多的是害怕。

面对孩子们的请安，王朝聘一言不发。此次去京，他的心情比前几次更糟。每天浑浑噩噩，不知干了些什么。唯一记得的是，那天傍晚，章梁突然来到王朝聘的驿馆，说要一起去拜见有"蹊道"的大人物，说完，拉起王朝聘，就跑出了驿馆。不幸的是，刚到半途，得到一个消息，仿佛晴天霹雳，两人都吓呆了，章梁的表情尤为绝望。随后，消息得到证实。

第二天，王朝聘见到章梁时，章梁还在痛哭中，不停地喃喃道："完了，彻底完了！"返回前，王朝聘去章梁住处告别，发现他已经走了，连个字都没留下。仿佛一个梦，如此荒诞而又真实。

一路上，王朝聘无精打采，还病了数日，回到家里，比预计的时间晚了十来天……

这时，王朝聘干咳了一下，吐出一口血痰。直到这时，王夫之才看清父亲的脸，有点骇然。父亲憔悴了很多，须发蓬乱，眼睛深陷在眼窝里，眼圈发黑。看着孩子们，王朝聘突然低嚎一声，跪在地上，老泪纵横。三个孩子不明所以，也跟着跪下，吓得大气不敢出。

就这样，父子四人一直跪着，直到谭孺人进来，见到王朝聘跪着，有些不满道："不就是白跑一趟京城，犯得着这样子吗？"

王朝聘慢慢站起来，面对妻子和怔怔地望着他的儿子们，他嘶哑地说出了回家后的第一句话："先皇驾崩了！"

"唉，我还以为天塌下来了呢！先皇驾崩就不让别人活了吗？是人，都有亡命的一天。"谭孺人不以为然，停了停，嘴里挤出一句话来："先皇在时，你也没得个官；先皇不在了，天也还是那块天，塌不了。"

王家三兄弟面面相觑。王朝聘瞪了谭孺人一眼，斥道："你懂什么，嘀咕什么？妇人之见，一派胡言！"

谭孺人看了孩子们一眼，不再言语，转身进了灶房。

王朝聘沉默片刻，长叹一口气，对三个儿子道："为父既不能为国出力，又不能为先皇尽忠，心中有愧啊。想我大明千秋万代，盛世无疆；想我祖宗南征北战，功勋卓著。为父囿于衡州，半生奔波，一事无成，真是愧对祖宗啊！"

看着父亲悲恸的样子，听着父亲的肺腑之言，王介之和王参之流下了眼泪。王夫之似乎没什么反应，他的脑海里正紧张地背诵《春秋》："春，公如齐。夏，公至自齐。秋九月，齐高固来逆叔姬。叔孙得臣卒。冬，齐高固及子叔姬来。楚人伐郑。"这是宣公五年的事。王夫之想，"一会儿父亲大人考我，我要对答如流。"

很意外，王朝聘似乎变了，他当着面前三个儿子，并没有问起功课的事情，更没有让每个孩子背诵儒学经典，而是罕见地说起朝廷的事情，说着，说着，竟然无法控制住情绪。他脸上的肌肉收缩，浑身有些发抖，猛地手一扬，厉声道："你等记住：为父虽未入朝，但若国家有需，定会赴汤蹈火，万死不辞。"

看着父亲大人声泪俱下，两个兄长也早已成了泪人，王夫之这才从遥远的《春秋》回到残酷的现实，也默默地流下了眼泪……

六

一个月后，衡州发生了一件大事，一件足以改变王家历史、衡州历史乃至中国历史的大事件：明神宗朱翊钧的第七子朱常瀛，已于天启七年（公元 1627 年）九月二十六日来衡州就藩，成为历史上第一位桂王。当这个流着明朝宗室血液的藩王，带着若干王公将相、三亲六院和五十八只轮船的车马物资浩浩荡荡地到达衡州渡口时，衡州码头上黑压压地挤满了人，锣鼓声、鞭炮声、唢呐声、喊叫声不绝于耳，所谓"旌旗猎猎，喧声沸沸"，一点都不夸张。

衡州知府邓紫鎏偕辖内大小官员以及从岳州、长沙等地赶来的地方官员悉数到场。王朝聘本来也要去迎接的，但不凑巧，那天正好拉肚子，加之他的身体还没有恢复，心情有些压抑，便没有前去，错过了与桂王的近距离接触。不过，即便去了，邓紫鎏也不一定会让王朝聘晋见桂王，毕竟那么多官员都争先恐后要去拜见呢！

"如此盛事，百年难遇矣。"王廷聘听说兄长不去，有些遗憾道："你千里迢迢赶到京城，未必见得了桂王。现在人家送上门来，不去凑个热闹，岂有不去之理？"于是，王家三兄弟在大叔王廷聘的带领下，齐刷刷地去看热闹了。

衡州码头乌压压的全是人头，锣鼓喧天，鞭炮齐鸣。每个人踮起脚尖，伸长脖子，想看看桂王长什么样儿。当时的阵势让刚满八岁的王夫之充分感受到"桂王荣耀，冠达四海；天下万物，皆被王泽"的震撼。王夫之被大哥王介之紧紧地看护着，二哥王参之也抓着他的手，生怕他被人群挤散而走丢。幸亏大叔王廷聘有远见，他带着大家早早地站在了码头前唯一的土丘上，让王夫之看清了桂王的模样。

其时，桂王坐在豪华的车辇上，他掀开黄色华盖，露出苍白但带微笑的脸，不断地挥手致意。王廷聘告诉王夫之："这个桂王，是光宗帝的弟弟，先帝天启帝的亲叔叔。后面两个小王爷应是桂王的第三、第四两个儿子。"

随着王廷聘的手指，王夫之远远地看到了桂王后面两个小王爷的车辇，他十分兴奋。车辇越来越近，他终于看到了车辇上坐着一位岁数跟他差不多大小的王爷。王廷聘说这应该是三王爷朱由楥。当时，这个王爷侧着脸，正在看着左侧飘舞的旌旗，一副满不在乎的模样，嘴唇动了动，也不知道说什么。王夫之有些诧异。

紧随三王子后面的是四王子朱由榔，这个小王爷掀开车辇华盖的右侧，王夫之看得十分清楚：竟是一个四五岁的小孩，他极力想伸出手去，但一旁有个大人紧张地抓住他，不让他伸手。

这时，只听王廷聘叹道："正是田野追黄蝶，偏入王室无处寻。"

王夫之惊道："叔叔何出此言？"

王介之抢先替王廷聘答道："叔叔是说，不要羡慕王爷的风光，他们没有我们的自由。"

"叔叔不是这个意思。"王参之不以为然，道："叔叔是说，今天天气好，本来我们可以去田野追蝴蝶。不料，桂王一来，蝴蝶害怕，躲了起来，我们再也寻不着了。"

"两位哥哥皆不对。"王夫之道："叔叔的意思是，王爷天生就是王爷，庶民天生就是庶民。蝴蝶本来是庶民的，但王爷把它捉来，藏进自己家里，庶民再也找不着了。"

"哈哈哈！有趣，有趣！"王廷聘大笑道："三个贤侄，个个有才，咬文嚼字，各有千秋。为叔的适才只是胡言一句，却被你们生生弄出个微言大义。虽然穿凿附会，倒也自圆其说。难得，委实难得啊！"

恰在此时，四王爷朱由榔忽然冲王夫之点点头，微微一笑。

"叔叔，四王爷正朝我笑呢。"王夫之大声喊道。

"好啊，四王爷朝你笑，可不得了啦，将来你必定飞黄腾达呢！"王廷聘开心地摸了摸王夫之的头，故意大声道："如果你进了桂王府，一定要让王爷把蝴蝶拿出来跟你玩……"

王廷聘讲的当然是玩笑话。实际上，在接下来很长的一段时间里，王夫之根本无缘跟桂王府中的人打交道，更不用说进入桂王府，跟桂王及两个小王爷有任何交集了。

七

从京城回来，迫于生计，王朝聘开始设坛收徒。他对收弟子严格限制，每次仅收五人，而且不许王氏兄弟一同听课。当年，王朝聘的父亲王惟恭收徒时，王朝聘、王廷聘和王家聘三兄弟跟着大家一起学，这样看起来可以相互切磋、交流，有益于彼此。但给王朝聘的教训是，人一旦聚在一起，难免有好表现的欲望，人也容易变得浮躁。父亲设坛，孩子随堂听课有心理优势，于他人不公，于孩子自己也不利。如此权衡利弊，王朝聘作出了这样的规定。以致后来一些人见到王夫之，说是武夷先生的弟子，他还表示惊讶。王朝聘"精为研凿"，对弟子们倾囊相授，举首欧阳谨、新建县令、贵阳人马丹邻等都是他的弟子，可惜这些人与王夫之交往不多。

一天，王朝聘授完课，刚在书房里坐下。王夫之进来了，主动汇报自己的功课。短短两三年，他读完了十三经，不仅内容背得滚瓜烂熟，书中大义也解释得头头是道。王朝聘甚是满意，面露悦色。

王朝聘忽然道："夫儿，为父且问你，读书目的何在？"

"为了金榜题名。"王夫之脱口而出，见父亲沉吟不语，想了想，又大声道："为了治国安邦，策平天下。"

"所言甚是，亦非尽是。"王朝聘道："金榜题名又是为何？读书者，先学做人，再得真学问，书死人活，格局高远，境界雄阔，惟有此时，方可议及'治国安邦，策平天下'。否则，依玄卖虚，夸夸其谈，将误大事矣。"

"孩儿记住了。"王夫之点头。

"恩公伍定相及众多师者赞你，夸你'少负隽才'，虽有爱才之心、荐贤之意，但绝非让你'倜傥不羁'，炫耀自得，以为他人皆逊于你。"王朝聘停了停，又凛言道："学无止境，理在实上，理势契一，致用有据。切莫以为背得经文，通晓经义，便万事大吉。其实相差甚远，十三经书者，博大闳括，幽微精警，不可穷尽也。远有朱子，近有阳明先生，千百年来，未能穷尽孔孟之道。眼下你虽知些皮毛，但学问之大如森林，学问之深似大海，足够你求索终生，因此，你要力戒心气浮躁，不得一叶障目，自以为是……"

那个午后，王朝聘向儿子讲述人生道理。这些话，对于才八岁大的孩子来说，似乎过于严肃和宏大。但王朝聘似乎憋不住，一个劲儿地说下去。王夫之对于父亲的言说虽然无法全部理解，倒也听得有滋有味。庭前，蝉鸣阵阵，微风袭来，树木哗哗直响。阳光从天空投下，柔弱无声。一只山雀爬上王家的窗台，东张西望，一副恬静快活的样子。王夫之最后记得父亲让他早早准备科举考试，并强调这条路很曲折，也很艰辛，但它是实现"治国安邦，策平天下"的首要途径。

王夫之所处时代的科举分为童试、院试、乡试、会试、殿试五级，成为一个层次、等级、条规、名目繁多且苛严的体系。

童试是最基础的考试，一般在每年二月进行，由地方县、府组织，主考官为本县官吏。考试共分四场，采取淘汰制：第一场和第二场试题皆为一文一诗，第三场进行复试，题目为一赋一诗或试一策一论，第四场决赛，主要以小讲三、四艺为主，最后统一发榜称"长案"，通过考试者，成为童生。

院试大多在府、州之"学院"举行，分为"岁试""科试"两级。前者为童生"入学"考试，考题为两文一诗，录取者称为"生员"，俗称"秀才"；后者是对已入学的秀才进行考试，考题为一文一诗，优胜者脱离平民阶层，纳入"士"，他们可以参加乡试……

王朝聘让王夫之"早早准备科举考试"，这是当时许多学有渊源的家庭长辈都会规划的事情。科考之事不是一时半会，也不是一年两年，有时就是一辈子。王夫之当时年少，没有经历科考的残酷，也无法体会父亲言说背后的酸楚。

春节前夕，王朝聘忽然动了念头，跟谭孺人说要去耒阳看看堂妹谭梅儿一家。"上次借你堂妹的钱，也该还了，顺便也去探访一下。"

"好啊。早该去走走了。"谭孺人一听，说道："不过，介儿、参儿就不必去了，带上夫儿吧。"

王夫之早就听两个哥哥说起，说耒阳姨妈家有四个表妹，个个长得像花儿一样，美丽漂亮，聪明伶俐。这回要去看看她们，可把他高兴坏了。

然而，就在一切准备妥当就要出发的节骨眼上，王参之突然病倒了，上吐下泻，浑身乏力，脸色苍白，虚汗淋漓。王朝聘立即让王介之去请一个老中医来，吃了三天的药，头两天不见任何起色。谭孺人十分焦急，天天守着王参之；王朝聘也很紧张，亲手一匙一匙地给儿子喂药。直到第三天，王参之的病情才算稳定下来。老中医又追加了一个疗程，并叮嘱道："马上年关了，不要外出着凉。吃完这些药，应无碍了。"

就这样，直到除夕夜，王参之好歹有了饥饿感，吃了不少东西，脸色慢慢红润起来。王家人这才松了一口气。但去耒阳的事情就此泡了汤。王夫之虽然觉得遗憾，但也无可奈何。

令王家人没有想到的是，大年初二，谭梅儿竟然带着秀才夫君姜德明兴冲冲地来给王家拜年了。

谭孺人十分高兴，王朝聘也好开心，他亲自点燃了一挂爆竹，道："年前就要去看你们的，不巧参儿闹病，耽搁了。现在参儿的病好了。本想这两天去拜访你们，你们倒是先来了。快坐下，快坐下。"

"应该的啊。我们是亲戚，不分彼此啊！"姜德明笑道："况且你们是姐和兄，我们来拜年，也是应该的啊！"

"亲戚亲戚，越走越亲。"谭梅儿也在一旁应和，道："我们平时瞎忙乎，走得少，但心还是在一起的。往后要多走走。"

王介之倒上茶，递上去，说道："怎么表妹她们没有来？"

"你就是介之吧？"姜德明接过茶，道："她们闹着要来，但人太多了。况且我们吃了中饭就走，懒得折腾。"

王夫之颇为失望道："怕什么折腾？她们来了才好玩呢！"

谭孺人也拉着谭梅儿的手，嗔怪道："怎么没把'四朵花'带来？难道怕我家孩子'吃了'不成？"

"看姐这话说的！"谭梅儿一本正经道："她们要是来了，叽叽喳喳的，就轮不上我们说话了。"

这时，王朝聘说道："应该带来，过年嘛，人多热闹。"停了一下，又道："让孩子们在一起多聚聚，多交流，也有好处嘛。"

"好。下次一定带来。"姜德明对王朝聘很是尊敬和仰慕，他喝了一口热茶后，转移话题道："听说武夷先生设坛收徒，要是我能清闲一点，一定前来拜学。"

"叫姐夫不好吗？叫武夷先生，多别扭啊！"谭梅儿瞪了姜德明一眼，道："你要是真想学，姐夫的学问大，门也敞开着，你随时可以来学啊。是不是，姐夫？"

"德明是秀才，也有一肚子学问。我们算是同道中人，互相学习嘛。"王朝聘哈哈大笑起来，停了一下，又道："听说生意不错？"

"确实忙。"姜德明点点头，道："不瞒姐夫，我肚里的那点墨被琐碎日子一天天磨掉了。"

"磨掉好。墨多了，容易变虚。"王朝聘自嘲道："我辈就是墨迹太重，虚气盛，务实少，结果一事无成。"

"姐夫言重了。"姜德明道："万般皆下品，唯有读书高。姐夫多次赴京，想想就叫人激动。"

"有啥激动的？"王朝聘突然脸一沉，道："我借你的路费还没还呢！"

谭孺人本来在与谭梅儿拉家常，听到姜德明的话，知道他无意之中戳中了王朝聘心中的隐痛，连忙圆场道："都是一家人，难得这么掏心窝子说话。年前打算去耒阳，原本就是要还钱的嘛。"

"我家书呆子，不会说话。"谭梅儿很聪明，接过谭孺人的话，说道："看姐夫说的，这大过年的，谈什么钱的事？既然是一家人，谁还没个困难的时候？再说，姐夫姐姐要是信不过我们，我们想帮忙都没有机会呢？我们也托姐夫姐姐一家人的福，日子才过得红火呢！"

话已说到这个份上，王朝聘要再生气，就显得不近人情了。他脸色放晴，强作欢颜道："这些年走霉运，有些背时。今年你们来了，希望能够时来运转。"说完，叫三兄弟赶快给姨父姨妈拜年。

姜德明拿出三"串钱"，这钱是以彩绳穿钱、编成龙形的，一看就是用心准备的。他给三兄弟每个人塞了一"串钱"，道："岁岁平安，年年有福。"

王介之和王参之说了谢谢。

王夫之有些调皮，道："姨父是秀才，请来一首贺春诗可好？"

姜德明一怔，笑道："我自己不大会作诗。但喜欢孟襄阳这句诗：'昨夜斗北回，今朝岁起东。'夫之贤侄，早闻大才，可来一首？"

"姨父既然背诗，我不怵。"王夫之张口就来："莺啼燕语报新年，马邑龙堆路几千。家住层城临汉苑，心随明月到胡天。机中锦字论长恨，楼上花枝笑独眠。为问元戎窦车骑，何时返旆勒燕然。"

姜德明大惊，道："贤侄果然了得。请问这是谁之诗？"

"夫儿休得逞能！"王朝聘虽是斥责，心里甚为得意，他见三兄弟出了门，便笑道："此乃唐代皇甫茂政之《春思》，夫儿颇为偏爱，曾多次向人背过。"

谭梅儿看见三兄弟开开心心离开了，不胜感慨道："姐夫，说句贴心话，我看着你们王家三兄弟，个个是龙是凤，真叫人欢喜得不行啊。今后有机会，让我家孩子多向哥哥们讨教讨教。"

"可惜今天你不让她们来。"王朝聘道："今后多走动走动。"

谭孺人很快张罗了一桌饭菜。王朝聘招呼谭梅儿和姜德明坐到饭桌旁，三兄弟依年龄大小，依次从左到右坐好。谭梅儿见姐姐还在忙碌，就叫她也坐到桌上来。

"吃吧，吃吧。自家人，不用客气。"谭孺人道。"我弄个汤，马上就来。"

谭梅儿和姜德明吃完饭，就告辞了。

想着他们忙碌的生意，还有牵挂的"四朵花"，王家人也不好挽留。谭孺人大声道："下回记得一定带上四姐妹来！"

"放心吧，我们会常来的！"谭梅儿和姜德明回头挥手道。

王朝聘站在房门前，望着他俩慢慢走远的背影，心中有一个声音在喊："快追上去，把钱还掉啊。"可是，另一个声音喊得更大："大过年的，还钱，多不吉利？"他就这么怔怔地站着，直到二人的背影完全消失在低沉的天空下。

八

桂王来了，衡州的天空还是一样模糊，阴雨不定。黎民百姓的生活也没有什么改变。王夫之每天照例要读书，遵照父亲的规定和要求，做着各类功课，偶尔跟着两个哥哥去街头和野外游玩，或者偷偷去王廷聘家待上大半天。

桂王朱常瀛过惯了京城的繁华生活，颇懂得享受。他抵达衡州的头一件事就是大兴土木，大有将桂王府建得像皇宫一样豪华气派。整个桂王府楼阁林立，殿宇层叠，雕梁画栋，气势磅礴。

所谓"九天阊阖开宫殿，万国衣冠拜冕旒"。这种君临天下的气势，令人想起杜子美的诗句"忆昔开元全盛日，小邑犹藏万家室"。而这，正是崇祯帝希望看到的。由此可见，崇祯帝其实是很有心计亦很有雄心的，可惜他生不逢时，赶上了天崩地陷的时代。

然而，处于历史旋涡中的少年皇帝岂能预知这些？为了让最后一个皇叔外出就藩，以便自己毫无羁绊，放手大干，崇祯帝投朱常瀛所好，赐予其大批金银财宝，车辇舟楫，马匹缎锦，应有尽有。不仅如此，他还亲自挑选了七十二名宫女随皇叔南行。

一场可能发生的宫廷政变，就被崇祯帝用如此这般的糖衣炮弹轻松地化解了。

原来，天启帝驾崩之后，朝廷中有一股巨大暗流，认为最合法理的继位者是朱常瀛。没料到，他竟远离京城，把皇位拱手让人。有人据此认为朱常瀛没有远大志向，可实际上，站在朱常瀛的位置上，他早已看透了宫斗的冷血和权力的残酷。如果硬争，拼个鱼死网破，他未必是输家，但赢面也并不大。加之自己身体瘦弱，常年有病，大儿子、二儿子出生不久都先后死去，对他的打击十分沉重。三儿子朱由榔和四儿子朱由榔年纪尚小，无法为父王分担什么。

朱常瀛思前想后，最终认命：人生即便百年，也终有一死。与其如此，不如偏安一隅，过自己想过的日子，纵使花天酒地、声色犬马，天高皇帝远，谁也管不着，不亦快活么？江山社稷交由皇侄朱由检去打理岂不更好吗？

从这个意义上看，朱常瀛其实一点都不傻，既务实，又善谋。只是，覆巢之下，焉有完卵？朱常瀛苦心经营的桂王府自建成之日起，就隐隐陷入风雨飘摇中矣。而这一切，朱常瀛及其他两个王爷，包括桂王府中的王侯将相又有几人清楚？

有一天，王夫之听到王朝聘在书房嘀咕道："桂王来了，衡州上空的大雁飞走了。"

王夫之不明所以，问道："父亲大人，大雁听令于桂王乎？"

"听你大叔讲，上回你们去迎接桂王，说起蝴蝶之事。"王朝聘苦笑一下，反问道："那你说说，大雁与蝴蝶有异乎？"

王夫之似懂非懂，不再追问下去。因为再怎么议论，桂王也听不见，即便听见，也未必有所顾忌。

桂王府建好后，王廷聘带着王家三兄弟去瞧过一次，都把三兄弟看呆了。王廷聘看完，却慢悠悠地念出一首诗来："无用无知顽石头，天生奇巧世人求。算来世上无闲物，假使无情不自由。"念完，问道："看完桂王府，三位贤侄有何感想？"

王介之道："倒是想起一首诗来：'辉辉赫赫浮玉云，宣华池上月华新。'"

王参之立即接上："'月华如水浸宫殿，有酒不醉真痴人。'"

"两位兄长所念之诗，乃李衍之《宫词》也。"王夫之笑道："较之此诗，我倒是更喜其另一句'乔岩簇冷烟，幽径上寒天。'叔叔以为然否？"

"有酒不醉真痴人，不如幽径上寒天。"王廷聘答非所问，道："三位贤侄，匆匆看了桂王府，回家畅饮三百杯。走走走，回家吃酒，岂不快活？"

结果那天，王廷聘和王夫之都喝醉了。王介之和王参之劝不住，最后只好携扶着王夫之，悄悄回到家里。幸亏王朝聘出门见友人去了，否则，定会挨训。

没过多久，桂王府竟然莫名坍塌了，还压死了六名可怜的宫女。如此不祥之事的发生似乎也预示着这位桂王并不美妙的未来。

朱常瀛不死心，他再次大张旗鼓，建造桂王府。建成后的桂王府分为五殿、六宫，完全仿照"朝廷"格局，其中宫城又称大内、内宫。五殿由南向北依次为奉天殿、华盖殿和谨身殿，再有文华殿居东侧、武英殿列西边，彰显"王者居中，左文右武"的意思。

桂王最喜欢的六宫，乃朱常瀛带着王眷和一批王妃生活的地方，居中者为坤宁宫、交泰宫、乾清宫。东宫居左，乃柔仪殿；西宫居右，乃春和殿，两殿相对，互为照应。此外还有东北角的东六宫和西北角的西六宫，而在春和殿西侧还有芳香四溢的御花园。

当然，历史的玄关隐藏很深，不会轻易露出真容。朱常瀛无法感觉到改朝换代的暗流，正汹涌澎湃，风云四起。

王朝聘父子以及当时的衡州学子也感觉不到时代旋涡里的沧桑巨变，他们仍然做着以书为剑、报效朝廷的美梦，就像那扑火的飞蛾，明知火光可能灼己、伤体，甚至毁身，却依然无怨无悔地扑上去，因为，那熊熊的火光就是他们的荣光，是他们生命价值的灿烂彰显，也是他们生命意义的最高体现。

此时，北京城内，风起云涌。就在桂王朱常瀛抵达衡州刚刚安顿下来，1627年10月2日，天启帝的弟弟朱由检登基即位，年号崇祯。

谁也没有料到，大明王朝在毁灭之路上已经进入倒计时阶段。

崇祯帝立志逆改天命，放手一搏，期冀再创中兴盛世。他继位之后意识到人才的重要，第一件事情便是诏告天下，凡科举上榜而未得官位者，速速赴京，共商国是，共克时艰。

这一回，王朝聘没有收到章梁的片言只语。这个消息，王朝聘是从姜德明那里印证得来的。

原来，元宵节刚过，王朝聘就带着王夫之来到耒阳。王夫之见到了四个表姐妹，个个水灵灵的，都有才艺。其中，老大叫姜思琴，大王夫之二岁；老二叫姜善棋，与王夫之同岁；老三叫姜晓书，老四叫姜若画，她俩是双胞胎，比王夫之小一岁。四姐妹像蝴蝶一样围在王夫之身边，王夫之一见如故，很快融入她们中间，有说有笑，开心极了。他尤其跟姜善棋谈得来，两人还玩起了填词游戏……

王朝聘一坐下，刚喝下一口茶，就迫不及待要将钱还给姜德明，感慨道："我现在设坛收徒，以教谋生，真实，安宁。这钱年前就该还你们，因故拖到现在。你们做的是小本生意，每天人来人往，吃喝拉撒，开支也不小。"

"姐夫，不用急着还嘛。"姜德明用手推开，道："崇祯帝已经诏告天下，请你们赴京入朝、共襄大业呢。"

王朝聘一惊，他知道姜德明开店，接触人多，消息灵通，看来这事是真的了。其实，早在半个月前，衡州知府邓紫銮曾召集历次中举而未入仕者聚会，当时也通知了王朝聘，但王朝聘觉得自己只上了两次副榜，且正在给弟子授课，再者对入朝之事早已淡漠，所以未能参会。后来听说是崇祯帝即位后，发布了一个什么通告。王朝聘觉得跟自己无关，完全没把它当一回事。

现在，姜德明已经把话挑明，但他仍然装作很漠然的样子，道："唉，这种事，说说而已，不信也罢。"他坚持还了钱，吃完饭，拉着王夫之就匆匆回去了。

然而，王朝聘刚到家，谭梅儿就悄无声息地跟了过来，她找到谭孺人，不仅将原先借的钱退回，还新拿了一包钱，塞进谭孺人手中，道："我家书呆子说，新皇帝降旨，姐夫入朝之事怕是时来运转了。这些银两，姐夫应该用得着。读书人要面子，你千万不要让他知道。"

谭孺人一头雾水，还没明白是怎么一回事，谭梅儿闪身就走了。

接连几天，王朝聘的几个弟子纷纷向他打听，何时动身赴京。弄得王朝聘气也不是，怒也不是，只能顾左右而言他。

王介之怂恿王夫之去问个究竟。王参之也说："父亲大人应该很在意此事的。"王夫之遂走进王朝聘书房，道："父亲大人，据传崇祯即位，已诏告天下学子，速速赴京谋事。敢问父亲大人有否赴京打算？"

"去去去！"王朝聘极不耐烦地朝王夫之挥挥手，道："大人的事，用不着你瞎操心！"

王夫之站着不走。

"怎么还不离开？"王朝聘似乎更生气了。

"父亲大人，孩儿有句话不知当说不当说？"王夫之不管不顾，继续站在原地，说道。

"唔？"王朝聘有些吃惊，眉毛一挑，道："不妨说来听听？"

王夫之道："当今朝廷，能臣太少，庸吏太多。若父亲大人能入朝，清廉正直者越多，阴险贪腐者就越少。如此，大明中兴，将有望矣。"

王朝聘心中一热，他真没想到，王夫之小小年纪，竟有如此思想和境界。他觉得儿子讲的对，自己若不去，多一个贪吏，就多一分祸害。虽然去了，未必被朝廷录用，但不去，朝廷定然不会留位于你。去，乃尽匹夫之责矣。

"看来，我不能无动于衷。"王朝聘开始严肃对待起这件事情。然而，往事历历在目，内心的煎熬竟然让他失眠了。本来发誓不再北上的他，在这个人生的关键时刻再次陷入焦灼中。如果家境殷实，他无需烦恼，北上就是。可他开门收徒不久，生活刚刚走上正轨，经济上的拮据不允许他想走就走。

这时，谭孺人走进来，直言道："你无须犹豫纠结。虽然上次赴京，嘴上说是最后一次，但此一时彼一时。你乃有识者，应善审时度势，依我妇人之见，亦要赴京，此中利弊，你更清楚。"

仿佛是一根针，将王朝聘心中时隐时现的火苗狠狠地挑了一把，北上的欲念顿时熊熊燃烧起来。王朝聘怔怔地看着谭孺人，发现她竟然那么清醒、从容，不由得肃然起敬。以前，虽然知道她读过几年私塾，知书达理，没料到她的内心竟是如此豁达、通透。

"那好，成不成，都是最后一回！"王朝聘说完，站起来，对谭孺人道："我这就出门借些盘缠。"

"我已经给你借了些银两，你看够不够？"谭孺人将一包银子交到王朝聘手中，道："你不要用这种眼光看我。满城的人都知道，你应当赴京。只有你埋在书堆中，装作不知道。"

"啊？"王朝聘大吃一惊，道："这么多银子，从哪里借的？"

"这个你不用管。"谭孺人道："人家说了，什么时候有钱，什么时候还。没什么大不了的。"

"唉，这些年，你真是……"王朝聘感动得不知说什么好。

"我不图夫贵妻荣，但夫唱妇随的道理，我懂。这也是为人之本。"谭孺人边说边出门，道："我这就去给你收拾一下。"

九

1628 年 3 月下旬的一天，王朝聘风尘仆仆地赶到京城。这也是他一生中真正意义上的最后一次北上。

刚进城门，王朝聘就听说了崇祯帝处置魏忠贤的事情。真是大快人心啊，王朝聘异常兴奋。云层在他头顶散去，阳光照射下来，大明的天空很久没有这么明亮了。王朝聘为崇祯帝叫好，也暗暗下定决心：一旦入朝，一定竭忠尽智，为国效力。

恰在这时，一队人马从身边掠过，速度很快，朝城西驰去。王朝聘还没缓过神来，只听周围的人大声议论道：

"袁都督回来了。"

"袁都督要去镇守北疆了。"

"大明再无后顾之忧矣……"

是的，崇祯皇帝下诏给袁崇焕，任命他为兵部尚书，委以重任，赐以重权，让他督师蓟辽，全权负责东北边疆防务。可以说，崇祯几乎把大明王朝的命运都交给了袁崇焕。

袁崇焕感恩戴德，跪拜接旨，誓言五年之内，收复东北全境。大明江山仿佛一夜之间看到了曙光。

然而，这些都不过是假象。

就在这一年，遥远的陕西，一个自称"失业下岗的农民"，因为还不起钱而杀死了讨债的债主。翌年，还是这个"农民"，他发现老婆韩金儿和同乡一个叫盖虎的通奸，盛怒之下，杀死了老婆。两命在身，他出逃甘肃，混进行伍，因勇于杀敌，不怕战死，获参将赏识，被提拔为把总。后又不慎犯事，被官府通缉，他深感世道不公，便把黄旗一拉，浓眉一竖，呐喊一声："王侯将相，天生如此？老子反了不成！"

这个颇有抱负、不甘庸常的"农民"，名叫李自成。

差不多在同样的时段，同样的地点陕西，一个犯了"死罪"的捕快，因为上司的求情，被免去"死罪"，重打一百军棍后，流落乡间，四处逃生。他从小读过一点私塾，心中原本有着济世情怀，但世道太乱，民不聊生，逼上梁山，他瞅准机会，也造反了。

这个捕快，便是张献忠。

一个人，两个人，三个人，终至成群结队。当愤怒被激起，忍无可忍的百姓跟着领头的人，不顾一切，呼啦啦揭竿而起了。大明王朝不以为然，以为李自成、张献忠只是闹闹事，伤不了筋骨。

王朝聘也丝毫没有料到，这两个人将会改变中国历史的走向。身处时代的旋涡，他更关注的是朝廷内部的变化：一个太监倒下，另一个太监走马上任。

王承恩接下了魏忠贤的权杖，成就了"最好的太监"这个美名。不同于魏忠贤，王承恩对朱由检忠心耿耿，最后，一同吊死在煤山之上。当一个皇帝要靠阉党来治理国家时，只能说明这个皇帝的无能。而一个太监夹杂在君臣之间，只会导致君臣离心。

这是大明王朝的命数。在王朝聘看来，幸亏有袁崇焕镇守北疆，国家还算稳定，百姓还有希望。那些日子，王朝聘与章梁在国子监的同仁中游走，不时听到一些消息，诸如北疆传来袁崇焕的大捷之类。每当这时，王朝聘便对章梁赞道："袁大人真乃国之栋梁也。"

事实上，此时的大明王朝，暗流汹涌。崇祯皇帝为了北防，把皇家内院银两悉数拨给了袁崇焕。袁崇焕感恩戴德，决心以死相报。虽则如此，却难防朝前小人口舌。当年，正是魏忠贤及其党羽，在皇上面前进谗，差点让他丢了脑袋。而今，袁崇焕再次担心有人从中离间，希望崇祯用人不疑。崇祯了解他，遂赐他尚方宝剑，可以先斩后奏。

有了生杀大权，袁崇焕很快杀了左军都督毛文龙。有人立即在皇帝面前嚼舌根，先是个别臣子，接着两个三个，慢慢有了一种可怕的声音："袁崇焕不是天子，胜似天子，可以左右大明生死。他若造反，大明顷亡；他若和多尔衮沆瀣一气，后果更加不堪设想。"

崇祯年轻气盛，颇为自负。别人这样说，一次两次，他非怒即斥。但说多了，成了一种集体声音，他就感觉有些可怕。崇祯慢慢留了心眼，藏了杀机。

王朝聘不知道朝廷危机四伏，只觉得候任的日子特别难熬。唯一让他欣慰的是家信。王介之的来信最多，他详细汇报自己的学习、对王参之的管束和对王夫之的督促，以及母亲的身体状况和家里的日常生活事情。大弟王廷聘也写来不少信函，主要讲述王氏三兄弟的事情，包括学习、交友和游艺等，讲得最多的还是小侄夫之的事情，说他如何聪明、如何了得，小小年纪竟然可以写诗，而且"出手不凡，境界高远"。这些看似平常的信，却成了王朝聘的心灵慰藉。

让王朝聘略感意外的是，小弟王家聘也写过两次信，一次信中问及大哥入朝之事进展如何，然后讲自己被衡州知府邓紫鎏"高看"，叫去做了长随，邓大人还带着他参观了府衙照壁、大门、仪门、大堂、二堂、内宅门、三堂、府花园等地方，让他熟悉环境；另一次信中讲到自己随邓大人进了桂王府，得到桂王的接见。这两封信，都让王朝聘隐隐觉得小弟有些炫耀。王朝聘跟大弟的关系更亲密也更自然一些，大弟饱读诗书，肚里有货，谈天说地，均有见地。小弟有些浮夸，太过聪明，似乎什么都懂，其实都是皮毛。父亲曾批评过他，王朝聘也说过他，但没什么效果。王朝聘与小弟谈不到一起，他认为黑的东西，小弟却说是白的，反之亦然。因此，王朝聘与小弟的关系远没有与大弟那么亲切、深厚。小弟这两次来信让王朝聘多少有些尴尬，又有些担心，他想回信，却又不知道该说什么。

1629 年 7 月底，王朝聘来京一年多了，仍旧没有谋得一官半职，心情灰暗。期间，他数次想要回去，但每次都担心自己刚离开，入朝赴任的机会就来了，因此，一次次坚持下来了。京城的开销大，他节衣缩食，还给人抄书、写字，收取一点银两。再加上章梁的接济，让他勉强支撑下来。

作为清流派，在别人眼里，王朝聘有些"格格不入"，显得孤傲、清高。比方，平日里，同仁们三五小聚，花些小钱，喝点小酒，这个说认识哪位高官，那个说认识某个大臣，以此抬高自己。一般人听了一笑置之，但王朝聘很是介意，明确表示耻于与这样的人为伍。

一天上午，王朝聘和章梁走进一间茶馆，遇到了另外几个旧相识。看到那些人在，王朝聘立即要走，章梁拉住他，道："不一定非得跟喜欢的人坐到一起，林大鸟多，听听无妨。"说完，章梁硬是攥着王朝聘和那几个旧相识坐到一张桌子上。

刚坐下，王朝聘就听到一位仁兄悄然谈及曹化淳，显得与曹家十分熟络。围坐者个个俯首帖耳。这位仁兄中等个头，圆脸，脸上有块疤痕，让人印象深刻。

"朝廷无人想入仕？门都找不到。这一回，曹大人替我说了一句话，我好歹得了个七品，下月赴山西就任。小小知县只是起点，曹大人说了，最多两年，太原知府……嗨嗨，不说也罢。"

"此为何人？"王朝聘问。章梁低声道："这位仁兄叫罗亦箎，大同人。为了这个县令，真是费了不少心思。"说罢，将手指竖在嘴唇上，笑而不语。

"你们可知，我找了多少人，花了多少银子，才打通此等关节？"罗亦箎长叹一口气，道："总之，得到了，无论怎样，都值啦！"

"跟曹大人搭上线，可就上了官道快驿。"人群中有人嘀咕了一声。"只是听说代价……"

"恐怕罗大人不只是奉送银两吧？"见说者迟疑，另一人略略提高声音，直言道："坊间传闻你将妻女都……？"

"造谣，造谣！"罗亦篦脸色大变，争辩道："纯属污水泼人！"

但众人窃窃私语。其中一人话中有话，道："罗大人觉悟高，连污水都泼得高啊。"

"此事当真？"王朝聘望着章梁。章梁叹道："蛇有蛇道，鸟有鸟巢。世道既黑，就没有一处光亮的地方。王兄不必介意。"

王朝聘当然介意。他很愤懑，大声道："皇上登基即诏告天下，我辈闻风而动，希望入朝，为国效力，为何迟迟未有机会？"

章梁摇摇头，无法回答。

罗亦篦听见了，他朝王朝聘处看了一眼，提高声音道："诸位，征招我辈进京入朝，名为皇上发诏，实为皇亲国戚借此发财也。"

王朝聘骇然，转念一想：这些年，来京多少回？耗了多少人力，花了多少钱财，自己得到了什么？每一次诏告入朝，均是各级官僚大敛钱财的好机会。念及此，王朝聘幡然醒悟，一股酸水直涌喉咙："罢，罢，罢，反复做、反复醒的春梦，终该消散了。"

这时，罗亦篦突然站起来，拨开众人，径直走到王朝聘身边，抱拳低声道："敢问足下就是衡州武夷先生吗？"

王朝聘有些错愕，点点头。

"罗某留意武夷先生已久。"罗亦篦颇为惋惜道："武夷先生资源颇多，略加用之，不说一步登天，总不至于在此逗留一年半载吧？"

"王某憨呆，不知有何资源。"王朝聘甚为吃惊，道："知县大人可否指点一二？"王朝聘故意不叫罗亦篦的名字，而是以他即将赴任的官职称之，明显有揶揄之意。

罗亦篦"嗬嗬"一笑，不以为意，他对王朝聘道："武夷先生不是与憨山大师有过'南岳论道'吗？此乃多么风光之事？憨山大师生前与先皇及朝廷众多命官均有交谊，以兄之才，憨山大师焉有求而不荐之理，兄又何有荐而不得之屈？"

王朝聘一怔，他压根没有想到这一点。

一旁的章梁瞪大眼睛，不住地点头，附和道："罗兄所言甚是。憨山大师虽为出家之人，但为朝廷举贤，想必亦是乐而为之罢。"

"罗某不才，好交有才之人。武夷先生有德有才，乃罗某敬仰之人。"罗亦篦见王朝聘不语，坦诚道："若罗某有武夷先生之资源，早成人中龙凤矣。"

"罗兄誉词，受之有愧。"王朝聘不以为然，抱拳道："在下虽然与憨山大师有过一面之缘，但憨山大师云游四方，在下何处追而求之？数年之后，憨山大师已然坐化，唯有阴间方可得见矣。况入朝之事，乃皇上降旨，天下尽知，何枉早年与憨山大师之私谊？"

"武夷先生真乃清正之贤也。"罗亦篦盯着王朝聘，道："纵使不求憨山大师，兄仍有许多机会。"说到这里，他停下来，忽然凑近王朝聘耳边道："兄何不快快回到衡州？桂王就在衡州，以兄之闻达，桂王纳入幕僚，岂非易如反掌？兄舍近求远，劳心劳命，何苦哉……"

罗亦篦的一席话，仿佛在王朝聘的头上扔了一颗炸雷。

不过，炸雷响过之后，王朝聘很快冷静下来，心想：桂王虽在衡州，然王某一介布衣，区区浮名，何以入得了他的法眼？倘若为得一吏，绞尽脑汁，拜于裙裾之下，此等行为，亦绝非王某所能为矣。

正在这时，门外突然传来一声巨响。紧接着，人群潮水般涌过街头，哭声，喊声，尖叫声，不绝于耳：

"快，快，大事不好啦！"

"多尔衮快到北京城了。快跑，快跑，清军打到北京城了。"

罗亦篾脸色骤变，连个招呼都没有，身体极其敏捷，一个急转身，喊了一声什么，不顾一切地冲了出去。

"怎么回事？"王朝聘心头一颤，扭头看向窗外。

章梁抓住他的手，道："看来大事不妙，赶快逃命吧。"

这时，茶馆里乱成一团。众人齐声惊呼：

"袁大人尚在北疆，清军何以打到北京城？"

"听说是袁崇焕造反，放清军入关了。"

"啊？难道袁大人造反了？"王朝聘一边跑，一边连连道："真的造反了？造反了？"

时局大变，就在转眼之间。不要说平头百姓不知道，就连崇祯皇帝也万万没有想到，清军怎会突然杀到自己的皇城来。

原来，数月之前，多尔衮率领十万铁骑，连克边防三镇，直捣黄龙。袁承焕怀揣尚方宝剑，顾不得事先禀告，日追夜赶，终于在皇太极之前赶到了北京城，其时人疲马乏，又饥又渴。袁承焕请求带兵进城，以拒强敌。崇祯断然拒绝。他想不明白的是：皇太极如何可以突破袁崇焕的布防，直捣黄龙？唯一的解释就是，袁崇焕投降了清军。

袁崇焕见崇祯有猜疑，为表忠心，他接受了不进城补给等苛刻条件，只在城外安营扎寨，城内送食物和水犒劳三军。

接下来数日，袁崇焕的大军与清军在北京城下展开殊死搏斗。皇太极多番苦战，难以推进，知道孤军深入，战线太长，无法取胜，于是，鸣金收兵，班师回了东北。

崇祯总算松了一口气，悬着的心也放了下来。

此时，本该获赏的袁崇焕却提心吊胆起来。为官多年，他对官场险恶的了解比一般人要深得多。

残阳如血，京师大门洞开，崇祯的侍者前来，请袁崇焕进城面圣。

袁崇焕思量片刻，解除武装，摘下头盔，迈出了脚步。

天空低沉，风吹残阳。众将士失声痛哭，高喊："大都督！"

所有人都清楚，袁崇焕更是心知肚明：这城门，进得去，出不来！虽然他手里握着皇上赐予的尚方宝剑，但这宝剑只管臣民不管皇上。皇帝要收回一把剑，不就是"钦此"一句话？袁崇焕想得通透，如果不面圣，他也会被处死，而且还会坐实他谋反的诬名。他宁愿死，也不愿背上不忠之名。

历史的残酷在于：崇祯皇帝给他扣上的恰恰就是忤逆谋反之罪。

在勤政殿，崇祯抚着袁崇焕的肩膀，声泪俱下。他知道袁崇焕是位忠臣，他也知道这股肱之臣凭借一己之力撑起了大明江山，但是，他在独木桥上，权衡轻重，必须杀了这个忠臣。

此时，朝野混乱嘈杂，磨刀霍霍，一批对袁崇焕不满的人联合起来，要求皇上治罪袁崇焕，不杀，则皇权不稳，朝野动荡。

袁崇焕即将被处死，而且是最为残酷的凌迟处死。消息一出，整个北京城都沸腾了。

王朝聘闻此心中有一丝疼痛，他不能肯定袁崇焕到底是不是罪人。但他想，即便是罪人，将功抵罪，也不至于凌迟处死吧？

王朝聘怎能想到，当一个王朝的重量都压在一个人身上时，王朝必将失去重心，而这个人也必将身不由己，不可避免地成为替罪羊。杀袁崇焕可能是崇祯在位期间犯下的第一个大错，这一错，就给自己的脖子套了一根绳子。

几天之后，满大街的人像饿鬼暴民一样，都在争啖"叛臣"袁崇焕的肉。袁崇焕一死，大明便沦为僵尸一具，崇祯的性命也握在了别人的手中。

王朝聘心如死水。他清点了自己的东西，典当变卖，买了一头瘦驴，于午夜时分出了古老的北京城门。他拖着消瘦疲惫的身躯，连回头看一眼的愿望都没有，只求快快离开，孤独地走向那片遥远的故土。

第二章　风雨飘摇

一

中国真是辽阔广大。多尔衮的铁骑逼近京城，袁崇焕因为勤王而兵临城下，最终以"谋反"之罪被处死，李自成、张献忠等农民起义军烽烟四起……这些内外交困把北方折磨得呜呼哀哉，而南方的衡州却是歌舞升平，一片安宁，至少表面上是这样的。

此刻，衡州桂王府，依旧金碧辉煌，吉庆祥和。在黎民百姓想象中，桂王府神秘、富贵，桂王以尊贵之躯，掌控芸芸众生的生杀大权。小王爷过着衣来伸手、饭来张口的日子，想要什么就有什么，想干什么就干什么，没有一点压抑和痛苦。

显然，这是误解。实际上，人生在世，不同层次的人有不同层次的烦恼与痛苦，桂王朱常瀛也不例外，他的日子过得并不轻松。虽说天高皇帝远，但他的身体一直欠佳，偏又好女色，怕死，常常找些民间异士为之炼丹，以求保持风流人生又长生不老。不过，服丹后，一时效果虽好，但时间久了，反而对他的身体伤害更大。

朱常瀛深感有心无力，便把希望寄托在两个儿子身上，他不仅在学业上严加管束，还每每督促查验，甚至亲自为之授课。其时四王子朱由榔才七八岁，他的哥哥朱由楱也才不过十来岁。他俩虽然没有科考之苦，亦无衣食之忧，但王府之内的繁文缛节、言行举止和礼仪礼规，以及各类诸子经书的学习也是令人苦不堪言的。

这一天，朱常瀛亲自授课，讲解《尚书·大禹谟》，这也是他当年上课时的内容。他摇头晃脑地念道："曰若稽古大禹，曰文命敷于四海，祗承于帝。曰：'后克艰厥后，臣克艰厥臣，政乃乂，黎民敏德。'"念到这里，对两个小王爷道："你们知道这段话的意思吗？"见两人摇摇头，朱常瀛只好细细讲解一番。

朱常瀛面对似懂非懂的两个儿子，没有停下，而是继续讲课。他对《论语》有些心得，念道："子曰：'饭疏食饮水，曲肱而枕之，乐亦在其中矣。不义而富且贵，于我如浮云。'"念完，又问两个儿子知道其义乎？

三儿子朱由榔答道："孔圣人说，他吃粗粮、喝冷水，枕膊而眠，自得其乐。不择手段而致富贵，于他有如浮云。"

朱常瀛点点头，颇感欣慰。然而，当讲到"君使臣以礼，臣事君以忠"一段时，他反复阐释其义。两个儿子的注意力早就不在课堂上，只盼早点结束。朱由榔甚至跷起二郎腿，散漫地望着雕花屋顶。朱常瀛很生气，立即罚他读《五子之歌》，并要他说出"为人上者，奈何不敬"的意义。四儿子朱由榔见势不妙，立即挺直腰板，双手垂膝，敬畏地看着父亲……

窗外，广袤的大地上，金色的稻子熟透了，人们正忙着收割，空气中弥漫着汗味和稻香味。桂王府中的王爷们一定感受不到这劳作之美以及大自然的回馈之乐。

远远地，天边飘来一头瘦驴，驴子上坐着一位清瘦的老者。熟识的乡民，纷纷向他躬身相迎：

"原来是王大人！"

"王大人，你从京城回来了？入朝了吧？谋了几品？"

"王大人是衡州人的骄傲！"

乡民们是纯朴而善良的。他们的请安是真诚的，他们的赞美也是发自内心的。

王朝聘对着乡民微微抱拳，感觉到前所未有的亲切和温暖。阳光灿烂，空气清新，风自由地吹，稻子金黄，咧嘴而笑，满眼都是苍生，满眼都是太平，他彻底松弛下来。有一个声音在耳边响起："终于到家了。"他打定主意，从此以往，再也不离开衡州，不离开自己的家。驴蹄踏地，发出清脆的响声。顽皮的孩童，手里拿着小小的稻草人和一串铃铛，跟在他身后，一路走，一路唱，笑声洒落一地。

王朝聘来到家门口，下了驴，看着门上的旧符，感觉有些错愕，他这一去，家里的时间仿佛停了下来，一切都是老样子。门里，隐隐传来小儿王夫之的读书声："纷吾既有此内美兮，又重之以修能。扈江离与辟芷兮，纫秋兰以为佩。"不由一愣，夫儿竟然读起屈子了？

来不及细想，王朝聘推门而入，道："我回来了！"这才发现自己的声音有些颤抖，出门一年多，没谋得一官半职，仿佛是他的错。想想也是，前前后后，他在外漂泊了十年，一事无成，他能不内疚吗？

这时，一个毛头小伙子扑到他的眼前。少年身材修长，眉清目秀，面色红润。他们对视了几秒，少年脸上绽出笑容，大喊一声："父亲大人。"

王朝聘应了一声，摸着少年的肩膀，俯下身，慈祥道："夫儿也长得这么高了？"王夫之咧嘴笑着，十一岁的阳光少年，不知父亲的艰辛，脸上除了稚气，还有无限的朝气和欢愉。他冲出房门，边跑边喊："大哥二哥，父亲大人回来了，父亲大人回来了。"

望着王夫之青春的背影，王朝聘百感交集，老泪纵横……

大弟王廷聘闻讯赶来，道："哥终于回来了，瘦了一圈。"

王朝聘强作一笑，道："这些日子，多亏你照顾。"

"没啥。我喜欢跟侄子们在一起。"王廷聘答道，忽然话锋一转，道："小弟去知府谋了个差。听说他给你在信中提及过？"

"哦，这事，这事……他是跟我说过。"王朝聘吞吞吐吐道："当时忙，我忘记回复他了。"

正说着，小弟王家聘兴高采烈地走来，道："大哥回来啦。入朝之事妥帖了吧？邓大人听说你回来，还说要来拜访你呢。"

"千万、千万不用！"王朝聘连忙道："不瞒二位贤弟，此番北上，又是一无所获矣。"

"啊？这么长时间，大哥都在京城干吗？"王家聘瞪大眼睛，道："天天奔忙在天子脚下，连个杂役都没捞上？"

"小弟休得乱说！"王廷聘斥道："大哥岂是干杂役之人乎？"

眼看两个兄弟就要吵起来，王朝聘赶紧道："大哥干不了杂役，想干也没机会。快回去吧。改日请你俩来喝酒……"言毕，觉得疲惫极了。

夜幕笼罩，一盏油灯，一桌饭菜。薄黄的灯光里，一家人坐在一起，吃着清淡的食物，王朝聘脸上露出久违的笑容。儿子们向他打听京城的事情，他似笑非笑，道："吃饭，好好吃饭。"

王介之边吃边说："父亲大人，孩儿已听闻北方之事。"

王参之也道："国贼袁崇焕被凌迟处死，真乃大快人心。"

"天大的事有皇上，有朝廷。我等不必多虑，亦不用妄议。"王朝聘忍不住道："你们只需好好读书，他日登科有名，仕途腾达，惟此，方有资格谈论国事。"

王参之还想说什么，王朝聘忽然正色道："往后饭桌之上勿谈国事。家规中，增此一条。记住了。"

见儿子们点点头，王朝聘又道："夫儿，饭后随我去书房，为父要检查你的功课。参儿随后，介儿再后。一个一个来。"

三个儿子点头答应。未几，王夫之朗声道："父亲大人，夫儿一直都在用功，万不敢荒废一寸光阴。"

"无需表功。一会儿自然知晓。"王朝聘喝了一口汤，说道。

这时，谭孺人忍不住道："你眼睛都陷进去了，人瘦得走了样，今天刚回来，休息一下不行吗？"她用略带责备的口吻说道："读书之事，不是一天两天的事情。你不在家，孩儿们都很自觉。"

"那好。明天上午也行。"王朝聘看了谭孺人一眼，道。

当天晚上，王朝聘又疲又困，原本可以安稳睡去。但他躺在床上，望着窗外，但见月光清凉，往事潮水般涌来。他突然想起了罗亦箧，想起了憨山大师，然后自然想到了桂王朱常瀛。几年前，桂王浩浩荡荡来到衡州，自己原本是要去迎接的，没料到当时身体抱恙。那一次，其实是可以见到桂王的。在京见不到皇上，至少可以在衡州见到跟皇上关系很亲近的人。可是，见到他，又能怎样？命运真会改变吗？王朝聘不愿去想。要不是这次罗亦箧提醒，他觉得自己跟桂王毫无关系。可是，真的毫无关系吗？这一夜，王朝聘竟然失眠了。

"你翻来覆去地想什么啊？京城的事还放不下吗？"谭孺人见丈夫睡不着，便道："命里有时终须有，命里无时莫强求。睡吧……"

翌日早上，吃完饭，王朝聘强打起精神，先给祖宗们上了香，然后，走进书房，又给各位圣人作揖。嗅着满屋的书香和墨香，他的心灵突然安宁下来。

不一会儿，王夫之走了进来，递上自己的读书释义本。王朝聘坐到椅子上，接过本子，但见封皮上写有一行字："三光岂无日月星，四诗唯有风雅颂"；打开扉页，但见上面又有一行字："识遍天下字，读尽人间书。"王朝聘不由心中叫了一声"好，有志气！"接着，他认真翻看着王夫之所写的一页页经义解读，觉得述说精准，阐发得体，思维奇清。他甚为满意，情不自禁伸手摸了摸王夫之的头，道："昨天回家之时，听见你在诵读屈子《离骚》，夫儿能明其意吗？"

"太史公云：'屈平正道直行，竭忠尽智，以事其君，谗人间之，可谓穷矣。'"王夫之接着道："'信而见疑，忠而被谤，能无怨乎？'屈平之作《离骚》，盖自怨生也。"

"嗬嗬，你把《屈原列传》都背下来了？"正在这时，王朝聘看见案头上有一叠《资治通鉴纲目》，眼睛一亮，道："这是哪里来的书？"

王夫之答道："从大叔那里拿的，最近有时间就会读。大叔说，这是曾祖父留下的书，当年，曾祖父还想补充《资治通鉴纲目》。"

王朝聘点头道："你曾祖偏爱此书，眼光独到矣。如今到了你手里，甚好。读经可以明心，读史可以明志。"他隐隐觉得小儿子胸中自有风雷，内心十分欢喜。

"学有渊源。曾祖及父亲大人均饱读诗书，夫儿亦当自强。"王夫之道："父亲大人不在家，夫儿从无懈怠，所诵记者皆为典籍。"

"以夫儿之龄，诵记当无错。但深研典籍，需究极天性物理为本。"王朝聘看着王夫之，告诫道："斟酌古今，务抒心得之实，以真知实践为学矣。"

"夫儿记住了。"王夫之道："学非有碍于思，而学愈博则思愈远；思正有功于学，而思之困则学必勤。诚哉斯言，夫儿得之。"

王朝聘面色慈祥，心想：看来这些日子，夫儿长进不小啊！

二

1633年，洪承畴上任三边总督。李自成带领他的人马强渡黄河，抵达山西，投奔了他的舅父——"闯王"高迎祥，李自成也由此成了名重一时的"闯将"。时势造英雄——"闯将"变"闯王"是大明王朝做梦都没有想到的。

天空阴云密布，风急浪高，暗藏杀机。

王朝聘回到衡州王衙坪后，最初一段时间，他有意无意地打听桂王府的事情，可没有任何有价值的消息传到他的耳边。倒是大弟王廷聘来家聊天，提过一次桂王府，说桂王府吃的猪肉特别讲究，让人追赶着要杀的猪，一直追赶到它精疲力尽，倒地为止。屠夫对着猪喉，一刀捅进，血喷如注，这样的肉特殊鲜嫩。王朝聘觉得无聊，问是从何处听来。大弟回答是从衡州屠户大佬朱老板那里听来的，桂王府的猪肉都是朱老板专供的。

这天上午，王朝聘正在准备新的讲义，突然有人在门外高喊："知府大人到！"

王朝聘颇为惊愕，他与知府素无交往，知府大人来此干吗？正在犹疑之间，谭孺人将门打开了。但见小弟王家聘站在门口，弯着腰，将手伸向门内。后面的邓紫鎏大步流星走了进来，抱拳道："久仰武夷先生大名，今日得见，甚慰。"

王朝聘赶紧抱拳，道："一介布衣，有扰知府大人，王某深为不安。不知大人有何赐教？"

王家聘道："大哥，知府大人学富五车，礼贤下士。上次听说你从京城回来，当即就说要来探望呢。"

"可惜临时有事，未能及时拜访。"邓紫鎏点头道，他接过谭孺人递来的茶，喝了一口，嘴里念道："雨暗苍江晚未晴，井梧翻叶动秋声。楼头夜半风吹断，月在浮云浅处明。"

"此乃北宋诗僧道潜《江上秋夜》之名诗。"王朝聘明知邓紫鎏显摆学识，仍然问道："敢问知府大人对妙总大师的诗有兴趣？"

"谈不上什么兴趣。邓某闲时喜读诗词，适才头脑里突然冒出此诗，忍不住吟出罢了。"邓紫鎏答道。

王家聘插话道："邓大人诗词歌赋，样样精通也。"

"家聘休得奉承。"邓紫鎏将头转向王朝聘，道："武夷先生学问精深，世人皆知。特别是与憨山大师南岳论道，名重一时。邓某日后还要仰仗你在桂王面前多多美言呢。"

"啊？此话怎讲？"王朝聘一头雾水。但他知道，邓紫鎏上门，必有所图。"王某不懂，请知府大人明说。"

邓紫鎏见无外人，便道："桂王府两个王爷要请人授课，邓某极力举荐武夷先生，若心愿达成，先生就是国师，这不仅是先生个人的荣光，也是邓某和衡州父老的荣光啊！"

"此乃千秋难逢之良机也。来之前，知府大人竟未透露半句。"王家聘瞪大眼睛，提高声音道："看来大哥时来运转，光宗耀祖矣。"

"小弟休得乱说。"王朝聘对王家聘很不满，他回头对邓紫鎏抱拳道："承蒙知府大人高看。只怕王某才疏学浅，拂费大人美意。"

"武夷先生不必过谦。"邓紫鎏站起身，笑道："成与不成，不是邓某所能决定。邓某只是做了该做之事。告辞！"

送走邓紫鎏和小弟，王朝聘坐在窗前，情绪有些波动，他极力让自己静下心来，他一页一页翻看着《春秋》，但心思旁逸。虽然他相信邓紫鎏所说举荐之事，不过他认为，这样的举荐也仅仅是地方官吏的应尽之责。桂王府虽然偏居衡州，但各种资源依然是全国性的。要从京城乃至全国选几个国师来衡并非难事。如此一想，心乃从容。想想这些年在京城的数次奔波，哪一次不是言之凿凿要入朝，可结果呢？王朝聘不禁苦笑了一下。

"红尘白浪两茫茫，忍辱柔和是妙方。到处随缘延岁月，终身安分度时光。"这是南岳论道时憨山大师写给王朝聘的醒世之语。经历了京城的折磨,看多了世态炎凉,王朝聘越来越感受到憨山大师赠语之高妙,自己也变得更加务实。眼下,他要倾其所学,教导弟子成才,同时对三个儿子悉心栽培。而一想到三个儿子,王朝聘颇为欣慰,特别是小儿夫之,本就天资聪颖,二岁识字,三岁跟着哥哥读书,四岁跟随长兄入塾问学,七岁读毕十三经,九岁随父求学伍定相,十一岁阅经义、诗词上万篇首。几天前,刚满十四的夫之去参加童试,算是牛刀初试,虽然尚未发榜,但看他考后兴奋的样子,小小秀才应如探囊取物,照此势头,前途无量啊!当然,他还有很长的路要走,除了衡州郡学的应试,还有更为重要的乡试。

所谓乡试,又称秋闱、大比,每三年举行一次。乡试共分三场,分别在八月初九、十二日、十五日进行。金榜题名者即为举人,举人名额由朝廷下达,各省按人口基数分配,从数十人到百余人不等,朝廷录取总额为一千余人。凡举人者均有入朝为官资格。

在王朝聘看来,乡试将是王夫之人生路上最重要也是最为艰巨的一关,务必早早准备才是……

窗外阳光橘黄,小鸟啾啾。王朝聘重新认真备课,因为下周要开讲《春秋》,这是他最希望讲授的课程。《春秋》这本书,他不知看过多少回,每次读,都有新的感受。从京师回来之后,他就把大部分时间花在这本书上,觉得该书隐喻褒贬,匡时救世,内容繁驳,虽以战争、会盟、朝聘等为主,却也涉及日蚀、水灾、旱灾、虫灾和祭祀、婚丧、宫室等,还有陨石、星宿、地震等记载,真是上天入地,无所不包,日日讲用,每有新得。

"怎么,今天上午没课?"这时,大弟王廷聘敲门进来,见王朝聘手捧《春秋》,便皱眉道:"大哥专注《春秋》多年,心之诚,力之猛,无有其右。然《春秋》杀气过重，仅弑君就达三十三例矣。"

"乾坤朗朗，当杀必杀。弑君三十三何足挂齿？"王朝聘反驳道："此乃乱臣贼子之所惧也。"王朝聘见大弟进来，还以为他是听闻知府大人来访之事而来，见大弟并无此意，他便松了一口气。

王廷聘笑道，"大哥太过正统，活得庄重。其实偶旁小道，可得异趣。比如老庄梦蝶，潇洒异常，其妻既死，鼓盆而歌，如此，生不足喜，死不足悲。不亦乐乎？"

正在这时，王夫之走了进来，见父亲手中捧着《春秋》，大叔在一旁谈及老庄，请一声安后，便接话道："老庄歌曰：'生死本有命，气形变化中。天地如巨室，歌哭作大通。'老庄悟世通达，心灵有趣。"

"夫儿，这是谁教你的？"王朝聘瞪了大弟王廷聘一眼，明知故问，略一停顿，又道："切记：熟读儒家经典，不得丝毫分心。其他皆为旁门小道，不得任性而入。"

"咦。天气不错，出门走走？"王廷聘道："郭其保邀我赏画，说了几回。"

"哦，弟子衮冕也叫了我多次，说他父亲让我去吃酒赏画。"王朝聘道："不如一起去去？"

"夫之也去吧。"王廷聘道："读书不在一时半刻。"说罢，也不等王朝聘的反应，拉着王夫之的手，出了门。

王朝聘摇摇头，整理一下书案，便跟了出去。

郭家大院很大。郭其保是衡州当地有名的画家，喜爱画花，尤擅书法，追求雄奇古崛与天然之趣。他有一个儿子叫郭衮冕，正在王朝聘门下受教。

"哎呀，武夷先生和牧石先生驾到，快快请进。"郭其保十分惊喜，大声道，"还有这一位，就是武夷先生的三公子吧？"

"我是夫之。"王夫之点头，大步走了进去，迎面撞上一白净少年，只听郭其保道："冕儿，快来拜见武夷先生和牧石先生，然后再与夫之去玩吧。"

郭衮冕连忙向两位老师请安，指着跑去前面的王夫之，道："想必那位才子就是大名鼎鼎的夫之老弟吧？"

王朝聘笑道："什么大名鼎鼎？你比他大一岁，各有所学，今后多多交流吧。"

郭衮冕追上王夫之，道："夫之老弟，我天天去你家上课，可令尊有规定，你们三兄弟不被允许随堂听课，所以一直未得见。"

王夫之道："你叫衮冕吧？父亲大人跟我说起过你。"

"啊？武夷先生谈及过我？"郭衮冕急道："快告诉我，令尊是如何评价我的？"

"唔，让我来考考你吧。"王夫之张口就来："'知之者不如好之者，好之者不如乐之者。'请问这是《论语》中的哪一篇？"

郭衮冕略一思索，答道："第六篇《雍也》。"

"你答对了。"王夫之笑道："这就是我父亲对你的评价。"

"啊？"郭衮冕有点懵，但一下子知道是王夫之在捉弄他，正要追上去去理论，被郭其保截住了，道："跑什么？还不去陪陪两位老师？"

王朝聘见当天赏画者众，便对郭其保道："不必了。我们随便看看。你们父子去忙吧。"

"确实，来者都是客。倒茶送水，都要人。衮冕去帮忙吧。"王廷聘看着郭其保，回头又对郭衮冕道："你要与夫之切磋，以后有的是时间。你俩都有才，一定能成为好友。"

王朝聘把王夫之叫到身边，严肃道："要有书生之仪，不得率性而为。"

王廷聘正在左右应酬，跟这个点头，跟那个作揖，偶尔还要聊上几句，听到大哥讲"书生之仪"，立即收敛起来。他明白，大哥有些清高，不愿与三教九流者为伍。他虽然觉得"书生之仪"束缚人性，但当天是自己提议来的，大哥同意来，一是给他面子，二是心情不错。因此，他得多陪一陪大哥，况且小侄夫之也在，不能跟平时叔侄在一起那样没大没小、放任无束，还是尽可能正经一点吧！

"对。'敬而无失，与人恭而有礼，四海之内皆兄弟也'。"王廷聘接过大哥的话说道，然后拉起王夫之的手："走，我们赏画去。"

王朝聘、王廷聘、王夫之三人来到一幅名为《万物贞生》的画前，但见上面题联有趣："微风　瘦柳，疏月　残菊"。看是四字联，中间却空一字。

王夫之不知其意，便招眼看了看王廷聘。

王廷聘一笑，道："我们在空字处加一字，吟成五言联句。可否？"一边说，一边张口就来：微风吹瘦柳，疏月印残菊。"

"这个不难。"王朝聘当即接上："微风润瘦柳，疏月染残菊。"

"贤侄，你也来试试。"王廷聘冲王夫之笑道。

"此画古朴有余，境界似有不足也。然画名《万物贞生》倒是令人遐思。"王夫之略一停顿，道："微风贴瘦柳，疏月湿残菊。"

"妙，贤侄真是妙哉！"王廷聘大赞道，扭头转向王朝聘："一贴一湿，较之你我之字，贤侄似乎更胜一筹，大哥以为然否？"

"唔，有些意蕴，值得玩味。"王朝聘点头微笑。

"既如此，我们不如填上去？"王夫之一听，高兴得有些过头。

"夫儿休得乱来！"王朝聘立即制止，道："所谓空字，乃画家刻意为之，有如留白，诱导赏画者投入其间，或书或画。若填满字，岂非堵住他人之想象？"

"大哥所言是实。"王廷聘听罢，似有些不服，当即为王夫之辩道："话虽如此，然贤侄之妙，恐怕他人难出其右矣。"

三

十月的清晨，天高云淡，阳光明媚。吃完早饭，王朝聘突然来了兴致，对三个儿子道："走，咱们去登南岳！我已多年不登山，如今一把老骨头，再不登山，以后就登不上去了。"

听着父亲的话，王夫之心里不是滋味。不过，既然父亲高兴，自己没有理由不开心，更何况他也是喜欢登山的。十几年间，他跟着大叔、大哥和二哥多次登上南岳诸峰，但跟父亲一起登山，还是极少。

王介之道："父亲大人，大叔前些日子也说要登山，不如叫上他，一起去？"

"我就知道你们三兄弟都喜欢大叔。"王朝聘笑道："放心，已经约好，他会在古城北门等我们。"

"好喽！"王夫之和王参之异口同声道。王朝聘随即与谭孺人交代一番后，便带着儿子们朝古城北门进发。还未到门口，王夫之就飞一般地冲过去，挥着手，老远就大喊起来："大叔，我们来喽！"

王廷聘迎过来，抱起王夫之，又赶紧放下，道："贤侄真的长大了，我快抱不动矣。"

王朝聘带着王介之、王参之赶过来，道："此番出行，若无大弟，三个小子便觉无趣。"话音刚落，见王廷聘备了一辆马车，王朝聘叹道："还是大弟想得周到。"

"上车吧。"王廷聘笑道："从衡州上南岳，若靠双腿，只怕大半天时光要耗在路上了，如此，岂不辜负了良辰美景？"

一家人谈笑风生。王夫之尤其兴奋，不停地与王廷聘"斗嘴"，偶尔惹得王朝聘大笑一番。

太阳爬上天顶时，王家人来到了山脚下，他们下了车。

时值深秋，虽有阳光，但空气阴冷。王夫之三兄弟本不想走得太远，怕父亲和大叔太累。但王朝聘情绪颇高，王廷聘提议道："我们加把劲，干脆夜宿莲花峰，明早观日出。"

王朝聘道了一声："好。"

王夫之道："不去看看舅父大人？"

王夫之的舅父谭玉卿住在南岳双髻峰下，不在王朝聘的路线安排之内。王朝聘道："人多，路不顺，这次就不去双髻峰矣。"

进到山里，薄雾迷漫，香烛绕林。山路崎岖，游客不多。王廷聘走在最前面，他身子硬朗，如履平地，这南岳，他走的次数太多了。王朝聘有些步履蹒跚，走惯了京城和衡州的石板马路，他对山上的潮湿小道不太适应。王夫之、王参之和王介之依次在后。但三兄弟十分机灵，目光落在两位长辈身上，生怕他俩发生什么闪失。

突然，王朝聘有点踉跄，王介之慌忙跑上前，要去搀扶他。王朝聘摆摆手，道："无妨，无妨。"随口来了一句："年年陌上生秋草，日日楼中到夕阳。"

"哦？大哥几时喜欢上晏几道的词了？"王廷聘吃惊道。"小山的词偏唯美，但境界过于空落。"

"不是空落，是苍凉。叔原的词有些味道，但也谈不上喜欢。"王朝聘摇摇头，道："许久未登山，极目四方，触景生情罢了。"

"秋日登山，往事如潮。"王廷聘提议道："不如以思念为题，每人念一句刻骨铭心之诗词如何？"说完，率先吟道："'十年生死两茫茫，不思量，自难忘'，此乃东坡对亡妻之思念。"

"大弟终归是有趣之人。怪不得三个小儿皆喜欢你。"王朝聘道："古人吟秋思，太滥，然好诗亦不少。'桃李春风一杯酒，江湖夜雨十年灯'，即为其一，此乃黄鲁直对老友之思念也。"

这时，王参之抢上一步，贴近王朝聘，道："'人言落日是天涯，望极天涯不见家'，此为李泰伯对家之思念，倒也不错。"

王介之对王夫之道："小弟，你来一首吧？"

"好。'中庭地白树栖鸦，冷露无声湿桂花。今夜月明人尽望，不知秋思落谁家。'"王夫之也不谦虚，高声诵毕，道："说到思念，唐代王仲初这首《十五夜望月》真是不错。但类似诗词，成千上万，名句若星，何以穷尽？莫如说些别的，大哥，你起个话题如何？"

"也好。都是家人，难得有此雅兴，我就来说件轶事，正好可以向大叔和父亲大人请教。"王介之微笑道："东坡曾有《书子美屏迹诗》一文，他把杜子美《屏迹》诗二首抄了据为己有，坦承：'此东坡居士之诗也。'有人质问：'此杜子美屏迹诗也，居士安得窃之？'东坡道，诗固为子美所写，但他阅之，觉'字字皆居士实录，是则居士诗也'，并声称'子美安得禁吾有哉？'两位大人如何评判此事？"

王朝聘听后，笑而不语。

"东坡此番行为，虽不厚道，倒也光明磊落。"王廷聘亦笑道："民间流传东坡轶事不少，多为文人雅客饭后谈资。其中虚实真伪，一时莫辨，亦无须较真矣。"

王参之对苏东坡颇有兴趣，他接着讲了一个故事：有一天，佛印禅师偕苏轼、苏辙结伴同游，到一山前，佛印即兴吟出："无山得似巫山好。"让苏氏二兄弟对。苏轼当即对上："何叶能如荷叶圆。"苏辙道："何荷"对"无巫"，固不错，若改为"何水能如河水清"是否更好？说到这里，王参之感叹："真是羡慕苏家了得，人人卓拔，个个龙凤，东坡尤最。"

"东坡好个啥？作诗，偷也；从政，擅权。"没料到，王夫之颇不以为然，大声道："以愚之见，昔周勃扣贾谊'年少初学，专欲擅权，纷乱诸事'之帽，东坡戴之可也。"

王介之听后颇不舒服，质疑道："小弟怎有此说？"

正说着，前面有一块大的岩石。王朝聘道："歇一会儿吧。"说完就坐了上去。王廷聘也跟着，王介之和王参之都围坐上去。只有王夫之站在岩石旁边。王廷聘笑道："夫之语出惊人，言犹未尽，那就回答介之之疑吧。"

王夫之坦言道，他鄙薄东坡之为人，认为他本人、还有其弟苏辙与唐朝的元稹、白居易一样，名不副实，皆为宵小之徒："酒肉以溺其志，嬉游以荡其情，服饰玩好书画以丧其守"。

王参之听后十分不悦，对王夫之道："夫弟，东坡等人何以惹恼了你，竟遭你恶意攻击？"

"我与东坡并无冤仇，只是据实评之。"王夫之不为所动，继续说道："两位胞兄读过其《谏臣论》乎？东坡抹杀君臣之义，混淆忠奸之别，此等文字与邪说无异矣……"

"年少轻狂，一派胡言！"王朝聘实在忍不住了，看了王夫之一眼，冷冷道："夫儿所论，实为韩愈之《诤臣论》，它非东坡所著，亦非名《谏臣》。夫儿把韩愈之《诤臣论》一误东坡之作品，二误《诤臣论》为《谏臣论》，一错再错，张冠李戴，持论尖酸，夸夸其谈，尚自鸣得意，今日幸而无外人，否则，真是羞煞老夫也。"

王夫之闻此浑身一颤，在他的记忆中，父亲很少如此严厉批评过他，不禁满脸通红，呆呆地看着王朝聘，突然跪下，流着泪说道："父亲大人批评得对，小儿狂妄自大，心气浮躁，出言不逊，实不应该。"

"好啦，知错就改，善莫大焉。"王廷聘赶紧拉起王夫之，安慰道："东坡为人、为官与诗文怎样，大叔皆不评价，但东坡好吃众所周知，有此一好，即为大叔所喜之人也。"

"是的，是的。"王介之也连忙说道："东坡不但会吃，自己还会做。他的《猪肉颂》足可见证："净洗铛，少著水，柴头罨烟焰不起。待他自熟莫催他，火候足时他自美。黄州好猪肉，价贱如泥土。贵者不肯吃，贫者不解煮，早晨起来打两碗，饱得自家君莫管。"

王参之则道："一个人，文可写诗，武可持剑，出得厅堂，下得厨房，此乃可敬之人也……"

王夫之垂着头，默默听着，知道大家都在为他解厄、纾困。

四

秋风起，四周暗。一家人继续上山。这一回，王朝聘走在最前面，王介之、王参之跟在其后，王廷聘与王夫之殿后。王廷聘有的是办法逗王夫之开心，而王夫之对父亲的训斥也并没有一直放在心上，他是个乐天派，不一会儿，就跟没事人似的，与大家有说有笑起来。

多年来，大家对王夫之夸赞有余，批评不足，王朝聘原本担心他受不了严厉批评，没想到他这么快就恢复常态，颇感欣慰。于是，他也给大家讲了苏家的一件轶事：话说有一天，东坡与其父苏洵及小妹去五云山之西的云栖游玩。一行进入花香醉人、清凉幽静之地，苏洵来了诗兴，要各位以此景为题，各撰一联，限定尾字为"冷"和"香"。东坡张口就来："拂石生来夜带冷，踏花归去马蹄香。"苏小妹不甘示弱，道："叫月杜鹃喉舌冷，宿花蝴蝶梦魂香。"苏洵一听，评说道："二位所联尚可，然虚拟过多，写实太少。为父之联则是：'水自石边流出冷，风从花里过来香。'二位评评，是否略胜一筹？"

"有趣，有趣。"王廷聘怂恿道："今天王家堪比苏家，正好亦是父子三人，不如也来赛诗比联，我自告奋勇，请当裁决！"

"大弟不得造次。"王朝聘道："王家怎敢攀比苏家？为兄的断然不敢比之苏明允，三个犬子，恐无一人敢比东坡吧？"

王夫之听了，咬了咬嘴唇。王廷聘则笑道："苏门虽显，毕竟东去。王家有人，夫可限量？"

王朝聘嗔道："大弟言谈，确实不凡。"

众人一听，皆笑了。

也不知走了多久，他们走过九曲十八弯，抬头一望，有些吃惊，竟然来到了西敏寺。

恰在此时，迎面传来读诗声："古木阴中系短篷，杖藜扶我过桥东。沾衣欲湿杏花雨，吹面不寒杨柳风。"

王廷聘不由嘀咕一句："谁在吟诵志南和尚的《绝句》？"话音未落，但见一位慈眉善目、目光祥和的老僧人，披着红色的袈裟，缓缓走了出来，身后跟着一位体格健壮的敦实和尚。看来，读诗者应是前面的老僧人。

"阿弥陀佛！"见到王朝聘一行人，老僧立即双手合十，念道："原来是武夷先生！'吹面不寒杨柳风'，说的原来是故友。快快随我进寺品茶。"

身后那位敦实和尚也赶紧躬身、作揖，嘴里念念有词。

王朝聘立住，会心一笑，道："悟一法师！别来无恙也。"

老僧人正是西敏寺住持悟一法师。年轻时，王朝聘经常来登山，和悟一法师有些来往，后来十余年，受浮名所累，登山日少，即便登山了，他也匆匆来去，少有驻留。

悟一法师念道："多时不见，老僧一切安好。先生如何？"

王朝聘爽朗地笑了，却不回话。悟一法师又道："听闻先生这些年多次赴京候任？"

王朝聘愧然道："京城之事已为往事，不提也罢！"

这时，那位敦实和尚上前一步，鞠躬道："拜见武夷先生。"

王朝聘认出来他是当年的小和尚慈智，如今也是大和尚了。王朝聘抱拳还礼道："慈智不必多礼。"

慈智道："先生大名，谁人不知？多年前先生与憨山大师坐而论道，羡煞聆听者，一时传为佳话。我辈无缘聆听，今日得见，实乃贫僧之福也。"

"唉，大师坐化多年，众人仍然时时念起。"王朝聘叹道："所谓德高望重，死而不朽，莫过于此也。"

憨山德清既是得道高僧，亦是学术大家，他对《易经》和《老子》颇有研究，德行之大，堪比"佛象"。他主张三道合一："为学有三要，所谓不知《春秋》，不能涉世；不精《老》《庄》，不能忘世；不参禅，不能出世。"并认为三者缺一不可，缺一则偏，缺二则隘，三者全无而称之为人者，则是貌似人而已。崇祯闻憨山大师坐化，题赞道："者（这）老和尚，何等行状。撑持法门，已作栋梁。受天子之钳锤，为佛祖之标榜。"王朝聘想，自己能有缘与憨山大师论道，实乃三生有幸之人。

"阿弥陀佛！"提起与憨山大师南岳论道，悟一法师一脸的庄重与恭敬："犹记当年先生才思，字字珠玑，小僧有幸聆听，实乃醍醐灌顶也。"

王朝聘低叹一声，道："见笑了！当时年轻气盛，有如初生牛犊，夸夸其谈，无有节制。现在想来，实是浅薄之至。"

王夫之听了这话，觉得父亲话中有话，顿时脸红了。

悟一法师念道："阿弥陀佛，先生过谦了。"

王朝聘道："我乃儒生，不奉佛道，不信释老。憨山大师主张三道合一，我虽不服，但甚感佩，王某委实不应与其争论高下。"如此絮叨一番，喝了一杯热茶后，王朝聘与悟一法师约定改日专程拜访讨教，言毕，便带着一家人向方广寺去了。

他们可不是去方广寺拜佛的，而是要去旁边的二贤祠探访。而欲到二贤祠，先过黑沙潭。

傍晚时分，一行人来到了一片清泓处，竹林幽静，松柏依依，飞瀑小潭，水流悦耳。仿佛忘了是深秋，王夫之玩心又起，径直走到溪水旁，又是洗手，又是洗脸，甚是嬉闹。

王廷聘道："小侄，天冷，小心着凉。"

王夫之道："无碍，从前大叔下雪天带我来此，还在水中摸鱼洗澡呢！"

听了此话，王朝聘看了看大弟，仿佛不该似的。王廷聘便面露赧颜："许久的事了，那会儿我还能下水，现在不敢咯——大哥，我头次来这黑沙潭，还是你带我来的。"

王朝聘想了想，道："记不得了，第一次来是何时，真记不得了。"言毕，王朝聘走到水边，以手捧水，送进嘴里："这水还是甜。"

"快看，麋鹿！"突然，王夫之小声喊起来，顺着他手指的方向，大家看到五头麋鹿站立在树丛中。为首的麋鹿健壮高大，头顶硕大的鹿角，母鹿和小鹿依偎在它的身旁，警惕地注视着，一动不动。

王廷聘道："好家伙，我们抓来一只，烤着吃如何？"

王朝聘道："一把年纪了还说胡话，你怎能抓得住它们？"

王廷聘不以为然，道："三个贤侄，个个身手敏捷，不信逮不了。"

王朝聘道："他们都是握笔之手，哪来力气杀生？你以为还是先祖一辈，那时个个都是武将，一箭射死猛虎。唉，我辈没用喽。"王朝聘说罢，有些伤感，手一挥，吆喝一声，麋鹿吓得窜进林子，一下子不见了。

王介之道："父亲，还是回去吧，天色已晚，碰到猛虎就麻烦了。"

王夫之闻此，惊异道："大哥，哪来的大虫，我还从未见过。"

王朝聘道："这山里真有大虫。不过，有老虎也不怕，无险不登山。既然来了，有虎亦无妨也。"

王廷聘点点头。王朝聘又道:"南岳自古得盛名,各方圣贤不远万里前来参悟。当年朱子隆冬时节到来,正下大雪,众人纷纷劝他不要登山,他还是登了。登山最能考验一个人的毅力、耐力和定力。"

"看看,贤侄们,有人又在说道理了。"王廷聘哈哈一笑,道。

"难道不对吗?"王朝聘一本正经道:"再说,没多远就是二贤祠,天黑了,入寺歇脚便是。"

王夫之三兄弟并不清楚,父亲执意登山的真正用意。只有王廷聘清楚,王朝聘是为朱熹老先生而来。夜幕即将降临,凄冷的晚风阵阵袭来,天空出奇地干净,晚霞在丛林深处烧红了半边天。

这时,只听王朝聘吟诵:"晚风云散碧千寻,落日冲飚霜气深。雾色登临寒月夜,行藏只此验天心。"

"好诗!"王介之赞道。

王朝聘道:"看来你们知晓这是谁的诗了。'朱张雾雪'与'韩愈开云',有谁说说是怎么回事?"

"父亲大人,孩儿知道。"王夫之仿佛要"将功赎罪"似的,抢先回答道:"当年,韩昌黎来到南岳,巧遇雨天,雾深云重,南岳真容不得见。正所谓'祝融万丈拔地起,欲见不见轻烟里'。诚心向天,他祈求雨歇云开。上天为韩昌黎心意所动,果然停雨。拨开云雾,韩昌黎登上祝融峰,盛景一览无余。此为'韩愈开云'之由来。"

王廷聘大赞一声,打断王夫之的话,话里有话道:"'生不用封万户侯,但愿一识韩荆州。'这韩荆州名气果然够大,李白对他崇敬有加。可惜李太白和韩荆州均不得志,只能寄情山水。不过,这也证明读书人未必一定非得为官,只要心怀天下,同样可以跻身庙堂。"

王朝聘一怔,道:"大弟,你不是要安慰我罢?"

"大叔打断我干吗?"王夫之急道:"我还没讲完,还有'朱张雾雪'

的故事呢。"

"那好，你说吧。"众人大笑。

其实，这些故事，王家人谁人不知？王夫之顾不上别人知不知道，他昂首说道:朱子为了儒学，走遍天下，造访岳麓书院，为的是会见张栻。他们一见如故，谈论理学，三天三夜，还不尽兴。在岳麓书院会讲三个月后，他们相邀前来衡州。来衡州做什么？奔的是天下闻名的石鼓书院，还有南岳衡山啊。他们游完石鼓书院，又相约登山。可他们刚到山脚宿草庵，天空就下起大雪，大家都劝他们回去，但朱子坚持要登，声称:"不须疑吾言，第请视明旦。"张栻亦唱和:"决策君勿疑，此理或通贯。"翌日天亮，雨雪停歇，老天遂人愿。朱子和张子相视一笑，乘兴抒怀:"急须乘霁雪，何必散银杯。"

王朝聘听完王夫之提及这些，似乎有些感触，自言自语道:"精诚所至，金石为开，朱子为学何等用心！自古一心向圣人者无数，为何唯独朱子非孔圣亲传弟子，却可享祀孔庙，位列十二圣者？"

没有谁回答，王朝聘也不需要回答。他们又走了一炷香的时间，一座寺庙映入眼帘，庙前一副对联引起王朝聘的兴趣并驻足，左联:"性天澄澈，即饥餐渴饮，无非康济身心"；右联:"心地沉迷，纵说偈谈禅，总是拨弄精魂"。王朝聘把味一下，点头道，"应有一横批:明镜无物"。

王廷聘笑道:"无有亦有。若上次郭家赏画，一字留白，人人赏之，万物贞生，各怀其念，不亦乐乎？"

王夫之跟着众人笑乐。周边尽是树木，翠竹，湿香沁鼻，氤氲之气袅袅，有鸟飞，有虫叫，有蝉鸣。远远地，他们看见一位扫地的僧人，僧人穿着破旧的灰袍，脚踝上裹着泛黄的白布，动作缓慢。

听到脚步声，僧人抬头看见来者，眼睛一亮，立即面带笑容，走了上来，双手合十道:"阿弥陀佛！原来是武夷先生！"

王朝聘笑道："性翰，别来无恙？"

性翰道："托福，托福，贫僧尚能衣食无忧。"

这性翰是个中年和尚，面善心淳，当年曾拜王朝聘为师。此番师生叙旧，性翰依旧感叹："昔时先生讲学，去虚玄，重实用，破茧开蒙。'寺庙不在，僧人在，僧人不在，经书在，经书不在，佛祖在，佛祖不在，佛法还在。'此番教诲，令人顽冥顿开，牢记不忘。这些年来，无论世道何变，贫僧执此明镜，不虚妄矣。"

"心中有佛，居于闹市能怎样？心中无佛，静修禅寺又如何？"王朝聘道："性翰安贫乐道，守心明法，知足常乐，此乃修行之正道。"

性翰沉吟一番，道："想必先生此次亦不进寺中大殿？"

王朝聘摆摆手，道："知我者，性翰也。"王朝聘从未进过寺庙大殿，他还是不拜释迦牟尼与观世音。既如此，性翰遂陪同他们去了方广寺。略一停留，便到了旁边的二贤祠，但见朱子和张子牌位赫然在列。大家弹冠拂尘后，在王朝聘的带领下，王家人按长幼年序，一一作揖叩拜。

静静地望着二贤牌位，王朝聘长长地舒了一口气。

五

当天晚上，王家人夜宿二贤祠，大家席地而坐，把酒言欢，畅谈诗文典籍之事。山上和尚闻讯而来。本是登山游玩，到最后，变成了王朝聘的课堂，他讲的几乎都是朱子，并引申对天下大事的评述。

王朝聘颇有兴致道："《朱子语类》有云：'未有天地之先，毕竟也只是理。有此理，便有此天地；若无此理，便亦无天地，无人无物，都无该载了。'天地先有理，而后有气，理气合一成天地尤物。每一事皆蕴其理，凡事皆由理气而成。"见众人都伸长脖子在认真倾听，他进一步说道："朱子以'月印万川'为例，所谓事理，'如月在天，只一而已，及散在江湖，则随处可见，不可谓月已分也'。"

"听懂了吗？"王廷聘低声问王夫之道，见他有些模糊，遂解释道："朱子述理，以'月印万川'为喻：月悬天际，然每条江河皆有其月，此乃月之倒影也。事理一如江河之月，与原初之理同一矣。"

经大叔一点拨，王夫之豁然开朗。

"故朱子秉持'物物有则，盖君有君之则，臣有臣之则'之理，在朱子看来，此君臣之理即是：'为人君，止于仁'，君之则也；'为人臣，止于敬'，臣之则也。"王朝聘侃侃而谈。

王夫之听过父亲大人讲《论语》，讲《春秋》，也听过他讲朱子等众多儒学经典，但很少听父亲大人以"杏坛"的方式正儿八经地开讲，这回真是长了见识。他打心眼里敬佩父亲大人。

王朝聘道：虽然每一个事物皆有理，但理不会自动走进你，需要你去研究、分析，把事物之理研究到极点，这就叫"格物"。只有"格物"才能"致知"。"所以朱子云：'一草一物，岂不可以格。如麻麦稻粱，甚时种，甚时收，地之肥，地之硗，厚薄不同，此宜植某物，亦皆有理。'"

面对家人和僧人，王朝聘忽地引申开来，肃然道："人生在世，父子有亲、君臣有义、夫妇有别、长幼有序、朋友有信，一定要明理、明智、明信。做学问，从来非一蹴而就，要博学之，审问之，谨思之，明辨之，笃行之。朱子有云，但知下学而自然上达，此但自言其反己自修，循序渐进耳……"

王介之频频颔首，王参之也毕恭毕敬。父亲的话大多入了王夫之的耳朵，进入他的心灵。多年之后，成了他的人生信条。

"熟读精思，虚心涵泳，切己体察，着紧用力，居敬持志。学者读书，须要敛身正坐，缓视微吟，虚心涵泳，切己省察，切勿贪多务广。"

王朝聘见众人屏声静听，忽地叹道："说来惭愧，我像朱子所讽之人，终日勤劳，不得休息，而意绪匆匆，奔走追逐，而无从容涵泳之乐也。"说到这里，他扭头道："大弟，你比我做得好些。"

王廷聘则道："兄长谬赞，我无才无德，浪荡于世。虽懂事理，亦读诗书，然涉猎杂驳，却无专长，也无目的。何好之有？"

"就知识而言，专一者，易精，难博，少悦。故憨山大师主张三家合一也。"王朝聘笑道："就事理而言，格物致知，知行合一，知之愈明，则行之愈笃；行之愈笃，则知之益明；上而无极、太极，下而至于一草一木一昆虫之微，亦各有理。一书不读，则阙了一书道理；一事不穷，则阙了一事道理；一物不格，则阙了一物道理。天地中间，上是天，下是地，中间有许多日月星辰，山川草木，人物禽兽，此皆形而下之器，亦为史书之要义也。"

"诚哉斯言。"王廷聘点头。心想，大哥原本只是来二贤祠拜会朱子牌位，岂料竟把二贤祠变成了杏坛，真是有心之人也。

"然史书者，以《春秋》为王，余者皆为杂说，无有出其右者。"王朝聘讲到这里，特地看了一眼王夫之，突然提高声音问道："夫儿，你听懂了吗？"

王夫之正听得津津有味，见父亲大人发问，略一迟疑，便道："这形而下之器之中，各自有个道理，此便是形而上之道。所谓格物，便是要就这形而下之器，穷得那形而上之道理而已。"王夫之总结了一下父亲关于朱子的学说，继续道："至于《春秋》为王，在夫儿看来……"

"好个《春秋》为王！看来孔圣人有了嫡传弟子也。"突然，后面座位上站起一个中年人，缓缓鼓掌。他头顶黑帽，戴着无脚折叠眼镜，身着灰色长衫，束腰，神态凛然。

王朝聘感到讶异，此等装束，与众人迥然有别，自己及家人居然不知他何时而来。静寂的二贤祠顿时有了些骚动。众僧人及王家人都将目光齐刷刷地望着这人，光是他戴着的无脚折叠眼镜，就令人好奇。王朝聘不认识这位，性翰亦不认识。

"寒夜客来茶当酒，竹炉汤沸火初红。寻常一样窗前月，才有梅花便不同。"来者果然不凡，出口有诗。但见他径直走到王朝聘身边，抱拳道："在下慕名叨座，有幸聆听先生之论道，受益匪浅，不觉想起杜耒《寒夜》诗，月在天上，原本平常，所不同者，皆由梅花也。"来者沉吟一下，又道："今欲近身讨教一二，不知先生赏脸乎？"

王朝聘不便拒绝，只道："敢问先生尊姓大名？"

"在下乃乡野之人，未得名号，还请见谅。"来者不卑不亢，朗然道："武夷先生谈天论地，先赞朱子知行合一，又推孔子《春秋》为王。然朱子也好，孔子也罢，皆为一介书生。读书之人在知行之间何以合一，进而经世致用？果乎居庙宇之内，行山水之中，于谈笑之间，遂能安邦治国、御敌拒外哉？"

一番话说得王朝聘脸色发白，颇为尴尬。王廷聘意欲反驳，但一时找不到合适之词。王夫之心中颇为有气，心想：这个戴着无脚折叠眼镜之人，究是何方人士，为何来者不善？

二贤祠气氛有些紧张，众人开始交头接耳，窃窃私语。

"武夷先生想必非'不闻窗外事，只听圣贤书'之迂儒吧？"来者不看众人，只是盯着王朝聘，继续说道："今四方多敌，皆虎视眈眈，大明无岁不蹙陷城，覆军杀将，此时实乃大明诸臣卧薪尝胆之日也。然朝廷朋党，沆瀣一气，粉饰太平，危殆多多。若武夷先生在朝，秉格物致知，遵经世致用，当奏圣上何等雄略，方能外拒强敌，内治奸党，以致复兴大明？"

王朝聘闻此，心中一震。虽不知此人身份，但从其装束、气质及所提问之事判断，一定颇有来头。不说别的，光是那无脚折叠眼镜，就不是平头百姓能够戴得上的，许多人见都没见过。实际上，此人所问，亦正是王朝聘一直以来所思所虑的，甚至设想，一旦入朝，就要面奏圣上，故而他能从容回答："圣上雄才，原本无需我等妄议。但既问之，当壮胆一说。今日之事，若非大破常格，凝聚众心，鼓舞豪杰，则天下事未知所终，即为有理无绪也。满朝文武，各级官吏，事非不敏，政非不勤，然鸿胪引奏，阿谀成风，各臣无肺腑之言，各府无真相之事，帝蒙臣贪，国将倾覆，此为格物所知也。至于经世致用，我等数度入京，含泪隐忍，流浪如狗，纵有万千雄略，然焉有机缘面奏圣上？"

"好啊，大哥多年的委屈愤懑，终得泄发。"王廷聘长叹一口气，心中暗道："只是没想到，在此场合爆发。看来，大哥实在忍不住了。"

王家三兄弟听到这番言论，无不目瞪口呆。王夫之更是惊愕："父亲大人何以至此？"

而在场的僧人，包括性翰等，都屏声静听。悟一法师和慈智也不知什么时候来了，他们都鸦雀无声，心想，接下来，一定还有更好的戏看。慈智悄声问道："师傅，当年武夷先生与憨山大师论道，是否有如今晚之火光迸溅？"悟一法师答道："武夷先生不减当年，却更沉稳，亦更忧愤矣。"

正当大家要看好戏时，来者忽然鼓掌，缓缓言道："武夷先生果有雄见。好！敢言'帝蒙臣贪，国将倾覆'者，乃真君子也。武夷先生境界高豁，胸襟不凡。可惜今日不早，他日定当登门讨教。在下就此告辞也。"言罢，也不跟任何人打招呼，就头也不回地离开了。

众僧目睹来者离开，更加议论纷纷。这时，悟一法师、慈智和性翰等人上来施礼，王朝聘道："多有打扰，实不应该。"

"阿弥陀佛！"悟一法师道："昔武夷先生与憨山大师论道，小僧虽在场，可惜当时愚昧，未能领悟一二。今晚之论，虽有不同，然所论朱子之理及君臣之责，委实令小僧茅塞顿开。南岳众僧均应拜谢武夷先生矣。"说罢，领着众僧再次一一作揖后，道："时候不早，武夷先生当歇息了。"

王家三兄弟静静地望着父亲。王夫之眼里噙着泪花。

"莫不是京城来的密探吧？"等众僧离去，二贤祠重归宁静之时，王廷聘忽然道。他听说崇祯派了一些锦衣卫跟随桂王，明言保护，实为监视，不知真假。

"若京城密探有此见识，则大明幸矣。"王朝聘摇摇头，道。他心里隐隐觉得，此人必定与京城关联不浅。

当晚最受震骇的当属王夫之，他从来没有这样近距离接触父亲，这样用心聆听父亲的讲解。与以往父亲讲授经义不同，这一次，他是在感知父亲沉重而苦闷的灵魂，也是在感知朱子和天地的灵魂与真谛。关于天地万物，道器之论，阴阳虚实之说，安邦治国之略，第一次那么深刻地击中了他，以致深深地影响到他日后的人生追求。

翌日起来，天高云淡。王家人用过早斋，继续前行，途经藏经殿、麻姑仙境、水帘洞、大禹碑、南岳庙、会仙桥，所到之处，王朝聘都要讲解历史，映射当下。王夫之对这些地方原本熟悉，但他少有追根溯源。经父亲一说，他才知道，这里的每一处景致，都有不凡来历，都值得审视、触摸和追索。他并不知晓，未来这座山岳几乎成了他的生活空间，成就他的辉煌伟业。

终于，他们爬上了祝融峰，其时，天色既晚，俯瞰大地，苍茫一片，山下钟声，摄人心魄，落日余晖，映入眼帘。江山风流多娇啊！这不觉又让王朝聘想起北方的京都，那里曾经是他魂牵梦绕之地，他奋斗数十载，希冀在那里有一番作为。如今，一切都已随风而逝。云海漫漫，让人想起曹操当年，东临碣石，以观沧海……幸好，幕天席地，一家人聚到一起，围着火堆，指点江山，谈笑风生。王廷聘不觉又说起庄子《逍遥游》来，像是天意，实为有意。王朝聘当然明白，他苦笑道："大弟既然喜欢庄子，为何又要读孔孟？既然研读《逍遥游》，为何又习《春秋》？"

王廷聘道："大哥毋庸介意，二者其实不相悖矣。"说起来，王廷聘的学识真的不在王朝聘之下，只是有些驳杂，不如他大哥那样专一和入世。此刻，他借《春秋》之机，说出了自己的历史观："读史可知前世之兴衰，可见当世之利弊，所谓拨乱反正，莫过于《春秋》。太史公曰：'夫春秋，上明三王之道，下辨人事之纪，别嫌疑，明是非，定犹豫，善善恶恶，贤贤贱不肖，存亡国，继绝世，补敝起废，王道之大者也。'所以，读史不仅利于治天下，更在于明是非，知善恶，坚定意志，心存大义。正所谓：春秋者，礼义之大宗也。夫礼禁未然之前，法施已然之后；法之所为用者易见，而礼之所为禁者难知。"

王朝聘闻此有些惊异，心想，大弟真不是他想象的那样只顾"逍遥"、不顾《春秋》，更非涉猎驳杂而浅尝即止，大弟有大弟的见地，何必将己之思推之于人？念及此，王朝聘笑道："无妨。大弟坚持自己，亦无可厚非。我们兄弟各守其信，各治其学也。"

"无论守信还是治学，人生一世，终归得些乐趣矣。"王廷聘望着王家三兄弟，道："各位贤侄以为然否？"

王家三兄弟点点头。王介之恭敬道："大叔和父亲大人的话，我们都记住了。"

可以说，此次登山，对王夫之影响深远。这样的登山，以后再也不会出现。许多年后，他都会时时忆起父亲和大叔的点点滴滴，他们的音容笑貌如春风细雨，滋润他未来漫长的日子。

六

南方的衡州。深秋之际，天高云稀，星光点点，炊烟袅袅。

而此时的北方，李自成正跟着他的舅父一路溃败，逃到了河南，其窘境和狼狈，怎么看，他都不像一个王者的模样。当时许多人相信，李自成最多只是草莽英雄，过不了几天，就会消失在历史的长河中，不会留下任何浪花和声响。然而，历史并没有固定的逻辑。因为后金的存在，李自成不仅死里逃生，而且不断壮大。在未来的几年时间里，他将和皇太极"联手"毁掉大明王朝。

王朝聘和他的儿子们都没有料到会是这样。那天中午，王家人一行刚刚返回家中，喜讯随之抵达：王夫之不负所望，已经考中秀才。意气风发的少年，小小年纪，第一次尝到了榜上有名的味道。

王朝聘照例要宴请宾客。王介之和王参之中秀才时，王家也办过喜酒。那已经是多年之前的事了。最近几年，王家几乎没办过什么喜事。

王廷聘闻讯赶来，对王夫之夸道："贤侄才华卓拔，小小秀才，于你，自然不在话下，然多少人却被挡在这道门槛之外。"

"可不是嘛。我虽然侥幸中了秀才，也是而立之年的事了。"姜德明带着二女儿姜善棋也赶来了，"夫之十四岁便中秀才，真是人中龙凤，可喜可贺矣。"

"啊？姨父，你们来了？"王夫之见到姜德明和姜善棋，十分开心，问道："姨妈和三姐妹怎么没来呀？"

"夫之哥中了秀才，自然要来恭贺。"姜善棋答道："因为店里杂事繁琐，母亲走不开。三姐妹在家干点杂活，做个帮手吧！"

"正是，正是。"姜德明点头道，"我俩来了，就把全家人的心意都带来了。"姜德明正说着，见王朝聘笑呵呵地走来，便拉着姜善棋，赶紧迎了上去。

舅父谭玉卿也从南岳双髻峰赶了过来，他对王夫之道："外甥小小年岁，喜中秀才，未来不可限量也。"

宴会上，老老少少的读书人都和王夫之拱手作揖，相互躬拜，祝福连连。王夫之显得文质彬彬，却难掩心中得意。坐在人群中的王朝聘，满面红光，似乎看到了儿子正大光明的未来。

突然，门外有人高声道贺，是熟悉的小弟王家聘的声音。王朝聘抬眼看去，猛地大吃一惊：他的身后竟然还跟着衡州知府邓紫鎏。

"知府大人，您这是……？"王朝聘连忙趋上前去，抱拳相迎。

邓紫鎏笑道："怎么？家有喜事，也不告知邓某，幸亏来得不晚，可以喝杯喜酒。"

一旁的王家聘恭敬道："邓大人刚从桂王府回来，听闻夫之中了秀才，遂径直来此道贺。"

"哦？惭愧。"王朝聘连忙道："此等小事，怎敢有劳知府大人？"边说边将邓紫鎏和小弟引入中心席位。

"武夷先生此言差矣。"邓紫鎏坐下，一本正经道："千里之行，始于足下。王家弟兄个个不凡，夫之小小年纪就中秀才，将来必成大明栋梁矣。"说到这里，他停了下，四周看了一眼，又道："武夷先生不会将三位公子藏起来了吧？"

王朝聘连忙将王氏三兄弟叫到邓紫鎏跟前，道："知府大人百忙之中前来看望大家，殊为难得，你们快快行礼致谢！"

姜德明见状，带着姜善棋到了另一桌。另一个亲戚也主动空出了座位。

王氏三兄弟依次行礼，并坐下。王夫之特地说了声："给邓大人请安。"

"嗬，你就是夫之吧？人小，名气不小啊！"邓紫鎏说完，又转向王朝聘道："武夷先生学问博大精深，远近闻名。三兄弟个个气质不凡，可喜可贺啊！"

"承蒙知府大人错爱。"王朝聘向邓紫鎏敬了一杯酒，道："王某奔波半世，一事无成，想想，真是惭愧啊！"

"大哥二中副榜，三个儿子皆秀才，前程无可限量。放眼衡州，不多见矣。"王廷聘不以为然，道："知府大人，您说对吗？"

"想来这位就是牧石先生吧？"邓紫鎏点头，盯着王廷聘，道："家聘说你的诗遒劲慷慨，有建安之魂，他日得闲，定来讨教。"

"知府大人颇有太白之遗风，诗酒俱佳。"一旁的王家聘插话道，他向邓紫鎏敬了一杯酒，劝道："喝酒，吃菜。"

这时，王夫之从桌上端起两杯酒，走到邓紫鎏身边，高声道："今日夫之小有所成，不意惊动知府大人。夫之敬您一杯，期冀能托大人之福，他日或许高中龙榜。"言毕，一饮而尽。

"好，豪气！"邓紫鎏接过王夫之的酒，二话不说，将酒饮下，他拍了拍王夫之的肩，吟出李太白之诗："人生得意须尽欢，莫使金樽空对月。"吟毕，他拿着酒壶，先向王氏三兄弟分别敬了一杯，接着又给王廷聘和王家聘各敬了一杯，最后才转向王朝聘，朗声道："夫之今日为家争光，他日必为朝廷争光。武夷先生适才看到，邓某向三位公子和二位兄弟敬酒，皆心诚意满。此一杯当敬您。"说完，又将杯中酒仰头喝下。

"实不敢当，实不敢当。"王朝聘连忙道："知府大人快快坐下，吃吃菜吧。"

邓紫鎏夹起一块肉，塞进嘴里，笑道："佳肴吃不完，下次再来吃。邓某公务在身，抱歉先告辞。"

"知府大人如此忙碌，饭都没吃就要走？"王朝聘道。

"武夷先生不送我一下？"邓紫鎏话中有话。

王朝聘送他到门外，邓紫銮忽然回头，低声道："武夷先生，邓某已得到确切消息，武夷先生不日将入桂王府，为二位王爷授课。王家真是好事连连。好，真好！"说完，他向王家聘招招手，转身走了。

王朝聘这才恍然大悟：邓紫銮不请自来，原来用意在此啊！转念一想：自己真的要入桂王府，真的要给二位王爷授课吗？他的脑海里一下子闪过章梁和罗亦篪的脸孔。

听到这个消息，要说王朝聘内心没有掀起波澜，那是假的。但是，他毕竟是经历过磨难的人，不会得意忘形，尤其是多次赴京未果，令他行事更为小心谨慎。因此，他站在门口，让冷风吹一下，静一静。他决定，在没有进入桂王府授课前，只字不提此事。

王家聘走到身边，轻声道："大哥，知府大人跟你说什么？"见王朝聘摇摇头，便神秘一笑，追着邓紫銮去了。

"纵使进了桂王府，是祸是福，亦难预测。"王朝聘想到这里，搓搓手，没事一样，重回席中。

七

几天后的下午，王朝聘刚刚上完课，正想歇一会儿。门前突然来了一顶高轿，有探官下轿，高声叫道："武夷先生接福，桂王有请！"

王朝聘身子一抖，看来罗亦篪希望他与桂王"近距离接触"要成真了。他明白，桂王府此番来请，不仅与邓紫銮的举荐有关，更与南岳偶遇的戴无脚折叠眼镜的中年人有关。王朝聘来不及多想，因为探官催道："即刻上轿面见桂王。"

那就去吧。王朝聘极力抑制自己的情绪，跟谭孺人说了声"我去去就回"，同时告诫"不得与家人谈及去桂王府之事"，说完，便上了轿。

他估计，桂王要见他一下，确定他能否给两个王爷授课。

果然，当王朝聘怀着一丝紧张和忐忑来到桂王府时，他被人带到春和殿，刚进门，就听到一个熟悉的声音："武夷先生，又见面了。看来你我颇有缘矣。"王朝聘抬头一看，正是在南岳二贤祠见到的中年人，他依旧戴着无脚折叠眼镜，冲王朝聘微微点个头，并不多说什么，直接引领王朝聘来到坤宁宫，见到了桂王朱常瀛。

原来，此人姓翁，号不群，是桂王府朱常瀛的幕僚长，亦是三王爷和四王爷的老师。翁不群学问十分了得，又善星相，尤擅书法，早年习褚、柳、赵，崇尚瘦劲；后转学颜体，取其浑厚，又兼学苏轼、米芾等大家，所写文字，皆笔力刚劲，风格苍遒，朴茂雍容。朱常瀛既重其所学，又喜其所书，甚为器重。

翁不群随朱常瀛到衡州后，对崇祯的用心看得很透，亦明白朱常瀛本人不会有太大的格局。士为知己者死。翁不群感恩朱常瀛对他的信任，他把全部心思寄望在朱常瀛的两个王爷身上，而这，也是朱常瀛的希望所在。作为两个王爷的老师，他除了讲皇上祖宗规制和六部六科等各个学业之外，还打破常规，把《春秋》列入重点讲述课程。

朱常瀛认为《春秋》有"裨治乱，择人进讲"。翁不群本人对《春秋》钻研不深，衡州知府邓紫鎏遂推荐了王朝聘。翁不群不愿在京城找讲师，觉得京城里的那些人，架子大，脾气怪，迂腐有余，革新不足。当然，邓紫鎏荐举的人，翁不群也不会贸然相邀，虽然知道王朝聘与憨山大师有过论道，但他还是想看看王朝聘是否有真学问，或者说他的学问是否适合在桂王府讲解，于是便有了在南岳二贤祠与王朝聘相遇之事。回府后，他即奏报桂王，曰："此人乃《春秋》名家，大隐于市，仕途不顺，腹书傲骨，若非亲察，不敢请矣。"

朱常瀛道："本王久居衡州，未见其谒，此等机深，讵可轻信？"

翁不群道:"大王爷此番请者,乃《春秋》大家,非蝇营狗苟之徒。信之,用之,当有所获。"

就这样,王朝聘自己都没料到,有一天真的会进入了桂王府。

见到朱常瀛的第一眼,王朝聘心里"咯噔"了一下。这个令人敬畏的人,竟如此清瘦苍白、目中无光?王朝聘未免有些错愕。

这时,翁不群轻声催促道:"武夷先生,快快拜见大王爷。"

王朝聘立即跪拜。朱常瀛倒也和蔼,说了声"免礼",令其起身、落座,命人奉茶后,开始与之交谈。朱常瀛不疾不徐,声音浑厚,平淡之中威严不减,他问了一点衡州历史、人文,王朝聘据实回答。朱常瀛又提到憨山大师在南岳论道之事,王朝聘表现谦逊,说有缘与大师切磋交流,见识了大师的学识、人格与境界。

这时,朱常瀛突然嘴里念道:"益赞于禹曰:'惟德动天,无远弗届;满招损,谦受益,时乃天道。'武夷先生读过此书吗?"

"回大王爷。此语出自《尚书·大禹谟》。"王朝聘从容答道:"在下早年读过,只是钻研未深。犹记得后半句是:'帝初于历山,往于田,日号泣于旻天,于父母,负罪引慝。祗载见瞽叟,夔夔斋栗,瞽亦允若。至诚感神,矧兹有苗。'"

"唔,看来,武夷先生记忆超群。"朱常瀛微微点头,道:"你能说一下《尚书·大禹谟》开篇两小节吗?"

"在下试试。"王朝聘停顿片刻,念道:"曰若稽古大禹,曰文命敷于四海,祗承于帝。曰:'后克艰厥后,臣克艰厥臣,政乃乂,黎民敏德。'"

"还有吗?"

"此为开篇第一节。"王朝聘答道:"帝曰:'俞!允若兹,嘉言罔攸伏,野无遗贤,万邦咸宁。稽于众,舍己从人,不虐无告,不废困穷,惟帝时克。'此为第二节。大王爷,在下还可阐释一二乎?"

此时，伫立一旁的翁不群头上开始冒汗。桂王请王朝聘来，是给两个小王爷讲《春秋》，可桂王却考王朝聘《尚书》。幸亏王朝聘尚能从容对答，否则，岂不难堪？其实，桂王担心的不是王朝聘对《春秋》的钻研，而是他是否具备正统之心，而《尚书》是王宫开蒙启智必读之书。如果王朝聘对此一无所知，他就不适合教授小王爷。通过刚才的考察，他对王朝聘比较满意，正欲转移话题，翁不群却忍不住插话进来："启禀大王爷，可否请武夷先生讲一讲自己的家学渊源与钻研《春秋》之心得？"

朱常瀛点点头，对王朝聘道："不妨说说罢。"

于是，王朝聘如实禀报从高祖到父辈的简略事迹，表示自己受家学影响，少时即学天文、地理、经史、财赋、兵戎，坚持学务克己，敛华就实，不为苟难。他同时忍不住讲到自己七次乡闱不第，仅两得副榜，多年京城漂泊，目睹科场黑暗，仕途无望，遂绝意深居简出，以钻研《春秋》、教授弟子为乐……

翁不群暗暗着急，什么乡闱不第，什么两得副榜，还有漂泊京城之类，这些东西不该说呀！他觉得王朝聘带着情绪，讲得有些多。言多必失，这是大忌。眼下只要大王爷高兴，你就可以一步登天啊！翁不群担心王朝聘图一时之快而误事，遂特意用力干咳了两声。王朝聘顿时意识到了，遂闭了嘴。

不过，朱常瀛听了王朝聘之说，没有任何表情，看不出高兴，也看不出厌恶。见王朝聘终于停下，朱常瀛便让他讲讲时局。这是一个敏感话题，但有了上回在南岳的言论，以赤子之心论天下，检讨得失，此乃书生应尽之责，当时翁不群就在场，虽有争议，却未制止。因此，王朝聘觉得桂王应该希望听到真话，就顾不得避讳什么，也不看翁不群脸色，直言道："大王爷虽远朝廷，仍系苍生，实乃大明之幸。然朝廷内外，忧患频发，潜流暗涌，文臣不懈于内，武臣忘身于外，各怀私心，每有异想，长此以往，时局当危矣。"

朱常瀛微微皱眉，闭上眼睛，似听非听。

王朝聘没有被打断，想起自己的遭遇，忍不住又道："天下有无才而误事的君子，没有怀忠而报国的小人。"

"何以见得？"朱常瀛忽然睁开眼睛，冷冷道。

"小人结党，假窃威福，斥贤人，专跋扈，心狠毒，弃清正。举朝震恐，若君王不察，听之任之，无人敢语，将忠言尽失。如此，恐非朝廷之福矣！"

这下可真把翁不群急坏了。心想：你这个武夷先生也真是，让你来讲《春秋》，你倒来妄议当今朝廷之事了。你把桂王府当成什么地方了？把桂王当成什么人了？幸亏桂王今天心情不错，虽有不悦，仍让你说了这么多废话，否则，早就乱棍赶出去了。

翁不群急忙咳嗽，朝王朝聘使眼色，让他慎言，最好闭嘴。不过，朱常瀛不愿让其闭嘴，而是问："以武夷先生之见，君王如何处之？"

"正朝廷，清宫侧，杜私门，破朋党。"王朝聘看到了翁不群在使眼色，但桂王问话，他不得不答："开张圣听，扬先帝之德，弘志士之气，架忠谏之桥。唯此，难无他法。"

"好一个'难无他法'！"朱常瀛难得地笑了笑，打了一个哈欠，又说了一声"倒是忠言善道"，然后示意王朝聘可以随翁不群离去了。

翁不群听桂王说了声"忠言善道"，遂长舒一口气，鞠躬退出，引着王朝聘，快速走了出来，到了一个僻静处，小声道："武夷先生，你胆子不小啊！"言罢，哈哈大笑起来。

说真的，在朱常瀛身边这么长时间，翁不群没有看到一个人像王朝聘这样敢把心里话都掏出来的，包括他自己。武夷先生这番模样不正是当年自己向往的"指点江山，纵论天下"而知无不言、无所顾忌吗？然而，官道就是官道，王府就是王府，朝廷就是朝廷。该说和不该说，或者该说多少、能说多少，其实都是有讲究、有分寸的。倘若只图嘴快，后患随之即来。所谓"伴君如伴虎"，此之谓也。

"初次见桂王，斗胆说了肺腑之言。"王朝聘道。"然翁大人明鉴，在下了无祸心矣。"

"这个自然。"翁不群点头道。这次面见桂王，效果还算不错。翁不群既敬佩王朝聘的才情，又担心他的个性，毕竟教授小王爷，兹事体大，如有不慎，自己当负失察之责。想到此，翁不群恳切道："武夷先生人品学识令人感佩。然日后给两位王爷讲授《春秋》时，多讲文本自身或历史得失，勿要联系当朝，肆意阐发。果有慷慨处，亦请慎之，再慎之！"

王朝聘明晓翁不群的担心，他庄重地点点头，抱拳道："若有不当之处，万请翁大人指谬矣。"

回家后的第二天，王朝聘就等到了翁不群的消息，说桂王同意王朝聘入府讲学，问他何时可以前去。王朝聘问需要讲多久？翁不群道：一周讲二回，大约三四个月吧，关键是小王爷的兴趣，如有兴趣，讲完《春秋》，还可以再讲其他经书典籍。王朝聘便想了想，说那至少给他十天备课吧！

王朝聘异常认真地准备了十四次讲义。然而，当他去桂王府讲过四讲后，他向翁不群提出了辞呈，说自己人微才疏，再也不愿意去桂王府讲授了。"与其让王爷驱离，不如先行告退。"王朝聘面无表情，不卑不亢道。

原来，王朝聘在给两个小王爷讲授时，先从胡安国论《春秋》讲起，认为胡的观点系"三'传'之折中，得文定而明;河南之举要，得文定而详，习其读者之所知也"。这里"三传"指的是《春秋》三传，即《左氏传》《公羊传》《谷梁传》。而"河南"特指司马光,因司马光生于河南。在解释"三'传'之折中，得文定而明"时，王朝聘说胡安国论《春秋》乃三传兼治，善于折中，因而更加客观。在讲解"河南之举要，得文定而详"时，王朝聘认为司马光的《举要历》由于参考了胡安国的观点而更加充实。

虽然王朝聘对胡安国的治学推崇有加，但他认为胡氏的《春秋传》存在两个明显不足：一是"载愤辨之心以治经"；二是为秦桧作辩，宣传"兵权不可假人"之谬说。王朝聘说："外忧者，正论也；内患者，邪说也。文定立廷论道，引经比义，既欲外兀，伸首趾之尊；复欲内防，削指臂之势。外兀抑疑于内僭，内削又疑于外疏。心两疑，说两存，邪正参焉……"

这样的讲学，完全是王朝聘披肝沥胆之新论，隐含着王朝聘的心血、志趣与抱负，与当时主流文化对于《春秋》的解读很不一样。两个小王爷未经世事，哪里体会得到鉴古知今的道理？他俩初见王朝聘，表现得还算中规中矩。及至开讲，亦有交流。然而，随着王朝聘深入讲解，两个小王爷很快就心不在焉，一会儿蹙眉，一会儿噘嘴，甚至相互打趣，一点不顾及王朝聘的感受。每当王朝聘提问，他俩便装聋作哑，顾左右而言他，这让王朝聘十分受挫。

关于《春秋》的上述内容，王朝聘不仅给弟子讲过，也给三个儿子讲过，他们都有兴趣，都认为他的讲授"见地卓雅，开蒙良多"。王夫之还曾与王朝聘讨论两种治军之道：一是汉高祖策略："能将将而不能将兵，乃卒以王天下"；二是"赵普以之始，秦桧以之终"的方式，结果是"失五帝三王之大宝于他族"。王夫之将后者称为"仆妇之道"，认为以此事君比孟子所刺"妾妇之道"的危害还要大。

王朝聘原本希望听听两个小王爷的见解，中庸也好，正统也罢，终归有个态度。可是，两个小王爷对王朝聘的讲述一点兴趣都没有，哪里还有讨论的欲望？四王爷眼睛望着王朝聘，似笑非笑，心思早已飞到别处。三王爷要么双手抱在胸前，眼睛半闭半开，要么眼睛直直地望着天花板。王朝聘哪受得了两个小王爷的"冷漠"与"麻木"？

眼见王朝聘就要离去，翁不群赶紧拉住他，请他再花一次时间，笼统地讲一下《春秋》大义："不管王爷是否欢迎，有了五次，就算讲完，我也可以向桂王禀报了。"

　　"那行吧。"王朝聘答应了，道："过几日再讲最后一次。"

　　"你三天后再来吧。"翁不群说道，心想：这个武夷先生真是一个顽固的学痴，没有一点灵活劲儿。要是京城里的国师，早把王爷逗得团团转。纵使课程内容王爷不爱听，也会想方设法，迎合王爷，借此良机，把关系拉近。有了这层关系，日后有什么事情还不好办吗？其实，讲课不过是形式，讲什么，怎么讲；或者说，讲与不讲、讲多讲少，不都全凭你的心思吗？翁不群暗叹：如此迂腐，怪不得数次赴京，也摸不到入朝的门道。即便入了朝，恐也难有作为。尽管如此，翁不群还是比较客气，将费用结清，给足，临走时，还特地送了一个桂王府特制的门禁通牌给他，道："有事随时可来找我。"

　　"谢谢翁大人关照。"王朝聘深深作揖道，转身走出了桂王府。

　　"武夷先生用独特的方式讲完了《春秋》，两位王爷皆有所得。"翁不群是在王朝聘离开桂王府十天后才向桂王禀报的，他拿捏得十分好，一是没有讲武夷先生讲得怎样，只说"独特"；二是没有讲这个课授了几次，只说"讲完了"；三是没有讲两位王爷对该课的抵触与漠视，只说"有所得"。

　　"唔，知道了。"朱常瀛淡然地回了一句。

　　"仿佛荒诞一梦。"王朝聘从桂王府回来，苦涩地笑了笑。他从不跟人谈起在桂王府授课之事，对家人也是如此。小弟王家聘曾专门向他打探，说衡州知府邓大人至为关切。王朝聘感谢邓大人关切，请小弟转告邓大人，自己乃一介布衣，所作所为，以"四求"为要："不求有功，但求无过；不求有福，但求无愧。"

"腹中藏书一万卷,敢叫日月换青天。"不知怎的,王朝聘脑海突然跳出这样一句诗,他回到自己简朴的书房,赶紧记了下来。然后,他平静地审阅着三个儿子的读书释义本,感受字里行间的意气风发和天地正义,认为他们的生活比两个王爷更加真实、自由,充满活力。

然而,一天深夜,有人急促敲门。谭孺儿开门后,发出一声尖叫:"妹妹,你怎么啦?"

"出什么事啦?"王朝聘急忙披衣下床,当看到谭孺儿抱着泪流满面的谭梅儿时,也不由大吃一惊。短短不到一年时间,谭梅儿仿佛变了一个人,一脸苍白,憔悴不堪,见到王朝聘后,她吃力地说了一句:"姐夫,快救救……"话音未落,便昏了过去。

第三章　春未央

一

初秋时分，暮色正浓，衡州大地一片安详。

"烟花巷，情薄凉。青春泪，谁悲怆……"一曲《笑红尘》的歌声伴随着拨动的琵琶缓缓响起，衡州城里最大的茶楼"湘春楼"开始热闹起来。这"湘春楼"之所以有名，主要是靠四个艺妓支撑起来的：一是谈琴，俗称琴姑娘；二是师棋，俗称棋姑娘；三是单书，俗称书姑娘；四是如画，俗称画姑娘。这四个艺妓的名字合在一起，正好组成"琴棋书画"。四个姑娘不仅长相甜美，音色迷人，而且个个才艺出众，吹拉弹唱，诗词歌赋，样样在行。关于这四个艺妓的身份一直是个谜，坊间流传版本众多，有的说是朝廷命官的后人，因父辈犯下死罪被全家抄斩，亲人冒险将四个姑娘送出，捡得一命，最终流落到衡州"湘春楼"。有的说是一读书人家的四个姑娘，这读书人多次科考不中，欠下巨债，无力偿还，服毒自杀，留下四个孩子，托人送到"湘春楼"混口饭吃。还有人说这四个姑娘来自四个不同的家庭，每个家庭都有一段惨痛的历史……如此等等，不一而足。总之，这四个艺妓是时代的缩影，悲剧的见证。

掌灯时分刚过，一行穿戴奇特的人悄然走进了"湘春楼"。走在最前面的是一个穿着长筒靴、留着满脸络腮胡子的人，紧跟其后的是一个穿着灰色长衫、戴着无脚折叠眼镜的人，第三位是一个身着白袍、体格消瘦、脸色苍白的人，最后一个是戴顶皮帽、穿着对襟黄衫的圆脸人。这四人进去后，直接走进"至尊"包房，找到老板，让他把四个艺妓叫来服务。

"湘春楼"老板是一个其貌不扬的家伙，姓邓，名澄忠，中年壮汉，三角眼，右脸上有一块明显疤痕。他见四位客人的穿戴虽然有些奇特，与众不同，但这里是三教九流之地，什么人都有，因而并没觉得有什么异常，他眉头一扬，笑道："客官可能是头一回来吧？"

"此话怎讲？"穿长筒靴的男子看老板有点轻视的样子，便粗眼一横，咬牙道。

旁边的"眼镜"拉了拉穿长筒靴的男子，对邓澄忠点点头，答道："是头一回来。此番有何讲究？"

邓澄忠一听这说话人的口音都不是本地人，便更加放下心来，颇为得意且轻薄地说道："本店四个姑娘从不集中给一个包房服务，所谓秀色可餐，想吃的人实在太多了。"

穿对襟黄衫的圆脸人皱了皱眉，忍着气，道："那现在能来几人？"

"不好意思，都预订出去了。"邓澄忠抱抱拳，打趣道："客官如有诚心，本店可帮你们预订明晚的。"

"不必了。你随便叫一个懂茶艺的人来吧。"这时，穿白袍的人发话了，此人不怒自威，脸上露出明显的不悦，同来者都很肃然。

"不好意思。在下要提醒诸位。"邓澄忠扫了眼四人，又道："'至尊'包房是本店最豪奢、最尊贵的包房，本店有一规定，凡进此包房者，需先预付一两银子获得'钦准'。"

"哪里的规矩？"穿长筒靴的男子"嚯"地立即站起来，怒道。戴着无脚折叠眼镜的人硬是将他按了下去，"眼镜"忍住愠怒，问道："哦？此为何等讲究？"

"来此包房者均为达官贵人，名流大佬，各方显要。每晚都需提前预订。"邓澄忠洋洋得意道："所谓'钦准'，戏仿皇上圣旨'钦此'之意，亦即一言九鼎，订者，定也。这是为了避免多人争夺而特设的，即你付了银两，即便别人再出更多的银两，也无法进入本包房。"

邓澄忠这么一说，穿长筒靴者火冒三丈，再次站起来，正要发怒，却见"白袍者"突然笑了，意味深长地"哦"了一声，便示意圆脸者付钱："我们入乡随俗，也付钱'钦准'吧。"

"这就对喽。"邓澄忠拿了银两，说了声"谢了"，便哼着小调，满意而去。邓澄忠并没有意识到，穿长筒靴者在后面悄悄跟着他。他转一个拐角，走进一个名为"玉尊"的包房，里面有两位本地客人，看起来是常客，见到他，张口就道："快把书姑娘和画姑娘叫来，穿戴薄凉一点，包得严严实实还有趣吗？"

"明白，明白，马上安排。"邓澄忠连连点头，道。

没料到，邓澄忠刚出包房，往后院没有走出两步，只听到身后一声"无良野狗"，他还没有回过头来，就被穿长筒靴的一记重拳狠狠地打在右脸上。邓澄忠"哎哟"一声，脸上那块疤痕迅速裂开，血流如注，脸也肿胀了起来。穿长筒靴的抓住邓澄忠，吼道："认识本爷吗？你刚刚不是说，四个姑娘都预订了吗？"

"来人啊，把这个杂碎给打出去！"邓澄忠豪横惯了，自开店以来，他还从未遭此大辱，不由怒气冲天，狂叫一声。他一边大吼，一边反手就是一掌，劈向对方。

穿长筒靴的微微一惊，后退一步，躲了过去。看来，邓澄忠也真不是好惹的，练过拳脚功夫，只见他将脸上的血一抹，跟着又是一腿扫去。

穿长筒靴的轻轻跳过，又一拳打在邓澄忠的后背上。邓澄忠正要掏拳回击，却被穿长筒靴的一记锁喉，打翻在地。

穿长筒靴的厉声道："狗日的黑店，看老子如何收拾你！"

"湘春楼"的四个打手，见老板被踩在地上，心一急，抄起家伙，就要一拥而上，却被邓澄忠高声制止："别上来！我先讨教讨教。"话音刚落，他一个鲤鱼打挺，顺势一拳打在穿长筒靴的胸口上。

穿长筒靴的抽身劈出一拳，正中邓澄忠的后脑，邓澄忠惨叫一声，来不及还手，穿长筒靴的又一个金堂腿一扫，将邓澄忠仰面掀翻在地。穿长筒靴的用力一踩，拍拍手，道："好，有种！看来你还要装硬汉。老子就成全你！"言毕，他弯腰抓住邓澄忠的脑袋，令其挺起，抡起拳头，照着脸颊骨打了过去。只听一声"哎哟"，邓澄忠再次扑倒在地。但邓澄忠并不服输，奋力嚎叫一声："打得好！有种的把我打死！"

"哈哈，此还不易？"穿长筒靴的一不做、二不休，又将邓澄忠的脑袋提了起来，"啪啪"又是两拳，冷笑道："你怕老子舍不得力气？哼！老子打死你，就如打死一条狗一样容易！"

终于，邓澄忠服气了，头耷拉下去，躺在地上，满脸是血，眼睛已经看不清人。穿长筒靴的扬起拳头，嘲笑道："你还嘴硬吗？"

邓澄忠有气无力，道："行了，好汉饶命吧。"

谁知，穿长筒靴的大笑一声，道："你这个天杀的！你若一直装好汉，老子倒还饶了你！现在成了狗熊，反而不能饶了！"抡着拳头，又砸了下去。

这时，四个打手抄起家伙，嚎叫着，疯了似的冲上来。

穿长筒靴的毫不畏惧，回过身，只听"噼里啪啦"，没几下，四个打手全部躺在地上。然后，穿长筒靴的又将脚踩到邓澄忠身上，冷笑道："死了吗，还是装死？听着，今晚不把四个姑娘叫来服务，老子要将'湘春楼'整个儿掀掉！"说罢，他搓了搓手，朝邓澄忠身上吐了口痰，这才扬长而去。

这时，整个"湘春楼"都轰动起来，包房外面一片混乱，走廊上到处是人，哭声，喊声，叫声，不绝于耳。空气中弥漫着一股震惊、不安和血腥的味道。客人们走的走，逃的逃，更多的则是看热闹。

穿长筒靴的回到包房后，"圆脸者"凑上来，道："身手不错！"

"霸王黑店，猪头老板！"穿长筒靴的愤然道。

"白袍者"慢条斯理，道："看来你又惹事了。"

"此店确是黑店，老板太横。""眼镜"为穿长筒靴的辩护道："这狗东西委实气人，该打。四个姑娘明明并未预订，他为了收黑钱，竟然敲诈咱们。所谓'钦准'，不仅严重犯上，而且耍赖、讹诈。不教训一下，他哪里还知道王法？"

再说"湘春楼"老板邓澄忠被打倒之后，怎能咽得下这口恶气？四个打手顾不得各自身上的伤痛，赶紧把老板拉起来，携扶他回到药房。邓澄忠来不及上药，气急败坏地安排了两件事：一是派快马给州府送信，道："多名强人欺凌本店，请速派卫卒前来正法"；二是立即安排四个姑娘去"至尊"包房服务客人，道："一定要细心周到，拖延时间，不要让他们'溜走'"。

而此时的"至尊"包房，几位客官显然不想、也不会"溜走"，他们正安静地吃着茶，谈笑风生，仿佛刚才的事不曾发生似的。倒是穿长筒靴的似还有气，道："我给老板放了话，要是四个姑娘不来服务，我要掀翻这个鸟店。"

"放心，事情不会如此结束。""圆脸者"说完，忽然转脸对"眼镜"道："翁大人觉得老板会安排人来吗？"

"必定如此。""眼镜"点点头，道："那老板害怕咱们开溜呢。"

"听，他们来了。""白袍者"指了指包房外。一叠细碎的脚步声由远而近，逶迤而来。只听"吱呀"一声，门开了，四个姑娘鱼贯而入，叩首后，齐声道："各位客官辛苦！小女子有幸为大家服务。"

接着，四个姑娘分别报了自己的名号。

"白袍者"将琴棋书画四位姑娘一一核对，果然姿色撩人，身段婀娜，明眸皓齿，颇显丰韵。他示意她们坐下，问道："各位姑娘，可是一家人？"

大一点的琴姑娘摇摇头，率先答道："非也。奴家是个孤儿，十岁时父亲得暴病亡故。未几，母亲因气郁结，吐血而逝。后被带到舅妈家，为了谋生，半年前自愿来到'湘春楼'。"

客房里的人静静地听着，既不置评，也不提问。

棋姑娘接着道："奴家是个弃儿，生下来就不知父母是谁，被寄养在表姑家，后被人介绍来到这里，混口饭吃。"

"眼镜"朝"白袍者"望了一眼，扭头转向书姑娘。

书姑娘道："奴家与琴姐姐、棋姐姐不同，奴家原本是读书人家，因家道变故，奴家三岁时，父亲遭人算计而毙命。母亲改嫁后，奴家无人抚养，来到这里，只为活命。"

穿长筒靴的冷哼一声，将目光投向画姑娘。

画姑娘声音很小，但声音清脆，很有韵味："奴家与三位姐姐都不同，奴家是逃婚而来的。"

"圆脸者"似乎有了些兴趣，对画姑娘道："因何逃婚？"

画姑娘叹一口气，低声道："奴家穷，兄弟姐妹多，父亲迫于生计，将奴家许配给一财主。这位财主年过花甲，且瞎了一只眼睛，丑极。奴家坚持不肯，但父亲收了财主的钱，如不去，就将活埋奴家。如此，奴家连夜逃了出来。"

"圆脸"又道："财主不来追你？"

画姑娘道："听说父亲退回了财主的钱，并说奴家落井死了。"

"眼镜"突然道："你们都是半年前同时来到'湘春楼'，长得也很相像，你们自己不觉得奇怪吗？"

琴姑娘叹道："可能正如老板所言，这就是缘分吧。"

"你们有才有貌，都有悲惨身世，你们很喜欢这里吗？"这时，"白袍者"颇为庄重地问道："客人对你们都好吗？如果客人对你们不好，该如何应对？你们有什么委屈吗？"

一下子，四个姑娘都低下头去，仿佛触及心事，都不吱声了。四个姑娘觉得奇怪，以前每次来客房服务，客人们从不发问，总是一见面就嘻嘻哈哈，动手动脚，粗鄙下流，一点尊重都没有。

"休要再演戏了！你们按照老板的要求在演戏，对不对？""白袍者"忽然提高声音，道："本王替你们做主。休要害怕！请把你们心中之苦、所受委屈，还有你们的悲惨之事如实禀告吧！"

原来，这位穿白袍者就是当今皇上崇祯之叔、衡州桂王朱常瀛。穿长筒靴者乃锦衣卫统领马暨垂，戴无脚折叠眼镜的人为桂王府幕僚长翁不群，圆脸者为桂王府大总管王阁昆。这是桂王朱常瀛来衡州后的头一次微服私访。为了这次私访，马暨垂和王阁昆等人根据线报，已对"湘春楼"明察暗访了好一阵子，大致掌握了这家黑店的社会关系及种种恶行。

王阁昆见朱常瀛暴露了身份，遂赶紧对四位姑娘道："大王爷在此，四位姑娘尽可鸣冤！"

至此，四位姑娘才明白今晚客人的"与众不同"，不觉抱头痛哭，齐刷刷地跪在朱常瀛面前，一番跪拜叩头之后，琴姑娘率先擦干泪水，她不疾不徐，如实道来。其间，棋、书、画三位姑娘略作补充。对于桂王及随从的提问，也一一据实回答。

二

这四个姑娘正是王夫之的表姐妹。琴姑娘叫姜思琴。棋姑娘叫姜善棋，与王夫之同岁。书姑娘叫姜晓书。画姑娘叫姜若画。姜思琴是老大，不到十七岁，她比姜善棋大一岁多，比姜晓书和姜若画大三岁。姜晓书和姜若画是孪生姐妹：姜晓书只比姜若画早生一个多小时，两人长得极其相像，最大的不同是姜若画的左前臂内侧有一块黑色胎记，而姜晓书没有，这个秘密很少有人知道。

她们的父亲叫姜德明，是个老实巴交的读书人，三十一岁中了秀才后，家里再也没有钱供他继续参加科考。她们的母亲叫谭梅儿，是王夫之母亲的堂妹，美丽善良，吃苦耐劳。结婚后，他们在耒阳经营一家客栈，不欺客，少打烊，价格合理，被褥干净，饭菜可口，故生意红火。夫妻俩十分恩爱。结婚第二年就生下姜思琴，一年后又生下姜善棋，不久又生下姜晓书和姜若画两姐妹。四朵花生下后，姜德明和谭梅儿也乐开了花。两人起早贪黑，省吃俭用，把钱都花在女儿身上，对她们悉心培养。四个姑娘先后读了几年私塾，个个出落得标致可人，有貌有才，琴棋书画，各有所长。左邻右舍个个叫好，方圆十里人人称奇。若无意外，四个姑娘将来都有出息，且都能找个好婆家。

然而，天有不测风云，大约半年前的一天晚上，半夜三更的，突然来了一个年轻人，二十来岁的样子。他自报家门，姓马，名衿升。他的右脸上有一块饼干大小的浅黑色胎记，四姐妹记得特别清楚。

当时，马衿升扶着一个年纪很大的老者，说是他的父亲。马衿升诉苦道，他们父子是来耒阳走亲戚的，途中遭人抢劫，所带盘缠悉被夺走，自己还挨了一顿暴打，实在饿得不行，故来店讨碗饭吃。

姜德明夫妇热情纳客，看着老者身体太虚弱，遂烧了热水，做了热汤，让老者洗好喝下，又临时做了一些饭菜让二人吃下。知道二人没钱，姜德明心好，行善，细心安顿好了他们。

马袗升对此表示感激。

万万没有想到的是，第二天清早，老者竟然死了。

马袗升顿时变了一个人，大哭大闹，说他父亲是吃了店里的饭菜后中毒死的，他还把剩下的饭菜作为有毒的证据。

姜德明感到很震惊，很冤枉。

当天上午，客栈来了许多人，据说都是马袗升在耒阳的亲戚，这伙人不由分说，把姜德明打得头破血流，又对客栈进行了打砸抢。谭梅儿哭喊着，出来制止，也被打翻在地。四个姑娘也被打得鼻青脸肿，伤花折柳，惨不忍睹。

马袗升当着众人面，把老者吃过的饭菜喂了一只狗。很快，那只狗果真中毒而亡。马袗升和他的亲戚们十分嚣张，逼着姜德明拿出一千两银子消灾，否则，就要吃官司。

姜德明又气又恨，他拿不出这笔巨款，便被告到耒阳官府。这官府是有钱人的官府，他们既不调查，也不讲理，只听恶人告状，不由分说，便将姜德明关进了牢房。

不久，谭梅儿家人通过多方渠道了解到，马袗升有个亲戚，姓邓，名澄诚，在不远处开了一家客栈，因价格贵，服务差，饭菜不行，生意一直很冷清。邓澄诚认为是姜德明抢走了他的生意，因此怀恨在心。眼看生意快做不下去了，邓澄诚便找来同母异父的弟弟马袗升商量如何整治姜德明。马袗升灵机一动，说去找一个拾荒老者假扮他的父亲，去姜德明客栈投宿，然后在他店里的饭菜里投毒，让老者死去。这样他们就可以大闹一场。

了解到此等真相后，走投无路之下，谭梅儿只好来找堂姐谭孺人，希望姐夫王朝聘出面，救出姜德明。那天深夜，谭梅儿赶到王衙坪，敲开王家的门，见到王朝聘，吃力地喊了一声："姐夫，快救救……"便昏了过去。醒来后的谭梅儿喝了一口水，断断续续哭诉着家里的这些悲惨遭遇，希望王朝聘出面："请姐夫为小妹申冤啊！"

王朝聘听后十分愤怒，他以拳击掌，道："世道如此黑暗，百姓如何活命？"

当天晚上，王朝聘帮她写了申诉状，叮嘱道："你且将诉状送至耒阳县衙，我就不信没有说公理的地方！"

谭梅儿拿着诉状，连夜赶回耒阳。谭孺人原本要留她过夜，但谭梅儿说："姐姐，当家的在牢里，我哪里还有心思睡觉呀？"

王朝聘要让三兄弟护送她回去，但谭梅儿坚决不让："现在，我死都不怕，还怕什么？"说完，便独自离开了。

直到第二天下午，谭梅儿才疲惫不堪地赶到耒阳县衙，递上诉状。一名差役收了，叫她快快离开。

苦等数日，见毫无动静，谭梅儿心急如焚，只好再次来到县衙门，却被县令叫人一顿乱棍打了回去。

谭梅儿投诉无门，终于打听到缘由：邓澄诚的叔叔在衡州做大官。谭梅儿只好又来找王朝聘。"姐夫，上回的诉状递上去后，如石沉大海，原来是恶人的叔叔在给他撑腰。"

王朝聘便追问邓澄诚的叔叔是谁，可谭梅儿怎么也说不清楚，急得直流泪。王朝聘道："你去打探清楚，看看究竟是谁。"

谭梅儿犹疑了好一会儿，终究还是哭着离开了。谭孺人气愤道："堂妹一个妇道人家，怎能知道恶人的叔叔是谁？别人即便知道，能够轻易告诉她吗？"

"没有具体的名号，你叫我怎么办？"王朝聘嘟哝一句。

谭孺人气呼呼道："知府大人不是来过我们家吗？你去找找他，让他派人查实，整治整治，这很难吗？"

王朝聘没有吱声，但傍晚时出了家门。他找到小弟，想问一下邓紫鎏最近是否有空。岂知刚进门，王家聘便劈头盖脸数落起来："大哥怎么搞的，邓大人好端端举荐你入桂王府为师，此乃多好机会啊。唉。你失败而归，也不告诉我实情，还让我转告邓大人，什么'四求'为要。现在好了，你不仅得罪了邓大人，还将我的前程断送了……"

王朝聘又惊又气，大声道："小弟，你胡说什么？"

"大哥，我胡说吗？"王家聘苦笑道："我被邓大人辞退了。"

王朝聘一听，扭头就往回走。刚到家门口，就听谭孺人正在跟三个儿子讲话："你们都在准备科考，所以没有告诉你们。但姨父一家太惨了，我们不帮，谁帮他们？"

"父亲大人，姨父家的事……"王夫之一见王朝聘回来，焦急道。王介之和王参之也在一旁附和。王朝聘恼怒地打断他们："没看到我正在想办法吗？"他瞪了谭孺人一眼，这话更像是针对她说的。

第二天一早，王朝聘硬着头皮去了一趟衡州知府。没想到，眼前的邓紫鎏变了一副嘴脸，他冷冷地打量着王朝聘，仿佛不认识似的，既不看座，更不倒茶，爱理不理道："有何贵干？"

王朝聘顾不上受到的冷遇，直言道："我家堂妹遭人陷害，请知府大人主持公道，为民做主。"接着，不管邓紫鎏爱听不听，他快速地讲述了事情的经过。

邓紫鎏听完，还是冷冷地说了一句："有诉状吗？"

王朝聘立即递上。

邓紫鎏便摆了摆手，跟门外的守卫叫了一声："送客。"

令王朝聘万万没有想到的是，就在他找到邓紫鎏后的第三天夜里，谭梅儿竟然被人活活打死了。正在牢中煎熬的姜德明听闻后，彻底绝望，一头撞死在墙上，好端端的家就这样散了。

谭孺人哭得死去活来，王朝聘也悲愤不已。

接着，邓澄诚巧取豪夺，以三百两银子接下姜德明的客栈，逼着姜家拿出一千两银子了结老者中毒之事，两者相抵，还差七百两银子。邓澄诚扬言，如果半个月内拿不到这笔钱，他就要将四个姑娘卖到妓院去，吓得姜家赶紧派人将四个姑娘送到衡州王衙坪。

谭孺人见到四个姑娘花容失色，绝望的脸上露出一只只惊恐的眼睛，遂抱在一起痛哭。王朝聘还来不及安慰，邓澄诚率领一帮人找上门来，硬是逼着要那七百两银子。

王朝聘怒道："好好的家被你们拆散，你们还想怎样？"

"我只想讨个公道。"邓澄诚冷冷道，忽地提高声音："难道我家父老子的命不是命？难道他被毒死了就白死了？"

王氏三兄弟站在门口，个个义愤填膺，怒目圆睁。王朝聘不让想儿子们参与进来，让他们去陪陪母亲和四个堂妹。

王朝聘对邓澄诚道："呸！恩将仇报之徒，竟也配谈'公道'！"

正在这时，"湘春楼"老板急忙赶来，跟王朝聘说，他愿意出七百两银子，只要王朝聘同意给四个姑娘立卖身契。

王朝聘断然拒绝。

"武夷先生，我很崇敬读书人。这可是机会难得，您别把好心当驴肝肺喽！"见王朝聘铁青着脸，"湘春楼"老板遂信誓旦旦，承诺四个姑娘去了，只卖艺不卖身，等挣够银子后，她们就自由了。他还蛊惑说，去"湘春楼"的人大都是有头有脸的人，四个姑娘要是被谁看上，一下子就飞黄腾达了。

"不给钱就给命。"邓澄诚在一旁恐吓："我们是粗人，不会动嘴，只会动手。"

话音刚落，走来几位闲杂人员，个个满脸横肉，凶神恶煞地盯着王朝聘，一看就不是好人。其中一人流里流气，打着响指，突然贴近王朝聘，冷冷道："你相不相信，我切掉一个人的耳朵，卸掉一个人的四肢，不要一斗烟的工夫。"

"你想恐吓我吗？你敢！"王朝聘气得浑身发抖，厉声道："光天化日，难道没有王法了？"

"在衡州跟我们谈王法，哼！告诉你，我们吃的是老虎胆，不是老鼠胆。"另一个家伙将别在腰间的刀子故意晃了晃，双眼逼视王朝聘，阴阳怪气道，"你真想试试？"

突然，谭孺人拿起一把菜刀，冲了出来，舞着双手，嘴里不停地嘶叫着什么，像是要跟邓澄诚拼命。后面紧跟着王介之和王参之，他俩死死地抱住母亲。王夫之火冒三丈，抢下母亲手中的菜刀，横在父亲面前，吼道："你们这些强盗……"

空气顿时凝固了。一场血战眼看就要发生。

"我们去。"这时，姜思琴从屋子里走了出来，一字一句对王朝聘夫妇道："大姨，大姨父，我们的家散了，先前的好日子再也不会有了。这是命。"接着又对王家三兄弟道："哥哥弟弟不要难过。你们忘了我们吧，我们走了。"说完，她带着三个妹妹，向王家人一一鞠躬，转身跟着"湘春楼"老板走了。

就这样，四个姑娘来到"湘春楼"，一晃就快一年了。她们每天晚上都要出台。随着日子一天天过去，她们作为女性的魅力越来越足，已有客人强要四个姑娘出卖色相，其中一个混蛋要用一百两银子买姜思琴的初夜权。姜思琴断然拒绝，却被老板邓澄忠痛打了一顿。

看样子，再过一段时间，四个姑娘都有可能遭殃。

一个偶然的机会，四个姑娘无意中了解到，"湘春楼"老板邓澄忠竟然就是仇人邓澄诚的哥哥。邓澄诚之所以如此嚣张，后台竟是衡州知府邓紫銮，他是邓氏兄弟的叔叔，他才是真正的幕后元凶，怪不得邓氏兄弟如此嚣张。

姜思琴立即设法将这个消息告诉了王朝聘。

王朝聘一听也惊呆了。他忍无可忍，终于拿出桂王府的门禁通牌，找到翁不群，递了一份诉状，请求桂王出面惩治"湘春楼"这样的地方恶霸及幕后黑手。翁不群看了诉状，亦十分震怒，他不敢相信，便让马暨垂派人前去打探，掌握了大量证据后，他才劝说桂王微服私访，于是，便有了本章开头的这一幕……

现在，姜思琴得知桂王在此，顿时觉得洗冤有望。往事历历在目，她和三个妹妹还在哭诉中。这时，门突然被撞开了，"湘春楼"老板邓澄忠缠着一脸绷带，带着四个打手怒气冲冲地闯了进来，后面跟着一队穷凶极恶的兵卒。

一进门，邓澄忠手一挥，用嘶哑的声音吼道："快给老子打！快把这些杂碎统统往死里打！"

可是，兵卒的小头目一见锦衣卫马暨垂，立即跪在地上，慌忙叩头道："在下不知马大人在此……"

马暨垂一脚踢过去，恶狠狠地吼道："你们瞎了狗眼吗？还不快快拜见大王爷！"

那一队兵卒傻眼了。桂王厉声道："还不快滚！"

而"湘春楼"的老板邓澄忠更是触电般呆住了。他万万没有想到，夜路走多了总会碰到鬼，这回他算是碰见了"活阎王"。

三

1634年秋天，王夫之刚满十五岁。衡州古城的大街，长长的石板路上，人来人往，两旁店铺林立，叫卖声此起彼伏，热闹非凡。

这是一个平常的日子，却是一个让人高兴的日子。王夫之穿着崭新的衣服，紧紧跟着王介之和王参之，不断地说着话。

打从王衙坪自己家门口眼睁睁地看着耒阳四姐妹孤苦无助地跟着"湘春楼"老板离开后，王家人就没有过上一天舒心的日子。当时王夫之真想拿着刀子冲上去拼命，但是，拼了自己的命又能怎样？四姐妹能被解救出来吗？母亲心里在流血、父亲眼里在喷火，但最终也只能忍住这口恶气。这样压抑的日子一直持续着。忽然一天，父亲从外面回来，神秘而悄声地告诉母亲说："德明的冤案应该有希望了。"王家三兄弟都不敢问，只在心里默默祈祷……

"走路当心！快跟上！"王介之朝王夫之叫了一声，道："你在想什么？"

王夫之应了一声，赶紧跟了上去。他们朝着城南方向，走了好远的路，才拐进一条小道，越往里走，越是安静。

终于，衡州郡学到了。这座陈年大院包括东、西两组院落，土砖灰墙，坐南朝北，房子非常破旧，断砖碎瓦，墙体斑驳。东边院落为伴池、棂星门和两庑厢房，西边院落为大成殿、大成门和两进偏房。后面有一座小山，前面伴一处流水，地面上堆积着一撮又一撮的黑泥和腐叶。大成殿西阔三间，进深五间，殿中供着孔子及其弟子塑像。郡学建筑虽然破旧，却是衡州读书人梦寐以求的地方，进了这里就意味着距离金榜题名又近了一步。

王夫之抬头看了看大门匾额上深蓝色"衡州郡学"之苍劲大字，旁边有一副木雕对联，左联："几百年人家无非积善"；右联："第一等好事只是读书"。王夫之不由一笑，说了句"万般皆下品，唯有读书高。此之谓也"。他抖了抖衣襟，就要迈进大门。

这时，王介之对王夫之道："小弟，你是新生，在左边厢房；我与大弟是老生，在右边厢房。不需要我俩陪你进去吧？"

"不用。大哥、二哥，你们去吧。"王夫之自信地说道。王介之与王参之点点头，遂朝前面走去。

王夫之正要侧身，突然，旁边闪过一个人影，差点把他撞倒，人影一闪而过，很快消失在左边门里。"这是何人？如此慌张，没有一点礼貌。"王夫之心里嘀咕道。

王夫之进了厢房，拜了师，接过老师递来的课本，找到自己的座位，无比兴奋。屋子里十余人，端端正正坐着。先生姓黄，名真川，瘦高瘦高，一脸严肃。他拿着薄薄的名册点名，被叫的学生一个接一个站起来，又一个接一个地坐下去，双手背在后面。一切秩序井然。

那天的课，讲的是《诗经》。王夫之早就熟知《诗经》内容，开始便有些怠慢。突然，黄真川敲了敲课桌，扫了王夫之一眼。王夫之顿时规矩起来，认真听讲。这一听，王夫之方知黄先生腹有诗书，出口成章，声音不大，却观点新颖，思路清晰，逻辑严密。

整个教室鸦雀无声，只听黄真川缓慢而从容地讲道：一部《诗经》，万人膜拜。孔子裁定，"一言以蔽之，曰：思无邪"，何也？盖因"其为人也温柔敦厚，诗教也"。而太史公评屈原时曰："国风好色而不淫，小雅怨诽而不乱，若《离骚》者可谓兼之矣！"一代枭雄曹孟德所写诗作，竟引用《小雅》十六次、《大雅》五次、《国风》五次，涉《诗经》共计二十六处矣。至于魏晋风度的嵇康，在"俯仰自得，游心太玄"之间，所写"目送归鸿，手挥五弦""仰落惊鸿，俯引渊鱼"等三十六首诗，皆有《诗经》之影也。颜之推直言之："歌咏赋颂，生于《诗》者也"……

随着讲述的展开，王夫之发现同是一部《诗经》，不同的人，有不同的述说。父亲、大叔与黄先生的理解不同，但所得启发，各有千秋。王夫之越听越发现黄先生的过人之处，真是"满腹经纶者，处处见名卿"。

第一堂课讲完，大家休息一会儿。第二堂课以讨论为主。黄真川提问道，《诗经·小雅·斯干》云："乃生男子，载寝之床。载衣之裳，载弄之璋。乃生女子，载寝之地。载衣之裼，载弄之瓦。"谁来说说"载弄之璋""载弄之瓦"中的"璋"和"瓦"究为何物？

课堂顿时活跃起来，有说"璋"指"美玉"的，也有说指贵重礼物的；有说"瓦"指"纺锤"的，也有说就是屋顶上的瓦片。黄真川看了看，主要以"璋"和"瓦"为"美玉"和"纺锤"者居多。一位同窗还详细解说诗意，即若生男，则置之于檀木雕床，着华服，以玉玩乐；若生女，则置于地面，裹襁褓，以纺锤玩乐。黄真川对此表示赞许，点了点头，最后发问，尚有异议乎？

这时，王夫之站起来道："此诗乃贺王族宫室之歌辞。'乃生女子'，应是天子之女。天子之女会玩纺锤乎？况古代纺锤系笨重之物，何能玩之？'载弄之璋'中的'璋'乃美玉固然不错，然'载弄之瓦'中的'瓦'不是纺锤，应是酒器。'弄璋''弄瓦'乃古人习俗。幼儿周岁时，长辈们将各类物品置于前，诸如笔、墨、纸、砚、算盘、钱币、书籍等，以其所取物品预测其未来矣。"

黄真川闻此，大赞道："此乃发新之所见也。"

下课后，王夫之回到学舍，发现有人站在他的床位边，自报姓名，叫文之勇。王夫之一看，这不是在门口差点把他撞倒的人？王夫之调侃道："原来是文兄，我刚进郡学大门，你却给我个'武威'矣。"

"嗬？你不提起，我差点忘了。"文之勇表情冷淡，似乎很难亲近。他看了王夫之一眼，道："没想到，撞我者原来就是大名鼎鼎的夫之先生！"

"明明是你撞了我，怎么变成我撞了你？"王夫之正欲与之理论，却听文之勇道："我不想与你辩论。课堂上已经领教了。厉害。"说完，转身就出了门，也不知干什么去了。

王夫之觉得文之勇不讲道理。恰好此时，王介之和王参之来了，问他是否适应。王夫之憋了一肚子气，讲了文之勇的不是："明明是他撞了我，却变成我撞了他？岂有此理！"

王介之笑道："你讲的可是文大才子？"

王夫之不以为然，道："倒也看不出是什么大才子。"

王介之安慰道："这里是读书的地方，不是生气的地方。别人的才华未必是你一眼就可看出来的。"

"文之勇可不是一介武夫。"王参之插话道："再说，如果你不站在前面，他又怎么会撞着你？你撞他与他撞你，彼此皆受惊吓，你还介意谁撞谁乎？"

听了两位兄长的言说，王夫之有些不好意思起来。

王介之和王参之离开后，王夫之打开作业本，对黄先生布置的课后作业"熟读《诗经》一首并发己之独见"，他认认真真地写道：《诗经·小雅·鼓钟》有"鼓钟锵锵，淮水汤汤"与"鼓钟喈喈，淮水湝湝"两句。一般认为两句意思相仿，以《毛传》与《诗集传》为代表，皆言钟鼓之响亮与水流之汹涌浩荡。

写到这里，王夫之笔锋一转："然王某不敢苟同。盖锵锵，声之大也。喈喈，声之和也。汤汤，流之盛也。湝湝，流之徐也。大与盛，和与徐，各以类兴。"

王夫之觉得意犹未尽，便又卖弄似的写下对另一首诗的"独见"：王某读《诗经·曹风·鸤鸠》，见有"鸤鸠在桑，其子七兮"句。《毛传》认为"鸤鸠"为秸鞠，《诗集传》认为"鸤鸠"为戴胜，即布谷。《尔雅》《方言》等亦各有说法。王某考证认为：鸣鸠、秸鸲、秸鞠、布谷皆为同一鸟也；鸤鸠、戴胜、鸣鸲亦为同一鸟也。

至此，王夫之感觉痛快，掷笔，合上作业本，轻松出了门。

远远地，王夫之看见文之勇和几个同学在谈天说地。王夫之走上前去，行礼道："在下夫之，从雁峰山下的王衙坪来。家父王朝聘，长兄王介之、二兄王参之。今日第一天入学，请诸位日后多赐教。"

其中一位转过身，他身材修长，面庞清秀，未开口，王夫之竟大声叫道："衮冕兄！"

"我们有缘，又见面了。"郭衮冕笑道："我坐在后排，你的座位在前面。课堂上未来得及与你打招呼，但听了你的高论，真是不同凡响矣。"

"你俩早就认识啊？"这时，另一位书生落落大方地站起来，拱手道："在下管时求，幸会。"接着又笑道："早闻夫之大名，不料成为同窗，真乃高兴莫名也。"

王夫之抱拳答道："都是虚名，愧不敢当。"

"王家真乃学有渊源矣。"郭衮冕道："武夷先生，夫之令尊，曾与憨山大师论道，衡州谁人不知？郭某有幸从学两载，受益良多。令兄介之十六岁中秀才，参之兄亦学识渊博，夫之更是了得，十四岁中秀才，堪称郡学之楷模矣。"

"我与夫之兄真是不打不相识。"见众人惊讶，文之勇趋上前，对王夫之抱拳道："之勇这厢有礼了。今日郡学门口差点撞倒贤弟，实在抱歉。"

王夫之连忙回礼，道："文兄言重了。同窗即缘，我当珍惜矣。"

这时，管时求学着黄真川的样子，盯着大家问道：《诗经》中有首诗叫《苕之华》。诸位同窗，请问，这里的'苕'，应为何物？

郭衮冕率先答道："此处'苕'，《尔雅》释之为'陵苕'矣。"

文之勇略一思考，道："文某记得郭璞对《尔雅》有个释义，认为'苕'

应该是'陵时'。然而,《广雅》则认为此'苔'是'蘧麦',陆玑坚持'苔'乃'鼠尾草'。"

管时求望着王夫之,道:"夫之兄,你认同谁的观点?"

"大家休争矣。"王夫之摇摇头,道:"先看《苔之华》原文,其中一句话:'苔之华,芸其黄矣。'此为何意?"见大家不吱声,王夫之继续道:"由原文可知,'苔'应是黄花类植物,故此即为'王篲'矣。"

"何以见得?"管时求道。

"古时'王篲',即当今肤子草,它在七月开黄花。"王夫之从容道,"各位前面考证诸如陵苔、陵时、蘧麦、鼠尾草等,其花皆非黄色,乃说者臆想,各位不要从之矣。"

"夫之兄考证功夫,果真了得。"众人一致赞道:"佩服!"

王夫之春风得意,心旷神怡。随后的日子,他们经常交流,从学业到时政。真诚的切磋,思想的碰撞,让每个人都感觉到自己的进步。王夫之的进步不仅表现在对课业的精勤与丰富上,更重要的是他广交贤良,既开阔了眼界,又获得了各方信息。通过交流和讨论,他看到了历史的发展,大明王朝的变化,并很早就有了对生命的审视与自我的观照。王夫之认为"命"是一种自然的真情性,"命之情者,天命我而为人,则固体天以为命"。在去欲与天理观念盛行的时代,王夫之发出"无欲则理废"的呐喊,将个体生命从内在的心性之学中解放出来,他的生命也由此迎来新的开启,走向真正的敞开。

四

这天上午,黄真川临时有事,他请王夫之代课。王夫之感到有些错愕,黄真川拍拍他的肩,笑道:"没事,本堂课继续讲《诗经》。这些日子，我仔细看过你交来的作业，每次都让我欢喜。在名物考证和训诂方面，你都有新的发现。你就讲讲这些可矣。"出门前，又叮嘱道："切记：同窗皆友朋，毋须拘谨。"

就这样，王夫之有板有眼地讲起课来，刚开始还有点露怯，慢慢就淡定从容起来。正如黄真川安排的那样，王夫之在课堂上只讲了《诗经》的两个方面内容。

首先，在名物考证方面，王夫之认为"关雎"是山禽而非水鸟，"卷耳"是"鼠耳"而不是"苍耳"，"汝坟"之"坟"是"汝水旁出之支流"而非防洪堤，"有女同车，颜如舜华"句中的"舜华"非木槿，而为白中有赤的蕣花，《诗经·魏风·汾沮洳》中的"沮洳"是指沮洳山，是山名，而非《毛传》、朱熹《诗集传》所释的河流流过的低湿之地。

其次，在字词语言训诂方面，王夫之认为"好人提提，宛然左辟"句中的"辟"应理解为"襞"，即衣服上的褶子，而不是大众认为的回避、躲避之义；"三寿作朋，如冈如陵"之"三寿"不是三卿，而是寿之三等；"戎虽小子，而式宏大"中的"小子"并非王之自称，而是当时执政之左右近臣，"老夫灌灌，小子蹻蹻"，《诗·大雅·抑》中"于乎小子，未知臧否"之"小子"，亦是如此……

这堂课获得了意外的反响，大家一致认为：王夫之学识非常了得。

当天下午，王夫之温习完《论语》后，看看时间尚早，他便找到文之勇，说是去外面看看。

文之勇笑道："正有此意。"

恰在此时，郭衮冕笑嘻嘻地走过来，道："我随你俩去消闲也。"

"杨柳无风蝉栖枝，晴空午后好秋时。"文之勇嘴里念道，也不知从哪里弄来的诗句。

王夫之问道："文兄所念诗句，像是贾岛之《酬姚合》，可又不像？"

文之勇惊道："本欲窃贾诗，幸而改之矣。"

"夫之所读之书，何止汗牛充栋？"郭衮冕笑道："所谓学富五车，腹有诗书，莫过于此。"

"岂敢，岂敢？"王夫之作揖道："让郭兄见笑了。"

其时，西风渐起，残阳斜照。望着不远处屋顶上蹲着的一只红嘴鸟，王夫之三人青春洋溢，赋诗填词，感觉满心的欢喜与惬意。

就在这时，前方突然传来嘈杂的喧闹声，一群人围在一起，指指点点。走近一看，但见两名乞丐坐在地上，一老一少，面前放着一个生锈的铁钵，里面有几个铜钱。年少的乞丐衣着破烂不堪，裤子上全是洞，赤着的双脚沾满了泥巴和血污，失魂落魄，瞪着眼睛，捧着一个小木盆，向围观的看客鞠躬，如果有人给钱，他就跪一下，表示感激。老乞丐衣衫破旧，却还算体面，像是读书人，只是胡子眉毛都很凌乱，头发也如蓬草，脸上落满了灰尘，他拄着拐杖，声音很大，正眉开眼笑，向众人叽里呱啦地说着，像个十足的说书人。

经打听才知道：这老先生原是一位教书先生，年少的是他的孙子。他俩是北方人，家中大旱，亲人全死了，又碰上农民军与大明军队交战，硝烟四起，战火绵延。老先生带着孙子逃出老家，一路向南，沿途乞讨，靠说书为生。他不像传统的说书人，只讲历史掌故。相反，他更多的讲现世，讲眼下发生的事，讲积德行善，因果报应。他还把李自成和张献忠、高迎祥的故事编成了段子，绘声绘色，讲给人听。

在教书老先生口中，高迎祥英明不凡，非常人可比，是位英雄；张献忠孔武有力，雄心勃勃，颇有帅才；李自成少年老成，心思缜密，是位枭雄。他还把这些人与水浒梁山的英雄好汉相提并论，听上去，若不是年迈体衰，这老先生自己也想加入农民军当中。他说得惟妙惟肖，打着手势，围观者听得不亦乐乎。

"这老乞丐真会编、能编、敢编、瞎编，好玩。"郭衮冕讥道："那年少的乞丐又是鞠躬又是下跪，把吃奶的劲儿都使出来了，养家糊口犯得上如此乎？"

王夫之听了有些生气，他觉得老先生编的内容有些过分，正想上前与之理论，突然从旁跳出一位浓眉大眼的书生，大声质问道："老先生，您讲的故事从哪里得来？敢问您读的何书？"

"嗬嗬，哪里来，重要乎？"老人扯开嗓子，斜眼看了书生一眼，从容答道："老朽读的当然是圣贤书。"

书生继续问："从何人学？"

老人镇定道："从圣人学。"

书生顿时愤怒道："既读圣贤书，又从圣人学，何以如此不明事理，信口雌黄？"

老人并不生气，反而笑道："小兄弟，老朽一个叫花子而已，对与错，老朽心中有数。公子既然明理，又何出此言？"

书生不依不饶，慨然道："既为书生，当唯朝廷是从，以江山社稷为重。何以自甘堕落，乞讨为生？志气何在？"

老人不卑不亢，针锋相对道："小兄弟，别拿朝廷来压人，更不要拿江山社稷来说事。江山是你的吗？江山既不是你的，也不是我的，而是皇上的。"老人特地停顿一下，随后将眼一瞪，冷冷道："皇上为了江山社稷吗？皇上关心黎民生活吗？不错，我是书生，可我现在是乞丐，书生不入仕，不教书，不报效国家，却在此乞讨，斯文扫地，此乃谁之过？难道是老朽之过？"

刚才还一脸在理的书生顿时语噎，王夫之原本要去帮一把书生，却被文之勇和郭衮冕给拉住了，他们似乎还要看看，接下来究竟会发生什么。只听老人叹一口气，道："人生在世，活命是最基本的。无论是你们心目中的反贼，还是帝王将相，都要活命，都要生活。违背了这一点，就会有乱；说得再好，也不顶用矣。"

这时，文之勇走上前去，掏出一把银子，扔在老人铁钵里，铁青着脸道："读了圣贤书，上不为朝廷，下不为苍生，沦为乞者，不以为耻，却还洋洋得意？岂非怪事乎？"

王夫之再也忍不住了，走上前，大声斥道："为了一点银两，竟不顾史实，违背公论，编些污俗之事欺骗民众，蛊惑世人，如此颠倒黑白，玷污圣贤，妖魔皇上，就不怕我辈揪你去官府吗？"

老人顿时僵住了。年少的乞丐一直在向围观者行乞，此刻正好走到郭衮冕面前。郭衮冕拿出点碎银，扔在地下，斥道："还不快滚！"年少的乞丐赶紧把木盆收起，顾不上捡起面前的银子，叫了一声："爷爷，咱们走吧。"

然而，老人看了看年少的乞丐，仿佛没有听到似的，他反而站了起来，提高声音，似乎故意要说给众人听："小兄弟，别拿官府来吓唬老朽。去官府老朽就怕了不成？官府是有钱人的官府，可去了官府，总不至于割了老朽的舌头吧？"这时，他回过头来，盯着王夫之，厉声道："不错，读书人安邦定国，当心怀天下。可是，老朽只是写了两篇奏状，说了几句真话，全家人就惨遭不测。要不是老朽与贱孙逃得快，哪里还能在此放言？如此，敢问天下何在？天理又何在？"

文之勇一听，顿时怔住了。他没想到老头如此倔强。郭衮冕也没料到，行乞之人居然如此硬气。而先前的那个书生，更是一脸尴尬，嘟哝了几句，便摇了摇头，悻悻然退到了人群后面。

王夫之倒是镇定，他朝老头冷笑一声，道："因言获祸非本朝始，历代历朝皆有。一个读书人，满嘴胡言，遭到惩罚，此乃咎由自取。于皇上，你是不忠；于家庭，你是不孝。一个不忠不孝之徒，竟还有脸为自己辩解，你丢的不只是自己的脸，更是普天之下读书人的脸。"

"好！"人群中突然有人喊了一声，并道："英雄出少年！风华正茂时！"王夫之循声一看，只见一位长者带着两位衣着华丽的公子匆匆离去。王夫之万万不会想到，那两位公子就是桂王朱常瀛的三王子朱由棩和四王子朱由榔，而那位长者则是桂王府幕僚长翁不群，在南岳二贤祠见过，当时他戴着眼镜，很特别，此刻化了装，而且没戴眼镜，所以王夫之没认出来。

实际上，每隔十天半月，翁不群就要带着两位小王爷化装成普通百姓，来到衡州街道，一是透透气，二是开开眼界，三是体察民情。特别是捣毁了"湘春楼"，解救出四姐妹之后，翁不群时不时劝桂王微服暗访，桂王说忙，去过几回后，就让他带着两位小王爷去长见识。两位小王爷十分欢喜，离开桂王府，他俩觉得最开心。

"哼，丢脸，不知丢的谁的脸！"老人嘀咕着，不再理会王夫之等人，他弯下身去，将钵子里的碎银慢慢拾起，然后拍了拍屁股上的泥巴，收拾行李和铁钵，面无愧色，牵起孙子的手，昂首而去。

这时，最先呵斥老者的书生从人群中走出，向王夫之三人拱拱手，道："在下李国相，幸会三位义士。"

王夫之、文之勇和郭衮冕连忙报上姓名。四人彼此倾慕，惺惺相惜，正准备去一酒馆小酌，忽听远处有人嘶喊："不得了了，高迎祥打下了凤阳！不得了了，暴民毁了我朱明的祖宗之地，烧了我洪武皇帝的灵位。"

王夫之听闻后，仿佛遭了一记耳光。李国相也大惊失色。文之勇和郭衮冕二话不说就冲了出去，把前面那个嘶喊者拽到门里，大声质问："何时的事情？你从哪里听来？散播谣言者当诛矣！"

嘶喊者喘了口气，汗涔涔道：千真万确。数月之前，七十二个营的义军，在河南荥阳召开总攻大会。会后，高迎祥、张献忠和李自成直取凤阳,掘了明皇室的祖坟,焚毁明太祖曾经出家的皇觉寺,杀宦官六十余人,斩中都守将朱国相……

文之勇怒目一竖,吼道:"是可忍孰不可忍!暴民若到衡州,必杀之食之才解恨。"

郭衮冕亦怒道:"叛逆之贼,毁我江山,乱我百姓,若到衡城,必亲刃之而后快!"

五

北方的大地,水深火热,但毕竟距离非常遥远。那些战事,近在咫尺,却又远在天边。作为读书人,王夫之和他的同窗跃跃欲试,在科举之路上全力以赴,希望金榜题名,平寇除虏,梦想着一个属于他们建功立业的崭新王朝。他们谁也没有想到,大明王朝这盘"残局",即将倾覆。

十六岁的时候,王夫之参加郡学应试,被湖广前后两任提学佥事水佳胤、王澄川列为岁试一等的第一名,这是王夫之继十四岁中秀才之后,在科举路上取得的又一个里程碑式的佳绩。

然而,几个月之后,历史走进了一个拐点:1636年,崇祯皇帝委任卢象升为五省总督,在安徽,大兵压境,政府军把高迎祥打得溃不成军,并把乱民包围在郧阳山区。恰巧此时,后金改国号为清,大清从此出现。旋即,清军再次挥兵入塞,这已经是他们第三次杀进关内。卢象升调任宣大总督赴边关抗清。高迎祥得到了喘息机会,立刻突围,最终战死。李自成成了新的闯王,带着残余部队东奔西走,逃到豫陕川甘一带,成了强弩之末,大明朝又一次迎来曙光。

1637年,闰四月。北方持续大旱,中原大地,赤野千里,饿殍遍地,民不聊生。地方官吏仍旧逼粮催科,盘剥百姓,毫不手软。全国各地民怨沸腾，像干柴烈火，一触即燃。

面对这样的危局，崇祯帝头脑清醒，却又无可奈何。山高皇帝远，朝廷中枢对于基层吏治的腐败鞭长莫及矣！

北方陷入黑暗焦灼。南方则波澜不惊。

夜幕降临，细雨绵绵。衡州王衙坪一扇深灰色窗户里透露出一丝暗黄的灯光。低矮的屋子里，谭孺人向王朝聘抱怨道："你不是说'湘春楼'被整治了，琴妹子等四姐妹都出来了。可这么些日子，怎么一直没有半点音讯？"王朝聘嘀咕道："信不信由你。但她们的具体情况我也不知道。"说完，又自言自语一句："按理，她们被解救出来，也应该来我们家一趟。"

"父母大人休要担心。表姐妹们都出来了，实乃幸事。她们不来我家，一定有什么难处。"王夫之插话道："一会儿两位哥哥回来，就知道了。"

不一会儿，王介之与王参之一前一后进来了。谭孺人急忙问道："见到她们没有？"

王介之点点头，道："见到书妹和画妹，她们将原先的客栈买了回来，准备重新开张营业。"

"琴妹子和棋妹子呢？"王朝聘忍不住问道，心里却暗暗嘀咕了一句："她们哪来的钱能将原先的客栈买回来？"

王参之摇摇头，道："据书妹和画妹说，两位姐姐在一起，勿用担心。"

"那她俩在哪里？"谭孺人急道。

王介之答道："琴妹、棋妹都在衡州城里，具体在哪里，做什么，书妹、画妹也不清楚。"

"搞得还挺神秘的。"王夫之嘟哝一句，忽然道："对了，早几天听大叔说，衡州知府邓大人邓紫鋆被革职了……"

"好了！既然四姐妹已脱离虎口，重回生活正轨，此事就此打住矣。"王朝聘望着三个儿子，严肃道："马上就要乡试了，这是人生大事。你们准备何时动身？"

"父亲大人，我们早就准备好了。"王介之恭敬答道："我们略略收拾行装，后天青龙值日，我们就此离衡。"

王夫之和王参之点点头。

翌日一早，王朝聘将自己用过的一套"途利"郑重地交到王介之手中，这是他科考和赴京时必备的器具，主要是一个紫檀盒盖的小文具匣，里面盛放着锥子、小裁刀、挑牙、挖耳、剉指、修指甲刀、剔发剅、指刀、镊子等物件。其中，裁刀、锥子是裁纸装订用的工具，而挑牙、挖耳、发剅、修指甲刀等，则是行旅中随时清理个人卫生用的。王朝聘道："此套途利，伴余半生，尔等用之，物归其所矣。"

王介之郑重接过，他能够体味到"途利"上所留下的父亲之体温、半世之沧桑和而今对于儿子们的殷殷之希望。

一天很快过去了。面对即将赴考的三个儿子，王朝聘静静地看着，嘴唇嚅动，却没有说出一句话来，感觉所有的叮嘱都是多余的。倒是谭孺人不断提醒每个儿子行装里有些什么东西，反复交代一些生活细节，殷殷叮嘱王介之要照看好王夫之，"他第一次出远门，你待他要多一只眼睛。"

"放心吧。母亲大人。"王介之点头道。

七月流火。衡州渡口，太阳朗照，江水湛蓝。

血气方刚的王夫之背着一个小包，频频回首眺望。船就要开了，大哥和二哥不断地催促他，王夫之说了声"等一会儿"，没有上船。郭袞冕和管时求也开始催促他，他还是没有上船。直到一个身影匆匆赶来，他迎上去，大喊一声："之勇，你终于来了。出什么事情了？"

"老父病了，病得很重。"文之勇跑上来，上气不接下气，道："我本来不想来了，但老父挣扎着，说什么也不让我留下来照顾他，还说我如果不去赶考，他当即撞死。唉，我心里苦得很啊……"

"自古忠孝不能两全。"王夫之安慰道："伯父吉星高照，定能渡过难关。你当高中黄榜，才不负伯父一番苦心矣。"

"然黄榜焉是想中就能中者乎？"文之勇叹道。

"十载长安得一第，长风破浪会有时。"王夫之是第一次出门赶考，尚不知前途之艰辛，说话间，他不经意就将李绅的《答章孝标》和李白的《行路难》各拎一句，合在一起，却恰到好处地表达了此刻的心情。

文之勇见王夫之兴致很高，不忍扫兴，上船后遂不吱声。

王夫之见同窗好友都来了，确实非常开心，仿佛不是赶考，而是一次远足。他们一路向北，前往省会武昌，参加三年一次的乡试。这是王夫之和衡州学子的大事情，也是所有读书人的大事情。

当时的乡试，每三年一次，一般在八月下旬举行，故又称秋试或秋闱。凡取得生员、监生、荫生、官生、贡生资格，经科考、岁科、录遗合格者，均可应试。正副主考官由朝廷选派翰林、内阁学士充任，考试内容主要为《四书》《五经》、策问、八股文等。中试者称为"举人"，俗称孝廉。第一名为"解元"，第二名为亚元，第三、四、五名为经魁。举人即获候官资格，且均可参加次年在京师举行的会试。

对绝大多数学子来说，十年寒窗，辛劳，枯燥，煎熬，为的就是这一天。

此刻，轻舟驶出蒸湘渡口，江天一色，桨声欸乃，令人心旷神怡。这也是王夫之第一次行驶在浩浩荡荡的湘江之上，他兴奋地跑到船头，凝望那辽阔无垠的北方。刹那间，他觉得自己真正的人生大幕已经开启了，美好的未来和莫大的世界似乎尽在他的手中，命运被他牢牢地抓住。他憧憬武昌城会有怎样的繁华，不断想象乡试的种种场景。

突然木船一晃，一个趔趄，王夫之差点摔倒在船头。他回过神来，这才回归现实。他快快地走回舱内，天气有些闷热，他忍不住问道："大哥，何时才能到达武昌？"

王介之笑道："五天之后才能到潭州，如果顺利的话，半月左右方能到达武昌。还远着呢，别急。"

吃完晚饭，王夫之满脸是汗，他走到舱外吹风。其时天色已晚，最后一丝落霞隐去，天空一片火红，水面一片油亮，岸上的树木黑黝黝地倒映在水中，把水岸染得更黑。一盏灯在船头影影绰绰地亮着，桨声一下一下，静寂之中传得很远。

凉快了一阵之后，王夫之回到舱内，只听王介之嘴里念叨道："邻国相望，鸡犬之声相闻，民至老死不相往来。"

"大哥为何想起老子《道德经》来？"王参之摇着蒲扇，道："此类典籍应不在科考中吧？"

"所思所想，未必全为科考矣。"王介之笑道，他接着解释，老子所谓的"不相往来"，并非国与国、圣人与民人、人与人之隔离，而是各自"自然"的呈现。

"大哥所言极是。"王夫之插话道："夫天下亦如是而已矣。以'寡小'观'寡小'，以强大观强大，以天下观天下，人同天，天同道，道同自然，又安往而不适者哉？……'抱一'者，抱其一而不彻其不一，乃以'玄同'于一，而无将迎之患。"

"小弟每有新见，真乃大才也。"王参之赞叹道。

王介之也点头，忽又问道："小弟如何看待理欲之辨？"

"仁义礼智，乃人兽之分的根本，以理制欲，天地正气。"王夫之从容答道。

王参之道："何以见得？"

王夫之道："圣人有欲，其欲即天之理，天之欲，其理即人之欲，学者有理有欲，理尽则合人欲，欲推即合天之理矣"。

"苟如此，理与欲，究何关联？"王参之忽又问道："欲先于理，或理先于欲？"

"理与欲，无所谓先后。欲中含理，理尽合人欲，或理在欲中。"王夫之打了个比方，道："声色臭味顺其道，则与仁义礼智信不相悖害，合两者而互为体也。"

王介之听罢，对王参之解释道：夫之认为"义"为"欲"之前提，欲应合乎义，若相悖，应弃之。"于此声色臭味，廓然见万物之公欲，而即为万物之公理。此乃小弟之意乎？"言罢，扭头望着王夫之。

王夫之点头道："以理制欲者，天理即寓于人情之中。天理流行，即声色货利从之而正"，说到此，提高声音道："无理，则欲滥矣"。

"呜呜——呜呜——"突然，船上隐隐传来一阵抽泣声。

"像有人在哭泣？"王夫之大吃一惊。因为他靠在舱口，听得比较真切。但屋里的王介之和王参之似乎还沉浸于理与欲的思辨当中。王夫之悄悄退了出来，重新来到船顶，循着哭声望去，果然发现船尾处蜷缩着一人。王夫之立即走过去，抽泣的声音更重了。

"先生因为何事而流泪？"王夫之见到一个男子，穿戴轻薄的锦衣绸缎，手里握着一个酒壶，满嘴酒气，歪瘫在船上。见王夫之问话，也不吭声，只一个劲儿地抹泪。

王夫之见状，不再问话，只静静地坐在此人身边，心想，此人一定有什么心事，憋得慌。如果他不想说，你问百遍，也是徒然。

果然，过了一斗烟的工夫，那人开腔了："哎嚜，我心好苦矣。"

"愿闻其详。"王夫之道。

六

"鄙人姓朱，号归孺。"哭泣的男子自我介绍道。

原来，此人乃衡州屠户朱啸虎的公子，也是本次去赴考的。据朱归孺自己说，他压根不想去赶考，因他清楚自己就是一块屠夫的料，可父亲朱啸虎偏偏认为他是一块读书的料。或者更确切地说，在朱啸虎心中，朱家应该有一个读书人。作为衡州屠宰大户，朱啸虎的家底殷实，堪称土豪，但感觉知识太少，常常有些挺不直腰杆儿。

最典型的事件是，朱啸虎带着朱归孺去衡州郡学求学，竟然被拒。被拒的理由尤其刺痛朱啸虎的心："朱先生，这里是郡学，不是营盘。没有家学渊源，拿刀的想换成拿笔的，谈何容易？你这些年确实暴发了，赚了不少银两，如此就想挤进来，那些引车卖浆之流亦可进来矣。这里的学子皆良木可雕，这里的先生皆满腹经纶，若朱先生的公子挤进来，届时如何施教？"

一席话，将朱啸虎气得半死。心想，即便不入郡学，也要将儿子送入科举考场，他不信王侯将相天生就是书香门第的料。基于这种心思，朱啸虎花重金聘了知名私塾周启睿老先生在家开讲。

朱啸虎原本是要请武夷先生的，知道他是衡州最大的学问家，然而，当他把这个想法告诉他的管家时，管家说，你要是请得动武夷先生，我一辈子免费给你家做事。朱啸虎听管家这么一说，便打消了这个愚蠢的念头。他知道读书人孤傲又清高，如果贸然去请，很可能自取其辱，他可受不了。读书人说话的语气、腔调，即使不用一个粗词，那举手投足的样子就足以让他一辈子不愿见到。

王夫之听到这里，心里暗笑：要是那时去请父亲大人，真不知父亲大人会不会啼笑皆非，拒绝抑或依从？

管家建议朱啸虎不要去请这些学问大家，"况且，有学问，未必善考。武夷先生学问大，跟憨山大师交过锋，但他只得了两回副榜。"说完，就径直推荐了自己的亲戚周老先生来朱家施教。

客观地讲，周老先生读了不少书，教书也有方法，的确算是找对了人。怎奈朱归孺感兴趣的是世事俗理与风流潇洒，对孔孟之道、诗学之理毫无兴趣，任凭周老先生嘴皮子磨破，也听不进半句先贤圣哲的至理名言，至于写诗作文，简直比要他的命还痛苦。

开始一个月，周老先生还认真施教，不管朱归孺基础有多差，心里有多抗拒，至少要对得起朱啸虎发给他的沉甸甸的银圆。但慢慢地，他失望、进而绝望了。这个朱归孺先天有个生意的头脑，精于算计，没有半点书生的细胞。周老先生不愿浪费时间，遂提出不干了。朱归孺却诚恳地对他说：你无须教我什么，你只需每天来我家一趟就行。如果父亲过问读书情况，你帮我应付过去即可。我们互相演戏，彼此不用负责。父亲付你的费用你悉数拿走，然后分一半给我。至于其他事，你不用管，也不用问。

乍一听，周老先生很生气，心想，你把我当什么人了？然细细一想，虽觉此事有违师德，但周瑜黄盖，愿打愿挨矣。就在周老先生拿不定主意时，管家闻后责备道："你们读书人就认死理。这摆明了的买卖还有啥犹豫的？"

周老先生不再吱声。

自此以后，周老先生每天上门，为了应付朱啸虎检查，只教《论语》中《学而》篇里的一句话："曾子曰：'吾日三省吾身——为人谋而不忠乎？与朋友交而不信乎？传不习乎？'"让朱归孺务必背诵，然后就让他练字。

朱归孺对写写字，练练书法，倒是颇有兴趣，每日练得认真，慢慢地，竟练出一手好字来。每当朱啸虎过问儿子学业时，周老先生便沉着脸，说一声"将《论语》写一段出来给老爷看看"。

朱归孺便迅速写了出来，朱啸虎见儿子的字写得行云流水，笔走龙蛇，高兴得合不拢嘴。周老先生面无喜色，心想，应付你容易，但应付考官难啦。他真不知道到了乡试考场，朱归孺该如何应付。毕竟，朱啸虎的最终目的是要将儿子送入考场的。

其实，朱归孺心里早有盘算。他拿着从周老先生那里分来的银两，课后就去烟花巷陌鬼混。快到乡试时，朱归孺悄悄去物色替考者。一般人当然不愿去做这种傻事，但有一个人愿意去，他不是别人，竟是王夫之等人在衡州街头碰上的老乞丐的孙子。

那天，朱归孺原本是要去"湘春楼"的，不料关了门，听说被人整了，他便在街上东游西荡，乞丐老头跟王夫之等人论争时，他凑巧就在一旁看热闹，感觉老乞丐一点不输这些读书人。后来，朱归孺跟踪过这爷孙俩，发现小孙子也读过不少书。最重要的是，知道这小乞丐真的缺钱，便瞅准机会，走上去开门见山，只要愿意替他去乡试，一定给他一辈子花不完的钱。

那小乞丐禁不住朱归孺的诱惑，瞒着老乞丐答应下来。

朱归孺当即支付了一笔可观的费用，小乞丐拍着胸脯说："君子一言，驷马难追。在衡州这地方，朱爷的事就是我的事。"他还夸海口说："当乞丐，我还凑合；当替考，我最擅长。"

朱归孺深信不疑。他想，一个乞丐，虽然胸中有墨，但上无片瓦遮身、下无立锥之地，在衡州这个地方还能飞了？

然而，乡试即将上路的前两天，老小乞丐一下子不见了。

朱归孺顿时慌了，找遍了衡州城的每一个角落，都没有见到那两个乞丐。他终于明白上当受骗了，生平头一回栽跟头，竟栽进了小乞丐的阴沟里。他没料到，读书人如此不讲诚信。

这是朱归孺万万想不到的。

而这一切，朱啸虎完全被蒙在鼓里。出发前一天，这个富甲一方的屠户把十里八乡的人都请来，杀了二十头猪，为儿子壮行。朱归孺看到这架势，早已吓得不行，犹豫，挣扎，纠结，差点就要讲实话了。

周老先生急坏了，低声劝道："去了再说嘛。没有谁保证你一定能考上。经历一下读书人的乡试不是挺好吗？"

管家见状，说得更直接："你老爷子跟我说了，知道你肯定考不上，他不过是做戏给周围人看的，说周家这么有钱，也有读书人的氛围，周家的子孙也要去争金榜题名，光宗耀祖。"

管家的话是真是假，朱归孺没办法验证，事到如今，只好赶鸭子上架，硬着头皮上了船，但他越想越怕。原以为不懂也没什么，进了考场再说。正如大家所讲，反正每年有无数的人参考，能够上榜的又有几人？当初请小乞丐去替考，也没有必中黄榜的把握。

上船后，朱归孺看到船上的人一个个脸色凝重，像上刑场似的，就越发心虚和难受。他想，一个乞丐都不敢去做的事，父亲硬逼着自己去做，这不仅荒唐，而且可笑。尤其重要的是，父亲把个人的想法强加在他的身上，太不应该。要论杀猪，再过几年，自己怎么混，也不比父亲差啊！

朱归孺越想越生气，越想越伤心。船上的考生，他一个都不认识，说不上一句话。至于那些书本，他更是识不了几个大字。虽然练得一手好字，但头脑空空，写什么？如果进了考场，没个朋友照应，连个考题都看不懂，那个脸丢得可就大了。这样一想，他就觉得活着真受罪，一点意思都没有。

听完朱归孺的陈述，王夫之倒吸了一口冷气。天底下竟有这等家庭、这等父子！那俩乞丐竟是这样坑人的骗子，真是丢读书人的脸。日后要是碰上，一定有他们好看的。

朱归孺泪流满面，半醉半醒地望着王夫之，仿佛在问：兄弟，我已上了贼船，我该怎么办？

一向自信的王夫之此刻也没了主意，他觉得自己与朱归孺是两个世界的人。虽然他俩年龄差不多，却没有半点共同语言。他无法理解朱归孺的行为，朱归孺也理解不了王夫之的世界。

没办法，王夫之只能轻轻地拍了拍朱归孺的肩膀，说了一句："兄弟看开点，天塌不下来呢。"言毕，遂怅怅地回到船舱。

其时，王介之和王参之还在抓紧时间看书。王夫之不想打扰大哥，就到隔壁去找同窗。但见郭袞冕和衣而卧，怀里抱着一本《论语》。管时求虽然睡下，眼睛却直勾勾的，盯着弧形的船顶看，一眨不眨，像在探究什么秘密。文之勇也在一旁点着油灯看书。见王夫之来了，他一直盯着书本，脸色还是那样阴沉。

王夫之凑过去，正要说话，突然听到船窗外"扑通"一声巨响，紧接着船上骚动起来。

有人大声惊叫："跳江了，有人跳江了！"

王夫之说了一声"不好！"迅速爬到船顶，冲向船尾。

很意外，朱归孺并没有跳江，而是站在船尾上，定定地看着黑黑的江面，一言不发。

这时，王介之、郭袞冕、管时求和文之勇等衡州学子纷纷爬上船顶，只听有人急叫："快，快，快去救人啊！"

可天色已晚，光线不好，水流湍急，水性不好者，不说救不了人，连自己也救不了呢。跳江者在水中挣扎，一会儿浮出水面，一会儿被水流压下。

情况十分危急。

王介之见王夫之要跳，急忙冲过去想拉住，但还是晚了。王介之大叫："小弟，你怎么不要命矣。"说罢，急得瘫坐在船上。

出门前，母亲再三叮嘱，一定好好照看王夫之，千万不要出什么差池。父亲虽然什么也没说，但眼中饱含的热望已经胜过千言万语。现在还没上考场，小弟却先跳进了湘江，这可如何是好？

郭衮冕等人也拼命大喊："夫之，你要当心！"同时急忙找来一大摞绳子，准备拉人。

王夫之水性不错。他游到跳江者身边，奋力拉着他靠近船边。然而，水流太急，他数次试图抓住绳子，但都被急流冲走。

跳江者似乎不大配合，时间一长，危险更大。

文之勇见状，大叫一声："夫之，小心，你快拉着绳子！"

就在这时，从背后传来"扑通"一声，又有人从船尾跳了下去。

那人水性不错，三下两下就游到了王夫之身边。

"啊，归孺，是你？"朱归孺没吱声，奋力冲上去，将跳江者拴好绳子，朝船头大喊一声"快拉上去！"

船上的人迅速将跳江者拉了上来。

随后，王夫之和朱归孺也被先后拉了上来。

一船人长长地舒了一口气。

王夫之望着朱归孺，朱归孺望着王夫之，半晌，两人同时伸出了手，疲惫不堪地握了握，苍白地笑了起来。

两人换上干净的衣服，喝了一碗热姜茶后，王夫之将朱归孺介绍给衡州学子，"刚认识的朋友，姓朱，大号归孺"。

朱归孺不怕揭家丑，大大方方道："在下没读什么书，完全是被父老子逼来滥竽充数的。"

大家听了都笑了，觉得他热心肠，又谦虚，乐意与他交友，遂互报姓名，对朱归孺点头示意。

王介之尤其感谢他的救人之勇。说真的，如果不是朱归孺跳江相救，后果不堪设想。王夫之能否救上人不说，连他自己能否活命都很难说。

这时，跳江者也苏醒过来，有气无力地对王夫之道："你们不该救我啊！"

原来，此人姓张，大名纯熙，衡山学子，已参加七次乡试，年过三十，尚未婚娶，家里人为了他将田地和房子都卖了，让他最后一次去参加乡试。张纯熙订了一门亲事，女方是衡山的大户人家，对张纯熙没有别的要求，只要他乡试成功，保他一生荣华富贵。然而，想起前面七次科举考试，张纯熙就胆战心惊，没有半点信心。他认为自己最好的文章在二十岁前就做完了。后面的文章，越做越差。他试图说服未来的岳父不让他去参考，或者说先成亲再去赴考，但岳父说："你不是怯考了吧？"后面的话便没有说下去了，意思很明显，要是考不上，这门亲事也就黄了。张纯熙上船后千思万想，感觉没有什么好办法。那女子他见过，是美丽的，也是他喜欢的人。可对他来说，可能只有见面的份儿，像水中月，他捞不到啊！

　　"醒来就好。休要瞎想，好好休息吧。"王夫之安慰道。

　　张纯熙知道王氏三兄弟，对于他们的父亲武夷先生，他更是崇拜得五体投地。眼见王夫之奋不顾身地救自己，他好生感动，心想，我再不行，也不能枉费王夫之救我一场啊！于是冲王夫之和朱归孺道了一声谢谢，又向衡州诸位学子点点头，便疲惫地睡去了。

　　朱归孺的酒完全醒了，他并没有想到自己的本能行动会赢得书生们的一致称赞，他的心情不错，返回住处拿了一批酒肉与王夫之等人大吃大喝了一番，直把自己再次喝得不辨西东，才让王夫之搀扶着回住处躺下，顿时传出重重的鼾声。

　　经历了这些意外的事情，王夫之也十分疲惫，回到自己的床位，很快就睡去了。

　　夜深人静，文之勇还在灯下翻书，却总是有些走神，从前考场的经历一一闪过，张纯熙跳江，让他更是睡不着了。尽管桨声催人眠，熄了灯，他还是辗转反侧。

第四章　乡试初败

一

一路舟行，走走停停。沿途靠了几次岸，王夫之都抢先下船，与朱归孺四处闲逛，很是好奇。世上的一切，于他俩都是新鲜的，这是他俩头一次接触衡州以外的天地，不亚于读一本大书。

"善鼓云和瑟，常闻帝子灵。"途中，王夫之突然想起唐朝诗人钱起在科考中写下的《省试湘灵鼓瑟》，尤其最后一句："曲终人不见，江上数峰青"，真是鬼斧神工，大雅之绝。王夫之心想，自己在科考现场能否写出这样的诗句？接着，他又猛地想到苏轼之"窃诗"，认为他的一首《江城子》"欲待曲终寻问取，人不见，数峰青"就是抄袭钱起之诗，因而，对苏轼的厌恶又增加了一份。

"朱某生不逢时矣。"朱归孺忽地发出感叹。

王夫之惊道："朱兄何出此言？"

"唐时《选举志》选人标准是：一曰身，体貌丰伟；二曰言，言辞辩正；三曰书，楷法遒美；四曰判，文理优长。"朱归孺一本正经道："朱某占了前三，若那时科考，兴许能中。可眼下科考，文理优长占第一，其他可有可无矣。"

"朱兄毋须忧之。科考之路，虽贵文理，然时运不济亦难。"王夫之安慰道。接着他讲了欧阳修参加科考的故事：那天，一李姓考生忽病。欧阳修把他拽起，励之以情，还把己卷传予李生。李生抱病抄了欧阳修试卷大半，不意竟然考中。

"啊？还有此事？"朱归孺吃惊道。

王夫之答道："坊间流传，未判真假。一笑可也。"说完，便与朱归孺回到船上。

"一为迁客去长沙，西望长安不见家。"不知不觉，王夫之一行来到长沙。王夫之很想去这个"屈贾之乡"和"潇湘洙泗"的古城游览，但由于要赶时间，他们没能多作停留，只在渡口停靠，到太平街口添置了一些食物。因为天热，食物不能多购。王夫之踩着青石板，看着熙来攘往的人群，觉得长沙真大，真繁华，似乎什么都好。隔着江面，王夫之能够看见苍翠的岳麓山，耳畔似乎都能听到岳麓书院的钟声和书声，那里闪耀着朱张的身影。他很想去看看，可是现在不行。

两天过后，小船进了洞庭湖，更辽阔的世界呈现于眼前。八百里洞庭，烟波浩渺，"星河尽涵水，俯仰迷上下"，无边无际的水面上，往事钩沉，淹没了历史的尘埃。远远地，就可看见岳阳楼。王夫之站在船头默念："先天下之忧而忧，后天下之乐而乐。"范仲淹的千古文章就放在那里，可是，他不能前去登楼，因为要赶考。行了几天几夜，时间和空间仿佛都消失了，只在白天能够看到高高的太阳。到夜晚，浩瀚的星空就在头顶，他忍不住又念道："吴楚东南坼，乾坤日夜浮。"

这里跳动着湖湘的灵魂，不变的古楚，人杰地灵，从屈子以来就人才辈出。自己学有家渊，饱读诗书，乡试只是人生新的起点，未竟之途，无限可期。"巴陵一望洞庭秋，日见孤峰水上浮。"一股豪气涌上王夫之心头，他想干一番大事的冲动更为直接和强烈了。

那日傍晚，欸乃渔歌斜阳外，江面上，水波潋滟。王夫之难得地安静下来，正在舱内看书，突然听见大哥在外面念道："黄鹄矶上黄鹤楼。"心里竟然一阵发热，他丢下书本，伸出头来，念道："昔人已乘黄鹤去，此地空余黄鹤楼。"

王夫之走出船舱，与大哥对视，心情甚佳。历史的热风吹过心头，他思绪起伏，当即吟道："新丰美酒斗十千，咸阳游侠多少年。相逢意气为君饮，系马高楼垂柳边。"

"摩诘才华横溢，诗歌卓越，独步天下。小弟颇有王维风范。"大哥忍不住夸道："此番乡试，小弟没有不中的道理！"

"大哥休要见笑。"王夫之"嘿嘿"一声，道："此情此景，愚弟不由想起摩诘初入长安的心情。"

三天后的上午，整个武昌城已经落入王夫之眼中。但见岸上阁楼连着阁楼，殿宇连着殿宇，旌幡飘舞，码头上人影攒动，"大家别急，坐稳，靠岸了。"船老大喊了一声。船里的人满脸兴奋，等船完全停稳之后，王夫之他们一个接着一个走出渡口，然后坐上骡子车，又走了一阵子路，终于到了落脚的客栈。

一行人就此安顿下来，各忙各的。

王氏三兄弟正好一个房间。王介之和王参之比较老实，每日坐在房间里看书、练字，偌大一个武昌城仿佛与他俩无关。偶尔出去走一走，他俩都是安静的，这与他俩参加过此前的乡试有关。

王夫之第一次参考，表现得胸有成竹。他有点坐不住，见朱归孺在他房间探头探脑，便跟他悄然出去，泛舟长江，登上黄鹤楼，真实体验了"孤帆远影碧空尽，唯见长江天际流"的人生况味。王夫之伫立山顶，极目楚天舒，心潮澎湃之余，他不愿自己只是这苍茫大地的一个过客，遂暗下决心，此番乡试，一定要一鸣惊人，马到成功！

突然，朱归孺叹道："长江之水，滚滚东去。"

王夫之笑道："朱兄，你想说什么？"不知怎的，王夫之有点喜欢上这个敢于自轻自贱的人，觉得他没有读书人的迂气、腐气和傲气，敢说，敢为，有担当。

"我在想，你们读书人为什么喜欢看到一件事，就努力去联想到好多其他的事情？"朱归孺亦笑道："说真的，我这个人，胸无大志，少有城府，喜欢就事论事，见事做事。"

"你现在不也要参加乡试了吗？"王夫之不以为然，道："你不也希望成为读书人吗？"停了一下，又道："就事论事，见事做事，并非坏事，亦并非人人能做到矣。"

"你知不知道，我父老子把你们看得挺神秘，觉得你们学问深，墨水多，与我不是一路人。"朱归孺说着，突然感觉羞愧起来。

"实话说，原本，我也觉得你我不是同路之人。"王夫之道："现在看来，我们的心思和想法其实并没有什么不同。"

"果如此乎？"朱归孺听罢，很兴奋，觉得王夫之真心把他当成了朋友。这可能是他本次来参加乡试最大的收获了。既是朋友，他就不客气了，于是问："夫之兄，在下有一事相求，不知可否？"

"说来无妨。"王夫之随口答道："只要能做，当全力以赴。"

"夫之兄，你知道，我天生愚钝，胸无点墨。若如实答题，必以鸭蛋封卷，如此，既伤父老子之心，亦让别人笑话我。"朱归孺脑瓜子转得飞快，他望着王夫之，恳求道："因此，我想请你帮我做一套题，什么题都可以，我就押它，背下来。好吗？"

王夫之吃惊地看着朱归孺，连连摇头："啊？这个……这个使不得，使不得。"停了一下，他见朱归孺一脸灰暗的表情，又道："不是王某不帮你，而是不知道如何帮你。"

"你就当一回欧阳修，帮帮我这个患病的李生吧。"朱归孺见有戏，马上摇头道："这个比喻并不恰当。我亦不是要抄你的试卷，就是请你押一套题，包括初场、第二场和第三场，你押什么、答什么，我就背什么。反正我是去撞运气。"

"啊？此事风险甚大，如何做得？"王夫之大吃一惊："此乃朱兄之就事论事、见事做事风格乎？"

"唉，没事，权当我没说吧。"朱归孺叹了一口气，道："你我毕竟只是邂逅，并未深交。不帮，乃正常；帮，则异常矣。"

王夫之见朱归孺耷拉着头，又道："况且，考前查验甚严，若搜出弊物，轻则逐之，重则拘之，岂非呜呼哀哉？"

"果如此，朱某认命矣。"朱归孺嘟哝一句。

"既如此，我就押一套题，帮你做好。"王夫之忽然笑了，道："到时你遭罪罚，或答非所问，休怪我矣。"

"岂敢，岂敢？"朱归孺连连作揖，道："夫之兄，无论成败，朱某将一辈子感激你！"见王夫之答应了，朱归孺兴奋异常，忽而小声道："只是此事有些苟且，上不了台面，你不会……"

"这个你放心。"王夫之道："既然做了，就只有天知，地知，你知，我知。"

朱归孺"嘿嘿"两声，心里还有些狐疑不定：王夫之口头是答应了，但他真的会做吗？上回自己被小乞丐骗了，这回不至于又落空吧？不过，朱归孺从王夫之冒险救张纯熙的义举中，感觉到他跟一般读书人不同，这应该是一个靠得住的实诚人。

王夫之没有多想，觉得此事并不难，无非是动动脑，写写字，练练手而已。按惯例，乡试共分三场：初试有四书义三道和经义四道；复试有试论一道、判五道等；终试有经史时务策五道。每道题写两百字左右。这些内容对王夫之来说，确实不难。王夫之甚至想，帮朱归孺押一套题，也算是对他帮自己救人的一种回报吧。

因此，当天晚上，王夫之回到船舱后，先押了一道最重要的策问题《当今之世，士大夫何以尽忠报国？》。老实说，这是一个旧话题，是他与衡州学子经常议论的话题，他有话可说，很快就写好了。自己念了念，又斟酌、修改几处文字，感觉境界高远，角度新颖，有理有据，是篇不错的答题。第二天，他抓紧时间，把初场、第二场和第三场除策问之外的其他各题均押了一道，认真答好。

王介之见王夫之一整天都在安静地写着什么，有些奇怪，便问道："小弟也在押题吗？"

王夫之连忙摇头，答道："乡闱逼近，温习而已。"

这时，王参之从书本中抬起头来，笑道："押题人人会，然押中者，稀罕矣。"

"二哥所言极是。"王夫之亦笑道。

第三天一早，王夫之就将押好的题和自己的答题一起偷偷交给了朱归孺，低声道："王某只能帮到这里了。"

"大谢，大谢矣！"朱归孺一把抓过答题，如获至宝。他真没想到王夫之如此讲诚信、讲义气，行事又如此迅速。他连连抱拳，千恩万谢："夫之兄，无论发生什么，你都是朱某一辈子的恩人……"

二

"长乐遥听上苑钟，彩衣称庆桂香浓。"等啊，盼呀，三年一次的乡试终于来临，每个学子既紧张又兴奋。王夫之的情绪一直处于比较亢奋的状态中，他每天都想提前去贡院看看，可王介之和王参之都在忙着学习，衡州来的其他学子也各有各的事情，没有谁有闲工夫陪他去看。王夫之遂去朱归孺住处，结果发现这个人自从拿到了押题，就再也见不到踪影了。

八月初六日是考官们入闱的日子，朝廷选派的翰林、内阁学士作为主考官，要在这一天将考官们组织起来，举行一个开考仪式，即"入帘上马宴"，凡内外帘官均要到场。所谓内帘官就是阅卷者，外帘官就是监试者。宴毕，内帘官进入后堂内帘之处所，他们的门将被封上，除批阅试卷外不能与闻他事。

正如所料，此次乡试共考三场，每隔三天举行一场，每场考一天。考试时间分别定在八月初九、十二、十五日。三场都需要提前一天进入考场，即八月初八、十一日、十四日进场。考前二日，编好座号，出榜通知。考试日，黎明入场，对名入座。

王夫之参加乡试是在武昌城东南的贡院，这是湖广学子乡试的考场，深灰色大门前，左右两旁各置一尊巨大的石狮，威风十足，大门正中悬挂"贡院"二字大匾。

贡院很大，里面就是考棚，又叫"号房"，一间一间连在一起。考生每人一个单间，答卷和吃住都在"号房"里进行。"号房"很小，长五尺，宽四尺，高八尺，躺下来不能伸直身子，只能蜷缩。"号房"里只有上下两块木板，答卷时，把上面的木板当作书桌，下面的木板当椅子。累了时，将两块木板拼在一起，躺下就睡。"号房"里还有一盆炭火、一支蜡烛。炭火主要用来做饭。因为天气闷热，考生一般不用，都提前准备了熟食。

贡院里监考很严。考生前一天，他们到贡院等候，点名入场。由于考生众多，且都要进行严格搜身，以防考生衣服里藏有"夹带"，因此，考生必须早早赶到，若错过了点名，就错过了整场考试。贡院有多个点名处，每处墙壁上都贴有《监临告示》，提示按照户籍所在地，将考生分为几路、几起点名。贡院分三个门点入，通常点名从寅时开始，此时天尚未亮，各个点名处门口竖起高杆，点第一拨名单，悬挂一盏灯；点第二拨名单，悬挂两盏灯，依次类推。考生们有的背着考篮，有的挑着考担，在此一直等下去，有时几乎要等待一天，未进考场，人已极疲。

考生进入"号房"后，就要锁门。考试期间，"吃喝拉撒睡"皆在"号房"内解决，不得出来，直到考试结束。监考官在考棚巡视，他们只管监考和作弊者，至于考生在"号房"里的一举一动，他们一概不问。考生求之，亦不理会。

正式开考前的两天，即八月初七，王夫之等衡州学子来贡院前"踩点"。所谓"踩点"就是提前来到贡院，找到自己的方位，熟悉自己的入场时间，以及相关布告，掌握考试要求和规则等。

时值正午，太阳毒辣地悬在空中，王介之、王参之及衡州其他学子，包括衡山学子张纯熙也大汗淋漓地来了，唯独不见朱归孺。王夫之感到奇怪：此人为何不见，难道他不想考了？

八月初八，寅时还不到，天空一片灰蒙。王夫之跟着两位哥哥和衡州其他学子，早早来到贡院大门，但见蛇阵一样的队伍，每个考生静静地等在那里。王夫之望着那堵深赫色威严的贡院大门，心里突然产生了一种莫名的紧张与不安情绪，甚至还有一丝恐惧。

第一拨名单点完了，终于轮到衡州学子入场了。王夫之在和兄弟朋友相互勉励几句之后，默默地跟每位赶考者一样，提着沉甸甸的考篮，慢慢挪步朝前。篮内放有各类用品，经监考官仔细检查和搜身后，对号入内。

忽然，王夫之看到侧面有人向他挥手，他定睛一看，竟然就是朱归孺。

只听朱归孺朝王夫之竖起拇指，大声而坚定地说了一句："金榜题名，必定有你！"这声音是那么刺耳，像扑啦啦飞起来的小鸟，将黎明前紧张的寂静一下子撞破了。

"这些天你去哪里了？"这句话到了王夫之的嘴边，但他还是忍住了，只朝朱归孺笑了笑，转身走向自己的"号房"。

　　王夫之轻轻推开门，走了进去，一股潮湿又带着霉味和汗味的气体很快包围了他。狭窄的空间里，又闷又热，转过身子都非常困难，王夫之突然感到很不适应。睡觉用的木板和写文章用的木板，叠在一起，中间放着一堆东西，包括蜡烛、纸张，以及一方砚台，一支毛笔，一个炭火盆，一口尿壶。门被锁上，仿佛进了重重的牢狱。

　　早就听说科举考试十分严苛，王夫之此番身临其境，真实感受比先前想象的还是有了很大的不同，特别是看到一同赴考者几乎没有一张笑脸，个个如临大敌。受此影响，王夫之固有的自信被眼前的情状顿时驱赶得所剩无几，一波又一波惶恐莫名地向他涌来。王夫之用了很长时间试图平复自己，可很难做到心如止水。当晚，他辗转反侧，难以入眠，很长时间也没能将心情平复下来。他想起那些落榜的可怜虫，想起大哥、二哥一而再地受挫仍然继续参考，想起父亲大人乃至先祖的荣光与挫败，也想起投江被救的衡山学子张纯熙，想起被父亲赶上科考之路的屠户之子朱归孺，还有郭衮冕、管时求和文之勇等衡州学子，每个人都有自己的苦难史、眼泪史和心酸史。如果自己不中，他们的昨天是不是就是自己的明天……王夫之不敢往下想，只觉得有些心热、胸闷，脑袋隐隐有些作痛。整个晚上，他又疲又困，却又没有完整地睡过，越是逼着自己入睡，越是难以入眠。

　　翌日即是八月初九，天刚蒙蒙亮，王夫之起来洗了一把脸，早早地吃了饭，然后闭目养神，尽可能让头脑清醒一点。

　　今天是第一场，"号房"里比昨天刚进来时凉快了不少。王夫之由于等得太久，心里隐隐有些发热。过了一两个时辰，监考官终于敲开门，送来了试卷。

王夫之立即将试卷铺开，以最快速度审视完试题内容：

其一，以《论语》一文、《中庸》一文或《大学》一文、《孟子》一文，每题字数在二百字以上；

其二，五言八韵诗一首；

其三，经义四首，每题需写三百字以上。

这些题是常规题，并不难，但要答好，亦不易。王夫之略一思考，便铺开纸张，开始作答。对于第一题，他选择《论语》和《孟子》中的一文作为阐发对象，记得他在帮朱归孺押题时，选的是《中庸》与《大学》，总之还在规定内容之中。对于第二题和第三题，相对困难一些，写诗不难，但写出境界高、意韵深、格调美的五言八韵诗并非易事。至于经义四首，每首分析三百字以上，亦要讲究述说分寸，若拿捏过了，与内帘官旨趣相悖，就要坏事。

一整天考下来，王夫之感觉疲惫极了。他看了看答卷，虽然没有激动人心的感觉，总算考出了自己的水准，第一场的包袱可以卸下了。

八月十二日为第二场，试题内容是以五经一道，并试诏、判、表、诰一道，议论文要求三百字以上。王夫之也中规中矩地作答，自我感觉还算良好。

八月十五日为第三场，这是最重要最能显示考生学识的一场考试。历次考试多以五道时务策即策论题为分析对象，其中有一道主答题即重点必答题，要求结合经学理论对时事政务发表议论或者见解，儒家经学每每是主答题分析的核心内容。

这天早上，王夫之拿到的策论题中，主答题竟然是："治理天下者，士大夫也。如今士风不正，欲求无边而见识短浅。欲正士风以复古道，何以为之？"他一下子惊呆了：这个论题，跟几天前给朱归孺押的题几乎没有什么差别呀，他当时押的题为《当今之世，士大夫何以尽忠报国?》。王夫之内心一阵狂喜。这样的文章，自己闭着眼睛也能考得好啊。他放心了，今年一定能榜上有名……

终于出了"号房"，但见蓝天白云，阳光灿烂，王夫之的心情很不错。没过不久，一个个考生走了出来。王夫之见到了兄弟和朋友，兴奋不已，说个没完，仿佛要把这几天没说的话全部说个够。

"嘿，夫之兄！"朱归孺看见王夫之，大喊一声，跑上来，紧紧地抓住他的手。王夫之轻轻捶了一下朱归孺的胸口，却什么话也没有说，只是意味深长地笑了一笑。

眼见王夫之一脸轻松的表情和喜上眉梢的样子，王介之和王参之兄弟俩以及衡州几位同窗都觉得他考得很好，一定能够金榜题名，便纷纷提前向他道贺，王夫之连连作揖，脸上堆着青春的笑容。

三

然而，天不遂人愿。现实给了王夫之当头一棒，真是期望有多高，失望就有多大。王夫之和大哥王介之、二哥王参之，以及衡州诸学子均落榜了！衡山学子张纯熙也再一次毫无悬念地落榜了！

最不可思议的是，朱归孺竟然金榜题名了！

王夫之目瞪口呆。

接连两天，王夫之把自己关在房里，闷闷不乐，不知道自己错在哪里。他知道朱归孺来找过他，但他不想见面。因为见了不知道该说什么。他不后悔替朱归孺押题，至少证明自己还是有考中的能力的。他的苦闷也并不是他不能把与朱归孺之间的秘密说给任何人听。他苦闷的是自己兴高采烈，欢心而去，却灰头土脸，失望而归。他难过的是这个结果。如果当初，他跟大哥、二哥一样，也低调内敛，没有别人的关注和道贺，他可能不会有如此难受。简单地说，他觉得最初的表现有些轻浮、自负、盲目。科考失败者很多，别人都有准备或者说都留有退路。即便是跳江轻生的张纯熙，没有考中后，也没有再次自杀，而是告诉王夫之，他打算回去找一位村姑，安安稳稳地过日子，不再想着科考之事了。只有自己，一门心思想着高中黄榜。结果，反而落得笑柄。

"小弟毋庸烦扰。"王介之安慰道："你还年轻，来日方长矣。"

"若能一考即中，那还叫科考吗？"王参之也劝道："父亲大人才高过人，连憨山大师亦赞之，一生科考无数，亦只中二回副榜。"

"二位兄长所言极是。"王夫之嘴上答道，但心里终究不爽。

返家途中，过黄鹄矶时，王夫之又触景生情，挥毫写下："汉阳云树色，倒影入江流。海气东风合，秦云晚照收。仙踪疑费吕，霸气想孙刘。我欲骑鲸去，无心问蒯缑。"

"好一个'我欲骑鲸去，无心问蒯缑'！"王介之读后，直言道："此诗必得大叔喜爱……"

再说朱归孺意外中举，让整个衡州都轰动起来，这下真把朱啸虎给乐坏了。他立马做了三件大事：

第一件事就是，他把儿子的画像做成一幅巨大的匾牌，放在十驾马车的前头，后面每一驾马车上放着一个烤得发黄的猪头，共九只猪头，在衡州古城一路鞭炮一路锣鼓，畅游了一番，这叫"一言九鼎"，意思是，从此往后，朱家说话不是放屁的了，而是说一不二的，听者都要对朱家人敬重有加。

第二件事就是，他执意将儿子打扮得像新郎官一样，脖子上围着长长的红巾，手里捧着孔孟牌位，来到衡州郡学，找到曾经面试儿子的考官，认认真真地嘲笑道："感谢你的有眼无珠，更感谢你的不收之恩，否则，我的儿子也像衡州郡学诸子一样，统统名落孙山。"他尤其在"统统"

二字上面明显加重了语气。

第三件事就是，他给周老先生送去两头肥硕的烤猪，以感谢他教子成才；并给自己的管家也送去一对活的母猪崽，以酬其推荐之功。

相较于朱啸虎的狂喜妄为，朱归孺并没有"昔日龌龊不足夸，今朝放荡思无涯"式的兴奋，相反，他表现得异常安静。他先是跑到王衙坪，要见王夫之，却没见着。接连三天，去了多回，始终没有见到王夫之。朱归孺闷闷不乐，心中很是纳闷，为什么王夫之没考上？这玩笑是不是开得太大了点？

但考试就是考试，除了才华，还有运气。考上就是考上，没考上就是没考上。王夫之输的是运气。

王夫之初次参加乡试落榜，大叔王廷聘虽觉遗憾，倒也并不难过，先祖以及他们这一代，哪个不是科考数回而未中？王廷聘读到王夫之的《黄鹄矶》后，摇摇头，知道这个小侄心里很难受，便邀他出去散心。

叔侄二人沿着古城墙下一条长长的小街，边走边聊。王廷聘道："此次未中，当是幸事。"王夫之讶之，问："大叔何出此言？"王廷聘道："若中，与屠夫之子并立黄榜，幸乎？"王夫之一怔，内心"咔"的一声，像有一根小刺卡住他的喉咙一样，半天缓不过劲来。

王廷聘不知道王夫之的苦处，见他脸色难看，遂摆摆手，道："不说也罢。"

"朱家世为屠夫，而今有人中举，应是幸事。"王夫之却接过话，辩解道："愚侄先前与朱归孺从无交集，此番乡试，略有交流，有人投江，他援之以手，而今高中黄榜，亦为衡州学子挽回几分颜面矣。"

王廷聘闻之，以拳击掌道："贤侄之胸襟，为叔当庆之。"

王夫之复又垂首，默然不语，目光游离，脸上再现怅然之色。

"贤侄不要被俗务所缠，阻了性灵，丢了诗心矣。"王廷聘忽地停下，盯着王夫之道："'且放白鹿青崖间，须行即骑访名山。'你看太白多洒脱。好诗如酒，品之疗伤。潇洒人生，理当如此。"

王夫之长叹一口气，点点头，说道："杜工部评太白写诗'笔落惊风雨，诗成泣鬼神'，固然不错。然我尤爱《江上吟》：'兴酣落笔摇五岳，诗成笑傲凌沧洲'，如此，才是真正的李太白，风流倜傥，我行我素。"

一谈诗，王夫之就忘记了惆怅与忧愁。王廷聘见状颇为高兴，趁机问道："子曰：《诗》可以兴，可以观，可以群，可以怨'，贤侄如何鉴之？"

王夫之答道："愚侄以'兴、观、群、怨'为一体，譬如《关雎》，作者本意之'兴'，读诗者却从中了解到当时风俗，此乃'观'也。又如'訏谟定命，远猷辰告'，此诗本意为'观'，然谢安读之，乃生'兴'意矣。"

两人走走停停，说着，走着，竟然走到回雁峰旁，王廷聘随手一指，问道："贤侄可知这回雁峰之由来？"

"在郡学读书时，黄真川先生特地讲了一课，不少诗人为此峰咏诗，且名句叠出。"王夫之望了望近在咫尺的回雁峰，脱口答道："比如李太白有'举头忽见衡阳雁，千声万字情何恨'，杜工部有'万里衡阳雁，今年又北归'，王勃有'雁阵惊寒，声断衡阳之浦'，杜荀鹤有'猿到夜深啼岳麓，雁知春汛别衡阳'，范仲淹有'塞下秋来风景异，衡阳雁去无留意'等，还有陈子昂、柳宗元、宋之问、韩愈、张九龄、白居易、元稹、刘禹锡、李商隐、杜牧等，皆留文采，此乃衡州之幸矣。"说到这里，王夫之望了大叔一眼，又道："至于此峰之名，当为北来大雁至此峰便不再南飞，至来年春天再回北方，故名之罢。"

王廷聘笑了笑，道："欲溯'回雁峰'名，先证'衡阳雁'。为叔考证'衡阳雁'，最早出自张衡《西京赋》：'上春候来，季秋就温。南翔衡阳，北栖雁门。'"

"此番典故，大叔张口就来。"王夫之赞道，"真是了得。"

王廷聘哂之，继续道："范成大亲登此峰，云：'登回雁峰，郡南一小山也。'尔后又道：'世传阳鸟不过衡山，至此而回。然闻桂林尚有雁声。'寇准《春陵闻雁》有写：'谁道衡阳无雁过，数声残日下春陵。'《吕氏春秋·季秋纪》则曰：'季秋之月，候雁来宾……是月也，霜始降。'若将这些考证连缀起来，即可明了此峰之由来。"

"大叔言之凿凿，愚侄未曾闻之。"王夫之感佩道："较之郡学黄先生，愚侄又长见识矣。"

这时，王廷聘突然话锋一转，提高声音道："大雁尚知来处与去处，虽相隔万里之遥，也知当迁则迁，当止则止，而况人乎？"

"大叔的意思愚侄明白。愚侄习诗读史，亦应知诗意，追渊源，诗有品，人有格，史有因。"王夫之愧而答道："生而为人，应当心有定性，知来去，懂进退，无论顺逆，皆能从容。"

"贤侄大才，必如太白之诗：'长风破浪会有时，直挂云帆济沧海'。"王廷聘听罢，甚感欣慰，道："人生非一灯之短，亦无泰山之长，世间功名，得之不喜，失之不悲，怀此澄明，行将远矣。"

那天，叔侄相谈甚深，王夫之傍晚才回到家中，尚未坐下，就听王朝聘当着他的面跟谭孺人说道："夫儿今年十八，已经长大成人。男大当婚，女大当嫁，适时而为也。你留心一下，若有媒人上门，略为合计矣。"

谭孺人点头应诺。实际上，已经有几户人家私下问过她了。谭孺人一直没告诉丈夫，更没有跟王夫之提及。眼下既然王朝聘主动说及，她打算把此事提上日程。谭孺人略带喜悦道："是的。夫儿该有自己的家室，我们要帮他寻一位门当户对、知书达理之妻。"说罢，特地瞄了王夫之一眼，又道："你父亲大人常常讲，修身、齐家、治国、平天下，这个次序不要错失，更无颠倒。"

王朝聘脸色平和，摆摆手，道："你去张罗吧。"

王夫之抬头看了看父亲和母亲，见他们说完，就让他离开，并无征询他意见的想法，仿佛结婚这事和他无关。"父母之命，媒妁之言。"这是传统，天经地义。他想说什么，却没说出口。王夫之并非没有青春的冲动，相反，他是有的，甚至还把这些冲动写进了一首题为《荡妇高楼月》的诗中："白云不觉飞，但见月东去。碧海漫迢遥，瞥眼多疑误。妾梦恋金微，君今在何处。"那还是多年前的事情，当时少年怀春，真情流露，然此一时彼一时，读了那么多圣贤书，特别是经历乡试失败之后，王夫之更关心的不是成家。因此，对于父母张罗的婚事，王夫之苦闷之下向大哥诉道："眼下一事无成，愚弟尚无成家之念。"

王介之不以为然，道："读书为正事，成家立室亦为正事。"

看来，结婚与否，由不得自己。王夫之只好听之任之。

就这样，崇祯十年（公元 1637 年），王夫之十八岁时，经人介绍，定下了与同县陶万梧处士之女、十六岁的陶令微的婚契。陶万梧为同县首富，陶令微乃是一名秀丽端庄、知书达理的富家小姐。

终于要结婚了，王夫之脑海一片空白。"洞房花烛夜，金榜题名时。"这是他曾经的理想。少了一半，另一半便不成立。现在，父母要将另一半做成，王夫之别无选择，只是少了快乐。

那一天，王夫之走在王衙坪的路上，左邻右舍、同窗好友向他道贺，他一边点头，脸上挤出一丝笑容，然笑容终究有些僵硬。

爆竹声声，王家热闹非凡。道贺者络绎不绝。

舅父谭玉卿也是读书之人，喜诗词，擅书法。他特地从南岳双髻峰赶来，兴高采烈，亲撰一联并用红纸裱好，送给王夫之："如日之升，名高南山；如月之恒，福长东海。"王夫之看完，说了声："谢谢舅父大人。"他明白舅父所联之用心：结婚乃人生之过程，功名乃终生之追求，唯有"名高南山"之勋业，方能东海之长福。

午时刚过，陶令微的花轿被八名壮汉抬进了王家大院。身穿红袍，头盖红布，陶令微和王夫之被人推着，一拜天地，二拜高堂，接着夫妻对拜，然后，入席敬酒，礼毕，携手入了洞房。

在那间贴着大红"喜"字的屋子里，王夫之心事重重，于忐忑不安之中，忘了揭开陶令微的盖头。隔着屏风，陶令微将头低垂，盖头将胸部全部遮住。她左手摸着右手，坐立不安，不知如何是好。

"闹洞房"乃传统习俗，一闹吉，二闹喜，三闹子孙万福。

王介之知道王夫之的苦闷，不忍他人折腾，遂率先堵在门外，故意大声催促："夫弟，快快出门继续敬酒！"

王夫之闻此，铆足劲，猛地掀开陶令微的盖头。他沮丧地不敢正眼相看，陶令微则羞得将脸转向一侧。良久，他们才敢看向对方，乍惊之下，一言不发。

陶令微的内心是高兴的，嫁给王夫之，此生无悔矣。紧张之中，她的脸上始终挂着微笑。然而，王夫之却是一脸的落寞，没有半点新婚的喜悦，甚至流露出莫名的烦躁。陶令微并不介意，或者说没有捕捉到王夫之的不悦，她见他一直默然，终究忍不住，开口道："夫君，你就出去吃酒吧。大哥在等，不要管我。"

这话点醒了王夫之。他像是抓住了什么，打开门，径直往外走去。

那天，王夫之喝了很多酒，敬了亲戚敬同窗，敬了长辈敬兄弟。他的酒量很好，越喝兴致越高，一副"何以解忧，唯有杜康"的架势。

王廷聘非常高兴，宾客走后，他还拉着王夫之，叔侄俩坐在那里有一搭没一搭地说话喝酒，用的都是大碗，劝都劝不住。

看着王夫之满眼醉意，王廷聘忽地一笑，大声吟诵："谁依笙歌闹九衢，绛云深处有金枢。鸾回碧汉临明镜，龙向江天护宝珠。"

王夫之望着王廷聘，颇为吃惊道："大叔，此乃愚侄戏作。多年前中秋佳节与您对饮时所写，愚侄快要忘了，您却记得！"

"后四句是：'旧识东风开火树，新从西爽醉芙蕖。落梅莫诧行歌好，天竺香飘桂影疏。'"王廷聘笑道："此乃为叔见到的贤侄第一首诗作，境界高远，出手不凡。为叔岂能忘怀？"

王夫之怏怏道："年幼无知之作，如今大叔拿来笑我。"

王廷聘正色道："为叔焉能笑你？古往今来，洞房花烛，春宵千金。'月下云翘早卸，灯前罗帐眠迟'。你且别喝了，快回房去吧。"

王夫之忽地"嘿嘿"一笑，抬起头，道："大叔，您知道我在想什么吗？"

王廷聘点点头，意味深长地道："快莫乱想了，贤侄。山高水长，前程迢迢。失陪也。"说罢，他自顾自站起，歪歪斜斜地走出了门，留下一身酒气和一首诗。

直到此时，陶令微才含着泪，悄然走过来，将似醉非醉的王夫之扶进了房间。

翌日午后，王夫之才彻底醒来，他发现大叔留下一首诗，其中一句为"日成博议几千行"，博议乃吕祖谦《春秋左氏传博议》。王夫之明白大叔是希望他振作起来，承继春秋家学，续作吕祖谦《春秋左氏传博议》。看完，王夫之怔了半晌，此亦是父亲大人的心愿矣。他想起这些日子的颓废、萎靡，不禁汗颜，遂挥笔写下《初婚牧石先生示诗有日成博议几千行之句敬和》——

闲心不向锦屏开，日日孤山只弄梅。

冷蕊疏枝吟未稳，愧无博议续东莱。

四

1638 年，大明的天下似乎出现了一丝转机，塞外有了片刻的安宁，京城也出现了难得的平和。不过，对于天高皇帝远的衡州百姓来说，他们没有细微的感觉。这里的人，依旧过着惯常的生活，与往日别无二致。

是年初夏的一天上午，王介之、王参之都去石鼓书院听课去了，王夫之临时有事，未能一同前往。但他一忙完，立即拔腿就往石鼓书院跑去。

石鼓书院坐落于石鼓山旁，四面环水，突兀江心，绝大多数情况下是安静的，但郦道元在《水经注》中记之："鼓鸣则有兵革之事。"即一有鼓鸣，则意味着烽烟与战火。这座山不仅形状像鼓，水拍击山时发出的声音亦如同鼓声，故以此名之。

王夫之喜欢石鼓书院的山门、武侯祠、书舍、大观楼等建筑，特别是大门前悬有一副长联，令人浮想联翩，左联："问君何能尔，学圣贤百世在世，此处犹见当年"；右联："爱莲香自远，睹秋水来者逝者，伊人宛在中央。"该长联嵌入了陶渊明《饮酒·其五》的诗句和周敦颐之《爱莲说》，恰到好处地表达了书生应有的志趣、抱负与情怀。

据大叔王廷聘说，该长联系父亲大人所作。王夫之为此曾特去求证："石鼓书院大门前的长联可是父亲大人所撰？"

王朝聘答非所问，道："有无不妥乎？"

王夫之顿时摇摇头，道："未也。甚喜之。"

"唔，多去石鼓书院走走罢。"王朝聘遂道："非让你走马观花，吟风弄月，而是凝视、触摸、思索、追溯，其一砖一瓦看似平常，实则蕴含历史枯荣，万千世界……"

有了父亲的忠告，王夫之去石鼓书院就更勤了。

此刻，王夫之兴冲冲地来到合江亭，亭柱上悬一对联："学贯九流，汇世间人文法海；秀冠三湘，效天下先贤圣哲。"他深深地吸了一口气，伫立远眺，眼前是烟波浩荡的蒸水与湘水。湘水自右，蒸水自左，俱至亭下，合二为一，向东流去。

忽然，一阵悦耳的琴声传来，王夫之抬头一望，只见大哥、二哥和两位友人在前面不远处的石凳上坐着。中间，一位俊美的青年书生屏气凝神，正在抚琴，姿态优雅，曲调峻穆。只见他一边抚琴，一边吟唱："日月忽其不淹兮，春与秋其代序。唯草木之零落兮，恐美人之迟暮……"

琴声悠扬婉转，唱词沉渊垂涕，令人肃然欢喜。王夫之不忍打破这份美好，便站着不动，直到琴声停歇，他才走过去，对两位兄长道："两位哥哥好。快介绍这位弹琴的俊才罢。"

与王介之、王参之坐在石凳上的两位友人朝王夫之点点头，王夫之认识这二人，他们是唐家大院的唐克峻和唐克恕两兄弟，在衡州郡学中见过几面。他也冲二位点点头，算是打了招呼。而对那位抚琴的书生，王夫之觉得有些面熟，却一时叫不上名字来。

王夫之坐下之后，王介之这才介绍弹琴的书生："此贤弟乃夏汝弼，字叔直，大才子，琴术更是了得。"王介之又指着王夫之，向对方介绍道："这位是我的小弟，夫之。"

夏汝弼眉清目秀，眼里有一股淡淡的忧郁。王夫之这才想起，王介之曾带他去夏家时见过一面，当时只知道他诗文不错，却不知道他琴术如此了得。夏汝弼很谦逊，客气道："原来是夫之兄。常听你的哥哥提起你，少年得志，英气逼人。"

"少年得志？羞煞我也。"王夫之连忙摇头，道："上次随大哥去府上见过一面，没料到叔直兄不仅会读书、擅诗文，而且音律如此精通，让人生嫉矣。"

夏汝弼道："夫之兄过奖了。"

"此为古琴乎？"王夫之指着夏汝弼的琴，问道："有何法度？"

"此亦称瑶琴、玉琴，讲究按弦入木，求其和雅、清淡，达韵外之致，得弦外之音。"夏汝弼点点头，又道："故陶公有'但识琴中趣，何劳弦上音'之句，香山居士有'入耳淡无味，惬心潜有情'之诗，即此理矣。"

"弹琴如太极，心静得力。意到气到，气到力到。"王夫之道，"叔直兄以指肉弹琴，力道至刚，却无半丝火气，刚中带柔，止戈为武。委实让人佩服得很。"

"夫之所言极是。"夏汝弼笑道："你且来一曲乎？"

"我略懂乐理皮毛，从无弹之，岂敢在此献丑？"王夫之连连摇头，道："叔直兄，适才见你进复、退复、吟、揉、打圆、撞等，清越、古雅，唱的可是《离骚》？"

夏汝弼道："正是，此曲讲究浓淡合度，游思缥缈，气度安闲而意味深长，实乃吾之最爱。"

王夫之笑道：《离骚》实乃千古雄文。屈子性若幽兰芳草，亦为我所敬仰。"

这时，唐克峻开口道："夫之兄，听说你对石鼓书院的一砖一瓦皆有兴致，可有新发现？"

王夫之望了唐克峻一眼，反问道："你可知道书院之渊源？"

唐克恕抢先答道："书院乃李世真所建，可有时年矣。"

"否也。"王夫之道："书院最初为李宽所建，约于唐元和年间。"

"李宽乃唐太宗次子乎？"唐克峻问道。

"此李宽非彼李宽也。"王介之笑道："建石鼓书院之李宽乃唐时一处士，本是陇西人，慕名来南岳求佛问道，后在石鼓山结庐读书。"

王参之忍不住插话道："石鼓书院最初只是李宽及其后裔读书之处，后因战乱，面目全非。宋太宗至道三年，李世真重建书院。"

唐克恕叹道："原来如此。"

"在吾看来，有宋一代，实乃书院之幸事。"夏汝弼接话道："石鼓书院之荣光可证:先是宋太宗赐'石鼓书院'匾额，继而宋仁宗再赐匾额，加赐学田，至南宋淳熙十二年，石鼓书院再次重修，经两年竣工，朱子受邀作记矣。"

王夫之点点头，向夏汝弼投去敬慕一眼，道："诸位犹记得朱子在《石鼓书院记》中所抨击者乎？'抑今郡县之学宫，置博士弟子员，皆未尝考德行道义之素。其所授受又皆世俗之书、进取之业，使人见利而不见义'，朱子直言'今日学校科举之教，其害将有不可胜言者'。朱子所言，振聋发聩，放眼当下，声犹未远。"

"朱子为石鼓书院作记，殊为难得。"唐克峻瞪大眼睛，道："夫之兄脱口诵之，亦难得矣。"

"家父时常说起这些，耳濡目染，加之小弟用心，自然不忘。"王介之见王夫之背诵，并不讶异，笑道："衡州人杰地灵，鸿儒辈出。既然说到朱子，不觉想起濂溪先生。诸位可知周公与此渊源尤深？"

唐克恕点头，肃然道："濂溪先生乃周公敦颐也，他提出太极、无极、五行、阴阳、动静、至诚、主静、无欲、顺化等学理，为朱子等理学大家所受用，影响巨远。"

王参之道："濂溪先生寓居衡州十七载，奠定其日后理学基石。此乃周公之幸，更是衡州之幸矣。"

"二哥所言极是。"王夫之道："父亲大人尝言，濂溪先生寓居期间，实乃石鼓书院之黄金岁月。说来也是机缘，濂溪先生在此读书，全凭其舅成全。"

夏汝弼忙道："愿闻其详。"

"濂溪先生之母郑氏家乃衡州望族，其舅郑向官至朝廷龙图阁学士。"

王夫之也不谦让，道："其母出生于石鼓书院前约八百米处。周公五岁丧父后便在郑大人郑向家私学之地西湖读书。因为爱莲，郑大人在湖中遍植白莲，又建爱莲亭和讲易台。十五岁时，受命写下《爱莲亭说》，郑大人喜之，刻碑立于亭旁。"

夏汝弼惊道："如此说来，周公日后所作'出淤泥而不染，濯清涟而不妖'之《爱莲说》，实乃脱胎于《爱莲亭说》？"

"诚哉斯言。"王介之点头道："更可喜者，周公与二程之父程珦交谊甚笃，程父遂送程颢、程颐至其门下受业，留下一段佳话。"

"周公即为二程之师。"王参之赞道："北宋五子，邵雍、张载、程颢、程颐之外，周公声名，必位正中。"

"与其在此闲话，不如去七贤祠感受下先贤之灵气？"王夫之忽然道："各位意下如何？"

"如此最好。"唐克峻说道，站起就走。

大家很快就来到七贤祠，门前悬有一对联："院以山名，千古杏坛源流远；人因道立，数代风流世泽长。"众人见之，肃然起敬。步入祠内，但见正中设有七贤木刻像，分别是：李宽、韩愈、李世真、周敦颐、朱熹、张栻、黄幹。

依次敬拜后，王夫之明知故问："前六位均声名显赫，唯黄幹位列其间，不有逊色乎？"

"此乃轻薄之见也。"王参之道："勉斋先生学识卓越，朱子称其'志坚思苦'，以女妻之。朱熹殁后，闽学者皆尊勉斋先生为理学大师，长期居于闽学领袖之位。"

"家父对勉斋先生十分敬仰。"王介之亦笑道："勉斋先生既是朱子婿郎，更是其理学之继承者与宣扬者，他对朱子推崇备至，尝言：'自周以来，任传道之意，得统之正者不过数人。而能使斯道章章较著者，一二人而止耳。由孔子而后，曾子、子思日继其微，至孟子而始著。由孟子而后，周、程、张子继其绝，至先生而始著。'朱子有他，泉下欣慰矣。"

"确实，家父对七贤祠各位大儒皆敬崇有加，每每勉励我辈勤习学养，厚德载物，泽被后世。"王夫之道："家父常问:尔等声称熟读圣贤书，石鼓书院七贤祠诸贤之书熟读乎？"

唐氏兄弟和夏汝弼见王夫之学着王朝聘的腔调，皆笑了。

这时，王夫之忽地问王介之道："大哥，你们不是说要听一位大儒讲课吗？焉会在此？"

未等回复，唐克峻笑道："我和叔直亦为听课而来。"

"讲课临时取消。"王参之对王夫之解释道："天气正好，时间尚早，我们遂到合江亭聊天听琴。未几，你便来了。"

"大明千秋万代，好不风光，如今，国家有难，社稷颓败。前朝中兴，后世为何沦落？君者不君，臣者不臣，天下亦非天下矣。"夏汝弼叹道："原本是来听课，欲就此疑求教于大儒。然讲课取消，此疑犹在，各位有何高见？"

"正所谓'居庙堂之高则忧其民,处江湖之远则忧其君'。以草民之命，操君王之心，信矣。"唐克恕看了各位一眼，道："然普天之下，莫非王土；率土之滨，莫非王臣。皇上纵有不是，我等书生岂敢言说？说了岂非乱了君臣之纲？"

王介之看了唐克恕一眼，扭头问唐克峻："克峻兄可有高见？"

唐克峻拱手道："大明复兴，责任在读书人，弘扬正统，重振儒学，方能焕然一新。治国，先修身齐家，才有平天下之机缘。我等读书之人，切戒空发虚论，而应先学做人，再做治国之论。"

王参之点头道："说得极是。自古书生，说得太多，做得太少。我辈如有机缘，一定改此毛病。"

夏汝弼擦拭了一下古筝，像是对自己，又像是对在场的各位道："读万卷书，行万里路，不出去走走，何以知天下，何以济苍生？"言罢，他用力拨了一下琴弦。

王夫之心想：读万卷书也好，行万里路也罢，读书人最紧要的是"身心一如"，要将书中之"文"归于身心之上，切不可玩物丧志，而应以身心体之，以身心证之，做到文礼并致才对。想到此，王夫之开口道："各位均饱读诗书。然《大学》之教，理一分殊。本理之一，则众善同原于明德，故曰'明德为本'。因分之殊，则身自有其身事，家自有其家范，国自有其国政，天下自有其天下之经也。"

夏汝弼叫了声"好"，然后道："夫之兄所见，果然不同。"

"夫明德为新民之本，而非早可计其效于民新，故身修之后，必三累而至乎天下平。"王夫之正色道："帝王立法之精意寓于名实者，皆原本仁义，以定民志、兴民行，进天下以协于极。"

"何以如此？"唐氏兄弟异口同声道。

"天子者，化之原也；大臣者，物之所效也。君心为万化之原，修己为治人之本。"王夫之道："天地有序，人得其安，物归其所。读书人既非读死书，更非死读书，而是上马可杀敌，下马即读书。"

"文能提笔安天下，武能上马定乾坤。"夏汝弼猛地拨了一下手中琴弦，大叫道："夫之兄，大丈夫也。"

王介之、王参之二人闻之一笑。

"今乃伯牙、子期再世，天高气爽，万物安详。"唐克峻打趣道："汝弼兄，快快弹奏一曲《高山流水》罢。"

王夫之也笑了，脱口而出："荀子《劝学篇》曰：'昔者瓠巴鼓瑟而流鱼出听，伯牙鼓琴而六马仰秣。'汝弼兄弹琴，亦如'山林杳冥，群鸟悲号'乎？"

夏汝弼羞涩地垂下头，抚琴片刻，遂先弹《高山》，复弹《流水》，见众人悉心听之，便学史书描绘伯牙之态，怆然叹曰："先生将移我情"。言罢，乃抚琴而歌之。

众人大笑。唯王夫之眼中含有热泪。

唐克峻见状，敛笑，转移话题，道："周公当年在此求学，欣赏'西湖夜放白莲花'，而今莲叶已不见矣。"

"谁言莲叶已不见？"唐克恕反问道："'接天莲叶无穷碧，映日荷花别样红'。心中有莲，便是春天。"

"克恕老弟所言极是。"王介之道："'沾衣欲湿杏花雨，吹面不寒杨柳风'。此刻虽是夏日，然感觉就如春天。"

"大家先儒学，又理学，后诗歌。"王参之忽然有感而发："然青山不老，江山尚好乎？"

王夫之闻此，联想到武昌乡试之败，喟叹一声，吟道："西风吹老洞庭波，一夜湘君白发多。醉后不知天在水，满船清梦压星河。"

"好一个'满船清梦压星河'。"夏汝弼接话道，"唐温如之《题龙阳县青草湖》，流传甚广。吾独爱'满船空载月明归'，此与德诚禅诗不无异曲同工之妙乎？"

"言为心声，文如其人。"王介之道："以愚之见，唐温如之诗，较之杜子美之'春水船如天上坐，老年花似雾中看'尚有一分逊色罢。"

"大哥持论，可谓新见。然各位品诗，多以历代名家为例。"王夫之道："适才偶得一诗：'千丝垂柳出红墙，带雨和风卸影长。何事向南吹不了，翠华天半隔潇湘。'请各位刺言，如何？"

夏汝弼反问道："为何非要刺言，美言无可乎？"

"阳明先生尝言：乡愿以忠信廉洁见取于君子，刺之无刺。狂者志存古人，真有凤凰翔于千仞之意，一克念即圣人矣。"王夫之笑道："吾非狂者，更非圣人。然知美言慎之，刺言安之矣……"

不久后的一天，暑气渐盛，王夫之在家中读史释经，苦读之余，忽地有了对夏汝弼的想念，他将内心情绪写成诗："涟漪碧浪摇云气，环佩天风动月魂。自徹冰壶消暑色，不劳河朔倒芳樽。"

夏汝弼读了王夫之写的诗后，深感良友之可贵，想起衡州和石鼓书院涌现出那么多的先贤圣哲，不觉心潮澎湃。"读万卷书，莫如行万里路"，当天他即与王夫之商议，去岳麓书院游学罢。

"遥想真宗帝亲召山长周式，嘉许有加，书'岳麓书院'之匾相赠，更有'朱张会讲'，一时舆马之众，饮池水立涸，该是何等气派。"夏汝弼一脸兴奋，道："较之石鼓书院，又是别有洞天也。"

正说着，唐克峻和管时求来探望王夫之，他俩一听去岳麓游学，顿时热血激昂，决意一同前往。管时求道："朱子曰'众物必有表里精粗，一草一木，皆涵至理'。朱子一生秉持'格物致知'，岳麓山下，其足迹与气息，实乃我等探寻先生堂奥之蹊径也。"

"阳明先生有'守仁格竹'之举，曾在岳麓讲学多年，委实令人遐思。"唐克峻也道："阳明先生恪守'居敬持志为读书之本，循序致精为读书之法'，终成大家，楷模后世。"

"无论是朱子重整岳麓，颁行《朱子书院教条》，还是阳明先生讲学岳麓，写下《游岳麓书事》和《吊屈原赋》，抑或'程子四箴'等，岳麓二字，乃至书院一草一木，莫不令人怦然心动。"王夫之道："以愚之见，贞淫易其志者，死生如鸿毛，生命之义在于修行，身心一如而已。诸位既有同心，即可前往岳麓矣。"

五

仲夏时节的一个傍晚，余晖落尽，蒸水河两岸的灯光星星点点地亮了起来，远处传来几声犬吠，落入水中，无声无息。就在这时，王夫之、管时求、夏汝弼和唐克峻一行四人带着各自的行囊，悄然登上一叶轻舟，他们一路向北，怀着紧张又兴奋的心情驶离了衡州古城。

此番游学，是王夫之人生路上的重大选择，标志着他心智的成熟、思想的远虑和精神的阔阔。当时正值他乡试失败后新婚不久，究竟是躺在温柔之乡过着儿女情长的日子，做一个"安于故俗，溺于所闻"的乡愿之士，还是循横渠之足迹，罔性命于乱世，做一个"为天地立心，为生民立命，为往圣继绝学，为万世开太平"的大儒，或阳明先生所赞的"狂者"？王夫之毅然选择了后者。出发时，他提着那套"途利"，瞒着父母和两位兄长，低声而严肃地对妻子陶令微叮嘱道："若家人问及，只言与友人外出数日即可。"陶令微答一声"诺"，她虽觉奇怪，但不敢多问。因为她知道，丈夫决意去做什么，必定有他的理由，她是无法制止的，亦无需阻之。

"各位均系出逃者也？"轻舟驶入湘江后，管时求突然问道。

"管兄何出此言？"夏汝弼惊道："我跟父亲大人商量，他很支持，说趁着年轻，与友人远足，是好事。"

王夫之对管时求道："伯父身体还好吧？上回去乡试，老人家身体欠安，你差点就弃行了。"

"老人家身体无碍事。我叮嘱弟弟多多照看。"管时求道："老人家并无知晓游学之事，弟弟亦不知，以为与友人外出几天就会回去。然此番前去，不知何时能够返回，故有出逃之感。"

"若说出逃亦不假，小弟克恕亦不知我去岳麓，否则一定嚷着要去。"

唐克峻望了王夫之一眼,问道:"武夷先生知悉你之游学否?两位兄长和嫂夫人皆知悉乎?"

"若征询,恐有变,莫如先斩后奏矣。"王夫之答道:"家父对石鼓书院甚为看重,他曾游历于岳麓书院,家中闲聊,多有提及,意犹未尽。若此番游学,能志得意满,想来家父不会责之吧。"

"既来之,则安之矣。'人生天地间,忽如远行客'。"管时求转身提来一桶水酒,道:"喝酒也。"

"'斗酒相娱乐,聊厚不为薄'。吾不善饮,愿以琴佐之。"夏汝弼说罢,取来古琴,道:"先来一曲《良宵引》如何?"言毕,缓缓弹起,他将吟猱弹成绝美之细吟,霎时将人带入月明星稀、月光如洗之境,欲尽未尽,是为最美。

唐克峻捧起一碗酒,一饮而尽,道:"香山居士有诗'云液洒六腑,阳和生四肢',颇得吾心。"

"克峻兄,真性情也。"王夫之也喝了一碗酒,抓起一块熏肉,放进嘴里,咬了一口,说道:"'衰荣无定在,彼此更共之……忽与一樽酒,日夕欢相持。'较之香山居士,我尤爱陶公喜酒善诗,采菊东篱,日出南山,其'不为五斗米折腰'之品格,至高至远矣。"

正在这时,夏汝弼弹起阮籍之《酒狂》曲,一副醉意佯狂、悠然自得的超脱之态。他边弹边唱:"世事奔忙,谁弱谁强,行我疏狂狂醉狂。百年呵三万六千场。浩歌呵天地何鸿荒……"

王夫之听罢,异常感动,他敬了夏汝弼一杯酒,引为共鸣:"此曲合景,最为动容。藉叹道之不行,与时不契,故忘世虑于形骸之外,托兴于酗酒以乐终身之志,其趣也若是。岂真嗜于酒耶?有道存焉!妙妙于其中,故不为俗子道,达者得之矣。"

有琴有酒,人生何求?管时求亦不由自主沉入其间,他提着酒桶,给王夫之和唐克峻酙酒，也给自己酙满，边喝边唱："换酒不惜千金裘，相酹能消万古愁。香醪百斝襟怀放，浩歌一曲兴悠悠。"

有二三好友相伴，喝着水酒，嚼着腊肉，听着古琴，看着辽阔无垠的湘楚大地，王夫之感觉豁然开朗，往日郁闷之气一扫而空。没有父亲大人和两位兄长在身边督促、嘀咕，他彻底放开了。

实际上，船上的每个人都放开了，连一向谨慎有余、放任不足的夏汝弼也不例外。他不喝酒，但弹琴吟诗，似狂非醉，指天说地，直言臧否，毫无顾虑。大家兴致勃勃，聊着李白、杜甫，又纵论大明的天下，颇有一副只要给一个安身立命的地方，他们就能一飞冲天、安邦定国的气势。醉了就卧在船上睡去，醒来面对江水，方知一切是空。惆怅袭来，复又喝酒。

水上数日，他们如此这般重复着。喝完两桶水酒，终于到了长沙城。但见浩浩荡荡的湘江，几叶轻舟漂过。夕阳西照，渔舟唱晚。右岸是人声喧闹的太平街，左岸是郁郁葱葱的岳麓山——这是他们本次出游之终点。

王夫之一行在左边渡口停泊，弃船上岸，刚一落地，他便笑着对夏汝弼道："叔直兄，我已闻到圣人气息了。"

夏汝弼点头道："不错，遥想朱张会面，该是何等气派！"

这渡口正是朱张渡，见证一段佳话。当年，朱熹不远千里来到潭州，与张栻实现了理学会师。此后，二人常泛舟往来于两岸，东岸成了"文津"，西岸成了"道岸"。

王夫之一行朝岳麓书院进发。这是一条小路，一条山中幽静的小路。朱熹、张栻、王阳明等无数学问大家从这里经过，或徘徊，或追问，或沉思。从身后小径远眺，可以望见山脚下波光潋滟的湘江和长沙郡的城池建筑。这条小路没有名字，覆着厚厚的青苔或落叶，像一束昏黄的光，缓慢射进轻雾弥漫的岳麓山里。

沿着小路走了没多久，他们上了坡道，山路湿滑，古树苍苍，阴影蔽日。王夫之走着走着，忍不住感叹道："桃李春风一杯酒，江湖夜雨十年灯。"

管时求笑道："此乃夫之兄对岳麓书院之念想乎？"

夏汝弼背着古琴，喘气道："想见读书头已白，隔溪猿哭瘴溪藤。"

"我辈来岳麓游学，怎么谈起山谷道人之诗？"唐克峻有些奇怪，道："论其诗，我喜此句：'未到江南先一笑，岳阳楼上对君山。'"

"可惜不当湖水面，银山堆里看青山。"王夫之接过唐克峻的话，道："鲁直之诗峭刻生新，深新透辟，亦有用力过猛之嫌。初来岳麓，不免触景生情，有感而发罢了。"

大家说说笑笑，颇为兴奋，他们沿路西行，完全忘了连日的舟车劳顿，大约走了一个时辰，他们来到了古朴肃穆的赫曦台。旁边竖立一块石碑，上面刻了一些文字。王夫之趋近一看，笑道，"阳明先生题诗于此，我辈需好好品味。"说完就轻吟起来："隔江岳麓悬情久，雷雨潇湘日夜来；安得轻风扫微霭，振衣直上赫曦台。"

众人皆上前品读。唐克峻吟罢，情不自禁道："阳明先生事功可称，文章传世，其学问精深博大，较之朱张，有过之而无不及矣。"

"阳明先生与岳麓颇有渊源，此乃书院之幸。"夏汝弼接话道："尝闻其少时赴京师念书，请问塾师'何谓第一等事？'答曰'科举名第'。阳明先生摇头道：'圣贤之道是也。'临终前，弟子问及遗训，阳明先生曰：'此心光明，亦复何言。'言毕，含笑而逝。如此得道澄明，叹为观止矣。"

管时求点头道："'圣人之道，吾性自足，向之求理于事物者误也。'阳明先生此等龙场所悟之道，实有启智开蒙之效。"

"各位记得阳明先生四句教箴乎？"王夫之问道，见大家望着他，便道：

"'无善无恶心之体，有善有恶意之动，知善知恶是良知，为善去恶是格物。'阳明先生此箴究为何意，各位到了书院，正可向名师山长求教。"

大家继续前行，片刻之间，有人惊叫："看，我们到了！"

王夫之猛一激灵，抬头一看，眼前正是浩然肃穆、气象万千的岳麓书院。

第五章　游学岳麓学院

一

　　日落西山，岳麓书院被苍翠的树木彻底覆盖，气势恢宏，古朴幽邃。一棵古槐挡在门前，巨大的树桠像一只只手伸向书院的头顶。时值仲夏，微风吹拂，树叶发出唰丝丝的响声，空气清爽，大地干净。透过厚厚的树叶，能够看到一线青灰色的天空。书院四周，香烟袅袅，翠竹幽幽，蝉声唧唧。这正是：

　　　　紫盖千盘山转幽，还分岳色绕潭州。

　　　　朱张院启松阴静，屈贾台连岸月秋。

　　王夫之听父亲讲过岳麓书院的壮观，此刻身临其境，感受又是大不相同。岳麓书院头门悬有一副深赫色长联，左联是："俯仰天地纳于岳麓放眼深山龙虎气"；右联是："褒贬春秋藏之学府胸怀义路圣贤心"。这是何等的自信，何等的境界，何等的气派！王夫之等人看了，都非常震惊，感动莫名。这样的处所，不愧是历代众多学子梦魂缠绕的朝圣之地啊！

　　"杯堒有余彩，昔贤此藏修。我来实仰止，匪伊事盘游。"王夫之兴奋道："这是阳明先生当年问道岳麓之心得，而今我辈步其后尘，能无感慨乎？"

"哎呀，不好！"突然，管时求叫了一声，道："夫之兄，我辈一无熟人，二无荐函，如何进得书院大门？"

"看，大门处有门童值守。"唐克峻和夏汝弼用手一指，道。

王夫之一惊，果然头门处站着两个门童，凡有人进出，两门童皆点头示意，若遇不识者，均上前问明情况，再决定是否放行。看来，岳麓书院不是随便可以进出的。

"这如何是好？"王夫之四人停在头门旁边，顿时犯了愁。

这时，一位头系峨冠方巾、身着湖罗衫的矮胖者走上前来，对王夫之四人施礼，道："各位初来乍到吧？听口音，乃衡州学子？"

"正是。"王夫之答道："敢问先生大名？"

"在下姓刘，名杜三，攸县人，与始祖神农氏比邻而居。"刘杜三面带笑容，热情说道："刘某来岳麓书院半载有余矣。"

"如此，就是学长了。"王夫之连忙道，停了一下，特地问道："学长适才讲的始祖神农氏，乃传言中的牛首人身之炎帝乎？"

刘杜三点点头，颇为骄傲道："遍尝百草，煎药治病，削木为弓，制耒耜，立市廛……《周易》《管子》等籍皆有所载也。"

"真神人也。家父曾提及《易·系辞下》，说炎帝斫木为耜，揉木为耒，耒耨之利，惠及天下。"王夫之言毕，见夏汝弼和唐克峻一脸焦急的样子，遂对刘杜三道："本次四人匆忙，忘了携带推荐函……"

"无妨。值守门童皆书院学子，我都认识。请随我来。"刘杜三说完，径直走到两位门童前，嘀咕几句，遂向王夫之四人招招手。四人会意，鱼贯而入。

刘杜三走在前面，回头道："眼下正有一点闲时，我带诸位四处看看可好？"

"这样最好不过。"四人异口同声。"只是辛苦学长了。"

比起石鼓书院，岳麓书院地面更大，建筑更多，幽静之中漏出一股神秘之气。除头门外，尚有大门、二门、讲堂、教学斋、半学斋、百泉轩、御书楼、文昌阁、明伦堂、大成殿等屋舍。大门建于宋代，正上方悬挂宋真宗"岳麓书院"御匾，令人肃然起敬。讲堂布置在书院中央。斋舍、祭祀专祠等位列于两旁。书院格局对称，呈层层递进之势，既营造一种庄严、神妙、幽远之氛围，又彰显儒家文化尊卑有序、层级分明的人伦关系和博大精深、闲情逸致的士人特点。

王夫之置身其间，只觉得幽微之中，香烛袅袅，书声阵阵。几缕阳光，薄黄薄黄的，从屋檐的斜角流泻下来，落到空落落的天井中。透过残阳，能够看到一层层螺旋状透明的空气蝉翼般缓缓上升，这是大地的生气，书院的正气，更是先贤留下的智慧的灵气啊。

"刘兄能听出我辈口音，一定与衡州有些渊源吧？"王夫之走着走着，忽地停下，忍不住问道。

"我有一个同窗，姓旷，衡山人，口音与各位相差无几。"刘杜三点头道："说起来，在下与衡州大儒武夷先生还是远房亲戚呢。"

王夫之大吃一惊。细问之下，才知道，刘杜三的母亲是耒阳姜德明的姐姐，他叫姜德明为舅爷。而姜德明的妻子是王夫之母亲的堂妹，王夫之叫姜德明为姨父，如此算来，他与刘杜三确实有亲戚关系啊！

"你就是夫之老弟啊，真是有缘矣。"刘杜三惊喜道，"双亲大人常常叨念武夷先生及王氏三兄弟，也从舅父处获悉你们一点音讯，可惜一直未曾得见。"

王夫之也很欢喜，只是一提及耒阳姜德明一家，他的情绪顿时低落起来，他正要拉住刘杜三到一边，问一下姜氏四姐妹的情况，就在这时，刘杜三急忙趋前几步，冲一个人的背影，大叫一声："南卿兄，我正要找你！"

那人一回头，见是刘杜三，便停下，道："贤弟找我有事？"

"衡州学子。"刘杜三便将四人介绍给旷南卿，并特地指着王夫之，道："此乃武夷先生之三公子——夫之先生也。"

"啊？久仰，久仰。武夷先生乃衡州大儒，当年与憨山大师在南岳论道，名动江湖。"旷南卿连忙施礼，对王夫之道："我与介之兄相识已久，夫之老弟虽未得见，却早闻大名矣。"

王夫之赶紧还礼，并将管时求、夏汝弼和唐克峻三人介绍给他认识。说来也巧，旷南卿乃衡山人，与王介之同岁。他认识同为衡山学子的张纯熙，他已参加五次乡试，其中三次与王介之、张纯熙同时赴考。旷南卿家境殷实，十岁能文，应童生试，列为第一。他来岳麓书院一年有余，读书务博览，好探其义理，喜交有识之士。

旷南卿见到王夫之等人后，忘了自己要办的事情，与刘杜三一起，带着王夫之四人浏览岳麓书院。旷南卿个头高大，与刘杜三适成对照，他俩分列左右，王夫之四人居中，他们都很兴奋，边走边聊。不一会儿，他们来到百泉轩，这是历代书院山长之居所。旷南卿介绍道："南宋乾道三年，朱子来访，曾与山长张栻大儒聚此，多次同游岳麓诸山，昼而燕坐，夜而栖宿。最盛者，两位大儒论学问道竟能三昼夜而不息，诸位想想，该是何等的畅快与惬意啊！"

"圣贤已去，盛况不再，不知当时所论为何？"王夫之感叹道。

"在下问过吴山长。"刘杜三拍了拍王夫之肩膀，笑道："朱张所论，关乎天地万物，主要有'太极''仁义''中和''已发未发''察识'与'涵养'诸题。朱子反对官学中'务记览，为辞章，钓声名，取利禄'之流弊，提出'修身''处事''接物'之要。朱张议定，将'学、问、思、辨、行'作为'治学之序'，自此不变，延续至今……"

正说着，王夫之忽见百泉轩左前方有一老者正在缓慢而认真地扫地，他穿着灰色长衫，头顶盘着发髻，趿履而动，很费劲地用长长的扫帚归拢一些落叶与残枝，时不时蹲下捡拾一些碎石和叶片，看起来不像是书院清扫者，可他为何在清扫？就在王夫之犹疑之际，旷南卿叫了一声"嵝山先生"，遂快速上前，道："书院弟子成百上千，此等小事，不应劳先生动手啊！"

"啊，吴山长。"刘杜三也快速上前，恭敬道："让弟子来做吧。"

吴道行头都不抬，道："己室内外，不治不扫，何以言天下家国为？"语毕，执意将灰尘碎叶、残泥断枝装进旁边一个垃圾筐里。

原来，眼前这位老者就是德高望重的吴道行山长，人称"嵝山先生"，是王朝聘口中的"张栻高足、南宋学者吴猎之后"。王夫之一行也赶紧上前施礼。

"听口音，你们是衡州学子？"吴道行望着王夫之一行，道："谁是武夷先生之三公子？"

"在下就是王夫之。"王夫之惊道："有幸拜见山长大人。"

吴道行看了一眼王夫之，又扭头看了看唐克峻、管时求和夏汝弼，嘀咕了一句"举头忽见衡阳雁"，然后不紧不慢地对旷南卿和刘杜三道："天色不早了，你们二人带衡州学子去办理入院诸事宜吧。"

王夫之心情激动。父亲曾告诉他，吴山长从小就对岳麓书院颇为倾慕，"方七岁，闻长老谈岳麓先贤讲学，便肃然倾听，指示古来忠义大节，辄色喜。"万历十年，张元忭讲学岳麓书院，吴道行成其门下，道南正脉，深得张元忭赞赏……王夫之正在思虑中，忽听吴道行叫住他，道："办完入院之事，你来老朽处吧！"

"啊？"王夫之一愣，随即点头道："好！一定前来叨扰。"

旷南卿、刘杜三和衡州其他三人也颇感惊奇。刘杜三道："夫之兄才华不凡，吴山长急欲聚谈，此为证也。"旷南卿道："旷某入院经年，吴山长急见弟子，从未有过。"管时求、夏汝弼和唐克峻均露羡慕之色。王夫之却有些不安，自言自语道："此次出门匆匆，未有告知，莫非家父知悉后捎信惊扰嵝山先生了？"

入院手续简便，交费，领取书籍资料，其中最重要的是《岳麓书院学规》。旷南卿和刘杜三领着王夫之四人办好手续后，又领着他们找到学舍和住处。王夫之在自己的床位上放下"途利"等行囊，对旷、刘二人抱拳致谢后，匆匆赶回百泉轩。

吴道行敞开门在等待。

王夫之颇为紧张，他望着几近耄耋之年的吴道行，发现其身材消瘦，额头上皱纹叠得很深，脸上刀刻一般，颧骨突出，眼皮斜拉，但目光深邃，气息平和。

进门后，王夫之感觉屋子里有一股从未闻过的香味，令人神清气爽。细看之下，房间里却十分简陋：一张木床，四张杂白相间条凳，一只水壶，一个放有几个空杯的竹筐。唯一显目的是屋子正中放有一张方桌，上面有一个颇为考究的手炉，由炉身、炉底、炉盖、提柄组成。手炉的炉身分为外壳和内胆，外壳饰有花鸟虫鱼。而镂空雕刻的炉盖有梅兰竹菊纹形。

"入土之人，身子虚弱。书院潮湿，山水雾寒，多有烤火。"吴道行见王夫之盯着手炉看，便自嘲道。

王夫之听罢，不由吟出白居易《别春炉》："暖阁春初入，温炉兴渐阑。……谁能共天语，长遣四时寒。"

"晚风犹冷在，夜火且留看。独宿相依久，多情欲别难。"吴道行将王夫之省去的中间四句吟出，道："香山居士诗词明达，放心于自得之场，置器于必安之地。老朽喜之。"边说边示意王夫之入座。

王夫之坐定后，见桌上有一八方形暖砚，以歙石为材质，二层，底座高，一看就有些来历，正欲询问，但见吴道行开口道："昨日有人送来令尊大人一书简，言及夫之等四人前来游学。老朽与令尊大人有些交谊，书简问候，已是客气。然令尊大人送来龙涎香，如此贵重之物，收之，有受'雅贿'之嫌；拒之，似又不恭矣。"他略一停顿，又随口吟出："红瓷候火，还乍识、冰环玉指。"

王夫之想：怪不得一进房间，遂有一股沁人心脾的淡香，原来是龙涎香，这可是异常名贵的香料啊！"一缕萦帘翠影，依稀海天云气。"王夫之来不及细想，立即接上吴道行的诗句，说道，"大人终生讲贯朱张之学，力纠王学空疏流弊，倡有用之学，笃伦敦义，扬之国华。家父深为敬重，略表心意，万请纳之。"

话虽是如此说，但王夫之心里十分纳闷：家里何时有了龙涎香？即便有，以父亲"清流之格"，亦不会送之，那为何吴道行说是父亲送的呢？难道有什么误会？不管怎样，父亲的书简应是真的吧……王夫之一时理不出个头绪，但他看得出，吴道行对龙涎香甚喜之，似又纠结，欲退还就，不然，就不会吟出宋代王沂孙的《天香·咏龙涎香》。

听了王夫之评其"笃伦敦义，扬之国华"，吴道行颇觉欣慰，但心中仍纠结于龙涎香，于是叹道："谩惜余熏。"

王夫之闻此，立即说出下句："空篝素被。"说完，见吴道行面带欣慰之色，遂相视而笑。

二

吴道行对王夫之毫不藏私，不仅将终生所学倾心传授，更以经世致用教导王夫之，令其沐浴在历代圣贤的思想之光中。王夫之十分珍惜这次游学，不仅集中时间精力重读和细读经史子集、孔孟程朱，而且全心钻研老庄学说、道家经典，以及史书、注疏、山川地理和各种政治经济制度之书籍，不囿己见，海纳百川，努力将各种学说杂糅融会，贯通一起，并不时与师长和同窗讨论，让自己的心灵遨游于天地之间，思想穿梭于儒释道之中，视野变得闳阔，境界得到提升。

一次讲学后，所有的弟子都离开了，唯独王夫之坐着不走。吴道行问："有事乎？"王夫之遂向吴道行请教道："盖欲成就人才，以传道而济斯民也，此乃治学之宗乎？"

吴道行眉一扬，思索片刻，并未直接作答，而是指着讲堂两边悬着的一副对联，朗声念道："家国天下书院门外朗月清风悠然会，古今人间杏坛台前衡云湘水定有归。"念毕，反问王夫之："你对此联有何评说？"见王夫之沉思不语，遂开悟道："历代学问大家，治学之宗，每每强调要'博三教九流，贯诸子百家'。然老朽之求，乃张平子《东京赋》所言：'常恨三坟五典既泯，仰不睹炎帝帝魁之美……走虽不敏，庶斯达矣。'"

"先生尊理学，贵儒典，重经世，此乃书院之精魂，亦为后人之师表。"王夫之坦言："然夫之习学，贵乎史者，述往以为来者师也。为史者记载徒繁，而经世之大略不著，后人欲得其得失之枢机以效法之无由也，则恶用史为？……义理可以日新，而训诂必依古说也。"王夫之见吴道行在倾听，联想郡学与科举之弊，遂反思朱子所言"今日学校科举之教，其害将有不可胜言者"。王夫之记得上次在石鼓书院与二位哥哥、唐氏兄弟、夏汝弼谈及朱子所言，认为振聋发聩，声犹未远，但到岳麓书院后，他的看法似有所变，便请教吴道行对于学校和书院办学之看法。

吴道行并未直接作答，而是换个话题道："阳明先生在此讲学时，说道：大人之能以天地万物为一体也，非意之也，其心之仁本若是，其与天地万物而为一也。"见王夫之有些困惑，接着道："当时有弟子无法理解'心外无理，心外无物'之句，该弟子以'南山之花自开自落与我心何系'发问，阳明先生何以答之，夫之知否？"

"家父曾多次告诫在下，阳明先生学问精深，意旨闳阔，一字一句，微言大义。至于阳明先生与弟子对答，乃学界佳话。"王夫之点头道："阳明先生当年为弟子开释：'尔未看此花时，此花与尔心同归于寂。尔来看此花时，则此花颜色，一时明白起来。便知此花，不在尔的心外。'阳明先生将心理堂奥开示光下，令人豁然开朗。"接着，王夫之回到朱子所言，谈及治学之功与报国之途等个人所见，直抒胸臆："故善教者必有善学者，而后其教之益大。教者但能示以所进之善，而进之之功在人之自悟。故学校者，国之教也，士之所步趋而进退也。"

最后，王夫之抱拳道："学生末学肤受，凭初生牛犊之胆，知无不言，其中浅陋错谬，十有八九，盼先生厉之以刺。"

吴道行听后大为震惊，他没料到年纪轻轻的王夫之竟有如此独特而深刻的见地，不禁连连感叹："后生可畏，后生可畏也。"吴道行看着王夫之，意味深长道："当年武夷先生与憨山大师在南岳论道，老朽就在其间。今日听夫之此番言谈，犹现武夷先生当年风采矣。"说完，他提议出去走走。两人边走边聊，不知不觉来到吹香亭。

"歇一会儿。"吴道行坐在一石凳上，忽然感叹道："闲居不问世如何，云起山门日已斜。放鹤去寻三岛客，任人来看四时花。"

王夫之坐在旁边，听后有些惊异，直言道："若论杜彦之之诗，《题弟侄书堂》，乃吾最爱。"

"哦？不妨吟来。"吴道行道。

"何事居穷道不穷，乱时还与静时同……少年辛苦终身事，莫向光阴惰寸功。"王夫之吟毕，道："不知先生是何评判？学生喜之，恐与年岁有关。"

"杜荀鹤之诗，历代评价不高。"吴道行道："然在老朽看来，其诗平易自然，朴实质明，清新秀逸，爽健有力。你能喜之，眼光不俗。"

两人聊得甚欢。分开时，吴道行告诉王夫之，十天半月左右，高世泰将来书院私访，到时邀与晤之："性为未发，心为已发矣。"

王夫之受宠若惊，十分欢喜。

三天后，王夫之染上了风寒，先是打喷嚏，紧接着喉咙痛，脑袋沉得不行，肠胃也不好，老要上厕所，不想进餐。夏汝弼学过中医，给他号脉，看了舌苔，认为伤寒很重，硬扛不行，应该出去抓药才是，并提出自己陪他去。管时求和唐克峻也说："我们一起陪你去吧。正好去江东看看。"王夫之摇摇头，道："休得大惊小怪，你们的好意我心领了，但我不想因此坏了院规。"说完，他让夏汝弼帮忙请个假，表示卧床休养一天即可。

夏汝弼拗不过，只好和管时求、唐克峻去讲堂听课。大约过了一袋烟的工夫，王夫之正在床上闭目静养，忽然听到有人敲门，他爬下床，开门一看，竟是刘杜三。

"夫之，你怎么啦？"刘杜三见王夫之脸色苍白、有气无力的样子，大惊："昨天晌午我见你气色就不对。当时你说没什么。刚才在路上碰上汝弼等三人，方知你病得不轻。"

"没事，没事。"王夫之摇摇头，大声咳着，说："你怎么来了？"

"我正好没课。"刘杜三上前扶着王夫之，道："这个样子，必须得去东岸抓药。"

王夫之强忍气喘，道："不就是小感冒了吗？一会儿熬点热姜汤喝下去就行了。卧床休养一下即可。"

"放心吧。我非新生，课程并不紧张。"刘杜三知道王夫之怕耽搁他的学业，遂道："况且，我也想找你一晤。你我乃远亲矣。"

王夫之再也没有理由拒绝，他确实也想跟刘杜三聊聊。"那好。我们去山下渡口吧。"

刚出岳麓书院，王夫之就迫不及待地问："刘兄，你有耒阳舅父家四姐妹的音讯吗？"

刘杜三答道："两个表妹晓书和若画经营着原先的客栈，我去看过，生意尚可。但思琴和善棋一直没有半点消息。"刘杜三叹道："舅父舅妈命苦，一场飞来横祸，家没了……唉，不说了。"

王夫之颇为奇怪，问道："书妹和画妹焉有不知两个姐姐之理？"

"我每次打听，她们都说在衡州城里。"刘杜三也很奇怪，道："至于在哪里，干什么，均无所知。"

王夫之被刘杜三扶着，慢慢走，脑海里不断冒出种种疑问，比如，既在衡州城里，为何不来王衙坪看看，难道不知道王家人都在担心她们吗？又比如，思琴和善棋究竟在做什么，难道两个妹妹亦不清楚吗？或者知道但不能说吗？究竟从事什么工作不能告诉家人和亲友呢？

"夫之，我原指望从你处打探一点消息。"刘杜三失望道："真没想到，你也不知道。"

王夫之道："也许，是我们当年伤人太深……"

"夫之，你别自责。我知悉当年事情，换上我们，也无能为力。"刘杜三道："她们不是冷血者。也许，她们有难言之隐，终有一天，我们都会见面的。"

"游学结束后，我回衡州多找找。"王夫之道："一有消息，我及时告诉你。"

刘杜三点头，提议道："我们不妨约好先去耒阳一趟？"

"好主意。"王夫之道："书妹、画妹，我亦许久未见矣。"

两人说着说着，来到了渡口。上船后，王夫之见人不少，加之有点累，便不多言。刘杜三悄声道："河东真热闹。你来得不多吧？"王夫之点点头，轻声道："上次去武昌赴考，途中下船，在下河街匆匆买了些吃用杂品，仅此一次。"

此时的王夫之精神略为好转，他与刘杜三慢慢行走到太平街，看着熙来攘往的行人，听着喧闹的人声，看着香气扑鼻的摊点，王夫之不由感慨道："谁说大明危机重重？看看寻常巷陌，一片和平，人丁兴旺，哪里像个患病的样子？"

刘杜三道："病者非常人，焉能从寻常巷陌中看出端倪来？"

王夫之不再言语。两人边看边走，很快到了一家店名为"春和堂"的中药铺。大夫自称耿，五十来岁，很平和的样子。他握着王夫之的手，把了把脉，看了看舌苔，然后嘀咕一番，抓了三副中药。王夫之问，能否帮忙熬一熬？耿大夫本已摇头，突然又问一句：客官从哪里来？王夫之报了自己的来历，又道正在岳麓书院游学，实有不便之处。

耿大夫闻讯道：既然是求学的书生，我就帮你一回吧。耿大夫笑了笑，嘟哝句什么，便去洗药，出来时，又自豪地道了一句："当年朱张两位大师在岳麓书院开讲，我的老祖宗还旁听过。"

王夫之见耿大夫对书生如此客气，十分高兴。等了好一阵子，耿大夫将药汤分成六份，一份让王夫之当场服下，另五份让其带回去，嘱其当晚喝一次，余者每日两次，喝完即可。

"多谢，多谢。"王夫之当即喝了一份药汤，出了一身大汗，坐了一会儿，感觉好受多了。

刘杜三想陪王夫之走走，拿着药不方便，便对大夫说，先将药放在这里，晚一点再来取。耿大夫答道，"没事"。

王夫之和刘杜三抱拳离去。

三

王夫之原本是要立即返回岳麓书院的，但刘杜三道："别急，难得出来一回，四处看看，心情好，病自然就好了。"王夫之想想也有道理，不再言说。刘杜三知道王夫之胃口不好，先带他到街边小店吃了两块砂仁糕，引起了他的食欲。接着，刘杜三见对面有一个专吃泥风土鸡的饭馆，便领头走了进去，叫了一盘。王夫之不再客气，撕下鸡腿开吃，没料到，越吃越饿，脸色开始红润起来。

刘杜三见状高兴，连点两盘泥风土鸡，两人吃得非常尽兴。吃完，刘杜三抢着付了钱。

走出饭店不远，前面围着一堆人，不断发出阵阵叫"好"声。王夫之凑近一看，原来是一位老者在舞剑，老者长须飘飘，脸色红润，剑法娴熟，勾手、踢脚、分腿、出剑、劈刺，一道刺眼的圆弧形在阳光下一闪，干净利落，众人拍掌。王夫之喜剑善剑，见状停了下来。

老者止剑后，深吸一口气，鞠了一躬，向围观者朗声道："各位看官，你们可知老朽手中之剑的来历吗？"

"我来瞧瞧。"人群中，一位红衣女子应声而出，轻燕般飞到老者身边，用力抽出宝剑，往空中一划，但见一道闪光随着风声发出噼啪之响。红衣女子道："果然是好剑。"又凑近剑柄，细细查验，忽然尖叫一声："啊？这难道就是传说中的莫邪之剑？"

"我不信。"忽见人群中走出一中年男子，此人冷笑一声，道："舞剑者卖弄剑法，为的是卖出手中之剑。"他走到女子身边，伸手要过老者宝剑，大手一挥，道："本是平常之剑，却道是莫邪名剑。既有莫邪，请问干将之剑亦在吗？"中年男子边说边用力掰着刀片，一副誓要将它掰断的样子。可是，无论怎样用力，那看似薄薄的剑却毫发无损，中年男子气得满脸通红，便恶极极地退回剑，大声对老者问道："告诉我，此果真为莫邪之剑吗？"

老者摇摇头，道："此为何剑，有缘人自然识得。"

刘杜三对王夫之耳语道："此剑应是有些来历。"

王夫之爱剑，既有李白"闲过信陵饮，脱剑膝前横"的自信潇洒，也有辛弃疾"举头西北浮云，倚天万里须长剑"的豪情壮志。他朝刘杜三会意一笑，快步走向老者，抱拳道："在下瞧瞧。"王夫之接过剑，掂了掂。此剑长两尺有余；剑身玄铁厚而重，透着一股淡蓝的寒光；剑柄为一条金色龙雕之案，刻有一行小字，细看竟是"岣嵝之光"，肃穆森严，不怒而威；剑刃锋利，剑身如霜。王夫之将几根头发放上去，轻轻一吹，头发无声而断。

"好剑，果真是好剑！"王夫之不由叫道。

老者见状，道："这位看官，气度不凡，想来应是名门之后？"

"在下乃无名书生，但自幼爱剑习剑，故对剑略知一二。"王夫之直言道："所谓书心剑胆，书与剑，不在其本身，而在持有之人。"

"既然如此，能赏脸一试否？"老者客气道。

刘杜三向王夫之示意，身体刚好一点，不要逞能。但王夫之视而不见，向老者躬下身，说道："无妨，献丑了。"

爱剑者，剑是命；爱书者，书是魂。王夫之既爱剑，又爱书，书剑合一，凛然正气，精、气、神，自然附身。舞剑不仅仅是蓄势与吐气，更不仅仅是技法与招式，最重要的是剑人合一。对剑越了解就越爱惜，越爱惜就越不会让剑轻易出鞘。两剑对质，剑一旦出鞘，即便不锁喉，也会致人伤。当然，练剑、舞剑表演，又当另论。

王夫之此刻是舞剑，但见他腰身一弯，脚一蹬，腿一展，手中之剑如白蛇吐信，呼呼生风，紧接着如游龙穿梭，双鱼戏水，垂柳吐絮，花落玉池。他微微一笑，跳跃，倒腾，转身，轻盈如燕，点剑而起，骤如闪电，梨花四溅，落叶纷飞……

"好身手，好剑法！"刘杜三惊叹不已，忍不住鼓掌。众人也纷纷鼓起掌来。

王夫之立定，收剑，头上冒汗，大口喘息，道："风寒多日，尚未痊愈。见笑了。"

然而，老者却两眼放光，双手合一，道："幸哉，此剑遇到有缘人了。"

此时刘杜三已经来到老者身边，他从王夫之的眼里读出了欢喜和欲念，知道他想买此剑，便问老者："此剑舍得卖？"

"有缘人来了，也就是它的主子来了。"老者道："我虽有不舍，亦不强留矣。"

"此剑可有来历？"王夫之道。

"从实而言，此剑既非莫邪，亦非干将。但它较之莫邪、干将，有过之而无不及。"老者忽然低下声来，颇为神秘道："此剑乃失传已久的岣嵝剑。"

"岣嵝剑？有何典故？"刘杜三抢先问道。王夫之也有兴趣。

"两位客官可知道大禹治水的故事吧？"见刘、王点头，老者依旧低声道："早在上古洪荒时代，大禹为民治水，七年闻乐不听，三过家门不入，只因水中兽怪太过强大。大禹用此剑斩杀水兽，最终消除了洪灾，因功被舜皇选为继承人。大禹从永州过南岳，在岣嵝峰前与虎恶斗，期间突发狂飙，不幸遗弃此剑。大禹命人刻下石碑，以昭剑弃之地。南岳山上仍有此碑。"

此番言说，刘杜三自是不信。王夫之虽也存疑，但一则喜爱此剑，二则老者说到南岳岣嵝峰，听父亲说过，似有印象，觉得有缘，遂有心购买，道："既如此，岣嵝剑欲值多少？"

"喜欢者视为珍宝，不喜欢者视为废铁。"老者道："客官既然喜欢，你倒是出个价？"

刘杜三赶紧抓住王夫之衣角，生怕他出价过高。但还来不及制止，王夫之心直，已经开价："十两银子如何？"刘杜三吓了一跳：此剑虽好，然值此价否？

岂料，老者闻价，把头一扭，眼一翻，不再吱声，仿佛王夫之伤害了他似的。王夫之连忙解释："在下来此游学，没带多少银两。再多，虽心爱此剑，恐有心无力矣。"

此时，一直在旁静观的红衣女子悄然道："此老头倔，没有五十两银子恐怕不要谈。前天有个客官出价二十两银子，老头亦很生气。"此话显然是说给王夫之和刘杜三听的。

先前呵斥老者的中年男子，此刻忽向老者道歉，"嗬，此剑原是大禹所佩，实乃无价之宝。在下有眼无珠，一派胡言，实是辱没了大人，请勿见怪。"边说边抱拳，提高声音道："此剑既然如此宝贝，我家主人一定喜欢。千万不要售人，我速速去叫主人前来。"言毕，退到人群外，一晃消失了。

王夫之见状，狠狠心，对老者道："二十二两白银。再多没有了。"王夫之一边说，一边掏出钱袋。这确是他此番前来的全部费用。因为当天出门买药，不知要花多少钱，就将整个钱袋带在身上。

"客官如此诚心，老朽也不打诳。"老者伸出四根手指，道："就这个价。少一两免谈。"

"四十两银子？"刘杜三失声叫了出来。

红衣女子扯扯老者衣角，轻声道："这位客官是书生，剑法好，为人正，由他持有宝剑，非酒肉之徒可比。若信得过，我做个中，三十两，各让一步。可否？"她将头又转向王夫之。

王夫之面露难色，表情失落。

"这位姑娘也是识剑之人，既如此，老朽就依了你罢。"老者朝红衣女子点头，又朝王夫之道："我确有不舍。然姑娘讲了，好人佩好剑。三十两，你拿去吧。"

对于爱剑之人来说，如果有钱，三十两银子当然不是一个事儿。可王夫之拿不出钱，沮丧道："姑娘说得中肯，大爷说得诚心。然在下确是没有更多银两……"

"行吧，夫之。若真心喜欢，我就借你十两吧。"刘杜三明白，如果错过此剑，王夫之可能遗憾终生的，只得成人之好。他边说边把银两拿了出来。

王夫之得了岣嵝剑，兴奋异常，感冒仿佛也一下子好了。刘杜三总觉得有些什么不对劲，却又说不出来，甚至内心有些想法也不便讲，怕扫兴。他只是跟着王夫之，从"春和堂"耿大夫那里取了药汤后，乘船返回岳麓山。

一路上，王夫之不停地说话，认为书与剑，乃文武同宗。"书之妙，合之于神，敛之于力，起之丹田，运之手笔，施之毫端，而入佳境。剑之法，以内功行持，以气运身，气力注入剑体，三锋四仞二弦脊中，吞吐自然，无所不载，自生自化……"王夫之滔滔不绝，边说边比画，刘杜三根本插不上话。

四

第三日早上，王夫之的感冒完全好了。他先天晚上睡得很香，醒来时，发现同舍的管时求、唐克峻和夏汝弼已经去了教学斋。当天没课，他们没有叫醒王夫之，是想让他多睡一会儿。王夫之洗了一把脸，匆匆走出住处，刚到半学斋前，一位书生模样的人走到王夫之身边，忽然低声问道："可是衡州来的夫之先生？"

"在下正是。请问你是谁？找我有事乎？"王夫之颇为吃惊，犹疑之间，书生已将手中一个书袋递给他，依旧低声道："有人让我把这个给你。"言罢，转身离开了。

"呃！请留步！"王夫之大声喊了一声，追了两步，他想问个究竟，但那人似乎不愿停留，朝深山走去。王夫之想，若是书生，终有再见面的时候，遂不再追赶。"这里装着什么？"王夫之打开书袋，发现里面是一个钱袋，沉甸甸的，抽出来一看，天啦，竟是一串银子，数了数，足足有五十两！"谁给我送来如此多的钱？"王夫之十分纳闷。他又联想到送给吴道行的龙涎香，更是谜团重重：难道是父亲大人的某个故交？怎么从未听父亲大人说过？看来，只有回到衡州后，当面询问父亲大人才能清楚。不管怎样，这钱来得真是时候。他打算先用这些钱，将刘杜三的钱还了，游学的生活费也不用发愁了……

王夫之刚刚来到半学斋，他知道这"半学"二字语出《尚书·说命篇》"惟教半学"一语，意为半教半学，教学相长，觉得这里的一石一砖都是那么底蕴丰厚、积淀深沉，尤其是看到半学斋的门联"惟楚有材，清风正气垂天地；于世无偶，弦歌文脉贯古今"，参古述今，从容自信，更是感到热血沸腾，他觉得这回来岳麓书院游学真是太值了。

就在这时，有人突然在背后拍了拍他的肩膀，王夫之猛一回头，大吃一惊："啊？统鲁！怎么是你！你也来了？"

邹统鲁笑道："你等四人来岳麓书院也不叫上我，害我找你好苦，若不是介之兄提及，我还蒙在鼓里。"

"当时走得仓促，未敢动你大驾矣。"王夫之有些不好意思。邹统鲁本是外地人，落户在衡州，家境殷实，人又大方，王夫之常去他家借书，他从未拒绝。王夫之还想解释什么，忽见前面有人叫他，王夫之抬头一看，是刘杜三。

刘杜三身后还跟着一个人。二人快速走到王夫之跟前。刘杜三道："夫之，给你介绍一个朋友，姓曹，名伯实，耒阳人。"说完，又看了一下王夫之旁边的邹统鲁。

王夫之一听曹伯实是耒阳人，立即联想到耒阳姨父姜德明和姜氏姐妹，因而感觉格外亲切，他连忙抱拳道："幸会，幸会。"他同时马上将邹统鲁介绍给刘杜三和曹伯实认识。王夫之特地强调："衡州一半藏书在统鲁兄家中。"

"休提那些藏书，无用者居多矣。"邹统鲁摆摆手，道："不过，夫之兄倒是常去我家，有用无用，凡书必看，往往一看就是大半天。"

曹伯实也是一个书虫，胖胖墩墩，声音洪亮。他看了一眼邹统鲁，回头盯着王夫之，认真地问："敢问衡州另一半藏书在何处？"

"在子参家！"身后传来一个声音，是夏汝弼。管时求和唐克峻也在身后，他们不知何时也来了。

"你们没去教学斋？"王夫之一见，对夏汝弼道。他们正在与邹统鲁和曹伯实打招呼。

管时求对邹统鲁道："子参兄没来否？"

邹统鲁答道："本来说好一起来的，但他临时有事。"

王夫之道："子参若在，该出门喝一盅矣。"说完，不觉想起一年前邂逅的场景。那天，王夫之和管时求、唐克峻去了一家餐馆，围着一张桌子，边吃边聊天。各人说着自己开心或不开心的事情。管、唐二人都说了自己开心的事情。王夫之借着酒劲，大叹一声："衡州委实太小，竟找不到可读之书矣。"

旁边顿时有人冷笑道："好大的口气！不说邹兄家中藏书，我刘某人藏书便够你读上一辈子了。"

当时刘子参、邹统鲁和包世美在另一桌。听到王夫之口出狂言，刘子参甚是不爽，说话的时候还故意踢翻了板凳。幸好邹统鲁比较清醒，把刘子参给拦住了。

管时求知道王夫之言重了，赶忙上前，道："几位弟兄休要见怪，夫之兄今日喝多了，喝多了。"

邹统鲁知道书生意气，也拉住刘子参，笑道："无碍。夫之兄七岁熟读四书五经，十三岁深得经义要旨，十七岁读尽天下诗词歌赋经史子集，佩服……"一席话，说得刘子参口服心服，而王夫之则一脸通红。

打那以后，王夫之常常往邹统鲁和刘子参家中跑，除了读书，就是吟诗喝茶。酒，当然是必不可少的。邹、刘二人也是喜欢酒的，他们酒喝足了，书也读完了。不到一年，王夫之几乎读完了邹统鲁家中的藏书，刘子参大为吃惊。未几，王夫之读完了刘子参家绝大多数的藏书。他们成了无话不谈的挚友。

不过，饱读诗书，又能怎样？武昌乡试，几位友人特意没有同行。原因是这种考试有禁忌，即成绩好的尽量不要同乘一条船，而应分立船头，冀各有斩获。岂知捷报未有，落榜同名。回到衡州，他们酩酊大醉，抱头痛哭。那日，王夫之蠢蠢欲动，想外出游学，只是出行仓促，没有告诉邹统鲁。岂料，邹统鲁获悉后竟独自追了过来。

王夫之忽地问道："统鲁兄几时抵达书院的？"

"几时来的不重要，重要的是来了。"邹统鲁笑着反问道："听说夫之兄重金购得一宝剑，能得一见乎？"

众人一听，纷纷附和。王夫之环顾左右，似有顾虑，以"不忤院规"为由，搪塞掉了。众人闻此，亦未强求。刘杜三道："今日天高云淡，诸位难得清闲，不如出门去尊经阁游玩一番？"

"此乃吾之向往也。"王夫之率先表示同意。他早就想去尊经阁看看，那是一块神圣之地，既有朱熹、张栻的讲坛及宋代皇室赐给的匾额，又有三坟五典及诸子百家的典籍，以及当年朱熹等人留下的文集、墨宝等。

众人纷纷应和，一起走出书院门楼，往右，前行数百米，便来到尊经阁。刚到赫曦台，但见上面悬有朱张二人的联句：

怀古壮士志，忧时君子心。（张栻）

寄言尘中客，莽苍谁能寻。（朱熹）

众人一见，肃然起敬。连一向喜欢说话的王夫之也神情峻严，似乎在思考什么重大问题。刘杜三来过几回，他不想在此多作停留，便扭头走进尊经阁内。众人跟着进入，看到了朱熹亲书的"书院教条""文集大会类编、年谱""委教授措置岳麓书院牒"等，接着又细读了嵌刻于走廊两壁的"诗碑""忠孝廉节碑""道中庸碑"诸文字。看罢，众人感慨万千。

王夫之朗声道："经，常道也。其在于天，谓之命；其赋于人，谓之性；其主于身，谓之心。心也，性也，命也，一也。"

"夫之兄念诵者乃阳明先生之《尊经阁记》乎？"曹伯实听罢，问道。见王夫之点头，又道："然阳明先生所记'尊经阁'乃绍兴稽山书院而非岳麓书院也。曹某只记住其中一句，'经正则庶民兴；庶民兴，斯无邪慝矣。'"

夏汝弼接话道："真经不外吾心，吾心自有真经，学道者何事远求？以愚之见，真经之要取之当前已足矣。"

众人谈兴正浓，王夫之忽听有人叫他，循声而望，发现前面不远处，旷南卿站在那里朝他招手,他的一侧还站着一名书生。王夫之连忙过去,施礼道:"旷兄好!多日不见,不意在此碰上。"

旷南卿笑道:"听说你病了,痊愈乎?"说着,指了指身旁的白净书生介绍道:"攸县书生,陈耳臣。"

陈耳臣道:"炎帝故里乡民,久闻夫之兄大名,今日得见,荣幸之至。"

王夫之回礼,道:"惭愧。神农氏德行天下,所谓'故里乡民',必定文蕴深厚。日后还请陈兄多加关照。"

刘杜三与陈耳臣是同乡,早就认识。曹伯实来书院三个月,也认识陈耳臣。然衡州学子来书院不久,与陈耳臣并无交集。旷南卿便把陈耳臣介绍给衡州学子,道:"大家认识了,都是同窗、朋友,日后应当有难同当,有福共享矣。"

陈耳臣朝刘杜三呶呶嘴,看了王夫之等人一眼,昂首吟道:"烽火照西京,心中自不平。"

刘杜三立即接上:"牙璋辞凤阙,铁骑绕龙城。"

"我来接",旷南卿当仁不让,朗声道:"雪暗凋旗画,风多杂鼓声。"

"宁为百夫长,胜作一书生。"曹伯实猛一挥拳,脱口而出:"此乃吾之最爱。杨炯有此一诗,入'初唐四杰'当足矣。"

"陈、刘、旷、曹四兄,合吟杨炯《从军行》之诗,热血激涌,一气合成,心志如一,令人动容。"王夫之环视诸生,忽地峻然道:"唐人《从军行》甚多,均气势磅礴,富悲壮之美。若说最爱,在下偏喜太白之诗——'百战沙场碎铁衣,城南已合数重围。'"

"夫之夺我之爱也。"管时求亦很激动,大声道:"'突营射杀呼延将,独领残兵千骑归。'太白此诗,千古风流,在下读之赏之,味之爱之,言不能尽,恨不能死。"

夏汝弼摇摇头,泼了一盆冷水:"说到唐炯《从军行》此诗,时人亦有异议。"见众人在听，遂冷声道："'宁为百夫长，胜作一书生。'若此，吾辈书生当有何用？"

"此乃苛刺偏颇矣。"邹统鲁皱了皱眉，道："盖烽火达于甘泉，侵凌如斯，故有不平之气，而拜命赴边，触雪犯风以消此烽火，诗之旨趣，实非书生之无用也。"

这时，唐克峻见大家都发言了，他也不甘人后，开口道："'不见陶潜，焉知归去'，所谓'知人论世'，乃古训也。遥想初唐之时，不论高门寒士，上流市井，书生也好，将士也罢，人人急切报效朝廷，为国立功。杨炯还有其他诗句，如《出塞》中的'丈夫皆有志，会见立功勋'；《紫骝马》中的'匈奴今未灭，画地取封侯'；《和刘长史答十九兄》中的'受禄宁辞死，扬名不顾身'；《刘生》中'剑锋生赤电，马足起红尘'，等等，皆为热血之诗。"

"克峻兄所言，甚得吾意。岳麓书院不只有书香，更有大道之香；各位同窗亦不只有书生意气，更有激荡之正气。"及于此，王夫之抬头望着大家，大声道："在下肺腑之言，能得共鸣否？"

旷南卿连连点头，道："书有无数，汗牛充栋。岳麓书院，儒家经典，亦无穷无尽。然在下常常被王少白之'黄沙百战穿金甲，不破楼兰终不还'所感动。眼下时局堪忧，触景生情，每每不忍卒读矣。"

刘杜三则道："在下更爱王摩诘之'尽系名王颈，归来报天子'，读之即现雄赳赳气昂昂之盛大场景，该是何等的快意、何等的振奋人心。"

陈耳臣立即提醒刘杜三道："王摩诘尚有另外之诗，'孰知不向边庭苦，纵死犹闻侠骨香'，此诗虽然悲鸣，却如铁血燃烧，向死而生，经久不灭。"

曹伯实闻此，叹道："在下最感佩者，乃骆观光，当年他已逾天命之年，却高唱'不求生入塞，唯当死报君'之战歌，壮怀激烈，离京赴边。书生如此，亦无憾矣……"

众生正高谈阔论之时，忽然有人惊叫一声："啊，前面不是吴山长乎？"众人一看，果然就是吴道行山长，于是赶紧上前施礼。

吴道行朝众人看了一眼，刻意板着面孔，道："汝等逃学之徒，猎奇于尊经阁，忤逆院规，聚乱啸声，谁为主谋？"

众人见吴道行如此严肃，一时不知如何是好。旷南卿打破尴尬，道："此聚因我而起，如有违规，愿受罚。"刘杜三不愿旷南卿受罚，坦承道："此事原由小生动议而聚。"

"山长休怪。此聚因我而起。"王夫之道："适才步入赫曦台，遥想朱张开讲，众人引颈受沐，该是何等惬意矣！而今物是人非，然有山长在此，弦歌未歇，杏坛犹在，众弟子能在此得先生之教诲乎？"

吴道行忽然笑了，嗔道："好个夫之！非言己之责，反推我之教。"说罢，吴道行看了看众人，面容松弛下来，缓缓道："也罢。天气正好，老夫心情尚佳，不如步圣贤后尘，散讲一回可也。"

众人一听，鼓掌以迎。大家移步赫曦台，王夫之和刘杜三扶着吴道行坐上讲坛，旷南卿将各位同窗一一安顿好，最后自己坐在曹伯实旁边，小声道："吴山长一向中规中矩，今日破例在此开讲，夫之老弟有功矣。"

曹伯实亦小声道："听闻夫之令尊武夷先生与吴道长旧宜不浅。"

吴道行习惯地咳了一下，望了大伙一眼，道："今日非正式授课，即兴谈诗，可否？"见大伙无异议，吴道行又提议道："诸位不拘小节，凡有诗论，皆可畅言矣。谁先说说？"

"在下抛砖引玉罢。"陈耳臣率先站起来，道："'诗，言其志也；歌，咏其声也。'此乃语出《尚书·舜典》。'在心为志，发言为诗'，源自《礼记·乐记》。皆言诗之志趣矣。"

刘杜三接话道："'诗无达诂'，乃汉董仲舒语。若诗无达诂，何谓诗之高下？若颂其诗，读其书，而不知其人，可乎？"

吴道行答道："杜三宜将两问分而谈之。"

此时，王夫之站起身，朗声道："杜工部有诗云：'未及前贤更勿疑，递相祖述复先谁。别裁伪体亲风雅，转益多师是汝师。'"念毕，转而朝向吴道行，道："今日机会难得，莫如山长出题，众人答之，若何？"

"正合吾意。"吴道行点头道："虽为散课，若无主题，各说各话，南辕北辙，无的放矢，有负时光矣。"说到此，看了众人一眼，道："今日诗课，围绕《诗经》，我提你答，各显神通，妙否？"

众人齐声说好，对王夫之亦很佩服：一是他将以"忤逆院规"受罚变成了畅所欲言谈诗的散课；二是将散课变成主课，并得到吴道行的首肯，不容易。当时授课，老师讲什么，弟子听什么，根本没有选择或商量的余地，从中见出王夫之不卑不惧，个性张扬，也见出吴道行对他的器重。试想，一堂诗课，若老师不给主题，众人真若散谈，确实难有收获。因为，自先秦以降，有关诗论，何止万千？若无限定，七嘴八舌，蜻蜓点水，看似热闹，实属无聊。

吴道行照例咳了一下，然后说道："《诗经》中有首诗叫《溱洧》，其中有一句'士与女，方秉蕑兮'，大意是青年男女持'蕑'游玩。请问：'蕑'为何物？"

管时求抢先答道是兰草，夏汝弼却说是兰花，曹伯实认为是都梁香，旷南卿觉得是一种药香植物。刘杜三摇摇头，笑笑道："'蕑'为何物，不重要，能读出诗中青年男女的快乐便足矣。"

"夫之可有言说？"吴道行见王夫之在低头思考，并不像以往一样，抢着作答，便问道。

王夫之见吴道行问之，起而答道："'茵'者非兰草，亦非都梁香，更非兰花等，而为香茅草矣。"

"何以见得？"吴道行一惊，继而问道。

王夫之前面的思考，正是为回答吴道行这个问题做准备的，当时他犹豫要不要长篇大论、旁征博引来说明自己的结论，因为他担心自己这样做，旁人会认为他炫才。现在，既然吴道行问及，王夫之只好将自己的推理依据一一道出。让大家没有想到的是，王夫之居然提到了二十一部典籍，包括《毛传》《荆州记》《毛诗草木鸟兽鱼虫疏》《川本草》《伽蓝记》《潜溪诗话》《本草衍义》《本草衍义补遗》《本草纲目》《周易》《左传》《本草经注》《经验方》《楚辞》《说文解字》《尔雅注疏》《山海经》《春秋穀梁传》《春秋穀梁传集解》《周礼》《风俗通》……王夫之说得有板有眼，考据细致，逻辑严密，对每句话的出处如数家珍，令人叹为观止。

待王夫之论证完，吴道行没有作结论，而是慨然道："诸位听了，感觉如何？在老夫看来，此乃学问之根本也。"说完，吴道行又出新题："'关关雎鸠，在河之洲。窈窕淑女，君子好逑。'想必各位都熟读此诗。然有谁说说'关雎'究为何鸟乎？"

此时，赫曦台鸦雀无声。众人皆把目光投向王夫之。吴道行见状，笑着问王夫之："看来，你的学问让诸位受惊矣。"

王夫之见众人不答，只好起身作揖道："'关关雎鸠，在河之洲。'既然在河之洲，一般皆视雎鸠为水鸟，其实不然。"王夫之搬出《尔雅》《尔雅注》《说文解字》《匡谬正俗》《禽经》《毛诗草木鸟兽虫鱼疏》《埤雅》这七部典籍中关于"雎鸠"的释义。这七部典籍皆视雎鸠为"鹗"类鱼鹰。接着，他又参考古代训诂学家郭璞、毛公以及李时珍《本草纲目》之说法，最后得出结论：此类鱼鹰虽然食鱼，然非水鸟，实乃山禽。此类山禽有一种特点，虽雄雌情深，然众人面前，从不乘匹相随，绝无失礼之为。故此，用雎鸠入诗，暗合君王后妃之情，以行教化民众之功，熨帖之至矣。

吴道行忍不住鼓掌，夸道："学问不在浅尝止，学问更在掘井深。夫之持论，客观有理，言之有据，能无信乎？"说完，吴道行提了最后一个问题："鼠有牙乎？盖《诗经》有《行露》一诗，其中云'谁谓鼠无牙，何以穿我墉？'鼠无牙乎？若无，何以穿我墙壁？诗中之意，乃鼠必有牙，然民众皆视鼠无牙矣。"

此问一出，众人再次默然，目光投向王夫之。然王夫之没有贸然作答，而是直言道："待试剖鼠口视之，方可信服。"

吴道行再次肯定了王夫之的说辞，道："大道行简，实事求是。今日之课，原无主旨，肆意言诗。及夫之提议，卓然有成。老朽行将就木，奉劝诸位求学治学，务必深之精之博之广之，惟此，文脉赓续，源远流长矣。"

众人齐声道："谢谢山长。弟子铭记了。"

五

数日后的一个下午，王夫之逮了一只老鼠，刚刚剖开。管时求见之，惊叫道："夫之，这是做甚？"

王夫之笑道："谁谓鼠无牙，何以穿我墉？管兄，你看，此鼠有牙，可以复山长也。"

夏汝弼叹道："原来如此。夫之治学，不拘一格，夏某钦佩之至。"

正在这时，唐克峻与邹统鲁走了进来，见王夫之手持利刃，有血流下，亦大惊道："夫之做甚？"当见到剖开的老鼠时，顿时明白了，摇头道："为证牙否，宁杀鼠命，治学如此，命当何为？"

王夫之笑道："诸位毋须移情。鼠命非人命，治学求真，不无可乎？今日若鼠命尚有不忍，他日何以杀敌报国？"停了一下，又道："吴山长所问，每有所指。明明知道鼠有牙，为何庶民皆以无牙？此乃症之所在也……"

"夫之，夫之，吴山长让你去百泉轩。"突然有人在门外叫喊。王夫之出门一看，是旷南卿，遂笑道："旷兄来得正好。小弟适才宰有一鼠，你不进来验视有牙乎？"

旷南卿匆匆进来，瞧了一眼，道："确实有牙。旷某服了。"

"小弟正要去找吴山长。"王夫之说着，洗了手，将三粒鼠牙小心包了，跟着旷南卿出了门。

旷南卿小声道："你可知道吴山长找你何为？"

王夫之摇摇头，笑道："总不是知我宰杀一鼠吧？"

"听说湖广按察使金事提督学政来了。"旷南卿道："吴山长叫你，恐与此人有关。"

"啊？旷兄说的真是高世泰高大人来了？"王夫之失声叫道。

旷南卿点点头，忽地停下，道："老弟早有所知？"

王夫之一怔，答非所问道："小弟知道高大人学问渊博，为人正直，倒是不知他来了书院。"因为上次吴道行告诉王夫之，高世泰十天半月后会来书院私访，并说来后将叫他前去一晤。王夫之不想如实告诉旷南卿，怕引起他的猜测或妒忌。

"听闻高大人与吴山长私宜甚笃，惺惺相惜。"旷南卿并无多想，他大大咧咧道："高大人曾受邀多次来书院讲学。旷某有幸听过两场，颇为受益。"

王夫之道："家父曾说，高大人对吴山长终其一生延传'道南正脉'极为敬重。"

旷南卿点点头，道："高大人赞吴山长为：'道以朱张为宗，与文端、忠宽揆固一也，可不谓衡湘之贤哲哉。'文端、忠宽乃、顾宪成高攀龙两位宿儒之号也。仅以此论，足见高大人乃吴山长之知音，高大人和吴山长皆为恢复理学正宗不遗余力，着实可喜可敬。"

两人边走边聊，不知不觉，前面就是百泉轩。旷南卿停下，道："吴山长让你一人前去。"

王夫之心想：高世泰先前来此，皆以学者身份，本次则以提督学政官员身份，自有不同。以学者身份，问道讲学，发一家之论，畅所欲言，并无不可。以官员身份，说话行事，规矩多多，能少则少。此亦吴山长声称高大人私访之故罢。能当面向高大人请教，机会难得，王夫之甚为珍惜，于是道："也罢，小弟向吴山长复命鼠牙之实。"

"好！几位学友正在门楼处等我。"旷南卿说罢，转身离去。"待你忙完，速速赶来。"

王夫之见旷南卿快速离开，便走到百泉轩，正要敲门，却听身后有人走动。王夫之回头一看，但见吴道行与一位儒雅之士散步归来。王夫之连忙趋前行礼，吴道行对儒雅之士道："此乃湖湘才俊王夫之。"说完，又对王夫之介绍儒雅之士，道："这位提督学政高世泰高大人指名要见你。"

王夫之再次行礼，道："晚生拜见高大人。"

高世泰细细打量着王夫之，忽而问道："令尊大人武夷先生还好吗？"

王夫之一愣，赶紧答道："回高大人，家父一切都好。"

吴道行见王夫之有些拘束，一只手放在口袋里，像捏着什么东西，于是问道："夫之，你口袋里装着什么？"

王夫之只好拿出一个小纸包，慢慢展开，指着三粒又白又小的牙尖，道："此乃鼠牙。请吴山长验之。"

高世泰有些莫名其妙，吴道行则是大笑，接着，他将赫曦台诗课上发生的事情简单地讲了一下。高世泰听了，也大笑起来，道："夫之治学，果然有别于常人，如此求真，非同小可矣。"

吴道行引着高世泰缓缓步入百泉轩室内，王夫之进去后，再次闻到了龙涎香的味道。茶水早就准备好了，看来两位大儒已经谈了好一阵子才出门散步的。果然，吴道行开口道："高大人公务在身，此次路过敝地，特意前来看望老朽，情谊深厚。适才我们晤谈多时，交流甚欢。现在夫之来了，后生可畏，我们继续天文地理，畅谈人生如何？"

高世泰道："无须设限，随意聊聊吧。"作为东林党首领高攀龙侄子、东林学派传人，高世泰将东林学派发扬光大，该学派与湖湘学者有相通之处。而当时作为岳麓书院山长的吴道行，痛感王学的荒诞空疏，高世泰的出现，令他十分欣喜，曾多次邀他至书院传播东林学。吴道行较高世泰年长三十多岁，两人以传播正宗理学为己任，成为真正的忘年交，高世泰对吴道行极为尊重。

王夫之当然不知道这些事情，但高世泰的大名如雷贯耳，吴道行对他敬重有加，可见其人品学问，德艺双馨。王夫之恭敬道："两位大儒尽可求道问学，经天纬地，不拘一格。晚生叨座于此，得以聆听，实乃三生有幸矣。"

"夫之毋须谦逊。当年令尊大人与憨山大师南岳论道，若是谦逊恭让，唯唯诺诺，既委屈了武夷先生，亦辱没了憨山大师。"吴道行微笑地摇了摇头，道："今无外人，争之为真，辩之为理，不论臧否，无畏错讹，所发之声、之议，皆出自于脏腑，泄露于真心，可也。"

"诚哉斯言。学问面前，无尊卑之别，无老小之分。"高世泰点头，问道："夫之如何看待朱子之于生命之论？"

王夫之心里明白，两位大儒其实意在考他。王夫之略作思考，朗声答道,朱子之于生命之论可归于三个层次:一为"生生之理",此为"生理"层面;二为"生生之意",此为性灵层面;三是"生生之心",此为精神层面。故朱子曰:"天地之心只是个生。凡物有是生,方有此物,如草木之萌芽,枝叶条干,皆是生方有之。"

吴道行问:"如何求得'生方有之'?"

王夫之道:"志于义,归于道。"

高世泰一惊,道:"端闻详解。"

王夫之道:"历代圣贤大儒之于生命持论,多从道德出发。以孟子为例,尝曰:'君子所性,仁义礼智根于心。其生色也,睟然见于面,盎于背,施于四体,四体不言而喻。'只见道德,不见本能,生命终会枯萎矣。"

吴道行闻此颇为诧异,正色道:"道德是根,本能是末。根者,命之所系;末者,可有可无。"他特地停下来,看了一眼王夫之,又道:"朱子以禾喻义,尝言'一丛禾,他初生时共这一株,结成许多苗叶花实,共成一个性命;及至收成结实,则一粒各成一个性命。只管生生不已,所谓"日新"也。"富有之谓大业",言万物万事无非得此理,所谓"富有"也。日新是只管运用流行,生生不已。'果若夫之所言,生命尚能生生不已乎?"

王夫之并不被吴道行之言所慑,继续辩道:"朱子之于生生不已,实为太虚也。人之所见为太虚者,气也,非虚也。虚涵气,气充虚,无有所谓无者。"

高世泰插话道:"夫之重视生义统一,既'珍生',又'贵义',此乃新见。然夫之如何看待人性之恶善与志义之关涉?"

王夫之从容道:"所谓恶者,却是气也。孟子之论,尽是说性善;至有不善,说是陷溺。是说其补无不善,后来方有不善耳。"说到这里,他停下来,见两位大儒都在倾听,遂继续道:"在晚生看来,志正而后可治其意，无志而唯意之所为，虽善不固，恶则无不为矣。"在王夫之心里，"志"是"逐恶"的法宝。志义相联，厚德载物，此乃修身、齐家、治国、平天下之纲目。

"善与恶，相辅相成，相伴成行。有善，必有恶；无恶，岂有善？"高世泰道："是故朱子曰，命如一树，春荣夏敷，至秋乃实，至冬乃成。虽曰成实，若未经冬，便种不成……到冬时，疑若树无生意矣，不知却自收敛在下，每实各具生理，更见生生不穷之意。这个道理直是自然，全不是安排得。只是圣人便窥见机缄，发明出来。"

吴道行频频颔首。

然而，王夫之不以为然，忤逆道："高大人借朱子之言，将春夏秋冬之季喻之人之善恶，恐有不妥。而转述朱子之说，认为生生不穷乃是圣人窥见、发明出来，尤为不当。"

吴道行听了，感到甚为刺耳，遂含蓄道："夫之年轻气盛甚好，然气盛之说，贵在盛，不在气也。"

"无妨，无妨。"高世泰摆摆手，笑道："为求鼠牙之真，敢宰鼠命者，此等峻骨之人，必持不媚之格，定怀赤子之心矣。"

王夫之感激两位大儒的宽容，继续争辩道："所谓生生不穷，实有经纶时序，物归其安，人归其所。明伦、察物、居仁、由义四者，禽兽之所不得与。壁立万仞，只争一线，可弗惧哉！"

"好！"高世泰与吴道行异口同声，赞完，相互一笑。

"生死有命，各有所见。"吴道行道："庄子曰：'天地之间，若白驹过隙，忽然而已'；陶公放言：'一生复能几，倏如流电惊'；曹孟德感叹：'神龟虽寿，犹有竟时。腾蛇乘雾，终为土灰'。老朽乃入土之人，对于生死，自有己见。然夫之对生死如何持论？"

高世泰插话道："此等命题，于年轻如夫之者，发声尚早乎？"

王夫之明白，这是高世泰为自己解围。但是，对于生死，王夫之已有思考，也曾多次与父亲兄弟争论过。孔子曰：未知生焉知死。孔子回避"死"，专于"生"。王夫之认为唯有知生知死，才可贞生贞死，应将死与生置于同等地位，生若载义，死若赴义，此乃生死之要义。想到此，王夫之望着两位长辈，慨然答道："不畏死，更贞生。草木任生而不恤其死，禽兽患死而不知哀死，人知哀死现时不必患死也。"

高世泰听了，脸上流露出欣喜之情，问道："夫之持论，乃倡'舍生'而'取义'乎？"

王夫之摇摇头，道："非也。晚生之意，贞生死以尽人道，即以'贞生'之石，奠'守义'之命矣。"

"何以见之？"吴道行问道。

"贞者，正也，定也。"王夫之解释道："'始于爱生，中于患生，卒于无生'，此乃佛陀渡生之道；'炉火之事''呗咒观想之术'，此乃道家求长生之术。佛道生死，皆不足取也。何也？性尽，则生死屈伸一贞乎道，而不挠太虚之本体，动静语默一贞乎仁，而不丧健顺之良能，不以客形之来去易其心，不以客感之贞淫易其志，所谓'夭寿不贰，修身以俟之'，不显亦临，无射亦保也。盖其生也异于禽兽之生，则其死也异于禽兽之死矣……"

六

那天傍晚，百泉轩山长室内，晚霞满天，火花四射。王夫之原本去聆听两位长辈的宏阔大论，不曾想，自己反客为主，纵横捭阖，肆意妄谈。两位长辈非但没有责备和制止，反而面露惊喜，多有鼓励。王夫之既感慨于他们的宽容与引导，更感激于他们的爱惜与提携。

临别，高世泰拉着王夫之的手，叮嘱道："一个学子，不迷权威，敢于质疑，不易。独立思考，求真务实，犹不易。两不易，你都担起，若一以贯之，且韬光养晦，日后必成大器也。"

送走王夫之后，吴道行叹道："夫之之才思，远超同龄学子。然锋芒太露，令人担心。"

"倒也不必。"高世泰笑道："若无锋芒，焉见才气？古往今来，成大事者绝非一己之能，时局、机缘、运气，缺一不可矣。"

刚刚离开百泉轩，王夫之就见曹伯实站在一石碑前向他招手，面露兴奋之色。王夫之跑上去，道："曹兄有何好事？"

"旷兄让我在此等你。"曹伯实道。"他们下山去了。今日将有大事发生。"

"啊？什么大事？"王夫之一听，道："他们是谁，要干什么？"

"我隐隐觉得会有大事，具体情况，也不知晓。"曹伯实道。"走吧，到了码头，自然明了。"

于是，两人边走边聊。路上，王夫之问曹伯实认不认识姜德明。曹伯实一听，点点头，长叹一声，道："真是无妄之灾。姜老板一家太惨了。"曹伯实从刘杜三口中已经知道王夫之与姜德明一家的关系，他不仅认识姜德明——毕竟，一个小县城，能够考上秀才的就那么几人，他也跟谭梅儿熟络，而对于姜氏四姐妹，他更是逢人就夸。没想到这样一个好端端的家被一个地痞恶霸活生生地拆散了。

"恶人最终遭到了报应，他的后台也被灭了威风。"曹伯实把自己与姜家的交情细细讲了，最后小声道："听说这一切与桂王微服私访有关，更与武夷先生的状告有关。坊间如此流传，我正要问你呢！"

"衡州'湘春楼'是被端掉了，恶人得到了一些恶报，但还远远不够。"王夫之愤愤道："四个表姐妹中，除了老三老四回到耒阳重新经营客栈外，老大、老二至今没有下落。"

"我回去后，多去客栈看看。"曹伯实道。"老大、老二，我也多方打探，一有消息，立即告诉你。"

"好，拜托。"王夫之叹道。"世道逼人急，读书人徒感无能矣。"

两人说着说着，前面就是湘江码头。旷南卿老远就喊："二位快快上船，就等你俩了。"

王夫之拉着曹伯实，快速跑上去，跳上船。王夫之朝船内一看，一张张熟悉的脸都在里面。大伙望着他，也不说话，表情似乎有些凝重。王夫之心想：究竟是何大事，让心直口快的学子们缄默如此？

小船快到江心，旷南卿站到船头，率先开口："诸位都是读书人，但并非读死书、死读书、两耳不闻窗外事者。当今天下，隐忧重重。乍一看，市井百姓和十几年前没什么两样。其实，变化大了，最大的变是人心之变。诸位感觉到了吗？"

"学兄说的极是。"邹统鲁接过话茬，道："当年太平盛世，理学兴盛，人人尊师重道，信守正义，百姓安居乐业，有一种国泰民安的自信。而今世道变了，仁德沦丧，缺少信念和诚信。长此下去，国必危殆！"

"世风日下，末学横行。"夏汝弼大声道："我辈当如何？"

管时求道："我等当践行仁道，传播大学。"

唐克峻道："启迪民智，唤醒民众。"

刘杜三有些激动，站起来一挥手，道："昔日，顾宪成顾大人和高攀龙高大人在东林书院讲学，传经论道，授业解惑，成就大业，影响深远。今日，我们应当效仿先贤，集合力量，掀起湖湘风流，为我大明献一份热力。"

"风声雨声读书声，声声入耳。家事国事天下事，事事关心。"陈耳臣道。"一座书院，维系家国天下之魂。我辈身居其间，理应发扬先贤圣哲为天地立心、为生民立命之雄心。"

"前些日子，诸位还在书院慷慨激昂，言及'宁为百夫长，胜作一书生'，多有不平则鸣之声"，曹伯实接话道，"读书人虽说手无缚鸡之力，但若读好书、用活书，既能为往世继绝学，又能为万世开太平，不可自轻矣。"

这时，王夫之受到感染，也"嚯"地站了起来，说道："读书人说得多，做得少。我等皆为读书人，生下来便读书，日思夜想的是金榜题名。然千万人之中，金榜题名者几何？"王夫之想到了先祖和父亲、叔辈们奔波赶考的苦命，想到了自己、兄弟和众多同窗好友武昌秋闱之败，以及跳江获救的衡山学子张纯熙，真是越想越气："饱读诗书就能金榜题名乎？"说到这里，王夫之突然想起了朱归孺，不由心里一颤，极力不去想他，而是提高声音道："我家姨父姜德明中了秀才后，几次乡试皆不中，遂经营一家客栈，成家立业，日夜操劳，终有所成。忽一日，灾难从天而降，好端端一家，顷刻间亡了……"

"姜秀才乃我母舅大人。"刘杜三红着眼眶，道："夫之所言属实。我的两个表妹至今没有下落。"

曹伯实点头道："我与姜秀才相熟，他忠厚，老实，勤快，善良。他的妻子谭梅儿也勤俭能干，任劳任怨。四个女儿，如四朵花，好好的一个家，说没就没。这就是现实。"

"此等惨事，绝非姜秀才一家。"旷南卿大声说道："世道如此之乱，天地如此之暗，纵使金榜题名，又能得偿所愿乎？"

旷南卿努力控制住自己的情绪，道："夫之所言甚对。天下之大，读书人能说会道者甚多，身体力行者甚少。空谈误国，学惟以致用才为学。以愚之见，今日集聚，与其慷慨激昂，不如我等就此组成'行社'，定期走出书斋，深入街道码头，遍察民情，体味疾苦，再返回书理，寻找生民立命之途。各位以为若何？"

"社者，以乡为社，古之国社、里社之谓也。"王夫之连声叫好，道："行者，结集而起，一乡一乡行走，察民情，沐民风，饮民水，呼民气，如此读诗致用，即可通达天下。"在王夫之心目中，"行社"旨在聚首论文，深入民间，了解社会，躬行实践。一个"行"字，重在切于实行之意；一个"社"字，说明一个人的力量不够，需要志同道合者一起来做。要言之，读书之人不仅要博学，更要务实笃行。

当日小船上，众学子跃跃欲试，指点江山，各献良策。很快，以旷南卿为首，由刘杜三执笔，行社的宗旨、架构、活动范围与相关内容等被一一提了出来……

就这样，旷南卿和王夫之等一批学子在岳麓山下结成"行社"，畅谈"行社"宏图大业，诵诗抒怀，山上山下相连，院内院外呼应。一时间，"行社"人员激增，发展极为迅速。他们每到一地，揭露黑暗，唤醒民众与一切不平之事和腐败之人斗争到底，终于引起官府警觉和恼怒。

一天傍晚，旷南卿垂头丧气地找到王夫之，说官府来人找他麻烦。他反思"行社"行为，觉得不能向外扩员，更不能一乡一乡去察调、鼓动，"旷某认为向外扩员，鱼龙混杂，组织不纯，杂音必起。而乡乡察调，非书生所负之责，越位行之，必引反感。"

王夫之反驳，认为向外扩员是好事，有书生之外力量加入，说明这个组织有影响、有魅力；而乡乡察调，正是"行社"之宗旨。至于所谓杂音与反感，那是因为"行社"触及了黑暗，击中了某些人的私处，让他们感到了痛楚。这些人有了痛楚，民众就有了痛快，社会就有了奔头，国家就有了希望。

两人谁也说服不了谁，最终不欢而散。

实际上，旷南卿和王夫之等人结社，并非独创，而是顺应了时代的呼声，跟上了时代的大潮。当时文人书生结社现象比较兴盛，最开始以诗社为主。由于社会动乱、思想纷扰，文人书生感时伤国，纷纷结社，谈论国是。慢慢地，结社性质也由诗文结社演变为政治结社。部分地区如江浙一带经济较为繁荣，交通便利，也给结社提供了物质条件。据史记载，当时全国各地类似的结社有上百家，影响较大的有张溥、陈贞慧等人在江南地区结成"应社"，他们不久又集合南北各文社，成立了"兴复古学，明学致用"的复社，以继承东林书院的传统。黄宗羲和顾炎武都参加过复社的活动，两人分别在南京和苏州虎丘参加了各自的复社大会。

王夫之、刘杜三、曹伯实等人是"行社"的积极参与者。但随着官府的介入，旷南卿、陈耳臣、管时求等人思想发生了变化，他们强调"书生"的身份，即书生不是活动家，更不是社会工作者。他们更希望抨击时弊，发表宏论，重新坠入清谈、空谈的旧窠。

没过多久，管时求、邹统鲁和唐克峻以盘缠告尽为由，先行返回了衡州。王夫之和夏汝弼在岳麓书院多待了一段日子，此间，大哥王介之两次来信，催他快快回去，说父亲大人忍无可忍，已发雷霆之怒。加之吴道行找他谈心，认为他坚持的"乡乡察调"不切实际。

"岳麓书院强调读书致用，求真务实，但更强调书生之责，此责不是走一乡看一乡，而是承继文脉，赓续国魂。"吴道行最后语重心长道："设若离开书院，你等所作所为不受院规所限，你欲越位而为，拔剑而动，挑灯而举，皆可海阔天高，老朽断无他言矣。"

话已说到这个份上，王夫之还能说什么？他十分明白，吴道行山长应是受到了某种压迫。他只好就此告辞，与夏汝弼打道回府。

王夫之在岳麓书院待的时间不长，大约四个月，却对他的一生产生了重大影响。有一次，王夫之读史时，听松声阵阵，见天碧如海，不由想起同在岳麓书院求学的同窗好友刘杜三、旷南卿、陈耳臣、管时求、邹统鲁和唐克峻等人，特别是想到夏汝弼，心中一热，立即写下《夏日读史曳塗居闻松声怀夏叔直先生》一诗以示纪念，诗中云："涟漪碧浪摇云气，环佩天风动月魂。自彻冰壶消暑色，不劳河朔倒芳樽。"及至晚年，王夫之写《传家十四戒》时，也想起岳麓书院往事，告诫子孙"勿荒芜学业"，牢记"立身以立学为先，立学以读书为本"，督促他们"耕读传家、敦品励学"，精研于学问，致用于社稷……

第六章　衡州结社

一

　　隆冬的王衙坪，安静祥和。踏上故乡的瞬间，王夫之的脑海突然涌出许多感慨，也盘旋着不少疑问。但这些感慨和疑问犹如蒸水河里的泡沫，一会儿生，一会儿灭，隐隐闪闪，捕捉不住，又缠绕不去。

　　岳麓书院的游学结束了。大哥和二哥带着孩子来码头迎接他，直到此时，王夫之才真正感到那些逝去的日子彻底消失了。看着侄子王敞和王敉似乎长高了不少，王夫之上去用力一抱，把两个侄子搂进怀里，接着从包里掏出几块糖油巴巴，分给他俩。

　　"终于回来了。"大哥开口道，脸上尽力挤出笑容。他问三弟长沙之行有何收获，王夫之不置可否，淡然道："认识了一些人，见了一些世面。"不知何故，王夫之心里对此问题有些抵触。

　　"唉，总之，回来就好。"大哥欲言又止，终于忍不住说道："出门也不和父亲大人说一声，他老人家气了好长一段时间。中途催你，信也不回。今日听闻你回来，又生起了闷气。"

　　"本不想一见面就说这些的，但是，"二哥看了一眼王夫之，插话道："父亲大人脾气性格你是知道的，很严，很偏。他有自己的行事规则，总觉得按他说的去做，是对我们好。"二哥见王夫之不吭声，特地提醒道：

“待会进到屋里，你要好好说话，千万莫要火上浇油。”

“父亲大人岁数大了，更易生气。”大哥安抚道：“多体谅一点吧！”

王敔和王攽早已跑回家中。母亲谭孺人带着儿媳陶令微站在门口迎接。王夫之叫了一声母亲大人，并匆匆瞥了媳妇一眼。陶令微一言不发，接过王夫之的行李，她真没想到，夫君离开衡州会有这么长时间，王朝聘数次问她王夫之的归期，她每每摇头，无言以告，气得王朝聘大骂“无用，真是无用！”

谭孺人细细打量着王夫之，不知怎的就流下了眼泪，她低声嘟哝一句什么，王夫之没听清。这是母亲说话的特点，她说什么，不重要，她的表情更重要。

陶令微递给丈夫一杯水，轻轻叹了一口气，遂低头走开。王夫之忽地有些发热。时光荏苒，他对妻子，有了些变化，说不上更喜欢，也谈不上更讨厌。至少，妻子忠实地履行了他出门前的叮嘱，没有多嘴，更没有添乱。新婚才不久，就分开了一百多个日子，说起来也不容易。也许，这样的分开，反而让彼此更容易接纳对方。

雁城过了十一月，日子一天比一天冷。阴湿的空气里，薄薄的炊烟从屋顶升起，飘散到半空中，再慢慢落下。不断地升起，又不断地落下。院子里，最终弥漫着丝丝温暖和淡淡香气。王夫之望着窗外的天空，心里突然感觉踏实，嘴里默默念道：这就是家啊，有家真是好！

“快去见见你父亲吧！”谭孺人催促着。“不要嘴硬，多听少说。”

王夫之点头答应，但明显有些磨磨蹭蹭。他心里非常清楚，自己为何如此迟疑。父亲一直对他要求甚严，期望甚高，经常跟仁兄弟强调要远利蹈义，收敛锋芒，做谦谦君子，这些话仿佛更多的是说给他听的。除了正常的学习，父亲允许他们有一定的爱好，如棋艺、剑术、琴音、诗韵等，但不许他们学搏击、玩击球和游侠生事。对于交友，也奉劝他们慎重，不可滥交；喝酒可以，但要节制，不可酗酒。总之，父亲心中有一把尺子，对他们的行为，不断进行丈量。一旦越位，就有可能遭到"夏楚无虚旬，面命无虚日"的惩罚。

显然，这次离家出走，事先不跟父亲大人报告，就是典型的"越位"之举。不过，既然做了，就得承担后果。不管这后果是暴风骤雨还是彩虹满天。何况，他也需要父亲解答心中的疑惑。

王朝聘坐在书房里，身体明显有些消瘦，但精神看起来还算矍铄。王夫之进了书房，叫了一声"父亲大人"，然后双膝跪地，恭敬道："小儿请安了。"

王朝聘头都不抬，只顾看书。见父亲大人没有回应，王夫之就一直跪在地上，也倔强地不吱声。这时，王介之和王参之走了进来，轻声道："父亲大人，小弟回来了。"

王朝聘这才慢慢放下书，微微闭眼，仍旧没有说话，仿佛在思考该如何惩罚这个不听话的家伙。王介之、王参之见状，立即和王夫之一起跪在地上。良久，王朝聘才舒一口气，道："此去长沙，一待数月，有何收获，说来听听？"

王朝聘故意没有说是去"岳麓书院"，而只是说去长沙。王夫之显然听出了其间的差别。他仍旧跪在地上，道："小儿去岳麓书院，乃求学心切，然未曾征得父亲大人同意，不胜惶恐，甘受责罚。"

王朝聘绷着脸，提声道："你还知'惶恐'二字！你不仅私自外出，还纠集其他三人不辞而别，同时不许你媳妇报告此事。这是读书人做的事情吗，是王家人做的事情吗？"停了停，王朝聘厉声道："你且说说，这些日子都在长沙学到了什么？"

王夫之见父亲的口吻虽然严厉，却听出了他对自己所学的期望，遂轻声道："小儿自幼跟从父亲大人，学孔孟之道，遵朱子之说。岳麓书院乃朱子讲学之地，小儿自幼向往，魂牵梦绕，一心想去拜望。小儿对于岳麓书院之向往，犹如父亲大人对于武夷之向往。"

王朝聘听罢，并未接话，但脸色铁青。

王夫之继续说："近年来，小儿久居衡州，未得历练，却有恃才傲物、狂妄不羁之陋习。特别是乡试失败后，深觉山外有山，必须尽快让学识有所精进。小儿知岳麓书院乃天下大学之地，学术鼎盛，人才济济，故斗胆辍学，执念前往。衡州几位学子一同前去，绝非小儿鼓动所为。然行前匆匆，未能禀报，有失礼仪。恳望父亲大人体谅小儿思贤之苦、求知之急、游学之心。"

王朝聘还是未吱声，但脸色不再峻严，他对王介之和王参之道："你俩跪着干吗，起来！"

王夫之则继续跪在地上，但声音慢慢正常起来，道："小儿匆匆出门，行为莽撞，若不是父亲大人给吴山长写信，小儿恐难入书院大门。纵使设法进入，亦难得要领。学海无涯，岳麓书院就是通向千年圣贤的扬帆之地……"

听了王夫之这番说辞，王朝聘想起自己当年的求学之路，不免有些心动。他干咳了一声，身子松弛下来，道："难为你心中装着朱子。起来吧，给我说说有何收获。"

王家两位兄长赶紧把小弟拉起来。

王夫之一本正经道："父亲大人，此次游学，绝非游山玩水。岳麓书院所见所学，非衡州可比。所见之人，学富五车、有胆有识者众。我们集会结社，走街串巷，深入民间，所论皆治国平天下之大道，所议皆为民谋福祉之义理。学问瀚海，小儿只是一叶扁舟，未知之学、未见之理、未懂之道甚多矣。"说到这里，王夫之突然有些激动，道："小儿誓学先贤，上下求索。唯此，才不负父亲大人之期望；唯此，才不辱没王家先辈之英名；唯此，才不愧为大明王朝之书生！"

王介之和王参之试图拉住王夫之，不让他往下说。在他俩看来，这样的言辞，本身就是轻浮的表现，胸怀大志者不会轻易说出来。他们以为王朝聘会发火的，没料到，王朝聘却赞道："好！有此雄心，为父倒也欣慰。"王介之心想：今天怎么啦，父亲大人居然没有严责小弟。王参之也觉得有些奇怪。只听王朝聘忽然道："听说你在长沙花三十两白银购得一把宝剑？可否让我瞧瞧？"见王介之和王参之还站在屋里，王朝聘又道："这里没你俩的事，各自忙去吧。"

王夫之对父亲提及购剑之事感到吃惊，心想，一定是提前返乡的管时求、邹统鲁或唐克峻跟王家兄弟讲过此事，然后不小心被父亲大人听到了。他只好返回房间捧出宝剑送来。王朝聘接过，仔细看了看，又抽出剑身，用手在剑锋上轻轻刮了一下，道："剑是好剑，却未必值得三十两白银。"

王夫之正要解释此剑的来历，却听王朝聘道："王家祖先原本武将出身，但文治多年，走的是科考之途。"王夫之以为父亲会骂他不务正业，然王朝聘并没有，只道："文与武，均可为国立功，为家争光。为父知道你习剑已久，剑艺不俗，为何从不阻拦你？实乃希望你文武兼备，他日报效国家矣！"

"父亲大人，孩儿也正是这样想的。"王夫之放下一颗心来。

"只是你盘缠悉数用以购剑，后面日子如何熬过？"王朝聘责备道，"你也不向家里张口，难道每每赊钱度日？"

王夫之眼前突然闪过那位神秘书生以及他送来的五十两白银，心里"咯噔"一下，但王夫之不能提及，这类来历不明的钱，以王朝聘的个性是不能也是不敢接受的，他只好含糊道："同窗之间接济一点，自己也替人写字谋了些银两，省着点花，也就过来了。"说到这里，王夫之忽然问道："父亲大人，有一事小儿一直不明白。"

王朝聘道："不妨说来？"

王夫之道："我刚入岳麓书院，吴山长便与我一晤，说父亲大人写给他一信，还感谢您送他龙涎香。"

王朝聘哂之，道："我是写有一信，并一盒黄檀香，托人送达。"

啊？难道是吴道行山长弄错了？王夫之摇头，那香味，绝对不是黄檀香啊！父亲说的"托人送达"，托的什么人？那神秘的书生和五十两银子又是怎么回事？

"龙涎香恐怕只有桂王府才有吧？布衣之家焉有如此名贵物什？哼。你把黄檀香说成龙涎香，真是差之毫厘，失之千里矣。"王朝聘以为是王夫之听错了，并未深究。他将剑还给王夫之，略停一下，话锋一转，道："你结婚已近一年，是时候为王家添些家丁了。"

王夫之"嗯"了一声，点了点头，正要退出。王朝聘忽然叫住："等一下。"王夫之一惊，返回道："父亲大人，您还有事吗？"

"对了，行社之事我有耳闻，听说你较为激进。"王朝聘沉吟一会儿，盯着王夫之，忽然转个话题，道："为何不说说你与吴山长、高大人高谈阔论之事？"

"哦。小儿有幸聆听二位大人高见。"王夫之嘴上这么说，心想，怪不得今天没有受到重罚，看来，必定是吴山长给父亲大人写了信。"吴山长和高大人均对父亲大人敬重有加。"

"哈哈哈！吴山长写了信函来，高大人来衡州公差，也特地与老朽相会。两位大人对你关爱有加，谬赞多多，你竟一字不吐。"王朝聘忽然大笑起来，道："好，唯有沉得住气，方能成大事。"

王夫之很开心，在他的记忆中，父亲大人从来没有这样爽朗地大笑过。王夫之道："小儿不是刻意收敛，实乃拜'武夷先生'大名之赐，小儿才与两位大人有些交流，并无值得炫耀之处。"

"放肆！竟敢拿老朽打趣！"王朝聘嘴里斥之，脸上却仍然浮着笑意。"快去吧。休要得意忘形，凉薄了媳妇。"

二

说来真是有些凉薄，结婚快一年了，王夫之和陶令微聚少离多，他大部分时间在外面读书，陶令微则在家中照顾父母，洗衣做饭，任劳任怨，从没有说一个不字。王夫之对她冷也罢暖也罢，都不会影响她对丈夫和家庭的忠诚与付出。

年关将近，陶令微和婆婆谭孺人更加忙碌了。湿冷至极的冬夜，王夫之的心是热的。听说王夫之回来，大叔、二叔都来问候，一起吃顿饭。他们说起衡州发生的一些事情，比如，衡州知府换了人，小叔在知府重新谋了一个小差，画家郭其保那幅《万物贞生》图被新来的知府大人看中，高价购去……王夫之知晓一些，更多的是不知晓，因而听得津津有味。大家对姜思琴和姜善棋甚是惦念，但一直没有她俩的消息。王夫之打算过一段时间去耒阳，看看姜晓书和姜若画，看能不能从她们那打探一点消息。当大叔问及王夫之在岳麓书院遇到什么有趣的人物时，王夫之脱口便说："有趣的人物多了。"他重点讲了刘杜三和曹伯实，一个是攸县人，一个是耒阳人。谭孺人听到刘杜三的名字，连忙过来说，她听堂妹说过，姜秀才的姐姐嫁去了攸县。王朝聘也说，他认识刘杜三的父亲，也是一个读书人。"我们两家算是远亲，但平时少有交集。"王夫之便说他们三人约定到耒阳聚聚。

两个叔叔吃完饭，聊了一会儿就离开了。王夫之意犹未尽，继续与父亲兄弟们谈天说地。陶令微和谭孺人洗完锅碗，整理完毕后，便去灶

196

房安静地为男人们烧烧茶水，做点夜宵之类。陶令微不断进出，端茶倒水，沉默寡言，她甚至也不去看男人们一眼，仿佛是个隐形人，只把茶水或糕点放到每个男人面前。

当天，王夫之与家人聊到很晚，直到子夜时分才回到卧房。此时，陶令微已在被子里坐了好一会儿，被筒暖得热乎乎的。见丈夫进门，陶令微赶忙起身，打来热水，帮丈夫脱去靴子，给他洗脚。洗完脚，王夫之脱了外衣，上了床。陶令微则恭顺地出门把洗脚水倒掉。

昏黄的灯光里，看着陶令微孤怜的背影，王夫之突然有些难受。待她进了门，王夫之道："外面冷，快些上床来吧。"

陶令微"哦"了一声，上了床，躺下之后，小声问："公公大人没有为难你吧？"

都说久别胜新婚。可陶令微的一句话，让王夫之又难过起来。这女人跟男人想的就是不一样啊。他设想此时应是："销魂，当此际，香囊暗解，罗带轻分。"而现实令人怅然。王夫之摇摇头，答道："你就少操这些心吧。"

陶令微又"哦"了一声，她听出了丈夫的不耐烦，顿时有些不安起来，她在丈夫面前越是想表现出关心，越是引起反感。她不知道该说什么该做什么，丈夫才会高兴。王夫之在岳麓书院四个来月，她并没有什么特别的思念。若说有，那是因为丈夫不在家，她反而感觉轻松，而轻松却让她有些空虚和无聊。

"那我歇着了。"陶令微竟熄了灯，安静睡去。她习惯了"守活寡"式的生活，从来不会主动要求什么。她严格遵循着三从四德，觉得这才是她的本分。

黑暗里，王夫之分明能够感觉到陶令微的体温，却并没有欲望要去做点什么。"伤高怀远几时穷？无物似情浓。"自己为什么对陶令微如此，或者反过来说，陶令微为什么对自己如此？王夫之感觉有些不对，却又说不出错在何处。"窈窕淑女，寤寐求之。求之不得，寤寐思服。"王夫之默诵着，忽然笑了："看来，王某向往此类求而不得的爱情矣。"

新春佳节到了，衡州城里千家万户都弄上了橙黄的桃符和大红的对联，其中不少对联是王家三兄弟所写，内容大多是"太平真富贵 春色大文章""梅花开五福 竹叶报三多""富贵三春景 平安两字金"之类，市民们喜欢这样直白的语言，讨个红彩，图个吉利。

王夫之自己家的对联年年都是父亲大人亲自撰写，每每与众不同。今年尤其如此。左联是："苍松秀色琴瑟调和正"，右联是："丹桂清香麒麟化育多"，横批是："家国祥和"。王夫之看了，果然有些不俗。

总之，王衙坪处处洋溢着节日气氛，爆竹声此起彼伏，酒香肉香飘满了大街小巷。新年，这是对未来的召唤。和城里任何人一样，王夫之和家人沉浸在团圆的喜悦当中。

大年三十，跟往年一样，王家人一大家子要聚在一起吃年夜饭，叔伯兄弟都到了，子侄也来了。女人们在一起劳作，挑水的挑水，淘米的淘米，打年糕的打年糕，生火的生火，切菜的切菜，剁肉的剁肉，掌勺的掌勺，每当这样的时候，各人做着分内之事，一切有条不紊。王夫之内心升起一份身为王家人的自豪。

黄昏时刻，王夫之从书房走出，正要活动一下筋骨，突然来了一男一女两位客人。男的挑着两个猪头，女的挑着两只羊腿，都熏烤得黄油油的，一看就知道费了不少心思。二人见到王夫之，放下担子，倒头便拜。王夫之吓了一跳，立即扶起这对客人，定睛一看，失声叫道："啊，是你？张纯熙！"

张纯熙嘿嘿一笑，用手擦去额头的汗，指着身边的女子，道："我家媳妇，不是大家闺秀，而是一名村姑，有劲得很！"

"夫之先生，本村姑姓胡，没读过书，也没取个名，大家都叫我三妹。"那女子倒也大方，爽朗道："若不是夫之先生冒死相救，我也不会成了他的媳妇。"

王夫之先是一怔，随即哈哈大笑，本想打趣道"你应该感谢你丈夫科考不中，否则，他娶的就不是你喽"。但王夫之觉得这样说有些刻薄，便打住了，只是请二人进屋歇歇。

张纯熙道："进到王衙坪，见到夫之先生，我就心安了。这点心意，请先生务必收下。"

"都过去的事了，何必客气！"王夫之心中升起一股疑团：张纯熙住在衡山，从衡山赶到衡州，坐马车或坐船也得小半天。况且张家在衡山山脚下，据说穷得叮当响，这上好的猪头和羊腿，岂是他们所有的？即便有，过年了，也要自己好好享用啊。于是摇摇手，道："心意领了，心意领了。但带来之物，万万不能收。"

张纯熙忽地沉下脸来，道："夫之先生莫不是看不起乡下人吧？"

"误会了，误会了。"王夫之急了，连连摆手。"我明白……"

胡三妹也有点生气，说出的话更刺耳："夫之先生觉得咱家穷，不配有这些东西吧？"

"哪里，哪里？"王夫之满脸通红，好像自己真伤到对方的心了，连忙软下来，道："话已说到这个份上，好，好，我收下，我收下。"

"这还差不多。"张纯熙转而笑了，抱拳道："那不打扰了，我们也得赶紧回去。"

"这么晚了，你们还要回衡山吗？"王夫之有些着急起来。

"先生放心，我有亲戚在衡州城里。"张纯熙一边走，一边回头，大声说道，"新年吉祥！"

王夫之还有些发愣。王介之从后面出来，道："救人一命，胜造七级浮屠。没想到，这衡山学子还如此感恩。他没有婚娶当地大户人家的千金，娶了这个乡下村姑，可谓半斤八两，有福气啊！"言毕，命人将猪头、羊腿搬进家中。

"善有善报矣。"王夫之嘀咕一句，不知道是说张纯熙，还是说自己。

三

元宵节之前的一天，王夫之与刘杜三相约，去了一趟耒阳，找到姜晓书和姜若画的客栈。曹伯实已经在那里恭候了。

"画妹快快放挂鞭炮。夫之哥来了，杜三哥也来了。"姜晓书对姜若画大声喊道。

曹伯实早已过去帮忙。"我来放。你站远一点。"他朝姜晓书笑笑，又对姜若画说道。

放完鞭炮，曹伯实对姜氏姐妹道："夫之和杜三是我的同窗，来耒阳，应该先去我家坐坐，吃顿饭，可他俩念兹在兹的是客栈，完全不顾同窗情谊。"说得大家都笑了起来。

"伯实兄，我的表妹在此，今后你要来多走走，多关照。"王夫之笑道："生意也好，生活也罢，全拜托你了。"

刘杜三则打趣道："夫之，恐怕人家求之不得也。"

"确实。要是我常来，人家未必欢迎。"曹伯实说完，看了姜氏姐妹一眼，问道："晓书、若画，你们说是吧？"

"哪有什么不欢迎？"姜晓书嗔道："曹先生既是夫之哥、杜三哥的同窗好友，也就是我们的哥哥嘛。"

姜若画连忙点头："姐姐说的是。"

当然，王夫之和刘杜三最关心的还是姜思琴和姜善棋的下落。

姜晓书道："我知晓哥哥和你们家人都很关心两个姐姐，我们也想知道她俩的下落，可是，我们确实不知晓。"

"这么长时间,难道你们一直没有见过面？"王夫之有些不信,道："两个姐姐一直没有回过耒阳？你们也一直没有去衡州城找过？"

姜若画道："我们去衡州城找过。可是……"姜若画欲言又止。

刘杜三连忙问道："可是什么？难道有什么事情，连我们也不让知晓吗？"

这时，姜晓书叹了一口气，道："哥哥放心，两位姐姐过得不错。"说到这里，她特地停了一下，道："她们也知道大家关心，但身不由己。也许过些日子，就能见到她们。"

"夫之兄，杜三兄"，曹伯实道："既然人家有难处，终归是有理由的，我们不必强人所难。走，到我家喝酒去吧！"

"曹先生，你这是什么话？"姜晓书娇声制止，道："两位哥哥专程来看我们，饭不吃，酒不喝，就去你家？"

姜若画也道："如此，可就欺负人矣。"

大家顿时笑了起来。王夫之道："好，我们在客栈喝酒。"

"那好。晚上去我家吃住。"曹伯实道，又回头对姜氏姐妹说："这个你俩不再争了吧？"

刘杜三笑道："好！我做主：晚上去伯实兄家，不醉不休……"

过了元宵节，新的一年才算真正开始。

从岳麓书院回来，父亲大人并没有严厉斥责他，反而给了一些肯定，王夫之的心情不错。他把从耒阳见到姜氏姐妹的情况跟家人说了，王家人一听，姜思琴和姜善棋不仅活着，而且过得不错，就放下心来。

这天上午，王夫之一行走在石鼓书院的石板路上。郭衮冕、文之勇从讲学堂出来，看见王夫之，立即凑上去道："长沙之行收获若何？"

王夫之答道："所谓收获，源自一个人对一件事情或一个行动的看法而已。这是一个变化的过程。也许现在看来无收获，但将来未必如此。相反，现在看来收获多多，将来也未必如此。"

"说话如此绕口？难道这就是游学的收获？"文之勇一脸困惑。

"夫之兄，你去岳麓书院游学，一不通知我辈，二回来后，也不跟我辈说说，像话吗？"郭衮冕说完，看了王夫之一眼，又道："听说夫之兄很受吴山长器重，还宰鼠验牙，可有此事？"

"岳麓书院值得一去。唯有亲历，方知得失。"王夫之笑道："至于宰鼠，确有其事，虽是较劲，实为求真。做学问者，欲穷天下之理，若无较劲、求真之心，仅凭道听途说，何以辨真伪，得真知？"

"鼓掌！"背后忽地传出一声喊叫。王夫之抬头，见李国相和包世美走了过来。李国相道："士别三日，当刮目相看。夫之老弟去岳麓书院何止三日？所发言论，境界果然不同矣。"

"包某最近正向夫之兄学习，验证一事。"包世美抱拳道。

王夫之"哦"了一声，道："说来听听？"

"上次你提及《诗经》中之'蘋藻'不能食。"包世美道："可三国陆玑撰有一书，名《毛诗草木鸟兽虫鱼疏》，专释《诗经》之草木鸟兽虫鱼。陆大人认定'蘋藻'乃草类，蒸炒皆可食也。"

"此书郭某读过。"郭衮冕插话道："然后呢？"

"包某亦读过，信之久矣。"包世美道："可夫之兄不信，说亲尝过，不能食。上回包某亦亲尝此草，才知它又粗又臭，根本不能食矣。"

王夫之听了哈哈大笑，道："如此信矣？"

文之勇佩服道："夫之兄治学，每有创新。"

"不是创新，是质疑。有了质疑之心，设法验之，必有新见。"王夫之道完，又以"蜉蝣朝生暮死"为例说事。大家认为蜉蝣此类小虫早上生，晚上死。众口相传，未有人疑。"王某以为不可信。何也？蜉蝣如此微小，无法饲养，谁观察其生死，所谓'早上生、晚上死'之说实乃无从证实，如此，焉能让人信之？"

"夫之老弟所言极是。"李国相感叹道："我辈每每盲从，以'背诵''牢记'为要务，却无'发现'之冲力，如此，即便满腹经纶，亦是无用之学矣。"

王夫之点点头，道："治学者，应尽废古今虚渺之说而返之实。否则，即如国相兄所言，即便满腹经纶，亦是无用之学……"

"啊，好消息，好消息！"突然，管时求从学堂里冲出来，挥舞着手，边跑边叫："诸位听说了没有？各路乱民已被平定，李自成率小股农民军躲进了深山。"

"管兄大惊小怪干吗？"郭衮冕嗔道："天下之乱，非一朝一夕之功也。吾等书生，擅于思，疏于动，有如蚁。然江山社稷沉沉如久病之树，以蚁之力，何以撼之？"

"此言差矣。"管时求眼一瞪，嚷道："堂堂衡州七尺男儿，岂能自甘蚁民？国家有难，一有号令，当抛头洒血，在所不辞也！"

"啊，你们待在这里干吗？"正在这时，邹统鲁和夏汝弼跑了过来，冲王夫之等人挥挥手，道："快快去石鼓书院大堂吧。再晚些，恐无位置了。"

王夫之惊道："何等人物讲学，惹得大伙趋之若鹜？"

"怎么，你不知晓？"李国相和文之勇异口同声道："今日书院讲学者乃是湖广提督学政高世泰高大人。"

"高大人非常人也。"郭衮冕赞道："名门之后，参加科考，高中传胪，仅次于状元、榜眼和探花，列第二甲第一名！"

"人中龙凤，莫过如此矣。"包世美也道："此等良机，我辈快快去也。"

"你给我占几个位置，我马上就来！"王夫之一听高世泰来讲学，大叫了一声，转身往家跑去。他要告诉父亲大人和两个兄长，希望他们一同前往听课。不料，刚到家门口，听到门里传来一阵爽朗的笑声。王夫之推门进去，抬头一看，顿时愣了。

高世泰笑道："说曹操，曹操就到。"

"啊，高大人？"王夫之惊叫道，赶紧上前施礼。"衡州诸子听说大人来了，纷纷跑去书院大堂，引颈以待。"

"高大人礼贤下士，特意前来看望老朽。"王朝聘亦笑道："适才正说及你，真是初生牛犊，口无遮拦。"

"子弟若识名节之堤防，诗书之滋味，稼穑之艰难，便足为贤子弟矣。"王夫之道："此乃高大人伯父攀龙大人之名言。若以此为鉴，弟子差之甚远矣。"

高世泰一听高攀龙之名，顿时正色道："伯父大人尝曰：'天下不患无政事，但患无学术。'高某每每以此自勉也。"说毕，起身作揖道："武夷先生，言不尽意。书院大堂有人在等，高某当去矣。"

王朝聘连忙起身道："机会难得。王某同犬子前去聆听。"

高世泰与王朝聘、王夫之等人赶到石鼓书院大堂时，里面早已黑压压的坐满了人。高世泰来到讲台中央，望着众人，清了清嗓子，高声说道："各位贤学！范公有诗曰：'塞下秋来风景异，衡阳雁去无留意。'何也？'四面边声连角起'。眼下民不聊生，冲突不断，危机四伏，大乱即将来临。此等严峻时势，正是书生报效国家之良机。读书者应当明天下之大道，做天下之学问，怀天下之雄心，遂天下之民意。读书求学、传道讲学均要与国事紧密联系，做到厚德载物，经世致用。万不能掉入书袋，做些虚无空洞、玄而又玄的无用之学。"

"居与游无出乎家国天下，故立朝大节，不愧古人，发为文章，亦不事辞藻而品格自高。此语评述的是高攀龙大人。"王朝聘忍不住低声对王夫之道，"然提督学政大人得了其伯父精髓，高攀龙大人泉下有知，当欣慰矣。"

王夫之点头道："高攀龙大人雄文，平易流畅，素雅清遒。印象深者有陈述东林领袖顾宪成之作，文中曰：'先生于世，无所嗜好。食取果腹，衣取蔽体，居取坐卧，不知其他。四壁不垩庭草，不除帷帐，不饰一几一榻，敝砚秃笔，终日俨然冥坐读书，四方酬答而已。忧时如疾痛，好善如饥渴。'素淡几笔，一清廉正直之士跃然而出矣。"

王朝聘闻之甚慰。父子俩抬头望着讲台。这时，一番开场白后，高世泰正式开讲。他引经据典，纵横捭阖，直言不讳，每每以自己的政治理想和人格标准来评议朝政，针砭时弊，臧否人物。他提到伯父高攀龙与顾宪成兄弟创建东林书院的宗旨，即提倡"治国平天下"之"有用之学"，反对王学末流之"空虚玄妙"。他强调"无用便是落空学问"，"立本正要致用"，把"治国平天下"看作格物致知和个人道德修养的必然结果。

"书生报国，应如范公一样，居庙堂之高则忧其民，处江湖之远则忧其君。无论在朝在野，时刻关注国家命运，关心黎民疾苦。面对邪恶不妥协，面对引诱不趋炎。生死事小，气节乃大。"高世泰说到这里，突然讲起高攀龙遭攻讦、排挤和陷害，自尽之时留下的遗言："我虽被罢免官职，但过去曾是朝廷大臣。大臣不可以被侮辱，因为大臣被辱等同于国家受辱。我现在只有恭敬地面北叩首，以效仿屈原的遗愿。皇帝的恩泽未能报答，只愿来世再报。"高世泰讲到此处，喉咙嘶哑，眼睛湿润，闻者无不动容。

休息片刻，高世泰继续开讲。他坦言自己阅读的经典如汗牛充栋，不计其数，但仍感到"书目虽多，心得却少"，后改为一会儿读书、一会儿静坐、一会儿体悟，少猴心，多恒心，日有精进。高世泰认为，不应把入朝为官看作谋取货财之手段，而应把它看作行道济世之凭借，君臣合议，合则悉心事之，不合毅然去之，此乃"易禄而难畜也"。

讲学最后，高世泰结合伯父遗训和自己的体悟，着重谈及"静坐"之功对于书生修身养性之重要。由于有明确的是非曲直和人生追求，将忠良正直引为知己，将奸诈邪恶视为仇人，如此，无论朝野，很难一帆风顺。逆境之中，"静坐"方显神功。

"此言深得吾心。"王朝聘叹道。"所谓韬光养晦，所谓养精蓄锐，若无静坐之功，何以有成？"

"小儿记住了。"王夫之道："且听听高大人如何达成'静坐'之功罢。"

"欲达'静坐'之功，以'平常'为根，以'清静'为本，'平常'即平顺自然，清静之中不容一物，谓之'平常'，静中妄念即净，昏气自清，只体认本性、原来本色，还他湛然而已。若湛然动去，静时与动时一色，动时与静时一色，一色者，'平常'是也。故曰无动无静，学者不过借静坐中认此无动无静之体云尔。"说到这里，高世泰又不动声色地把理学之"主一"观引入其间，强调"静坐"的主旨在于"收敛身心，以主于一，一即平常之体也，主则有意存焉，如意非着意，盖心中无事之谓一，着意则非一也……"

王夫之听后颇为震惊。上回经吴道行山长引荐，王夫之在岳麓书院与高世泰私聚，高世泰讲得较少，更多的是自己在高谈阔论，以至于浅薄地认为，所谓大师大儒也不过如此。本次听讲，王夫之感觉如饮琼浆，十分畅快。他突然觉得自己距离历史那么近，仿佛就站到了高攀龙大人的身边。

高世泰此番讲学，颇受衡州学子追捧。在王朝聘等人挽留下，他在衡州多停留一日。

翌日上午，平易近人的高世泰与衡州学子坐而论道，佛道儒释，无不涉及。

"人生不向道理上去，总是虚生；道理不向身心上去，总是虚语。"高世泰见众人认真倾听，遂笑道："此非高某之语，乃伯父之言，高某谨记之，时时体味，感悟良多矣。"说到这里，高世泰忽然想起吴道行讲起在尊经阁讲过的诗课，觉有意味，遂问："各位贤学对儒家经典如数家珍，对诗词歌赋定有新见。今天亦来聊聊《诗经》若何？"

"正欲请教高大人。"王夫之率先开口，道：《诗经·郑风·有女同车》篇中有'有女同车，颜如舜华'一句，请问何为'舜华'？"

高世泰一愣，随即对衡州学子一挥手，道："好！何为'舜华'。谁来说说？"

夏汝弼起身道："'舜华'乃木槿，此《毛传》有载。木槿者，乃一庭院灌木花种之谓也。"

李国相道："'舜'在楚地谓之'蕣'，在秦地谓之'蕧'。许慎《说文解字》如是说。"

管时求引用孔颖达《毛诗正义》，认定"舜"乃木之名称，"此女之美，其颜如舜木之华也"，说此女美如舜木，比喻罢了。

高世泰饶有兴趣地听完，扭头转向王夫之："你的高见？"

王夫之站起来，首先明确表示不同意《毛传》《毛诗正义》等说，认为"舜"是花草类而非木类，觉许慎之考较为可靠，但不全面，原因是，许慎把"舜"在楚秦两地笼统称之为"蕣"和"蕧"。王夫之经过大量考据，区分了"蕣"和"蕧"："蕣花本白，间有赤者则为蕧"。"蕣"乃一白色花朵，有些品种白中杂红，两色相融，相得益彰。

接着，王夫之就诗作了细致分析，云："以比美女之颜，所谓施朱太赤，施粉太白，在红白之间也。"古之形容人美，有"增之一分则太长，减之一分则太短；着粉则太白，施朱则太赤"之说。"颜如舜华"，正是此花杂色相融无违和，故此形容妥帖、恰当。即此女容颜亦是施朱太赤，施粉太白，若"舜华"之美，恰到好处。

王夫之最后总结道："以花喻女之容颜很常见，然以花色之红白相间喻女之容颜美到好处，乃奇妙之极也。以上浅见，请高大人赐教。"

"如此释义，实乃夫之首创。虽发前人之未发，却自有一番道理。"高世泰由此叹道："一花一草，皆微言大义。一字一义，力求新见。学问重广贵精，有广不精，谓之杂；有精无广，难有博。治学如品茗，味无味，其韵无穷矣……"

在王朝聘力邀下，那天午餐高世泰推掉官府安排，在王夫之家就餐。席间，高世泰与王朝聘父子又边吃边谈，十分快意。交流中，不知怎的，就论及顾炎武"法行则人从法，法败则法从人"与黄宗羲"有治法而后有治人"之说，高世泰问王家父子之看法。

王夫之停箸，慨然道："得百治人不如一治法也"，强调要建立强大国家，须力破"有治人无治法"之旧窠。

"请予详解。"高世泰颇为震惊。

王夫之道："有治人无治法者，非也。治人之有，不敌贿人。治人之不可待，而贿人相寻。三代以下之天下，所以相食而不厌也。民穷而激为盗贼，民困而息肩于夷狄，盗与夷乃安坐而食民，悲夫！故后世之末造，虽得清慎之相，刚正之吏，终不能禁天下之贿也……"

高世泰闻此，觉有见地，立即敬酒一杯，道："夫之所言，令人茅塞顿开。高某钦佩，委实钦佩！"

饭后，王夫之见高世泰兴致未减，遂送上自己一叠诗文，以求赐教。高世泰读罢，又惊且喜，当即挥笔写下："衡州有才，直追屈贾。忠肝义胆，情入诗文。微言大义，境高意阔。假以时日，国之栋梁也。"

能得到高世泰如此高的评价，不说王夫之本人，就是王朝聘也颇感意外。

四

高世泰的讲学，对衡州学子影响巨大，对王夫之的激励也十分巨大。打那以后，王夫之和一批志同道合的衡州学子常常聚在一个叫"千山红"的茶楼，饮酒论诗，鞭笞旧学，抨击时弊，指点江山。

这天晚上，几个学子又坐到"千山红"茶楼里。这是衡州江边的一茶楼，很矮，只有两层，外面一半木质，一半土砖。里面装饰得古朴、精致，别有格调。衡州学子喜欢这里的气氛，临江望远，雾霭升腾，每次来，他们选择二楼靠窗的一张方桌，一盏油灯，一盘泡菜，一碟花生，几杯清茶。有时，夏汝弼还带来古琴，时不时弹奏一曲，以助雅兴。这一次也不例外。他们谈着，聊着，弹着，唱着，不知不觉，肩上竟有了沉沉的使命感。

"高大人告诫之言，句句是实。无论朝野，家国同命。"文之勇激动道："自古英雄出少年。读书人应有先知先觉，做感受春江水暖之'野鸭'，不能坐毙于书本。人家复社，这才几年工夫，遂声势浩大，影响日隆。我等不能效仿焉？"

王夫之点头道："文兄所言极是。先前在岳麓书院，我等便结'行社'，效仿复社。虽不尽意，毕竟有此经历。如今，回到衡州，应重振旗鼓，不仅呐喊，还要察调，接民气，壮国运。"

"世道黑暗，我等要敢于发声。这些日子，深感衡州沉闷、压抑。"管时求也大声道："要刮起一股强风，将社会的浊气、戾气、颓气、臭气等一切有害之气统统吹散。"

这时，夏汝弼缓缓弹奏起古琴，以琴发声，同声见知。但见江山隐映，月落弦中，松风飕飕，清风滑指，德合雅颂，境久情深。

"好一曲《秋鸿》。"王夫之叫一声"好"，道："我辈应让天下学子看看，衡州亦是卧虎藏龙之地。"

夏汝弼用力拨了一下琴弦，道："范公在《灵乌赋》中云：'凤岂以讥而不灵，麟岂以伤而不仁？……宁鸣而死，不默而生。'"

"好一个'宁鸣而死，不默而生'！"王夫之击掌附和，接着提议，应成立一个组织，就叫匡社："北有复社。咱们居南，就叫匡社，各位意下如何？"

文之勇思忖道："好是好，会否过于轻狂？"

"匡扶正义，德行天下。此乃我等之志向。"王夫之眼一瞪，急道："如此真诚，岂言轻狂？"

"好。匡扶正义，德行天下。"包世美和唐克峻等人见王夫之急了，遂连连附和道。

"上回在岳麓书院结成行社，也是一夜之间的事情。"邹统鲁笑道："既然各位无异议，当务之急，少说多做，行动起来！"

当晚，衡州学子七嘴八舌，迅速商讨了匡社的章程条例。邹统鲁参照"东林书院会约仪式"和上次岳麓书院行社程式，大致拟定了以下四条：

第一条，匡社作为会讲论坛，属业余自愿性质，参加会讲的通知不一定发给每个成员，但会员一旦接到会讲通知，应积极参加；

第二条，举行会讲时，根据实际需要，由不同学者担任；

第三条，每次会讲推举一人讲《大学》《论语》《中庸》《孟子》中的一段内容，然后，大家各抒己见，发散思维，有问则问，有商量则商量，重在辩论，碰出火花；

第四条，匡社成员需定期走街串户，深入民众，察调民情，呼吁民声……

王夫之看了后，皱着眉头道："为何只列四书？《春秋》理当在列，且应在前。"

"好。加入《春秋》，列在前端。"邹统鲁边记边说。

管时求道："报国，需文经，亦需强身健体，懂得一招半式。"

"习武就免了吧。"夏汝弼道："此等个人爱好，若入条规，有些杂乱。比如夏某会医，夫之兄善剑，其他诸艺，岂不皆入其中？"

王夫之知道管时求枪法了得。他有一支"管家枪"，系祖传，与丈八之矛类似，进攻时招式似直实弯，循着一道弧形攻敌，且战且走，于走动中回头予敌致命一击。王夫之与管时求趣味相投，赞同习文弄武，他剑术精湛，又得峋嵝剑，时常与叔父王廷聘切磋武艺，每有长进。不过，夏汝弼讲得有理，若个人爱好皆列其间，必杂乱不堪。于是道："夏兄所言极是。武艺等暂不列入。各位还有高见乎？"

其他人看了看，觉得差不多了，便道："先这样吧。以后确有需要，再列不迟。"

三天后，匡社宣告成立。

王夫之很兴奋，迅速把第一次讲学的告示贴在衡州郡学的土墙上。当天晚上，王夫之、文之勇、管时求、郭衮冕、夏汝弼、唐克峻、唐克恕、邹统鲁、刘子参等十余匡社成员早早到场，可等了好久却不见有听众，他们好生失望。场面的冷清虽在意料之中，却也没想到如此之惨！

管时求道："今日之社课，是讲还是不讲？"

王夫之十分生气，大声道："当然要讲！不讲便为失信，以后如何继续？"

文之勇赞同："有没有人来，都要讲。至少，我们听！"

正说着，一个洪亮的声音响起来："此为匡社否？"

王夫之抬头一看，原来是李国相。看到他，王夫之开心道："国相兄能来，匡社第一讲便有了收获。"

"你们开讲，不能自娱自乐吧？"李国相道。

王夫之听出了话外之音，忙问："此话怎讲？"

"刚才进门，硬遭一泼妇拦截，说衡州郡学即将拆迁，他日将建一巨型屠宰场，还取了个雅名，曰'得善楼'，此等恶行，真令衡州学子斯文扫地矣。"李国相恨恨道："诸位评评，这是何为？"

王夫之这才明白：有人在捣乱。怪不得当日贴出的告示，人一走，就被撕掉。他本人到衡州郡学来贴告示，也被一中年男子凶斥了一通。起初，王夫之以为是开玩笑的，现在看来，是故意的。

匡社设立后的头一课还未开讲，就遭此难。王夫之等人何以咽得下这口气？正在这时，门外又传来吵闹声。王夫之闻讯而出，但见两位书生与一位中年男子大声争执，差不多要缠打到一起了。

王夫之厉声道："谁在此处撒野？"

两位书生停下，道："我们慕名前来听讲，却被此人生生拦截。"

中年男子见王夫之来了，并不惧怕，道："上午，你来贴告示，我就吼了你，撕了。你们仍旧要来私宅，却是何故？"

"谁说衡州郡学成了私宅？"王夫之异常恼怒。

"夫之先生息怒。"一个女子声音从侧面阴影处飘出，王夫之定睛一看，惊叫道："啊，怎么是你？"

不错，此女子正是衡山学子张纯熙的媳妇，叫什么三妹，对，叫胡三妹。这时，张纯熙也从后面走了出来，他不敢看王夫之，轻声道："是这样，夫之先生。衡州郡学已被朱啸虎朱大人买下，不日将建大型屠宰场。"

"哦，原来你们成了朱家的走卒？"王夫之气得半死，他似乎突然明白了除夕送来的猪头和羊腿都是从哪里来的，顿时感觉胃里一阵阵恶心；也似乎突然猜到了岳麓书院由神秘人送来的五十两白银以及吴道行山长嘴里的"雅贿"龙涎香是谁干的了，他的胸口像是被什么东西狠狠扎了一下。王夫之极力镇定下来，冷冷地问道："告诉我，朱归孺在哪里？"他要当面质问：衡州如此之大，他家"老屠户"为何非得将郡学之地强买下来？尤其可笑者，他要在此处建屠宰场，岂非滑天下之大稽乎？

"夫之先生，你真的不知道吗？"张纯熙忽然抬起头，提高声音道："朱先生武昌乡试高中黄榜后，官运亨通，日前已赴耒阳就任知县矣。"

王夫之顿时愣住了。有钱能使鬼推磨。王夫之终于意识到现实的残酷。他觉得生活给他开的玩笑够大了，大到他无法承受。想想父亲大人，为谋一官半职，前前后后奔波十年，北上，南下，再北上，再南下，终是一无所获。而朱归孺中了乡试，竟很快谋得了耒阳县令。真是人比人，气死人。早前，王夫之听说朱啸虎钻营了得，也从朱归孺嘴里知道他对衡州郡学的不满，但毕竟现在他的儿子成了"学而优则仕"的榜样，他为何还要挖空心思"羞辱"衡州郡学呢？如果此处变成了屠宰场，不仅匡社无处开讲，重要的是，衡州人，尤其是衡州文化人，将情何以堪？

"纯熙兄，我们互不为难。"王夫之原本没有瞧不起张纯熙夫妇的意思，但获悉这些情况后，他就真的瞧不起他们了。正因为此，他对这对夫妻刻意尊重有加："今晚，给我一个面子：你们高抬贵手，不要阻止别人来听讲。明天一早，我去耒阳找朱知县，行吗？"

"好，好，谢谢夫之先生体谅。"张纯熙恭敬道："夫之先生和朱知县都是我的救命恩人，我听你的吩咐就是。"

匡社开张即遭难。王夫之心里堵得慌，整晚翻来覆去，睡不着。当初，长沙的行社呼啦啦地开张起来，也没如此出师不利啊。他无法将好端端的郡学跟屠宰场联系起来……

翌日一早，王夫之穿戴整齐，心急火燎的，正准备出门。忽见门外有人来报："夫之先生早，知府大人欲见令尊大人，盼禀告武夷先生一声。"

王夫之以为听错了："谁欲见父亲大人？"

"衡州知府罗亦篏罗大人。"来人一字一顿地说，身后是六顶华丽的轿子，一大批人正在外面静静地候着。

王夫之这才相信是真的，却不明白，这知府大人为何要见父亲大人，而且为何要来六顶轿子？王夫之来不及多想，立即进屋禀告："父亲大人，衡州知府大人想见您。"

"不见！"王朝聘一听"衡州知府"四字，他立即想起邓紫鎏的嘴脸，进而想起谭梅儿姜秀才以及他们家的四个姑娘，心里又气又恨。然说完之后又十分吃惊，心想：这些年，除极少学人如高世泰等来访外，老朽鲜与外界沟联，更与官府无任何瓜葛，这位衡州知府，为何指名要见老朽？

"父亲大人为官朋友中有罗姓大人吗？"王夫之提醒道："外面的人都在静静地候着。"王夫之没有说出全名，王朝聘也忽略了"罗姓"大人，以为讲的还是邓紫鎏，遂道："回复他们说，老朽身体欠佳，不去。"

"也罢。"王夫之出门，正要如此回复，不料来人交给王夫之一张便函，道："这是知府大人的便函，如武夷先生看了此字，不愿见之，小的回去复命就是。"

王夫之不知道便函里写的什么，只好如实交给王朝聘。王朝聘颇感意外，遂缓缓展开便函，但见上面写道：

罗某履差衡州一年有余，一直忙于繁冗之事，未能及时拜会武夷先生，见罪了。今得片闲，特遣人来接，勿拒为盼。

大同人：罗亦篏

"啊？居然是他！"王朝聘脸上表情十分复杂，他曾听大弟王廷聘说起衡州知府的变化，也听小弟王家聘提及新知府的一些作为，因为不愿听到"衡州知府"四字，所以没让大弟、小弟说下去。他万没料到，

214

邓紫鎏滚蛋了，来了新的知府，而这个新知府还与自己算是故交。真是想不到，命运如此奇幻。

王朝聘沉吟片刻，对王夫之道："你去门外张罗一下，说老朽换换衣裳就去。"言毕，又加了一句："你若无事，可一并去一趟。"

"小儿也去？"王夫之问道，他本来想说，"我要去耒阳见朱归孺"，但话到嘴里，硬是咽了下去。他知道，父亲一向行事谨慎，让他去，一定不是冲动，而是有别的考虑。

王朝聘穿着一件青灰色长衫，缓缓地走出来。他神情肃穆，朝门前众人扫了一眼，停下，再向前，立即被人引入轿内。

王夫之坐上第二顶轿子，另外四顶空轿子跟随着前面的王家父子，抬轿者一定奇怪：来了六顶轿，空了四顶轿。王夫之不知道要见的知府大人究竟与父亲大人是何关系，他更不明白，父亲大人为何一定要带他去见这个人。记忆中，父亲大人对于官府人员一向敬而远之，从不主动拜见某某大人。也许，这就是读书人的孤冷和清高吧。一方面，自己向往官场，以为到了那里就能学以致用，就能安身立命，就能忠君报国；另一方面，在没有入仕前，又刻意保持着与官场的距离，仿佛只有这样，才能保有读书人应有的体面、骨气和尊严。

五

"一年两度锦城游，前值东风后值秋……今日因君试回首，淡烟乔木隔绵州。"王朝聘坐在大轿中，不由想起唐代诗人罗隐的诗句来，一时感慨万千。当年京城这个让人印象深刻、言行怪异的山西大同人罗亦篦竟然来衡州为官，且主掌知府；大弟、小弟曾提及衡州知府有了新气象或新变化，而这些新气象或新变化的直接推动者竟是罗亦篦，这是王朝聘万万没有想到的。罗亦篪曾向他提醒衡州桂王这个"近水楼台"，他也确实进入了这个"近水楼台"，甚至是以无数人梦寐以求、可望不可及的"国师"之尊贵身份进入桂王府的，然而，他没有把握住这个飞黄腾达的机会，不仅没有因此建立起与桂王府特殊的亲密关系，而且主动疏远翁不群这样对桂王有重大影响的王府大臣，甚至还把自己在桂王府做"国师"的事情当成人生的重大失败，除谭孺人和小弟外，他连大弟、三个儿子等最亲密的人都羞于提及，仿佛这一切都不曾发生过。他不知道该为自己骄傲、庆幸还是该为自己痛心、难过。

"嘿，到了，请停轿！"随着一声大喊，一行人井然有序地进了州府大院。

王朝聘走下大轿，老远就见衡州知府大堂前站立一人，正引首张望。见轿子停下，王朝聘还在犹疑之中，那人立即趋上前来，躬身迎接王朝聘父子，连连道："欢迎，欢迎，武夷先生！"

"罗大人太客气了。"王朝聘没有想到罗亦篪如此礼遇他，道："王某本是一介布衣，山野之人，两耳不闻窗外事。知府大人赴任衡州已有经年，老朽一直不知，更无前来拜会，实乃罪过。"

"哪里，哪里！"罗亦篪连忙摇头，满脸微笑，将王氏父子迎入堂内入座，看茶后，道："武夷先生言重了，当年咱们在京城候官，那段日子刻骨难忘啊！哈哈！"言罢，转头朝向王夫之，道："敢问公子就是夫之先生吧？"

王朝聘连忙介绍："正是小儿夫之。"

"夫之拜见罗大人。"王夫之立即行礼。

"果然一表人才，人如其名，大丈夫也。"罗亦篪笑道："本次遣了六顶敝轿，原是希望你们父子叔侄六人全来，结果，你们廷聘、家聘以及介之、参之均没请来，足见罗某面子不够矣。"

"小弟家聘不是在此谋有小差乎？"王朝聘不由问道。

"是啊，是啊。罗某亦是刚刚听说。"罗亦篪道："人多嘴杂，诸事缠身，罗某有些疏忽。加之家聘为人低调，一直未有找我。"

"小叔为人低调？"王夫之心底有些发笑。直到此时，王夫之才明白来六顶轿子的缘故，心想：你只请了父亲大人，也没有听说邀请了大叔、二叔和两位兄长啊。我还是来凑数的呢。当然，官场上的事情他是难以捉摸透的。

"短短几年，罗大人由山西知县跨省升至湖广知府，焉是步步高升，明明是大步腾升，委实可喜可贺矣。"王朝聘拱手道："王某只是不明白，罗大人不去京城或别的宝地，怎么来了衡州？"

"说来话长。"罗亦篪摆摆手，叹道："罗某在大同谋差两年，转任运城同知，又一年，得太原同知。再一年后，即赴衡州。人在官场，身不由己矣。"停了一下，又道："衡州虽小，因为桂王在，便有小京城之谓也。"罗亦篪言语中难免流露出一丝得意。

"知府大人真是四海为家，处处有家啊！"王朝聘话中含刺，一出口，又有些后悔，各人有各人的活法，何必不合则嘲？想到此，遂赶紧道："不知罗大人百忙中找王某前来有何见教？果乎叙旧焉？"

"武夷先生风骨不改矣。"罗亦篪哈哈一笑，道："鄙人来衡州不久，即想拜会先生，然政务繁冗，杂乱无章，每日忙碌，不舍昼夜，一晃就是一年有余。期间时常听人说起王家诸杰，起初没有太在意。后来才明白，大家说的原来就是武夷先生你们一家。"

"惭愧。王某京城归来，为谋生计，承继祖先传统，设立杏坛，开门纳徒，教授三纲五常、儒学经典，略得薄名，实在不足挂齿矣。"王朝聘喝了一口茶，淡然道。

正在这时，门外有人叫道："知府大人，小人到了。"

王夫之抬头一看，竟是小叔王家聘。王家聘看到王朝聘和王夫之，也顿时愣住了。罗亦篱亲切道："是家聘吧？快进来。"

王家聘紧张落座后，罗亦篱责备道："你乃读书之人，又是武夷先生之胞弟，焉不告知罗某？"

"罗大人日理万机，小的焉敢叨扰？"王家聘一脸兴奋。

"见生了。不该如此。"罗亦篱摆摆手，道："现在做甚？"

"花工。"王家聘道："知府里的花地园圃及四周草地等，皆是小的一人打理。"

"不用再去矣。"罗亦篱听罢，似乎有些难堪，道："明日你去礼房，执掌兴学、旌表、礼仪、祭祀、节庆诸事罢。"

"啊？"王家聘眼睛瞪得老大，怔怔地望着王朝聘，仿佛在说：我没听错吧？

"家聘呆着干吗，还不快谢罗大人！"王朝聘大声道。对于这个小弟，他心里总有一些疙瘩，但对于罗亦篱当着他的面提拔小弟，他既感到意外，也很高兴，毕竟，他与小弟是血脉相连的兄弟啊！

罗亦篱笑道："家聘回去准备准备吧！"

"谢谢，谢谢！谢谢罗大人！"王家聘赶紧起身，连连道谢。"小的就此告辞。"说完，他一步一步退着走出，然后转过身去，一溜烟跑了。

这一幕，王夫之全部看在眼里，真是五味杂陈，他在心底重重地叹了一口气。

一切复归平静。

"前段日子下定决心要找武夷先生一聚，不料京城临时有事，遂匆匆去了一趟，于昨日返回。心想，再也不能等了，遂推开诸事，决意见你。"罗亦篱特地停下，喝了一口茶，又道："当年在京城茶馆，鄙人确实说了一些怪话，发了一些牢骚，后来想想，多有粗鄙，委实不该。不过，心中之话，说也无妨。乱世之中，难有发达。鄙人于今心满意足，守着衡州，别无杂念或非分之想。找你来，一是叙叙旧，二是看看能否效犬马之力？"

"适才小弟已让罗大人操心，王某心存感激。"王朝聘心想，罗大人真会放下身段，说出的话真让人舒服，他抱拳道："至于王某本人，暂无有求之事，他日若有变故，需要罗大人出面，一定前来叨扰。"

罗亦篪笑了笑，又转向王夫之，问："夫之先生呢？听说你学问了得，好好科考，必中黄榜！"

王夫之正欲报告匡社开张受阻以及衡州郡学旧地被卖之事，但想到初次见面，就提要求，似乎不妥。加之父亲大人在场，他得谨口慎言，不能冲动。何况此人究竟是何来历，他并不清楚。看父亲大人似与他刻意保持一定距离，想来是有缘由的。于是从容道："谢谢罗大人，日后若需麻烦，再来报告。"

罗亦篪点点头，突然，他对王朝聘道："武夷先生，鄙人欲单独与你聊聊，可否？"

王朝聘有些吃惊，但还是点点头，道："倒也无妨。"并示意王夫之先出去。

大约一盏茶的工夫，王朝聘出来了，垂着头，一副心事重重的样子。罗亦篪也走了出来，拍拍他的肩膀，道："武夷先生回去想想，如有机会，鄙人乐意再赴京一趟。"

王朝聘"诺诺"而退。王夫之紧跟其后。出了府堂，二顶轿子恭候门前，王家父子一前一后上了轿。

罗亦篪站在堂前，一再挥手，直到他们的背影消失。

回到家，王朝聘让王夫之跟进书房，关上门。

坐定后，王朝聘迫不及待道："你知道这位罗大人当年在京城说了些、做了些什么吗？"王夫之摇摇头。王朝聘便把罗亦篪当年的事情简单地说给了王夫之，听得王夫之脊背直阵阵发凉，心想：天下还有如此无耻之徒，为了当官，不仅可以舍弃钱财，而且妻女也可献出，这样的人，什么事情干不出来？

王朝聘仿佛看出了王夫之的心思，道："不过，据悉这个罗大人上任后，倒也并不像他所说的那样，无法无天，肆意妄为。相反，他在山西为官，竟有不少功绩和声名。"王朝聘这样说，并非虚言。一年前，当年京城好友章梁为官武昌后，曾给王朝聘来过一函，言及罗亦篪之事，还特地提醒罗亦篪与桂王府关系不浅。因为对罗亦篪没有好感，以为章梁自己为官后，改变了立场，对章梁所言罗亦篪与桂王府的关系根本没有在意，本着"他当他的官，我当我的民"，互不相扰，两不相干。再后来，王朝聘听到罗亦篪的事情越来越多，包括他微服私访把一个卖驴的奸商和一个贪官狠狠整治了一顿。王朝聘还从别的渠道了解到罗亦篪在仕途的反映确还不错，至于他到衡州为官一年有余，倒也从未听说他干了什么扰民之事。

"罗大人与父亲大人密谈了什么？"王夫之忍不住问道。"密谈"二字，从王夫之嘴里说出，感觉如此陌生而怪异。

"正欲问你。"王朝聘道："听说你们成立了匡社？"

王夫之吃了一惊，不敢否认，只好点点头。

"唔，原来如此。"王朝聘沉吟片刻，正色道："罗大人让我转告你，还是把科考正途放在心上，匡社的事最好不要参与，说历史上，朋党结社，没有几个有好下场的。"

"父亲大人听到了什么吗？"王夫之不以为然，道："世道黑暗，民不聊生，官场贪腐成风，有识之士若连哼都不哼，那黑暗的力量岂非更加为所欲为乎？"

"你们还年轻，不用给我讲大道理。"王朝聘道："长沙行社的旷南卿等多个骨干被抓，你知道吗？你们希望步其后尘？"

"匡社刚刚开张，第一次授课即被阻。见到罗大人，小儿本欲提及此事，想想忍了。"王夫之道："小儿委实不明白，长沙行社再怎么样，毕竟运行了好长一段时间。可这匡社才开张，官府就知晓了，却是何故？"

"你没听罗大人说吗？衡州虽小，因为有了桂王，就是一个小京城。"王朝聘冷冷道。"京城的主子最怕的是什么？是百姓造反。自陈胜、吴广怒喊'王侯将相宁有种乎'以来，历代历朝，多少王侯将相最怕百姓造反，一旦风吹草动，揭竿而起，皇权就会摇摇欲坠。放眼当前，李自成、张献忠等农民军仍在四处活动，京城的主子能安稳乎，衡州的桂王能安然乎？"

"小儿明白了。原来罗大人请父亲大人去知府大堂就为此事？"王夫之又气又惊，憋得发慌，心想：这京城的主子、衡州的桂王也太脆弱了吧？你们封得了我们的课，折得断我们的笔，还封得了我们的嘴吗？抓几个行社旷南卿等骨干人员，天下的义士就害怕了不成？

"不是。我正要跟你说说。"王朝聘摇摇头，道："罗大人推荐我去京城国子监谋差。我正在犹豫，没有立即答应，想听听你的想法。"

"此是好事，焉能犹豫？国子监当差，面对的都是国家栋梁，怪不得罗大人推荐父亲大人去。父亲大人一身正气，有此大任，乃大明王朝之福。看来罗大人刚正不阿，举贤不避，令人钦佩矣。"王夫之脱口而出。多年来，王朝聘很少以商量的口吻跟儿子们说话，即算一起喝酒、说笑也是谈论些鸡毛小事。此刻，"想听听你的想法"的却是关涉他京城谋差的大事。王夫之本可以冷静思考，权衡利弊，给父亲大人以适当的建议，不料由于心里有气，话一出口，就走了样。

幸亏王朝聘一直在琢磨当不当去京城，因而对王夫之略带讥讽的话并未放在心上，只是说："据罗大人自己说，他上回去京城，就是专门为此事去的。目前各个环节都沟通好了，只等我点头即可。从这件事情上看，罗大人行事细密，不是鲁莽之徒。"

王夫之想，父亲大人是否去国子监谋差，哪里用得着我的建言？就像他到桂王府一样，几番进出，也不知道干什么，挺神秘的，从不跟人提及。要不是母亲大人嘟哝，王夫之一直都不知道。有一次，小叔说父亲大人给桂王府两个王爷授过课，王夫之根本不信，觉得小叔高看了父亲大人，同时认为小叔想以此抬高自己。这一回，父亲大人问我看法，不过是想找个人说说话罢了。从父亲大人嘴里对罗亦箧态度的变化即能看出他的决定：去京无疑。而一想到罗亦箧对匡社的警告，王夫之本能地就有些不满，他有些讥讽道："好事啊。看来，苍天有眼，父亲大人终于熬出头来，罗大人成了父亲大人的伯乐……"

"啪"的一声，一本书狠狠地砸在王夫之脸上，王朝聘满脸通红，他终于听出了王夫之的话外之音，不禁怒不可遏，吼道："快滚！"

第七章　尚德客栈

一

"十年曾旅寓，应惬宦游心。"王朝聘终究还是赴京，在国子监典簿厅谋了一份小差，好歹圆了入朝的梦。不过，他的心情有点复杂，远非一般人上任的轻松欢愉，而是有一种"我不从官君下第，其间险易两何如"的忐忑、局促乃至惶恐。他一直觉得这份小差是罗亦篪帮助得到的，压根不知道背后有着令人难以启齿的痛苦秘密。

临行前，王朝聘向王廷聘和王家聘两位弟弟道了别。

王廷聘很是淡然，觉得进国子监没什么大惊小怪的，笑道："哥，你在国子监有点大材小用，不过是入朝的起点罢了。"

王朝聘叹道："大弟，这把年岁了，能入朝已不易，焉能在乎起点与终点？"

王家聘则点头道："对，对。能入朝，不管大小，都是京官。此乃意义之所在。"自从前次罗亦篪一句话，让他从衡州一名花工杂役变成了礼房一名执掌兴学、旌表、礼仪、祭祀、节庆诸事之人，他充分感受到权力的神奇。同时，他对王朝聘多了一份感激，对王夫之也多了一份关心。

王朝聘问道："在礼房轻松一些吧？"

"更忙碌。"王家聘从实道:"但受人尊敬,俸禄也高了许多。"

"那就好。罗大人那里,尽量少去麻烦人家。"王朝聘道。"我走后,三个侄子,你应多留个心眼儿。"

"这个自然。罗大人比他的前任邓紫銎口碑好许多。小弟不会借你的名头找他麻烦,罗大人也有自己的原则,否则搞不长久。"王家聘说到这里,表态道:"大哥,你就放心去吧。至于家里,无须挂牵,二哥和小弟都在。有事没事,隔三岔五会来看看。"

最后,王朝聘特地叮嘱王介之和王参之,一定要严加督促并管束小弟王夫之,大家一起,好好准备秋闱科考。同时,他又把王夫之叫到身边,既苦口婆心又义正词严,还把提前写好的纸条郑重其事地交给他,严肃道:"多读书,少议事,疏匡社,不察调。"

要不要去和罗亦篪告别?对于这个问题,王朝聘犹豫了一下,最终决定前往衡州知府堂。如果罗亦篪不在,就留个字条。然而,当他走到知府堂石狮前时,突然,王朝聘看到一个老者从里面出来,背影很像翁不群,王朝聘吃惊不小,正欲上去唱个"喏",老者似乎也看到了他,却无停留之意,急急地上了马车,匆匆离去。

明明是桂王府的幕僚长翁不群翁大人,他不仅在自己进入桂王府为两个小王爷授课给予过帮助,而且在解救姜家四姐妹事情上出力不少,王朝聘对他一直怀有一份感激,希望有机会当面说声"谢谢"。今天好不容易碰上了,他为什么对自己视而不见?难道有什么事情无意中得罪了他?

王朝聘满心狐疑,进了知府大堂,见罗亦篪正好在,遂不客套,开口就问:"刚才离开的那位老者挺像桂王府的幕僚爷翁不群大人。"

"啊?桂王府翁大人?他……他在哪儿?"罗亦篪请王朝聘就座,命人上茶,道:"你是说有老者从知府大堂出去?武夷先生没看错吧?"

王朝聘见罗亦篪断然否认，不好再说什么。虽然从罗亦篪慌乱的眼神中捕捉到某些端倪，但人家不愿承认那是翁大人，你能怎样？再问下去，只能自讨没趣。于是，王朝聘自嘲道："嘀嘀，真是老了，眼花了。"

　　"无妨，无妨。"罗亦篪摆摆手，道："何时动身赴京？"

　　"王某来，即为辞行。"王朝聘抱拳道："感谢罗大人荐举。王某此番北上，当全力以赴，为朝廷出力。"停顿一下，又道："唯一放不下的是小儿年轻气盛，血气方刚，如有冒犯，请罗大人好好管教，亦请多多宽宥。"

　　"武夷先生才学、品质、人格均为罗某之楷模，亦正是朝廷征选、擢用之良才。罗某顺势而为，不值一提。若武夷先生在朝廷出人头地，罗某亦是脸上有光啊！"罗亦篪握住王朝聘的手，一脸诚恳道："府上之事，无须烦忧。夫之血气方刚，恃才傲物，也能理解。当年罗某在京，说了多少荒唐言、做了多少荒唐事？哈哈！……"

　　让王夫之奇怪的是，父亲大人北上最初的那些天，衡州匡社的课程竟从未耽搁一场，衡州郡学也无变化。他去张贴课程布告时也未遭人阻挠，听课的人越来越多。他带着匡社成员走门串户进行察调，也很顺利。王夫之很是不解，他原本想着去耒阳找朱归孺说说。可既然匡社无事，又何必去自找没趣？更何况，没有张纯熙夫妇的引路，他也不容易找到朱归孺。而张纯熙夫妇自从那晚见面后，居然再也没有见过。纵使派人去朱家打探，也没有他们半点消息。兴许他们不再在朱家当差，而是回衡山生儿育女去了吧。王夫之这样想着，慢慢地，就松弛下来，他不听大哥二哥的警告和劝说，收心向学，反而以更大的热情投身到匡社中。王介之见状，遂提醒道："此汉季处士召祸之象也，文章道丧，不十年而见矣。"王参之也以父亲大人出门时叮嘱他们要全力准备秋闱为由，批评王夫之"本末倒置矣"。

王夫之不争辩，我行我素。衡州郡学仿佛是一块磁铁，总能给王夫之活力和冲劲，匡社规模和影响逐渐扩大，王夫之的名气也越来越大。在郡学、在酒馆、在街头，甚至在石鼓书院，王夫之和匡社的同仁开展各式各样的讲学和辩论，很多时候，他们的讲演往往变成批判现实、发泄对时局的不满，特别是联想到科考不中，郁闷更甚。匡社成员个个觉得自己才华不凡，都是千里马，世间却少有伯乐，所以，他们怀才不遇，空负时光。说到底，是天下辜负了他们，如此一想，他们就有些偏激，甚至开始煽动、蛊惑和组织民众上街游行，这个苗头一出现，性质就变了。

那是王朝聘离衡一个月后的某个晚上，按顺序，当晚的课程应由王夫之主讲，王夫之早早准备好了。然而，当他兴冲冲地赶到衡州郡学时，但见大门紧闭，空无一人。王夫之大吃一惊：出什么事了？他百思不得其解，正在门前徘徊，希望找一个人问问情况。这时，从侧门走出一个人来，轻轻叫了一声："夫之先生，不好意思，匡社的课停了，以后再也不能上了。"

"纯熙先生，你没回衡山？"王夫之感觉不对劲，道："你重回朱家当差了？衡州郡学真为朱家私有了？"

张纯熙叹了一口气，道："衡州郡学是谁的不重要，重要的是匡社声势太大了。"他停了停，又加了一句："都怪他心软，早封了就不会有今天的麻烦。"

"你在替谁说话？"王夫之冷冷道："你好歹也是个读书人，还有没有半点公正之心？天下太黑，连一个说话的地方都没有，你觉得正常吗？"

"夫之先生，恕我直言。"张纯熙嗫嚅道："以前在下替你说话，现在得替朱老爷说话了。"

"因为吃着人家的饭，喝着人家的汤，就可以昧着良心？"王夫之怒道。

"不是这样，夫之先生。"张纯熙辩解道："读书人谈的是道义，很空；生意人讲的是利益，很实。两者如果没有交集，倒无所谓。关键是，现在很空的道义与很实的利益相冲撞，你说如何是好？"

"这郡学原本就不是赚钱的地方，朱家找错了地方。"王夫之没好气道。

"没有哪个地方标了字：赚钱或不赚钱。"张纯熙忽地不甘示弱起来，道："何况人家已经忍让这么久了，匡社也该整拾整拾了，你们也该做点正事，比方说，秋闱快到了，好好备考吧！"

"休要你来教训我！"王夫之怒吼一声，甩手而去。

王夫之气冲冲地回到家，王介之道："三弟回来得正好。你看谁来了？"

"啊，子参兄？稀客啊。"王夫之有些意外。虽然刘子参也是匡社成员，但只是偶尔参加一些活动，大部分讲学他并没有去听。见家里气氛有些异常，王夫之疑惑道："刚来的？"

"文之勇、管时求二人被抓了起来。"刘子参道："你不知道？"

"什么时候的事？"王夫之大吃一惊，"因何治罪？"

"今天下午的事情。两人分别在各自家里被抓的，罪名是妖言祸国，妄议朝纲，结社乱众。"刘子参道："我担心你的安全，特来告知一声。"

送走刘子参后，王介之对王夫之道："小弟，为兄的曾提醒你结社即有'召祸之象'，此应验也。你看要不要去南岳山上避避风头？"

"我犯了何法？'宁鸣而死，不默而生'。我不怕！"王夫之大声道："我哪里都不去，我就等着州府来抓。哼！"

正在此时，门外停了一辆马车。未几，二哥王参之领着一个人走了进来，道："小弟，你看，我给你领来一个客人！"

二

"啊，伯实兄！这么晚了，什么风把你吹来了？"王夫之刚说完，忽又低声道："莫非有了姜家姐妹的好消息？"

"此好消息非彼好消息。"曹伯实笑道："此番受人之托，专程前来拜会夫之兄。"

"受人之托？谁？"王夫之开玩笑，道："莫不是耒阳知县朱归孺朱大人吧？"

"啊？兄弟料事如神。"曹伯实一惊，道："正是朱大人。他说与夫之兄乃生死之交。"

"好，好。王某正要找他！"王夫之说道，心想，这个朱归孺真会唬人，谁跟你是生死之交？你家有钱，又命好罢了。不过，想想当年跳下湘江，合力救人，要说生死之交也未尝不可。

曹伯实的到来，让王夫之的心情好了不少。王介之本欲让王夫之去南岳避避风，或者去耒阳也不错，这样一想，也轻松下来。曹伯实在王氏三兄弟轮番劝酒中，喝了不少酒，当晚就住在了王家。

翌日一早，王夫之迫不及待要赶路，他要去会会朱归孺本人。曹伯实块头大，酒量大，是个实干家，虽然脑袋有点沉，但还是与王夫之一道，驱车前往耒阳。一路上，王夫之问起朱归孺为官情况，曹伯实道，还不错，时间虽不长，但感觉比前几任要好。听说他是衡州朱屠户的公子，家庭殷实，无需贪腐，很有自己的一些想法。

王夫之不以为然，道："贪与不贪，与家庭虽有干系，更多的还是个人的品性与人性。"

两人聊着聊着，几个时辰很快就过去了，马车径直来到耒阳府。

曹伯实走下马车，道："与夫之兄一起，时间都过得快。"

王夫之抬头一看，话里有话道："这个知县府的楼房倒是有些陈旧。只是不知朱大人会不会把耒阳学堂征为知县府？"

曹伯实不明所以，一本正经道："怎么可能？"

王夫之笑笑，也不多说，只往前走。来到大堂，王夫之停下，因为门柱两边贴有一副对联，颇有一些意味。左联是："来耒阳作一行吏，春温秋肃"；右联是："若午夜收半文钱，天诛地灭"。

"应该加上横批。"王夫之看一眼，道："说到做到。"

"这对联不错吧？是朱大人自拟的。"曹伯实道："半是警醒，半是自励。若能'说到做到'，善莫大焉。"

"哎呀，夫之先生到了，欢迎欢迎啊！"朱归孺一阵风似的从堂内快步出来，他抓住王夫之的身子，左看右看，仿佛两人真是生死之交、多年不见似的，弄得王夫之挺尴尬的。朱归孺特地对曹伯实道："还是伯实兄有面子，一请即来。朱某曾多次亲临王府，均未得见。"

既是生死之交，为何王夫之避而不见？不过，曹伯实根本没这样想，他完全被朱归孺的热情迷惑了。王夫之倒是冷静，暗讽道："看来，朱知县的日子过得不错，'此中有真意，欲辨已忘言'。"

"愚兄知足常乐。所谓'莫笑农家腊酒浑，丰年留客足鸡豚'，当吃当喝，一刻不误。"朱归孺答道。言毕，他不管王夫之想什么，拉着他先去喝酒。

曹伯实跟在后头，头重脚轻："昨晚喝高了，现在尚未酒醒。"他欲回家休息一会儿，但朱归孺不同意："正是午膳时间，夫之兄来了，一醉方休可也。"

看来酒家早有准备。见朱归孺来，立即迎接，直接带入包房，坐下，倒酒。朱归孺举杯道："民以食为天。喝！"

王夫之虽然惦记着文之勇和管时求被抓的事儿，但既然人家请自己来，自己本来想的也是要请他出面，现在人家没事一样，自己也就必须忍住，他要看看朱归孺葫芦里究竟卖的是什么药？就这样，你一杯，我一杯，喝得痛快淋漓。不一会儿，曹伯实喝趴下了。朱归孺叫人将他抬走后，关上门，这才慢慢看着王夫之，道："别后未见，多有惦念。夫之先生过得还好吧？"

"王某本来过得还算实在，"王夫之快人快语，道："不过，自从朱大人'关照'了，日子就不好过了。"

"噢？说来听听。"朱归孺并无恼意，装作不懂的样子。

"请问，岳麓书院送与吴道行山长的龙涎香，是朱大人'关照'的吧？"

"龙涎香？"朱归孺一惊，摇摇头，坚定道："朱某行事，一是一，二是二。此事与朱某无干，不敢邀此功矣。"

王夫之冷"哼"一声，心想，你还装糊涂，不承认，难道还真是桂王府人所为？王夫之觉得有些好笑，略一停顿，又道："那么请问，岳麓书院派人送五十两白银，朱大人该不会否认吧？"

"是又怎样？"朱归孺振振有词，道："当时先生为买岣嵝剑，已欠钱。读书人又好面子，如果没有在下的安排，先生还能在岳麓山下支撑那么长时间吗？"

这一回，朱归孺倒是大大方方地承认了。不过，他说的也是实话啊。王夫之不语，脸上有些难堪，口气仍然很硬："你派人跟踪？"

"有必要吗？作为朋友，对你的行踪很关心，有错吗？"朱归孺从容道："先生想过没有？如果不在长沙待那么久，你又怎么会成为行社成员，怎么认识旷南卿等人？如果不认识他们，你们又怎会想到要在衡州成立匡社，并且把动静搞得那么大？"

"这就是你们朱家仇恨衡州郡学之理由？"王夫之气在头上，当然不会冷静想事，他气呼呼说道："这就是你联合州府抓捕文之勇和管时求之理由？"

"先生不要把两者牵到一起。"朱归孺倒是克制，依旧微笑，道："衡州郡学的地盘早在我们赶考前就征用了，家父有自己的想法，但并无恶意，虽为大型屠场，但取名'得善楼'，亦算雅称。作为商家，凡事有预有谋，有何不可？况且郡学旧舍如此破烂，已属危房，如不征用，他日也会倒塌矣。"

王夫之冷着脸、眉一横，道："你倒是会给自己脸上贴金。"

"我说的是实情。"朱归孺道："至于说到文先生、管先生，州府抓捕他俩，名为敲山震虎，实为保护他俩也。"

"真没想到朱大人如此虚伪、善辩。"王夫之火冒三丈，吼道："把抓人的勾当说得如此冠冕堂皇？王某倒想听听，你要敲哪座山，震哪只虎，抓了人反而成了保护人了？"

"先生休要动怒，更休得耻笑。"朱归孺仍然不愠不火，道："实话说，敲的就是你这座山，震的就是匡社这只虎。至于说'保护他俩'也是真的。先生想想，你们提出那些主张，像一个个梦，有多少能实现的？庶民现在一时头脑发热，跟着你们上街瞎闹腾，最终还是啥事都干不成。到头来，桂王府和州知府岂不要找你们算账？文先生、管先生，包括夫之先生你在内，都是站在众人的前头，人家不拿你们是问又会拿谁？到那时，官府想保护你们，恐怕有心无力矣。"

"啊？"王夫之差点喊了出来。这一点，他真是没有想到。他总觉得匡社成员都忧国忧民，谈的都是国家大事，一腔热血，无私无畏。哪里想到还有难以预测的后果？冷静想想，朱归孺说的，不是危言耸听。他没料到朱归孺看问题如此深刻，没有半点以富傲人、以权压人的样子。相反，他始终称王夫之为"先生"，言辞恳切，以理服人。

"夫之先生，你知道我为什么请你来耒阳吗？"

"为了文、管二人，你不请，我也一定会找你来的。"

"先生确是高人，我也不打诳语。"朱归孺点点头，笑道："你心里一定急着想救出二位同仁。"

"同仁受困，岂有不急之理？"王夫之道。

"先生尽可放心。我敢保证，文、管二人，既无皮肉之苦，又无饥饿之虞。"朱归孺道："况且，先生想快也快不了。官府行事有一套法则，急是急不来的。不如稍安勿躁，先在耒阳游玩数日，再作商议？"

"万万不可！万万不可！"王夫之大声叫道，"文、管二人不出来，王某也无心游玩。万请知县大人多多费心、周旋！"

"好，救友心切，我能理解！"朱归孺忽而凑近道："夫之先生果真想救二人否？"

"文、管二人与王某情同手足，救人如救火，还能玩笑否？"王夫之闻此大为不悦，道："只要做得到的，王某绝不推辞。"

"衡州知府罗亦篯罗大人，先生认识吗？"朱归孺道："欲救二位同仁，必得罗大人发话。"

"与罗大人有过一面之缘。"王夫之道："你让王某去找他？"

"既然如此，事情就好办多了。"朱归孺特地停了一下，沉吟道："先生如何去见罗大人？"

"王某径直去州府大堂求情，不行吗？"王夫之道。

"打算带一点见面礼吗？"朱归孺心里发急，心想，这些书呆子真不会办事，半点含蓄都不懂，必须点明才行。

"我带一幅'天下为公'的字帖给他吧。"王夫之一怔，心头也是暗想，人家凭什么帮你？"天下为公"这样的字可不是随便就能送的。"这幅字是我们王家三兄弟共同书写并盖了父亲大人印戳的。"仿佛通过这番强调，人家就会重视似的。

朱归孺笑了，直言道："听闻罗大人对字画并无研究，亦无兴趣。"

"那带什么好呢？"王夫之皱着眉头，道："黎民百姓有的，罗大人必定都有。黎民百姓无的，罗大人也有。"

"倒也未必。"朱归孺提醒道："据传罗大人爱舞棍弄剑什么的，送东西不在贵重，关键是让人家欢喜。"

"嗬，原来这家伙在打峋嵝剑的主意。"王夫之顿时明白了，好像也只有这件东西拿得出手。可是，他实在有些舍不得。从长沙回来后，仅仅练过两回。别人要看一眼，他都舍不得拿出来。

"舍人财物，救人性命。人归其安，物归其所。"朱归孺自饮一杯，喃喃道。

此语似在哪里听过？王夫之一时想不起来。朱归孺似在提醒，如果用这把峋嵝剑救出文、管二人，虽有不甘，倒也值得。于是，王夫之把送峋嵝剑的想法主动提了出来。

果然，朱归孺眼珠发亮，点头道："有了这件宝物，罗大人应能放出文、管二位先生。"

"那我现在就回衡城。"王夫之说罢，就要起身。

朱归孺按下王夫之，倒了一杯，举在额前，道："我说不要操之过急，让文、管二人在里面待几天吧，这样，一则他们二位会好好反思，哪些话轻率、哪些事荒唐，出来后不会再去贸然行事，于他们亦有好处；二则时间长一点，磨一磨，表明先生救人不易。如果明天就出来，即便明晓你送了宝物，他们可能亦不会太珍惜。"

听起来似乎有些道理！王夫之喝下这杯，听从了朱归孺的劝说，在耒阳，他与朱归孺和曹伯实等人痛痛快快地游玩了三天。期间，他还执意去看望了姜晓书、姜若画姐妹，并请朱归孺多多关照。朱归孺满口答应。

王夫之回到衡州后，立即按照朱归孺所言，将心爱之物峋嵝剑献给了罗亦簏，并将该剑的来历大致说了一下。

罗亦簏也不客气，收下后，特意提及武夷先生日前来信谈及此事，希望关照，他当然会给武夷先生面子，接着坦诚道："罗某虽爱剑，但此等宝物，罗某也不敢藏有，他日进京敬献新主吧。"

王夫之没料到父亲大人还操心此事，一定是大哥给他写了信，心中不免有些不舒服。至于罗亦簏所言对峋嵝剑"不敢藏有"，他也相信，并且明白：官场上的赠物，均是送来送去，除极少数外，大多只是权力的宠物或象征。

既得宝剑，罗亦簏倒也爽快，把文、管二人放了，并专门把王夫之与文、管二人请到州府堂上，认认真真地道："各位学子均年轻，科举是正道；匡社之事劳心费神，非正道；鼓动民众上街闹事，更是邪道。经一堑，长一智。回去好好准备秋闱吧。"

文、管二人出来，并没有想象的那般兴奋和快乐，他俩甚至没有问及是如何被释放出来的。王夫之很难过，不是因为献出了峋嵝剑，也不是匡社的冷落，而是一种莫名的情绪，一种沉重的失望，一种看不清的东西包围着他，像雨天里的雾，粘在他的身上，赶都赶不走。

三

朱家府第与前衡州郡学仅一箭之遥。前衡州郡学曾经庭院深深，书声琅琅，隐约可见绿树簇拥着的残破的亭台楼阁，四周儒雅静谧，曾经是衡州学子的向往之所。然而，自朱啸虎征买后，他拆除了部分危房和破败的讲坛，里面堆放着大堆大堆的砖瓦和木料，每天都有不少泥匠、瓦匠、木匠和铁匠等在此做工，灰尘扑面，热闹非凡。

人们很难想象，这个有着雅称"得善楼"的大型屠宰场建成后，每天将宰杀大量牲畜，那恐怖绝望的嘶叫声怎能让人入睡？

不过，朱啸虎不仅习惯于那样的惨叫，而且十分享受屠工们的磨刀、捅喉、鼓气和剥皮等活计。有一件事，可以见出朱啸虎的异常嗜好。据传是桂王府建成后的第二天，时任衡州知府的邓紫銮令朱啸虎进贡了一批鲜肉，桂王带着王子、家眷等享用后，感觉味美极了，从此指定朱啸虎提供猪肉给桂王府。为何朱啸虎提供的猪肉格外味美呢？原来，朱啸虎将精选出来的十头猪，赶至一个大圈，令十名屠工每人赶着一头猪，不断地奔跑，不让它们有片刻停息，直到每头猪累得趴在地上，全身抽搐。此时，屠工们抱住猪头，对准气喘不已的猪喉，一刀捅入，血喷一丈余高。然后开膛破肚，将每头猪脊上的鲜肉细细刮下，旋即送至桂王府。

此事王夫之听大叔作为趣闻讲过，当时父亲大人还骂过难听的话。此事虽未得到朱啸虎本人承认，但应该不是空穴来风。至于朱家与桂王府有无关涉，谁也无法深究。但从朱归孺的仕途来看，两者的牵涉不言自明。

朱家府第十分气派，砖木建筑，白墙灰瓦，三进三层，朱红漆柱，雕梁画栋。大门用花岗石砌成，门前有两尊巨型石狮，张嘴纳财，威风凛凛。门楼上既雕有名人雅士画像，又刻有飞龙走凤图纹，正大门上有一对联，颇有深意。左联是"仰首敬牌神天也和地也和天地都见和"，右联是"大江流日月大亦福小亦福大小均是福"。据传，该对联是朱啸虎花了三十两银子，请衡城一楹联大家撰写，既暗含了朱啸虎、朱归孺二人的名字，又表达了朱家对"人乐、福禄、和贵"的祈盼与追求，朱啸虎很是满意。

自从朱归孺意外中举，朱啸虎替儿子捐官耒阳县令后，朱归孺本人也一改当初在湘江船上见到王夫之时粗俗无能的形象，而是举手投足，自带气场，颇显雄心，大有要在仕途上一显身手之意。特别是结识衡州知府罗亦篦之后，两人气味相投，朱归孺的前程一片光明。

"匡社风波"平息后不到一个月，朱归孺旋即赴衡州府任职。此时离他主政耒阳，不过一年左右的时间。由于朱归孺在处理王夫之和匡社之事时显示出的能力，被罗亦篦奏表朝廷，获衡州同知一职，也就是副知府，他成了罗亦篦的助手。

朱归孺离家更近，离衡州学子亦更近。

然而，王夫之等人并没有前去道贺。因为，他们要去参加秋闱科考，没有时间，也没有心情去道贺。他们乘船北上，满心期待，再次来到武昌，在那里进行了一场毅力与耐力的比拼。

秋闱之后，王夫之尽量不去回想考试细节，也不像头一回赴考那样，天天盼着出榜。他在武昌待了数日，看看名胜古迹，深入街头巷尾，感受一下武昌民众真实的生活，而后和两位兄长一道，坐船返回湖南。在潮湿、阴冷的雨中，他们经过洞庭湖。快接近城陵矶时，突然狂风大作，湖面波涛汹涌，船身不受控制地摇晃旋转，很快停泊了。三兄弟聚在一起，互相携扶，来到岸上。

王参之身体弱，不断发抖。

王夫之看到了岳阳楼，顿时忘了寒冷，大叫一声："看，岳阳楼！我要上去瞧瞧！"喊毕，顾不上等两位兄长，一个人急匆匆爬到木楼上。临江而立，境界果然不同，开朗，宏阔，大气。他看着那副千古对联，忍不住肃穆默念："先天下之忧而忧，后天下之乐而乐。"他曾无数次幻想过登上岳阳楼的场景和心情，如今，竟是这样不期而遇。

下了岳阳楼，王夫之又去寻岳飞庙，不为别的，只为凭吊岳武穆。衡州郡学的老师黄真川曾说过，岳阳楼边上有一处岳飞庙。找了一会儿，王夫之终于找到了。入门，一副对联映入眼帘：

为臣死忠，为子死孝，大丈夫当如此矣；

南人归南，北人归北，小朝廷岂求活耶！

　　这对联正是出自黄真川老师的手笔！黄先生曾经多次给他们讲过这
副对联。如今，眼见为实，王夫之心头一振。湖湘多义士，屈子是头一个，
也是最大的一个。王夫之觉得自己站在了历史巨人的肩膀上，用不了多
久，他将金榜题名，一飞冲天。

　　然而，1639年的冬天，似乎比任何一年都要冷。王夫之再次名落孙
山，二哥王参之也是。王参之原本不愿去参考的，不是他怕考试，而是
觉得像父亲大人一样，在科举之途的某个阶段取得了成功，一生奔波，
到头来觉得受挫太大，所付精力和心血实在不值，但王夫之一再劝他，
说上次已经错过了，那是因为母亲有病，这一回家里平安，是一定要去
参考的。就这样，他去了，也参与了，没考上，亦不难受。难过的倒是
王夫之，他把二哥不中的痛苦也背了起来，仿佛那是他的错。唯一让家
人欣慰的是大哥王介之中了乡试乙科，总算有了一个功名。挚友刘子参
也中了举人，王夫之替友人高兴。衡州其他学子无一上榜。有才又怎样？
没考上就是没考上，怨天尤人都无用。王夫之压抑，苦闷，无助。

　　一天晚上，王夫之实在感到难受，跟家人说去看文之勇，实际上来
到一个叫"无有酒肆"的地方喝闷酒。由于心情欠佳，他也没有看酒肆
里有些什么人，只是低头走到一个靠窗的位置，给店小二说温一壶米酒，
一碟花生米，一碟牛肉干。

　　王夫之自斟自酌，刚刚喝了三杯，背后突然有人道一声："嘿，一
人喝酒，必有忧愁。"

　　王夫之回头一看，天啊，这不是那个老乞丐的孙子吗？他怎么在这
里？王夫之有些紧张，正欲站起来，但对方摆摆手，很镇定、也很坦然

地坐到他的对面，道："夫之先生，勿用这种眼光看人。在下姓樊，名志高。"言毕，樊志高转身冲店小二招招手，吩咐道："给这一桌加一盘辣鸡丁、一盘鸭肝和一碟豆腐干，再拿一套碗筷和酒杯来。"

王夫之有些愕然，自己竟然跟一个乞丐喝酒？更奇怪的是，这个樊志高也真是，居然加了这么多菜，把自己当成朋友或主人似的，一点不见外？只见他拿了酒杯自个儿倒满一杯酒，仰头喝下，道："实不相瞒，夫之先生，正所谓'不打不相识'。自从上回你跟我爷爷论战后，在下就十分敬佩你。"

"樊先生，你的打狗棍呢，改行了？咱们可不是一路人。"王夫之心情本来就不好，看到樊志高这副神态，心情就更糟了。他忽地冷冷提了一句："你这么大摇大摆在街上游晃，不怕撞见朱归孺吗？"

"什么猪归鼠、猪鬼如的，他是人是鬼还是牲畜呀？"樊志高一脸惊异。

"是真不认识还是故作糊涂？"王夫之言毕，心里也犯嘀咕，兴许他真的不认识朱归孺？"当年，朱归孺找你去替考，人家给了你那么多钱，你拿了钱，临考前竟逃了，难道忘了此事？"

"夫之先生真会编故事。在下会是那种不讲诚信的小人乎？"樊志高脸色发红，借着酒劲，道："在下虽然为生活所逼行过乞，但人格不比任何人低下。"

王夫之一怔，心想，从樊志高的话里，揣测他现在应该不行乞了，同时看樊志高说得如此一本正经，便叹了一口气，道："看来，你是真不认识朱归孺。"

"不，在下认识朱归孺。如果夫之先生说的朱归孺朱大人是那个在衡州知府里做官的话。"樊志高忽然笑了，又喝下一杯酒，道："只可惜他不认识在下。"

"樊先生，你和你爷爷现在以何谋生？"

"打从上次你跟我爷爷论战后没多久，他老人家就失踪了。"樊志高盯着王夫之，仿佛他爷爷的失踪完全是王夫之造成似的，看得王夫之怪不舒服的。

"我跟你爷爷并无论战。"王夫之冷冷道，对他嘴里一句一句"论战"颇感郁闷。那样几句斥责、争吵算是"论战"吗？不过，王夫之听说老乞丐失踪，倒是很吃惊的，怪不得后来再也没有见过他。"既已失踪，为何不去找他？"

"在下找遍了全衡州城，都没见着。"樊志高道，"实不相瞒，我一直在四处找他。"他停了一下，又忽然问道："这个'无有'酒店，实际上是'无忧'的意思。夫之先生头一回来？那就多喝几杯，今晚给在下一个面子，由在下请客，好吗？"

"不，不！这个绝对不行！"王夫之一个劲地摆手，道："一介书生，无功受吃，岂有此理！"

"夫之先生见外矣。"樊志高笑道："你看这酒肆，店不大，七八张桌子而已，但有特色，进来舒服。"

王夫之心想，听樊志高说的口气，真是把这个店当成自己的。他这才抬头看清这家酒肆，确实简洁精致，应是由古民居改建而成，外形古朴、秀巧，房屋结构以砖木为主，石砌墙基、木制柱础，利用挑梁减柱，扩大建筑空间，坐北朝南，倚山枕水，店内典雅、富丽，以中轴线对称分列，中为厅堂，挂"无忧是有，无虑是福"条幅，侧设两厢，店外有一个雅秀的院落，一堆翠竹，几株青松，多盆雏菊，一树红枣。门口有只黄灯笼，映着"无有酒肆"匾牌，字迹苍劲有力。

"'无忧是有，无虑是福'，此乃禅境也。"王夫之忽然自嘲道，又问："樊先生经常来这里？"

樊志高不置可否，正要对王夫之说什么，突见一黑衣人急急走到樊志高身边，轻轻耳语几句，樊志高眼睛顿时瞪得老大，立即回头对王夫之道："对不起，夫之先生。在下有点急事，失陪了。"说罢，掉头跟随黑衣人快速离去。

这么晚了，他们能有什么事情？还信誓旦旦要请客呢。王夫之心里发笑，觉得这些人故作神秘匆忙，不过是借口走人罢了。他再去倒酒，才发现，一壶水酒已不知不觉喝光。也罢，该回家睡觉矣。王夫之招呼店小二结账。岂知店小二过来，十分客气道："夫之先生，老板交代了，这一桌是免费的。"

"啊？老板，谁是老板？"王夫之大吃一惊，道。"樊先生是这个店的老板？"

店小二点点头，微微躬身道："欢迎夫之先生再来！"

"不行！多少钱？"王夫之掏出银子，执意道："我不能无功受吃！"

"夫之先生，您不能让小人为难呐。"店小二坚决拒收，道："下回来再说，好吗？"

王夫之见店小二如此诚恳，只好罢了，道一声谢，正往店外走去。还未出门，突然店内传来一阵吵闹声。王夫之回头一看，一个醉汉正与店小二和另外一个伙计在大声嚷嚷："付钱，快付钱。"

"是啊，你吃好了，喝够了，是该付钱了。"店小二扶着那男子，道："可是，你得拿钱出来才是。"

店里的伙计也气道："吃饭付钱，天经地义。快付钱吧！"

王夫之听到这些话，感觉挺刺耳，好像是针对他似的。他走到那个醉汉身边，看他年龄跟自己差不多，穿戴很精致，长相很清秀，心想，这家伙实在喝多了，钱放在什么地方都不知道了，便走到柜台前，对店小二道："多少钱？我付。"

这一回，店小二没有推辞，收了钱。王夫之扶着那男子走出酒肆，男子嘴里还不断地念叨道："付钱，快付钱。"王夫之不予理会，走了一段路后，见男子不念叨了，便问道："先生住哪？"

男子瘫坐在地上，嘴里含糊道："尚、尚待、尚待……"

王夫之一听，听成了"尚德"二字，他好像听郭衮冕提及过这个名字，便道："尚德？你住在尚德客栈？"见男子没有回答，却听见了鼾声，王夫之一看，原来他已经睡着了。没法，王夫之叫了一辆人力车，把该男子送到尚德客栈。

男子到达客栈时，还未醒来。夜已深，四周漆黑一片，客栈门前吊着两盏红红的灯笼。王夫之抬头看见门上贴有一副对联，左联是"落笔感怀心有主"，右联是"踏马报恩情无邪"，横联则是"尚德客栈"四个大字。看来，这店主应该是一个有文化的人。

王夫之正欲敲门，突然里面走出一人，叫道："夫之兄，这是谁，醉成这个样子，竟由你送来？"

"啊？衮冕兄，你怎么会在这里？"王夫之大惊道。他好长时间没见过郭衮冕了，匡社的活动也都见不到他，不知他在忙什么，没想到在这里碰上。

郭衮冕大步走到王夫之身边，身后跟着两位举止端庄、气质不凡的女子。走在前面的女子着黛色裙装，披白色蝉衣，青丝束起，头上倒插蝴蝶钗，颈项长长，露出优雅的线条和清晰可见的锁骨，步态从容柔美；紧跟其后的女子上穿一件淡黄色云烟衫，下着宫缎素绢裙，头发束成野菊髻，蛾眉薄粉，面容姣美，肤如凝脂，双眸似水，带着似有非有的天生忧郁，令人着迷。

郭衮冕指着前面的一位道："认识一下吧，这位是你嫂夫人。"前面那位女子微微一笑，半露一颗洁白的小虎牙，合揖道："夫之先生有礼！小女子姓尚，名美。"尚美又指着旁边的女子道："这位是我的妹妹，德懿。"

德懿立即躬身，道："德懿有幸结识夫之先生。"王夫之见她微笑中脸颊上竟现出两个浅浅的酒窝，怦然心动。

王夫之忽地觉得他在哪里见过这两个女子，他想看清楚她们的脸，可她们偏着头，加之灯光太暗，他无法看清。王夫之不好意思盯着细看，遂回头对郭衮冕道："兄弟好福气。婚娶时亦不送个喜柬来，让我喝杯喜酒？"

"唉，这年月，兵荒马乱，活着就是福气了。"郭衮冕道："我比你还虚长两岁呢，可你早已走在我的前面，做了父亲。我也该结婚了。"

"怪不得好长时间没见你的踪迹，也没有你的消息。"王夫之感叹道："原来躺在这个温柔之乡里，理解，理解。"

"尚德客栈是你们经营的？"王夫之问道。"上回我俩在江边匆匆一晤，听你说过此客栈。"

郭衮冕道："是尚德姐妹经营的。我偶尔过来帮帮忙。"

"哦，那好，这位醉鬼就交给你们了。"王夫之言毕，又补充一句："我不认识他，见他醉得不行，吃酒不付钱，行为有点怪，嘴里念叨着'尚德'，就送过来了。你们先安顿他，费用我付。他醒酒了，自会回家。"说罢，就去掏钱袋。

郭衮冕摆摆手，道："夫之兄回去吧，放心好了。"

王夫之作揖，"嫂夫人呢？"见两个女子均不见了，说了声"代我致谢"，转身离去……

王夫之走后不久，醉酒者忽地翻了个身，将整个身子仰面斜卧在木椅上。尚美想起父亲当年的悲惨遭遇，心有余悸，对这个醉酒者不敢贸然安顿。

王夫之一定想不到，这个尚美不是别人，正是桂王爷从"湘春楼"救出的姜思琴。德懿便是其妹妹姜善棋。

原来，桂王爷把"湘春楼"的老板邓澄忠好好收拾了一番，为其撑腰的叔叔邓紫鎏也被剥去了衡州知府官职。姜氏四姐妹原本要被送回老家，翁不群建议留下老大、老二，以客栈为名，收集谍情、舆情、民情，内务总管王阁昆则认为，两位姑娘不能用真名，也不能对外言说，包括家人和亲友。桂王爷觉得不错，遂对姜思琴、姜善棋分别赐名尚美和德懿，并将客栈命名为"尚德客栈"。翁不群亲自题写此匾。

姜氏四姐妹被准允回老家数日，重新接掌并翻修父亲当年的客栈。四姐妹合力将惨死的父母二人葬在一起，修了坟堆，围了坟栏，竖了坟碑，并在一旁栽了两株松柏，然后老大、老二回衡城，老三、老四在末阳，各自回归自己的生活。这一切，郭衮冕毫不知情。

当晚王夫之带着醉酒者来，姜思琴和姜善棋本不想见，但郭衮冕十分执拗，"武夷先生乃恩师，我跟夫之亲如兄弟，我们结婚后，他曾多次要求到我家喝酒，你以种种理由搪塞。现在人家到了门前，再不相见，说不过去矣。"姜思琴怕事情弄僵，便答应与妹妹一同见王夫之，不过，两姐妹非常紧张，生怕被认出来。幸亏是晚上，光线太暗，加之王夫之喝了不少酒，也没多想，算是涉险过关……

"此人若不安顿好，让我如何面对夫之？"郭衮冕满脸通红，十分生气。"况且，此人醉态如此，忍心将其掷之于街？"

"别急，再想想办法。"姜思琴正欲解释什么，却见妹妹姜善棋用力使眼色。原来，醉酒者胸前系着一个奇特的配件：嵌宝石花形金饰件。姜思琴一见这个饰件，身子猛地一抖，赶紧凑近细看了一眼，满眼疑惑地望着姜善棋。

"怎么啦？"郭衮冕见姜思琴表情古怪，问道。

"先别问。快快扶到房间去。"姜思琴匆匆答道，躬下身子，拿出香绢，当着郭衮冕的面，小心翼翼地将醉酒者嘴边的秽物揩去。

姜善棋急忙上楼，把客栈最好的房间打开，然后跑向火房，准备一大碗姜丝葱花汤。

四

王夫之疲惫不堪地回到家中，他原以为家人都睡了，然而，当他轻轻打开门，却见屋子里赫然坐着王介之。王夫之有些吃惊，道："大哥还没入睡？"

王介之半是责备、半是担心道："小弟，你看看，已是子时，你尚一身酒气。"

王夫之惭愧道："对不起，大哥，晚上喝了酒。"

"真去看文之勇了？"王介之严肃道。

王夫之怔怔地望着大哥，不知如何回答。只听王介之轻叹一声，道："小弟，为兄的知道你心烦，胸闷，可是，犯得着吗？不就是科考再次失败吗？除了科考，人生还有多少考试矣。"王夫之从未见大哥以这种庄严方式跟他交谈，刹那间，他觉得大哥其实就是另一个父亲大人。

"小弟，为兄的告诉你。"王介之提高声音，以异常庄重的口吻道："王家的人，无论怎样失败，也要维护王家声誉，切不可自暴自弃！"

"大哥。"王夫之忽地笑了。他看着王介之，认真问道："你这么晚还没睡，不是为了给愚弟讲这些道理吧？"

"当然不是。"这时，二哥王参之推门进来，不安道："弟回来就好。家里人，都没睡。"

"出什么事了？"王夫之顿时紧张起来。

"小弟不知？"王介之道："风闻桂王府三王爷走失，全城近乎宵禁矣。"

"怪乎哉！刚才回家，街上几无行人。"王夫之答道。

"小心一点，最近太乱。"王参之道："城里活跃张献忠安的暗探，小王爷走失的消息，一旦被他们获悉，后果不堪设想。"

王夫之不由惊出一身冷汗，道："为何晚上我出门时，没人告知这些情况？"

"你刚出门，衡州知府罗大人就派人传话，告诫家人不要外出。"王介之道："为兄的立即派二弟去文之勇家找你，结果你不在。四处找了，亦不见你。家人担心不已，生怕弄出什么乱子来。"

王夫之既为家人的关心感动，又觉得未免小题大做。一个小王爷走失，对桂王府、衡州知府等官府人员而言，是天大的事儿，但对黎民百姓有何影响？桂王坐镇衡州这么些年，衡城百姓该如何生活还得如何生活，未有变化。

"咚咚咚！"突然，门外传来急促的敲门声。

王介之惊道："谁在敲门？"

王参之正要起身，王夫之一个箭步冲到门口，打开门，但见一个人跌跌撞撞扑进来，急声道："我见着三王爷、四王爷了！"

来者不是别人，竟是郭衮冕。

"怎么啦，慢慢说。"王夫之急忙扶他坐下，倒了一杯水递给他。

郭衮冕不喝水，急切说："我就是来告诉你，夫之兄，三王爷就是那个醉鬼。"

"啊？怎么可能？"王夫之又急又怕，惊叫道。

原来，王夫之刚刚离开尚德客栈，尚美和德懿正在给醉酒者喂姜丝葱花汤。这时，门外忽地闯进几个黑衣人，大声嚷道："店家快出来！"尚美示意郭衮冕去看看。

郭衮冕出来一看，黑衣人手中拿着一张肖像图，为首的一人低声问道："见过此人吗？"

郭衮冕尖叫一声："你、你不是那个老乞丐的孙子吗？"

"别废话！"为首的黑衣人怒道："在下樊志高，经营'无有酒肆'，跟此人有些过节。"

这时，尚美走了过来，见樊志高手中画像中人正是醉酒者，心中一惊，随即镇定道："先生，本店并无此客官。"

"有人见他入了本店。"樊志高以十分肯定的口吻道。

"樊先生与此人有何过节？"郭衮冕不明就里。

"哼，此人看起来有模有样。"樊志高冷笑道："可吃酒不付钱，偷偷开溜，世上哪有这等好事？"然后冲手下人吼道："快快搜去！老子不信他能飞走！"

郭衮冕手一横，也吼道："你等私闯民宅，凭什么搜人？"

樊志高头一抬，绕过郭衮冕，拱手道："不好意思，多有得罪。日后若有缘，再详告之！"

说话间，几个黑衣人窜上楼去。

尚德客栈并不大，不一会儿就搜完了，并无画像中人。樊志高不甘心，仔细看了尚美一眼，阴阳怪气道："我们还会回来的！"

郭衮冕如坠云里雾里，一是樊志高等一伙究竟是什么人？二是醉酒者究竟又是什么人？三是醉酒者明明就在楼上房间，为什么黑衣人搜不到？他正要向尚美问明情况，但见尚美脸色发白，急急上楼去，对德懿道："一定要小心！这伙人可能还会来！千万不能暴露！"

"啊？"郭衮冕忍不住，问道："你俩如此紧张，请问这位醉酒男子究竟是谁？"

"夫君，贱内可以告诉你，但你须答应我，一定要守口如瓶！"尚美异常严肃道。见郭衮冕点头，尚美便道："此醉酒者乃桂王府三王爷。"

"啊！"的一声，郭衮冕感觉不可思议，眼里布满疑惑，喃喃道："你何以判定？"尚美道："夫君休要多问。"停了一下，又道："刚才那几个黑衣人，极有可能是张献忠布插在衡州城里的暗探或刺客。"

"啊？"郭衮冕再次惊叫一声，目瞪口呆。

这时，德懿插话道："黑衣人借口三王爷吃酒不付钱来此找碴儿。夫之先生既送来，必定付了酒钱。"

郭衮冕似乎意识到什么，越发紧张起来，道："那、那咋办？"

"夫君可歇去矣。"尚美道："客栈诸事，自有安排。"

话音刚落，外面传来一阵嘈杂声。很快，一干人径直来到客栈，竟是衡州知府罗亦簏罗大人和同知朱归孺朱大人等，小小客栈一下子来了这么多人，尚美还是头一回碰到，她迎候道："各位大人辛苦，三更半夜来到本店，有何贵干？"

"听闻有醉酒者在此闹事？"罗亦簏走到尚美身边，低声道。

郭衮冕心想，这些人说话都像说暗语似的，明明在找三王爷，却打着抓醉酒者的旗号。只听尚美不卑不亢道："本店一切正常，并无闹事者，谢谢大人关切。"

"衮冕兄，许久不见，你亦在此？"朱归孺跟郭衮冕打了个招呼，并意味深长道："尚德客栈，崇德轻利，非同小可矣。"

郭衮冕不知朱归孺此话何意，心里生疑：既然尚德姐妹认为那个醉酒者就是三王爷，为什么不把他交给罗大人和朱大人呢？如果前面的黑衣人真是张献忠布控的暗探，把三王爷交给衡州知府不是最安全的吗？

说话间，衡州知府的人已将尚德客栈搜了个遍。让郭衮冕大惑不解的是，他们亦是一无所获。只听罗大人对尚德姐妹客气道："对不起，打扰了。"

朱归孺冲郭衮冕抱抱拳，道："告辞。"

罗、朱二人带着衡州知府等一干人马一走，尚美和德懿立即返楼，郭衮冕跟在后面。只听德懿道："幸亏姐姐机敏警觉，否则三王爷就麻烦了。"

尚美回道："此事还未了结，我等仍需小心。"

回到房间，郭衮冕这才发现，原来房间里有一个特别机关，尚美轻轻一按，墙壁开了，里面有一个暗厢，正好一个人的大小。只见三王爷憋得满脸通红，低声道："这里一点不好玩。速速将本王扶出来，快闷死了！"

尚美和德懿立即将三王爷扶了出来，此刻，三王爷完全醒了，他瞪着郭衮冕，警觉道："此为何人？"

尚美轻声道："王爷休惊，此乃奴婢夫君。"言毕，便向郭衮冕示意。郭衮冕连忙上前鞠躬，道："衮冕向王爷请安！"行完礼，郭衮冕心里想，这三王爷瘦不拉几的，一点不像心目中王爷的高大威严，倒像个乡里穷困有病的小秀才。

德懿施礼后，道："奴婢姐妹遵照王爷旨意，没有让衡州知府罗大人、朱大人将王爷护送走。但当下世道太乱，前有黑衣人扰攘，王爷安全堪忧矣。"

三王爷定定地看着德懿，细声慢语道："你欲何为？"

德懿进言道："奴婢的意思，王爷应尽早回到王府为上。"

"此确为奴婢肺腑之言。否则，"尚美上前一步，轻声道："王爷如有任何差池，奴婢姐妹即便头颅落地，亦功不抵过矣。"

"有何差池？休要恐慌！"三王爷不以为然，道："本王既已出来，父王定会斥责。不如一次玩个够。来，来，上酒！"

德懿十分着急，都快哭了，道："王爷，奴婢实不相瞒，在您未醒之时，已有黑衣人在寻您。奴婢担心那是张献忠派来的刺客！王爷还是小心为好！”

三王爷忽然笑了，道：“看你急的，哈哈哈。”他停了一下，又看了德懿一眼，道：“果如你所说，明日你俩护送本王回府也。”

尚美道：“奴婢姐妹能够护送王爷回府，实乃万福之事。只是事关重大，为防万一，奴婢急需锦衣卫暗中保护。”

三王爷点点头，道：“明日一早，你去本王府一趟，找内务总管王阁昆王大人或幕僚长翁不群翁大人均可。”

尚美惊退一步，道：“奴婢如何进得王府？”

三王爷指了指胸前佩系的嵌宝石花形金饰件，微笑道：“有此护身符，可达王府任何地方，无人敢阻。”

见此情状，尚德姐妹稍稍安心一些。此时已是翌日丑时，尚美弄了点吃的，让德懿陪着三王爷，她把郭衮冕叫到身边，吩咐道：“眼下天色将亮未亮，这段时间，如果黑衣人再闯进来，如何是好？”

正在此时，门外突然冲进几位彪形大汉，为首的竟然是锦衣卫马暨垂。尚美见桂王府来了人，一颗悬着的心总算安顿下来。她迎上去，道：“思琴参见马大人。”

郭衮冕疑惑：尚美施礼的这个人是谁？思琴又是谁？难道尚美又叫思琴？

马暨垂道：“三王爷呢？”

德懿正好下楼来，见是马暨垂，赶紧施礼道：“善棋拜见马大人。”郭衮冕听了，更像做梦一样，完全没有方向、没有逻辑，不知道谁是谁了。

很快，客栈进来好几个人。只见尚德姐妹又接连拜见什么“翁大人”和“王大人”。而翁大人和王大人后面还有一壮硕青年，气宇轩昂，只听翁大人对两姐妹斥道：“还不快快拜见四王爷？”

郭衮冕这才明白，眼前这个壮硕青年竟然就是四王爷，而翁大人和王大人则分别是翁不群和王阁昆了。

马暨垂忽地指着郭衮冕问："此人是谁？"

尚美轻声答道："此为奴婢夫君。"

马暨垂鼻孔里哼了一下，算是回应，然后命令道："所有闲杂人员快快离开此店吧。当然包括你！"

郭衮冕很生气，但也无可奈何。在桂王府的人看来，郭衮冕就是闲杂人员。尚美示意郭衮冕回去，郭衮冕满腹疑团，不肯离开。马暨垂狠狠地刮了他一耳光，吼道："老子叫你滚，还不快滚？"

郭衮冕被打得眼冒金花，几乎没有站住，嘴角上流出了一丝血，他才明白，这家伙出手太重。看来，再不逃，这些人要弄他，就像弄死一只蚂蚁一样容易。

五

三王爷回到桂王府后，姜家姐妹也跟着去了。

郭衮冕帮忙打理尚德客栈。直到此时，他才弄清楚姜家的过往历史和姜氏四姐妹的悲惨遭遇，禁不住感慨万千，觉得她们不容易，自己要善待她们才是。他不知道王夫之一家和姜氏四姐妹的关系，也不知道姜思琴和姜善棋去桂王府要多长时间才能回来，他更不知道桂王府是否善待她俩。

事实上，三王爷对姜家二姐妹颇有好感，强烈要求二人入住桂王府，但姜家二姐妹不同意。王阁昆和翁不群等亦不同意，虽然他们知道三王爷的心思，但将两个从"湘春楼"出来的女子留在桂王府，传出去，恐有辱桂王府声誉。当然，他们有办法满足三王爷的欲念。

可是，四王爷也非吃素之辈，他对已有婚配的姜思琴不愿多看一眼，而对姜善棋却格外留意，那眼神，一看就明白。这给王阁昆和翁不群出了难题。王、翁二人密谋一番后，总算有了周全之策。

这一切，郭衮冕当然被蒙在鼓里，他看到姜氏二姐妹第三天就回到尚德客栈，颇感欣慰。姜思琴和姜善棋回来后，也没有任何改变，郭衮冕看不出半点异常，姜思琴仍然每周两次回到郭家，跟郭衮冕温存在一起。郭衮冕很满足，他觉得生活平稳，未来可期……

这天午后，郭衮冕来找王夫之，正好文之勇在场。王夫之道了一声"郭兄来得好，我要带你俩去一个地方。"

"行啊，什么秘密地方，让我见识一下。"郭衮冕笑道。

王夫之领着文之勇、郭衮冕二人七弯八拐，最后进了"无有"酒肆，拣一个位置刚坐下，便低声道："上回我就是坐在这里，跟樊志高喝酒，而后碰上三王爷的。"

"啊？"郭衮冕和文之勇顿时四下张望，颇为紧张。这时，一个女侍者上来，问三位公子想要吃点、喝点什么。

王夫之问道："怎么不见了店小二？"

女侍者涩涩一笑，道："小女就是这个酒肆的店小二，不知这位公子要找的是谁？"她回头冲账台前的一个老者喊："爹，你来看看，这位公子好像要找什么人？"

老者过来后，王夫之问："请问是你经营这个酒肆吗？"老者点点头，道："先生要找什么人？"

"这个酒肆不是一个叫樊志高的人开的吗？"王夫之惊疑道："你们是新接手这个酒肆的吧？"他一边说，一边四处看看，发现店里什么都没有变啊。

老者摇摇头，道："这个小店一直是老朽所开。先生所言之人，老朽并不认识。"

王夫之感到不可思议。难道樊志高所言是假？即便如此，那店小二怎么也不见了呢？文之勇看着王夫之，道："你不是在梦游吧？"郭衮冕倒是很认真，道："你再想想，是不是这里？"王夫之肯定道："没错，就是这里。"

"唉，毋想那烦心事。真也好，假亦罢，皆过去矣。"文之勇道："眼下最要紧的还是科举之事。"

王夫之和郭衮冕互望一眼，没有吱声。

正在这时，管时求、李国相和夏汝弼鱼贯而入。

郭衮冕望着王夫之，问："都是你约来的？此地不易找寻矣。"

"只有找不着的人，没有找不到的地方。"王夫之话中有话，回头冲女侍者喊道："快上酒！"

管时求、李国相和夏汝弼打了个招呼，坐下来。没过多久，酒菜就上来了。李国相见大家杯里都斟满了酒，便举起杯，开口道："今天这次聚会是在下提议的，地方是夫之老弟选的。不为别的，就是近段感觉有些气闷，大家喝点酒，散散心。"

此言一出，众人纷纷点头。"干杯！"大家一喝酒，气氛活跃起来，话就多了，苦水也就发泄出来。

王夫之道："秋闱，三年复三年，仍困于衡州弹丸之地，半死不活的，真难受矣。"文之勇更是失落："你尚且只是两次秋闱，文某已经四次。"他去武昌乡试那次，父亲病危，回来后老人家已经入土。他觉得自己不孝，也更发愤，希望金榜题名，以告泉下老父，然而命运不济，再次落榜。

管时求也是长叹一声，道："我之落榜，意料之中，论德论才，自认比不上各位兄弟。然各位兄弟皆人杰，却一次次落榜，岂有此理？"管时求表面上为他人叫屈，实际上，还是在给自己鸣冤。

郭衮冕忽然道："可惜不识考官矣。"

"考场腐败由来已久！腐朽之气不除，于我辈，损青春；于国家，误前程！"李国相自斟一杯，闷声闷气道："如此，大明如何中兴？"

夏汝弼哀道："在下每每自比屈子。终有一天，也得像屈子一样，葬身江中。然屈子毕竟得任三闾大夫，夏某可比乎？"

"嘿嘿，如此自比，真糊涂矣！"此时，旁边坐着的一位书生径直走了过来，年岁不惑的样子。王夫之一行进到酒肆，他就坐在那里，眼睛上仿佛蒙着一层灰。他一直倾听王夫之等人的谈话，当听到夏汝弼说到学屈子投江，他再也忍不住了，抱拳过来道："在下奚鼎铉，字中雪，黄冈人，可否叨个座？"

"啊，原来是鼎铉兄。"王夫之连忙站起来，道："早有耳闻！文字高格。快坐，快坐！"

"贤弟皆为青春年少，此次秋闱不行，还有下次，何必气馁？"奚鼎铉将长褂捞起，坐下后，环视一眼，不紧不慢道："为兄年龄要虚长诸位一轮，也曾四次不中。后来好歹中了举人。"

"佩服奚兄之毅力！"王夫之行礼，道："有志者，事竟成。"

"唉，此乃不归之路途。"奚鼎铉摇了摇头，道："中举又能怎样？仕途遥遥，在下本想再上高楼，但两次会试皆不中。奈何？书生，书生，一生都是输（书）矣！"

"奚兄已是举人，终有为官的一天，要知足了。"管时求笑道："毕竟，我辈一无所成。"

恰在此时，唐克峻急匆匆走来，嚷道："关于本次秋闱，大家听到什么没有？"一副欲言又止的样子。

"什么事？吞吞吐吐？"王夫之诧异道。

"唐某听到一些中伤子参兄的言语，甚为不爽。"唐克峻道。

"什么言语？"文之勇道："难道还有人中伤子参兄贿考不成？"

"正是如此。"唐克峻道："还有人编成了歌，连街头叫花子都会唱。

焉无可恨乎？"

"恶意中伤，真真可恶！"王夫之十分生气，道："此事不能姑息。当彻底查明究竟是谁散播谣言，意欲何为？"言毕，他将杯中酒喝下，快速步出酒馆。

王夫之觉得，刘子参受到中伤，他的哥哥王介之也有可能被中伤。王夫之本来想去看看刘子参的，没想到，在街角处碰到几个孩童在玩耍，他们一边跳，一边唱，而歌词果然就是唐克峻所讲的"黑歌"。王夫之停下来，只听孩子们唱道："蒸潇之畔，刘子参矣；父亲贿考，榜有名矣。"

这还了得！一定有人存心要中伤刘子参。这会是谁呢？刘家乃读书世家，又是藏书大家，一向与人为善。王夫之不解，问其中一个唱歌的黄毛，道："这歌真好听。是谁教的？"黄毛摇摇头。其他孩子也不晓得是谁教的。王夫之继续走，在一堵废墙边，一个盲人乞丐坐在那里，拉着二胡，边拉边唱，歌词也是刘子参贿考。王夫之投了一点碎银，叫盲人停唱，道："这歌词是谁给你的？"

盲人乞丐摇摇头，道："这歌大家都在唱，小人闻着好听，便跟着学会了，也不知是谁最先唱的。"言毕，继续拉唱起来。

王夫之起身欲走，身边赫然站着一人。王夫之一看，竟是邹统鲁，便道："你怎么在这里？"

邹统鲁将王夫之拉到一边，道："你刚才听到'黑歌'了吧？子参兄气得不行，正跟他父老子大吵大闹。"

"跟刘老爷子有何干系？"王夫之惊道。

"你不知道？大家都在传，说此次秋闱前，刘老爷子找到朱啸虎，向他取了经。"邹统鲁道："一个是藏书大家，一个是屠夫大户，想想，有些荒唐。"

"这不是鸡同鸭讲吗？"王夫之颇为吃惊，道："他们能商量出个头绪来？纵使朱归孺出面，亦未必有经可取。"

"还真找过朱归孺。"邹统鲁道："不管他们合计了什么，反正子参考中。你说奇不奇？"

王夫之不再言语，抱拳别过邹统鲁，他想直奔刘子参家。可是走了一会儿，他又站定，心想：我此时去合适吗？我究竟是去安慰人家还是看人家笑话？如果不是看笑话，人家需要你的安慰吗？罢，罢，还是回家去吧。

刚回到家，王夫之正要同王介之说说话，却听到门外有人禀告："夫之先生，衡州同知朱归孺朱大人召见。"

"好，正想会会他。"王夫之走出王衙坪，二话不说，跟着差役去了朱归孺府堂。

王夫之进堂后，作揖道："见过同知大人。恭贺高升。"直到这时，他才看见旁边还有一人，竟是刘子参。

"夫之先生不用客气。"朱归孺领着王夫之坐上堂前，命人上茶，道："子参兄也是刚刚到。"

王夫之一见，似乎明白了一切，却又什么都不明白。他不吱声，先看看朱归孺如何言说。

朱归孺倒也爽快，直奔主题，道："这些天，子参兄委屈矣。"

王夫之等不及了，大声道："衡州满大街都在传、都在唱什么贿考歌，是谁造此谣？"

"请两大才子来府堂，就是要告诉你们，这完全是误会！"朱归孺说道。

"此话怎讲？"王夫之和刘子参异口同声道。对刘子参而言，他更想知道真相："听说秋闱前，我父老子来找过朱老爷子，也找过朱大人您？"

"找过又怎样，没找又怎样？不管如何，你考上了，此乃王道也。"

朱归孺不以为然。"鄙人讲的误会，与你之误会，非一回事矣。"

"哦？"王夫之道："请同知大人明言。"

朱归孺看了一眼王夫之，又望着刘子参，道："最近衡州街巷流行之歌，确系误会所致。此歌原是衡州知府罗亦箎罗大人所作，歌词原文是：'蒸潇之畔，流之参矣；夫近荟蒿，旁有名矣。'可不知怎的，大家就把'流之参'误唱成'刘子参'，把'夫近荟蒿'听成'父亲贿考'。本来知府大人感为官不易，仿《离骚》篇以寄怀，不料讹变成'蒸潇之畔的刘子参，因为父亲贿考而榜上有名'。如此不辨所以，尤其是一些衡州学子也暗自传讹，实在不该。"

此言一出，王夫之目瞪口呆，刘子参却泪流满面。王夫之觉得事情不会像朱归孺讲的那么简单，罗亦箎和朱归孺似在演双簧，意在警告和嘲笑匡社成员和衡州学子。可是，他又不敢肯定，究竟是不是这个意思。退一步讲，罗亦箎在幕后，朱归孺在台前，他们演了一曲双簧，你拿他们又能怎样？

"同知大人，可怜刘某声名如此受损，竟然哑巴吃黄连。"刘子参心有不甘，道："难道事情就此罢了？"

"子参兄，鄙人在此替你澄清，你大可不必在意。俗语道，清者自清矣。"朱归孺安慰道："莫非要让知府大人替你道歉不成？他又没有讲你贿考。不过，明天，鄙人差一批人去街头巡逻，如有乱唱者，定当惩处。放心，过不了几天，就会风平浪静。"

王夫之脊背一阵阵发凉，难道这就是衙门做派？他们伤害你，却又让你抓不住把柄。事情做得如此之妙，你连想反击的箭靶都没有。罗亦箎作的诗，传播的却是另外的意思，而且像瘟疫一样，速度是如此之快，这分明是有人从中推波助澜。可朱归孺看起来一脸无辜，仿佛与他无关。可是，如果要伤害，为何不伤害大哥王介之？要编造这样的巧合，于罗亦篦和朱归孺而言，亦不难啊。王夫之进而想到，罗亦篦没有找王介之下手，恐怕还是看在父亲大人面子上，或者看在他王夫之的面子上。而他们之所以要找刘子参伤害，着眼的还是匡社，虽然刘子参并不是匡社最积极最活跃的成员之一，但他秋闱榜上有名，就成了把柄，枪打出头鸟嘛。秋闱前，虽然抓了文、管二人，实际上他俩没受什么伤害，每天州府管他俩好吃好喝，反而还留下了礼贤下士的美名。出来后，文之勇明确表示，知府大人胸襟不俗，人格磊落。他们实际上是要将王夫之等匡社成员的自信心彻底击溃，要让匡社成员看看，你们再怎么折腾、再怎么讲学，也是小范围传播，影响有限；而官府一旦发动，就是满城风雨、妇幼皆知。通过这样折腾,还能在匡社内部造成一种紧张气氛。总之，所谓"误会之说"或歌词误唱误传（天知道那最初的歌词是不是罗亦篦所作）均系州府精心策划的一出戏，能达到的效果、造成的影响、起到的作用足以写进衡州地方志中。

从州府出来，王夫之和刘子参皆不言语，垂头丧气。

回家途中，刘子参与王夫之一前一后走着，亦无交流之意。走了好一会儿，刘子参终于长叹一口气，回头道："也罢，毕竟介之兄未受伤害。"见王夫之不语，刘子参又补上一句："还是朝廷有人好。"

"子参兄，你这是什么意思？"王夫之听出了话外之音，道："我父老子虽在国子监当差，有如末位杂役，他在朝廷说不上话。"

"说得上说不上，毕竟是在京城为官。"刘子参道："听说武夷先生还是知府大人力荐的，这就无需再言其他。"言毕，掉头就走。

王夫之顿时一愣，站在路边，又急又气。好友生隙，这是他最不愿看到的。他本想追上去辩解什么，但脚板太沉，钉住一般，完全使不上劲，眼睁睁地看着刘子参消失在街道尽头……

第八章　乱世穷年

一

转眼又是新年，千家万户，红灯高挂，喜笑颜开，爆竹齐鸣。

然而，王夫之躲在房子里，没有一丝欢愉，仿佛外面的吉祥、欢喜与他无关。他穿着厚厚的棉布衣服，围着火堆，仍旧觉得冷。他手里拿着《春秋》手稿，动也不动，思绪早已不知飘到了什么地方。陶令微在一旁陪着他，做着针线活，也不说话。

腊月二十七日下午，王朝聘顶着雪花，疲惫不堪地回到家中。这是他赴京后头一次回家，家人很高兴，原本以为他是回来省亲的。不料王朝聘眼一瞪，闷声说道："省什么亲？不用再去了。"

王家三兄弟见状，顿时明白了什么，小心翼翼，生怕惹恼了他，只字不提京城、官场、时局和国家等字眼，也不讨论学业。他们每天过着庸常日子，吃喝拉撒，压抑而平静。

王家聘闻讯来到家中，看着王朝聘，半晌，哽咽道："大哥，你焉如此之瘦？"

就这么一句淡淡的问候，竟让王朝聘眼中一热，他强作笑容，道："只为生计，无谓胖瘦。"

王家聘点点头，深有感触。他当着王家三兄弟的面，说起"只为生计"之难，其中提到一件事：中秋要不要给罗大人送礼，为此，他挣扎了好久。别人送这送那，轻车熟路，自然得体。唯有他，不知送什么才好。不送吧，太突兀，显得傲慢、清高。况且罗大人待己不薄，别人送了，你不送人家怎么想？送吧，又不知罗大人喜好，若送了一个人家不喜欢的东西，还不如不送。

王夫之急切问道："最后究竟是送了还是没送？"

"送了。"王家聘说道，随即又摇头："却没送成。"

"何以如此？"王介之问道。

王家聘叹一口气，继续说道，他本着"陡富不惊四邻，重礼不送贵人"之古训，加之听说罗大人曾在郭其保画廊重金购得《万物贞生》图，遂思前想后，决定给罗大人送一幅字画。于是他跑到郭其保家中，看了一个上午，从价格、寓意、构图等进行衡量，然或是价高，或是意浅，或是图俗，概无中意者。郭其保见他犹疑不定，遂问他是送人还是己藏，他说送人。郭其保便从画室藏品中挑出一幅《石竹图》，予以荐之。他见该画取法上古，志存高远：乱石堆中，几支修竹，傲然其间，下有一丛墨兰，姿态逼真，生机盎然。特别是题有陆放翁诗"古人学问无遗力，少壮工夫老始成。纸上得来终觉浅，绝知此事要躬行"，彰显要旨，于读书人而言，用它作中秋节礼品，既表心意，又显情趣。至于价格，郭其保说看在武夷先生面上，给了较大优惠。他觉不错，欣然购之。翌日正要去送，适遇二哥王廷聘前来，遂展画示之。二哥亦认为不错。眼见刚刚好，他转身出了家门。

王参之道："如此，岂不大功告成？"

王家聘摇摇头，道，刚走出没几步，二哥从后追来，严肃道："此画送与罗大人，恐有不妥。"他连忙道："何故？"二哥道："陆游诗名为《冬夜读书示子聿》，想想可乎？"他恍然大悟："好险！"

王夫之道："确实。子聿乃放翁之小儿名，若送此画，罗大人定然不悦矣。"

"送一小礼尚如此之艰，何况他者乎？"王家聘最后道："大哥之瘦，必劳心所致。所谓'只为生计'，窥一斑而知全豹矣……"

"小弟如此理解，为兄略感欣慰。"王朝聘道。"生活不易，各有所难。置身其间，遍尝酸楚。而今居家，再无他念。"

应该说，王朝聘在国子监的这段日子，是很煎熬的一段时光。他虽然到了京城，却只是走了一个过场，对朝廷并无半点影响。所谓热血报国，不仅有心无力，简直就是痴心妄想。因为近距离观察和了解，他对朝廷更加灰心和失望。朝廷上下，人浮于事，钩心斗角，尔虞我诈，大家都在比黑，比心狠手辣，不看过程，只重结果。上了就是王道，得到就是成功，至于"上了"和"得到"的不堪与无耻并不重要，重要的是，你的心计比别人高明，你踩着别人的肩膀上去了，回头还要踹他一脚。

王朝聘待了一段时间，如履薄冰，处处小心，每天过着提心吊胆的日子，生怕自己不小心，成了别人的绊脚石。一向以"清流"自居的王朝聘，在现实面前，他低下了头，觉得自己一生真是失败。即便自己与憨山大师在南岳谈古论今，后又在桂王府给小王爷讲过学，可都羞于提及。这样的事，放在京城的同仁身上，尤其放在罗亦篪身上，绝对是千载难逢、飞黄腾达的好机会，这样的机会，自己轻轻就翻了过去，甚至不愿意留一丝痕迹。憨山大师已逝，不想也罢。桂王呢，他虽然没有直接任免官吏或罢免官吏的权力，但只要他上一纸奏书，崇祯帝还不签署"钦此"吗？衡州知府邓紫鎏的罢废和罗亦篪的接任不就是这样发生的吗？自己坚持的所谓"清流"，在朝廷就是一场笑话。真正深入朝廷，你无法做到"清流"。一个连朝廷都无法融入的人，谈"清风""清格"与"清流"，无异于痴人说梦。不入朝廷或在朝廷边缘，纵使有千般才华、万般高洁，你又焉能施以影响？

不久，王朝聘从王介之的来信中获悉匡社风波，当即给罗亦篯写了封信，希望他对夫之小儿宽大为怀，对文、管二人以教训为主。未几，又接到王介之关于刘子参"贿考"事件，王朝聘既气又惊，感叹自己对朝廷诸人的隔膜，羞愧自己曾一度对于罗亦篯的"轻视"……王朝聘担心自己不在王夫之身边，王介之无法督促他，他很焦急。自己的前程已经到头了，而王夫之才刚刚开始，必须好好引导和管教。

正巧此时，在武昌为官的章梁请他前去叙旧，王朝聘原想回乡不易、告假太难，恐难成行，谁知他一提出，立马获得批准，恨不得他快快离开才好。于是，他来到章梁处住了数日，老友相见，甚是欢喜。两人自然聊到罗亦篯，王朝聘问及看法。章梁直言道："此人有点剑走偏锋，玩世不恭，甚至以'狂诋论名世，出格求前程'，但这种另类方式，靠背景和才华可能一时吃香于同道，但要在朝廷走得更远，恐怕太难。"章梁叹道："罗亦篯等人所做之事，其细节的拿捏和火候的把握，均非你我等人可比啊。这里面既有人性的洞察，人情的练达，又有学问，而且学问颇深，有些可学，有些可能一辈子都学不会。"

在王朝聘看来，朝廷就是罗亦篯等人的天地，自己徘徊、旁观了大半辈子，好歹看出一些门道。但知道这些门道又无力改变，因为性格上的原因，他做不出连自己都瞧不起的事情。所以，朝廷之事，彻底不去想它罢，否则只会越想越苦、越想越痛。

夕阳西下，倦鸟归巢。是回家的时候了。王朝聘走出章梁官邸，痛下决心，写了一纸告老回乡的奏折，交付邮差后，义无反顾地回到了衡州。他明白，他的人生不再有起伏，王家的荣光与梦想只有依凭王氏三兄弟，特别是王夫之去实现了。

回到王衙坪的当晚，窗外雨雪交加。王朝聘心情平和，在昏黄的书房里，他认认真真抄了元代蒋捷的《虞美人·听雨》——

少年听雨歌楼上，红烛昏罗帐。壮年听雨客舟中，江阔云低，断雁叫西风。

而今听雨僧庐下，鬓已星星也。悲欢离合总无情，一任阶前点滴到天明。

抄毕，王朝聘轻吟一遍，掷笔，摇头，微笑，转身走入卧房。

二

腊月二十九日，谭孺人突然提出，要去耒阳看望姜氏二姐妹。王朝聘道，明天就是大年三十，家里事情多，不能年后去吗？谭孺人说年前去与年后去不一样，家里事由陶令微多担一点，她快去快回，不误事。王朝聘不再言语，他知道谭孺人与她堂妹感情很深，对姜氏四姐妹视同己出。这么长时间，老大、老二一直没有准确消息，老三、老四在耒阳，她终归要去看看才放心。

王夫之叫了一辆马车，陪着谭孺人去。他刚到客栈，就见里面热闹非凡，正在惊异中，曹伯实率先从客栈里冲出来，抓住王夫之的手不停地笑，胖墩墩的块头，像一个陀螺在抖动。

"伯实兄，何事让你如此兴奋？"王夫之也忍不住笑。

曹伯实只顾笑，却不说话，见到谭孺人，赶紧向她作揖，仍然是笑得说不上话。

谭孺人正要开口，却被两姐妹冲出来，紧紧抱住，也没说话，只顾流泪。半晌，谭孺人才将姜晓书和姜若画细细打量，道："都长大了，越发俊逸矣。"

姜晓书一边抹泪一边说:"真没想到大姨大过年的还来看我们。"

姜若画也在一旁啜泣道:"书姐订婚了,正欲给您去报喜呢!"

谭孺人连说"好啊,好啊!"王夫之一听,立即摇着曹伯实的肩膀,道:"啊?原来你跟书妹订婚了?怪不得笑得合不拢嘴。"

曹伯实点点头,这才指着姜晓书,开口道:"跟这仙女成家后,我们就是亲戚了。世上有比这更开心的事乎?"

谭孺人和王夫之都异常高兴。姜晓书和姜若画搂着谭孺人走进客栈,上楼去了。曹伯实带着王夫之在客栈张罗几桌客人。这客栈共三层,已恢复成原来姜德明和谭梅儿在世时的样子。三楼两间房子作为住家之用,其余六间当作客房;二楼八间全是客房。一楼除了餐室和厨房外,还有四间包房,大厅里摆了四张桌椅板凳,吃饭、住宿等一应俱全。

王夫之见客栈大门贴了一副对联,左联是:"合理取财须当吉字先行";右联是:"文雅品酒还到此楼中聚"。王夫之遂笑道:"上回来时,未见此联。此乃伯实兄撰之?"

"俗乎?"曹伯实道:"乃吾所书,非吾所撰也。"停了停,又补充道:"吾本欲书宋学士秦太虚联'嫩寒锁梦因春冷,芳气笼人是酒香',然书画二妹皆觉不吉庆。只能如此罢。"

王夫之责道:"伯实兄不能亲撰一联乎?以兄之才,所撰之联,必为书妹画妹所喜矣。"

这时,姜晓书和姜若画与谭孺人下楼来,有说有笑。吃饭时,谭孺人问曹伯实将如何打算,叮嘱他结婚时一定记得送个信。

姜晓书笑道:"若到那日,必请大姨父、大姨妈和三个哥哥全都来喝喜酒。"她随即嘀咕一句:"真希望那日两个姐姐亦来祝福。"

谭孺人本来不愿提及,见姜晓书说起,遂严肃道:"你们果真没有两个姐姐的消息？"

"自上次分开后，一直未有得见。"姜若画插话道："前些日子大姐来过一信，未有地址。信中说，一切均好，勿念。"姜若画说到这里，眼眶红润起来。

曹伯实和王夫之互看一眼，没有吱声。谭孺人叹道："这两孩子，究竟做甚，神秘兮兮，焉不知大家牵挂？"

"想来有些苦衷。"曹伯实道："他日定能见面矣……"

从耒阳回来，谭孺人有些心神不定。虽说见到了姜晓书和姜若画，而且获悉姜晓书与曹伯实订婚，本应欣慰，但由于没有姜思琴和姜善棋的消息，她的欣慰大打折扣。王夫之本来就郁闷，陪母亲去耒阳，见到曹伯实和姜氏姐妹，心情好了一些，但他知道母亲的心思，回家后，情绪再次低落下来。

除夕夜的团圆饭吃得有些压抑。王朝聘回来，本来是好事，但他再也不去京城。王廷聘和王家聘两大家子也来了，往年这个时候，王夫之三兄弟要与两个叔叔喝许多的酒，这一次，却喝不动。王廷聘说了两个笑话，见大家没什么反应，也作罢。王家聘不提工作事情，更不提衡州知府罗亦籧罗大人，怕王朝聘产生别的想法。反而是几个女人和孩子们坐在另一张桌上，他们开心吃喝，说笑自如。谭孺人和陶令微偶尔到桌旁坐坐，她俩更多的是忙碌、进出于厨房与餐室之间。

大年初六，王夫之去郭衮冕家拜年，竟然没有见到郭衮冕。郭其保说儿子不在家，可能在尚德客栈。王夫之茶都没喝，转身就走。来到尚德客栈，竟然不见郭衮冕，也没见到尚美和德懿，却意外地碰上罗亦籧。王夫之很吃惊，正要上前去打个招呼，却发现里面还有一个神秘人，就是那次与父亲大人在南岳游玩碰见的头顶黑帽、戴着无脚折叠眼镜、身着灰色长衫的中年人，由于印象太深刻，所以一直没有忘记。只见那神秘人对罗亦簏指指点点，罗亦簏居然唯唯诺诺，令王夫之颇为不解：此人究竟是谁？罗大人为何对他服服帖帖？郭衮冕和尚美、德懿他们为何不见，他们去了哪里？这个小小客栈究竟有着怎样的秘密？

王夫之不敢多想，看了尚德客栈一眼，赶紧打道回府。他打算见到郭衮冕时再好好问他。

当天下午，罗亦簏带着朱归孺竟然来王衙坪给王朝聘拜年："听闻武夷先生腊月二十七日回来，本欲当天就来拜访，无奈实在脱不开身，还请武夷先生见谅。"

"罗大人为衡州百姓日夜操劳，百忙之中惦记老朽，王某委实不安。"王朝聘道。

"舟车劳顿，辛苦矣。"罗亦簏说罢，将朱归孺介绍给王朝聘，特地夸他诚实、能干，未来一定能当大任，云云。

王朝聘听章梁说起过朱归孺，也从王夫之口中听过这个名字，知道他是衡州屠户朱啸虎的公子，遂赞道："当年乡试，衡州学子中，唯朱大人高中黄榜，老朽印象颇深。眼下又为罗大人之股肱，前程未可限量也。"

朱归孺表现得十分谦逊，连连叩头，微笑道："武夷先生德高望重，学识广博，视界高远。朱某愚钝，日后还望武夷先生一如既往，多多栽培，多多提携。"

"朱大人此言，真是折煞老朽也。"王朝聘听得身上起了鸡皮疙瘩，他看了三个儿子一眼，内心叹道：自己明明是过气之人，他竟然如此奉承，换了儿子们，断然说不出口。不过，他也不希望自己的儿子们如此阿谀奉承。王朝聘深知，三个儿子个性都很耿直，眼里掺不进半粒沙子。这一点倒是很像王朝聘自己。王介之生性温顺，他的科举经历比王夫之多，一次又一次，心志几乎消磨殆尽。作为家中长子，他更多秉承了父亲的意愿，照顾和管理这个家庭。特别是结婚生子后，他更看开了很多，心境也愈发平和。秋闱科考，他中了乡试乙科，即日就要奉命去北京入太学，也算有所收获。王参之的才能与学识相比哥哥和弟弟略逊一筹，对科举和求学的渴望也少一些，他性情寡淡，随意自然，乐于享受山间生活，更乐于躬孝父母身前，波澜不惊，虽然参加科考，但更多是个陪衬。王夫之与大哥二哥不同，才华、个性和雄心都更强，因为科考接连失败，内心更加压抑。王朝聘对儿子们的个性和心思了如指掌。

罗亦篦忽然问道："听闻武夷先生不再赴京？"

"是的。"王朝聘强作笑容，道："王某在国子监一事无成。想来真乃愧对罗大人之荐举矣。"

"京城诸事繁琐，人浮于事，此乃常态。"罗亦篦说完，安慰道："武夷先生既已还乡，盼多多支持州府之事。我等亦会常来请教。"

王朝聘知道这是客气话，说了声"岂敢"。罗亦篦又说了一会儿闲话，遂与朱归孺抱拳告辞。

元宵节那天，王夫之特意来到大叔王廷聘家。大叔永远是大叔，无论自己有多不如意，在大叔那里总能轻描淡写地将那些不如意的事情统统说出来，然后，卸下压力，驭风而行。大叔就是有这种定力的人。这不，叔侄相见，王夫之哈哈大笑，道："过了今日，新年才算真正开始。"

"小侄来得正好。你不来，为叔便去找你。"王廷聘也哈哈大笑，道："旧年也好，新年也罢，有酒，有诗，有快活，才是好日子。"

看着大叔的笑容，王夫之才觉得，确实什么事情都没发生——没有金榜题名，也就无所谓名落孙山；没有功成名就，也就谈不上籍籍无名。王夫之不由得重复道："好，好！有酒，有诗，有快活，才是好日子。愚侄信也。"

王廷聘捧出一坛米酒，倒了两碗，一碰即喝。三碗酒下肚，王廷聘道："今日给你讲个故事。"

王夫之道："以典佐酒，最好不过也。"

王廷聘啜酒一口，道："唐代一位诗人，乡试再次落第，郁闷不已，上街徘徊。适逢一人沽琴，索价百万，众人围观，莫敢问津。落第诗人挤进人群，出千缗购之，遍发邀函，于次日在长安酒楼大宴宾客，抚琴叹曰：'在下有文百轴，不为人知，此乐贱工之乐，岂宜留心。'话毕，掷琴于地，琴碎之。众人颇为惊异。落第诗人毫不惋惜，遍发诗文，人人得而读之，惊异不已。"

见夫之认真听着，王廷聘继续道："其时京兆司功大诗人王适读后，感动莫名，力荐之，落第诗人得中进士，写下《渡荆门望楚》：'遥遥去巫峡，望望下章台。巴国山川尽，荆门烟雾开。城分苍野外，树断白云隈。今日狂歌客，谁知入楚来。'高适读之，拍案惊呼：'此人必为海内文宗矣！'"

"大叔说的可是'孤独求败'之陈伯玉轶事？"王夫之道："其《登幽州台歌》诗云：'前不见古人，后不见来者。念天地之悠悠，独怆然而涕下'，真乃道尽人间孤独矣。"

王廷聘点头，笑道："正是子昂。为叔的甚好其诗。"

"伯玉体弱多疾，然感激忠义，常欲奋身以报国。"王夫之道，"伯玉诗风骨峥嵘，苍劲有力，是继'初唐四杰'后，肃清齐梁诗风靡弱之主力者，其对张子寿、李太白、杜工部等均有影响。"

"贤侄说得不错。"王廷聘道："子昂慕'建安之雅'，好'正始之音'，其诗受建安、正始诗人影响甚深。故醉翁等在《新唐书·陈子昂传》中曰：'唐兴，文章承徐庾之风，天下尚祖，子昂始变雅正。'"

王夫之若有所思，喝了一口酒，道："伯玉纠齐梁之风，崇雅正之音，令愚侄感喟。"王夫之当然明白大叔讲述伯玉轶事绝非只为酒间谈笑，必另有用意，他略一思索，道："时下公安派、竟陵派大行其道，大叔诗风却有建安风骨，莫非欲步伯玉之后尘？"

王廷聘意味深长道："公安派多性灵，然囿于闲情，气象虚无；竟陵派刻意雕琢，看似新奇，实乃幽玄，二者皆非为叔之所爱。贤侄所说建安风骨，乃曹氏父子与建安七子之所求，其诗文风骨遒劲，意境宏大，高亢悲凉，每读之，难舍弃也。"

王夫之心领神会，明白自己以前好公安、竟陵之文脉已不足取，日后作诗应直追汉唐，学伯玉之诗，风骨俊朗才是。

"诗有时势也。唐诗辉煌，妙品如星。"王廷聘忽然叹道："莫如你我各占一诗，分贴盛唐、中唐、晚唐之名，验所好之异，可也？"

"有趣。"王夫之叫好，当即取来纸笔，写下自己的三句诗。未几，王廷聘亦写好，展而示之。

王夫之所写为——

盛唐："海日生残夜，江春入旧年。"
中唐："风兼残雪起，河带断冰流。"
晚唐："鸡声茅店月，人迹板桥霜"。

王廷聘所写为——

盛唐："九天阊阖开宫殿，万国衣冠拜冕琉。"
中唐："山回路转不见君，雪上空留马行处。"
晚唐："独上江楼思渺然，月光如水水如天。"

叔侄二人，展示完所写之诗，相视大笑，别无争议。继续喝酒。王夫之连喝三碗，借着酒劲，忽然道："大叔，都说小侄聪颖过人，人尽皆知，我却让众人失望矣。"

"子昂大才，不也三次才中？"王廷聘看着王夫之，正色道："成败不在一时，求学绝非易事，若一上考场，一击即中，朝廷如何选才？"

"伯玉有高适之伯乐，愚侄只有大叔之伯乐也。"王夫之苦笑道："然大叔不当朝，愚侄何时能出头？"

"为叔所讲子昂轶事，意为才气如子昂者，亦受科举之困。"王廷聘道："然真有大才，终不所埋也。"

王夫之道："话虽如此，每有不甘。"

"士不可不弘毅，任重而道远。"王廷聘饮完碗中酒，坚定道："贤侄有大才，有雄志，为叔信之，始终如一也。"

一向散淡无为的王廷聘说出如此励志之言，令王夫之泪水夺眶而出，他将碗中酒也一饮而下，道："多谢大叔。元宵一席言，胜读十年书。'他年我若为青帝，报与桃花一处开。'告辞。"

三

开春时分，王介之离家去京师太学求学，已过而立之年的他，还是头一次出这么远的门。一直以来，他以长兄身份帮着父亲、母亲支撑着这个家，对两个弟弟关爱有加。此一去，王家人感觉有些空落，都很舍不得，王夫之更是舍不得。他亲自送大哥上船，渡口临别时，他赋诗《送伯兄赴北雍》以送，并吟了开头四句："高堂有老亲，明庭无直士。兄勿悲乙科，行行念欲止。"

王介之在船上读了这首长诗，感慨万千，特别是诗中有"北过河济郊，白骨纷战垒。连岁飞皂蠡，及春生缘子。盈廷腾谣诼，剜肉补疮痏。痛哭倘上闻，犹足愧唯诺"等诗句。王介之明白，小弟寄望他"致君尧舜上，再使风俗淳"。然北方因遭受战乱，民众伤亡惨重，痛苦不堪。他们既被战乱蹂躏，又遭严重虫灾，饥荒定然发生。朝廷竟不顾民生，贪得无厌，敲诈勒索，无所不用其极。小弟希冀自己能将所睹惨状哭诉于皇上，使百姓疾苦上达天听。王介之摇头叹道："小弟何有辜，上闻登天难。"

那一段日子是王夫之生命历程中极为压抑的一段时光。大哥离开了，不再督促他；二哥虽在身边，但他自觉威严不够，多说无益。父亲继续设坛授课，更加投入到考证、诠释和撰写《春秋》的工作中。王夫之像脱缰的野马，由着性子狂奔起来，他每天一早走出家门，有时很晚还不回来。想想自己怀才不遇，王夫之时常以酒为友，借酒消愁。他对"志气旷达、以宇宙为狭"的魏晋名士刘伶甚为佩服。他常仿刘伶状，边饮边吟："以天地为一朝，万期为须臾。日月有扃牖，八荒为庭衢。"喝完，再斟，又吟："幕天席地，纵意所如。"仰头喝下杯中酒，又高声诵曰："兀然而醉，豁尔而醒。静听不闻雷霆之声，孰视不睹泰山之形。不觉寒暑之切肌，利欲之感情。俯观万物，扰扰焉如江汉之载浮萍。"每次饮酒，多惹众人侧目。有一回，王参之前去找他，王夫之醉眼蒙眬，连二哥都认不出，嘴里嘟哝："兄台，你是哪位？"见王参之不吱声，又道："同是天涯沦落人，相逢何必曾相识。喝也！"气得王参之狠狠地砸了酒壶。

一天，王夫之与夏汝弼、管时求、唐克峻三人在一家小酒馆饮酒。半酣之中，王夫之提议，以诗佐酒，每人在最短时间里说出一句与酒有关的诗，若有迟疑，或诗中无酒意，当罚三杯。三位同窗点头同意。

王夫之张口就来："相逢意气为君饮，系马高楼垂柳边。"

夏汝弼接上："有诗有酒有高歌，春色年年奈我何。"

唐克峻不示弱，吟道："日暮酒醒人已远，满天风雨下西楼。"

管时求急了，略一停顿，道："兰陵美酒郁金香，玉碗盛来琥珀光。"吟毕，笑道："好险，一时竟语噎。"

夏汝弼道："如此太易，莫如诗中含酒意，更含数字。谁的诗中数字少，罚酒三杯。可否？"见众人无异议，夏汝弼率先吟道："晚来天欲雪，能饮一杯无？"

"好诗。"唐克峻吟道："三更酒醒残灯在，卧听潇潇雨灯声。"

管时求对夏汝弼笑道："按规矩，唐兄诗句中有数字三，当赢。"说完，自己吟道："桃李春风一杯酒，江湖夜雨十年灯。"

"一杯酒，十年灯，是否意味着管兄赢了？"王夫之说完，当即吟道："往事不知多少梦，夜来和酒一时醒。"

夏汝弼一听，顿时笑了："只有数字一，这下好了。我与夫之兄同罚三杯矣。"

王夫之则道："非也。我的诗句中还有'多少'二字，要多大的数字有多大的数字。"

管时求和唐克峻一听，不乐意了，认为王夫之是"诡辩"，"不足取"，应"当罚则罚"。王夫之觉得自己未有错，亦非"诡辩"，坚持不受罚。结果，四人借着酒劲，大吵一场，还摔坏了酒杯，踢翻了酒桌，气得酒店老板打开店门，朝街头大喊大叫："各位快来看啦，王家三公子酗酒闹事了……"

市民不明就里，三三两两，前来围观，议论纷纷。

好事不出门，坏事传千里。关于王夫之变成酒鬼的谣言四起，不时有人把话传到王朝聘的耳朵里——

"王家三公子厉害！每晚喝上两坛老酒，说的皆非人话。"

"王家三公子秋闱落榜后，成了一个酒肉之徒。"

"王家三公子恃才傲物，自命不凡，嗜酒如命……"

王朝聘气愤难当，他一直忍着。最初，他不相信王夫之成了"好酒之徒"。然风言风语多了，他又不得不信，问了王参之后，更确信无疑，但他还是忍着，只觉得这是王夫之落榜之后的一种发泄，慢慢就会好起来。然一个月这样，两个月这样，最终他忍无可忍了。

暴风雨来了，王夫之浑然不觉。

清明之前的晚上，王夫之照例喝得大醉。第二天上午，王夫之去买香烛、纸钱和鞭炮等物，身上还残留着酒气。王参之极不耐烦，责备道："小弟，闻闻你身上的酒气！如此怎能祭拜祖先？一会儿父亲大人定会斥责你的！"

王夫之扯起衣角，嗅了又嗅："哪里来的味道？"

王参之皱着眉头，嘲讽道："你满嘴酒味，一身酒气，自己当然闻不到！"

王衙坪门口，有一条通往坟地的小路。细雨霏霏，行人三三两两，擦肩而过，大家手里提着香火纸钱和点心水果，都是祭祖的。每年这个时节，都很热闹。树林之中，山野之上，鞭炮声声，青烟袅袅。

王参之买完祭祀用品，回家途中，他有感而发地对王夫之道："设若到了祖坟前，焉不有愧乎？"

王夫之嘴硬，道："小弟愧对祖先，是又能怎样？"

王参之拉下脸，一本正经道："登徒浪子！眼里除了酒，还有什么？清明祭祖，神圣之事，你竟毫不收敛，沉湎酒中，尚无悔意，何以如此？"王参之很少用这种严肃的口吻与他说话。王夫之听了，不好意思低下头去，他跟在二哥后面，直到进门时，才突然胆怯起来。

厅堂之内，鸦雀无声，祖宗的灵位之前，王朝聘正襟危坐在高处，王廷聘和王家聘衣衫整齐地分列两旁，一家老小都老老实实站在下方。王参之进了内堂，恭顺地给父亲大人和长辈请安，然后站到一边，不时朝门口望望跟在身后的王夫之。

王夫之一进门，就看见妻子陶令微忐忑不安的眼神和愁云密布的脸庞，母亲谭孺人也不停地给他使眼色，他突然感到心虚，刚想要给王朝聘请安，就听见王朝聘厉声道："不肖浪子，你给我跪下！"

王夫之仿佛遭到了雷击，一时不知如何是好。他看看大叔，但他只顾低着头，似乎有意回避。王夫之从来没有见过父亲如此发怒，也从未见过大叔以这种方式对待他。看来，这一次自己一定让父亲大人和大叔太失望了。

王朝聘见王夫之茫然四顾，气得浑身发颤，又大声吼道："真是朽木不可雕也！还不快快跪下！"

"扑通"一声，王夫之双膝跪地，脑袋一片空白。

"这些日子，你在外面都干了什么？日日纵酒，夜夜狂欢。身为王家子孙，圣人之学皆吃进肚里，变成虫咀焉？你纵不能光宗耀祖，亦不能把王家人的脸丢尽吧？你枉为读书人，而今站在祖辈前，莫知羞愧乎？"

王朝聘一口气数落完，也不看王夫之一眼，而是缓缓走到列祖列宗的灵位面前，突地跪下。众人惊呼"大人"，也都跟着齐齐跪下。

王朝聘声泪俱下，叩头道："列祖列宗在上，朝聘庸碌一生，一事无成。原本寄望于儿辈，但因教子无方，没有特别出息之辈。最不可恕的是小儿，最近行为疯癫，有辱斯文，有辱圣人，有辱王门，有辱列祖列宗，朝聘真有逐门之心……"王朝聘说不下去，连连磕了三个响头，不禁老泪纵横。众人也跟着连磕了三个响头。

王夫之俯首在地，父亲大人的话句句锤心。他握紧了拳头，一脸铁青。起初他还是有些不服，可是，当看见父亲拖着年迈的身子，硬生生下跪，并说出要将他逐出王家，他顿时意识到事情的严重性，也反省到自己只顾发泄个人的郁闷之情，却不顾王家，特别是父亲的脸面，的确不应该。但是，王夫之虽然心里有了愧意，却没有及时向父亲采取悔过、认错的行动。

这时，王朝聘沉沉地站起身，颤颤巍巍地领着王家男丁，一步一步，出门去给祖宗上坟烧香。他走过王夫之身边，看都没看一眼。大叔王廷聘顿了顿，也只是重重叹了一口气，拂袖而去。小叔王家聘本来想说什么，弯下腰，凑到王夫之身边，却想了想，又站了起来，默默走了。

男人离开之后，女人低声唠叨着，要王夫之起来。王夫之却倔强地跪着，一动不动，仿佛被钉在了地上。从上午跪到中午，从中午跪到傍晚，滴水未进，粒米未食。

王朝聘从外面烧香回来，也没理会他，任由他那样跪着。王夫之没有亲口认错，王朝聘也始终沉默，就这么僵持着。王朝聘不发话，王家人谁也不敢让王夫之起来，也不敢给他送饭送水，甚至不敢去探望他。夜半三更，黑乎乎的屋子里，王夫之一个人跪着，隔着黑暗，妻子陶令微低低的哭声隐隐传来。不管多么错，那是她的丈夫，她的哭泣是对丈夫有力的支持。然而，这种哭声让王夫之的神经绷得更紧，他知道自己错了，也知道妻子在哭泣，但他就是不愿意认错，仿佛错不在他。

黑暗之中，无声无息。时间如水逝去，没有发出一点声响。王夫之想，这冥冥宇宙中，为什么会有人类？为什么人类比其他动物高明？为什么智商最高的人类却要忍受着最最痛苦的庸常生活？人活着，究竟是为了什么？王夫之莫名进入到一种恍惚境地，他既躁动又安静，既纠结又舒坦，似乎围在身边的一层层黑暗都是上天泼给他的，让他好好去感受和体悟天地之间的堂奥。

就在王夫之胡思乱想之时，突然，面前亮起了一盏油灯，照亮了父亲苍老的容颜和澄澈的眼睛。天啊，父亲一直陪在身边，黑暗中，他是如此渺小，渺小到自己都感觉不到。父亲老了，老了的父亲还要陪自己受这番罪，王夫之终于情绪失控，痛哭流涕："父亲大人，小儿错了，小儿真的错了！"

王朝聘心里"咯噔"一声，这个贱儿，多像当年的自己啊，他长长地叹了一口气，眼角也流下了一抹老泪，良久才颤声道："知错能改，善莫大焉！你起来吧。"说罢，他拖着苍老的身躯，慢慢地回了卧房。

灯光消失了，黑暗重新回到身边。王夫之却从冥想中回到了现实，他哭得更厉害了，愧疚万分，痛苦难抑。那一夜，父亲离开后，王夫之并没起来，而是一直跪在祖宗面前，反省，思过，忏悔。陶令微也是一夜未睡，就在一道墙后面的房子里，陪他一起苦着，疼着，熬着。万籁俱寂，王夫之仿佛看见祖宗的灵魂降临，先人聚在一堂，看着他的眼睛和他说话，摸他的身子，给他安慰和鼓励……王夫之似乎大彻大悟，他发誓痛改前非。豁然开朗的他哭得更厉害，但不敢哭出声，只趴在地上呜咽，泪水流尽。

黎明的曙光探进了后窗，第一缕光线照在他的身上，王夫之突然吐出一口血，倒在地上，晕死过去。陶令微失声尖叫，惊动王家众人，大伙立即奔进来。王朝聘也闻讯赶了过来，看到地上的儿子苍白如斯，游气微存，心疼不已。

半晌，王夫之才徐徐睁开眼睛，看见皱纹历历、老泪满面的父亲，他心头一热，嘶哑地叫了一声："父亲大人，小儿错了。"

王朝聘擦了一把老泪，轻轻摩挲着王夫之的头，道："人生长远，畏天内修，自反克己。凡事不可愚执矣。"

王夫之点点头，这一夜，他参悟了许多。"愚执"二字，从父亲口里说出，道尽了他一生的心酸。可王夫之毕竟年轻，当时还没完全体会到父亲此话的深意。许多年后，当他坐在湘西草堂，想起自己的一生时，他才突然明白父亲此番忠告的肝胆寸心。

四

1641年1月，张献忠突然率众从四川杀来，直指鄂中。沿途各地明军措手不及，为求自保，他们各自为战，一片混乱。张献忠不费吹灰之力，杀到襄阳。作为军事重镇，这里囤积了大量粮草和军饷。张献忠将所获饷银，分十万两白银赈济饥民，一时声势大震。张献忠又在西门城楼杀了襄王朱翊铭，将尸体吊在城楼上示众，朝野惊恐，举国哗然。

张献忠奇袭千里，仅仅一个月时间，遂将杨嗣昌苦心经营多年的铁网撕烂了。

屋漏偏逢连夜雨。李自成随后又把这张网撕得更加支离破碎。李自成每到一处，杀官吏，除恶霸，开仓放粮，一呼百应。不到一年光景，李自成已拥兵百万，令北线明军孙传庭部无力对抗。李自成率领农民军攻陷洛阳，杀了福王朱常洵，威震天下。

杨嗣昌听闻张献忠辱杀襄王，已羞愤难当，忧惧交加，旧病复发。再闻李自成陷洛阳，杀福王，杨嗣昌更是口吐鲜血，自觉无颜再见圣上。此刻，明军大将左良玉非但不出力，还落井下石。杨嗣昌哀叹人心不古。他不认为自己是被"反贼"打败的，而是被自己人坑了，遂万念俱灰，自缢身亡。

左良玉虽然获罪，连降三级，权力却更大了，朝廷让他以戴罪之身，统领明军，奉命剿匪。

张献忠刚刚夺得鄂北和豫南大部分城池，左良玉立功心切，杀来了，把张献忠逼上绝境。张献忠带着少量随从，投奔李自成。岂料李自成当时心情欠佳，竟欲杀之。幸罗汝才念旧，救下张献忠。

一山不容二虎。张献忠明白此理，他带着罗汝才赠送的五百人马，匆匆逃向东边。乱世出英雄。不久，张献忠东山再起。

内乱如此，外患尤甚。千疮百孔的大明王朝气数不长了。

可惜王夫之等衡州学子还没有意识到时局的严峻，他们的心思大多用在科考上。王夫之时常想，隋、唐以诗赋取士，考场之赋无一传者。诗唯"曲终人不见，江上数峰青"一句系唐代诗人钱起在考场所写，为何如此？原因在于，名利热中，神不清，气不昌，莫能引心气以入理而快出之也。尽管如此，无数人仍然如飞蛾扑火，奔忙于残酷的科考之途。

1641 年春夏之交，风暴前的衡州还算安宁。蝉鸣覆盖了石鼓书院的庭前，时光安好，书声依旧。自从衡州郡学被朱啸虎征用后，学子们的读书就转到了这座书院。

此刻，太阳从东方转到当空，阳光仿佛要把所有的水分都蒸发干净，树叶开始发蔫，热浪一阵阵扑来。教室内，黄真川穿着宽松的袍子，一边扇着竹扇，一边侃侃而谈，额头渗出一丝汗迹。坐在第三排的王夫之聚精会神地听课，偶尔，左手挡住右手的袖口，在纸上写些什么。阳光从外面的墙壁反射到他眼睛里，白花花一片，刺得令人眼盲，这让他想起遥远的北方大旱。

突然，黄真川提高声音道："平内寇，抑或御外侮？各位学子，今日，我们来议议这个话题。也许明年乡试，策试题即关乎此。"

王夫之心头一颤！看来，黄老师要讲一堂不同寻常的课。平内乱不能只靠清剿。为何民反？百姓造反必然皆因民心尽丧。天灾难免，这样的天灾着实可怕，年年大旱，北方百姓如何度日？皇上不能坐等百姓饿死而不顾，自然要赈灾放粮。然朝廷也有朝廷的难处，国库空落，钱都花在了边防上。即便皇帝设法调配，赈灾为何没有成效？因为钱到不了百姓手中，粮食到不了百姓口中。"官"字两个口，从上到下，层层克扣盘剥，都进了官的口中，国家病了，而且是大病，除病要下猛药，病愈也非一时半刻。于消除暴民来讲，猛药就是清剿，但清剿只能治标，再造中兴之治才是治本之道。可是，大明还有这个机会吗？大清虎视眈眈，趁大明后院起火，一而再，再而三来犯，归根结底，还是大明王朝得了重病，国体腐坏，社稷堪忧，民不富、国不强，兵不精、马不壮。翻看大明历史，中兴富强之时，北方蛮夷臣服得很，和谐得很，该进贡的还得进贡。后来国之根基松动，内寇与外敌这才你方唱罢我登场，搅得大明鸡犬不宁，不得片刻安息，内外受困，左右掣肘。正是："夜久语声绝，如闻泣幽咽"矣。

王夫之一时给不出答案，只能"穷年忧黎元，叹息肠内热"。同窗们正在激烈讨论中。窗外，阳光一点点被吞噬，天空逐渐阴暗，闷得人喘不过气来。未几，一声炸雷响过之后，狂风大作，大雨倾盆而下，风雨交加，冲进课堂，一片狼藉。黄真川宣布下课，然后迎着狂风，走进暴雨中。一道闪电从低空划过。雷声过后，庭院的巨大樟树被劈成两半，破碎的屋瓦散落一地。王夫之吓了一跳，他站起来，躲进内堂，趁着雨歇，又冲回宿舍。

这场大雨像一种暗示，停了又下，下了又停，几日之后，蒸湘河里的水冲出了堤岸，衡州城一片汪洋。惊慌失措的人们，背着包裹，带着家眷逃向深山。不只是衡州，整个湘楚和整个中国南方几乎都跌进了水患的深渊，庄稼几乎颗粒无收。

与此同时，中国北方仍旧大旱。大明朝陷入冰火两重天。早在1639年初，洪承畴调任蓟辽总督，领陕西兵东来，与山海关马科、宁远吴三桂两镇合兵。锦州有松山、杏山、塔山三城，相为犄角。1640年冬，清军攻锦州及宁远，洪承畴派兵出援，败于塔山、杏山。翌年春，为挽救辽东危局，明廷遣洪承畴率宣府总兵杨国柱、大同总兵王朴、密云总兵唐通、蓟州总兵白广恩、玉田总兵曹变蛟、山海关总兵马科、前屯卫总兵王廷臣、宁远总兵吴三桂等所谓八总兵兵马，领精锐十三万、马四万来援，集结宁远，与清兵会战。战斗持续一年，1642年年初，由于内部矛盾重重，众将离心，洪承畴在松山战败，关外形势急转直下，明军已无兵再战。

至此，大明王朝离亡国只差一步之遥了……

就在这天崩地陷之际，湖广提督学政高世泰来衡州主持岁试。王夫之参加了这次考试，并不负众望，被高世泰列为一等，高世泰在考卷上写下评语："忠肝义胆，情见乎词"，令王夫之铭记终生。

崇祯十五年（公元 1642 年），又是一年乡试时。王介之提前从京城返回家中，与两个弟弟一起，紧张复习了一段时日的功课，准备再次一同赴考。王介之的第七次科考，也可能是最后一次科考。这个数字已经赶上了父亲的赴考次数。同时，这一次，也是王夫之的第四次赴考，他的心情异常复杂。

恰在此时，谭孺人突患眼疾，看不清东西，下床、走路、吃饭、喝水都成了问题。三兄弟甚为心疼，亦甚为焦急。王朝聘沉默不语。谭孺人道："男儿要做大事，读书去吧，家里还有女人。"慈母之爱，无需多言。母亲深明大道，令三兄弟潸然泪下。

王介之和王夫之起身，依依不舍，就要出门。可是，王参之依旧跪在母亲床头，泣不成声，久久不去。母亲劝他，他不为所动，道："父母在，不远游。天天读圣人书，却不按圣人说的做，我办不到！"见他如此执拗，王介之和王夫之又回到母亲床前长跪不起，均不愿离去。关键时刻，王朝聘走了出来，厉声道："你们还要自己的前程吗？百善孝为先，固然不错。然你们的前程不仅系于家，更系于国。书生报国，才是大孝。"三兄弟见父亲动怒，遂退出房门。

夜半时分，谭孺人咳嗽着醒来，嘴里含着一口浓痰，不知道该吐向哪里。不知何时，王参之又回到了母亲睡房，他端着盆子，跪在旁边。母亲叹道："参儿，我得的不是大病，死不了。你快快去吧，别误了自己的前程。"王参之倒完痰，重新回来，守了一整夜。谭孺人怕王朝聘责怪，亦不声张，只叮嘱王参之翌日务必要去赶考。

王家三兄弟终于要去赶秋闱大考了。刚出王衙坪，就听到谭孺人一阵剧咳，王参之猛地停住脚步，怎么也不愿北上了。王介之心疼道："参弟，为兄知你一片孝心，我们何尝愿意此时离开母亲大人？若执意留下，母亲大人只会病上加病。"

王夫之也劝道："二哥，母亲大人之疾，不在一时半刻，且家中有人照料，还是安心赴考吧！"

"你们说得在理，然不能守在大人膝下尽孝，我于心不安。父亲年事已高，亦有微恙。家有三子，却无人侍奉身前，未免凄凉。我已决定留下，你们北去武昌吧。"王参之坚定道："还记得之勇兄当年赴考否？他回家后，文老先生已长眠地下。"见话说到这个份上，王介之和王夫之不再强求，只好叹息离去。

途经长沙时，王夫之想起岳麓书院游学的情景，颇为感慨，挥笔写下《铜官》一诗："湘近波千缬，湖馀势一青。自然成气象，终古幻苍冥。影转帆随曲，苍来岸落汀。正馀吟兴好，新发洞庭舲。"

王夫之一行再次来到武昌，三年的锤炼，他沉静了很多，说话做事不再像从前那样轻狂。此时的武昌看似宁静，实则凶险万分。大明王朝腐败无能。多年安内又攘外，然内乱越剿越乱，外侮越抵越重，民众生活在水深火热之中矣。

这天午后，王夫之独自一人上街走走。转过一个街口，眼前的情景让他大吃一惊：一条巷子里聚集了蓬头垢面的一群流民，烈日之下，破旧的大包小包杂乱地堆了一地，臭气熏天，苍蝇乱飞。流民们横七竖八地躺坐在地上。老汉垂头丧气，妇人满面泪痕，孩童双目迷离，婴儿哇哇啼哭，壮年男人正在垃圾堆里寻找一些腐食残羹。王夫之惊惶之余，上前打听流民们从何而来？他们纷纷表示，从鄂西而来。

更让王夫之惊惶的是，这样的流民不止一群，而是一大片，像溃烂的伤口，布满武昌的小街小巷。王夫之知道鄂西出了大事，但他压根没有想到真实的形势究竟有多糟糕。

五

天雷滚滚，衡州书生虽有察觉，但他们并不清楚真正的引爆点在哪里，真正的危局是什么。眼下他们关心的仍是科举考试，这是绝大多数人终生为之奋斗的全部。

王夫之有些紧张。看见街上流民众多，偷盗抢劫随处可见，场面十分混乱，他更是担心和焦虑。王介之不准王夫之走出房门，警告道："世道甚乱，人心不古。我等小心为上，不要节外生枝，无事生乱。"

这天上午，王夫之正在房里看书，房东敲门进来，道："先生，能否帮小人一个忙？"

王夫之道："说来听听？"

房东道："黄鹤楼今天来了一位老者，向众人出了一道难题，是楹联的上半部，声称谁对得上，即可获得十两银子。我想先生乃学问大家，这种事情应该不在话下，遂赶紧跑了回来，请先生去瞧瞧好吗？如果对上了，你们的房费我将免除。"

王介之正要阻止，但王夫之好奇，当即跟着房东到了黄鹤楼。其时周围站满了人，房东拉着王夫之的手，硬生生地挤了进去。只见老者前面放了一块大白布，旁边放着一支毛笔和一个盛满墨汁的砚池，两个后生努力将老者另一块白布拉齐，上面有一联文字，王夫之凑近一看：

"两舟竞渡，橹速不如帆快。"

只看那字，王夫之心里就叫了一声好。再细究文字，王夫之觉得颇有意味，这上联点到了历史上两个有名的人物"鲁肃（橹速）"和"樊哙"（帆快），要对下联，必定要从历史人物上寻求突破。

现场人头攒动。不少人指指点点，或交头接耳，却没有一人敢上去写下自己的文字。老者不断地看着众人，其中也有不少书生，均怯怯的，无以应答，脸上遂布满了落寞的神情。这神情很奇怪，令王夫之想起父亲的眼神。

王夫之再看楹联中"鲁肃"和"樊哙"的名字，他想到了三国，想到了秦皇汉武，想到了能文能武的栋梁之材对于一个国家的重要。这样一想，他脑海里闪过一连串名字，并很快定格到两个人物身上："笛清"（狄青）和"萧和"（萧何）。

终于，在老者快要收摊的时候，王夫之走上场，恭敬地向老者作了揖，从容地站在白布前，蘸上墨，深吸一口气后，挥笔写下：

"百管争鸣，笛清难比萧和。"

同样的一段历史，同样的文武人才，激荡的历史在这样的碰撞中溅出了火花，有如高山流水，琴瑟和鸣。精深的历史理应有博大的人才来高高托举。

王夫之写完，掷笔的那一刻，最先响起掌声的是老者，他两眼放光，大叫一声："妙！果然是妙！"

围观者掌声不断。房东更是欢呼雀跃，高声嚷道："好了，好了，赢钱也！"

然老者微笑着，摇摇头，道："各位放心，老朽悬赏征联，定会一诺千金。"他见众人安静下来，又道："只是老朽尚有一联，欲请这位先生应对。"

"这是耍赖。"房东立即大声反对，道："我家公子只对此联。欲对新联，再加银两。"

王夫之一怔：我何时成了你家公子？他瞥了房东一眼，不去计较，回头对老者道："在下愿意一试，请赐上联。"

于是，老者亦不客气，提笔写下：

林花经雨香犹在。

王夫之一怔，这是宋朝寇准的诗句。看来老者是想考验一下王夫之的诗词功夫和历史寄寓。房东还在鼓噪，但围观者倒是安静下来。一抬头，王夫之发现大哥王介之等衡州学子均来到了现场。

老者将笔轻轻放下，用殷切的目光看着王夫之，好像在说，年轻人，现在就看你的了。

王夫之眉头一皱，略一停顿，然后拿起老者放下的笔，在另一件白布上一笔一字写下："芳草留人意自闲。"王夫之写完，搓了一下手，折身欲返人群中。

"好，好！连欧阳修的名句也找到了。"老者急忙朝王夫之招招手，追上去，道："先生年少老成，才华横溢，老朽感佩不已。敢问先生名号？"

"在下衡州人，姓王，名夫之。"王夫之道。

"哦？"老者一惊，道："敢问先生与衡州武夷先生相识否？"

"莫非大人乃与父亲大人为故交？"王夫之也很吃惊。

"幸哉，幸哉！征楹联征出一段佳缘。"老者拊掌，连连道："武夷先生后继有人，此乃天意也。"

原来，老者乃方玄痴，安庆府桐城县人，因家学渊源，博采众长，乃明末四公子之一。方玄痴其实并不老，只是穿着打扮偏老，他比夫之年长八岁，早已声名在外，学问、书法、人品皆一流。方玄痴外祖父曾与憨山大师交谊甚笃，留有佳话。方玄痴在京城遇到王朝聘，听闻他曾与憨山大师论道之事，深为敬佩。方玄痴也是典型的"清流派"，以"死谏""刺语"和"狂狷"闻名，为官多年，得罪不少人，先后任工部观政和翰林院检讨。此番来武昌，他是应章梁之邀来消闲的。章梁最先为官是在贵州开州府做知县，因政绩显著，乃擢升为两广督学，一度做到京城通政使要职，后因遭人陷害，被逐出京城，原本削职为民，后在方玄痴的力保和罗亦簏的斡旋下，贬为襄阳知府，第二年，接掌武昌知府。他不忘故交，前番曾邀王朝聘前来叙旧。一段时间后，他又邀方玄痴过来消闲。不巧的是，方玄痴来后，武昌流民发生械斗，死伤数十人，章梁忙于处理此事。方玄痴便带着几个弁卒来到黄鹤楼游玩散心，没料到碰上王夫之等衡州学子。

王夫之将大哥王介之等衡州学子向方玄痴一一引荐。房东不断叫嚷着方玄痴拿出银两来践诺，方玄痴让弁卒将两大袋银两拿出来，对房东道："适才你称夫之先生为你家公子，果如此乎？"

房东满脸通红。方玄痴将银两塞进王夫之手中，回头对房东道："我会践诺，但银两恐怕不是给你的。"言毕，哈哈大笑。

王夫之当然不会收这些银两，连忙将钱袋推回给方玄痴，道："能够与玄痴先生相识，乃不胜荣幸。王某岂是贪财之人？"

方玄痴则坚持要将银两给王夫之，道："此与贪财无关，如你不收，则置方某于废信之人矣。"即便如此，王夫之还是不收。

王介之等一干衡州学子亦在一旁道："收不得，收不得。"

王夫之忽然道："王某倒有一求，可否请玄痴先生赠予在下此两楹联？"显然，这是王夫之为解方玄痴"废信者"之计。

方玄痴点头道："若夫之先生不嫌弃，当可持之。"

王介之笑道："小弟这回可赚大了。"大伙哈哈一笑。

方玄痴明白王夫之用心，甚是感佩。他不再纠结银两之事，只是提议一起去一醉方休。

王夫之等则以科考在即，待结束后再聚不迟，婉拒了。

"也行。"方玄痴想了想，同意了。他让王夫之略等片刻，当即挥毫写下："江光水色，鸟语潮音，皆演般若实相；晨钟暮鼓，送往迎来，皆空生晏坐石室见法身时也。"他郑重签印后，慢慢拾起，送与王夫之，道："抄德清大师语赠之。后会有期矣。"说罢，抱拳而去。

王夫之返回后，房东没有如愿得到征联银两，遂气鼓鼓地道："对不起，夫之先生，房租已经翻了一番。如不愿意，即可走人。"

"岂能如此？"王夫之知道房东在报复他，正要据理力争，王介之制止他，道："翻番就翻番，小弟不必介意。"

王夫之怒目圆睁，很不情愿，要去理论。王介之拉着他，走到一侧，小声道："方先生黄鹤楼征联，动静太大。小不忍则乱大谋，你得当心。"

"哦？"王夫之噔着眼，见大哥讲得如此严重，只得将一股恶气恨恨地咽了下去。

翌日上午，王夫之刚刚吃过早餐，正准备写一篇策论文章，此时房东笑嘻嘻地凑过来，道："大才子昨晚住得如何？"

王夫之认为房东是宵小之徒，懒得理他。房东悄声道："夫之先生，请出来一下。"

王夫之置之不理。房东又道："昨天征联之人有东西送你。"

"啊？"王夫之一听方玄痴，立即跟着出来。

房东走到了个角落，忽地捧着手中的一个匣子，神秘道："知道大才子有学问，可考场上的事有些怪，有才的未必能中，无才的也未必不中。"

王夫之觉得房东话中有话，遂警觉起来，盯着那个匣子，道："那是什么？是征联者送的东西吗？你想干吗？"

"不用征联者之名，夫之先生怕是不肯出来。"房东怪异地笑了一下，并将头凑得更近："此匣中装着本次科考之题，小人花了大价买来的。每次科考多有泄题，各地考生纷纷争抢。小人看大才子确实有才，如果不中，真是惋惜，故提前透露于你。如感兴趣，小人可以将它贱卖给你。"

由于凑得太近，王夫之闻到房东嘴里的一股死鱼味，差点吐了起来，他立即挥手，厉声呵斥道："滚开，快滚！"王夫之深知，每次科考，为防止舞弊，入场前的搜检极其严格，士子们不仅要开襟解袜搜遍全身，而且衣服鞋帽、考试用具、所携带的食物等都要经过严格检查。明文规定：士子进场需搜检，搜检官役失职者要严惩；如大门搜过无弊而二门搜出者，大门官役将受处治。同时要求考生衣帽鞋袜必须是单层的，砚台要薄，毛笔管镂空，连食物也要切开来检查。

"哼！小人有心帮你，先生真是不知好歹。"房东见王夫之凶他，恶狠狠地瞪了一眼，低声道："告诉你，上回你们衡州学子王介之和刘子参两位先生都买了当次考题，结果都榜上有名。"

王夫之听了一激灵，非常疑惑：难道果真如此？他听说每每有贿考之事，倒不知道有泄题之说。想了想，觉得不可能，之所以不可能，是因为他相信大哥的人格。王夫之想看看房东葫芦里究竟卖的是什么药，便故意软下来，道："真的？你有多少这样的题？我有一位朋友也想要。"

"可以。"房东贪婪道："我只有这一份，如果你想要，就赶紧买吧。至于你那位朋友，你有了，你的朋友也就有了。"停了一下，他又笑了一声："当然，你可以加价转卖此题。"

"多少钱？"王夫之问道。

"一口价，十两银子。"房东答道。

王夫之道："我没有这么多银两，你等一会儿，我去跟我朋友拿钱。"言毕，就跑回房间，讲了房东卖题之事。

王介之很生气，马上跟着三弟出来。王夫之对房东道："此位就是衡州学子王介之。"

房东顿时面红耳赤，喃喃道："啊？我、我记错了。"不等王氏兄弟呵斥，转身落荒而逃。

"唉，世道太坏，人心太黑。"王介之怅然道。

王夫之点点头。不过，他也佩服这些刁民，把上榜者的名单都抄了下来，并且记住了上榜者的地域分布。只有这样，人家才有可能相信他们。当时的科举考试科目不仅有文科，也有武科和宗科，不过，一般考生大都重视文科（即进士科），并把它作为取士任官的唯一途径。进士科考试除乡试外，还有会试和殿试这样更高级别的考试。不同场次的考试范围基本统一，主要涉及程朱理学、四书和五经等，推崇程朱理学，强调存天理、灭人欲。考试题型沿用、发展唐宋时期的模式，包括经文、论、时务策以及新创的诏诰表、判语等；考试内容可分为治国总论类、封建伦理类、经济理财类、军事武略类、文化教育类五种，并将考试文体规定为八股文。武举考试包括校场试弓马、帅府试策略，策略注重文化知识考核，论策主要涉及《论语》《孟子》《武经七书》等。因此，无法杜绝考前押题或泄题之事。

"小弟，进屋读书罢。"王介之道："勿用多想。时间无多矣。"

"喏。"王夫之答应一声。随后几天，他与湖广各地学子，闭门谢客，全力以赴，作最后的冲刺。此时，各位考官先后抵达武昌，其中有江西南昌的欧阳霖，他是此次秋闱的总管房；有湖南长沙推官蔡道宪，湖北沔阳知州章旷等，此二人均为分房阅卷老师，这些人后来都是王夫之的贵人和伯乐，都成为南明的忠臣和志士。在考场之上拱手寒暄时，这些老师和学生均不会想到，两年之后，他们的命运都被时代的力量硬生生地逆转了。

第九章　喜登黄榜

一

1642 年的武昌，秋高气爽，江水湛蓝。经过九天紧张疲惫的考试，王夫之终于走出了考场。他感觉良好，但黄榜没有张布之前，他不敢表现出过分的乐观。前三次的教训历历在目。

等待放榜的时间是最煎熬的，"鬓为愁先白，颜因醉暂红"。王夫之年轻，不会像香山居士这样因愁白头，但也无法喝酒得欢。王介之比较淡定，每天仍然待在房间继续看书。有一天，王夫之实在坐不住，便邀了几个朋友出门散心。王介之道："去吧，去吧。"然而，等王夫之回来时，黄榜已经张贴出来。

最先碰到的是包世美，他正蹲在地上哭泣。王夫之大吃一惊。在王夫之印象中，包世美言语不多，行事稳重，记忆力惊人，尤喜钻研旁门左道，比如说暗器。听刘子参说，包世美会一种独门暗器，是一种特制铁刺，含剧毒，他将暗器藏在袖口中，既能防身，又能怡情。比方，他能射空中飞过的小鸟，或山林里跳跃的野兔，一出手，百发百中。

"包兄，你在哭什么？看到榜单了吗？"王夫之有一句话，没有说出口："再次名落孙山了？"不料，包世美却站起来，破涕为笑，道："中了！我中了！"他抓住王夫之的手，用力摇晃着，大声道："夫之兄，我看到黄榜上的名字，中了，真的中了！我、我不是在做梦吧？"

"啊？看到黄榜上自己的名字，中了？太好了！"王夫之亦大声道："这不是梦，你哭什么？"

"哈哈哈！不是梦！我中了，真的中了！"包世美这才狂笑而去。

王夫之看着包世美急剧扭动远去的背影，不禁叹了一口气，心却悬了起来，不知道自己中了没有？估计没有，如果中了，包世美能不看到，能不告知吗？这样一想，心顿时沉了下来。

就在这时，唐克峻疯了一般冲过来，抓着王夫之的肩膀，哈哈大笑："夫之，你中了，位列第五！了不起，真不起！"

"啊，真的中了？位列第五？"王夫之不敢相信自己的耳朵，触电般愣在那里，不知所措。唐克峻重重地拍了一下他的肩膀，他才回过神来，喜极而泣，双手齐搓，嘴里喃喃道："好，终于中了！"忽然，王夫之看见大哥在一旁低着头，不吱声。王夫之心想：坏了，大哥是不是没有中？他马上敛起笑容。岂料，大哥也中了，只是排名靠后。王夫之真是高兴。但美中不足的是：向他报喜的唐克峻却落榜了。

唐克峻故作镇定，道："这回武夷先生可要高兴坏了。"

王夫之道："看大哥模样，还以为……"

唐克峻道："介之兄心太善，他是怕我不舒服呢。因为，是我与他一同看的黄榜。"

王介之连声道"天不长眼！克峻兄不中，真没道理！可惜矣！"

王夫之一边替挚友惋惜，一边要亲自看看榜单上自己的名字。他向大哥和唐克峻打了个招呼，便急不可耐，一溜烟跑向贡院。沿途有人喜笑颜开，有人痛哭哀号；有人春风得意，有人面如死灰。这几乎是每次放榜时的场景，悲剧，喜剧，轮番上演。

迎面看见夏汝弼，中间还隔着几个人，王夫之就用力挥着手，大声喊道："叔直！"夏汝弼本来还紧张兮兮，自言自语，摇头晃脑，看见王夫之，他一阵狂喜，大喊"夫之，夫之！"跑到王夫之跟前，手舞足蹈，激动得半天说不出话来，攥紧拳头，不停跺脚和痛哭。

王夫之顿感不妙，刚想安慰他，谁知夏汝弼却狂喊一声："老天爷，我中了！中了！"随后，他疯子一般大喊大叫："夫之，我中了，你也中了！老天爷！介之，冶仲，国相，季林，统鲁，乃蔚，衡州学子全中了！哈哈哈！"

夏汝弼狂笑不已，泪流满面。王夫之见这个一向弱弱的、非常克制的同窗如此疯野，也情不自禁哽咽起来，身子发抖，说不出话来。夏汝弼紧紧地抓住王夫之的手："苍天有眼矣！我真不敢相信这是真的！你快去看看！我真不敢相信！哪有如此好的事情，都中了！哈哈哈！"夏汝弼面红耳赤，心要跳出来。

王夫之也高兴坏了。但是，只是听别人说，他还是不信，眼见才能为实。"好，我去看看！"王夫之丢下夏汝弼，夺路而走，跑向贡院。

放榜处围满了人，人头攒动。每个人都竖着脑袋，像一只只鸭子，被人提着，尽力往里面挤。哭声、笑声、叫声、骂声乱作一团。王夫之削尖脑袋往里面挤，总是进不去。

突然，里面发生一阵躁动。有人尖叫："死人了，死人了。"紧接着又有人喊道："散开，散开！这人没死，是晕倒了。"嘈杂之中，传来七嘴八舌的议论："是不是落榜了，受不了打击？""非也。他高中了，受不了刺激。""十几岁中秀才，八次秋闱，年过半百，终于中了，熬出头了……"这样的情形每次科考都会出现。

不一会儿，就见到一个人被抬了出来，双眼翻白，口吐白沫，浑身抽搐。趁那人被抬出来闪开一条小道的工夫，王夫之拼命挤了进去。果然，他在榜单第一列就看到自己的名字，心头一热。他紧紧盯住自己的名字，头皮发麻，脑袋一片空白。定了定神后，王夫之继续看下去，他的大哥王介之果然在列，叔直、冶仲、季林、世美、乃蔚等名字果真也都在列。他突然想到了二哥，若他来赶考，是否也能名列其中？他相信，若二哥来参加秋闱，一定也会金榜题名。那样的话，他们一门三杰，该有多圆满！如今这圆满缺了一块，怎么也补不上了。他顿时感觉愧疚和遗憾。这一走神，身体马上被人挤了出去。

"夫之先生，夫之先生！"突然人群中有人尖声叫他，接着看见一个人影踉踉跄跄地奔过来，一把抱住他，浑身发颤，却是说不出话来。王夫之定睛一看：怎么，张纯熙？"啊，你也参加科考了？"

"是啊！小人原本再也无能参考也无力参考，但朱大人说服我，支持我，就来了。"张纯熙还在梦境一般，浑身发颤道："老天爷，竟然我也中了，中了！太不可思议矣！"

"啊？你也中了，好啊！"王夫之真不敢相信。

张纯熙道："夫之先生，小人这是在做梦吗？你快去帮我看看，在榜单最后一列，倒数第二个：张纯熙，你看是不是这个名字？"

"好，我去看看！你在此等我！"王夫之奋力挤进人群，再次来到榜单前，他找到倒数第二个：罗大伦。不是啊。他一愣，眼睛往回收。这时，等不及的张纯熙从后头挤来，大叫道："夫之先生，你看到了吗，我看到了！"并用手一指。突然，王夫之在倒数第四个人位置上，看到了"张纯熙"的名字。天啊，这是真的！张纯熙也中了！

苍天有眼！王夫之又惊又喜，脑海里冒出"朱归孺"三个字，忽然之间，胸中涌出一种说不清的复杂感受。"祝贺你，纯熙先生！"王夫之道了一声，但语气中颇有一些不自在：这厮既没有在衡州郡学读过一天书，又没有在石鼓书院里上过一天学，居然也跟大伙一样，考中了！朱归孺真的使了歪门邪道乎？房东神秘的声音在耳边响起："此匣中装着本次科考之题，小人花了大价买来的。"王夫之使劲摇摇头，似乎要将这个该死的声音努力赶跑。

"夫之先生，小人没有跟你们同船，也没有跟你们同住。"张纯熙道："是因为害怕你们见到小人来赴考而笑话小人。"

王夫之道："人人可以科考，没有谁笑语你，纯熙先生想多了。"

"小人现在可以搬来与你们一起住吗？"张纯熙挺兴奋，问道。

"如今倒是不必了。"王夫之回答得有些奇怪："王某害怕朱大人觉得你与我们在一起，反而会责备你的。"他将"朱大人"三字特地加了重音。

"哪里的事？朱大人一定挺高兴的！他经常说，要向夫之先生多多请教。"张纯熙大声道："小人现在就去退房！"

"昔日龌龊不足夸，今朝放荡思无涯。"当天晚上，衡州学子会聚一堂，在武昌最有名的"纳福楼"酒馆摆了好大一桌，要了十坛老酒，两头烤猪，三条羊腿，五鸡、五鸭等一应俱全。衡州学子全部到齐，张纯熙也在列，大家无所顾忌，开怀畅饮。美梦成真，满桌的人个个喜笑颜开，唐克峻也不例外，他虽然意外落榜，但他显得比中榜者还高兴。只见他高举酒杯，拉开嗓门，大声道："今乃黄道吉日。苍天有眼，各位兄弟金榜题名，为我衡州争光。我做东，恭喜，恭喜！"

郭衮冕一听，起而争道："克峻兄，怎能让你请客？我来！我请客！此次秋闱，衡州出了八个举人，加上衡山人纯熙，一共九个。一个小地方，一次中了九个举人，史上闻所未闻也，实乃大喜事。平时我跟各位聚得少，今晚请赏脸，我请客！"

王介之、王夫之和邹统鲁也纷纷表示要请客，每个人都有十足的理由。每个人都手舞足蹈，满脸放光。大家一边喝酒，一边吃肉，一边说话，觥筹交错，嘈嘈杂杂，家国大事，无所不谈。

这时，王夫之端着一杯酒，起身来到郭袞冕身边，低声道："郭兄，着实许久没见了。"然后将郭袞冕拉到一边，说起上次大年初六去他家拜年，不遇后，依郭父之言去尚德客栈亦不见："我好生奇怪，你不在尚德客栈，尚美与德懿两姐妹也不见。倒是见到了衡州知府罗大人，还有一个人，我描绘给家父听，家父猜测，好像是桂王府什么翁大人。一直想当面问你：这究竟是怎么一回事？"

"啊？这个……罗大人……翁大人，我都不知也。"郭袞冕身子有些摇晃，嘴里嘟哝道："错了……什么？喝吧，喝吧。今日高兴……高兴……中了，都中了！……洞房花烛夜，金榜题名时……人生快意，莫过如此也……喝！"说完，将满满一杯酒仰头灌了下去，未几，人也瘫倒下去。

王夫之也喝了，站立不住，倒在郭袞冕身边。

夜深了，酒馆快要打烊了，此时只有王介之还清醒。他看着众人倒在桌子旁，呼呼大睡的场景，格外心疼，十载寒窗，数度科考，光阴终究没有负人，今天总算高中黄榜了，他起身去结账。但见夏汝弼从前台回来，道："我去时，纯熙先生已抢先结了。"

"焉能如此？"王介之径直走到张纯熙处，道："焉能由你出钱？"

"介之先生，小人知道你心疼我的钱。我家确乎也穷，可这一回，中了，嗨！高兴矣！"张纯熙连忙站起，搓搓手，笑道："诸位虽家庭殷实，然皆父母之钱。而小人，则是自己谋差赚来，媳妇无有意见。"

此时王夫之酒也醒了，他听着张纯熙一句一个"小人"，感觉怪别扭的，便道："纯熙兄，你休得小看自己。一口一句小人，谁受得了？今天你坚持请客，我无意见！"

听王夫之这样一说，张纯熙异常开心。王夫之没有在张纯熙的名字后称"先生"，而是称"兄"，他觉得这是王夫之从心底里宽谅了他。虽然在衡州郡学等事情中，他确实做了一些具体工作，但他相信王夫之等学子并不会怪罪于他，毕竟，他只是一个谋差者。客观上，衡州郡学当时已成危房，朱啸虎征去做屠场，张纯熙也觉得没什么不好。在他看来，总比倒掉了再去找人来接手强。不过，他明白，他要真正与衡州学子打成一片，还有很长的路要走。而在王夫之看来，张纯熙的言行做派在很多方面颇像朱归孺，能吃苦，有想法，有干劲，敢突破常规，了解民情，若从官，他们比郡学或书院里考出来的人有更大的冲劲和后劲，千万不要小觑他们。

唐克峻不再坚持，包世美、邹统美和王介之等人也表示同意。

"好！既然各位学兄如此抬举我，在下感激不尽！"张纯熙说着，他已经喝了不少，此刻抱起桌前的酒坛，摇了摇，似乎还有半坛酒，举上头顶，头一仰，咕噜咕噜，一饮而尽。

张纯熙酒量并不大，但他表现出来的胆量、气派和血性，令王夫之等人刮目相看。王夫之想：近朱者赤，近墨者黑，此之谓也。

二

几天后，湖北巡抚举办鹿鸣宴，宴请所有中举之人，各位管房和考官也悉数到场，武昌知府章梁也到场祝贺。学子们唱着《鹿鸣》诗，跳着魁星舞，每个人打心眼里高兴。王夫之看着满座高朋，仿佛触摸到光辉的未来，不由想起了刘梦得的诗句："又被时人写姓名，春风引路入京城。"大伙举着酒杯，纷纷向各位老师敬酒。

王夫之来到一位慈眉善目的老者面前，报上姓名，就要喝酒。

老者正跟人说话，听到王夫之名字，眼睛顿时一亮，回过头来，温敦笑道："哦，原来你便是衡州学子王夫之？"

王夫之一愣，赶紧道："弟子正是。"

"正所谓'笔落惊风雨，诗成泣鬼神'，此乃后生之可畏也。"老者欣然道："老朽甚喜欢你之文章，大气磅礴，境界高远。尤其《春秋》经义并策论，行文流畅，微言大义，字里行间，照见雄心，实大才之风也。"

恰在此时，又走来两位先生，一位看上去三十岁左右，红光满面，嘴角上一颗黑痣格外显眼；另一位则年过不惑，清秀俊朗，神情笃定。"黑痣"先生向与老者鞠了一躬，对王夫之道："这位乃此次秋闱总管房欧阳霖大人，欧阳大人对你的文章赞不绝口，赏了你一个《春秋》经魁！你可算是遇见伯乐了。"

同来的先生则娓娓赞道：欧阳大人发现千里马矣。闻及此，王夫之激动万分，赶忙鞠躬拜谢恩师。

欧阳霖捋着胡子，呵呵一笑，向两位考官道："难道只有老朽喜欢夫之先生之文章？章大人，蔡大人，你们不是也对夫之宏文大加赞赏吗？"原来，刚才走来的两位先生，一位是章旷大人，一位是蔡道宪大人。王夫之早闻二位大名，赶忙再次鞠躬致敬。

章旷爽朗一笑，拱手回礼道："文如其人，果然与众不同。夫之先生文章臧否天下之心，有理有据，忠肝义胆，凛然正气，又能目睹现实，针砭时弊，仰望苍天，直抒胸臆，且评论时政，掷地有声，将来定为有用之才也。"

"承蒙大人谬赞。"王夫之脸红红的，肃立聆听。

蔡道宪打心底里喜欢王夫之，不过，他从文章中也隐隐感觉有一丝担忧，遂语重心长道："年轻人，锋芒毕露虽好，但有时内敛的力量更强大。欲做千古文章，仍需研习磨炼。成大事者，忍为上，收刃气，善观变，屈伸有度。"

"谢谢大人指教。"王夫之知道蔡道宪话里有话。

"相谈甚欢啊。"这时，一位身材魁梧、形象俊朗的中年人端着酒杯走了过来，对王夫之道："这位就是武夷先生的三公子、才华横溢的夫之先生吧？"

欧阳霖立即道："夫之先生快快拜见武昌知府章梁大人！"

王夫之闻言，心头一紧，眼眶一热：眼前这位大人竟然就是父亲的故交章梁大人？王夫之更不知道，阅卷者章旷大人就是章梁大人的胞弟。一场科考，榜上有名，王夫之的人生仿佛立即揭开了一个盖子，打开了一片新的天地。怪不得这么多人要挤上这条独木桥。

"原来是知府大人。"王夫之抱拳道："父亲时常提起大人，心存感念。"

"哦，原来夫之竟然就是衡州武夷先生的公子！"欧阳霖、蔡道宪和章旷都不约而同地再看了王夫之一眼，异口同声道。

"家风笃正，学有渊源。前有岳麓山长吴道行嶷山先生荐之，后有提督学政高世泰高大人夸之。蔡某未见人前，久闻其名矣。"蔡道宪笑道："请夫之先生回去代问武夷先生好。"

欧阳霖和章旷也请王夫之转达对"武夷先生"的问候，王夫之内心感叹：父亲虽是一介布衣，但学识、修为、人格赢得各方景仰，殊为难得矣。

"科考前，玄痴先生在黄鹤楼摆阵，下重金寻联。结果，夫之先生独对二联，已成佳话。"章梁笑道："玄痴先生当晚跟我讲述了遇见夫之之喜，并预见此番科考，定能金榜题名。"

"尚有此事？真是有趣。"蔡道宪道："玄痴先生走了吗？多时不见，甚是惦念。"

"玄痴先生本来说好要等这一天来道贺的，他还说摆摛征联的二十两银尚未践诺呢。"章梁道："不巧临时有事，往鄂北去了。"

众人一听玄痴先生走了，纷纷摇头，感觉有些可惜。

"有缘终会相见，不在一时半刻。"章旷大声道："来，喝酒。"

此时的王夫之并未料到，他此后的人生将和章旷大人产生千丝万缕的联系。无论是行动上，还是精神上，他都成了章旷的得意门生。王夫之更未料到，一年之后，他还来不及请教更多的人生堂奥，欧阳霖大人就被构陷，惨遭不测，而蔡道宪大人更是血染战袍，含恨而去。

章梁有公务在身，饭后离开。王夫之和王介之与章梁道别。

当天晚上，王夫之和三位恩师聊了很久，畅谈千古文章、圣人之学和天下局势。欧阳霖对王夫之十分赏识，王夫之对他也尊重有加，言谈举止，尽显谦逊。

王夫之同样也感激蔡道宪的善意提醒。作为长沙推官，蔡道宪为人光明磊落，勤政爱民，学识渊博，文采非凡。早在岳麓书院之时，王夫之就听过他讲课，当时没有机缘当面请教。

章旷与前面两位恩师不一样，他性格豪放，为人刚正，与王夫之一见如故，无话不谈。

第二天中午，一位穿着薄衫、蓄着发髻的年轻俊才突然出现在章旷面前，他不请自到，淡定入席，举杯敬酒，自报姓名郑古爱。

章旷眼前一亮，道："你之行文我甚欢喜，古朴、厚重而不拖沓。"

郑古爱言行举止十分得体，看上去，少年老成，沉稳持重，谦和温须，与章旷亦相谈甚欢。后来，他也成了章旷最为得意的门生之一，跟着章旷与清兵作战，并入朝做官，仕途比王夫之顺当许多。

离开章旷与郑古爱，王夫之又来到欧阳霖住处，拜师求学。

"焉能为师？武夷先生学问精深，老朽不能比之矣。"欧阳霖摇摇头，笑道。

"恩师谦逊。"王夫之作揖道："家父对恩师学识、人品十分仰慕，若得恩师允诺，收为门下，家父一定异常开心。"

欧阳霖知道这是客套话，但明白王夫之之诚心，遂收下他，道"既如此，不推也。"欧阳霖很欣慰，他对王夫之推心置腹，谈经论道，给予谆谆教诲。言谈中，欧阳霖忽然道："夫之，实不相瞒，以你之才，完全可以位列三甲，章公力推你，但被我拦下。"

王夫之大吃一惊：一位考官把最不该透露的秘密都透露了，这非同小可，从中也可看出这位考官的磊落胸怀。王夫之惶恐道："恳请恩师指点！"

"你有才，且是大才！"欧阳霖盯着王夫之，叹了一口气，沉吟良久后，才语重心长道："然则，你锋芒太过！历史上，有大才而锋芒太过者，毁之者众矣。"

此话亦不正是蔡道宪大人曾当面提及过的吗？王夫之脸上火辣辣的，知道恩师讲的是真话，也是实话，内心甚是忐忑。看来，"吾手写吾心"，文章一泻千里，不知不觉，内心毕呈。

"我们追求修身、齐家、治国、平天下，这顺序不能颠倒，首要的是'修身'矣。而修身之要务是'蓄气'，即'收得拢气，咽得下气，沉得住气'，最后才是'出得了气'。气不出，人不顺，憋也。"欧阳霖喝了一口茶，意味深长道："锋芒毕露易招是非。老朽以文度人久矣，才华过人者，往往固执，难改禀性。蔡大人也是此意。你之文章本应位列三甲，却不可为三甲。磨一下，沉一下，于你有益无害。但愿你不至于怨恨老朽。"

"岂敢，岂敢！恩师乃拳拳之心，护犊之情，若不然，亦不会收弟子为门徒。"王夫之大抵能参透恩师话中玄机，类似的话，他不是第一次听说，父亲说过，大叔说过，大哥说过，身边的朋友也说过，以前均没放在心上。这一回，欧阳霖和蔡道宪特地让他"栽一个小跟头"，却让他心悦诚服，并深深记在了心底。

"老朽在此多言一句：世道凶险。你等前途无量。他日为国效力，切戒冲动鲁莽，天下大事，欲成事，先谋事，谋略至上，不可愚执。"

欧阳霖见王夫之理解他的一片苦心，甚是欣慰。

随后数日，王夫之几乎都去欧阳霖那里请安讨教，师徒二人知无不言，言无不尽。

天下没有不散的筵席。一周后，王夫之依依不舍告别了恩师。欧阳霖叮嘱他，有机会途经江西，一定去看看他。王夫之连声诺诺。

回到旅馆，王夫之打算回衡州，正准备与王介之去结账，房东告诉他俩，已经有人出了房租钱。王氏兄弟大吃一惊，道："那人走了吗？"房东道，"付钱的肯定是打杂的，并非出钱者本人。"王夫之忙问："有什么信物留下吗？"房东道："这个是给你的，大才子。"

王夫之接过信函，展开一看，但见上面写道：

　　夫之贤弟：

　　见字如晤。你等高中黄榜，原本欲来当面道贺，然有冗事先溜矣。差人结房资，一为恭贺之意，二减虚诺之罪。黄鹤楼奇遇，方某心满意足。贤弟大才，日后必放异彩。此朝一别，他日可期。代问令尊大人好。玄痴。

"玄痴先生云海学问，兰芝人格，一诺千金，重情重义，令人感佩。"王介之叹道："小弟能结识此等奇才，真快意之事也。"

王夫之把信函小心折起，放入怀内。眼有泪光，默然不语。王介之道："天下没有不散席，人生无处不相逢。小弟无需伤感。走吧，衡州学子都去黄鹤楼了，离别前我们也去玩赏一下吧。"

"人生自是有情痴，此恨不关风与月。"王夫之叹一口气，咕嘀一句，这才重拾精神，跟着王介之，快步走向那千古名胜。

金榜题名时，再看黄鹤楼，那感觉跟先前看到的又不一样了。但见漫山红叶，桂花芳香，登高远望，极目楚天舒，看着江上片片白帆，王夫之不觉吟诵起李太白诗句："故人西辞黄鹤楼，烟花三月下扬州，孤帆远影碧空尽，唯见长江天际流。"孟浩然有李太白这样的好友当足矣。王夫之由此联想到方玄痴，进而联想到几位恩师，他心中涌起一阵阵温暖。

王氏兄弟很快与衡州学子会合到一起。大家来到一个亭子里，坐上八角桌。李国相打开酒坛，酒香扑鼻而来，王夫之暗叫"好酒"。管时求也打开一壶酒，摇头晃脑道："人生得意须尽欢，莫使金樽空对月！"王夫之想：这还是李太白的诗啊。无论欢愉还是悲伤、相聚还是别离，都会想到李太白。这个诗仙真是活得丰富、死得灿烂，著书立说，千古留名，文心不朽。王夫之这样一想，便有一种激情从心底涌来。

"夫之先生好才华！"这时，一位年近半百、衣着华贵的老生迎上来，抱拳道："湘乡欧阳镇！前些日子，见先生在此与玄痴大师撰联，委实了得，鄙人慕名不已。"

"你认识方玄痴先生？"王夫之惊道。

"多年前有过一面之缘。"欧阳镇道："不过，在下乃庸碌之辈，无缘与之讨教。"说罢，他将另外三位湘乡举人介绍给大伙。

"湘乡龙孔蒸。"一位眉清目秀、风度翩翩的少年抱拳道。

旁边一位敦实健硕、阳光硬朗的书生道："湘乡洪业嘉。"

"湘乡刘象贤见过衡州诸位学兄。"最后是一位温文尔雅、谈笑风生的书生，他拱拱手，朗声道："夫之先生，人中龙凤也。"

"万请各位高抬贵手。"王夫之连连摆手，羞愧难当，道："日后还请各位多多赐教。"

湘乡与衡州同在南岳七十二峰之内。湘乡诸子与衡州书生彼此早有耳闻，故而一见如故。当大家都沉湎其中时，王夫之却自警起来。从前，他苦苦追求功名，怜悯自己怀才不遇，痛骂现实政治黑暗，甚至借酒消愁，几乎沉沦下去。而今，站在这黄鹤楼上，吴楚东南坼，乾坤日夜浮，历史就在脚下，他忍不住在内心吟道："古人已往，不自我先。中原多故，含意莫宣。酒气撩云，江光际天。阳鸟南征，连翼翩翩，天人有策，谁进席前。"

然而，现实却是残酷的，残酷得令人不敢相信。秋闱之后是春闱，乡试之后是会试。从黄鹤楼返回时，王夫之、夏汝弼等衡州学子与湘乡众举人，就开始商谈着第二年春闱之事了。

欧阳镇问："夫之兄，你等计划何时赴京？"

王夫之叹了一口气，不无忧虑道："听闻李自成已攻陷洛阳。"

洪业嘉闻此大惊，插上一句："此可甚为不妙。"

欧阳镇不以为意，道："农民军总不会攻破京城吧？"

"但愿不会如此糟糕。"王夫之道："以愚陋见，大明虽国衰，然以李自成、张献忠之乌合之众，纵合力攻之，亦应不至于京城失陷矣。"

龙孔蒸追上来，道："既如此，夫之兄，咱们约定：明年此时，我等一同赴京可好？"

此语一出，众学子似乎看到了美好未来，不禁纷纷叫好。

就在此时，前面突然冲出来一群难民，将走在前面的欧阳镇和王夫之差点撞倒。这些难民面黄肌瘦，大包小包，肩挑手提，混乱不堪。在官府兵卒驱赶下，他们像老鼠一样四处逃窜，其中一位妇人背着一个孩子，迎头撞到夏汝弼的胸膛，立即倒在地上，孩子哇哇大哭。夏汝弼一脸尴尬。王介之赶上去，小心扶起她，关切地问她伤到没有。妇人从地上爬起来，看着王介之等人，满眼恐惧，面色蜡黄，她抱紧孩子慌忙离开。

刹那间，王夫之心头阴云密布，忐忑不安。"乱世如此，不必惊慌。"

龙孔蒸从后面赶上，伸出手，拍了拍王夫之的肩膀。这时，那个女人和那个小孩早已淹没在如潮的人流中，哭叫声，喊叫声，呵斥声，不绝于耳。原来，武昌官兵接到线报，正在捉拿张献忠的几个探子。此时的王夫之并不知道，张献忠等农民军即将攻克武昌。

好在当天傍晚，王夫之和王介之离开了武昌，登上了东去的乌篷船，一叶扁舟，浮游江上，往南昌开去。途中杂念丛生，王夫之又想起欧阳霖等人，他和恩师们还没谈够，心中还有很多疑团，需要恩师们一一解惑。然而，谈何容易？

王介之带着王夫之之所以走南昌，是因为想顺道拜访父亲在江西的旧友和亲朋，替老人家了一心愿，毕竟父亲已经常年不出门，不问门外事。临行之时，老人家特别嘱咐长子返衡时代他走一趟江西，向各位旧友请安问好，更何况王家兄弟同时中举，委实难得，如此喜事，也想尽快告知亲戚朋友。

兄弟二人每到一处，无不受到热情款待，甚至，连原来不再联系王家的亲戚也前来祝贺，王介之连连道谢。而王夫之最挂牵的是先期离开武昌、返回南昌的恩师欧阳霖。

然而，当王夫之满心欢喜地走进恩师家，却发现欧阳霖心事重重，脸上并无重逢应有的欢喜。

"读书之人既要读死书，更要读活书，读天地之大书。"欧阳霖道："你从武昌过来，期间种种迹象，难道嗅不出一点刺鼻之味，感觉不到不祥之兆？"

"弟子愚昧，机敏不够。"王夫之道："还请恩师点拨。"

欧阳霖长长地叹了一口气，低声道："实不相瞒，老朽昨夜观天象，发现火星运行到斗宿中，此乃'荧惑入南斗'，属大难之兆，国难之祸啊。"

"啊？"王夫之感觉头上被狠狠地泼了一盆冷水，失声叫道："恩师，果如此，有否解救之法？"

欧阳霖不置可否，默默地看着王夫之，又拉着他的手，自言自语道："北方有水龙，南方有火鸟。水与火，龙与鸟，此番纠缠，非一日之功。潜龙勿用，阳在下也。"

"恩师，弟子不聪，无有心得。"王夫之急出一身冷汗，道："既然国难当头，弟子当如何？"

"夫之，我本欲如此作出交代：时不我待，眼下大明正用人之际，省亲过后，尽快北上，准备来年春闱。"欧阳霖认真地盯着王夫之，道："你为难得之才，国难之时，尤需担当。然而，然而……"

王夫之热血直涌心头，他从来没有见过恩师如此肃穆庄重，知道他接下来还有更重要的话要交代。

可是，欧阳霖话锋一转，道："你先回去吧。明早离别前，可来一晤。"

翌日一早，王夫之急忙赶到恩师家，却没有见到欧阳霖，家人交给他一个锦囊，道："回家后或可看看。"王夫之问欧阳霖去哪里了，家人也闭口不提。

"既然欧阳先生不见，定有不见之理。"王介之安慰王夫之道："家人一定等急了。我们快快回去吧。"

王夫之想起不久前还与欧阳霖晤谈，恩师称他《春秋》学上造诣甚深，文章"字里行间，微言大义"，约好江西再见。然世事难料，此次转道江西，竟然如此不堪。所谓"明夜扁舟去，和月载离愁"。这离愁，超出负荷，何以载动？

离开南昌前，王夫之闷闷不乐，挥笔写下《上举主欧阳霖》，托亲友转赠，诗云："明堂玉简从封禅，方今圣人待者谁？九韶再奏两阶羽，孤鸟有情唯风知。"

直到晚年，王夫之忆及欧阳霖，依然觉得异常难受，无法释怀，感叹"后此遥天真寂寞，寒山掩泪凝霜髭"。

<h1 style="text-align:center">三</h1>

衡州借山为邑，面江为堑。东西南北，路路相通。勾衡山，连永州，接郴州，续广州。衡城之内，商号与民居林立。街道两旁，房屋多为砖木结构，灰木青瓦，下为商铺，上为居房。街道路面以赭色花岗岩条石铺就，路肩用鹅卵石垒成。往南有一座老式浮桥，连接蒸河渡口码头。老浮桥下的江水不疾不徐，日夜流淌，桥上的街道常年熙熙攘攘。衡城主街两侧布列着各式商铺，密集紧凑，叠致有序。左边一溜主要有茶楼、米店、酒肆、客栈，有古玩店、瓷器店、油墨店、中药店、理发店；右边一排主要有棺材铺、铁匠铺、剪刀铺、香料铺、浆染铺；左右两边不断夹杂着各类作坊，如酱坊、糕点坊、豆腐坊、书坊，以及靛行、轿行、斛行、箩头行、邮驿以及数不清的坐摊地贩，街道之中，摩肩接踵，热闹非凡。

王衙坪远离衡州闹市中心，从渡口码头一直向南，约莫五六里的路程，两旁稀稀拉拉建了些房屋与商铺，还搭建了不少的棚户与栅栏，多为流动的氓民所为。沿途棚与棚相接，栅与栅相连，既可临时居住，苟命于乱世，又可晴天遮阳，阴天避雨。

王夫之一家是王衙坪里最为显目的，房屋共五间，上下二层，与闹市居民住处相仿，亦为砖木结构，灰木青瓦。大堂门前有一匾额，着四字："文脉有道"，笔墨古朴，苍劲有力。正屋左侧廊檐交错，右侧曲槛雕栏，门楣上有些旧时木雕，系孔孟屈贾之画像，漆落斑驳，依稀可辨，使人顿生时间的沧桑感与文化的凝重感。

此刻，沧桑也好，凝重也罢，都挡不住王家兄弟同中黄榜的兴奋与喜悦。正所谓"春风得意马蹄疾，一日看尽长安花"。用唐代诗人孟郊这首《登科后》来形容王家兄弟返乡的心情应该是十分恰当的。

"看，二弟来到渡口迎接啦！"刚抵达衡州渡口，还未下船，王介之就对王夫之道。远远地，王参之站在渡口最前端正向他俩用力挥手呢。王夫之心头一热，第一个跳下船，奔向二哥，兄弟俩紧紧地抱在一起。随即，王介之也搂了上来。三兄弟笑啊跳啊，泪流满面。

走在回家的土路上，王介之、王夫之就被乡民围住了。信使早在一月之前抵达衡州，听闻两个儿子同时中举，王夫之还位列经魁，王家上下欢天喜地。王朝聘到祖宗牌位下烧香，禁不住老泪奔涌，过了好一会儿，才平复心情。他请信使吃了午饭，打发了一些银两，自此，每天便焦急地等儿子们回来。

大叔王廷聘也知道了消息，很为贤侄们高兴，他经常四处走动，免不了又要喝酒，仿佛自己儿子中举一样，逢人就说两个侄子同时中举了。小叔王家聘也开心极了，嘴里不停地说着"中了，中了"。住在南岳双髻峰上的舅父谭玉卿也专程下山三次，来到王衙坪，每次进门，就大声对姐姐谭孺人道："两位外甥回来否？"

管时求、夏汝弼等人先期回到衡州，衡州学子科考大捷的消息早就传遍了大街小巷。"老天开恩，衡州学子九人上榜。"市民奔走相告。只有唐家静悄悄的，唐克峻回到家里，闭上门，痛哭流涕。但他个人的痛苦被整个衡城的快乐淹没。

此刻，王参之在前头引路，他比自己中举还兴奋。沿途熟悉的人争着向王介之、王夫之道喜，不熟悉的人则争相围观，仿佛他们和常人长得不同。王氏兄弟不厌其烦地抱拳回礼，小半天才走完一条街。等他们走到村口，王家人已经等在那里，身后站满了亲朋好友和左邻右舍。爆竹噼里啪啦炸响，升起一团团白烟。王家兄弟走到父亲身前，但见王朝聘皱纹历历，比科考之前又老了许多。王介之和王夫之赶紧搀扶住父亲大人。母亲的眼疾好得差不多了，但仍然莫名流泪。她由王参之搀扶着，此刻反而流不出泪来。陶令微站在婆婆身后，不断地抽泣，当然是喜泪。王介之的大儿子王敔兴冲冲地跑到父亲怀里，高兴地向人群喊着"父亲大人中举了"；年幼的王敉傻傻站着。王介之将两个儿子抱在怀里，也流下了激动的泪水。

放下行李、喝了一口井水后，王夫之跟着王介之先去给祖宗上香，接着跪拜父亲大人，又给母亲大人请安。一切礼节走完，王夫之走回房间洗漱更衣，这才发现妻子怀孕了。金榜题名，接着又要做父亲，真是喜上加喜！

"一生大笑能几回，斗酒相逢须醉倒。"王夫之热泪盈眶地看着陶令微，握着她的手，轻声道："真好！"这是属于他的美好时光。

只可惜，此时却是大明王朝最坏的时光，后来我们发现这一切的美好对王夫之来说恰恰是最残忍的。王夫之真的不走运，这三个多月的美好用尽了他一生的好运，老天爷随后就让所有美好在刚刚开始的时候便收回，并予以加倍的坏时光，还有比这更残忍的吗？

王参之并未知道，他的一生再也没有下一次秋闱的机会。历史定格得如此仓促。一些东西错过了，转身就是一辈子。

当晚，王衙坪大院灯火通明，人人欢天喜地，父老乡亲都来了。屠户朱啸虎杀了两头肥猪送来。王朝聘坚辞不收，朱啸虎亲自上门，连连拱手抱拳。打从朱归孺中举又升官，特别是眼下又在衡州府里做了同知，朱啸虎的腰杆子硬了许多，见到像王朝聘这样的学界大佬，也变得自信从容，不再唯唯诺诺、不敢说话了。而王朝聘乃至衡州学子虽然都对朱啸虎征用衡州郡学做屠场耿耿于怀，但朱啸虎为人慷慨，谁家有难或有喜，他必率先到场，出钱出力，毫不吝啬。刚开始，大家还认为他有收买之意，但时间长了，觉得这原本就是他的本性，性格粗糙，却又十分精明；为人仗义，却又有利必争。尤其是大家看到朱归孺并不像人们想象的那样，胸无点墨，蛮横无比，相反，他比一般读书人为官后表现得更为低调、务实。衡州学界慢慢改变了对朱家的看法，觉得世道变了，不读书的人未必没有风度和学识。

这不，朱啸虎诚意道："武夷先生，朱某前来道个喜，添个福，您推辞什么呢？"停了一下，又补充道："如若不收，要么就嫌少，要么就瞧不起朱家。"

王朝聘见话说到这个份上，也就不好再拒绝，只好道了一声"谢谢"，收下了。

当晚，大家围坐在一起，分享着王家的快乐与喜悦。王夫之端着酒杯，逐一向各位敬酒，他与大叔、小叔和舅父分别连干了三碗，满面绯红的他，醉眼蒙眬，开怀大笑。王介之酒量较小，但也喝了不少。人生难得一回醉啊，此刻醉了又何妨？王参之不断地陪着喝酒，喜于言表，他拉着王介之和王夫之四处说："这是我兄弟！瞧瞧，多牛气！"仿佛以前不是他兄弟似的，说得王夫之直想哭。

突然，锣声一响，有人报道："知府大人到！"话音刚落，但见罗亦簏身着官服，满面春风地走了进来，后面跟着一串人。

罗亦簏径直走到王朝聘桌前，拱手道："武夷先生，祝贺王家高中二员！"

王朝聘急忙起身，躬身道："都是托罗大人的福！快快请坐，快快请坐！"

罗亦簏并未坐下，而是走到王介之和王夫之桌前，抱拳道："恭喜贺喜，两位为王家争光，为衡州人争光了！"随即抬手向后一挥，大声叫道："送匾！"只听唢呐齐奏，鞭炮齐鸣。

朱归孺指挥四人抬着两块大匾一前一后走了进来。朱归孺照例先是向王朝聘行礼，而后向王氏兄弟行礼，他特地向王夫之送去意味深长的一笑。礼毕，朱归孺向王家敬送第一块大匾，上书："兰仪淑德"。罗亦篪率先鼓掌，众人立即呐喊、鼓掌。接着又敬送第二块大匾，上书："学问世家"。罗亦篪又率众鼓掌，待安静下来后，他又朗声道："各位父老，各位乡亲。这是王家人的荣光，读书人的荣光，更是衡州人的荣光！凡本次中举者，本官均会亲自送匾道贺！"

大家齐声道："好啊！好啊！"

王夫之看见大哥王介之在偷偷抹泪。他的眼眶也蓄满了泪水。十年寒窗无人问，一举成名天下知。自古至今，金榜题名的喜悦真是不同寻常，妙不可言！

罗亦篪示意大家安静，道："本官宣布，只要罗某在此值守一天，凡衡州学子有高中黄榜者，均一视同仁，送匾道贺！本次共有九名上榜，匾已制好，本官将会一一敬送。"

人群中又是一阵欢呼声，大家交头接耳，气氛异常热烈，不断有人向王朝聘敬酒道贺。

王朝聘忍不住抓住罗亦篪的手，道："罗大人登高望远，衡州学子有福了！"他举着满满的一杯酒，手抖抖地，道："在下敬罗大人一杯！"言毕，仰头喝了下去。

那一刻，王夫之一直强忍的泪水终于夺眶而出。那一晚，真是值得记住的日子。王家人沉浸在久违的幸福和扑面而来的喜悦里。没有人发现，大团大团的乌云正慢慢飘向头顶。

站在历史的端口，我们真希望那个晚宴可以持续得更久一些，那幸福的美酒可以再多喝几杯，因为所有人都不知道这欢愉是这么的短暂，这么的弥足珍贵。

王夫之并未醉倒。晚宴结束后，他回到卧房，迫不及待地打开欧阳霖临别赠予的锦囊，他颤抖着抽出来，发现里面有一字条，上书："见龙在田，利见大人。或跃在渊，无咎。"这是恩师的字，他用手触摸着每一个字，仿佛有些发烫。恩师欲言又止，王夫之似乎读懂，又似乎并没读懂。但有一点，他很清楚，大明处在风口浪尖，朝廷正是用人之际。用人用的是"人才"，但谁能证明你是人才？唯有科考。乡试上榜只是人生一大步，还有会试、殿试等，他要一一去征服，去证明。他希望知府大人罗亦篪一次又一次为王家送匾，他希望看到老父再一次为他流泪，那是欣慰之泪，欢喜之泪。想到此，王夫之胸口发紧，他没有时间享受天伦之乐，他使命在肩，准备北上。

四

1642年深冬，湖湘大地裹在冷冷的湿气中，天寒地冻，白雪皑皑，刺骨的寒风发出低沉的催命般的嘶叫声。

入夜，蒸水下游两岸渔火点点，一叶扁舟摇摇晃晃。舱内，王介之裹着棉被睡下，发出轻微的鼾声。王夫之则斜卧着，凝眉思索，听着江水，看着远山。自衡州登船，沿江北去，不知不觉，已经在江面漂了三天三夜，离家足有一百八十多里。此刻，赴京赶考的激动早已平复，背井离乡的悲凉不断袭来。他又想起当日送别的情形。这虽不是王夫之第一次出远门，却是第一次出如此远的门，此一去，不知归期是何年，亦不知能否金榜题名？加上北方不比南方，干旱连年，战火纷飞，暴民流窜，家人无不担心。

行前，王朝聘督促王夫之和王介之二人取道南昌，他叹道："'嫠不恤其纬，而忧宗周之陨'，我儿自当省之。"

王夫之明白父亲所言出自《左传·昭公二十四年》，意思是：连寡妇都不怕纬纱少织不成布，而只怕亡国，更何况堂堂七尺男儿。他的心里多了一份责任，这份责任关乎国家兴亡和民族大义。王夫之请示父亲大人："孩儿此行也，将晋赞于今君子之门，受诏志之教，不知得否？"

王朝聘正告道："今所谓君子者，吾固不敢知也。要行已有本末。以人为本而己为末，必将以身殉他人之道，何似以身殉己之道哉！慎之！一入而不可止，他日虽欲殉己而无可殉矣。"

王夫之谨记父亲之言：生逢乱世，谁是君子谁是小人，一时难以考辨。重要的是保持自我，朝闻道，夕可死，保持自己的风骨和个性，不要人云亦云，而要亲贤能，远宵小，若遇殉己之责，应当仁不让，虽死不辞。

一切准备妥当。王家人集体出动，本来只打算送到村口，却走着走着，送到了蒸河渡口。谭孺人为王夫之收拾了两个包裹，装满了御寒的衣服。王夫之嫌多，谭孺人道："休嫌多，北方冷！"陶令微为他做了很多好吃的点心，装满了大小背囊，他嫌多，陶令微道："休嫌多，路途远。"陶令微头一回说话霸气，王夫之一惊，有些感动。母亲哭了一路，妻子亦哭了一路，千叮咛万嘱咐，要他好好照顾自己。父亲身子骨弱，却硬要送行，他拿出一锭银两，供两个儿子做盘缠。王夫之觉得太多，父亲道："拿着。京城不比衡州，用钱的地方多。"王参之身上背着重重的背囊，一手还提着一个包裹，王夫之要自己背，王参之不让。

其时，衡州其他学子都先期离开了，只有文之勇因故不去赶考，送了一个又一个学友。轮到王夫之时，文之勇害怕了，他只写了一首诗《七绝》相送："廊桥旧迹草萋萋，执手心怯到柳堤。浪隐扁舟人追梦，他日荣归故园西。"令王夫之异常感动。

临行登船，母亲和妻子又失声痛哭，仿佛此一去再也见不着了似的。

父亲和二哥则强装笑容，王夫之也面带微笑，但是，他不敢看父亲的眼睛，背井离乡的悲凉早压过进京赶考的喜悦。幸好他有大哥陪伴。在王夫之的成长过程中，父亲常年在外，更多的是长兄代父行职，从小到大，他习惯了生活在大哥身边，大哥总是为他遮风挡雨。本次赶考，有大哥在，他就有安全感，尤其是大哥在北京太学待过，心里更觉踏实。

人散了，船开了。"哗啦，哗啦"，接下来几天，只有船桨划动水面的声音。王夫之不免想起父母大人和二哥王参之，有些哀伤。如果一个家庭像一口水井，他觉得二哥像一只小桶，平时不起眼，只要缺水，把他放进井中，提起来就行。他从不提要求，也从未有想法，总把自己隐藏在屋子的一角。可是，他毕竟是人，生命于他也只有一次。王夫之觉得对不起二哥。正是有了二哥的奉献，他与大哥才可以一次又一次去求功名。二哥的这种牺牲不正是苍天之下绝大多数黎民百姓的牺牲？有多少人看到过这种牺牲？小家如此，国家又何尝不是？为此，他又想到了方玄痴，想到了章旷等人，特别是恩师欧阳霖，他将恩师的锦囊再次拿出来，细细触摸每一个字、思量每一个字，他仿佛看到了文字后的恩师正在深情地凝望着他……

正在这时，王介之翻了个身，嘟哝道："都几时了，小弟还不快睡？"王夫之"嗯"了一声，和衣躺下。

天地寂寂，桨声欸乃。向北，再向北，然后，向东！王夫之早就计划好了，北上之际，他要先拜会恩师欧阳霖。于是，船至朱亭，他们弃舟东行，入江西，到宜春，下袁河乘船一路东上，再入赣江，沿赣江北上。期间，经过每个州县，王夫之都会写下札记或诗文，并集为《江行代记》，这是后话。

不知不觉，近两个月过去，南昌快到了。时值新春，两岸万家灯火，烟花四起，爆竹声声。除夕夜，王夫之开了一壶酒，点了几个小菜，与王介之相向而坐。过年了，在外也是过年，该有的礼仪还是要有。于是，先敬了祖宗，又念了父亲母亲，兄弟二人才开始吃喝。趁着酒兴，王夫之说起此番北上宏愿，仿佛即刻可平步青云。王介之摇摇头，委婉道："小弟，京城不是衡州，大明也远非唐宋，不可执念太多。"王夫之听了，亦不反驳，暗暗发誓一定要闯出个名堂来。

正元日，小船终于抵达南昌，但见满街灯笼高挂，做生意的小贩喊声震天，熙来攘往的人群中不时出现几个灰头土脸的士兵，令人吃惊。不过，王夫之并未多想，他与王介之上岸后，在店铺买了礼物，便兴冲冲去了欧阳霖家。

刚到家门口，就听到一阵剧烈的咳嗽声。王夫之见恩师房前没有一点新年气氛，连门联都没有换新的。一种不祥的预感袭来，恩师遭遇了什么？

王夫之推门进云，叫了一声："恩师，弟子夫之从衡州来看您了。"

欧阳霖半躺在床上，脸色灰白，眼里无光，他冲王夫之点点头，有气无力道："夫之，是你啊？"他指了指半瘫的身子，又道："你们坐。"表示自己不方便起床。

师母轻声对王夫之道："他的左腿被打断了。"天啊，发生什么事情了？才半年多工夫，恩师怎么就变了一个人？

原来，欧阳霖有一个德国传教士朋友，叫唐西望，两人关系甚好。唐西望发现明朝沿用了近三百年的《授时历》弊端多多，于是花了整整十年时光修订了一部先进历法。欧阳霖觉得此历法对国家大有好处，欲献给朝廷，南昌总兵吴军知悉后，自告奋勇，派兵护送进京，获崇祯帝嘉奖。此本为好事，然吴军欲将此功据为己有，遂隐瞒真相，既不提欧阳霖名字，连唐西望的名字也未提及。不久，有人获悉唐西望历法后，大加责难，认为如用此历，则国将不国，民必遭殃。朝廷要拿吴军治罪。

吴军欲脱罪，只得供出此历法乃欧阳霖和一传教士所修订，欧阳霖连夜陪着唐西望专程赴京禀报此历法。

"碰巧就是上回你在敝处的时候，结果你临别时都没见到老朽。"欧阳霖有气无力道："只得依据新历和星相，着一锦囊，既为醒己，亦为励你。此等用心，你应知道。"

王夫之瞪着眼睛，恩师苦心原来如此。

在朝廷上，由于历法由唐西望所修，欧阳霖十分淡定，以充分的理由陈述了此历法的妙处，再次获得重视。崇祯帝很高兴，决定十六年（公元 1643 年）即下旨废旧历、行新历，并留唐西望在朝中，以辅助气象监军为责。

"弟子在衡州听闻新历之事。"王夫之摇头叹道："没料到此法亦与恩师有关。然恩师何以遭难？"

吴军认为这是欧阳霖在戏弄他，便伺机报复。时值年冬，欧阳霖奉命整修一文庙，常有兵卒盗材毁材，又有民工持械与兵卒厮打，致死一人，伤三人。吴军强拘工头，以胡椒水浇头，以竹签刺脚心，逼得工头诬欧阳霖受其贿，贿品为一银制佛像。吴军派人去欧阳霖家中搜查，果在一柜门下找到该佛像。吴军便坐实欧阳霖索贿，立即捕之。

"如此冤情，恩师怎不奏报皇上？"王夫之气得浑身发颤。

王介之也恨恨道："一个总兵，焉能只手遮天？"

欧阳霖叹道："听闻吴军系卢象升大人远亲。"

王夫之明白，卢象升当时乃兵部尚书，大权在握。朝廷既乱又黑，欧阳霖不作上诉打算。入狱之初，欧阳霖认为会有南昌正义人士出面，故拒认家中佛像系受工头行贿所得，心想这完全是吴军栽赃所致，不认，焉能奈何？每次审讯，欧阳霖都会惨遭逼供，最令他受不了的是将一枚枚铁钉钉入指甲中，痛得他昏死几回，每次用冷水浇醒，将铁钉抽出，又痛得昏死过去。实在受不了，在一次提审中，他直接从三楼跳下，昏死过去，醒来发现，摔断了左腿。吴军将提审官自问自答的文字作为提讯记录，交由欧阳霖签字，道："签了，就可回去过年。"

欧阳霖苍然一笑，骨头仿佛碎了，死有何难。他看都不看文案，直接签名掷笔……

"老朽尚未成为一堆白骨。"欧阳霖看着王家兄弟道："难得两位从衡州来看老朽。武夷先生还好吗？"

王家兄弟已经泣不成声了。王介之点点头，道："家父还好，代问欧阳先生好。"王夫之紧咬嘴唇，都快咬出血来，道："吴军贼人！如此欺辱恩师，是可忍孰不可忍？"

王夫之怎么也想不到，吴军祸害欧阳霖还不算，他日还要祸害衡州百姓。多行不义必自毙，吴军最后的下场也是注定的。这是后话。

"夫之，当今之世，遇任何不平之事，不忍也得忍。"欧阳霖惨然笑道："老朽拖着残躯，尚不愿早死。你们难道欲以卵击石？"见王家兄弟默不作声，欧阳霖眼里忽然放光，稍稍提高声音道："老朽就是要看看，大明还有没有希望，如果有，在哪里？天底下还有没有正义，如果有，何时出现，以何种方式出现？如果没有，老朽也要看看，大明究竟是如何塌下的，那些害人者究竟是什么下场？"

这些话出自一个把生死看透的老者口中，于王夫之而言，真是震聋发聩。他怔怔地看着恩师，不知该如何作答。王介之也很局促，不知如何是好。

这时，欧阳霖扭头问："二位恐怕亦不是专程来看老朽的吧？"

王夫之只得如实禀报，是北上赶考，折道拜访。欧阳霖闻罢，顿显惊愕而痛苦。当他陈述文庙工头向他行贿佛像时虽然惊愕却不痛苦，当他讲到自己遭吴军逼供时虽显痛苦却不惊愕，而当王夫之向他报告要北上赶考时，他竟然是如此面容，王家兄弟见之，不禁潸然泪下。

欧阳霖垂首良久，才缓缓地吐出一口气，他认真地盯着王家兄弟，仿佛有了些精神。他低沉而严肃道："京城定是去不得，路途太过凶险。李自成控制了鄂北，张献忠控制了赣北。时局动荡不安，战火连年，处处刀光剑影，你们还要北上，不要命乎？回乡吧，快回去吧。"

此言一出，王夫之当场就呆住了。年前，他们还在武昌欢聚，高朋满座，把酒言欢，畅谈家事国事，抒发理想情怀，怎么现在连长江都过不去了？王夫之有些不信，小声道："听闻刘良佐将军取得了大胜，张献忠是强弩之末，更何况湖北还有左良玉将军大军尚在。"

"夫之，尚记得上次给你讲的星相乎？"欧阳霖肃然问道。

王夫之当然记得，那天，恩师告诉他观天象之得，发现火星运行到斗宿中，系"荧惑入南斗"，"属大难之兆，国难之祸"。当时他还不以为意。短短半年，似要应验。

"你们还太年轻，一心想考取功名，报效国家。可是，可是，唉。"欧阳霖重重地叹息和摇头，不再言语。战场上的事情瞬息万变。仅仅几个月时间，长江北岸局势就发生巨变。偏安一隅，消息闭塞，在衡州的王夫之等学子竟全然不知，只一门心思想着北上赶考，殊不知，朝廷欲坠，大厦将倾，你连报国的门都摸不到。

"回去吧，回去吧。"王介之拉着王夫之的手，纵有千般不舍，万般不愿，亦要服从天命矣。

离开恩师欧阳霖的当晚，王夫之坐在船上，望着窗外沉沉昏夜，他用饱蘸血泪的笔墨愤懑地写道——

斜月横，疏星炯。不道秋宵真永。

声缓缓，滴泠泠。双眸未易扃。

霜叶坠，幽虫絮。薄酒何曾得醉。

天下事，少年心。分明点点深。

五

前面讲到，崇祯十四年（公元 1641 年），张献忠投奔李自成险遭算计，他带着五百人往东逃走，一路招兵买马，很快又建成了一支队伍。适逢李自成围攻开封，安徽空虚。张献忠乘机攻占亳州，又入霍山，与"革左五营"会合。

张献忠就此东山再起。

1642 年 2 月，张献忠攻陷舒城、六安，进克庐州，杀知府郑履祥，连下无为、庐江，接着打败了总兵官黄得功、刘良佐的官军。崇祯皇帝大为震怒，凤阳总督高斗光、安庆巡抚郑二阳被逮治，马士英走马上任，督师刘良佐清剿义军。而在西面，左良玉带领大军撤回襄阳，李自成顺势拿下开封，转头向西南杀去，与孙传庭官军激战。

让崇祯稍感安慰的是，当年十月间，刘良佐大胜张献忠。张献忠率残部败走郸水。朝廷获得喘息之机。正因为此，王夫之秋闱之时，虽然全国危机四伏，但武昌还算太平。

然好景不长，数月后李自成打败了孙传庭官军，带着合并后的大军一路杀向襄阳。左良玉先前在襄阳和李自成交过手，吃过败仗。听闻李自成大兵压境，他带着二十万人马一路往东，避到九江。李自成不费吹灰之力占领了襄阳。为避李自成，左良玉尽撤湖广兵东下。张献忠也不甘寂寞，乘机攻占了黄梅、郸州，又一路扑向空虚的武昌。

此乃 1643 年正月之事，王夫之恰在此时来到了江西。历史就是这么巧合。王夫之走到了历史的交叉点上，但是，他并没有意识到。如果不是恩公欧阳霖的点醒，以他的个性一路执意北上，手无寸铁的他早已埋身于战火之中。

苍天垂怜。王夫之身怀大任，命不该绝。

这是王夫之仅有的一次进京会考。从此以后，作为一个明朝举人，他再也没有参加会试与殿试的机会。

这也是王夫之最后一次来到长江。从此以后，作为一介书生，他再也无法越过这道天堑，也注定了他一生无法越过楚汉之界。

失望，沮丧，愤怒，恐惧。王夫之无法改变自己的命定。离开南昌前，各种灰暗情绪充斥心中，王夫之当时不想认命，他还想挣扎，甚至不顾恩师的劝告而昂头自励："天无绝人之路，鄂、赣、皖不通，弟子继续往东，取扬州过江，沿运河北去，总会有办法的。"

"夫之，为师甚能理解你之心情，老朽早言，凡事不能强求，更不可愚执。有念虽好，但执念慎之，愚执断之。"欧阳霖看着王夫之蓄满泪的眼眶，既感动，又心疼，摇头叹道："苏南又能好到哪里去？过得长江，上不得运河；上得运河，过不得淮河。苏北已是农民军天下。人人避战祸，你等何必命送虎口！即便到了京城，以天下如此危局，朝廷还能如期设考乎？"

欧阳霖言辞恳切，句句都是大实话。如果不是自己的弟子，不是太爱王家兄弟，欧阳霖以病残之躯，不会如此苦苦相劝。王介之比较理智和清醒，虽然心中悲痛，但他还是接受了欧阳霖的规劝。

眼见王夫之固执，内心尚在挣扎，欧阳霖不忍将失望浇灭，又道："夫之，你且不要灰心，待时局稳定，再北上不迟。为师估计，眼下局势，天下将有大半举人无法赶赴京师，春闱定要延期。"

听完恩师这番话，王夫之细想，觉得不无道理。他这下总算稳住了情绪，道："恩公见笑了。此等报国，心急气浮，难成大事。"

谈了一番话，欧阳霖气色似乎好了许多，在王家兄弟携扶下下了床。家人也做好了饭菜。师母道："从狱房回来后，这是第一次下床。"

欧阳霖摆摆手，淡然道："放心，死不了。"

吃完饭，王家兄弟别过欧阳霖，王夫之眼睛潮湿，他不知道往后还能否再见到恩师，只好紧紧地抓住欧阳霖的手，不断地说着"保重，保重！"欧阳霖脸色出奇地平和，他什么也没说，只是目送着王家兄弟，直到他们走出很远，他才无力地举起手，默默地挥了挥。

外面很乱，打骂声不断。不时有兵卒和盲流从街上走过。王家兄弟虽然心事重重，但远没有欧阳霖那般绝望。这是年轻人的世界，他们自以为知道明天，自以为掌握命运，可真正的明天在哪里，命运是什么，他们并不知晓。

所谓"出师未捷身先死"。王夫之虽然难过和不甘，但亦别无选择，兄弟俩不得不登上归乡的船只，听凭内心波澜起伏，暗自伤怀。

实际上，当时的南昌并未受到战事太多的影响，欧阳霖家中清冷实乃个案。整个街头元宵佳节的节日气氛还是比较浓厚的，望着赣江两岸万家灯火，一派祥和，却不能再往北上，王夫之焦躁万分，行至苏东坡当年渡江的地方，他有感而发，脱口吟道："闲心欲向野鸥参，更听鱼龙血战酣。何事春寒欺晓梦，轻舟犹未渡江南。"

月黑风高，浪大波急，前途渺茫。悲切只是悲切，此时的王夫之真的没有意识到战局的紧迫，更未见过战场上的血雨腥风，所谓悲切，也就显得有些轻巧了。

从南昌折返，王家兄弟并未沿来路返回，而是沿赣江南下，抵达吉州（今吉安）。舟车劳顿中，抵达炎陵。从炎陵入洣水，乘船西下。过茶陵，经攸县，抵达衡东。一路上，江水清浅，重山叠嶂，沙汀危石，风景好不秀丽，但是，王夫之无心观赏，越往西南，离战场越远，却是更加忧虑北方的战事。身在赣江却念着长江，身在湘江却想着淮河，他是"征雁"，却来不及展翅即折返；他是早莺，刚一啼鸣便泣不成声。

王夫之从南昌归来，途中亲眼所见战争的惊心动魄，百姓的流离失所，遂作组诗《江行代记》，其中叹道："虏兵入卫气骄横，归路庐陵屡夜惊。取次渚宫成贼垒，萧条淮北尽空城。"回家后，王夫之利用闲暇编印了第一部诗集《漅涛园初刻》。可惜该书在战乱中丢失。晚年王夫之《述病枕忆得》曾云："昔在癸未春，有漅涛园初刻……乱后失其锓本，赖以自免笑悔。"

阳春三月，正如欧阳霖所预判的，京城忽然传来好消息：崇祯皇帝诏告天下，命将本年礼部会试延期到八月举行。

王夫之闻此惊喜交加。所惊者，幸亏当时听从了恩师的劝告，没有执意赴京；所喜者，皇上特地下旨，学子便有希望。虽然来年能否如期举行春闱大考尚不可知，但皇上既已诏告，至少说明大明王朝还在，科考机制还在运转。

然而，夏天刚到，一个坏消息突然传来：张献忠占领了武昌，处死了楚王，令部下分食其肉，同时尽取王府中金银财宝数百万，辇载数十车不尽。后又发银六百余万两，召集各地流民从军，在武昌建立大西政权，自称"大西王"，设六部和五军都督府，及委派地方官吏。改武昌曰"天授府"，并开科取士，招揽人才，共录取进士三十名，廪膳生四十八名，都授以州县官职，好像这天下就是他"大西王"的了。

王夫之等人如遭雷击，彻底惊呆。此时，李自成占领襄阳，自称"新顺王"，招抚盲民、流浪者、乞丐、窃贼、强盗及一切愿意从军者，给牛耕，赈贫困，畜孳生，务农桑，又募民垦田，收其籽粒以饷军。王夫之甚是惊骇：这两个逆贼已经不是简单的流民作乱，而是大有改朝换代之势。流贼如此，蛮力横行，书生何为？

是年三月，李自成杀掉罗汝才、马首应等，吞并了他们的人马；四月，杀叛将袁时中。此时，浩浩荡荡的农民军千流合一，都举着李自成和张献忠的造反大旗。

李自成对张献忠占据武昌十分不满，差人讽贺曰："老回回已降，曹革左皆死，行及汝矣。"

张献忠大惊失色。恰在此时，大明将领左良玉从江西带兵西进，一路斩杀大西政权的官吏。张献忠两面受敌，大西政权眼看就要土崩瓦解。张献忠知道武昌守不住了，情急之下，挥兵南下，一路抢掠，直取湖湘。

乱世穷年，烽烟四起，战火不断。王夫之的报国梦雪上加霜，如蜀道之难，难于上青天。他在血雨腥风中将真正直面大明王朝的这盘残局。

第十章 构陷

一

明明是残根败枝的夕阳，却偏偏相信黑夜过后，鲜花还在。

王夫之一生真正的苦难从此开始，并且再无休止，就在那个混乱不堪、充满不祥之兆的1643年。

这一年，本该是王夫之幸福的一年。春天，他得知礼部会试延期到八月举行，他本来可以进京赶考，以期金榜题名，入朝报国。不久，他的第一个儿子王勿药降临世界，王夫之欣然当上了父亲。

然而，幸福如此短暂，梦想很快破灭。

八月初的衡州，桂花飘香，鸿雁南归。这一天上午，王夫之正在家中与王介之议论时局，准备北上参加京城会试之事。

就在此时，张纯熙急匆匆走来。

这张纯熙也挺有意思，上回与王夫之等人同时中举后，他并未打算赴京参加礼部会试，甚至也不回衡山，而是继续待在朱啸虎家，与媳妇一起，打理朱家的诸多事情。据传自他中举后，原先衡山那个大户人家的女儿请求嫁给张纯熙，遭到张纯熙拒绝，他回了一封短函，其中一句是："陈世美之为者乃纯熙所耻也。"此事在衡山传为佳话。知府大人罗亦篱践诺要给他送匾，也被他婉言谢绝。他声称，之所以参考，只是证明自己也许有能力考上。真正考上，跟去做官、走上仕途完全是两回事，他自认为不是"入朝为官"的料。实际上，朱归孺原以为考不上竟然考上，考上后进而为官，且迅速擢升，后面靠的是朱家的钱财和朱归孺本人的钻营，有钱财不会钻营不行，会钻营没钱财也不行。朱归孺两者兼有，所以就成了现在的朱归孺，而张纯熙仍然是当年那个张纯熙，只不过头上有了一个虚荣的举人称号罢了。至于赴京参加会试、乃至后面的殿试，那简直就是水中花、镜中月，压根捞不着。他觉得跟着朱家可靠得多。朱归孺也明确表示："只要忠心，朱家有饭吃，少不了你那口的！"

"夫之先生，请出来一下。"张纯熙颇为神秘地说道。

王夫之不知何事，便走了出来。张纯熙与王夫之走到一个较偏僻的角落，十分紧张地递给他一个深赫色精致的木匣。张纯熙打开木匣，低声道："夫之先生，这里面是一套完整的试题。朱大人说此试题可能与今年礼部会试有关。"言毕，他似乎不愿多说什么，也不管王夫之相信不相信，甚至不管王夫之高兴不高兴，转身离去。

王夫之十分诧异，不知道朱归孺为何冒着巨大风险做这些"令人不齿"的事情。如果说，朱归孺想感激王夫之当初帮他押题，那么，那份感激早已抵消。王夫之清楚，朱归孺不是草包，更不是他声称的"胸无点墨"。他有自己的套路。否则，他怎会刚中举就当上知县？进而又怎会如此快就擢升至衡州同知的？很显然，即便王夫之没有帮朱归孺押题，朱归孺也还是会变成现在的朱归孺，只不过通过另外的人或另外的途径。比方说，他找了另外的学子帮忙，或者买到了所谓的泄密题，或者与阅卷老师接上了头，等等。这些人，只要肯钻营，只要真正看中什么，他们会不惜一切代价去获取，去得到。至于获取或得到所付出的，他们从不计较，也不会停留在这些艰难、灰色甚至痛苦的过程中。他们最善于向前看，也喜欢向钱看、向权看。"回忆"或"反省"二字，一般不会出现在他们的脑海中。他们把人生本身当成了生意，什么时候投资，投多少，投什么人，收获什么，要不要与人分享利益，或分享多少利益，等等，他们计算得很清楚。但这些计算往往以"算计"的方式让相关牵涉者丝毫感觉不到他们付出的成本代价，每个与之交往的人都从最初的戒备到最终的信赖，甚至暗暗欢喜，因为每个交往的人自以为获得了比所付出的成本多得多的收益。

总之，朱归孺这样的人在任何时候都是人生的赢家。至少，王夫之就是这么认为的。

王夫之甚至想，当初朱归孺在船上醉酒，说出的诸如自己从未读书、私塾老先生和管家的故事等都是凭空编造的，是事先策划和设计好的，为的是让人同情，让人信以为真，为的是制造最强的反差效果，一个从不读书的竟然赢得了科考，这是什么，是命定，多好的命定啊。就像他父亲朱啸虎要将衡州郡学改成屠宰场却命名为"得善楼"一样，完全是为了制造惊人的反差效果。得到只是结果，而不同的得到，有不同的效果。因为衡州地域，比这郡学好的地方多的是。但别的地方买了就买了，拆了就拆了，像一滴水放进大海一样，没有半点效果。而衡州郡学不一样，那是衡州的书脉、文脉，是衡州人的灵与魂。这一动或一拆，就好比将一滴红墨水滴进了瓶子里一样，整个瓶子都红了起来。

张纯熙走了。王夫之捧着木匣，站在路边的树影下，思绪乱飞。王夫之突然想起上回去耒阳朱归孺跟他说的一番话，他说强者只有"蛰伏待动"，从无"明哲保身"。为达目的，不择手段。也许这些手段充满道德瑕疵，他不会因此而瞻前顾后。若每每计较得失毁誉，必将难成大事。朱归孺坦言，他崇拜张居正，把张居正的从政格言"愿以深心奉尘刹，不予自身求利益"奉为座右铭。但在王夫之看来，朱归孺并未理解张居正格言的真义。

"夫之先生无须笑也。"朱归孺道:"知我罪我,在所不计。"

王夫之和曹伯实当时听了,都感到震惊。王夫之由此明白,父亲为什么无法入仕,即便进了国子监,也一事无成。因为朝廷用人标准只有一条:"重用能吏,慎用清流。"能吏,可以不计个人得失将事情办成。清流有道德洁癖,行事每以道德为衡。历朝历代,能者皆懂染缸之矩,皆会主动染上颜色。清流者,只会站在染缸外指点,唯恐颜色溅上身子。如此,焉成大事?

"夫之兄,你手中拿着什么东西,如此严肃?"突然,背后传来熟悉的声音。

王夫之扭头一看,竟是管时求,便笑道:"原来是管兄,多时不见,一切安好?"他边说边将木匣藏入袖口中。

"能活着回来,就算安好了。"管时求摇摇头,叹道。

原来,年初,管时求和夏汝弼一起,沿着湘江北上,到了武昌,游历了一番,拜访多位师友同窗,没过几天,即闻李自成攻占了襄阳。二人虽诚惶诚恐,但还是决心不改初衷,继续北上。岂知刚出城门,就听闻张献忠杀到了鄂北。他们开始犹豫不决起来,先退回到城内,想等等看。很快就看见一队队大明的士兵往城外走,他们以为士兵去襄阳鄂北杀敌,哪知道是去江西的。这才知道,国破家亡之际,左良玉竟然带兵东撤!

管时求当即骂这些军人懦夫,还站在队伍前想拦截他们,结果就被抓了起来。夏汝弼急得几近绝望,后多亏武昌师友营救,才算逃过一劫。师友们都劝他俩先回衡州,静观局势变化,再做打算。

夏汝弼觉得大家说得对,但管时求不认命,他声称不愿当懦夫,誓要与张献忠的农民军玉石俱焚。师友纷纷说他糊涂,夏汝弼也说他书生气太重,又恨又无奈。想想也是,一介文弱书生身在异乡能够怎样?提着脑袋往前冲,有用吗?说实话,战火纷飞,读书人就会跟着遭殃。很多从鄂北逃回来的读书人说，李自成和张献忠所经之处，到处抓读书人，为他们所用，凡不归顺、不服从者，当即斩杀。

就这样，管时求和夏汝弼在武昌藏匿、恐惧、踟蹰和挣扎了好些日子，终究还是灰溜溜地回来了。

"真没想到，这乱世之中，读书人连立锥之地都没有。"管时求愤愤道。

"读书人没有立锥之地，不如战死沙场。"王夫之恨恨道。

"见到国相兄乎？"管时求忽然问。

王夫之摇摇头，立即叫道："瞧，说曹操，曹操就到。"

"看来，两位仁兄在说在下坏话。"李国相大步走了过来。

李国相回衡州，也经历了类似的磨难。他原本是一个人上路的，当时已经到了麻城。忽见张献忠的兵勇正拿着手册抓人，每个州府都有举人和秀才名录，他们就盯上了这些还没登科及第的读书人。这些家伙杀人放火，打家劫舍，却急需一批书生为他们粉饰太平。李国相几次差点命丧刀口，幸而他练过功夫，身体矫健。更何况，他不是麻城人，兵勇也不晓得他姓甚名谁，混在难民当中，他跑了出来。然而，张献忠也懂得计策，烧杀抢夺之后，立即给百姓放粮发钱，沿途大批百姓受此诱惑，纷纷加入他的部队，在麻城就有上万人。张献忠不仅需要找读书人宣传和造势，更需要找读书人替他做官，治理地方。

每念及此，李国相愤然道："张献忠绝非乌合之众，大有改朝换代之势也。"

"国相兄来得正好。"管时求道："眼下危局如此，我等尚能赴京参加礼部会试吗？"

这时，王介之走了出来，跟管、李二人打了招呼，道："昨天知府罗大人通知各位举人商议礼部会试事宜，不过，今天上午又临时取消了。"

王夫之接上话，一脸愁容道："在下判断，现在真是一盘残局，连进京赶考都成了问题，罗大人一向重视科考，今朝差报临时取消此等重要会议，说明京城已经陷入险境。各地消息传来，京城北方被清兵包围，南方被农民军割断，大明王朝确已危在旦夕矣。"

"情况竟然如此之糟，实乃朝廷之耻。"管时求忽地问王夫之："为何历朝开国之初，政治皆清明，随后暗之？"

王夫之叹道：原因很简单，因为改朝换代，多有战争。战火中，只有那些不怕死的实诚人和不怕吃亏的军队才能最后赢得天下。而和平时期，一旦不用性命相搏，实诚人总是忍让，不会"算计"，结果小人得志，流氓横行，慢慢地，天下就烂掉了。等烂到无法收拾，烂到人人必须靠性命相搏时，新的实诚人就会再次揭竿而起，赢取天下。

"然时局之变，迅于瞬息。我辈读书人皆实诚人也……"李国相正说着，但见一名差役急急跑来，看见他们几个学子，老远就高声喊道："不好了，不好了！出大事了。知府大人正差人四处找你们。"

"啊？找我们？"王夫之大吃一惊。"出什么大事了？"

"快，快！"差役气喘吁吁跑上来，大汗淋漓道："罗大人召集大家，速速前去商议国事。"

二

"商议国事？"王夫之闻讯一惊，来不及细想，他将张纯熙送来的木匣往路边一扔，与李国相等一行人立即随着差役朝州府议事大厅跑去。

"啊，这么多人！"王夫之进去一看，吃惊不小。里面黑压压的坐满了人，州府各级官吏及衡州学子均在，十分肃穆，气氛有些紧张。

罗亦篪一脸严峻，正在大声讲话："张献忠贼率大军所经之处，杀掠抢劫，无所不为。妇女儿童尤惨，城邑村野，至数十里无人迹。民众逃入深山，不得食而死者无数。幸存者采草木叶食之，久而化为野人，裸处林栖，体生白毛，遇人则搏杀之而吮其血。"

朱归孺坐在台上，见王夫之等一行人来到后，示意他们尽快坐下。王夫之心想：张纯熙才遵你指令送来神秘木匣，时局瞬息万变，残局已定，你也没想到吧？

罗亦篪抬头看到了王夫之一行，他略一停顿后，继续道："眼下，李自成、张献忠二贼均在鄂北，张贼尤为暴烈，正快速向南推进，直逼岳州、长沙，贼心所指，妄取三湘！战事不测，危殆在即。我等皆得皇恩、奉皇禄，眼下正是报效朝廷之时。诸位有何高见，请开门见山，速速说来！"

"老子是个粗汉，面上的话儿不会说。"衡州把总叶向龙坐在会议前排，他猛地站起来，高举拳头，大声吼道："张贼若来衡州，便是在下与张贼首级相易之时！"

叶向龙此言一出，众人骇然。会议气氛一下子凝重起来。

这时，奚鼎铉站起来，不以为然道："自古得中原者得天下，贼寇关注的应是江北，一时半刻，战祸可能还到不了湖湘。"

"奚兄之言差矣。"刘子参摇摇头，起来反驳，他眉头紧锁道："江南久无战事，百姓安逸，又军力薄弱，疏于操练，若贼寇来犯，后果怕是不堪设想。"

"兵营之事，奚某不懂，不便妄议。"奚鼎铉见刘子参反驳，顿时挂不住。他生怕别人批他言之轻率，行之疏虞，遂即刻拍着胸脯，提高声音，豪情表态："若李张犯衡，奚某承诺：奚家虽不富，愿捐一百银两、口粮一百石、布匹一千尺，同时携家眷同仇敌忾，不怯不逃，誓与衡州共存亡！"

"当下非捐钱赠物、口号震天之际。"一个坐在后排的年轻人站起来，既不看奚鼎铉，亦不看罗亦篦等，而是直抒胸臆："白某弃医从戎，不是为死，而是为生。"此言一出，语惊四座。

王夫之不认识此人，罗亦篦却是认识，他是衡州检校白天坡。罗亦篦虽有不悦，却并无制止之意，只听白天坡道："衡州兵营并无危机感，将士多口舌，少实战。工事不筑，兵阵不操。此等阵势，恕白某直言：一旦张贼来犯，衡城恐凶多吉少矣。"

"白检校毋须胆怯！"罗亦篦忍无可忍，道："值此之时，休得长贼人志气，灭自己威风！"

"保卫衡州，人人义不容辞！抵抗李贼，打倒张贼，个个肩上有责。"朱归孺从罗亦篦身边站起来，厉声道："衡州男儿没有孬种！李张两贼若率兵来犯，衡州城当万众一心，有钱的出钱，有力的出力，必将暴徒逆贼戮之食之而后快！"

"风云际会壮士起，誓死报国不生还！"衡州卫副千户左书臣站起来，情绪激动道："左某身为军人，保家卫国，义无反顾。李张逆贼冒天下之大不韪，左某恨不能即刻杀之戮之鞭尸之！"

王夫之倒是认识左书臣，但疏于交往。左家与王家一样，也是从外地来衡，左的父亲与王朝聘较熟，王朝聘曾说左家乃将门之后，意思是先祖的勋业比王家还高。此刻，王夫之听了左书臣血胆之言，"嚯"的站起来，义愤填膺道："王家乃读书世家，食皇禄，蒙皇恩。在下虽一介书生，但杀敌报国乃王家祖训。此若寇犯衡州，在下全家必将挥刀相向，誓与衡州共存亡。"

"好！好！"罗亦篦认真地看着王夫之，以拳击掌，道："衡州男儿有此气节，罗某万分感动。然诸位不可逞匹夫之勇，平寇打仗乃官府与军队之事，你等皆为举人，是大明希望，万不能白白牺牲。贼寇若来，罗某定当身先士卒，血刃贼寇，死不足惜。"说到这里，罗亦篦特地停

328

了一下，面对台下一张张坚毅的脸孔和一双双锐利的目光，他用力挥了一下拳头，大声道："为官者，守城有责；为兵者，牺牲为义。衡州学子，务请保重、再保重！万不可急躁死进！我等死不足惜，你等诸生则务必保全清白之身，他日时局稳定，没有你等读书人，重振大明当是空话！"

那一刻，王夫之觉得罗亦篱很正气，很威勇，很高大。他只是不大理解，抗击贼寇，人人有责，罗亦篱却将守城之责作了区分。在此严峻关头，罗大人此番言论合适否？

突然，一名信使慌慌张张闯进来，远远地就喊着"报"，话音未落，差点被桌椅绊倒。

朱归孺厉声道："何事如此慌张？有失体统！"

这名信使喘着粗气，被朱归孺呵斥得低着头，唯唯诺诺，他看四周人多，不敢说话。罗亦篱道："都是一家人，但说无妨。"

信使结结巴巴，讲述了最新战况。

众人这才知道，张献忠率二十万重兵南下，攻势如潮，湘北守军纷纷溃逃，农民军接连攻占岳州和长沙。长沙副总兵尹先民和何一德开门投降。长沙推官蔡道宪率部迎敌，苦战数日，后与家丁数十人自焚于敌阵前，英勇就义。

张献忠恨其英烈，将蔡道宪全家烧焦的脑袋一一砍下，血肉横飞，惨不忍睹。长沙市民奋勇抵抗，可歌可泣者不胜枚举，太平街"春和堂"中药铺的耿大夫即为一例。长沙破城时，耿大夫操一利器从家中冲出，与敌贼厮杀一起，斩三人，伤数人，刀刃已卷，耿大夫怒而扔之。又持一剑，再战，全身血流不止。耿大夫自知生命无望，遂淡定向南，正衣冠，以名士风度示人，后身披血巾，抱剑徐行，适与暴敌相遇。敌军以刀刃相逼，耿大夫乃狂笑道："尔等反贼，逆天而行，可知报应否？"言毕，以剑刎颈，血柱如喷。敌军大骇，围而戮之，尸首成泥，中药铺遭焚烧，耿大夫一家五口悉数被斩。

张献忠血洗蔡道宪和耿大夫两家，在长沙掠取无数财物，为了稳住长沙，他对效忠的人大肆行赏，例如，两个投降的守城副总兵就被封为"世袭伯"。张献忠发布通告曰："孤提天兵临长沙，一日之内两府三州归顺。副总兵尹先民、何一德带兵效顺，即愿前驱进取江西，孤甚嘉之。封先民、一德世袭伯，所部将领皆为总兵……"

紧接着，张献忠亲自率领二十万大西军以雷霆之势，杀向衡州。一路上人喊马嘶，尘雾蔽日，旌旗遮天，大路上挤满了一眼望不到尽头的大西军，连同他们的车辆、马匹、军械、辎重和各类攻城的器具，前前后后足足有五十多公里长。一路无有抵抗。过了衡山，距城尚有百十里，大西军便开始把衡州城呈"半月状"围了起来。他们在城外扎下数百座营盘，所到之处，旌旗猎猎，尘土滚滚，战鼓声声，各种呐喊声、尖叫声和战马嘶叫的声音汇在一起，就像雷电闪闪、怒河滔滔，隐隐而又迅捷地向衡州城方向凌空逼来。

王夫之闻言"春和堂"中药铺耿大夫和阅卷恩师蔡道宪慷慨赴难，悲愤交加，心潮难抑。他万万没想到一脸平和的耿大夫竟有如此血性，他更没想到，自己上次的武昌乡试，竟是他与恩师蔡道宪的永别之日。不久，他又获悉吴道行山长见山河破碎，遂"望阙痛哭展拜，舆归山中，不食而卒"，以身殉国、殉君，实现了其先师张元忭所教诲的"爱国忠君仗到诚，休将一念坏平生，勿欺请绎宣尼训，留取丹心答圣明"之大义。这种伤痛一直埋在王夫之的心底。直到清康熙十四年（公元1675年）二月，五十七岁的王夫之为"避滇氛，至长沙"，作《长沙旅兴》一首，其中有"鹤杖恰逢苔径软，渔舟初绕碧波匀。乘乘生事余年在，随处桃花可问津"之句，抒发了对吴道行山长和耿大夫等师友的怀念之情。不久，王夫之从湘阴、岳州折回长沙，他又特意"拜故明蔡忠烈公道宪祠"，想到初识即成永诀，如今阴阳两隔，祠中荒草满庭，悲从中来，当即写下《拜蔡公祠》一诗，前两句为："烈心歆匪石，笃意悲逝川。怀沙无归魂，惜兰非天年。"当然，这些皆是后话，不提。

突然有人振臂高呼："还我山河！卫我家园！"这一高呼，点起了大家的激愤之情，不少人跟着大喊，恨不得挥刀杀敌，血溅战袍，完全忘却了惊慌与恐惧。

"好了！各位！安静，安静！"罗亦篼大声说道，示意大家安静下来。终于，会场重新肃静起来。罗亦篼凛然道："兵来将挡，水来土掩。为国赴死，无有可畏！"

散会后，罗亦篼带着朱归孺、叶向龙和左书臣等人匆匆赶向桂王府。

应当说，蔡道宪和耿大夫等人死得有点冤。因为，当闻讯张献忠挥师南下时，衡州桂王朱常瀛即令镇守湖南的湖广巡抚刘熙祚把驻守岳州、长沙等地的大明军队速速撤回衡州勤王。张献忠拣了个大便宜，攻占岳州几乎不费吹灰之力。在进攻长沙时，虽遇到了蔡道宪组织的蔡家军团结一心，奋力抵抗，长沙部分市民如耿大夫等同仇敌忾，慷慨赴难，但总的来说，阻力不大。蔡道宪早有预见，一旦攻城，刘熙祚所部的守军是靠不住的，他事前召集了五千士兵，日夜训练，但终究抵挡不了张献忠二十万大军的攻击，最后惨烈殉国。

罗亦篼开完会后的第三天，刘熙祚将驻守在岳州、长沙等地的十余万守军全部集结到衡州，准备与张献忠决一死战。桂王朱常瀛严令刘熙祚和罗亦篼等合力死守衡州城，不得有任何闪失。三王爷朱由楥和四王爷朱由榔代替身体羸弱的父王，轮流值勤。刘熙祚和罗亦篼等每隔两个小时需要报告前线情况。

锦衣卫总管马暨垂则被派往广州搬救兵。

天色阴沉，气氛凝重。获悉张献忠大军已列队城门外，旌旗猎猎，战鼓阵阵，整个衡州立即处于高度紧张和躁动状态。衡州城门早早关闭，城墙上的守军磨刀擦枪，严阵以待。街上行人车马稀少，所有店铺均已关闭。黑夜降临，衡州城又增加了一分不安，城内城外都开始弥漫大战一触即发的味道。

"轰！"的一声巨响，城北方向率先打响了第一炮。张献忠率部将孙可望、李定国、刘文秀等大西军开始进攻衡州城，呐喊声，枪炮声，厮杀声，不绝于耳。黑压压的士兵以蛇形阵式，一波又一波，拼命往前冲，乌烟滚滚，火光冲天。衡州城墙上搭满了一排排云梯，张献忠的士兵黑压压的，轮番冲向城头，飞蛾扑火一般，不顾一切，一次又一次往前冲。

守在城北指挥的正是衡州把总叶向龙，面对敌军的疯狂进攻，他沉着冷静，用"霹雳炮"将大西军一次又一次击溃，血流成河，尸首堆积如山。"霹雳炮"是一种前膛装填、类似步枪的手持武器，威力不小，但装配数量有限，只能坚持十来回。时间一长，就麻烦了。叶向龙派人向刘熙祚报告实情，刘熙祚立即作出安排，向城北增加了一批"霹雳炮"，同时，新增了一批"盏口将军"。这种"盏口将军"其实是指一种新型炮，炮的口径有盏口那么大，是一种更为重型的火炮，威力比"霹雳炮"更大。

当天的战事持续到深夜。叶向龙的士兵在城上居高临下，占据着方位上的优势，开炮，放箭，投石，泼油料，掷火把，一丝不乱。张献忠的军队哭叫声不断，伤亡惨重。

眼看城北一时攻不进去，张献忠重新部署，把战火向四个方向同时展开。孙可望攻城北，李定国攻城南，刘文秀攻城东，张献忠本人率部攻城西。果然，由于大西军数量上占有明显优势，这样一分散进攻，衡州城顿时成了危城。

刘熙祚主要依靠的是"霹雳炮"，以及部署在城南的"盏口将军"和部署在城西的大连珠炮，这些炮火如果数量充裕倒还罢了，偏偏炮弹数量有限，坚持不了多长时间。尤其不妙的是，炮火对于狙击远处的大西军冲过来还算奏效，如果是近战，则很难发挥其应有的威力。因此，眼下四面受敌，刘熙祚很快感到吃紧。

正在这时，四王爷朱由榔带着王阁昆等一干人马来军营巡视，刘熙祚十分吃惊，赶紧从营帐中迎出，请安后，急向四王爷禀告战事吃紧情况，同时以安全为由，请朱由榔务必即刻回桂王府去。朱由榔倒不慌张，他神色肃穆，一一询问，并承诺拿出一万银两，勉励将士奋力杀敌。刘熙祚表示感激，代将士们向朱由榔拜谢、立誓。

三

午夜时分，枪炮声、喊叫者终于停了下来。四周黑沉沉的，街道静寂得可怕。而此刻，衡州知府堂里，灯光通明，罗亦篪背着手，正焦急地等待着什么。旁边站着衡州卫副千户左书臣，他脸色铁青，嘴唇紧绷。

忽然，一阵脚步声传来，他赶紧打开堂门，朱归孺带着王夫之走了进来。

王夫之一进府堂，顿时感觉气氛不对。事实上，朱归孺这么晚到王衙坪去找他就很不正常。一路上，朱归孺一声不吭更是非比寻常，王夫之问他话也爱搭不理。此刻，罗亦篪没有说话，也没有看王夫之，只对朱归孺道一声："都坐下吧。"

"出什么事了？罗大人？"王夫之忍不住问道。他看了一眼左书臣，发现左书臣正恶狠狠地盯着自己。

"当然不是好事。"罗亦篪突地恶狠狠道："张贼攻城之际，暗探猖狂如斯！他们不是一人二人，而是有严密组织的，企图里应外合！"说到这里，罗亦篪凑近王夫之道："你听到什么了吗？"

王夫之摇摇头，一脸惶然的样子。

"带进来！"罗亦簏向左书臣招招手，命令道。

左书臣将一个人带了进来，那个人血肉模糊，眼睛肿得快睁不开了。他一进来，就一头跪在王夫之面前，大声叫道："夫之先生，你可要替我做主，我只是你的一名差卒，没干坏事，你快救救我！"

王夫之定睛一看，吓了一跳：这不是"无有酒肆"里的那个店小二吗？便下意识地问了一句："怎么是你，你怎么在这里？"

店小二苍白一笑，道："夫之先生，不是你安排我去把衡州的城防图送出去吗？我还没有出城就被他们抓了起来。"

"胡说！你、你血口喷人！"王夫之一听，顿时如遭雷击："我认识你？我怎么认识你？构陷！这明明是构陷！"

"哼！你不认识他？他刚才进来时，你不是很意外、很吃惊？"左书臣冷冷道，扬了扬手中的图纸："如果他将这城防图送了出去，我们现在都可能成了张献忠逆贼的刀下鬼矣！"

"我根本不认识他！更不可能指使他去送什么城防图！"王夫之急了，他抓住朱归孺的手，大声道："这是栽赃！是构陷！大敌当前，你们究竟想干什么？"

"从理智和情感上，我都不认为你跟他们是一伙的。"朱归孺甩掉王夫之的手，镇定道："但面对事实，我很吃惊，也很难过。"

"夫之先生，你还有什么要说的？"罗亦簏瞪着眼睛，冷冷道："坦率地讲，此事发生在你身上，我并不意外。"

"罗大人，此话怎讲？"王夫之十分生气，也冷冷道。

"你在岳麓书院就积极参与行社，回衡州又牵头搞匡社，散发反动传单，组织暴民游行，唯恐天下不乱矣。"罗亦簏道："如今张贼攻城，你等以为机会来了，蠢蠢欲动，里应外合。此番献城防图即为处心积虑之一例，尚需狡辩乎？”

“啊？罗大人，你不分忠良，焉能如此？”王夫之气得浑身发抖。

“一直以来，罗某敬重武夷先生之学识，知道他偶发牢骚，入仕不顺，心有不满，但想着你们王家世代，沐浴皇恩已久，总不至于心生反骨罢。”罗亦篪根本不看王夫之，只顾说下去：“罗某对王氏三兄弟，特别是你夫之先生，多有关爱与提携。孰料你恩将仇报，能无寒心乎？”

“罗大人毋须多言。”左书臣捏了捏刀柄，极不耐烦道：“大敌当前，此等奸细小人，开刀问斩即可。”

王夫之胸口发紧，看了看毫无表情的朱归孺，又看了看瑟瑟发抖的店小二，眼里有些迷茫。

罗亦篪道：“摆在你前面的只有两条路：一是交代清楚你们究竟有多少人，都在什么地方？你们的计划是什么？不交代好这些事情，那就只有走第二条路，黄泉在前，没有后路。你是清楚的。”

忽然，王夫之抓住店小二的头发，怒不可遏道：“你为什么要陷害我？为什么？我都不认识你，谁指使你这么做的？为什么？”

谁知，店小二惨然一笑，啐了一口血水，恨恨道：“夫之先生，我跟了你真是瞎了狗眼。”然后他眼一横，颇为不屑地对罗亦篪道：“今日落到你们手里，要杀要剐，悉听尊便。我认命。”

没想到店小二如此硬气，临死还要坐实与王夫之的关系。王夫之气得几乎失去理智。他不明白，店小二为什么要陷害他？其实，店小二自己也不明白，他只是照令执行。而下达命令的，既不是“无有酒肆”的老板，也不是樊志高，而是一个叫“老鹰”的人。但“老鹰”是谁，店小二就不清楚了。对王夫之而言，眼下最要紧的是洗白自己。否则，自己的小命人头落地不足惜，还会搭上王家的一世清誉，“张献忠的奸细与帮凶”，这几个字跳进心里，“噗”的一声，像火一样蹿得老高，王夫之打了个寒战，这太可怕了。

罗亦篪朝左书臣使了个眼色，店小二被推了出去。

王夫之觉得在劫难逃，有口难辩，此刻反而冷静下来。忽然，王夫之请求罗亦篪等人听他讲完与店小二的认识过程。于是，他把那天晚上在"无有酒肆"喝酒、见到店小二和樊志高、巧遇三王爷等实情简洁而清晰地讲了出来，当讲到三王爷的时候，他猛地停下，道："如果我是张献忠安插的奸细，三王爷还会安然无恙吗？"

"你是说，那天晚上，是你将三王爷送到尚德客栈去的？"罗亦篪急促问道。"谁能证明？"他不敢相信。因为那天晚上，他就去过尚德客栈。

"郭衮冕，郭衮冕当晚就在尚德客栈。"王夫之道："尚德客栈的老板也能证明。对了，那天晚上，樊志高带着几个黑衣人去了尚德客栈；听说罗大人和朱大人等也都去过尚德客栈；好像桂王府的人后来也去了。"

"一派胡言！"朱归孺冷然道："谁证明你都不重要。就算你送三王爷到了尚德客栈，也无法反证你不是张贼奸细。因为你根本不知道所送之人就是三王爷！"

"看来，唯一能证明你清白的只有三王爷本人了。"罗亦篪嘀咕一句。从理智上讲，他觉得说王夫之为张献忠卖命的确有些牵强。"可战事紧迫，三王爷不可能来州府，我辈亦入不了桂王府。"

"在下有办法！"王夫之见罗亦篪有些松动，赶紧道："三王爷为感谢在下将他送到尚德客栈，送了在下一个嵌宝石花形金饰件。该饰件只有桂王和两个王爷佩系，可以作为桂王府的特殊通行证……"

"报！——请住手！"一差役急急撞进来，叫道："恶人构陷！恶人构陷！"

罗亦篪火冒三丈，正要呵斥那名差役，但见左书臣推着店小二快步走了进来，老远就嚷道："罗大人，好险！左某差点铸成大错！果真是这天杀的栽赃夫之先生！"

"啊？竟有此事！"罗亦箆和朱归孺都大吃一惊。

原来，店小二被推出去问斩时，面对白晃晃的屠刀，生的欲望终于战胜了死的恐惧，他招供了，说自己确系张献忠提前布局在衡州的奸细，衡州行动组有一个统一组织，叫"维鹰会"，有十来名骨干成员，为首的是"老鹰"，他的上线是樊志高。他们有一个针对桂王府、衡州知府、兵营、各级官吏和衡州学子的行动名单，在这份名单中，一部分人要被暗杀掉，例如桂王及王爷、罗亦箆、朱归孺等；一部分人要被收买；还有一部分人要被"内除"掉。所谓"内除"指的是通过各种颠倒黑白的方式，包括栽赃和嫁祸于人等，使名册上的人成为内部公敌，进而被自己人处决掉。王夫之就是属于第三类"内除"的对象。"老鹰"这样做，主要是为了激起王家人的仇恨，以便他日张献忠进城，王家人能够义无反顾地为之效忠。

真相大白后，罗亦箆和朱归孺等人都出了一身冷汗，没料到张献忠等人还有如此心计。他们向王夫之道歉，并征求他对店小二的处理意见。

王夫之鄙夷地看了一眼跪在地上的店小二，冷冷道："此等逆贼，栽赃贤良，临死变节，罪当万剐。"他停了一下，又补充道："念蝼蚁有命，且饶他不死，去一耳、一手，以示惩处，戒之以醒矣。"

破晓时分，王夫之疲惫不堪地走出州府堂，外面漆黑一片。

远处，犬吠频频。

王夫之本能地朝王衙坪方向走，没走多远，他突然想到，此时回家，一是惊醒家人，二是自己被罗亦箆一折腾也无法入睡，三是最重要的，衡城有个神秘的"维鹰会"，其他学子是否知晓？他们现在忙什么？这样一想，他立即来到距离衡州知府最近的夏汝弼家，发现他家的中药铺竟然还亮着灯，遂推门进去。

夏汝弼见到王夫之，也大吃一惊。王夫之把自己的遭遇简单地讲了，夏汝弼听得目瞪口呆，他讷讷道："如果店小二死不改口，你如何洗得冤屈？"王夫之苦笑着摇摇头，没有回答。他看见夏汝弼正在清理药材等医用物资，问道："这是做甚？"夏汝弼叹道："战事一开，衡州不少人逃离了。三家中药铺老板丢下许多药材器料，家父一并买回，让我整理归类，说到时一定用得上。"王夫之道："你们不打算离开？不怕张献忠抓你去当幕僚？"夏汝弼道："如此乱世，正是学医之人效力之时。我们哪里也不去。张献忠差人来，不从便是。"王夫之道："若是人家硬逼你去，若何？"夏汝弼道："果如此，石以砥焉，化钝为利。"王夫之道："个人力量终归有限。我辈曾结匡社，原本就是一个组织。能否重新结集，做点实事？"夏汝弼道："我无意见，要我做甚，吩咐即可。你去看看别的学子，若能团结一心，为衡城奔忙，献智出策，亦为幸事矣。"

从夏汝弼的中药铺出来，天已经完全亮了，街上一片嘈杂。王夫之不顾疲惫，他来到唐克峻家，发现他竟然还在读书。王夫之道："都什么时候，你还有心思读书？"唐克峻道："你们都中举，唯独唐某名落孙山，能无苦读乎？"王夫之听罢，更是大惊："你读书竟是为了乡试？你不知张献忠大军已经包围衡城？"唐克峻淡然道："他打他的仗，我读我的书。有何不可？哪朝哪代不用读书人？"王夫之急了，劝道："克峻兄，设若张献忠入城，张布公告，以考录士，你会去乎？"唐克峻愣了一下，叹道："唔，果破城，逃之可也。"王夫之便把自己遭"构陷"之事说了，唐克峻一听，嘴里念了一句"维鹰会"，道："你辈皆为举人，可为张献忠所用。我等秀才，入不了他的法眼。"王夫之急了，道："什么举人、秀才。真到破城，玉石俱焚矣。"唐克峻道："如此，我能做什么？"王夫之一时语噎，他也没想好，大敌当前，衡州学子能做什么。王夫之略一思索，道："至少，密切关注'维鹰会'，若遇可疑人员，及时通报。"

"这个克峻也真是，这个时候还想着乡试！"王夫之出门后，感到又可笑又可悲，他正要去找管时求，突然遇见急匆匆的李国相。

"李兄，出什么事了？"王夫之问道。

"夫之，我正要找你。"李国相喘了一口气，道："张纯熙满脸是血，不省人事，倒在我家门口。"

"啊？现在怎样了？"王夫之惊道。

李国相没有吱声，带着王夫之赶回家。此时，张纯熙已从昏迷中醒来，身体虚弱，躺在床上，睁着迷离的眼睛，看着王夫之，忽然苍白地笑了。

王夫之道："张兄，你笑什么？"

"几天前，朱大人让我送木匣给你。几天后，天下大乱，我已找不到朱大人。"张纯熙说完，道："能无可笑乎？"

李国相帮张纯熙洗了一把脸，又熬了一碗热汤让他喝下，道："送什么木匣？究竟何事让你如此不堪？"

张纯熙喝完热汤后，略一停顿，讲述了发生在他自己身上的事情。

原来，那天上午，张纯熙按照朱归孺吩咐，将装有会试考题的木匣送给王夫之后，当天下午就与胡三妹回到了衡山老家。其时，张献忠大军驻扎衡山，准备攻打衡城。

第二天一早，旷南卿突然找到张纯熙，说张献忠派人四处找他。张纯熙十分紧张。

旷南卿道："听说你在衡州同知朱归孺手下做事，我刚从张献忠幕府出来，有重要谍情要送到衡州知府。"见张纯熙奇怪，旷南卿便把自己如何被张献忠抓去，他如何装作顺从、效力的样子，获得张的信任，从而获取了张献忠军营重要谍情。说完，他拿出一张纸，上面写着农民军几大主将、各类武器和军力等情况，让张纯熙赶紧背下。

"一会儿，张献忠还会派人来把你我抓去。"旷南卿盯着张纯熙，急促说道。面对二十万大军，张纯熙要想逃出衡山，只有一条办法。旷南卿对张纯熙一阵耳语。两人刚刚密谋完，张献忠的手下已经出现。旷南卿和张纯熙束手就擒。

孙可望看见旷南卿异常恼怒，吼道："旷先生，本帅待你不薄，你为何出逃？"

旷南卿镇定答道："回大将军，旷某不是出逃，而是帮你抓回了一个举人。"

孙可望便转向张纯熙，恶狠狠道："报上姓名。"张纯熙说了，孙可望道："你可识得此人？"他指了指旷南卿。

张纯熙道："哼，杀父之仇人，焉能不识？"接着，张纯熙又简单说了旷南卿中举后如何羞辱他，杀了他的父亲，拆散他与富家小姐的婚事，逼他与旷南卿的女佣胡三妹成亲，总之血海深仇，不共戴天。

"一派胡言！"孙可望冷哼一声，命人将张纯熙痛打一顿，打得他满脸是血。

"张某所言，句句属实。"张纯熙从地上爬起来，说道。

"既如此，本帅给你报仇雪恨的机会。"孙可望猛地抽出佩剑，看了一旁的旷南卿一眼，递给张纯熙，道："你杀了他。"

"啊？"张纯熙惊呆了。这一招，出乎他与旷南卿的意料。"我、我连杀一只鸡都不敢……"

旷南卿知道，他从逃出张献忠军营的那一刻起，死神就会时刻降临。他见孙可望生疑，立即对张纯熙破口大骂："你这个贪生怕死之徒，平时痛恨朝廷，诅咒皇上，与衡州学子王夫之等人结成匪社，密谋造反。我杀了你的父亲，毁了你的婚事，都是你不忠不义，咎由自取……"

"够了！"孙可望吼道："两个无名小辈，一红一白唱双簧，试图蒙骗本帅，都给老子推出去斩了！"

旷南卿哈哈大笑："旷某死无可惜。"他指着张纯熙道："尔等鼠辈，身负血债，既无力手刃杀父仇人，又无能再与匡社成员兴风作浪，真是可悲可叹矣！"

孙可望命人将旷南卿推了出去。他随即对张纯熙道，"你是求死，还是求生？"

张纯熙道："我愿求死。"

孙可望略为吃惊，道："何以求死。"

张纯熙便把自己说成一直以来遭到衡州学子的嘲笑，给屠户家打杂工，为朱归孺当看门狗，受妻子胡三妹家虐待，听闻张献忠大军来了，以为可以变天，重获新生，便于昨晚偷偷回家。不料被仇人旷南卿获悉，一大早带着兵卒上门来……最后，他大声道："我生无可恋，速速求死也。"

孙可望忽然笑了，道："你还能进入衡州知府吗？"

张纯熙不置可否，望着孙可望。于是，孙可望便让他带着张献忠的密令，去找朱归孺。"你看我军兵强马壮，攻城只是顷刻之间。为救黎民于战火之中，你去告诉衡州知府：投诚是唯一出路。"然后，张纯熙被孙可望派人送到衡城南门，丢下了他。张纯熙跟跟跄跄跑到朱家，没有见到朱归孺，也没有见到朱啸虎，朱家一片混乱。张纯熙见状，只好挣扎着来到李国相家……

王夫之和李国相听后吃惊不小。王夫之问了一句："旷兄被推出去斩了？"张纯熙答道："应是斩了，但不确定。"王夫之重重地叹了一口气，岳麓书院的一幕幕又浮现在他眼前。

张纯熙冲王夫之道："夫之兄，可把张献忠密令交给你否？"

王夫之摇了摇头，他看了看李国相，李国相也不便拿着。两人看着张纯熙手上一个封口的密令，不敢打开看，他们觉得还是由张纯熙直接交给朱归孺为好。

中午时分，张纯熙还在休息，王夫之在李国相家匆匆扒了几口饭，两人商量了一会儿，正要分头行动。恰在这时，管时求走了进来，见到王夫之，道："原来你在这里。城里太乱。听说你昨晚出去就没回家。参之兄去了我家，还在许多地方找你，都急坏了。"

"哦，那我先回去一趟。"王夫之说完，转身往家走去。

四

轰隆隆。轰隆隆。

张献忠的大西军与衡州四个方向的守军进行了激烈的拉锯战，大西军在每个方向每推进几百米，很快就又败退回来，十分胶着，死伤无数，空气中弥散着浓重的血腥味和火药味。张献忠原以为两三天就能破城，他大大低估了衡州守军的勇猛和无畏，更低估了桂王朱常瀛调兵遣将和刘熙祚排兵布阵的能力。朱常瀛身体越来越差，他安排三王子朱由榎和四王子朱由㮾轮流执勤，每隔一小时要向他本人报告战事进展情况。刘熙祚每两个小时要向执勤王爷汇报战事情况，他明白破城是迟早的事情，他做了最坏的打算，只要桂王不退，他绝不后退半步。

黑云压城，局势危殆。战事一开，衡州百姓纷纷收拾家当，四散逃命。读书人个个提心吊胆，生怕被张献忠抓去。

再说昨天王夫之被抓之事，十分诡异。当时快到午夜时分，王衙坪已在睡梦中。突然，一阵激烈的敲门声打破了寂静。王夫之开门一看，见是四个彪汉，后面一个人站在黑影中。王夫之惊道："你们找谁？"

后面黑影中的人走上来，低沉道："夫之先生，跟我们去知府大堂一趟，有要事商量。"

王夫之仔细一看，此人竟然是朱归孺。三更半夜有什么大事？王夫之也没多想,回头跟陶令微说了一声"朱归孺找我,现在就去知府大堂",遂跟着朱归孺走了。其他人都被惊醒,王介之和王参之要跟着去,被朱归孺拒绝。

王朝聘闻讯也披衣出来,可王夫之已经消失在黑夜中。谭孺人问了媳妇,回答说"跟同知大人去知府大堂"。王朝聘和谭孺人互看了一眼,虽觉有些奇怪,也没往太坏的地方想。可是,早晨没见王夫之回来,中午也没有消息。王朝聘让王介之去衡州知府打探,被告知早已离开。外面已经十分混乱,各种不好的消息传来,人心惶惶。王朝聘又让王参之去找。王参之跑到大叔、小叔家,没有见到王夫之。王参之又跑到管时求和刘子参家,也都没有找到。王家人十分焦急,不知王夫之究竟遭遇了什么?

太阳偏西,未时左右,王夫之才跟街上碰见管时求说完话,这才终于拖着疲惫的身躯,脸色苍白地回到了家中。

眼见王夫之回来,王介之急问发生什么事了?王夫之简单地讲了在衡州府发生的店小二构陷之事以及旷南卿和张纯熙的遭遇,个个听得目瞪口呆。王介之叹道:"南卿兄恐已不在人世,当年与我同赴武昌,往事历历在目,不意惨遭此难。"

正在这时,王廷聘敲门进来,道:"攻城在即,听说张献忠沿途搜罗学子为其效力,若有不从者,即成刀下之鬼。各位商议好了吗?"

"大叔来得正好!"王夫之见到王廷聘,又将自己的遭遇简单地讲了一遍。王廷聘皱眉道:"如此还有何商议,赶紧逃命矣。"

确实没什么好商量的。因为,整个衡州都知道王衙坪有个王家,世代书香,一门都是举人、秀才,张献忠肯定不会放过。

岂知,王朝聘一脸肃穆,岿然不动。他语气坚定地说道:"不走。老朽压根没把攻城放在眼里,更不相信张献忠要抓老朽去。"

王介之不放心，劝道："不怕一万，只怕万一。请父亲大人一起到衡山暂避吧。"

"多乱的世道没见过？哼！"王朝聘绷着脸，啐道："我哪里也不去，此乃祖宅之地，要死，也死在此处。"

"为兄勿要逞能。"大叔王廷聘亦用心劝道："流寇来得快，走得亦快，暂避为好矣。"

王朝聘毫不松口，道："张献忠若来索命，老朽当撞死墙上。"

"小叔怎样，他不走？"王夫之忽地问道。

王参之答道："早上我去过他家，婶娘说，小叔还在知府忙事，走不开。我们若走，婶娘带着家人跟着我们走。"

王廷聘见兄长不愿走，便跟王介之使了个眼色。王介之立即蹲下身子就去背父亲。王朝聘一把将他推开："你敢！黄土淹到老朽脖子上，怕什么？说了不躲就不躲！谁奈我何？"

"他们会用各种手段。小弟说的构陷只是其中之一。"王参之甚为担心，流着眼泪道："父亲大人若不走，我们也留下陪您。"

"胡说！"王朝聘猛然斥道："我虽两中副榜，然已老朽，张献忠索我无用。你们三兄弟皆为举人、秀才，谁人不识？张献忠定来索人，你们不走，欲等死乎？快去收拾，勿有挂碍！"

王朝聘让他们快走，谭孺人见丈夫不走，她也不走："要死要活都在一起！"

王廷聘执意劝他跟大家一起走，王朝聘没好气道："休要管我们。你们快走，越快越好，越远越好！"

无奈之下，王廷聘只好带着王家一大家子人走了出来，准备逃向深山老林。虽然一万个不放心，但没办法。由于担心被张献忠抓住，王家人选择分头避乱：王夫之和王介之携各自家眷在一起，王参之和大叔携各自家眷及小叔的家人在一起。他们这样做，是作了最坏打算："纵使被执，亦不至满门尽丧。"

王家人皆打定主意：一旦被抓，绝不偷生。

然而，送走一家子人后，王夫之刚要出门，却见郭衮冕急急赶来，拉着王夫之，用力扭到一旁，有点惊讶道："怎么，你们要逃走？"

王夫之一听"逃走"二字，十分受刺激。他立即想到了奚鼎铉。下午在回家的路上，王夫之在街口见到一群人慌慌张张，正急急忙忙往城西赶，定睛一看，竟是奚鼎铉带着数十家眷匆匆而逃，心中一震。在州府堂大会上，奚鼎铉是第一个站起来表示要积极捐钱捐物，承诺誓与衡州共存亡的人，现在竟是第一个率家带口，不顾一切向外逃走的人，真是不可思议。

奚鼎铉撞见王夫之，脸上自然有些挂不住，遂讪笑一下，嗫嚅道："鼎铉本欲不走，无奈家人执之。"

"奚兄在州府堂大会慷慨陈词，声犹未了，令人感奋。此刻竟率先逃了？"王夫之拦住他，质问道："言行岂能如此不一？"

"说说而已，何必当真？况且罗大人不是勉励咱们千万自保吗？"奚鼎铉脸红红的，嘟哝道："奚某先走一步，相信夫之老弟很快就会步我后尘的。"

"呸！"王夫之大声斥之道："快滚！越远越好！"

王夫之无比愤怒，他认为：一个人可以软弱，可以胆怯，但你软弱却把自己打扮成勇士，你胆怯却把自己打扮成英雄，这就是无耻了。国家有难，每个人可以有自己的选择，但你不能在公众场合讲的是一套，在背后做的却是另一套。读书人知事明理，尤应率先垂范。

"夫之兄，你在想什么？"郭衮冕着急道："你这拖家带口，是要逃走吗？"

"啊？衮冕兄，你说什么？"王夫之道："你来得正好。我先去送送他们……"言罢，他用力挣脱郭衮冕的手，径直走到王介之身边，道："大哥，你带着家眷先走一步。我这里还有点事，暂时走不开。"的确，他不能一走了之。自己前面还在跟夏汝弼、李国相、管时求等商议，要留在城里做点实事，此刻焉能离开？

"怎可如此？说好一起走的！"王介之一听急了，道："那日动员会，为兄的也在场。罗大人说的自保，并非客套。书生发言，冲动之下，难免斟酌。说了就说了，谁也不会在乎的。"

"可小弟在乎！大哥！小弟不发言则可，一旦发言，绝不食言！"王夫之脸上猛地抽搐了一下，道："你走吧，大哥，拜托了！"王夫之推了王介之一把，坚定道："你们往南岳莲花峰方向去，我处理完杂事，随后就赶来！放心吧，我家妻儿都跟着你一起走！"

王夫之说完，不管王介之，转身走到郭衮冕身边，道："衮冕兄，我不逃走。你有事找我？"王夫之心中有不少谜团，都跟郭衮冕有关，平时找他都很难，此刻他主动找上门来，正好可以问问。

"夫之兄，你误解我了。我来找你，不是来阻止你带着家眷离开衡城。"郭衮冕着急道："我来找你，是向你借一样东西！"

"什么东西？"王夫之很吃惊。

"上回你在'无有酒肆'把喝醉酒的三王爷带到尚德客栈，还记得吧？"郭衮冕道："事后，王三爷赏你一个嵌宝石花形金饰件。此事我最近才听贱内提及。"

"你怎知晓此事，借它做甚？"王夫之十分警觉，此事很少有人知道。郭衮冕口中的贱内不是尚美乎，她怎会知晓？而且，在王夫之心中，"无有酒肆"对他来说，几近噩梦。

"唉，事到如今，我也不讳忌了。你不知道你嫂夫人和她妹妹经营的尚德客栈着实神秘，我一直弄不清白。后来才慢慢了解，那里布满眼线，玄关重重。"郭衮冕叹了一口气，脸上抽搐了一下，道："别的不说了，只说一句：什么狗王爷，他、他不配是人！"

王夫之似乎意识到什么了，小心道："难道三王爷做了什么伤天害理之事？"

郭衮冕眼睛红红的，异常恼怒道："别问，快把东西借我！"

"你用它做甚，要去桂王府乎？嫂夫人在桂王府？"王夫之十分吃惊道。

"原先还不信。她每次从桂王府回来，未见异常。"郭衮冕痛苦道："后来才听说她受到虐待，她一直忍着不讲。昨晚她又去了桂王府，德懿说姐姐在那里受苦，让我快去救她！"

"战乱时刻，你岂能去？"王夫之很惊愕，摇摇头，骂道："国难当头，王爷还有心思寻欢作乐？"话一出口，王夫之又感到后悔，遂补上一句："衮冕兄，请勿冲动。你即便进了桂王府，凭你一己之力，焉能救出嫂夫人？"

"别问了！你究竟帮不帮我？"郭衮冕急得不行。"有些事情，你慢慢就会知晓。"

见郭衮冕不愿多说，王夫之不再追问，心想：每个人都有自己的难处，郭衮冕的事，我当然要帮。说起来，三王爷的这个赏品，郭衮冕亦有一份功劳。现在，郭衮冕要借它去救人，虽觉不可，但无法说服他矣。王夫之叹了一口气，道："你等等，我即刻去取。"

王朝聘见王夫之匆忙地跑回来，马上问道："怎么回来了？"

王夫之道："忘了一件贵重东西未带。"

"什么东西，比命还重要？"王朝聘颇为生气地说道。

王夫之没有争辩，只是匆匆跑进房中，立即找到那个嵌宝石花形金饰件，然后顾不上跟双亲告辞，就从侧门一溜烟地跑了出去，把它塞进郭衮冕手中："你要当心，桂王府不是什么人都可以随意进出的！千万不要鲁莽！"

郭衮冕紧紧握住嵌宝石花形金饰件，双手抱拳，向王夫之作了一揖，转身走了。

大约一袋烟的工夫，王夫之见满大街都是急吼吼的人，哭声、喊声一片，他正要去找李国相，突然一个人扑到他的身边，叫了一声："夫之哥！"

"啊，善棋！"王夫之十分惊愕，当他认出是姜善棋时，更是倒退两步，惊叫道："你、你真是善棋……琴姐在哪……这些日子，你们在哪里，我们找得好苦……"

姜善棋眼泪"唰"地流了出来，哭道："夫之哥，说来话长。刚才，你把嵌宝石花形金饰件借给了我姐夫哥？"

"三王爷的赏品？你怎么知道？姐夫哥？谁是你的姐夫哥？"王夫之异常震惊，他的脑袋一团乱麻。

"那天晚上，你来尚德客栈……"

王夫之一听，忽然尖叫一声，道："啊，你、你在尚德客栈……你是德懿……那尚美……尚美是琴姐？……郭衮冕跟琴姐……老天，世事如此荒唐？"

五

事已至此，姜善棋只好将悲惨的过往和盘托出。王夫之听得浑身发抖，悲愤交加。怪不得那天晚上，在尚德客栈，王夫之觉得她俩有些面熟，因为晚上光线不好，加之自己喝酒太多，而且姜思琴和姜善棋刻意躲避，他当时没有认出来。

姜善棋告诉王夫之，尚德客栈是桂王府出资开办的，她俩受人控制，不能拜访亲友，也不能暴露自己身份。她和姜思琴只回过耒阳一趟，四姐妹一起将自己的父母合葬，又将父母的客栈重新赎回，她和大姐帮晓书和若画打理好后，立即返回衡城，其间，偶尔跟两个小妹通个信，连两个小妹都不知晓两个姐姐在做什么。

"棋妹，这些年，你们受了这么多苦，为什么不来找我啊？"王夫之十分痛心，静静地看着姜善棋，停了停，忽地问："对了，衮冕兄，也就是你的姐夫哥，他知道你们跟我家的关系吗？"

姜善棋点了点头，道："我们告诉他这些时，让他保证不跟你们说起。"唉，怪不得刚才他欲言又止。王夫之责道："你们不应该瞒着我们！"

"夫之哥，快告诉我，你是不是把嵌宝石花形金饰件借给了我姐夫哥？"姜善棋再次急切地问道。

王夫之点点头，摸了摸脑袋，忽在惊道："怎么了？难道三王爷真的时常虐待琴姐？"

"糟了！姐姐和姐夫哥两人性命堪忧！"姜善棋差点瘫坐下来。

"何以如此？何以如此？"王夫之扶住她，坐到一石墩上，急切道："快说说，这究竟是怎么回事？"

"何以如此？你去问三王爷、四王爷吧！这究竟是怎么回事？你去桂王府问吧！我哪里知道？我不知道！不知道啊！"姜善棋的情绪终于崩溃了，她披头散发，眼里射出仇恨的怒火。

王夫之听得目瞪口呆。

原来，三王爷从尚德客栈回去后，隔三岔五就让姜思琴和姜善棋去桂王府陪侍。翁不群说，两姐妹去，主要是替两个王爷解闷儿，弹弹琴，下下棋，读读诗。他保证两姐妹不会陪王爷侍寝。内务总管王阁昆也劝道，做人要讲感恩，要懂得回报。如果不是桂王救了她们，她们早已破处，早已沦为风尘女子，甚至不在人世矣。姐妹俩心善，想想也是，便没有抗拒去桂王府。

最初一段时间，两姐妹轮流前去，两个王爷也确如翁不群所说，只是让她们用弹琴说唱解解闷儿。但时间长了，关系熟了，三王爷就不安分了，尺度越来越大，最终还是让姜思琴陪寝了。四王爷倒是自律一些，但对姜善棋也提出了过分要求。

郭衮冕一直以为两姐妹只是去桂王府陪王爷聊聊天，弹琴、下棋、读诗，都是高雅之事。桂王府后宫佳丽太多，两个民间女子，应该不会被王爷垂爱，何况王爷都是高尚之人，有违人伦道德之事他们一定不会做的。

可是，这一厢情愿的想法被邓澄忠、邓澄诚两兄弟撕得粉碎。

前面讲过，这邓澄忠就是"湘春楼"的老板——邓澄诚的弟弟，邓澄诚在耒阳开客栈时，把姜德明和谭梅儿夫妇害死，逼得琴棋书画四姐妹到"湘春楼"谋生。邓氏兄弟后来被微服私访的桂王收拾，受此牵连，他们的叔叔邓紫鎏衡州知府的官职也被剥夺了。邓澄忠、邓澄诚自然对桂王府恨之入骨。"维鹰会"在衡州一活动，他们立即加入，并成了其中重要骨干成员。两人的任务就是行刺桂王和三王爷、四王爷。

然而，桂王府平时戒备森严，他们哪里有机会进去？平时桂王和三王爷、四王爷偶尔出府，也是锦衣卫暗中跟随，寸步不离，根本没机会下手。唯有的一次，就是"无有酒肆"的那一回，可是，当时樊志高的确不知道醉酒者就是三王爷。但当王三爷入住尚德客栈后，他们立即获得了消息，樊志高带着几个黑衣人闯入，邓澄忠和邓澄诚在路边布控。在姜思琴和姜善棋的机敏应对下，他们也只是白高兴一场，虽然搜遍了尚德客栈，也没搜到三王爷。再后来，衡州知府罗亦篪和朱归孺带着人马来了，特别是马暨垂和四王爷等人都来了，他们就再也没有机会了。

获悉张献忠将率二十余万大西军围攻衡州城，"维鹰会"的人更加疯狂起来。他们放火烧了布匹市场和两个粮库，刺杀了衡州府的几名官员，包括衡州总兵卢高义。罗亦箓和朱归孺无比愤怒，派人将"无有酒肆"的老板、女侍以及厨师等十余人统统斩杀。但为首的"老鹰"和樊志高以及邓澄忠、邓澄诚却毫发无损。

攻城战一打响，邓澄忠、邓澄诚设法找到郭衮冕，添油加醋，言及姜思琴、姜善棋被两个王爷粗暴要求轮番陪睡，甚至桂王还亲自临幸姜思琴、姜善棋。邓氏兄弟还言之凿凿，说姜思琴身体上布满了王爷的唾沫和牙痕，他们把仇恨的怒火像油一样一瓢一瓢泼向郭衮冕，眼见郭衮冕气得脸成了猪肝色，他们趁机规劝郭衮冕加入"维鹰会"，并许以高官厚禄。

最最重要的是，"维鹰会"的同伙会帮助他杀掉辱妻虐妻仇人。

昨天晚上，姜思琴回到郭衮冕身边。入睡时，郭衮冕特地借着烛光试图温存，当看见妻子身上赫然留有一些牙痕时，气得他当场打了姜思琴一耳光，并恶狠狠地质问她是不是在桂王府做了对不起他的事情。姜思琴泪流满面，任凭丈夫如何吼叫，她就是不吱声。

一切再明白不过了。郭衮冕突然觉得自己该死，居然不去摘仇人的头颅，而是羞辱柔弱的、不该羞辱的妻子。面对强暴她的王爷，她一个弱女子又能怎样？但自己是大丈夫，宁愿死也不应眼睁睁看着妻子如此受辱……

"对不起，夫之哥，我不该对你发火。"姜善棋叹了一口气，道："姐夫哥很冲动，此番前去桂王府，后果不堪设想。"

王夫之心里一沉：不好，郭衮冕一定是去桂王府寻仇了！果真如此，无异于以卵击石啊。王夫之急道："琴姐现在哪里？"

"姐姐无法制止姐夫哥，此刻应是去了桂王府。"姜善棋泪光盈盈，望着王夫之，道："夫之哥，小妹有一事相求，不知可否？"

王夫之有些心痛，轻声道："但说无妨。"

"此刻，若画妹妹正在尚德客栈，恳望夫之哥过去看看，给个关照。"姜善棋声音带着哭腔。"小妹亦欲去桂王府一趟。"

"啊？你是说画妹现在尚德客栈？她怎么来了？"王夫之大吃一惊，又道："好，好，我马上去看看。可是，你亦去桂王府，于事有益乎？"

"顾不了那么多了。"姜善棋道："夫之哥，拜托！"言毕，转身离去。

为方便姜思琴和姜善棋出入桂王府，内务总管王阁昆早早为她俩办了特殊通行证。可是眼下，姜善棋不顾一切地赶到桂王府，她能救姐姐、姐夫于危难之中乎？

王夫之明明知道，郭衮冕和姜善棋此一去，必定凶多吉少。但他无法制止。一想到琴姐被三王爷虐待，他就怒火中烧，心情异常沉重。王夫之本来要返回家去，告诉双亲大人，他已获悉姜氏两个姐姐的消息，然而，两位大人知晓后，除了徒添苦痛与担心，还能做甚？

"画妹，你在耒阳好好的，何时来到尚德客栈？现在，你回耒阳恐难矣。"王夫之心慌意乱，快步朝尚德客栈跑去。

谨以此书

献给绵延不绝的华夏文明

献给历史、天空和湖湘大地

献给淹没在时间深处的志士仁人

湖南省作家协会"湖湘历史文化名人长篇小说"创作工程项目

四卷本长篇历史小说

王船山

卷二

苦旅

聂茂 著

团结出版社

卷二　苦旅

目 录
contents

第十一章　行刺桂王府

一

王夫之万万没有想到，事情的发展远远超出了他的预料。他再次陷入空前的危险和可怕的噩梦中。

郭衮冕从王夫之那里拿到嵌宝石花形金饰件后，立刻与邓澄忠、邓澄诚二人会合。郭衮冕并不愿意成为"维鹰会"成员，他也不知道"维鹰会"是个什么样的组织，有关邓氏兄弟的身世、背景等，他也懒得打探，但对于邓澄忠、邓澄诚自告奋勇帮助他去桂王府行刺，他不仅不反对，而且表现得迫不及待。作为一名涉世未深的学子，郭衮冕哪里晓得世事的凶险和人性的幽暗。当初，姜思琴告诉自己悲惨家事时，并没有把仇人的相关细节告诉他。郭衮冕压根不知道，邓氏兄弟就是姜家乃至王夫之全家恨之入骨的仇人与恶人。

郭衮冕被怒火烧得失去了理智，他恨不得立马飞去，将虐待爱妻的人割下首级。但他知道，桂王府守备森严，他独自闯进去，无论如何也难以成事。毕竟兹事体大，一个人的力量有限，若有人帮他在暗中接应，行动起来要方便很多。

所有这一切，都与邓澄忠、邓澄诚有关。邓氏兄弟对桂王府的仇恨一点不比郭衮冕少，或者说，他们的仇恨只有更多、更深、更狠。他们要借刀杀人，制造大乱，以泄私愤。最初，当他们把目光对准郭衮冕时，心里还是"咯噔"了一下。如果姜氏姐妹告诉郭衮冕，说邓氏兄弟是自己的仇人，那就只会引火烧身。原本他们想先拿姜氏姐妹下手，杀了她俩，烧了尚德客栈，这样做起来易如反掌。但这种想法被老奸巨猾的"老鹰"制止，而对桂王府恨之入骨的叔叔邓紫銮也不准他俩如此蛮干。因为，只要姜氏姐妹在，只要尚德客栈在，姜氏姐妹与桂王府的秘密联系就不会中断，他们就有机会向仇人发动突然攻击。在邓紫銮看来，邓家的真正仇人既不是郭衮冕，也不是姜氏姐妹和王夫之一家人，而是桂王府里的大小王爷以及翁不群等幕僚爪牙。

因此，"老鹰"和邓紫銮都很赞成邓氏兄弟从桂王府下手，这样不仅可以起到一剑封喉的效果，而且能制造更大的混乱，若能成功，将会大大配合张献忠的攻城之战，张献忠一定非常高兴。

郭衮冕并不知晓邓氏兄弟所行的恶事，尤其是给姜家带来的灾难。作为一名书生，他并不知晓邓氏兄弟所谓的"帮他"实是"害他"，他从不怀疑邓氏兄弟为什么知道自己的妻子与桂王府的那些秘事，或者说，当他听到自己妻子的种种"丑行"时，他已经失去了理智。郭衮冕是要面子的人，既然邓氏兄弟知晓了，别人也就可能知晓。如果衡州学子，甚至更多的人知晓妻子与桂王府的难堪之事，郭家人的脸往哪里搁。当初，郭其保十分反对郭衮冕与姜思琴成家，是郭衮冕的执拗与坚持，让郭其保最终勉强同意……

"事不宜迟，我们赶紧行动。"邓澄忠见郭衮冕拿到了桂王府特殊通行证，欣喜若狂，怂恿他抓紧行动。

"想想你夫人身上的唾沫和咬痕吧。这是男人的耻辱！"邓澄诚瞪着鹰钩眼，阴阳怪气地说。

郭衮冕像咆哮的狮子，红着脖子怒吼道："住嘴！"

邓澄忠示意弟弟不要说了，他转向郭衮冕，道："今天就是报仇的好机会。你悄然进去，见机行事。我们在门外接应。"

郭衮冕咬了咬牙，深深吸了一口气，便拿着嵌宝石花形金饰件，顺利地进入桂王府。进去后，郭衮冕发现桂王府里气氛十分紧张，关卡森严，每过一道门都有两个凶神般的侍卫搜身。郭衮冕拿着"特别通行证"混过了奉天殿、华盖殿和谨身殿等岗哨，快到武英殿时，侍卫查看了他的"特别通行证"，看到郭衮冕有些陌生，不由问道："请问您跟王爷是什么关系？"

"我、我……"郭衮冕没想到侍卫会向他提问，一紧张，顿时露出了马脚，侍卫一看不对，马上对其进行搜身。

这一搜不打紧，从郭衮冕身上竟然搜出一本行刺名册，名册上的前三人正是桂王和两个王爷，名册上面印有"维鹰会"的标志图"老鹰展翅"，同时还从郭衮冕身上搜出一封信和一把匕首。

"啊？这些……是什么……不是我的……"郭衮冕异常恐惧，无力地辩解道。

郭衮冕很快被制服，并不由分说，被扭送到三王爷面前。

三王爷得知郭衮冕是"维鹰会"的，要来行刺自己，顿时暴跳如雷，他立即令人对郭衮冕进行严刑拷打。郭衮冕被打得皮开肉绽，仍然否定自己是"维鹰会"的人，他不知道身上搜出的行刺名册等"罪证"是邓澄诚悄悄放进去的。邓氏兄弟这么做，是经过周密计划的，即：纵使行刺失败，也要坐实郭衮冕和王夫之等是"维鹰会"的人，同时给桂王府制造恐怖气氛和精神打击。

姜思琴火急火燎，急匆匆来到桂王府，试图阻止郭衮冕的疯狂，然而已经晚了。桂王府一片混乱，许多人都在谈论刺客的事情。姜思琴自投罗网，不一会儿，就被绑了起来，先是苦刑伺候，杖二十板，直打得香体血糊、惨不忍睹才作罢。

郭衮冕为自己的莽撞付出了沉重代价：自己与妻子均被打得半死不说，还将好友王夫之推向了难以预料的凶险境地……

姜善棋没料到事情发展得如此之快，如此之糟。她像无头苍蝇，以飞蛾扑火的勇气与固执哗啦啦地闯了进来。

"来得正好！"三王爷眼露凶光，喝令一声："给我拿下。"

两名侍卫迅速上来，将姜善棋也绑了起来。姜善棋这才看见侧面绑了两个人，正是姐夫哥郭衮冕和姐姐姜思琴。郭衮冕满脸是血，脖子上套着一根绳子，绳子两端分别由一个侍卫拿着，似乎随时都有可能被勒死。姜思琴被打得鼻青脸肿，嘴角上还在流血，但她无力去揩掉，脑袋耷拉着，脖子像被打断了似的。姜善棋还未被用刑，她看着两位亲人，感觉末日降临，"哇"的一声号哭起来。她扑向姐姐，叫道："天啊，你、你……这是怎么啦？"

三王爷一言不发，静静地看着这令人不忍卒视的一幕。

姜思琴断断续续道："棋妹，你、你不、不该来、来这里……"

"我、我不是'维鹰会'的。"这时，郭衮冕睁开眼睛，看了姜善棋一下，痛苦地呻吟道。

姜善棋突然跪倒在三王爷面前，以头撞地，苦求道："请三王爷明鉴，他们不是'维鹰会'的！他们是被冤枉的！"

"冤枉？看来大刑不用，金口难开。"三王爷一脚踹向姜善棋，向侍卫呵斥道："大刑侍候！"

"且慢！"正在这时，四王爷走了进来，他先瞥了一眼郭衮冕和姜思琴，接着走到被踹倒在地的姜善棋面前，躬身将她扶起，然后走到三王爷面前，郑重其事道："王兄息怒。若说此等三人为'维鹰会'的，小弟断不能信！"

"你竟为贱贼说话？"三王爷吃惊道，他将从郭衮冕身上搜到的匕首和信都递给四王爷。"贤弟，你看看这些吧！行刺的凶器和'维鹰会'的密令。铁证如山，谁也救不了！"

四王爷闻此，亦颇为惊悚，他迟疑了一下，伸手接过所谓的密令，然后慢慢展开，但见上面写道：

> 衮冕弟惠鉴：当今朝廷无德，崇祯薄能，桂王昏聩，山河激愤。李闯王和张大王自举旗以来，天地激荡，应者云涌。值此改朝换代之际，正是义士弃暗投明、建功立业之好时机。贤弟此番正义之举，足为见证。然行刺桂王及诸庸官，风险极大，仅勇不足，谋尤为至。桂王府堪比始皇阿房宫，民脂民血凝成，亦系桂王等贼之罪证。然戒备森严，层层机关，密线遍布，狗徒攘攘，欲进之门，已是蜀道之难。幸邓澄忠、邓澄诚两义士勇为配合，更得骨干成员王夫之之鼎力相助，地利人和，事成一半，择天时而为，思虑密，行动决，必定成功。预祝贤弟达成，鹰将举杯相庆，报呈大王，请功封侯矣。切切。老鹰

"贤弟阅毕，无有感慨乎？"三王爷道，语气中明显有些揶揄。四王爷一脸凝重，一看再看，似乎难以看出破绽，但他还是嘀咕一句，像是自言自语，亦像是问三王爷："此笺能信否？"

"人证俱获，疏而不漏，此若不信，何事可信？"三王爷身体虽弱，但发起怒来，却是雷霆之火。"现只等捉拿王夫之等诸贼归案，本王务将'维鹰会'之妖孽一律斩尽！"

"啊？王夫之？王夫之与此事无干！"姜善棋尖声叫喊，却被侍卫一掌打去，半边嘴脸顿时肿了起来。

王夫之受到牵连，这是姜善棋最不愿意看到的，也是郭衮冕最不愿意看到的，但他已经无法左右事态的发展。他既不知邓氏两兄弟之邪恶用意，更不知有此一信，尤其不知信之内容已成他与王夫之系"维鹰会"成员之铁证。郭衮冕刚刚被绑时，他就担心桂王一定会迁怒王夫之借他嵌宝石花形金饰件，三王爷赏此宝物，于受赏者而言，重比生命。郭衮冕此刻颇为绝望，而"老鹰"之信和三王爷之怒，更是让他彻底绝望。自己死不足惜，可惜还搭上妻子、妻妹，更搭上无辜的好兄弟王夫之。

二

王夫之刚刚赶到尚德客栈，看见姜若画正在紧张忙碌地收拾客栈。王夫之快速上前，叫了一声："画妹！"一开口，眼泪忍不住掉了下来，"你何时到了衡城？"

姜若画回头，看见王夫之，大惊："夫之哥！你怎么来到这里？"她的眼神似乎有些慌乱。王夫之明白，姜晓书和姜若画其实是知道姜思琴和姜善棋在此谋生的，出于种种原因，她们一直没有告诉王家人。王夫之责备自己的粗心，那天，他扶着醉酒的三王爷来到这里，后来又来过两回，虽然都觉得怪异、神秘，但一直没有细究。如果早点发现姜氏姐妹在此谋生，王家人和衡州书生一定会为她们做点什么。

"我什么都知晓了。"王夫之将碰到姜善棋的事情简单地说了，然后恨恨地说了一句："恶有恶报，善有善报。"他盯着姜若画，问道："这兵荒马乱的，你和书妹在耒阳经营客栈已属不易，来衡州城做甚？"

姜若画也叹了一口气，直言道：此番来，一是受三姐夫曹伯实之请，探询衡州战前真实情况；二是与两个姐姐商量，如果战事一开，她们将何去何从。

"伯实兄已与书妹完婚了？"王夫之吃惊不小，道："上回过年前与家母见你们,他俩还只是订婚。怎么结婚了也不送个信来,让我们喝杯喜酒？"

"三姐夫原本是要请姨父、姨母和你们全家的。后来书姐认真想了想，说世道太乱，不添麻烦了。"姜若画道："相信夫之哥和姨父姨母会谅解的。"

"书妹呢，她一个人在耒阳客栈？"王夫之急忙问道。

姜若画点点头，道："有三姐夫在，夫之哥休要担心。"停了一下，姜若画又说："善姐讲，战事已开，必定会有很多伤员，尚德客栈可能会接住一批伤员。如果这样的话，我就不回耒阳了，我曾学过一点医护，可在这里帮忙救治伤员……"

正在这时，门外突然传来一声嚷闹声。

"我去看一下。"王夫之下楼一看，竟是邹统鲁急匆匆地闯进来，大声叫道："老板在吗？"邹统鲁抬头一见王夫之，愣了一下，道："夫之兄，你怎么在这里？客栈老板在吗？"

"什么事，如此着急？"王夫之感觉不妙。

这时，姜若画走了过来，对邹统鲁道："客栈老板不在，小女子在此，有事请说无妨。"

"张献忠率兵攻城凶猛，官兵死伤无数，城墙之内，到处是尸体，到处是伤员。"邹统鲁急吼吼地说道："在下带了二十名重伤员，无处可去，只寻到这里来了，希望能安置一下。"

"快快送进来！"王夫之自作主张道。姜若画二话不说，将客栈的大门打开。王夫之和姜若画立即加入安置伤员、包扎伤员和清理伤口等具体工作中。邹统鲁安排人员将伤员一一安顿下来。

"夫之兄，真想不到衡城屠户大佬朱啸虎尚有如此义举。"邹统鲁抹了一把脸上的血渍，忽然感叹道。

"不知是何义举，不妨说来听听？"王夫之说道。

"朱老板不仅宰杀了一百多头猪送到前线慰劳将士，而且把从原衡州郡学旧址刚刚拓宽、改建成的大型屠宰场拿来收治了数百名伤员。"邹统鲁叹道："有人早已逃生，有人从战乱中发财。真看不出，朱老板还有点良心。"

"此番义举，值得一赞。"王夫之道："可能也与其子朱归孺衡州同知的身份有关。"

"不管怎样，功是功，过是过。当年朱老板将衡州郡学改成屠宰场，对衡州学子伤害大，侮辱更大。"邹统鲁道："但本次义举，委实令人刮目相看。"

王夫之还从邹统鲁口中获悉文之勇、李国相和管时求等衡州学子纷纷加入惨烈的战争中，或救治伤员，或书写文稿，或搬运炮弹，或联络奔走。战事瞬息万变，所需人员众多。王夫之为朱啸虎和衡州学子的事迹感动，庆幸自己没有逃离衡州城。

"只有克峻兄哭笑不得，邹某前去动员，他竟然执意要去科考，说大家都考上了，只有他未中举，他不比别人蠢，一定要考中才行。"邹统鲁说到这里，眼角有泪。

"克峻兄中邪矣。"王夫之叹道，"我也在唐府说过他战火烧到眉毛尖，他还惦着科考，真是不可理喻。"

"站在克峻兄角度，也许能够理解。"邹统鲁道，停了一下，忽然道："对了，夫之兄，我去找衮冕兄，郭老爷子神情古怪，对儿子的去向一问三不知。"

"啊？你见到郭其保郭老先生了？"王夫之连忙问道："郭老先生怎么样？"

"郭老先生足不出户，天天在家画同一幅画，叫什么《蚁死图》。"

邹统鲁道："我看他满屋子都是蚂蚁，墙壁上贴的、桌面上铺的、地上散落的全是各种惨死的蚂蚁。问他为什么不离开衡城，他说他哪里都不去。他就是一只蚁，能逃到哪里去？那样子，真吓人。"

"唉，说来跟衮冕兄有关。"王夫之道："当然，更与时局有关。"他扭头望着窗外，忽然嘀咕一句："衮冕兄，千万不要出事矣。"

<h1 style="text-align:center">三</h1>

"喏，你是夫之先生吧？"

邹统鲁离开客栈后，王夫之正在紧张忙碌，突然，一名穿着古怪、戴着面具的灰衣人匆匆走近他，塞给他一封密函后，马上消失了。

"此是何人？"王夫之感到非常奇怪，他展开密函一看，里面只有一行小字，看了却不由得倒吸了一口冷气——

"三王爷差人来索命，速逃。"

王夫之惊了一身冷汗：这个灰衣人是谁？他受谁的指使，送来这么一封密函？密函的内容是真实的吗？

"夫之哥，怎么啦？"姜若画见状，问道。

王夫之没有吱声，他预感到郭衮冕出事了。他突然觉得借嵌宝石花形金饰给郭衮冕太不应该了，不仅害了郭衮冕，而且害了自己。"岂能如此愚蠢、冲动，意气用事？"王夫之不断地责备自己。眼下尚德客栈正是最忙碌的时候，统鲁兄把首批伤员送来后，已经返回前线，可能还会有第二批、第三批伤员送到。虽然尚德客栈并不大，但将全部床位空出来，还是能够安排五六十名伤员的。画妹一个弱女子，面对这等重大事情，虽然处理得井井有条，但毕竟孤掌难鸣。画妹楼上楼下不停地跑，既要安排床位，登记伤员，还要给伤员包扎，已忙得满头大汗，口干舌燥，喉咙都有些嘶哑了，"此时离开，画妹何以支撑？"

"夫之哥，究竟怎么啦？"姜若画发现不对，立即走过来问道。

王夫之摇摇头，道："没事，没事。"

话音刚落，桂王府的人果然到了。为首的人吼道："拿下乱臣逆贼王夫之！"

姜若画目瞪口呆，尖声叫道："夫之哥，怎么回事？他们是官府的人吗，一定弄错了！"

王夫之倒是很镇定，对上来捆绑他的卫卒道："让在下洗洗手上血渍。"获准许后，他用清水洗了洗手，整理衣冠，回头对姜若画叮嘱道："画妹，我没事。你放心。这里要辛苦你了，你多多保重。"说完，也不看姜若画的反应，转身跟着桂王府的人离开了。

"进去！"

这就是威风凛凛的桂王府？随着一声斥叱，王夫之被一队快马火速押送至桂王府镇抚司，并被狠狠地推倒在地。王夫之从冷冰冰的地上爬起来，抬头一看，但见三王爷正襟危坐，一脸怒气。堂中墙上挂有一楹联，左侧是："欺人如欺天，毋自欺也"，右侧是："负民即负国，宁他负矣"。

三王爷两旁各有四名侍卫持械站立，堂内空气异常紧张。

尽管王夫之有了心理准备，但当他看到躺在地上血肉模糊的郭衮冕和姜氏姐妹时，他脑子里"嗡"的一声，顿感大难临头了。

三王爷朝王夫之怒喝一声："逆贼王夫之，快快跪下！"话毕，立即就有两名侍卫上来，朝着王夫之的后腿就是一踹。王夫之应声倒地，爬起来，正要开口，却被三王爷呵斥住了："逆贼王夫之，本王待你不薄，为何认贼作父，恩将仇报？"

王夫之闻此，痛感莫名：倘若三王爷责我将宝物借出，确有过失，我口服心服，愿受惩处，但此事与"逆贼"和"认贼作父"云云联系不上矣。他隐隐感到不安，难道"维鹰会"阴魂不散，继续作恶栽赃他？想到这里，他遂朗声道："王家世代蒙受皇恩，桂王及三王爷、四王爷均有恩泽于王家，夫之没齿不忘。夫之对朝廷、对王爷忠心耿耿，虽肝脑涂地不足惜，岂敢有丝毫逆忤之心？"

"果然是衡州才子，舌似莲花，巧如弹簧。"三王爷冷笑一声，斥道："本王且问你，赏你的宝物现在何处？"

"宝物确已借人，此乃夫之之错，罪该万死！"王夫之淡定道："三王爷若凭此过错惩处，夫之毫无怨言。"

"本王再问你，你与'维鹰会'是何关系？"三王爷厉声道。

"夫之与'维鹰会'无半点关系。"王夫之心想，果然还是"维鹰会"，便恨恨道："该邪恶组织曾欲栽赃夫之，但以失败告终。"

"好一个'栽赃'！哼，看来你倒是有预见，欲脱罪乎？"言罢，三王爷将那封密函掷之于地，一侍卫立即捡起，递给王夫之。三王爷怒吼道："难道此为'栽赃'不成？"

王夫之展信一看，顿时哈哈大笑起来。镇抚司里的人面面相觑，均以为王夫之疯了。三王爷亦是大惊，却并不认为王夫之是装疯。三王爷呵斥道："逆贼王夫之，休要装疯卖傻！密函在此，佯作癫狂，只能欲盖弥彰！"

"三王爷，'维鹰会'此等下流做派，夫之上回已领教了。"王夫之毫无畏惧，坦然讲述了"维鹰会"指使店小二栽赃他的事情，然后摇头道："夫之并未料到，邪恶组织贼心不死，继续嫁祸于人，望三王爷务必明鉴！"

这时，四王爷走了进来，看了三王爷一眼，紧锁眉头；翁不群亦跟在后面，面容肃穆。四王爷看了看王夫之后，拱手对三王爷道："若言夫之先生与'维鹰会'私通，于情有悖，于理相违，于事不符。现夫之先生已将实情道出，王兄当信矣。"

"恕老朽直言，此事应为栽赃无疑！"翁不群很同情王夫之，觉得王家父子一定不会干出背叛桂王之事来。这种认知可能基于他对王朝聘人格的好感，也可能基于他对王夫之才华的钦佩。湖广提督学政高世泰对王夫之颇为惺惺相惜，让他对王夫之有一种特殊的情感。虽然翁不群本人并无机缘测试王夫之的学识，但高世泰对王夫之赞赏有加，高世泰的身世、经历与学识决定他不会看错人，更不会轻易夸赞一个人。因此，翁不群趁机进言道："当下守军与逆贼交战正酣，逆贼采取离间计，陷害忠良，造成民心混乱，人人自危，如此，何以上下一心，同仇敌忾？"

三王爷正在犹疑之间，忽听门前高叫："衡州知府罗亦篪求见！"

"进来！"三王爷毫无表情，道。

罗亦篪进来，一看这么多人，吓了一跳。当看到王夫之被捆绑，旁边郭衮冕和两名女子亦被捆绑并被打得血淋淋时，更是吓了一大跳。罗亦篪向两个王爷施礼后，大声禀报道："两位王爷并翁大人等，眼下战局十分堪虞。城北叶向龙英勇抵抗，伤亡惨重；城西左书臣几近弹尽，需即刻增援；城南城东均缺弹少粮，士气锐减，令人后怕矣。"

"罗大人来得正是时候。"王夫之急道："战局正酣之际，王某本应血洒沙场，若蒙冤死于桂王府，实有不甘。前次'维鹰会'栽赃，幸被罗大人识破，本次他们故伎重演，欲置夫之于死地。能无悲乎？"

罗亦篪闻讯，心里"咯噔"一下，立即明白王夫之为什么被绑于此。

"两位王爷，夫之先生一片丹心，忠诚如磐，所言句句是实。卑职愿用性命担保！"罗亦篪有些激动，掷地有声道："切勿上'维鹰会'的当！夫之先生若有闪失，武夷先生及王家诸子，必恨皇天不察，此正是'维鹰会'一再构陷之缘故。若让'栽赃'得逞，真是亲者痛，仇者快矣。"

"好了！本王心中有数了。此事由翁大人代为处理。"三王爷面无表情道："本王随罗大人去前线看看。"说罢，拂袖而去。

罗亦篦立即跟上。数名侍卫迅速抢到前头开路。

正在这时，突然一声巨响，一颗巨型炸弹在桂王府门前桂树旁爆炸，气流强大，火光冲天，天摇地晃。顿时，桂王府慌成一片，尖叫声、呐喊声以及惊恐的奔跑声不绝于耳，人群潮水一般涌出房间，纷纷打听究竟发生了什么事情。

"张贼进城了？"四王爷骇然问道。

"好像不是。"翁不群朝外看了看，道："是不是'维鹰会'所为？以此制造混乱、恐慌？"

"翁大人所言正是本王所想。"四王爷点头称是，然后看了王夫之一眼："快快起来。夫之先生。武夷先生在此设坛，讲过《春秋》，虽短短数日，但古人云，一日为师，终身为父。此乃天伦人序，君王亦当如此。回去代本王向令尊请安矣。"

王夫之心头一震："啊？父亲大人真沉得住气，居然从未谈起此事。"他慢慢站起来，认真看了四王爷一眼，施礼道："谢谢王爷惦记家父，夫之一定转达四王爷的问候。"

"还愣着干吗？"翁不群朝侍卫斥道："快快扶起并给衮冕先生和两位民女松绑！"

王夫之默默地与郭衮冕、姜氏姐妹相拥一起，个个泪流满面。此一幕，令翁不群既欣慰又难过，他连忙安排医官过来。四王爷面容肃然，扫了王夫之等人一眼后，快速走出了镇抚司大堂。

四

天色还没有放亮，偶尔升起的火光刺破衡州城西上方那片黑沉沉的天空，四周静得可怕，只听到偶尔吹过的风，发出丝丝的声音，将空中的血腥味、重重的焦烟味和浓浓的雾霭吹散开去。经过连日的作战，守城将士又困又累，欲合一下眼，但又不敢。因为新来的主将要求异常苛严，已有三名士卒因为略有松懈而被当场开斩，令兵营大为震动。

"大敌当前，死有何难？全体将士唯以抱死之心方可救衡城于一线。"这位于阵前发出如此号令的新来主将不是别人，而是刚刚升任衡州卫的左书臣。

衡州城西守城主将，本来是刘熙祚的副手罗定山，没料到，他在开战后的第三天中午在城楼巡查时，被张献忠部的一发炮弹击中，当场毙命。刘熙祚请衡州知府派员镇守，罗亦箓找到左书臣，只说一句话："遵巡抚刘大人令，已擢升你为衡州卫，眼下情势危急，城西就看你的了！"

左书臣临危受命，毫不畏惧，道："左某与逆贼势不两立，遇之必刃之，不是我死，就是他亡！"

罗亦箓望着他急速而去的背影，颇为动容。

左书臣是一员虎将，他是地地道道的衡州人，曾祖父是一名铁匠，后从军，入仕。先祖曾做过正德皇帝部下的一名参将，颇有战功。父亲虽是一名文官，却自小喜欢舞刀弄剑。左书臣读书虽不多，但受家庭影响，自小对《孙子兵法》颇有兴趣，长大后时时研读，为日后弃文从军打下了基础。

与罗亦箓分开后，左书臣径直来到城西主战场，他发现弹药、刀剑、箭矢等器械很不够，将士亦有些松懈。相反，大西军器械充足，士气汹涨，形势异常严峻。左书臣想起孙子所云："投之亡地然后存，陷之死地而后生。"因此，他痛下决心，严令：所有将士白天轮流睡三个小时，晚上一律不得睡觉，违令者斩。

令王夫之和邹统鲁都没有想到的是，战火正酣之时，唐克峻的科考梦被隆隆炮火惊醒了，他异常恼怒，写下血书，去衡州府找朱归孺，强烈要求奔赴战场。但朱归孺不知去向，他遇到王夫之小叔王家聘。王家聘看到唐克峻的血书，带他直接找到知府大人罗亦篪。

罗亦篪问道："为何执意要上战场？"

唐克峻答道："大厦将倾，休戚与共。邹鲁统、王夫之等衡州学子无一贪生怕死者，唐某不才，杀敌报国，死而后已。"

就这样，唐克峻获罗亦篪差遣，调予左书臣使唤。唐克峻既紧张又兴奋，追随左书臣，有如军中幕僚。唐克峻觉得左书臣令过于苛严，遂道："将士疲累如斯，如不休养一下，战时何有勇猛之力？"但左书臣以孙子云，两军对垒，"以虞待不虞者胜"为由，拒绝唐克峻的提议。唐克峻亦用《孙子兵法》予以反驳："孙子云，两军交战，'知可以战与不可以战者胜，上下同欲者胜'。现军令如此严苛，上下何以同心？"

"克峻差矣。"左书臣摇摇头，颇有愠意道："欲者，乃恨之欲。国之将倾、家之将毁，此即将士之恨欲也。有此，左某即知可战也，亦知上下必能同心也。"

唐克峻闻此，不再言语。毕竟，左书臣是主将，他只是一名临时投军的书生罢了。恰在这时，突然前面一阵炮响，大西军再次发起了强大的攻击。"杀啊！冲啊！"阵阵喊杀声从衡州城外响起。城西阵地却一片沉寂，守城将士各就各位，紧紧地盯着城外的动向。左书臣精打细算，能拖则拖，他希望尽可能将战局拉长。因为，守在城西的将士不到二万人，而张献忠部署在此的兵力却有八万余人，大西军明显在人数上占有压倒性的优势。幸亏左书臣组织有序，调配得当，安排合理，他把攻击性武器和各种力量都集中用在刀刃上。罗亦篪向桂王府反映城西器械严重不足，桂王府和刘熙祚协调，向城西增加了一批武器。眼下，每个战兵营都有自己的炮队，各装备五磅炮十门，虎蹲炮三十门，火炮四十二门，每个炮口都对准了城外的大西军，炮兵将士全部到位。

黎明时分，东方已露出一丝鱼肚白。衡州城西方向似乎卷入了黑色旋风中。张献忠亲自督阵，其义子艾奇能作为攻城主将，十分卖力。在强大炮火的攻击下，艾奇能率大西军以排山倒海之势扑向城西阵地。眼看大西军先头部队进入到左书臣火炮攻击范围，火炮手发出了进攻手势，但立即被左书臣制止了。当大西军先头部队进入到虎蹲炮攻击射程内时，虎蹲炮的将士准备出击，同样被左书臣严令制止。直到大西军先头部队进入到五磅炮攻击射程内，城墙上的守军面对潮水般往前涌动的黑压压的大西军，都紧张万分地伸长脖子、等待"开炮"的口令时，左书臣终于以坚决的声音发出了指令。刹那间，一颗颗发烫的炮弹拖着一团团愤怒的火苗，如千军万马，奔腾着，呼啸着，尖叫着，扑入沸腾的大西军。顿时，如海鸥卷起巨浪，如火焰掀起风暴，大西军阵地顿时人仰马翻，鬼哭狼嚎，血肉横飞，成排成排的兵士倒下去，不少受伤者身上着火，倒地打滚，情状之惨，令人毛骨悚然。

张献忠急令将士后退。这一拨攻击，至少让一千五百多名大西军将士成了衡州城的野鬼冤魂。

天已经大亮了，衡州上空有些偏黄，空气中弥漫着刺鼻的硫酸味、血腥味和硝烟味混杂在一起的奇怪味道。几只野狗蜷缩在被炮弹烧削过的古树下，瞪着惊恐的眼睛，喘着粗气。面对前面不远处的成堆的尸体，它们也懒洋洋的，毫无兴趣。

张献忠怒气冲冲地回到营帐内，艾奇能十分憋屈，跟在后面一言不发。张献忠对几个参将大声吼道，让溃败回来的大西军退后休整，尽快部署新的攻击。"守将乃强弩之末，攻击切勿停止！"他对艾奇能反复重复这句话。艾奇能连说"遵命！"

仅仅过了一炷香的工夫，艾奇能就组织了新的更大的力量，发起了对城西又一轮更为猛烈的攻击。张献忠和艾奇能都明白衡州守军的炮弹十分有限，只能攻打一两轮。刚才那一轮的损失，虽然令他猝不及防，其实也在他的意料之中。无论如何，自己不应停止攻击。因为，相较于大西军的器械充足、兵强马壮，衡州守军支持不了多久。张献忠不相信衡州城靠意志和决心就能成为铜墙铁壁。

大西军再次蜂拥般扑来，逼至眼前。左书臣一声令下，将士们发出一阵吼叫，立即把城墙上早已准备好的滚木礌石不断奋力推下去，步兵营组织成整齐的菱形方阵，各队轮流将盾牌竖起，组成铜墙一样的截面，遮挡雨点般飞来的箭矢。左书臣又把火枪营、火铳营、弩弓营、大刀营组织起来，无论敌军靠得多近，各个营长亦不能发令进攻，所有的攻击令必须由他统一下发。等大西军逼近城墙一百米时，火枪营发起第一次射击；大西军逼近城墙五十米时，火铳营发起第二次射击；大西军逼近城墙三十米时，弩弓营发起第三轮射击。经过三轮有效打击，大西军混乱不堪，互相踩踏，死伤无数。

这时，城头突然战鼓齐鸣，号角冲天。左书臣令大刀营冲出。将士们呐喊着，打开城门，旋风般冲入敌阵，刀光剑影，如雷如风，所到之处，血流成河。

大西军再一次溃败下去。

唐克峻看到左书臣的指挥老练而果决，心中暗暗佩服。这两次大反攻，都体现了左书臣不畏强敌的个性，他沉着冷静，调度有方，既节省炮弹、火药、弩弓、箭矢等，又有利于火枪手和火铳手装填弹药，大大挫伤了进犯的大西军。同时，他立即草书两份奏报，分别派快马送至桂王府和衡州府。

然而，双方力量过于悬殊。左书臣手下的火枪手、火铳手和弩弓手加起来不足两千人，而各类大炮所存炮弹也仅剩下不到百分之十，最多再组织一两次攻击就成一堆堆废铁了。

张献忠岂会见败就收兵？战争的成败最终还是靠实力说话。

这不，没过多久，大西军就发起了第三次进攻。面对密集的炮火和暴雨般的弓箭进攻，左书臣精心布防的几个方阵就如同雨打的浮萍一样被暴风吹得摇摇欲坠，身边的兵卒不断发出嚎叫声，被枪炮击中而亡的，或中箭倒地而死的，一幕幕不忍目睹的惨象在眼前轮番上演。唐克峻近距离看到这一幕，战争的残酷超出了他的想象。他浑身发冷，心里不停地说"如何是好？如何是好？"

左书臣明白唐克峻的感受。他既焦急、心痛又无可奈何。这就是战争，它一次次挑战你心理的承受极限。你永远无法想到下一步的悲剧是什么。左书臣担心手下的总旗、小旗和伍长等基层军官及绝大多数兵卒的承受力，他们大多是衡州本地土生土长的，平时训练得就很不够，哪里经历过这样的阵势？如果他们出什么差池，他既愧对朝廷的信任，亦对不住父老乡亲。

唐克峻见左书臣眉头紧锁，知道他实属不易，遂镇定下来，在一旁直言道："左将军一人承千斤重担。唐某焦心，只恨自己不能分身，将一腔热血化作万千炮弹，杀向敌阵。"

左书臣听了唐克峻这样的书生之言，竟"扑哧"一声笑了，他随即叹了口气，道："贤侄有此心，左某知足矣。"停了一下，又道："战争，战争，以战止争。战火既燎，生命便如灰尘矣。"

唐克峻一惊，他细细琢磨，觉得颇有道理。左书臣自称"大老粗"，其实一点不粗，甚至比许多自诩"腹有诗书"的人更懂得排兵布阵，对战场上的瞬息变化也拿捏得十分到位。他只读《孙子兵法》，并钻了进去，把书本一页一页的都读进生命的血管里去了。这样一想，唐克峻对左书臣的敬佩又更增加了一分。

正午刚过，"轰隆！"一声巨响，一颗炮弹在近处爆炸。左书臣大吼"快闪开"！奋力推了唐克峻一把，两人都重重地倒在地上。左书臣的眼角被炮弹炸开的碎石子划出了血。唐克峻有些恐慌，左书臣摇摇头，道："无妨。"随即叹了一口气，说："都说张献忠兵强马壮，锐不可当。哼，在左某眼里，不过尔尔。"

"可是，左将军！这是今日第七次攻击，我们真快顶不住了。"唐克峻不以为然，急道："可否再向桂王奏表，或请求巡抚大人速速增援兵力和器械？"

"桂王有桂王的难处，巡抚大人也有巡抚大人的苦处。要是尚有兵力或器械可遣，不用奏表，亦早派发了。要是没有，岂不让彼此徒生烦恼？"左书臣揩了一下嘴角上的血，抹了一把灰垢的脸，道："所谓'为国分忧，共克时艰'，讲的就是眼下的处境。我们拼死多扛一把，多拼一下，他们就轻松许多。"

唐克峻不禁由衷叹道："朝廷上下如果多如左将军此等胸襟，大明王朝何愁没有太平盛世？四方将士如果多是左将军此等胆略，大明王朝何患没有海晏河清？"

不过，唐克峻的这番感叹，左书臣并未听见，他匆匆走进了营帐，他也不需要别人的赞叹。此刻，他需要的是：如何拖住大西军、挡住他们疯狂的进攻，如何让战争拉得更长，让城西老墙更久一点承受战火的倾轧和炙烤。

新的攻击正在进行。大西军潮水般地朝衡州古城墙下涌来。眼见城西真的就要被打开缺口，一波又一波的攻击，衡州守军死伤无数，士气有些低落，没有必死之心，没有背水一战的打算，很难达到"以战止争"的效果。为此，左书臣决心组织一支"敢死队"。他明白："凡兵战之场，止尸之地，必死则生，幸生则死。"这是他熟知的《孙子兵法》中的谋略。

是的，只有置生死于不顾，才有可能起死回生；只有把生命当成灰尘，才有可能创造奇迹。

左书臣万万没有想到，在挑选"敢死队"员时，唐克峻第一时间要求参加，而且态度异常坚决。连日来，唐克峻主要协助左书臣做些文字方面的事情，包括起草奏文、传递号令、协调联络和分析敌情等，像半个幕僚。作为一名书生，能直接到前线参战，已是难能可贵了。左书臣没想到唐克峻执意要参加"敢死队"。

"贤侄，你知道，'敢死队'意味着什么吗？"左书臣问道，这些天来，随着接触的增多，他对这个书生越来越有好感。

"天下太平，我是大明的一名书生；天下战乱，我就是大明的一名战士。"唐克峻慨然答道："既然敢于参战，就意味着舍了身家性命，如将军所言，战场上，生命就是灰尘，如此而已。"

左书臣闻此深受感动，他忽地捡起身边的一把弯弓，掂了掂，感觉有点重，这是一把黄桦反曲弓，韧劲大。左书臣拉了拉弓弦，大约有九斗的力度，遂又弯腰拾起一支羽箭，递给唐克峻道："你试试。"

唐克峻二话不说，举弓搭箭，用力将弓弦拉成半个圆环，眼瞄前方，大吼一声："看箭！"只听"嗖"的一声，弓松箭出，射向敌阵。

左书臣一拳捣在唐克峻的胸口上，松了一口气，道："好一个书生！'敢死队'有你一个位置！"

就这样，经过精心挑选，左书臣很快组织了三百名精通枪术和刀法的"敢死队"员。他亲自带头，背着大刀，端着长枪，集结在城门下。

下午，太阳偏斜，当大西军接近城墙三百米远时，左书臣突然放开城门，率领"敢死队"奋勇冲出。一排排长枪集中扫射，暴雨一般，大西军马上被撕开一个缺口，大批士兵惨叫一声，中枪倒地。左书臣发起自杀式攻击，他大吼一声，"杀啊！"第一个挥刀冲入敌阵。守城将士见主将如此奋不顾身，也不要命地扑向敌阵，奋力杀敌，以一抵十。

一名大西军的参将正挥刀在阵前督战，嘶吼着，指挥着兵士向前攻击，突然发现左书臣侧面一个人高高立起，拉长的弓箭正瞄准自己，这名参将浑身打了个冷战，正要躲时，那羽箭已经破空而来，穿喉而过，参将倒地身亡。射杀参将的这个人，正是唐克峻。

短暂一战，突袭成功，大西军死伤两百余人，左书臣的"敢死队"只伤了三十八人，可谓重挫大西军，再次提振了守军的士气。

张献忠在阵前观战，恼羞成怒，急问副手敌阵中那不要命的主将是谁。大家面面相觑。于他们而言，左书臣这个名字是十分陌生的。但他们知道，他们碰上了不要命的"硬角儿"，尽管发动了十余次进攻，但城西破损的古墙，依然挺立在腥风血雨中。

左书臣快速清理战场，回到营帐内，他对一脸血渍的唐克峻颇为赞赏，道："没想到你这名书生变成了出色的战士。"

唐克峻淡然道："唐某同窗王夫之曾经说过，'上马杀敌，下马读书'，书生报国，原来如此。有此一战，死而无憾。"

五

"好了，此事成了一半。"

邓澄忠和邓澄诚护送着郭衮冕来到桂王府前，眼睁睁地看着郭衮冕走进了桂王府，他俩会心一笑，躲在桂王府前不远处的"回雁"茶楼上耐心地等待着郭衮冕的壮举。他俩将桂王府的地形图反复看了，制订了周密的行刺桂王和两个王爷的种种细节，以及行刺后如何逃出桂王府与怎样接应的行动路线，叮嘱郭衮冕严格按照计划行事，认为只要郭衮冕能顺利进入桂王府，事情就成了一半。邓澄忠和邓澄诚相信，他俩精心设计和极力煽动的辱妻之火和侵妻之怒一定会烧掉郭衮冕的理性，帮助"维鹰会"达到行刺桂王、造成恐慌的目的。

然而，桂王府并不如他们想象的那么简单，一张特殊通行证未必能够径直进入桂王府的心脏位置。邓氏兄弟喝了一杯又一杯茶，看了一拨又一拨人出出进进桂王府，而桂王府依旧森严而井然，郭衮冕也一直不见出现在秘密接应的地方。时间一长，两人有些急了，感觉情况有些不妙，等了许久仍然不见郭衮冕出来，邓氏兄弟终于拉响了埋藏在桂王府前门桂树下的巨型炸弹。

两人的简单想法是：在桂王府门前制造混乱，能够帮助郭衮冕乱中取胜。

桂王府前的这棵桂树是一棵逾二百年的老树，有十五丈之高，树冠覆盖一百多丈宽，饱经风霜，花香四溢。据传桂王一见此树，遂觉有缘，建王府时特地叮嘱以此为界。桂王府建成后，桂王每年派一名园丁精心修理，还特地封此幸运的园丁为"桂官"称号。刚来时，三王爷和四王爷还多次爬到桂树上玩乐，翁不群称此树为"仙树"，说有灵，有魂，还特地赋诗《桂树》一首，以赞其品雅、其格高："桂树静好山河在，千花杀后此花开。清贞更造明月境，天地有序暗香回。"

然而，这一切，被一颗埋入树根裂处的巨型炸弹彻底摧毁。桂树轰然倒下，不仅砸倒了"回雁"茶楼前的小郡楼，造成两名喝茶者被炸死、十余人受伤的惨剧；还将桂王府前的两头石狮和一段围墙砸得不成样子，还有多名无辜的路人死伤。可以说，巨型炸弹的威力之大远远超出邓氏兄弟的想象，他们自己也被吓得目瞪口呆。

巨型炸弹的成功，最高兴的要数马衿升了。马衿升年龄不大，二十三岁，但心狠手辣，无法无天。几年前，马衿升与同母异父的哥哥邓澄诚合谋在耒阳客栈害死姜秀才夫妇，霸占姜秀才的客栈，逼迫琴棋书画四个姑娘进入邓澄忠的"湘春楼",那一段日子,他过得十分惬意、嚣张和疯狂。比如,他强奸一私塾先生十六岁的黄花闺女,遭反抗,他以刀逼之,奸之,并用刀戮其下身,令其流血而死。私塾先生愤而上门,与之搏命,被马衿升割掉头颅,并一把火烧掉了他的房子。又比如,他曾跟一屠夫打赌,说敢剥人皮。那屠夫不信,说剥牲畜皮可以,剥人皮不可能。他二话不说,将其杀掉,并剥了他的皮。他剥皮的时候,显得很享受。他从屠夫的后脊椎下刀,一刀一刀把背部皮肤分成两半,再慢慢用刀分开皮肤跟肌肉,人之皮就像蝴蝶展翅一样被撕开来。可惜屠夫是个胖子,皮肤和肌肉之间有一大堆的油脂,让他费了好大的劲才清理完。尤其令人恐怖的是,他把屠夫的皮剥下来后制成两面鼓,一面挂在自家门口,每天敲几下,显示其威严;另一面送给屠夫老婆,说这是你丈夫的皮,想他了,就敲一下,他会说话的。屠夫老婆当即吓疯了,后来就失踪了。马衿升还得意扬扬地放出狠话,道:这一回剥的是死人皮,他还可以给活人剥皮。周围的人,闻之发抖,见到他的背影都吓得半死。

不过,马衿升恣肆挥霍、为所欲为的逍遥日子随着桂王的微服私访,"湘春楼"被查封,邓氏兄弟被抓,叔叔邓紫銮被剥夺衡州知府职位而戛然而止。有很长一段日子,他躲在一个偏远的农场,隐姓埋名,与伐林民工在一起,每天几乎不说一句话。他忍无可忍,决定重出江湖。当他下决心"哪怕是死也要出山变成风流厉鬼"的时候,邓澄诚悄无声息地出现在他面前,拉着他逃出农场,潜入衡州一地下工厂的地窖中,神秘地告诉他,哥哥邓澄忠也早已逃出来,正在悄悄干大事。至于干的是什么大事,马衿升没有问,邓澄诚也没明说。

邓澄诚只是讲,眼下有一个"反朝廷、杀桂王"的组织要招募他,问他愿意不愿意参加?见马衿升有些茫然,邓澄诚补充道,一旦加入,一切吃穿住行和各类开销等都由组织负责,但入会者要绝对忠诚于这个组织，绝对服从于这个组织的工作安排，要随时准备用生命捍卫这个组织。邓澄诚将"用生命捍卫"这几个字特地加重了语气，严肃指出："这是一个高度秘密的组织，能够加入的都是那些想干一番惊天动地的事情、想飞黄腾达而一时没有门路的人，都要经过组织严格考验和骨干成员的介绍才能秘密入会。"

马衿升被农场的日子压抑得脊柱都快断了，他对朝廷和桂王恨之入骨，对邓澄诚所言入会的种种要求没太关注，但他对入会后管吃穿住行和各类开销等很向往，当即表示愿意。当天马衿升就在地窖中宣誓参加"维鹰会"，并自觉在大腿右侧刺了一个"鹰"的图案。

"好了，现在我们是真正的一家人。"邓澄诚对马衿升道："我以组织的名义宣布，从现在开始，你在这个地下工厂负责制造各类炸弹和生产黑火药。没有组织上的允许，你一步亦不能走出这个地窖。"

"这、这？"马衿升立即慌了，他看了看地窖，像一间牢房，"就让我待在这个窄小发霉的地方？"

邓澄诚露出一丝捉摸不透的笑意，摇摇头，道："你的活动空间主要是这个地下工厂。只有睡觉或应对突发事件时，小小地窖才是你的藏身之处。"

马衿升随邓澄诚跳出地窖，看到眼前的工厂到处堆满硝石、硫黄、木炭等材料，心想：我一个人怎么弄？这么多的材料得要制造多少黑火药和炸弹？关键是，造这么多火药和炸弹做甚？

邓澄诚看出了马衿升心思，道："组织上会安排精通火药配方的人和一批工人秘密过来帮助你，炸弹和火药越多越好，特别是威力巨大的炸弹，我们尤其需要。你先了解一下，尽快投入工作。"

就这样，马衿升从封闭的农场来到封闭的工厂。这虽然不是他希望过的生活，却给了他衣食无忧、扬名立万的机会。虽然他仍然处于封闭状态，但他有了"飞黄腾达"的动力和"报仇雪恨"的目标。

邓澄诚曾通过邓紫鋈找了一个自制火药专家，学习如何配方。学成之后，他就将火药专家杀掉。经过邓澄诚一个多月的调教和测试，马衿升从一个门外汉很快变成了半个专家。他知道这些硝石、硫黄、木炭等材料来之不易，许多是"维鹰会"成员冒着各种危险向兵营和官府等进行渗透，利用金条、银两、貂皮、人参等从贪腐人员那里弄来的。马衿升让工人将硝石、硫黄、木炭三种原料进行精选、除尘和提炼，将其碾成粉末，再按照邓澄诚规定的标准配方比例称好分量，分别置入石臼、石桶和木槽中，然后加入少许清水或烧酒，反复搅拌成湿泥状态，再用木杵不断地搅拌打匀。制作过程的关键点是要杜绝沙石、灰粒等杂质进入，以免在搅拌时发生磕碰而导致火灾。马衿升督查的任务主要也集中在这一块。等这三种混合物快干的时候，再加水鼓捣，及至充分拌匀，而后取出放在阳光下晒干。

这个工作很枯燥，又很费心，稍有不慎，即前功尽弃。

令人惊奇的是，马衿升加入"维鹰会"后，像变了一个人似的。这很让邓澄忠、邓澄诚高兴。当初他们还担心马衿升游戏人生、玩世不恭，只知享受，不懂付出。现在竟然变了，他们认为这是"维鹰会"神秘而强大的组织力量所致。马衿升并未在意两位哥哥对他的看法，他只是希望尽量多地做出黑火药和好的炸弹。马衿升对每一批做完的黑火药，都要认真检查一下。他一般会同时使用两个方法：一是选取一点火药成品，放在纸上燃烧，如果迅速燃尽而纸张完好，这才是合格的；二是选取一点火药样品放在手心燃烧，火药燃尽而手心不觉得热，也是合格的。但许多时候，火药在纸上留下了黑星白点，或者手心有烧灼感，马衿升觉得不合格，便立即督促工人返工再碾。通过严格检验，马衿升对地下工厂做出的成批成批的黑火药感到满意。地下工厂也制作了大量炸弹，但他无法通过类似的检验来验证炸弹的威力。

几天前，邓澄诚带着邓澄忠来到他的地下工厂，看到成箱的黑火药和以各类标牌标识的炸弹，邓澄忠十分高兴，拍着马衿升的肩膀道："老弟，你是'维鹰会'的大功臣！"

邓澄诚也抑制不住兴奋，道："眼下正是这些黑火药和炸弹显威力的时候了！"

马衿升对外面的世界一点不了解。这些天，他虽然能听到衡州城外不断传来的轰鸣声，还以为是天空打雷，心里还纳闷，这雷接连打了这么多天，得下多少雨啊。因为邓澄诚交代过，不该问的不要问，不该说的不要说。所以，他压根不知道张献忠率领二十万大西军正在疯狂攻城。邓澄忠问这些黑火药的用途，马衿升回复道，大致可以有两个用途：一是作为火绳枪、火炮和火门枪的发射药；二是作为爆炸火药、喷射火药和燃烧火药等等，把这些成箱的火药直接运到战场，装填枪炮即可。

邓澄忠异常兴奋，他又问炸弹的事情，有没有威力最大的炸弹？马衿升告诉他，有一种叫"鹰弹"的，是他着力研发的威力最大的炸弹，但数量有限。

"我们总共制作了一百枚'鹰弹'。每枚'鹰弹'的火药量都是普通炸弹的十倍甚至更大，而火药在生产时，就加重了硝石的比例，使得它的燃烧力更大。"讲到这里，马衿升停了一下，道："不过，我无法验证它的威力。"

"验证这件事，就由我们来做。"一个阴冷的声音，像从地窖里钻出来似的。一张熟悉而苍老的面孔出现在马衿升面前。

马衿升惊呼道："啊？叔父大人，真是您吗？"

邓澄忠和邓澄诚也立即向邓紫銮行礼。马衿升马上明白，叔父大人一定是他们的引路人，一定是先于邓澄忠、邓澄诚加入"维鹰会"的。

那他在这个组织里的级别也应该是很高的。

邓紫銮看了一下地窖的环境，捏了捏鼻子。"这些年升儿受苦了，也辛苦了！"邓紫銮拍着马衿升的背，道："升儿的付出是值得的。你会得到奖赏！"然后，转头对邓氏兄弟道："眼下是决战时刻，咱们忍气吞声的日子快要熬到头了。'老鹰'指示我们，运用下毒、燃烧、爆炸、暗杀等一切可以利用的手段，在桂王府、衡州州府和重要场所制造混乱，越快越好，刻不容缓！"

"用巨大破坏迎接张大帅攻城！"邓澄忠捏紧拳头，恶狠狠地道："要把万恶的桂王府等一大批腐肉之辈统统送进地狱！"

"你快去挑一枚'鹰弹'给我们。"邓澄诚对马衿升道："我们马上就去验证。"

"你们要去哪里验证？"马衿升有些紧张地问。

"告诉他无妨。"邓紫銮示意邓澄忠，背着手道。

邓澄忠看了马衿升一眼，很得意地一字一顿道："桂王府。"

"好啊！终于等到这一天了！"马衿升一听就激动起来。他立即帮两个哥哥挑了一枚最好的"鹰弹"。

邓澄忠将"鹰弹"用外衣裹起来，让邓澄诚抱起它，两人一前一后，小心翼翼地走到地下工厂的外面，放进一辆早已在等候的马车里。

邓氏兄弟压根儿不知道马衿升悄悄跟踪他们，他埋伏在"回雁茶楼"侧面一堵废墙后面，静静地等待着"鹰弹"的发威。而当他真正见证"鹰弹"强大的威力时，他被轰然坍塌的小郡楼飞起的半块门板砸得头破血流。但他狂叫一声"成功了"，爬起来，又跌了下去，再费力爬起来，顾不得擦一下额头上的血迹，跌跌撞撞，一会儿便跑得无影无踪了……

这一切，桂王府不知晓，衡州知府也不知晓，王夫之和衡州学子更无从知晓。

第十二章　激战

一

桂王府被"鹰弹"炸得惊慌一片，到处是尖叫声、怒骂声和器械碰撞的声音，夹杂着急匆匆的脚步声，混乱不堪。

"你们要走，就快快离开。"翁不群见王夫之等人执意离开，便安排一辆马车，让王夫之带着郭衮冕和姜氏姐妹迅速离开桂王府。

王夫之虎口脱身，疲惫至极。他坐在马车后面的车厢里，从垂下帷幕的缝隙中看见倒下的桂树像一个断了手脚的老者，仰天八叉地躺在那里，深深地叹了一口气。桂王府前桂树的倒塌，令王夫之十分痛心。他觉得这是一种不祥的预兆，他又想起恩师欧阳霖关于"大难"的天象：难道国家的存亡、朝代的更换、个人的危安真是上苍注定的吗？王夫之心中大惑。

郭衮冕和姜思琴的伤势确实不轻，翁不群叫太医看了，幸好主要是外伤。翁不群出于好意，原本打算让他们四人在桂王府多留几天。但王夫之觉得还是尽早离开桂王府为好，便请求翁大人令太医将二人的伤口清理完毕，先用药敷好，又抓了一些药，回去煎喝，疗养数日，应无大碍。郭衮冕和姜思琴虽然虚弱，但亦坚持速速离开。

姜善棋亦有伤，相对较轻，她对王夫之道："夫之哥，快走吧，此处绝非久留之地。"

于是，一驾马车将他们拉出了桂王府。马车上共有两排座位，两边各有一个小窗，均有黑帷垂下。郭衮冕和姜思琴坐在前排；王夫之和姜善棋坐在后排。

马车迎着冰冷的夜风，直奔尚德客栈而去。

然而，马车刚刚驶出桂王府大约二里远的地方，王夫之突然觉得后面有人跟踪，他对姜善棋道："瞥一眼后面。"

姜善棋很警觉，道："怎么办？是不是'维鹰会'的人？"

王夫之面色沉重，小声道："我们得想办法摆脱跟踪。"

"你们快走，不要管我们。"郭衮冕一直斜靠着姜思琴肩膀，听到了王夫之与姜善棋的谈话，艰难地说。

这是一个艰难的抉择，但王夫之没有退路。如果都在马车上，也许会全部丧命；如果他与姜善棋逃脱，也许都有活命的机会，因为追踪者想留活口、引诱人去营救，进而一网打尽。想到这里，王夫之毅然作出选择。他见前面有一个转弯，急促地对赶车者道："师傅快一点！"又对姜善棋道："你看到前面那间小客栈吗？马车一到，立即跳下，原地不动，待跟踪者过去方可爬起。"姜善棋点点头。

"你们要小心。"姜思琴亦催促道："快走吧。"

正在这时，衡州城中心方向忽然传来"轰隆"一声巨响，声音之大令拉车之马受惊，狂跳一下，速度极快地通过小客栈。

王夫之和姜善棋迅速从两边分别跳出，重重地砸在地上。

过了半晌，王夫之抬起头，发现数名黑衣人赶着一辆马车急驶而过。他朝马路对面看去，竟然没有看见姜善棋，不由大吃一惊，立即爬起来，急急跑到对面，这才发现姜善棋跳进了一个路坑，里面有半坑水。姜善棋脸色苍白，全身湿漉漉的，正极力挣扎着往上爬。

此时，城南方向和城西方向又猛地传来两声巨响，看样子，不像是攻城者所发出的炮弹，王夫之十分担心。但他顾不上深究，赶紧将姜善棋拉上来。

姜善棋瑟瑟发抖，轻声道："好冷。"

王夫之二话不说，脱下自己的外衣，有点迟疑道："权且穿上，到了小客栈，再寻办法。"

姜善棋没吱声，听话地披上了王夫之的外衣。但她的脚扭伤了，站不起来。

"这如何是好？"王夫之心里犯嘀咕，很焦躁，两人离小客栈尚有一百来米的距离。

姜善棋道："夫之哥，你先去瞧瞧。我一会儿爬过去。"

王夫之不肯，他弯下身，奋力抱起姜善棋，一口气跑进小客栈。

"啊？小弟，你……你、真是你？"

突然一个声音破空而来，王夫之以为听错了。定睛一看，前面果真是王介之，他在拼命向自己挥手。王夫之这才看清，小客栈里的人已经挤得放不下脚了。

王介之好不容易挤到王夫之身边，异常吃惊道："你、你这是……"说完有些尴尬，忙改口道："你们从何而来？"

"大哥，怎么是你？"王夫之也很惊愕，道："你没有出城？"

"让让，请让让！"王介之没有听清王夫之的问话，而是冲人群大声喊道："这里有人受伤了，请让让、请让让！"

可小客栈里的人实在太多，根本挪不出空间来。王夫之无可奈何，对王介之道："大哥，我们扶她到一旁去吧。"

王介之这才惊叫道："啊，这不是姜善棋，棋妹吗？"

王夫之点点头。

王介之急问："你们怎么在一起？"

王夫之道："说来话长。"说完，他示意大哥不要再问。

与此同时，姜善棋试图用脚走路，但刚一迈步，就倒了下去。王夫之迅速抓住姜善棋，然后在王介之的帮助下，两人一起将姜善棋携扶到小客栈左边的后山坡上。王介之见姜善棋的衣服湿透了，冷得发抖，遂脱下自己的衣服，帮她穿上。

"你们两位别动，我去客栈一下。"王介之边说边往客栈跑。

姜善棋脸色发白，叹道："真没想到在这里碰到介之哥。"

王夫之没有吱声，他心里非常疑惑：大哥怎么还没出城？

很快，王介之气喘吁吁跑了回来，他抱着几件干净的衣服，塞给姜善棋道："棋妹，管它合身不合身，快先找个地方穿上。活命要紧。"

姜善棋连声道谢，她看到山坡旁有一间半敞的茅厕，目光停留在那里，脸上露出难堪的表情。王夫之摇摇头，决然道："不行！那地方去不得！"他看到半山坡有一丛野草，大约半个人高的样子，立即对王介之道："走，我们扶棋妹上去。"两人费了老大的劲，将姜善棋扶到野草旁，王夫之对姜善棋道："我和大哥暂且下去。你换好衣服后就叫我们。"

姜善棋点点头。

王夫之与王介之走下山来，站在路边，王夫之将郭衮冕找他，他去尚德客栈遇到姜若画、邹统鲁以及后来被抓进桂王府的事情简单地讲了一下，王介之听得目瞪口呆。这时，王夫之迫不及待问道："大哥，你怎么还没有出城？二哥和大叔怎样？家眷都在什么地方？都还好吗？"

"小弟，你有所不知。"王介之叹了一口气，道："我们幸亏出城得早，如果现在出城，几无可能矣。"

"他们都逃了出去，是吧？"王夫之见大哥点头，又问道："那你怎么又回来了呢？"

"为兄的见你留了下来，放心不下。"王介之道："我追出城外，把你我家眷都拜托参之和大叔后，急急返回来寻你，就不见了。"

"哎呀！大哥！这一回来，太危险了啊！"王夫之埋怨道，"眼下战事胶着，城内祸事频发，混乱不已，处境堪虑矣。"

"小弟，为兄的不是苟且偷生之徒。"王介之道："你能舍命为国，愚兄就不能乎？父亲大人宁死不走，母亲大人留下相陪，并非愚执，实为气节也。盖书生报国，人人有份，个个同责！"

王夫之被大哥的一番话说得心悦诚服，十分感动。王介之明白王夫之的心思，又道："小弟想想，双亲大人皆在家中。万一有什么差池，多一个人，总比少一个人强矣。"

"大哥，我知道你说的有道理。"王夫之急了，道："可是，这几天'维鹰会'太疯狂，我是担心留在城中，祸从天降……"

"啊？"就在这时，半山坡忽然传来一声惊呼，好像发生了不测之事。王夫之与王介之争先恐后跑上去，但见姜善棋衣衫尚未完全穿好，眼睛里却闪出一副惊恐万分的样子。

王夫之连忙问："棋妹，出什么事了？"

"他、他……他刚才呻吟了一声，还动了一下……"姜善棋颤抖着，用手指着左前方。王夫之和王介之顺着手指一看，也不禁目瞪口呆：天啊，前面二十米远的地方竟然躺着一个人！王夫之和王介之凑近过去，发现是个年轻人，二十出头的样子，满头是血，一脸惨白，昏迷在地。

"他刚才叫了一声什么，言辞不清，没听明白。"这时，姜善棋已换好衣服，惊魂未定道。

"此是何人？为何出现于此？"王夫之看着这个重伤者，心里犯嘀咕，不敢轻易挪动他。"既然嘴里还有一口气，我们就得救他。此人受此重伤，必有由来。"王夫之向王介之如此说道。

王介之没有反对，只感到有些为难。眼下姜善棋受伤，无法走路，现在又弄一个重伤者，且这名重伤者有何背景，因何而伤，一概都不清楚。虽说救人一命，胜造七级浮屠，但如果救的不是好人而是"毒蛇"，到时反咬一口，如何是好？不过，事发突然，难分敌友，王介之也没有好的办法，权且先救人。"小弟，我到客栈去找找药棉、止血粉什么的，马上回来。"王介之转身离去。

突然，重伤者"嗯"了一声，身子又动了一下。王夫之用袖口将他脸上的血揩去，重伤者眼睛似乎睁了一下，但马上又无力地合上去。看来，他已经有了意识。

此时，姜善棋亦爬了过来，轻声道："头上全是血，伤口在头上？"

王夫之点点头，"应该是的，看来血倒是凝住了，不敢轻易动他。"尽管如此，王夫之还是将姜善棋换下的衣裙拿了过来，道："棋妹，委屈你一下，你坐在这里，我让他的身体靠在你身上。"说完便将重伤者慢慢扶起来，姜善棋靠在土丘上，重伤者靠上她后，重重地舒了一口气。王夫之见了，道："这样，他顺气些，苏醒过来容易些。"

姜善棋点点头。

不一会儿，王介之回来了。他拿来了一点药棉和用床单撕开的布片，没有找到止血粉，但拿了一点盐巴，还提了一壶清水。两兄弟一言不发，默契地清理着重伤者头顶上的伤口，新的血液又流了出来，王介之将盐巴捏成粉末，小心翼翼地涂抹在上面，再用药棉盖住，用布片将伤口和下巴套在一起，形成绷带的效果。

"成……"重伤者慢慢睁开了眼睛，突然吐出一个字，并且笑了一下。王夫之赶紧俯身道："你想说什么？"

重伤者又无力地合上眼皮。王介之将他的嘴巴撬开，让他喝了一点点水。王夫之道："下面情况怎样？"

王介之道:"很糟。听闻逃出城外的人大多被张献忠的人抓了起来。不知道二弟和大叔他们怎样了。"

王夫之甚为吃惊,道:"张献忠抓衡州百姓干吗?"

王介之忧心忡忡,道:"传言说因攻城受困,张献忠将这些百姓执为人质……"

"啊?坏、坏蛋!"突然,姜善棋尖叫一声,触电般跳了一下,像受到了重大打击一样,她愤怒而鄙夷地将重伤者脑袋往左边狠狠一摔,自己迅速滚开,不愿让重伤者靠在她身上,俏丽的脸蛋因为惊恐而扭曲变形。

"棋妹!"王夫之和王介之异口同声道:"你怎么啦?坏蛋,谁是坏蛋?发生什么啦?"

"你看、你看,这是姓马的坏人,叫马衿升。是害我家破人亡的恶人,是不共戴天的仇人!"

姜善棋往重伤者脸上啐了一口,指着他右脸上的一块饼干大小的浅黑色胎记,恨恨道。

二

直到此时,王氏兄弟俩才看清重伤者脸上的胎记。因为前面他一脸的血迹,无法辨认,现在通过清洁和擦洗,露出了真容:原来此人竟是姜家的仇人马衿升。

关于马衿升的种种恶行,王介之一概不知。姜善棋哭泣着,断断续续讲了一下马衿升的事情,仿佛在撕自己的伤疤,难以自持。作为补充,王夫之又把姜善棋和自己去桂王府的事情跟王介之讲了讲,包括郭衮冕和曹伯实分别娶了姜思琴和姜晓书为妻等等。

王介之听完，鼓着双眼，又惊又气，不断摇头，五味杂陈。

突然，姜善棋再一次恶狠狠地扇了马衿升一记耳光，咬牙切齿道："我们四姐妹曾发誓：如见此人，必寝其皮、食其肉、碎其骨，如此，仍不足以泄心头之恨。"

"棋妹息怒。"王夫之用力将姜善棋拉开，他知道，再怎么打，对于一个近乎昏迷的人来说，根本没有任何感觉。"既然坏人在我们手中，就不怕报不了血海深仇。"

姜善棋也知道现在发火没用。她感到困惑的是：自桂王微服私访，清理、整治"湘春楼"后，翁不群翁大人亲口告诉她和姐姐姜思琴，说恶棍马衿升已经亡故。那么，他何以活下来了？

王夫之望着躺在地上的马衿升，一脸肃穆，心想：马衿升出现在此，血迹斑斑，昏迷不醒，究为何因？为什么他一个人在这里，他还有同伙吗？如果有，他们在哪里？

"小弟，"王介之叫了一声，"我们得尽快作出决定。"王夫之点点头，他看了看大哥，又看了看姜善棋，忽然道："以愚揣测，此人身上必有重大谍情！"

王介之表示认同。"为兄的也这么想。"

姜善棋柳眉一横，恨道："两位哥哥若救此仇人，小女子必不答应！"话未说完，眼泪夺眶而出。王夫之和王介之深知姜善棋所受其害，内心的伤痛一辈子都无法平息。然而，眼下这个恶人已无还手之力，你怎么折磨他都无所谓。问题是，他死了，他身上的谍情也随之消亡。如此，则因小失大了。

当然，这个时候，姜善棋的怒火正在头上，你要让她冷静下来，是很困难的，不如让她发泄一番。就这样，王氏兄弟默默地站着，一言不发。

"此等恶贼，毒杀无辜老人，嫁祸于姜家，逼死双亲大人，霸占未阳客栈，哪一桩不历历在目？哪一条不丧尽天良？"姜善棋越说越激动，越说声音越大："更负有强奸民女、杀人剥皮之案底，真是坏事做绝，恶贯满盈。原以为早已归西，岂料皇天有眼，令小女子亲自报仇，就在今天！就在此刻！"言毕，她伸开双掌，就欲扑上去抓之。

"万万使不得！棋妹！"王介之马上横过去，用身体隔开姜善棋与马衿升，急道："姜家之悲、之痛，我们感同身受。然此一时，彼一时。"

"棋妹乃明理之人！"王夫之亦劝道："我们兄弟绝非纵恶之人，更非善恶不分之徒。此人留下，实有大用。"

"两位哥哥休要阻止，小女子顾不了那么多！"姜善棋见王家兄弟阻止她复仇，泪水更甚于前，抽泣道："江山社稷，你们男子汉去管；国家大事，你们大丈夫去做。小女子做不了什么，只知道有恩必还，有仇必报！"说罢，她再次扑向马衿升，恨不得撕裂他、咬死他。

"棋妹！休得造次！"王夫之忽然责备道："什么江山社稷、国家大事由男人们去管，凭什么？江山不在，女子能好乎？国家若亡，小家尚宁乎？"

"小弟言之甚是。"王介之道："棋妹之怒、之愤、之悲，大哥均能感受，亦能理解。然当下局势，远超个人怨愤。多少人家破人亡，多少人流离失所。"王介之有些激动起来，道："设若此人身上谍情有助于衡州将士抗敌，以小忍易大局，损小我搏大同，藉棋妹悲悯之怀，包容之襟，以德报怨，救衡城黎民于水深火热之中，不亦丈夫乎？"

姜善棋听了王夫之之言有些震惊，冷静下来，亦有些自责。现又听了王介之之言，觉得字字在理，句句似锤，她缓缓背过身去，抽泣，默然，不再吱声。

眼见姜善棋情绪稳定下来，王夫之松了一口气。如果姜善棋不配合，事情非常难办。王介之也很感激姜善棋深明大义。确实，遇到一生中最大的仇人，不但不去杀之，反而要去救之、护之，平常之人，委实难以做到。

"成、成……功……"这时，马衿升苏醒过来，他睁开眼睛，看到面前的三人，嘴里似在嘟哝着什么，却无法听清。

这时，姜善棋回过头来，道："两位哥哥，现在怎么办？我听你们的。"

马衿升定定地看着姜善棋，忽然笑了，"成、成……功……"

说真的，姜善棋起初还担心，即便自己不对他做什么，马衿升苏醒后看到自己在这里，也会很惶恐的。可现在，这个人除了反复说着"成功"外，似乎并不认识她。难道脑袋上的血洞让他将过去所犯下的罪行彻底忘记了吗？

王夫之这回听清楚了，马衿升昏迷中吐出的词是"成"，他要表达的是"成功"，这是他反复要说的意思。王介之当然亦听清了，但他"成功"什么，或他做什么"成功"了？王介之不知道，也很迷惑。

"我们下山去。"王夫之对大哥道："尽快离开这里。"

然而，面对一个双腿不能行动的弱女子和一个刚刚苏醒过来的重伤者，如何下山、如何离开并不是一件容易的事情。

"我先下去看看，能否寻得办法？"王夫之说完，匆匆走下山，来到小客栈，发现里面的人比以前更多更拥挤了，也不知道发生了什么，人人脸上露出惊慌的表情和眼神，有人说是什么地方爆炸了，有人说是桂王被人暗杀了，有人说朱屠户家遭人血洗了，还有人说张献忠抓了许多人，不听话者立即处斩……大家都欲逃命，却不知道往哪里逃命。

见到处是人，王夫之忽地看到一个老人被一个男人压着脑袋，老人想动一下都不行；旁边是这个男人的婆娘，该婆娘抱着一个小女孩，小女孩放声哭叫……王夫之奋力挤过去，将男人压着的老人拉出来，老人大口大口喘着粗气，但仅仅一眨眼工夫，老人再次被男人压了下去。看样子，要把人群挤开，王夫之明白绝无可能，只好放弃。王夫之最看不得老人的无助与小孩的啼哭。然而，眼前的一切，却让他束手无策，痛心疾首矣。

突然，马路上过来一辆骡拉车，车厢较长，无蓬，里面坐着数人，速度不快。王夫之好不容易从小客栈挤出，脑袋刚刚伸出门口，情不自禁地"啊"了一声，奋力吐了口气，车子正好经过。

王夫之望着车子扬起的灰尘，一脸怅然。

正在这时，驶过的骡车在前面路口停了下来，从黄黄的灰尘里走出来一个人，边走边喊，快速地往小客栈边奔跑。直到只有五六十丈远的时候，那个人影清晰了，喊声也听见了："夫之兄！——夫之兄！——夫之兄！——"

"啊？统鲁兄，是你，真是你吗？"王夫之大声喊道，疯狂地奔跑过去。在小客栈前二十丈远的地方，两个人相拥在一起。"真是你，统鲁兄！太好了！"

"你怎么在这里？你在这里干吗？"邹统鲁急急道："现在城里糟透了，到处爆炸，没有一个安脚的地方。"

"一言难尽。"王夫之抓住邹统鲁的肩膀，亦急急道："现在需要你的帮助，半山腰上还有三人，其中一人走不了，一人刚刚苏醒过来。"边说边拉着邹统鲁往山上爬。

"我能帮什么？"邹统鲁用力甩掉王夫之的手，道："车上已经满员，全是伤者。"

"你从哪里来？"王夫之道："车上都是些什么人？"

"说来真是恐怖，有人在衡州州府大堂放火，烧死二人，烧伤六人。"邹统鲁心有余悸，道："此火是冲着罗大人和朱大人来的。幸亏两人临时有急事，不在现场。"

"'维鹰会'竟然如此嚣张！"王夫之恨恨道："炸桂王府，烧州府大堂，弄得满城恐慌，人人自危。"

"城里全乱了。"邹统鲁道："没有一片宁静之地。"

"刚才小客栈有人传闻，说朱啸虎未开张的'得善楼'亦遭炸？"王夫之问道："就是原来的衡州郡学。统鲁兄知晓乎？"

"我怎么不知道？天天往那里送伤员。"邹统鲁道："那地方已作医馆，里面住的全是从前线抢救下来的伤员。这些天杀的，连医馆也不放过！"

王夫之和邹统鲁很快到了半山腰。王介之一见邹统鲁，大叫："啊？统鲁！你怎么来了？"

"我本是护送伤者去衡州医安坊。"邹统鲁叹一口气，道："经过小客栈时，蓦然见到夫之兄，就跑过来，没想到你也在。"

邹统鲁看见坐在地上的姜善棋，更是惊道："啊？德懿，你没有在尚德客栈，也在这里？怎么，你还受伤了？"

姜善棋没有吱声，只是看了邹统鲁一眼。

王夫之指着姜善棋，对邹统鲁道："什么德懿，她叫姜善棋。她的姐姐叫姜思琴……"

邹统鲁并不吃惊，可能是叫习惯了，他反而问道："对了，衮冕兄和思琴没跟你们在一起吗，他们在哪里？"

"我们原本在一起，但被人跟踪，便分开了。"王夫之道。

"这位是谁？"邹统鲁突然看到躺在地上的马衿升，吃了一惊。王夫之拉他到一旁，低声道："这个家伙，正是善棋全家的仇人马衿升。当年他设下毒计害惨了姜家。善棋耿耿于怀，刚才我们费了很大劲才让她平复下来。"

"啊？原来这样！"邹统鲁心想，怪不得姜善棋有点冷漠。他再次看了马衿升一眼，道："他怎么在这里？怎么负的重伤？"

"这也正是我们想要了解的。"王夫之道:"我有一种直觉,这家伙跟'维鹰会'可能会有牵涉。"

"这就是你们要救他的原因?"邹统鲁也和郭衮冕谈起过马衿升的恶行,很厌恶这个人。

"这还不够乎?"王夫之道:"眼下'维鹰会'太猖狂,他们在暗处,我们在明处。他们对我们了如指掌,而我们对他们完全隔膜。"

"想从马衿升身上打开缺口?"邹统鲁皱着眉头,道:"果真如此,此狗确实得救。可车上委实没地方了。"

"就算卸成肉块,也要把他弄上去。"王夫之道。

"难道你们不一同去?"邹统鲁道:"况且,把他也送到医安坊,合适乎?"

"先别管那么多。"王夫之道:"我们下山去吧。"

马衿升手脚能动了,眼珠也可以转动了,但神志还是不清,嘴里不断地重复那两个字:"成、成……功……"见到邹统鲁,他亦神经质地一笑,随即闭上了眼睛。

"不是装的乎?"邹统鲁忽地问道。

王夫之一惊,这个他倒是没有想到。不过,他立即摇了摇头,道:"不可能。若非我们营救,他恐已陈尸荒野。"

下山时,邹统鲁坚持由他背着马衿升,让王夫之和王介之搀扶姜善棋,王夫之道:"还是我来背吧。"但想着背上背着一个自己厌恶的坏蛋,再仁慈的心也无法高兴起来。

然而,就在邹统鲁把马衿升背起来的一瞬间,王夫之惊叫一声,他看到了马衿升大腿右侧的"鹰",便一把将马衿升拉住,脱下他的裤子,但见右腿内侧果然有一只"鹰",王夫之大吃一惊。

此时,马衿升呻吟了一声,睁开眼睛,似笑非笑,照例嘟哝了两个字:

"成、成……功……"然后又合上了眼睛。

当确信眼前的马衿升就是"维鹰会"的成员时，大家更为紧张起来，仿佛这是一颗定时炸弹，随时可能在身边爆炸。

王夫之将王介之和邹统鲁拉到一边，低声道："既然此贼就是'维鹰会'成员，我们当更要尽心，保证他的绝对安全！"

于是，王夫之、王介之和邹统鲁三人轮流背着马衿升，小心翼翼地下山。姜善棋被人搀扶着，也一步一步往山下走。大家表情凝重，一言不发。终于到了骡车旁，三人都长长地舒了一口气。

邹统鲁很快作出安排，让赶车人下车，自己想办法回去。他和王夫之挤坐在赶车人的位置上。他在车上原来的位置让马衿升躺下，王介之紧挨着马衿升，姜善棋紧挨着王介之。整个车上的伤员都往后挪挪。一切妥当后，邹统鲁往后喊了一声："都坐好了！"随即往骡子背上抽了一鞭，并问了一句王夫之："还是去衡州医安坊？"

"不，先去尚德客栈。"王夫之果断道："如此放心些。"

"好！快走！"邹统鲁喊了一声。"驾！——"他挥起鞭子，朝马背上狠狠地抽去。

三

张献忠一脸怒气地坐在营帐中，他虎背熊腰，颧骨突出，眼睛略微往上翻，一旦生气，右眼球几乎全是白眼，左眼球黑白各半。此刻，他的表情就是这样，营帐内一片静寂，只能听到将领们的呼吸声。张献忠扫了一眼众部将，怒道："初尝谓湘人易制，渐以出兵数败，士众反复；攘袂瞋目，果有咀嚼湘人之心。诸位如何度此战局？"

"湘人素有南蛮之称，嗜辣成性，刚毅果决，骁勇有名。"孙可望起身作揖道："岳州、长沙之所以少有阻抗，实乃桂王令之弃城，诸军汇集衡州，保卫桂王。故此战，实为整个湘人之战。"

张献忠哼一声，翻了个白眼，对孙可望此说不以为然。孙可望是他四个干儿子中的老大，作战经验最为丰富，也是最为张献忠所倚重的，但在衡州攻城战中，表现有些拖沓，战果有些暗淡。

李定国见状，起身作揖道："凡攻城略地，向以战力论成败。今衡州孤城，被大西军强力围而攻之，虽有时日，实乃危急频频，不出数日，定能攻克。"

张献忠要的是攻战方法，而不是不痛不痒的评述。一直以来，他对李定国比较看重，觉得他有头脑，善用兵，会打硬仗，但今天的发言，令他颇为失望。他把目光落到刘文秀和艾奇能身上。

刘文秀起而揖道："孙子有云：'敌人早朝初至，其气必盛；陈兵至中午，则人力困倦而气亦怠惰；待至日暮，人心思归，其气益衰。'此境况于敌于我皆适也。"

张献忠眉头一皱，扬了扬眉，道："然后呢？"他很反感这些文绉绉的文字游戏。在张献忠看来，包括《孙子兵法》在内的各类典籍，都是那些文人幕僚杜撰出来的，在实战中并不一定适用。

艾奇能起身作揖，接上刘文秀的话，朗声道："今大西军攻武昌、克岳州、过长沙，长途劳顿，阻滞于此，守敌以逸待劳，困而不竭，乱仍有序，令人讶异。大西军亟需新法，速速破城，否则敌长我消，后果堪虞矣……"

这些话都是屁话！本帅难道还不懂吗？张献忠眼睛鼓起，正要发火，突然，帐外一阵骚动。

"报！——"

帐营外传来一声喊叫，一名营探匆匆跑来，后面跟着一名看起来像是官员模样的人，营探跪拜道："报告大帅，此人负有重要谍情，急需大帅审之。"

"唔！退下吧。"张献忠对营探斥道。

跟在后面像官员模样的人跪拜道："衡州前知府邓紫銮拜见大帅！"

"啊？"众将领闻此，甚为吃惊，目光齐刷刷落在邓紫銮身上。

张献忠不动声色，朝邓紫銮打量一番，慢条斯理道："起来，慢慢说。"

邓紫銮从容站起，正了正衣冠，然后望着张献忠，他把桂王对他的"迫害"添油加醋地说了一番，他表示不仅自己积极加入"维鹰会"，还带领邓澄忠、邓澄诚和马衿升三个侄子也争相加入，成为骨干力量，辅佐"老鹰"开展收集谍情、刺探军密、发动暗杀、制造恐慌等活动。

邓紫銮尤其谈到如何骗得衡州总兵卢高升的信任，进而设计杀害他，使开战之初，衡州就陷入群龙无首之状……

张献忠及众将领开始还有点兴致，但随着邓紫銮的讲述，频频为自己邀功，渲染什么"维鹰会"，他们就不断皱眉，心想：这家伙究竟来此何干，是来邀功请赏乎？当邓紫銮讲到设计杀害卢高升致所谓"群龙无首"时，张献忠实在忍不住了，冷冷道："区区一个总兵，算个球！朱常瀛老贼不死，朱由榼、朱由榔二逆子不逃，刘熙祚、罗亦箎等顽冥不灭，何谈群龙无首？"张献忠很清楚，双方虽力量悬殊，但他费了如此大的气力攻城，仍然没有攻下，衡城内的管理机构不可小觑，若真是"群龙无首"，他就早已入城。

"是、是！衡州虽危，摇摇欲坠，却未见塌。"邓紫銮见张献忠由展颜到皱眉，众将领个个怒目于他，便明白自己贪功过多，急忙道："小人冒险来此，即是要向大西军禀告城内守军和黎民百姓境况，以供大王决策之鉴。"

"快快说来！"张献忠粗眉一竖，这倒是他希望听到的。他提高声音道："衡城守军究有何异处，竟令大西军久攻不下？"

邓紫鎏连忙叩首道:“以小人之见,衡州守军最厉害处,乃为‘钉墙术’矣。”接着，他解释这个战术。所谓“钉墙术”，就是“以人为钉，固守城墙。”衡城原本只有一堵老墙，衡州守军加修了两排营垒，构成三堵城墙。营墙最外一圈是鹿砦，系两条壕沟组成，外壕宽两米半，内壕宽度近半。最内一圈乃营垒之核心，一圈土墙——正墙高两米多，顶部留有枪炮眼，内侧子墙高度系正墙一半，墙顶有两尺宽，士兵可以站立在上,依托正墙上的箭垛和枪炮眼,向外观察、射击。此内墙与前老墙相连，后与鹿砦相接，兵与兵相呼应，将与将相牵连，有如天堑，易守难攻。

“果如此，用炮火重点攻击鹿砦即可。”李定国啐一口，道:“目下衡城如困兽之斗，倾而不倒，裂而不圮，何也?”

邓紫鎏道:“此与衡城酷吏严律有关。”他禀道:衡州守军实行双重指挥，一端为桂王朱常瀛，因朱常瀛重病在身，主要是其三子朱由榱和四子朱由榔负责，尤以朱由榔最勤;另一端是湖广巡抚刘熙祚，节制岳州、长沙、衡州之兵，衡州知府罗亦籭倾力佐之。刘熙祚和罗亦籭需及时向桂王府禀报战况，不得有误。桂王府严令守城将士:五更三点，营垒中将士全部起床，着三分之一兵卒值墙一次;定更之前，再着三分之一兵卒轮换;夜间再着派余下一成兵卒值墙唱更。有些地段，如城西守将左书臣，在此令之上再加码，将士少有休整，危疲几近极限。

张献忠听到左书臣之名，右眼白球突出，本来要多问一句左书臣的情况，但因为刚才把衡州总兵都骂成一个“球”，再问左书臣，未免太在意他、抬举他了，于是问道:“城内百姓如何?民众不惧不怵乎?”

“非也。”邓紫鎏道:“衡州城内乱象丛生，危机四伏。‘维鹰会’四处活动。守军粮械不足，士气低落，民众人心惶惶，各自逃生。”

“那又如何?”孙可望没好气道。意思是，照你说的，只要围城，即便不攻，亦能胜利。可实际上，时间之绺往往偏向守城一方。

"小人斗胆献上一计。"邓紫銮再次向张献忠作揖道:"大帅在继续强攻之余,亦可偷袭,比如在五更或定更轮岗之际,派一尖刀队,飞速偷袭,越墙而入。此若得手,余者,势如破竹。此为其一。"

"尚有其二乎?"张献忠似乎有了兴趣。

"其二,可派四队人马分列东西南北四座城门前,擂鼓示威,只骂不攻,尽天下之毒语咒语,利箭般飞入城墙内,致将士离心,庶民胆寒,城内之序,分崩离析,如此,攻之即溃矣。"

"尚有乎?"刘文秀催道,他对"动口不动手"存疑。

"其三,是攻心战。"邓紫銮道:"此与计二相似,即印发大量传单,射入城内,恩威并重,震暴安良,定有奇效。"

张献忠面无表情,看着邓紫銮,示意他说下去。

"其四,"邓紫銮忽然停了下来,脸上抽搐了一下。他犹豫了一下,最终还是讲了:"这是最后、亦是最行之有效的办法,听说大帅已在准备了。"

"说说看。"张献忠似乎猜到了什么。

"就是抓一批百姓做人质,"邓紫銮紧张地瞟了张献忠一眼,道:"用刀枪押着他们站在攻城兵卒最前排,步步逼近城门……"

众将领闻之默然。张献忠不愠不怒。营帐内静寂无声。邓紫銮有些害怕。

忽然,张献忠大笑起来,道:"诸位都听清了吗?衡州知府邓大人果然有些学问。哈哈哈!"他特地没有在"衡州知府"前加一个"前"字,表示他对邓紫銮的献计有些赏识。毕竟,刚才四个干儿子,都没有提出具体的措施和战术,都是耍嘴皮子,没有实质性内容。

"惭愧!惭愧!"邓紫銮大汗淋淋地走出营帐,长出一口气。

张献忠勉励了邓紫銮一番,赏他一把青龙宝剑,然后专门派了四名护卫化装成衡州百姓，暗中护送他悄悄回城。

邓紫銮冒着生命危险出城，来到张献忠营帐邀功禀报，表面上得到了张献忠的勉励和赏赐，实际上，他的计策与谍情都在"老鹰"的掌握中。透过"老鹰"这条眼线，张献忠早已获悉"维鹰会"活动及城内相关情况，但他仍然需要邓紫銮这样的人来效忠。真正的攻城战并不如"老鹰"或邓紫銮等所想象的那样简单。所献计策，"老鹰"早已奏报过，之所以迟迟未动，是考虑这些计策可能有效，亦可能无效。特别是人质问题，张献忠虽能明白其效果，但勇士之所以称为勇士，就在于不拿弱者当盾牌。当然，战局的变化随时会将理性、道德和人性摧毁，战争的残酷正在于此。

尤其值得一提的是，张献忠生性多疑。他从未见过"老鹰"，更没有派遣什么人先期来到衡州与其接头，组成什么"维鹰会"。他明白"老鹰"之所以打出张献忠的旗号，是因为他需要张献忠的号召力。而张献忠之所以不戳破他的鬼把戏，是因为张献忠的确需要这样的内线。至于他对这条内线有多大程度的依赖，完全取决于"维鹰会"本身的战果。张献忠绝不会把"宝"押在一个自立名号的黑组织上。

这一点，孙可望感受尤深，他压根就没听说过什么"维鹰会"，也知道义父有自己的打算。

从张献忠的营帐出来后，孙可望立即回到城北自己的营帐内。作为攻击北城的主将，孙可望原以为数日内就能攻破城池，但他没料到碰上了"蛮狠硬汉"叶向龙。刚才在义父营帐内，邓紫銮所献之计策，其实均在他的思虑之中，但孙可望觉得不甚光彩。所谓的骂人战，在孙可望看来，简直就是无赖行为；而攻心战，他从不认为有真正的效果，如果骂人能打赢战争，那就没有刀剑炮火了。至于人质问题，他与义父张献忠持同一态度，不到万不得已，绝不用它。因为一旦启用，胜战之后，人心未服，人血未驯，欲统治此等内心滋长仇恨之人，必定是另一场无休止的战争。以战止戈，目的还是平和。战争并不是只看结果。"至今思项羽，不肯过江东。"讲的就是人的情义、尊严与价值，英雄项羽不认可"成王败寇"。孙可望曾与李定国讨论过刘邦与项羽之成败。在李定国看来，"寇心者"即便成了王依然是草寇。项羽可能是战场上的失败者，但他却是人格上的胜利者。战争如果不择手段，那就胜之不武。这也是项羽为什么设了鸿门宴却又放刘邦归去的原因。而这，也正是后人怀念项羽的人格、胸襟和精神气质之所在。孙可望对此颇为认同。他虽然杀人如麻，但他希望的战争是两军对垒，放马厮杀，光明磊落，轰轰烈烈，而不是暗中放箭，频施损招。战争比的是勇与谋，其最高境界是，即便是你的死对头，也佩服你的勇与谋，最终输了，也心悦诚服。

孙可望回营帐后，一门心思还是放在正面进攻和风暴打击上，他重新集结编队，将兵卒分得更细，按所持兵械分为刺兵队、勾兵队、馋兵队、砍兵队、铲兵队、叉兵队、镜兵队、笑兵队、箭弩队以及火器队共十个大队。刺兵队所持兵器主要是四角枪、箭形枪、曲刀枪、焰形枪、标枪等长柄铁枪；勾兵队所持兵器主要是铁钩枪、钩镰枪等长柄枪刀；馋兵队主要使用龙刀枪；砍兵队主要持有长刀、腰刀、铁钩枪、龙刀枪、钩镰刀等刀具；铲兵队主要兵器为月牙铲；叉兵队最重要的兵器为马叉；镜兵队最重要的兵器为枪头齿翼月牙镜；笑兵队大多配有狼牙笑；箭弩队除了箭弩外，还持有铜瓜、铁标枪、短柄三叉等；火器队除了火炮外，还有梨花枪、戟形短枪、二节铁鞭等。

不仅如此，孙可望部还有数量庞大、凶勇剽悍的骑兵，只是南方路途曲折，山凸丘耸，沟壑相连，骑兵的威力远不如平原那般令人生畏。张献忠令大部分骑兵在岳州、长沙一带休整，只有一支轻骑随大西军南下。即便如此，在攻城最为激烈的时候，有这样一支轻骑兵冲锋在前，由此产生的速度和战斗力显然是可以给战局带来决定性转变的。

孙可望按照自己的想法，发动了新的集中攻击。

然而，孙可望的这些想法与攻击，在"蛮狠硬汉"叶向龙这里并不奏效，至少暂时是这样的。在叶向龙看来，打仗最关键的是靠锐气和智慧。武器固然是重头戏，但武器是由人使用的。勇武者可以将劣势武器变成优势武器，胆怯者可以将优势武器变成劣势武器。

叶向龙清楚地意识到，眼下他在武器和兵力方面都占劣势，这是不可改变的事实，如何将有限的武器和有限的兵员发挥最大的效用，这就要看主将的排兵布阵以及用兵的策略与智慧。

天色渐渐暗下来。北城外，旌旗飘飘，号角阵阵。孙可望的攻击一波紧跟一波，黑压压的人群，像翻滚的乌云，铺天盖地逼近城门，怒吼声，呐喊声，枪炮声，箭矢发出的"嗖嗖"声，形成强大的声音流，似要将衡州守军的耳膜震裂。

四

战争的残酷极大地摧残人性。明明有违人伦、人性之事，可在极限之下，你也不得不为。

叶向龙看着城楼下激战的情形，一个大胆的念头在他脑海里形成。他下令把死掉的兵卒尸体全部抬了过来，用其中一半的尸体堆成一个高台，另一半的尸体装进五辆马车和五辆牛车里，每辆马车由三匹马拉车，每辆牛车由两头牛拉车。叶向龙命人在拉车的牛马身上统统泼上油，又将车内的尸体也一律浇上油。这战术确实恶心，有些下作，但危急时刻，他顾不上别的了。叶向龙内心有一个强大的声音在喊叫：这些尸体就是一个个强大的阴兵，他们本已牺牲，为了城中的父老乡亲，他们还要同活着的战士一起，再次冲锋陷阵。

"罪过，罪过，待我血洒疆场、魂归天国时，一定向众位阴兵敬酒谢罪。"叶向龙紧握刀柄，仰望苍天，喃喃自语。

"进攻！"随着叶向龙的一声大吼，二十名火枪手和二十名箭弩手轮番冲到尸体高台上，先是火枪手们的一排集中射击，接着是箭弩手的一排精准射击，然后向马车牛车以及车内的尸体上点火，突然打开城门，五辆马车和五辆牛车疯了一般，带着熊熊的火焰，不要命地朝着黑压压的大西军冲了过去，没有任何规则和方向，被烧着的牛马在火焰中狂奔，一具具着火的尸体从车辆上弹跳出来，像一枚枚炸弹投入大海，大西军阵营大乱，死伤无数。

孙可望万万没有想到叶向龙会使用如此"下三滥"战法，他又恨又怕，立即命令队伍撤回。暮色中，惊恐未定的大西军已经退到主战场之外的农田里，烟雾笼罩下的北城区，风吹来一股浓浓的腥味，竖立高处的大纛旗上，"张"字帅旗依稀可见。孙可望咬牙切齿，回到营帐内，清点死伤人数，部署新的力量，随时准备再次冲杀。

与此同时，在城南，战争已达空前惨烈，枪炮声、呐喊声和怒吼声没有消停一刻。鲜血，呻吟，尸体，残肢，断腿，苍蝇，野狗。生命如此没有尊严，死亡如此迅速而真实，生命的价值与意义，在这里，一文不值。一个个鲜活的生命，像含苞的花蕾，还来不及开放，就一一凋谢了。他们，无论是攻城者还是守城者，他们丢下自己的尸体，仿佛这是他们留在这个世界上的拖累。他们连一个名字都不曾留下。而曾几何时，他们的父母亦曾视他们为心肝宝贝，并不是战场上的这番模样，他们以及他们的家人都没想过他们的生命竟然如灰尘一般轻浮而无影啊。

黎明时分，李定国下令所部对衡州城南展开激烈的进攻。

城南大门由刘熙祚坐镇指挥，三王爷朱由榭和四王爷朱由榔亦两番临阵巡视，朱由榔还张弓搭箭，当着众将士向敌阵怒射一箭，以此提振士气。

战事持续数日，双方死伤无数，尤以大西军死伤更多。

李定国不甘心失败，集中兵力，一次次向城门冲击。刘熙祚所部武器颇为先进，不少枪炮是朝廷学西式所造，威力倍增。面对李定国的强攻，刘熙祚还以颜色，他命令炮兵发射各种火器，一条条火龙飞向敌阵，狠狠打击了大西军。战斗打得激烈的时候，城上的火炮、箭矢和滚石就像雨点一样地发射出去，大西军每进一步，都异常艰难。

但李定国不为所动，依然下令强攻，一次又一次，带着攻城器械，前一队倒下去，后一队又跟了上来，企图"凿城"而入。

然而，顽强的衡州守军，头顶挡箭牌，身着护身袄，冒着飞来的箭矢石火，奋起抵抗。

刘熙祚明白，大西军试图速战速决，因为时间越长，他们的消耗就会越大，他们的士气也就越受挫。守军以时间换僵持，以耐心换胜利。因此，他命令炮手们不要轻易发炮，而一旦发炮，必集中一致，攻击敌军最密集的中心部位，只要大量损伤其将士，守城就能有希望。由于战术贯彻到位，每次炮声响起，只见烟火腾空而起，大西军明明快要冲到城门下，却是血肉横飞，大片大片地倒下去了。

就这样，李定国一次又一次进攻，被刘熙祚一次又一次击溃。

与城北孙可望和城南李定国不同，刘文秀攻城东，采取"暴徒横飞"方式，即以猛烈的火炮开头，紧接着弓箭手齐射，最后是持流星锤和飞钩的步兵发起冲击。

跟刘文秀对阵的城东守军主将是衡州知府罗亦簏，他的兵卒所持器械比较混杂，但实力不俗，他们既有枪、炮、地雷三种火器，又有长枪和短枪等火枪，还有青铜和铁制两型大炮十四门，其中青铜制的有短体大口和长体小口各两门，铁制的大炮较多，共有双耳柄炮、凸腹炮、多箍侯尾炮、宽箍厚膛炮、米袋形神烟炮等五种共十门大炮。应该说，罗亦篱最重要的火器是二百余枚"万人敌"。

所谓"万人敌"，类似一种烈性炸药包，用宿干空中泥团作炮身，上留一小眼，内筑火药，掺入毒火、神火。贯入药安好引信后，外以木架匡围。一旦敌军攻城，点燃引信，抛掷城下。火力出腾，八面旋转，威力无比。

刘文秀最怕的就是这种"万人敌"，多次吃亏上当。尽管如此，罗亦篱手中的"万人敌"远未发挥其应有的威慑力和阻吓力。原因在于，官府工匠偷工减料，火药不纯，局疏查验，草率交付营库，致使罗亦篱轻易不敢动用。尤其是关键时刻，更加小心谨慎，而一旦发炮而威力不够，则守城溃矣。

当天晚上，衡州城东西南北四个方向都进行了多次的攻击与反攻击，没有人知道死伤多少兵卒。只知道到处是火光，到处是烟雾，到处是哭声，到处是喊叫。

翌日上午九时，罗亦篱又组织了一次有力的反击。

刘文秀命令大西军用各种办法攻城，炮火和箭矢像飞蝗般地越过城墙，一批又一批兵卒不顾一切地往前冲。

守城将士十分焦急，希望罗亦篱下令还击。但罗亦篱沉着不语，目光紧紧盯着大西军前方的"张"字大旗，直到刘文秀率部蜂拥到不足三十米远的地方时，罗亦篱怒吼一声："开炮！放箭！"霎时间枪炮震天，马箭、令箭、球箭、响箭、步箭、穿耳箭等，箭矢如雨，大西军像刈割的稻草，一层一层倒了下去。

就在此时，城门突然打开，罗亦篱属下一名检校高举旌旗，率领一支百人队伍，暴风一般怒冲过去。两军混战，那名检校抡起大砍刀，冲在队伍最前面，左右砍杀，锐不可当。后面的数十人朝四个方向分头冲击。

罗亦篦立在城墙上大吃一惊：天啦，那不是白天坡吗？岂能如此以卵击石、舍生忘死？他立即擂响退兵鼓声。

然而，白天坡他们哪里听得见？或者说，他们听见了，也充耳不闻，只是挥刀砍杀，毫无迟疑，义无反顾。很快，成千上万的大西军刹那间肢解了这一支不要命的队伍，没有一人冲出重围，返回城中。犹如一个旋涡，在茫茫的风暴中，卷起几朵浪花，而后复归于静寂。

"壮哉！白检校！"罗亦篦怒吼一声，向空中连射三箭，为白天坡等数十名殉难者祭行。

罗亦篦了解到，白天坡先祖名白玉，原籍陕西延安府保安县，因跟随徐国公征战立下战功，被封为千户侯，于明洪武三年调防到衡州，其后在此生生不息，白家成为当地望族。

记得张献忠攻城前，罗亦篦曾组织动员大会，白天坡当时所言"弃医从戎，不是为死，而是为生"，曾引起罗亦篦不悦，还以为他是"胆怯者"。事实上，这是一个行动大于言语、敢于慷慨赴难的热血汉子。在双方交战的关键时候，他抱定必死之心，做出了"风萧萧兮易水寒，壮士一去兮不复返"的壮举。

眼前这悲壮的一幕，怎不叫罗亦篦心如刀绞，痛苦万分？

时值秋天，当黄风夹着沙尘刮到白天坡脸上的时候，流出的血已经凝固了，变得发黑。身边躺着一具又一具尸体，分不清谁是谁，亦分不清是大西军还是衡州守军。太阳停在空中，大地肃穆，衡城巍峨。没有人知道白天坡冲出城去的那一刻，他心里想的是什么。因为这次突击，连罗亦篦都不知道。如果罗亦篦知道，一定不会让他以这种惨烈的方式报国。都说杀身成仁，他成"仁"了吗？都说以战止戈，战争停下了吗？

他不会回答，亦不用回答了。他只是千千万万死去者中的一员，迟早是死，不如按照特殊的方式交出自己的生命。没有谁怜悯，他毋需别人怜悯。他的脸孔苍白而平静，甚至流露出一丝安详的笑容。他的右手还握着砍刀，刀口卷起，刀刃上还留着血污；他的左手已被砍断，手指紧握着旌旗的一角，旌旗上浸泡的血已经变黑。他的额头被削去大半，鼻孔以上部位赫然不见，像一个没有长大的西瓜被人踩裂了，一堆血块堆在削去的额头上，几根青丝，被风吹起，就像枯萎的野草一样，那么孤独，那么凄凉。几只贪婪的苍蝇正围着他的额头盘旋，飞起又落下，落下又飞起，似乎他的血太咸，不宜吮吸。远远地，一只野狗，瞪着猩红的眼睛，淌着长长的口水，漫不经心地朝这边走来。

忽然，一片乌云飘过，正好遮住阳光，似乎连乌云都不忍多看一下这人间的惨状……

五

王夫之与姜善棋逃出桂王府，在马车上发现有人跟踪，却未知跟踪者是谁。他们跳车逃走，抓住负有重要谍情的马衿升，并与王介之和邹统鲁等会合，亦算是不幸中的万幸。

让王夫之万万想不到的是：劫持郭衮冕与姜思琴的是三名"维鹰会"成员，为首的是樊志高，郭衮冕认识他。原是街头行乞的家伙，后来又在尚德客栈见过。另外两人并非邓澄忠与邓澄诚，他们穿着黑衣，竖起衣领，刻意将半边脸遮掩，不让郭衮冕看清楚。由于是皮肉伤，加之在桂王府用了一点药，被风一吹，郭衮冕的头脑十分清醒。但他一动就痛，所以只能静止不动。姜思琴紧挨在他身边，她的伤势也不轻，脸上好几块青紫的伤团，眼睛也肿起来，但总的来说，比郭衮冕似好一些。她尽力将身子往右边靠，让郭衮冕枕着她的身子，躺在木凳上。马车颠簸着，摇晃着，她不断地用手搂住郭衮冕的头部，以减轻他的疼痛。

樊志高和另外两名黑衣人从劫持此车后就一言不发。

郭衮冕努力侧着身，向后瞥了一眼樊志高，只见他面色肃然，神情严峻，似乎犯了什么错误，又似乎在思考什么问题。对于郭衮冕而言，王夫之带着姜善棋离开了，这让他感到很欣慰，而姜思琴在他身边，亦让他感觉踏实。郭衮冕感到最对不起的是王夫之，让他卷入这个诡秘的组织，不知道接下来会发生什么。

"到了。"终于，樊志高说话了，他冷冰冰地吩咐两名黑衣人道："把衮冕先生抬上去。"

郭衮冕被带到一座古楼。两名黑衣人依令抬着郭衮冕，樊志高试图搀扶姜思琴，但被拒绝了。樊志高"哼"了一声，冷冷地看了姜思琴一眼，不再管她，自己走上阁楼。姜思琴咬着牙，跟在后面。

这栋阁楼虽然有些年月，仍然十分精致。朱漆大门顶端悬着黑色金丝楠木匾额，有些朱漆剥落，露出暗黄的斑块，匾额上书三个大字"德雅居"，龙飞凤舞，苍劲有力。阁楼共三层，二层有飞檐伸出，顶楼飞檐更多，使得整个阁楼像亭台，呈老鹰欲飞状。通向二楼三楼的楼道由石块铺就，踏上去清凉如水。每层楼道边居然还有一木梯，想来当时的主人颇有情趣，沿石级而上，或攀木梯而上，任君选择。此刻，物是人非，木梯似乎弃用，上面落满了灰尘，亦失去了双手紧握的温度。

郭衮冕被黑衣人抬进二楼居中的一间木屋，有一张床，一张梳妆台，两把木椅。姜思琴进去后，黑衣人退了下去。

樊志高道："两位休息一下吧。"又看了看郭衮冕身边的中药包，道："我们熬好后送来。"说完，带上门把，出去了。

木屋里有一股潮湿的霉味。姜思琴用力推开吱呀的木窗，凝视窗外。

一团若有若无的雾，入侵了这座古老的阁楼，进入房间，散发出一股奇怪的味道。郭衮冕躺在床上，合上眼睛，他想象接下来可能会发生什么。姜思琴退回床沿，看着脸色苍白的郭衮冕，一言不发。这破旧的阁楼，慢慢被岁月打磨得亦如她与他，曾经那样的美好，因为命运不济，留下痛苦和沧桑，更留下一层神秘的痕迹。她不愿回首过往的一切。她只是一个女子，尽管有才情，有容貌，那又怎样？她既无法保护父母，亦无法保护家庭，甚至无法全身心地属于她的夫君。这是她的错吗？每念及此，她只是深深地叹一口气。

"喵"的一声，姜思琴吓了一跳。房内居然有一只杂斑老花猫，蜷缩在屋子里的一角，瘦得身子都快空了，却还努力地活着。它正瞪着大眼睛望着姜思琴，仿佛她打扰了它。"它的主人呢？它为什么饿成这个样子还不逃走？"姜思琴这样一想，突然有些惊悚，像是触及了自己某个隐秘的地方，带来一丝刺痛的感觉。即便是白天，屋子里也点着一支蜡烛，微弱的光一丝一缕，飘摇不定，散发一片暗黄，令人感到恐惧。

这时，门无声地开了。樊志高走了进来，右手提着一个壶和两个小碗，左手端着一竹篮吃食，对姜思琴道："你先吃点东西。再喂衮冕先生也吃点东西。"樊志高的语调依旧冷冰冰的，像是命令，又像是请求。

"这是哪里？"郭衮冕忍不住，吃力地问道："为什么带我们来这里？"

突然，一声嚎叫，似从隔壁房间传来。接着就听见一顿棒棍声和一阵阵惨叫声。郭衮冕和姜思琴吓得毛骨悚然。

"谁在隔壁，为什么如此惨叫？"郭衮冕一脸惶恐，问道。

樊志高仿佛没有听见隔壁的动静，他对郭衮冕的问话也不吱声。他一丝不苟地拿着碗，从壶里倒出一些药汤，道："这是'老鹰'特地调剂并亲自煎熬的药汤，一会儿，他会来看望二位。"

"啊？'老鹰'？'老鹰'会来看我们？"郭衮冕感到吃惊，道："这是他煎熬的药汤？"

姜思琴也瞪大眼睛。她不断地听到"老鹰"的名字，每一次，都跟坏消息、恐怖的事情联系在一起。特别是那一封信，那封在桂王府里差点要了她的夫君和王夫之先生性命的信，害得大家好惨。这究竟是一个什么样的人？他为什么要栽赃咱们，特别是一再栽赃王夫之先生，意图何在？

郭衮冕被扶起来，靠在床背上。他颤抖着端起樊志高递过来的药汤，闻到一股苦香味，一闭眼，将药汤喝了下去，感觉有一种火烫般的感觉从喉咙直冲入胃。他深深吸了一口气，道："为什么不煎熬桂王府的药？"

"这是'老鹰'的一番好意。"樊志高冷冷道："衮冕先生不要不识抬举。"

姜思琴也把药汤服下，脸上出现扭曲的表情，一丝香汗渗出来。她极力喘着气，张开口，让那股药味慢慢平息下来。很奇怪，药汤入胃后，虽然辣，虽然烫，但一会儿就感觉舒服起来，仿佛有一股热流沿着身体的神经末梢，来抚摸各个疼痛部位。

很明显，郭衮冕也觉得药汤不错，见效了。他放下心来，下意识地道了声："谢谢"。

"道谢倒是不必。"忽然，门外进来一位老者，声音似曾相识。

郭衮冕一看，天啊，这不是那位与夫之兄等人舌战的老乞丐吗？他不是死了吗？郭衮冕看着老者，道："你就是'老鹰'？你不是那位从北南逃的老乞丐？"

"哈哈哈！"老者望着郭衮冕，也不生气，道："做老乞丐比做'老鹰'

自在多了。”

姜思琴见两人似乎认识，顿时困惑起来。他俩在说什么？夫君为何认识此人？

"衮冕先生，你看起来好多了。"老者望了姜思琴一眼，对郭衮冕道："这位就是令正吧？"

郭衮冕点点头，道："这是内人姜思琴。"

"真有艳福。哈哈哈！"老者又大笑一下，然后道："老朽姓樊，名尚铭。原本一介书生，两中黄榜，无奈世道太乱，朝廷无能，官府腐败，人心黑暗，老朽由书生变成乞丐，不是老朽之错也。"

"那你怎么变成'老鹰'，又怎么成了衡州'维鹰会'的号令者？"郭衮冕得知眼前的"老鹰"就是曾经的老乞丐时，心里顿时淡定多了。一名书生对一名乞丐，无论如何是有着心理上的优势的。

"衮冕先生，你不要得寸进尺！"樊志高一旁愠怒道："'老鹰'的今世前缘你无需知道。"

"这个自然。"郭衮冕讪讪道。姜思琴拉拉他的衣角，意思是，不用说得太多。看他们究竟要干啥？

"无妨。欲知老朽身世，以后得闲细聊。"樊尚铭道："今衮冕先生行刺桂王府，虽功败垂成，殊为可惜。然舍命之搏，其勇可嘉，其义可佩，老朽甚慰。"

郭衮冕闭上眼睛，内心其实很恨这个人。他真想质问樊尚铭：为什么令邓氏兄弟偷偷夹信于他，为什么要在信中精心设计、陷害夫之兄？而且是一再嫁祸于夫之兄，何故？当然，这些话，只能盘桓于他的脑海。他不会问，问了，人家也不会回答。既然樊尚铭这么做了，总有其理由，而且是堂而皇之的理由。

"此次虽然失手，然桂王父子及其党徒，如惊弓之鸟，来日无多。"

樊尚铭淡定道："衮冕先生听闻城外枪炮声否？改朝换代之际，大西王亟需你等衡州学子同舟共济，尤其是夫之先生之才，老朽甚为钦佩。原以为本次能够同来，没料到夫之先生竟途中溜之，不辞而别。"

"小的该死！"樊志高抽了自己一巴掌，紧张兮兮道："夫之先生何时离开马车，小的竟然不知！"

樊尚铭恶狠狠地盯了樊志高一眼，不再理他。眼见郭衮冕不吱声，樊尚铭长叹一口气，道："此次大事，得到夫之先生鼎力相助，足见衮冕先生与之情同手足，夫之先生亦算间接为'维鹰会'谋事也。倘衮冕先生伤愈后能劝夫之先生前来阁楼一晤，必乃快意之事也。"

"尚老先生就断了夫之之念吧。"郭衮冕委实忍不住了，抬起头，坦言道："'维鹰会'一再陷他于不忠不义之境地，他与贵会，必有不共戴天之仇，如此，焉能为你效力？"

"衮冕先生此言差矣。"樊尚铭道："'维鹰会'从未陷他于不忠不义之地，相反，一直为他创造机会，以便将来得到大西王之重赏。"

"王家乃衡城大户，举家一直蒙受皇恩，每每感恩图报。"郭衮冕道："在夫之先生乃至衡州书生看来，张献忠乃乱世逆贼……"

"放肆！"樊志高闻言脸色变白，冲到郭衮冕床头，就要动手，被樊尚铭厉声喝住："退下去！"

郭衮冕明白，他犯忌了，樊尚铭亦生气了。

果然，樊尚铭回头对郭衮冕道："老朽对有用之人一向以礼相待。衮冕先生、夫之先生等衡州学子就是有用之人，故而不忍以无用者视之。"停了一下，樊尚铭忽地阴冷道："凡无用者之命，在老朽看来，亦如一堆土灰，生与死，皆无趣。"言毕，朝外面喝一声："带进来！"

两名黑衣人将一名满脸是血的中年男子带了进来。

这位男子就是隔壁发出惨叫的人，已经不省人事，昏倒在地，眼睛翻白，嘴里吐出白沫。

樊尚铭冷冷道："衰冕先生，你认为此等无用者，其心是红的还是黑的？"

姜思琴突然意识到"老鹰"要做什么了，吓得连忙捂着郭衰冕的嘴，浑身发抖地乞求道："你不说话行不行？"

郭衰冕虽然胆战心惊，但仍忍不住道："谁的心不是红的？"

"错了。"樊尚铭露出一丝得意，道："老朽觉得他的心是黑的。"他转身对黑衣人道："快将此人的心拿给衰冕先生验证。"

"啊？"郭衰冕顿时呆住了。

大约一盏茶的工夫，一个黑衣人捧着血淋淋的心走了进来。

樊尚铭道："衰冕先生，你看这心脏是红的还是黑的？"

郭衰冕和姜思琴紧闭着眼睛，再也不敢吱声。这才是真正的"老鹰"。郭衰冕不敢想象，好歹也是一介书生，他怎么变得如此残暴？这究竟是人性使然还是环境所逼、境遇所致？一个人视生命如草芥，还有什么不能为？

"这就是无用者的下场。"樊尚铭冷冷道："盼衰冕先生转告夫之先生并衡州诸位学子，望你们均做有用之人。"停了停，他加重语气道："否则，休怪老朽无情！"

"禀报'老鹰'！"

突然，门外一声叫喊，黑衣人打开门。

邓澄忠、邓澄诚两兄弟一前一后，慌慌张张走进来，见到郭衰冕，欲言又止。

樊尚铭"哼"一声，道："但说无妨。"

"马衿升不见了。"邓澄忠低声而又惶恐道。

樊尚铭闻言，脸色骤然变了，道："何故？"

邓澄忠不知所措。邓澄诚凑上道："经多方打探、跟踪，马衿升可能隐藏于尚德客栈。在下已经作了布控。"

姜思琴一听尚德客栈，立即警觉起来。

樊尚铭斥了一句"真是一帮酒囊饭袋！"说罢，拂袖而去。

第十三章　匹夫之责

一

炮声隆隆，火光冲天。衡州城东西南北四个方向都处在紧张的激战中。城内一片混乱，不时有爆炸声传出。喊叫声，哭泣声，咒骂声，呵斥声，马蹄声，车辆声，杂糅一起，来来去去的人，急哄哄的，蚂蚁一样，四处乱窜，可哪里是安静之地？

"吁！——"邹统鲁叫了一声，尚德客栈到了。

王夫之率先从马车上跳下来，他与王介之一起，把马衿升搬下车。

邹统鲁搀扶着姜善棋，快速走进尚德客栈，说道："善棋你自个儿将息。统鲁还需赶车矣。"

"啊？棋姐，你回来了？"曹伯实正在柜前忙碌，见到姜善棋，吃惊道。

姜善棋更是吃惊："伯实怎么在此？晓书亦在此乎？"

"城门失火，殃及池鱼。衡州战事如此，耒阳岂有太平？客栈无生意，关门大吉。因惦念着姐姐，就与伯实来了。"姜晓书闻讯过来，见到姐姐，忙道："啊，棋姐你怎么了？"

王夫之进门见到曹伯实和姜晓书，亦是大惊道："伯实兄与书妹何时到达衡城？太危险了！"

"此等乱世，谁还顾及危险？人人尽绵薄之力以纾乱，当幸矣。"

曹伯实苦笑一下，叹道："天下之大，却无立锥之地；战火之惨，危及万千百姓。谁能置身事外？"

"画妹来到衡城后，我们放心不下，关掉耒阳客栈，随即赶了过来。"姜晓书补充道。

王夫之感慨万千，他盯着姜晓书，说道："晓妹变成了嫂夫人，可喜可贺。然未曾喝上喜酒，终是遗憾。"然后，他转向曹伯实，叹道："伯实兄原本可以不来赶乱，至少能多过一段宁静日子。"

"伯实身为耒阳主簿，若明哲保身，不来衡城蹈火，别人亦无异议。"曹伯实坦言道："苟如此，书生大义何在？"

"诚则斯言。"王介之从后面上来，赞道："伯实兄，真丈夫也。"

曹伯实见到后面的王介之，他正与王夫之抬着一个人，大惊道："介之兄亦在奔波？此为谁人，劳兄如此，快快抬入二楼医房。"曹伯实边说边替下王介之，抬着马衿升，一起送入二楼一个三人间。

王夫之看了看里面，摇摇头，道："不可，应入单房。"他拉着曹伯实到一旁，低声道："此为'维鹰会'骨干成员马衿升，伤势甚重，须严加看守，重点医治。"

"啊？此人乃'耒阳剥人皮者'马衿升？此孽种恶贯满盈，早传暴病猝死竟未死？"曹伯实目瞪口呆，他听妻子姜晓书说过这个仇人，遂讷讷道："他是'维鹰会'骨干成员？需重点救他？"

王夫之点点头，十分镇定。曹伯实见此，长叹一口气，忧心忡忡道："此牲畜乃姜家之刻骨仇人，何能安抚四姐妹？"

"善棋已知，已作安抚。你暂且勿告晓书与若画。"王夫之低声道："世上恩将仇报者多，以德报怨者寥。然勿论多少，均系人为。国有大小之别，事有轻重之分。倘晓书、若画偶或知之，你且晓以大义，抚慰创痛，虽重揭其伤，情锥其心，但此人事关重大，你得见机行事，不要激怒书、画二妹，息事宁人可也。"

"好。伯实去腾出一间房来。"曹伯实当然明白，他立即去了。

这时，姜晓书快步走来，王夫之示意王介之赶紧将马衿升背上，跟着曹伯实往前去。然后王夫之立定，对一脸倦容的姜晓书说道："是该叫晓妹还是叫嫂夫人？"

"夫之哥如果呼晓妹为嫂夫人，就见外了。"姜晓书道："姨父和姨妈都还好乎？刚才见过介之哥，参之哥也还好乎？许久未见，时时惦念。盼战火快快消停，我们姐妹均去王衙坪看望姨父姨妈。"

"书妹若早早告知两位姐姐在尚德客栈就好了。"王夫之心想，姜晓书早就知道两个姐姐在这里谋生，但一直没有透露给他。姜家前世积了厚德，这琴棋书画四姐妹个个出落得花朵一般，水灵灵的，聪明伶俐，知书达理。衮冕兄、伯实兄真是好命，分别娶了琴姐和书妹。而一想到郭衮冕，王夫之自然想到姜思琴，进而想到了桂王府里那些乱七八糟的事情，衮冕兄和琴姐现在哪里，均安好乎？

"书妹到尚德客栈这段时间里，日日忙碌。一有空，画妹就提起夫之哥，还有介之哥与参之哥，说起种种，又念起王衙坪的姨父姨妈。唉。"姜晓书见王夫之沉默，便道："画妹说，以前总觉得王家三位哥哥学问深，名气大，有点高高在上，难以接近，可与夫之哥相处后，感觉挺实在，没架子。"

"有啥架子？王家三兄弟都是你们的哥哥。"王夫之道："对了，画妹呢，她现在哪？这么多伤员，我去看看吧。"

"夫之哥，别担心。好多衡州学长都在。"姜晓书道："子参先生，时求先生，之勇先生都常来帮忙；统鲁先生更不用说，常常从前线拉来伤员，又将治好伤的兵卒送上前线，都是他在张罗。"

"啊，真的？他们都来了，太好了。"王夫之感到有些意外，也有些感动。心想，这才是真正的书生，这才是衡州学子。"他们现在还在吗？李国相来过吗？对了，还有夏汝弼，他还是医士呢。"

"来过，都来过。"姜晓书道："国相先生来得最勤，而汝弼先生则天天在此。他身子本就虚弱，见了伤者就停不下来，拼命三郎一般，累得都吃不下什么东西，看了真是心疼。"姜晓书在前面带路，边走边说，眼泪都快流出来了。"我带你去看看。"

从二楼下来，拐一个弯，有一个后门，姜晓书轻轻打开，眼前的一幕，让王夫之顿时惊呆了：竟然有数十位伤员安排在此，密密麻麻的，全是人头，几名医士、医女和药工在埋头忙碌。不断有人呻吟，不断有人喊叫。空气中有一股湿湿的热气，混杂着血腥味、汗臭味和人体器官腐烂刺鼻的异味。

"这里原是一块平地，主要是作为晾晒被单和堆放杂物之用的。"姜晓书道："因来的伤员越来越多，房间早就挤满了，没办法，国相先生建议在此搭个医棚，有了此处，总比搁在马路上强些。"

"给我一块药棉。"一个医女模样的人扎个头巾，正大声叫道。姜晓书立即递去一块药棉，道："画妹，你看谁来了？"

王夫之凑近一看，啊？竟然是姜若画。只见她头发凌乱，眼睛通红，一脸疲惫。"画妹，辛苦了。"

姜若画冲王夫之看了一眼，点点头，顾不上言说。只见她用力解开一个士兵身上绑着的绳子，这个士兵嘶哑地喊了声："痛死了，杀了我吧"，几根扎在肉里的羽箭被姜若画细心地拔了出来，其中一支箭带着一个小勾，拔出来时，将一块肉也撕了下来。姜若画熟练地用药棉小心翼翼地擦洗伤口，擦毕，敷上一点药，包扎好。

王夫之很震撼：短短数日，画妹完全变了样。他不由想到：当你天天面对炮火、血液、人体器官和死亡时，你就不再胆小、懦弱、无助，

416

你学会活着，继续成长，变得强大。

姜若画终于直起身子，望着王夫之，说道："夫之哥，这些杂活，乃画妹跟着汝弼先生学的，画妹人笨，还得多做，往后会越来越好。"

王夫之由衷赞道："了不起！画妹看起来像个大夫了。"

姜若画摇摇头，继续忙去了。这些杂活不仅需用心，还得费力。姜若画弄得满头大汗，她既心疼这个年龄跟她相仿的士兵，又担心不把箭头拔出来会更加麻烦和危险。幸亏这个小士兵十分勇敢，虽然痛得难忍，仍然用眼神极力鼓励姜若画把带钩的箭拔出来。也许姜若画的美丽和温柔能够让小士兵减少一丝痛苦。他一直盯着姜若画那美丽的脸蛋看，强抑身体的痛苦，脸色十分平静。

姜若画清理完并包扎好这个士兵的伤口后，小士兵忍不住说了一声："小姐姐，谢谢你。"

"不用。"姜若画本欲笑笑，可鼻子一酸，她来不及伤感，喘一口气，又走到一名中年汉子的身边。

"若画小姐姐，你总算来了。"中年汉子学着那个小士兵的语气，道："刚才医治的那个小士兵叫小顺子，打仗拼得命，流血不流泪。可是，面对若画小姐姐，他偷偷哭了。"

王夫之闻言，朝小顺子望去，发现他肩膀正在抽动，真的哭了。

"若画小姐姐，不用怕，你把我的箭头快快取出。"这名中年汉子是个百户小官，姓姜，一起来的伤兵大多认识他，叫他姜百户。

姜若画轻轻解开姜百户身上的铠甲，发现有两支羽箭深深扎进他的体内。姜若画先用大剪刀剪去肉体外面的箭杆，再把厚厚的铠甲脱下来，王夫之站在一旁帮忙。姜若画用小刀小心翼翼将深入体内的箭头慢慢拔出来，鲜血从两处深浅不一的伤口流出，几乎淋满了姜百户的整个身躯。在姜若画用小刀切割箭头围边的腐肉和鲜肉时，姜百户紧咬着牙，一声不哼，苍白安静的脸上甚至露出一丝轻易觉察不到的笑容。

终于做完了，姜百户忽然睁开眼睛，说道："知晓不？我有一个儿子，叫燕吉，人有点傻，但很可爱；我还有一个女儿，叫百合，很美，跟若画小姐姐一般大，心也很善。"

说到这里，姜百户停了一下，努力抬起头，看了看王夫之，又看了看姜若画，接着费劲地说："我看到若画小姐姐，就像看着自己的女儿一样，所以感觉不到疼痛了。"

姜若画极力咬住嘴唇，不吱声。

"知晓不？我希望不要死在战场。傻儿子在家等着我去照顾，漂亮女儿还等着我送她出嫁。"

姜百户看了姜若画一眼，立即扭过头去，默默地望着窗外，随即又喃喃地重复了一遍："真的，我希望不要死在战场。傻儿子在家等着我去照顾，漂亮女儿还等着我送她出嫁。"

姜若画一听，再也忍不住，眼泪"唰"地流了下来。

看着这一幕，王夫之好生感动。他将铠甲轻轻盖在姜百户身上，又轻轻拍了拍他的肩膀，什么话都说不出来。

二

"夫之兄！夫之兄！"

突然，王夫之听到有人在尖声叫他。他抬头一看，怔住了："纯熙？是你，你怎么来了？"

张纯熙头发凌乱，一脸血渍，他告诉王夫之，那天，他拿着孙可望交给他的张献忠的密令，四处寻找朱归孺，可找遍了全衡州，也没见着。后来他禁不住好奇，便悄悄打开那张密令，结果令他惊呆了：所谓密令，竟是一张白纸。显然，孙可望只是用这种方式戏弄他、侮辱他，根本没觉得他有什么利用价值。张纯熙将白纸撕掉后，失声痛哭起来。

张纯熙告诉王夫之，在衡州知府大堂前，他碰上黄真川先生。朱归孺失踪后，他被任命为衡州同知。

"啊？黄先生成了衡州同知？"王夫之血液直涌，颤声道。

王夫之忽地忆起黄真川先生的一次大哭。

当时，黄真川先生正在给衡州学子上诗课，以杜甫的《春望》为例。他领着大家一字一句诵读："国破山河在，城春草木深。感时花溅泪，恨别鸟惊心。"读到这里，他有些哽咽，停了下来，故作轻松地嘀咕一句："子美写诗，咬牙切齿，不如太白率真好玩。"

见弟子无一人发笑，遂回归肃然，继续领读："烽火连三月，家书抵万金。白头搔更短，浑欲不胜簪。"读完，黄真川先生长叹一气，说了一句："此诗字字沉着，句句血泪，意境直逼离骚之阔。"然后，望着大家，竟不知所措，默然良久。

此时，夏汝弼站起来，打破沉默，道：《春望》者，委实为少陵之第一等好诗。老师读诗，必定想起诗人所经天宝、至德及至大历之战乱，故而不忍卒读也。"唐克峻接话道："一纸家书抵万金。少陵此诗，胜过千诗万诗、千金万金也。"

这时，黄真川的眼睛望着窗外，面无表情，说一声："夫之，你不说说？"王夫之身子抖了一下，站起来，道："小生同意司马光之语：少陵此诗，最为得体。'山河在'，明无余物矣；'草木深'，明无人矣；花鸟，平时可娱之物，见之而泣，闻之而悲，则时可知矣……"

王夫之正说着，不知触动了黄真川先生哪根神经，他突然孩儿般地嚎啕大哭起来，无法克制，双肩急剧地耸动，像两只小小的陀螺。然后，他捂着脸，边哭边朝窗外走去。但仅仅过了片刻，他又一声不吭地走了回来，面色苍白，泪痕犹在。王夫之及众弟子皆一动不动，骇然而恸，泪水滂沱，遍地泣声。黄真川先生"咳"了一声，平静地望着众人，轻轻说道："此诗可究人格，可照魂魄。汝等读之流泪，黄某心慰矣。"

这一幕，牢牢刻入王夫之心中。此刻，听到张纯熙说黄真川先生临危受命，出任衡州同知，王夫之禁不住感慨万千。

当时情势危急，罗亦簏跑到石鼓书院找到黄真川并拿出桂王的任命书时，他并没有当即答应。黄真川的家人和朋友劝他斟酌一番，最好不要接受这个官职。一位朋友直言劝他："太平时期为官尚有可图，此番实乃提着脑袋替朝廷卖命。"岂料黄真川眼一横，道："吾岂昧于谋身哉？黄家世受国恩，今幸用我，我以家许国矣。"遂慨然前往衡州府就职。黄真川在衡州学界影响颇大，仓促之间，他散尽家财，又拼着老命化缘一些钱财，号召军民一心，拉起了一支两千人左右的队伍，分成四队，派去东西南北城门增援。他自己亲自带着一支队伍在城中巡视、整治与救伤等，尚德客栈也有十余名他的人员在忙碌着……

"黄老先生告诉我，你们在这里。我没有立即过来会合，而是冒着炮火，丧魂落魄地回到衡山。"张纯熙说到这里，眼睛突然一亮，稍稍激动起来，道："贱内胡三妹见我回到家，又惊又喜，赶紧把我拉到内屋，告诉我，有一位姓旷的先生深夜送来一个木箱，里面沉甸甸的，说是要务必送给夫之先生。贱内边说边将一便条塞给我，说是姓旷的先生留下的。"

"啊？姓旷的先生？"王夫之一惊，急道："莫不是南卿兄？他活下来了？"

张纯熙点点头，道："确是南卿兄。我看了便条得知，原来，这个木箱装的是岳麓书院吴道行山长临终前，托南卿兄转交给你的儒家经典和注本，计《春秋》《诗经》《尚书》《仪礼》《周易》《论语》《孝经》《尔雅》等抄本及注释共十五册。此乃吴山长毕生心血所凝，颇有托孤之悲怆。南卿兄字条云：战火可摧城池、毁人体，然文魂不能丢，文脉不能断。"

"吴山长，兵荒马乱，焉有读书人立足之地？此番苦心，夫之何以为报？"王夫之仰天长叹，泪流满面，他抓住张纯熙的手，颤抖地问道："快快告诉我，南卿兄现在何处？吴山长所赠木箱又在何处？"

张纯熙告诉王夫之，旷南卿在哪里，他也不知道。至于吴山长所赠木箱，他想了又想，最后送到南岳双髻峰谭玉卿家。

"谭老先生是您舅父大人，放在他处，尚可安全。"张纯熙道："我从南岳山上下来，原本要回家去。但见衡城上空，炮火隆隆，烟雾蔽日，想着你们还在城中，又想着黄真川老先生之义勇，便心头一热，不顾一切找来了，好歹我也是一名书生。"

王夫之差点要掉泪。他真没想到，黄真川先生知行合一，临危受命。而张纯熙不仅有热血，有义勇，而且还心细。他把吴道行山长所赠木箱放到舅父家，真是考虑周到。而后冒着生命危险，来到城中，找到大家，殊为不易。所谓患难见真情。王夫之甚为感动，道："纯熙兄辛苦了。请先去洗把脸，歇一会儿。"

正在这时，王夫之看到了夏汝弼，夏汝弼也看到了王夫之。两人十分默契，都不说话。夏汝弼只瞥了一眼，遂立即低下头去，忙他的事儿。王夫之走过去，道："晓书说你在此拼命。"

"唉，纵使夏某拼了命，也无济于事。"夏汝弼嘀咕一声，叹道："你看，这么小的地方，挤满这么多的伤员。夏某多动一下，伤员生存的希望就多一点。你说能忍心停下来乎？"说话时，夏汝弼正用砭石刺破一个负伤者的皮下浅表皮血管进行放血，这是一种古老的治疗方法，是夏家传下来的秘方，对治疗皮下伤特别有效。只见夏汝弼用磨制而成的尖石片切开这个负伤者胸口的一个脓包进行排脓，白白的脓与污黑的血和在一起，夏汝弼不断挤压，脓血不断往外流。

王夫之顿时闻到一种恶心的气味，但他极力忍住，没有吐出来。因为夏汝弼正在聚精会神地给伤者治疗，人家挨得更近，闻到的气味更浓，更难受。

"你在此没用，不如去给国相兄帮忙。"夏汝弼头都不抬，对王夫之道。言毕，他用薰草在伤口处慢慢灼烤，自言自语："薰草真是宝，头有创则沐，身有疡则浴，此为古训。夏家行医，多用薰草，佩带、沐浴、涂敷，尽用其极矣。"

"夫之老弟，我在这里呐！"李国相听姜晓书说王夫之来了，立即直起身来，朝夏汝弼这边挥手。

王夫之快步走过去，见李国相正在一个一个清点伤员，造册登记，主要包括姓名，籍贯，年龄，所属兵营，伤势情况等等。这事琐碎，正需要人帮忙。

李国相道："汝弼老弟那里有啥看的？一针二灸三火罐，大都如此。昨天，我帮他做了一天的什么灌肠、熏洗、引导、吹粉、通便等等，难受死了，却不能不做。"

"无论多美的生命，一旦死伤，其实都很难看。"王夫之一边帮忙，一边道："我们现在做的，就是努力保证生命的完整。"

"听说介之也来了，怎么不见他？"李国相忽然想起什么似的，问道："对了，你们从哪里来？武夷先生还有你们的家眷等，尚在王衙坪乎，都还好乎？"

"一言难尽。"王夫之摇摇头，叹道："大局混乱如斯，大厦将倾，哪里顾得上家中老小？"

"唉，委实乱得不行。这个登记也只能大致做个记号而已，很难准确。"李国相抱怨道。

王夫之扫了一眼登记册，看见上面很多内容都不全，大多记的是男是女，年龄也是估计的，如十八九岁、二十三四岁，等等。王夫之很理解，因为这些伤员，不少人根本没读过什么书，自己的名字如何写都搞不清。更重要的是，因为伤势过重，一些伤员处于昏迷或半昏迷状态，根本无法交流。

王夫之道："战争是残酷的。我们记下这些兵卒，是给予他们尊重。实际上，战争就是毁灭生命的。在战场上，生命不是花朵，是灰尘。眼泪和同情都不会让灰尘变成花朵。"王夫之试图安慰李国相。

"汝弼老弟真不容易，他硬是要把灰尘变成花朵。"李国相道。

"是啊，汝弼兄真是菩萨。"王夫之又道："战争让我认识到：原来生命的价值不在生命本身，而在什么情景，什么境遇，什么位置。"

"此话怎讲？"李国相有些不理解。

王夫之道："你看，这些将士，或死或伤，他们的价值不在于他们的将士身份，而在于他们在战争中如何展示个人的生命。如果胆小怕死，可能也会死伤，但那样的死伤，毫无意义。正如我们这些书生，如果只是在屋子里高喊精忠报国，不到前线流血流汗乃至牺牲，生命的意义也很渺小……"

"啊，夫之兄，你真在这里啊。"

突然，刘子参有些惊慌地喊道，他手里拿着一叠黄纸，急急走到王夫之身边，说道："刚才碰上统鲁兄，才知道你也没有出城，跑到这里来了。"

"出什么事了，这么惊慌？"王夫之道，"手中拿着什么？"

"你看，满城都是这些传单。"刘子参道："成沓成沓的传单，都是城外用箭射进来的。现在城里十分恐慌，大家都在自寻活路。"

"传单上都写些什么？"李国相停下手中的活计，抬头问道。

"这些登记最好不要搞了。"刘子参道:"传单上什么内容都有,有制造混乱的,说什么桂王逃跑了;有封官许愿的,说什么抵抗配合攻城者将得到高官厚禄;但最多的则是威胁和警告,说什么凡抵抗积极分子城破后将满门抄斩……你把这些伤员登记下来,一旦落到叛军手里,就是证据,他们按此抓人,株连九族,后果不堪设想。"

"呸!"李国相双目圆睁,怒道:"除非国相殉国,否则,此册怎会落到逆贼手中?"

"此招确实毒辣!"王夫之有点忧心,对刘子参道:"见到之勇和时求诸兄否?"

"他们都在衡州郡学那边。"刘子参答道:"哦,应该说,在朱啸虎的'得善楼'那边,那里伤员更多。"停了一下,又道:"我辈不比克峻兄,能够直接置身前线炮火中,在城内做点力所能及的事,亦算是尽了一份心力吧。"

"啊?克峻兄已到前线?"王夫之有些吃惊。

"克峻跟左书臣将军在一起。"刘子参道:"能够杀入敌阵,血染战袍,真羡慕他。"

"克峻兄在前线固然好,但我辈在后方救死治伤亦不易。"王夫之道:"这里同样是战场。"

"夫之所言极是。"李国相插了一句,说道:"来,继续登记。"

"那好。这里有夫之兄帮忙就行了。"刘子参对李国相道。"我去楼上看看。"说罢,掉头走了。

由于有一百多个伤员,夏汝弼和桂王府派来的一名医士与一名医女实在忙不过来,他们在第一轮巡疗时,只能给伤员拔箭、止血,大致敷上一点草药,然后给伤员手腕绑上一个颜色不同的小丝带,再把伤员按照小丝带颜色分成重伤、中伤和轻伤三等,第二轮、第三轮根据不同小丝带的颜色作出不同的治疗安排。大家随身带着的剪刀、纱布、药棉、膏贴等医疗用品完全不够用，夏汝弼不断叮嘱姜若画等人要省着用，不能浪费半点。

"汝弼老弟，这个是重伤员，可你给绑上了轻伤的丝带。"李国相登记时发现分类不对，遂大声喊道。

夏汝弼叹了一口气，自言自语道："夏某何尝不知道他是重伤员。可现在能用的药棉、纱布等实在太少，没办法，只要不是马上就要断气的，全是算作轻伤员，先抓紧处理一下。"当然这些话，李国相根本听不见。

李国相见夏汝弼没什么反应，又对姜若画大喊："若画姑娘，这个人伤势太重，我、我不知道该怎么办！"

"好，我马上过来。"姜若画答道，快速走过来，道："能治的要治，不能治的亦要设法治。"姜若画边说边走到那个重伤员身边。

李国相道："据说这是城西守将左书臣属下的一名敢死队成员，他在敌阵中奋力斩杀了五个贼寇，后连中数箭，倒在地上，拖回来时已昏厥过去。"

姜若画听了一言不发，她让王夫之帮忙，弄开重伤员身上的铠甲，骇然发现有三支箭矢分别射入腰部、背部和左胸部，且都入肉很深，每一支箭矢周围都已变黑，散发出腐臭味。不仅如此，这个伤员的臀部又中了两刀，左右大腿内侧各中一刀，浑身是血。虽说这些天见到的伤员太多，各类重伤者亦见过不少，但像该伤员这样伤痕累累，实属罕见。不过，姜若画亦没啥可怜悯的，她先是熟练地用刀尖将每个箭矢旁边的腐肉剜去，并小心翼翼地将箭头取出来。接着又检查臀部和左右大腿的刀伤，见它们化脓发黑，遂一一用刀尖将脓肉剜去，清理干净。虽血流如注，但该伤员脸色苍白，咬着牙，一声不哼。姜若画手里的纱带用完了，她二话不说，将自己的裙妆从左右手袖口处均撕下一大片，紧紧缠着重伤的伤口。当最后绑住大腿内侧的刀伤时，这名重伤员终于轻轻地"哎"了一声，姜若画这才看清他的面容，好年轻呀，最多不到十八岁，跟上次救治的小顺子差不多。

这名重伤员瞪大着眼睛，怔怔地看着姜若画，一眨也不眨，最后挣扎着咧开嘴，笑了一下。

突然，一颗豆大的泪水从姜若画脸上滑了下来。

这一幕，王夫之看在眼里，胸口隐隐作痛：苍天不佑，这原本花蕾般的生命却受到战火无情的摧残。他忍不住冲这名重伤员问道："请问尊姓大名？"

"聂、世、平。"他艰难地，一个字、一个字地吐了出来。

三

正在这时，曹伯实急匆匆地跑出来，走到夏汝弼身边，低声交谈着什么，不时朝王夫之这边望几眼。

王夫之马上意识到马衿升出事了，立刻对李国相道："国相兄，我有急事得离开，一会儿再来帮你。"言毕，也不等李国相反应，快速跑到曹伯实身边。

"怎么啦？"王夫之急忙问道。

"我跟汝弼老弟说，楼上有重伤病人，头部正在出血，请他快去看看。"曹伯实急道，"可汝弼老弟说，这里大都是重伤病人，出血的人多着，他不去。"

夏汝弼的确忙得不可开交，他身边放着三个大药箱，一个里面堆着银蓖、磁烽、通脓管、喉针、舌压、钩针、治管等器具，另一个里面放着药布、药棉、药巾、药带、药袋、药包等，以及敷、贴、吸、灌、熨等药物和器具。据说，这些药物与器具还是桂王府派的宫医带来的。桂王府总共派了六名医士和医女，其中四名在衡州郡学旧址那边，朱啸虎的"得善楼"成了临时医疗中心，至少有四百多伤员在那里接受治疗。

尚德客栈只有一百二十余名，李国相还没有登记完成。原来这里只能容纳七十余名伤员，现在客栈后门新开了一个医疗点，收进来数十名伤员，夏汝弼和王夫之等都在这里忙碌。

"汝弼兄，我们知道你特别忙也特别辛苦，但楼上病人特别重要，特别特别重要。"王夫之连说多个"特别"，并急切说道："这个重病人，身份特殊，是我和大哥刚才冒死送来的。"

夏汝弼正在用各种灸法给几名伤员治疗，一会儿拔火罐，一会儿拔管子，一会儿吸筒，忙得大汗淋漓的，一般人说话，他都懒得理睬。但王夫之如此郑重其事，反复强调，他停了下来，抬起头，看了一眼王夫之，仿佛要确定一下，眼前是不是王夫之一样。然后，他也不说话，跟着曹伯实就走。

王夫之立刻跟在后头。

夏汝弼来到二楼最里头的一个单间，见到王介之与刘子参正一左一右抓住马衿升的手。姜善棋也在一旁，她回到尚德客栈，立即找到桂王府派来的宫医，将扭伤的脚涂上药，绑上药布后，她感觉好多了，刚刚能走动了，就默默来到马衿升这里。

"介之兄好。"夏汝弼冲王介之和刘子参点点头，让他俩放开手。

马衿升突然怪笑一下，喊了一声"成功了！"然后用力去抓头上的绷带。

夏汝弼让王夫之和曹伯实按住马衿升，他查验了马衿升的头部、眼睛和脖子，撬开马衿升的嘴巴，把其舌头拉出来看了看，然后把了一会儿脉，喃喃道："受外力猝击，脉象轻浮。躁火攻心，神志迷钝，须借外力重击，以毒攻毒。"言毕，夏汝弼伸出中指和食指，吸一口气，猛地给了马衿升右边太阳穴一栗凿，发出清脆的"砰吱"声。紧接着他又往马衿升左边太阳穴狠狠地敲了一栗凿，同样发出清脆的"砰吱"声。神奇的是，这两栗凿敲去，马衿升顿时安静下来，脸上的苍白慢慢现出红润来。

王夫之屏住气，紧张地观察着。

曹伯实和刘子参也目不转睛地看着。

姜善棋则漠然地望着楼顶板。

王介之站在门口，监视外面的情况。

夏汝弼让曹伯实端来一碗清水，喝一口，喷在马衿升脸上，然后闭上眼睛，在马衿升的脑门上念了一段咒语："心阳上亢，心跳气急，心贤不齐，心律错动，当以黑紫意念贯于青灵、少海、神门少阴心经；神疲力倦，腰酸腿痛，烈焰烧脑，上逆下陷，当以中黄意念贯于隐白、大都、太白足太阴脾经……噫唉噫唉。"

这一套治疗下来，累得夏汝弼大汗淋漓。

王夫之急道："此症如何，有性命之虞否？"

夏汝弼深吸了一口气，平复一会儿，道："命无大碍。此人遭暴力猝击，遭击之下，未当正视。内心狂奋，气冲脑门。血流急溅，伤上加伤。既未亡，当有命。然记忆戮伤，恐难复矣。"

"什么？记忆戮伤难复？"王夫之惊道："何谓此症？"

"即伤者愈后，记忆恐失矣。"夏汝弼说完，叮嘱王夫之快快安排人去熬姜汤一锅，拿薰草一束："喂之，熏之。两个时辰后，夏某再来复验一遍。"

夏汝弼说完，转身走向尚德客栈后面的医疗棚，发现张纯熙在一个担架旁发呆，便径直走了过去。

四

一场大雨，来得快，去得也快。

大雨过后，衡城的天空并未明朗，枪炮声虽然稀少了许多，但依然没有停息。大雨使空气中的潮湿更重，浑浊的味道粘在每个人的鼻孔上，异常难受。

"这家伙失忆？倘若如此，留他何用？"王夫之自言自语。

王介之、曹伯实、刘子参和姜善棋也一个个怔怔地看着马衿升，半句话都说不出来。

"嘿嘿，'鹰弹'威力好大。"突然，马衿升冲大家笑了笑，道："成功喽，成功喽！"马衿升说此番话时，表情自然而安静，没有以前的狂躁与不安。

"'鹰弹'威力？"王夫之道，像是自言自语，又像是问马衿升，"爆炸，在哪里爆炸？"他喃喃道。

突然，王夫之眼睛瞪开，大喊一声："在桂王府爆炸？"他凑近马衿升，引导性地问："'鹰弹'在桂王府爆炸，威力好大？很吓人，是不是？"

"桂王府？……桂王？"马衿升亦瞪大眼睛，像在努力回忆什么。但搜索了好一会儿，徒然道："桂王……嘿嘿，爆炸，好大，好大，成功喽，嘿嘿……"

王夫之看着马衿升，脸上露出复杂的表情。他对曹伯实低声道："汝弼老弟言他愈后记忆恐失，从目前来看，记忆应能恢复。大家切切小心。待恢复一点，可再问些重要事情。只要他能零碎地复现记忆，都是极有用处的。"

这时，王介之端来了一锅姜汤。

姜晓书拿着薰草和药碗跟在后面。突然，姜晓书尖叫一声，手中的薰草和药碗掉在地上，眼睛惊恐地盯着马衿升，战战兢兢道："仇人……这不是仇人吗……孽种！畜生！……"说完，她奋力扑过去，死死地摁着马衿升的脑袋："我要咬死你，咬死你……"

王介之端着的一碗姜汤"啪"地掉在地上，溅起的姜汤泼了马衿升半个身子。

王夫之和曹伯实都惊住了。幸亏刘子参还算冷静，他抢先抓住了姜晓书，然后，大家合力把姜晓书拉开。

王介之很自责，狠狠地拍了一下脑门。他一时忘记了姜家与马衿升的血海深仇。看到姜晓书上来，便让她拿着薰草和药碗了。

"伯实兄，你把嫂夫人带到楼下去。"王夫之急道，他示意刘子参搀扶一下，又对姜善棋道，"棋妹，你也下楼去，劝劝书妹吧。"

姜善棋没吱声，脸上没有什么表情，她看着曹伯实和刘子参扶着伤心欲绝的姜晓书下楼去了，便也默默地跟了下去。王朝的伤与痛要由黎民百姓个人的仇与恨来托着，作为受害的弱女子，她能说什么呢？

曹伯实和刘子参刚刚来到楼下，突然，尚德客栈的前门被"砰"的一声冲开了，进来两个满头是血的人，惊恐万分地叫道："不好了，不好了！爆炸了，烧掉了，惨啊，太惨了……"

"啊？之勇兄，时求兄？"刘子参吓呆了。

曹伯实和姜晓书也吓着了。

姜善棋似乎比较冷静，她指着门口的木椅，对文之勇和管时求道："坐下说，坐下说。"说罢，又端来两杯水，让二位喝下。

"怎么回事？快说啊！"曹伯实急切问道。刘子参也镇定了许多，亦急急道："哪里爆炸了？"

"朱啸虎那边，太惨了。"文之勇喘了一口气，道："朱啸虎的家被人放火烧了，朱家府第已成一片瓦砾。真造孽！"

"啊？"刘子参等众人惊呼，曹伯实问："朱啸虎本人怎样？"

"这个尚不清楚。"文之勇摇摇头："只是听说他的儿子，我们都见过，也就是衡州同知朱归孺，战事一开，他就失踪了。"

"那个新建的屠宰场，即未开张的'得善楼'，也被炸了。"管时求惊魂未定，抹了一把脸上的血迹，补充道："太狠了。那么多伤员，有些刚刚从前线送来，有些快治好了，一下子，爆炸了。"

"都死掉了吗？"刘子参问。他突然想起什么，从身上摸出一张传单，看了看，道："这传单上都说了，抵抗积极者将被斩尽杀绝。"

管时求点点头："听说朱啸虎家被烧后，有人在烧焦的门墙上贴了告示，说什么这就是'抵抗积极分子的下场'！"

"夫之兄和介之兄都在楼上，我们去商量一下吧。"曹伯实道。

"各位，你们谈的，我都听见了。"王夫之神情严峻，从楼上走下来，恨恨道："这些一定是'维鹰会'的杂种们干的！"

"从攻击的目标看，他们针对性极强。"曹伯实道："大家既然都恨逆贼，都义不容辞来积极抗战，便早已置生死于不顾。只是如何才能减少无辜者的死伤？比如，尚德客栈的这些伤员，会不会同样受到攻击？"说到这里，曹伯实握了握姜晓书的手，姜晓书被一连串的事情吓得不轻，此刻似乎镇定了许多。

"伯实兄所言极是。"王夫之忧心道："大家务必格外小心。为防不测，从即刻起，陌生人一律不得进入尚德客栈。"

"眼下'维鹰会'极为猖狂。引爆桂王府，火烧衡州府，摧毁朱家大院，爆炸疗伤中心，凡此种种，真是丧心病狂，无所不用其及。"刘子参十分愤怒，道："诸位均要多长一双眼睛，严防'维鹰会'等闲杂人员混进来，伺机作乱。"

"'维鹰会'骨干成员马衿升作恶如此，为何还要救他护他？"姜善棋忽然冷冷道，"善棋一介女流，面对家仇国恨，非但不能报仇，还要为仇人疗伤，能无悲乎？"

"啊！"的一声，姜晓书挣脱曹伯实的手，披头散发地往楼上冲，嘴里嘶喊道："我顾不了那么多，我就是要杀了这个孽种！"

曹伯实慌忙把姜晓书抱住，道："安静一下。放心，大家一定帮你报仇！"

"啊，'维鹰会'成员马衿升在这里？"文之勇和管时求异口同声问，脸上露出惊恐的神情："此事当真？"他俩向王夫之求证。

王夫之异常严肃地点点头，道："还来不及向两位老兄说明。"

"尚德客栈本就处于'维鹰会'的攻击目标中，如果此人在此，无异于身边安放一枚炸弹，随时可能爆炸啊！"文之勇急道："善棋姑娘说，你们还救他护他，这是何故？"

"必须尽快处置此人。"管时求亦急道："如果'维鹰会'获悉有成员在此，一定会找上门来。到时可就麻烦了。他们什么事都敢做！"

"诸位别慌！"王夫之厉声道："此处确实危险，大家应尽快转移，把各位伤员分置各位家中，能纳多少就纳多少，尽力就是了。"他停了一下，又道："至于狗贼马衿升，我自有办法。"

"这么多伤员如何安置得下？"曹伯实摇摇头，道："即便各位尽力安置一部分，可到家后如何疗治？"

"如何将伤员送至家中？"文之勇亦表示反对："此法不通。"

"现在关键是两个事情：一是保护尚德客栈不受攻击；二是速速转移马衿升。"管时求道："我们赤手空拳，应尽快去找衡州知府罗亦簏大人！请他派兵卒来，同时把马衿升交给他处置。"

大家对此表示认同。王夫之目光望着门外，表情严峻。

突然，尚德客栈二楼传来"啊"的一声惨叫。

"出什么事了？"

王夫之转身冲上楼，其余人都快速跟了上来。只见王介之倒在地上，一脸是血。马衿升亦倒在地上，亦满脸是血。

王介之死死地抓住他的右腿，马衿升的脸上竟露出笑容。

曹伯实见状，率先冲进来，提着马衿升，就是一拳打了过去。马衿升歪了一下，倒了下去。躺在地上的马衿升，还是露出笑容，喘着气道："成功了，成功了！"曹伯实气极，抓起来，又是一拳，马衿升再次倒在地上。

马衿升头上的伤口裂开，血再次涌了出来，将眼睛遮盖了，血流到嘴巴边。马衿升吮吸进去，举着手，仍然笑道："成功了，成功了！"

姜晓书抡起一块木砖，就要砸过去。

王夫之立即夺了下来，厉声道："使不得！使不得！"他回头冲文之勇大叫："快去楼下叫汝弼兄来一下。"又冲曹伯实吼道："伯实兄疯了吧？"

这时，王介之从地上爬起来，擦了擦脸上的血迹，道："这孽种差点把我骗了！"

"究为何事？"王夫之又急又气，问王介之："竟至于此？"

"你下楼后，这孽种就打起了逃走的主意，他不断地嘟哝'成功了''爆炸了'什么的，装作失忆的样子。一会儿翻个身，一会儿爬起来，一会儿说身上痒。我都没有理他。"王介之道："后来他突然说有个重要事件要说，让我凑到他耳边，我刚凑近他的耳边，他突然用额头撞击我的头，于是就扭打到了一起……"

突然，一只药碗飞来，"砰"的一声，击中了马衿升的脸。

王夫之没料到姜晓书还是那样情绪激动，不由厉声吼道："姜姑娘，如你等真要报仇，除非先把夫之杀了！否则，休得乱来！"王夫之异常生气，特地不叫她"书妹"，而是以"姜姑娘"称之。

果然，姜晓书被镇住了。

王夫之如此震怒，实属罕见。在场的人都面面相觑。

曹伯实扶着姜晓书，她虽然情绪稳定些了，但双肩急耸，仍在哭泣。她摆脱曹伯实的手，离开了房间。

姜善棋也默默地走了出去，正好碰到文之勇领着夏汝弼进来，后面跟着李国相。姜晓书和姜善棋赶紧避让。

"快让让，请汝弼老弟看一下。"李国相嘟哝道。

夏汝弼进门后，立即给马衿升止血，清理头部、面部，上药，用纱巾重新缠好。马衿升极不配合。

王夫之和文之勇等人，按住他。

夏汝弼做完马衿升的治疗后，又给王介之清理了血迹，做了检查，看看无大碍。接着，他再次替马衿升把脉、查舌，仔细检查了一下马衿升，然后示意王夫之跟他出去一下。

"情况怎样？"王夫之急道。

"此人身体已无大碍，记忆正在恢复，须尽快转移。"夏汝弼道："刚才楼下来了几个陌生人，国相兄和之勇兄原本堵着不让进，但来人说是伤者的家人，不能不让进来。夏某担心来者不善。"

"此孽种记忆越是恢复，留下来的价值越大。"王夫之果断道："立即转移。请国相兄和之勇兄帮忙，把他秘密转到王衙坪。"

"如此危险之人，转到你家？"李国相有点犹豫，道："此乃引狼入室啊。这样将武夷先生等牵连进来，恐有不妥。"

"只能如此了，快去！"王夫之手一挥，催促道："你们先从后门小径溜走，我和大哥随后就来。"

李国相和文之勇刚走，王夫之望着王介之，说道："小弟确实把危险引向家门。幸李、文两兄帮忙，父亲大人应无责怪……"

"小弟无须多言。"王介之不让王夫之说下去。

"不好了，不好了！"

突然，刘子参风风火火闯了进来，见到王夫之，急道："听说桂王带着府里的人分两批从衡州小道朝南逃走了。"

"谣言！一定是谣言！"王夫之斩钉截铁道："休听谣言！这是'维鹰会'散布的，目的是制造慌乱！"

"恐非如此。"刘子参道，像想起什么，忽道："对了，刚才下面有几位形迹可疑的人，似在查找什么人。"

"啊？"王夫之十分吃惊，道："真的来了，这么快？"

"情况万分危急。子参兄在此多多费心。"王介之急促道："我与夫之小弟须速速离开，拜托了！"

王夫之和王介之一前一后，从尚德客栈后门疾疾而去。

五

城外烽火连天，炮声隆隆；城内危机四伏，人心惶惶。

王衙坪相对平静。王家左邻右舍，七姑八嫂，该走的都走了，留下来的大多是像王朝聘这样年岁大一点的不想走的人。谭孺人在房间走来走去，她有自己忙不完的杂活。

"三月癸酉，大雨，震电。庚辰，大雨雪。挟卒。夏，城郎。秋七月。"王朝聘嘴里喃喃道："春，天王使南季来聘。此乃隐公九年所载也。"

四周还算安静。王朝聘拿着一本《春秋》，像往常一样吟诵、把味与咀嚼。有宋一代，高宗一朝，治学者大多推崇以胡安国为代表之《春秋》经学，即《春秋胡氏传》者。王朝聘甚为不满。他认为，《春秋胡氏传》

秉承孙复《春秋尊王发微》和程颐《春秋传》，置君臣之义、尊王安内、礼乐教化于首位，实乃"妾妇之道"转向"仆妇之道"也，安邦治国焉能如此？理应确立攘夷、富强、民族大义至上才是矣。当今之乱与胡学之害不无干系。

王夫之等人走后，家里顿时空荡了许多。战火绵延，王朝聘心里反而踏实了。家里原本有个杂工愿意留下来，也被王朝聘辞退回去了，他和谭孺人凑合着还能张罗自己的生活。对于这个杂工，王朝聘替他着想，因为若在城里，未知的事情太多，不如逃回老家，至少还能苟命于乱世。王朝聘深知，衡城战火，日炽一日。庶民们仓廪不殷，茅屋不实，人心不稳，人人如旱岁之草，枯槁而无润泽；个个如丧家之犬，惶惶不可终日。他之所以决意让王夫之等人离开，是寄希望他能够活下来，无论好活歹活，终归是活着，至少可以有个念想。自己黄土埋到脖子，无所谓矣。他原本还想让谭孺人离开，但谭孺人呛道："你不怕死，我不念生。谁怕谁？"

傍晚时分，谭孺人正在灶台边准备生火做饭，王朝聘拿了一小捆干柴走过来帮忙。这种事，王朝聘以前是从来不做的，现在，家里没有别的人，他终于体会到搞好柴米油盐这些小事的不易，以及相依为命的可贵。

谭孺人忽然叹道："近来做梦，老是梦见堂妹和姜秀才，梦里还是哭个不停，他们哭，我也哭，醒来又不知为何要哭了。"

王朝聘道："你想说什么？堂妹和姜秀才确实死得冤。不过，他们算是解脱了。现在活着的人，才受苦。地王府的日子，人人要去，早去晚去，终归要去。"

"话能如此说乎？"谭孺人瞪了丈夫一眼，不以为然，责备道："现今世道是不好，可冤死的终归是悲惨的。再怎么艰难，也没有人愿意被冤死。去了地王府，阎王爷还要问，明明轮不上你，偏偏早来了，还惨兮兮的，何为？"

"依我看，堂妹和姜秀才还算好，毕竟桂王将他们的冤屈伸张了，把仇人惩罚了，把'湘春楼'这个毒瘤给切掉了。"王朝聘固执道："古往今来，多少冤案没有伸雪。地王府的阎王爷管得了吗？"

"你是雷公爷打到头顶上尚能喝粥的人，沉得住，真服你。"谭孺人道："我心里慌慌的，受不住，想出门看看。"

"外面乱得很，你就别给我找麻烦了。"王朝聘没好气地说道："再说，你出门找谁去？人人自顾不暇，你去了，只会添乱……"

正在这时，突然听到有人敲门，是重重的敲门声。王朝聘感到吃惊，谁会来敲门呢？他以为听错了，便回头跟谭孺人道："你听听，是否有人在敲门？"

确实有人在敲门。谭孺人点点头，瞪大着眼睛。

王朝聘拍了拍灰，将衣抻了抻，走到门边，"吱"地开了门。

"敢问您是武夷先生？"这时，一高一矮两名黑衣男子走了进来，走在前面的高个子黑衣人问道。

"老夫正是。"王朝聘点点头，道："有何请教？"

"有人请您出一趟门。"高个子黑衣人以不容分辩的口吻道。

"老夫身子骨差，不去如何？"王朝聘觉得来者不善，便冷冷道。

"如此，恐怕不好。"一直未说话的矮个子黑衣人道："你不去，我们无法交差。"

"你们想干什么？"谭孺人一看不对劲，走了过来，急声道。

"与你无关。"王朝聘对老伴道，回头又道："你们是何人？"

"去了，自然明了。"高个子黑衣人面无表情地答道。"请吧。外面有车候着。"

"既然是请，就得亮明身份，究竟何人要请老夫？"王朝聘道，"否则，老夫决不前行。"

"这个由不得您，武夷先生。"矮个子黑衣人道："事情有点急。"

"你们这是绑架老夫！"王朝聘厉声道。

"嘴巴长在脸上，怎么说由您。"高个子黑衣人道："我们只是例行公事，不要逼我们动粗。"

"那好，我倒要会会是何人公然绑架老夫！"王朝聘知道多说无用，便冷哼一声："老夫就去换件衣服。"

"不必了。"矮个子黑衣人道："速去速回，无需更衣。"

王朝聘气得浑身发抖，瞪了一眼，"哼"一声，迈腿走出大门。

谭孺人见状，大喊一声："真就去了？"她奋力冲上去，抓住后面的矮个子黑衣人："你们哪来的人？就没个王法了？"

谭孺人话音未落，被矮个子黑衣人狠狠地推倒在地上："休跟我谈王法！"

王朝聘怒吼一声："老夫既走，何苦伤她？"

"武夷先生息怒。"高个子黑衣人折回房里，扶起来倒在地上的谭孺人，却被老太扇了一个巴掌。"你们这些强盗！"高个子黑衣人倒还克制，没有还手，亦不回话，只急急走出房外，与矮个子黑衣人一起，扶着王朝聘上了门前不远的马车。

"驾！"的一声，马车飞快地驶出了王衙坪……

就在王朝聘离开后约莫一盅茶的工夫，李国相和管时求带着马衿升，急匆匆来到王衙坪。他们发现王家的门是虚掩的，走在前面的李国相心里一惊，凑近叫了一声"武夷先生"。没人应答。敲门，亦无有应答。

"出事了？"李国相心里一"咯噔"，他轻轻推开门，进去一看，发现地上竟躺着一人，正是王夫之的母亲。

"啊？伯母，发生什么了？"李国相大骇，连忙扶起谭孺人，急道："武夷先生何在？"

"刚才……就是刚才，他、他被强盗……绑去了。"谭孺人又急又怕，哆哆嗦嗦道。

"是谁？"管时求闻言，极为震惊，道："莫非是'维鹰会'？"

马衿升一听"维鹰会"，似乎触及了什么，大笑道："成功喽，成功喽！爆炸……哈哈……威力好大、好大！"

管时求狠狠地推了他一把，骂道："你这个孽种，得意什么？"

李国相快速往书房与卧室等查看了一遍，回来道："武夷先生不在，我们当该如何？"

"此处亦不安全，我们快快离开。"管时求道："走，去我家！"

"夫之老弟和介之老兄一会儿回来，不见咱们，如何是好？"李国相有些犹豫，道："要不，等等他俩？"

"不用等了！"管时求断然道："他们回家后，应先去找寻武夷先生，哪里顾得上其他？我们早点离开，他们兄弟俩去营救武夷先生，如此，对大家都好。"

"那行，我们快走！"李国相觉得管时求说得也有道理，便跟谭孺人说了一声"伯母，我们先走了。"两人押着马衿升，急急忙忙朝管家奔去。

片刻之后，王夫之和王介之急匆匆赶回家，他俩既没见到父亲大人，也没见到李国相和管时求，更不用说马衿升了。王夫之只看到母亲坐在灶台前哭泣，十分骇然。见到两个儿子回来，谭孺人亦十分吃惊，止住泪，惊道："你们还没出城去，怎么又回来了？"

王夫之和王介之将母亲扶到床上去，问她发生了什么事情。谭孺人便将王朝聘被两个黑衣人带走，接着李国相和管时求带着一个人匆匆到

439

家又匆匆离开的情况讲了一遍。

"强盗！暴徒！"王夫之闻之，异常吃惊，亦异常愤怒。父亲大人原以为自己老了，即便张献忠农民军进城，亦不能拿他怎样。岂知，尚未进城，就遭此难，这真是大家均没料到的。

究竟是谁指使黑衣人带走了王朝聘？

"我们尽快去寻找父亲大人。"王介之亦异常吃惊和愤怒，他心急如焚道："小弟，我先去找找。你在家安慰母亲大人。"

"可是，这兵荒马乱，街上灾情连连，祸事频发，往何处去找寻？"王夫之道："若无一点线索，出去，犹如滴水入洋流矣。"

恰在此时，一黑衣人冷不丁溜进来，低着头，递给王夫之一张字条，一言不发，匆匆离去。

王夫之很吃惊，他展开字条，只见一行字跳出：

令尊大人在花药山明月斋与故人晤谈甚欢，勿虑。

啊？什么"故人"，为何要将父亲绑架至花药山？他们这样做，究竟打的是什么主意？王夫之将字条递给王介之。

"大哥，我去花药山一趟。"王夫之对大哥道："你在家关照母亲大人。如有李国相等人的消息，你且见机处理。"说完，亦不等王介之回答，跑去向母亲道别，又从墙壁上取下龙星剑。这把剑虽不如岣嵝剑那般有故事，却由王家始祖留传下来，是明太祖朱元璋赏赐给始祖王仲一的，始祖曾追随明太祖反元，官授山东青州左卫正千户，以表彰他征战有功。作为王家传家宝，该剑原本一直悬挂在大堂，与列祖列宗的牌位一起，供后代子孙拜奠，彰显"君有道，剑在侧，家和顺，国兴盛"之喻义。因王夫之酷爱剑术，文武兼修，王朝聘便应允将此剑交由他使用与保存，王介之和王参之知道王夫之喜剑，亦不争之。王夫之曾与管时求、李国相等人比武，用的就是这把宝剑。

王夫之匆匆跑出门外，朝花药山方向奔去。该山位于衡州城西南，是连接城郊的一丘高地，距王衙坪四五里远的路程。1638 年，徐霞客游历于此，恰逢雨后天晴，阳光正好，遂留下文字："盖城北之桃花冲，俱静室星联，而城南之花药山，则丛林独峙者也。"

花药山呈盆状，盆底有庵殿、亭台和僧舍，山上树木茂密，绿荫浓蔽，十分幽静。一丛丛杂草从房屋顶上和围墙夹缝中伸出来，风一吹，发出沙沙作响的声音。王夫之幼时经常跟大哥二哥去山上玩耍。长大后，便很少去过。

王朝聘对花药山亦很熟悉，他曾与山上寺庙里的随喜和尚打过交道，但随喜和尚逢人就夸宋徽宗之弟曾在此出家，还演绎出一段与地方官府的恶势力相斗的传奇。王朝聘见一个出家人如此胡编历史，深为不满，后很长一段时间，便不到此山去游览。他万万没有想到，有一天，他会被人用违背他意愿的方式"请"他来到这里……

第十四章　破城

一

天，完全黑下来，王朝聘被黑衣人带到花药山，内心不仅愤怒，还感到耻辱。在他的生命中，这是头一回违背自己的意志，被人强行带到一个院子里。不过，想到就要见到"请"他的人了，他的心反而静了下来。透过窗户射出的烛光，王朝聘看到院中的三棵菩提树硕大无比。很久没来这里，但菩提树随遇而安，长得还是那么挺拔苍翠。院内斑驳的墙壁上刻了一些名人的诗词。正院门上悬一匾额，上书"明月斋"，两旁各列一联，左边是"花鸟是禅乾坤容吾静"，右边是"男女成佛名利任尔忙"。

王朝聘冷哼一声，脸上露出轻蔑的神情。

两名黑衣人刚刚进入"明月斋"内，很快，一个热情的声音迎了出来，道："武夷先生，快快请进，快快请进！"

王朝聘觉得声音有点熟，却不知道是何人。因光线有点昏暗，一时不知如何回答。待那人趋近，欲牵其手时，王朝聘这才看清，并惊叫一声："啊？是你，衡州知府邓大人？"

"对，对对，正是在下。"邓紫銮见王朝聘认出自己，感到高兴，又欲去牵手，却被王朝聘冷冷回绝了，道："莫非邓大人卸职之后，退守此处侍花弄草、修身养性？"

"进屋聊，进屋聊。请！"邓紫銮笑容满面，道："一言难尽，一言难尽矣。"

室内布置十分简单，一对檀木座椅，座椅前有一长条案几，放有二册书和一把折扇，案几上点有一烛，烛光左右各置一茶杯，里面已泡好香茶。

王朝聘坐下后，依旧冷冷道："老夫将死之人，竟劳邓大人兴师动众，强掳至此，不知为何？"

"武夷先生言重了，言重了。"邓紫銮连连赔笑，并斥责两旁站立的黑衣人："你们退下去！武夷先生乃衡州学问大家，桂王府之师，身贵名显，在下再三叮嘱你们是去'请'，想必你们无知、粗鲁惯了，言行举止有如荒野牲畜，惹得先生怒了。"

两名黑衣人连连叩头，喏喏而退。

王朝聘冷哼一声，嘲讽道："邓大人不必演戏了。将老夫强掳至此，该不是品茗叙旧吧？若为品茗，老夫不会；若为叙旧，老夫与邓大人并无旧谊可叙。因此，究有何等见教，不必掩饰，直接道来。"

"武夷先生倒是痛快！"邓紫銮道，"既如此，在下亦如实相告。"邓紫銮喝了一口茶，道："在下自罢官以后，即来此处闭门思过。然思虑来去，在下实觉并无过错。平心而论，在下亦是走科考之途，学而优则仕者。为官之后尽心尽责，上忠贞于朝廷，下体恤于庶民，勤勤恳恳，任劳任怨。谁知桂王一日微服私访，即以莫名之罪，重惩在下。桂王来衡，在下曾率知府百官迎候。入衡之后，在下为桂王府大小官吏、各等之事，费心劳神，不说功劳也有苦功。即便举荐武夷先生入桂王府为师，亦是为公，绝无私念。可桂王心无慈怀，为所欲为，视天下为己一人所有，与昏庸崇祯无异，致使朝纲无序，君臣失德，民心所背，天下必反……"

"邓大人若欲教训老夫，老夫毫无兴趣。"王朝聘"嚯"地站起来，道：

"看在你当初荐举老夫到桂王府讲学的份上，老夫听了你这些言说。现在，老夫不愿再听下去，失陪。"

"武夷先生息怒。"邓紫銮依旧不动声色，笑道，"活到这把年岁，应懂得怒气攻心，易伤肺脾。既来之，则安之，是为明智。"见王朝聘站起来欲走，邓紫銮亦不起身，甚至看都不看。

王朝聘刚刚走到大门口，但见两名大汉守在那里，却不是来时的黑衣人，他俩恶狠狠地盯着王朝聘。其中一人道："斯文人行斯文事。我等粗鲁之人，对看不顺眼者，只会动手动脚。"

王朝聘怔了一下，喝道："难道是如此礼遇贵客的吗？"

邓紫銮闻言大笑，依旧坐着不动，道："武夷先生太性急矣。在下尚未说完，先生就急着欲走。所谓礼遇，所谓贵客，均在于主客之间的默契与尊重，若无此前提，言之便无趣矣。"

邓紫銮此言讽意明显：即我给你面子，你不要面子；我给你尊重，你不要尊重。如此，只能自讨没趣，或者自取其辱。其实，邓紫銮心里，是非常痛恨王朝聘的。一来举荐他入桂王府，他不感恩；二来他找翁不群，劝桂王微服私访，端了"湘春楼"，革了他的职，抄了他的家；三是桂王一道旨令，让邓氏家族数十人性命不保，连夜逃入山林。邓紫銮知道邓氏兄弟对姜秀才一家伤害很深，但这一切，在他看来，都比不上桂王对邓家的惩处。

王朝聘没料到邓紫銮心底对他如此痛恨。听到邓紫銮说"所谓礼遇，所谓贵客，均在于主客之间的默契与尊重"时，他立刻满脸通红，又恨又气，回头道："邓大人究竟意欲何为？"

"不急。慢慢坐下，消消气，喝喝茶。"邓紫銮示意门边的大汉将王朝聘重新"请"到了茶几旁，待坐下后，邓紫銮明知故问："武夷先生对时局有何见教？"

"老夫乃等死之人，久不闻江湖之事。"王朝聘悒悒道："邓大人若与老夫讨论时局诸事，恐怕找错了对象。"

"武夷先生太过谦虚矣。"邓紫銮道："自古以来，'良禽择木而栖，贤臣择主而侍'。武夷先生不明此理乎？"

"历史上，变节之徒，汉奸之辈，亦往往用此言安慰自己。"王朝聘道："然汉奸就是汉奸，逆贼就是逆贼。凡忠臣者，决不会以此为己诡辩。"

听到王朝聘慨慷之言，邓紫銮端端吃了一惊，心想：我虽恨你，但希望你识趣。此番言说是器重你，你若与我合作，我对你的恨意暂且收起。你将来就是我在张献忠面前争功时的一张牌。你若不合作，就休怪我不客气。邓紫銮如此一想，随即笑道："武夷先生并不老矣。适才你的此番言说，若崇祯帝或桂王听见，定会感慨、赏识你。可惜，先生学富五车，忠君爱国，一生奔波，未在仕途有所建树，足见君王昏聩，朝纲腐败，先生报国无门矣。"

"老夫有否建功立业，乃个人造化，邓大人无需含沙射影。"王朝聘道："邓大人有闲心跟老夫扯谈，老夫却没这工夫，家中尚有老妪一人，得快快回家了。"

"武夷先生休要急着回家，王老夫人自有他人照料。"邓紫銮故意停了一下，忽然道："敢问先生听闻'维鹰会'否？"

王朝聘一愣，心想，起初还只是怀疑，现在看来这厮果真入了"维鹰会"，便道："偶有所闻，实乃邪恶之组织。"

"何谓'邪恶'？"邓紫銮凶狠地质问道。

"坏事做尽，臭名远播，此非邪恶乎？"

"谁能证之？"邓紫銮"呼"地站起，愤愤不平，他提高声音道："武夷先生有闻逼上梁山否？梁山泊一百单八个好汉端端是一邪恶组织否？哼！梁山上的英雄好汉如林冲、武松、鲁智深等血性男儿，哪个不是被逼上去的？"

王朝聘默不作声，因为他听到外面一直有阴影在晃动，鬼鬼祟祟，令人生疑。同时，他听到有很轻的脚步声在四周快速地走来走去，亦有低低的说话声，不知道发生了什么。

"好了，武夷先生。今天请您来当然不只是喝茶的。"邓紫鎏突然严肃起来，道："主要有两件事想要请教。"

王朝聘听闻于此，立刻警惕起来，他看着邓紫鎏，想听听他究竟要干什么。

邓紫鎏接着道："一是想听听先生对'维鹰会'的看法，这个刚才已经明朗，武夷先生的态度跟你的公子夫之先生等一样，很排斥，很敌意，很无知，我不屑辩之。"

王朝聘听到儿子"夫之"的名字，他顿时产生一种不安的感觉。只听邓紫鎏又道："二是今晚或更长一点时间，要委屈武夷先生留在敝斋，品茗听梵，食斋吃素。等夫之先生来后，再作商议。"

"什么？你们要干什么？"王朝聘又气又急又惊，道："怎又关涉小儿夫之何事？难道小儿夫之不来，老夫竟就回不去了？"

"别急。夫之先生很快会来。"邓紫鎏胸有成竹，又冲门外叫了一声，"送饭来。"言毕，大步走了出去。

刚出门，邓紫鎏对守在门边的两名大汉低声叮嘱道："看紧点，不得有任何差池。"

确如邓紫鎏所料的那样，王夫之很快就来到了花药山。此刻酉时已过，天空黑沉沉的。花药山湿湿的，散发着一股阴霉之气。王夫之对花药山较熟，他提着龙星剑，蹲着身子，从小道穿过一丛竹林，径直来到明月斋前，看见门前的两名大汉，王夫之屏住呼吸，四下张望，不敢轻举妄动。

突然，明月斋内发出一个砸碗的声音，王夫之还听到王朝聘愤怒的斥责声，心一紧：父亲大人怎么了？他从隐蔽处探出头，想看看究竟发生了什么。

不一会儿，但见王朝聘出现在门口，被两名大汉死死阻住。

王夫之听到父亲大人怒吼：“快把邓紫鎏叫来，老夫要如厕，再不许，就要撒野了！”

王夫之一听，大吃一惊：原来，所谓“故人”，就是这个邓紫鎏、前衡州知府大人？他不是邓澄忠、邓澄诚的叔叔吗？对了，他也是马衿升的叔叔。想到这里，他惊出一身冷汗。父亲大人遭此劫，竟与马衿升有关，是自己惹来的？

“武夷先生乃衡州名流，怎会做出与身份不相称的撒野之事？”一名大汉嘲笑道：“再忍忍。一会儿邓大人就回来了。”

“你、你……？”王朝聘气得说不出话来，最终竟低声哀求起来：“老夫、真的、真的、要马上、如厕所，求你们……”

王夫之闻此血脉偾张，气得真要不顾一切地冲上去了。

正在这时，一只手轻轻搭在王夫之的肩上，吓得王夫之要尖叫出来，那人赶紧用手封住了他的嘴巴，低声道：“别说话，是我。”

王夫之回头一看，竟是一个女子，再仔细一看：天啊，竟然是姜思琴！

“琴姐，怎么是你？你怎么在这里？”王夫之觉得是在做梦，“衮冕兄呢？他也在这里吗？你们伤势怎样了？”

“别说话。”姜思琴道：“衮冕让我来告诉你，寅时左右，你弄一辆马车在花药山南面第三棵樟树下等候，我们设法把姨父救走。”

“啊，你们能……？”王夫之感到不可思议。

“夫之，你什么都别问了。无论发生什么，都不要冲动行事。”姜思琴急道：“快快回去吧，不然来不及了。我得马上走了。”说完，蹑手蹑脚地退了出去。

突然，明月斋里有人发出哀号，听得出是父亲大人的声音，王夫之浑身一抖，他抬头一看，只见一个黑衣人拿着一个便盆之类的东西，匆匆走了进去。王夫之想：父亲大人一定遭到了虐待，虽然如厕之事大约就这样解决了，但无论是对父亲大人还是对王夫之本人而言，这种侮辱是不可饶恕的……

寅时刚过，王夫之依约坐着马车来到花药山南面第三棵樟树下，四周静寂得可怕，一团一团黑影在眼前晃动，像人，亦像鬼。王夫之焦急地等待，可明月斋没任何动静，连灯光都没有。花药山上的其他几座房屋也完全陷入黑暗中。王夫之欲下车去看看，但又担心下车后，万一父亲大人被救出来了，他又不在车上，容易误事。因此，他陷入极度矛盾和焦躁不安的心情中。

就在王夫之快要崩溃的时候，突然，从马车的后面传来一阵脚步声，只见几个人影低身走到马车旁，走在前面的正是郭衮冕，后面紧跟着王朝聘和姜思琴，最后面还有一个人，王夫之不认识。

来不及说什么，王朝聘被郭衮冕等人推上了马车。

王夫之跳下车，抓着郭衮冕的手，惊道：“衮冕兄，真是你吗？你怎么会来到花药山？你身体怎样了？”

“夫之兄，事情太复杂，不是三言两语能说清楚的。”郭衮冕急道：“武夷先生已略知一二。你们快快走，再晚一点就来不及了。最好不要回家，找个地方躲起来。先活下来，再等时机。”

“那你和琴姐怎么办？”王夫之亦急了：“莫如一块儿走！”

“夫之，你带着姨父快快离开。”姜思琴催道：“休管我们！”

同来的那个人尤其急得不行，一个劲地催促：“快走，快走！我们得回去了！”说完，拉着郭衮冕、姜思琴，快速消失在黑暗中。

二

邓紫銮冒着生命危险跑到张献忠营帐中献计表功，"老鹰"樊尚铭很快就知道了，但他装作毫不知情。他明白自己和邓紫銮在张献忠心目中的价值。虽说"维鹰会"是自己创建起来的，也最早与张献忠方面取得联系并得到一定的支持，但是，邓紫銮毕竟在衡州做过多年的知府，在衡州当地的各种资源比他多得多。最重要的是，尽管他故意让樊志高等人放出风声，说以"老鹰"为首的"维鹰会"是张献忠多年前就在衡州暗中培植的谍报组织和内线谍情力量，但这种消息也许可以蒙骗衡州庶民，对邓紫銮这样的人却很难骗得了。因为张献忠是如何发家的，如何攻克武昌，进而挥师南下，克岳州，取长沙，很多战事非张献忠本人设计或提前布局的，而是时局和天意合谋而为，充满许多偶然性。提前布局衡州，无异于痴人说梦。

换言之，连张献忠自己都没料到，他这么快就能够在两湖攻城略地，取得如此大的成功。樊尚铭也正是审时度势，抓住了这个稍纵即逝的机会，在衡州创立了"维鹰会"，并迅速发动，把早年行乞时编造的谎言演变得真实起来。这样的真实不说黎民百姓，就连王夫之等衡州学子都几乎被蒙骗了。

但是，邓紫銮并不这么认为，每次碰到樊尚铭，邓紫銮表面上很尊敬，然而，他脸上的表情无疑就是一种嘲弄。樊尚铭虽然恼火，却不好发怒，他担心两人一旦对决，邓紫銮会一把戳穿他表演的所有道具。这是樊尚铭忌讳的地方，也是他明知邓紫銮做了一些令他不快却并不当面责难邓紫銮的重要原因。对樊尚铭而言，邓紫銮加入"维鹰会"，对提升"维鹰会"的影响是极有帮助的。反过来说，邓紫銮也需要"维鹰会"这个招牌，他做不到的一些事情，通过"维鹰会"却可以轻易做到。

邓紫鎏明白，樊尚铭要依靠他，他也要依靠樊尚铭。但最终，一旦张献忠攻城成功——两人都坚信这是很快就会实现的事情，邓紫鎏是要与樊尚铭争做张献忠的幕僚王的。两人各有优势，看起来势均力敌，也许最关键的因素，恰恰是对王夫之等衡州学子的控制和争取。

因此，当樊志高把郭衮冕和姜思琴带到"德雅居"时，樊尚铭以为郭姜夫妇与王夫之在一起。他没料到王夫之中途会逃掉。不过，樊尚铭明白：郭衮冕与王夫之关系非同一般，通过郭衮冕这根"脉管"，进而抓住王夫之的心，这可能比什么都强。

对郭衮冕而言，只要能够回报王夫之的，他什么都愿做。

实际上，郭衮冕的伤势并没有王夫之想象的那般严重。姜思琴的伤更是要轻得多，毕竟，三王爷朱由榔与姜思琴的关系非同一般，行刑者心知肚明，表面上打得很凶，但轻重和部位都掌握在行刑者手上。因此，在"德雅居"，樊尚铭用自己的药方，结合桂王府的药方，很具针对性和有效性，郭衮冕和姜思琴的伤势得到控制，并迅速好转。樊尚铭费心治疗郭衮冕，每次煎药，不仅亲自把关，还要亲口尝一下药味，才把药汤端给郭衮冕。这很让郭衮冕感动，他甚至有些怀疑：这就是那个杀人不眨眼的"魔王"吗？这就是那个用血洗头、挖心验人的"老鹰"吗？这就是那个到处点火引爆、唯恐天下不乱的"维鹰会"的首领吗？尤其让郭衮冕颇感意外的是他对姜思琴的尊重。郭衮冕最担心樊尚铭会非礼姜思琴，一旦发生这种事，他不仅无法保护她，更无法原谅自己。

幸亏，樊尚铭善待姜思琴，也认真为她疗伤。

当邓氏兄弟向樊尚铭报告马衿升可能会去尚德客栈时，郭衮冕和姜思琴心头一震。樊尚铭问郭衮冕是否认识马衿升，郭衮冕不知道要不要如实告诉樊尚铭。他拿眼瞥了一下姜思琴，显然，姜思琴痛苦而愤怒，她目光中的坚毅让郭衮冕打定了主意，他告诉了樊尚铭有关马衿升的种种恶行，当然他隐去了马衿升伤害姜家、是姜家仇人的相关细节，还特地讲到了马衿升与邓澄忠、邓澄诚系同母异父的关系，亦即马衿升也是邓紫鎏的侄子这一事实。

果然，樊尚铭对马衿升与邓家的关系很感兴趣，言谈时表情有些古怪，眼睛里闪露出一丝让人琢磨不透的笑意和令人害怕的寒光。

樊尚铭从樊志高那里知道了姜思琴与尚德客栈的关系，也知道郭衮冕经常在尚德客栈帮忙打理，因此，他下令邓澄忠、邓澄诚带几个黑衣人去尚德客栈寻找马衿升时，叮嘱他们不要像对待朱家"得善楼"那样放火焚烧和引爆炸弹，这一点，樊尚铭是故意当着郭衮冕和姜思琴的面说的，两人虽明白这是樊尚铭在演戏，但内心复杂的情感依然掺杂了一份感激。

对郭、姜夫妇而言，马衿升早一点被找到并被带回到"德雅居"，尚德客栈就早一点得到安宁。

郭衮冕和姜思琴哪里知道，马衿升已经被成功转移。

邓氏兄弟在尚德客栈扑了个空，当然不会善罢甘休。邓紫鎏闻悉马衿升落到王夫之等人手中，更是惊恐不已。他们明白马衿升的重要性。如果马衿升透露出地下黑厂和数百枚巨型炸弹，一旦王夫之将这批武器贡献给衡州守军，那战事无疑会发生变化，这种变化导致的结果将让邓紫鎏承担不起。虽然邓紫鎏知道，即便这些武器被衡州守军获得，也很难从根本上改变战局，但是，它一定会拖延战局，一旦樊尚铭将此事透漏出去，也一定会令张献忠大为震怒，后果不堪设想。

邓紫鎏急令邓澄忠、邓澄诚，无论用什么办法，都要找到马衿升，并"不惜一切代价"，将他营救出来。

邓氏兄弟既要面对"老鹰"的威严，又要面对叔叔的严令，两人都有不容置疑的权威与能力。可他们对如何找到马衿升并营救出来却有不同的指示。按照邓紫銮的意思，如果尚德客栈不交出马衿升，可以采取同朱家"得善楼"一样的行动。

如果这样，不仅尚德客栈遭殃，里面的一百五六十名伤员更会遭到灭顶之灾。

令邓氏兄弟想不到的是，尚德客栈早已有了准备。他们几乎进不了尚德客栈的大门，还是邓澄忠灵机一动，换了衣服，假冒伤员的家属才得以混入。但进去后，他们却无法找到马衿升，更不敢贸然点火烧房，引爆炸弹也无法做到。不仅如此，他们还差一点被曹伯实等人抓住。

待惊慌失措地逃出尚德客栈，邓澄诚有些受不住了。他提议去王衙坪看看，邓澄忠也很恼火，就带人去了王夫之家。兄弟俩坐在路边的马车里，让手下人进入王家，并很快将王朝聘押到了马车上。他们的想法很简单，只要抓住王朝聘，他们不信王夫之不找上门来，到时既可以用王朝聘交换马衿升，又可以控制王夫之。

樊尚铭获悉邓紫銮抓了王朝聘，深为震惊，觉得邓紫銮真是愚不可及。对于王朝聘和王夫之这样的文人，"怀柔"是唯一的办法，任何胡来或蛮来只能适得其反。樊尚铭当即派郭衮冕和姜思琴去花药山，暗中另派两名"维鹰会"成员持"老鹰"手令跟随。樊尚铭的如意算盘是，既不与邓紫銮发生正面冲突，又要妥善地救出王朝聘。

"如果能将武夷先生请到'德雅居'来，就等于请来了王夫之，你们就立了大功。"

临行前，樊尚铭对郭衮冕等人特地这样交代。

由于有人暗中策应，郭衮冕和姜思琴有惊无险，顺利地救出了王朝聘，他们并没有按照樊尚铭的交代去做，而是擅自做主，让王夫之带着王朝聘找个隐蔽的地方藏起来，这样，郭衮冕觉得从心底里减轻了一分对王夫之的歉疚。虽然他知道违背樊尚铭的命令将会付出巨大的代价，但他只能这么做。他之所以不跟着王夫之这辆马车而去，是因为一旦那样做，他所有的努力和隐忍都将白费。

然而，王夫之并没有按照郭衮冕告诫的那样，带着父亲大人找个地方躲起来。或者更准确地说，是王朝聘阻止他那样做。当王夫之试探性地问王朝聘是否不回家，而是找个地方避避风头时，王朝聘生硬答道："老朽过了一次鬼门关，还怕再过一次？"

见王夫之错愕地望着自己表示有些不解时，王朝聘叹了一口气，道："虽然没有什么可怕的，但那些恶徒折磨起人来，倒真是让人受不了。他不打不骂，甚至表面上还彬彬有礼，但就是不让你好好休息，哪怕如厕都由他们控制，此时的人，哪里还有尊严可言？"

王朝聘言及此，竟老泪纵横，双肩急剧耸动，王夫之心疼不已，又惊慌失措。

过了一会儿，王朝聘心情平复下来，对王夫之道："老朽先前每每要求你们，要做'上马杀敌、下马读书'的好汉，面对强敌，要有'慷慨赴难、马革裹尸'的壮举，现在想来，说得容易做来难矣。"

王夫之见状，再次试探性地问王朝聘是否暂且避避风，等时局明朗、有序时再出山？

王朝聘斩钉截铁道："回家！舍此，老朽哪里也不去！"

"要是'维鹰会'再来骚扰怎么办？"王夫之有些担心。

"与其不自由地活，莫如自主地死！"王朝聘脱口而出，道："放心！老朽决不会像此次一样受辱！"他停了一下，又肃然道："只是你等要记住，老朽受了何等耻辱，老朽因何而死！"

王夫之闻言热血激涌，此情此景，他终生难忘。

王介之见三弟扶着父亲大人回来了，连忙迎上去。

谭孺人见到王朝聘，也赶忙过来，话未出，眼泪却涌了出来。

王朝聘厉声道："有什么好哭的？老朽不是回来了吗？"接着，他让王介之去找些砒霜来，他认认真真分成两份，正儿八经地交代道："从此往后，我和你们的母亲身上随时都会带着砒霜，一旦遭遇不测，我们定会洁身归西！"

王朝聘讲到这里，扭头看了谭孺人一眼，伸去一只手。

谭孺人接到一小份砒霜，庄重地点了点头。

突然，门外传来急促的脚步声。王夫之一惊，心想：难道"维鹰会"这么快就追上门来了？他跑到门边一看，还未发声，却见李国相大汗淋淋地跑了进来，一把抓住王夫之的手，颤抖地说道："交了，都交了！那孽种都交了！哈哈哈！"

"国相兄，什么交了，交了啊？"王夫之连忙摆脱李国相的手，大声道："你们都去了哪里，让我急得不行，正要去找你们呢！"

"孽种马衿升都交了！他装傻，骗得了老子？哈哈，都交了！"李国相　副惊魂未定的样子，道："吓死人了。夫之老弟，时求老弟还在等我回去呢。我们要想办法尽快找到地下黑厂，把一箱箱黑火药和数百枚'鹰弹'统统搬到城墙上的炮楼去！"

王介之和王朝聘看到李国相，立即围了过来。

李国相简单说了事情的真相。原来，他与管时求带着马衿升悄悄回到管家后，马衿升不断地装神弄鬼，一会儿装作失忆的样子，反复说着"成功了，威力好大好大的"这样的话；一会儿自个儿嘀咕着什么，翻着白眼，装成疯了的样子。管时求用了各种手段，试图让他说出一点有用的东西。但马衿升极不配合，甚至还爬上墙去，装作要寻死的样子。李国相见状，突然想到以毒攻毒的办法。他知道这些恶徒，并不如他表现的那样不怕死，是因为没有什么让他感到死亡的恐怖。既如此，李国相跟管时求耳语了几句，然后走着马衿升身边，一把抓住马衿升脑袋，用力拍了一下，道："你不是给人剥过皮吗，你不是要寻死吗？那好，一会儿我们给你剥皮，成全你。"

马衿升不以为然，继续挑衅性地对李国相翻白眼。

李国相冷哼一声，道："好。你翻白眼翻得好。老子保证让你死得舒服。"说完，他从管时求家拿来一把锄头和一把剃头刀，将锄头递给管时求，盯着马衿升道："一会儿咱们去挖个坑，将这个孽种埋进去，只露出一颗脑袋，然后在这个孽种头顶剃出一个十字，把头皮拉开以后，向里面灌水银下去。"

马衿升一听，脸色顿时起了变化。

"把水银灌满脑袋后会怎样？"管时求故意问道。

"很好玩。"李国相不动声色，道："由于水银很沉，很快会把肌肉跟皮肤拉扯开来，埋在土里的人会痛得不停扭动，又无法挣脱，最后身体会从剃开的那个十字口'光溜溜'的跳出来，只剩下一张皮留在土里……"

"啊？这样真的好玩。"管时求道。"还等什么呢，马上去做吧。"边说边推着马衿升往外走。

这时，马衿升再也装不起来，惊恐得连连道："别、别这样，别这样！我交代，我把知道的全都告诉你们！"

李国相和管时求停止恐吓，听马衿升交代他是如何根据"维鹰会"的指示，在地下黑厂制作黑火药和巨型炸弹的。当他说到"鹰弹"的巨大威力和制作的火药数量时，李国相和管时求目瞪口呆，两人都很佩服王夫之的判断：此人身上必有重大谍情。本来管时求要立即让马衿升带路去地下工厂，但被李国相制止了。李国相觉得事情太重大，一定要有足够的力量保护才能前去，否则，要是被"维鹰会"的人盯上，说不准不但进不了地下黑厂，连马衿升也会被抢走。

于是，李国相决定来王衙坪碰碰运气，没料到，王夫之正好从花药山救回了父亲大人。

"事不宜迟，咱们速速分头行动！"王夫之意识到火药与炮弹的重要性，声音有些颤抖道："我去城西找克峻兄，大哥去城东找衡州知府罗大人。国相兄回管家，与时求兄一起，严守马衿升，观察四周，千万不要轻举妄动！"

王介之望了王朝聘一眼，有点迟疑道："小弟，你去城西就行了。我去城东有必要吗？家里还有父亲大人和母亲大人……"

"介之，你小弟这么安排，是对的。现在情况万分危急，你们兄弟俩即便赶到城东城西，见到要找的人，亦未必均能如愿让他们派兵卒随你们前去地下工厂。"王朝聘凛然道："只要一方派人，就成功了。至于介之担心老朽和你母亲，其实完全没有必要。我辈已老，既然不能随你们一同战斗，自然就会作出最坏打算。"

"武夷先生……"李国相听王朝聘把话说到这个份上，眼睛瞬时红了，不由自主地叫了一声，道："您是衡州学界的泰斗，一定要多多保重！"说罢，快速走了出去。

"快快走吧！"王朝聘催促两个儿子道："起初，老朽劝你们速速离开衡城，没料到你们都留了下来。既如此，就要有所作为！"说到这里，王朝聘特地提醒道："夫之，那把龙星剑是时候用一用了。"

王夫之指了指腰间，告诉父亲大人，到花药山时就带上了它。说完，与王介之一起，向双亲大人庄重拜别，挥泪而去。

三

衡城混乱不堪，谣言四起。曾经繁华的蒸湘大街完全变了样，痛苦，呻吟，挣扎，人流，车辆，货物，哭声，喊声，尖叫声，咒骂声，奔跑声，不时响起的爆炸声，汇成沸腾的河流。一些人急匆匆向东走，一些人急匆匆向西跑，不知道哪一个方向才是正途。

王夫之目标清晰，他要去城西，那里是守将左书臣的阵地，是大西军主帅张献忠的攻击点，唐克峻就在左书臣的炮楼上。王夫之必须尽快找到唐克峻，希望他能够派出一支小分队，去地下工厂把成箱的火药和成摞的炸弹运到前线。

对于弹尽粮绝的守城者来说，这些弹药将是多么的重要！

然而，作为书生的王夫之太理想化了。残酷的战争根本不会按照他设想的方向发展。当他费了九牛二虎之力赶到城西古旧的城墙时，他根本无法进入城楼。里面的兵卒全都乱了套，不知听谁的指挥，只听到有人大喊："昨夜桂王弃城走了，我们拼着命究竟还要保护谁？"有人随即附和："是啊，我们也逃命吧！"但另一个声音怒吼起来："谁说桂王跑了？这是谣言！是'维鹰会'的谣言！"也有人附和："是啊，是谣言！纵使桂王跑了，咱们也要保护衡城！"但见黑压压一片，人头攒动，手臂狂舞，喊叫声不断。

突然，有人举着一面旌旗，奋力往城墙上一竖，高声喊道："各位生死弟兄，不能自乱阵脚！这是我们自己的城，是我们自己的家，无论发生什么，我们都要拼死保护，决不能让逆贼血洗！"此话说得如此有力，令人感奋。

王夫之顺着声音望去，觉得说话者的身影很熟悉，再定睛一看，啊？那不是姜百户吗？那个在尚德客栈见到的重伤员，那个声称不想死，家里有个叫燕吉的傻儿子要照顾，还有一个叫百合的美丽女儿正等着他回家见证她出嫁的汉子？他何时又回到了战斗中？

"姜百户！姜百户！"王夫之一边冲他拼命挥手，一边冲他大喊："我是王夫之。请带我进去，快带我进去！"

姜百户立即冲身旁的兵卒大吼一句："闪开！"他的力气大，加之身边的兵卒都是他的部属，他很快冲过来，抓住王夫之的手，并且奋力将他拖到了自己的身边，喘着粗气道："夫之先生，您怎么来这里了？还佩着剑，太危险呐！"

　　王夫之亦喘着气，道："我要找到左将军！我有重要事情，特别特别重要的事情向他报告！"

　　姜百户摇摇头，道："您见不到他！太困难了！"停了一下，又道："纵使找到他，可能亦无济于事。"

　　"此话怎讲？"王夫之大吃一惊。

　　"夫之先生，您是读书人。我们到一边说。"姜百户将王夫之拉到城墙的一角，低声道："桂王府空了，桂王的确逃了！此消息虽然被左将军等人捂住了，但的确是真的。而且像瘟疫一样蔓延，您看看，这里的兵卒哪里还有一点点士气？"

　　"那、那你怎么重回战场？"王夫之半信半疑，道："你完全可以回家的，回去看看你的女儿，她不是在等你出嫁乎？"

　　"首先我是一名军人，然后才是一名父亲。"姜百户坚定地摇摇头，道："战争没有结束，我提前回去，就是逃兵！你知道，当一名逃兵，意味着什么？我的女儿恐怕亦不希望有一个当逃兵的父亲。"

　　王夫之心里很痛，他想，如果姜百户言说的是真的，桂王真的逃走了的话，那么，这无疑是对守城将士的最大打击，也意味着战争会很快结束。只可惜，姜百户即便活下来，亦不能以一个胜利者的姿态出现在他女儿的出嫁现场。更为重要的是，如果这一切是真的，自己冒死而来，找左将军、找唐克峻都没有任何意义。

　　然而，王夫之明知希望渺茫，亦不愿意放弃自己的努力。

　　"不管怎样，我要去见见左将军。我的一个同窗叫唐克峻，就在他身边做簿记员。"王夫之道："你能带我去吗？我必须上去！"

"啊？克峻小弟是你的同窗？很不错的书生！"姜百户赞道："他不仅是左将军的簿记员，还是勤杂员和传令员等，两个时辰前，他还来向我传达过左将军的号令。"

"什么号令？"王夫之好奇地问。

"唉，反正你也不是外人，说了也无妨。"姜百户道："左将军号令兵卒三个时辰后，全体守军向城外发起最后一次攻击。"

"最后一次攻击？"王夫之差不多要惊叫起来。"然后……"

"没有然后。"姜百户道："我们早就弹尽粮绝了。能够坚持到现在，已是奇迹！"

"啊？那快快！快快带我去见左将军！"王夫之一听，更加火急火燎，以不容置疑的口吻道："快快带我去！急死了！去了，我们守军就有'然后'，就有希望，就有胜利！你也可以回家，参加女儿的婚宴了！"

"夫之先生，您说什么？"姜百户瞪着眼睛，急促道："您见到左将军后战争就会发生逆转？"

王夫之坚定地点点头，拉起姜百户的手，就往城楼上奔去。

然而，衡州守军实在太乱，到处是人，是器械，上上下下，就像蚂蚁一样，沿着各自的路线忙乱。姜百户抓紧王夫之的手，在前面开路，奋力往上冲，边冲边喊："让开！让开！左将军有急事召见我们！"

姜百户这一招还挺奏效，城墙两旁的旋梯石阶闪出一条小路来，王夫之不顾一切跟在姜百户后面，奋力挤了上去。

过了一个多时辰，两人大汗淋漓，终于气喘吁吁地赶到了左将军的营帐前。

王夫之原以为营帐里，左将军正在排兵布阵，然而走进去一看，里面空空的，冷冷的，没有一个人影。这座小小的营帐，姜百户也曾在此听过左将军的训话，但此时的样子，令人有些伤感。帐幕四周，挂着的地图也已经跌落，刀剑等器械已不见，连门口都见不到一个人。显然，指挥所不需要了。

左将军和唐克峻等又去了哪里？

"一定去了楼顶的主炮楼！"姜百户肯定道。"只是眼下这个样子，夫之先生，您觉得此刻去找左将军真的还有必要？"

"有必要！有必要！"王夫之焦急万分，他摇着姜百户的手，高声叫道："我告诉你，我找到一个地方，那里有成箱成箱的火药，成摞成摞的炸弹！有了这批军火，将士们就会重新充满血气和正气。这意味着什么？意味着希望，意味着胜利！但是，左将军得派人去运来！"

王夫之一口气说完，姜百户似乎没有听清楚，或者说他根本听不见。但他还是被王夫之的执着所感动，再次抓着他的手，继续往最高的主炮楼上努力挤着爬上去！

然而，就在王夫之和姜百户离主炮楼不足二百丈远的时候，突然听到城楼上有人大喊一声："看！人质！人质！"

紧接着就听到炮楼上不断发出的喊叫声：

"天啦，走在前排的全是人质！是衡城的百姓！"

"啊？老子看到自己的老娘……老子要跟逆贼拼了！……"

顿时，像刮起了一股飓风，从古老的城墙上荡掠而过。尖叫声，嘶喊声，哭泣声，咆哮声，响成一片，主炮楼四周乱成了一锅粥，每个将士都将身体朝向城外，瞪着眼睛，伸长脖子，空气中弥漫着强烈的恐慌情绪。王夫之也将头扭向城外，但见城脚外面黑压压的人群，正排着方阵，慢吞吞地往前移动，他的心骤然一紧，不知道前面的人群中有没有自己的亲人，比如二哥，比如大叔、小叔，比如大哥和自己的妻儿等等，他不敢往下面想。

终于，王夫之和姜百户挤上了主炮楼。

"左将军，夫之先生有十分十分重要的事情找您！"

姜百户大声喊道。

左书臣正拿着单筒望远镜，站在炮楼前沿往外看，表情严肃，一脸肃穆。唐克峻立在他旁边，扭头看见王夫之，怔了一下，亦一言不发。王夫之走上去，拍了拍唐克峻的肩膀，一切都在不言中。他冲着左书臣轻轻道："左将军，在下有重要事情报告！"

左书臣缓缓地回过头，用奇怪的表情看了王夫之一眼，随即将手中的单筒望远镜递给了唐克峻，道："夫之先生，请讲！"他明知此时战局已定，王夫之的到来不管说了什么重要事情，都不可能改变战局，但他还是感动于王夫之冒着生命危险跑到主炮楼上来。这些书生，比他想象的要勇敢与无畏得多。

王夫之快速而简单地讲了一下马衿升地下工厂的事情，左书臣的眼神闪过一丝惊喜的光芒，但刹那间，这一升腾的光芒又暗淡下去。王夫之最后道："只要左将军派一支小分队，比方，由克峻兄带队，我们去把那成箱成箱的火药和成摞成摞的炸弹运到城楼……"

"唉，夫之先生。"左书臣打断了王夫之的话，异常痛苦地低声道："张献忠的总攻马上开始了。大局已定，远水难救近火。"

"啊？不好！夫之兄！"

突然，唐克峻尖叫一声，放下手中的单筒望远镜，有些惊恐地对王夫之道："我、我看到前排队伍里有参之兄，啊，还有廷聘先生和你们的家眷……"

王夫之闻之一抖，天啊，难道二哥和大叔、小叔他们逃出城后都被抓做人质了？难道最最担心、最最害怕的一幕真的就这样发生了？王夫之拿过单筒望远镜往外一看，果然从前排的队伍中，他发现了二哥和大叔，还有他们的家眷，以及自己的家眷都在拥挤不堪的人群中。紧跟在他们后面的是拿着刀枪和盾牌的大西军。

"这、这可如何是好？"王夫之放下单筒望远镜，怔怔地盯着左书臣，喃喃道。

"这逆贼好毒！老子真要跟他们拼了！"姜百户恨恨道。

"左将军！克峻请求带五十名兵卒随夫之兄去地下工厂！"唐克峻道："不管火药和炸弹能否为我所用，总之不能让逆贼得到！"

"好！"左书臣点点头，道："姜百户随去。另外加派二十名兵卒，由姜百户统一节制。"

王夫之望着城墙下黑压压的人群，怒火中烧。

唐克峻拉着他的手，带领二十名兵卒，与姜百户一起，迅速下去。

四

密密麻麻的大西军蛇阵似的朝前蠕动，越来越近。无数的蛇信子蘸着血，发出丝丝的声音。

左书臣咬了咬牙，指关节握得咔咔作响，看得出，他的内心正在经受着巨大的压力和痛苦的煎熬。进攻，必然会伤及前面无辜的百姓；不进攻，后面的强敌就可以伺机破城。而一旦破城，无辜的百姓依然面临着未知的命运。他恨张献忠，恨他不择手段，把无辜百姓当盾牌，如此破城，能算英雄吗？

实际上，战局的胶着让张献忠失去了耐心，也放弃了做英雄的打算。不错，攻城之初，他是有过做英雄的念头的。他读过一些古书，试图追求"仁战"，即在战争中依然要体现人的情义、尊严与价值。战争如果不择手段，那就胜之不武。这也是为什么当邓紫鎏向他献计献策，原本要马上去做的事情，一拖再拖。

这个"拖"的过程，体现了张献忠的犹豫和他对做英雄的渴望。

然而，做英雄，不仅需要勇猛，需要智慧，需要坚定的毅力，还需要耐心，张献忠缺的恰恰就是这个耐心。倘若他再等一等，倘若他对战争中博弈的张力有深刻把握的话，他不用这种人质战术，同样可以获得成功。他不想做项羽，只想做刘邦。张献忠等不及了，他要的是结果。快一个月了，衡州城池还没有被攻破，这不是他要的结果。张献忠的坏脾气上来了，他恼羞成怒，他对胜利的渴望远远超过了对做英雄的渴望。

尤其，当有人向他报告，守城将士将尸体堆上马车，浇上油，点上火，冲进大西军的阵地，张献忠心中的那根弦顿时绷断了。

"既然敌人连自己同胞的尸首都不放过，我们还顾忌什么呢？"张献忠的脸孔剧烈地抽搐了一下。

于是，张献忠决定把在城外抓到的五千多名百姓集中到一起，用刀枪逼着他们排着方阵，走在队伍的最前方，八万多名大西军以纵队梯形紧跟在百姓后面。既没有战鼓，亦没有旌旗，只有黑压压的队伍如巨蟒般滚动，森森地朝前逼进。

这一招果然奏效，他们没有受到城楼密集的炮火和箭矢的攻击，很快抵近衡州城西的城墙。

就在左书臣犹豫的瞬间，大西军迅速抬来云梯和攻城梯，一排排搭好，逼着百姓先行攀爬上去。只要左书臣不下令开火，这些百姓就会轻而易举地登上城墙，而大西军会紧随其后，很快攀上城墙，攻入城内。

此时，走在最前排的衡城百姓，心里非常痛苦、纠结：既盼望快速爬上城去，与守城将士一起，回到亲人身边；又害怕守城将士阻止他们上去，最终别无选择地挥刀、射箭——因为他们上去，张献忠的将士也会顺势跟着上去，如此，上去就等于送死，不上去，后面的刀子逼着他们，也会身首分离……他们望着一排排云梯和攻城梯，终于在城墙下面停住了。他们眼光迷离而绝望，这不仅因为对死亡的恐惧，也有担心亲人相残带来的比死亡更可怕的事情发生。更为重要的是，衡州城西的城墙高而陡，即便是搭上云梯或攻城梯，对一般年轻人而言，爬上去都是一件十分困难的事情，更何况被抓来的人质中更多的是老弱妇孺。面对死亡，他们颤巍巍爬上云梯，那是怎样的惨状？

突然，走在最前面一排衡城百姓中有十余名壮汉，他们赤手空拳，毫无畏惧。随着一阵怒吼，他们猛地转过身，不顾一切地冲入大西军，奋力夺刀抢剑，与敌人进行肉搏战。大西军顿时一阵慌乱。但是很快，这些不要命的衡州男儿先后倒下去，他们仍然奋力挣扎着，吼着，叫着，又是咬又是撕又是抓。其中一名壮汉尤其凶猛，他接连抱住两个大西军兵卒的头，一个咬掉了半边脸，一个咬掉了一个耳朵，痛得被咬者哇哇怪叫，最后他被一顿乱刀利剑砍倒在地，剁成一堆肉泥。

当反抗大西军的壮汉全部倒下后，其他人别无选择，他们面对眼前闪着寒光的利刃威逼，只能慢吞吞地向上攀爬。

"跟上，跟上！不许后退！"衡州百姓被大西军的将士凶狠地推搡着朝前走去。

眼看就要轮到王参之和王廷聘他们向云梯攀爬了。

王参之悲愤道："大叔，您带着大家往侧面走，我跟他们拼了！"

"参之！千万别乱来！"王廷聘马上拉住了他，道："你年纪轻轻地拼了命，起不了任何作用，不值。要攀爬，我们一起爬。要死，我们一起死……"

"快跟上！快攀上去！"一名大西军的兵卒，用刀背砸向王廷聘的身子，又向王参之挥动着刀尖，吼道："快点爬，还等什么？有人来救乎？"

话音未落，突然从城墙的侧面放下一批带钩的马绳。紧接着，二十余条黑影抓着马绳一跃而下，寒光闪闪，手起刀落，如一阵旋风，杀出一条血路。一队勇士径直冲到王参之面前。

王参之一看：啊？竟是夫之弟和克峻等人，尤其是前面的汉子，刀法最凶最猛。王参之不知道那就是姜百户。只听王夫之冲王参之大喊一声："不好！二哥快闪开！"此时，一个大西军的砍兵挥刀杀向王参之，只听"咔"的一声，王夫之的龙星剑划出一条寒光，这个砍兵的脑袋应声而落。

这时，愤怒的王廷聘也从一个大西军那里夺来了一把砍刀，大喊一声，与王夫之一起，组成一道保护屏，向城门奔去。

攻城的大西军开始混乱起来。

"放炮！放箭！"一声怒吼，城墙主炮楼里，左书臣含泪下达了攻击的命令。

然而，一切为时已晚。一方面，城楼上的炮弹不足五十枚，箭矢不足一千支，这点炮弹和箭矢对于排山倒海般前进的大西军起不到任何阻碍作用；另一方面，守城将士已无士气，纷纷溃逃。

尤其可怕的是，邓紫鎏带着一批"维鹰会"成员在城门前放火，并趁乱打开了城门。大西军浩浩荡荡开进了城内。

张献忠见城门已开，也不再顾及抓来的百姓，任其四处逃散。他喝令一声，自己率部迅速进城，直奔桂王府而去。

左书臣知道大势已去。城西门前，大西军旌旗猎猎，刀剑闪闪，锣鼓喧天，兵卒奔涌，得胜的一方总是那么气势磅礴，欣喜狂热。而此时，城墙上的主炮楼里空空荡荡，连一个卫士都不见，想想真像做梦一般。刚才还有那么多兵卒、将士，还有那么多刀剑、盾牌、铠甲和人声，突然间，竟统统消失了。左书臣甚至弄不清那些人群、器械是如何消失的。眼前只有一座主炮，刚才发出了最后的怒吼，现在也沉默下来，身体由滚烫、温暖到冰冷，左书臣轻轻抚摸着炮管，能够感觉到这种温度的变化。他慢慢坐下来，长长舒了一口气，这一刻是在他预料之中的，因此没有悲伤，更没有恐惧，有的只是难得的平静。他从酒壶里倒出最后一口酒，喝了下去，然后重新站起来。他看了一眼城墙外，大西军还在源源不断地挥旌而入。左书臣将自己的主旗从炮楼上摘下来，披在身上。

是离开的时候了。左书臣满脸是血，异常疲惫。他一步一步爬到炮楼的最顶端，看了看炮火四起的衡州城，躬身朝向北方，恭恭敬敬拜了三拜，然后挺直身子，纵身一跃……

五

王夫之和唐克峻从大西军左侧杀出一条血路，忽听大西军队伍一阵混乱，他来不及回头，急急带领一批人，包括王廷聘、王参之和王家聘等，朝东门奔去。

大西军也不追赶，只是浩浩荡荡朝城内开去。

大约奔走了五箭之地，王夫之突然发现，姜百户不在。他连忙问唐克峻："克峻兄，姜百户姜大人呢？"

"他身负重伤，让我们不用管他，令我带着大家快跑！"唐克峻边走边答。

"那怎行？"王夫之急道："你们快走，我回去找找。"

唐克峻只好停下来，直喘粗气，道："夫之兄，战争是要死人的，不能太过书生气。这些日子，我见过太多的死难者。他们都不应该死，可他们都死了。这就是战争。"唐克峻望着王夫之，严肃道："你思量过没？你回去找人，将冒多大风险？"

"冒多大的风险也得冒！"王夫之大声吼道。

唐克峻一怔，见劝说无效，只好长叹一声。

"别人怎么样我不管也管不了，姜百户姜大人只要没有死，无论伤成怎样，哪怕是扛，我也要将他扛回家！"王夫之掷地有声，泪水奔涌而出。他瞥了唐克峻一眼，掉头而去。

王廷聘见状，对王参之道："贤侄，你带着家人快快离开，我随夫之一起去找姜百户。"

真是惨不忍睹。像风暴蹂躏后的大地，城墙下，一片狼藉，遍地是尸，是开裂的刀剑，是折断的箭矢，是砍断的胳膊和腿脚，是血肉模糊的伤者。呻吟，哀号，扭动，死寂。

此时的大西军，并未像传说中的那样，大开杀戒，而是列着整齐的方阵，以胜利者的姿态，威风凛凛地挺进城内。他们没有谁关注或在意王夫之和王廷聘提着刀剑在寻人。按说，此时，提着刀剑，是十分危险的。可是，大西军似乎明白，一两个提着武器的人，根本不敢向他们发出挑战，否则，只会自寻死路。

王夫之沿着城墙，一边寻找，一边大喊："姜百户！姜大人！"

王廷聘也不时用手中的刀把翻动着尸体。在离城门大约一丈远的地方，王廷聘在翻一具尸体时，突然，"尸体"伸出一只手来，吓得王廷聘"啊"的惊叫一声，跳了起来。

"怎么啦，大叔？"王夫之赶紧问道。

"我、我……夫之、先生……"那个"尸体"用极低的声音呻吟着，他的手高高举起，似要说什么，却说不出来。

王夫之过来一看：天啊，这不正是姜百户吗？他怎么成了血人，成了"尸体"？王夫之立即抱起姜百户，只见他后脑袋被砍去半边，一只眼珠带着一片肉搁在脸上，双腿亦不见了，像个陀螺人，只留下残缺不全的上半身。这样的"尸体"居然还没死，如此强大的生命力实属罕见。

姜百户顽强地挺着，坚持着，似乎坚信王夫之会过来，给他的生命做最后的见证。

"姜百户，姜大人！"王夫之轻轻呼唤着，泪如泉涌："我是夫之，我带你回家，你不能死……你要回去照顾你的儿子，你还要参加女儿的婚宴……"王夫之边说边从衣服上撕下一条布，试图将他血迹模糊的脸孔擦干净，然而，这是徒然的。

姜百户脑袋上的血本来开始凝固，因为擦拭，鲜血又开始流了起来。半边脑袋像打开的西瓜，红红的。

一只苍蝇在头上飞，被王廷聘愤怒地赶走了。

此刻，姜百户的上半身躺在王夫之的怀里，像个发育不全的大男孩。他似乎听懂了王夫之的呼唤，极力挣扎，用尽最后一点力气，道："我、我不回家、不回家了……我、不要、不要吓着傻儿子……不要、不要吓着我、我的女儿……夫之、先、先生……您告诉、诉我的家人，我、我不、不是……逃、逃兵……"

"逃兵"二字，姜百户说得极轻极轻，王夫之听得很清楚。说完，姜百户面色平静，停止了呼吸。王夫之能够感受他身上的温度正一点一点消失，直到变成真正的尸体：一具残缺的、僵硬的、冰冷的尸体。

王廷聘一脸肃然地看着王夫之抱着姜百户，他不知道该说些什么才能减轻王夫之心中的创痛。

"大叔，这是英雄！是顶天立地的英雄！"王夫之抬起头，异常冷静地说道："我要好好埋葬他！"说完，他缓缓起身，向四周张望，然后从地上拾起一把长剑，大步朝城门右侧的一棵小松树走去。

两人很快就掘了一个小小的墓穴。王夫之捡起一个水壶，摇了摇，似乎还有半壶水，他来到姜百户身边，异常庄重地将他的脸清洗了一遍，将剥落出来的眼珠塞进右边空洞的眼眶里。恰在此时，一颗滚烫的眼泪掉进了这个眼眶，泪水流出来，既像是姜百户右眼流出来的，又像是王夫之在无声地哭泣。或者说，他们隔着阴阳两界，共同为这场战争哭泣。

夕阳西下，一束残阳照在姜百户惨白的脸上。王夫之小心翼翼地抱起他，一步一步走向挖好的墓穴。王夫之停下来，深深吸了一口气，然后弯下腰，将姜百户轻轻放进墓穴中。

"我来垒土。"王廷聘道。

"等等！"王夫之举手制止，道："大叔，我们应该还他一具完整的尸体。"

"可是，你怎么去找到那些残缺的肢体？"大叔感到有些为难。

"不一定是姜百户自身的肢体，但至少看起来是完整的尸体。否则，我无法心安。"王夫之坚持道。"姜百户临死都知道自己的样子吓人，怕吓到儿女，我受不了。他是渴望完整的身体的。"

于是，两人又去寻找姜大人的手和脚等，这个还算容易。最难的是半片后脑，他们找了好一会儿，也没找到。王廷聘从大西军一具尸体上割下半片后脑，补在姜百户脑袋上。

王廷聘明白，王夫之对于姜百户有一份特殊的感情。

"不对，大叔。"王夫之突然触电般停了下来，道："刚才那半片后脑是从大西军士兵头上割下来的？这怎么行？"

"那、那如何是好？"王廷聘也很尴尬，讪讪道："你看，很难找到一具完整的尸体。许多尸体已经分不出敌我。"

"大叔，我要半壶水。"王夫之跪在墓穴边，道："我要重塑英雄的头！"

王廷聘不知王夫之要做什么，他从不远处找来半壶水，递给王夫之，道："还需要什么？"

王夫之没有吱声，他让大叔帮忙，把姜百户的遗体轻轻放进墓穴中，小心翼翼地将那半片后脑放好，然后从旁边捧起三捧黄土，垒成半边脑袋的样子，将半壶水慢慢浇上去，一边揉，一边拍，直到与半片后脑完全缝实成一个整体。这时，王夫之抽出龙星剑，王廷聘大叫一声："贤侄，你要做什么？"一道寒光从王夫之左臂上划过，顿时血流如注，一滴一滴掉在那半边脑袋模样的泥土上。

王廷聘赶紧从身上撕下一块布条，将王夫之的手包扎好。王夫之将自己的血均均匀匀涂在了姜百户完整的脑袋上，这才慢慢站起来，道："姜大人，我们的血合在一起。你没做完的事情，由我来做。你就好好安息吧。"说完，他开始铲土掩埋。

"贤侄，你歇一会儿。我来做。"王廷聘一向散淡，但此刻异常庄重。但王夫之没有停下来，而是继续一铲一铲，将姜百户的墓垒了起来。

垒好最后一把土，王夫之直起腰，嘴里喃喃地说着什么。王廷聘没有听清楚。接着，王夫之从不远处找来三棵小松苗，小心翼翼地栽在姜百户墓坟旁，充满强烈的仪式感。

唉。王廷聘明白侄儿的苦心，生于乱世，荒冢太多，如无标识，他日寻访，恐无头绪。

"一场战争，让一名书生真正变成了一名战士。"王廷聘感慨万分，他不知是该为王夫之高兴，还是该为他难过。

王夫之将三棵松苗培好土后，长长地叹了一口气，然后又肃然地拜了三拜。这才转过身来，一脸宁静地望了望灰蒙蒙的天空，然后，他几乎是有些踉踉跄跄，与大叔离开了这片不堪回首的伤心之地。

第十五章　公审大会

一

王介之去城东找罗亦篦，却远没有王夫之找人那么顺利。

首先，王衙坪距城东较远；其次，王介之没有找到马车，而完全靠步行；再次，街上实在太乱，不断有怪事发生。例如，一匹马发疯了，在老街上狂奔；出门不久，前面一个铺面突然起火了；王介之还没缓过神来，左边的半个门楼爆炸了，灰尘腾空而起。尤其令王介之头痛的是，潮水般混乱的人流，个个惊慌失措，如无头苍蝇，一不小心，就会撞得人仰马翻，王介之躲之又躲，小心再小心，还是被撞倒过三四回。当他鼻青脸肿，跌跌撞撞快接近城东时，更恐怖的一幕突然降临：一具无头尸体，血淋淋的，"呼"的一声，从城楼砸到地面上，尸体上的碎肉和血水将王介之溅得满脸都是。

"啊？"王介之尖叫一声，当即瘫倒在地。

比王介之更倒霉的是他前面一个背着包袱的年轻人，正急匆匆地走着，却被这具尸体砸中，当场昏死过去。

王介之惊恐万分，颤巍巍地爬起来，揩了揩脸上的碎肉与血迹，还来不及打听是怎么回事，只见前面城楼上的守军丢盔弃甲，潮水般地退了下来。王介之被疯狂的人群挤出老远，在一家棺材铺前，好不容易停下来。这时，他才听清人们都在惊恐地议论：

"不得了啦，不得了啦，罗大人被杀了啦！"

"谁杀罗大人？是'维鹰会'吗？"

"哪里，是衡州同知朱归孺朱大人。"

"朱大人不是失踪了吗，他为什么要杀罗大人？"

"啊，快看呐，罗大人的脑袋挂在城楼上，好可怜！太惨啦……"

王介之怎么也想不到：罗亦篦没有死在大西军的枪炮下，而是死在自己守护的城楼上。

事实上，罗亦篦完全可以提前逃走，因为先天晚上，桂王府的翁不群曾派人密报他，说桂王府最后一批人员已经向南撤离。尽管桂王严令他与衡城共存亡，但如果他真欲逃离，可以用"护王"名义，随桂王府南撤，桂王不会怪罪他。

罗亦篦感谢翁不群的好意。他明白，离开，意味着活命。留下，意味着战死。但他万万没有想到，他死得如此不堪。

当时，黄真川把搜集到的最后一点弹药、器械和二十名兵卒送来，罗亦篦望着更加消瘦的黄真川，有些歉意道："国难当头，多多受苦。"罗亦篦本欲说，如果不是临危受命，黄真川可以安度晚年。但黄真川不让他说下去，昂头慨然道："庶民命与书生命同，兵士者与书生者亦同。握笔者操刀持剑，固为其难。但国运如此，不得不从。临难一搏，方见寸心。"

罗亦篦见状，甚为感动，遂将桂王离衡的绝密消息告诉他。

黄真川闻之，道："桂王有桂王的天命，我们有我们的责任。桂王在衡，真川如是；桂王离衡，真川亦如是。"

"黄老先生真丈夫也。"罗亦篦眼眶发热，目送他离去。

黄真川走后，罗亦篦回到城楼的营帐内，正与部属商议如何组织最后的防守，以阻止大西军主将刘文秀更凶猛的攻击。

这时，营帐外突然传来一声禀报："衡州同知朱大人求见。"

罗亦篪神经一紧：朱归孺来了？他不是失踪了吗？罗亦篪还为此禀报桂王，让黄真川在关键时刻接任知府同知，现在他怎么回来了？罗亦篪还听闻朱归孺的老家朱府门第和"得善楼"都被"维鹰会"放火烧了，他已被"维鹰会"所害，怎么现在冒了出来，而且来到了城楼上？

"快快请进！"罗亦篪来不及多想，连忙说道。

"知府大人辛苦了！"

随着一句熟悉的声音响起，营帐一开，一个人快步走进，众人一见，果然是朱归孺！

罗亦篪又惊又喜，上去拥抱。然而，就在这刹那间，一把短刀猛地刺进了罗亦篪的心脏，罗亦篪"啊"地惊叫一声，捂着胸口。

朱归孺又异常冷酷地用刀子往罗亦篪心脏转了个圈。这才猛地抽出来，一股热血，溅得老高。

罗亦篪跌倒在地，眼球突出，死死地盯着朱归孺，"你、你……"，他还来不及问一句"你为什么这样做"，便含恨咽了气。

朱归孺没发一言，毫无人性地刺死了罗亦篪，手段之凶狠、残忍，动作之娴熟、干脆，令在场的部属无比震骇。

这还不算，朱归孺又手起刀落，将罗亦篪的脑袋割下来，提在手里，血淋淋的。而后，他将刀子一扔，恶狠狠扫了大伙一眼，厉声道："诸位都看到了。有谁不服者，当与此同！"

所有人都吓得心惊肉跳，没有人知道朱归孺为何如此恨罗亦篪，更不知道他接下来还会有什么疯狂的举动。

"告诉诸位，朱某与罗大人并无深仇大恨。"朱归孺提着罗亦篪的头颅，右手食指刮了刮上面一圈血滴，然后敲了敲头盖道："不仅如此，朱某甚至感激罗大人对我的提携。既然如此，朱某为何还要杀他？"

营帐内的声音仿佛凝固了。大家看着朱归孺，紧张，沉重，空气中充溢着新鲜的血腥味。

"诸位知不知道'良禽择木而栖，贤臣择主而事'这句话？桂王带着家眷全跑了，诸位还要对他尽忠？杀罗大人一人，救衡城成千上万百姓，值不值？"朱归孺有点揶揄道："朱某失踪的这些日子，就是在做'择木'的相关工作。诸位难道没听到外面的枪炮声？告诉诸位，张大帅已经破城。城西高楼上率先插满了'张'字帅旗！我们这里也要易旗！"说完，朱归孺走出营帐外，命两名兵卒将罗亦篦的脑袋挂在城楼最显眼的地方，把"张"字帅旗插在城楼的最顶端。

"啊，快看啦，主将罗大人的脑袋挂在了城楼！"

"啊，快看，快看！城楼升起了'张'字帅旗！"

"快逃！快逃！大西军进城了！"

"快回家去，快快逃命！……"

刹那间，有如大河决堤，城东守军乱成一团，纷纷溃逃，弃城而去。

城东大门"轰然"打开。

刘文秀带着六万多名大西军，列着方阵，以胜利者的行军仪式，浩浩荡荡地开了进来。

一切发生得如此之快，王介之随着拥挤混乱的人流，从棺材铺不由自主地退到城南的铁铺。

惊魂未定之际，突然有人大声叫道："介之兄！"

王介之抬头一看，一双大手抓住了他，竟是同样惊慌不已的邹统鲁，"啊？统鲁兄！是你！"

邹统鲁将王介之拉入铁铺的门角，急促地问："你怎么还在大街上走？张献忠率主力进城了！刘文秀部和李定国部亦进城了！城北叶将军此刻恐怕也抵不住孙可望，完了，全完了……"

"你知道否？罗大人的人头挂在城东高楼上，太可怕了！"王介之捶胸顿足道："统鲁兄，你要去哪里？"

"我刚才经过尚德客栈，本来要去找曹伯实和夏汝弼等兄弟，结果发现那里被炸得惨不忍睹。"邹统鲁喘了一口气，悲愤交加道："尚德客栈烧了一半，那些伤员全部被杀掉了！尸体都扔到了蒸湘河里，尸血将河面都染红了。真是太惨了！"

"啊？如此残忍？"王介之道："眼下如何是好？"

"夫之兄呢？他在哪里？"邹统鲁急道："逆贼残暴如斯。照此情形，衡州学子难逃一劫，须速速撤离才是。"

"我家小弟去了城西，亦不知怎样了。"王介之忧心忡忡，道："短短几个时辰，发生的事情太多了，件件都是可怖之事，闻所未闻，匪夷所思，难以置信。"

"介之兄，你回去看看武夷先生。参之兄亦应在家否？"邹统鲁道："我也回去看看自己的家才是。"

二

王参之确实回到王衙坪老家了。由于王夫之执意去找姜百户，大叔王廷聘也随着去了，王参之只好带着十余个家眷，急匆匆地向前赶。唐克峻带着三个兵卒紧紧跟着。

王参之走了好一阵子，没看到王夫之和大叔追上来，这才突然想起：我们该去哪里躲避呢？

唐克峻道："还是回王衙坪老家吧，别的地方也不是安全之地。"

王参之觉得也是，现在衡城被攻破了，没有地方绝对安全。况且家里还有父亲大人和母亲大人呢。

王参之便对唐克峻道："既是回家，我带着大家走就行了。你有重要的事情要做，就不麻烦你了。"

唐克峻点点头，道："也好。我先去管兄家看看吧。"

与王参之等人分开后，唐克峻带着三名兵卒，直奔管时求家。然而，还未到管家，远远地就听到一阵激烈的打斗声传来，夹杂着几声尖叫和刀械的撞击声。

"不好！"唐克峻惊叫一声，赶紧奔向前去。但见管家门前，七八名黑衣人正与管时求、李国相、文之勇等缠打在一起。

黑衣人都是"维鹰会"成员，他们用的是清一色的朴刀，出手狠而凶，刀刀致命，为首的是邓澄忠、邓澄诚兄弟。他们十分疯狂，试图救出马衿升。

然而，衡州学子的战斗力不容小觑，个个都有绝活。管时求用的是"管家枪"，这种枪以退为进，柔中带刚，令人眼花缭乱。管时求不断转动着身体，划出一道道弧线，把自己保护起来，并出意不其戳中一个黑衣人的肩胛，黑衣人"啊"地痛叫一声，倒在地上。

李国相用的是砍刀，他臂力不错，对付一两个黑衣人不成问题。文之勇用的是雁翎腰刀，这种刀身粗而直，刀尖上翘，形成圆弧形，刀尖至刀背多处有锋刃和反刃，是一种攻防兼备的武器。

还有一个年轻人也在战斗中，刀光闪闪，但他的处境十分危险。

唐克峻飞快赶到，大喊一声："克峻来了！"他取下肩上的板斧，这板斧还是城西主将左书臣送他的。唐克峻原本箭术不错，左书臣见他拉弓时臂力挺大，便送了这把板斧给他，说是从大西军一校官身上缴来的。左书臣用了用，感觉不错，便一直带在身边，直到王夫之找来，左书臣派唐克竣随姜百户去地下工厂，他把板斧从腰身取下，庄重地塞给唐克竣，说："你会用得着它"。

此刻，唐克峻挥舞着板斧，径直杀向两个黑衣人，将危急中的年轻人及时解救出来。

管时求大叫："克峻来得正好！快教训这些孽种！"管时求特地对被解救出来的年轻人说道："记住，箕弟，刚才救你的是克峻兄！"

唐克峻这才明白，原来这个年轻人是管时求的胞弟管嗣箕。

管嗣箕比管时求小八岁，常年帮管父打理一家书店，主要销售《戒指儿记》《英雄谱》《西厢记》《拍案惊奇》等市井读物，与衡州学子见面不多，但颇有血性与才情。管嗣箕与王夫之倒是较熟，因为王夫之经常到他书店淘书，买过《全汉书》《后汉书》《二十四帝通俗演义》《东汉通俗演义》等全本。刘子参听王夫之提及过他，说管时求家里的书之所以比刘子参家的多，原因就是他家有一个藏书量丰富的书店，还有一个善打理、挺精明的小弟管嗣箕。

"克峻兄，快帮帮我！"突然，唐克峻听到管家屋里有人在叫喊。他掉头一看，天啊，竟是刘子参神色慌张地冲向门口，手执一把短刀，正与一个头上缠着绷带的人打在一起。那个缠绷带者虽然受伤，力气却极大，即便手中没有武器，但他蛮横冲撞，又撕又咬，又跑又跳，一次次挣脱刘子参的控制，又一次次被刘子参抓住，两个人的头上、脸上都是血，场面极度危险而混乱。

如果刘子参手中的短刀被缠绷带者夺去，后果不堪设想。

李国相大吼一声："子参！快将那个孽种制住！千万别让他逃了！"李国相说话时，由于分了心，被一旁的邓澄诚揪个空档，挥刀砍中右臂，李国相"啊"地尖叫一声，反手狠狠将邓澄诚刺了一刀。

与唐克峻同来的三名兵卒加入了战斗，其中一人上去补了一剑，正好击中他的腹部，邓澄诚哀号一声，倒在地上。

另一名兵卒冲上去，用脚死死地踩住邓澄诚，很快将他绑了起来，"啪啪"，给了他两记响亮的耳光。

与此同时，唐克峻冲到屋里，迅速向缠绷带者劈去一板斧。

刘子参大叫一声"克峻兄，不好！"他挥刀挡过来，只听"砰"的一声，唐克峻手一颤，不解地望着刘子参：如此危险之中，却不让他砍杀缠绷带者，这是何故？

"此贼有用！"刘子参及时补上一句。

唐克峻顿时明白了：此人一定是马衿升！

"真是好险！"唐克峻这一板斧用力过猛，刘子参虽然用短刀挡了一下，但还是将马衿升的屁股砍了一块肉，刘子参的右臂也负伤了。

马衿升嗷嗷怪叫，痛得在地上打滚，屁股上全是血。

刘子参怒气冲冲，他的右臂上也血淋淋的。

邓澄忠见唐克峻带着三名兵卒加入了战斗，马上意识到胜利的天平偏向了衡州学子。特别是邓澄诚受伤并被捉，虽然自己一再冲上去，试图解救他，然而，一次次无功而返。再这样下去，不仅救不出马衿升，亦救不出邓澄诚，甚至连自己也有可能被杀。

无奈之下，邓澄忠奋力嘶了一声鹰叫。这是最后一次集中攻击并立即撤退的信号。

同来的黑衣人与邓澄忠异常凶狠地冲向管时求和李国相等人，管、李二人早有准备，挥舞刀枪阻挡进攻。

然而，邓澄忠采取声东击西的办法，他的朴刀明明挥向了李国相，却临时改变方向，突然冲向管嗣箕。

管时求大叫："箕弟小心！"

但是不幸，邓澄忠出手快而狠，管嗣箕胸部中了致命一刀，血"扑"

地激溅出来。管嗣箕顿时倒在地上。

管时求"啊"地怒吼一声，"看枪"！他手中的"管家枪"飞了出去，划出一道寒光，击中一个黑衣人，黑衣人应声而倒。管时求冲上去，将枪抽出来，又朝着他的后背狠狠地刺了进去。

黑衣人全身是血，很快毙了命。

邓澄忠见势不妙，手一挥，留下邓澄诚和马衿升，还有一具尸体，灰溜溜地逃走了。

管时求立即跑过来，扶起倒在血泊中的管嗣箕，大声叫道："箕弟，箕弟，你睁开眼睛！快睁开眼睛！"

这一场恶战，是衡州学子与"维鹰会"成员的直接对抗。衡州学子方面，除管嗣箕身负重伤、生命垂危外，李国相和刘子参都受伤不轻。而"维鹰会"方面，倒是没占到任何便宜，他们除了丢下一具尸体，邓澄诚受伤被捉，马衿升再次受伤，另外两名黑衣人也不同程度受伤。

当然，如果不是唐克峻在关键时刻率三名兵卒出现，情况一定非常糟糕。

残酷的战斗，终于结束。

李国相躺在地上，一点气力都没有了。他的右臂被砍，流了不少血。他本来想去看看管嗣箕的，但站不起来，只好冲管时求叫道："箕弟伤势怎样？"

文之勇精疲力尽地站在管时求身边，他身上溅满了血迹，但顾不上擦洗，只是无助地看着紧闭双眼、一脸苍白的管嗣箕，他的心情非常沉重。听李国相在叫着问话，文之勇朝他投去一瞥，轻轻地摇了摇头，嘴唇动了动，不知道说些什么。

唐克峻让三名兵卒紧紧地看住马衿升和邓澄诚，自己帮助刘子参扎好伤口，然后又快快扶起李国相，叹一口气，道："衡城大门终究还是破了。真是惨不忍睹。"

"唉，真没想到，桂王竟逃了！"李国相十分沮丧。

"这个是迟早的事情。"唐克峻同样沮丧，道："锦衣卫马暨垂早早被派去广州搬救兵，可一个救兵的影儿都没有。桂王亦无奈，为了自救，唯有逃矣……"

"箕弟，箕弟！"管时求抱住自己的胞弟，捶胸顿足，一遍一遍喊道："你要醒醒，你快醒醒！"

这时，唐克峻也围了过来，对文之勇道："汝弼老弟在哪？他要在此就好了。"

"克峻兄，你不知道，尚德客栈多乱！"文之勇道："楼下突然起火，像被炸弹炸过，又像是泼了油，火势异常凶猛。我与子参兄刚跑出来，临街的半边墙就倒了下来，不知道汝弼老弟逃出来了没有，伯实兄和嫂夫人等，恐遭不测……"

"啊？伯实兄也来了？"唐克峻道："听说他娶了姜家的晓书姑娘，你见着了吗？"

"怎么没见？"文之勇道："我们天天在一起。姜家最小的姑娘，叫若画的，人美心善，也在那里救人。唉，都是好人。"

"我跟伯实兄一见如故。"唐克峻一脸疲惫，道："希望他和姜家姑娘都能平安。"

文之勇忽然道："对了，夫之老弟在哪里？"

"我们本来在一起，好不容易冲出来了。可他坚决要去找姜百户。"唐克峻。"现在不知道他在哪里。"

"啊？姜百户？我认识啊。"文之勇道："当时姜若画给他治伤时，用刀割着他箭伤周围的一块块腐肉，他硬是一声不哼。临了，说姜姑娘跟他女儿一般大小，还许诺一定要回家去，说女儿在等着他出嫁。我印象可深刻了。怎么，他又受伤了？"

"岂止是受伤？"唐克峻叹道："恐怕凶多吉少矣。"

三

王夫之跟大叔王廷聘合力埋下姜百户后，两人正往王衙坪赶去。走了没有一杯茶的工夫，突然看到王家聘惊慌失措地从前面跑来。

王廷聘一愣，停下对王夫之道："你看，那不是你小叔吗？"

"啊？"王夫之失声叫道："是小叔！这些日子，他一直在衡州知府做杂役。现张献忠率大西军进城，他在为谁奔忙？"

"贤侄！夫之！"王家聘跑过来，上气不接下气，看了一眼二哥王廷聘，又看了一眼王夫之，急道："快，快去石鼓书院！"

"去石鼓书院做甚？"王夫之颇为疑惑。

"黄老先生叮嘱我务必找到你，他有要事找你，快快前去。"王家聘道："晚了就来不及了。"

"小叔说的是黄真川老先生？"王夫之道："他怎么了？他不是在朱归孺失踪后，被桂王临危之时任命为衡州同知吗？"

王家聘点点头，道："听闻张献忠进城后，要烧石鼓书院。黄老先生领一小队兵卒守护其间。若张献忠定要焚烧石鼓书院，黄老先生无法抵挡，他欲与家人一同殉难，以保书院。"

"真川先生如此气节，衡州书生当铭记之。"王廷聘叹道。

"黄老先生说有话对你交代，我便四处找你。"王家聘道。"不负皇天，总算找到。"

"我们快快去石鼓书院！"王夫之听闻黄老先生有事交代，心急如焚，拔腿就跑。

"贤侄休得造次！"王廷聘一把抓住王夫之，道："你此去，若大西军在，岂不自投罗网？"

"如此，也不顾了。"王夫之挣脱王廷聘的手，转身又跑。

这一回，王夫之被王家聘挡了回来。只见王家聘颇为懊恼道："适才二哥提醒得对，看来确实去不得。张献忠进城后，衡州书生悉数在手。顺从者为他卖命，或得官受禄；逆忤者必遭惩处，或身首分离……"

"大叔、小叔，毋须多言。小侄之命自有天数。"王夫之凛然道："自投罗网也好，身首分离也罢，既然黄老先生……"

突然，旁边走出一个人，用力塞给王夫之一个纸条，低声道："黄老先生已赴黄泉。衡城变天。你们快走，越快越好，越远越好！"说完，转过身，快速离去。

"此人是谁？"王廷聘、王家聘惊叫一声："啊？看背影，好像是奚鼎铉？"

"就是他！奚鼎铉！"王夫之异常吃惊，心想，此人早在攻城前就逃了出去，怎么此时还在城中？王夫之顾不上多想，他迫不及待地打开字条，只见一行苍劲有力的草书跃入眼帘——

战火屠城，天不见怜。个人事小，书院事大。城破之后，吾当死节，家人亦不可受辱于敌，故先自杀家人，老幼九命，再自我了结。生当有责，死得其所。若敌尚有丁点人性，书院或可保全。苟以一家之命易书院之长存，当无憾矣。黄真川绝笔

王夫之看罢，捶胸顿足，泪流满面，道："黄老先生不死之死，魂追千古！"

王廷聘也长叹一声："幸哉，衡城有真川，义薄云天矣！"

王夫之请两位叔叔去王衙坪看看双亲大人，自己则去找找衡州学子。

王家聘道："我们分开走。你们俩去找衡州诸生，找到后劝他们尽快离城。我回王衙坪看看大哥大嫂。"

就这样，王夫之跟大叔王廷聘很快出现在管家门前。

"你们都在，真是不幸中的万幸。"王夫之跟刘子参、文之勇、李国相打了个招呼后，简要说了一下姜百户的情况，随即又说了一下黄真川老先生的壮烈之举。

在场者无不动容，泪目，稀欷。只有管时求一脸木然。

"啊，时求兄，箕弟怎么啦？"王夫之猛地见到浑身是血的管嗣箕，他立即冲过去，跪下来，轻轻扶起管嗣箕的头，大声喊："箕弟，箕弟，你怎么啦，怎么啦？你快醒醒，快醒醒！"

管时求泪流满面，望着王夫之，道："我、我都不知道该如何跟、跟老父亲交代。"

王夫之知道，管时求母亲去世得早，管父把全部希望寄托在他们兄弟俩身上。管时求与管嗣箕情感深厚，十分亲密。本来，管父要把管嗣箕带到常宁外婆家去的，但管时求说让他来照顾好弟弟。而管嗣箕也不希望早早逃出衡州城。他虽然读书不多，但对哥哥很崇拜，觉得他们是在干大事，也希望有朝一日能够参与其中。然而，战争是残酷的，它不会给任何人签发死亡豁免证。

"可箕弟才十七八岁，正是一生中最美好的年华！"王夫之流下了眼泪："他还是一朵花，还来不及全部开放，怎么就凋谢了？"他扶着管嗣箕的头，在他耳边轻轻道："箕弟，你答应过我，要帮我留一整套《论语私抄》《论语类考》和《四书人物考》三部书，你不醒过来，我到哪里去找？……"

"时求，夫之，快起来矣。"王廷聘弯腰把了一下管嗣箕的脉搏，又摸了摸他的胸口，然后轻轻地将他的眼睛合上，叹一口气，道："人死不能复生。嗣箕小小年纪，为国捐躯，亦是死得其所矣。"

"死了，此人死了。"突然，跟唐克峻一起来的一个兵卒指着邓澄诚，大声道："此人死了。"

大家这才意识到，地下躺着的还有一个人：邓澄诚。

唐克峻走到邓澄诚身边，弯腰翻看了一下，然后站起来，朝王夫之点点头，道："此人确实死了。"

"啊？哥！——"随着一阵撕心裂肺的嚎叫声，已成血人的马衿升不顾一切地冲了出来，跌倒在邓澄诚尸体旁，昏厥过去。

唐克峻和一个兵卒齐力去抓，都没有抓住。

直到这时，王夫之才看到唐克峻原来也在这里，他向唐克峻投去惊喜的一瞥，感到些许安慰；也直到这时，他才明白，死在地上的这个人原来就是恶行累累的邓澄诚。他真没料到，与马衿升一起害得姜家惨不忍睹、家破人亡的兄弟俩，竟然以这种方式得到报应。

"我们还要去地下工厂吗？"唐克峻望着王夫之，忽然问道。他的目光有些迷离，外面混乱如此，战争已经结束，再冒着生命危险去地下工厂还有必要吗？

王夫之坚定地点点头，道："现在只是破城，战争并未结束。"

"夫之言之有理。"文之勇道："贼军只是进城，但能否立足于衡城，还看未来长久的战争。"

"除非每个人的心都被征服了，除非每个人都俯首称臣了。"王夫之说到这里，想到姜百户、想到黄真川，又特地看了一眼管时求和管嗣箕，道："除非亲人的血可以白流。"他突然大吼一声："我们能让亲人的血白流吗？"

"不！决不！决不！"管时求猛地站起来，双眼圆瞪，以拳捶头，恶狠狠地仰天怒吼："张献忠，老子与你誓不两立！"

王廷聘本来是想制止王夫之带着大家去找地下工厂的。因为，即便找到地下工厂，拿到火药和炸弹，意义也不大，毕竟张献忠已经破城。同时，管父不在家，管时求需要王夫之等人帮忙，好好埋葬弟弟。还有，管家地面上还躺着邓澄诚的尸体和重伤者马衿升，如何处理？管家一片狼藉，血迹斑斑，如要居住，就得好好清洗、收拾和整理等，这些工作，都要有人来做。尤其重要的是，张献忠进城后，对衡州学子的态度，包括会不会采取疯狂的报复等，都要有所预判，并尽快作出决断。但所有这些事情，都被群情激愤、无法抑制的愤怒掩盖了。王廷聘只好把想讲的话咽了回去。

管时求顾不上对管嗣箕的掩埋，王夫之等人顾不上对邓澄诚尸体的处理，李国相和刘子参甚至顾不上对自己伤口的清理和治疗，唐克峻还算清醒，安排他的三个兵卒镇守管家，叮嘱："你们务必寸步不离守护于此，直到我们回来！"

就这样，文之勇、刘子参、管时求、李国相、唐克峻以及王夫之与王廷聘一起，急匆匆地走出管家，朝地下工厂方向进发。

王廷聘有一种不祥的预感，觉得这一去，生死未卜。

王夫之等人行动迅速，但街道全被大西军占领，到处是兵卒，是车马，是辎重，是闹哄哄的声音。街道两边的茶楼、酒馆、当铺和作坊等大多关了门，但亦有少量的茶坊、酒肆、脚店和肉铺等处于开张状态，有胆大者还探头探脑，亦有个别老板拿着茶水摆放在门口，供路人取用。除了大西军，街上走动的市民并不多，只有一些人力车和挑夫仍在忙碌中。

经过一条小街，又转过一个街口，王夫之等人终于接近了马衿升所说的地下工厂。连接地下工厂的是一个黑岩洞，洞内长达二百余丈，进去后是一片大盆地，豁然开朗，里面分布着硝池、灶台，地面上堆放着一袋硝石、粗细不等的废料以及工人用石块垒砌的石床。而那些做好的火药和炸弹则放在另一边，用石头盖住。在原料和成品之间，又有一个洞口，下面就是马衿升曾经的居所，亦曾是邓紫鎏与邓氏兄弟等的秘密住所。按照马衿升所说，这个工厂还藏有不少玄关和秘道，极具隐秘性，易守难攻。

管时求拿着从马衿升身上搜来的钥匙，他走在队伍的最前面。李国相紧随其后。王夫之、文之勇、刘子参、唐克峻紧紧跟着。

王廷聘在最后压阵，他年龄最大，亦最紧张。虽然他武艺不错，耍剑弄棍，都不在话下，但从骨子里，他追求的是道家"清静无为，不求而得"，因此，当突如其来的时代大潮将他裹挟其中，他身不由己，只好勉力而为。

眼看就到地下工厂的入口了，王廷聘的衣角突然被人拉住。

王廷聘回头一看，惊叫一声："啊？袞冕？"王廷聘是认识郭袞冕的，也知道他与王夫之关系很好。但他还来不及听郭袞冕回答，只听"呼"的一声，王廷聘侧面响起了暗器声。

原来，郭袞冕身边还有一黑衣人，正挥着刀砍向王廷聘，幸亏这暗器疾来，击在刀口上，持刀黑衣人本能地闪了一下。

王廷聘大叫一声："无耻小人，竟敢偷袭我！"遂挥剑击向持刀黑衣人。

"夫之兄，你们快逃！"郭袞冕大声喊道："邓紫鎏带着'维鹰会'成员将你们包围了！"

话音刚落，一支利箭"嗖"地射来，郭袞冕应声而倒。

王廷聘纵身一跃，试图救出郭袞冕，无奈数名黑衣人冲了上来，将王廷聘围了住。李国相和唐克峻本来就有伤，此时根本使不上劲。王夫之、刘子参和文之勇虽未受伤，但三人因连续战斗，连一口水都顾不上喝，可谓又累又疲，面对强敌，他们顿感力不从心，边战边退，形势万分危急。

"王夫之，你等住手，速来跪降！"邓紫銮站在一块巨石前，喝令黑衣人暂停攻击，而后对王夫之等人厉声道："张帅已破衡城，你等书生尚不知乎？"

"逆贼只是破城，我等尚在抵抗。"王夫之严词斥道："你却认贼作父，恩将仇报，不以为耻，反以为荣，嚣张疯狂，兽心人皮耳！"

"狂妄之徒，死到临头还嘴硬！"邓澄忠怒喝道，就要挥刀冲出来，被邓紫銮喝住："且慢！"回头冲王夫之冷笑道："你家老头跟你讲过花药山受辱之况味乎？"

邓紫銮忽地看到了王廷聘，惊道："没想到廷聘先生也来凑热闹，有趣，有趣，哈哈……"

就在这时，一枚暗器不知从何处发出，从邓紫銮喉管处疾飞而过，将后面的一名黑衣人击中，"啊"的一声，黑衣人倒在地上。

王夫之正在疑惑，又有三枚暗器同时飞向邓紫銮和他身边的邓澄忠等，邓紫銮忍无可忍，怒吼一声："杀！"众黑衣人重新杀向王夫之等人。王廷聘以一敌三，文之勇和刘子参也在苦斗中，李国相和唐克峻二人情势最急，王夫之和管时求冲进去，试图救出二人，但八名黑衣人反而把王夫之和管时求隔开并包围起来。邓紫銮等人虽然占据明显的优势，但因忌讳暗器，不敢全力攻击一人。即便如此，又有三名黑衣人身中暗器倒了下去。

邓紫銮突然发现在一个杂货铺后的一堵断墙旁，有一个放暗器的人影，他立即令邓澄忠带三名黑衣人前去追杀。可是，当邓澄忠赶到断墙旁，却没有发现任何人。但带去的三名黑衣人竟有两名先后倒地身亡。邓澄忠从一名黑衣人身上取出一枚暗器，发现是一个铁刺，呈圆形，铜板大小，上面均匀分布八个尖角，十分锋利。由于铁刺用剧毒水浸泡，一旦伤体，剧毒入身，即刻发作，吐血身亡。

邓澄忠又怒又气，惊出一身冷汗。

"啊！"，李国相突然叫了一声，左臂被砍中，倒在地上，三名黑衣人立即冲上去，管时求奋力抵挡。紧接着，唐克峻后背遭到剑击，也倒在地上，王夫之冲上去，挥剑截住两名黑衣人厮杀。眼看就要抵挡不住，此时前面突然刮起一阵狂风，大西军一支骑兵小分队挥刀杀来。原来，张献忠进城后，为了迅速恢复秩序，派出十支骑兵小分队，沿着大街小巷巡逻，将人群密集的地方统统冲散。

张献忠特地号令，凡有打斗处，不论敌友，一律严惩。

就这样，邓紫鎏等"维鹰会"成员与王夫之等人顿时被冲得七零八落，马衿升也不见了。王廷聘意识到情况危殆，立即冲王夫之等人低声吼道："快往西走！"于是，管时求、王夫之居前，文之勇背起李国相、刘子参背起唐克峻居中，王廷聘殿后，往西冲去。

"可惜刚才混乱中，没有一剑将马衿升这个孽种杀掉！"王夫之恨恨道："这样的人在世，终究是个祸害。"

大约奔走了一壶茶的工夫，王夫之回头，突然发现身边多了一个人：天啊，这不是包世美吗？难道刚才放暗器者是他？他不是在武昌等待北上吗？包世美冲王夫之点点头，诡秘一笑，仿佛回答他心目中的疑问似的，低声道："夫之兄，一年多不见，你愈发英姿勃勃矣！"

王夫之喘一口气，道："世美兄何时回衡的？我们怎么都不知道？"

"一言难尽。"包世美道："此刻不是说话的时候。"

的确，一年前，包世美与王夫之等衡山学子一同中举后，他的确一直留在武昌姑妈家，原打算翌年北上参加会试，不料，李自成率部攻克承天，张献忠率部攻陷蕲水，后又克武昌、取岳州、潭州等，包世美的科举梦就此破灭。实际上，张献忠攻克武昌后，包世美就在往南逃。他走的是水路。没想到，张献忠克岳州、取潭州如此之快，他的船赶不上张献忠攻城略地前进的步伐。当他沿湘江溯流而上，进入蒸湘河时，张献忠已攻城半个月了。张献忠封锁了所有陆路，唯有水路民船和商船可走。当包世美风尘仆仆赶到衡州家里时，发现大门紧锁。他不敢到衡州学子家里去找人，担心他们受到"维鹰会"的监视，自己上门去风险太大。他一心要寻找王夫之等衡州学子，可街道实在太乱，凶案、火灾、爆炸等频发，他不敢到大街上去找，只有沿小街小巷去找。没料到，在地下工厂的入口侧门，他意外地发现了郭衮冕。当时他正要冲上去，但发现郭衮冕是被一伙人控制住的，所以只好在暗中观察，没承想，在这里竟碰上了大部分衡州学子。

"世美，刚才暗中帮忙的果然是你！"管时求惊叫道。"这样的暗器功夫，多年前我见你与人比试过，而今更是炉火纯青矣！"

"休得多话，快快分散逃命！"王廷聘从后面赶上来，大声喊道："街上到处是贼军，我们这么走太扎眼，太危险。"

大家觉得极是。包世美冲刘子参、文之勇等点点头，算是打了个招呼；他又特地跑上去握了握李国相和唐克峻的手，然后急道："廷聘先生提醒得对。眼下张贼到处抓人，衡州学子是重点，包某差点就被抓了。我们得尽快分开，能逃多远就逃多远吧。"

"危情如此，我辈先要活下去。"王夫之面色严峻，道："不逞一时之能，不图一己之快。张献忠马上就会清算。我们最好逃出衡城，不要斗气，静以观变。"

突然，街角卷起了一阵狂风。"巡逻队又来了！"王廷聘大叫一声，众人立即闪入巷内。

"嗒嗒嗒！"

很快，一支十余人的骑兵小分队威风凛凛地从眼前驰过，骑兵们高声说着话，夹杂着呵斥声、粗鄙声和大笑声，所经之处，拖出一股黄色的灰尘，长而弯，由浓变淡，向远处飘去。

四

衡城饱受炮火蹂躏和撕裂的剧痛后，时间的风将悲伤吹开，将绝望吹走，古城慢慢回归它沧桑而苍白的神态。

1643 年九月十九日，这是一个绝无仅有的日子。

大西军进城后，张献忠率先进驻桂王府，把桂王撤离时来不及运走的金银财宝统统收缴登记，同时在短短的五天时间里，他们用铁皮、树木和砖块在桂王府门前被炸的老桂树旁，搭起了一个十分气派的巨型平台，张献忠处心积虑，要搞一次像模像样的公审公决大会，野史称"大西王惩乱会审"。

当天上午，张献忠率众将领坐在公审平台的正中央，两边密集竖立的赫黄色"张"字帅旗迎风招展，锣鼓阵阵，唢呐声声，鞭炮声和欢呼声响成一片。张献忠心情甚好，面带笑容，坐在他左边的是孙可望和李定国，坐在他右边的是刘文秀和艾奇能。仿佛有了这四个义子，天下就可以姓张了。

张献忠自己都没想到，这么短的时间，他就打下了半壁江山，有了与崇祯帝和闯王李自成一较高下的资本。张献忠认为这是天意，他不断捏一捏并没有多长的胡须，偶尔还与身边的孙可望或者刘文秀交头接耳一番。

巳时许，一高一矮两名司仪穿着长衫，走到平台正中央，恭恭敬敬向张献忠鞠躬后，转身过去，面向台下黑压压的人，高个子司仪故意咳嗽了一下，缓缓展开尺牍，高声诵读："天地茫茫，不知所止；日月澄澄，周而复始！"

矮个子司仪随即宣布："会审开堂！鸣炮九响！"这鸣炮环节是张献忠特意叮嘱要加入的，说是压惊、壮阵，实际上既是抖威风，又是给反对者一个下马威。而数字"九"则在张献忠心目中有着神秘的分量，所谓"九九归一"，所谓"一言九鼎"，所谓"九州四海"，所谓"九五之尊"，等等，都与"九"有关。他选择 9 月 19 日这个日子，也是反复斟酌，颇为用心的。他希望自己借助"九"的神秘力量，能"长久"地拥有至高的权威。

然而，张献忠所希冀的权威被第一个受审者撕得粉碎，这真是他万万没有想到的。不过，当城北守将叶向龙被五花大绑推上公审台时，孙可望颇为紧张。他知道这个对手的狠劲，更知道这个对手对大明王朝的忠诚。果然，当浑身是血的叶向龙被四个刀斧手押着，试图让他向张献忠下跪时，叶向龙倔强地屹立着，直到两个刀斧手用刀背将他的双腿打断，他才跌倒在上，但马上爬起来，圆瞪着大眼，傲慢地盯着张献忠。

张献忠怒道："败将叶向龙，你狂妄无知，逆流而行，既让大西军死伤无数，亦让衡州军民死伤成群。现临死之时，尚有何言？"

叶向龙突然发出一阵狂笑，张献忠等人一怔。叶向龙"呸"地吐了一口血水，朗声骂道："张小逆贼！你不忠不孝，狼心狗肺，上愧苍天，下愧平民。老子身上的每一处伤口，都记录着对你的仇恨。"

孙可望大吼一声："快鞭击！快快割下他的舌头！"

张献忠摆摆手，制止道："骂骂无妨。硬汉狂骂，本王甚欢。"

叶向龙闻此一愣，随即再次狂笑，道："老子身上的每一滴血都是为大明王朝而流的。即便你破城了，又能怎样？在老子心中，你永远是那个见不得光的胆小鼠王！"

"好！有种！"张献忠突然冷冷道："无知狂徒逞口舌之能，本王赐你一刀，你痛快归西，一切了了，可你想过你家父老你家九族乎？"

"叶家老小，世受皇恩，生与死，皆无憾，全凭逆贼拿捏。"叶向龙淡然道："老子一死，即变厉鬼前来索魂！"

"押下去，腰斩！"张献忠有些不耐烦了，向刀斧手挥了挥手。

公审之时，台下民众一直在窃窃私语，当听到"腰斩"二字时，顿时吓得鸦雀无声。大家伸长脖子，想看看腰斩后的叶向龙是否即刻死去。所谓"腰斩"，是一种特殊酷刑，即把人从腰部切开，而人体主要的器官都在上半身，因此受刑人不会一下子就死，刑后还会神志清醒，得过一段时间才会咽气，十分恐怖和痛苦。

很快，两个刀斧手抬着叶向龙的下半身，另外两个刀斧手抬着叶向龙的上半身，鲜血淋淋地回到公审台上。张献忠看着叶向龙仍圆瞪着眼睛，便道："身首分离，痛快乎？"

"哈哈哈！逆贼真真无能也。"叶向龙奋力发出狂笑声，道："老子原盼一刀下去，魂即归天。岂知还有机会再骂逆贼！"声音越来越嘶哑，越来越低沉，最后说出的话断断续续，连贯起来就是："老子一分为二，就在原先的仇恨上增加一倍。老子变成阴阳二鬼，单日阴鬼索你，双日阳鬼索你！哈哈哈……"

张献忠脸色阴沉，十分难看。台上的四个义子，气得鼻子都歪了。刘文秀狂叫一声："定将此囚株连九族，家人族人碎尸万段！"

"住嘴！"张献忠喝住刘文秀，低声吩咐："拖下去，予以厚葬。"四个义子听后，面面相觑。张献忠心里叹道："若大西军有此忠臣，平定天下，有何难事？"

第二位被推上来的是叶向龙手下的一名副千户，姓陈，叫陈更，当时他与孙可望手下一名姓刘的参将进行决斗，陈更手臂有伤，被刘参将击倒在地，踩上一只脚，用剑锋在他脸上画了一个"败"字，冷笑道："老子饶你不死。快起来滚吧。"陈更站起来，怒目圆睁，举剑将自己受伤的手砍断，而后朝刘参将脸上"呸"地吐出一口血水，欲自刎。刘参将念他是一条好汉，以刀阻之，陈更被擒。

此刻，陈更血衣未换，刀伤化脓，满面是血，而且肿得极大，眼睛都无法睁开。面对公审，陈更毫无惧色，不待张献忠问话，即大声骂道："世无英雄，遂让你等逆贼横行。今老子被捉，生无可恋，爱杀爱剐，快快动手！"

张献忠亦不生气，直视陈更，道："陈千户，刘参将念你一条好汉，饶你不死。你欲自刎，刘参将又已制止。被俘至今，亦好心安抚，善待有加，从未用刑，大西军对你仁至义尽矣。然你善恶不分，执迷不悟，以为忠于皇上忠于朝廷即是天职天责，殊不知大错特错矣。"

见陈更低下头，默不吱声，张献忠忽又提高声音道："若皇上英明有为，朝廷风清气正，天下百姓何以揭竿而起，一呼百应？陈千户，你等浴血之时，崇祯在哪里，桂王在哪里？他们或者高高在上，或者逃之夭夭，有谁知晓你的生死，有谁顾得上你的家眷，又有谁在乎你所做的一切？"言及此，张献忠突然斥道："你逞匹夫之勇，一死了之，可你家老小即便免死，能活得好吗？若你家九族皆因你受牵连，岂不转恨于你乎？"

"陈更糊涂，陈更糊涂！"突然，陈更跪地而拜，抽打自己，痛哭流涕道："陈更谢大帅不杀之恩。从此以往，愿为大帅效犬马之力。"

这时，刘参将走上去，微笑着扶起陈更，道："兄弟请起，快快请起。往后我们就是一家人矣。"

张献忠看见这一幕，很开心，很惬意。这才是公审会上他最希望看到的场景。通过陈更这个事例，让普天下百姓明白，张献忠不是一个杀人如麻的恶魔，而是一个惜才爱才、有情有义的大帅。

五

接下来公审的是李定国、刘文秀和艾奇能所部俘虏的人，共计九人，分别是三名参将、两名千户、三名百户和一名副千户。除一名百户当即冲向张献忠意欲同归于尽被当场斩首外，其余八人无一例外，跪拜张献忠，拥他为帅，愿意成为他麾下一员。

其中，刘文秀俘获的一名参将更是肉麻地向张献忠谄媚道："大帅以天下为公，人人爱戴，个个拥护。小人夜观天象，见紫薇星移，太白犯于北斗之上，化客为主，又有贪狼、破军、七杀，三星逆转，杀伐逆袭。此彰崇祯福薄，桂王命浅，闯王有凶，唯大王有鼎盛之势，吉星高照，飞龙在天，位乎天德。小人在此斗胆放言：大帅独霸天下速矣。"

张献忠闻此哈哈大笑，这是当天公审会上，最令他开心的一番话。他对刘文秀道："此人无需征战，当为幕僚，更尽其才也。"

人真是奇怪。同一件事情，不同的人说出来，效果截然不同。比如，同为谄媚之事，被读书不多的参将说出来，张献忠听了很受用。可是，当同样的话，被久经官场的邓紫鎏说出来，张献忠却要开刀问斩，如此天壤之别，不仅令台下所有百姓为之一震，亦令同类者如樊尚铭、朱归孺等皆胆战心惊，即便是张献忠的四个义子孙可望、李定国、刘文秀和艾奇能，亦大惑不解，大西军文武百官更是目瞪口呆。

实际上，处理邓紫鎏，成了当天公审会上最具戏剧性亦最具讽刺性的一幕，它显然是张献忠精心设计的，从中见出他并非一介武夫或一个仅爱听谗言的小人。

邓紫鎏本人更是万万没有想到，当天的公审会竟成了他的祭日。当高个子司仪高声叫着"押前衡州知府邓紫鎏上台"时，邓紫鎏以为叫错了，直到周围的人都看着他、议论他，两个刀斧手面无表情地走到他的身边，高个子司仪再次宣读了张献忠签发的名录，邓紫銮这才明白自己确实成了公审的对象，一时热血奔涌，百感交集。起初，他十分激动，觉得张献忠要对他论功行赏了。因为当天的公审会，除了惩罚和处死，还有赏赐和封官。

比方，对衡州知府里兵房、户房、刑房等四名长官和五名典吏进行了或轻或重的惩处，而对朱归孺和朱啸虎却是赏赐和封官。张献忠当即宣布将衡州署印交付朱归孺，朱归孺就等于坐上了衡州知府的宝座。张献忠又封朱啸虎为衡州知府的工房长官，执掌工程营造、修理仓库、起盖衙门等诸事，让一个斗大的字识不得一箩筐的杀猪佬一跃成为州府大吏，亦使衡州府堂变相成了名副其实的朱府门第，令邓紫銮羡慕不已。

邓紫銮从来瞧不起朱氏父子，总觉得他们粗鄙有余、文雅不足。即便朱归孺当了衡州同知，他也认为是"钱老爷"这个鬼"推"上去的，不足为虑。在邓紫銮眼里，朱氏父子一无文化二无背景，不过是善于钻营和巴结的商人罢了。他没料到，这对父子不但会做生意，还会算计人生，气魄之大，目光之远，远非他人可比。特别是关键时刻，头脑清醒，敢于舍弃，精心谋划，嫁祸他人，邓紫銮自叹弗如。当朱啸虎毫不犹豫地烧掉朱府门第和刚刚盖成的"得善楼"，并放言说是"维鹰会"所为的时候，邓紫銮觉得朱氏父子真是疯了。邓紫銮竟觉得朱啸虎将这些恶行转嫁到"维鹰会"是好事，因为它扩大了"维鹰会"的知名度和影响力。

现在看来，这是朱氏父子最精明算计的地方，亦是赢得张献忠青睐的一张王牌。一方面，朱氏父亲将恶名巧妙嫁祸于"维鹰会"，以受害者的身份得到了衡州学子等的同情；另一方面，他们以此充分表达了对张献忠的绝对忠诚，一个敢于毁掉全部家当并借此毁掉衡州守城伤员的人还有什么可保留的？特别是朱归孺突然反戈一击，弑杀有恩于他的罗亦簏，更让邓紫銮觉得此人心狠手辣较之自己更胜一筹，将来若与其共事，一定倍加小心。

邓紫鋈没有想到，他压根儿没有机会与之共事。他至死都没明白，张献忠为什么要拿他开刀问斩。

邓紫鋈被推上公审台后，他向张献忠深深地鞠了三躬，同时对孙可望、李定国、刘文秀和艾奇能亦深深地鞠了一躬，张献忠有点不耐烦，道："邓大人不必多礼。"

张献忠的四个义子不知道接下来会发生什么，只是静静地观望着。他们从义父的眼神中，知道将会有一场好戏。

"大帅，恕邓某直言，大帅初出陕西，贪于财货，好美姬，格局不大。"没想到，邓紫鋈采取先抑后扬的方式，对张献忠大献媚词："今过山西，克河南，收安徽，得湖北，攻湖南，南征北战，屡建奇功，举世人才，放眼天下，乃大帅一人而已。"

说到这里，邓紫鋈特地瞥了一眼张献忠，见他面色平和，似有所思，遂沾沾自喜，继续献媚下去："尤为天下所称道者，所经之处，财物无所取，妇女无所殃，此志委实不小。邓某曾观气象，大帅周身，皆为龙虎，成五彩光环，此天子之气也。"

"邓大人所言皆肺腑之言乎？"突然，张献忠冷冷道。

"大帅，邓某若有半句谎言，当天诛地灭。"邓紫鋈一见张献忠的表情，一下子慌了。

"如此谄媚之语，当年说过不少回吧？"张献忠仍冷冷道。

"天地可鉴，邓某从未有机会面见崇祯帝，他不配此等颂言。邓某亦从未如此敬颂桂王，他更不配。"邓紫鋈开始冒冷汗，他不知道张献忠为何突然如此阴冷。"邓某虽见过桂王，但从未有所夸赞。多次从实批之，桂王每每不喜，故剥夺邓某官职。邓某鄙视崇祯、仇恨桂王矣！"

"若有机会面见崇祯，恐是另一副嘴脸吧。"张献忠哼了一声，道："桂王若不去你官职，你定会乐在其中吧？"

邓紫銮一听急了，当即跪下，连连叩头道："邓某对大帅忠心耿耿，不仅设计杀死衡州总兵，积极加入'维鹰会'，同时让三个侄子邓澄忠、邓澄诚和马衿升加入，为了追随大帅，邓澄诚已经捐躯，马衿升成了疯子，邓澄忠亦满身是伤……"

"邓某小人，实乃大胆！"张献忠勃然大怒，道："你纵容家人无法无天，为非作歹，杀人剥皮，草菅人命，霸占客栈，逼良为娼。一件件，一桩桩，多少血泪，多少冤魂！你等小人，如容在世，继续嚣张，天理何在？"

邓紫銮一听，吓得脸色惨白，屁滚尿流。他急忙向张献忠的四个义子求助，额头叩烂了，流了不少血，但四个义子哪敢置喙？他又折回来，跪在张献忠脚下，继续叩头道："小人该死，小人该死！请大王念小人在'维鹰会'之功，饶小人不死。小人甘愿遁入山林，永不在衡城丢人现眼……"

"哈哈哈！"张献忠忽然狂笑起来，过了好一会儿，他才止住笑，厉声道："邓某小人，你死到临头，尚不知罪。'维鹰会'你有功，你确实有功。可'维鹰会'之恶名全部落到大西军身上，最终落到本帅身上，你若活命，必有无数冤魂向本王索命矣！"

"啊？"邓紫銮吓得瘫倒在地，但他不甘就此受戮，又跑到后排，跪在"老鹰"樊尚铭面前，痛哭流涕道："樊大人，你可要救救我，小人可是在你手下谋差矣。"

樊尚铭见邓紫銮欲将罪名转移到自己身上来，飞起一脚，踢了出去，冷冷道："死就死了，如此不堪，活着何用？"

突然，一人跳上台来，扶起邓紫銮，走到台中央，大声吼道："叔公，大丈夫顶天立地，死有何难？"邓紫銮一看，是邓澄忠扶着他，不禁更加悲伤起来："你的两个弟弟一死一疯，而今你又自取灭亡，邓氏全家岂不绝命于人世乎？"

邓澄忠不以为然，将邓紫銮一步一步搀扶到张献忠面前，既不叩拜，更不下跪，只朗声道："本以为大帅乃明君，行大义，小人追随有奔头、有盼头，没想到小人瞎了狗眼！"说完，用手抓住右眼，用力一抠，竟血淋淋地抓出眼球来，"呸"地掷在张献忠面前："只要小人不死，右眼瞎，左眼会将世道看得更清！"

谁也没想到邓澄忠竟如此性烈，张献忠为之一凛，觉得这小子是条汉子，不忍杀他，示意手下将邓澄忠拉走。然后令刀斧手递给邓紫銮一素巾，道："行了，别演戏了。留一全尸，放心而去吧。"

事已至此，再无尊严可失。邓紫銮站起来，突然仰天长啸，哈哈大笑，道："苍天啊，人生如梦，悲苦自知。事事皆因果，件件有报应！世人笑我悲，更有悲中人！人生如草木，岁岁有枯荣。人人有命，终有一死。不过尔尔，不过尔尔矣。"

张献忠心想：邓紫銮若有邓澄忠之烈性，若有此刻之澄明，或许他不至于死吧？张献忠处死邓紫銮后，嘱人厚葬之，并将邓澄忠改名为邓忠献，欲留在自己身边。然而，邓澄忠竟昂然道："名字和须发乃父母所赐。大帅可决定小人的生死，但无法更改小人的名字。"张献忠便道："你要怎样？"邓澄忠道："让小人带着弟弟马衿升，离开衡城，隐居山野。盼大王成全。"

张献忠想了想，依了邓澄忠，赐了他三百两银子和一把青龙宝剑，道："若有归附之心，可随时来找本王。"邓澄忠的右眼伤口未愈，用纱巾包着缠好。他不要银两，只接过青龙宝剑，带着蓬头垢面、有些疯癫的马衿升，离开大西王府，很快从衡州城里消失了。

公审大会后，张献忠接受了刘文秀等人的建议，并无屠城之举。他厚葬黄真川及其家人，派专人守护石鼓书院。同时，他令孙可望负责整治衡州城区，恢复日常生活；让李定国负责军营休整，以待新的战斗。孙可望和李定国措施得当，领导有方，衡州很快进入有序状态。但刘文秀和艾奇能的行为却让衡城重新撕裂：刘文秀负责搜罗书籍报刊和书店、印馆、私家藏书等，焚烧大批"奴心""妖惑""黑书"等书报典籍，一时人心惶惶。而艾奇能负责搜罗衡州人才，威逼利诱，怪招频出，从者封官加爵；逆者乱棍侍候，或投之江中。

一时间，黑云压城，夜夜惊魂。

衡州学子胆战心惊，人人自危，望风而逃。

第十六章　王朝聘被抓

一

有谁先知先觉，明白自己的一生注定就是一场苦旅？

张献忠威风八面举行公审大会的那天，正是王夫之和大哥王介之、二哥王参之带着家眷来到南岳双髻峰下舅父谭玉卿家的第五天。他一定不知道，这是他人生苦旅的开始。

王夫之的父亲王朝聘还是十分固执。衡城形势严峻，但他仍然不愿逃入山林，声称"生死有命。老朽生是王衙坪的人，死是王衙坪的鬼，决不挪窝！"王夫之的母亲谭孺人虽然希望回到弟弟身边，感受一下老祖场的气息，可王朝聘不去，她就不好离开。她对三个儿子说，不能让你们的父亲一个人在家。

没办法，王氏三兄弟只好让双亲留在家里，泣道："孩儿不孝。双亲大人若有所需，我等即刻下山。"

"不要如此悲切。"临别之时，王朝聘赠王介之一本《四书大全》，又赠王参之一本《五经大全》，殷殷叮嘱："乱世之中，文能葆气，书能明心。"王介之、王参之接过，说了声："记住了。"

"听说吴山长临终前托人送了一些经典和钞本给你。吴山长此番用心，小儿不得辜负也。"王朝聘停了一下，望着王夫之，又道："此番分开，何日重逢尚不可知。为父的送你一纸扇，既是念想，亦是期冀。"说罢，王朝聘把纸扇郑重交给他。王夫之一看上面文字，就知道是父亲大人所亲书："若生不容，欲死易之。无论世道如何急变，生是大明人，死是大明鬼。肉体易腐，文脉长存。切记。"

"小儿谨记于心。"王夫之读罢，异常感动。他拿着父亲赠送的纸扇，仿佛生离死别，给本已沉重的心情又增加了一丝伤感。

正在这时，小叔王家聘急匆匆赶来，带来一条口信，称张献忠下令王夫之、王介之兄弟入幕，须尽快赴任。王家人闻此心惊胆战。王夫之和王介之发誓不从。

王朝聘望着王家聘，冷冷道："小弟做何打算？"

王家聘答道："家眷已托二哥照看。小弟独自留下。"

王朝聘依旧冷冷道："留下做甚？要替张贼谋事？"

"大哥不也留下吗？"王家聘道："王家万一有个事，我跑个腿也方便。"说完，转身走了。

王朝聘望着王家聘的背影，摇摇头。他望着三个儿子，表情严峻，摆了摆手，叮嘱道："你们快快离开。时局明朗前，你等务必遁入山林，切勿回城。"

王家人只好离开衡城，连夜赶路，仍然分成二组：大叔王廷聘和王参之带着各自家眷，包括王家聘家眷为一组；王夫之和王介之带着各自家眷为一组。王廷聘等带着家眷往南岳玉龙峰方向奔走，而王夫之和王介之则拖家带口，逃到了南岳双髻峰的舅父谭玉卿家……

王夫之虽然遁入山林，但各种消息还是通过舅父不断传到了他的耳朵里，特别是公审大会的情况，令他无比震惊。比如，叶向龙的英勇就义，陈更的意外变节；再比如，邓紫鋬卖身求荣，却被当场斩首。

最令王夫之气愤的是朱归孺的投机钻营以及朱啸虎的精心算计。唉，真是无所不用其极矣。这样的大生意，也只有朱家父子做得出来。

朱啸虎烧掉了朱家府第和刚刚竣工的"得善楼"，却得到了整个衡州府堂，这笔买卖，是赚是亏，一目了然。更为重要的是，张献忠还让朱归孺负责整个衡州的行政事务，较之罗亦篯受朝廷、桂王府和湖广巡抚等多重管制，朱归孺的权力实在是大了许多。

王夫之不得不佩服：朱家父子的算计果然了得，这样的买卖，也只有他们做得成功，并不露痕迹。不由道："朱家父子，高，确实是高"。

王介之对邓紫銮的卖身被斩深感意外，认为这是邓紫銮过分表现，反而引起张献忠的疑心和同行的妒忌，所谓"物必先腐者，而后虫生之；人必先疑者，而后谗入之"，就是这个道理。

王夫之却道："大哥所言甚是。然张贼杀鸡儆猴、树明君之尊更为昭然，邓紫銮影响大而坏，张贼拿他开刀，以期衡州各界感佩拥戴也。不过，张贼用心良苦，刻意公审，亦只学会了霸道，却无王道可言。"

"愿闻其详。"王介之道。

王夫之道："在小弟看来，张贼只有匹夫之勇、妇人之仁，却无大德之德，更无大道之道。"

"此话怎讲？"王介之问。

"妇人仁者，即不该仁而仁之，如对待邓澄忠之流；大道之道，即该行大道却无道，如四处抓人，焚烧典籍等。"王夫之以鄙夷的口吻道："故张献忠之流亦如闯王李自成，可成霸业却得不了天下，何也？德不配位矣。"

"诚哉此言！"王介之颇为小弟的学识折服。

张献忠攻衡州，原以为三五天就能破城，最终却花了一个多月。入城后，张献忠将城内贪官污吏、豪绅恶霸统统杀了。一些未抓的豪绅富户害怕被杀，又不愿将家产捐献出来，遂偷偷将金银财宝藏入一节节的竹筒内，封存好，装扮成破落户或穷光蛋，抬着这些竹筒混出城。刚开始，守门兵卒没发现。

一天上午，张献忠出门巡城，一个倒霉的财主派两个脚夫抬着竹筒出城，被守城的小头目拦住，他上去敲了敲竹筒，发出闷闷的声音，遂问竹筒里装的是什么，为什么要由两个脚夫抬着走？

财主心慌，支支吾吾，半天说不出一句话来。

张献忠径直走过来，从小头目身上拔出大刀，"砰"的一声，将竹筒一分为二。顿时，金银珠宝散落一地。

财主吓得跪倒在地。张献忠哈哈一笑，道："大胆刁民，小小诡计，焉能障住本王眼目？"

小头目飞起一脚，将财主踢得往前一窜，小头目用刀尖抵着脖子，吼道："如此欺诈，该当何罪？"

"小人罪该万死！"财主哭求道："愿捐全部家产赎命。"

张献忠让财主起来，对小头目斥道："休得动粗！没收其一半财产即可，余者留其谋生也。"

接下来，张献忠以衡州城为核心，向周边扩张，迅速夺取了郴州、茶陵、炎陵、攸县、双峰、湘潭和株洲等湖南的大部分地区，并于当年十月在长沙正式建立了大西政权。

此时的张献忠雄心万丈，他不仅成就霸业，还欲夺取天下。他将衡州桂王府拆除，将木料等运往长沙建立大西王府，随后开科取士，赢取了部分士人的忠心。

为了稳固统治，大西政府在湖南实施严格的保甲制和言论管制，日夜差官请令巡查，巡役则昼扮闲人，混入兵民中窥视；夜则听篱察壁，入户逾垣。凡有日间偶语、夜间妄言者，不论庶民与兵卒，一概谓之"妄议朝政"，立刻逮捕，严加拷打。

与此同时，张献忠鼓励百姓开荒种田，免税赋三年，大力恢复生产，并采用酷刑杜绝贪污的手段来缓和军民关系。

那段日子，王夫之没有心思品读吴道行山长赠送的经典和钞本，他想方设法打探衡州诸子的下落——

李国相和唐克峻由于伤势严重，没有逃出衡城。张献忠派人去邀约，遭拒。李国相受伤的右臂原本没有恢复，为了表达对张献忠的抗拒，他竟自断右臂，废人不可用，张献忠抓李国相也就没意义了。王夫之既敬挚友的血性，又怜其自伤的创痛。

唐克峻神秘失踪，而郭衮冕和姜思琴夫妇亦下落不明。听说包世美北上了，他有一亲戚在京城为官，不知能否找到？

管时求埋了弟弟，不敢回家，避祸山中。张献忠寻其不得，便抓了他从常宁回衡城的父亲，以死相逼，令其说出儿子下落。管父宁死也不说，他本来亦不知管时求在哪里，只看到家毁了，小儿管嗣箕死了，觉得生无可恋，死无可怕。张献忠拿他没办法，遂将其押入大牢，以等管时求现身。后来，管时求一路南逃，最终去到广州，投奔明军，以图报国，他一直不知父亲被俘之事。

令人欣慰的是，与王夫之分开后，刘子参混进张献忠的一队快马中。在与刘熙祚部交战时，刘子参反杀张献忠的两名快马，冲进刘熙祚队伍中，成为明军的一名兵士，跟随刘熙祚，为掩护桂王、永明王逃脱，且战且退，最后退到永州城。

而让王夫之痛心的是，奚鼎铉居然归顺了张献忠，正带着张献忠的手下，四处搜捕士绅和衡州学子。

王夫之扼腕道："此人投贼虽在意料之中，但投贼后尚如此卖命，捉拿同党，委实令人不齿矣！"王夫之猛地想起那天奚鼎铉送给他的黄真川的绝笔信，心中疑惑：奚鼎铉是怎么得到黄老先生的绝笔信的？难道当时他就投诚了？"果如此，奚某便与猪狗无异矣。"

"说曹操，曹操到。"突然，谭玉卿急匆匆地跑进来，对王夫之和王介之二人道："不好！有一个姓奚的人正带着兵卒来抓你了。"

王夫之非常吃惊，他还来不及躲避，一队兵马已经闯入双髻峰附近，为首的正是奚鼎铉。此前，奚鼎铉与王氏三兄弟来此游玩，还受到谭玉卿热情款待。看来，奚鼎铉此番目标十分明确，就是要捉拿王夫之和王介之。情急之下，谭玉卿慌忙把王夫之和王介之二人送到树林深处一个草屋内。

奚鼎铉进来后，大声问道："传闻王夫之和王介之在此，你作为王家舅父大人，见过二人没有？"

谭玉卿连连摇头，道："不曾见过。"

几个兵卒不由分说，将谭玉卿家搜了个遍，在最里面的卧房里，发现王夫之和王介之的家眷。其中一个额头带有刀疤的小头目挥着刀对谭玉卿大吼："这些是何人？竟都藏在你的家中？"

谭玉卿看着刀疤小头目，镇定道："唉，这年头，认识的，不认识的，沾亲带故的，人人到处躲，个个慌不择路，你一家，我一家，都分不清谁是谁家……"

"分明是狡辩！"刀疤小头目大怒。

这时，奚鼎铉走进来，看了王夫之和王介之的家眷，转过身来，对谭玉卿厉声道："这些盲流、难民，皆逃命于此，你休得让他们外出窜乱！"

谭玉卿先是一愣，随即道："好，好！保证不会让他们外出窜乱！"

有两个兵卒看到树林深处有一草屋，正欲过去搜查，奚鼎铉将二人拉到身后，斥道："那是茅厕，苍蝇乱飞，臭烘烘的，有何好看的？你俩快去别处瞧瞧！"

待那两个兵卒走远，奚鼎铉四下望望，这才快步走到草屋前，往里面看了一眼，正好看到王夫之愤怒的眼睛。奚鼎铉立即低下头，自言自语道："大西军消息混乱，此处哪里有王夫之？见不到王夫之，武夷先生恐有难矣。"

奚鼎铉退回到谭玉卿家中，见三名兵卒正拿谭家的食物吃。奚鼎铉怒道："岂能随意掠人食物？大西军有铁律，各位需要鄙人上报乎？"三名兵卒吓得连忙求饶，道："实在饿了，一时大意，求谅，求谅！"

谭玉卿只希望这些人离开，便道："无妨，无妨。"

奚鼎铉不为所动，坚持让三名兵卒将身上的一点银两全部掏出来，放在谭家饭桌上，怒道："下不为例。"这才一脸怒容，带队离开。

这伙人一走，王夫之和王介之回到舅父卧房。

王夫之担心的事并没有出现。显然，奚鼎铉不仅认识王夫之和王介之的家眷，而且认识其舅父谭玉卿，但他没有出卖王家人。王夫之既感意外，又略心安，但无论如何，他无法原谅奚鼎铉替张献忠当差。

奚鼎铉倒是带给王夫之一条重要信息：找不到王夫之等人，其父可能会被张献忠抓去。

"小弟，我们担心父亲大人没有用，面对危难，父亲大人自有办法。"王介之宽慰道，并提议："我们去黑沙潭看看！"

王夫之见大哥对他使眼色，顿时会意：南岳山大，应该出去走走，不能在此让舅父全家胆战心惊。这一回碰上奚鼎铉，总算有惊无险。下一次如果不是奚鼎铉，换了别人，后果就难料矣。

王氏兄弟将家眷留在舅父家，不顾谭玉卿劝阻，二人执意前往黑沙潭。实际上，王夫之走出双髻峰舅父家，既为减少舅父家遭搜查的压力，也希冀能够见到一些衡州学子。

二

正值初秋，空谷幽深，鸟鸣阵阵，看漫山枫林，听叮咚溪流，心情顿时旷达起来。

"如此干净，如此湛蓝，多好！"王介之捧了一捧泉水放到脸上，轻描淡写道："若葬身此地，亦无憾矣！"

王夫之心头一颤，他看见大哥目光如炬，真不敢相信这是那个一向本分驯良的大哥，在关键时刻亦能视死如归。一路走来，他与大哥并肩战斗，对大哥的品性和人格越了解，对他的尊重和敬意就越多。

兄弟俩拾级而上，在林中穿行，转角处，他们又看到了方广寺。灰墙之上，留着斑驳的烟熏痕迹，屋顶上的琉璃残缺不全，周遭的树木光秃秃一片。王夫之这才想起，四年前，方广寺着了一场大火。

寺内，一片荒凉，有些地方已经修复，有些地方仍是残墙断瓦，墙角的泥土里草籽正在发芽，中央是一株被大火烧焦的古木。性翰法师正好从内堂走出来，看到王夫之兄弟二人，他面露恐惧，慌乱道："王家二位公子，兵荒马乱，何故造访敝寺？"

原来，就在一炷香的工夫之前，数名搜拿书生的兵卒刚刚从这里离开，还抓走了一位避难的书生。王夫之暗想：奚鼎铉不抓走一两个书生，回去恐难交差。但他没有求证性翰法师，来人是否奚鼎铉等人，因为这个并不重要。

王夫之道："危难时刻，特借宝寺一避，顺便讨口斋饭！"

性翰念了声"阿弥陀佛"，赶紧将兄弟二人引到内堂，里面乌黑一片，墙上还有火烧的痕迹，一角堆着湿漉漉的稻草，不知作何用处。他随后拿来两个红薯。此时的方广寺没有住持了，大火之后，只剩下性翰本人，还有几个小沙弥，个个衣不蔽体，食不果腹。

一年前，高世泰曾来慰问他们，要求性翰处理好寺中事物，并表示将要出资重建方广寺，本来今年就要动工的，可因为张献忠来犯，善事就此耽搁。最近几日，性翰常下山入城，见城内死伤无数，每天都有尸体被投入江中，他心生恻隐，便在一旁念经超度。虽有兵勇笑他迂腐，但他不为所动，希望超度亡灵。

"打扰法师了。"王介之甚为歉意道。

性翰叹一口气，摇了摇头，道："昨天下山为数位亡灵超度，差点回不到山上。寺内粮食早断，只找到这两个红薯，聊以果腹吧。"

时局艰险，无清净之地。了解性翰的难处和疾苦，王夫之甚为伤感："法师，您无需为我等张罗。有啥吃啥，没有亦罢。"

"贫僧惭愧了。"性翰双手合十道："敝寺尚能避风遮雨，可衡州已成人间地狱，至为痛哉。"言罢，他的眼中闪现泪光。

"飞来横祸，国之难，衡之灾矣。"王夫之一声长叹。

王介之向性翰鞠一躬，道："法师，您不计危难，下山超度，有心如此，至为难得。"

"阿弥陀佛。善哉，善哉！"性翰双手合十，念道："贫僧发蚁民之力，不值一提。"

一人一个烤焦了的红薯，对早已饥肠辘辘的王家兄弟而言，自然填不饱肚子。但乱世之中，黎民百姓生存之艰难超乎想象。王夫之和王介之不便过分打扰，只好告辞，并一路往南，来到西敏寺。

西敏寺乃南岳大寺，一向香火鼎盛，木鱼声声。此刻却是一派冷清，十分萧条。

苍枝和尚倚在门口，远远看到王家兄弟，连忙念了一声："阿弥陀佛，原来是王家两公子，别来无恙？"边说边把他们引进了门。

大殿内，悟一法师正在打坐念经，王夫之不敢惊扰，跟着苍枝去了侧殿，不想里面竟见到几个书生，但没有衡州诸生。他们都是从岳州、长沙等地来避祸的，个个菜色面孔，消瘦不堪。据苍枝说，这些日子，寺里收容了不少落难书生，每个人都有一段悲惨故事。

看着那些失魂落魄、灰头土脸的书生，王夫之格外心疼，他又想到自己的处境和遭遇，不觉生出"同是天涯沦落人，相逢何必曾相识"之感。

"阿弥陀佛！善哉，善哉！"

这时，悟一法师走了过来，几年不见，他显得苍老很多，慈祥的面庞上游走着淡淡的哀伤。见到王夫之，他问道："从性翰处过来？"

王夫之一惊：他怎么知道？他点点头，来不及说话，肚子咕咕叫了几声，悟一法师便让苍枝去弄些斋饭来。

"来了就扰，真是有愧矣。"王夫之感到窘迫。

"不必客气。来了就是结缘。"悟一法师道："兵荒马乱，粗茶淡饭，只能将就了。"

"敢问大师，贵寺亦遭战乱祸害了？"王夫之注意到悟一法师眼角的哀伤，不禁小心问道。

"阿弥陀佛！"悟一法师双手合十，连称"罪过，罪过！"

原来，昨日西敏寺死了一位书生。一群乱兵堂而皇之闯进寺内，抓住了几位避祸的书生，书生们被逼迫，答应跟乱兵去衡州，唯有一位书生执意不从，乱兵便要杀人。

悟一法师上前苦劝："佛门净地，勿要造次。请刀下留人！"

为首的乱兵认为悟一法师多事，阴险一笑，指着一块猪肉，道："你这秃驴食下这块肉，老子便放人。"

悟一法师目瞪口呆。

"既然不敢，亦就没有佛门净地。"乱兵头目哈哈大笑，回头冲手下喝道："将此书生推出去斩了，把头拎回来，挂于寺门前。"

悟一法师大喊一声"住手!"然后道:"贫僧这就吃。"

乱兵头目亦一怔,随即狂笑:"好,好玩!和尚吃肉,吃的还是生肉!哈哈哈!"

悟一法师接过生肉,闭上眼,一下,一下,用力撕咬,满嘴流血,寺内数名和尚和小沙弥目瞪口呆。

乱兵们笑成一团。

悟一法师咽下最后一小块肉,忍住强烈的呕吐感,默念:"酒肉穿肠过,佛祖心中留。阿弥陀佛。"念毕,老泪纵横。

本以为一场灾难就此渡过了。然而,让悟一法师万万没有想到的是,乱兵头目竟然反悔,坚持要将不愿赴衡州的书生就地处死。

悟一法师"啊"的一声,气得吐出一大口血,连同吃下去的生肉全部吐出来。

固执的书生见状,终于含着泪,恨恨道:"放过大师吧。在下这就随你去。"

"呸!你当老子好玩?"乱兵头目吐了一口痰,砸在此书生脸上,道:"你命休矣!"

"末法时代,妖孽横行矣。阿弥陀佛,阿弥陀佛。"悟一法师闭着眼,默默念道。

谁知,悟一法师的默念竟被乱兵头目听到,他挥着刀,恶狠狠地吼道:"你这个老秃驴,你骂谁是妖孽?再嚷嚷,老子连你一块杀!"说完,便给了那位本已改变主意的书生一刀,鲜血激溅,洒了一地。

书生望着悟一法师,忽地笑了一下,随即扑倒在地,命丧佛堂。

乱兵头目冷哼一声,带着一帮牲畜,扬长而去。

悟一法师既惊又气。惊的是,这伙乱兵竟如此残忍,毫无人性;气的是,佛门重地,自己违背意志,生吃猪肉,依然无法阻挡悲剧的发生！那名书生原以为来到佛堂便能自保，哪知世上还有这种无法无天的暴徒！

"乱世如斯，人如草芥，悲乎！"悟一法师半天说不出话来，怔怔地，突然昏倒在地。几个和尚和小沙弥赶紧扶起他，喂了点药水，他才苏醒过来。他原以为早已看破红尘，不悲，不喜。然世道之乱，法理全无。所谓悲喜，已然麻木。

悟一法师望了望西敏寺大门，道："罪过，罪过。阿弥陀佛。"随即差人清理佛堂，葬了书生，召集众僧为亡灵超度……

王夫之获悉西敏寺血案后，咬牙切齿道："乱兵如此猖狂，此债应记张献忠头上。"

王介之连连道："大师功德无量，功德无量矣。"

"出家人所为，出于本性，一切以慈悲为怀。"悟一法师脸色苍白，表情平静，他朝王氏兄弟笑了笑，仿佛昨天的事不曾发生。

王夫之恨恨道："逆天理者绝不会有好下场！"

"夫之先生，不好了，不好了！"突然，从西敏寺侧门走进一位和尚，他一脸惊慌跑了进来，道："贫僧刚从城里行法事回来，途中听闻武夷先生被兵丁抓走了。"

"啊？"王夫之和王介之顿时愣住了，王夫之看了大哥一眼，又看了悟一法师一眼，道："张献忠迫不及待，无耻至极矣。"

悟一法师双手合十，闭目喃喃："法本法无法，无法法亦法。今付无法时，法法何成法。阿弥陀佛。"

三

张献忠毅然决然地处死邓紫鎏，受惊最大的是樊尚铭。

樊尚铭原想张献忠破城后，在张府幕僚王的位置上，他会与邓紫銮有一番明争暗斗的过程，因此，他安插了一些暗线，埋下了一些伏笔，留意一些对邓紫銮不利的事情与细节，试图关键时刻拿出来，给邓紫銮以出其不意的打击。他万万没想到，张献忠根本没有给机会让他与邓紫銮进行较量。或者说，樊尚铭把自己看得太重要了，居然想做张府幕僚王，难道张献忠没有跟随已久的幕僚王吗？

想到这里，樊尚铭出了一身冷汗。樊尚铭意识到：既然张献忠能快刀斩乱麻处死邓紫銮，那么，他也可以用同样的速度处死他樊尚铭，要安一个处死他的罪名，简直不费吹灰之力。樊尚铭甚至想，公审日那天，如果不是邓紫銮死，那一定就是自己的末日，甚至可以说，处死樊尚铭比处死邓紫銮更有理由，毕竟，他是"老鹰"，他才是假传张献忠名头、自立"维鹰会"的头目。

在樊尚铭看来，张献忠之所以处死邓紫銮，一方面，他是要与"维鹰会"切割，做彻底的了断，不愿让"维鹰会"的恶名影响他的形象；另一方面，通过公审的方式证明他毋庸置疑的权威，彰显他早已不是那个不得志的陕西捕快，而是有着改朝换代之抱负、襟怀与魄力的君王。换言之，凡归附于他的人，不是表面上喊喊口号、做做样子，而是要死心塌地跟着他，为他出谋划策，竭忠尽智。否则，无论你前面做了多少有助于大西军的事情，一旦被弃用，不仅前功尽消，而且末日也就到了。

应该说，樊尚铭对张献忠的猜测大体上是对的。但有一点他没有想到，张献忠之所以处死邓紫銮而不是他，最大的原因不是"维鹰会"，而是邓紫銮曾经是衡州知府，如果邓紫銮是个称职的知府，可能也不至于被处死，关键是他要心计，玩权术，欺上瞒下，这样的人如果来到大西军，一定会带坏一批人。邓紫銮痛恨崇祯和桂王，是因为他的官位被剥夺了。他既然可以反朝廷，同样可以反张献忠。而樊尚铭则不同，他是真正恨朝廷，真正恨崇祯对他一家的迫害。他来衡州行乞所编的关于李自成和张献忠的那些故事，其实也是他自己心中所盼望的正气与正义。

因此，张献忠认为樊尚铭有前瞻意识，能顺应时代，值得重用。

就这样，邓紫鋈成了臭名昭著的"维鹰会"之替死鬼，樊尚铭反而成了张献忠最信得过的少数几个幕僚之一。

"士为知己者死。"樊尚铭感激涕零，死心塌地为张献忠出谋划策。他异常低调，不仅对自己要求严苛，对樊志高也限制多多，不让他在大西府获取任何官职。他颇富远见地为张献忠献过一些良策，如"搜刮富室""散财赈贫，发粟赈饥"等，并建议尽快迁府长沙，开科取士，免税三年，这些都得到张献忠的重视和采纳。

樊尚铭还向张献忠建言："禁止百姓以古非今，以私学诽谤大西军。应下令焚烧诸子百家经典，对忤逆大帅意图、私藏《诗》《书》者限期交出烧毁；凡敢谈论《诗》《书》者处死；禁止民间交流，想学法令的人要以张府审定的为准。"樊尚铭对此解释道："书乃思想之传播者，人乃思想的执行者。一切祸乱，皆从邪书始。"这是樊尚铭的可怕之处，也是衡州书生对他恨之入骨的地方。

张献忠非常认同樊尚铭的说法，因此焚烧了许多在他看来"有毒"的书籍。

与此同时，樊尚铭再三强调，一定要笼络学术大儒和学界领袖。他向张献忠禀报：在衡州，最大的学问家是王朝聘、王夫之父子。王朝聘先与憨山大师南岳论战，后为桂王府之师爷，名重学界。王夫之年少成名，既有家学熏陶，又得伍定相、黄真川、吴道行和高世泰等学问大家点拨，才学超群，卓尔不凡。而他们父子亦最忠于崇祯、效命大明朝廷。若能得此二人效力，则示范效应不可估量，衡州学子定会望风而来，襄助大西矣。

"王家父子如此才学，樊先生快快去请。"张献忠闻之心动，即遣樊尚铭前去："王家父子若能为我所用，樊先生又添新功矣。"

樊尚铭对张献忠让自己亲自去请，有些犹疑和犯难。他早闻王家父子的孤傲与清直，此番贸然前去，未必能够如愿。但既然张献忠有令，他又不得不从。思虑再三，樊尚铭带着一队人马出发。但见旌旗载道，车马快行，鼓吹引前，场面十分隆重。

然而，樊尚铭到达王衙坪时，却见此地十分冷清，虽早有差役报告王家，但王家照例大门紧闭。有兵卒粗鲁地要去推门，被樊尚铭制止了。他亲自来到王家门前，正了正衣冠，轻轻地敲了三下。

王家没有动静。

樊尚铭抬头看了看紧闭的大门，慢慢举手，略略加重一点，又敲了三下。

王家还是没有动静。

同去的兵卒甚为不快，开始大声叫嚷起来。樊尚铭怒目斥之，严厉制止。他不再敲门，而是亮开嗓子，恭恭敬敬道："在下樊尚铭，久慕武夷先生、夫之先生学问人品，斗南一人，高山仰止。今前来拜会，伫立门前，苦候良久，恳求一见。"

只见"吱呀"一声，王家大门终于开了。

王朝聘一脸肃穆，立在门前，明知故问："请问阁下找谁？"

樊尚铭笑了一下，心想，外面这么多人都在等你，即便你耳朵不聪，也应早已听到。当然，摆摆架子，亦是应该。于是说道："武夷先生名重学界，在下樊尚铭特来拜会。"

"有何吩咐？"王朝聘一脸冰霜。

"大西府求贤若渴，特差在下前来拜请武夷先生和夫之先生。"樊尚铭躬身道："当然，若介之先生和参之先生亦能一同前往，实乃大西府

514

之幸事，必定各得其位，为大王所重用。"

"道不同，不为谋。"王朝聘道了一声"谢谢"，就要关门。

"不谈道与谋，上门者即为客也。"樊尚铭极力按捺住内心的怒火，仍旧笑道："武夷先生如此拒客，有辱斯文矣。"

王朝聘闻此一愣，仿佛遭了一记闷棍，脸顿时红了，讪讪道："那你要怎样？"

"虎门无犬子。夫之先生等王家兄弟均在家乎？"樊尚铭边说边推门，就要进去。但王朝聘"啪"地关上门，仿佛是对樊尚铭刚才嘲讽的回击，他从门缝中说道："王家既无虎啸亦无犬吠，夫之等三人皆外出谋生。世道混乱，狐假虎威者横行，老朽难得清静，关门大吉。"

王朝聘回答得不卑不亢，铿锵有力。

樊尚铭听出了四层意思，层层带刺：一是回击了樊尚铭奉承的虎犬之说；二是言明了王家三兄弟均不在家，所以你们白来了；三是狐假虎威者横行，导致王夫之等学界精英都沦落到外出谋生的境地，其中，你自己就是这样的狐假虎威者之一；四是道不同，不为谋，他只好关门回避。

"在下觉得武夷先生学问高，故而以礼相待也。"樊尚铭恼羞成怒，忍无可忍，心想：你这个老学究，真是会摆谱！老子给你面子，你不要，屁股撅上天；老子给你脸，你亦不要，眼睛长到额头上。哼！上次邓紫鎏拘你、刑你，如果不是老子从中暗中周旋，你哪里还有今天？既然敬酒不吃，休怪老子不尊重你了。

樊尚铭忽地压低声音，变成了"老鹰"的嘴脸，冷冷道："实话说，今日门前，来了一些不识字者，他们喜欢动粗不动嘴。若有得罪，非在下所愿矣。"

"哼！"王朝聘猛地打开门，走出来，凛然道："老朽行将就木，动嘴也罢，动粗也罢，贱命一条，随时来索！"其实，对王朝聘而言，他何尝不清楚，樊尚铭既已来之，他不去，何以交差？而樊尚铭无论彬彬有礼还是阴阳怪气，都不过是演戏而已。

樊尚铭见话都已说穿，也就不用客气了，他示意早已等得不耐烦的几个兵卒上去，就要把王朝聘带走。

"哈哈，终究还是原形毕露了。"王朝聘推开兵卒，以嘲弄的口吻望了一眼樊尚铭，道："既为请我，当容我沐浴更衣罢。"

"我看不必了。"樊尚铭也以嘲弄的口吻回怼王朝聘："武夷先生虽说迂腐，倒也不是臭气熏天。"

"有人身心俱臭，自己倒是看不出来。"王朝聘反唇相讥，随后神情坚定，一副视死如归的气派，让兵卒散开。"守王道，明生死。老朽清洁如莲，死而无憾矣。"言罢，昂首走出了家门。

"你们是何人？如此霸道！"谭孺人没想到丈夫又要被人带走，她慌忙追了出来，嘶声叫道："我也要去！要死，死在一块！"

"别让老妪添乱！"樊尚铭嘴一扬。三个兵卒立即过来，将谭孺人拖回房中……

终于到了大西府门前，樊尚铭止步，对王朝聘抱拳道："在下真真希望武夷先生做一个识时务者，在下不希望花药山'明月斋'之尴尬一幕再次出现。"

"谢谢提醒。"王朝聘冷冷道。他捏了捏口袋里的砒礵药丸，像有了定心丸，并暗下决心：若遇任何受辱之事，将迅速服用它。

张献忠闻讯王朝聘已到，心情大好，即刻升堂。当看见王朝聘被兵卒小头目推搡着走进来时，张献忠立即上前，狠狠地赏了小头目一记耳光，破口大骂道："真是无知的牲畜！本帅恭请的尊贵客人，焉能如此对待？"张献忠一边怒骂，一边快步上前，亲自搀扶王朝聘，满脸堆笑，道："张某管教不严，让武夷先生受惊了，受惊了。"

张献忠已经屈尊了，他在众人面前，从未以"张某"自称，要么自称"老子"，要么自称"本帅"或"本王"。

"老朽早有领教，毫不吃惊。"王朝聘倒是镇定。

"哦？"张献忠略为一怔，欲牵王朝聘之手，一同入座。

谁知王朝聘用力一拨，冷哼一声，凛然道："流寇贼子！休来这一套！"王朝聘对张献忠的手很忌讳，觉得他的手沾满了鲜血和腥臭，令人憎恶。

张献忠脸色陡变，讪讪地缩回手，十分尴尬。两旁卫士立即用力握了一下刀柄。张献忠摆摆手，打着哈哈自我解嘲。同时继续礼让王朝聘，他朗声道："张某久闻老先生风骨，今日得见，果然名不虚传！"

"既已将老朽索来，直言所议之事。能做者，老朽当尽力；不能做者，老朽亦坦明。"王朝聘走进大厅内，站在中央，目不斜视，一副冷若冰霜的样子。

张献忠坐到虎皮椅上，令手下人又是看座，又是上茶，仍然谦逊有礼，客气有加。但王朝聘爱理不理，连眼皮子都懒得抬一下。

张献忠虽然恼怒不已，但极力忍着，没有发泄出来。他深知老夫子很清高很偏执，不会轻易改变自己的立场。张献忠要做到既不失尊严又不失威严并不容易，但他只能试试，因为眼下急需幕僚为他卖命，更需要像王家父子这样有影响力的学问大儒为他撑台面。因此，他看着王朝聘，恩威并施道："武夷先生，明朝气数已尽，江山易主乃大势所趋。时势造英雄，自张某举旗以来，顺我者昌，逆我者亡。各路好汉纷纷归顺，同舟共济，成就大业。张某虽为一介武夫，但一向敬重读书之人。何况武夷先生系学界大儒，又是桂王府老师，才华盖世，人品第一。张某又慕夫之先生等三位公子之德才，若武夷先生率三公子为我效力，张某必保王家飞黄腾达，子子孙孙，荣华富贵矣！"

"呸！呸！呸！"王朝聘怒目圆睁，厉声道："张贼休得猖狂！老朽既来贼府，就没打算活着出去。要杀要剐，快快使来！老朽无力反抗，也决不反抗！"

王朝聘边说边捏了捏口袋里的砒礵药丸，感觉只要砒礵药丸在，他的尊严和底气就在。

张献忠被王朝聘一口一个"张贼"骂得火冒三丈，他真想挥刀"劈死你这个老东西"。但小不忍则乱大谋。他还是强咽了这口恶气，心想：等你从了，老子再来慢慢收拾你！

现在，张献忠转变策略，他不再"自取其辱"，而是重拾威严，以威制怒。只见他干咳两下，朝手下摆摆手，铁青着脸，道："本帅今日累了，先送武夷先生去营房休息。"

张献忠懒得再看王朝聘一眼，他回归到"本帅"的称呼上，自认为对王朝聘已经仁至义尽了。

樊尚铭没有进去是对的。如果他在里面，看到张献忠受此羞辱，别说张献忠愤怒，他自己首先崩溃了。倘若张献忠把受辱之怒转向他，后果更是不堪设想。不过，虽然他没有进去，但从卫士们严峻的表情就明白，张献忠十分恼火。因此，他一定要想办法，折磨一下这个"老骨头"。既是替张献忠出一口恶气，也是替自己出一口晦气。

当天晚上，王朝聘被送到张献忠兵营一间最大的房子里，叫"一品阁"。表面上看，能够住进这样的房子，一定是大西军中的上宾。然而，房子里的摆设跟花药山明月斋的摆设几乎一模一样。

王朝聘一进去，就吃了一惊。在无数关于羁押或拘役的设想中，王朝聘想过许多不堪忍受的地方，比方说地牢，比方说霉屋，比方说狱室，等等，但他绝对没有想到他会住进跟花药山明月斋一样的房子，这给了他当头一棒。不过,他捏了捏口袋里的砒礵药丸,又释然了。心想:死都不怕,何惧活哉?

然而,樊尚铭有办法让你活得比死更难受、更恐惧。

王朝聘走进空荡荡的房屋,来到茶具旁,往木椅上一坐,顿时,他感到屁股下有什么东西在动,站起来一看,竟是一条黑蛇,放在木椅盖子下面,屁股坐上去后,黑蛇被压得血肉模糊的,不断挣扎。王朝聘天生怕蛇,看到蛇还没死,顿时吓得魂飞魄散。

"老先生,你怎么啦?"这时,樊志高走了进来,凑近王朝聘,道:"嗬,原来是一条黑蛇。老先生想喝蛇血乎?"

"你、你、你想干什么?"王朝聘瞪着恐惧的眼睛,盯着樊志高。只见他拿出一把小刀,又拿起一个茶杯,然后手起刀落,将蛇头割了下来,将蛇血滴到茶杯里,端起来,对王朝聘道:"老先生,这是兵营里最好的黑蛇,喝了蛇血,能延年益寿。你就喝下吧。"

"放肆!你、你休得胡来!"王朝聘浑身发抖,道。

"上回在花药山明月斋,你休息得不错吧?"樊志高阴阳怪气道:"可惜如厕有些困难,憋着不好受。今天,你放心,想做什么都容易。"说完,他又用刀将蛇腹刮开,摘取一粒绿豆大小的蛇胆,将它放到茶杯里,道:"老先生中气很足,但服了蛇胆,中气就更足了。"

"你再逼我,老朽死给你看。"王朝聘大声呵斥,猛地从口袋里掏出砒礵药丸,厉声道:"这药丸里掺了砒霜,再逼我,立即服下。"

"嗬,老先生真有骨气。"樊志高嘲弄地看了王朝聘一眼,顺手从茶具里拿起一个茶杯,里面竟有两只死苍蝇,他特意将茶杯给王朝聘看了看,然后往里加入一点水,道:"老先生,既然你要死,在下就成全你吧。"说完,将茶杯递给王朝聘,又道:"苍蝇加砒礵药丸,毒性加一倍。但你放心,你喝下后,我们立即将你埋了,不让你尸体腐烂得难看。"

"你、你……"王朝聘接过茶杯，劈头砸向樊志高，斥道："乱世贼子，生当如此，死亦何难？"一仰头，将砒礵药丸吞下。

这时，樊尚铭故意走了进来，看着满脸通红的王朝聘，对樊志高道："你给武夷先生吃了什么，让老先生如此容光焕发？"

王朝聘原以为吃下砒礵药丸，会立即死去。哪知，吃了后，不仅没有死，反而浑身燥热，身上像有无数虫子在乱爬乱咬，一种无法抑制的冲动在心里冲撞。他心一惊：糟了，难道身上砒礵药丸被替换了？

还真被王朝聘猜中了。其实，王朝聘这些单纯想法，哪里逃得过樊尚铭的鹰眼？就在王朝聘被押进大西王府，去见张献忠那短短的一二分钟，樊尚铭将早已准备好的"三益丹"，迅速替换了王朝聘口袋里的砒礵药丸。

所谓"三益丹"，又名"红丸"或红铅丸，原是宫廷秘制的一种药丸，追求"益体""益心""益精"之效，后流传于民间，被医学术士所用。樊尚铭早知其妙，通过收买医学术士，做了一批"三益丹"。其制法非常特别：先取童女首次经津滴入器皿，加上夜半第一滴露水及乌梅等药物，连煮七次；再加入肉桂、阳起石、牛鞭、狗鞭、驴肾、鹿茸等温性药料，调煮三次，浓缩为浆；然后加乳香、辰砂、松脂、尿粉等拌匀，以火提炼；最后炼蜜为丸，直到药成。樊尚铭自己用过，感觉阳气冲顶，效果极佳。

这一切，王朝聘完全被蒙在鼓里。

樊尚铭见王朝聘满脸通红，气喘不止，目光迷离，便知药性发作了。他对门外挥了挥手，立即就有三名打扮得花枝招展的侍女进来。樊尚铭对王朝聘道："老先生，岁月不饶人，天地有神助。你辛苦大半辈子，春天再次来临。这三名侍女会好好服侍你的。你欲多快活就有多快活，毋须抑制，尽情享受。今晚之事，你知我知，守口如瓶。只是从此以后，你休得标榜自己品洁如莲矣。"

"啊？畜生！老朽跟你拼了！"王朝聘心急火燎，只感到一股热气往脑门冲，下身受到蚁咬一般的刺激，他边说边脱衣衫。三个侍女上去，搂着他，又是啃，又是抓，嘴里不停说道："老先生别跟樊大人拼，快跟我们拼啰。"

樊尚铭哈哈大笑，与樊志高一前一后退了出去。

突然，屋子里发出"砰"的一声闷响，同时传来侍女们的尖叫。

樊尚铭和樊志高急急打开门，这才发现，王朝聘一头撞在墙上，满脸是血，已经昏死过去。

樊尚铭觉得玩过头了，顿时吓坏了。他冲进去，对三个侍女大声吼："滚，快滚！"他知道，张献忠虽然不喜王朝聘的傲气，亦愿意他们不露声色地折腾他一下，杀杀他的锐气，但绝不希望老先生有生命之虞。他立即吩咐樊志高快去叫营医过来，他自己的医术本就不错，赶紧先对老先生进行急救……

四

王夫之听说父亲大人被张献忠抓走，心里急得不行。在南岳山上的这段时间里，他并未发现衡州学子的踪迹，也没有他们的消息。王夫之对尚德客栈里的同窗故友非常担心，特别是姜善棋、姜晓书和姜若画三姐妹，还有曹伯实，尤为惦记，不知他们是否逃了出来？

应该说，曹伯实能从倒塌的尚德客栈里逃出来实属侥幸，当时客栈里一片火海，浓烟滚滚，瓦砾四溅。曹伯实惊慌失措跑到街角安全地方后，他猛地发现姜晓书不在身边，遂又焦急地返回去，非要冲进客栈里去寻找，被一好心的路人强行拉住，道："你冲进去，自己都出不来，能救得了谁？"

曹伯实呼天抢地，再也没有见到姜晓书。不仅如此，姜善棋、夏汝弼等人亦都不见。难道统统被烧死了吗？曹伯实不甘心，一直等到大火全部熄灭了，他还在那里寻找、徘徊、辨认，但一具具烧焦的尸体面目狰狞，气味难闻，令人恐惧和恶心。曹伯实无法将姜晓书等人的音容笑貌跟这些烧焦的尸体联系一起，但是，他心里清楚，这些亲人和朋友恐怕凶多吉少，或已命归黄泉。

曹伯实顿时感觉身子被掏空了，像没根的浮萍，在衡城大街上晃来晃去。他不敢回耒阳，不知如何面对那个曾经温馨的家。

张献忠举行公审大会那天，曹伯实挤在台下黑压压的人群中，见证了当天发生的一系列匪夷所思的事情。在他看来，当天最大的赢家不是张献忠，也不是樊尚铭，而是朱家父子，特别是朱归孺。他不知道是该为朱归孺高兴还是该为他悲哀。或者说，他对这一切都不感兴趣，失去了姜晓书，生活还有什么盼头？当初来衡州，也是因为姜晓书。表面上说，他要看看王夫之等朋友，实际上，更是为了迎合姜晓书，她要来看姐妹，他没有理由阻止。后来战局危急，他完全有时间逃回耒阳。但姜晓书坚决不走，他也没有强求，况且王夫之等衡州学子都在忙碌中，他也是一名书生，又是公职人员，不留下来与大家共克时艰是说不过去的。

所有这一切，曹伯实并不后悔。唯一让他后悔的是事事顺从了姜晓书，结果是害了她，也害了自己。

公审大会后，曹伯实失魂落魄地回到耒阳，茶不思，饭不想。曹父见他一个人回来，也不问什么，他知道战争的残酷，儿媳姜晓书没有回来，他也不向儿子打探原因。曹父明白，等到儿子能够告诉他真相的那一天，儿子也就走出了悲伤。

大约是回家后的第三天，曹伯实从父亲的嘴里听到耒阳县令刘革鼎被杀的消息，非常震惊。原来，当地有一个马衿升式的地痞无赖，叫洪光央。他在大西军到达前，立刻率领几个流氓打手，冲进耒阳府，将县令刘革鼎一家老小悉数杀尽，然后打开城门，用二十八颗涂了红漆的猪头，组成大大的"欢迎"二字，表明自己向大西军投降效忠。

张献忠闻讯大笑，当即任命洪光央为耒阳县令。

曹伯实跟刘革鼎很熟，朱归孺任县令时，他是县丞，相当于朱归孺的副手。朱归孺升任衡州同知，刘革鼎做了县令，曹伯实做主簿，两人配合默契，相处很好。刘革鼎是一个勤勉本分的官员，也十分清廉，口碑甚好。这样的一个好人，竟然被洪光央杀了，且一家老小皆被杀尽，王道何在？法理何在？

一股巨大的力量从曹伯实心底腾空而出，他十分愤怒，既是对洪光央的愤怒，更是对张献忠的愤怒。张献忠将他的姜晓书和他心中的正义全毁了。他当即暗下决心：有生之年，他要完成一件事：行刺张献忠！这个念头跳出来，曹伯实一扫萎靡之状，顿时振作起来。

然而，行刺张献忠，谈何容易！

正在这时，曹伯实得到消息，说王朝聘被张献忠抓走了。

曹伯实大吃一惊，心想：王夫之是个有名的孝子，张献忠抓走他的父亲，他一定会设法去救的。自己独自行刺张献忠，毕竟有些势单力薄，成功的把握并不大。但跟王夫之联合起来，希望就会大得多。听说"维鹰会"曾多次栽赃陷害王夫之，欲置他于死地，王夫之恨"维鹰会"，但对张献忠的恨有过之而无不及。而且王夫之与姜家还是亲戚，他对姜氏四姐妹也是关爱有加，时有惦记。早在岳麓书院同窗时，曹伯实就领略了王夫之作为一名书生的远见、热血、激情和智慧。此刻，他完全可以与王夫之一起去行刺张献忠。而一想到跟王夫之在一起，曹伯实心里就踏实了许多。只是，他不知道王夫之现在身在何处。

正在发愁之际，一个行刺张献忠的绝好机会被曹伯实抓住了，这个机会是朱归孺带来的。曹伯实突然觉得，有了这个机会，他完全不用让王夫之参与，自己就可以单独行动，来做这件惊天动地的大事情。虽说有了王夫之，力量会大许多，成功的希望也会大许多。但万一失败，将王夫之搭进去，也于心不忍。

曹伯实将最糟糕的情况都想到了，也就没有后顾之忧了。

朱归孺带着几个心腹悄然来到耒阳，完全避开了洪光央的耳目，他的目的就是要找到曹伯实。

傍晚时分，曹伯实独自一人，在一个偏僻的庙堂里见到了朱归孺。

"伯实兄，衡州变天，你大难不死，必有后福也。"朱归孺见到曹伯实后，没有客套，开门见山道："洪光央同马衿升一样可恶，此人不除，不足以平民愤。"

这是实话，当年马衿升在耒阳所行之恶，还只是民间的个人行为。而现在，洪光央所作所为，代表着官府，性质不一样，影响更不一样。

"衡州变天，朱大人功德无量。"曹伯实面无表情，说道。"张献忠重用朱大人，希望你给衡州百姓带来福音。"

"人各有志。况且有些事情，由不得自己。"朱归孺道。"个人荣辱无所谓。此番来耒阳，实为洪光央而来。"

曹伯实听出了朱归孺的话外之音，直言道："刘大人死得好惨、好冤。朱大人现在贵为衡州知府，大权在握。若要除害，有的是办法。"

"刘革鼎刘大人曾与我是搭档，后与你谋事，忠诚本分，与世无争。"朱归孺忽地咬牙道："孰料洪光央竟然对他下黑手，手段之残忍，影响之恶劣，此贼不除，天理难容！"

曹伯实叹一口气，道："洪光央死有余辜。"

"伯实兄，依我看，耒阳县令，非你莫属。"朱归孺的话让曹伯实目瞪口呆，他没料到朱归孺有此想法。朱归孺停了一下，继续道："伯实兄毋须惊慌，一切有我。"

曹伯实对张献忠恨之入骨，现在要为他效力，他很反感。见朱归孺成竹在胸的样子，他更加恼火，心想，这个朱归孺，把我看成什么人？不过，有一个声音在耳边响起：你不是要行刺张献忠吗？不入虎穴，焉得虎子？"忍"字心头上一把刀，过了这一关，就会天高地阔，任你飞翔。想到这里，曹伯实不动声色，表现得有些顾忌，道："听说洪光央是张献忠亲自任命的，投鼠忌器，须得有个万全之策才是。"

"伯实兄言之有理。洪光央杀了刘大人及一家老小，开门投诚，影响甚大。他的目标就是耒阳县令。张献忠成全了他。"朱归孺道："不瞒伯实兄，当时禀报张献忠的人就是我。"

曹伯实无比吃惊，暗暗佩服朱归孺的精明。提及张献忠，朱归孺似乎不像别的下属那般崇拜服帖，感激涕零，他直呼其名，毫无避讳。曹伯实弄不清朱归孺究竟是一个什么样的人。

"朱大人行事，注意分寸和火候。"曹伯实道："成大事者，靠的不仅仅是运气和手段……"

"伯实兄，你知晓乎？"朱归孺忽地叹一口气，心事重重道："武夷先生被抓到了大西府，听说樊尚铭等人对他折磨不轻。"

"我才听说。"曹伯实点头道："老先生这一回遭罪了。"

"你可知晓夫之先生现在何处乎？"朱归孺偏着头，盯住曹伯实，问道，"先前有人向我密报，说夫之先生逃到了南岳的舅父家。我差鼎铉兄去寻，竟是没有找着。"

"我不知晓夫之兄现在何处。"曹伯实有些警觉，生怕朱归孺在套他的话。好在他真的不知道王夫之究竟在哪里，他也确实替好友担心，遂忧心忡忡道："不过，以夫之兄的孝心和刚毅个性，他必然会独闯大西府，自投罗网。"

朱归孺看了曹伯实一眼，不置可否，道："大西府戒备森严，夫之先生若去，有如飞蛾扑火矣。"

还真让曹伯实和朱归孺猜对了。

王夫之闻讯父亲王朝聘被抓，心急如焚，不顾悟一法师的劝告，当即就要下山，去大西府营救父亲。而作为长兄的王介之，更是当仁不让。他明白父亲身上有砒礵药丸，生怕去迟了就见不到父亲了。

"长兄在此，小弟休得造次！"王介之挡住王夫之，他要去替父亲一命换一命。

"大哥让我去。"王夫之与之争执。"张献忠也想见我。"

"现在不是谁见谁的事情。"王介之异常严肃道："小弟放心！我此去，一定想方设法救出父亲大人。一旦被抓，即投江自尽，绝不给家人蒙羞，亦绝不会受辱于贼寇。"

王夫之闻言，情绪异常激动，他坚决不同意大哥去。眼见王介之执意不让，王夫之冷不丁，从寺里操一利器，迅速刺破手腕，顿时鲜血如注。

"啊？小弟，你为何要自残？"王介之失声尖叫。

"父亲大人誓死不入流贼。我再逃避，天理不容！"王夫之攥着手腕，咬牙道："流贼执父为人质，索我投诚，如此祸从天降，我能逃避乎？"

王介之流着泪，一边替王夫之包扎伤口，一边心疼道："小弟，你救父心切，兄弟同心。你如此决然，为兄无地自容矣。"

"大哥休要自责，王家重担系于你一身。只要能救得父亲大人，你去我去，都一样。"王夫之从容道："眼下我为废人，相信流贼见我，亦会断了念想罢。"

这时，悟一法师差人采来草药，嚼碎后，细细均匀敷在王夫之的伤口上，抹上一层口水，嘴里念念有词，一举一动，皆有法度。没过多时，王夫之全身红斑，满头大汗，嘴唇发青，竟奄奄一息。

"大师，小弟何以至此？"王介之大骇。

"善哉，善哉！阿弥陀佛！"悟一法师既为王夫之的孝心感动，又为王家父子不为张献忠效力的壮举感动，但他知道，以王夫之臂上伤情，张献忠不会放过他们父子。因此需要借助药理，做些假象。为了打消王介之的顾虑，他悄声道："无妨。那些草药不会要人性命，两天之后，药性就会全散。若无此苦肉计，贼寇何以相信夫之先生是废人？"

王介之十分感激悟一法师周全考虑和细致用心。

王夫之醒来后，顾不上浑身酸痛，即让僧人抬着他下山，他怀着"风萧萧兮易水寒"的悲壮，前往张献忠府中。

临出门，王介之拦住他，紧握一根绳，发誓道："小弟务必小心！你与父亲大人若有差池，愚兄决不苟活！"

五

王夫之由悟一法师与两位僧人搀扶着，一步步走下山来，到了路口，悟一法师设法找来一辆马车。王夫之躺在车板上，在药性作用下，再次处于半昏迷状态。

天空低沉，乌云翻滚。王夫之被三名僧人拉着，向衡州城进发。

走了大约一半的路程，迎面驶来一辆马车，王夫之的马车突然被截停。从对面马车里跳下四名壮汉，二话不说，将王夫之转移到他们的马车上。

三名僧人急了，上去阻止，急问道："施主，你们是谁？此人病重，贫僧送他进城就医。"

"别问我们是谁。你们速速回去。我们护送此人进城就医。"

走在最后的一名壮汉，跳上他们的马车，甩下这句话后，挥起马鞭，"驾"的一声，拉车的马跳了一下，朝衡州城急疾而去。

没过多久，王夫之苏醒过来，睁开眼睛，感觉有些不对劲，便对身边的壮汉问道："你们是谁？"

没有人回答，王夫之急了，大声道："快说，你们是谁？你们想干什么？"见还是没人回答，王夫之突然奋力站起来，道："你们再不言语，我就跳车了。"

"夫之先生，勿动气。我们是大西府樊大人派来的。"为首的壮汉，脸上有一颗粗大的黑痣，他让马车停在路边，安抚一下王夫之的情绪，客气道："你病得不轻。没有我们护送，你进不了城。"

"樊大人？哪个樊大人？"王夫之有些疑惑，嘀咕道。忽然，王夫之想到了一个人，情绪顿时激动起来："是樊尚铭，是'老鹰'，是'维鹰会'头目樊尚铭？"

"夫之先生，你不用说话。"黑痣壮汉面无表情，道："我们亦听不懂你究竟在说什么。"

"你们要将我带到哪里？"王夫之非常焦急，他担心自己救不出父亲大人，甚至连最后见一面的机会都很渺茫。他突然意识到，樊尚铭一直派人在悄悄跟踪他，但他不明白，为什么大前天奚鼎铉带人找到他时，却故意放过他，而且还透露父亲大人可能被抓的信息？这样重要的信息，究竟是谁透露出来的？如果樊尚铭要抓他，为什么不在舅父谭玉卿家或南岳山上抓他？奚鼎铉放过他，肯定也不是他本人能够做到的，肯定是他后面的人暗示他这么做的。那么，这个幕后者，究竟是谁？

王夫之觉得自己陷入了别人的圈套中。

马车朝着衡州城方向，飞奔而去。越是接近衡州城，王夫之的心越是焦急。

终于来到城北大门。马车停下来，接受检查。

几个老兵模样的守卒走到马车旁，为首的问："车上躺着的是谁？"

黑痣壮汉掏出大西府令牌，晃了晃，道："认识这个吗？快快放行，少废话！"

"嚯，口气不小！这是个什么东西？"守卒头目一把抢过令牌，另外几个立即上车，将其余三个壮汉控制住。

只听守卒头目恶狠狠地吼道："你们是哪里的奸细，拿着大西府的假令牌，想蒙混过关，是不是活得不耐烦了？"

"胡说！"黑痣壮汉仗着樊尚铭在大西府的特殊地位，没把守卒们放在眼里，他十分嚣张道："老子在执行秘密任务，如有差池，唯你脑袋是问！"

"什么秘密任务？老子认牌不认人！"守卒头目咆哮道："都给老子绑起来！"

听到吵嚷声，正在巡查的朱归孺与大西军的一个严姓参将走了过来。朱归孺一脸严肃，问道："怎么回事？"

守卒头目把一个令牌递给朱归孺，道："这个疑犯拿着假令牌，试图蒙混进城，幸被在下发现。"

朱归孺将令牌看了一眼，鄙夷一笑，将它递给严参将，道："此等假令牌，做得如此精细，不仔细辨别，还真难以察觉。幸亏严将军手下兵卒作风硬，把关严，眼力好，看出了破绽。"

严参将听了朱知府夸他的兵士，十分高兴，他将令牌朝黑痣壮汉脸上用力一掷，骂了一句粗话，道："你等欲蒙混进城，要干什么？"

黑痣壮汉"啊"地尖叫一声，气急败坏道："你们、你、你们……老子要到樊大人那里告你们！"

"瞧，他们搬出了大救星。樊大人，不就是那个靠'维鹰会'起家的黑头目樊尚铭樊大人？"朱归孺故意说道："严将军听了该害怕了？此人在大西府可是一言九鼎矣。"

"哈哈哈。是啊，老子好怕樊大人呐。"严参将大笑起来，盯着黑痣壮汉，不无嘲讽道："可是，在你见到樊大人前，先问问阎王大人愿不愿意放你过去！"说到这里，严参将眼一瞪，厉声吼道："给老子搜！"

很快，为首的守卒从其中一人身上搜出一封密函。

严参将撕开一看，脸色顿变。朱归孺道："严将军，怎么啦？"

"朱大人，您看。"严参将声音有些发抖，道："这些狂徒，居然是王夫之派来，欲潜入大西府，行刺大帅！"

"啊？"朱归孺一声惊叫，他接过密函，但见上面写道：

仁、孝、忠、恕四弟：

献乃当今妖孽，杀人之能臣，乱世之奸雄，荒淫无度，亵近娼优，为非作歹，天怒人怨。近日更有掳父之仇，尔等往昔从吾父之学，皆有所成。今付密函，缝于衣带，歃血盟誓，除暴安良，救出吾父，还衡州河清海晏。此等壮举，乃千古忠贞之事。然大西府戒备森严，玄关重重，尔等务必谨细。仁弟首之，孝、忠、恕小弟从之，密谋呼应，勿泄于外。切忌逞能妄动。若不遂，静候良机，再行之，必成功。此为至盼。王夫之

"原来是王夫之派来的四大刺客！"朱归孺将密函连同一锭银子交给严参将，道："为保衡州安宁和大西府，严将军及手下委实辛苦。今又擒得四大刺客，可喜可贺，朱某不欲与严将军争功矣。"

"哪里，哪里。"严参将接过密函和银两，一脸笑容，道："此等小事，守城兵卒每天都会遇到，严某正嫌麻烦。朱大人若不弃，这四名该死的

刺客，就交由您来处置，若何？"

"也罢。严将军连日劳累，异常疲惫，先去喝酒，歇一会儿。"朱归孺向严参将抱拳，一本正经道："朱某即刻回府，亲自审问这些疑犯。若有新的机密，定当及时报告。"

"不必了，不必了。辛苦朱大人。"严参将连连摆手，顺手将密函交给朱归孺，道："一切拜托朱大人，省得坏了末将喝酒的兴致。"

"恭敬不如从命。"朱归孺打着哈哈，道："得闲时，一定请严将军去府堂里喝几盅。"

与严参将分开后，朱归孺立即带着几个兵卒，押着四名壮汉，赶着马车，朝衡州知府大堂疾驰而去。

曹伯实早已迫不及待，候在府堂大门前已有多时。

朱归孺暗示曹伯实安排巡城的兵卒去喝酒吃肉，他转身喝令知府里的守卒快快将王夫之从马车上扶出来，并将四个壮汉直接押入地牢。

"朱大人，是你？"王夫之惊恐未定，感觉有如做梦一般。

朱归孺点点头，道："夫之先生，受惊了！"

很快，曹伯实回到府堂，对朱归孺道："按朱大人意思，均已安排妥当。他们在大吃大喝，快活得很。"

王夫之见曹伯实出现在衡州府堂，目瞪口呆："伯实兄，真、真是你，真是你吗？"

"夫之老弟，你伤势不轻。"曹伯实也很吃惊，他抓住王夫之的手，左看右看，道："出什么事了，怎么手臂伤成这样？"

"唉，不去管它。"王夫之叹一口气，反问道："既已见兄台，那嫂夫人晓书还有她的姐妹们等想必一切都安好？"

"一言难尽。"曹伯实摇摇头，道："眼下最担心的是武夷先生。朱大人惦记着老先生和夫之老弟。"

"兵荒马乱，顾此失彼。"朱归孺望着王夫之，叹道："近日事多，颇为棘手，朱某心有余而力不足。世道大变，朱某恨己无能。然武夷先生被执之事，朱某再无力亦不能不问不顾矣。"

"朱大人心意，夫之领情了。"王夫之努力不去想朱归孺效力张献忠这种"认贼作父"的事情，他急于救出父亲大人，只能就事论事。王夫之说道："眼下我已残废，张献忠不至于连一个废人也不放过吧？"

"一人是否有用，非四肢健全所定。"曹伯实插话道："虽然你臂已残，但张献忠不是用你肢体，他要用的是你的心智矣。"

"伯实所言极是。"朱归孺道："眼下最紧要的，是救出武夷先生。听说樊尚铭等人，对老先生极度无礼。"

"啊？他们做了什么？"虽在意料之中，但王夫之从朱归孺口中听到，还是不安起来。"这帮畜生，我真想跟他们拼了！"

"少安毋躁，少安毋躁。夫之先生，只想着拼命，于事无补。"朱归孺连忙安慰道："你不用太急，急是没用的，夫之先生。你得听从我的安排，有伯实等人配合，一定能救出老先生。你就放心好了。"

第十七章　罪有应得

一

樊尚铭最担心的事终于发生了。他万万没有想到，邓紫銮被张献忠断然处死后，他本以为少了一个强大的对手，却迎来了一个比邓紫銮更强大、更不可捉摸的对手，这个人就是朱归孺。

对朱归孺，樊尚铭交往不多，虽未轻视，但也从未真正把他当作对手。直到此次，自己派出的几组密探，历经千辛万苦，终于得到王夫之的确切消息，并顺利抓到了他，可入城时，竟然被朱归孺暗中踹了一脚，痛得他连吱声都不敢，这才真正体会到对手的厉害和恐怖。所谓"栽赃"，所谓"嫁祸"，原是樊尚铭最拿手的，现在被对手"以其人之道，还治其人之身"，这才体会到喉咙被钳制之窒息般的痛苦。

实际上，朱归孺并未把樊尚铭当作对手，最多当成一个可以利用的人物罢了。朱归孺虽与樊尚铭交往不多，却与樊志高交往不少。当年，朱归孺请樊志高做他科考的替身，给了他不少银两，但樊志高却拿着钱物玩失踪，这让朱归孺耿耿于怀，也是樊志高一直不敢面对朱归孺的地方。有关两人的这个"过节"，樊尚铭一直被蒙在鼓里，樊志高拿了朱归孺那么多银两，主要用于个人挥霍，他结交了一批地痞流氓，为后来快速开展"维鹰会"工作打下了基础。

朱归孺为人大气，不大计较。樊志高拿了银子不办事，虽让他很生气，但却阴差阳错，碰上了王夫之，并得到王夫之的押题，继而高中皇榜，不久捐官成功，他对樊志高的闷气也就差不多消了，而且也没有要报复他的想法，觉得这是缘、更是命，他得以这种方式结下这段缘、完成这种命。否则，以他后来做衡州同知的位置，要找樊志高的麻烦，是十分容易的事情。

樊尚铭在幕后搞"维鹰会"，樊志高是前台最忙碌的人。罗亦篼多次派朱归孺去暗访"维鹰会"成员，并尽可能予以打压。可朱归孺并不上心，总是睁目闭眼，搪塞过去。后来"维鹰会"越做越大，等罗亦篼真正想控制的时候，已经晚了。大西军大兵压城，罗亦篼把更多的精力投入军务中，地方上的事情全部交给朱归孺管理，这让朱归孺很开心，也很得意。

樊志高与朱归孺有过一次密会，两人精心策划，达成一件密约：朱归孺将全部财产，包括朱府门第和"得善楼"，交由樊志高去爆炸、焚烧。樊志高没有把这些细节告诉"老鹰"，否则，樊尚铭对朱归孺会小心得多：一个敢于彻底舍弃的人，一定有着超乎常人的野心。

朱归孺最大的本领是顺应潮流，因势利导，作出预判。这样的本领显然不是书本上可以学得到的。张献忠挥师南下，他就觉得衡州保不住。如何让朱家免遭杀身之祸？他只有狠狠心，把自己变成一无所有。起初朱啸虎不愿意，朱归孺劝老爹要相信他，失去，只是暂时的。通过"失去"，朱家不仅能够活下去，而且得到更多，活得更好。

朱啸虎见儿子说得如此肯定，加之也无他法，只得由他去了。重要的是，儿子考上举人后，官越做越大，虽与自己的财力有关，但儿子自己的能力也让他这个做老子的越来越佩服。

事情完全按照朱归孺的设想向前发展。

公审大会后，朱啸虎有了一个官职，这是他做梦都没有想到的。朱归孺上任后，对衡州有了一个完整的修复和重建规划，大部分项目均由朱啸虎负责。例如，在朱府门第旧址上开始兴建一座私塾，在焚烧的"得善楼"上重建衡州郡学，这些，都得到张献忠的赞许。这两块地原本就是朱家所有，但朱家主动捐献出来，大力发展教育，这还有什么可说的？当然，朱家父子把账记到张献忠头上，还找人写文章吹捧，奚鼎铉和几个无骨文人都写过颂诗。朱归孺把它们印成小报，送到大西府，大肆颂扬张献忠造福衡州百姓，张献忠焉能不欢喜？

而这些，是樊尚铭想不到、也做不到的事情。

朱归孺需要这些看得见的政绩，需要得到张献忠的欢喜，否则，他会不安。因为，在朱归孺看来，邓紫鎏被处死，一定是樊尚铭告了黑状。邓紫鎏是前衡州知府，自己是现在的衡州知府。从以前的衡州同知到现在的衡州知府，虽说只升了一个级别，但中间隔着罗亦簏，就隔着千山万水，隔着阴阳两重天。

但是，前任和继任都死了，朱归孺又感到很恐惧。他担心哪一天，张献忠看他不顺眼，他的人头也就落地了。因此，他小心翼翼，尽力提防张献忠，内心深处也并没有把他当成君王看待。虽然在张献忠手下谋事，但他不把自己当奴才，这让衡州学子对他刮目相看。

朱归孺读书不多，但他骨子里对读书人是很敬重的。他觉得，读书人再怎么坏，也不会比黑心的商人、贪腐的官员和无法无天的地痞流氓更坏，这也是他对衡州学子，特别是对王夫之一家，始终敬重，尽可能保护（明里或暗地）的真正原因。

张献忠破城后，朱归孺就暗中派人跟踪、保护王夫之及其家人。王朝聘被樊尚铭抓走前，他就获得谍报，立即让奚鼎铉带人到南岳把信息委婉传递给王夫之。在如何营救王朝聘和王夫之这个事情上，他需要一个得力的人帮助。

朱归孺想到了曹伯实，也想到了耒阳县令洪光央。他连夜赶到耒阳，与曹伯实精心设计了一个借刀杀人的好办法。

此刻，好戏终于开场了。

大西王府威仪堂前，张献忠一脸阴郁地坐在大堂正中央虎皮座椅上，面前摆着三尺公案，上面放了惊堂木、文房四宝和红绿头的案签。红头签为刑签，是要动刑的；绿头签为捕签，是要捕人的。威仪堂的上方悬挂着"明镜高悬"的铜匾，正面屏风上是一幅海水朝日图，意为官清似海水，日月明鉴。威仪堂的两侧分别摆放着堂鼓、仪仗和刑具等。四个义子分列张献忠两旁，左边是孙可望和李定国，右边是刘文秀和艾奇能。

左右两个偏末位上分别坐着朱归孺和樊尚铭。

上午辰时许，威仪堂击鼓三声，三班衙役手持粗大的水火棍肃立两旁，一排皂隶拿着夹棍立于后面。

张献忠用力一拍惊堂木，喊道"升堂"，众人起立，齐声道："威——武——！"

这时，司仪趋前，向张献忠行礼，高叫："宣犯人进堂！"

很快，仁、孝、忠、恕四名壮汉被依次押入，跪在张献忠前面。为首的黑痣壮汉叫仁，他望了樊尚铭一眼，眼泪就流了下来。

樊尚铭冷哼一声，装作视而不见。

张献忠厉声道："姓甚名谁，所犯何事，一一报来。"

四名壮汉各自报了姓名，分别叫陈根生、刘定理、单一三和罗星荣，他们纷纷表示，自己依令行事，并未"犯事"。

张献忠眼角一斜，眉毛一挑，道："这么说，仁、孝、忠、恕四个名，与你等无关？行刺本王之罪，亦与你等无关？"

陈根生，也就是为首的"仁"，即那个黑痣壮汉，他惊恐万分，连连叩头道："我等小人只是受樊大人密差，捉拿王夫之。其他之事，与我等小人无涉。"

"大胆狂徒！死到临头，还要狡辩！"张献忠将惊堂木一拍，喝道："不动大刑，量你不招！拉下去，各自吃个二十大板！"

三班衙役饿狼般扑上去，对四人结结实实各打了二十大板，直打得每个人皮开肉绽，鬼哭狼嚎。

威仪堂一派肃静。这时，两名衙役将陈根生拖到张献忠脚下。张献忠道："本王再问你：你等与王夫之是何关系？"

陈根生被打得最重，满脸是血。但听到张献忠问话，他还是振作精神，从实道："我等不识王夫之，只是奉命去捉拿他。"

"一派胡言！"这时，张献忠命人将王夫之有关行刺张献忠的密函掷到樊尚铭面前，道："樊大人知道这个吗？"

樊尚铭看罢，突然哈哈大笑，道："大王，此乃有人假借王夫之之名，捏造所谓密函，陷害我等忠良。"

"何以见得？"张献忠冷冷道。

樊尚铭道："第一，这四人之名皆与仁、孝、忠、恕无关；第二，这四人与王夫之并不认识；第三，这四人受在下节制，对大西忠心耿耿，所谓行刺之事，纯属诬告和栽赃。万望大王明鉴矣！"

"哼！再宣一犯人！"张献忠大喊一声。

四个差役将洪光央推了进来。樊尚铭一惊：这是唱的哪出戏？

洪光央是个天生的小人，他哪里见过这等阵势，顿时吓得瘫倒在地。但他很快爬起来，跪在张献忠面前。

张献忠喝道："报上姓名！"

洪光央道："小人姓洪，名光央，乃大王钦点耒阳县令。"

"哦？"张献忠怔了一下，他哪里还记得这等小事？他看了洪光央一眼，道："既如此，乃知罪？"

洪光央瞪着贼溜溜的眼睛，快速扫了一眼座位上的各位，当看到朱归孺目光炯炯地看着他时，他立即缩着头，道："小人知罪。"

"眼前这四人，你可识得？"张献忠喝道："快快从实招来！"

洪光央点点头，道："这四人均系'维鹰会'里的刺客，分别叫陈根生、刘定理、单一三和罗星荣，他们的别号分别是仁、孝、忠、恕，与王夫之称兄道弟，是王夫之父亲武夷先生的学生……"

"你、你……你血口喷人！"樊尚铭一听，气得嘴都变歪了，一脸惨白。樊尚铭不明白洪光央为何无缘无故要栽赃他！

陈根生等四人也吓得目瞪口呆。他们根本不认识洪光央，他为什么要陷害自己？这罪名，可是死罪！

樊尚铭朝朱归孺冷冷看了一眼，他知道，这背后的阴谋一定与朱归孺脱不了干系。他更清楚，洪光央的指证，不仅给跪在面前的四个人带来不白之冤，也会给他带来杀身之祸！

"你认识王夫之吗？"张献忠没有理会樊尚铭等人，继续问道。

洪光央道："王夫之乃衡州大儒，他的两个兄弟王介之和王参之亦学问了得。他的父亲武夷先生更是学界泰斗，王家父子谁人不识、谁人不晓？"

"你知道王夫之欲行刺本王否？"张献忠有点嘲讽道。

"啊？"洪光央大吃一惊，摇摇头，道："这个，小人可不知道。"

"那依你看，王夫之为何要行刺本王？"张献忠竟忽然笑了起来，问道。

洪光央不敢看张献忠，他跪在地上，想了想，嗫嗫道："听闻武夷先生被樊大人抓来大西府了。王夫之是出了名的孝子，可能因此而仇恨大王。不过，这些只是小人猜测。"

"武夷先生是本王请来大西府的。"张献忠不露声色道。

"可小人听说武夷先生在大西府里受了不少折磨。"洪光央讲到这里，停了一下，又加重语气道："而且是十分残忍的折磨。"

"此事当真？"张献忠一脸怒气，朝樊尚铭喝道。

樊尚铭暗暗叫苦，可嘴上还是硬挺着："这是诬告！是地地道道的诬告！"他看了看张献忠，继续辩白道："武夷先生乃大王差在下亲自去请的贵宾，在下安排他住在兵营里最大最舒服的一品阁，派人轮番看护，悉心照顾，岂有所谓折磨之事？"

"果如此，不如请武夷先生临堂，亦让我等一睹风采！"这时，孙可望忍不住发言了。

其余几人随即附和："好啊，好啊。"

"这个，这个……恐怕不大合适。"樊尚铭眼光躲闪，道："老先生年岁既高，加之昨晚来到陌生环境，睡得不好，此刻正在休息……"

"快快派人请武夷先生到堂。"张献忠喝令道。

樊尚铭心虚的眼神哪里逃得了张献忠的逼视。

威仪堂与兵营里的一品阁相距并不远，差役很快就将王朝聘抬了进来。

张献忠一见，大吃一惊：王朝聘满头缠着绷带，浑身是血，眼睛虽是睁开的，却显得空洞无光，表情木讷，双脚无力，站不起来。

孙可望、李定国、刘文秀和艾奇能都惊得目瞪口呆。

朱归孺也感到不可思议，"这要遭多大的罪，才变成这个样子啊！"

就连樊尚铭本人也倒吸了一口冷气，都觉得这实在有些过分了。

"樊大人，这是为何？"张献忠强压怒火，冷冷道："本王所请贵宾，被你等'轮番看护，悉心照顾'，就变成这个样子了？"

樊尚铭脸如死灰，怔怔地道："这、这……"

"你不会说，你不知道此事吧？"张献忠用嘲笑的口吻道："你刚才说老先生在休息，不适合来此。你应该很清楚老先生的状况，本王没有说错乎？"

"我、我、我确实……"樊尚铭说不出话来。

突然，从外面冲进一个人来，朱归孺一看，是樊志高。

樊志高跪在张献忠面前，连连磕头道："大王，一切都是小人的错。是小人在看护武夷先生，武夷先生所遭虐待皆系小人所为，与别人无干。"

"大胆鼠辈，你是何人，竟敢擅闯威仪堂！"张献忠怒气冲冲，厉声道："快快抓起来，棍棒伺候！"

四名皂隶提着棍棒，黑风般扑上来，扭住樊志高，劈头盖脸，就是一顿毒打。

李定国对张献忠道："父王，既然此狂徒与武夷先生之伤确有关联，就容他说明情况，再往死里打不迟。"

"也罢，先饶他不死。"张献忠喝住了打得正起劲的皂隶。两名差役上去将樊志高的头发提起，脖子往后仰，然后把一盆冷水猛地从头上泼下去。

樊志高打了一个激灵。

樊尚铭痛苦地闭了眼睛，他知道，他救不了孙子，甚至连自己都难逃此劫。

"你究竟对武夷先生动了何种酷刑，快快从实招来！"张献忠大声吼道。

樊志高被打得鼻青脸肿，他揩了揩嘴角上的血，吸了一口气，道："小人、小人并未有过分之举，老、老先生不适应一品阁，夜半梦游出门，撞倒在墙上……"

"浑球杂种！一派胡言！"张献忠怒不可遏，咆哮道："给本王打！

狠狠地打！"四名刚刚退下的皂隶闻讯后，再次扑上来，用夹棍和棒子，将樊志高打得只有进气的分儿，没有出气的分儿。

樊尚铭见状，实在看不下去，他知道，再不制止，樊志高会被当场打死。自己毕竟老了，樊家不能"绝后"，要死，就让自己来吧。

"大王息怒，大王息怒！"樊尚铭跪在张献忠面前，叩头道："一切皆是樊某指使！小人樊志高亦是听从本人所为！"

"莫不是樊大人救人心切？"张献忠冷冷道："武夷先生和王夫之等人，力荐之，是你；力毁之，亦是你？本王难以理解！"

"樊某力荐武夷先生和王夫之等人，此心于今未变。樊某恭请武夷先生来大西王府，毫不懈怠，悉心尽力，亦是事实。"樊尚铭镇定下来，道："然武夷先生不识抬举，对大王极不敬重，不断辱骂。樊某看不下去，只想略加惩罚，岂知用力过猛。樊某之错，即全于此。"

张献忠听罢，沉思良久，忽然道："那王夫之与你手下四人合谋行刺本王之事，又是为何？"

"大王于樊某恩重如山。樊某虽肝脑涂地，亦不能报大王恩德于万一。没有大王，樊某今天如野狗一般，仍在街头巷尾乞讨生活。"樊尚铭伏首再叩道："樊某就是大王的一条狗！大王让狗活，狗就活；大王要狗亡，狗就亡。无论大王如何待狗，狗永远只有感恩之情，没有负恩之心矣。"

樊尚铭把自己的卑微降到了极限，对张献忠的吹捧也吹到极限。他本以为张献忠对他的赤诚有所触动，甚至感动，没料到，张献忠冷冷的一番话，让他面如死灰："好一个'老鹰'，终于露出了真面目：你说没有本王，你是野狗。可有了本王，你还是一条卑微的狗。这不明摆着，你心里有怨气、有怒火、有仇恨。"

威仪堂顿时陷入一片死寂。

众人面面相觑，没有一个人敢说话。

"大王请息怒。"朱归孺打破沉默，向张献忠行礼后，从容道："小人斗胆说一句：大王您可能误会樊大人的意思了。"

"哦？"张献忠眼一瞪，饶有兴趣地看着朱归孺，道："朱知府倒是说来听听。"

朱归孺道："樊大人的本意是，没有您，他就是一条野狗；有了您，他变成了一条家狗。虽然都是狗，但差别极大：野狗风餐露宿，自生自灭；家狗有主人照料，活得自在。因此，樊大人对您的感激，应当出于真心。"

"哈哈哈！朱知府果然见识不凡。"张献忠非常开心。实际上，每次发火，张献忠都希望有人出来浇火，而不是噤若寒蝉，默不作声。但一般情况下，许多下属都没有能力出来浇火。"看来，是本王错怪了樊大人？"

樊尚铭万万没有想到，朱归孺会在关键时刻出来替他解围。虽然他明白朱归孺说他是"野狗""家狗"十分不堪，但能自圆其说，让张献忠高兴，这心态之镇定、言语之机智，非常人所能为。他向朱归孺投去感谢的一瞥，但他心里十分清楚，朱归孺一定不会真心救他。无论接下来发生什么，他和孙子的命运都无法掌握在自己的手里了。

事实上，朱归孺对场面的把控和对人心的拿捏十分精准。他知道张献忠这样的人物并不希望所有人都对他唯唯诺诺，那样的"一言堂"威是威严，却没有生气，更无情趣。朱归孺不识时机地"冒犯"一下，既能彰显张献忠的大度，又能赢得在场者的敬重，包括他的对手都会感谢他的仗义。朱归孺见樊尚铭不断表忠心，以掩饰他对武夷先生所做不堪之事，目的是减轻罪责。张献忠的内心应该也听信了他的言语。所以，才对朱归孺的"冒犯"感到舒服。

朱归孺知道，有洪光央这个"冤大头"在，事情就在他的掌控中，就会有意想不到的结果，而且这个结果不会超出他的算计。

朱归孺的高明之处在于，他告诉了洪光央一些情况，当然不是全部情况。他要求洪光央按他讲的去说，但洪光央说出来的情况跟真实情况有明显出入。结果，他就陷入"说谎"的怪圈中。而当着张献忠说谎，后果之严重可想而知。但他不照着朱归孺设计的套路去说也不行，因为他一家老少共计十六人都在朱归孺手上，目前正关押在衡州知府的地牢里。朱归孺警告他：如果不按照他的话言说，洪光央和他的全家都将从这个世界上消失。

果然，张献忠将目光重新转到洪光央身上，道："这么说，王夫之之'密函'是你捏造的，'行刺本王'亦是你诬告的。"

"啊？小人不、不知道什么、什么'密函'，亦不知王夫之欲行刺大王。"洪光央一脸惨白，浑身发抖。

"可你刚才不是说跪在地下的这四人均系'维鹰会'里的刺客吗？而且这四个人的姓名和别号，你都讲得分毫不差，还说他们都是武夷先生的学生？"张献忠猛地拍了一下惊堂木，大声吼道。

"小人该死！小人该死！"洪光央连抽自己三记耳光，狠狠地看了朱归孺一眼，道："小人的确说谎了。这、这一切都是朱大人、是朱大人逼着小人这样说的。"

到了这个份儿上，洪光央再也顾不上朱归孺的警告和家人的死活，他要活命，他顾不了那么多了。可他毕竟太愚蠢，出尔反尔，恰恰要了他的命。

"呸！无耻小人！朱某大力保荐你，做了耒阳的县令。朱某何时要求你说过谎话？"朱归孺"嚯"地站起来，转身向张献忠拜了三拜，道："朱某荐人失察，将出尔反尔的小人力荐当上县令，朱某有罪，甘愿接受大王惩处。"

张献忠看了朱归孺一眼，摆摆手，示意他坐下。他转头对洪光央道：

"那你说说朱大人是如何逼你的？"

"请大王替小人做主：朱大人抓了小人全家十六人，均关押在衡州知府地牢里。"洪光央豁出去了，道："朱大人警告小人，如果不按照他讲的去说，他将杀掉小人全家老小，一个不留。"

"这么说，你的家人现在还被押在地牢里？"张献忠十分恼怒，他半信半疑，冷冷地扫了朱归孺一眼。

樊尚铭恍然大悟，这个局做得真大，他长舒一口气，心想：终于看你朱大人的好戏了。

洪光央肯定地点点头。

张献忠立即传令："去衡州知府地牢，将洪家老小悉数带来。"

洪光央松了一口气，快速瞥了朱归孺一眼，心想，自己真是愚蠢，有大王做主，洪某才不怕你呢。他哪里知道，朱归孺早已安排曹伯实将洪家老小全部带回到耒阳去了。对洪光央这样的小人，一定要做到万无一失。只有将他的老小带回耒阳，这个套才算真正做结实了。

不一会，张献忠的差役回来，报告说衡州知府地牢从未关押过洪家一人："洪家老小全在耒阳县府。"

洪光央一听，顿时瘫倒在地，嚎叫道："大王、大王……"

"此等小人，有如疯狗，留在世上何用？"张献忠怒气冲天，将惊堂木用力一拍，厉声道："拖下去，斩！"

威仪堂顿时鸦雀无声。

这时，朱归孺离开座位，走到张献忠面前，叩首道："此事甚为蹊跷。目前来看，所谓王夫之'密函'应是捏造。那么，捏造者是谁？目的何在？是否请樊大人解释一二？"

朱归孺突然转将目标对准樊尚铭，樊尚铭一下子傻眼了。他明白，朱归孺完全获得了张献忠的信任，这样的人太可怕了。

果然，张献忠觉得朱归孺提醒得有道理，便对樊尚铭道："朱知府所言，亦正是本王所疑。樊大人你不详细说说？"

樊尚铭真没想到，死了一个洪光央，皂隶们将樊志高打成了重伤，朱归孺还不放手，其最终目标是要除掉他樊尚铭。

突然之间，樊尚铭觉得有一股寒气直逼他的脊背。眼见张献忠发问，他不知道如何解释，只好重新表忠心："大王明鉴，樊某不清楚王夫之之'密函'来自哪里，亦不知王夫之为何要行刺大王。樊某只是知道自己是大王的一只狗，狗的使命是忠于主人，保护主人。"

张献忠冷哼一声，对樊尚铭答非所问有些愠怒，他回头对朱归孺道："既然樊大人无以言表，朱知府可有话说？"

朱归孺趋前一步，对张献忠作揖道："朱某一直不解，为何樊大人要对武夷先生动此酷刑。"

"什么酷刑？"张献忠一听，顿生疑惑。

"请宣一人进来可否？"朱归孺恭敬问。

"照准。"张献忠道。

不一会，奚鼎铉小心翼翼地走了进来，看到张献忠，他自报姓名、身份后，倒头便拜。

朱归孺对奚鼎铉道："大王仁慈，休要害怕。将你在一品阁看到的武夷先生受刑之事速速从实招来。"

于是，奚鼎铉把那天晚上在一品阁看到的，樊志高和樊尚铭如何让王朝聘坐在蛇椅上，他们如何斩蛇头、摘蛇胆，如何逼着王朝聘吃"三益丹"，如何叫侍女进去侮辱老先生，老先生最终无奈，只好撞墙寻死……整个讲述，事实清楚，层次分明，细节生动，重点突出。当讲到斩蛇头、摘蛇胆时，在场的张献忠之四个义子齐刷刷地对樊尚铭怒目而视，而最后讲到逼着老先生吃"三益丹"时，张献忠更是怒不可遏，拍案而起。

"樊大人，竟是如此善待本王贵宾的？"张献忠强忍着怒气，冷冰冰道："你亦是读书之人，'己所不欲，勿施于人'。看看你行事之毒，本王闻之惊心、痛心、恶心矣！"

"大王，小人拾得当晚的蛇头、蛇胆和'三益丹'之盒，是否需要验视？"真没想到，奚鼎铉还把当晚的蛇头、蛇胆细细包好，把"三益丹"之盒亦拾在手中。

这一下，仿佛用加倍的力量给上吊者打了一个重重的死结，奚鼎铉收拾的东西成了残酷的铁证，彻底做死了樊尚铭。

对于奚鼎铉，樊尚铭和樊志高是认识他的，都知道他是一个书生，小心，本分，极不得志。张献忠进城后，奚鼎铉是衡州书生中最早、也是最积极进入大西府的人。樊尚铭绝对没有想到，这个看似懦弱的人，竟完成了敲响他丧钟的最后一击。

张献忠等人当然不愿意看到那些颇为晦气的肮脏之物，他喝令奚鼎铉快快滚出威仪堂。

樊尚铭长叹一声，闭上眼睛，等待张献忠的宣判。因为他知道，此刻，他作任何辩解，都无法赢得张献忠的信任。他想起在"德雅居"时杀人取心让郭衮冤验证是红色还是黑色，"真是报应"。

这时，刘文秀似乎看出事情有些不同寻常，遂起身作揖道："父王，樊大人对大西府忠心耿耿，进城前后，他为人低调，令出必行，少有失手。'维鹰会'虽然名声不好，对衡州城破坏有加，但配合大西军进城，功不可没，亦是事实。其间虽有过激行为，亦不能将全责归咎于他矣。"

"此事确实费解。"李定国接上话，点头道："父王对樊大人如此器重，他为何要行刺父王？于理不顺，于情有悖。"他虽然看不起樊尚铭，觉得他行事诡秘，心狠手辣，没有磊落情怀，但要说他有杀义父之心，委实说不过去。

"你们二人有何看法？"张献忠转头看着孙可望和艾奇能，道："亦不妨说说。"

"在我看来，樊大人欲行刺父王是假，欲斩除王家父子是真。"孙可望站起来，大声道。"樊大人曾私下跟人说，他要做大西府的幕僚王。因王家父子学识渊博，名动江湖。武夷先生乃桂王师爷，衡州学界泰斗，王夫之少年得志，才华横溢，这样的人物一旦成为大西府的座上客，父王必然会另眼相看，樊大人在父王心目中的分量亦必然会大打折扣。"

樊尚铭听到这里，心里咯噔一下：这下彻底完了。本来他看到刘文秀和李定国为其说话，还产生一丝幻想。但刘、李二人所讲，只是泛泛而言，说服力不够。而孙可望所说，直中要害，而且这些思虑也确是樊尚铭所想，如此，当如何是好？

二

朱归孺也非常清楚，孙可望的话就是一把锋利的刀子，这把刀子要把套在樊尚铭脖子上的绳子拦腰斩断。

不过，张献忠听了孙可望的话，眼睛闪了闪，却并不表态。他的目光落在艾奇能身上。

艾奇能知道，每次作出重要决定前，父王都会征求他们的意见。而实际上，他们也只是说说罢了，表明他对义子们的器重。父王对他们的意见并不会有太多的重视，想到这里，他站起来，抱拳道："各位说的我都赞成，此事看似费解，其实亦有道理。读书人最爱干的事就是喜欢琢磨人，读书人最让人烦的就是小心眼和妒忌心！他们干的事，我们有时是理解不了的！"

张献忠本来就心烦，结果四个义子的言语，将他头脑中的乱麻搅得更加混乱不堪。但他不好发脾气，他要装作兼听则明的样子。但脸上不悦的表情实在无法掩饰。张献忠不露声色，再次对朱归孺道："朱大人还有什么要补充的？"

朱归孺连忙起身，揖拜道："在下赞同孙大人可望大将军的分析。据悉，武夷先生对朝廷甚为不满，对桂王尤其失望。大王进城，武夷先生是欢喜的。然'维鹰会'在衡州臭名昭著，樊大人曾多次栽赃和嫁祸于夫之先生，这令王家父子十分恼怒。因此，樊大人遵大王之令去请武夷先生，武夷先生必然心存芥蒂，不大高兴，甚至可能与樊大人存在言语上的冲突。樊大人清高，不会自己出面，遂令其孙樊志高刻意侮辱武夷先生。岂料老先生性格太直，情急之下，撞墙自杀。樊大人当然不会让老先生自杀成功，否则不好向大王交差。但老先生虽然活下来，但亦成了废人，这样，大王自然不会重视他了。"

张献忠听了，感觉眼前一亮，但他仍然不动声色，继续问："还有乎？"他有些吃惊：这个朱归孺怎么想的跟自己完全一样？

朱归孺点点头，道："如果说，武夷先生撞墙自杀有些意外的话，那么，樊大人对夫之先生的迫害简直就是精心设计，对夫之先生所造成的伤害，较之武夷先生，亦是有过之而无不及矣。"

"啊？这是怎么回事？"张献忠瞪大眼睛，道："有何证据？"

"启禀大王！"朱归孺朗声道："昨天下午，朱某与孙大将军麾下严参将在城门例行巡查时，发现樊大人手下这四人形迹可疑，当时不知道他们就是'维鹰会'的人，只是因为他们所持令牌有假，通过搜查，才发现他们押送的马车上竟然躺着昏迷不醒的夫之先生……"

"夫之先生被谁所伤？"张献忠等人都吓了一跳。

朱归孺道："在下与严参将从这四人身上搜出了王夫之的行刺密函。当时就很纳闷，夫之先生就在车上，并且被打得不省人事，他的行刺密函怎会在他们身上？后来明白了，他们又一次栽赃于夫之先生，如果大王问及夫之先生情况，樊大人便可回复，夫之先生乃废人一个，不足重用矣。"

对此，张献忠和四个义子，都不相信。连樊尚铭本人，亦瞪大眼睛，他不知道朱归孺做了什么套，让他再也无法脱身。他只觉得一阵阵寒光从他背后袭来，让他防不胜防。

"夫之先生就在威仪堂外，大王可否宣他进来？"朱归孺道。

"照准。"张献忠大声道，"快快请进！"

然而，当四个差役抬着王夫之走进威仪堂时，樊尚铭最先惊叫起来："大王，大王，小人、小人绝没有做任何对不起夫之先生的事情……小人真的、真的不知道……夫之先生伤成这样子了……"

王夫之的伤势比他父亲要严重得多，一脸苍白，昏迷不醒，头发蓬乱，浑身是血。他的鼻子瘀青一团，嘴唇撕裂得厉害，左脸肿得很大，眼睛肿得没有半点缝，右臂像是断了一般，由两个大绑带连接着，左臂也缠着一条血绷带，他的胸口上全是一条条鞭击的血印痕，大腿内侧全是瘀青和血……一句话，惨不忍睹。

张献忠和他的义子们征战无数，什么伤者没有见过，但亦很少见到如此凄惨的人，个个神情骇然，倒吸一口冷气。

"樊大人，你们究竟都做了什么？"张献忠再也忍不住了，咆哮道："一个书生，究竟与你有多大的仇恨，竟被活生生摧残成这个样子！此事若被传出去，天下读书人还有谁效忠于本王？"

张献忠讲到这里，特地停了一下，他右眼里的白云越积越多，几乎要将整个右眼球全部压着，鼻孔不断地抖动，然后听到他从牙缝里迸出这么一句冷冷的话："樊大人，凡天下读书人都藏于深山，远离本王，你最终成为幕僚王，这才是你真正要达成的目标？"

"哈哈哈！"突然，樊尚铭竟然狂笑起来，笑得阴森恐怖，笑得满脸扭曲。他明白，今天，他和樊志高，以及一直跪在地上、跟随他的四条好汉，都会死无葬身之地。与其如此，不如放手一搏。

令朱归孺奇怪的是，张献忠对于樊尚铭的癫狂，并无呵斥制止，他只是冷冷地看着樊尚铭，毕竟，这是大西府的重要幕僚，确也献过重大策略，内心里，张献忠并不希望马上处决他。

威仪堂十分肃静，静得有些可怕。狂笑了好一会儿，樊尚铭终于觉得无趣，突然，他竟哭起来，并且哭声越来越大，仿佛压抑得太久，哭得不成样子。张献忠等人仍然冷冷地看着他。这样的蔑视，比死更让他感到痛苦。

终于，樊尚铭开口了，像是自言自语，又像是说给在场的每一个人听，他低着头，道："樊某举家遭朝廷血洗，与愚孙志高侥幸出逃，留得一条贱命，一路南逃，来到衡州，以乞讨为生。闻大王举旗，攻城略地，内心窃喜，遂以'维鹰会'之名相呼应，所作所为，皆以大王江山计。樊某自以为找到明君，有了靠山，谁知得罪小人，以种种诡计陷樊某于不忠不义、蓄意谋反之境地。可悲乎！可悲哉！"

"哎呦"一声，王夫之似乎苏醒过来。

王朝聘也"嗯"了一声，轻轻动了一下。

张献忠立即示意朱归孺派人送王家父子出去。他仍然冷冷地看着樊尚铭的最后表演。

"事已至此，樊某死不足惜，但夫之先生之伤实在非樊某所为。"樊尚铭突然掉头转向朱归孺，道："樊某欲请严参将前来对质一下，若严参将亦认定夫之先生之伤系樊某等所为，樊某自上断头台，了此残生。"

"父王，就让樊大人死得明白吧。"孙可望道："我马上差人叫严参将前来，可否？"

"照准。"张献忠尽管十分不耐烦,也很难受,但还是硬着头皮道:"速速前来!"

然而,大约过了一盏茶的工夫,两个差役惊慌失措赶来,报告了一个坏消息:严参将昨晚在一酒馆遭人暗算,已经命丧黄泉。一差役还从收尸官那里拿得一纸条,说是从严参将身上所获,上有一偈语:"夕阳西下献忠张目即黑,旭日东升维鹰洗心见光。"

差役不敢呈给张献忠,被孙可望一把拿去,他看完,怒喝一声:"'维鹰会'狂徒,气煞老子也!"

"快给本王瞧瞧。"张献忠索要纸条,孙可望不能不给。

张献忠看完,脸色顿时一变,对樊尚铭和樊志高以及地下的四条壮汉吼道:"统统推出去,斩无赦!"

"啊?"樊尚铭吐出一口血来,他冷冷看了朱归孺一眼,然后一步一步走到樊志高身边,慢慢扶起他,老泪纵横道:"孩子,下辈子投胎,再也不要投到樊家,再也不要投到人世。"

樊志高歪倒在樊尚铭怀里,大口大口喘着气,道:"爷爷,我、我好累、好累。到了、到了阴间,我们、我、我们还要相依为命。"

樊尚铭与樊志高被刽子手一前一后推出威仪堂……臭名昭著的"维鹰会"从此归于寂灭。

三

崇祯十六年(公元1643年),这注定是中国历史上极其不平凡的一年。

一月,李自成破承天(今湖北钟祥),建立政权,号"奉天倡义大元帅",改襄阳为襄京,改承天府为扬武州。

五月，张献忠破汉阳、武昌，缚楚王朱华奎，笼之而沉江。尽杀楚王宗室，遂称西王，改武昌为天授府。

八月，清太宗死，子福临嗣位，改第二年为顺治元年。

这一年发生了许多重大事件：李自成破西安，改名为长安，号西京；皇太极卒，福临继位，多尔衮摄政；张献忠攻永州，取常德，占江西，逼广东，等等。这些事情看起来风马牛不相及，其实有着深刻的内在逻辑和千丝万缕的联系。

历史的进程隐含在光怪陆离的表象中，没有暗示，没有规律，看似荒诞，却又真实。

崇祯十六年开年第一天，湘潭罗门村发生一起僵尸袭人事件，死伤村民二十多人。据悉该僵尸系一罗氏妙龄女子，本与一学子订婚，正等婚娶，却被当地恶霸奸杀，学子亦被打杀。该僵尸当晚焚烧了恶霸一家，将恶霸老小杀尽，然后再伤村民。三月三日上午，衡州古城上空突然变黑，伸手不见五指，持续约一盏茶的工夫。等到天空重新放亮的时候，南岳山上的宝塔寺冒出一股青烟，直冲云端，像宝剑一样倒插大地，令人大惑不解……

这些事情更多的是一种凶兆，身处其中者无法感触到其中的玄机。衡州当地一个快要倒塌的土地庙里，住着一个瞎了眼的老道士，他对前来逃难的人说，这些均是不祥之兆，有天崩地塌、改朝换代之势。半个月后，老道士暴病而死。

这一年，衡州桂王府特别背运。崇祯以"战事频仍，国库空虚"为名，削减了桂王府许多银两。桂王府的开销却比任何一年都多。朱常瀛重病在身，吃什么药都不见效，整天无力，眼球突出，布满血丝，脑袋疼痛又清醒。三王爷朱由榔也病得不轻，肾亏，肝痛，脾气暴躁，心情极坏。他的胃有一个洞，稍一激动，就吐出血来。桂王府里的大小事情均由四王爷朱由榔主持。但朱由榔做的事情，朱常瀛不放心，朱由榿也时不时过问。

张献忠攻城时，朱常瀛要朱由榿和朱由榔每隔两个小时禀报一次，有时朱由榔刚到前线，就打道回府。朱由榿也去巡查，往往半途而废，为应付朱常瀛过问，他便询问朱由榔。朱由榔又气又无奈。

最让朱由榔难过的是，衡州保卫战打响前，他提议由锦衣卫马暨垂去广东搬兵，可直到衡州城破，也没有得到马暨垂的任何消息，更看不到援兵的影子。

张献忠破城前，内务总管王阁昆和王府幕僚翁不群拜见朱由榔，建议撤离，否则有被活捉、重蹈武昌襄王的危险。朱由榔虽有不甘，也只能痛下决心，指挥王府人员分批撤离衡州，令刘熙祚派人护送。

朱由榔严令诸官，对撤离衡州守密，若有泄露，斩无赦。

然而，在此危难时刻，朱由榿竟不顾大局，带着一支小卫队，赶到尚德客栈，要将姜思琴和姜善棋带离衡州，正好赶上尚德客栈被炸和焚烧。

朱由榿没有找到姜思琴，倒是救出了姜善棋。

当朱由榔看到姜善棋时，他对朱由榿的愤懑变成了一种感动。

桂王一撤离，衡州城即告破。

大西军全线出击。张献忠迫不及待，亲率五千大西军，奋力攻入桂王府，里面一片狼藉，惨不忍睹。

朱常瀛和朱由榿从南门小路出逃，往西南方向逃往永州。张献忠闻讯追赶。刘熙祚率部与张献忠部混战，且战且退，直到退至永州城下，入城即令关闭城门。

大西军先头部队杀到城门下，后续援军蜂涌而至，突破城门，占领永州城。

几乎就在同时，刘文秀率部紧追桂王，王府卫队被冲散。

紧急关头，朱由榔决定分两路走：朱常瀛和朱由榎带领王阁昆等逃向广西，朱由榔自己带着翁不群和大批家眷逃往广东。

如果按照翁不群的建议，放弃家眷，朱由榔是有机会逃脱的。但他心软，结果因为家眷拖累，被刘文秀包围，桂王卫队全部战死，朱由榔和翁不群被俘，押往永州城。

大西军占领永州城后，张献忠心满意足，率大队退回衡州，大肆庆功，只留刘文秀带领少量将士驻守永州。

朱由榔和翁不群被俘后，并未立即解押到衡州。原因是，刘文秀见桂王府大批家眷美艳绝伦，色心顿起，打定主意享受数日后再说。最初的两个晚上，刘文秀每次叫去三名王妃服侍他。

第三天，翁不群告诉刘文秀，说有一个女子叫姜善棋，并非桂王府后宫之人，但乃绝色佳人，尤为朱由榔所喜。

刘文秀大喜，当晚只叫姜善棋服侍。及至见到姜思棋时，刘文秀惊为天人。姜善棋身上发出一股若有若无的体香，像毒药，激起刘文秀的欲望。

"果然绝色美人。"刘文秀盯着姜善棋，道："佳人配英雄，天赐良缘，天作之合也。"

"善棋本是一个民女，却陷无妄之灾，天可怜见。"姜善棋道。

刘文秀道："何出此言？"

"善棋被执，即是囚徒，无自由之身，心郁之极，能无怜乎？"姜善棋道："将军若为英雄，不应乘人之危，得一时之欢。"

刘文秀哈哈大笑，道："好一个伶牙俐齿的女子。"

"将军若贪一时之欢，虽可得逞，然后果堪虞矣。"姜善棋道。

"此话怎讲？"刘文秀忙问。

"既然将军喜欢民女，他日民女见到大王，倘大王亦喜，到时将军希望民女从实禀告乎？"

这一着棋果然有效。刘文秀像被刺了一下，没想到姜善棋心思如此细腻缜密，以他对张献忠的了解，如果他见到姜善棋，定会喜不自禁的。如果姜善棋讲自己与她有过非愿之事，父王一定非常生气的；倘若姜善棋再添油加醋，说些难听之言，父王亦断然不会去甄别，后果真是不堪设想。既如此，莫如给父王送一大礼，将姜善棋秘密送至父王帐中，父王一定会更加器重自己。在永州，眼下抓来的桂王府后宫佳丽众多，姜善棋虽是美中极品，但没有她，他每天照例可以声色犬马、飘飘欲仙矣。想到此，刘文秀虽然感觉可惜，但亦想得通。他托着姜善棋下巴，轻轻捏了一下她的脸蛋，道："将军虽然爱美人，但更爱父王。既然棋儿想得周全，我岂有不从之理？"

"将军怀孝仁之心，以大局为重，善棋自然欢喜。"姜善棋道："既如此，何时将善棋押解至衡州城？"

"棋儿急于见父王乎？"刘文秀道："明天即送衡州城如何？"

"眼下局势混乱，恐夜长梦多。"姜善棋道："白天目标过大，莫如今晚悄然行动。大王见将军深夜为他操劳，亦会更加感动。"

刘文秀沉吟一番，忽然道："棋儿如此之急，莫不是耍什么把戏？"

"将军若有此疑，善棋不再言语。"姜善棋脸色一变，道："善棋原本还欲献上一策，罢了，罢了。"

"有何计策，快快说来？"刘文秀一听，兴趣大增，道："棋儿不用生气，咱们往后就是一家矣。"

"不说也罢。"姜善棋眉毛一挑，道："说了更见疑心。"

"有何疑心？"刘文秀不以为然，道："快快说来，急煞我也。"刘文秀暗想：一介女流，在我手中，纵使她长出一双翅膀来，也休想逃出我的掌心。

姜善棋叹一口气，忽而压低声音，道："若今晚将四王爷朱由榔，连同桂王府幕僚翁不群等一并解往衡州城，将军岂不立一大功？"

刘文秀哈哈大笑，道："我以为是何等计策，原来棋儿想的跟我一样，所谓英雄所见略同，棋儿，女英雄、大丈夫矣。"

的确，刘文秀是想将姜善棋和朱由榔、翁不群等一同押送衡州的。押送一群重犯比押送一个美人好，早押送比晚押送好，何况永州守卒不多，四周亦远非衡州安全。刘文秀之所以留了两天，没有及时将桂王府人员押回衡州城，说到底，就是贪恋桂王府的后宫佳丽。

就这样，当天晚上，刘文秀截留桂王府佳丽十三人留在永州，亲自带队，将其余包括姜善棋和朱由榔、翁不群等在内的重要人员，一同押送衡州城。

然而，车队刚过祁阳县邑，刘熙祚率刘子参等残余兵卒突入车队，试图救出朱由榔等人。刘熙祚在此次混战中受伤被抓。后被执至长沙，张献忠叱令跪下，他大骂不止，被群殴凌虐，斫胸割舌，倒曳两足随地拖行，口鼻耳目皮肤尽烂裂，最后被杀害于一土庙中。他留下绝命诗："倥偬军旅已逾年，家室迢遥久别颜……精忠血喷九霄空，万古乾坤终不老。"此是后话。

刘文秀率部对付刘熙祚残部，还有余力。然就在这危急关头，一直没有消息的锦衣卫马暨垂突然率五千精兵杀将过来，管时求亦在其中。朱由榔等人被救。

刘文秀见状不妙，只好退兵，他押着身负重伤的刘熙祚，退回永州，将城门紧闭。

马暨垂也不追赶，而是带着解救出来的朱由榔、翁不群和姜善棋等人连夜赶往广西梧州。

朱常瀛得到禀报，说四王子和翁不群等人回到身边，大难不死，天不绝人啊，他兴奋异常，反致病情加剧。

朱由榔重新见到姜善棋，甚欢。经此一劫，朱由榔对翁不群和姜善棋敬重有加。

刘子参在与王夫之等衡州学子分手后，他信奉"乱世出英雄"，于遮天蔽日的撕杀中，奋力追上了刘熙祚部，并参加了为保卫桂王府撤离与大西军的残酷战斗。让刘子参高兴的是，他与消失已久的管时求重新见面了。

四

管时求与王夫之、刘子参等分开后，一直没有回家。

实际上，他的家已经毁了。弟弟死了，老父亲从常宁回衡州被抓，后亦死于非命。管时求一路向南，终于抵达广州，他径直向两广总督沈犹龙直陈时局之危，而此前，马暨垂已三番五次拜会沈犹龙，并将桂王朱常瀛的"勤王令"示他，但沈犹龙不为所动。

管时求征衣未脱，一身血迹，言辞恳切，声称如果再不派兵，张献忠很快就会直取广东、广西。

"区区小兵，本督见你，你已知足。"沈犹龙道："何以请求本督派兵？"

管时求抹了一把血脸，镇定道："若无派兵，不见也罢。"

"何出此言？"沈犹龙一愣，问道。

"在下乃一介匹夫，亦懂天下兴亡之责。血洒疆场，无怨无悔。"管时求道："总督乃朝廷重臣，目下战况凄惨如此，焉能熟视无睹？况且，天下在，总督高高在上，可享荣华富贵；天下亡，总督还能权倾一时，一呼百应乎？"

沈犹龙竟被管时求这番"大逆不道"之言所打动，当即派广东总兵宋纪领精兵五千，与马暨垂一起飞骑救主。管时求一同前往，终于在祁阳县邑如愿救出朱由榔等人，亦算是天不忍其绝矣。

但这个时候，朱家王朝已经处于风雨飘摇之际，朱由榔回到桂王身边，并没有改变战局的走向。刘文秀虽然不敢向张献忠报告朱由榔脱逃之事，但战事频频，进展太快，张献忠的关注点已经不在朱由榔身上。攻克衡州、永州之后，张献忠又接连大捷，陷宝庆、取常德，大西军如入无人之境。湖南境内，仅有少数几地有所抵抗。道州守备沈至绪战死，其女再战，夺回父尸，宁死不屈，令人感佩。

是年十一月二十二日，张献忠如愿攻下常德，他最先想到的，是侮辱、鞭尸老对手杨嗣昌及其祖宗，以解心头之恨。

张献忠在常德城头插上大旗后，即以平南先锋的名义发布命令道：

> 照得朱贼杨某，昔年曾调天下兵马敢抗天兵。某幸早死于吾刃矣。今过武陵，乃彼房屋、土田、坟墓在此。只不归顺足矣，焉何拴同乡绅士庶，到处立团。合将九族尽诛，坟墓尽掘，房屋尽行烧毁。霸占土田，查还小民。有捉杨姓一人者赏银十两，捉其子孙兄弟者赏千金。为此牌仰该府。

张献忠何以对杨嗣昌恨之入骨？这当然是有缘故的。

杨嗣昌，万历三十八年（公元 1610 年）进士。经万历、天启两朝，崇祯九年官至兵部尚书，深受信任。他坚持"安内方可攘外"原则，主张对农民起义军一网打尽后，再来对付清兵，企图三个月之内扑灭李自成、张献忠等农民起义军。

崇祯十一年（公元 1638 年）五月，张献忠不愿招安，于湖北谷城再次起兵。崇祯命杨嗣昌以大学士督师，赐尚方宝剑，前赴湖广、陕、川围剿张献忠，并大败张部于玛瑙山。张献忠狼狈不堪，侥幸脱逃。

不久，张献忠再举义旗，一呼百应，气势更凶。崇祯下旨命杨嗣昌督师平寇，并赠诗曰："盐梅今暂作干城，上将威严细柳营。一扫寇氛从此靖，还期教养遂民生。"崇祯对其期望之高，可见一斑。

杨嗣昌拜接圣旨，泪流如注。

崇祯十三年（公元1640年）八月，张献忠流窜四川，杨嗣昌尾随追击，他贴出告示说：有能擒斩张献忠者，赏银万两。但几日后，他的兵营竟惊现张献忠的讽刺传单，上书："有斩阁部者，赏银三钱。"令杨嗣昌瞠目结舌。

翌年初，李自成军攻陷洛阳，杀福王朱常洵。二月二十八日，张献忠奇袭襄阳，杀襄王朱翊铭。张献忠处死襄王后，扬言道："吾欲断杨嗣昌头，嗣昌在蜀，今当借王头，使嗣昌以陷藩伏法。"朝野闻此震惊，杨嗣昌一夜之间须发全白，寝食难安。他自知来日无多，便通知家属来荆州见最后一面。

三月初一，杨嗣昌命归黄泉。临死前，对家人道："逆贼得势，违拗不得，天要亡我，亦是命数矣。"

杨嗣昌万万没有想到，他死后，张献忠仍没有放过他，甚至还要连累他的祖宗、家族。

张献忠身边有一个部将，叫刘进忠的，实在看不下去，就劝张献忠做事"不要太绝，更不要株连祖宗"。但张献忠不但不听，还怒斥刘进忠"同情敌贼，居心不良"，对刘进忠重杖二十棍以示惩罚。余者再也不敢吱声。

据说杨嗣昌之父杨鹤的尸体被斩时，竟然还流了血，令人骇然不已。

张献忠见之不但不敬畏，反而大声道："诸位看看，死者还魂，尸体有血。"受杖刑后的刘进忠皮开肉绽，但他还是忍痛规劝张献忠不要如此残暴，要心怀仁慈，厚德载物。

张献忠对刘进忠鄙视地看了一眼，嘲笑道："看来你的确宅心仁厚，可惜成不了大事。"然后他一脚踩在杨嗣昌的祖坟头，趾高气扬道："欲我仁慈，人仁慈于我乎？楚霸虽雄，败而乌江自刎。汉王虽弱，却得万里江山。所谓'恶有恶报，善有善报'，实乃无稽之谈。颜渊命短，其性恶呼？盗跖年长，其性善乎？成王败寇，自古皆然。"

后人据此认定张献忠心胸狭窄，执意以牙还牙，无意怀柔天下。境界不高，格局不大，难成大器，云云。至于几年后，刘进忠带着清兵，指认张献忠并进而射杀之，张献忠一定没有想到，"报应"来得如此迅速，毫无征兆。这是后事，暂且不提。

实际上，张献忠这么做，一是出于报复，二是夺取杨家财物，散之于民，以拢人心。当时武陵县每家每户都分得杨家一点财物，亦都供着一个牌位，上书"大西王万万岁"。

崇祯十六年（公元 1643 年）冬，张献忠已基本上控制了湖南全境，并占有江西一部分。他本人坐镇长沙，用从衡州桂王府拆下来的材料造起了豪华宫殿。他称自己的军队为天兵，称大明王朝为朱朝。

那真是一段要风得风、要雨得雨的快活日子。

张献忠把自己的成功归于"天命"。

一次喝酒，张献忠兴致颇高，对四个义子及其部下道："吾昔寓长安，朝求馊餐，暮宿残窑，衣不蔽体，食不果腹，人见人厌，自轻自贱。今居大位，握百僚之杖，佩帝王之剑，出有壮士执鞭，入则佳人捧觞，千宠万拥，威仪天下。同一人，何以巨距？此乃天命也。"

张献忠强调"天命"，亦是强调自己是"天子"，强调权威的不可忤逆，更是强调文武百官要对他忠心耿耿，不得有违。

然而，无论张献忠怎样强调"天命"和"天子"，在一些人心目中，他依然是与朝廷作对的逆贼，是流寇，是暴民。至少，在王朝聘和王夫之等王家人的心目中是这样的，在李国相、夏汝弼、唐克峻、包世美、文之勇等衡州学子的心目中也是这样的。

王朝聘和王夫之被朱归孺、曹伯实等人救出了大西府。王朝聘先前一天回到王衙坪，他整个人都变了样。他的话原本就不多，经过了樊尚铭和樊志高的折磨，他的身体和精神都垮了下来。他耳鸣，幻觉，梦呓，有时坐在家里，突然大哭起来。当谭孺人哭着问他发生什么时，他又说不知道。他甚至不知道自己是活是死。他很恍惚，很迷茫，很胆小。他经常说的一句话是"老鼠也是贼"，听得人云里雾里，搞不清他要表达什么。

王夫之晚一天回到王衙坪，是有原因的。在大西府威仪堂时，他的伤势显得比王朝聘更严重。其实，这还得感谢悟一法师调配的草药，这种草药能让他装成"假死"，即在短时间内失去意识，半天之内又会恢复过来。于是，王夫之在曹伯实的刻意伪装下，满脸是血，头上缠着绷带，右臂、胸部和大腿等，到处伤痕累累，惨不忍睹。

张献忠处死了樊尚铭、樊志高和四个壮汉，累得不行，也烦得不行，当即走出威仪堂，其余人也纷纷走了出去。

惊心动魄，大获全胜。直到此时，朱归孺才闭上眼睛，暗暗抒了一口长气。他安排手下人将王朝聘带到衡州府堂去休息，傍晚时刻便差人将他送回到王衙坪。而王夫之离开威仪堂后，朱归孺却将他接到了自己家里。这让王夫之颇感意外。更让王夫之意外的是，朱归孺从墙上取下一把剑，递给王夫之，说："物归原主吧。"

王夫之一看，竟是岣嵝剑。这把剑不是送给罗亦篦罗大人了吗？王夫之看着朱归孺，希望得到回答。朱归孺不断地喝酒，一个人喝。王夫之就坐在他的对面，不说话。

朱归孺连续喝了三壶水酒，到了午夜，王夫之快要睡去时，朱归孺这才开口，道："其实，这把剑，就是很普通的一把剑，比你家祖传的龙星剑差得太远。"

王夫之没吱声，心想，你让我到你家里，就为了说这个吗？

"夫之先生，你还记得卖剑的老者吗？他是我的亲戚，我父亲的堂叔，也就是我的堂爷。你还记得那个红衣女子和那个中年汉子吗？"朱归孺突然问道，不待王夫之回答，他继续说下去："其实，他们是一家人。那红衣女子和中年汉子是一对夫妇，管我父亲叫堂兄。因为穷，他们一家受我雇用，以耍剑为名，编一个离奇的故事，将这把剑变成岣嵝剑，并且把它以最好的价格卖出去。"

王夫之还是不吱声，心想：这也没什么，我知道它其实就是一把普通剑。还有什么？

朱归孺稍微提高声音道："如果这把剑不是你夫之先生买下，而是别的什么人，后面的悲剧也就不会发生了。可恰恰是，它卖给了你。"

"朱大人何出此言？"王夫之终于开口，冷冷道。虽然朱归孺设法救出了他和父亲大人，但他心里的结还没有解开。王夫之不知道朱归孺葫芦里究竟卖的是什么药。"卖给我与卖给别人有何不同？"

朱归孺喝了一口酒，道："确实不同。你买下，并在衡州结社风波中，把它以岣嵝剑的名义，献给了衡州知府罗亦篦罗大人。"

"这不是你出的主意吗？"王夫之颇为恼火，原来这一切都是你设计好的。

"确实是我设计的。当时只想救出文之勇和管时求这两个你的好兄弟。"朱归孺并不否认，而且直言道："但罗大人的确把它当成了宝物，因为是你献给他的，而且你是懂剑的。"

"这又怎么样？"王夫之觉得不理解，但慢慢觉得朱归孺话中有话。

"你知道吗？罗大人原本打算献给桂王，但桂王对兵器之类不感兴趣。罗大人便托人把它献给了朝廷内阁首辅周延儒，指望他擢升自己。"朱归孺叹了一口气，说道："周大人原以为得了宝物，十分开心。后来得知，这只是一把普通之剑，非常生气，遂将此剑退回给罗大人，送了一句'此剑自刎可用'。罗大人吓得胆战心惊，知道不仅升迁无望，如果稍有差池，他全家也都完了。"

王夫之一听，"啊"地轻轻尖叫了一声，吓出一身冷汗来。

"罗大人原本要把这笔账记到你的头上。"朱归孺道："但一则武夷先生与罗大人有旧；二则感觉你亦上当受骗了。于是追索当初编造故事、卖剑之人。没多久，我的堂爷和他的儿子媳妇都因此命丧黄泉矣。夫之先生，这难道不是悲剧吗？"

"难道这就是你杀掉罗大人的理由？"王夫之愤然道。"更何况，当初我把岣嵝剑献给罗大人也是照你的暗示去做的啊。"

"错矣，大错特错矣。"朱归孺摇摇头，道："罗大人早已预知自己的命运，我亦预知了他的结局。只不过，我用自己的邪恶，成全了他的英名，此亦算是对我自己的惩罚。"

王夫之想不明白：难道罗亦篯罗大人之死，都是心甘情愿，是与朱归孺精心策划而成的？这样做，的确不仅保护了家人，还得到了英名，后人也会因此得到荫庇。

"夫之先生，在战局最紧张的时期，衡州府不是传出我失踪了吗？罗大人还报告桂王，让黄真川老先生替代我。"朱归孺道："你想想：如果不是罗大人放出风声，谁能传出这样的信息？如果罗大人不允许我进入他的帐幕，我又怎能突然出现并顺利杀掉他？如果罗大人不把这个跟我讲清楚，如果我不是横下一条心，见面就行刺，我又怎么下得了手？如果我不杀掉罗大人、烧掉朱门府第、炸掉'得善楼'，我又怎么取信于张献忠？如果没有衡州知府的身份，我又怎能设计处死洪光央和樊尚铭等奸人？"

天啊，这一切难道是真的？罗大人竟然给自己设了这么惨烈的一个局！朱归孺居然配合得如此不动声色。一个人不怕死并不稀罕，稀罕的是，他还会把自己的死设计得如此天衣无缝。一个人受误解、受委屈亦不可怕，可怕的是，受误解、受委屈后还要长时间承受大家的唾弃和白眼。

王夫之想到此，不觉心潮翻涌，十分动容。他突然觉得，只有罗大人才与朱归孺旗鼓相当。或者说，他们两个人就是一个人。罗大人死了，朱归孺就是另一个罗大人。

这时，朱归孺把罗亦篪的一张信纸递给王夫之，道："这是罗大人最后一次与我密谋时郑重其事交给我的，夫之先生不妨看看。"

王夫之一看，但见上面抄录的是宋代张咏《解嘲》中四句："志士抱全节，愚下焉复知。宁作鸾凤饥，不为鸡犬肥。"

朱归孺道："夫之先生应当知晓此诗前面两句：'蛟龙岂是池中物，风雨不夹狂不得。五都年少莫相猜，鸾凤鸡犬非朋侪。'由此你可理解罗大人当时的心情乎？"

王夫之眼眶发热，说不出一句话来。

朱归孺说，那一次密谈，罗大人特地提到他的姓名中"篪"的意义，它本指用藤条或柳条编结的圆形盛器，很契合他做人的圆滑、世故。而"书篪"多用以讽喻读书虽多但不解书意、获益甚少的人。他用此名提醒自己不要成为"书篪"之人。罗大人告诉我："一个人无法决定自己的生，但可以决定自己的死。"

王夫之感慨万千，他主动倒了一杯酒，仰头喝下。

"其实，罗大人是最清楚自己悲剧命运的。他不止一次跟我说，生不逢时。但一个人是无法选择自己出生的。"朱归孺说，"罗大人到衡州来，竟然没有带家眷。他真希望把衡州搞好，亦真希望能够藉功擢升，能够在更大的舞台、更广阔的天地里有一番作为。可惜他的作为并没有受到朝廷重视，即便近水楼台，桂王也没向皇上力荐他。"

"于是，他再次转向京城，试图通过岣嵝剑，达到升迁的目的。"王夫之喃喃道，仿佛自己一下子成了罪人。

"这是人的弱点。"朱归孺点点头，道："亦是罗大人一辈子的污点。罗大人叮嘱我，在他死后，一定要把这把剑送还给你，并请你告诉武夷先生，他也很想做'清流'，很想念武夷先生……他说他很想去向武夷先生告别，把跟我说的这些说给他听，但他来不及了……"

王夫之捧着岣嵝剑，泪流满面。他在心里默默说：对不起，罗大人，是我识物不善，虚荣有加，导致一步错，步步错。总之，是我害了你啊……

翌日清晨，朱归孺派人送王夫之回王衙坪。

临别时，朱归孺特地叮嘱王夫之："昨晚的事情，你知，我知，天知，地知，即可矣。"

王夫之庄重地点点头。这是一份沉甸甸的承诺。

"夫之先生，衡城不宁，世道混乱，你和家人要多加小心。特别是你，在家休息几天后，还是尽快离开衡城为好。"朱归孺诚恳道："只要大西军还在衡城，只要你不跟张献忠合作，你家的麻烦总是在的。在下可以周旋一时，但不可周旋太久。张献忠一旦意识到什么，他就会大开杀戒，到时，你我均会死无葬身之地。武夷先生受苦了，你也受苦了。就此告辞。"

王夫之轻轻地道了声"谢谢"。这简单的两个字，要从王夫之口中说出来，并不容易。而且这一次，他说得是那么真诚，那么自然，朱归孺当然感觉到了。

朱归孺郑重地朝王夫之抱了抱拳，眼睛突然红了，转身离去。

五

战火离去，人归其安。王衙坪似乎恢复了往日的平静。

王夫之回来了。王介之带着家眷回来了，王参之和大叔王廷聘也带着家眷回来了。王家人历经炮火和种种波折，却能大难不死，算是积了大德，圆满了。但是，王家人再也回不到大西军进城前那种虽然紧张却也充实的生活。

王朝聘的精神出了问题，耳鸣严重，时有幻觉，常常盯着某个地方，自言自语，有时身子突然抖一下，甚至发出从未有过的尖叫。王夫之亦需要静养，父子俩的创伤均在缓慢而艰难的恢复中。

王夫之回来的第二天，久未联系的小叔王家聘突然来到家里，他冲王夫之似笑非笑，摇了摇头。

王夫之表情木然，对王家聘的到来视而不见。

这时，王朝聘走了过来，见到王家聘，脸上剧烈地抽搐一下，冷冷道："小弟在为张献忠谋事？"

王家聘不置可否，他慢慢拿出一便笺，交给王朝聘，道："大哥，此为衡州知府罗亦篦罗大人托我交与你。"

王夫之听说"罗亦篦"三字，顿时一愣。王朝聘也似乎清醒了许多，他疑惑地看了王家聘一眼，接过便笺，急切看去——

　　人必归土，龟寿若何？战局明朗，回天乏术。抱死一拼，心底澄明，家远国破，所念若无。独有一思欲寄之武夷先生并王氏三兄弟：自古而今，统天地之心者，文也；著善恶之归者，文也；明吉凶之分者，文也；通人道之正者，文也。昔王子安有云："北海虽赊，扶摇可接；东隅已逝，桑榆非晚。"何也？亦文也。盖文之所旨，索人天之理，得而致和；求草木昆虫，通而融合，此生生不息之脉，永永不易之道也。武夷先生并王氏三兄弟，志洁格高，文约旨宏，冀诸位超脱于浮游尘埃之外，高蹈文育，执微入深，上下求之，或与日月争光矣。罗亦篦

王朝聘看完，表情复杂，默然不语，似有气喘。良久，他才有些颤抖地将便笺递给王夫之。

王夫之看了两遍，想起岳麓书院嶻山先生道行山长临终托旷南卿将藏书交与他，黄真川恩师亦为护文脉寄望于他，眼下罗亦篦大人竟然亦为承续文脉而耗尽最后一滴血，王夫之十分震惊，泪流不止，长叹一声道："罗大人求死不死，魂追日月矣。"说完，他将朱归孺讲述的罗亦篦悲壮之死简单地向王朝聘复述了一下。

王朝聘听罢，直勾勾地看着王夫之，半晌，哀哀道："罗兄以粗鄙立言，以卑劣立德，以悬头立功，时势逼之如此，悲乎！惨乎！蛆缸之中另类清莲，老夫以小人之心，目之以刺，度之以耻，错怪已久，能无更悲更惨乎？"说完，他重新陷入幻觉和恍惚中，脸上的肌肉，时不时抽搐一下。

王夫之目送王家聘离开，他不知道该说什么，更不知道衡州变天的这些日子，一直在衡州知府当差的王家聘干了些什么。

接下来数日，悲伤和恐惧频频袭来。

王家聘离开王衙坪的第三天，王夫之的小婶突然失踪。王家人四处寻找，没有踪影。王家聘更是天天在外，找遍了衡城的每一个角落。找了十来天，亦一无所获。后来，有人在一个枯井旁发现了小婶的尸体，王家聘捶胸顿足，王家人痛苦不已。

有人悄悄告诉王夫之，说是一个"蒙面人"干的。

王夫之很惊讶，"蒙面人"是谁，为什么要对他的小婶下手？

王夫之还没理出个头绪，他的儿子王勿药竟又遭"蒙面人"下毒，上呕下泻，吐血而亡。

"苍天无眼，我有何罪？小婶魂飞，药儿魄散，所遭报应，皆缘何由？"王夫之悲愤交加，难以自制。

那些天，王夫之跟王朝聘一样，出现耳鸣和幻觉。一只鸟飞过，他都吓得胆战心惊；一声远远的犬吠，他都有一种欲哭无泪、无能为力的感觉。他不知道接下来还会发生什么。

王夫之想起朱归孺临别的话，总觉得他话里有话，没有明说。也许朱归孺担心明说后，王夫之更加害怕。不管怎样，家里接连发生两件大事，给他敲响了警钟。王夫之不再犹豫，他催促二哥王参之和大叔王廷聘再次出逃。因为张献忠还在四处搜罗衡州书生，王夫之认为"蒙面人"应该是张献忠方面的人，因为不敢明目张胆，所以只好"蒙面"。既如此，王夫之也就不露面，只能照朱归孺说的那样，"三十六计，走为上计"。因此，王夫之休养数日后，再次和大哥躲进山中，留下老父、老母，孤零零地待在家中。

王夫之和王介之都心有不忍，然而，为了活命，为了不被张献忠所俘，他们只能狠狠心。好在父亲在此事上头脑十分清醒，总是毫不犹豫地支持他们离开衡州。而父亲越是这样，王夫之心里越是难受。

人生的苦旅，一程又一程。最难受的是现实生活。因为这一躲，马上就进入漫长的冬季。此时，王夫之才发现，由于出走匆忙，他和王介之连一件厚衣服都没带。南方冬季雨雪不断，这一年天气更为恶劣，风雪交加，天地灰暗。他们蜷缩在莲花峰下，过着父亲嘀咕的"老鼠也是贼"的生活，又冷又饿，心情亦同天地一样灰暗。

然则，有一天，王夫之却迎来了好日子。那是他和王介之顶着寒风外出寻食，竟然在一山坳里意外地遇见了夏汝弼和他的弟弟夏仲力，不禁喜出望外。

"啊，汝弼兄，真是你，是你吗？"王夫之紧紧地抱住夏汝弼，王介之也上去，与夏氏兄弟默默地搂在一起。

在这深山老林还能碰上故交，可见缘分不浅。王夫之和夏汝弼都激动得有些发抖，眼泪都不知不觉流了下来。

"我也没想到，在这深山老林里，竟能碰上你们。"夏汝弼道，他望着王夫之的窘态，心疼不已，赶紧脱下棉衣，给他披上，并从怀里掏出最后一个荞饼，塞到王夫之手中。

王夫之此时也顾不上斯文，咬了一大口，然后递给王介之。

"你是怎样逃出来的？"王夫之急急问。

夏汝弼叹一口气，道："说来话长矣。"

原来，张献忠破城前夕，夏汝弼正在尚德客栈拼命给伤员施治。尚德客栈突然遇袭，一声爆炸，浓烟滚滚，临街的墙壁倒了下来。夏汝弼什么也看不见，只感觉有人狠狠地推了他一把，使他从死亡线上逃了出来。醒来时，他已经躺在一铁铺旁，身边是两具烧焦的尸体。他不明白是如何来到这里的，他搞不清方向，只觉得街道很乱，声音十分嘈杂、刺耳，到处都是旌旗飘扬的大西军人马。他这才明白，大西军已经破城。他到铁铺里找到一点水，洗了一把脸，又喝了一口水，头脑清醒了一些，然后踉跄着，往家里走去。夏汝弼在离家门前四五百丈的地方，遇到弟弟夏仲力，弟弟把他背回家去。

夏家父母见儿子回来，又惊又喜，赶紧关上门。

几天后，夏仲力告诉哥哥，张献忠派人四处抓人，特别是衡州学子，他们有个名册，正对着上面的名字找人。

夏汝弼别无选择，只好与弟弟逃了出来……

"嘘！别说话！"突然，王介之举起手，对王夫之道："注意，我们好像被人跟踪了。"

"啊？被跟踪？"王夫之大吃一惊，道："到了深山，天寒地冻的，还有人跟踪，这会是谁？"

"我也看到了。"夏仲力紧张道："起初以为是打猎的，后来感觉不是。我们走，他也走。"

"你看到了？怎不早说？"夏汝弼急道："有几人？"

"好像是两人。"夏仲力有点委屈道，"因为隔得远，看不清楚。"

"我看到是三人。"王介之道。"怎么办？"

"只要不是兵卒，就没有什么可怕的。"王夫之道："不过，我们要设法和跟踪者碰碰面，看他们为什么要这么做。"

于是，王夫之让夏汝弼兄弟往左边山道走，他和王介之往右边山道走。谁知，没走几步，就听到后面有人叫："是夫之先生吗？"

王夫之回头一看：在一棵松树下，果然站着三个人。见王夫之等停下，他们快步上来，道："夫之先生，没想到，在这里碰到你们！"

"啊？张纯熙？怎么在此遇见你？"王夫之大叫一声，又惊又喜。

夏汝弼和王介之都围了过来，道："张献忠破城，你也在忙碌。你如何逃出城去，又回到衡山家中？"

张纯熙叹了一口气，他告诉王夫之等人，他拿着张献忠的所谓密令，因找不到朱归孺，在尚德客栈待了两天，后来去了朱归孺的老家朱府门第和"得善楼"，被炸前一刻，他侥幸逃离开。即便如此，巨大的气浪还是将他掀翻在地，醒来时，发现一块木梁压在身上。被人救起没过多久，张献忠就破城了。慌乱中，他连滚带爬回到家中。

"太惨了！听了罗亦篪罗大人和朱归孺朱大人的事，也知晓黄真川先生的满门报国，我等真是欲哭无泪矣。"

胡三妹打断张纯熙的话，对王夫之等人道："他回家后，还找过旷先生，可一直没有见着。"

"你是指旷兄南卿先生乎？"王夫之问道。

张纯熙点点头，对王夫之道："旷兄应在人世，只是不知在何处。"

"乱世之年，活命不易。"夏汝弼叹道。"希冀旷兄安好。"

"此乃大家心愿。"说完，张纯熙和胡三妹把一大包东西递给王夫之，道："你来到南岳，就到了我衡山的地盘。天气太冷，这些衣被和食物，你们可以用得着。"张纯熙边说边介绍身边一个十七八岁的年轻男子，道："这是我的内侄，最崇拜读书人，特别是夫之先生。听说我来找你们，他非得要来不可。"

"你怎么知道我上山来了？"王夫之很感谢张纯熙雪中送炭，当他提出这个问题后又后悔了，心想，朱归孺现在是衡州知府，他欲传递一个信息，有何难哉？而一想到朱归孺，王夫之自然就想起罗亦簏，想起那把峋嵝剑，以及卖剑的老者、红衣女子和中年汉子，想起记忆中的点点滴滴，心情异常沉重。

"朱大人当上衡州知府后，让我去府中谋差。"张纯熙仿佛看出王夫之心思，答道："我没去，在家开了个店，拂了朱大人的好意。"

"夫之先生，我们可关注你的行踪啰。"胡三妹答道，这婆姨虽然读书不多，却总是落落大方，举止得体，是张纯熙的福气。

"夫之兄，汝弼兄，能在山上见着你们，真是开心。"张纯熙憨厚地笑道："这兵荒马乱的，你们让友人惦念，不亦乐乎？"

此话说得真好。一股暖流涌入王夫之和夏汝弼心中。

王夫之转而问张纯熙的内侄，道："你叫什么名字？"

张纯熙的内侄道："我父亲管我叫张一宝。我觉得不好，征得叔公同意，改名叫张学夫，就是要向夫之先生这样有学问的人学习。"

"哈哈哈！"夏仲力率先大笑起来。夏汝弼和王介之也跟着笑了。王夫之也不好意思地笑了起来。

这时，胡三妹从周边找来一把干柴，生起一堆火，从带来的包裹里，拿出一块腊肉。张纯熙则拿出一袋花生米和一壶米酒，道："来，风雪当中，吃点肉，喝点酒。暖和暖和。"

很快，山里飘出一股酒香。张纯熙道："山下就是我的家。今后每隔一段时间，我们就上山一次。"

"对了，你的孩子呢？"王介之道。"生了吗？"

"托你们的福，生了，都快满一岁了。还是一对双胞胎。嘻嘻。"张纯熙满心欢愉，道。

"我们还打算，等孩子满一岁那天，请朱大人和夫之先生等衡州学子到敝舍，好好庆贺庆贺。"胡三妹接上话，道："以后孩子上学了，也来拜夫之先生和各位先生为师。"

"好，好！一言为定！"王夫之等人齐声答道。酒香、肉香、松脂香，伴随着久违的欢笑声，在南岳莲花峰下缭绕，久久不去。

第十八章　崇祯之死

一

樊尚铭被处死之事，郭衮冕不知道，他一直被关在"德雅居"，与外面几乎完全隔绝，每天过着昏天黑地的日子。过了四五天，郭衮冕实在饿得不行，就大喊大叫，又哭又闹，但没有用，因为没有人过来，不说送吃喝的，就连过来问一声"怎么啦"都没有。

郭衮冕很奇怪，也很恐怖，觉得如果一直这样子下去，人不被折磨死，至少也会被饿死。又过了两天，郭衮冕浑身无力，又渴又饿，可连喊叫的力气也没有了。

正在这时，奚鼎铉奉朱归孺之令，带着衡州知府的几名差役，来到"德雅居"搜集"维鹰会"的相关材料，才发现郭衮冕快昏倒过去了，遂赶紧差人救出地牢，送了一些喝的，做了一点吃的，几个时辰后，郭衮冕完全苏醒过来。直到此时，他才从奚鼎铉口中得知，樊尚铭已经被张献忠处死。

郭衮冕闻讯，立即陷入一种半癫狂状态，全身抽搐，口吐白沫，嘴里不断喊着："报、报应！因果有轮回，苍天饶过谁！哈哈哈！"

奚鼎铉让差役扶着郭衮冕去休息。但郭衮冕突然大喊一声："思琴，我家思琴，她在哪？"

奚鼎铉惶然，摇摇头，道："没见着。"

郭衮冕以为奚鼎铉是先救出姜思琴再来救他的，当得知没有发现姜思琴时，他又一次处于半癫狂状态。

奚鼎铉见了很害怕，但他明白失去亲人的痛苦，于是命差役每个地方细细查寻，但寻了一个上午，也没有发现姜思琴。

实际上，郭衮冕与姜思琴是被隔开关押的。郭衮冕被关在黑乎乎的地牢，所谓地牢，其实就是地下一间杂屋，只能容纳一个人，没有厕所，亦不透气，空气污浊，令人窒息。

姜思琴被关在二楼最右边的一间木屋，条件相对好一些，里面有一张床，还有一个洗浴室。这个地方是樊志高选取的。他把姜思琴关在这里，是有邪恶用意的。

樊尚铭原准备将姜思琴与郭衮冕关在地下室另一间稍大的房间，但樊志高说一对夫妇关在一起，他们的精神和意志容易得到彼此支持，受惩罚的力度要小得多，应该将他俩分开关押，这样至少会让他俩多一点孤独和痛苦。

其实，樊尚铭心里清楚樊志高打的是什么鬼主意，但他不愿说破。姜思琴的姿色是有目共睹的，连桂王府的两个王爷都那么喜欢她，这样的女子，哪个正常男人没有想法？

樊尚铭知道孙子的心思，说："行，你去处理。"他把关押姜思琴的事情交给樊志高了，这样就遂了樊志高的心愿。

打从姜思琴被关进二楼的小木屋里，樊志高肆无忌惮，几乎每晚都要折磨姜思琴。

起初，姜思琴坚决不从，但樊志高有的是办法。他残酷地将姜思琴饿了一个星期。姜思琴寻死，但无法办到。直到姜思琴一息尚存，饥饿至极时主动请求：要么勒死她，要么让她吃。

樊志高二话没说，端来了一大堆好吃的。待姜思琴吃饱了，喝足了，身体稍稍恢复过来了。樊志高就逼着她满足他强烈的淫欲。他还不断地将"三益丹"掺和在姜思琴的饭汤里，令姜思琴情不自禁。有时整个晚上，都能听到姜思琴的呻吟和喊叫，掺杂着樊志高疯狂的拍打声和变态的叫骂声。

在清醒的时候，姜思琴不断地想要自杀。她有过三次自杀的行动，撞墙、上吊和吞土灰，但都被发现，每一次自杀未遂，换来的是更加变态的折磨和更加严密的看守。

大约半个月后，姜思琴突然发现自己怀上了孩子，她一下子吓呆了。她把这件事告诉了樊志高，本以为樊志高会将孩子处理掉，但是，没想到，樊志高竟也惊呆了，兴奋得不行。而且从那天起，他对姜思琴爱护得不行，想尽一切办法，给她弄来好吃的好喝的。

到了这一步，樊志高不得不把这件事如实告诉樊尚铭。

樊尚铭虽然很吃惊，但确实很高兴，让他善待之。

樊志高向姜思琴保证，他会娶姜思琴，会与她过一辈子。而且一再保证再等十来天，他就带着姜思琴远走高飞，让姜思琴把孩子生下来，他要好好将孩子抚养成人。

姜思琴对樊志高的恨是真实的，是暴烈的，是刻骨铭心的。她不知道该如何报复他。当看到樊志高如此喜欢她怀上的孩子，一个复仇计划忽地跳进了她的脑海：她要将这个孩子生下来，将他抚养大，她想通过樊志高的骨血来达到报复樊志高的目的。这听起来有些疯狂，但对于一个弱女子来说，没有比这个更有效地让毁掉她幸福的人得到应有的报复。她甚至设想，当有一天，她看到自己的儿子拿着刀剑亲手杀死他父亲的时候，那是多么快意的事情。

樊志高跟着樊尚铭被处死，姜思琴只比郭衮冤提前两天知道这个消

575

息。当"德雅居"的人纷纷逃走，守卒来到二楼木屋，告诉姜思琴"恶人被处死了，你自由了"的时候，那一刻，姜思琴完全惊呆了，她不知所措地看着守卒，不知道是该悲还是该喜，是该哭还是该笑。

"樊尚铭死了！"

"樊志高死了！"

这两条信息在姜思琴的脑海里反复出现，她不敢相信这是真的。她突然问那守卒："看到我的夫君郭衮冕了吗？"

守卒点点头，告诉她在地牢里。姜思琴本来要冲到地下室去救郭衮冕的，但她突然停了下来，钉子般站在楼道口，她摸了摸自己的腹部，泪水夺眶而出。

最终，姜思琴猛地转过身，向地下室入口看了一眼，然后疯狂地跑出了"德雅居"，很快消失在混乱不堪的街道里……

郭衮冕被奚鼎铉救出去后，他又来到尚德客栈寻找姜思琴，甚至专门去了一趟耒阳，但所有的努力，都是徒劳。不仅没有找到姜思琴，甚至连姜家其他三个姐妹都没有丁点消息。郭衮冕在耒阳县府见到了曹伯实，原以为会得到一点线索，谁知，曹伯实跟他一样，恍恍惚惚，没有任何姜晓书的消息，也没有姜思琴或姜家其他姐妹的消息。

"老天爷，我该如何是好？"郭衮冕差不多瘫痪下来，他觉得生活变成了暗无天日的痛苦，毫无意义。当他在"维鹰会"经历一系列惨无人性的生活时，因为有姜思琴在，因为有信念在，纵然四周黑暗、压抑、丑陋，他对未来还有所期盼。但是现在，他独自一人直面生活的空洞、庸俗、混乱和无趣，他不知道该如何活下去。他每天反复说的一句话就是："苍天！我究竟做错了什么，让你如此惩罚我？"

作为一个书生，郭衮冕所作所为，并无什么过错。如果说，樊尚铭、樊志高等"维鹰会"成员，因为犯下了一系列罪行，得到了"报应"是"恶有恶报"的话，那么，郭衮冕所得到的"报应"就不是他的罪过所引起的。他瞪着苍天嚎叫，但得不到半点回应。

当然，老天爷不会给郭衮冕解释，别人也无法给他解释。从历史上发生的大大小小的事情来看，许多事情都没有前因后果，偶然性往往大于必然性，无法解释的事情太多太多。就像张献忠的一生，李自成的一生，王夫之的一生，以及许许多多人的一生，每个人的一生都会遇到一些无法解释的事情，正是这些无法解释的事情，给每个人，也给历史增加了神秘而传奇的色彩。

张献忠"掘杨嗣昌祖坟、戮杨嗣昌父尸"，发泄是发泄了，报复是报复了，但他从常德回长沙没多久，形势就急转直下。

广东总兵宋纪带领五千精兵，与锦衣卫马暨垂和管时求、刘子参等一起，在成功救出四王爷朱由榔等桂王府一干人马，并护送至梧州后，他们竟又折回永州，将刘文秀赶回衡州，刘文秀还差点被抓。宋纪乘胜追击，又收复宝庆。

两广总督沈犹龙获悉宋纪接连大捷，立即增兵一万，他们气势如虹，越过郴州，直逼衡州。南昌总兵吴军遵朝廷令，率部从江西过来，轻取攸县，剑指湘乡，逼近长沙。而大将左良玉和章梁率主力夺回武昌，亦挥兵南下，克岳州，很快将抵达长沙。

两个月前，张献忠还在湖南指点江山，建规立制，开科取士，大有"踏遍九州，舍我其谁？纵横天下，非我莫属"之气概。如今，长沙、衡州都先后陷入明朝大军围堵之中。

张献忠知道，明军看似庞大，实则大而不强，内耗严重，不足为惧。倒是湖湘民众，惟楚有材，书生意气，不愿臣服，"反张"情绪严重。比如，刘文秀退回衡州的第二天，衡州一临街店铺就发生爆炸，大火烧了三天三夜都没熄灭，不仅炸毁了大片民房、商铺和官署，还伤及大量的市民，包括一队巡逻的兵卒。

不久，在长沙、衡州、常德等地，张献忠的大西军将领接连遇到"蒙面刺客"，八个将领被"蒙面刺客"刺杀。该"蒙面刺客"打着"杨嗣昌"旗号，武艺高超，手段凶残。他每处死一个将领，都会留下一字条："下一个狗头，张献忠。"

如此种种，当然吓不倒张献忠，只是令他十分不爽。而在大西府，接连闹了几次鬼，请了道士驱鬼，呼天喊地，弄得既恐怖又不安。

王夫之听到"蒙面刺客"四个字，立即想到小婶和药儿遇到的"蒙面人"。这是同一个人还是同一伙人？或者这是两个完全不相干的人？"蒙面人"究竟是不是张献忠方面的人？如果是，怎么会杀张献忠的将领？如果不是，那又是什么人？为什么自己会成为"蒙面人"攻击的对象？

王夫之有些迷茫了。

多次遭到"蒙面刺客"的袭击，大西军部下人心惶惶。张献忠很恼火，很抓狂，觉得这"南蛮之地，民风彪悍，极不讲理，瘴气甚重"，非开阔、吉利之地，遂不顾部将反对，毅然决定率部开向"天府之国"四川，只留下李定国等少量部属驻守，以静待变。

1644 年春节前夕，南岳山上，冰雪连连，雾霭重重。

王夫之获悉张献忠率大部退出湖南，喜极而泣。他本来要与王介之、夏氏兄弟立即下山的，但按照约定，一两天内就是张纯熙夫妇上山来的日子了，他决定等一下，把这个好消息也告诉他们。

然而，等了一天又一天，王夫之一直没有等来张纯熙夫妇。每天早晨，王夫之就起来，望着那弯弯曲曲的小道，期待一团小小黑影慢慢拾山而上。但直到夕阳西下，亦未见着，落空之后，留下孤寂与无奈。过了第五天，还是没有等来张纯熙夫妇。

夏汝弼便道："年关了，可能正忙于春节的无数琐事。"

王介之亦劝道："人家一定是有事情，况且亦没有说他们一定会上来。"

这些话，都没错。

但王夫之就是不下山："再等等。再等等。"王夫之说这番话时，心里七上八下，很不踏实。时间越长，他的心越是忐忑不安。

大约到了第八天。那天下午，王夫之突然看到山脚下出现了一个小小的黑影。他有些失望，更有些吃惊：以前都是两个或者三个小小的黑影，这一回怎么只有一个小小的黑影？王夫之从那小小的黑影走路的姿式看，应该是张纯熙的侄子，原本叫张一宝、后来改名为张学夫的小伙子。

的确，还真是他，张学夫！

"学夫，怎么你一个人来了？"王夫之跑过去，拉着小伙子的手，并接过他手里的东西。王介之和夏氏兄弟也急着过来问这问那。

张学夫看着王夫之，又看着王介之和夏氏兄弟，突然，眼泪就流了下来，道："我的叔父、婶娘再也不能来山上了。"

"啊？出什么事了？纯熙兄究竟出什么事了？"王夫之连连发问，心都悬到了嗓子眼：果然发生了意想不到的大事。

张学夫擦了一把眼泪，道出了事情的原委。

原来，张纯熙还不知道张献忠等大部退出了湖南。他想，春节快到了，王夫之等人要在山上过春节，应该给他们准备更多更好的吃的和用的。于是，他们三人每天上山去抓野味，把抓到的野鸡和野兔等带回家，从自家池塘里捉了三条草鱼，一点一点去掉鱼鳞，又到肉铺里买了五斤好肉，把这些好吃的都切得均均匀匀，放在一个架子上，下面用柴火慢慢熏，熏了整整三天后，才做成上好的腊肉。张纯熙又自酿了两壶好酒，他的媳妇胡三妹将萝卜、豆角腌制好，配了一批干菌子和冬笋。张纯熙的老娘见儿媳妇争气，生了一对双胞胎，将一只正在下蛋的母鸡宰了，炖了满满一瓦罐鸡汤，给儿媳妇补补身子，但胡三妹舍不得自己吃，也要送上山，说自己以后有的是机会吃。就这样，他俩将上山的年货装了满满的一大担。

上山那天，张学夫家里有事，没有去，张纯熙夫妇轮流挑着，往王夫之居住的莲花峰上走。

然而，就在张纯熙夫妇满心欢喜又汗流浃背地来到南岳山西头半山腰时，不知从哪里冒出一小股乱兵，为首的是一个"蒙面人"，他坐在山路口，静静地看着张纯熙夫妇。这伙乱兵自称"大西军"，开口"老子"，闭口"老子"，一副地痞流氓的样子。他们一见张纯熙夫妇挑着满满的一担年货，顿时冲上来，不由分说，就抢了过去。

张纯熙举起扁担，大声呵斥，试图阻止这些强盗，但这些"兵油子"哪里会听，他们推开张纯熙，把张纯熙夫妇辛辛苦苦准备的年货全部倒在地上，打开酒壶，撕开腊肉，当场就开吃，而且吃一半，丢一半，气得张纯熙暴跳起来，冲上去与之理论，结果被打倒在地，吃了一顿拳脚。

张纯熙被打得皮开肉绽，鲜血淋漓，躺在地上，爬不起来。

胡三妹知道跟这伙人讲理是没有用的，便忍气吞声，自认倒霉，想扶起张纯熙，一走了之。

就在这时，两个乱兵，见胡三妹有点姿色，借着酒劲，一个跟另一个打赌，胡诌道："这个娘子如此俊俏，莫非还是黄花闺女？"另一个乱兵则坚持说这婆娘一定生了娃。别的乱兵便起哄，说如果不信，就让胡三妹脱光身子来看看。

张纯熙气得七窍生烟，再次操起扁担，大吼一声："谁敢动我媳妇一下，老子跟他拼了。"

两个打赌的乱兵哪里管得了张纯熙的愤怒，他们继续说着下流话，同时围住胡三妹，开始动手动脚。胡三妹一边惊叫一边后退。但是，那伙乱兵得寸进尺，都围了上来，两个打赌的乱兵抓住胡三妹，一下子撕掉了她的上衣。

就在这时，只听"啪"的一声，一个乱兵应声而倒，另一个乱兵见张纯熙凶神恶煞般地扑向他，一个打滚，跳了开去。

张纯熙扑了空，继续挥着扁担冲向那个乱兵。

这时，为首的"蒙面人"不但不出面制止，反而大手一挥，吼道："搞死这头猪！"乱兵们蜂拥而上，动枪的动枪，动刀的动刀，顷刻之间，张纯熙就成了一堆肉泥。

胡三妹瘫在地上，昏死过去。

张纯熙老娘得到儿子的死讯是两天后的事情。老人家当即吐血而亡。胡三妹被人救了回来，但再也没有下过床，苏醒过来后，每天以泪洗面，不吃不喝，完全变了另一个人。如果不是两个孩子不断哭闹，张学夫一家悉心照顾，胡三妹可能也活不下来。

张纯熙死了，这个家也就散了……

"夫之先生，我家叔父、婶娘再也不能上山来了。"张学夫讲到这里，泪水止也止不住地往下流。"昨天早晨，婶娘突然把我叫去，说她死不了，也不会死。她要把孩子抚养大，她现在只是没有力气。她让我给你们送点年货来……"

王夫之听罢愤怒不已，王介之也紧紧地握住拳头。他们对胡三妹遭此劫难还不忘让张学夫上山来送年货，十分感动。

"学夫，这些年货我们不能收。"夏汝弼和夏仲力对王夫之道："我们去山下看看胡三妹。"

"一起去吧。"王介之点点头，叹道："除了看看胡三妹，还要去纯熙兄和他的老娘坟头上祭拜一下。"

张纯熙死了，王夫之无比难过。

回到衡州城后，王夫之立即找到朱归孺，但还未开口，朱归孺就率先道："朱某已知张纯熙的悲剧，真是十分痛心。"

王夫之一怔：如此，我还说什么呢？痛心又有何用？对于九泉之下的张纯熙而言，结局无法更改，他的生命就这样失去了，留下两个嗷嗷待哺的孩子和生不如死的媳妇胡三妹。他本来想开口请朱归孺派人去抓捕那些乱兵并予以惩处，但朱归孺既然知道了，自有安排。

果然，朱归孺告诉王夫之，打着大西军旗号的那一小撮乱兵，其实就是从永州"打粮"过来的散兵游勇，他们干的就是打砸抢的强盗勾当。朱归孺已经逮住其中的大部分人，并绳之以法，但乱兵头目"蒙面人"却在逃。据乱兵们说，他们也从没见过"蒙面人"的真面目，此人也并不是他们真正的头目。"蒙面人"自称是一个挺有来头的大人物，杀过十多个大西军的将领，本事挺大。乱兵们之所以跟着他，是觉得"蒙面人"不仅不苛求他们，相反，很纵容他们，且挺讲义气。"蒙面人"与他们保持一定的距离，与"蒙面人"在一起的好像还有两个人，但乱兵们都没有看清他们的模样。总之，他们挺神秘，居无定所，来去无踪。

让朱归孺觉得奇怪的是，这个"蒙面人"对衡州城非常熟悉，他的差役好几次以为要抓住了，结果却一次次扑了空。

"夫之先生，朱某有一种不祥的预感，这个'蒙面人'对你我危害很大。"朱归孺忧心忡忡道。

王夫之有些吃惊，他很少看见朱归孺用这种神情跟他说话，但想想也能理解。张献忠退出湖南后，李定国只坚持不到半年，亦灰溜溜地退出湖南，去了四川。朱归孺做衡州知府是代表大西府政权的，张献忠他们一走，朱归孺的合法性受到质疑，主要与他处死罗亦簏有关。当时有一股强大的力量要治朱归孺的罪，没料到，朱归孺竟与武昌守将左良玉搭上了关系，有了这个保护伞，朱归孺平安地度过了危机，从明朝的衡州同知到大西政权的衡州知府再到明朝的衡州知府，转了一个大圈，朱归孺又回来了。

对于这件事，衡州学子李国相和文之勇等很不满，是王夫之暗中做了不少工作，才没把事情闹大。

朱归孺对此心知肚明，他对王夫之心存感激。

王夫之理解朱归孺，也知道他有许多难言之隐，但此刻朱归孺关于"'蒙面人'对你我危害均很大"之说未必有夸大之嫌，心想，你是官场中人，办事总会有得罪人的时候。而我，只是一介布衣，并无仇人，怎会有人针对我呢？于是问："'蒙面人'也会针对我吗？何以见得？"王夫之突然想起小婶和药儿之死，不由一颤：难道这些惨事是对自己的警告？

"听乱兵们说，'蒙面人'知道张纯熙挑着年货送给你，他才决定要拦截的。"朱归孺道："乱兵们早就知道你在莲花山上。"

"啊？"王夫之心惊肉跳，但嘴上还是表示不解："我又不认识'蒙面人'，他们为何要针对我？"

"你不认识他，可他认识你。"朱归孺道，停了一下，忽然问："夫之先生，你还记得衡州前知府邓紫銮吗？"

"怎么？他不是被张献忠公审处死了吗？"王夫之有点奇怪地看着朱归孺，道："难道邓紫銮复活了？"

朱归孺摇摇头，道："你听说过邓紫銮炸衡州知府的事情吗？他曾说，衡州总兵卢高义在张献忠破城前就被他设计害死了，你听说过这些事情吗？"

王夫之点点头，瞪大眼睛，道："这与'蒙面人'有关？"

"朱某怀疑卢高义并没死。"朱归孺道,"最近,我派人查实了一件事,即卢高义原姓马,叫马升腾,老家是耒阳牛婆寨马家村的。马衿升的老家也是这个村子里的。"

"啊?你是说,卢高义还活着,他就是马升腾,与马衿升有关?"

"经查实,马衿升与邓澄忠、邓澄诚是共一个母亲的,邓澄忠、邓澄诚的父亲是邓紫鎏的哥哥,邓澄诚出生后的第二年,邓紫鎏的哥哥因一场伤寒而丧命。也正是这一年,马升腾碰到了邓澄忠、邓澄诚的母亲,见其有点姿色,便强暴了她,不料怀上了马衿升。马升腾随后外逃进了兵营,改名叫卢高义。马衿升生下来后,很长时间没有姓名,他的母亲只管他叫'马生',意思是姓马的人生的。邓紫鎏为官后,亲自将'马生'改为'马衿升',见其顽劣机灵,从小喜爱他。马衿升长到十八岁的时候,邓紫鎏忽然觉得他跟总兵卢高义简直就是一个模子里铸成的,直到他和卢高义回到马家村,见到马衿升和他的母亲,卢高义才明白自己当年的风流荒唐竟让他有了一个儿子……"

"真是不可思议。"王夫之倒吸了一口冷气,道:"既如此,卢高义为何不把马衿升带到兵营?再者,邓紫鎏为何要编造害死卢高义的谎言?"

"卢高义不带马衿升进兵营比较好理解,因为他好不容易做了衡州总兵,总得要一点面子。家里的丑事能蒙就尽可能蒙过去。"朱归孺道:"至于编造谎言,朱某的猜测是,邓紫鎏被罢官后,很恨朝廷和桂王,张献忠攻城,他是高兴的;其次,编造这个谎言,等于保护了卢高义。否则,卢高义必定要亲自率兵守护一个城门,那样,是生是死,就难说了。"

王夫之觉得朱归孺分析得很对。当初,他听到卢高义不战而死,也感觉有点奇怪,一个总兵,怎么尚未开战,就不明不白死了。原来竟是诈死,是为了做一个逃兵!而邓紫鎏因此还能得到张献忠的青睐和奖赏。只可惜,机关算尽,最终还是身首分离,不得好死。

"若'蒙面人'真是卢高义，那么邓澄忠和马衿升必定在他身边，如此，我们该当如何？"王夫之真有些担心了。

"多加小心就是了。毕竟，他们亦不敢公然作乱。"朱归孺叹了口气，道："只是他们在暗处，我们在明处，总有防不胜防的时候。"

离开朱归孺后，王夫之走在街上，总觉得什么地方有一双眼睛在盯着他，他想起了小婶和小儿的惨死，都跟"蒙面人"有关。同时，他觉得好像有"蒙面人"突然从什么地方走出来，把黑手伸向他。这是一种奇怪的感觉，虽不能说害怕，但总觉得不安。特别是那"蒙面人"幻化成邓紫鎏的眼睛、卢高义的背影，以及邓澄忠和马衿升之残酷冷笑的时候，这种像阴影一样跟随的不安尤为强烈，令人恐惧。

二

1644 年，天崩地塌，改朝换代。但这"甲申之变"，是在灰蒙蒙的雨雪中拉开帷幕的。

其时，张献忠已经退走湖南，到了四川，但在王夫之看来，衡州的天地不仅没有平静下来，反而更加混乱，更加灰暗和不可预测。特别是张纯熙的惨死和卢高义的"复活"，更给新年带来一种凶兆。

这一年的正月初一，注定会被写进历史。李自成在西安正式登基称帝，国号"大顺"，敲响了大明王朝的丧钟。当上皇帝的李自成没有沉醉在皇帝梦中，而是分兵两路，直逼北京。

崇祯皇帝以大学士李建泰为督师，率兵拒敌，然而，强弩之末的明朝根本不是大顺军的对手。

崇祯气急败坏。国难之时，众多大臣各顾私利，不予分忧。例如，一个多月来，为筹银两，崇祯费尽心机，号召群臣捐款，但毫无效果。

只有一个六十多岁的老书生来到户部，捐出了毕生积攒的四百两银子。崇祯赏他一个"锦衣千户"之职。但老头拒绝了，道："国已如此，官有何用？"

面对崇祯不顾皇帝颜面的哀求，内阁首辅魏藻德仅仅捐了五百两，太监首富王之心亦捐了一万两……崇祯原本"以三万为上等"，没想到差距如此大。残酷的现实让他万念俱灰。

是年正月初三，左中允李明睿上朝，力劝崇祯迁都南京，既解当下之危，又图东山再起。

崇祯道："汝意与朕合，但外边诸臣不从，奈何？"

李明睿气道："天命微密，当内断圣心，勿致噬脐之忧。"并请崇祯放眼天下，尽快决断。

然而，崇祯错过了最好的迁都时间，也错过了最好的自救机会。眼看丧钟即响，三月初四，崇祯忍不住对众臣说道："李明睿有疏劝朕南迁。国君死于社稷，朕将何往？又劝朕教太子先往南京，诸卿以为如何？"

崇祯害怕自己力主"南迁"有"逃命"之嫌，遂将李明睿拿出来说事。

岂知，以陈演为首的保守派，坚决反对"南迁"，他们严厉谴责李明睿，竟威逼崇祯："不杀李明睿，不足以安定民心。不杀李明睿，何以治天下！"

就这样，崇祯被逼着走上了不归路。

距离京城陷落、崇祯自杀还有八天，因为发不出粮饷，李自成大军围城之时，京城守军士气低落，十有八九，卧地不起，"鞭一人起，一人复卧"。崇祯急得不行，想到了国丈周奎，知道他有钱，便派太监徐高上门拜访，希望他捐十万两银子以作表率。

孰料周奎哭穷，声称周家"节衣缩食，常烹霉米"，只肯捐一万两。崇祯很郁闷，主动把数额从十万两变成两万两。周奎便去找女儿周皇后求援。周皇后拿出五千两银子，周奎居然将其中两千两截留，他最后捐出一万三千两。

在崇祯哀求大臣们捐款救国中，总计募得二十万两，大臣们各留后路，心早就散了。

无奈之下，崇祯又号召每一个大臣从自己的故乡举荐富人捐款，结果只有南直隶和浙江各一人，"余省未及举也"。

当时的国库穷到什么地步呢？一个叫赵士锦的书生，他在京城即将陷落之前的三月六日，奉命接管国库之一、工部所属的节慎库。他后来在《甲申纪事》一文中写明了当时国库的状况："新库中止二千三百余金。老库中止贮籍没史家资，金带犀杯衣服之类，只千余金；沅为予言，此项已准作巩驸马家公主造坟之用，待他具领状来，即应发去。外只有锦衣卫解来加纳校尉银六百两，宝元局易钱银三百两，贮书办处，为守城之用。"

赵士锦连连感叹："国家之贫至此！"

颇具讽刺意味的是，李自成攻入北京后，曾坚决反对"南迁"的陈演率先试图逃离京城，但因家产太多而未果，只好主动向刘宗敏献白银四万两。稍后其家仆告发，说他家中地下藏银数万。农民军掘之，果见地下全是白银。

刘宗敏大怒，大刑伺候。

陈演赶紧将藏银悉数捐出，得释。

四天后，李自成败于多尔衮、吴三桂之联军，临走前还是将陈演给斩了。而那个国丈周奎，禁不住严刑拷打，交出了无数奇珍异宝，拉了数十车，光是现银就足足有五十三万两之多。

史料记载：经过残酷拷掠，李自成军共掠得白银七千多万两，均让工人重新熔铸成巨大的中间有孔窍的方板状银锭，运往西安老巢。

崇祯十七年（公元 1644 年）三月十四日，大明王朝大势已去。

崇祯绝望之中，听到太监曹化淳无奈感叹："忠贤若在，时事必不至此。"崇祯闻之一惊，似乎体会到明熹宗临终前叮嘱的魏忠贤"恪谨忠贞，可计大事"之深意，可惜为时已晚。自己登基后第一件事就拿魏忠贤开刀，现在想来有些欠妥，遂下密旨收葬魏忠贤的遗骸，将它埋在香山碧云寺。

有野史考证：两天后的三月十六日，李自成派了一位特使，坐在吊篮里悄悄进了城。

这个特使竟然是衡州学子，他叫包世美，会独门暗器，与王夫之同时中举，两人非常熟络。张献忠攻入衡州城后，王夫之、刘子参等人在地下火药厂入口与"维鹰会"成员发生激战，关键时刻，包世美赶到，他频发暗器，立下奇功。后来王夫之等人被大西军巡逻骑兵冲散，包世美去北京投亲，一路北上，如丧家之犬，快到保定府时被李自成部抓住。

包世美本来要被处死，但他面对李自成部属，从容应答，声称自己是崇祯皇帝安插在桂王府的检校人员，定期汇报桂王动态。他还煞有介事，编造了有关张献忠的消息，说要亲自见到李自成才肯说。

李自成获悉包世美乃一介书生，来自衡州，身负重要谍情，遂没有杀他，而是问了一些关于桂王和张献忠的事情，包世美对答如流，毫无破绽。李自成问他赴京何为，包世美说受桂王密派，去拜见崇祯皇帝。李自成听说包世美可以见到崇祯皇帝，灵机一动，让他给崇祯皇帝捎去一封密信。

包世美按照李自成的秘密安排，找到在昌平投降的太监杜勋，在杜勋等人的努力下，这封也许可以改变历史进程的密函通过特殊渠道，抵达太监曹化淳手中，并迅速呈送崇祯。

另据《小腆纪年附考》卷四记载：李自成此一密函，主要向身陷绝路之中的崇祯提出三个条件：一是"议割西北一带分国王并犒赏军百万，退守河南"；二是"闯既受封，愿为朝廷内遏群寇，尤能以劲兵助剿辽藩"；三是"不奉诏与觐见耳"。

历史学家由此认定，李自成并无贪天下之心，他只要求崇祯把他老家陕西及西北各地分封给他，加上一百万两银子作为回程路费就行。如此条件，实不为过。至于"助剿辽藩"不过是客套话，而"不奉诏与觐见"表明他只是想当割据一方的西北王罢了。

然而，崇祯阅过密函后，勃然大怒，认定系"李贼诡计"，毫无诚意，殊为不信。曹化淳本欲劝崇祯亲撰一密函，回复李自成，说"此事可议"，若此，至少可以周旋数日。但曹化淳瞥见崇祯眼里露出坚毅而又轻蔑的神情，遂默然退去。

国难之时，山河破碎。大臣们一个个自私自利，丑陋不堪。

崇祯指望不了谁，心如死灰，这天下皇权尚有什么值得留恋的？

丧钟敲响了。敲钟者不是别人，正是崇祯皇帝本人。

三

崇祯十七年三月十八日，农历二月初十这一天，北京城内弥漫着死亡的恐怖气息，孤寂之中，无数民众往城外逃窜，惊慌失措之间，李自成已经杀到城外。就在这时，崇祯得到消息，他最信任的太监曹化淳已经打开了彰义门，亲自迎接李自成进城。

崇祯闻之愕然，而后平静地弹了弹衣冠。

最后的时刻到了。皇帝毕竟是皇帝，他要保持最后的尊严。

当天晚上，紫禁城中一派凄凉。在风暴的中心，在寂静的皇宫，崇祯亲自操持了一次家宴。当然，吃什么，如何吃，都不重要，重要的是要有这个仪式。

因为，这是一个王朝最后的晚餐。

晚餐持续的时间很短，崇祯甚至来不及将全部的菜品上到桌上，就匆匆结束了。因为，李自成所部从各个方向涌入了北京。

崇祯命人立即将皇太子朱慈烺、三儿子朱慈炯、四儿子朱慈照送出宫外。

随即，崇祯来到坤宁宫，异常严肃地对周皇后道："国破眼前，身为国母，尔理当殉国。"

周皇后平静道："十八年来，陛下从未听过一句忠言，今已无言。"言毕，遂从容素绳上吊。

崇祯从周皇后处出来，想到长平公主亦要殒命，心痛不已。

长平公主正当及笄之年，出落得高挑秀丽。崇祯原本选好了驸马，择良日成亲，然一切皆成泡影。崇祯来到寿宁宫，叹息道："汝何要生帝王之家？"女儿泪眼蒙眬。

崇祯狠下心挥刀，向公主砍去。公主本能地挡了一下，刀砍断了长平公主的左臂，血流如注，公主倒在地上……

崇祯不忍验尸，掩面而出。他赶到昭仁殿砍死了另一个女儿昭仁公主，又砍死了妃嫔数人，谁也不知道手刃骨肉和至亲的崇祯此刻会是什么心情，不管怎样，这个男人在决绝这个世界前不希望骨肉和至亲让他的灵魂蒙羞。

崇祯杀完他认为该杀的人，来不及洗手，匆匆换了一套衣服，带着太监总管王承恩出门，来到成国公朱纯臣的府邸。

然而，朱纯臣竟然拒不开门。

崇祯皇帝长叹一声，回到前殿。

此刻城外炮声隆隆，杀声不断。

崇祯皇帝依然没有死心，鸣钟召集百官，但没有一人响应。崇祯万念俱灰，自言自语道："诸臣误朕也，国君死社稷，二百七十七年之天下，一旦弃之，皆为奸臣所误，以至于此。"崇祯来到崇文门，见无法出门，又改走齐化门，亦盘查甚严。崇祯只好来到正阳门，却见那里正挂着白色灯笼，竟是投降信号。

崇祯撕心裂肺，仰天长啸。王承恩见状，泪流如注，无言以慰。

三月十九日凌晨，天空灰蒙，鲜有微星。崇祯重回皇宫，伏案疾书，以血写就，其遗诏沛然有声，令人伤怀：

朕自登基十七年，逆贼直逼京师，虽朕薄德匪躬，上干天怒，致逆贼直逼京师，然皆诸臣之误朕也，朕死，无面目见祖宗于地下，自去冠冕，以发覆面，任贼分裂朕尸，勿伤百姓一人。

崇祯写毕，暗叹一声，掷笔于地。而后与王承恩一起，离开紫禁城，来到煤山寿皇亭，伫立在一株老槐树下，怆然叹息道："吾待士亦不薄，今日至此，群臣何无一人相从？"

王承恩这才突然想起，崇祯帝最后时刻鸣钟召人，不为对策，实为陪葬，奈何无一人前来，真是可悲矣。

崇祯仰望天空，那里仍然黑暗无比。王承恩将绳子在老槐树上拴好，再放上一块石板，然后静静地站在一旁，等待着收尸。

从登基至今，一晃过了十六年，往事不堪回首。杜工部云："国破山河在。"于一个诗人而言，可能如此。但对于一个皇帝，国破，山河不复存在……再也没有什么值得留恋的了，崇祯慢慢将绳子打了个圈，用力拉了拉，看看是否结实，然后踩上石板，将头颅伸了进去。

王承恩含泪道了一声："皇上，奴才随后就来陪您。"言毕，他将石板踢开，崇祯吊了起来，挣扎了几下，不再动弹。

这一年，崇祯三十三岁。

崇祯自缢后，王承恩小心翼翼将崇祯尸体放下来，让他"以发覆面，白袷蓝袍白细裤，一足跣，一足有绫袜"。

这是一个忠臣最后能够做到的事情。

但王承恩还要做得更多。他帮助崇祯皇帝保持最后一点体面离开人世后，没有犹豫，自己亦在一旁的树上了结残生。比起那些各怀心思、贪生怕死的大臣，一个太监能有如此血性，忠贞可鉴矣。

其实，除王承恩外，陪崇祯同赴黄泉还有一些人，包括户部尚书倪元璐，他自杀前忏悔道："臣为社稷重臣，而未能保江山，臣之罪也！"而右副都御史施邦耀，则在自缢之前，写下一副对联："愧无半策匡时难，惟有捐躯报主恩"……

崇祯自缢半个多月后，王夫之应约来到衡州府堂，见到了神情严峻的朱归孺。这是朱归孺主政衡州后王夫之第二次来到府堂。王夫之坐在朱归孺的对面，来不及上茶，朱归孺劈头就说："夫之先生，你知道吗？崇祯帝已经殉国。"

"啊？你说什么？"有如晴天霹雳，王夫之下意识地从座位上弹跳了起来，大声道："你说什么，崇祯帝殉国？"

朱归孺长叹一口气，点点头，道："天塌了，帝崩了。"

王夫之这才确信这个噩耗，他趔趄一下，眼睛发直，差点倒在地上。然后，他面向北方，长跪不起，痛哭流涕，"悲长夜之不复旦也"。

朱归孺将王夫之拉起来，请上坐，接着把崇祯自缢前后的事情简单跟王夫之讲了。他特地提到包世美送李自成密函之事，认为这是衡州学子在历史重大事件中扮演了一个极其重要的角色，可惜当时皇上并不了解李自成的抱负，亦没有静下心来认真思考密函的真伪，更没有一个大臣能够替皇上解愁分忧。否则，历史可能会被改写。

对于朱归孺的这种说法，王夫之不置可否，他深深沉浸在"天塌帝崩"的悲恸中。对于包世美之事，他不敢相信，但也不想反驳。他希望未来如有机会，他要当面询问包世美关于此事的真相。

王夫之回家后，并没有把此消息告诉父亲大人或家里任何一个人。尤其是父亲大人，眼见他像火烧的古槐一样，慢慢从伤口处发出新芽，王夫之不想去刺激他。同时，他觉得这是王朝的伤痛，又像一个巨大的隐私，讲出来很不光彩。

直到四月初的一天，一个重要人物专程从武昌来到王衙坪，王朝聘才获悉崇祯皇帝自缢的悲剧。这个重要人物不是别人，而是武昌知府章梁。

"罗大人血溅城头，已经殉国。真乃蛆缸之中一清莲矣。"王朝聘见到老友章梁，不禁老泪纵横，喃喃道。

章梁表示他已知悉。两人回忆起这些年来家国巨变，历历在目，物是人非，其创之巨，其伤之深，其情之痛，岂一掬浊泪所能消解？

王夫之原以为父亲不会再流眼泪了，然而，当章梁讲到崇祯如何无助、朝廷大臣如何无耻时，王朝聘竟像孩子一样，号啕大哭。王朝聘想不到国家即崩、王朝即倾时，一群口口声声"食皇禄、感皇恩"的朝廷重臣竟如此置国家危亡于不顾！

章梁告诉王朝聘，崇祯帝虽不在，但明朝仍在。天，仍是大明的天；地，仍是大明的地。章梁透露：左良玉将军回到武昌，他自己仍然是武昌的知府。同时，他特地提到他的弟弟章旷跟堵胤锡、何腾蛟等大明栋梁均在悉心为朝廷效力，大明复兴仍有希望。

"恩公章旷章大人，一切都还好吗？"听到章旷的名字，王夫之忍不住插话道。

章梁点点头。这时，他忽地对王夫之道："夫之先生最近在忙什么？旷弟时常提及你。"

王夫之连忙表示惭愧，直言报国无门。

"不必焦急。"章梁表情肃然，道："报国非一朝一夕之事。"

王夫之曾担心父亲的身体支持不了他与章梁的唔谈，但很意外，王朝聘在章梁面前表现得比王夫之预想的要好得多。

章梁在王衙坪待了一天，原本打算去罗亦簏墓前凭吊的，但没料到王朝聘父子不知道罗亦簏葬在何处。王夫之有些尴尬，他能够找到左书臣和姜百户的墓地，却不知晓罗亦簏葬身何处。朱归孺也没有告诉他，而他，竟然也忘记问了。

既然找不到罗亦簏的墓地，章梁只好摇摇头，叹息一番，不再提及此事。

翌日上午，心事重重的章梁让王夫之带他去南岳看一下。他们便在二贤词和方广寺等处看了，章梁说了一声，如果有可能，到时替罗亦簏做个坟，安在南岳山上吧。王夫之回应道：不单是罗大人，还有黄真川老先生、左书臣等所有为保卫衡州付出生命的英雄好汉。

"是的。应该如此。"章梁答道。他沿途看得很认真、很细致，还与寺里方丈面谈，然后去大庙拜了三拜，返回武昌前，经停长沙，拜会了新任湖广学政堵胤锡。

老友章梁离开后，王朝聘重新陷入一种莫名的空虚和难言的寂寞中，有时半天不说一句话，有时突然说一句谁也听不懂的话。

王夫之明白父亲是受到崇祯帝自缢的刺激，情绪有些恍惚。王夫之自己也觉得前途暗淡，心情无比沉重。

此刻的江南还是江南，武昌、长沙和衡州等重新回到大明统治下，半壁江山犹在，大明王朝怎能说没就没了？

明朝的灭亡当然不是"说没就没"的，而是实实在在一天天消殒下去的事实。江南表面上平静，实际上暗潮汹涌。北方更是在火药桶里，战火不断。

四

　　1644年四月十三日，李自成亲率大军奔赴山海关征讨吴三桂，四月二十五日，吴三桂军渐渐不支。最终，降于清朝摄政王多尔衮。

　　降清后的吴三桂率部和大清骑兵联手，折返来攻李自成。李自成可能不怕吴三桂，却是怕了大清铁骑，他们在清军面前溃败，主将刘宗敏受伤，军中骨干死伤众多，只能急令撤退。

　　李自成损失惨重，逃回京城，带去的二十万部队仅剩三万余人。

　　是年四月二十九日，李自成决意要在北京称帝。

　　但皇帝不好当。"登基"后的第二天，李自成匆匆离开北京。行前，李自成怒杀吴三桂一家老小三十四口，火烧紫禁城和北京城的部分建筑，旋即由山西、河南两路撤退，逃往西安老巢。

　　吴三桂怒不可遏，打开山海关。

　　清军从此入关，迅速占领北京城。

　　中国历史上最乱的时代由此来临，王夫之的人生苦旅也由此变得更加迷离漫长。

　　而此时，王夫之等人还蒙在鼓里。后世都知道，此时大明已经亡国，但是，处在历史旋涡中的当事人却不会认同！至少，王夫之等一干血性书生不会认同！在他们看来，崇祯没了，整个江南还在；北京没了，大明王朝还有南京！

　　南京是大明的祖宗之地，和北京一样重要。

这不，崇祯自缢两个月后，大明遗臣马士英等在南京拥立福王朱由崧为皇帝，建立了弘光政权。

崇祯没有吩咐身后事，太子也没能幸运脱难，他死后，大明各方势力离心离德。随后几年里，大明立了一个又一个阿斗般的皇帝，却没有一个像样的主子。大明的臣子也一个个背叛、效忠、再背叛，终究没有几个像样的大臣，而各方势力也是分分合合、合合分分，你方唱罢我登场，好不热闹，所以，天下最终被大清平定也就不足为奇了。

时局的恶化，让王夫之等人心急如焚。但他们只是一介书生，纵有经天纬地之才，也没有用武之地。

当北京沦陷、崇祯殉国后，明朝留都南京的文臣武将决计拥立朱家王室的藩王，重建明朝，然后挥师北上，光复大明。这个方案大体没有异议，但在具体拥立何人时发生了争议。按照兄终弟及的顺序，第一人选应为福王朱由崧；而史可法则主张拥立桂王朱常瀛；钱谦益等东林党人则由于之前的"国本之争"，心存芥蒂，以立贤为名拥立潞王朱常淓。最终，福王朱由崧在卢九德的帮助下，获得了南京政权主要武装力量江北四镇高杰、黄得功、刘良佐和刘泽清，以及中都凤阳总督马士英的支持，成为明王朝正宗血统继任者。

是年五月三日，朱由崧监国于南京。五月十五日即皇帝位，改次年为弘光元年。

大明之亡，亡在大明君臣之手！朝纲败坏，道义沦丧，天子昏庸，臣子无能，貌合神离，人心不古，才是大明毁灭之祸根。南明虽说是成立了，但是，内部矛盾重重。弘光皇帝登基似乎不是为了匡扶大明，而仅仅是为了登基，在权力斗争中，他登上终极的皇位，终于得偿所愿。拥立他的臣子也达到了各自的目的，他们名利双收，心怀鬼胎，各有所图，这既是弘光政权的本质，也是其致命的地方。真正当权的人只是为了权力而当权，真正拥兵的人则把军队当成了自家的军队。天下乱了，每个人都想趁火打劫，为自己求得一杯羹。

这样的君臣人伦注定南明王朝走得不远，或者说，从一开始，就注定了它的悲惨结局。

重读这段历史可以看清：朋辈结党导致内部不和，朱由崧称帝原本就是各派妥协的结果，登基后的皇帝又没有魄力、胆识、根基和远见。结果，马士英拥立福王登基后，成了一人之下万人之上的首辅大臣。但是，统治阶级内部谁也不服谁，最终没有形成统一阵线。朱由崧虽然做成了皇帝，却只不过是一个傀儡，是南明遗臣权力斗争的棋子。他没有实权，也不会考虑天下大事。

此时的大清军队并没有向南明发难，而是集中力量，对李自成穷追不舍，一路打到了潼关。可惜，南明政权却未利用好这个机会，整顿休养，有所作为，而是开始了窝里斗，互相拆台。

朝廷如此明争暗斗，身处江湖之远的王夫之等人，又何以知晓？

荒唐可笑的是，1644年年底，中国大地上竟同时有了四个皇帝，这真是历史上的奇观。除了大清顺治皇帝爱新觉罗·福临、大顺皇帝李自成、大明弘光皇帝朱由崧外，还多了一个也想过过皇帝瘾的张献忠。

是年底，张献忠在成都称帝，建国号"大西"，以成都为西京。

此时的天下好不热闹！烽火四起，混战连连：大清在西面与大顺作战，在东面与大明作战；大明在北面与大清作战，在西面与大西作战；大西在北面与大顺作战，在东面与大明作战；大顺在南面与大西作战，在东面与大清作战。

大明不敢打大清，即便大清主力在西边围攻李自成，大明军队也未曾想过向北夺回失地，而只是想着向大清求和。然大明却怕大顺，李自成带着大军逃亡武昌，武昌左良玉率领的明朝大军，却一箭未发，一炮未放，弃城东逃。左良玉等明军将领宁愿和自己人拼个你死我活，也不愿和李自成打上一仗。

大清军队则谁都不怕，打完李自成，再来收拾大明军队。这个过程很残忍，掩盖了无数有血有肉的人的牺牲、挣扎与抗争。

李自成和张献忠算得上一代将才，或一代枭雄，但绝非君王，他们也没有君临天下、一统江山的雄才大略和英雄本色。

张献忠从四川起家，一路打打杀杀，进进退退，经过中国的十余个省份，所到之处，鸡犬不宁，动荡不安，民不聊生。但是，张献忠一路杀下来，十余个省份，没有一个是他的，这就是"猴子摘苞谷"的逻辑，最后，他只能固守在四川。四川是他的大本营，也是他魂归之地。

与张献忠相似，李自成一路向东，他也没想过能打下北京。沿途所遇见，真的出乎他意料之外，既然这么顺利，那就打进北京试试。那么巧，当时北京正在发生大瘟疫，再加上大明无数的墙头草给他做内应，三下五除二，他做梦一般，得到了北京，捡了个便宜。既然打下了北京，那就再打山海关试试，可是，山海关的明军绝非庸兵，更何况还有大清铁骑，碰了一鼻子灰后，李自成落荒而逃。回到北京，他不敢多逗留，匆匆登基，迅速往大本营西安撤退。先前打下的城池又一个个到了清军手里，清军再追，他只能丢下大本营，一逃再逃，最终亡命于九宫山，可悲复可叹。

大明的军队别的都不擅长，最擅长的是"窝里反"与"窝里斗"，这是大明君臣的典型特质。和平时期，能臣良将，各抒己见，百家争鸣，有利于国家发展。但是，非常时期，内斗纷争，歹人作祟，就会祸国殃民。从孙承宗、袁崇焕开始，大明就把窝里斗演绎得淋漓尽致。首当其冲的就是天子之争，从万历到天启再到崇祯，无一不充斥夺嫡的戏码和闹剧。到了南明，更是愈演愈烈，不可收拾。谁立的皇帝就是谁家的皇帝，而非大明的皇帝，谁家的皇帝就有谁家的臣子，而非大明的臣子，君臣就这么离心、疏远了。天子之争的背后则是党派之争，阉党和东林党是大明后期最重要的两派力量，他们的争斗很厉害，你看我不顺眼，我看你也不顺眼，两帮人谁也没把谁彻底灭掉，反倒是干掉了孙承宗、袁崇焕等可以安定天下的人才，最后，干掉了南明。整个南明一直充斥着两个党派的斗争，所以说，明朝灭亡不是外力使然，而是骨子里已经腐烂，且一直腐烂下去，将最后一根骨头都腐烂掉。除了党争，就是军队内部的斗争了，谁带领的部队就是谁家的部队，而非大明的部队。各方势力，他被打，你看着；你被打，我看着；我被打，他就跑。谁也不帮谁家的忙，各人自扫门前雪。你被灭那是你的事情，我保存实力，袖手旁观，甚至放放冷枪，你不被灭，我怎么上位？有了军队，就有了底气，有了发言权，皇帝也要看我的脸色……如此这般，国不国，君不君，臣不臣，军不军，兵不兵，这样的天下若能保得住，才真是奇怪了！

这正是："王朝更替，受之以履；世无英雄，竖子成名"。包括王夫之在内的衡州诸子没有处在权力中心，即便看清历史真相，亦无法改变历史的走向。或者说，如果这些书生处在朝廷重臣的位置，也许干的是一样的事情，王夫之后来到南明谋了一个准八品职员，不仅一事无成，还差点掉了脑袋，就是证明。因为，那些位高权重者除了极少数人如李自成之流是草莽英雄之外，绝大部分人都是饱读诗书、一无用处的所谓"栋梁之才"。

王夫之对大明王朝念念不忘，可实际上，大明王朝真的气数已尽，不是几个书生就能恢复它的元气的。

相比于大明，被王夫之视为"异族"、不共戴天的大清却不一样。大清的主宰者雄心勃勃，他们不是一群莽汉草包，不是靠运气行事，而是通过一系列有预谋、有战略、有部署的行动，开创了一个新的王朝。

从努尔哈赤征战开始，消灭大明，占领天下，就成了爱新觉罗家族矢志不渝的追求。大清在月黑风高的塞外卧薪尝胆几十年，练得兵强马壮，经过三番五次大作战，努尔哈赤之后是皇太极，皇太极之后是多尔衮，一代又一代，他们斗志昂扬，神情坚定，不达目的，誓不罢休……

送走章梁、回到王衙坪的当天晚上，王夫之坐在书房里，十分疲惫，他闭上眼睛，排空头脑里乱七八糟的东西，想安静一会儿。他一个人呆坐着，整个书房静悄悄一片。门外，世界黑暗无边，一盏油灯在灯台上晃来晃去，摇摇欲坠，王夫之的影子也跟着跳来跳去。琢磨不定之时，他深吸一口气，决定不再去想这天下风云诡谲的局面。

冷风吹过，王夫之才发现，浑然不觉之中，油灯里的油已经熬干，灯光也早已熄灭。

五

1645 年，早春二月，寒气扑面。长江东去，烟水浩渺，海阔天高。就在此时，一条小船，载着一个惊天秘密，悄悄驶进了南京城。

宽阔的江面上，船行如织，戴着头盔、披着铠甲的士兵，一船又一船，从江南驶向江北。据传，史可法将军正在江北一带布防，因为，弘光政权和大清的谈判破裂了。

南京渡口，各种摊点林立，青烟四起，香飘满地，小贩的叫卖声乍起乍落。几个布鞋便衣的男子护送着一位身披斗篷的男人悄无声息地穿过人群。

人群中忽然有人高喊："清兵攻陷西安城了，闯贼落荒而逃了。"聪明的人这时候便猜到为何大明和大清在这个时候谈判破裂了：先前大清愿意和大明谈，是因为大清要收拾李自成。现在，大清不需要谈了。大清要打大明，江山就要易主了。

江山易主，要落到谁的手里？

一个自称为大明太子朱慈烺的人来到了南京。

这个人本来很隐秘，但惊天的秘密哪里藏得住？

弘光皇帝慌了，不是说太子早已经命丧李自成之手吗？北京沦陷之时，崇祯派人打扮成贫民，护送太子出城，不想被李自成的部队当作流民抓获。后来，有人说是死在押送途中，但也有人说太子逃了出来。关于太子的生死，众说纷纭，却无定论。可如今，太子却堂而皇之地出现在南京。太子来南京做什么？当然是来当皇帝。如若真的是太子，那么，无论忠臣多么拥护朱由崧，他也要交出皇位。

其实，从崇祯死后到康熙中期，先后有多个"太子"冒出来，为的无非是权力，打着正统的旗号。且不说这个太子是真是假，把他带进南京的人同样也是为了权力。

弘光想到此，如坐针毡。马士英更是心急如焚，他火冒三丈，派重兵搜寻，最终将这个所谓"太子"关入监狱，通过百官会审，证明是伪太子。这个人的真名叫王之明，被人利用，马士英将其重新投入大牢，准备择日斩首示众。

王夫之听闻假太子的事情，气愤难当。当被告知假太子抓住了，并将斩首示众后，王夫之认为，这是罪有应得，死有余辜。

然而，清除了一个假太子，天下就太平了吗？显然不是。

弘光皇帝并不因此就省心了。面对四面楚歌，人心惶惶，谣言四起，国将不国，弘光皇帝急得焦头烂额。

1645 年四月。西线，李自成从陕西一路逃到湖北，镇守武昌的左良玉吓得肝胆俱裂；东线，清军挥师南下，一路攻城拔寨，将整个黄淮平原收入囊中，眼看就要打到江南。此时，左良玉没有抵抗李自成，反而以"清君侧"为名，高举大旗，率领大军沿江东下，声言"救太子，诛士英"。搞内斗，既老练，又威风。

自古以来，京师之外的大军无皇帝圣谕，擅自回师勤王都会被视为造反，更何况是这种所谓"清君侧"！大清大兵压境之际，左良玉堂而皇之地造反了，弘光政权赶忙派大军抵御。

此时的清军已经杀到扬州城下！

史可法作为江北督军，却无兵可用，他的头衔实际就是一个空壳，有名无实，各个有实权的将领纷纷拥兵自重，隔岸观火。史可法率城内民众誓死抵抗，扬州军民伤亡惨重，清军也死伤数万，这可是大清入关以来损失最重的一仗。

多尔衮没想到，大明的军队不堪一击，民众却如此强悍。数日过后，扬州最终还是沦陷，史可法壮烈殉国。

气急败坏的大清军队，封城十日，大开杀戒，扬州数十万平民死于乱刀之下。

五月初八己丑，清军自瓜洲渡江，大明各大要员和将军逃跑的逃跑，归降的归降。国难当头，五月初十辛卯，朱由崧居然还有心思选宫女，听大戏。当听闻清军兵临城下时，他立即摸黑逃出南京城，奔赴芜湖。

马士英紧跟其后，也逃往浙江。

乱局之中，所谓的"假太子"王之明则被人从牢狱中救了出来，由"朱慈烺"变回"王之明"，重新做人。

历史如此荒诞。这是王夫之万万没有想到的。

更让王夫之没有想到的是：清军攻陷南京之后，弘光政权竟灰飞烟灭了，包括刘良佐在内的明朝大将和大臣悉数归降大清，太子和弘光帝都成了大清王朝的阶下囚。

大明正规军如此不堪一击，胜利来得真是太容易了，多尔衮自己都未曾想过。

然而，大明的民众却要有骨气得多了。在江阴、在嘉定，大明子民宁死不屈，掉脑袋也不留辫子。

归降后的刘良佐带着清军围攻江阴八十天，江阴民众死伤十几万众，清军也伤亡十余万众！

后人不得不感叹：大明真是不争气，大明拥有世界上最好的子民，若大明的君臣将士也能一心抗清，何惧清军？可惜，可悲，可叹。江阴陷落，清军再次屠城！同样的故事还发生在嘉定。

一时间，鲜血染红了长江，又染红了沿江城镇，江东大地尸横遍野，山河痛哭……

那些日子，坏消息一个接一个。王夫之肝肠寸断，欲哭无泪，想到天边的事情无法把控，身边的事情亦心有余而力不足，他忽然觉得自己是多么的微不足道。外面的烟火和混乱，让他感知时局的混乱，也让他感觉到一种无奈。

就在这时，包世美犹如梦游一般，突然回到衡州，失魂落魄地来到王衙坪："夫之兄，我是世美。"包美世怪异地一笑。

王夫之一见包世美，吓了一跳：一年多的时间，包世美像变了一个人似的，不敢见光，不敢见陌生人，不敢大声说话，人消瘦得不成样子，随时可能被风刮倒。如果在大街上偶遇，王夫之未必能认得出他来。王夫之给他泡了一杯茶，问他为何变成这个样子了。

包世美压低声，连连道："恐怖，恐怖。"

王夫之问怎么个恐怖，包世美却又不说，只是用眼睛怔怔地瞪着王夫之，仿佛不认识似的。王夫之熬了一碗药汤，让包世美喝下，然后急不可待地问崇祯自杀前，李自成是否真的有密函交付于他？

包世美似乎清醒了一些，有点骄傲，又不无惶恐。他神秘兮兮地盯着王夫之，书生味十足地说道："一个历史的过客，无端跌进巨大的旋涡，这是一个黑洞，是凶兆，无比危险。"

王夫之抓住包世美冰冷的手，觉得他精神有问题，遂使劲摇着，追问道："快快告诉我，究竟发生了什么？"

包世美忽然低下头，又忽然抬起来，上上下下打量着王夫之，仿佛不认识似的，紧张不安道："你、你是夫之兄吗？啊，对不起，夫之兄，我得走了。我、我不该来你这儿。"

"这么晚了，你要去哪？"王夫之很焦急，道："你究竟怎么了？"

"你不知道，有人追杀我。"包世美声音发抖，道："凡我到过的地方，都有人追杀；凡我见过的人，也遭到追杀。我、我无路可逃，可我不想死在你家……"

王夫之惊恐不已，但他还是抓住包世美的手，试图安慰他，道："不用怕。你太累了，快歇歇，快歇歇。"

"啊？不，不！'蒙面人'就在外面。"包世美突然大叫起来，并疯狂地冲了出去。王夫之在后面奋力追赶。他果真发现有两个"蒙面人"正在追杀包世美。

然而，当王夫之大声喊着，气喘吁吁地赶到时，包世美已经倒在血泊中，而"蒙面人"已跑得无影无踪。

王夫之又惊又怕，抱起包世美，大声喊："救命！快来人，快来人！有人被杀。"

包世美满面是血，惨然一笑，用微弱的声音道："夫之兄，不用喊，没用。终于结束了。这、这是我、我的命……"

王夫之再去摇他时，发现包世美已经咽了气。

一个活生生的人，就这样平白无故地死在了大街上。王夫之从没有近距离地体验过一个鲜活的生命由生到死的短暂过程。王夫之熟悉包世美，但对于他的历史，他的追求，他的过往，特别是他讲到的历史的黑洞，他不了解，也无法理解。难道一个人，可以背负着如此多的秘密离开人世么？包世美原本就是一个平凡的人，他一直想做一个不平凡的人。当历史突然给了他一个可以成为不平凡人的机会时，他才发现多么危险和多么恐怖！他想重新做一个平凡人，可历史不给他这个机会。他就这么阴差阳错地结束了生命，像一朵花，被活生生掐断了。可悲之处在于，即便他死了，有关他的传奇、他的故事、他的生活等，历史不会留下只言片语。换句话说，他还是回到了不会在历史上留名的平凡人的本身，像无数藉藉无名者一样。

包世美在自己眼皮底下被"蒙面人"杀害，王夫之在很长一段时间里，都没有走出这湿漉漉的阴影。他头痛，失眠，眼皮不停地跳。他陷入一种臆想中，觉得包世美事件不真实，他甚至怀疑与包世美相关的事情都没有发生，都是由于自己恐惧、精神恍惚而生发出来的臆想。

三月，王夫之来南岳方广寺进香，接待王夫之的悟一法师道："见到夫之先生很高兴。"王夫之感激悟一法师精心布置，让他脱险于张献忠并救出父亲大人。悟一法师作揖道："区区小事，不足挂齿。"言谈中，悟一法师告诉王夫之："三天前，湖广提督学政堵胤锡来过敝寺，还专门问起夫之先生的事情。"

"啊？堵胤锡堵大人？"听到"堵胤锡"三个字，王夫之突然有了精神。他连忙问道："堵大人做了提督学政？"见悟一法师没有回答，他自言自语道："不知高世泰高大人又去了哪里？"

当时整个江南还都是大明的。"湖广提督学政堵公来衡问起过我。"这句话，像一束阳光，照射在王夫之的脑海里，格外温暖和有力量，也将他从包世美事件的阴影中拉了出来。

原来，1644年底，高世泰去了南京，做了即位不久的弘光皇帝的幕僚。堵胤锡由长沙知府擢升为湖广学政，他多次听吴道行和高世泰讲过王氏父子的学问与人品，深为敬佩。

章梁回武昌前，路过长沙，拜会堵胤锡。章梁又谈及王氏父子，尤赞王夫之"学识博广，弘毅宽厚，心神无贰"。

堵胤锡本是爱才之人，对王夫之有惺惺相惜之感。适逢他来衡州公干，借登山拜谒二贤祠之机，遂向陪同的悟一法师打听王夫之的情况。堵胤锡本来还要约见他及武夷先生，因公务繁忙，未能见面，却留赠黄石斋《礼问》托衡州知府朱归孺转交于他。

王夫之听闻湖广大员亲自来到衡山，垂询自己下落，并赠礼品于他，不觉心头一振。

不久，朱归孺将黄石斋《礼问》转交给王夫之，道："提督大人对夫之兄赞赏有加。真学问者，人人敬重。"

王夫之颇为欣慰，他接过《礼问》，表示一定认真拜读，不负厚望。他真心希冀堵胤锡能重整旧山河，亦渴望自己能为国立功。

是年六月，一个好消息传来：在郑成功的父亲郑芝龙的拥护下，唐王朱聿键在福州监国登基称帝，年号隆武。

隆武皇帝的出现，似乎给了王夫之新的希望。

没过几天，更多的好消息接踵而至：李自成在湖北被清军打败，死了；左良玉在"清君侧"的途中病死；何腾蛟就任湖广总督，后又被提拔为翰林大学士兼兵部尚书，节制西南诸省兵马。

尤其重要的是，堵胤锡兼任湖北巡抚，后又被提拔为右副都御史。与此同时，王夫之的恩师章旷被提拔为总督监军。

这是多好的消息啊。王夫之跃跃欲试。

此时，李自成的残余部队、左良玉的残余部队均归顺了何腾蛟和堵胤锡。何腾蛟在长沙岳阳集结几十万大军，与清军隔江相峙。天下的焦点都集中在了湖南，整个长江一线，除了张献忠的四川，大明就只剩下湖南这三湘四水了，过了长沙，中国南方就彻底危险了。

王夫之得知恩师章旷任职总督监军之后，兴奋异常，立即去找夏汝弼，激动道："章公英武不凡！昔为愚等伯乐，今日已为大明股肱之臣。"

夏汝弼闻此亦开心，道："章公雄才大略，夫之兄想要怎样？"

从前，谈论天下大事，总觉言之无物，空有满腔悲愤和宏图大志，如今，有了近距离接触过的章旷章总督，他们仿佛介入了天下大事，辽阔的天穹下，他们仿佛找到了安身立命的舞台，话语之中，自然也就多了几分自信。他们不由回想起武昌乡试中举之时，与章旷共聚一堂、把酒谈天的情形。

王夫之道："章公既监军湖南，我等何不前去投奔？"

夏汝弼表示赞同："正合吾意。"

事不宜迟。两人赶紧收拾好行李，准备出发。

然而，就在这节骨眼上，官差飞到！这官差竟是堵胤锡派来的！

当衙邮呈上堵胤锡亲撰的公文、递上拨款清单时，王夫之甚是激动。

原来，章梁途经长沙拜会堵胤锡时，把在南岳见到的情况向他作了禀报。堵胤锡借来衡公差之机，专程去了一趟二贤祠，通过实地察看，发觉二贤祠虽然经过了前湖广学政高世泰的修复，还是显得窄小破旧，于是决定在旧祠前增建一殿宇，并将二贤祠修葺一新。

战乱频仍之际，休养生息之时，修复并扩建二贤祠，体现了章梁、堵胤锡等人对于文化凝聚和信仰崇拜的重视，以及对殉国英烈魂兮归来的期盼。

堵胤锡决定让衡州学子来承办，由王夫之牵头来做。战乱修寺，必要乎？是不是寻找某种慰藉？王夫之深知堵胤锡的思虑，丝毫不觉得战乱修寺有何不妥。相反，他觉得这是堵胤锡重振大明王朝的信心所在。

王夫之迫不及待，把公文和拨款清单拿给夏汝弼，夏汝弼看完亦大喜，认为这是公差，又有堵胤锡的指示，说明以王夫之为首的衡州学子已纳入朝廷要员的用人视野中。

夏汝弼急道："需尽快回复堵公，我们抓紧办好此事。"

王夫之点头，当即向堵胤锡回了一函，一是表达感激之情，二是表示一定把这份差事办好、办漂亮。王夫之是发自内心的，他想到了罗亦箴、黄真川、左书臣、姜百户等英雄好汉，他要为他们安魂。

就这样，王夫之与夏汝弼将原本去找章旷之事往后推了。

有了具体的公差，王夫之觉得日子有了盼头，不用再到书本和幻想中去熬时间。无论是殿宇的增建还是旧祠的翻修，要做的工作委实太多。南岳秋天潮湿，秋雾浓重，修建工作要赶在秋天到来之前完成。

王夫之与夏汝弼等人，先是找来泥工、瓦工和木匠等，同时设计图案，实地察看、比较，把新建的和翻修的工程预算都细细算好，不得有出入。这些工作，虽然有人帮忙做，但王夫之还是事无巨细，一一把关。

开工后的第一天上午，有一个妇人找来了。王夫之一看，竟是胡三妹，她消瘦多了，也憔悴多了。

王夫之很心疼，立即将她拉到一旁，问："你过得还好吗？张纯、张熙怎样了？今天来找我有事？"

原来，胡三妹的两个孩子一直没有取名，本打算一周岁请王夫之等人上家里吃饭时请他们帮忙取的，不料，张纯熙"走了"。那天，王夫之和夏汝弼下山去张纯熙坟头祭奠时，当场给两个孩子分别取名为张纯、张熙，兄弟俩合起来，胡三妹家还有一个"张纯熙"，这也算是不幸中的万幸吧。

胡三妹没有说起自己的近况，更没有提到张纯、张熙两个孩子，而是开门见山，快人快语道："夫之先生，我今天来，是想求你给弄一点事做做，家里快要断炊了。"

王夫之一下子难住了，心想：我能给你什么事做？那些泥工、瓦工和木匠等都是粗活和技术活，买菜做饭倒是可以，但已经安排别人做了。

胡三妹见王夫之为难，便道："就是做个杂活，比方砍砍树桠，抬抬木料，搬搬门窗，或者守守工地等，别人能做的，我都能做。"

王夫之低头不语。

"这、这个……"胡三妹似乎意识到什么，讪讪道："我知道，守丧之人，参与此事不吉利。"

的确，这是令王夫之最难堪之事。因为，当时的胡三妹尚在为张纯熙守丧。一年的守丧期间，如果别人知道此事，说出去，可就麻烦大了。轻则冒犯寺庙禁规，重则妄待公差，忤逆朝廷。王夫之第一次获此公差，亦希望完美收官，以回报堵胤锡的知遇之恩。

然而，胡三妹的确需要帮助，而她的要求又是如此的低，只是希望做一点杂工，聊补家用。

"你不用走，三妹。这里有许多杂工需要人做。"王夫之见胡三妹要走，急了，连忙道："你先在这里歇会儿，吃过中饭，我就派差给你，好吗？"

王夫之随即去找夏汝弼，道："三妹来了，想谋个差事。"

夏汝弼想都不想，便道："这还不易？派个就是。"然而，当王夫之讲了自己的顾忌，夏汝弼一下子也觉得难办了："这、这可如何是好？"

最终，还是王夫之出了个主意，即让胡三妹在南岳山下的牌楼口，每天数一数上山的有多少人。这是一个细活，也是一个轻活，更重要的是，避开了重建寺庙本身，别人也弄不清胡三妹去牌楼口数人干什么用。

因为，王夫之知道，如果不让她做点事，她是不会领取一分钱的。而胡三妹的这一份工钱，是从王夫之和夏汝弼的工钱里扣除，不另增一份开支。

夏汝弼觉得这个方法好，高兴道："夫之兄，还是你的脑瓜灵，办法多。"

事情原本就这样解决了。

可是，几天后，胡三妹就眼睛红红来找王夫之，漠然道"不干了"，停了一下，又补充一句："让人怜悯，不值。回家上山拾柴卖去。"

王夫之急了，问是怎么回事？

胡三妹道了一句"你知道"，转身决然离去。

王夫之一打听，原来是夏汝弼的一个朋友，认识胡三妹，每天见她在山脚牌楼口数人数，很奇怪，便去问夏汝弼。夏汝弼也没思考，便如实相告。这个朋友知道后，第二天就劝胡三妹不用那么认真数人，每天上山人数的多与少，对王夫之建寺与翻修旧祠，没有影响。

胡三妹一听自己所做事情没有意义，顿时明白王夫之和夏汝弼的苦心。胡三妹是个极其敏感和要强的人，也是一个自尊自爱的人，她宁可累点苦点，也决不接受别人的施舍。

胡三妹回去后，王夫之和夏汝弼重新为她谋了一份新的有意义的工作，但无论两人如何劝说，胡三妹再也不愿意来做了。

建一个新寺，翻修旧祠，有充足经费，有各色人员，看起来很简单，可做起来，并不容易。

这不，胡三妹的事还没消停下来，工地上又出事了。

一天晚上，在二贤祠工地上守夜的五个工人，被三个"蒙面人"打伤，工地被糟蹋得不成样子，刚刚运来的河沙、木料和建寺用的材料尽遭损毁，令王夫之和夏汝弼气愤不已。如果这种事情不加制止，别说按期完成新建和翻修任务，甚至在此做事的匠人们都会遭到灭顶之灾。

又是"蒙面人"！

王夫之有些害怕，只好把王介之、李国相、文之勇、唐克峻和唐克恕等人请来，轮流值勤，坐镇工地，同时还养了三条狼狗放在工地上，昼夜巡逻。

"兴建寺庙是好事，何以如此紧张？"李国相表示不理解，这天夜里，他坐在二贤祠工地上，问一脸疲惫的王夫之。

王夫之只好把"蒙面人"的事情，卢高义的事情，邓澄忠和马衿升的事情，都讲了。他还特地讲了包世美的事情，因为都与"蒙面人"有关。

李国相听得很认真，也一直在思考。难道这些"蒙面人"就是卢高义他们吗？为什么"蒙面人"既杀敌，又杀友，似乎没有明晰的、特定的指向？

关于包世美，李国相倒是提到一个新的情况："世美压根没有去京城啊。"

王夫之很吃惊："不是一直传说张献忠破城后，他投靠北京亲戚家了吗？"

"据我所知，包家在北京没有什么亲戚。"李国相道。

"那为什么他一直这么说？"王夫之感觉不可思议。"如此看来，所谓李自成密函，所谓'蒙面人'追杀等，都是世美兄臆造出来的，或者说是他的幻觉？可是，最终，他确确实实是被'蒙面人'杀死在街头的，这可是我亲眼所见。"

"世美最后的死，可能真的跟邓澄忠、马衿升他们有关。因为我们去地下工厂时，世美突然出现，并在隐蔽处以暗器帮了我们大忙，邓澄忠应该是见过他的。"李国相讲到这里，若有所思，然后道："至于北京亲戚、崇祯帝之死与李自成的密函等，可能来自他的幻觉。世美兄一直有些偏执，性格也不大合群，时常说些莫名其妙的话……"

"对了，你有姜氏四姐妹的消息吗？"王夫之听后，若有所思，停了一下，突然问道。"前些日子，朱归孺告诉我，伯实兄重新回到耒阳县府做主簿，本来洪光央死后，朱归孺希望他做县令的，但他没心思做，因为一直在寻找晓书。"

"我只知道善棋被马暨垂和子参、时求等从永州救出后，随四王爷朱由榔去了梧州，思琴和晓书没有下落。衮冕听说回家了，但好像变了一个人，谁都不见。"李国相叹一口气，道："若画亦生死不明。这兵荒马乱的，寻也无用，惟愿一切安好。"

王夫之听说郭衮冕回到了家里，急切道："你见过衮冕兄？这些日子，他可受苦了。"

"我听说衮冕回来了，便立即去郭家，想见见他。"李国相叹了一口气，道："但郭父说，回来待了一晚。人像个野猁，一身的伤。翌日一早就出门，再也没回来，说是去寻思琴，亦不知去了哪……"

说到这里，王夫之和李国相都沉默下来。

恰在此时，夏汝弼提着马灯过来，道："二位还不休息？正好有事相告。"

王夫之道："你刚才在山上巡查了一遍？"他边说边指了指旁边的木凳。

夏汝弼坐下后，道："我们加派了这么多人守山，工地应可高枕无忧了。"

李国相道："如果有'蒙面人'刻意捣乱，我们亦不可放松。"

夏汝弼道："听说'蒙面人'卢高义带着邓澄忠和马衿升去梧州桂王府寻仇去了。"

"啊，消息可靠否？"王夫之有些吃惊，道："若说仇人，'蒙面人'把桂王府当仇人倒在情理之中。"

不管"蒙面人"是不是真的去了梧州寻仇，反正自从李国相等人来到二贤祠后，这里的旧祠翻新和新寺建设就再也没有受到骚扰。王夫之和夏汝弼等有条不紊地协调方方面面，保证首次接到的公差在秋天阴雨来临之前高质量地完工了。

王夫之、夏汝弼和李国相等衡州学子长长地舒了一口气。

第十九章　不虞之年

一

二贤祠的公差完成后，王夫之回到了王衙坪，还没与陶令微好好聚聚，甚至来不及向双亲大人请安问好，忽有邮差抵达，送来一把扇子。王夫之接过，扇子上用漂亮小楷写了一行字，曰："即将抵衡州渡口，可否叨扰一见？攸县书生。"

这些年，王夫之常能收到这位故交的扇子，上面总写着短诗，让他遥想在岳麓书院的美好时光。转眼，好些年过去，天下已经不再是当年的天下，但故交依旧是当年的故交。

刘杜三，当初王夫之在行社结交的"攸县书生"，胖墩墩的，与同窗陈耳臣一样，以"炎帝故里乡民"为荣，武昌乡试同中举人，他一直没有忘了王夫之。刘杜三不仅叫姜德明舅舅，对姜氏姐妹也关爱有加，而且是王夫之购买岣嵝剑的见证者，还借了十两银子给他以示支持。攸县距衡州并不远，但见面也是难事。王夫之除了从岳麓书院回来头一年与刘杜三践约去耒阳看望姜晓书和姜若画外，再也没有见到刘杜三。不久遭遇张献忠破城，战火纷飞，两人都没有联系。直到李定国走后，王夫之才恢复同刘杜三的联系，但也仅限于以书信往来，写诗唱和，画饼充饥，偶尔提及好友陈耳臣。刘杜三喜欢扇子，信函皆以纸扇替代。王夫之家中摆放着他送来的各式各样的扇子。

今忽听闻他来衡州，王夫之有些喜不自禁。

然而，刘杜三还未见着，另一个邮差忽又来了。

这一回，居然又是堵胤锡派来的公差。

原来，堵大人对二贤祠扩建的事情相当满意，决定再修方广寺，并将此事仍旧交给王夫之等人办理。

王夫之大喜。在他看来，湘北战局正紧，天下危急存亡之时，堵公还有心情修寺，可见文脉之要，且还时常关照自己，真是令人感动。继而他又觉得这是自己的机会，若能被堵公赏识，未来就不愁没有安身立命之处。堵公既然还有心思处理湖广学政之事。那么，湘北的战事应该尽在掌握之中。

事实上，王夫之对前方战事略有耳闻。何腾蛟和堵胤锡不同于北方的大明将领，他们纪律严明，作风严谨。清军入关以来，几乎未遇明军抵抗，一路高歌猛进。但到了湖南，却见到大明军队人心齐整，作战勇猛，连吃败仗，一下子被打蒙了。

堵公转而反攻湖北荆州，恩师章旷也在江阴大胜清军。真是好戏连台，王夫之兴奋异常……

恰在此时，刘杜三到了。王夫之在码头迎接，执手相看，彼此久视，无语凝噎。"胖了乎？"刘杜三终于裂嘴一笑，打破沉默。

"瘦无可瘦，欲胖不能。"王夫之说完，和刘杜三上了马车。

此时，风更大了。

王夫之和刘杜三问了彼此的情况，聊了一下往事。

路上，刘杜三忽地提起崇祯皇帝自缢的事情，特地讲到魏藻德的无耻与报应，说这个状元出身的最后一任首辅，在崇祯帝号召捐款救国时仅勉强捐了五百两银子。

李自成破攻京城后，他竟然主动去投降。

李自成问："崇祯已自缢，身为大臣，为何不去殉死？"

魏藻德居然厚颜无耻道："方求效用，岂敢死？"

刘宗敏指责其身为首辅而误国，魏藻德辩道："在下本为书生，不谙政事，况崇祯无道，天助亡国。"刘宗敏闻此大怒，命人责其数十杖。在筋骨夹断、十指尽去后，魏藻德终于交出白银数万两。

但刘宗敏不相信内阁首辅仅有几万两白银，故继续用刑。经五天五夜的酷刑，魏藻德因脑裂死于狱中。他的儿子魏追征又被刘宗敏逮捕。

严刑之下，魏追征悲道："家已罄尽。父在，犹可丐诸门生故旧。今已死，复何所贷？"旋即被斩首……刘杜三说起这些，满脸鄙夷。

"唉，这些吃皇粮、享皇权的人，都是如此自私自利、贪生怕死之徒。大明被这些小丑误了，可悲复可叹矣。"王夫之听罢，亦不屑地恨恨道。

到了王衙坪，刘杜三拜见了王朝聘和谭孺人，不约而同谈及耒阳姜德明夫妇及姜氏四姐妹。王朝聘表情肃然，谭孺人泪流不止。

长夜孤灯，红泥小火炉，王夫之和刘杜三相向而坐。陶令微端来热饭，又把米酒给他们温热，斟好，然后坐到一旁，绣着针线，看他们把酒谈天，偶尔摸摸腹中跳动的孩儿，暗自欢喜。

想起这些日子的压抑和艰辛，王夫之有满肚的话要向刘杜三倾诉。听闻刘杜三要去福州，特地折道来衡州，心想这不只是看望故交，而应有咨询之意。于是问道："对了，刘兄去那里做甚？"

刘杜三道："唐王主政福州，正值用人之际，不如一同前去效力？"

王夫之"哦"了一声，原来如此，遂道："前些日子，攸县陈耳臣兄也特意折道衡州，与我一晤，亦有此劝。"

当时，陈耳臣为说服王夫之，还搬出神农氏，慷然道："昔炎帝沐甚雨，栉疾风，一日而遇七十毒……形劳天下，乃吾辈楷模矣。"王夫之记忆犹深，当时他还感叹：炎帝故里乡民，皆血性男儿也。

"耳臣兄已到朝前，催我速往。"刘杜三不知王夫之在想什么，说道："他还劝我务必与夫之兄会面，真心望你过去，一起辅佐朝廷。"

"读书人，建功立业是王道。此事愚弟亦有考虑。"王夫之坦言："然眼下确有要务，且系恩公交付，推之实有不恭。"

刘杜三仍劝道："窃以为，未有比唐王更重情谊之人，未有比隆武朝堂更重大之事。"在刘杜三看来，此乃当下最重之事，而王夫之似乎不为所动，遂问道："大明兴亡全在于此，不知夫之兄之恩公所托为何之事？"

王夫之沉思片刻，并未直言修庙之事，反而直言道："先是福王当朝，后有鲁王监国，然后唐王登基，先皇尸骨未寒，大明已有三位新皇，此乃有违纲常，所谓祸起萧墙。愚弟虽信唐王英明，然则，只怕诸王纷争，并非真心复我大明矣。"

刘杜三叹道："夫之兄之顾虑，刘某亦有思量，然则，天下不可一日无主，大明不可一日无君。唐王之志，日月可鉴，为人臣者，尽忠可矣。"

"刘兄所言不无道理，只是愚弟委实不便同行。"王夫之道。见刘杜三诧异，只好和盘托出："堵公之托，重修方广寺，我已应允，如掷之而去，岂不背信弃义？"

"恭贺，恭贺！"刘杜三闻之，对乱世修寺颇为不解，但又不便说什么，只好说道："何、堵二公主政以来，确有一番气象。你为恩公效力，当义不容辞也。如此，你在衡州，我去福州，终归皆为大明王朝。"

临走，刘杜三忽地提到岣嵝剑："敢问夫之兄，此宝剑尚能血刃张献忠逆贼否？"

王夫之先是一怔，随后颇为尴尬，拉着刘杜三手，叹一口气，道：

"说来话长。此番与刘兄别离，夫之心情，有如柳三变之词云：'念去去，千里烟波，暮霭沉沉楚天阔'矣。"

"此言差矣。昔炎帝披荆斩棘，亲尝百草之滋味、水泉之甘苦，吾辈理当如此。"刘杜三甩开王夫之的手，一脸豪情道："夫之兄莫非忘了李太白'长风破浪会有时，直挂云帆济沧海'之雄心乎？刘某不才，唐王用人之际，耳臣兄与刘某争当先锋也。"

刘杜三言毕大笑，抱拳离去。

二

刘杜三离开后，王夫之立即投入到重修方广寺的工作中。

这天上午，有人送来一张字条，王夫之展开一看，上面写的是杜工部的诗："雷声忽送千峰雨，花气浑如百合香。"

一看字迹，王夫之一阵狂喜，他一直挂念的方玄痴竟然来到了南岳。王夫之二话不说，立即跟随送字者来到燕子岩旁的芝泉庵，方玄痴淡定地站在庵堂前，轻捻胡须，微笑着。

王夫之跑上去，紧紧抓住方玄痴的手，道："方兄来到南岳，怎不事先知会一声？"

"岂敢？若不知会，贤弟焉会来看我？"方玄痴哈哈一笑，道："说真的，这些年经历的事情，许多人一辈子或几辈子都经历不了。我心里正憋得慌，到贤弟处来散心矣。"停了停，又道："不过，来南岳前，经转武昌，见到章梁兄，谈及武夷先生和贤弟等，感慨万千。武夷先生尚好乎？"

"谢谢方兄惦念，家父尚好，只是身体不如从前。"王夫之进到庵内，看到里面早已准备了水果和茶，他坐下后，道："上次武昌知府章梁章大人来衡，家父至为高兴。可惜衡州知府罗亦篦罗大人已经作古，殊为心痛。"

"罗亦篦之事我已耳闻。"方玄痴道："听说此公曾购得岣嵝剑送予京城某达官显要，不料竟是赝品，成为笑话。"

王夫之一听，大吃一惊，心想：此事竟然在京城传得沸沸扬扬，真是羞煞人也。倘若方玄痴知悉此事与自己有关，该如何是好？

"听说罗亦篦后来购得一幅画，叫什么，好像是《万物竞生》图？送给桂王，不错。桂王非常高兴。方某机缘巧合，见过此画，挺有意韵，极为难得。"方玄痴说到这里，叹道："罗亦篦绞尽脑汁，一生钻营，最终落得身首分离，头悬城墙，死无葬身之地，心寒矣。"

王夫之本来想纠正此图为《万物贞生》图，并说一下父亲、叔父与自己观此画时所留墨，然从方玄痴口气中见其对罗亦篦评价不高，又不便说出真相，遂作罢，喝了一口茶，问道："方兄何时来此，有何打算？"

"打算？前天来到衡州，昨天上得山来，有事无事，似是而非。一半云游，一半访友矣。"方玄痴端起茶杯，道："贤弟即见，便问打算，叫我情何以堪？哈哈。"

"自上次黄鹤楼一见，于今一晃三年矣。"王夫之觉得不好意思，道："常言，城门失火，殃及池鱼。李、张作乱，小小衡州，竟陷入风暴旋涡。方兄高居京城，可谓风暴中心。愚弟常担心，今见兄安然归来，甚慰。身居高堂，能得脱身，不易，委实不易。"

"贤弟，实话说，脱身容易，但要忘记朝廷上下那些丑陋和耻辱的人和事委实太不易。这也是压在我心里不吐不快之缘由矣。"

方玄痴啜了一口茶，叹了一口气，又看了王夫之一眼，然后望着芝泉庵外面灰沉沉的压抑的天空，顿时陷入了痛苦的回忆中……

崇祯十七年（公元 1644 年）三月十九日，大顺军入城，崇祯帝上吊自尽。李自成入北京城后，大臣们竟纷纷劝他早日登基，丑态毕呈。倘若农民军将领如宋献策和牛金星之流的劝进乃在情理之中，但最积极、最痛哭流涕劝进的恰恰是从明朝投降而来的各个大臣，仿佛李自成早一刻登基他们就早一刻心安似的，真是匪夷所思。

令方玄痴最为气愤的事有三桩——

一是明朝靖难名将朱能之后朱纯臣，作为国公的他却在李自成攻打京城时主动纳降，打开齐化门。此人还与降臣陈演一道，率百官于宫门外向李自成劝进，却被无情地挡在宫墙之外，朱、陈竟哭成了泪人。

二是原明朝翰林院庶吉士周钟之肉麻劝进表，其中有云："比尧舜而多武功，迈汤武而无惭德"，真是无耻至极。

三是前明降臣、礼部尚书巩焴，指示百官率领耆老上劝进表，并为登基大典费尽心机。登基大典原定于四月十七日，按仪制，前一日须将明太祖朱元璋之牌位迁出太庙，移放到历代帝王庙中供奉。而巩焴竟然在四月初四便迫不及待把朱元璋之牌位迁出，将其余明朝历代皇帝牌位烧毁……

"这些人，皆为读书之人，平时挂在嘴边是'忠君报国，杀身成仁'，岂知世道一变，他们立马变节，向新主摇尾乞怜，露出丑陋嘴脸。何也？"方玄痴喃喃道，像是问自己，又像是问王夫之。

王夫之怒目一瞪，恨恨地啐道："投机者、奸猾者各朝皆有，独本朝为最。悲乎！"

方玄痴又喝了一口茶，并看了王夫之一眼。他尽量将痛苦压在心中，讲述大历史和小历史中的点点滴滴，讲述自己的所历所见、所闻所思，之所以讲述这些，是因为他心里积压得太多，闷得慌，同时很少遇见人能够让他痛痛快快地讲述这一切。他希望王夫之能够理解他这一路走来的心酸历程……

李自成率农民军攻克紫禁城后,首要之事便是扩充钱库:一为"建国"封赏之用,二为出兵屯粮、再与清兵决战之用。然而,大明王朝早就变成了烂摊子、穷摊子,李自成派人查封了新、旧两个国库,新库白银不到两千两,老库只有千余两。李自成获悉,大失所望。刘宗敏等人怒道:一定是朝廷大臣私吞了,须尽快"追赃"。于是,一场血雨腥风扑面而来。

起初,大顺政府还是希望文武百官主动献金。三月二十日,"宰相"牛金星发布布告曰:"各官俱于次日朝见。朝见后,愿去者,听之。敢有抗违逆令者,斩!"

翌日,李自成等人坐于朝堂,威风凛凛。牛金星手执大臣名录,逐一点名核验。

最早向大顺"献财"的,竟是大太监曹化淳。他一"献"就是五万两白银。但曹化淳之后,来献者并不多,即便来献,也是应付。李自成怒目而视,命"前朝犯官俱送刘宗敏将军处听候发落"。他把这一要务交给心狠手辣的刘宗敏去做。

刘宗敏杀人如麻,没有半点仁慈心,他见这些大臣吝啬,便传令下去:"以官第献银,一品必须献银累万,以下必须累千。痛快献银者,立刻放人;匿银不献者,大刑伺候。"

此令一下,那些献得少的、动作慢的,或者家中并不丰实的可真倒霉了。刘宗敏亲临刑部,只见棍棒锤杖齐飞,炮烙挑筋、挖眼割肠等酷刑均派上了用场,不少人被刑掠而死。不仅官员,城中不少富民也被强掠拷打,甚至连庶民赖以生存的柴米油盐也被搜刮起来。短短数日拷掠,李自成共得银七千多万两……

王夫之听得毛骨悚然,忍不住问道:"对不住,愚弟冒犯一下,敢问方兄贡献多少银两?"

"贤弟，我辈乃所谓'清流'，实为'清贫之流'也。实不相瞒，当年在黄鹤楼拿一大笔银子来征联，那银子是我帮了章梁一个忙，赚来的辛苦钱。"方玄痴坦然道："若有多余银两，早早招募家卒，奋死一拼，亦能杀他几个贼寇，不枉食朝廷多年俸禄矣。"

"方兄不出银两，何以过关？"王夫之又问。

"以命抵矣。"方玄痴言罢，掀起上衣，但见前胸后背，鞭印历历，伤痕累累，王夫之一见，泪水顿时奔涌而出。方玄痴放下衣服，自嘲道："刘宗敏贼见我两手空空来见，怒不可遏，亲自鞭击我前胸十下，后一刀斧手又从我后背鞭击十下。直打得我皮开肉绽，鲜血淋淋，昏死过去。"

"这帮逆贼，必遭报应！"王夫之看得目瞪口呆，气呼呼道。

"我昏迷数日又苏醒过来，贱命不当绝矣。"方玄痴自嘲道："以二十鞭击抵二千银两，一鞭一百两，值啊。"

"方兄受苦了！"王夫之重重地叹了一口气。

受点皮肉之苦倒也没什么，令方玄痴尤为悲哀的是明朝国戚、襄城伯李国桢，他落入刘宗敏手中，施以小火燎灼，大板痛砸，终被活活折磨至死。当初，他曾率三大营士兵屁颠屁颠地在城外投降，以为能得到李自成的赏识。没料到，竟然被呵斥为"厚颜无耻"，李自成的咒骂声言犹在耳："汝受天子重任，信宠逾于百官，依理应该死国，厚脸来降，汝欲何为？"可怜李国桢命归黄泉，难道这就是叛国者应得的下场？方玄痴提及此事，心潮仍然汹涌。

当然，方玄痴所历所见、所闻所思者，远不止此。

1643年，吴三桂为辽东总兵，封平西伯，镇守山海关。他曾多次率部击退清军进攻。松山败后，崇祯并未严惩他，仅名义上降了三级，仍然派他固守宁远。李自成兵临北京城，崇祯速诏吴三桂弃宁远而回援京城。吴三桂于三月二十日抵达丰润，听说农民军攻破北京城后，扼腕长叹。

此时，李自成遣人持檄招抚，并表示若归顺，"不失封侯之位"。恰好吴三桂之父吴襄等尚在京城内，为保家族老少性命，亦亲笔写信劝子投降。

皇太极逝后，摄政王多尔衮主持清廷政局。

多尔衮野心勃勃，为抗击李自成，他迫切希望招降吴三桂，还派出其舅父祖大寿多番前来游说。

一边是李自成，一边是多尔衮，吴三桂处在两者争夺的中间，他正在犹豫间，忽闻李自成的"追赃"恶行，吴父等家人亦被刑拷，当即去信多尔衮，愿向清廷"借兵复仇"。

多尔衮收到密函，即刻回复，"兵马不借，愿助汝复仇"，开出的条件是向大清投降，赐吴第一个大清异姓王。

吴三桂思虑再三，接受了。

是年四月中旬，吴三桂与多尔衮联手"造反"的消息传到京城，李自成很吃惊。四月十九日，他亲率十万精兵出征。为胁迫吴三桂，遂押上吴三桂父亲吴襄，以及崇祯帝的三个儿子。

李自成抵达石河，命降将唐通与白广恩率骑兵至抚宁试探。

此番"试探"，正中多尔衮下怀：他原本就是个疑心极重之人，收到吴三桂密函，说李自成派了唐通等前来叫阵，他担心有诈，若李自成与吴三桂联手，他会措手不及的。多尔衮知道李自成与明朝周旋十余年，每有交战，必获大捷，而自己并未与之交手，不知其实力究竟如何。现在唐通既率部前来，何不一试？

于是，多尔衮只派出少量精骑突然杀出，竟轻而易举就击败了这支杂牌军。此一役，多尔衮更坚定了与吴三桂联手的信心。

四月二十二日，吴三桂亲自出关，前来拜见多尔衮。多尔衮出营相迎，道："君为故主复仇，大义可嘉。我今领兵入关，严令大军遵纪。望君告知关内士民，万勿惊慌。"

吴三桂觉得多尔衮气度不凡，愿歃血盟誓，永结同心。

多尔衮立即命人宰杀牛羊以祭拜天地。为试诚意，多尔衮又让吴三桂像满人一样剃发。

吴三桂略一犹豫，心想，既是风俗，从了也罢，便与随行将领剃发，同时下令所部五万明军一律剃发，一是显示归降之心；二是剃发后，战场上易分辨敌我。

然五万之众，一时难以剃好，多尔衮遂同意未剃头者暂时裹缠白布以作标识。

白布不够，便用裹脚布缠头，如此奇耻大辱，吴三桂竟然忍了。

不仅如此，吴三桂回去后，即下令打开山海关门。如此，清军不费一卒一弹，就进入了号称百万雄兵难以攻克的险关，灾难深重的中国历史就此改写。

"如果历史可以重来，即便有一万条路选择，亦不会选择此途。"王夫之不断摇头，感叹道。

"文人们可以作种种臆想。"方玄痴道："但历史不会重来。"

是的，历史只会按照自己的逻辑演进。多尔衮和吴三桂拟订作战计划：农民军多为粗莽之辈，当杀个出其不意，速战速决。故此，吴三桂主动请缨，率部作为前锋，以争头功。农民军由李自成亲领大兵，旌旗遮日，尘土飞天，浩浩荡荡，势如破竹。

双方酣战至中午，吴三桂所部损失过半，正苦苦支撑。

关键时刻，清军号角声响起。一支三万余人的清军劲旅，骑着快马，拖着长辫，杀奔而来。李自成一惊，忍不住嘶叫一声"鞑子来了！"掉头就跑，农民军立即溃不成军。

多尔衮和吴三桂合二为一，乘胜追击，一路砍杀过去，沿途堆满了农民军将士的尸体，横七竖八，断头残肢，达二十余里，鲜血流出了一条小渠。数年过去，尸骨还未收完，其状之惨，史无前例。

此一战，农民军元气大伤，仅余数千残兵败卒，跟着李自成逃至永平一带。李自成恼羞成怒，当下决定剐杀吴襄，并把他的首级挂于高杆之上，让烈日暴晒，其尸体任秃鹫啄食，以泄心头之恨。

这还不算，回到京城后，李自成做的第一件事，便是把吴三桂一家老小共计三十四口，悉数斩首，将全部尸体炖成肉汤，分给兵卒吸食；而捞出其骨头，分给前明朝官员，人人有份。

"方兄亦有一份？"王夫之问完后，又后悔了，觉得不该提出这个荒唐的问题。

方玄痴叹道："不少人拿着骨头喂了狗，而我独独拿到小煤山，将它埋在崇祯帝吊死的古槐下，并借此凭吊了崇祯帝。不料被李贼手下发现，将我抓走。"

"啊？"王夫之大吃一惊，道："然后？"

"李贼手下在我面前放了两样东西：一是纸和笔，写认罪书；一是刀与绳，自我了结。"方玄痴讲起这些，神情很淡漠。"我二话不说，就去拿刀。"

"方兄！……"王夫之叫了一声，瞪大眼睛。

"士可杀不可辱。"方玄痴道："我抓起刀柄，正要自刎，却被李贼手下夺去了刀子。为首的对我斥道:你个秀才，为一个死皇帝，如此拼命，值吗？说完，竟给我一锭银子让我滚。我没要银子，正了正衣冠，走了出来……"

"看来李贼手下亦有善良之辈。"王夫之舒了一口气，道："兴许是个读书之人。"

"倒也未知。"方玄痴道："几经生死，凡事皆淡矣。"

历史拐了个弯，显得啼笑皆非。

这不，李自成原本计划山海关凯旋之后再行登基大典，谁知阴差阳错，吃了败仗。虽然明白败局已定，但皇帝还是要当，那么多人伏地劝进，需要皇帝呢。

于是，四月二十九日上午，李自成在武英殿举行登基大典，他头戴冠冕，身着黄袍，欣然接受"文武百官"觐见朝贺。

然而，仅仅过了一天的皇帝瘾，翌日一早，李自成便匆忙离开京城，向西安逃去。从入城到离京，"大顺"政权仅仅存在了四十二天。

李自成一走，北京沦为一座空城。五月二日，多尔衮亲率大军威风八面地开进北京，迅速占据了风雨飘摇中的紫禁城。多尔衮吸取了李自成的教训，张榜告示：无论是谁，只要俯首称臣，不仅官复原职，还会加官晋爵。前朝官员闻讯，弹冠相庆，感恩戴德，泪流满面。

"非亲历不敢信。"方玄痴道："众官之丑态，骨头之贱，血气之衰，叹为观止矣。"

"崇祯帝泉下有灵，亦不会饶恕这帮贱奴！"王夫之恨恨道。

李自成逃回西安，休整了半年。1645年正月，李自成驻守潼关的部将马世耀向清朝投降，孰料，第二天，马世耀与七千多名农民军就被清军屠杀于城外。历史惊人地相似。

潼关失守，李自成自知末日将至，便率残部撤退。出城之前，他下令部将田见秀烧毁西安城内所有建筑和仓库，只留下一座空城。田见秀未遵李自成令，仅仅焚烧了东门楼和南月城楼。

李自成率残部一路东行，横渡长江，在湖北荆河口大败明军左良玉部队，攻下了武昌、襄阳二城。

很快，清兵追至武昌，李自成弃城逃跑。

是年四月，清军与农民军交战于江西九江一带，激战数日，农民军大败。这一战极为惨烈，农民军数万将士被屠，李自成两位堂叔及大将刘宗敏也被俘虏杀害。

五月初四这天，农民军仅存一万多人行至湖北通山，李自成率二十八名亲兵在附近九宫山转悠，察看地形。当地山民见一拨兵卒进山，只当是流窜到此的贼寇。多年来，山民们不断遭到贼寇之害，对他们恨之入骨，于是纠集数十人前来"杀匪"。带着仇恨，山民手持刀斧锄头，不由分说扑上来厮杀。混乱之间，李自成拍马就逃。

逃到牛背岭，恰逢滂沱大雨，李自成的坐骑陷于泥淖之中，无奈之下，下马前行。山民程九伯手持锄头杀来。李自成从腰间抽出刀来，程九伯的外甥金二狗及时赶到，抡起铁铲，一下削去了李自成的大半个脑袋……

"死得好！多行不义必自毙矣。"关于李自成的死讯，已有传闻，王夫之一直不信。现在听到方玄痴讲述，王夫之信了，又悲又喜。悲的是大明四分五裂，国将不国，民不聊生。喜的是李自成逆贼终于死无葬身之地，这是命数，更是天意。

有一件事，王夫之一直困惑在心，见了方玄痴，遂忍不住问道："方兄，您在京城，可曾听闻包世美之事？世美兄乃武昌会试与我等一同登榜的衡州学子。"

"贤弟讲的是衡州学子包世美持李贼密函，转曹化淳大人呈圣上之事乎？"方玄痴看着王夫之道。

"方兄亦知此事？"王夫之一惊。

"京城确有此传闻，然疑点多多。"方玄痴道："以愚之见，李贼不无独吞天下之心。否则，登基前不会率兵攻打山海关。"方玄痴言及此，又摇摇头，道："不过，既有谬传，定非空穴来风。只是不知道，首传者，意图为何？"

"谁为首传？若为真事，如此机密，当只有曹化淳曹大人接触此密函。"王夫之道："难道曹大人欲借此表达对崇祯帝之不满？"

"当时情势，就朝廷百官而言，倒是乐见大明与李贼隔河而治。"方玄痴道。"密函所言，应是曹大人所愿。"

"不幸的是，包世美一直遭人追杀。"王夫之道："不久前，已在衡州街头被蒙面人杀害。"

"啊？杀人灭口乎？"方玄痴道："既非真事，缘何杀人？"

"不解，不解。"王夫之连连道。"有人假戏真做。可怜世美兄成了历史之冤魂矣。"

"武夷先生这些年亦遭了不少罪吧？"方玄痴以己推人，道："当年在京城，我很感佩他清高正直，但其性格实难为官场所容。"

王夫之简单地讲了一下张献忠破城后，王家人及衡州学子所遭之罪，方玄痴听了亦是唏嘘不已……

临别，王夫之再度问及打算，方玄痴道："福州唐王接连发诏，催我前去。贤弟有意一起去乎？"

王夫之一怔。随即，他将堵胤锡交的重修方广寺之公差及未来的打算向方玄痴交了个底，并承诺，若有机缘，一定前往福州。

"好，好。"方玄痴点点头，道："大明王朝虽然四分五裂，但依然还是大明王朝。"

说到此，方玄痴突然停下来，看着王夫之，肃然道："我虽一介书生，于仕途一向淡漠，但经此一遭，却愈发懂得：所谓爱国，不在书本，不在口头，而在一点一滴之行动中。只要一息尚存，就当尽臣民之本分，此乃责无旁贷矣。"

"诚哉斯言。愚弟定将此话永铭于心。"王夫之言毕，一行热泪不觉从脸上滑了下来，他紧紧抓住方玄痴的手，道："请多多保重！切切，切切！"

三

1645 年的深秋时节，梧州桂王府沉浸于一片悲愁中。是年十一月初四，桂王朱常瀛病死于梧州。

就在这时，王夫之尽心尽责，带领夏汝弼、李国相等衡州学子，如期完成了堵公交给的第二个公差：重修南岳方广寺。

完工后，王夫之顾不上回家休息一下，他跟父母大人和妻子陶令微说要去湘阴拜见恩公章旷。王朝聘问了一句："乃章梁之胞弟乎？"王夫之点点头，王朝聘不再言语。谭孺人道："这些年，你一直在忙碌，家里事情你也指望不上，但媳妇又怀上了，原本指望你多多照顾一下，看来也指望不上了。"说完，便看了肚子已经挺起来的陶令微一眼。

陶令微倒是理解王夫之，轻声说了一句："夫君忙的是国家大事，家里的事情不管也罢。"

王夫之听了，颇为愧疚。但他前往湘阴心切，也顾不了太多，只默默看了陶令微一眼，说了声"辛苦了"。他又向父母大人说："多多保重！"便转身离去。

来到湘阴，王夫之心情激动。自武昌乡试与恩公匆匆一别，恍然间三年过去了。此间家事、国事、天下事发生太多，历历在目，王夫之感慨万千。三年前，章旷只是小小知府，如今已经升任湖北巡抚，手握重兵，驻扎湘阴，看守大明江南的千里河山。这是历史的造化，也是章旷个人的造化。

终于见到恩师了，王夫之心情激动，觉得他更高大了，不再像一名书生，活脱脱变成一名武将。脸上那颗与书生极不相称的大黑痣，如今也显得恰到好处，每每发号施令，大黑痣跟着上下跳动，生动地衬托出他的威严和霸气。

章旷看着王夫之，露出笑容。他的左边站着郑古爱，当年与王夫之同中举人，如今已成章旷的左膀右臂。郑古爱笑道："左等右等，夫之兄终于来了。"

王夫之连说"惭愧"。

伫立在章旷右边之人，相貌堂堂，器宇不凡，王夫之却不认识。

"在下姓蒙，名正发。"蒙正发主动介绍自己，伸出手，道："久闻夫之兄大名，幸会。"

蒙正发，作为章旷的爱将，多年后，他和王夫之成了生死之交。

"拜见恩师！"王夫之赶紧向章旷深深鞠了一躬，又对蒙正发道："幸会蒙兄，盼日后多多关照。"

"夫之，前一阵子，胞兄章梁在衡州拜会武夷先生，你当时还陪他去了一趟南岳，没料到今日即见到你。"章旷爽朗一笑，道："对了，早些时候见到堵公，他还向我提起你，说你既有文人的才华，又有武者的拼劲。"

"感谢堵公谬赞。"王夫之大喜道："敢问堵公亦在本营？"

章旷道："何公、堵公召集长江南北将士，目下正在湘阴，共商军情大计。"

王夫之惊讶不已，道："弟子早有意来恩公军中效劳，怎奈堵公有所吩咐，不敢怠慢。"

"堵公吩咐你重修二贤祠与方广寺之事亦是大事。我很赞成。"章旷拍拍王夫之肩膀，道："俗语'乱世藏金'。而堵公高瞻远瞩，取出藏金，用在此处：一为祈福，二是铸魂，三保平安。你等衡州学子办得漂亮，南岳香火绵延，文脉不断，此非小事。堵公甚为满意，夸奖你至诚至信，耿直可靠。"说到这里，章旷让夫之坐下，又道："今晚，我和何公、堵公还要会面，你可一同前往？"

王夫之喜不自禁，道："一切听从恩师差遣！"

"先行休息一会儿。"章旷吩咐郑古爱安排好王夫之的住处，随后穿上铠甲，腰佩宝剑，提着大刀，就要出门。

王夫之追上去，道："恩公要去哪里？"

章旷道："我去前方巡查战事防御。"

王夫之道："机会难得，夫之能一同前往乎？"说完，望了一眼郑古爱。

郑古爱道："既然夫之兄迫不及待，不如先看看，再回房休息？"

章旷犹豫片刻，道："好！你且看看，提些建议。"

"承蒙恩公厚爱。"王夫之大喜道："弟子初来乍到，不敢妄言，只求多长见识。"

王夫之熟练地跃上战马。章旷一惊，道："呵？夫之懂马术？原本让古爱载你，看来多虑矣。"

"夫之学过一二，未有机缘实战，今日正好验之。"王夫之说完，"驾"的一声，双腿一夹，跟着章旷一路疾驰。

郑古爱和蒙正发等三五将领骑行在章旷左右，随时向他禀报军情。

从他们口中，王夫之得知，湘阴守军刚刚跟清军打过一仗，清军战败北去，又退回了岳州。

"前番失守，实不应该！"提起岳州，章旷竟格外激动和愤怒。岳州本是湖南门户，与湖北隔江眺望，不想，竟被清军轻而易举拿下。

原来，何腾蛟、堵胤锡和章旷虽为大明将军，手下人马很多，却没有多少自己的嫡系将士。堵胤锡的部队基本上是李自成的旧部，当初，李自成被清军围追，死在湖北九宫山，大顺几十万大军就没了主心骨，见此情形，何腾蛟本欲剿之，堵胤锡则主张招降。

何腾蛟道："李自成旧部均为暴民，如何驾驭得了？"

堵胤锡道："眼下，大清为外敌，我们与之有共同利益，且李自成旧部群龙无首，正是劝降好时机，若能为我所用，必能扭转战局。"

何腾蛟对李自成旧部始终不放心，但碍于局势，也只能招抚。

于是，何腾蛟亲自写下檄文，堵胤锡带着一船金银财宝，于大雾天气径直前往李自成旧部军营，放低姿态，诚恳拜见李自成同党。他还手持唐王谕旨，赐封李自成妻子高氏、儿子李锦、妻弟高一功爵位，并抚恤其众，犒劳三军。

其时，李自成旧部本已人心涣散，成为乌合之众，大清称其为贼，大明谓之为寇，无名无分。堵胤锡主动上门，尊敬有加，他们甚为感动，遂大摆筵席，款待堵胤锡等。

觥筹交错之际，堵胤锡又赠以金银珠宝，攀谈时，动之以情，晓之以理，渲染抗清即为闯王之忠孝，归顺大明即为民族之大义，洋洋洒洒，滔滔不绝，说得高氏暗自流泪、三军恸哭，誓为闯王报仇雪恨。

翌日上午，高氏带着儿子李锦等，登门拜见堵胤锡，除表示接受南明赐封外，又特意叮嘱儿子："堵公在上，汝不可负！"

就这样，李自成旧部全都归顺了大明。

唐王立刻加封高氏为贞义夫人，赐李锦名赤心，赐高一功名必正，并加官晋爵。刘体仁、郝摇旗、袁宗弟、蔺养成、王进才、牛有勇等六大部各拥数万兵纷纷来投。

历史真是可笑，曾经是反明主力的农民军，摇身一变，成了保卫大明王朝之栋梁。

同样的问题，还有左良玉的残部。当时，左良玉死在"清君侧"的路上，余众也乱了阵脚：一边是清军对他们的围追堵截；一边是大明怒其忠奸不分。

左良玉残部四处流窜之际，章旷献策："此无主之兵，可抚之，收之，用之也。"

何腾蛟虽心有所虑，最终还是同意了。

章旷遂亲自登船，会见左良玉部将马进忠，定下誓约，以兄弟相称，彼此立下誓言：当为大明鞠躬尽瘁，死而后已。

数月之前，何腾蛟手中还无一兵一卒，数月之后，他已经雄兵百万！从规模上看，的确很吓人。其实，外强中干，徒有其表，更像纸糊的老虎。这一点，恐怕何腾蛟比任何人都更清楚……

但不管怎样，作战要紧，有此一股力量总比没有强。江东已失，中南地区不能再有任何闪失，为了守住岳州，大明将仅剩的黄朝宣、张先志、刘承胤等部队调遣过来，又把李自成和左良玉的残余部队在岳州四周集结，一个岳州城，共计十三个营，近五十万军队！大有抗清大事毕其功于一役的架势，只是此仗打得十分荒谬和不堪。

当时，清军先头部队已过长江，驻扎江边，大军则在江北，随时准备进犯。明军却不敢主动出击，竟打算死守城防。

一天上午，天边突然涌来大片尘埃，只见一队清军骑着快马而来，左良玉余部王允成不去迎敌，反而带着一营上万人马四处逃窜。

王允成一跑，其他十余营的将士也很快作鸟兽散。

清军当时就愣住了，他们本是追一只老虎，误打误撞进了明军的防御工事，害怕得要死。哪知道，老虎没打着，却撞见一场场闹剧。这支清军当即回去，将此信息上报给江北前方指挥。既然明军如此害怕，清军前方指挥决定立刻率大军攻城。

当明军知道只是一场虚惊后，极为沮丧，士气已经泄了一半，还未等他们完全回到先前的防御位置，清军主力就已经杀到，这一次可不是打"老虎"了，而是真正的战争！说是战争，其实也不是战争，更像是屠杀！清军一路推进，明军一路逃窜，顿时，尸横遍野，血流成河，染红了洞庭湖和长江。

陈兵百万的岳州城瞬间变成了屠宰场，岳州就这么沦陷了。

王夫之到了前线，才得到这些实况，他痛心疾首，心想：大清怎么就征服了大明和大顺？类似的战役还有多少？大清哪里是打出来的，分明是被吓住的大明和大顺拱手送出来的！

说来真是可笑：大明的军队作战历来不行，打不过农民军，更打不过大清军，见了李自成军队就跑了，让李自成部一路打到北京；见了多尔衮军队也跑了，让大清军一路横扫到江南。

李自成的部队打大明一打一个准，但见了大清军队，就跑了。也难怪，他们一路被大清军的铁蹄从山海关一直驱赶到了武昌。兵败如山倒，他们焉有斗志，岂会奋力阻之？

王夫之想到大明竟被李自成等人搅得天崩地裂，内心叹道："时无英雄，遂使竖子成名。"

再说，短短几十年，南明拱出了六七个皇帝，个个都说自己是正统，争权夺利，互相厮杀，还没等敌人追来，自己就把自己杀得差不多了。皇帝如此，将士也"不甘示弱"。今儿，我归顺了你，明儿又反叛，然后，再归顺，你打我，我打你，反正不和清军打。所谓，忠孝仁义，精忠报国，不过是自我标榜，哪有名实相符之人？所谓"人不为己，天诛地灭"，这话用在李自成和左良玉余部身上，再合适不过。

从章旷的口中，王夫之知道：何腾蛟和堵胤锡明知李自成和左良玉手下的部将是些什么人，但没办法，他们要充分利用，即便代价很高。当时，为了安抚这些部队，他们真是煞费苦心。他们在湖南加征农民赋税，高达从前六倍之多，大户富户出得更多。另外，他们还要给李自成和左良玉的余部尽力安抚，赐予他们忠勇等称号。这样被好生伺候着，这帮兵勇却是出人不出力，不出力打仗也就罢了，他们还不满足，打仗不行，作乱却很在行。他们在湖南四处烧杀掠夺，这大明怎么会有希望？一边用着这帮人，一边还要提防着。

尤其是何腾蛟，当年，他是被李自成打过的，还吃了败仗。而左良玉"清君侧"之时，他正担任湖北巡抚，尽管他不愿意造反，但还是被左良玉押着向东走，幸好，他逃了出来。眼见身边都是李自成的部队和左良玉的部队，何腾蛟深感不安。于是，他从西南各省招募了大批乱兵，编组成自己的亲信部队，布防在最核心的战略位置。只是，他没料到，就算自己培养出来的部队最后也都是窝里斗，你防我反，互不相让。

堵胤锡有些不同，李自成的妻弟高一功对他感恩戴德，二人成了莫逆之交，时间长了，他倒是把李自成的旧部当成了自己的部队。

高一功等人也只认堵胤锡，不认何腾蛟。

兵不在于多，而在于有良将。章旷就是一员良将，何腾蛟曾感叹：湖湘百万雄师，唯一可用之人就是章旷。丢了岳州，章旷就被派往湘阴，此时的湘阴成为整个战局的枢纽之地。章旷不负众望，在他的带领下，杂牌军焕发出战斗力，抵御了清军几轮攻击，杀敌数万之众。

此刻，王夫之就站在这个顶天立地的将领身边，目光所及，狼烟四起，伤兵满营，但是，只要看见章旷，士兵们马上就会肃然起敬，露出坚定的目光。更远处，就是浩浩荡荡的洞庭湖！故地重游，如今这里已是战场，湖中漂着很多浮尸，血腥味扑鼻而来，几艘大船在很远的地方，若隐若现。

郑古爱向章旷禀报："恩公，清军的探子又在活动。"

章旷把手一挥："探子怕什么？他们不下湘阴，我还要回岳州！"

蒙正发紧握拳头，道："我等还要随恩公回到武昌！"

这时，章旷一行来到一堆尸体前，停了下来。

章旷脱下帽子，众将也脱下帽子，伫立默哀。

王夫之也跟着默哀，心底倒吸一口冷气。他在衡州见过各类尸体，今日再见，感受却有不同。这些尸体满面污垢，血渍斑斑，伤口满身，有的身上还插着箭矢或刀剑，也许仅仅几个时辰之前，他们还在同敌人厮杀，还是一条条鲜活的生命。

望着这些尸体，王夫之痛苦不堪，肃然起敬，又不寒而栗。

默哀毕，章旷叮嘱副将："此等大明好男儿，须好好安葬，让他们魂归故乡。"

士兵们遂将尸首一个接一个抬到搭好的祭台上。

突然，蒙正发禀报："恩公，前面发现一个清兵尸体。"

章旷"嗯"了一声，掉转头。王夫之也是一惊。顺着蒙正发手指的方向，章旷和王夫之都看到一个浑身裹着铁丝战甲的死尸，他们本来以为清人和明人不同，不想却长得一样。

王夫之不由陡生哀怜，心想："同为血肉之躯，为何以死南犯？"

章旷看了一下那具清兵尸体，道："此为逆贼祖大寿兵勇。休要与我兵士同葬，扔到湖里去！"

这就是战争的残酷！只听"扑通"一声，很快，那具尸体又漂到了湖面上，随着波浪，忽上忽下，渐行渐远。

王夫之望着那具尸体，浮想联翩：几天之后，它就会腐烂，然后像纸片一样，东一块西一块，连蚁命都不如。

直到此时，王夫之才清楚：攻打湖南的并非清人嫡系，而是大明的叛军，将领正是当年在北疆与后金作战多年的祖大寿。

实际上，就是自家人打自家人。大清在灭亡大明的道路上，明朝的叛军几乎成了主力军，前有祖大寿、吴三桂、耿精忠、尚可喜等人，后又有刘良佐等人。投靠清人，自相残杀，这就是大明！

王夫之不明白，为何会是这样？后人也在想，为何会是这样？说得冠冕堂皇一些，是大明气数已尽，大清取代大明是不可逆转的大势。只是王夫之不可能看到，也不愿意看到这一点。

四

　　王夫之终于见到了他朝思暮想的堵胤锡，也见到了如雷贯耳的何腾蛟。他还见到了李自成的旧部，以及"叛贼"左良玉的众亲信，虽然，他只是与他们擦肩而过，目送他们从军营里进进出出，但是，这些简洁而生动的细节已经在他脑海里定格。

　　堵胤锡双目炯炯，眉分八字，身长九尺。他经过王夫之身边时，忽然停了下来，缓缓转过身，盯着王夫之，故意仰头道："书生夫之，武士夫之，哪个真更实？"

　　章旷站在一旁，哈哈大笑。

　　王夫之没想到堵胤锡会如此问他，一时有些惊慌，但他很快镇定下来，笃定道："两个夫之，一颗真心，拳拳报国，不敢懈怠。"

　　堵胤锡闻罢大笑，道："好个夫之，果然了得！"

　　王夫之拜见后，又道："堵公即为榜样：和平时期一书生，战争时期一将军。此乃夫之终生之志向也。"

　　这时，何腾蛟率众将领经过，见章旷笑，堵胤锡亦大笑，遂停下来，不由问道："什么喜事，如此开怀？"

　　堵胤锡连忙向何腾蛟介绍王夫之，道："此为衡州学子王夫之，武夷先生之三公子也。"

　　"哦，原来是王夫之。"何腾蛟盯着王夫之，脱口而出："文能安国，武能定邦。听说你文武双全，今日巡军，可有感怀？"

　　"在下不才，涉世既浅，文武不精。然不论世道多艰，在下报国之心，有如热血，从无冷却。"王夫之慨然道："大将军所言军中之事，在下不敢妄议。然军中所求，无非行阵和睦，优劣得所。大将军与堵公、章公乃国家栋梁，各位夙夜忧叹，咨诹善道，察纳雅言，团结一心，外敌焉有不破之理?"

"夫之所言,颇有见地。"何腾蛟听了,面露喜色,道:"早前听衡州知府朱归孺提起过你,有才、有品、有格,后又听章、堵二位将军多次说起,堵将军还两次交你公差,可见对你之赏识。"何腾蛟停了一下,道:"夫之既来营中,百万大军,隔江对峙,正是你大显身手之时也。"

"此刻唯有稼轩词'醉里挑灯看剑,梦回吹角连营'可表在下心意。"王夫之赶紧揖拜,热血沸腾道:"'沙场秋点兵'。在下盼有机会多多历练。如此,一声令下,我等赴汤蹈火,血溅征袍,义无反顾……"

"好!——"将领们扬鞭催马,匆匆去了营帐。

王夫之站在路边,如此短暂,背影还在眼前,声音还在空中,先前种种存在于道听途说和白纸黑字中的人物都是如此有血有肉,真真切切,自己就在他们身边,就在他们眼前,看他们谈笑,听他们说话。这是现实,很快就会成为历史。

"我带你去住处休息。"郑古爱说道。

"真如做梦一般。"王夫之仿佛没听到郑古爱的话,自个儿感叹道:这的确是个奇怪的时代,忠臣、良将、暴民、叛贼汇聚一堂,共商抵御外敌大计。

这场面太滑稽,大而杂,必有嘈音。所谓"咨诹善道",所谓"团结一心",不过是美好愿望罢了。

事实上,王夫之很快就看出了他们的不和谐。堵胤锡虽为江北督军,江北却为清军掌握,所以,他和高一功商议征战荆州,希望夺回这座城池,他不想寄人篱下,毕竟湖南是何腾蛟的。何腾蛟同意他们攻打荆州,因为他也受够了这帮乱兵在湖南烧杀淫掠。章旷虽为湖北巡抚,却只能在湖南镇守湘阴,他刚刚击败祖大寿,希望乘胜追击,拿下岳州,继而再往江北推进。何腾蛟也支持他拿下岳州,派马进忠、王允成等相助,毕竟有了岳州的湖南才是完整的湖南。这些形形色色的人组成的军事集团实际上各怀心思，各有所图，只有何腾蛟、堵胤锡和章旷才是真心实意为大明卖命的，但是，他们三人夹在乱军之中，深受掣肘，不能完全掌控时局。

"夫之，你过来。"

几天后，王夫之再次见到章旷的时候，章旷已经为他安排了差事："你在何大将军面前表示，要多多历练。好，现在就给你机会。"

原来，章旷安排王夫之去筹措并调运粮草。此工作虽不在前线，却非比寻常，十分重要。都说兵马未动，粮草先行。此番去攻打岳州，还不知道要围城多少日。正是这些不确定因素，直接考验王夫之的组织能力、协调能力、预见能力和应变能力。

王夫之闻之异常兴奋，他认为这是恩师的信任。作为一个书生，他不仅真实地介入了战争，而且站在战争的重要环节，影响着战争的走势，还有什么比这更激动人心的呢？

王夫之没日没夜、尽心尽力地筹措着军粮，真正做到了"夙夜忧叹"。也正是在这次历练中，他切身感受了军中的怪异，更痛切地感受到战争的残酷以及由此带来的灾难。可以说，为了支撑这场战争，湖湘百姓家破人亡，流离失所，吃尽了苦头。三年换了几个皇帝，赋税一收再收，似乎要榨干百姓身上的最后一滴血。加上干旱、水涝等天灾和流寇横行，当地百姓肚皮贴在脊梁上，没有一粒粮食，还要想方设法拼命支援前线。章旷等人虽节衣缩食，尽可能多方筹措军费，以减轻百姓负荷。可是，那些杂牌军却一心想着怎么喂肥自己，他们可不顾百姓死活。

说到底，这些杂牌军愿意跟着大明队伍干，就是为了有口饭吃，有些钱拿，没有好处，他们肯定不愿意。而更大的忧虑，也渐渐在王夫之心中生起，他觉得何腾蛟和堵胤锡貌合神离，虽然两公均一心为大明，却是相互斗气，互不臣服。

王夫之对两公都很敬重，但人微言轻，没机会建言，即便有机会说，两公也不会听他的。比方，以目前形势，两公应当知道同时攻打岳州和荆州是不可能的，明军兵力构成本就复杂，再一分散，极有可能落得两线皆败的下场。

"位卑未敢忘忧国。"在王夫之看来，"忧国"是本能，"位卑"是现实。以现实之"卑"思战局之"忧"，终归是书生之气，难有实效。王夫之为此寝食难安，心想：既然无法向两公诉说，向恩师章旷禀报心中疑虑，可乎？

那天傍晚，王夫之见到了恩师章旷，鼓起勇气，向他汇报粮草筹措进展情况后，坦率地道出了自己的深深忧虑："恩公，弟子有一事不明，不知可否上言？"

章旷道："但说无妨！"

王夫之道："恩公应当清楚，眼下情势，合力攻城，尚无把握，分兵攻打岳州、荆州，不可取矣。以学生之外行，尚知此理，而况众将军乎？"

章旷顿时不语。

王夫之见章旷沉默，以为听进去了，遂顺势进言："宜先合兵拿下岳州，而后围攻荆州。如此，岳、荆均能克取。否则……"

"夫之！军中事务，千变万化，你不必多虑。"章旷打断王夫之的话，明显不愿讨论此事，他摆摆手，有些不耐烦道："何公自有何公的安排，堵公亦自有堵公的主张。"

"恩公，此事迫在眉睫，需尽快定夺。"王夫之倔劲上来了，道："南北两军之冲突，唯恩公可与何、堵二位斡旋，合力一致，齐心协力，方可克敌。"

章旷突然笑了，然后肃然道："书生文章，怎么做都成。然战争文章，非人人可写矣。"

这就是书本与现实的差距，也是书生夫之与武士夫之的差距。

其实，王夫之所言，章旷何尝不清楚？这几十万大军内部结构是怎么一回事，他比谁都清楚。可是，没人能够解决这一难题。何、堵二公何等英明，他们自己还不清楚？关键的问题是，他们心有间隙。脉搏不随着心脏一起跳，肌体就会生病。带着病体去打仗，结果当然堪虞。然而，章旷治不了这个病，他看到了病因，却心有余而力不足，因为他拿出了药方，谁都不吃。他唯一的愿望，就是能把自己的部队带好，同时，祈求杂牌军不要给他添乱子。

尽管章旷讲得委婉，也讲得清楚，希望王夫之不要做"书生文章"，但王夫之走出章旷营帐后，一夜未睡，他当时并不能理解人性的复杂。他本着报国的热忱，正儿八经给章旷上书，请他务必出面，打开何、堵两督师的心结，希望他俩携手同心，先克岳州，后取荆州。

这就是王夫之。他没有理会章旷所说"书生文章"，只觉得自己是做实事的人，看到了问题就要讲出来，这是他的责任，否则辛辛苦苦筹措了粮草，却没有起到应有的作用，他的工作也就没有意义了。

信末，王夫之有些赌气，声称："若不能为大明之江山社稷献计献策，余留在军中又有何用？"

章旷清楚，王夫之性子直，很像当年的自己，这是他欣赏和喜欢夫之的原因。但是，何、堵之事，他确实无能为力，原因是，自己的分量还没有达到可以居中调停的资格。两强相搏，弱者居中，能左右乎？章旷不是大明之王，非但不能节制两者中的任何一方，反而受两者的节制。但这些话，章旷又不能向王夫之和盘托出，他只好借陆放翁《陇头水》中的名句，给王夫之回复道："夜视太白收光芒，报国欲死无战场！"

王夫之哪里明白章旷的苦衷，以为是章旷怕得罪人，不愿出面协调两位督师。同时，王夫之个性倔强，以为何、堵和章三人都把他当作没有经验的书生看待，章旷虽然安排他筹措粮草，同时又让军中一名参将负责此事，自己便成为一个可有可无的帮忙者。王夫之的上书似也没有得到章旷应有的重视，他的心一下子冷却下来："既如此，不如去矣。"

临行前，王夫之本想拜别恩公，再掏心掏肺说上几句话。

碰巧，章旷当时公务繁忙，他在前线处理军情。得知王夫之欲离开军营，章旷有些生气，暗自叹道：哪有动辄就走的？把军营当什么了？真是个书生！遂不再理会。

当王夫之得到回复"将军正忙，请等几个时辰"时，他有些伤心，以为是章旷不想见他。想到满怀希望来前线，结果寸功未立，就要返乡，王夫之心情之差，可想而知。他朝章旷军营看了最后一眼，然后快快不乐地回到了衡州。

然而，虽然人在衡州，但王夫之的心还在战场。他不仅继续关注战事，而且仍然秉笔上书，向恩公章旷陈述己见。王夫之明白这番"愚执"于事无补，但他忍不住，就是要说出来。

王夫之还特地写诗献给章旷："戎车六月正闲闲，救日朱弓向月弯。铜马已闻心匪石，巴蛇敢恃骨成山。中原冠带壶浆待，闽海丝纶启戟颁。师克在和公自省，丹忱专在念时艰。"

果然不出王夫之所料，马进忠、王允成等本来是被派来援助章旷攻打岳州的，却见军中有从祖大寿那里缴获的金银珠宝、粮草弹药，于是，他们贼心陡起，几伙人为了这点东西，互相争抢，甚至打了起来，闹得不欢而散。

章旷非但没有得到援助，军事物资还因此损失惨重。最终，收复岳州之战也以失利告终，湖湘局势一落千丈。

"天不佑我矣。"章旷发出这样的感叹。他心知肚明，却无能为力，这是章旷的悲哀，更是大明的悲哀。

王夫之获悉恩公在岳州吃了败仗后，抚墙痛哭："本是必胜之仗，却惨遭败局，恩公上负朝廷，下愧父老，当何以面对？"

其实，这也是王夫之的书生意气。仗虽然打败了，但将领们皆清楚是怎么落败的。既如此，谁还会去追责？若真追责，追的就是将领们自己的责。王夫之哪里明了其中的荒诞与真实？

从湘阴回到衡州后，为生活计，王夫之在南岳双髻峰舅父谭玉卿家的左侧半山腰上修建了一座庵堂，把当年旷南卿舍命从岳麓书院偷偷运回的吴道行临终托付给王夫之的珍贵藏书放入其中，后来从石鼓书院运来一些图书，特别是黄真川重视的一批书籍，取名"续梦庵"，作为"避兵常居之所"。在这里，王夫之一边读书，一边编纂《莲峰志》，撰写《南岳赋》及大量歌咏南岳的诗篇。光写续梦庵的诗词就有十余首，其中一首名为《续梦庵》的诗云——

"旧梦已不续，无如新梦惊。溪云沾竹尾，滴沥过三更。"

五

八月天，秋风起，离乱频仍。

南岳山上，月色朦胧，续梦庵的灯火忽隐忽现。噩耗不断从北方和南方传来！章旷夺取岳州之战失败后不久，堵胤锡夺取荆州之战也失败了。大明几十万军队犹如一盘散沙，一蹶不振，李自成旧部和左良玉旧部再次分崩离析，流窜在湖湘大地，四处作乱，所过之处，鸡犬不宁，百姓遭殃。

清顺治二年六月二十八日，朱聿键在福建建宁称监国。二十天后，于福州正式称帝，改元隆武，宣布从七月初一起改弘光年号为隆武元年。

而当时，最有资格继承皇位的是广西桂王朱由榔，然他当时距离江南太远。众臣齐推唐王朱聿键的原因是他的封地在南阳，是想把他当作重振大明的标志，以图光复。

历史波诡云谲，充满玄机与暗示。隆武帝举行登基仪式当天，极不吉利，大风飙起，黄沙飞扬，尚玺官的坐骑受惊，竟将玉玺摔落。虽然如此，隆武君臣还是颇有雄心，诚招天下英才，锐意进取。

王夫之好友陈耳臣和刘杜三就这样去了福州。他十分敬重的方玄痴随后也去了福州。如果不是堵胤锡交给他修复南岳二贤祠公差的话，王夫之必定也去了。果若如此，王夫之还是后来的王船山吗？

1646年八月二十一日，隆武帝被迫逃出延平，到了汀州城外，被清军追上，他带着曾皇后和随驾的周之藩等躲入关帝庙。

清兵头目努山在庙前大喝："谁是隆武帝？"

周之藩挺身道："吾乃大明皇帝，要杀要砍，尽可来也。"

清军一怔，随即齐射之。周之藩手刃数人，最后脑部中箭，倒地被杀。

这时，清兵头目努山怀疑死者不是隆武帝，遂进庙搜查，才知隆武帝和曾皇后已率五百兵卒，从后门逃入汀州城内。

翌日凌晨，清军头目努山命令三百兵卒穿上明军装束，打着明军旗号，直奔城门。汀州明军以为是援兵赶到，打开城门，清军一拥而入，不费一兵一弹，俘获了隆武帝和曾皇后，并将二人押送福州。

途中，曾皇后猛然窜出轿子，道了一声，"陛下宜殉国，妾先去了"，纵身跳崖而死。

朱聿键被囚禁福州，绝食而亡。

就这样，南明第三个朝廷隆武朝廷破灭了。或者，更严格地说，南明第四个朝廷消失了。

国不可一日无君。大学士苏观生在广州拥立隆武皇帝的亲弟弟称帝，也就是绍武皇帝。

三天后，广西巡抚瞿式耜在广东肇庆拥立桂王朱由榔称帝，也就是永历皇帝。

两个朝廷为了争夺正统地位，打得你死我活，绍武皇帝占得先机，清军却杀到了广州，与永历争锋的绍武打得过永历，却敌不过清军，结果魂归西天，此时，离他登基刚刚一个月。

朱由榔闻此不知是该喜还是该悲。

此刻的王夫之，在南岳山上的方广寺来回徘徊。经他重修的方广寺正沉浸在一片肃穆与祥和之中，火光在一扇窗子里始终亮着，木鱼的声音不断传来，吟诵经文的声音不绝于耳。

性翰法师得知南国战事，连续几天几夜为大明王朝祈福。

王夫之为时局所忧，为国家所忧，却又无处效力，无法施展才华，真是痛不欲生。陶令微见状也默默哭泣。王夫之不想她见到自己的软弱，遂走进书房。此时，陶令微已怀胎十月，明知孩儿随时可能诞生，她却没有告诉丈夫。

王夫之虽然知道内人腆着大肚，理应多加照顾，却无暇顾及。

这天晚上，王夫之刚出家门，陶令微就感觉腹痛难忍。黑暗之中，她呼喊，却没人搭理，伸手一摸，旁边的半张床空空荡荡，顿时慌了，幸亏她摸到了床头的火折子，点亮油灯，只见羊水已经流了出来，她忍着剧痛，挪动身子，到缸里打了一盆清水，找不到剪刀，只拿了一把菜刀，重新爬回床上。

油灯昏黄，火焰跳动。陶令微没有恐惧和慌乱，她只知道用力才能将孩子生下来。刚开始，她还咬着牙，忍住痛。但很快就受不了了，太痛了，索性喊出来，只有拼命喊叫，才能减轻疼痛。

"啊，啊！"女人撕心裂肺的号叫在夜里突然响起，刺破了夜空，回荡在整个山野，夜鸟惊慌四散。

在山后隐居的几个书生从睡梦中惊醒，听着喊叫声，慌乱惊呼："湘北战局堪忧，难道清军杀来了？"

他们吹熄火折子，顾不上穿衣服，收拾包裹，打开门扉，向更深的山里逃窜。很快，方广寺乱成一团，各处灯火都被点亮，香炉里的火也开始熊熊燃烧。僧人四散奔走，小和尚口中振振有词：

"乱军杀来了！如何是好？"

"说不定是清兵。"

"啊？清兵杀来了！……"

一阵骚乱之后，眼见并无旌旗和兵卒，性翰法师道："你们听听！像是妇人的叫声。分明是妇人在生产。"

僧人们恍然大悟："难道是王夫人？前些日子还见她来上香。"

"应该是了。难道夫之先生不在身边？"性翰法师惊恐道，他立即带着众僧去了续梦庵，果然是陶令微在生产。

性翰法师和众僧不便进门，便在门外跪立，默默为她祷告："阿弥陀佛，善哉，善哉！"

陶令微用尽了全身的力气，终于把孩子生了下来。听到啼哭，陶令微几近虚脱，满身是汗，长舒一气。抬眼，看着浑身带血的孩子，是个儿子，她泪如雨下。老天保佑她再为王家添个儿子！她颤抖着拿起菜刀，用力割断了脐带，她再无一丝力气动弹。

恰在此时，王夫之匆匆赶了回来。

"恭喜夫之先生喜得贵子。"性翰法师道了一声："阿弥陀佛。"

陶令微见丈夫回来了，费力睁开眼睛，脸上露出一丝笑意，苍白，干净，突然泪奔。

王夫之看着新生儿子，手足无措。

陶令微擦了泪，道："请熬一锅艾叶水吧，艾叶在灶台上。"

王夫之连忙去做。

陶令微生下儿子王放，身子极度虚弱，再为人母的喜悦没过几天，一个噩耗突然传来：王夫之丈人陶老先生死了！原来，湘北战局大势已去，乌合之众分崩离析，左良玉和李自成的旧将们又开始一路逃窜，沿途为非作歹，陶老先生是被一群乱兵打死的。

听闻父亲死讯，陶令微当场泪崩，口吐鲜血，昏死过去，醒来再哭，又昏厥。此后便一蹶不振，终日以汤药续命，不见任何起色。

看着病中的陶令微，王夫之一筹莫展。没过几天，又一噩耗传来：王夫之舅舅谭玉卿亦死于乱兵之手。国亡家破。王家乱成了一团。王夫之与这个舅舅感情甚深，他的离世，令他无法承受。

王夫之抱着刚刚出生的儿子，守在油尽灯枯的妻子身边，万念俱灰。想到舅舅的惨死，他又担心母亲谭孺人过不了这一关。

还好，在大哥王介之等人的照料之下，谭孺人最终挺了过来。

然而，妻子陶令微却抱憾而逝了。

王夫之撕心裂肺，那种疼痛一时压过了亡国之恨。陶令微跟着他漂泊一生，生儿育子，照料双亲，从不顾惜自己，王夫之也就忘记了她的喜怒哀乐。当她真的走了，王夫之才发现生命残缺了，生活破碎了，无数的地方被空置了，床不暖，菜不香，汤也完全冷了下来。他恨枉顾了她的青春年华，他心疼她此生跟着自己受苦，他悔恨没能在她活着时好好珍惜，他觉得自己的一半已经跟着她下葬。

灰色的天空下，时间和思绪变得细致，厅堂茅舍突然变得无比空旷，过往的日子一一浮现，妻子无处不在。

正在这时，攸县陈耳臣自福州归来，绕道衡州，来见王夫之。陈耳臣形瘦影枯，眼神无光，赴福州前豪言"昔炎帝沐甚雨，栉疾风，一日而遇七十毒……形劳天下，乃吾辈楷模矣"之慷慨激昂荡然无存。此番见到王夫之，他嘴唇嚅动，身子发颤，话未出，泪流不止。

王夫之道："唐王之事，余已知悉。耳臣兄不必自责，更不必哭。"

"可杜三兄，他、他……"陈耳臣刚提到这个名字，眼泪流得更快了。

"啊？耳臣兄！杜三兄怎么了？"王夫之似乎意识到什么，紧张地问："难道杜三兄出事了？"

陈耳臣这才沉重地点点头。

原来，攸县刘杜三在保护唐王朱聿键也就是隆武帝的过程中，与清军进行殊死厮杀，杀死清兵六人，最后被割去首级，剜出眼球，尸体挂在汀州城楼上，被太阳暴晒三天三夜。

陈耳臣送了十两银子给守兵，才冒着生命危险将尸体取下，于当天深夜将尸体焚烧于郊外，只拾得三块骨头带回湖南。

王夫之一听，"轰"的一声，头都快要炸了。那个在岳麓书院带衡州学子进门的胖墩墩的人不在人世了？那个与陈耳臣一样以"炎帝故里乡民"为荣、口口声声是王家"亲戚"、对姜氏四姐妹关爱有加的人不在人世了？王夫之捧着刘杜三的三块骨头，眼泪"唰"地涌了出来。他不敢相信，一年前，刘杜三来看他时，还一个劲地劝他一同去福州，誓要干一番留名千古的大事来。临别，他还以李太白诗自勉："长风破浪会有时，直挂云帆济沧海！"往事历历，物是人非。先于刘杜三之前赴福州的陈耳臣也曾劝王夫之一同前去，王夫之曾经心动。可现在，一个死得其所，一个生不如死。

王夫之突然觉得命运为何如此不济？家的伤，国的毁，友的亡……都发生在这个阴雨绵绵的多事的秋天。

人生的残局，命运的苦旅，难道真的从一开始就注定了吗？如此，那生命的微光又在哪里？若是没有这生命的微光，那活下去，还有什么意义？

"对了，方玄痴咋样了？"王夫之突然问道，他知道，南岳相会后，方玄痴说过要去福州效力的。

"听说隆武帝以庶吉士之官相召多次，方玄痴不就。"陈耳臣道："幸亏没去。否则，是生是死，亦难料矣。"

"哦，原来如此。他终究还是没去。"王夫之闻此，又吃惊，又欣慰。他吃惊的是，方玄痴竟然没去福州，他是有所预判还是因事放弃？他欣慰的是，方玄痴因此逃过一劫。

王夫之没有跟陈耳臣讲及方玄痴来南岳之事。毕竟，都过去了。况且，陈耳臣虽知方玄痴大名，却与之并无什么交集。

临走，王夫之问陈耳臣今后有何打算。

陈耳臣喃喃道："打算？什么打算，打算什么？有此一遭，不知往后矣。"

王夫之不知该如何安慰陈耳臣。他知道，此刻说什么都是多余的。陈耳臣来衡，并不是要告诉刘杜三的惨烈，也不是要表达自己的惶惑。实际上，他就是为了看一下王夫之，他回攸县并不经过衡州，但他特地拐个弯，停留衡州，就像当初去福州时停留一样，不仅是留下背影或思念，更多的出于对王夫之的尊重与怀想。王夫之知道此番情义之重，因为妻子刚离世，也没心情留陈耳臣多住几日。

送走陈耳臣，王夫之在续梦庵闭门一个月，哪里也不去，只为给陶令微守丧，二十五岁的生命竟是如此脆弱和不堪。

王夫之作《陶孺人像赞》，竖墓碑，请人撰刻碑，云："陶孺人产衡阳千亩侯，赀累钜玩，作合于青灯布缕之孝廉，而不挟富以骄其夫家。家常则膏沐盥漱，闻鸡戒旦；乱则抱形负影，生死相怜，女中之有须眉气，有铁石心者也。"

十年之后，王夫之又为陶令微写下《悼亡四首》，第一首为："十年前此晓霜天，惊破晨钟梦亦仙。一断藕丝无续处，寒风落叶洒新阡。"

在此期间，王夫之还分别给岳父和舅父写过悼亡诗，感叹两位平凡的"山民""农人"于乱世中的挣扎、痛苦与无助，也深感乱世中的两位长辈平凡中的亮光卑微中的伟岸。

诗能疗伤。写完这些悼亡诗，王夫之感觉郁闷的心情似乎好了一些，也慢慢恢复了一点元气。

恰在此时，有人敲响了续梦庵的门。

王夫之不敢相信，来者竟是法智大师，他赶紧施礼。

原来，这位法智大师又名破门和尚，乃明朝进士，学识广博，尤其善于书法，但性格耿直，难为官场所容，后遁入空门，云游四方。

王夫之曾在方广寺中见识其学问，甚为倾慕，曾多次想去讨教，但破门并非方广寺的僧人，而是隐居在祝融峰下，具体在什么地方却不得而知，三番五次打听未果，他常常外出，行无踪迹，鲜有音讯。

不料，破门和尚今日竟主动来到续梦庵。

王夫之惊道："大师，您隐居何处，让夫之寻得好苦！"

"世上哪有这么多大师？破门隐居多年，早已不闻世事，寻之何为？"破门笑道。他目光炯炯，脸色红润，声若洪钟。对于王夫之和整个王家，破门早就有所耳闻，至于王夫之和性翰、悟一等人的关系，破门也都知悉。但破门是个散淡之人，早已看透世事，一切随缘，能见则见，不见也罢。

破门道："风声雨声，声声震耳；国事家事，事事伤心。今日路过续梦庵，忽有所动，打扰矣。"

"哪里，快快请进！"王夫之道："大师学富五车，夫之有心讨教。"

破门哈哈大笑，拱拱手，进门后，道："真正称得上学富五车的是武夷先生，他学天文、地理、经史、财赋、兵戎，特别是毕生研习《春秋》，吾辈甚为敬慕。敢问武夷先生还好吗？"

王夫之见破门问及父亲，不觉有些感动，道："家父一切尚好，谢谢大师挂牵。"

"时光不饶人，当年武夷先生与憨山大师交锋，犹如昨日，却已然久远矣。"破门道："武夷先生乃有福之人，不仅自己学识了得，三位公子个个不同凡响，夫之先生尤为夺目。"

两人喝了茶。破门见王夫之设有灵堂，知道他为妻子守灵，遂退了出来，约好翌日去他的石浪庵闲聊。

王夫之很高兴，翌日上午来到祝融峰下。

破门早早等在那里。寒暄几句后，破门带着王夫之穿过一片树丛和竹林，眼前顿时豁然开朗起来，但见一尊巨石映入眼帘，苍翠遮蔽处，有一座别致的小院，中间立着两间茅屋，外面一圈木篱笆，篱笆里伸出一条石板铺成的小路，入口处有一木牌，上面写着"石浪庵"，笔法遒劲有力，必是破门亲笔书写。

院子里干干净净，摆设整齐有序。院落一边，长着一棵陈年桂树，树下种了一地青菜，菜地里土壤平整松弛，泥巴还是湿的，显然刚整理过不久，边上放着破旧的木桶，桶里漂着黑漆漆的水瓢；院落另一边是平地，有一个石桌和几个石凳，另外，还有一把藤椅；院落角落里搭有一个低矮的木棚，里面放着干柴、镰刀、扫帚、簸箕和背篓。

房子里甚为干净，虽说是茅屋，采光也还好，布置亦清新素雅，正屋里放着一个案台，正中间供奉着佛祖的雕像，佛像前摆着香坛，坛里还有一炷香在烧着，一缕青烟徐徐升起，扩散到空中，留下淡淡的香气，两张宽大的木椅摆放在案台两端，椅子上铺着棉垫，椅背上挂着黄绸。靠墙，放着一张小饭桌，桌旁放着几个木凳，再往里就是主人的卧房。

从正屋出来后，破门又带着王夫之进了侧旁的茅屋。一进门，王夫之就感觉到浓浓的暖意和扑鼻的墨香：这栋茅屋有大小两间，是破门的书房。外面看着不打眼，里面却是别有洞天，十分雅致。四面墙上，挂满了各种字画，正中间摆放着一张又长又宽的案台，应该是名贵木头制作而成，黄里透红，红里泛黄。案台上笔墨纸砚一应俱全，光是毛笔就有大小长短不一十余支，泛着柔滑光泽的砚台上雕刻着松鹤，一张大纸平整地铺在案台上，两端各放着一块镇纸，案台一角又摆放着七八块不同木质的镇纸。案台后面是一把宽大的椅子，椅背很高，与夫之齐胸，两侧扶手也很高，到夫之腹部，椅子里垫着一张裘皮。案头一端，堆着几卷已经完成的书法作品，每一卷都绑着鎏金的绸带。案头下方，放着两个高出案台一尺的木筒，里面同样插着很多卷纸，估计都是写废的纸张，或者是没有包好的字帖，因为，破门的书法在衡州地面上颇有名气，一幅真迹价值几两银子，所以，即便是他写废的纸张，也能卖些钱。

案台后面，靠着北墙是一个古色古香的书架，里面放着各种各样的书籍和古玩，甚至还有一个书架装满了竹简，书架上面摆放着许多的纸卷，估计也都是他的作品。靠近书架，墙角里正烧着一盆炭火，上方吊着一只水壶，水壶上方慢悠悠吐着渺渺水汽，这就难怪屋子里要比外面暖和了。案台前方，放着一张茶几，布置三张竹椅，茶几上是一套别致的茶具，另有几包叫不上名字的茶叶，都是别人送的。

生活在衡州城内，王夫之早就听闻破门和尚的大名，当时的桂王府和衡州知府都争着收藏他的字画，都以结交他为荣。那时，王夫之并没有随众人来打扰破门，以得一字半画炫耀同伴。如今，沧桑巨变，同为隐居，看着破门的摆设，与自己简直天壤之别，诧异之余，王夫之只能自嘲羡慕。他在石桌前坐下，破门已将一桌食物摆上来，有豆腐、青瓜、萝卜、蔬菜、热汤，当然还有一碗白米饭。

破门坐下，指了指桌上的食物，道："清门野地，只有这些粗食淡饭，夫之先生请便吧。"

"饥者如虎，来到就食。"王夫之没有客气，也顾不上斯文，心想，自己这番模样，再推辞、清高压根逃不过破门的法眼，毫无意义。他狼吞虎咽，将一桌食物风卷残云，食毕，嘴巴一抹，道："大师，夫之肠胃大饱，请赐茶。"

"这南岳毛尖是贫僧命名的。"破门颇为得意道："此茶乃贫僧一叶一叶从茶树上采摘，揉搓，晾晒，清炒。每年春季，这石浪庵后山顶上有一片上好的茶园，常年云雾缭绕，常人难以上去。贫僧不怕，精挑细摘，多有收获。闲时无聊亦去茶园走走，感觉心灵更接地底，触及灵魂，每有妙悟，或吟或歌，自得其乐也。"

破门不紧不慢地冲洗茶具，热水在茶几上冒着暖意，"每年谷雨前我开始上山采茶。每次一芽一叶，带着露珠，楚楚动人。有时，我感觉它们在水杯里是有生命的。你看，这些外形细、圆、光、直、多白毫的家伙，冲在开水里，活蹦乱跳，几番沉淀，色泽始为翠绿，寂静无声，品之，却滋味浓醇，回甘生津。"

言及此，破门突然话锋一转，道："人生不亦如此吗？"

王夫之喝着茶，连连点头，同时环视了破门的书房，不禁啧啧赞叹道："大师住处，样样俱全，一尘不染，别有洞天。凡有心之人，处处皆有诗意、有格调、有情趣啊。"

"不要强求。咱们虽然均在山上，但目的不一。一为生活，一为活生。"

王夫之惊奇："此话怎讲？"他从来没有从字面上去推敲这两者有什么不同。

破门笑道："贫僧为避世，看破红尘，居此心安，乐而忘返，是谓生活。而先生为避祸，诸念缠心，前程未定，被动居此，偏于一隅，图他日飞黄，活着乃为第一要务，此为活生。"

王夫之闻此，心中一热，叫道："真是高人！"继而突觉惭愧不已："夫之实乃世俗之徒，大师才为真隐士矣。"

破门哈哈大笑，道："先生过谦了！谁人不知先生大名？先生少年得志，义薄云天，心怀天下，图的是大事。贫僧无法相比。贫僧只是尘世中一微粒或山野间一浮虫，可有可无，亦就无欲无求，安于弹丸之地，喜粗茶淡饭，自食其力，清心寡欲，苦中有乐，如此而已。"

其实，破门和尚来头不小，本名包尔庚，祖籍松江，也就是上海，与章梁、章旷为同乡，且同中进士，只是选择不同，道路不同，结局亦不同。作为王夫之前辈，破门比他大了整整二十岁，游历过大半个中国，在大明朝做过堂堂正正的官员，看尽了荣华富贵和世态炎凉。

相比之下，王夫之的书生之路只有一个开头，再无下文。可越是这样，王夫之越是心有不甘。他一腔热血，总想出去闯荡，既然沐浴了大明朝的余晖，理所当然系念大明王朝的生死存亡。破门说他是"活生"，那就"活生"吧。他没有生活，也不能停下。或者说，这就是他的生活，他的命运。

想到此，王夫之道："惭愧！所念皆无用之物，却常忘身处山间。"

破门道："心定，则身定；心不定，则魂不定。先生乃心未定也，心不在此，万事皆苦，皆非；心若在此，万事皆乐，皆空。"

这一说，王夫之又悲愤道："山河破碎，百姓流离，怎能心安？诚能复兴我中华寸土，夫之万死而不辞。而今，却只能无奈悲切。"

破门道："先生有范公忧乐之情怀！然，苦亦无益，何必苦之，又何苦之有？若不嫌弃，可常来敝庵念经论学。"

王夫之大喜，此正合其心意。他从见到破门的那一刻起，就仿佛沐浴到柔和的光，多日来的抑郁苦闷似乎都消失了。甚至，那些生离死别、世事艰难都变得有些遥远，他一点点轻松起来，安静下来。

既然遇见了，就不能不求一幅字。王夫之开了口，破门爽快地答应下来，问道："先生所求何字？"

王夫之想了想，答曰："不求何字，只求大师赐字！"言罢，走到案台前，为他磨墨。

破门沉思片刻，挥毫泼墨，写下两行字："难得糊涂不糊涂，心无一物生万物。"

看完，王夫之欣然一笑，道："好语，好字，真是好！"

回到续梦庵，王夫之好好收拾了一番，屋里屋外，打扫得干干净净；书房卧室，整理得井然有序。又用纸张糊上漏风的门窗，在屋子一角升起一堆小火，烧一壶热水，精心泡上一壶热茶，小心翼翼挂起破门所赠书法，点上油灯，往书桌前一坐。顿时，他暖和许多，也精神了许多。虽然被迫"活生"，也要尽可能像破门一样"生活"。

当天晚上，天又降雪，雪大如席，寂寂无声，整个衡山笼罩在一片无底的寂静之中。坐在房子里，仿佛身处一个深深的地窖中，只听到大雪落下的沙沙声，偶尔有树枝折断的声音传来。

第二天早晨，朔风飕飕，寒意阵阵。王夫之穿上破旧的棉袍，他的目光落在长案上，那是昨晚上床前的感悟，但见上面写着："当檐乳雀撩虚白，傍砌桃花识苦辛。定里莫矜银地好，天涯弥望长卿贫。"默念之后，他的内心有了一种力量，他卷起纸张，背上包裹，走进厚厚的冰雪中。

出门的瞬间，几只野雀从地上飞起，发出一阵惊叫，随后，四周陷入无边无际的更深的寂静之中。

第二十章　惊天秘密

一

那天傍晚，王夫之负气从湘阴章旷军营回到衡州，刚刚歇了一会儿，朱归孺立即过来看望。

王夫之本来是要去看他的，见他来了，便道："朱大人消息真是灵通，王某前脚才到家，你后脚就到了我的家门口。"

朱归孺笑了笑，道："朱某一向关注夫之先生的动向。何况本次是去湘阴前线拜会你的恩公等，朱某自然越发关注。"

"章师亦是你的恩公。"王夫之略带讽刺道："堵公和何大人似乎对你亦有了解。朱大人真是路路熟络。"

朱归孺见王夫之都知道了，便毫不隐瞒道："由于工作关系，朱某先前去谒见了章公。拜夫之先生所赐，章公亦算是我的恩公。你可能有所不知，在武昌会试那次，张纯熙确系朱某资助，他与你同时中举后，在下与他均得到章公的单独接见，并荣幸得以师生相称。"

见王夫之有点吃惊，此事连张纯熙都一直没说。

朱归孺继续道："这样算来，夫之先生、在下与张纯熙等均系章门弟子。诚然，此番关系，在下从未外说。在湘阴拜见了章公后，在他的引荐之下，朱某又分别拜会了堵公和何大人，都特地送了一点衡州特产聊表心意。上次堵公来衡，朱某亦有幸作陪，包括去南岳二贤祠和方广寺等，对于堵公有意重修与扩建此两寺，朱某亦鼎力推荐夫之先生作为领头人具体操办之。"

王夫之这才明白，朱归孺对于各类关系的处理已经炉火纯青，知道哪些人对他即刻有用，哪些人对他未来可能有用，他都成竹在胸，分门别类，一一打理，不露痕迹。王夫之心想，自己真是有些粗心，对恩公章旷，没有送上半点礼品；上回堵公来衡州，他还赠予我礼物，本次去，亦无半点准备。朱归孺声称在堵公面前力荐他负责修寺和扩寺工作，王夫之觉得应是真实的。虽然人与人之间的关系，不是非得靠礼品维系，但多年未见，送个小礼，也是心意的表达。送者自然，收者坦然。在这一点上，他委实远远不如朱归孺心细。

朱归孺通过王夫之，攀上章旷，就等于攀上了一条官场保障线，衡州反对他的力量无法兴风作浪。上一次章旷等人暂未得势时，朱归孺还跨过长江，攀上了左良玉。不仅如此，顺着这条保障线，朱归孺还可以走出衡州，将官做得越来越大。

不过，王夫之有点担心：章旷毕竟是章梁的弟弟，而章梁又与罗亦篦是京城候官时的故友，章梁上次来衡州，跟父亲大人聊天时，说知悉罗亦篦是如何惨死的。难道恩公大人对于朱归孺真的毫无芥蒂吗？或者朱归孺把跟自己讲的所谓罗亦篦死的真相也向恩公一一禀报，以此为自己洗脱？抑或是，人既已死，与其为一个死人与另一个人过不去，不如忘掉死者，去发现另一个人的独特价值？如此推测，置恩公的人品于何处？难道人与人之间就只有利用与被利用的关系？王夫之不敢想，但他不明白为什么朱归孺能够化险为夷，左右逢源。

朱归孺见王夫之沉吟不语，似乎猜到了他的心思，直言道："夫之先生，仕途是江湖，官场是战场，都有自己的规则。独善其身很难，身不由己是常态。尤其当下时局如此复杂，想想该有多难：你忠于崇祯帝，可崇祯帝上吊了；你投靠张献忠，可张献忠撤离了；你再投靠福王，可福王也没了。这个天下就是一个大缸，里面既有大明王朝余部，又有农民军余部，更有清廷铁骑纵横四海，朱某如果吊死在一棵树上，既无益于个人与家庭，更无助于衡州黎民百姓……"

"别说了！朱大人。你怎么做，是你的选择，亦是你的权利。王某不置一词，你无需辩解。"王夫之实在忍不住了，大声道："结交各方，权衡利弊，趋利避害，原本就是人之本能。你做了，只要问心无愧可矣，但切勿拔高到黎民百姓头上。我等黎民百姓消受不起。"

朱归孺心里一阵痉挛，他发现，自己无论如何努力，还是无法做到与王夫之倾心交谈。本来他是想询问王夫之对于湘阴战事的看法以及见到章公、堵公和何大人后，各人对于他的评价，由此再决定下一步该如何打算。现在看来，王夫之不会跟他敞开心扉谈什么，他原想暗示一下王夫之，南边发生了大事，看来亦无必要了。于是，朱归孺抱拳道："夫之先生辛苦了，打扰了。朱某就此告辞。"

朱归孺离开不久，大叔王廷聘来了。他一见王夫之，就开口道："来过几次，都没见到你。哥嫂都说你忙得很。忙什么？多长时间没一起喝酒了。"

王夫之请王廷聘就座，说道："前一阵不是忙着南岳山上的两件公差嘛，完了后又去湘阴看望恩公章旷大人。确实好长时间没跟大叔喝一顿了。"

"这一次来，也不是找你喝酒。"王廷聘道："我从郭其保郭老先生那里听到一件怪事，也是一件大事，跟你本人和你父亲大人有关。"

"郭老先生？他还好吗？"王夫之问道。"他说了什么怪事、大事？"

"唉，郭老先生的日子挺不好过。他的儿媳姜思琴生死不明，一直没有消息。他的儿子回家后，又走了。"王廷聘道："有一事让我好生不明白，郭老先生说什么《劝进表》，什么《永历颂》，还说《劝进表》是你父亲写的，《永历颂》是你写的。"

"这老先生精神有些问题，大叔不用理会。"王夫之道："什么《劝进表》？什么《永历颂》？我无从听说，父亲大人更无知晓。"

"哦，我也觉得蹊跷。郭老先生神秘兮兮地说，这消息是桂王府的重要人物透露的。"王廷聘沉吟片刻道："从郭老先生的口吻来看，此事恐非空穴来风。"说完，起身就走。

"大叔今次不吃酒了？"王夫之问道。

王廷聘头都没回，用右手在背后挥了一圈，快步离开了。

王夫之有些吃惊：怎么了？此是大叔风格乎？

就在这时，王朝聘走进来，自言自语道："真是怪事，什么《劝进表》，有人要当皇帝，让老朽写《劝进表》，可笑乎？"他看了王夫之一眼，大声说："还有你，什么《永历颂》，是你写的么？桂王府王爷成了永历皇帝！这是多大的事？轮得上你我？"

"啊！父亲大人，您也听到什么了？"王夫之大吃一惊。

"湖广提督学政高大人竟也打诳？"王朝聘答非所问，道："写了信函也还罢了，还说要来见老朽。"他停了一下，背着双手，又道："此非老朽做梦乎？"说完，怪异地看了看王夫之，转身走出房门。

谭孺人一脸焦躁，进来对王夫之道："前天你老父亲接到一封什么信函，嘴里就嘀咕不停。我看他病得不轻。"

王夫之怔怔地看着两位老人，心情有些沉重。

当天下午，一向没有联系的小叔王家聘突然来到家里，见到王夫之，他立即悄声道："听说大哥和贤侄的好运到了。这一回可是天大的好运。小叔好高兴。"

王夫之一脸严肃道："小叔，什么好运，您听到什么了？"

王家聘依旧低声道："贤侄，我听来的消息，来源可靠，绝对不假。"

王夫之有些冷淡地说道："您还在衡州知府做事？想来朱大人对您颇为关照。所谓'好运'的消息，也是从朱大人处听来的？"

王家聘点点头，道："朱大人对小叔很不错。他对大哥和贤侄都十分尊重。前些日子，他去了一趟肇庆，回来后就对我说，王家好运来了，而且是天大的好运。"

"小叔，朱大人的话，您不用相信。"王夫之颇为不耐烦道："要是真有什么天大的好运，这样的好消息，我们能不跟您说吗？"

王家聘望着王夫之，有些不解，退出房门，嘴里喃喃道："也是，也是。我告辞，告辞。"

第二天上午，朱归孺不请自到。他一见王夫之，就急忙问道："夫之先生可闻荆州、岳州前线不利之事？"

"两仗皆败，均在意料之中。"岂知王夫之气呼呼道。言罢，他长叹一口气，意味深长道："朱大人该不是来谈战事吧？"

朱归孺点点头，认真看了王夫之一眼，小声道："早些日子，朱某应邀去了南方肇庆，参加了永历帝登基大典。"

"哦？"王夫之大吃一惊。心想，好个朱归孺，你的能耐真是大得很。看来郭老先生也好，大叔、小叔也罢，所谓传言，不是谣言，至少有很大一部分是真实的。王夫之没料到朱归孺的钻营之术是如此炉火纯青，心想：张献忠攻打衡州城，将桂王赶出衡州，你是功臣之一。你贴了张献忠的虎脸得了实惠不算，现在又沾上了永历的黄袍，还应邀参加永历登基大典！这是多大的面子，多大的风光？所谓《劝进表》，所谓《永历颂》，这样的事情，我是传言中的当事人，却对传言的内容才刚刚知悉，你朱归孺已从肇庆得胜荣归了。难道永历帝轻易宽恕了你的忤逆之罪？

抑或你用了什么障眼法屏蔽了你对张献忠的所作所为，又抑或某个重要人物在永历帝面前说了你好话，使你不仅毫发无损，甚至还能在永历朝廷飞黄腾达？

"看来，朱大人又要擢升了？"王夫之冷冷道。

王夫之吃惊的表情和冷冷的态度早在朱归孺的预料之中，他没有回答王夫之的问题，而是继续小声道："永历帝已经典封：两广总督丁魁楚为首席大学士兼兵部尚书，主辅朝政。湖广巡抚堵胤锡为东阁大学士，当朝宰相。广西巡抚瞿式耜为大学士兼吏部尚书。"

"这些典封，王某不知也罢。"王夫之哼了一声，表现得爱搭不理。

"在典封朝堂，朱某看到两张面孔，有些吃惊。"朱归孺也不看王夫之的表情，而是继续神秘道："一是前衡州总兵卢高义，成了锦衣卫马暨垂手下副千户；一是方玄痴和高世泰，分别成了翰林院侍讲学士、拜礼部侍郎。"

"啊？"王夫之一听，顿时愣了，"蒙面人"卢高义摇身一变，竟然成了朝廷大臣，难道永历帝授职之前不问不察？至于方玄痴的任职，王夫之并不意外。既然他曾经当着王夫之的面说去福州谋事，后因故未成，而去肇庆，成了永历朝廷的一员，倒是践行了他讲的"所谓爱国，不在书本，不在口头，而在一点一滴之行动中。只要一息尚存，就当尽臣民之分，此乃责无旁贷矣。"

不过，对于高世泰也在永历朝中谋职，王夫之暗暗吃惊：高大人不是去了南京，在福王府中任幕僚长吗？

"夫之先生，朱某此番找你，最想告诉你的其实并不是这些。"朱归孺说着，故意停一下，他看着王夫之，过了一会儿，才低声道："朱某在肇庆听到两个大消息，因与武夷先生和夫之先生有关，故而急于相告。"

"究竟是何等大消息,竟与王某与父亲大人有关?"王夫之瞪大眼睛,明知故问道:"快快说来。"

"永历帝登基前,有两篇雄文,一为《劝进表》,一为《永历颂》。"朱归孺不紧不慢道:"据传,前一篇为武夷先生所作,后一篇为夫之先生所写。"

"此等谣言,从何而来?"王夫之真的急了,他气呼呼道:"朱大人知道,王家人从不贪占别人一寸之功,更不愿掠人之美。如此雄文,父亲大人身体有恙,王某才学疏浅,焉能承此大任?况且,我们父子从未踏足肇庆半步。"

"倒也无须亲临肇庆。从衡州到肇庆,快马只需五六天,走水路亦才十来日。"朱归孺见王夫之说得很认真,遂半信半疑道:"在朱某看来,此等好事,常人欲攀不得。"

朱归孺心想:知道你们父子一向只做不说,连武夷先生在桂王府教授王爷之事亦封锁得滴水不漏。但眼下这等好事,朝野内外已经传遍,你们还是不认,永历帝若是知道,恐怕会好事变坏事矣。不过,这些担心,朱归孺不便说出。

"是即是,非即非。"王夫之眼睛一瞪,大怒道:"若为王某与父亲大人所写,永历帝登基,焉有不在朝堂、见证大典之理?"

朱归孺没想到王夫之发怒,顿感无趣,立即讪讪而退。

二

王夫之清楚地记得:朱常瀛天启七年(公元 1627 年)九月二十六日来衡州就藩,成为历史上第一位桂王。那一天,衡州码头锣鼓喧天,鞭炮齐鸣。王夫之看到桂王后面两个小王爷的车辇,十分兴奋。车辇上坐着一位岁数跟他差不多大小的王爷。大叔王廷聘说这个是三王爷朱由榓，跟在后面的是四王爷朱由榔，一个四五岁的小孩。当时王廷聘还叹道："正是田野追黄蝶，偏入王室无处寻。"

这一幕，历历在目。王夫之没料到，不到二十年，这个四五岁的小孩竟然成了永历帝。王夫之觉得十分突然。他对朱由榔的印象不错。张献忠攻城时，因为"维鹰会"栽赃，王夫之被朱由榓差点斩了，朱由榔不相信王夫之行刺桂王，为他开脱，王夫之为此有些感激。不过，要让王夫之写《永历颂》，他是不会写的。而让父亲大人写《劝进表》，也绝无可能。可是，郭其保、大叔、二叔乃至朱归孺都讲到这个事儿，真相到底为何？

事情的原委得从王夫之离开章旷兵营、回到衡州说起。

从湘阴返衡的那些日子，王夫之的身体虽然回来了，但他心里仍然十分关注前线战事，甚至不断上书章旷，希望何、堵二人摒除陈见、合力对敌。

十余天后，何腾蛟攻打荆州受挫，堵胤锡攻打岳州亦大败，章旷非常焦急，心想如此熬下去，清军反过来会一个一个吃掉他们。值此险情频发之际，章旷痛下决心，欲按王夫之所书："哪怕无用亦要向主帅进言"，向堵胤锡陈述危局，提出与何腾蛟联合，重新组织力量，对岳州与荆州分而击之。

恰在此时，堵胤锡主动来找他，章旷有些吃惊，以为他想通了，要与何腾蛟合力抗敌了。

谁知不是。堵胤锡讲的竟是桂王在肇庆称帝，请他去辅佐，他要将队伍交给章旷负责。事情发生得如此之快，章旷根本没想到。

事实上，先天下午，桂王府锦衣卫马暨垂来到军营，拜见了堵胤锡。马暨垂直言道："弘光皇帝遇害，大明不能群龙无首，明朝宗室藩王众多，争相称帝。请问堵大人拥戴谁？"

堵胤锡清楚马暨垂此番来的目的，遂道："湖广督师何腾蛟亦上表劝进拥戴桂王称帝，自己乃何腾蛟之部将，焉有不从之理？"

马暨垂要的就是这个态度，于是道："桂王派在下前来传旨，请堵大人入朝辅政。"

堵胤锡有些吃惊：为什么不是何腾蛟而是自己？或许他们征询过何的意见而何不愿意前去？抑或桂王府有别的考虑？不管怎样，既然马暨垂来了，堵胤锡不得不去。于是，他表示感谢，让马暨垂先回去，说自己处理一下军务，随后赶来。

送走马暨垂后，堵胤锡思考了一下，便来找章旷作出安排。

章旷惊道："啊？四王爷欲称帝？真是没有想到！"

王夫之和章旷等人都没有想到四王爷能够登基称帝。后人在梳理这段历史时也惊讶地发现：连朱由榔自己也没料到，他会当上皇帝，而且如此快地当上皇帝。这一切少不了自己的幕僚长翁不群的功劳，更少不了大内总管王阁昆的功劳。

朱由榔非常吃惊：王阁昆竟有如此大的能耐。朱由榔原以为自己很了解王阁昆，知道他出身卑微，父亲因罪被杀，母亲被奸污后被强奸她的人送入官府。王阁昆从小被阉割，像狗一样送进王府，小心翼翼，靠着机灵和勤快，跟着朱常瀛，从小太监做起，慢慢做到桂王府内务总管，官职虽然只是二品，但内务府这个机构设有广储、都虞、掌仪、会计、营造、慎刑、庆丰七司，分别主管财务、库贮、警卫扈从、山泽采捕、礼仪、皇庄租税、工程、刑罚、畜牧等事，是桂王府名副其实的实权人物。在朱由榔印象中，王阁昆个子矮小，说话总是细声细气，见到他，总是一副卑躬屈膝的样子。朱由榔差点认定王阁昆就是一个唯唯诺诺的窝囊废。

直到那一天，王阁昆来到朱由榔的房间，大声嚷道："王爷成功了！王爷成功了！"那一刻，王阁昆觉得自己成了历史的创造者、推动者和书写者。

朱由榔突然感到，眼前的王阁昆，眼睛发光，灵魂都好像伸直了。原来他是能够做大事，也能够趾高气扬，更能够大声说话的。

朱由榔哪里知道，为了这一天，王阁昆付出了多少泪水和屈辱。他踩着刀刃，步步惊心，这样的王阁昆，让朱由榔陌生，感到既敬畏，又可怕。

实际上，王阁昆能够成功，跟历史上任何一个野心勃勃的宦官并无二致，他们有超强的忍耐力和惊人的爆发力，能够审时度势，把握时机，深藏不露。他们的忍耐有多大，他们的爆发就有多大。

桂王朱常瀛病死后，王阁昆把死讯压住，没有及时对外发布，这是他的老练之处。

王阁昆径直来到朱由榼的房间，小声道："桂王临终留有一封诏书，指定四王爷朱由榔为继承人。"朱由榼听后，颇为平静，只用余光看了王阁昆一下。

半个月前，朱常瀛已感来日不多，特地让王阁昆将朱由榼和朱由榔召到身边，嘱咐后事。外人只有王阁昆和翁不群在场。

朱常瀛让两个儿子谈谈各自的想法。在这个节骨眼上，本是"世子"的朱由榼禀告父王，说自己身体欠佳，不宜继承桂王，唯一的愿望是与姜善棋厮守终生。朱常瀛气得吐出一口黑血，他一直不赞成儿子与姜善棋缠在一起，不为别的，只因为从"湘春楼"出来的人名声不好。但朱由榼似不为意，拒不移情。他振振有词道：历史上许多帝王将相也娶妓为妻，比如秦庄襄王娶赵姬、汉武帝娶卫子夫及李妍李夫人、魏武帝曹操娶卞夫人、后梁皇帝朱温娶军妓、唐武宗为妓女赎身，甚至太祖朱元

665

璋还在秦淮河猎艳狎妓，只要人好，有何不可？

朱由榾的这番话将朱常瀛气得半死，在桂王看来，这个扶不起来的"世子"，他不仅不知羞耻，大放厥词，而且道听途说，不为人讳，把明太祖老祖宗都抬了出来，这让朱常瀛情何以堪？

不过，这番话，朱由榔听了颇为感慨，他既吃惊于朱由榾的固执，又产生一丝感动。当初以为这位王兄不顾大局，离衡之前率队去尚德客栈救人只是一时冲动，不会在情感上过于当真，岂知错了！现在看来，朱由榾对姜善棋感情较自己更胜百倍。

就这样，在江山与美人之间，朱由榾毫不犹豫地选择了后者，朱常瀛气死也没用。

当时，朱由榔尚有些怀疑朱由榾说话的真诚，由于朱由榔也十分喜欢姜善棋，遂坚称自己资历、才识和能力均不够，无法承担桂王的重任。朱由榔这样说，朱常瀛虽然生气，亦能理解。因为，他怕的是朱由榾言不由衷，故意以此试探朱由榔，看看他是否有野心。因为，若无意外，朱由榾作为"世子"，继承桂王，是顺理成章的事情……

想起这些，朱由榾认为父王临终留有诏书指定朱由榔为继承人是真，因此，他抬头再次看了王阁昆一眼，用毫无表情的口吻说道："如此，岂不遂了彼此的心愿？"朱由榾嘴里的"彼此"当然指的是他和弟弟朱由榔。

王阁昆听了有气，心想，这真是一个扶不起的阿斗。但他嘴上说的却是："如果四王爷继承桂王，姜善棋就会跟了他。"

这一着，直接击痛了朱由榾。

"本王这点小愿望，难道还要抢去不成？"果然，朱由榾无法淡定了，他的声音猛地冷得像刀子，他没有看王阁昆，仿佛是跟自己说。

"桂王仙逝，之所以暂且不通报，是要三王爷给个态度。"此刻，王阁昆把自己的一个"忠"字写得很大，也把自己的分量掂得很重。

朱由榔显然感觉到了，便道："父王既有诏书，王大人有何见教？"意思是，事情都已经这样了，难道还有反转的余地？

"掌握天下大事，其实就在三王爷、翁不群翁大人和在下之手。"王阁昆有些得意地一笑，然后低声道："摆在三王爷面前的是两条路：要么什么都没有，甘于从别人碗里讨饭吃，忍气吞声；要么修改诏书，争做新的桂王，扬眉吐气，成就大业。"

朱由榔阴沉的脸上狠狠地抽搐了一下。他忽然抬头看了一下王阁昆，极不习惯别人用这种方式跟他说话，尤其眼前的这个人还是一向畏畏缩缩的宦官，今儿竟然一下子变了。他心里很不爽，便大声斥道："废弟立兄，这是不义；违背父诏，这是不孝；不义不孝者却坐享成功，这是无德。欲冒天下之大不韪，焉是本王之作为？"

"三王爷息怒。"王阁昆不卑不亢，一副成竹在胸的样子，道："废弟立兄，人伦有序，但废之有理，乃谓正义；违背父诏，不是不孝，乃诏不公，私祖他者。所谓德，成功便是德也。更何况，德由人播，更由人写。"

朱由榔见王阁昆说得如此掷地有声，有理有据，真是令人刮目相看。对于权力，朱由榔确实没有上心，他上心的是女人。他无法设想没有姜善棋的晚上将是多么的清冷、寂寞与无趣。虽然后宫里佳丽众多，但无一如姜善棋天生丽质，自带体香，举止得体，令人着迷。他无法想象这样的女子被别人占住会令他多么痛苦和绝望。

这么一想，朱由榔的声音降了下来，明知故问道："那，既然此事与翁大人有关，倘翁大人不同意，当如何是好？"

"这个由在下去办。"王阁昆忽然低声道："但是，在下需要三王爷一纸手令。"

朱由榝一怔，沉吟一番，道："传本王口谕不行吗？"

历史上，由于手令或类似手令的令牌最终成为罪证而掉头者比比皆是，朱由榝虽然对此不甚敏感，但身处王府，耳濡目染的悲剧太多，他不希望留下把柄。

岂知，王阁昆一听"口谕"，脸色一沉，扭头就走，抱拳道："既然三王爷不信任在下，就当此事没有发生。告辞！"

"且慢！"朱由榝急了，忙叫住王阁昆，道："不是本王不信任王大人，实乃事关重大，如有任何差池，不仅王大人难脱干系，即便本王，也要人头落地。"

"在下自然理解三王爷之担心。"王阁昆见朱由榝改口，遂缓了下来，道："可是，如果没有王爷手令，如果翁大人不予配合，事情岂非半途而废，且留下篡诏把柄？有三王爷手令，一切迎刃而解。"

朱由榝觉得在理，于是走到桌前，思虑再三，终于挥笔写下："有关父王遗诏之事，悉以内务总管王阁昆大人密执为准。"朱由榝这样写，显然有些顾忌。他还是不希望留下把柄。但这个样子，至少可以让翁不群能够明白其中的旨意，即父王的诏书，只要是王阁昆密执的，就以它为准。

王阁昆拿到这个手谕，等于拿到了尚方宝剑，这"宝剑"一旦沾上"阴谋"，马上就会流血。它既可以要别人的命，也可以要朱由榝的命，甚至可以要他王阁昆自己的命。因此，他不会轻易把它拿出来，只有到了不得不拿的时候，才能示人……

翁不群见王阁昆急匆匆走进来，感觉不同寻常，他正要问怎不快快将桂王仙逝的消息发布出去。但王阁昆进来，立即关上门，一脸郑重地对翁不群道："桂王留有遗诏，让四王爷朱由榔成为新桂王。"

"如此岂不很好乎？遵诏即可。"翁不群脱口而出。

王阁昆摇摇头，装模作样道："此诏非桂王本意。桂王病重之时，四王爷频频进出其间，必有所挟也。"

翁不群知道王阁昆在说鬼话，虽然三王爷贵为"世子"，但他志不在此。桂王临终留遗诏，由四王爷继位，亦在情理之中。若此，四王爷无需要挟。现在王阁昆说是要挟，必定有他的想法，于是道："依王大人之见，当如何办理？"

王阁昆便把改诏之事说了出来。

翁不群一听要篡改桂王遗诏，脸色顿变，道："这是大逆不道的事情，更是掉头的事情啊。"

"掉不掉头，跟改不改遗诏无关。不改诏，要掉头，照样得掉头。把遗诏改好了，本要掉头的，不仅不掉头，还会长出三头六臂。"王阁昆不以为然，奸笑一声，道："关键是跟对人。翁大人您不觉得吗？"

翁不群在心里骂了一句：这个贱骨头居然有着天大的胆子！以前真是小看了他。但他嘴上却道："看来，三王爷是王大人的真命天子？"

王阁昆马上反诘道："难道四王爷就是翁大人的真命天子？"

翁不群道："既然遗诏如此，为何一定要改？"

王阁昆话中带话道："想到有人不服乎？"

翁不群装作没明白，道："就让不服者去问老桂王。"

"如此，还养我一干下人何用？"王阁昆道："况且，老桂王已经作古，去问谁？"

翁不群知道王阁昆铁了心，或者说有人要让王阁昆铁心改诏，于是道："既如此，一切照王大人意思办即可。"

"在下要的就是翁大人此话。"王阁昆说完，松了一口气，道："不过，改诏之事得由翁大人亲自操办。"

"使不得，使不得。"翁不群目瞪口呆，他连连摇头，心想：这不是借刀杀人吗？翁不群"哼"一声，道："在下动嘴不动手，多年来一直如此。"他明白"改诏"意味着什么，一旦败露，株连九族。

"翁大人谦虚了。"王阁昆继续笑道："这些年来，你暗暗模仿桂王练字，卓有成效，即便三王爷四王爷，亦难辨真伪。"

翁不群大吃一惊，心想，难道这小人暗中派人监视我不成？因为模仿桂王练字，没有任何人知道。一旦发现，可是欺君之罪。他如何知晓了？翁不群恨恨道："王大人笑话了。在下哪敢练桂王之字！"他心想：就算我练了，不写此诏，你又如何？

不料，王阁昆从袖管中掏出一卷筒，慢慢展开，翁大人一看，脸色顿时白了：那正是自己模仿桂王字体练笔的废品，原以为撕毁了，竟又被王阁昆拾掇起来，连在一起。

翁不群忽然怒道："敢情王大人暗中派人监视在下？"

王阁昆丝毫不以为意，道："翁大人言重了。你我共事多年，彼此能不知根知底吗？"

看到翁不群一脸愠怒却毫无办法，王阁昆流露出一丝得意。他想起有一次，他看到厕所里的一堆蛆，感觉十分恶心。可是，几天后在厨房里，他看到一块肉上亦有一堆蛆，他一只一只捡起，丢进油锅里，却并不觉得特别难受。他由此心生感慨：人其实跟蛆无异，就看你生活在厕所还是生活在厨房里。生活在厨房里的蛆不要认为自己就比生活在厕所里的蛆更高贵。

当然，这些惊天秘密，王夫之根本不可能知道。即便他听到过一些风声和传闻，他也不愿意相信。王夫之在后来写作《永历实录》时，对于这段历史的反思，他只是简单、甚至敷衍地写道："桂恭王暴薨，上以简静为魁楚信重，得无恙。"即老桂王得病离世后，永历帝更信任丁魁楚等人，在他们的全力辅佐下，永历帝得以顺利登基。

三

显然，王夫之不愿意看到宫廷争斗，更不愿意看到永历王朝是名不正、言不顺的末世王朝。他追求正统，相信正义，因此，对于翁不群与王阁昆等人残酷争斗，王夫之斥之为江湖野史，不愿意将它写入自己的《永历实录》中。

但历史往往不以人的意志为转移，写进书本的历史显得庄重、干净，主要基于"成王败寇"之铁律，而非历史的本然。

历史的本然在于：平静的表象之下暗涛汹涌，刀光剑影。当事人很难看清自己的真实处境。

翁不群就是如此。他不知道自己留了把柄在王阁昆手里，只是单纯地想道：既然桂王已死，那模仿老桂王练字的把柄亦算不得什么。为了试一下王阁昆还掌握多少把柄，翁不群硬声硬气道："即便如此，在下不愿涉险而为，王大人意欲治此罪乎？"

谁知，王阁昆哈哈大笑，道："翁大人贵为王师，桂王府大名鼎鼎的幕僚长，乃才高八斗的正人君子，焉能如此嘲笑在下？"说完这句，王阁昆话锋一转，暗讽道："桂王仙逝，已无能言。然翁大人悉心关照的琴棋书画四姐妹能歌善舞，美轮美奂矣。翁大人自称'动口不动手'，但老马恋栈，风流不减。对这四姐妹，尤其是琴棋二姐妹，难道翁大人不是'动手'多于'动口'乎？"

翁不群闻此，顿时脸色惨白。他没想到，自己对琴棋书画四姐妹的种种用心，均被王阁昆记录在案。当年，他多次微服私访去"湘春楼"猎艳，屡有所获。对四姐妹更是念念不忘，当得知她们均为黄花闺女，尚无开苞时，曾出重金愿得年龄最大的姜思琴之初夜权。岂知姜思琴坚决不同意，甚至以死相逼。后来翁不群想出办法，带桂王微服私访，将四姐妹救出，暗中资助并关照琴棋二姐妹开办尚德客栈。翁不群恩威并重，将琴棋二姐妹悄悄安排进桂王府，名义上为桂王服务，实际上他干了很多伤天害理之事。琴棋二姐妹人在檐下，欲哭无泪，虽心有不甘，却又无可奈何。

"人要有感恩之心。"翁不群曾如此对四姐妹直言道，要不是桂王派人将她们解救出来，她们四姐妹是逃不出邓氏兄弟的魔掌的。翁不群还承诺，只要姜思琴和姜善棋听话，他不仅保证她们荣华富贵，而且让王朝聘和王家三兄弟都飞黄腾达。

不久，翁不群告诉姜思琴，她心心念念的大姨父王朝聘已经进京为官。而这次赴京，王家人一直以为是罗亦篱从中努力的结果。

如此这般，姜思琴和姜善棋身不由己，只好听命于翁不群，隔三差四，轮流进桂王府服务。

谁知桂王有病，心有余而力不足。

翁不群便找王阁昆商议，以侍寝两位王爷为由，让姜思琴和姜善棋来桂王府值勤，翁不群趁机占了两姐妹的便宜。

碰巧的是，两位王爷对姜氏姐妹无比眷恋。姜善棋第一次服务，三王爷十分满意，给了她一盒龙涎香作为赏赐。恰巧王夫之去岳麓书院游学，姜善棋获悉后，便托人把龙涎香秘密送给了吴道行山长，希望他对王夫之悉心关照。这件事，吴道行至死都不知道其中蹊跷，王朝聘和朱归孺也不知其中堂奥。王夫之还一直以为是朱归孺所为。

很难理解翁不群打着桂王的旗号让王朝聘赴京城为官，却没有得到应有的重用而只是在国子监任一闲职，而且他刻意把这个功劳记到罗亦篱头上。也许他知道王朝聘的个性不适合当大官，也许只是敷衍姜思琴罢了。至于他把这个功劳转到罗亦篱头上，可能是基于他想利用罗亦篱为他在衡州行事提供某种便利。

不过，翁不群却跟姜思琴信誓旦旦地表示：王朝聘已在京城当了四品大官。由于姜氏姐妹被反复告诫基于桂王府的秘密，她们不能与外人接触，包括去王衙坪看望王家人。因此，姜氏姐妹并不知道王朝聘在京城的真实处境。

可以说，当姜善棋知道残酷的真相后，为她最终除掉翁不群埋下了重要的伏笔。这是后话，暂且不提。

再说翁不群凭着在桂王身边的积累，在桂王府翻云覆雨，左右逢源。这不，他自己得了两姐妹便宜后，为了长期霸占，遂顺水推舟，巧妙地把两姐妹转送给两位王爷。他自以为将事情做得天衣无缝，却被一直冷眼旁观的王阁昆看得一清二楚。

王阁昆自己无能，却恨翁不群"鸳鸯被里成双夜，一树梨花压海棠"，但他能够忍，他不动声色，相信终有一天，自己也可以肆意妄为，将压抑的灵魂彻底舒展开来。

机会是留给那些有准备的人的。此刻，王阁昆看到一向清高的翁不群被整得狼狈不堪，心里甚是痛快。他瞥了翁不群一眼，不无快活地问："翁大人怎不说话？"

翁不群非常清楚王阁昆的潜台词：当初怂恿桂王微服私访"湘春楼"的是你；坚持把姜氏四姐妹救出的是你；安排姜氏两姐妹服务桂王府的还是你。这些年，与其说是桂王临幸两姐妹，实际上是翁大人你潇洒快活矣。我乃一个太监，唯有权力能让我兴奋。如果我把此事告诉三王爷或四王爷，无论谁继桂王位，后果如何，你去掂量掂量。

翁不群万万没想到王阁昆与他联手，竟然是为了捉摸不定的权力。而自己，竟然成了权力的奴才。一个读书无数、号称王府之师的人却被一个没读过什么书的人整得毫无还手之力，岂不悲乎？

"男人快活，其实无妨。"王阁昆进一步暗示和威逼道："此事说大，乃杀头之事；说小，乃扫尘之举或正常人所为。关键是，除局中人外，此事天知、地知、你知、我知也。”

"哈哈哈！王大人真是明察秋毫，境界高远。"翁不群打着哈哈，极力掩饰内心的恐惧和不安。但他说出这些言不由衷的话后，像吃了苍蝇一样，极不舒服。既然人家握有把柄，他就成了刀俎鱼肉，如不从之，后果不堪设想。翁不群想到此，遂向王阁昆明确表示："在下自愿配合王大人修改桂王遗诏。"他将"自愿"二字特地加重了语气。

王阁昆拊掌微笑道："翁大人如此，在下就放心了。"

翁不群分明听出了王阁昆的嘲笑。但他没有办法，只有顺着王阁昆的暗道一直往前走，那明明是一条黑得没有边的深渊。

如果说，修改遗诏，已经让翁不群目瞪口呆了，那么，当真正看到桂王的遗诏时，翁不群简直魂飞魄散！天呐，桂王的遗诏白纸黑字，分明写的就是由三王爷朱由榉以"世子"身份继承桂王。

王阁昆让翁不群看完遗诏后，摇摇头，厉声道："三王爷色字当头，对国家大事从无上心，岂能胜任重振王朝、君临天下之大任？"

翁不群很不理解，惴惴不安道："王大人对三王爷和在下均口口声声称，老桂王在遗诏中指定由四王爷继承桂王大任，这是为何？四王爷知道实情乎？"

王阁昆故弄玄虚，道："朝廷一向虚虚实实，真真假假。翁大人无需深究，只要照实写来，他日自会明了。"

翁不群脑子一转，骇然道："王大人是让在下仿写一份遗诏，说是由四王爷继承桂王。这样，你手里就握有两份遗诏：你给三王爷拿出的是老桂王写的真的遗诏，但你说这是在下仿写的假遗诏；又拿给三王爷看我仿写的、你却说是老桂王留下的真遗诏。如此，三王爷遂以为是你用逆天之力助他为王，然后三王爷会对你感激不尽？"

"在下从来不稀罕别人的感激。"王阁昆突然冷冷道："翁大人休得啰里吧唆，快快写。四王爷还在等待在下回话。"

翁不群在内心浩叹一声，仿佛听到了什么东西被"啪"地捏碎了，他轻轻地叹了一声，垂下头，道："在下这就写。"

长话短说。王阁昆拿了翁不群仿写的遗诏走进四王爷朱由榔的府堂，迫不及待道："王爷成功了！王爷成功了！"

就这样，朱由榔凭借假遗诏，顺利地当上了新的桂王。

世上没有不透风的墙。朱由榠知道真相后，当场吐出一大口血。他没料到父王遗诏就是让他继承新的桂王的。他不用修改遗诏，就会理所当然地成为新的桂王。然而，因为一个小太监的作梗，他不仅没有当上新的桂王，还惹上杀身之祸，想想这些，能不气愤、不悲催吗？

朱由榔本来要将王兄朱由榠以"篡改遗诏"之死罪杀掉，但王阁昆又假惺惺道，不必如此，否则，这般丑事公布出来，于桂王脸上亦无光彩。朱由榠本来身子骨就不好，王阁昆建议从食物入手，慢慢毒死他。如此，世人均以为他是病死的。

当王阁昆拿着朱由榔签批的死罪书来到朱由榠房间时，朱由榠知道木已成舟，恨亦无用。于是他跟王阁昆讨价还价，首先说自己甘愿不要王位，只当一个千户侯，但这个要求被王阁昆轻蔑地否定了。接着说他去做一个平民，给他三顷良田即可，亦被否定。再说就什么也不要，他愿遁入山林，自生自灭，还是被王阁昆快速否定了。最后，朱由榠绝望了，遂道："既是死，爱杀爱剐都行，只求来个痛快点的。"然而，即便这么一点请求，也被王阁昆残酷地否定掉了。

在这个过程中，每一次朱由榠的退让，都会让王阁昆想起那堆蛆，心想：原以为你是肉堆上的蛆，没想到，为了活命，你也甘做厕所里的蛆。看着朱由榠的贱相，王阁昆内心痛快极了。

由于食物里有毒，不到两年，朱由榔就病死了。

那么，王阁昆为何如此憎恨朱由榔，却又伪装得如此之深？其实，这是朱由榔无意间酿下的苦酒。

说来令人难以置信：那是王阁昆第一次进宫，朱由榔看着王阁昆，半天不说话，然后突然笑了，道：你长得这么奇特，这么矮小，这么单瘦，五官不齐，像一条野狗似的，将来不会乱咬人吧？

就是这一句话，注定了朱由榔被记恨一辈子、直到最终被毒死的悲惨命运。

当时，王阁昆于惊恐中作出的回复是："王爷真会开玩笑，小人做狗，只会对主人摇尾乞怜，忠心耿耿，连吠一声都不会，哪里还能乱咬主人？"

这段历史告诉人们：你尽可以大声咒骂一个人，但你切勿戏弄或嘲笑一个灵魂极度压抑、极其扭曲的人，哪怕这个人就是一个小太监。

王阁昆费尽心思扶持朱由榔当上新的桂王后，可谓大权在握，真正达到为所欲为的地步。他告诉朱由榔当朝不要轻易表露自己内心的看法。在百官面前，要做到神秘，肃穆，开口说话不宜多，同时远离那些旧臣。因为旧臣熟悉你的一切，包括缺点，那样就没有崇高感和敬畏感。要不断更换新人，提拔新人，保持新鲜感，只有新人会对你很感激。

朱由榔觉得这些话很对，对王阁昆依赖有加。

1646年十月初十，福王死后，朱由榔在广西巡抚瞿式耜等人的拥立下开始监国，七天之后的十月十六日，清军攻陷了赣州，朱由榔从梧州转到肇庆。

此时，两广总督丁魁楚、湖广巡抚堵胤锡等都先后来到肇庆，连高世泰、方玄痴和卢高义等人也赶了过去，纷纷劝朱由榔登基为帝。

说真的，高世泰成了永历朝翰林院侍讲学士、礼部侍郎，这是王朝聘和王夫之都没有料到的。更让王氏父子没料到的是，高世泰突然来到衡州，专程看望王氏父子。可惜，王夫之正好出门去看望郭其保，因此没有见到高世泰，但王朝聘告诉王夫之高世泰来过，至于他来干什么，王朝聘并没有说，所以王夫之不确定高世泰是否真的来过。

那天，高世泰见到王朝聘，寒暄一番后，遂说起自己在南京福王府中谋事没多久，因旧友丁魁楚的力邀，转而到了肇庆。"一切皆缘，一切命定。"高世泰自嘲道。

丁魁楚和翁不群等人欲让朱由榔登基，就得请人写《劝进表》，这是一件大事。丁魁楚跟翁不群商量，决定请高世泰写《劝进表》，说他学问深，影响大。高世泰没有多想，就去写。但写完后，翁不群觉得不应用高世泰的名义发布，原因有三：一是高世泰被认为是高攀龙衣钵的继承人，而高攀龙系被诬自尽，很不吉利；二是虽然崇祯帝处死魏忠贤后，为高攀龙平反昭雪，赠太子太保、兵部尚书，谥号"忠宪"，但崇祯帝自己也是上吊身亡的，亦极不吉利；三是东林党人后期在党派之争中做了一些不光彩的事情，作为领袖的高攀龙，无法脱责。

翁不群是紧跟桂王而来的，权大势大，不好得罪。丁魁楚心里不痛快，心想当初让高世泰来写《劝进表》你也没有表示反对，现在人家写好了，却不让以他的名义发表，丁魁楚感觉对不起人，思来想去，便问高世泰本人意见。高世泰心里清楚，翁不群所说理由，皆为"莫须有"，目的是不希望他占得此功而受皇上器重，那样将对翁不群的地位构成威胁。加之翁不群不断放出风声，说王朝聘贵为王爷之师，早年即与憨山大师在南岳论道，学问之大，不输高世泰。还说王朝聘曾在京城羁旅十余年，以"清流"著称，人格超拔，若以王朝聘的名义发布，更让人信服，云云。

高世泰想，我与武夷先生相熟，亦敬佩其学问与人格，不如做个顺水人情，就以他的名义发布也好。尤其重要的是，王朝聘在高世泰心里有些神秘，总觉得王朝聘与桂王府有一种秘而不宣的关系。高世泰在岳麓书院吴道行山长房间发现龙涎香，吴道长说是王夫之送的，他当时很惊讶，这龙涎香只有桂王府才有。后来听衡州知府邓紫鎏说，王朝聘由他和翁不群推荐，已入桂王府为师，高世泰便认定这龙涎香一定是桂王赏赐给王朝聘的。再联系《劝进表》一事，高世泰暗想，这是不是朱由榔本人的意思？王朝聘乃他之恩师矣。如此一想，高世泰很释然，认为写《劝进表》一事，完全是丁魁楚与翁不群唱的双簧。

高世泰没有想到，当丁魁楚请高世泰写《劝进表》时，翁不群最直接的感受就是丁魁楚要在永历帝面前抢功。他立即请方玄痴写《永历颂》，认为以方玄痴的水平，这篇《永历颂》一定不逊于《劝进表》。如果说，《劝进表》只是皇帝登基的一个程序，那么，《永历颂》的意义则超出了大典之外，影响会更加深远。让翁不群最开心的是，方玄痴写完，主动表示以王夫之名发布。如果方玄痴坚持以自己名义发布，翁不群不会反对。但以王夫之义发布，就会成就一段佳话，翁不群更乐意看到，从内心里，他对王朝聘和王夫之存有好感。这对父子若来永历朝效力，将是一件非常值得期待的事情。

1646 年十一月十八日，朱由榔宣布登基，改第二年年号为永历，史称永历帝。后来，许多历史教科书上都明白地写道：朱由榔是病死的。

王夫之在《永历实录》中，对朱由榔之死以及翁不群与王阁昆等人的争斗只字不提。他庄重地写道："十月丙戌，上即位于肇庆，诏诰天下，奖励文武兵民，同仇恢复，改明年为永历元年。遥尊隆武皇帝为思文皇帝，顺昌之讣未审，或曰潜逊故也。追尊考桂端王为端皇帝，兄安仁王为桂恭王。"

在王夫之的表述中，永历帝循天意，登大位。他追尊隆武帝为"思文皇帝"，对先王追为"端皇帝"，对兄安仁王则追为"桂恭王"。

王夫之因为去看望郭其保而错过了与高世泰的见面。回家后，王朝聘也没有跟他提起高世泰所说永历朝之事。对于外界纷纷传言的《劝进表》，王朝聘异常难受，虽不能说一世清名毁于一旦，且基于世俗意义写下《劝进表》应该给他带来巨大的功利，但王朝聘竟然一无所获。这样的结局，连一向对朝廷之事不大关心的大弟王廷聘都表示不解，身在衡州知府谋差的小弟王家聘更是觉得不可思议了。

另外，高世泰更加认定这就是永历帝的本意：王朝聘"写了"《劝进表》，既没来参加登基大典，又没有入朝为官，如此，天下人岂不都觉得朱由榔称帝实乃"从人心，顺天意"乎？

王朝聘无法跟别人解释，即便自己的兄弟，即便三个儿子，他都觉得无法说清。他的脑海里涌起憨山大师的诗句："瘴烟饮尽齿犹寒，不记从前道路难。此去万山深密处，云霞五色座中看。"王朝聘的心情，有如此诗。

与父亲王朝聘一样，王夫之"写了"《永历颂》，也没有参加登基庆典和入朝为官，他不知道其中的原委。面对外界的议论，王夫之不在乎个人的荣辱得失，但朱归孺说，他在登基大典上看到了死而复生的卢高义，这倒是让王夫之担心和震惊。

四

1646 年十二月下旬的一天，大雪满山。衡州隐没在苍凉迷蒙的深冬之中。这天清晨，南岳续梦庵前"吱"的一声响，王夫之穿戴整齐，打开柴门，向外面看了看，雪很厚，还在下。眼下大局虽然还是混乱不堪，但衡州百姓的生活基本已经变得正常起来。

有风吹来，王夫之打了一个激灵，感觉今年的雪比往年下得多，接连下了二十多天，仿佛要把整个世界的寂寞都落在脚下布满厚厚积雪的泥巴地里。

此前一天，王夫之收到方玄痴一封信。方玄痴力邀王夫之前去永历朝廷谋事，说天时、地利、人和，一切刚刚好。信末，有"晴雪初霁，万物贞生"的字句，显示一种崭新气象。看得出，方玄痴心情不错。同时，方玄痴特地提及翁不群对武夷先生的挂牵，并请王夫之转达他俩对武夷先生的问候。

读罢信，王夫之心情有些复杂，他隐约意识到所谓《劝进表》和《永历颂》应该与翁不群、高世泰和方玄痴等人有关。说真的，如果不是朱归孺说过永历帝登基前的一些事情，这封信一定会让王夫之兴奋和感动。然而，正是有了朱归孺的亲历说辞，尤其提到卢高义这样的奸诈小人也在永历朝廷任职，王夫之对于翁不群、高世泰、方玄痴和永历朝廷产生了一种"剪不断、理还乱"的心情，说不好是怨恨、失望还是难过。王夫之对高世泰的学识有一种高山仰止的感觉，他无法理解，高世泰的继任者堵胤锡一再高升，成为永历王朝东阁大学士、当朝宰相，而高世泰和方玄痴一样，只是获任翰林院侍讲学士、拜礼部侍郎，这种反差，难道没有不适感？抑或高世泰原本就跟方玄痴一样，对朝中职位的高低不是十分看重？在王夫之看来，既然入朝效力，位高权重与人微言轻，两者的作为与影响泾渭分明，完全不能相提并论矣。

因此，王夫之读罢信，整个晚上胸口堵得慌，他得找人聊聊。他想到了祝融峰下的石浪庵。

走了大半个上午山路，来到一棵松树下，王夫之喘了一口气，抹了一把额前的汗。这时，一抬头，王夫之远远地看见了石浪庵前坪上的破门。他正盘着双腿，坐在一条长石上，闭着眼睛，摸着佛珠打坐，身上依旧穿着那件红黄相间的袈裟。雪花一簇簇落下，山上的积雪几乎没到了膝盖，无数的雪沙沙打在破门的身上。奇怪的是，他的身上和周遭一尺的地面上却没有一丝积雪，此刻，他的头顶在冒着热气，身子也在冒着热气。寂静之中，王夫之不敢惊扰他，也在一棵树下坐了下来，正好可以休息一会儿。

王夫之静静地坐着，不去打扰。

过了一盏茶的工夫，破门缓缓站起来，念道："阿弥陀佛。"

王夫之见破门开口了，便道："大师心神专一，境界于无矣。"

破门明白王夫之无事不登三宝殿，遂开示道："一与多，无与有，不在文字本身。盖密于事者心疏，密于心者事达。心不洗者无由密，凡成大事者莫不洗心藏密矣。"

王夫之琢磨了一会儿，走上前请了安。破门笑了笑，带着王夫之进了石浪庵。他推开书房的门，端来一盆炭火，放到茶几旁。王夫之把身子凑近，手伸到火上，总算暖和了许多，道："大师每日打坐乎？"

破门笑道："日日如此，风雨无阻。"

王夫之问："风雪交加，不饥不寒？"

破门道："心无旁骛，如此则功。"

王夫之道："所以，雪落大师，过而无痕。"

"空空无物，处变不惊，饥寒无惧，人心可畏。"破门看了王夫之一眼，道："念有物有，心空法空。是以念若虚熔，逢缘自在；心如圆鉴，来去常闲。善此者，不出寻常，端居妙域矣。"

王夫之喝着茶，细细咀嚼破门话中之意，忍不住问道："请教大师，如果友人在你不知情时干了你不喜欢的事，你当如何？"

"目容天地，纤尘能失其明；心包太虚，一念能塞其广。是知一念者，生死之根，祸患之本也，故知几知微，方得澄明。"破门答非所问，然后喝了一口茶，这才忽然问道："既是友人，为何要干你不喜欢的事情且你尚不知晓？"

王夫之道："可能基于某种善意，亦可能是别的缘由。"

破门道："友人从中得利乎？"

王夫之摇摇头，道："这个尚不清楚，应无直接利益。"

破门摸了摸下巴，道："若是贫僧，一是如有机缘见面，当面问之；二是若无伤害，与其纠缠，不如忘记。兴许某天友人自己会说出。"

王夫之点点头，沉吟一番，又问："再请教大师，永历登基之事，可知一二乎？"

破门点点头，道："刚刚耳闻。"

王夫之道："三教九流，敌友混杂，能合力谋事乎？"

"谋事与否，非九流敌友可分定者。世事日变，前敌后友，敌敌友友，皆为其主。今既共置一堂，乃摒弃前见，各得其所。况且，所谓敌友，并无恒定。此时是敌，彼时是友。反之亦然。"言及此，破门特地停了一下，然后道："若先生欲赴永历朝谋职，眼下百业待兴，正是效力之时。"

"在下内心有阴影，如不清除，实难坦然处世。"王夫之摇摇头，道："一个人的善与恶，非随世事可变。"王夫之明白，所谓敌友，确实可以改变，例如张献忠攻衡州时，张献忠部是敌；但与清军作战，张献忠部就是友军。但是，对于卢高义这类敌人、恶人、仇人，王夫之怎么也不可能与之成为友人。

破门听了王夫之所言没有说话，只是仔细地泡茶。他知道王夫之踏雪而来，绝非为了喝茶、闲聊，而是心中有惑，需要解答。通过几次交往，破门能够感知王夫之内心之纯洁，为人之纯粹，境界之高远，与当年的自己颇为相似。但如此执着，少有变通，则有迂腐之嫌。毕竟，不是舞台都搭建好了，你再去表演你的人生。而是搭建舞台本身，比方添一砖、加一瓦，或修修补补，这些过程就是生命的一部分。

想到此，破门提高声音，笑着说道："贫僧大致同意先生关于善恶之说，但换个角度，万恶者恐亦有一丝善心，万善者恐亦有一些阴暗。强善者与弱恶者共事，善显恶隐。反之，善隐恶显。先生乃大善之人，早入其道，与同仁合力，善必更显、恶必更隐矣。故以贫僧之见，人生苦短，机会难觅，若有机缘，应投身其间，于善恶之间，抑恶扬善。而非图己于室，空空穷思也。"

"大师所见深邃。此前在下惶惶，恐投身其间非但不能驱恶护善，相反，有可能被内心之黑暗所吞没。"王夫之听了破门之言，顿时明了，他语气有些急迫，道："在下既不能弃大明王朝于不顾，又不能周旋于蝇营狗苟之徒中。大师高见，剔透我心：要么效忠朝廷，要么战死沙场。此乃在下之命途。"

"先生热血之愿令人感佩。先生与贫僧同为读书之人，不同在于，先生不避时局艰险，而是直面现实，清除黑暗，向往光明。贫僧曾说先生之命是'活生'，贫僧看破'活生'，守志于'生活'。'活生'者，不为个人，是为难也；'生活'者，只是顾我，是为易矣。"

破门之语，字字珠玑。王夫之十分感激，亦很感慨。他与破门交往不多，但破门知他、懂他，实是缘分。王夫之心意已定，但又愧然道："在下心意虽决，但何时动身，仍悬而不决。"

"若悬而不决，仍有计较。"破门道："死不怕，生亦不怕，怕在未定，未定则空愁，空愁生久悬，久悬成虚妄。为何久悬？皆计较也，一计较成，一计较败，一计较生，一计较死，如此，世上焉有不计较之事？先生心意既决，须当断立断！"

"当断立断！好！"过了一会儿，王夫之忽然问道："放眼天下，以大师之见，大明王朝还有救否？"

破门顿时正色道："有救无救，自有救与不救者。先生一腔热血，心中自是早有结论。以贫僧浅见：救与不救，不在王朝本身，而在天心、地心、人心、民心，心心所向也。"

王夫之看着破门，吟道："廿载驱驰走瘴乡，年来不觉鬓如霜。今乘一叶扁舟去，踪迹应从万壑藏。"

破门笑道："看来，憨山大师此诗，深得先生心意。"

"品香茗，意未尽。不应辜负花枝去，且嗅清香倍饮茶。告辞。"王夫之起身，仰头将杯中茶一饮而尽。

王夫之回到续梦庵时，大雪已经停了。他匆匆收拾一下，准备第二天下山。

翌日下午，王夫之风尘仆仆回到王衙坪，一进门，他就发现一个熟悉的背影，定睛一看，竟是刘子参！

"啊？子参兄，真是你！真是你？"王夫之兴奋异常，冲上去，抓住刘子参的手，连连问道。自张献忠破城后，刘子参就与他没有见过面。当年一起参加科考，刘子参与王介之同时中举后，竟莫名陷入"贿考"风波中，刘子参因此还对王夫之有些误会，好在真正的友情经得起时间的检验。

刘子参笑了笑，简单地把这一路走来的情况说了一下，包括马暨垂和管时求等从广州搬来救兵，他们一起从刘文秀手中救出四王爷朱由榔，即现在的永历帝与姜善棋等人。

王夫之一听姜善棋在永历府，连忙问道："啊，善棋也在永历府，她还好吗？"

"此一时，彼一时也。"刘子参道："现在她不叫善棋了，她成了香妃，此乃永历帝所赐。她是永历帝身边的大红人。"

"啊？原来如此。"王夫之惊道，觉得自己像在做梦，棋妹竟然成了香妃。沉默半晌，王夫之又道："时求兄怎样？"

"跟我一样，九死一生之后，谋了个小职，在永历朝干些杂活。"刘子参颇为感慨道，"算是混口饭吃。"

"你们没跟善棋多多联络？"王夫之心想，你们为永历帝出生入死，既然棋妹是永历帝身边的红人，于公于私，她皆可以推荐，于是说道："自古就是'朝廷有人好做官'。香妃在永历帝面前说几句话，你们不就飞黄腾达了？"

刘子参摇摇头，叹了一口气，道："在什么山头唱什么歌。我们认识善棋，但能说认识香妃么？况且，伴君如伴虎。她也刻意保持低调，我们不去添乱。她过得好，就足矣，幸矣。"

王夫之闻此肃然起敬。确实，朝廷不是想象的那么简单，棋妹身在显位，必有其难言之处。如果前去添乱，那就谈不上真正朋友。能关照，她自然会想到。无法关照，亦要理解。"此番回来是公差吗？"

刘子参点点头，悄然道："此番偷偷回来，是带着永历朝翁不群翁大人的密函而来。"

王夫之这才看见，父亲大人正在细看翁不群的密函，表情十分凝重。王夫之心想：难道翁大人还欲邀父亲大人赴永历朝谋事不成？

果不其然。翁不群信中直言永历帝登基前，《劝进书》由他执笔、高世泰润色而成，最终是以王朝聘名义发布的；《永历颂》则是由方玄痴执笔，而以王夫之名义发布的。对此，他既表达了歉意，又表达了敬意。所谓歉意是指事前没有征求两位意见，先斩后奏，颇觉欠妥；所谓敬意，是力邀两位同赴永历朝廷，从个人而言，作为弥补；从朝廷而言，为国效力。

"夫儿既已回来，此信你要看看。"王朝聘将信交给王夫之，淡然道。

"我已老矣，心无他念。你正当年，可以虑之，自作决断。"

"眼下形势还不错，内贼死的死，逃的逃，合的合，永历帝还有机会重振大明王朝。"刘子参稍稍提高声音，道："继李自成去年惨死于湖北九宫山之后，张献忠自永历帝登基数日后已亡命于四川西充。不知夫之是否听闻？"

"啊？"王夫之十分吃惊，道"张献忠亦丧命？"

刘子参点点头："一切出人意料，实乃天意也。"接着，他把他所知道的张献忠之死，讲给王夫之听。

说来也是天意。清顺治二年（公元1645年）夏，发生许多意想不到的大事，先是李自成死于非命，随后南明福王弘光政权灭亡。十一月，清廷欲尽快消灭张献忠，遂用软硬兼施、恩威并举的方式，一方面派何洛会为定西大将军，率部进剿四川；另一方面派人招抚张献忠，许以高官厚禄，诱使他速速归顺。

张献忠不仅置之不理，还斩杀使者，斥之为"仇寇"。

清廷异常恼怒。翌年初，清廷重集结重，选派肃亲王豪格为靖远大将军，与降清大将吴三桂等率十余万大军，气势汹汹地向张献忠所部扑来。恰在其时，明朝参将杨展率部夺取四川南州县，与张献忠部激战于彭山之江口，大败张献忠，挫其锐气，伤其元气。无奈之下，张献忠退回成都。是年五月，豪格和吴三桂等率清军攻占汉中，大捷。清廷此次特地铸造了数百枚官印，包括四川巡抚和各级官吏在内，让豪格带去四川，以实现清廷对四川的长久统治。

眼见汉中被占，驻守遂宁的张献忠部将刘进忠，毅然率军攻打汉中，但很快大败。吴三桂随即遣使送去密函，劝刘进忠归降。信中称李自成和张献忠皆"乱臣贼子"，"凶残无性"。吴还认为李贼作恶，天理不容，故死无完尸；而张贼归天，乃是命数，无可抗拒。明智者应"举义旗，立新功，方为正途"。吴三桂信末特地提醒："若将军归去，必遭张贼碎尸万段，九族株连，掘祖坟，戮先尸。人伦者，谁能忍此之辱乎？"吴三桂信末之言真是戳中刘进忠的痛处，他想起一路走来，张献忠之所作所为，委实丧尽天良，特别是戮杨嗣昌之父尸等，人性尽丧，仁德全无，自己谏言，还惨遭毒打。刘进忠无法想象回到张献忠身边将会遭到怎样的侮辱和折磨，遂率余部归降清廷。豪格和吴三桂大喜，当即设宴洗尘，酒酣尽兴，人醉方散。

顺治三年（公元 1646 年）十一月二十六日，豪格得到密报，张献忠此时驻扎在西充县。豪格立刻派鳌拜和吴三桂率两千先锋，云骑尉雅布兰随行，由刘进忠引路，日夜兼程，在黎明时分抵达西充。当年，张献忠从四川长途奔袭襄阳，轻骑快进，出其不意攻陷襄阳，杀死襄王，迫使老对手杨嗣昌含辱自杀。

历史是如此相似，报应来得如此之快。张献忠完全没有想到，只得仓促迎战。作为神射手，雅布兰与刘进忠冲在轻骑最前沿，直达西充城池，敌我之间，仅隔一河。张献忠实乃大意，闻兵至，以为不是清军，他连战袍都来不及换上，仅身衣蟒半臂，腰插三矢，引牙将临河视之。刘进忠望见骇然，指曰："此八大王也。"八大王，大西军将领对张献忠之谓也。雅布兰二话不说，抽矢搭弓，直前射之，箭穿胸口，血喷溅面，张献忠当即坠马。鳌拜和吴三桂擂响战鼓，急渡河追杀。"破贼营一百三十余处，斩首数万级，获马骡一万二千二百余匹。"大西军以锦褥裹住张献忠尸体，埋于僻处，匆匆而遁。清兵搜寻得张献忠尸体，怒而斩之，悬其头颅于成都城头上。据悉当晚雷电交加，有虎嘶啸。数日后葬尸荒野，一代枭雄就此落幕。

射死张献忠，让雅布兰一下进入清廷高层。两年后，官至护军参领。顺治十二年，署宗人府理事官，继为宗人府启心郎和通政使。五年后，升为刑部尚书，进入一品大员序列。而刘进忠降清后，官至益阳总兵，多次往常德，谒杨嗣昌祖坟，不知是为张献忠赎罪还是为自己赎罪，此为后话。

听完刘子参的讲述，王夫之觉得李自成、张献忠两个农民军首领皆已丧命，各自余部或归或散，永历朝确实迎来重振大明的好机会，于是道："永历帝安内攘外，农民军化敌为友，天下良才纷纷归附，此乃盛世之兆也。"说到这里，王夫之有点兴奋："堵公已为当朝宰相，更有高世泰、方玄痴等学界泰斗辅佐，君臣合力，将相齐心。若此，永历中兴，不是痴人说梦也。"

然而，刘子参忽然低声道："夫之兄，忘记告诉你：高世泰高大人已经离世。"

"啊？"王夫之如遭雷击，脸色惨白，他大声吼道："高大人何以如此？他究竟怎么了？究竟怎么了？"

刘子参道："听说上次他悄悄来衡，返回时，途经建阳唐石里，被数名'蒙面人'所杀。"

"'蒙面人'？"王夫之身子一抖，他惊恐地看着刘子参，道："何以如此？"他本欲说难道是卢高义干的？话到了嘴边，他又用力咽了下去。王夫之没有证据，而且他也不知道，卢高义为何要派"蒙面人"行刺高世泰？不管怎样，只要想到卢高义已成为锦衣卫马暨垂的副千户，王夫之心里就忐忑不安，仿佛有一颗炸弹随时会爆炸。

临别时，刘子参特地叮嘱王夫之："夫之兄，若你欲跟香妃联系，给我写信罢。毕竟身在朝廷，总有办法送到的。"

"子参兄多多保重。见到时求兄，请代我致意！"王夫之望着刘子参远去的背影，有些泪目。

五

王夫之送走刘子参后，他与父亲有一段简短的对话。他告诉父亲两件大事：一是姜善棋已成为香妃，是永历帝身边的红人；二是高世泰高大人从衡州返回，遭"蒙面人"追杀，已经离世。

对于善棋变香妃，王朝聘很错愕。而听到高世泰离世，王朝聘猛地一颤，连连质问道："果真如此？何以如此？怎能如此？"言罢，老泪纵横。

男儿有泪不轻弹，只是未到伤心处。那一刻，王夫之十分感动，原来父亲并不老，他的心智非常清醒。

停了一会儿，王朝聘把上次高世泰来衡州跟他交谈的内容大致说了。高世泰据实说《劝进表》是丁魁楚请他所作，翁不群却要以王朝聘的名义发布。他认为此事可能与永历帝本人有关。高世泰说，他知道王朝聘人格高尚，不愿掠人之美，故特地前来讲述实情，希望得到王朝聘谅解。他建议王朝聘去永历朝效力，"朝廷多一点清流，就会少一点浊气。"这是高世泰的原话。

王夫之道："翁不群翁大人信中却说《劝进表》由他执笔、高世泰润色而成，翁大人何以贪人之功？"

王朝聘道："翁大人所说《劝进表》之事已不重要。高大人学问高深，为人正直，他的离世，令人锥心。"

接着，王朝聘谈了四点：一是对于无论是高世泰还是翁不群以他的名义给永历帝写《劝进表》，他虽心有不爽，但亦能理解，总之是没有恶意；二是方玄痴以王夫之名义写《永历颂》，有些不该；三是告诫王夫之，若去永历朝谋事，不要提及他与永历帝之关系，亦不要惊扰姜善棋，凡事得靠自己；四是去与不去，由王夫之定夺。

王朝聘说完，就转身离开了。望着父亲微驼的背影，王夫之有些心酸。

此刻，王夫之对于是否去永历朝谋事有些犹豫，或者说有些失望。原因在于他认为永历朝鱼龙混杂，良莠不齐。但是，又因为永历帝是从衡阳过去的，与自己一家或多或少有些渊源。特别是父亲，永历帝还是他的学生，这也是父亲虽没明说但其实有些鼓励他去的意味的原因。父亲被崇祯帝伤得有多深，他对崇祯帝的爱也就有多深，这些伤与爱因为崇祯帝的殉国而被转移到永历帝身上。这也是父亲反复强调不关世事，其实仍然放不下感时伤国的症结所在。

不过，王夫之明白，父亲让他自己决定人生之路如何走，很大程度上也是他感觉永历朝对人臣的选择过于随意，似乎只要愿意，三教九流皆可共置一堂。但从另一个方面看，恰恰反映出永历朝人才匮乏，良将难觅。

刘子参的到来勾起了王夫之对往昔岁月的回忆。特别是郭衮冕潜入衡州桂王府那一次，王夫之被牵涉其中，差点死于非命，王夫之看到了王权的残暴，也看到了三王爷的凶狠，好在老桂王和三王爷均已命归黄泉。死者已矣，功与罪，皆不重要。

重要的是，王夫之对四王爷，也就是现在的永历帝印象还算不错。他相信自己如果去了永历朝，即便不靠堵胤锡和姜善棋等人，也应该会得到永历帝的重视。他最大的顾虑是：永历朝有卢高义和邓澄忠、马衿升等仇人，王夫之焉能与他们共事？

思前想后，王夫之有些彷徨不定。本来，王夫之与破门交谈后，主意已定。但刘子参的到来，特别是高世泰的被杀，又让他产生诸多犹疑，很难做到全力以赴。他觉得这种状态入朝，一定不妙。

王夫之想与友人再作一番深谈，他想到了李国相。

翌日一早，王夫之正要出门去找李国相商量一下，却见李国相带着一个老者急匆匆走来，定睛一看：这不是郭衮冤之父郭其保老先生吗？国相兄领着郭老先生来做甚？他心想：郭老先生的社交面广，也比较入世，虽说儿媳一时失踪对他有所打击，但并未到崩溃的地步。高世泰高大人来拜访父亲时，自己正好去看他，见他亦正常，并因此错过与高大人最后一晤。

李国相见王夫之欲出门，惊道："欲出门？去哪？"

"正欲找你。"王夫之连忙把两人引入堂屋。他本来要跟李国相讲一讲见刘子参的事情，但看到郭其保在场，便咽了下去。待坐下后，王夫之对郭其保道："郭老先生是为衮冤的事情而来？"

郭其保一听，顿时老泪纵横，道："冤儿回家待了一会儿后就出去了，说是出去找思琴，可至今杳无音讯。老朽吃不好，睡不宁，天天数着日子过。老婆子已精神完全崩溃，整天嘴里喊着冤儿的名字，老朽担心她熬不过这个冬天。"

听郭其保这么一说，王夫之的心顿时一沉。他不是担心郭老先生，而是担心他的郭老太。

李国相对王夫之道："衮冤是我等最好的朋友，这么长时间没有音讯，我们应该去找一找才是。"

王夫之看了看郭其保，又看了看李国相，欲言又止。

郭其保见状，直言道："夫之先生，冤儿先前老叨念着你，说你是他最靠得住的朋友。而今，他生死不明，老朽带着老婆子四处找他，脚底都磨烂了，眼睛都盼瞎了，还是看不到冤儿。先前，我一直用画画在麻醉自己，但日子一长，心里发慌。尤其老婆子精神恍惚，有时忽然哭泣，老朽担心她会出事。再这样下去，真是没法过了。"言罢，郭其保突然站起来，似要撞墙。

李国相赶紧拉住郭其保，说道："伯父不必如此，我们来找夫之老弟，就是商量帮您去找衮冕的。"停了一下，又对王夫之道："对了，你刚才说要找我，什么事？是去永历朝求功名吗？"

王夫之心里"咯噔"一下，仿佛被人打了一耳光，脸一下子红了，连忙摆摆手，含糊道："是、是欲找你好好商量，不仅衮冕兄，还有统鲁兄、克恕弟和思琴、晓书、若画，等等，这些人，我们都应好好找一找。"

"姜氏四姐妹，你独独不提善棋。"李国相有些奇怪，道："难道你知道她的下落？"

王夫之点点头，道："有空跟你详细说说。"

李国相"哦"了一声，道："实不相瞒，这些日子，我与之勇、克峻四处打听他们的下落，本来要将汝弼兄弟叫去一起找的，但他俩既不在家里，又不在山上，不知去了哪里。"

"有什么情况吗？"王夫之急道。

李国相摇摇头，道："没有。不过，郭伯父好像有重要发现。"李国相回头对郭其保道："伯父，您快给夫之老弟说说。"

郭其保情绪稳定下来，他告诉王夫之，由于寻找儿子开销较大，他经常去一个叫"善林"的典当铺，换些银两用于找人。昨天，他和老婆子去时，发现典当铺的老板异常兴奋，说用很便宜的价格得到了一件宝物，好像是桂王府里的秘密通行物件。他突然想起，听冕儿说及，王夫之曾经得到过一件这样的宝物。他便希望老板拿出来看看，但老板见他进来，顿时警觉起来，死活不给他看。

"所以，老朽此番登门，欲请夫之先生去办一下这件宝物。"郭其保用恳求而急切的目光望着王夫之。"兴许从中能找到一些有关冕儿的线索。"

"啊？真的？这可真是重大发现！"王夫之一听，很激动，连忙道："我原本是有桂王府的嵌宝石花形金饰件，当初还借给了衮冕兄，就是上次他潜入桂王府前借去的，至今没有还给我。"但他想了一下，心里又觉得不对，自言自语道："袁冕兄进桂王府后，这件宝物被搜了出来，并且作为治我的罪证，他不应该再有这件宝物。况且在衡州，他要是有什么经济上的困难为什么不回家或者不联系朋友？"

王夫之再次看了一下李国相和郭其保，突然大叫一声："啊！除非……"他马上捂住嘴巴，似乎要捂住什么秘密。

"除非什么？"李国相和郭其保异口同声问道。

"说不定是……"王夫之不再往下说，他立即想到了姜思琴，因为她和善棋也有这样的宝物。而善棋此刻在永历府，不可能典当此物。唯一的可能就是思琴，如果找到思琴，袁冕兄不就好办了吗？王夫之迅速站起来，道："走，我去看看。"

"好！我们一起去。"李国相道。

王夫之刚迈出门，忽然停下来，道："不行。大家都去，闹哄哄的，典当铺老板一定不会拿出宝物的。国相兄，你陪郭老先生先回去。我想想办法。一有消息，马上告知你们。"

看来也只能这样，李国相扶着郭其保，慢慢走出王家大门。

郭其保频频回头，连连作揖道："夫之先生，拜托，拜托！"

李、郭二人离开后，王夫之紧张地思考着，不为别的，是在想要不要跟朱归孺说一下。因为，如果典当铺的老板不拿出宝物，王夫之是没有理由强行叫他拿出来的。但是，即使朱归孺去，典当铺老板就会给面子么？衡州知府又怎样？城头王旗变来变去，这买卖的事情，朱归孺也没权力要求人家必须如何去做，黎民百姓完全可以不予理睬。

"还是自己一人去好些。"王夫之觉得单独去可能还有些办法将宝物消息套出来，否则七嘴八舌的，反而容易出乱。这样一想，他不再犹豫，快步而去。

谨以此书

献给绵延不绝的华夏文明

献给历史、天空和湖湘大地

献给淹没在时间深处的志士仁人

湖南省作家协会"湖湘历史文化名人长篇小说"创作工程项目

四卷本长篇历史小说

王船山

卷三

困斗

聂茂

著

团结出版社
UNITY PRESS

卷三　困斗

目 录
contents

第二十一章　善林典当铺

一

善林典当铺坐落在衡州城南往北数十丈的小巷，店铺是一栋木砖混杂结构的建筑，分前店和后院两部分。前庭的店面系当铺营业之地，后庭的小院则住着当铺的主人。门楼整体呈赭黑色，墙面露出一条条不规则的斑驳灰白线，多处有些剥落，从中见出沧桑岁月留下厚厚的痕迹。临街的石板地面被磨得发白。当铺门前有一副对联，字迹呈深绿色，颇为暗淡。左边是："典者有仪，石成金矣"；右边是："当之无忧，不亦悦乎"。横批是："公平无欺"。

王夫之进门后，环顾四周，但见右边墙壁上赫然贴有典当规制："议定银数，填明当票，日后取赎，不论银或钱，悉照票上银数，照例算还。"左边墙壁上是一幅山水画，画的是黄昏里的一片竹林，溪水缓流、群鸟飞过，大有一番"田园不老、山水清白"的况味。正中是一个四尺多高的柜台，由松木隔断。柜台下是一条小木凳，上面正端坐着一个伙计，他戴着一顶翻卷帽，低着头，正在拨弄着算盘珠，噼里啪啦，甚是麻利，像是在统计什么东西。

王夫之唱一声"喏"，柜台上的伙计依然低着头，道："先生请坐。"王夫之便在一张长木凳上坐下来。

过了半炷香的工夫，伙计忙完了，才抬起头来，道："不好意思，刚才有点急事。先生是来典的还是来当的？"

"可当，可典。"王夫之道，"当家的在吗？"

伙计笑笑道："小的是这里的头柜。有什么事可以直接跟小的讲。"

王夫之知道，典当铺里除了老板外，还有"头柜""二柜"和伙计等，这些人眼光毒辣，一般作价、看货都先由他们定。此外还有"包袱褡"或"朝奉"，就是管库人，多是老板最信任的人或者就是老板本人。典当业有句行话，叫作"当半价"，无论什么东西，一进当铺，先降一半价格再说。"头柜""二柜"大多穿长衫，戴无脚眼镜，拿着典当簿，登记时一边看，一边极尽贬损、挖苦之能事。比如，所当者为衣物，即使是新衣品，也会写"油旧破补""袖烂襟裂"，皮服则写"光板无毛""缺襟短袖"，甚至还有"虫蛀鼠咬""发霉有斑"或"物源不详"之类。如果是贵重铜器，便写"铜锈品"，玉器只写"假石"或"膺物"，硬木梨檀就写"柴木"，等等。所谓"有情有义"，声称"公平无欺"，绝对就是笑话，大多数当铺用"落井下石"和"见利忘义"来形容绝对恰当。因为来典当的人，大多境况窘急，迫不得已，只能任由宰刮，特别是那些"死当"的（只当不赎），更是山穷水尽，他们无力赎回，只求典当铺老板讲点良心，给点银两，尽快离开这伤心之地。

"给你当家的报个名，就说王夫之来访。"王夫之不动声色道。

"啊？原来是夫之先生。"自称"头柜"的伙计有些吃惊，他看了王夫之一眼，有些不相信似的，然后连忙道："失敬，失敬。请稍等一会儿。"

很快，一个穿灰色长褂的干瘦老者从后院走了过来，见到王夫之，赶紧趋前二步，连忙作揖，道："在下姓刘，店铺名'善林'，乃在下贱名。有幸见到夫之先生，请问有什么可以效劳？"

"刘老板，能与你私下谈几句吗？"王夫之道。

"请，请！"刘善林心领神会，立即将王夫之领到后院一间小屋，坐下后，道："这里只有你我两人，有话敬请明说。"

王夫之故意盯住刘善林额头不说话，看得人有些紧张。刘善林极不自在，急忙说道："夫之先生乃官宦世家，又是书香门第，在下仰慕已久。今天光临小店，令在下受宠若惊。若有幸为先生效力，则是在下一辈子的福气。"

"刘老板真会奉承人。"王夫之被刘善林捧得挺心烦的，他忽然压低声音道："今天来贵店，是有重要事情。店铺是小事，刘老板的命是大事。"

"啊？"刘善林被王夫之这没头没脑的一句话吓住了，他知道王夫之不是口出诳语之人，所以更加紧张起来。

"听说你最近收了一件宝物。"王夫之直奔主题，道："是桂王府的，能否让王某瞧瞧？"

"哎哟，哪里听来的事？"刘善林一听，将头摇得像拨浪鼓，瞪着小眼睛，急忙否定："此等小店，哪有实力收存如此宝物？"

"刘老板不要把王某的好心当成窥探你财物的恶意。"王夫之冷冷道："你应该知道，王某当年曾得到过桂王府三王爷亲自赐予的宝物，叫'嵌宝石花形金饰件'，有此宝物，去桂王府可以畅行无阻。"

"啊？夫之此番来，奔的是此宝物？"刘善林一听，吃惊不小。他倒是听说过王夫之与三王爷的故事，也知道王夫之确有桂王府的宝物。正因为此，他不想在王夫之面前隐瞒得此宝物的事实。但他不明白，自己好不容易得了这件宝物，与你夫之先生又有何干？来此典当的是个老妪，又不是你夫之先生，你欲打什么主意？难道那老妪与你夫之先生有关涉？

王夫之见刘善林承认有此宝物，又惊又喜。但他不露声色，道："王某不是来要回此宝物的。"王夫之以十分肯定的口吻道："王某只是想看看，这件宝物是不是赝品。如是赝品，刘老板花了大钱，不亦吃了大亏吗？"

"哦，这个、这个嘛。不巧。"刘善林脑子一转，眼珠子一动，道："真对不住，夫之先生。因为是'死当'，宝物早已易于他人。"

王夫之当然不信，这个宝物不会轻易出手，也无法做到轻易出手，他略带嘲讽道："如此宝物，刘老板轻易就将其易主了？"

刘善林笑笑道："所谓宝物，缘字当头。碰上有缘者，宝物乃宝；碰上无缘者，宝物乃废也。"

"这么说，是有缘人买走了这件宝物？"王夫之盯着对方，不动声色道："还是刘老板舍不得将此宝物拿出来示人？"

"宝物确实不在小店。"刘善林小眼睛再次一转，忽然问道："夫之先生既然持有桂王府同款宝物，此宝物又不是夫之先生来典当的，夫之先生亦不打算赎回，为何如此执意要看？"

"看来是王某有些无趣了。既如此，不看也罢。"王夫之站起来，装作要走的样子。这时，他忽地凑近刘善林，压低声音道："刘老板不闻永历帝正在搜寻这些宝物吗？凡持而不报者，逮后必斩。昨天永历府已派一参将来王某家问及此事，今欲过来救你，然你执迷不悟，王某只好禀报说善林典当铺有此宝物也。"

"啊？夫之先生，你……等等……这……这可如何是好？"刘善林一听，吓得半死。这下他急了，脸色惨白，额头上大汗淋漓，他抓住王夫之的手，求道："夫之先生，如果见了宝物，您还上报否？"

王夫之知道他有顾虑，亦很担心，遂道："即便上报，亦可视为赝品，如此，即无事矣。"

刘善林一听，放心了。他立即出门，不一会儿，捧着一个绛红色檀木盒子返回来，站到王夫之面前，小心翼翼地打开盒子，一脸肃然。

王夫之一看，正是桂王府独有的嵌宝石花形金饰件。他拿起来，又认真看了看，然后道："刘老板，此宝物确系桂王府的。王某可以不上报永历府，但你得如实告诉我，来贵店典当此宝物者是何人？住在何处？"

　　"夫之先生，典当有行规，'不问出处，不管来历'。"刘善林有些犯难，继续道："典当此宝物的有两人，先是一位包着头裹、看不清面容的女子，年岁不大。该女子将宝物拿给在下，说要'死当'此宝物，因当天没有谈好价钱，作罢。数日后，年轻女子没来，却来了一位老妪，在下又跟她谈了一次，这回倒是爽快得很，在下报的还是原来的价，老妪竟然同意了。在下遂付了银两，收下了此宝物。"

　　"快想想，还有要补充的吗？"王夫之着急问道。

　　"对了，她好像留了住址。"刘善林道，与王夫之一起，来到前店，找到典当簿。刘善林翻到一个住址，上面写着："德正街四十四号"，署名为"王夫之"。刘善林大吃一惊道，"啊，怎么留的是夫之先生的名号？该死，头柜和在下均没留意这个。"

　　王夫之一看，也顿时呆了，心想:这个典当者竟然写的是我的名字？为什么？王夫之怔了一下，但很快镇定下来，叮嘱刘善林道："好好收藏此宝物，它与你的脑袋连在一起，请再不要给任何人看。否则，后果自负。"

　　刘善林连连道："夫之先生放心，在下明白！"

　　王夫之从善林典当铺出来，从心底喊了一句："琴姐，你在哪里？你为什么将如此宝物典当出来，究竟发生了什么事情！"

　　"好消息，重大好消息！"王夫之急忙找到李国相，把到典当铺了解的相关情况向他作了陈述，然后以十分肯定的口吻道："这个典当的嵌宝石花形金饰件一定出自姜思琴，也就是郭老先生的儿媳妇。"

　　"既如此，我们快去德正街找到她。"李国相兴奋道："思琴一定遇到了麻烦，到了绝境，否则，她不会典当此物的。"

"她为何不来找我们？"王夫之喃喃道，既像是问李国相，又像是问自己。

二

事不宜迟。王夫之和李国相出门叫了一辆马车，急急来到德正街，下车后四处寻找，却根本没有四十四号，这是一条无尾街，很小，亦很破旧。王夫之问了几个居户，他们亦没有看到一个年轻女子跟一个老妪住在一起，并且这里每一个都互相认识，都讲没听说有这么两个人。显然，老妪在留住址和姓名时，是刻意"乱写"的。可为什么要如此？王夫之想不明白，李国相亦很沮丧。

"我们再去善林典铺问问，看有没有别的线索？"李国相望着王夫之，说道。

"好，再去亦无妨。"王夫之点头道："事情很蹊跷，总感觉有个盖子和一层面纱，将真相盖住和捂住了。"

"我们要做的，恰恰就是掀开盖子，揭开面纱。"李国相道。

"谈何容易！"王夫之摇摇头，叹道："虽不易，亦要尽力。"

然而，当王夫之与李国相匆匆赶到善林典铺时，却见大门紧锁。王夫之感到奇怪，这种店铺平时应当在晚上酉时左右才打烊，眼下申时刚过，怎么就关门大吉了？王夫之去敲门，连续敲了几下，都没有动静。李国相从门缝里发现里面有人在走动，遂高声叫道："请开门，我们要当几件贵重物品。"

门开了，上午见到的"头柜"探出半个头来，一见王夫之，立刻用力欲关上门。

王夫之奇怪："搞什么名堂？出什么事了？"便大声报上名号，请尽快开门。

这下，门终于开了。只见老板刘善林一脸冷漠。王夫之走近一步，道："刘老板，你这是唱哪曲戏？上午才见，此刻就不认识啦？"

"夫之先生，你食言了。"刘善林冷然道。"原以为读书之人，最讲诚信，王家乃书香门第，官宦世家，按说应该德高望重，不料竟是如此言行不一，有辱斯文、有辱斯文……"

"住口！"李国相怒道："王家哪里言行不一、有辱斯文了？"

王夫之亦大吃一惊，但他觉得事出有因，连忙制止李国相，让刘善林讲下去："刘老板，究竟发生什么事情？"

"哼，你还装成这无辜的样子，真是可笑！"刘善林见李国相发怒，他更气了。他又见王夫之一副事不关己的样子，便提高声音道："夫之先生你上午来敝店，千方百计要看桂王府的宝物，还编造谎言说永历府什么参将来衡州找这个东西，如果不禀报，就有杀头之险。你还假惺惺说要帮在下，待看了宝物后，亦还叮嘱在下不要再示人。可你走了没多久，下午就来了三人，戴着面具，像强盗一样，对在下又是恐吓又是威胁，声称如不把宝物交出来，就要杀掉在下，并烧掉敝店。如此出尔反尔，此刻又装作不知道，再来找在下，你们究竟要干什么？"

王夫之和李国相一听，顿时面面相觑。有人竟然在光天化日之下抢夺人家！这还了得？

王夫之道："刘老板，你是说桂王府的宝物已经被人夺走？"

李国相见刘善林一脸冷漠，没有吱声，知道一定发生误会了，便道："对不起，刘老板，你能不能将详细情况讲一下？"

王夫之也催促道："你是不是将王某当作夺宝人了？"

刘善林看了王夫之一眼，点了点头。下午的一幕，仍然让他心有余悸。当时，刘善林与"头柜"二人正在盘点，三名戴着面具的大汉突然闯进来，为首的是个瘦高个子，一副鸭公音，开口就是威胁："识相点，赶快把桂王府的宝物交出来！"

见来者不善，刘善林使眼色，让"头柜"单独应付着，自己快速跑到后院，将宝物藏得个严实。然而，他很快就听到"头柜"惊恐地叫喊："老板，打人了！"

刘善林跑过来，见"头柜"倒在地上，三名大汉怒气冲冲，指着刘善林道："你跑哪里去？你以为藏得了宝物吗？"说罢就踢凳砸椅地开始搜店。

"鸭公音"用手指着刘善林的鼻子，吼道："快乖乖交出宝物，否则，不仅要杀掉你，还要烧掉你的店子！"

"别，别……"刘善林哪里见过这样的阵势，顿时被吓得魂飞魄散，连忙将宝物交了出来。

"鸭公音"接过宝物，扔下一锭银子，扬长而去。

这伙人一走，刘善林立即关店。他把这伙人当成是王夫之指使来的。让他略感欣慰的是，"鸭公音"扔下的银子足足有三十两。而他从老妪手里收下宝物只花了不到二十两。

刘善林觉得很意外，不像是一般的强盗。当时，如果这伙人分文不给，他也毫无办法。此刻，刘善林见王夫之带着李国相再次踏入店铺，以为是他们后悔了，要把银子拿回去。

王夫之听完后，又气又好笑，只听他严肃道："刘老板，王某是真心想帮你。既不会夺你宝物，更不会抢你银两。王某与你所讲的那伙人毫无干系。"

李国相在一旁帮腔，道："刘老板，你搞错了。王家人重情重义，衡州百姓哪个不知、哪个不晓？你讲的那种鸡鸣狗盗之徒，夫之老弟很蔑视，李某亦很鄙视！"

"那伙人有些嚣张，戴着面具，挺吓人。但人家最后给了你三十两银子，亦算是不错了。"王夫之接话道："刘老板，要是王某跟他们一伙的，既已夺得宝物，还会折回来找你吗？"

刘善林想想也觉得有理，感到不应该劈头盖脸痛骂人家一顿，他面露羞愧道："那对不住了，前番言辞确实孟浪。请问二位此番前来究竟为何事？"

王夫之道："刘老板，王某和李兄来，其实还是为那宝物的事情。"

李国相道："确切地说，我们感兴趣的不是那件宝物，而是前来典当宝物的人。实话告诉刘老板，这件宝物原持有者乃咱们的朋友。"

"那老妪留的住址，我们去找了，没有这个地方。而她留的姓名，竟是王某的名字。"王夫之道："刘老板这下清楚了吧？我们的朋友现在有难，我们想帮她，可她似乎躲在什么地方，不让我们帮忙。"

"原来如此。"刘老板更加羞愧起来，道："可是，在下亦不知道你的朋友究竟在哪里，这如何是好？"

"你不是说头一回来的是一位年轻女子吗？"王夫之启发道："你们了解什么关于这个女子的情况？"

"啊，记起来了！"刘善林叫了一声，但马上闭嘴，似乎不愿意说记起什么了。

"快说，记起什么了！"王夫之和李国相异口同声道。

刘善林望着王夫之二人，把"头柜"叫过来，道："说来有些不好意思。头一回那年轻女子来小店，因价格没谈好，就走了。在下觉得能持有桂王府宝物的人一定非常人，于是让他跟踪那女子，看看究竟是什么状况，以便再次来小店，方便谈价。"

"啊？真有你的。"王夫之本来想说你们真是不择手段，但话到嘴边没有说出，反而露出惊喜的眼光，连忙转头对"头柜"问道："那年轻女子状况怎样，你跟踪过她，你能带我们去找她吗？"

"该年轻女子就是我们要找的朋友。"李国相也急道："请辛苦一下，拜托了！"

"天色已晚，明天去怎样？"刘善林被王夫之和李国相的热心肠所打动，他同意让"头柜"带二人去找找。

"此刻离掌灯还有一段时间，我们快去快回。"王夫之迫不及待，坚持当即就走。

李国相也同样迫不及待，他对刘善林道："即刻就去，保证不误'头柜'明天来店里上工。"

刘善林拗不过，只好马上安排。

就这样，"头柜"带着王夫之和李国相离开善林典当铺，坐上一辆马车。"头柜"告诉二人，他叫汪志勇，读过三年私塾，原欲参加科举的，因家里太穷，付不起学费，亦拿不出去参加科考的盘缠，只好出来做工。头一年做了四五份工，只勉强糊口，没挣回一两银子。从第二年开始，来善林典铺，一做就是三年，由小伙计一步一步做到"头柜"。最后，他总结道："小的一直崇拜读书人，比如夫之先生和李先生你们这样的人。"

李国相有一搭没一搭与汪志勇聊着，王夫之一直没吭声，他眉头紧锁，神情严肃，甚至还流露出些许不安。

马车到了城南尽头，汪志勇率先跳下去，对二位道："前面过不了车，还要走一段泥泞小路。"

王夫之付了车费，跟着汪志勇，过了白石桥，朝乡下一条小路走去。路很窄，又刚下过雨，到处是泥，且有点滑。

汪志勇提醒二位要小心："要先落脚后跟，再踩上整个脚。这样不会滑倒。"看来，汪志勇对走这样的路很有经验。

大约走了两袋烟的工夫，前面出现一栋小茅屋，是由稻草、树皮和泥瓦建起来的，又旧又破。汪志勇道："上回我跟着那个年轻女子，一直跟到这里。我看见她进了那个小茅屋，就没有再进去。"

"哦，好。我们去看看。"王夫之道。他们又走了一会儿，终于走到小茅屋前。

此刻，天已经暗下来。王夫之仔细一看，这小茅屋共三间土房，他走近正屋前，先整了整衣冠，然后屏住气，轻轻敲了一下门。

房内静静的，没有任何声响。

李国相又重重地敲了一下门，并且提高声音喊道："有人吗？"

不一会儿，门开了。

一个老妪探出头，看了看房门前的三人，低声而警觉地问："请问，你们找谁？"

正在这时，王夫之突然发现小屋的后面，一个年轻女子的背影忽地晃了一下，立即不见了。王夫之一惊：她是谁，是琴姐吗？

王夫之正要追过去，却见老妪有些敌意地道："你们是谁，不要贼眉鼠眼的，要干什么，直接说。"

李国相见状，拉了一下王夫之，让他不要轻举妄动。

只听汪志勇连忙对老妪道："夫人，您还认得小的吗？姓汪，是善林典当铺的'头柜'。"

"是你带他俩来的？"老妪虽然花白头发，脸上有不少皱纹，但并不像一般村妇，她的头脑灵活，思路清晰，而且让人猜不出她的年龄。显然，她认识汪志勇，脸上有些冷淡，既有些不解又有些不悦道："你怎么知道老妪住此？老妪留在当铺里的地址可是德正街。"

"是这样，夫人，冒昧打扰了。在下姓王，名夫之。我们在找一个人，是他的朋友。"王夫之指了指李国相，又指了指自己："也是我的亲人。而且您在典当铺里还留了在下的名字。您能让我们进去坐一会儿吗？"

"哦？"老妪上上下下打量了王夫之一番，有些不信似的说道："你就是王衙坪的王夫之？"

"正是。"王夫之点点头。

老妪嘀咕了一句什么，王夫之没听清。她回头将三人引入家里，让他们在堂屋里一条木凳上坐下，道："家里寒碜，少有人来。见谅。"

李国相朝屋里四处看，王夫之也不断扫视全屋。老妪道："诸位不用四处看了，你们要找的应该就是沁溪姑娘。可她带着儿子昨天走了，老妪一直伤心难过。"

"啊？沁溪姑娘？带着儿子？沁溪姑娘是谁？"王夫之和李国相对望了一眼，轻轻地惊叫了一声。

"难道沁溪姑娘不是你们要找的人？"老妪冷然道。

"可是，我刚刚看到屋后走了一个年轻女子。"王夫之忍不住，问道："她是谁？"

"那是我女儿，不是你要找的人。"老妪以十分肯定的口吻道："你们要找的是沁溪姑娘。我去典当铺当的宝物也是她的。"

"兴许她改了名。"这时，汪志勇开口道，"干我们这一行的都知道，留真名、真住址的不多。"

此话倒是提醒了王夫之和李国相，但两人转念一想：如果这个沁溪姑娘是姜思琴的话，她怎么有了一个儿子？她怎么不回郭家？她不知道郭家上下都在四处打听和寻找她？不可能。这究竟是怎么回事？

王夫之诚恳地对老妪道："请问夫人，您能告诉我们沁溪姑娘去什么地方了吗？"

"老妪要是知道，就不会坐在这里伤心了。"老妪有点不耐烦。

"姆妈！"突然，一个壮硕的少年从隔壁屋里走了出来，对老妪嘶声哑气地叫道。他个子高高的，十三四岁的样子，脸上有一些抓痕。他痴呆地望着王夫之等人，表情有些木然，却一脸泪水。

老妪立即道："别怕，吉儿。你待在屋子里，一会儿娘就过来。"说完，像哄三岁小孩一样，将壮硕少年劝回到隔壁屋里去了。

等老妪返回时，王夫之起身作揖，道："真对不住，夫人，真是打扰了。如果不是难为情的话，可否略讲一下您与沁溪姑娘是如何认识的，又是如何生活在一起的，好吗？"

老妪重新坐下后，想起自己的一生，特别是与沁溪姑娘的相识，真是感慨万千，她长叹一口气，话未说出，却已泪流满面。"有什么好讲的呢？一句话，命苦，比黄连还苦！"

王夫之、李国相和汪志勇静静地望着她。

三

老妪告诉王夫之等人，她复姓欧阳，名文澜，家在常宁。十六岁那年，经人做媒，嫁给了衡州一姜姓人家，丈夫叫姜有义，从军，两人生有一女一子，女儿叫姜百合，儿子叫姜燕吉。

"啊？夫人，您的丈夫是个军人，叫姜有义？"王夫之和李国相两眼放光，"这么巧？"

欧阳文澜似乎沉浸在自己的回忆中，没有意识到王夫之的惊叫。她继续自己的讲述。她原本有一个幸福之家，女儿漂亮，儿子聪明。遗憾的是儿子十岁时得了一场怪病，变成了白痴，现在只知道叫"姆妈"和"阿爷"。但这个家，很快就被战火毁掉了。张献忠进攻衡州时，丈夫当了百户，在城北守城。开战前，他亲口答应一定会回来给女儿姜百合出嫁做见证的，可他食言了。女儿见不到父亲，死活不肯出嫁。衡州破城后，女儿得知父亲已经死去，当即吐血，不想活了。三天后她瞒着母亲去寻父亲尸骨，不料失足跌入江中，差点溺亡，幸被好心人救得一命，从此一蹶不振，每天精神恍惚，像个疯子，一直没有恢复过来，未婚夫也因此退了婚。

王夫之听了，不由倒吸一口冷气。

欧阳文澜忽地停了一下，抬起头，见王夫之等人在用心听，便垂下头，继续说下去：失去了丈夫，女儿也变得神神叨叨，她感觉自己支撑不了这个家，本来不想活了。上吊时，儿子突然出现，站在下面呆呆地看着，叫了一声"姆妈"，她手一软，倒在地上，抱着儿子号啕大哭。再后来，有人告诉她丈夫埋在城墙下，还栽了三棵松树，她本欲去拜祭，但不知怎的，她突然有些恨丈夫，恨丈夫食言，恨丈夫丢下他们孤儿寡母不管，恨丈夫让他们生不如死地活着，就这样恨着，她一直没有到丈夫坟头上去祭拜。但内心告诉她，有一天，她终归是要去的，那里有她的恨，更有她的爱。也许去了就不再回来……

"夫人，您听我说。您的丈夫姜百户，我们熟悉，是个英雄。"王夫之异常激动，大声道："我不仅认识他！他牺牲后还是我和我大叔亲手埋葬的！那三棵松树也是我和我的大叔特地栽下的！"

欧阳文澜闻言，缓缓地抬起头，脸上急剧地抽搐了一下。她紧紧地盯着王夫之，半晌，才哆嗦着厉声道："你、你认识有义？你、你真的认识我们家有义？"

"是的，夫人。我也认识他。当时只知道他叫姜百户，是条硬汉。"李国相接上话，道："姜百户负伤后，在尚德客栈里，我们给他疗伤，听他讲过家里的事情。他说他要回家见证女儿出嫁。"

"你、你也认识他？你说他是硬汉？"欧阳文澜望着李国相，声音发抖，然后转向王夫之，道："你、你说他是英雄？你、你说，是你、是你和你的大叔埋葬他的？"

王夫之有些不知所措，十分肯定地点了点头。

欧阳文澜"啊"地尖叫一声，直扑王夫之，抓住他的衣领，举起手，似乎要打他。李国相和汪志勇目瞪口呆。

正在这时，壮硕少年再次进来，弱弱地叫了一声"姆妈"！

欧阳文澜将举起的手缓缓放下，怔怔地看了壮硕少年一眼，又突然扬起手，朝自己脸上狠狠地抽去。

王夫之知道，他勾起了欧阳文澜内心的伤痛，这个家庭，主心骨没有了，她活得好艰难。他突然想起破门讲的"活生"与"生活"的区别，欧阳文澜也是"活生"矣。王夫之理解她，也更尊重她。即便她打自己耳光，他也毫无怨言，如果她觉得这样发泄能纾解她内心的伤痛的话，他真希望她能痛痛快快地发泄一下。

王夫之道："对不起，夫人，王某触痛了您的伤疤。您打我，我理解！"王夫之清楚，姜有义最后是为了救二哥参之等人而死的。但他没有把这一点讲出来，他担心说出来会起反作用。虽然王夫之也知道，姜百户当时奋不顾身，并不因为所救之人是王家人，若是别的人，他同样也会奋不顾身的。

欧阳文澜垂着头，不断抽泣，半晌才抬起头，道："夫之先生，老妪本来很感激您，也一直记着您。沁溪姑娘也说过你和衡州学子的不少事情。您有学问，有热血，又有担当，老妪特别敬佩。这就是为什么沁溪姑娘让老妪帮她典当物品时，我留的是您的名字。可是，老妪一听有义的事情，就控制不住，脑袋里像有一把火在烧着……"

"李某在尚德客栈临时伤员中心时，那么多伤员中，姜百户给我的印象最深。"这时，李国相再次插话进来，试图安慰道："他爱国，也爱家。他负伤后，本可回家，但战争没有结束，他不愿回家。伤势好一点，又重新回到战场。他不想当逃兵。他女儿也不希望有一个当逃兵的父亲。他讲过女儿订婚了，他说一定要活着去见证女儿出嫁。"李国相停了一下，特地看了欧阳文澜一眼，道："但战争很残酷。姜百户确实是大英雄，他很勇敢，是条硬汉，死得其所。"

王夫之一听李国相讲起这些事情，暗暗叫苦。心想，你真是不开窍啊。对一位妻子来说，她在乎的不是英雄或逃兵，她要的是活生生的人。再说人家提到了沁溪姑娘，你为什么不顺着她的话，转移到正题上来？你讲他一定要活着回来见证女儿出嫁，岂不是往人家伤口上撒盐？

果然，一听李国相讲起姜百户的事情，又给他戴了个"大英雄"帽子，前面王夫之也评价姜百户是英雄。欧阳文澜一听，内心汹涌，痛苦如潮。尤其讲到他要活着回来，可他回来了吗？埋在地下，栽了三棵松树就复活了？

"哼，真是好笑。"欧阳文澜一咬牙，顿时发起火来："英雄？大英雄？这可是你们读书人说的。老妪算不上读书人，却也上了几年私塾，知道家仇国恨，懂得杀身成仁。可老妪倒要问问：杀大西军就是英雄？可张献忠破城后，把姜有义列为暴徒，对他的家族进行迫害，你们读书人却对张献忠歌功颂德，称他为'仁者''明王''圣君'，荒唐吗？可笑乎？更有衡州学子主动为之树碑立传，张献忠才是他们笔下的大英雄。哼，哼！'不择手段'和'成王败寇'就是你们的判断标准？老妪一介女流，却无立锥之地安宁，整天像老鼠一样，在城里东躲西藏，提心吊胆，最后被迫逃到这个偏僻的地方来，这就是英雄用命换来的结果？你们就是这样对待英雄的家眷吗？"

欧阳文澜越说越激动，越说越快，她也不看人，只顾往下说："姜有义等成千上万的兵卒还在城头冒着生命危险守城，可桂王竟然带着侍从近卫和三宫六院，偷偷地逃了。听说那个逃兵'猪油郎'（朱由榔）现在居然还当上了皇帝，你们不以他为耻，反而还要为他去鞠躬尽瘁，天理何在？你们算不算帮凶？究竟是功名重要还是良知重要？正义在哪里？王侯将相不顾百姓死活，这样的王朝走得远吗？"

　　一席话，将王夫之质问得哑口无言。他没想到欧阳文澜遭受了如此多的痛苦。姜百户为守城而死，是守军方面的英雄。可是，姜百户被攻城一方列为暴徒，他和他的家庭因此受到牵连，再次受到伤害。这就是当英雄的代价？王夫之脸上烧得生痛，仿佛有一根鞭子在猛烈地抽打他。他没料到这个避居乡野的老妪居然有如此胆识和境界，说出这样的"惊世之言"和"忤逆之言"，许多尖锐的质问也正是王夫之的困惑，或者说是他想到但不敢说，甚至不敢往更深层去思考的东西。

　　李国相也没料到欧阳文澜如此能说、敢说、会说，他也不知道该如何反驳。他和王夫之一样，只怔怔地看着欧阳文澜，不知道她还要说出什么"逆天之言"。

　　汪志勇倒是机灵，他见气氛不对，忙转移话题，清了清嗓子，对欧阳文澜道："夫人，天都黑下来了。我们得回去了。"然后，他又转过头，对王夫之和李国相道："不早了，我们该走了吧？"

　　"哦，对不起，只顾发泄，恩仇不分，水都没有倒上一杯。"欧阳文澜发泄一番后，看了一下外面黑沉沉的天空，情绪得到了控制，语气缓了下来，她扫了一眼三人，道："夫之先生，你们为有义治疗，最后又埋葬有义，应该是老妪的恩人。如不见外，我去简单弄点饭菜，吃了再回去，行么？"

　　就在这时，一个年轻女子提着一桶水走了进来，她看了一下王夫之等人一眼，冷冷地哼了一声，径直走过去，将水倒进一个水缸中。

王夫之看着她，明白她就是姜百合，心想，这姑娘长得真美，像她母亲。欧阳文澜年轻时，也一定很美，现在经历了沧桑，仍然不失精致的气质。只可惜，残酷的战争毁了这个家和他们原本该有的幸福。

欧阳文澜冲着女儿道："朵儿，夫之先生和他的朋友来了。是夫之先生亲自埋葬了你的父亲。"她叫姜百合为"朵儿"，让王夫之听得十分亲切。女儿就是父母掌中的明珠、心中的花儿。

姜百合回头认真看了王夫之等人一眼，眼里闪烁出某种怪异的笑容，嘴里嘀咕一句什么，转身走进另一间小屋。

"唉，见笑了，夫之先生。"欧阳文澜叹道："不管朵儿罢，她还在恢复中。我来弄点简单吃的。"

"就有劳夫人了。"王夫之顺着欧阳文澜的话说道。因为，有关她和琴姐姜思琴的相识与生活的情况，她还只字没提呢，而这，才是本次来的最重要目的。一起吃顿饭，在气氛好的情况下，以拉家常的方式，她应该会讲出一些事情。

欧阳文澜确实能干，约莫一盏茶的工夫，几个小菜就端了上来。姜百合和姜燕吉也出来帮忙。王夫之觉得姜百合虽然还有些忧郁而恍惚的神情，但总体还算正常。而姜燕吉也不是原先想象的那样啥都不懂，只是反应迟钝些罢了。

欧阳文澜招呼着大家围在一煤油灯下，边吃边聊。可能因为来了客人，姜百合和姜燕吉姐弟俩有些兴奋，不时看看王夫之等人。

果然，扒了几口饭后，欧阳文澜主动提到沁溪姑娘的事情。她告诉王夫之：她是在城东一个废墙下见到沁溪姑娘的。当时沁溪姑娘披头散发，脸色没有一点血色，已经昏迷。欧阳文澜发现她的心脏还在跳动，遂就近背到一中药铺，花了点钱，将她救了下来。

沁溪姑娘显然受到了巨大刺激，她苏醒过来后，不停地尖叫，眼里流露出恐惧的目光，后来稳定下来，还不停地说着什么，语速极快，含混而模糊。

当时，正遭受丧夫巨痛的欧阳文澜，面对神志不清的沁溪姑娘，她强忍着自己的伤痛，将沁溪姑娘带回家中。"真是有缘。"欧阳文澜在讲述时多次提到"缘"这个字。

在身体恢复的过程中，沁溪姑娘告诉欧阳文澜，她叫沁溪，其他的信息，她说不清，或者不想说。

欧阳文澜就一直叫她沁溪姑娘。在她的精心照料下，沁溪姑娘慢慢露出了本色。欧阳文澜这才发现，沁溪姑娘是如此美丽，她把沁溪姑娘当成女儿，姜百合把沁溪姑娘当成姐姐，正可以抚慰她的伤痛。

沁溪姑娘与姜百合、姜燕吉相处得很好。

然而，令欧阳文澜深感意外的是，沁溪竟然有孕在身，并执意要将孩子生下来。而更令欧阳文澜感到意外的是，沁溪姑娘常常在梦中呓语，诅咒一个叫"凡子高"的人，骂他"牲畜"，叫他"恶魔"。

"啊？凡子高？"王夫之惊恐地叫了一声，脱口而出："莫不是樊志高？"

李国相眼光发直，也露出不可思议的表情。

欧阳文澜对王夫之惊叫不予理会，继续说道：八个多月后，沁溪姑娘生下了一个儿子，取名"鲍丑"，小名"丑丑"。欧阳文澜原以为沁溪姑娘会跟她一辈子生活在一起的，她把"丑丑"当孙子看待。一家人艰难地生活了近三年。由于家里贫穷，生活难以为继，欧阳文澜把祖上留下的东西都典当完了，沁溪姑娘都看在眼里。

忽然有一天，沁溪姑娘拿出自己的一件宝物去善林典当铺，但当天回来时，不断摇头叹息。

第三天，沁溪姑娘下决心把宝物交给欧阳文澜，告诉她底价，让她再去当铺，结果忍痛割爱，终于当掉了。

"晚上回来，老妪把银子交给沁溪姑娘的时候，她一直呆呆地看着身边的丑丑，不知在想什么。"欧阳文澜重重地叹了一口气，道："翌日上午我因事去城里，晚上回来时，发现沁溪姑娘留下典当宝物的全部银两，带着丑丑走了……"

"沁溪姑娘没有透露去什么地方吗？"王夫之急着问道。

欧阳文澜摇了摇头，站起身来，道："唉，缘尽了。老妪命苦，这一辈子恐怕都见不到她了。唉，多好的人儿。"

线索中断了。王夫之和李国相对姜思琴的处境虽然觉得揪心，却也无可奈何。王夫之将五两银子悄悄放在饭桌边，用碗罩着，然后慢慢站起来，对欧阳文澜道："姜夫人请多保重。一有沁溪姑娘消息，我们一定告诉您。您若有她的消息，也请及时告知我。"

"这么晚了，你们还要回去？"欧阳文澜嘀咕一句，姜百合和姜燕吉也用挽留的眼光望着大家。但是，家里实在容不下三个人住宿，欧阳文澜只好拿了一节长长的松结油，做成火把，交给王夫之，道："天黑路滑，你们当心点。"

外面黑漆漆的，没有一点星光。王夫之举着火把，挥手告别了欧阳文澜和姜百合姐弟，李国相和汪志勇紧跟其后。他们心情沉重，沿着泥泞的小路，朝衡州城方向逶迤走去。

王夫之回到王衙坪时，已经是凌晨一点。

王夫之刚到门口，他就吃了一惊：父亲大人还没有睡，正眼巴巴地望着大门外。

"父亲大人，您怎么还不睡？"王夫之快速进门，大声说道。

王朝聘仍然一声不哼，眼睛怔怔地望着外面黑沉沉的天空。

王夫之将屋子里的松结灯拨亮一点，快速扫了一眼屋内，又道："母亲大人？怎么不见母亲大人？”

“她、她不见了。”王朝聘这才嘟哝一句，道："这黑灯瞎火的，我
四处找，都没找见。”

“啊？母亲大人不见了？”王夫之脑袋"轰"的一声，顿时蒙了。母
亲大人为什么不见了，她去了哪里？大哥、二哥等人都在南岳山上，此
刻到哪里去找她？王夫之顿时急傻了眼。

四

王夫之为失踪的姜思琴担心，他的母亲谭孺人也在为一直没有消息
的姜氏四姐妹担心。十指连心。事实上，远在永历朝的姜善棋不仅为自
己的姐妹担心，也时时牵挂王衙坪的姨父姨母和三个表哥，特别是王夫
之，两人年岁相当，见面次数最多，且夫之是三个表哥中最有才华、最
与她谈得来的人，她尤为思念。

姜善棋做梦都没有想到，自己的命运如此跌宕起伏，惊心动魄；她
更没有想到，她会知晓桂王府的惊天秘密，毫无预兆地卷入危机四伏的
历史旋涡中。

只是因为，她被真实且荒唐的历史选中，成了神秘高贵的香妃，成
为永历帝朱由榔的枕边红人。

应该说，朱由榔是不幸的，更是幸运的。造化弄人，他成为新桂王，
随后快速登基，当上了皇帝，不管这个皇帝是君临天下的大皇帝还是割据
一方的小皇帝，总之是皇帝，皇帝拥有的东西他都有。比如，他是永历帝，
用的是永历年号，开口称"朕"，闭口称"孤"或"寡人"，穿的是黄袍，
坐的是龙椅，众臣跪拜三呼"万岁"，至于三宫六院等，亦应有尽有。

所有这一切，背后似乎有一双无形之手，推着他不由自主地往前走，

朱由榔把这双"无形之手"看成是"天命"。"承天命,臣天下"。这就是皇权的因与果。

然而,朱由榔又是极其不幸的。他当桂王后来成为永历帝靠的是王阁昆的诡诈与奸计,毒杀王兄,让他身上沾了有违道义的鲜血。他当的是南方的小皇帝,而且是个弱主,当得牵强,更当得窝囊。他一生不断地流浪,不断地妥协,外患不断,内斗不息,最后被吴三桂辱杀,死无葬身之地。他的堂兄崇祯上吊自杀,他连自杀都做不到,只有被射杀的分儿,还有比这更悲惨的"天命"吗?

当然,永历帝的幸与不幸既是历史的因素促成的,也是他个人的悲剧性格铸成的。围在他身边的都是境界不高的宵小之辈与虎狼之徒,无论是王阁昆、翁不群还是马暨垂,这些人既是永历帝的依赖者,又是他权力的制约者和损毁者,他们每一次狐假虎威,发号施令,都是对他权威的损害和侵蚀。永历帝从登基那一刻起,他就觉得自己生活在一张充满毒性的蛛网中。要想有所作为,他必须清君侧,肃宫廷,复大权。在外有强敌、内有宫斗的残酷现实中,永历帝的才情、品性与意志最终决定了他的格局、境界和作为。

当永历帝还是四王爷朱由榔的时候,他的王兄朱由榲脚踏两只船,既与姜思琴有鱼水之欢,又对姜善棋有枕衾之恋。朱由榔对姜思琴只是尊重,对姜善棋则是念想。姜氏姐妹是翁不群与王阁昆特地安排给两位王爷的"极品礼物"或"最好贡品"。翁不群用尽心机,得到了实实在在的享受;王阁昆不动声色,却得了制衡翁不群的致命把柄。朱由榔知道姜思琴嫁给了郭衮冕,对有夫之妇,他从心理上有些抵触,尽管姜思琴确有其妩媚与动人之处,但他更醉心于姜善棋的靓丽单纯,更愿意无拘无束地与其纵情于诗琴书画与弦乐中。

张献忠破衡州前夕,朱由榲不顾一切救回姜善棋,让朱由榔又气又恨又暗暗欢喜。阴差阳错的是，朱由榔与姜善棋等被刘文秀俘囚于永州，姜善棋居然说服刘文秀连夜押送他们回衡州，结果中途被马暨垂、管时求和刘子参等人救出，最终回到梧州，回到父王身边。

父王朱常瀛在世时，朱由榔对姜善棋的情感不露声色，表现了足够的克制与礼仪。朱由榗却放纵自己的情感，毫不收敛，置父王的警告于不顾。朱常瀛异常恼火，觉得朱由榗胸无大志，只是声色犬马之徒。而朱由榗对姜善棋的执着与迷恋让朱由榔悲喜交加，喜的是朱由榗纵情声色令父王极其失望，悲的是自己喜欢的女人被别人占有。

朱由榔万万没有想到，父王的遗诏竟然囿于正统，将王位传给了"胸无大志"的王兄朱由榗！好在王阁昆与翁不群等合谋，让他移花接木，有惊无险地成了新的桂王，继而监国，最后登基称帝。成了新的桂王特别是皇帝后，朱由榔什么都有了，包括至高无上的权力，包括美人姜善棋，他立刻赐予其"香妃"名号，他用皇权的程式确认了"香妃"的合法性和崇高性。

当后宫有人议论姜善棋的出身以及其与朱由榗的关系时，永历帝一句话就回复了："香妃对朕有救命之恩。"有了"救命之恩"的护身符，所有的杂音戛然而止。

确实，永州之夜，惊涛骇浪，救命之恩，没齿难忘。对施救者感恩戴德，此乃天经地义之事。永历帝如此重情重义，谁还敢置喙半句？

姜善棋身上有一股天生的体香，淡淡的，幽幽的，闻之着迷，吸之成瘾。奇怪的是，这种体香并不是所有男人都能闻到。只有让姜善棋有些感觉或有些心动的人，她的身体才会洋溢出通透的、温暖的、柔和的气息，这些气息从她肉体的每个细胞发出，飘在空中，发出一种如淡淡桂香似的东西，男人吸入后，异常清爽和舒服。姜善棋对老桂王、三王爷和四王爷都怀有感恩之情，因而，他们都能感受到姜善棋身上的体香。

只不过，老桂王年岁既高，身体又不好，心有余而力不足。而且姜善棋在他们面前表现得中规中矩，对老桂王更是敬重有加。

有一次，老桂王吐出一口浓痰，落在地上，一旁侍候的使婢用手扫了扫鼻尖。而姜善棋却立即将地上的浓痰用自己的手绢包住，提到外面，放进痰盂中，回来又用一小巾将地面擦干净。

老桂王见此情景，甚为感念。从此，再也不提姜善棋的身世。

现在，朱由榔成了永历帝，但姜善棋还是姜善棋，她并没有成为皇后，也不去争那个万人瞩目的皇后。说到底，这是由姜善棋的志向所决定的，也是由她对皇宫的深入了解和审时度势所决定的。比起极不自由的皇后，她更乐意做永历帝的香妃。

姜善棋很清楚，名号的高低一点也不妨碍朱由榔对她的欢喜、痴情与宠爱，这才是重点。

比起历代王朝，永历朝堂的明争暗斗有其独特的地方。王阁昆、翁不群、马暨垂等，都是永历帝的心腹，对拥立永历帝都起到了至关重要的作用。永历称帝后，这几个重要人物由抱成一团到各据一方，与丁魁楚、堵胤锡、瞿式耜、高世泰和方玄痴等人多番较量，很快将权力进行了分割。权力的争斗从来都是残酷的、带着血腥的殊死较量，来不得半点仁慈与克制，一切都是放肆的、赤裸裸的。

姜善棋卷入历史的旋涡不是为了权力，但她有自己的隐痛、自己的伤痕、自己的仇恨，这些与权力无关的东西压在一个女子身上，就会爆发出惊人的力量。但姜善棋一直隐忍着，她密密地包裹着自己，不暴露半点野心，亦不露出一丝锋芒。她像个精明的算计者和局外人，冷眼旁观，了然于胸，她知道谁在借刀杀人，谁在笑中藏毒，谁在拉拢和利用她。姜善棋很好地把握了各方力量，包括永历帝本人。基于永历帝的宠信，她的话，有时成为一方制胜另一方的关键。当看到仇人一个又一个被清除的时候，她体会到"杀人不见血"的快感。

特别是翁不群，临死都不知道真正斩他的人正是"棋姑娘"，却还在感激她在永历帝前帮忙说话，那一刻，她的头脑异常冷静，她知道自己做了什么……

这天一早，翁不群急匆匆来到亓辉宫找姜善棋。

"亓辉宫"是姜善棋所命名，取《墨子·备梯》"身死国亡，子亓慎之"之意。姜善棋告诫自己要时时留意，处处小心，其实隐含了她的志向。她喜欢刘禹锡的一首《竹枝词》："瞿塘嘈嘈十二滩，人言道路古来难；长恨人心不如水，等闲平地起波澜。"人心莫测，翻云覆雨，她只有小心，再小心。

姜善棋听到婢女采诺禀报，立刻出门迎接，行礼道："翁大人快快请进。"待坐定看茶后，姜善棋又道："翁大人不去早朝，却来小妃处，却为何故？"

翁不群干咳了两声，嘿嘿一笑，道："香妃现在是皇上身边大红人，今天有否早朝，香妃还不清楚？"

姜善棋道："小妃既非朝廷命官，又非后宫重臣，焉知朝廷之事？"

翁不群一怔，明知道是姜善棋找的借口，却又不便反驳，只好道："哦哦。皇上今天一早去了内务府，不上朝。"

翁不群嘴上这样说，心里却极其不爽。他想：你这个小蹄子，当年如果不是老子把你四姐妹救出"湘春楼"，你们不都是人尽可欺的艺妓，哪里有今天的荣华富贵？老子帮你一家报了仇、雪了恨，也帮你从永州脱险，让你最终赢得皇上的信任与感激，没有老子，哪里有什么皇上身边的红人和香妃之说？

虽然翁不群极力掩饰着内心的不悦，但他脸上的表情还是有些不自然。姜善棋是何等的敏感！正是翁不群不悦和不自然的细微表情，一次又一次触痛姜善棋心底的伤疤和隐私，也不知不觉让翁不群自己扎紧了上吊的套绳。

在姜善棋看来，不错，是你翁不群领着桂王将我们四姐妹救出了虎口，但你的私心和色欲瞒得了桂王，能瞒得了伤心欲绝的我们？当年去"湘春楼"要将姐姐破处的是谁？在姐姐以死相逼不从后，你又打起了我的主意。直到进了桂王府，桂王都放了我们，而你却色胆包天，不顾我们的一再反抗和乞求，硬是夺去了我们的贞操。那些日子的屈辱和血泪，是所谓的香妃替代得了的？后来我们跟了三王爷和四王爷，可你还像鬼影一样，一次又一次纠缠，如有不从，你就用种种恐吓胁迫我们。姐姐嫁给了衮冕哥后，你还没有收敛自己，把我们姐妹当作发泄肉欲的工具，尽情踩躏，一次次用变态的方式折磨着我们。每次看到你那张老脸我就想呕吐，我和姐姐曾经发誓，不管是谁，只要有机会，绝对不会放过你。

姜善棋觉得心中的仇恨就像是一湾溪水，她的灵魂是水中的石子。她越是被仇恨打磨得圆润光滑，她的灵魂就越是坚硬如磐。她相信，仇恨隐藏得越深，爆发的冲击力也会越大。姐妹不知在哪里，姨父、姨妈以及三位表哥也不知身在何方。她在永历朝独自面对这一切，稍有不慎，就会跌入万劫不复的深渊中。她别无选择，她必须审时度势，把握好报仇的时机与节奏。

"小妃一直记着翁大人的救命之恩和栽培之情。"姜善棋柔声道："因此，翁大人有什么事，请吩咐就是。小妃必会尽全力以报恩之心为之，并以此为荣。"

"呵呵，香妃言重了。"翁不群听了，感觉很舒服，道："话已至此，翁某确有一事相告。"言毕，他看了一旁的采诺一眼。

姜善棋朝采诺使了一个眼色，采诺立即告退。

姜善棋道："翁大人请说。"

翁不群忽然重重地叹了一口气，道："内务总管王大人知道我们的不伦之事。"他故意将他与姜善棋的关系定性为"不伦之事"，故意以此激怒姜善棋。其潜在的意思是：我们现在是一条船上的人，一旦王阁昆把我们的事情公布出去，不仅我命难保，你的命亦不保。

姜善棋一听，果然极其愤怒。她觉得自己被强暴、被剥光，原以为只有她和翁不群知道，没想到大太监王阁昆也知道，她对王阁昆总是用阴森森的眼光看她原本就厌恶，此刻更加重了这种厌恶。而翁不群将他对姜氏姐妹的强暴定性为"不伦之事"，虽然貌似准确、贴切，却令人难堪、恶心。既然违天理、逆人伦，你为何不顾我们的哀求，一次又一次强行为之？

当然，姜善棋知道翁不群的险恶用心：一是绑定他与她的关系，二是加强她对王阁昆的恨意。只见姜善棋也长叹一口气，道："世上诸事，善恶有定。若要人不知，除非己莫为。"意思是，既悔今日，何必当初？

岂知，姜善棋的话竟被翁不群理解成：既然做了，就不要后悔。也就是说，他把姜善棋当成了同一条船上的人。

正因如此，翁不群忽然压低声音道："棋儿，有一件天大的事，是关于皇上的，不知道你听说过没有？"

"啊？"姜善棋听到翁不群叫她"棋儿"，顿时浑身不舒服，起了厚厚的鸡皮疙瘩，但她不露声色，道："翁大人不说，小妃哪里知道？"她特地将"小妃"二字加重了语气，以此保持与翁不群的距离。

五

"翁某知道武夷先生是你的姨父，王夫之等三兄弟是你的表兄。"翁不群没有感觉到姜善棋的异常，极力想拉近彼此间的距离，他望着姜善棋道："基于你我的特殊关系，这些年，翁某对于王家人的关照，翁某问心无愧。"

"哦？"姜善棋见翁不群谈及王家人，故意道："看来，姨父最后一次赴京入朝，果真是翁大人的功劳？"

"翁某承诺给武夷先生至少谋个四品以上官职，但武夷先生一身傲骨，甘做清流，主动去国子监当差，亦是人尽其才矣。"翁不群又看了姜善棋一眼，不无得意道："武夷先生来桂王府成为两位王爷的恩师，亦是翁某荐举。翁某还叮嘱高世泰、堵胤锡等对王夫之多加关心，让罗亦簏和朱归孺等衡州地方官僚对王家尽力照顾。当然，这些皆为举手之劳，翁某无意在此表功。"

"翁大人真是用心良苦。"姜善棋冷冷道："小妃替王家人感谢翁大人。"

"其实，翁某还有一系列计划扶持你和王家人。"翁不群凑近姜善棋，继续小声道："香妃听说过永历帝登基前的《劝进表》和《永历颂》之事乎？"

"都传《劝进表》乃武夷先生即我姨父所撰，《永历颂》乃王夫之即我表哥所写。"姜善棋淡然道："可我一直不信。"

"啊？为什么？"翁不群吃惊地望着姜善棋。

"很简单，果真如此，他俩应该会出现在皇上登基大典中。"姜善棋道："即便来不及参加庆典，其后也会很快来朝中任职的。"

"棋儿真是聪明，还真让你猜中了。"翁不群道："实话告诉你，《劝进表》乃翁某所写，《永历颂》亦不是夫之先生所为。"

"何以如此？"姜善棋依旧冷冷说道。

"当时情势所逼，不得不如此。"翁不群道："按照翁某的计划，以武夷先生和夫之先生之名分别发布《劝进表》和《永历颂》，令满朝文武百官皆知武夷先生和夫之先生之大名，翁某在适当时机奏请皇上，下旨令二位来朝共谋大业……"

"翁大人想得真是周到。"姜善棋道，"为何至今没有动静？"

"原本这一切皆在翁某掌控中。"翁不群道："不料，内务总管王大人以为翁某在扩充势力，极为妒忌，百般阻挠，不断设卡，使好端端的事情变得不可捉摸，甚至滑向危险的境地。"

"哦？出什么事了？翁大人如此不安？"姜善棋暗暗吃惊，心想：这个老滑头，遇到什么危险，竟要向她倾诉？

"说来真是不该。"翁不群摇摇头，定定地盯着姜善棋，半晌，才叹道："当初老桂王留下的遗诏，其实是让三王爷继位的。是王阁昆逼着翁某仿写另一个让四王爷继任的假遗诏。"说到这里，翁不群特地停了下来，又快速看了姜善棋一眼。

姜善棋在心里尖叫了一声，一股冷气直逼后脊：这才是老滑头来找她的动因。但她装作若无其事的样子，故意顺着他的话说道："此事皇上跟小妃提及过，还夸你模仿得极像。皇上登基，全靠你与王大人精心设计，鼎力相助。"

翁不群一怔，半信半疑，如此重大的秘事、丑事，皇上焉能随意说出？多一个人知道，就多一分泄露的凶险。翁不群看着姜善棋，发现她说得极其自然，没有半点意外的意思，不由"咯噔"一下，心想：皇上毕竟也是人，在心爱的人面前，还有什么不能说、不敢说的？即便由于高兴，说漏嘴也不会去改口掩饰。因为，他是皇上。

事已至此，再去揣测姜善棋是否知道此事已没有意义，重要的是，他要与姜善棋结成同盟，共同对敌。于是，翁不群显得愤愤不平道："哼！王大人明明就是一个小人。可他现在大权在握，欺上瞒下，不可一世，唯一可以制衡他的就是翁某与马大人。"

"翁大人说得极是。"姜善棋道:"无论功劳、苦劳,王大人皆不及翁大人。"

"棋儿,你有所不知,王大人正提着屠刀,暗暗地砍向翁某和马大人,欲除之而后快。"翁不群停了下来,用一种怪异的表情,看着姜善棋。

"有这么严重吗?"直到此时,姜善棋才故意表现出慌乱和恐惧,仿佛二人真是同盟者似的,道:"翁大人岂能坐以待毙?"

"翁某当然会奋起反击。"翁不群轻声道,"但需要棋儿你的支持和配合。"他一边说,一边伸出手去抚摸。

姜善棋厉声道:"翁大人请自重!"

"呵呵,翁某知罪,翁某知罪。"翁不群缩回手,讪讪道。他需要姜善棋帮忙,可不能因小失大。姜善棋早已不是当年那个可以任他肆意妄为的单纯小女子了。

姜善棋忽然柔声道:"小妃欲知道,翁大人如何反击?"她之所以柔声,是因为她想知道翁不群究竟要如何去做。

"翁某琢磨,王大人能置翁某于死地的只有与你的'不伦之事'这个把柄。"翁不群阴森森道:"翁某其实也有王大人的把柄,但需要你帮忙,才有可能让皇上相信。"

"请说说王大人的把柄。"姜善棋又一次听到"不伦之事",就如同吞了一只苍蝇,十分难受。

"王大人口口声声,老桂王的遗诏原本是让三王爷继位,对不?"翁不群道:"此话只是听王大人说的。翁某想,要是老桂王的遗诏原本就是让四王爷继位,那当如何?老桂王生前就对三王爷不满,对四王爷更寄予厚望,这是朝中上下都知道的事情。"

"翁大人什么意思?"姜善棋眼睛瞪得很大,吃惊道。

"翁某的意思是,王大人为了贪一己之功,故意颠倒黑白,把四王爷继位的法理推倒，让皇上一辈子生活在弑兄夺位的阴影之中。"翁不群道："如果我们强调，老桂王的遗诏原本就是让四王爷继位的，王大人就犯了欺君之罪，这是死罪。杀了王大人，无论遗诏真假，皇上应该都很高兴。"

姜善棋吓出一身冷汗。这个计谋应该说很歹毒。如果得逞，王阁昆确实难逃死罪。"可是，口说无凭，皇上何以相信？"

"这个不难。"翁不群胸有成竹地道："我对遗诏记得很清楚。再仿写一张四王爷继位的遗诏，盖上御玺即可。"

"然后？"姜善棋觉得这一招十分阴损。

"翁某再派人秘藏于王大人的房中。到时抄家时，即可搜出来。"翁不群道，他看着姜善棋，又道："翁某需要棋儿帮忙的是，将仿写的遗诏盖上御玺。这一点，只有你能够做到。"

姜善棋终于知道翁不群希望她去做的事情，不觉一震，这当然也是一着险棋。如果不成功，就会人头落地，血流成河。如果成功，她既是成全翁不群，亦是成全自己。她权衡了一下，于是轻声而决然道："此事极其重大，而且极其凶险，但小妃愿意一试，以报翁大人之恩于万一。"

"有香妃此言，翁某即可放心矣。"翁不群极其高兴，阴笑道："此事天知地知，你知我知也。翁某告辞。"

姜善棋冲待在外面的侍差采诺叫道："送客。"

就在翁不群在亓辉宫与姜善棋密谋如何对付王阁昆并置他于死地时，王阁昆正在内务府一把眼泪一把鼻涕地接待永历帝，历数翁不群如何狂妄自大，不可一世，从来不把他王阁昆放在眼里，他尤其郑重地向永历帝密告翁不群的"忤逆之罪"。

永历帝放弃早朝，特意到内务府来巡察，本身就表明他对王阁昆的信任和依赖。

"翁大人每每以帝师自居，微臣为皇上着想，凡事以社稷为重，然稍与其相左，必遭贬斥。"王阁昆哭诉道。"微臣读书不多，但对皇上忠心耿耿，日月可鉴矣。"

"翁大人确有些过分。朕自会敲山震虎，请爱卿放心。"永历帝安慰道："爱卿对朝廷、对朕一片忠心，谁人不知？"

王阁昆道："微臣受点委屈倒没什么，只怕翁大人……"

"但说无妨。"永历帝见王阁昆欲言又止，便道："朕今日破例不上朝，来内务府，就是欲听朝堂无法听到之真言。"

"皇上，不瞒您说，翁大人不止一次忤逆皇上。"王阁昆凑近永历帝，低声道："他说皇上有'弑兄篡诏'之罪。微臣听过两回，权当酒后醉语。不知翁大人还在别的场合跟他人说过否？"

"此话当真？"永历帝脸色一沉，这是他隐藏在心底最痛的伤疤。

"皇上，微臣如有半句谎话，愿遭天劈！"王阁昆立即起誓，并提醒永历帝："皇上可以问问马大人，看他是否听到了什么？"

说实话，马暨垂极不喜欢王阁昆，总觉得他阴阴的，一个太监，管得却比皇帝还宽。此外，他也不喜欢翁不群，觉得这个人每每以帝师自居，动不动"之乎者也"，仿佛天下只他一个人读了书似的。因此，当王阁昆告诉他翁不群这些忤逆之言并说皇上有可能来问询验证时，他表示愿意配合王阁昆。翁不群也的确说过永历帝登基全靠他和王阁昆之语，翁不群说此话的本意是向马暨垂表明他在皇上心目中的分量，但他并没有向马暨垂透露相关细节。而王阁昆借机以传话的方式将改诏的细节如实说出，这样就变成是翁不群透露出来的了。

翁不群离开亓辉宫后，姜善棋顿时陷入对姐妹的疯狂思念以及对王衙坪的温馨回忆中。翁不群所言看起来是真的，但她不明白姨父何以回到了故乡，也没有听表哥们提起过姨父的四品大官。说到底，即便翁不群说的关于对王家人的种种关照都属实，也无法减轻多年来积压在姜善棋心头上那些刻骨铭心的痛苦与仇恨。这是一场困斗，不只是关乎她个人的安危与荣辱，也关乎她的家人、朋友和仇敌，甚至国家与民族。没有人坐以待毙，也没有人轻言放弃。每个人自觉或不自觉地置身其间。这样的困斗看不到硝烟、厮杀，可又比硝烟、厮杀更为惨烈。几乎没有胜利者，只有成功者与失败者。即便是成功者也很难尽享胜利者的喜悦，因为困斗已经耗尽了他们的所有。姜善棋原本置身于这场困斗之外，但现实太残酷，姜善棋被强力推进了这场困斗中，并因此遭受许多本不该遭受的磨难和痛苦。她正视这些痛苦，明白自己只有奋起反抗，才有可能减轻痛苦。因为姜善棋不是生来就要忍受这些痛苦，更不是生来就要报仇的。她来到这个世上，是为了享受生命本身应有的平等、尊严、安宁与幸福的。当她的幸福被邪恶的力量粗暴地撕毁，现实的残酷所带来的沉重已远远超过了一个弱女子所能承受的压力的极限，她只有奋起一搏，向邪恶投出致命的血炸弹。纵使玉石俱焚，她也无怨无悔。

第二十二章　孽债

一

王夫之从姜百户的遗孀欧阳文澜处回来，发现母亲不见了，急得心都快跳了出来。本来王夫之从刘子参那里知道姜善棋在永历朝生活得很好，姜思琴也有了一点消息，这些都让人多少有些欣慰。但他还来不及把这些事情跟母亲报告，她竟然不辞而别，不知道去了哪里。

"母亲大人一向通情达理、顾全大局，此次怎么如此莽撞？"王夫之心里犯嘀咕，他知道，估计是父亲大人惹她急了。

王夫之哪里知道，就在姜善棋被翁不群、王阁昆等人拖入明争暗斗的旋涡而不能自拔时，她的大姨，也就是王夫之的母亲谭孺人比以往任何时候都更加想念起她们四姐妹来。谭孺人说过多次要去尚德客栈寻找姜思琴和姜善棋，都被王朝聘呵斥住了："听说尚德客栈早在战火中烧掉了，四姐妹也是杳无音讯，你到哪里去找她们？"

"客栈烧掉了，人烧掉没有？如果人也烧掉了，总得留有几块骨头吧。如果人没有烧掉，总得在世上某个地方呀。"谭孺人固执道："总不能四个大活人，一下子啥都没有吧！尚德客栈找不到，我就去耒阳找。"说到这里，谭孺人突然流泪道："昨天晚上我又梦见堂妹，还有妹夫姜秀才，他俩都哭着问我，四个女儿都去了哪里？"

"你整天神神叨叨，让人烦。还要到耒阳去找，要去，你一个人去，我不去！"王朝聘气呼呼地说："天塌地陷，孩子们都在南岳山上，眼下时局稍好一点，你就跳起来要搞事情，这个家你还要不要？"

"我就想去找找她们，不应该么？我又没要你陪着去。"谭孺人道："我的弟弟也死了。这个世界上，除了孩子们，我还有别的亲人吗？"谭孺人说着，又忽地哭了起来，她责备王朝聘道："你就是个冷酷的人，只想着自己和王家的事情。可堂妹一家，也是我在世上的亲人。没有这些挂牵，我的心里就空了，你知晓不？"

"我不跟你争。"王朝聘被谭孺人哭得心烦意乱，冷冷道："你变得越来越无理了。你想怎样就怎样，我管不了，也不想管。我只想一个人待在王衙坪，一个人清静清静。"说完，王朝聘"啪"的一声，将房门关上，气呼呼地去了书房。

然而，傍晚的时候，王朝聘出来，发现家里冷冷清清，喊了几声，没有回应。他又在家里四处找，每个角落都找了，也没看到谭孺人，王朝聘顿时慌了起来，心想：难道真的去找耒阳四姐妹了？一点线索都没有，你到哪里去找？王朝聘急得老泪纵横，看着家里死气沉沉，这才感觉到，老伴，老伴，人老了，这个"伴"该有多重要。

"就这些吗？父亲大人再想一想，母亲大人没有说要到哪里去找人？"王夫之得知王朝聘晚饭也没吃，说完，就忙着要给他做点吃的。

"都乱套了。我此刻哪有心思吃东西？"王朝聘道："你快快叫人，满城去找找。"

王夫之见父亲大人急得六神无主的样子，无比心酸。他叹了一口气，对王朝聘道："父亲大人，您不用急。我正要跟您和母亲大人说，善棋妹在永历帝身边，不要担心。"

"哦，善棋在永历朝？"王朝聘感觉有点意外。

王夫之点点头，又道："思琴姐也有了一点线索，郭家人也在全力找她，相信不久就会有确切消息的。"

"嗯，有了线索就好。"王朝聘嘀咕了一句，情绪有了一些缓和。

王夫之继续说："至于晓书妹和若画妹，虽然还没有她俩的消息，但伯实兄在找，我们也在到处找寻。"

"唉，这四姐妹真让人操心。"王朝聘自言自语，"这年头，活着比死难矣。"

"再难，也要活下去。"王夫之在心里这样说。他端了一杯水给王朝聘，道："父亲大人，我现在就去找母亲大人，您不用急，早点休息吧！"说完，他关上门，顾不上疲惫，摸着黑，朝尚德客栈方向快步走去。

王夫之急匆匆地走到街上一个棺材铺旁，突然后面有人喊了一声："夫之先生！"王夫之一回头，发现竟然是奚鼎铉，遂有些吃惊道："你叫我吗？"

"是的，夫之先生！"奚鼎铉快走两步，顾不上气喘，说道："朱归孺朱大人请你去一趟。"

"朱大人找我？现在？"王夫之更加吃惊了，道："可我此刻有急事。"

"朱大人的事也挺急的。"奚鼎铉迟疑了一下，道："应该跟你家小叔家聘先生有关。"

"啊？我家小叔？"王夫之十分奇怪，道："他出什么事了？"

"具体情况，我也不知道。"奚鼎铉挠了挠头，道："接连几天，我在府里都没碰到他。以前每天都能见面、打招呼，挺随和的一个人，突然间不见了，失踪似的，叫人担心。"

"你夫我小叔家找过吗，还有我大叔家或别的地方？"王夫之实在急着要寻找母亲，他不想因为小叔的事拖延对母亲的寻找。

"都找遍了，包括你家也找过。"奚鼎铉道："正因为几天不见了，朱

730

大人才让你去见他。"奚鼎铉边说边拦了一辆马车,对王夫之做了个"请"的手势。

王夫之心急如焚,但没办法,只好上了马车。

到了衡州府衙后,但见朱归孺站在大堂门前等候。王夫之跳下车,冲朱归孺嚷道:"我家小叔究竟怎么了,非得我过来?"

朱归孺点点头,将王夫之引入府堂,看座后,直言道:"适才得到消息,家聘先生去永历朝了。"

"啊?小叔去永历朝?"王夫之瞪大眼睛,道:"他跟谁去的?他去永历朝做甚?为何要去?"

"说来也是造孽。"朱归孺道:"无论世道如何变化,无论时局如何糟糕,家聘一向工作认真,乐观向上,积极作为。打从你的小婶被什么'蒙面人'所害,听说是在井底发现的,从那以后,他整个人就变了。"

"这跟他去永历朝有何关涉?"王夫之有些不解,心想:你快说,急死人了,我还要去寻找母亲大人呢。

"前些日子,在闲聊中,我跟他讲到永历帝登基之事,说在庆典仪式上,我见到了原衡州总兵卢高义等人。"朱归孺说到这里,忽然停下,看了王夫之一眼,而后说道:"据说卢高义就是'蒙面人'的幕后指使。"

"照朱大人这么说,小叔去永历朝是欲找卢高义报仇?"王夫之心里"咯噔"一下,眼皮一抖,他盯着朱归孺问道,"果如此,岂不自寻死路?"

"夫之先生,据传,礼部侍郎高世泰高大人返回肇庆途中亦是被'蒙面人'所害。"朱归孺答非所问,道:"这些传闻真实性究竟如何?若卢高义真是'蒙面人'的幕后主使,他为何要追杀高大人?"

"朱大人,这些与小叔有关乎?"王夫之被朱归孺搅糊涂了,"有什么,你快直说。我家老母不见了,我正急着找她。"

"啊？令堂大人不见了？几时不见的？我马上派人全城寻找。"朱归孺立即起身道："你家小叔家聘先生去永历朝的事，目前我也只是猜测，希望他能够平安。至于高大人与卢高义等人的事，我尚未弄清白，等事情明朗后我再报你知晓。"

王夫之说了声"谢谢"，冲出府堂，转身消失在茫茫夜色中。

二

王家聘去永历朝是经过深思熟虑的。他是跟着刘子参走的。刘子参本来不想带他，但朱归孺说"你帮他一下"。刘子参回到衡州，朱归孺先于王夫之见到他，两人谈了什么，王夫之不清楚，朱归孺和刘子参均未告诉他。王夫之一直不知道他俩见过面。

"王叔，你到永历朝，一定要听我的安排。"刘子参执晚辈礼，对王家聘道。

王家聘点点头，道："好说，好说。"

"王家人个个了得！你的大哥武夷先生不必讲了，二哥牧石先生才学丰赡，文笔孤清，诗词书画皆有绝活。"刘子参侃侃道："再看你的三个侄子，特别是小侄夫之先生……"

"子参贤侄，你说王家人个个了得也不尽然。"王家聘打断刘子参的话，道："在下乃十分平庸之人，既无大志，亦无大能，所以才有今日之乱之难之惨矣……"

"王叔过谦了，亦过悲了。今日怎么了？跟我去了朝廷，所谓乱者、难者、惨者皆成过往矣。须知，你是武夷先生的小弟，又是夫之先生的叔父，光凭这个就一定能够在永历朝大显身手。"刘子参本来还要讲姜善棋的事情，但话到嘴边，又咽了下去。"不像我辈，没有关系，没有根基，像水里的浮萍，被风吹得荡来荡去。"

"我不奢想什么大显身手。"王家聘道："我只想完成一个心愿。"

"啊？什么心愿，非得要去永历朝完成？"刘子参有点吃惊道。

王家聘垂下头，不再言语。他的心思全部集中在卢高义那里，"蒙面人"像个魔咒，死死地缠住他。"卢高义竟然成了锦衣卫马暨垂的副千户！"在王家聘看来，这个事实在太荒唐，这个朝廷太疯狂。

但在永历帝眼里，马暨垂推荐卢高义做副千户，是顺理成章的事情。张献忠进城，卢高义失踪，原本是一件很丢人的事情。但卢高义把自己失踪的事情说成是马暨垂特意安排的，目的是让他跟马暨垂一起去广东搬救兵。卢高义绘声绘色，说他和马暨垂怎样在两广总督沈犹龙面前直陈时局之危，三番五次拜会，并将桂王朱常瀛的"勤王令"交给沈犹龙。最后，沈犹龙有感于皇恩浩荡，才派广东总兵宋纪领精兵五千，与马暨垂等一起飞骑救主。他与马暨垂一唱一和，完全不提管时求一身血迹，拼死相求，感动了沈犹龙最终出兵，终于在祁阳县邑如愿救出朱由榔等人。因为在永历帝心中，管时求只是桂王属地衡州来的一名小兵，而区区一个小兵根本无法见到两广总督沈犹龙，更遑论搬到救兵，所以，永历帝把"救命之恩"算在姜善棋永州之夜临危不惧和足智多谋上，更算在马暨垂和卢高义等人的舍命拼杀上。

永历帝登基后，马暨垂在他心目中的分量很重，对马暨垂提议卢高义担任副千户，永历帝二话不说就恩准了。

马暨垂听王阁昆说过，永历帝很在乎自己的正统，总担心别人在背后议论他登基"逆法理、违天伦"。因此，当有一天傍晚，王阁昆告诉他翁不群那些"忤逆之言"时，永历帝很愤怒，也很害怕。他急忙召见马暨垂，马暨垂知道皇上可能要问什么，因为王阁昆已提前告诉他皇上会召见他的。

"微臣拜见皇上，万岁，万万岁！"马暨垂跪拜后，被请起。

永历帝开口道："爱卿一向很忙，朕今日叫你来，是欲问问你最近听到什么闲杂碎语没有？事关朝廷、事关朕的均可直说。"

"微臣一直在备战，确实忙碌。"马暨垂道："说到朝下议论，亦有一些，不过都是小事、杂事，不足挂齿。"说到这里，马暨垂突然声音一沉，道："皇上，倒是有一事，微臣不知该说不该说？"

"请说！"永历帝看着他，显得有些紧张。

"前晌听翁大人说皇上弑兄……"

"住口！"永历帝一脸怒容，对马暨垂大声斥道："哪来的妖言？退下去！"

几天后的晚上，永历帝脸色苍白地来到亓辉宫，姜善棋大惊，上前拉着他的手，明知故问："几天不见，皇上气色如此苍白，却是何故？"

永历帝坐下来，没好气道："还不是让翁不群给气的！"

"翁大人怎么了？"姜善棋见永历帝不吱声，便猛地啐道："这个翁大人也不像话，前些天来看奴婢，竟然说出大逆不道的话来，吓得奴婢半天出不得声。"

"说了什么？"永历帝冷笑一声，道："朕倒要听听。"

"奴婢委实不敢实说！"姜善棋一副心惊胆战的样子。

"有朕在，你怕什么？"永历帝提高声音，道："快说！"

"是，是。"姜善棋诚惶诚恐道："翁大人原话是，朱由榔这个皇帝当得名不正、言不顺，是靠阴谋得来的。听听，真是吓死奴婢了！"

"哼。"永历帝冷冷地看了姜善棋一眼，道："还有吗？"

"翁大人说，他说，他还说……"姜善棋声音极低，浑身发抖，道："他还说，皇上弑兄改诏……"

"哈哈哈！连香妃都知道了！"永历帝突然狂笑起来，他的手朝空中猛一劈去，像要劈断什么东西，过了一会儿，他喘了一口气，眼露凶光，笑道：“看来，翁不群活腻了。”

翌日上午，王阁昆藏着永历帝密旨，带着一队卫士冲进翁不群家，不管三七二十一，将一家老小悉数捉拿。

翁不群大惊失色，他正准备去禀报皇上关于王阁昆假传老桂王遗诏的事情，没想到，王阁昆竟然先下手为强。

被五花大绑的翁不群对王阁昆冷冷道：“凡事不要做得太绝。见了皇上，谁死谁活，还不一定。哼！”

“翁大人一向老谋深算，王某甘拜下风。”王阁昆拿出永历帝的密旨，阴阳怪气道：“翁大人德高望重，贵为帝师。若无皇上圣旨，王某亦不敢动翁大人半根毫毛矣。”

“拉虎皮，做大旗，乃王大人惯招。”翁不群并不慌张，仍旧冷冷道：“翁家老小并无犯事，你罗织罪名，设计构陷，妄图将翁某一家满门抄斩，如此卑劣手段，就不怕天下人笑话乎？”

王阁昆哈哈大笑，道：“翁大人死到临头，尚能从容镇定，巧舌如簧，王某甘拜下风。”

两个卫士捧着一堆东西，急急来到王阁昆身边，道：“王大人，这是从翁大人床底下搜出来的。”王阁昆一看，是一堆木头人，上面刻有永历帝、马暨垂和王阁昆等人的名字，故意瞪着眼睛，装作大惊失色的样子，道：“想不到翁大人亦信这些巫蛊？”他停了一下，又意味深长道：“你日夜诅咒王某和马大人尚可，却连皇上也敢诅咒，真是丧心病狂矣。”

“适才斥你罗织罪名、设计构陷，没料到你竟如此下作！”翁不群一见这些，气得跳起来，怒吼道：“你们这是栽赃！栽赃！”

当时永历朝十分盛行巫蛊之术，即人们制作木头人，在上面刻上仇人的姓名，然后放在隐秘地方，日夜诅咒。这样就可以让仇人遭殃，甚至病死。这些歪门邪道，公然发生在朝廷命官翁不群家，这还了得？

"翁大人勿躁。"王阁昆阴森森道："见了皇上，自见法理。"

翁不群知道王阁昆经常干这些栽赃的勾当，耍尽了阴谋，以前也知道他的下流，因为都是针对别人，所以没有及时揭露、阻止和批驳他。翁不群万万没有想到，这种阴谋手段会被用到自己头上，他这才意识到事情的严重性。但眼下"人赃俱获"，木已成舟，翁不群无论说什么，都会遭到王阁昆的嘲弄。翁不群双眼一闭，不再申辩，至少可以保持一份尊严，见了皇上再说。

永历帝来到宗人府，从翁不群身旁经过，发出一声"哼"，让翁不群深感不安。不过，他极力镇定自己，相信能够说服永历帝。

"微臣拜见皇上，微臣冤枉，请皇上为微臣做主！"翁不群伏地不起，老泪纵横。想想这一路走来，辅佐皇上，兢兢业业，任劳任怨。眼见皇上终于登基，原以为苦尽甘来，没料到，被身边小人设计构陷，罗列死罪，皇上如不明判，错斩忠臣，则人心尽失矣。

"翁不群，朕一向对你不薄，待你如义父，可你处心积虑，阳奉阴违，肆意忤逆，你可知罪？"永历帝一反常态，看都不看翁不群一眼，冷冷道。

连"翁大人"都不叫，直呼其名，翁不群脑袋"嗡"的一声，觉得不妙。他连忙抬起头，朗声道："微臣有重要密事要禀报皇上！"

永历帝厌恶地看了翁不群一眼，没有吱声。

翁不群望着永历帝，又不卑不亢，重复了一句。

"此无外人。"永历帝扫了王阁昆等人一眼，甚为应付道："什么密事，照说就是。"

翁不群见永历帝如此冷漠，心里很急也很悲哀。没办法，奸人把刀架到脖子上了，他只能把最后的救命稻草搬出来，于是大声道："皇上，内务总管王阁昆王大人声称老桂王的遗诏是传位给三王爷，真实的情况是，老桂王的遗诏原本就是传位给四王爷的。桂王府的人都知道，老桂王最器重的就是四王爷。皇上没有篡改遗诏，而是顺民心、应天意，光明正大登基称帝的。"

"哦？"果然，永历帝眼皮一挑，看了翁不群一眼，又看了王阁昆一眼，道："说下去。"

"王大人这样做是为夺头功，让皇上觉得是他帮您扶上位的。"翁不群朗声道："其实，王大人隐瞒实情，篡改遗诏，此等私心，如不正法，后患无穷矣。"

"那你当初为何不报？"永历帝冷冷道："遗诏不是你仿写的吗？"说到这里，永历帝忽地往后招招手，一名小宦官立即捧着两个梨黄木盒，送到永历帝手中。永历帝将两个木盒都打开，对翁不群道："这是两份遗诏，你来辨认，哪一份为父王所留？"

翁不群亦不上去辨认，而是以十分肯定的口吻，大声说出一个惊天的秘密："皇上，此两份皆为假的，原为王大人所私制，认为有此假遗诏，就可混淆视听，翻云覆雨，以达挟天子以令诸侯之目的。其实，老桂王真正的遗诏不在这里。"

王阁昆一直在看翁不群的表演，觉得他越表演，永历帝必越反感。但他万万没想到翁不群会来这么一招，一下子都有些害怕了。因为，他知道，今天，他与翁不群必有一个了结：不是你死，就是我亡。他原本满心欢喜，以为稳操胜券，没料到翁不群垂死挣扎，竟然演出这么一出戏来。他有点急了，连忙跪拜道："皇上，休听他胡说！"

永历帝亦非常意外，他没有理会王阁昆的跪拜，只定定地盯住翁不群，足足看了好一会儿后，这才冷冷道："既然这两份均为假的，那真的遗诏现在何处？"

"在亓辉宫香妃处。"翁不群镇定自若道。

"哦？"永历帝更加意外了，怎么把香妃也牵涉进来了？

翁不群道："若要证伪，可请香妃来一趟。"

"快快恭请香妃。"永历帝道。然后他看了一眼翁不群，又看了一眼王阁昆，思虑片刻后，回头对翁不群道："既然朕手中的两份遗诏皆为假的，你为何当初不禀报？此其一；其二，即便香妃处有所谓父王的遗诏，朕何以判定此遗诏就是真的？"

"微臣该死！"翁不群见永历帝派人去叫香妃，顿时淡定多了。他从容不迫道："微臣不禀报，一是当时并不知道桂王是否真的立有遗诏；二是王大人在宫中权重一时，微臣不想得罪他；三是传位给四王爷的那份遗诏正是微臣心中所盼。故未及时禀报，此乃微臣之失职。"翁不群停了一下，偷偷瞟了永历帝一眼，又道："香妃处的遗诏是皇上登基后，微臣奉命整理桂王遗物，从一箱中发现一个紫檀木盒，不知何物，一时好奇，贸然打开。当发现是桂王遗诏时，微臣吓得魂飞魄散，一直犹豫要不要禀告皇上。"

这下，轮到王阁昆焦急起来了，他连忙叫道："皇上，这完全是翁不群为脱罪而编造的！我们在他家中还发现他用巫蛊术诅咒皇上。"说完，就让卫士将抄家搜来的那些小木头人拿了上来。

"这是栽赃，是构陷！"翁不群大声驳斥，道："翁某宁死亦不会用此卑劣手段。"其实，在翁不群心里，他最害怕的是王阁昆是否掌握他与姜善棋那些"不伦之事"的确切证据，如果有，只要抖搂出来，他必死无疑。翁不群迫切需要姜善棋来，一是他仿写的所谓桂王的真正遗诏已由姜善棋盖好御玺并保管下来；二是姜善棋在此，王阁昆即便欲置他于死地，亦不敢拿那些"不伦之事"来逼他就范。

"香妃到！"这时，门外护卫大声报告。

"宣香妃进来。"永历帝道。

姜善棋一身素妆来到宗人府，拜见了永历帝，又见到了王阁昆和翁不群，空气紧张得快要凝固了，她知道这一切是为了什么，也知道该如何做。但她装作大惊失色的样子，身子发颤，连皇上赐座她都不敢坐上去。

"香妃,休要慌张。"永历帝见状,马上安慰姜善棋,示意她坐下,说道:"今朕特地召你来此,是有一要事向你求证。"永历帝停了一下,直言道:"你可见过父王留下的遗诏?"

"启禀皇上，奴婢从未见过先王的遗诏。"姜善棋坐下后，仍然一副惊恐的样子，低声道。

"香妃,你可要讲实话。"翁不群原以为姜善棋会带着那个既救己命又杀敌人的紫檀木盒来,谁知她两手空空而来,他一下子就慌了,忍不住不顾礼仪,大声发问起来。

"翁不群放肆!"永历帝高声呵斥,然后,他极力忍住内心的怒火,继续对姜善棋道:"有人声称你藏有父王的遗诏,放在一个紫檀木盒里面。"

"奴婢确实不曾见过。倘有遗诏,如此重大机密,翁大人怎会拿给奴婢? 倘有遗诏,奴婢还能瞒着皇上?"姜善棋说到这里,叹了一口气,稍稍提高声音道:"前几日,翁大人倒是来过敝宫,说皇上德不配位,他在家用巫蛊术天天诅咒皇上……"

"啊,你这个下贱的东西!"翁不群一听,彻底失去了理智,他发疯一般地冲向姜善棋,要去跟她拼命。他万万没想到,姜善棋在关键时刻不仅不帮忙,反而朝他的胸口捅了致命的一刀。

"抓起来!"永历帝一声令下,谁都不看,拂袖而去。几个卫士冲上去,拳打脚踢,很快制服了翁不群。

姜善棋冷冷地扫了翁不群一眼,一声不哼地走出了宗人府。

王阁昆"嘿嘿"奸笑两声，走上去，对翁不群道："恭贺翁大人修成正果，王某一定会让你慢慢死的。"

永历帝没有让王阁昆慢慢折磨翁不群，他厌恶翁不群由来已久，包括当初请王朝聘进府为师，他与王兄都很反感，但当时年少，无法做主。后来又发生一系列事情，最严重的是登基前的《劝进表》和《永历颂》，永历帝知道都是翁不群刻意所为。他本来对王朝聘没多少好感，对王夫之印象还算可以，但《劝进表》和《永历颂》以王氏父子名义发布，永历帝认为此事必定得到王氏父子的认可和准许，因而对翁不群和王氏父子都有些厌恶。

当王阁昆禀报翁不群在家用巫蛊术天天诅咒时，永历帝就快失去理智了，再听了姜善棋关于先王遗诏的陈述，永历帝一刻都等不及了，他赐翁不群一根麻绳，这是翁不群做梦都没想到的。

然而，生活就这么残忍。小小朝廷，危机四伏，个个都坐在火山口上，空间就那么大，不是你死，就是我亡，容不得半点仁慈。如果翁不群赢了，王阁昆也是一样的下场。

翁不群可怜而又可悲地结束了自己的一生，据说死不瞑目，眼睛睁得大大的，吓得一小太监赶紧用手匆匆合上。

永历帝下令厚葬，对翁不群的家人亦没有满门抄斩，只让他们离开朝廷。永历帝的内心里，可能还残留着对翁不群作为师爷的一份敬畏。

"当初翁不群是否对你有过不敬之举？"当天晚上，永历帝与姜善棋靠在枕上，突然悄声问道。

"皇上！——"姜善棋用力推开永历帝，把头一扭，泪水无声地流了出来，她的心绪回到了衡州，想到那不堪回首的过往……

三

街道很黑。从知府大堂出来后，王夫之坚持自己去寻找母亲。朱归孺说派人去寻找，他没有阻止。但朱归孺是否真的派人去寻，或者派多少人去，他管不了。王夫之不愿意兴师动众，更不愿意欠朱归孺人情。他只希望按自己的方式去做。

王夫之跌跌撞撞来到尚德客栈，发现这里已经变成一家铁铺。他大吃一惊，城市本身的快速恢复让他几乎有些不信。都说时间是最好的治疗师。对黎民百姓而言，他们要想活下来，就必须走出战火的废墟以及留下的心理阴影，并尽可能将战争留下的创伤和一系列残酷的印记用最快的速度和最便捷的方式抹去。

"小叔竟然去了永历朝！"在寻找母亲的过程中，王夫之脑海里一次又一次闪过这个问题：他究竟为什么要去？他去永历朝能够谋个什么差事？他为什么不跟父亲大人、大叔或者他们三兄弟说一声？虽然王夫之对小叔的感情远没有对大叔那么深厚与依恋，但毕竟是他的长辈，他的身上流淌着王家人一样的血液，他焉能不操心、不焦急？

四周黑沉沉的。天边慢慢露出了鱼肚白，古老的衡州城被一层薄薄的晨雾笼罩。王夫之知道一个人如此寻找母亲大人，比大海捞针还困难。最终，精疲力尽的王夫之决定去找李国相，请他一起想想办法。

然而，当王夫之走到李国相家门前时，他愣住了：李国相竟然没有睡，家里还有几个人。

门是虚掩的，王夫之叫了一声"国相兄"，推门而入。一抬头，王夫之更是呆了：母亲大人坐在屋子中央，呆呆的，一言不发地看着自己。"母亲大人，您怎么在这里？"王夫之看到郭衮冕的父亲郭其保也在场，他更加迷茫了。

"夫之兄，你来了就好。我正准备去找你。"李国相拉着王夫之坐下，又指了指郭其保，道："是郭老先生将伯母送到这儿来的。"

"这究竟是怎么一回事？"王夫之望着郭其保问道。

"是这样的，夫之先生。"郭其保道："令堂大人下午出门，说是要去寻找什么亲人，她走到原来的尚德客栈，说她的亲人在这里。可她不知道，尚德客栈已经毁了，现在变成了一间铁铺。铁铺里的师傅不知道尚德客栈，更不认识她要找的人。令堂大人硬是不走，铁铺里火花四溅，打铁师傅生怕火花烧着了令堂大人，便赶她走。她便哭了起来。我家远房表妹住在这条街上，距铁铺不远，她正好从外面回来。她以前见过令堂大人，也听冤儿讲起过夫之先生一家的事情。就这样，我家表妹把令堂大人带回自己家里，给她做了吃的。可令堂大人什么也不吃。我家表妹打算把她送到王衙坪，可令堂大人不肯，又说要去找亲人。没办法，便送到我家来了。"

"也是善有善报，巧得很。为了儿子媳妇的事情，郭老先生上午还去找过我们。"李国相接过话，补充道："为了思琴的一点点线索，我们去了善林典当铺，后来又去了欧阳夫人那里。我回来的时候，发现郭老先生陪着令堂大人坐在我家里，我还大吃一惊。"

"看来，我们来国相先生家是来对了。"郭其保看了看谭孺人，又看了看王夫之，道。"感谢夫之先生为我家的事情费心，国相先生跟我说了今天的收获，希望你们帮我尽快找到思琴。况且，令堂大人还把她当作自己的女儿呢……"

看来，李国相和郭其保已经把琴姐的事情跟母亲讲了，真是虚惊一场，结局还算不错。

尽管如此，王夫之的心还是怦怦直跳。"真是吓死人了。"在回家的路上，王夫之用略带埋怨的口吻说道："母亲大人，以后千万不要独自出门，外面太乱。您一个人出去，多危险！"

"我不管，我死了才好！"谭孺人没好气地说，"你的父亲从不关心我的感受，你和介儿也是各忙各的，永远没有消停的时候。参儿孝顺一些，但他眼下在南岳山上，也有自己的事情。我的弟弟死了，我的堂妹也死了，而她的四个孩子，一点消息都没有。你们活着，管他好活歹活，终归是活着，可人家的孩子也是一条条活生生的命……"

母亲大人以前从来没有责备过他们父子，显然，这才是她压抑已久的心里话。王夫之一下子泪如泉涌，他觉得自己真的很少关心过母亲大人，很少在意她的感受，仿佛她只是父亲大人的一个陪衬，可有可无。尤其是母亲大人讲到只有二哥孝顺她，王夫之非常难过。确实，他几乎没有去想，母亲大人也有自己的情感世界，也是一个活生生的人。

"对不起，母亲大人，是我们的孝心不够，关心不够。"王夫之揩去泪水，道："你放心，琴棋书画四个姐妹，我们一直在寻找，而且一定会找到！国相兄和郭老先生想必告诉过你，琴姐有了线索，应该很快就有消息了……"王夫之说到这里，差点要将姜善棋在永历帝身边的事情讲出来，幸亏打住了，他害怕一旦讲出来，母亲大人闹着要去见她，那就麻烦大了。

"琴儿有了线索，总算也是好消息。事情若有进展，记得及时告诉我。今天我是有些霸蛮。我来王家这么久，从来没这么霸蛮过。"谭孺人叹了一口气，道："我不是喜欢吵吵闹闹的人。我的天地没有你们的大。我就希望家里人个个好，每个亲戚也要过得好！"

"小儿明白，小儿明白。母亲大人从来不提任何要求，总是默默操持着这个家。"王夫之道："我向您保证：我们一定找到这四个姐妹！一有消息，我就立即向您报告。"

谭孺人"嗯"了一声，不再说话。

王夫之也不再说话。他太累了，累得都快睁不开眼睛了。

回到家，天已经大亮了。

王朝聘一夜未睡，看到王夫之领着谭孺人回来，他一脸欣喜，连忙上去，拉着妻子的手，走进了自己的卧房，轻轻地关上门。

"执子之手，与之偕老。"这温馨的一幕，王夫之没有注意到，他太累了，有点踉踉跄跄地走进自己的房间，倒头便睡……

醒来时，已是午后。王夫之大吃一惊，没想到衣服都没脱，一下子睡了这么久。母亲大人在灶台边忙碌，父亲大人在书房里看书，一切有如平常，之前的事情好像没有发生过。

王夫之放下心来，他起床开门，发现大堂里有个人，一看：啊，大哥什么时候回来了？

"醒来啦？饿了吧？我去给你端点吃的。"王介之冲弟弟打了声招呼，道："这些天，你太辛苦了！"边说边走进了灶房。

王夫之刚刚洗完脸，王介之就把吃的端到了他的身边，低声道："母亲大人的事情我也知道了。我在想，我应该从南岳山上搬下来了。参弟最近身体不好，你也忙得不行。父母大人年岁大了，身边没个人照顾，为兄确实放心不下。"

"唉，现在城里还是不大安全，这也是事实。"王夫之边吃边说："大哥的想法很好，我也赞同。可是，如果父母大人坚决不同意我们下山，怎么做？你晓得，父亲大人很倔强，母亲大人也有个性。"王夫之没有将回家路上母亲大人的埋怨说给大哥听。

"我先试试，不同意再说。"王介之说完，忽然问了一句："小弟，听说小叔去了永历朝？"

"啊？你也知晓了？"王夫之停下，怔怔地看着大哥，然后叹了口气，说道："我是昨晚才知晓的，正在想要不要告诉父亲大人。"

"父亲年岁大了，我觉得不说会好些，没必要让老人家受此刺激。"王介之道："我在琢磨，小叔怎么会去永历朝？难道他真的相信《劝进表》和《永历颂》是父亲大人和你所写？"

"大叔和小叔都当面问过我此事，我均否认了。"王夫之快速吃了东西，道："大叔比较理性，也无意于功名。小叔虽然比较入世，但亦有起码的判断力，应该不会相信那些传闻。"

"若不是为了功名，那去永历朝做甚？"王介之说到这里，又道："朱归孺朱大人来了，专门找你，待了好长一段时间，见你一直在睡，不让我叫醒你，只跟我谈了一些事情。他刚走，你就醒来了。"

"啊？朱归孺？他来干什么？"王夫之说道，心想，怪不得大哥也知道小叔去永历朝的事情了。

"朱大人说昨晚你们见过面，后来他派了数十人满城寻找母亲大人，得知找到后，也很高兴，特地过来看看。"王介之道。

"看来，小叔去永历朝的事情，亦是朱归孺透露的。"王夫之道："他还说了些什么？"

王介之点点头，又道："唐克峻、唐克恕和邹统鲁都有消息了。"

"啊？也是朱大人说的？真是太好了！他们在哪里？"王夫之闻之很兴奋，道："昨天我跟国相兄还说怎么没有他们的消息。"

"唉，朱大人说起他们的事情，亦是喜忧参半。"王介之道。

"快说，他们怎么了？"王夫之道。

"他们都从军了。"王介之道："唐克峻驻守临湘，在恩公章旷属下。但唐克恕投靠了清军，驻守岳州。"

"上回我去临湘，不知道克峻兄就在营中。"王夫之大吃一惊，又道："对了，你刚才说，克恕怎么投靠了清军？"

"是的，朱大人这么讲的。他说克恕原先也在明军中，被清军打败被俘后，无奈之下就降清了。"王介之叹道。

"啊？怎么可能？"王夫之声音带着哭腔，觉得不可思议："这怎么可能？是不是谣言？"

"朱大人还说，统鲁跟着李定国农民军，去了四川。"王介之道："至于现在哪里，谁也不清楚。"

"唉，我们原本像一大家子的人，有一样的追求，一样的信奉，一样的热血。"王夫之叹道："一场战乱，毁掉的东西太多、太多了。现在看看，仿佛一切都变了，唉。"

"目前，恩师章旷率部正在临湘与岳州外的清军激战。"王介之忧心忡忡道："要是战场上，这边是唐克峻，那边是唐克恕，兄弟俩同在一个战场，一旦对峙，互为敌人，你死我活，如何是好？"

"若此，兄弟必定残杀。"王夫之自言自语道。

王介之不置可否，若有所思。

过了一会儿，王夫之忽然问道："对了，朱归孺来找我，就为了说这些？"昨晚他们见面时，朱归儒都没有说起这些，难道当时来不及说吗？

王介之摇摇头，似笑非笑道："朱大人似乎有些苦闷，他说适应不了这个时代。还说他看起来风光，其实很失败。"

"哦？他还适应不了这个时代？他还很失败？"王夫之"哼"了一声，差点笑起来，但忍住了，说道："朱归孺不是去过永历朝么？他可以再去，怎么不去？以他的钻营功夫，成为永历王朝一品大员也难预料。"

王介之不以为然，道，"这正是他来找你的原因。他说我们有学识，生活虽苦一点，却能安宁，他们父子无法做到，所以很失败。"

王夫之看着大哥，认真想了想，这可能是朱归孺的心里话。他们父子每天生活在紧张的算计中。眼下战火连连，一个权力打败另一个权力，刚刚还是敌人的人，转眼又成了同一阵营中的人，共同对付新的敌人，再反转，又与最初的敌人结成同盟。像唐克峻、唐克恕、邹统鲁等人，只要听令，不管方向与旗号，日子也能凑合着过。但朱归孺父子不同，作为地方官员，如何适应，如何行事？效忠的对象反复在变，投靠谁都不稳靠，他们能有什么希望？能够保证永不出错？而一旦出错，不仅前功尽弃，而且可能会满门抄斩。

想到这里，王夫之在心里可怜朱归孺，嘴上却说道："其实朱大人不用迷茫，他想跟谁就跟谁。"

"在为兄的看来，朱大人的能力与学识跟他的野心不匹配，这才是他焦虑和痛苦的地方。"王介之看着王夫之，一本正经地说道："与其说他羡慕我们，不如说我们的想法没他那么复杂，心思没他那么多。"

"大哥说的有理。"王夫之点头道："朱归孺这种人任何时代都有。一个人光靠算计，靠使狠，靠投机，靠这个关系那个关系，终有黔驴技穷、力有不逮的时候。"

王介之忽然问道："你对朱归孺此人如何看？"

"大哥，说心里话。我对他既熟悉又陌生。以前，我对他很讨厌；后来我觉得他很可怜。经历这么多的事情后，现在，我对他是既不喜欢也不讨厌。他是一个人，一个有想法并为之追求的人。"王夫之坦然道："我觉得他运气不坏，他也总能抓住机会，否则，他跟他父亲一样，就是一介屠夫，至多是一个有点钱的屠夫罢了。"

"运气和机会，每个人都会遇到。"王介之觉得王夫之话里有话，便道："你指的是什么？"

王夫之叹了一口气，望着王介之，轻声道："这件事，我没有跟任何人提及。"

王介之眼睛一瞪，没吱声。

这时，王夫之看着王介之，说道："当年在武昌科考，考前他让我猜题，我随意写了一套题，并写了自己的答案。没想到，不仅猜中了策论题，其他题也大同小异。而更加没想到的是，那一回，我们都名落孙山，唯有他榜上有名。你说，这是不是运气？"

"原来如此。"王介之骇然，怔怔地望着王夫之，过了半晌，才叹道："怪不得这些年来，朱归孺对我们家总是客气有加。"

"我最初也是这么想的，觉得他这个举人，完全是因为我的缘故。我怎么鄙视他，忤逆他，刻薄他，都是应该的，他都得承受。"王夫之平静地说道："慢慢地，我不这么想了。我觉得他抓住了这个机会，成就了自己。你想想，那套题，我答的肯定比交给朱归孺的还要完整、还要好。可是，我竟然就落榜了。这不是命运是什么？后来我就想通了。朱归孺他有这个命。即便我不帮他，也会有人以别的方式帮到他。这些年，他对我们客气，是因为他一直有求于我们，虽然我们只是一介书生，但我们有的，他没有或者比较少有。也许这个，才是他羡慕我们的真正原因。"

"不知道我猜得对不对。朱归孺这一次来，估计是想请你向永历帝推荐一下。"王介之寻思了一下，说道："因为，他提到了堵胤锡，提到了方玄痴，此两位均是永历朝的重臣。他还说这二人中，一个是你的恩公，一个是你的挚友。他也提到了翁不群和高世泰两位大人，他们也是永历朝的重臣，翁大人是父亲大人的故交，高大人对你很推崇。特别是永历帝本人，因为父亲大人和你写了《劝进表》和《永历颂》，永历帝应该很感激。因此，在他的认知里似乎只要你写一个推荐函，他就能够谋得要职。"

王夫之心情有些复杂。他不明白为什么朱归孺有选择性地把所见所闻或所亲历的东西说给大哥听？他为什么不说高世泰高大人已经被"蒙面人"所害？所谓《劝进表》和《永历颂》更是无稽之谈。至于翁不群，虽然朱归孺和王夫之此时尚不知道他已经因为王阁昆构陷而被永历帝处死了，但王夫之能在翁不群那里说得上话吗？

"大哥，这就是朱归孺厉害的地方。"王夫之道："你看，这些信息，许多你我都不知道，他却了如指掌。可惜，他把永历朝想得太简单了。我自己要不要去永历朝，都顾虑重重，他竟然希望我给他写推荐函，可能么？有用么？"

"其实，可以理解。朱归孺想利用一切可以利用的机会。"王介之讲到这里，又特地停了一下，看着王夫之，道："对了，听说你今天与国相兄去找衮冕和思琴了？有什么消息了么？"

王夫之点点头，又摇了摇头，道："我们有了点线索，但事情刚刚有了点进展，线索就断了。我们只好寻找新的线索。"王夫之觉得大哥对友情和亲情的想法跟他一样，均十分重视。"在'利用一切为我所用'这一点上，王夫之接着说道："我们的确比不上朱归孺，他掌握的消息之多，远在一般人之上。他有一个网，三教九流都结交，择其所用。这一点，你不得不佩服。"

"再说，衡州知府的身份也有其便利之处。"王介之同意王夫之所言，忽然提道："朱归孺临走时，说曹伯实回到了耒阳，谁都不见，十分消沉。你要不要去看一看？"

"哦？伯实兄回来了，我一点都不知道。"王夫之有些吃惊，"书妹没跟他一起回来吗？"

那还是大约半年前，曹伯实曾给王夫之来过一封信，说他找到姜晓书了，请王夫之借一百两银子，快快汇兑给他。王夫之并无什么积蓄，为解好友燃眉之急，只好把岣嵝剑给卖掉了。

王夫之记得特别清楚，在卖这把剑时，开价三十两银子，这是良心价，但挂卖了三天，无人问津，正当王夫之灰心之时，一个神秘买家出现了。

那人戴着黑帽，穿着黑衫，蒙着黑纱，什么话也不说，放下三十两银子，拿着剑就走了。

岂知，王夫之还在困惑之际，那个人竟又折了回来，强烈要求退剑，说是弄错了。当时王夫之因为急着用钱，最后只好折价二十两银子，那个买家勉强同意了。

由于钱不够，王夫之又向李国相等朋友借钱，凑齐三十银两子，汇给曹伯实了，从此杳无音讯。这些日子，王夫之还在想，怎么曹伯实一直没消息？原来他竟然回来了，且是独自一人归来，没有带回姜晓书，究竟发生什么了？

"伯实兄是什么时候回来的？"王夫之问道。

王介之摇摇头道："朱归孺临走时匆匆提及此事，眼神有点怪，似乎不愿多说。他只说曹伯实耒阳主簿之职一直空在那里，等他休整一段后，望他复职。"

"唉，这个朱归孺。"王夫之摇摇头，道："伯实兄眼下哪有心思顾得上什么主簿之职？明天我去耒阳看看伯实兄。"

"好。"王介之道："见到伯实，代我问候一下。"

翌日一早，王夫之匆匆吃了一点东西，就要出门。

谁知，门一开，发现朱归孺站在门口。王夫之大吃一惊："啊？朱大人，你什么时候来的？"

"刚到。"朱归孺笑笑道："去耒阳看伯实？"

王夫之感觉"咣当"一声，心想：这家伙一早就来了，他如此琢磨人，能不累吗？朱归孺怎么知道我要去看曹伯实，他又为何如此关心曹伯实？

"莫非朱大人也想去？"王夫之本是一句激将话，随口说说。没料到，朱归孺点头道："正是。眼下一切迷茫，唯有友情可贵。"

"你不是要去永历朝乎？"王夫之感觉他言不由衷，便略带讥讽道："比起衡州，永历朝可是半个天下。"

"唉，半个天下，与我何关？比起友情，仕途算什么？"朱归孺显得十分诚恳，道："再说，夫之先生不也置个人得失于不顾，为寻朋访友而四处奔忙么？"

不知怎么，"友情"二字从朱归孺嘴里说出，王夫之总感觉陌生、怪异。他不明白为什么会有这种感觉，可能源于一种直觉。

直觉告诉王夫之，朱归孺执意要去看望曹伯实，做出一副关心的样子，一定有别样的目的。王夫之相信直觉，特别是跟朱归孺这样亦正亦邪、黑白通吃的人交往时，他更加依靠自己的直觉。

在王夫之看来，直觉是洞穿迷雾、找到真相的捷径。因为，朱归孺无论怎样掩饰，他一举手、一投足，特别是在提及曹伯实时，他总会不自觉地流露出内心的恐惧，让王介之和王夫之捕捉到。王介之认为朱归孺"眼神有点怪，似乎不愿多说"，就是一种直觉。朱归孺讲友情，王夫之认为此二字从他嘴里出来显得"陌生、怪异"，亦是一种直觉。说到底，朱归孺对不起曹伯实，或者说，对不起王介之和王夫之，因而，他在提及曹伯实或面对王介之和王夫之时，就有了胆怯、慌乱和掩饰。为什么如此？王夫之无法理解。

四

其实，对朱归孺而言，那真是一段不堪回首的往事，是他一生中最大的败笔。他真不想触碰，真希望时间能够将它消弭。可是，当一个人独处的时候，或夜里醒来的时候，那一段往事，总是历历在目，让他痛苦不堪，羞愧难当——

那是大西军破城前，朱归孺炸毁了朱氏府第以及父亲苦心经营、刚刚落成的"得善楼"，他不但炸毁了自己的家，也炸死了"得善楼"中疗伤的二百多名伤兵，然后，他们父子一齐失踪了。他把这一切很好地转嫁到"维鹰会"头上。

朱归孺多次去过尚德客栈。有一次，姜若画从耒阳来看两位姐姐，碰巧被朱归孺撞见，一刻之间，他被姜若画的美貌与气质所倾倒。但他不敢轻举妄动，因为桂王府翁不群等人时不时出入其间，他明白这个客栈与桂王府渊源不浅，他一再克制自己的欲念。

直到张献忠攻破衡州北门前数小时，朱归孺获悉姜若画仍在尚德客栈，他认为机会来了，立即密派十余人扮成"维鹰会"的人，这些人裹着黑头巾，身着黑衣，闯入尚德客栈，去抓姜若画。得手后，他们禀报朱归孺，并按他的要求，将姜若画关押到蒸湘河边一处阴森森的竹木房里。

当晚，朱归孺不顾姜若画的苦苦哀求，强暴了她。

直到第二天，朱归孺才知道，他抓来的不是姜若画，而是她的胞姐姜晓书。他大吃一惊，后悔莫及。

姜若画是朱归孺见过的四姐妹中最让他心动的人。他当时想，只要得到姜若画，立即生米煮成熟饭，然后以他的身份、权势、财力和诚意，纵使姜若画一时愤怒，也不会有太大的麻烦。

朱归孺是决心娶她的，当年，他的母亲就是被父亲强暴后最终成为他母亲的。朱归孺认为，中意的女人很难遇到，既然遇到了，就要先下手为强。想念为虚，得到为实。欲干大事，就得有干大事的气魄。朱归孺是这么想的，也是这么做的。

然而，朱归孺万万没想到，他抢回来的不是日后要成为内人的姜若画，而是已经嫁为人妇的姜晓书。听到朱归孺急迫地叫着"若画"，惊恐中的姜晓书连忙表白自己不是姜若画，并强调妹妹左前臂内侧有一黑色胎记，欲火中烧的朱归孺哪里顾得那么多，他从未同时见过这对孪生姐妹，以为姜晓书所说只是一种托词，遂先发泄完自己的兽欲再说。

完事后，朱归孺越想越怕。唯一侥幸的是，他在行恶时，一直裹着头，蒙着面，姜晓书至今不知道加害她的不是"维鹰会"的人，而是失踪了的时任衡州同知朱归孺。

张献忠进城后，朱归孺本想把姜晓书送到大西府，献给张献忠。这样做，一则可以得到张献忠的信任和赞赏，二则解除他的后顾之忧。因为姜晓书一旦进入张献忠后宫，曹伯实和衡州学子就不会与她再有任何接触的可能。

然而，事与愿违。

张献忠攻破长沙后，又迅速攻克了衡州，在衡州拆掉桂王府，把木材运到长沙，建造宫殿，而张献忠自己则前往永州追击吉王、惠王、桂王三王。张献忠停驻衡州的时间实在太短，朱归孺根本没有机会敬献姜晓书。攻克衡州后，张献忠一鼓作气，很快又挥师益阳，破常德，攻道州，将整个湖南闹了个底朝天。

两个月后，张献忠又从武昌沿长江回成都，去做他的大西王了。衡州城只留下他的义子李定国率数千名大西军驻守。

那些日子，朱归孺紧张不安，既兴奋，又痛苦。他每晚去小竹房里，找姜晓书发泄，但发泄完后就很空虚、很茫然。眼见张献忠不再回到衡州，因怕事情败露，朱归孺决定把姜晓书献给李定国。

朱啸虎得知儿子的事情后，曾劝他干脆将晓书杀掉算了，以免后患。但朱归孺终究有些不舍，他内心本来已经对摧残姜晓书而感到惶恐，再痛下杀手，虽说可以免去一些烦恼，但良心的不安可能会伴随他一生。留下一条命，以姜晓书的美丽，说不定还能有些作为，于人于己，都不是坏事。

朱啸虎见儿子心软，便道："如果你下不了手，我帮你解决。"

朱归孺一听，知道一生中宰杀无数头猪的父亲轻易就能做到，惊得连连说道："不劳父亲大人，我自己会处理好！"他不再犹豫，赶紧将姜晓书送到了衡州大西军守备府中。

李定国见到姜晓书，被她的美貌所倾倒。虽然，姜晓书已经在蒸湘河边的小竹房中被关押了上百天，被朱归孺反复折磨，但其天生的美丽使她像被灰尘和污垢蒙黑的宝玉，只需清水一濯，出水芙蓉之貌即刻可见。

"民女已有夫君，请将军放过民女。"姜晓书见到李定国后，立即挑明自己的身份。

李定国闻此愀然不乐，却也不再逼迫。鱼水之欢，若强行，便无趣。他将姜晓书妥置于内廷，由使婢乐乐侍奉。乐乐每日向李定国禀告其情绪变化，且每日以衣饰玩好娱其意、悦其心，希望她能回心转意。

"不见夫君，度日如年。"姜晓书每天以泪洗面。

乐乐劝道："姐姐切勿固执。这兵荒马乱，若姐夫不在人世，姐姐亦不活乎？"

"若夫君不在，姐姐当死。"姜晓书决然道。

数日后，李定国以为姜晓书有所改变，遂夜间召她入侍。

姜晓书涕泗滂沱，誓不从命，声称："将军若强行为之，民女必撞墙而亡。"

李定国大惊，退了出来，遣乐乐入室，继续规劝。

姜晓书伏地大哭，连呼夫君曹伯实之名。

"如此，姐姐虽不惧死，然有人不欲死也。"乐乐急道。

姜晓书止泪，望着乐乐，迷茫道："妹妹何出此言？"

"将军有令，若姐姐继续固执，则乐乐必死。"乐乐道。

"啊？何以如此？"姜晓书哭道："请见将军。"

李定国以为姜晓书想通了，进来道："李某真心待你，望惜之。"

姜晓书披头散发，怒道："民女原以为将军乃顶天立地之好汉，岂料将军竟以使女乐乐之命要挟民女，此乃将军之真心乎？"又慨然道："将军若令民女死，民女不眨一眼，纵使碎尸万段，亦不怨将军半句；若以乐乐之命相逼，与强暴何异？纵得民女之身，亦万不能得其心。如此，有如僵尸，何乐之有？"

李定国劝诱不下，反而遭其训斥，情绪大挫，既敬之，又畏之。还好，李定国虽情欲中烧，但仍未强行，只将姜晓书囚于府中小阁，待之如初，以观后变。

不久，大西军情势突变。

李定国奉命入川，载姜晓书于营辎中，与运粮草的辎重车同行。昼行夜伏，虽劳顿奔波，却无骚扰。

半月后，大西军行至涪州关，忽有莽汉夜袭钿车，李定国卫卒大惊，火把四起，李定国急视之，见姜晓书尚在，心略安。

不幸的是，此次骚扰，李定国一姬遭劫。

李定国大怒，然不知劫持者是谁。

受此惊变，李定国加强防范，由四人护卫增至八人轮岗，并严令："若有闪失，全斩八人！"

及抵成都大本营，姜晓书仍屡屡觅死，毫无回心之意。李定国军务繁忙，偶入姜晓书房，盼其有所改变，能得鱼水之欢，以浇胸中之块垒，慰英雄之快意。然姜晓书有如铁板一块，每次见面，必念叨曹伯实，令李定国气恨复哀，内心浩叹不已："天下原本无情，然曹生却能得此知己，一生无憾矣。"

姜晓书在李定国身边前前后后待了一个来月。李定国虽然渴念，欲火难耐，但从未违其心、迫其志，此乃李定国可赞之处，亦是姜晓书幸运之处。

当然，若李定国真逼之，以姜晓书之烈性，必会撞墙而死。这亦正是李定国忌讳之处。

"与其留在身边受气，不如敬送义父，以表忠心。"李定国想到此，不禁豁然开朗。英雄爱美人，他相信义父必会高兴。至于姜晓书会不会顺从义父，那是他们的造化了。

果然，张献忠得到姜晓书，心情大悦。但姜晓书依然誓死不从，声称若违其志，一头撞死。

张献忠又惊又气，他命一嫔妃入伴，层层善诱，婉转规劝。

此嫔妃，名琪琪，亦湘人，两人说湘语，叙乡情，气氛融洽。

琪琪闻姜晓书之悲惨遭遇，乃嘤嘤叹曰："妹妹敬佩姐姐待夫之情意。然姐姐若欲寻恶人报仇，非借势不可。今大王对你，娇宠无比，此乃大王之仁义。"

姜晓书默然。

"大王若威你、迫你、裹你、挟你，令你自取其辱，易如反掌。你日日哭闹寻死，若大王一旦厌怒，斩你亦如儿戏，甚至还搭上你夫君性命。望姐姐三思矣。"

"搭上夫君性命？"姜晓书一惊，执意似松，蒙愚若开，她一想到曹伯实，难以自控，遂垂头叹道："姐姐尚不知夫君是否还在世矣。"

"如此，姐姐更要善待自己，活下去，看看世道如何。"琪琪马上劝道："姐姐冰雪聪慧，恶人虐你如斯，你亦活了下来，还有何事放不下、看不开的？"琪琪拍拍姜晓书手背，极力安抚。

姜晓书听后，觉得委实有理，心犀晃动，香艳微现。以目前情状，只有从之，方是出路。为人者，死之心已有，还有什么坎过不去的？受辱又算什么？他日见夫，应能获谅矣。

是夜，再见张献忠，姜晓书慨然曰："民女始以为大王乃万乘之尊，视人如草芥，无情可言，今大王待民女亲切有礼，乃知大王未必无情者。民女深悔愧对大王之情意，当悉心服侍之。"

张献忠大喜，以芝妃立号，恩宠有加……

五

再说曹伯实参加了张献忠的公审大会，又四处寻找姜晓书，均连影子都没见着。想着家里还有老父老母，无奈之下，他只好从衡州回到耒阳，本想一边照顾双亲一边找寻。

但是，姜晓书不在，曹伯实魂不守舍，遂跟两位老人说明，要去寻找姜晓书。翌日一早，他毅然离家，决意孤身一人去寻找。他也想过与王夫之一同前去，但又觉得不妥。虽说姜晓书是王夫之的表妹，但毕竟人家上有老、下有小，一两天或一两次帮忙去找，尚能支持，若要全力去找，实在强人所难。

某日，一知情人悄悄送来密函，告之姜晓书竟藏于大西军中，随李定国离衡州、去成都了。曹伯实便二话不说，尾随入川。直至涪州，曹伯实买通侍卫章三，合计救出姜晓书。

岂料，李定国当夜取消休整，继续开拔。

曹伯实化装成一厨师，跟至清江浦，欲再救姜晓书。

此时，章三乘人之危，冷脸道："前面银两乃前面事情，已讫。若欲救人，需再付三十两银。"

"哪里筹得如此款项？"曹伯实哭道："况且，即便求助于友，纵得之，亦无法汇来矣。"

章三不以为然，说他自有办法。他让曹伯实把筹款汇至成都前一站一个叫"春风"的邮驿处。曹伯实救人心切，不愿纠缠，只好从之。时间紧迫，他无奈之下，立即写信向王夫之求助。

李定国率部行至巴梁时，章三密告曹伯实，已查明姜晓书随铆车行，秘藏在第九车厢中。当晚章三值守，营前火把为号，潜而行之。

约定后，曹伯实急切至极。

入夜，至二更，曹伯实见营前晃了三下火把，遂急急挟刀拼入，直取第九车厢，抢得一姬，裹而缚之，驮于背，急遁，奔入夜色中。

巡卫惊哗，火把齐亮，喊叫不断，营帐周边一片混杂。

曹伯实背上的姬亦在裹衾中呼号、挣扎。曹伯实反手一拍，低声曰："吾乃伯实，特来救尔，勿出声！"此姬闻之果寂。及至密林隐处，曹伯实放下，出姬视之，竟不是姜晓书，乃侍女乐乐。

曹伯实大呼上当，以为是章三拿了银两提供不实信息，甚怒，急逮之，询其故，章三大呼冤枉："若有不实，天诛地灭。"

真实缘由是：姜晓书当晚临时被李定国移置专车中，亲自伴行。第九车厢只留下乐乐一人。

曹伯实懊丧至极，欲再追之，章三十分害怕，不愿再见曹伯实，且李定国之车马防范甚严，日夜不懈，实难下手。

直至入川，警备更严。虽更难着力，曹伯实仍蠢蠢欲动。

章三见曹伯实愚执，甚为恐惧。他深知，一旦暴露，不仅性命不保，而且大家遭殃，遂私下约见曹伯实，道："你且先回，章某当时时看护好曹夫人。一有机会，另想办法。否则，你一再寻访，闹出动静，实乃置章某和曹夫人于极险之地矣。"

曹伯实想想也是，他得面对现实。没有章三暗中相助，仅凭一己之力，妄想见到姜晓书，即便见到，亦休想带走她。眼见盘缠花光，无计可施。曹伯实正欲离开，却意外地被李定国巡卒所俘，正所谓"人欲走，天竟留，冬雪无尽休"。

姜晓书很快知道曹伯实被俘至营中，方知夫君竟历尽万苦，一路追寻，泪涌之余，又惊又喜，又急又怕。姜晓书急求于张献忠，称曹伯实为令兄，因私事被李定国误抓。希望大王出面，令兄妹相见。

张献忠二话不说，慨然应允。

很快，曹伯实以兄之名入堂求见。

张献忠见曹伯实一身寒酸，却不卑不亢，博学儒雅，直言道："芝妃之兄，贤能之士也。敢问衡州武夷先生、夫之先生，可曾识得？"

曹伯实感慨万千，道："王家父子，谁人不识？武夷先生，学富五车，品格高洁，在下以曾师事为荣；至于夫之先生，实乃奇才、大才，在下与之有同窗之谊、手足之情也。"

张献忠命人送曹伯实至姜晓书处聚谈。

曹伯实、姜晓书执手相见，手足无措，感动莫名。半晌，抱头痛哭，两人倾诉了浓浓思念之情。

姜晓书坦诚告知所经之遭遇，亦讲到李定国的恶中有善和张献忠的粗中有细。

曹伯实闻之，无语良久。凝眸哽咽，叹道：拼将三尺身躯，得此一见，足矣。

翌日上午，曹伯实送来一密函，姜晓书展开一看："大王待尔不薄，应勉事大王，莫以夫为念。此语明心，切切。"

姜晓书握函心恸，进而号啕大哭，回一函，直道："君心妾心，心心相切。君心若变，妾身必死。"

曹伯实见函，羞愧万分，连夜求见，道："如此，请为夫君在大西王府谋一事。"

曹伯实谋了一幕僚之职。他观时局，认为大西政权不会存续太长，暂且忍之。

果不其然，顺治三年十一月二十六日，张献忠被清军神箭手雅布兰射杀。姜晓书惶恐中，又和曹伯实回到李定国帐幕下。

李定国道："你们夫妇二人，如愿留下，李某欢迎；如决意离开，当遣银两送之。"

曹伯实和姜晓书对此深感意外，当即接过银两，拜谢李定国后，一同离开。

然而，在回湘途中，曹伯实和姜晓书遭一伙山贼劫抢，财物尽失。山贼见姜晓书姿色出众，当即掳去。曹伯实被打昏，抛入江中，被一艄公救起。一月后，他失魂落魄回到耒阳，而姜晓书不知所踪。

所有这一切，王夫之和衡城学子哪里知道……

"委实说，朱大人亦要去耒阳见伯实，实乃意外之事。"王夫之坦诚说道。"朱大人连马车都备好了，真是有心之人。"

"夫之先生，耒阳主簿之职一直空缺。"朱归孺道："既然伯实回来，希望他能补缺，此乃朱某急于见他之缘由。"

王夫之知道朱归孺说得言不由衷，但人家坚持要去，他当然不好拒绝。于王夫之而言，他得知曹伯实一个人回到耒阳，知道这一路寻找，一定不同寻常，也一定会发生许多匪夷所思的事情。比方，王夫之设法弄到的款项，曹伯实收到否？他得尽快见一见曹伯实。

对朱归孺而言，很明显，他对曹伯实归来是有些恐惧的。当初，他将姜晓书献给李定国，认定"英雄难过美人关"。一旦姜晓书跟定了李定国，纵使曹伯实找到她，也无济于事。他万万没想到，曹伯实会向王夫之借钱。他秘密派人把王夫之的峋嵝剑以三十两银子买下，当得知王夫之卖剑竟是为了帮曹伯实寻妻时，顿时有些紧张和无措。他让买剑者去跟王夫之交涉，最终以二十两银子成交，让事情变得更加复杂。其实，朱归孺完全可以不帮这个忙，可他又心软，觉得人家有难，不帮一把，过意不去。这是朱归孺软弱的地方，也正是他人性中闪光的地方。

虽然王夫之当时就对买剑者有所怀疑，但是，他没敢怀疑到朱归孺的头上，或者说，他看到了朱归孺的影子，也不会有别的想法，至多就像当初在岳麓山下变相资助他一样，彼此心照不宣罢了。

曹伯实半年多时间寻找姜晓书，这一路究竟发生了什么，只有见到他本人才能知晓。

然而，当王夫之和朱归孺冒着风雨赶到耒阳，找到曹家时，却见宅前寥落，大门紧锁。

王夫之连敲三下门，都无人应答。怎么搞的，不是说回来了吗？

"伯实，我是朱归孺。我和夫之先生来看你了。"朱归孺站在门外叫着曹伯实，并报上王夫之和自己的名字。

直到这时，门悄然开了，但迎接他们的不是曹伯实，而是曹父。

"伯父，多有打扰了。在下王夫之，乃伯实兄同窗好友。"王夫之向曹父作了一揖。与第一次从岳麓书院回衡州不久来耒阳见到曹父相比，王夫之感觉判若两人，十分痛心。不难看出，战乱对人的肉体和精神的双重摧残有多严重。

曹父有些迟疑地看了王夫之一眼，没有吱声。

王夫之又指了指身旁的朱归孺道："此为衡州知府大人。听闻伯实兄回来了，我们特地从衡州前来探望，盼得一见。"

"实儿独自一人回来，瘦得没个人样，像个呆子。回家后即闭门三日，不吃不喝，令人惶恐。"曹父既不看两人，也不让他们进门去，只顾神经质地喃喃道："今早突然出走，不知所踪。一家人都在伤心，不知如何是好。实儿以前不是这样，不是这样的……"

"啊？"王夫之轻轻地叫了一声，感觉曹伯实跟郭衮冕有些相似。"伯实怎么会变成这样？"

"请问，伯实回家后，没跟您说过您儿媳妇晓书的事情吗？"朱归孺道，这是他最关心的事情，"有什么消息吗？"

曹父摇了摇头，一脸老泪，叹道："老朽概不知矣。"言毕，仍然不看门外二人，径直关上了房门。

第二十三章　家仇国恨

一

刘子参收到王夫之的来信很意外，当他发现信中还有一封转交密函，转交对象是香妃姜善棋时，更加意外。但他略一思考，又觉得并不意外。王夫之给他本人的信，并无特别内容，主要讲了一下衡州学子唐克峻、唐克恕和邹统鲁等人的情况。信中说唐克峻驻守临湘，在恩公章旷属下。唐克恕投靠了清军，驻守岳州，而邹统鲁跟着李定国农民军去了四川。其实这些消息，先前朱归孺都告诉他了。

"夫之兄给香妃的信写了些什么？"刘子参有一种强烈的欲念，想打开看看，但他最终忍住了。根据姜善棋跟他与管时求的约定，王夫之的密函不能直接由刘子参送达，只能通过管时求偷偷送给她的婢女采诺，再由采诺亲手交给姜善棋。

因此，当姜善棋拿到王夫之的密函时，她立即关上门，迫不及待地打开："棋妹，见字如晤。久未联系，时时惦念。子参兄回衡略告朝廷诸事。欣闻棋妹伴君王之侧……"

姜善棋一看，十分震惊。特别是信末抄录了一首仲殊《南柯子·忆旧》——

十里青山远，潮平路带沙。数声啼鸟怨年华。又是凄凉时候，在天涯。白露收残暑，清风散晓霞。绿杨堤畔问荷花：记得年时沽酒，那人家？

姜善棋一字一字看着，读着，想忍住，却怎么忍都没忍住，眼泪唰唰地流了下来。这是她离开衡州以来，收到的第一封信，也是她成为香妃后，第一次有最亲近的人给她写信。她曾把自己的消息封锁得那么紧，不希望任何人知道，包括她的姐妹。她明白这样做，是为亲人和朋友考虑，也是为自己考虑。伴君如伴虎，这样的铁律在任何朝代都适用。

当时，姜善棋的处境十分微妙。王阁昆借姜善棋之力，除掉了翁不群，姜善棋看到了人性的黑暗，也看到了斗争的残酷。她更加小心翼翼，把自己收敛得一芒不露，每一天都过得如履薄冰。姜善棋知道王阁昆还有新的计划，每个计划都会照进血淋淋的现实，都是生命的代价。她要做到的是沉潜隐忍，以静制动。

姜善棋发现，除掉了翁不群后，王阁昆在永历朝变得更加忘乎所以，他唯一的挑战来自马暨垂。他并不觉得姜善棋是个威胁，相反，他视她为盟友。他知道永历帝对姜善棋的迷恋，对付马暨垂，王阁昆还希望姜善棋能够帮他。姜善棋感觉自己在刀尖上跳舞。

就在这节骨眼上，姜善棋收到了王夫之的来信。在这封信里，王夫之主要告诉她四件大事：一是衡州善林典当铺发现了桂王府的嵌宝石花形金饰件，他相信这宝物应是姜思琴所典，但一直没找到其本人，他们还会继续寻找；二是衡州总兵卢高义在张献忠破城前并没被杀，他与翁不群和马暨垂都有联系，今在永历朝马暨垂手下，卢改了名，实为马衿升之父，且邓澄忠和马衿升亦在永历朝，请她密切关注，加强警惕；三是翰林院侍讲学士、礼部侍郎高世泰高大人来衡州拜访父亲大人，返朝途经建阳唐石里时遭人暗杀，这次暗杀很有可能跟卢高义有关；四是听衡州知府朱归孺讲，他的小叔王家聘去了永历朝，如有可能，请帮忙查实，并关照一二。

姜善棋将王夫之的密函反复看了，既温暖、感动，又震惊、紧张。姐姐姜思琴还活着，这让她欣慰。虽然不知道她在哪里，但只要活着，就有希望，她相信能够与姐姐尽快团聚。她在心里不停地呼唤着"姐姐"，喊着"夫之哥"。

对于密函中讲到的卢高义以及高世泰高大人之死，姜善棋吓出了一身冷汗，她庆幸自己的收敛，庆幸永历帝赐她为"香妃"，让她避免与卢高义接触的可能，也避免可能遭到的暗杀。

翌日一早，姜善棋让刘子参和管时求去暗中调查。三天后，姜善棋得到准确回复：王夫之小叔王家聘的确跟刘子参来到了肇庆，但到了没几天就失踪了，至今没有消息。同时，卢高义、邓澄忠和马袗升确实都还活着，且都在永历朝。这三个是姜家最直接的仇人，姜善棋一个也不会放过。

正当姜善棋思考如何除掉这些仇人时，她竟然直接收到了姐姐姜思琴的来信。当婢女采诺把信交给她时，姜善棋觉得不可思议。在信中，姜思琴并没有告诉姜善棋她自己住在什么地方，以什么为生。姜思琴只是告诉她，她活了下来，现在衡州，不要惦记，也不要回信给她。最后，姜思琴对妹妹能够服侍永历帝表示高兴，叮嘱她处处小心，并悉心照顾好自己。若有机会，请她找找晓书和若画两个妹妹，盼望四姐妹能够早日团聚。

"团聚"二字，让姜善棋心跳加快。她读着姐姐的信，惊喜交加。虽然还不知道两个妹妹的情况，但她相信，她们会团聚的。自从父母惨死，姜善棋从来没有对"团聚"有如此强烈的渴望，她要尽快找到姐姐姜思琴。

冷静下来后，姜善棋心里突然一紧：姐姐怎么会知道她在永历帝身边？采诺又怎么会将姐姐的信直接给她？

姜善棋急忙找来采诺，问道："你实话告诉我，姐姐此信为什么会直接寄给你？她怎么知道你在我身边？"

采诺只好如实相告：她是衡州举人奚鼎铉之女，十四岁被衡州原知府大人邓紫鎏选送进入桂王府做婢女。永历帝登基后，她成了姜善棋的贴身侍女，她与父亲时有书函联系。她从父亲口中知道王朝聘和王氏三兄弟不少事情，也知道姜氏四姐妹与王家人的关系。这一次她突然收到姜思琴的来信，她也感到有些奇怪，不知道姜善棋在永历帝身边的事情，是不是父亲告诉姜思琴的？

姜善棋明白这些渊源后，没有过多责备，只是告诫采诺，朝廷非常复杂，没有她的允许，不要把朝廷的事情，特别是她身边发生的事情跟她父亲说及。姜善棋现在急于要找到姐姐姜思琴，但由于没有姜思琴的寄信地址，她只好暗中派出管时求，以"倒查"的方式，一站一站，将姜思琴信函经过的邮驿走了个遍，最终发现姜思琴的这封信函是从衡州城西一个叫"福光"的小邮驿发出的。

姜善棋获悉后，立即让管时求回到衡州并驻守在那里，务必找到姐姐。姜善棋叮嘱管时求，尽可能少与衡州当地学子联系，即便是王夫之等，亦不要去找他们。有急事，可通过信鸽秘密联络。

就这样，管时求悄悄回到衡州，每天蹲守在"福光"邮驿旁的一座小民房里。为了防止姜思琴不亲自寄信，而让他人代办，他叮嘱邮驿人员一旦发现有寄信去永历朝的人就务必通告他。

姜善棋告诉管时求：姐姐寄了第一封信给她，就有可能寄第二封信。"我一定要等到这一天。"她在心里暗示自己。

功夫不负有心人。约莫二十天，"福光"邮驿人告诉管时求，说有一个裹着头巾的年轻女子要寄一信去永历朝。

管时求立即从租住的小民房窥探，等那年轻女子出来后，他发现寄信人正是姜思琴，不禁激动万分，遂一直悄悄跟踪，终于发现姜思琴遁入花药山下的梧桐寺里。

这是一座破败的庙宇，年久失修，又无香火，已成空寺。但管时求不敢径直走进梧桐寺，他生怕惊扰到姜思琴的正常生活。

管时求急忙赶回小民房，当即写了一张小纸条，放飞了第一只信鸽，报告了自己的惊喜发现。

姜善棋获悉姐姐住在破败的梧桐寺里，心如刀绞。她明白姐姐再苦再难，亦不会去找朋友，哪怕是最信得过的亲人王夫之等。姐姐一定有她的苦衷。姜善棋回复管时求，叮嘱他不要回朝，就在衡州待着，不要惊扰姐姐，只在暗中观察、帮助，不要让她有任何怀疑……

"姐姐，内务总管王大人来见。"这时，亓辉宫婢女采诺匆匆进门，向姜善棋报告。姜善棋一惊，心想：来得好，我正欲找你。

"请进！"姜善棋连忙收回思绪，拢拢发髻，略作整理，作古正经地坐在房里。她又变成了永历帝身边魅力四射的大红人香妃。

王阁昆笑容可掬地走了进来，四处瞧了瞧，道："香妃忙吗？"

"小妃乃一闲人。"姜善棋迎上去，引王阁昆入座，叫采诺上茶，道："王大人日理万机，能来后宫敝处，令小妃莫名感动。"

"香妃可非一闲人。"王阁昆笑道："一句言说，天翻地动。"

"王大人言重了。"姜善棋不悦道："有事请直言。"

"哦，那是，那是。"王阁昆亦敛起笑容，道，"自翁不群那小人被皇上赐尽后，朝廷清净多了。"

"确实清净多了。不过，"姜善棋柳眉一紧，瞥了王阁昆一眼，道："王大人没听到一些杂音？"

王阁昆一惊，道："请香妃明示。"

姜善棋故意迟疑一下，道："有人说，现在朝廷，是宦官当道，指鹿为马，黑白不分。这分明是冲着王大人您来的。王大人可能高高在上，真的不曾听到。"

王阁昆哼一声，不露声色道："是马暨垂马大人说的？"

"马大人可没时间嚼此舌头。"姜善棋立即摇摇头，道："不过，朝廷府军前卫里有两个厉害角色，一个叫马衿升，是个七品的小把总；一个叫邓澄忠，是个六品的小校尉。不知王大人听说过没有？"

见王阁昆摇摇头，姜善棋便继续道："这两人仗着有很硬的后台，口无遮拦，十分张狂，说王大人原本是条狗，却挖空心思要当主人。这样的话，连小妃在后宫都听到议论了，难道王大人真没听到？敢说这样话的人，不知是谁在后面撑腰？"

"哼，除了马大人，还会有谁？"王阁昆又冷哼两声，心里极为恼怒，却装作不屑。

姜善棋再次摇摇头，道："小妃听说有个叫卢高义的人，是这两个人的后台。"

王阁昆不以为然，阴笑道："这不明摆着？府军前卫与锦衣卫关系扣得很紧。况且，香妃所说的卢高义，正是前衡州总兵，张献忠攻衡城，他不战而逃。后仗着马大人一手遮天，编造故事，欺骗皇上，现在做了马大人的参将，好像是副千户？"

"啊？果如王大人所言，那卢高义不仅有叛国之罪，亦有欺君之罪？"姜善棋瞪大眼睛，说道，"马大人怎会重用此人？"

实话说，姜善棋对马暨垂印象不坏，虽然永历登基后，他确实有些居功自傲，亦有些瞧不起王阁昆，但他对自己一直保有应有的礼仪和距离。特别是在衡州桂王府时，只有他对姜氏姐妹是尊重的，这种尊重不是刻意表现的，而是自然流露出来的。他没有像翁不群那样乘人之危，既有非分之想，又有非礼之实。如果马暨垂也像翁不群一样做坏事，姜氏姐妹除了怒愤，恐怕亦拿他没什么办法。但是马暨垂没有，他表现出了一个男人的磊落与胸怀。尤其令人感动的是，在那次从永州半夜解押回衡州途中，是马暨垂率兵从广州长途千里奔驰，赶到祁阳，与刘子参、管时求等人一起浴血奋战救出现在的永历帝和香妃的。正是这段经历，让姜善棋对马暨垂心存感激。

但是，姜善棋明白，王阁昆此番来，冲的就是马暨垂。无论她怎样试图岔开话题，王阁昆都会针对他。

果然，王阁昆见姜善棋不吱声，又道："马大人仗着他在朝廷资历老，位高权重，把谁都没放在眼里。"

"小妃不知王大人与马大人之间有何过节，亦不想知道。"姜善棋当然知道王马之争实为权力之争。虽然姜善棋对马暨垂印象不坏，但既然卢高义在他手下做参将，而卢高义确实是邓澄忠和马衿升的后台，是必须要借机除掉的，她得借力发力才行。

于是，姜善棋试探道："王大人来敝宫，究有何事？"

"在下与马大人并无私人过节，若有过节，亦是为皇上效力方面的分歧。"王阁昆说到这里，忽然道："在下倒是听马大人讲过当年香妃姐妹在衡州桂王府的一些事情，包括与翁不群的'不伦之事'。"

姜善棋一听，顿时被刺痛了，心想：那些往事是我们姐妹一生的耻辱与伤痛。马暨垂未必知道，但翁不群说王大人一定知道，且一定会把它当成一个把柄。在对付翁不群的时候，你没有用上。现在你故意提及这些，分明想把我的仇恨转嫁到马暨垂的头上，进而迫使我与你结盟除掉马暨垂。王大人，你想得真毒。不过，姜善棋已经不是当年任人宰割的小姑娘，现在她有了足够强大的力量对付这个无耻之徒。

这样一想,姜善棋故作生气的样子,道:"翁大人不在了,据小妃所知,当年衡州桂王府发生的事情,多与王大人有关。王大人为了三王爷、永历帝,真是竭忠尽智,鞠躬尽瘁矣。"

王阁昆心里一惊,不知道姜善棋话中所指,只好嘿嘿一笑,道:"翁不群当年所作所为,在下至今历历在目。人不在,不等于其所作所为亦不在。正所谓,若要人不知,除非己莫为。"王阁昆这话已经非常露骨了:皇上如果知道你姜善棋与翁不群那些"不伦之事",后果是什么你应该清楚。此事我可以不讲,但我不能保证马暨垂也不讲。如果要让马暨垂也不讲,唯一的办法,就是让他永远闭嘴。

姜善棋吓了一跳,这就是权力之争,充满血腥与残酷,任何心慈手软都会酿成恶果。

"翁大人权重一时,最终落得个身首分离的下场。马大人又能怎样?"姜善棋直言道:"王大人足智多谋,小妃能为王大人做什么?"

王阁昆凑近姜善棋,说了自己的想法。

姜善棋不动声色,道:"王大人果然了得,小妃愿拭目以待。"

三天后,王阁昆请姜善棋去内务府,道:"香妃天天待在亓辉宫也会腻烦的,今天出来散散心,我陪您去看一曲好戏,怎么样?"

姜善棋道:"谢谢王大人好意。看来小妃要开眼界了。"姜善棋明白,王阁昆要当着她的面展示其残忍与强大,拿的是马衿升和邓澄忠的生命。

为了撇清关系,姜善棋故意装作胆小的样子,道:"小妃害怕,要戴个面具才是。"她边说边把早已准备好的深灰色面纱戴上,只露出两只眼睛。

王阁昆见状,以拳击掌,道:"这样也好。一会儿见到血,花容失色亦无妨。不过,还是请香妃不要尖叫矣。"言毕,王阁昆放肆大笑,笑得浑身发抖,毫无顾忌。

姜善棋一愣，随即意识到，这才是真实的、脱下了面具的王阁昆：只有看到那些自命不凡的头颅一个个落地，看着那些威风八面的身体被剐成一截一截，看着那些殷红殷红的、黏稠的鲜血遍地流淌，王阁昆才感到无限的快意，才感到多年的付出、隐忍和努力是值得的。因为生理的缺陷和长期的压抑造成的心理扭曲，王阁昆有着比野兽更凶残的本能与欲望，这些本能与欲望只有通过一摊一摊的鲜血和一个个生命的死亡才能得到有限的满足与释放。

二

王夫之与朱归孺从耒阳返回衡州，心情压抑而沉重。朱归孺去知府大堂，王夫之则回到王衙坪。

快到家门口，王夫之突然发现奚鼎铉站在路边，像是在专门等他，遂趋前两步，问道："奚先生怎么在此？有事找我？"

奚鼎铉点点头，小声道："是有点事跟你说说。"

"那就去家里坐坐？"王夫之说道。

不知怎么的，王夫之对这个奚鼎铉心里总有一种怪怪的感觉，主要是奚鼎铉在张献忠攻城前罗亦簏召开的动员大会上的抗敌表态与他最早逃离的强烈反差，以及后来不顾衡州学子尊严为张献忠当差等所导致。王夫之认为奚鼎铉是一个没有骨气、没有原则的机会主义者，因此，即便他或明或暗为王家做了不少事情，王夫之也一一看在眼里，但他总是过不了心里的这道坎。

奚鼎铉摇摇头，苦笑了一下："刚才去了你家，勿欲再打扰两位老人。"奚鼎铉边说边引着王夫之来到路边的一棵枣树下，"我在此简单跟你说说。"

"也好。"王夫之拣了一块条形状石头坐了下来。"你不坐下？"

奚鼎铉刚挨着王夫之坐了下来，立即焦急道："你家小叔家聘先生跟我共事多年，人很好。我很尊敬他。他去永历朝前跟我商议过，我赞同他去。但是，他跟着子参先生一段时间后，竟然失踪了。"

"啊？"王夫之大吃一惊："小叔是跟子参去的，现在失踪了？你怎么知道这些？"

于是，奚鼎铉把自己的小女采诺在永历朝当差，而且是给姜善棋当婢女的事情跟王夫之讲了。王夫之恍然大悟，道："原来，朱归孺的许多消息，都是你告诉他的？"

"我跟朱大人讲过一些，但他神通广大，非我辈可比。"奚鼎铉道："听小女讲，姜家的两个大仇人马衿升和邓澄忠都被做掉了。"

"啊，做掉了？快说说怎么回事？"王夫之眼睛瞪得老大："这些都是善棋告诉你的小女采诺的？"

奚鼎铉点点头，他把采诺密信中有关姜善棋借刀杀人、成功报仇的内容告诉了王夫之。

那真是一场惊心动魄的争斗。马衿升万万没有想到，他经历了荒诞与混乱，经历了逃亡与死亡，经历了伪装、假疯、失忆和噩梦之后，在卢高义的策划与引领下，做了很长时间的"蒙面人"，最终来到永历朝，做上了七品的小把总，自以为脱胎换骨，入了正途，有了依靠，从此可以衣食无忧。

岂知，天道好轮回，苍天饶过谁。马衿升最后时刻，都不知道自己是如何死的，更不知道"冤有头，债有主""恶有恶报"的古训今天就要在他身上得到验证。

王阁昆将马衿升传上来，冷不丁斥道："你就是那个说话很多的马衿升？"

772

马衿升不知道王阁昆此话的用意，道："回大人。小人姓马，名衿升，在府军前卫谋小差。一向沉默寡言，从无咬舌多说。"

"放肆！"如此多舌，还不知罪？王阁昆怒吼一声，随即转向姜善棋，特意问道："香妃，您觉得眼前的这个家伙是个活人吗？"

姜善棋见到仇人，一股怒气直冲大脑，但她极力控制自己，不让仇人认出自己来。听到王阁昆问她马衿升是不是一个活人，不由心头一愣，下意识点点头。她不想出声，她不希望仇人看出什么端倪。虽然，纵使马衿升处死前知道真相，也不会对她构成什么威胁，但她还是小心为好。

"嘿嘿，香妃，香妃啊。您怎么看错了？这明明是死人一个，却要说是活人。"王阁昆说完，又是放肆大笑，笑得人毛骨悚然。

马衿升闻之魂飞魄散。他不知道眼前蒙面的就是皇上身边的香妃，更不知道这个香妃就是他当年残杀的姜秀才之女姜善棋。当然，此刻马衿升根本没有时间去思考什么，他很快被人五花大绑，压在长凳上，痛打二十大杖，直打得骨断肉翻，昏死过去。

王阁昆接着命人将马衿升的舌头和手足去掉，然后，塞进一个大酒缸中。

过了好一会儿，马衿升苏醒过来，他露出脑袋在酒缸外，眼睛恐惧地瞪着，扭曲、茫然而痛苦。

王阁昆对姜善棋笑道："他会听到我们说话，但不再说话。让烈酒浸烂其肉块，再浸碎他的骨头。"言毕，他又命令道："拖出去，放入地窖里封起来。"

恶人得到恶报，姜善棋本应高兴，但不知为何，她就是高兴不起来。也许，王阁昆的惩处方式，超出了她的心理承受能力，她感到有些想吐，但又必须忍住。她知道好戏还在后头。

果然，约莫半盅茶水的工夫，邓澄忠被"请"到内务府，一位太监趋上迎接，向他点头致意，然后把他带到王阁昆面前。

"报上名来。"王阁昆冷冷道。

邓澄忠不知死神在眼前，答道："小人姓邓名澄忠，眼下在府军前卫当差。"他看了看威风凛凛的王阁昆，心想：如此矮小的男人，竟有如此强大的力量，何故？他又看了看一旁的"蒙面人"，感觉此人似曾相识，因为自己做过较长时间的"蒙面人"，他比一般人更容易看出蒙面之后的真人模样。但很可惜，他还来不及细细辨认，就被王阁昆厉声喝住了："不懂规矩的畜生！为何东张西望？"

"回王大人，小人不是畜生！"邓澄忠心里有些恼火，他异常冷静地答道："小人第一次来内务府，有些好奇罢了。"

"嗬？这畜生还真厉害！有个性，招人喜欢！"王阁昆一惊，因为被他"请"到内务府的人，个个心惊胆战，话都说不出来，而邓澄忠不仅东张西望，还镇定自若，举止自然，看来真是个狠角色。王阁昆想，越有个性，死得越惨，这样一想，不觉又大笑起来，然后问邓澄忠："那个什么马衿升，跟你这个畜生是什么关系？"

邓澄忠一惊，马衿升怎么了？但他顾不上马衿升的事情，答道："马衿升跟畜生没有关系，但马衿升跟小人是同母异父的兄弟。"

王阁昆打了一个喷嚏，发出很尖锐的响声，拖着长长的尾音，没有半点掩饰。本来他可以用手挡住，如果在权力更大的人面前，他一定会这样做，不让喷嚏打出来。但眼下只有香妃和一帮下人，包括邓澄忠这样的畜生，他就没有掩饰的必要了。

只听王阁昆冷冷道："哦。很不幸，小畜生！你的兄弟已经不能说话了。"

"啊？"邓澄忠大吃一惊，叫道："王大人，马衿升犯了什么事？"

"呵呵，瞧你这个小畜生，看把你急的！"王阁昆继续冷冷道："他没犯什么，就是话多了一点。"王阁昆看了邓澄忠一眼，又看了蒙着面的姜善棋一眼，忽地提高声音道："不过，他在这里没说什么，更没有像你这个小畜生说得如此多！"

邓澄忠听王阁昆一口一个"畜生"，听得火冒三丈。他早已把生死看得很淡。当年，叔父邓紫鎏被张献忠羞辱和折磨而死，他在关键时刻体现了自己的血性。跟卢高义来到永历朝后，他曾多次劝卢高义投靠清军，觉得永历朝廷的人比张献忠身边的人并没有高明多少，但卢高义不为所动。邓澄忠的确有些看不起王阁昆，也的确在背后说过王阁昆不少坏话，但他觉得说的是实话，而且是在信得过的人面前偷偷说的。他根本想不到，那些话将成为他死亡的导火线。虽然，他不说，姜善棋要他死，他也会死。但既然说了，就让姜善棋有了把柄。

其实，对王阁昆而言，那些话根本算不上什么把柄，别人说什么，他根本不会放在心上。他之所以这么做，就是要让姜善棋见识他的力量。邓澄忠当然不知道这些，虽然他觉得王阁昆身边戴着面具的这个人有些面熟，但一时想不出来是谁。他对王阁昆的羞辱感到愤怒，但人在屋檐下，他必须压抑着这种愤怒，他想弄清事情的原委。于是，他抬起头，望着王阁昆道："请问王大人，马衿升现在在哪里？"

王阁昆冷笑道："马衿升在哪里，这不是小畜生关心的问题。小畜生更应该关心的是，你自己现在在哪里？"

"小人明白，自己就在内务府。"邓澄忠终于意识到，今天可能死到临头了。"但小人不明白，自己为什么要来这里。"

"为什么到这里，小畜生难道不知道？"王阁昆偏着头，不屑地说道。

邓澄忠强忍住心底的怒火，仰着头，咬着牙，一字一字道："邓某不蠢，只是坏，有点狠，并且毒。没想到，有人比邓某更坏，更狠，更毒。"

王阁昆一听愣了，但马上大笑起来，道："小畜生真有文化。说得好。

有趣，有趣。老子知道你说谁，但老子喜欢听。小畜生接着说，再接着往下说。"

邓澄忠"呸"的一声，猛地斥道："你就是天底下最坏、最狠、最毒的小人！是粪坑里最臭、最烂、最恶心的蛆！在这个比坏、比狠、比毒的时代，邓某遇到你，自认倒霉。"

"这么说，小畜生服输了？"王阁昆冷笑道。

"哼。"邓澄忠恨恨地盯着王阁昆，嘴唇抖动着，没有吱声。

"对了，小畜生的一只眼球为何不见了？"王阁昆忽然提高声音，讥笑道："不会是被人抠出来喂狗了吧？"

终于，邓澄忠被彻底激怒了，这是他心底最大的伤痛。一旦揭开这个伤疤，他就会血脉偾张，不能控制。

"啊！狗杂种！"邓澄忠再也忍不住了，像咆哮的狮子，他发疯一般冲上去，大声吼道："你这个永历朝的'害人精'，被阉割的劣等杂种，老子今天跟你拼了！"

"快拿下！"王阁昆望着姜善棋，露出阴森的笑意。

几名壮汉冲进来，很快制服了邓澄忠，并将他拖入隔壁房间，绑在一个柱子上。

随后，姜善棋就听到了邓澄忠发出的可怕的尖叫。

"香妃，你听到这叫声了吗？"王阁昆道："真好听，像高山流水一样动听。"

姜善棋知道，这是一种虐杀，即邓澄忠还活着的时候被人一刀一刀肢解。怒骂声和尖叫声持续了好一会儿，最后才由强而弱，直到静寂。刽子手们继续肢解邓澄忠的身体。

王阁昆得意地告诉姜善棋：当天肢解邓澄忠的一共五人，为首的叫左左，是内务府太监小头目，由他亲自操刀，王阁昆感觉很放心。因为左左有一个好习惯，他肢解人的时候，会让别人在一旁敲着节拍，跳着鬼舞，唱着土歌，最终要将尸体砍成整整一千小碎块。

姜善棋听后肠胃翻滚，比对马衿升的行刑还要恶心。姜善棋知道这一切都是王阁昆做给她看的。王阁昆有无数办法可以让"反对者"悄无声息地死掉，他却选择在内务府的酒缸醉杀马衿升、活体肢解邓澄忠，以此恐吓永历朝那些对他有不同意见的人。对于那些"噪声"，特别是"原本是狗、偏要当主人"这类言辞，王阁昆最为痛恨，他的仇恨早就积满于胸，只缺一个出火口喷出去。当姜善棋把听来的话转告王阁昆时，她不仅是一个告密者，更是一个点起火把、照亮屠杀场的见证者。王阁昆要把这件事做得很大，做得让整个永历朝去渲染、去议论，不是议论他王大人多大的权势，而是议论他多么残忍。他喜欢别人讲他残忍，这会让他想起粪坑里的蛆与厨房里的蛆其实没什么区别。他知道自己配得上"残忍"这个称谓，他高兴拥有这个标签。放眼朝野，有"残忍之思"并行"残忍之实"者不多，王阁昆很骄傲，他做到了。

动身回宫前，姜善棋努力克制住自己的情绪，平静地对王阁昆道："王大人气魄真大。小妃今天算是大开眼界了。"

王阁昆只笑不语，待姜善棋快要出门时，他忽然低声道："其实马衿升和邓澄忠这两个小畜生说了什么，在下都没有听到。但既然香妃看不惯这两个小畜生，在下就得有所行动。在下可不是为了气魄，亦不是为了让谁开什么眼界，在下这么做，纯粹是投香妃之所喜矣……"

奚鼎铉讲到这里，停了一下，叹了一口气，对王夫之道："善棋在跟小女讲述这些时，还显得紧张与不安。小女说香妃压抑得太久，实在忍不住了，否则，她不会跟小女讲起这些恐怖之事。"

"奚先生，你可以帮我一个忙吗？"王夫之呆呆地望着奚鼎铉，沉吟片刻后，道："既然你家采诺在善棋身边，必要时，我给善棋写信，你能帮忙转给她吗？"

"这个……这个、这个……"奚鼎铉怔了一下，道："善棋反复叮嘱小女，不要把这些事情告诉任何人，包括夫之先生你们一家。如果你给善棋写信，她就一定知道是我把这些告诉你了。"说到这里，奚鼎铉道："不过，善棋在永历朝没什么朋友，肯定孤单。你们对她那么关心，她收到你的信，应该不会责备的。"

"奚先生，你放心。我不会轻易打扰。"王夫之道："对了，你刚才去我家，有没有把小叔的事情跟家父说起？"

奚鼎铉摇摇头，苦笑道："武夷先生年逾古稀，此等家仇国恨，无需我说矣。"

三

"收到什么信函没有？"

那天，姜善棋精疲力尽地回到亓辉宫，立即向婢女采诺问道。

采诺摇摇头，知道她在等姜思琴或王夫之的来信。姜善棋有些失望，但没有多问，疲惫地走进自己的卧房。

姜善棋的疲惫主要是心理上和精神上的。王阁昆精心设计的这场戏，让姜善棋突然感觉到永历朝凶险无比。原以为战争让生命卑微如尘，没料到，战争之外，生命依然如此脆弱，如此卑微如尘。在权势者心中，没有价值的生命太多，就像粪池里的蛆或草丛中的虫或地面的蚁，死不足惜。他们从不敬畏生命，他们只服从和膜拜权势，自以为有了权势就有了一切。

"王阁昆这个人太阴太狠太没人性了，以后务必多加小心才是。"姜善棋告诫自己。离开内务府前，王阁昆阴阳怪气说的那段话反复在她身边响起："马衿升和邓澄忠这两个小畜生说了什么，在下都没有听到。但既然香妃看不惯这两个小畜生，在下就得有所行动。在下可不是为了气魄，亦不是为了让谁开什么眼界，在下这么做，纯粹是投香妃之所喜矣……"想想真是不寒而栗。

当时，姜善棋意味深长地答道："王大人真乃永历朝奇才。所谓'一人之下，万人之上'，实至名归矣。"

"香妃抬举了。"王阁昆嘿嘿笑道："比起锦衣卫马大人，在下自叹不如。还望香妃多多关照。"

姜善棋心里叹道：马大人，王大人念念不忘的就是你。看来，下一个对象就非你莫属，你可真要当心了！

在姜善棋看来，王阁昆与马暨垂的争斗，是两大权势者势均力敌的争斗，他俩的争斗，必定鲜血四溅，惊险莫测。对于这两人，姜善棋有自己的情感倾向，但她没有表现出来。每天只有回到卧房，姜善棋才感觉松了一口气。她急切地盼望姐姐的消息，盼望管时求或王夫之的信函，这是支撑她度过一个又一个难熬黑夜的情感之光。

马暨垂知道王阁昆不喜欢他，但他想，王阁昆应该还不至于恨到欲置自己于死地的地步。退一步想，即便王阁昆有此心，恐怕亦无力做到。直到翁不群被弄死，马暨垂这才突然警觉起来，所谓"明枪易躲，暗箭难防"。王阁昆如要害他，必定是暗箭，且是涂了剧毒的暗箭。

这些，也正是姜善棋所想的：难道自己将成为王阁昆施加给马暨垂的"剧毒"，或带着剧毒、闪着寒光的暗箭？就像当初处死翁不群时给王阁昆递的锋利的刀子一样？姜善棋不敢往下想。

王阁昆"演戏"似的将马衿升与邓澄忠轻巧地"处理"掉了，对姜善棋而言，震撼巨大。这种震撼不是基于王阁昆的残忍，不是基于这种残忍难以制止，而是王阁昆有意无意地将姜善棋捆到了一条不归船上。

不仅如此，马衿升和邓澄忠被弄死后，永历朝上下并没有什么激烈反应，表现得很平静，这种"敢怒不敢言"是更可怕的。

姜善棋不知道卢高义的心情如何，好在当时他不在永历朝，而是随马暨垂奔赴战场了。

姜善棋有些心寒，也有些不安：清兵即将攻打广西，马暨垂率兵迎敌，王阁昆却在其背后设陷阱，放冷箭。姜善棋隐隐觉得，马暨垂的处境有些不妙。

值得一提的是，马暨垂原是崇祯身边最受信任的锦衣卫，派他去衡州，名义上是保护桂王朱常瀛，实际上作为衡州桂王府的锦衣卫头领，马暨垂也有监视桂王朱常瀛之责。

关于这一点，桂王府上下都很清楚，大家心照不宣而已。

马暨垂在桂王府的显赫地位可想而知。

不过，马暨垂很聪明，他也知道，天高皇帝远，伴君如伴虎。朱常瀛如果不开心，他也没好果子吃。既然朱常瀛是他的新主子，密报桂王府的事情，一是尽量少报；二是务必公证；三是不掺恩怨。他靠自己的忠心、小心和细心，慢慢赢得了朱常瀛的信赖。

衡州临危关键时刻，朱常瀛派他去广州搬救兵，就是最好的证明。

然而，沿途百姓对明王朝已经失去信心，一见马暨垂带着明军小分队来了，他们纷纷逃避。而一听说张献忠的大西军来了，他们反而箪食壶浆，列队相迎。马暨垂十分受挫，心灰意冷。他好不容易到了广州，与两广总督沈犹龙周旋了半个多月，毫无结果。后来还是管时求身着血衣，慷慨陈词，沈犹龙才被说动，派了广东总兵宋纪领精兵五千，与马暨垂、管时求一起飞身救主。当然，管时求要见两广总督，没有与马暨垂的支持是做不到的，而马暨垂信任管时求，既与他一身血衣有关，也与他衡州学子的身份有关。

途中，为了行军顺利，少受干扰，马暨垂竟无奈地打出了大西军的旗号，骗取沿途百姓的信任，以获取给养，补充军需，并最终在祁阳县邑如愿救出朱由榔等人。正是这一点，后来成为王阁昆攻击马暨垂的把柄和死罪之一。

　　新桂王朱由榔登基成为永历帝后，马暨垂被封为巨龙伯，可谓大权在握。人真是很奇怪，没有权力的时候，想象权力是什么样子，认为掌握权力后就会珍惜权力、用好权力。然而，拥有权力后，很快就成了权力的奴隶，不但不知道珍惜权力，而且放任权力，让权力的利剑砍断理智的翅膀。权力既可以满足欲望，又可以让人疯狂。权力如怪兽，似"春药"，其魅力和"毒性"亦在于此。

　　马暨垂拥有一般人都有的弱点，他自恃"天子乃吾辈所立"，颇为傲慢，特别是得到实权后，他很快将多年来积累的压抑释放出来，露出了本来面目。姜善棋听到不少议论，比方：马暨垂在永历朝骄横跋扈，不可一世，不仅与王阁昆明争暗斗，各不相让，而且对丁魁楚、瞿式耜等朝中重臣也极尽打压之能事，等等。

　　不仅如此，马暨垂还多方树敌，毫不收敛，尤其是对苏观生、李成栋等能人，不是拉拢、结盟，而是阻拒、逼迫，生怕他们入朝后分散自己的权力。如此心胸，焉能成大事？

　　永历帝知道马暨垂的脾气，也明白王阁昆阴暗的心理。他虽贵为皇上，却无法驾驭人心与欲念的搏斗。他不止一次对姜善棋感慨道：王兄朱由榥不愿继位，实乃肺腑之言。此刻若先王问我，亦不愿也。

　　"九五之尊的永历帝竟是一个可怜人。"姜善棋心里"咯噔"一下，突然感觉有什么东西触及她心底最脆弱的部位，她眼角一热，差点滚出一滴泪来。

四

姜善棋触及心底的脆弱恰恰是永历帝的软肋。他明明知道，王阁昆和马暨垂之争，必将引发一场暴风雨，但他无力制止，更无法平息。

这不，王阁昆很快给马暨垂罗列出十六条大罪状，添油加醋地向永历帝禀报。有一些是道听途说，有一些是"莫须有"，还有一些是刻意曲解。例如，永历帝与众臣一起用膳时，马暨垂最先动筷；再如，马暨垂写奏折，不仅有错字别字，而且每个字写得特别大；又如，有一次早朝，马暨垂居然没忍住，放了一个又大又响的屁，惹得群臣哄笑……其中，触目惊心的死罪就有四条：一是有反心，表现在马暨垂从广州搬兵勤王途中，竟然打着张献忠旗号；二是与清人勾结，残杀翰林院侍讲学士、礼部侍郎高世泰；三是培植党羽如卢高义等人，让这些投敌分子混入朝廷中，伺机作乱；四是与翁不群合谋，篡改先王遗诏。

永历帝听完王阁昆所列罪状，半晌没有吱声，脸上有些难看。他想起这些年来，马暨垂为了桂王府和永历朝做了许多难以忘怀的事情，他下不了决心。沉吟良久，永历帝才长叹一声道："疯马狂奔，朕怎御之？"

王阁昆听出了永历帝的弦外之音，即放马一命，权当他疯了。然而，在王阁昆看来，马暨垂狂妄无比，目中无人，他哪里容得下？王阁昆一定要杀掉马暨垂，既是为自己出口恶气，也是为朝廷永除祸害，他知道永历帝为此很烦，很恼火。但没办法，他必须除掉马暨垂。

数日后，王阁昆上朝时，忽然对永历帝禀道："昨日午间，奴才观天象，突然发现太阳下面有一股黑气，像一匹马，激荡不已，久久不去。奴才把这个怪象指给一旁的瞿大人看了。"

王阁昆说完，故意表现得不知所措。永历帝不明所以，遂转向大学士兼吏部尚书瞿式耜，问道："瞿大人，有无此事？"

瞿式耜见永历帝问他，来不及多想，点头道："确实如此。"

永历帝一惊，道："那是何意？"

早已对马暨垂心生不满的大学士兼兵部尚书丁魁楚立即接话道："此乃黑气冲日，昭示有人谋反矣。"

李成栋点头道："马厩失火，伤天害地，异心毕呈。"

永历帝大吃一惊，四顾左右，道："谁会谋反？"

王阁昆趁机道："黑云像一匹马，奴才不敢往下说。"

难道是马暨垂？他拥有重兵，且正在前线，这如何是好？永历帝脸色惨白，默然不语，起身匆匆退朝。如果说，王阁昆罗列出来的马暨垂的十六大罪状，永历帝有些不大相信。但今天当朝的这个场景，仿佛就是天意，昭示了马暨垂的谋反之心。如此，该如何是好？

是夜，姜善棋见永历帝一脸愁容，便问何故。永历帝只好道出马暨垂如何狂妄，并讲了王阁昆观天象和各位大臣议论的事情。

姜善棋知道这是王阁昆联合一帮不喜欢马暨垂的人给皇上出难题，遂淡然道："皇上多虑矣。天象者，信者有之，不信者无之。若以此治马大人死罪，无异于'莫须有'之名，马大人本人不服，正直者亦有不服。况马大人不在朝廷，而在前线，如此诋毁，有失公允。"

"正因此，朕才退朝回府。"永历帝虽觉得姜善棋说得客观、实在，但想起马暨垂的所作所为，委实疑虑重重，道："马暨垂如此骄横，若留之、用之，朕威信何在？若有反心，朕岂不受制于他？"

姜善棋见永历帝真有杀马暨垂之心，非常吃惊。既然皇上动了心思，她便不再有所顾虑。姜善棋迅速密告王阁昆，两人合计除掉马暨垂。姜善棋这样做，是经过周密思考的。她的着眼点是一箭双雕：既能伤及马暨垂、捏住王阁昆的把柄，又能借刀杀掉仇敌卢高义。

王阁昆见姜善棋这么快就摸清了永历帝杀马之心，大喜。当姜善棋讲出计策后，王阁昆更是大喜，感慨道："香妃，大丈夫也。"

马暨垂虽然狐假虎威，但对朝廷还是很忠心的，这一点颇令姜善棋感到难过。她本想以"叛降罪"除掉他，便让李成栋差一名叫耿忠平的参将秘密前去马暨垂营中，耿忠平已降清，乃马暨垂旧友。当初，马暨垂去广州搬兵救桂王时，途中曾得到耿忠平的多方照应，马暨垂深为感激。

此刻，耿忠平敢于前往马暨垂兵营，劝其投降清朝，正是基于这种友情。耿忠平直言清军兵强马壮，明军不是对手，并声称广信府的朱思勤亦率部降清。

马暨垂不为所动，反而指着耿忠平怒道："清军欲降老子，除非提着头颅去！"

耿忠平见状，心中大骇，故意将水杯掉在地上，碎了，道："在下数日前中过风，手脚不灵，失陪，失陪！"言罢，连忙逃走。

马暨垂得知广信府朱思勤将儿子送到清军营中后很震惊，他用重兵胁迫朱思勤率部随自己出征抗清。朱思勤明白其意，拍胸同意，并对马暨垂的差使慨然道："请回复马大人：清军掳我小儿，我与清军势如水火！马大人率重兵拒清，我当义无反顾，誓为先锋！"

朱思勤还当即决定，在广信府里大摆筵席，请马暨垂前去，为其接风洗尘。

部将卢高义觉得有诈，不可去，劝马暨垂当机立断，除掉朱思勤，以绝后患："朱言不可轻信，马大人务必小心！"

"老子谅他不敢使诈！"马暨垂不听卢高义劝告，带着三百亲兵，大摇大摆进城。

当晚，朱思勤热情万分，好酒好肉，殷殷款待，并找来一批佳丽歌姬轮番劝酒，直到把马暨垂等人灌醉，然后一声令下，早就埋伏好的耿忠平等人，见得信号，冲进府内，一拥而上，将马暨垂活捉。

马暨垂见是耿忠平，又惊又怒道："怎么又是你？"

"幸亏是在下。否则，马大人的头颅真被提走了。"耿忠平笑了笑，意味深长道："不过不是清军，而是永历朝的人。"

马暨垂闻此，长叹一声，耷下头来，黑着脸，不再吱声。

与此同时，李成栋拿着王阁昆密令，率部将马暨垂三百亲兵团团包围，最后悉数斩杀。

翌日一早，惊悉马暨垂被活捉的卢高义，带着一腔怒火，立即进城。而此时，朱思勤早率部开出城外，不知所踪。

卢高义大怒，率部在广信城屠城三日，血流成河。一时间，黑云压城，鸡犬不宁，民怨沸腾，影响极其恶劣。

王阁昆密报永历帝，说马暨垂谋反，他纵容下属卢高义在广信屠城，民愤极大。姜善棋也装作听闻了这个事情，并说幸亏王大人早有预见，提前派李成栋和耿忠平作了防范。

永历帝十分吃惊，立即派堵胤锡前去接下马暨垂的指挥权，令瞿式耜亲自前往，将马暨垂和卢高义押回永历朝。

马暨垂和卢高义被押回后，分别以"谋反罪"和"滥杀罪"投入地牢。

马暨垂十分愤怒，高声叫着要见永历帝。

王阁昆嘲笑道："马大人，你现在不是朝廷重臣，而是一个重刑犯，皇上怎么会见你？"

"呸！"的一声，马暨垂将一口浓痰狠狠地吐到王阁昆的脸上。

至于卢高义，他其实是一个警觉性很高的人。当得知翁不群被王阁昆整死后，他立即意识到马暨垂的危险。所谓卸磨杀驴、过河拆桥等，历朝历代，这样的故事太多了。但卢高义绝对没有想到，危险来得如此之快，而且把自己也搭了进去……

王夫之自从知道小叔王家聘前往肇庆后，他的心就没有安宁过。当奚鼎铉告诉他，小叔是跟刘子参走的，刘子参一回衡州就去见了朱归孺，可刘子参与朱归孺仿佛达成了默契，都刻意不提此事，王夫之感觉有些奇怪。

对此，王夫之按自己的逻辑去琢磨："因为所谓的《劝进表》和《永历颂》，父亲大人年岁大了，朱归孺至少希望我去永历朝谋差，于他进退和升迁皆有百利而无一害。小叔去永历朝，应该有朱归孺或明或暗的鼓励，甚至就是朱归孺与刘子参的合谋。但小叔去了肇庆就失踪，朱、刘二人对我不好交代，只好更加谨慎和小心地保守这个秘密。"

就在这时，二叔王廷聘找到王夫之，告诉他一个惊人的消息：小叔去永历朝，不是为了谋差，而是为了报仇。他知道仇人是谁。

"你是说，小叔去永历朝为的是行刺'蒙面人'的幕后主使卢高义？"王夫之急道，"小叔不顾一切，决然而去，为的就是此事？"

"我也是刚刚听人说的，还说你小叔失踪了。"王廷聘叹道："如此，真叫人担心矣。"

五

的确，王家聘来永历朝根本不是为了谋个差事，他已经年过花甲，妻子被"蒙面人"杀害并投井后，他再也没有心思做别的任何事情。他与妻子生活三十多年，生有一儿一女，但都不幸夭折。妻子死后，他觉得活着没一点意思。但他从未表露出来，因为他是王家人，虽然较之大哥王朝聘、二哥王廷聘，他的存在感较低，但他骨子里还是一个有血性的人。张献忠攻城前后，他都在衡州城谋差，虽然有些卑微，但也没有做出任何一件有辱王家门庭的事情，相反，他和奚鼎铉等人一起，暗中做了不少好事，帮了不少人的忙，但他从不跟人提及。

比如，当罗亦篪的头颅悬挂在城楼上，是他晚上冒着危险，偷偷将头颅取下来，与罗亦篪的尸身合在一起。他帮着将尸体清洗干净，穿好衡州知府官服，让他拥有最后的尊严，并将他埋葬在城郊的一个山头上。这件事只有奚鼎铉知道。

又如，黄真川老先生全家赴难，也是王家聘和奚鼎铉善后。黄老先生手刃一家老幼共计九口人之后，全身是血，自杀身亡。王家聘和奚鼎铉二人赶到现场，目瞪口呆，将全部尸体收拢到一起。大西军见状，无不扼腕，肃然起敬。张献忠闻之，亦十分动容，下令厚葬黄真川及其家人，经办人便是王家聘和奚鼎铉二人。张献忠还派专人守护石鼓书院，此事也让不少衡州学子看到了张献忠身上的一点人性之光。

当王家聘听到妻子失踪、继而发现沉尸井底时，他完全崩溃了。王家聘不明白为什么"蒙面人"要跟他过不去。他一直在暗中调查，最终得知，行凶者的幕后指使就是卢高义等人。有人告诉他，卢高义可能是敲山震虎，目标还是王夫之一家人。王家聘不信，他也不想去追问。后来听朱孺归讲，永历帝在肇庆登基了，王朝聘和王夫之分别写了《劝进表》和《永历颂》，他有点不信，为此专门问了王夫之。朱归孺讲卢高义在永历朝为官，王家聘还是不相信。直到奚鼎铉告诉他这是真的，王家聘才下定决心要去寻找卢高义。他明白此一去，有如鸡蛋碰石头，但他不愿再等待。这就是为什么刘子参问他去的目的，他直接回答说是了结一个心愿，让刘子参一头雾水。而一到肇庆，王家聘就失踪了，更让刘子参一头雾水。

其实，王家聘一直在永历朝四周徘徊。他昼伏夜出，像个幽灵，这么做，只是不想给大家添麻烦。即便对姜善棋，他也没去找她。他怕打草惊蛇，不仅达不到目的，还无缘无故让亲友遭殃。

让王家聘万万没有想到的是，他想尽办法寻找卢高义，得到的消息竟然是他不在朝廷，而是随马暨垂在广信前线作战。王家聘去不了前线，只好诅咒卢高义战死。但没过多久，他听说卢高义被押送回朝。

结果，卢高义被押回城前，王家聘蒙着头，拎着两把砍刀，从路旁左侧突然疯狂杀出，直逼卢高义的囚车。当众多守卫一拥而上，快要将他制服时，王家聘将两把砍刀从手中飞出，差点要了卢高义狗命。

王阁昆听说有人行刺卢高义，非常奇怪，当即审问起来。王家聘面纱一脱，王阁昆大吃一惊：怎么是他？原来，王阁昆曾在衡州知府见过他，遂问道："你、你不是王夫之的小叔么，一直在衡州知府当差，为何千里追到肇庆来行刺卢犯？"

王家聘坦然道："此人与我有杀妻之仇。"

王阁昆当然知道王夫之一家与香妃姜善棋之间的关系，他只好哼了一声，让卫士押下去再说。

直到此时，卢高义才明白自己结下的梁子，他马上联想到一个人：姜善棋。卢高义听说过香妃的能耐与神秘，但他没有多想，更没有把香妃跟姜家姐妹联系起来。马衿升和邓澄忠被处死时，他不在朝廷，而是随马暨垂奔赴前线抗清去了。

否则，卢高义会很快查出谁是真正的幕后凶手。

王家聘被押走后，王阁昆嘲笑似的看着卢高义，道："你看，你害了多少人。连这么一个老人都要赶来杀你。"

卢高义眼一瞟，哼一声，心想：只怪我当时心软，没有把王朝聘和王夫之一家人杀掉。当时，他是有机会这么做的。但由于听说《劝进表》和《永历颂》分别为王朝聘和王夫之所写，所以他不敢轻举妄动，担心王氏父子及其他的家人已经受到朝廷秘密保护。后来才弄清楚，王氏父子根本没有写这两个东西。《劝进表》系高世泰所写，卢高义恨死了他，所以他要对高世泰痛下杀手。由于动静太大，高世泰在朝廷的影响也大，永历帝追查了好一阵子，最后才被马暨垂压了下来。卢高义见状，只好打消了残害方玄痴的念头。

都说"冤有头，债有主"，卢高义终于悲哀地知道，他的命，包括马衿升和邓澄忠的命，其实早已被"冤家"捏在手中。

王阁昆知道姜善棋要除掉卢高义，因为她说过卢高义是马衿升和邓澄忠的"硬后台"，至于卢高义与她究竟有什么过节，他不会去问。因为那些原因，怎么编都成。就像王阁昆除掉马衿升和邓澄忠一样，虽然姜善棋给出的理由是这两人说了王阁昆的坏话，但王阁昆心里明白，这样的理由，安在谁的头上都可以。一个人要另一个人死去，一定有刻骨的仇恨，如果去追问就没意思了。

因此，卢高义被投入地牢后的第三天，王阁昆提他出来，故意让他知道，马衿升和邓澄忠惨遭了"血洗"。

卢高义恨恨道："王大人，卢某犯的所谓'滥杀罪'究竟是什么罪？你们让马衿升、邓澄忠死无葬身之地，这是不是'滥杀罪'？"

"是否'滥杀'，不是由你定，而是由皇上定。"王阁昆冷笑道："你再多嘴，就割下你的舌头。"

谁知，卢高义用力一咬，将自己的舌头咬断，"呸"的一声，吐在王阁昆脸上。王阁昆吃了一惊，后退两步，摸了一把脸，道："好，好！有种！王某喜欢！"说完，他命人拾起那半个舌头，强行将它塞入卢高义嘴里。卢高义怒目圆睁，又吐了出来。王阁昆又命人拾起，再次塞入卢高义嘴里，并撬开他的喉咙，将血糊糊的舌头顶入他的喉咙里。卢高义暴跳如雷，满嘴是血，挣扎着，疯狂地厮打着，但一个人怎敌得过一群虎狼之徒？

"老子最喜欢有血性、不服气的硬汉！"王阁昆在一旁欣赏着这血淋淋的一幕。他真心喜欢虐待别人。虽然自己矮小、女性化，但通过权力，他可以战胜任何高大威猛的男人。

为了刺激卢高义，王阁昆还特地派人将他押至浸泡马衿升的酒缸边，当卢高义看到脑袋露在酒缸外、眼睛完全陷进去、全身肿得不成人样的马衿升时，顿时惨叫一声，吐出一口黑血，昏死过去。

王阁昆让人用一桶冷水冲醒卢高义后，又让人送来几块骨头，清楚地告诉他"邓澄忠的尸体被砍成了一千块，这是他的几块骨头"时，卢高义眼睛暴瞪，鲜血从眼角流了出来。他嘶叫了一声什么，想站起来，但怎么也办不到。反复几次，无济于事，他彻底崩溃了。

卢高义一生崇尚暴力。在衡州带兵时，有一个小兵因为一件小事冒犯了他，卢高义便把这个小兵弄死，然后砍头、刖足、割手、挖眼、割耳，训练所谓的"大卸八块"。他自己亲自操刀，一边弄一边狂笑，血淋淋的，让在场的兵卒毛骨悚然。桂王朱常瀛知道后，觉得卢高义太残忍，便让马暨垂去警告并约束他。卢高义当面一套、背后一套，马暨垂拿他也没办法。在四十岁生日那天，卢高义给自己办丧事，吃自己的祭品，用这种方式"庆生"，当时马衿升和邓澄忠都在现场。卢高义在永州时，他不但自己活吃毒蛇，还让马衿升和邓澄忠也跟着吃，以此锻炼胆量和冷酷。

"不用暴力整死自己，就用暴力整死别人。"这是卢高义一生的信条。因此，大西军的高官、王夫之的亲人以及一些黎民百姓的生命成了"蒙面人"的牺牲品，那是他信条的体现。

多行不义必自毙。卢高义恶贯满盈，罄竹难书，但他万万没有想到的是，自己最终也死于暴力，而且是超出了他想象的暴力。

王阁昆是善于运用暴力和享受暴力所带来的刺激的人。

卢高义醒来后，王阁昆命刀斧手用他发明的"棍刑"处死卢高义。

王阁昆小时候受到阉割，那种痛对他来说是刻骨铭心的，同时也是耻辱的。他不愿意观看别人受刑时再勾起自己的痛苦。他曾经命刀斧手做过几例"针根刑"，即用针头从受刑男人之阴茎头上的小尿孔穿刺进去，受刑者痛得扭曲、痉挛、嘶喊、瞪血眼等等，但就是不会死去，甚至亦不会昏迷过去。王阁昆看到这一幕，不自觉地想起自己小时候入宫时受到的"腐刑"之痛，因而后来放弃了。

这一回，王阁昆决定用"棍刑"对付卢高义，是因为他隐隐感觉到姜善棋对卢高义的"恨"。这么做，他不仅自己很兴奋，同时也会让姜善棋很感谢他的"用心"。

很快，刀斧手将卢高义绑起来，拿根棍子直接从卢高义的肛门插进去，整根没入，穿破胃肠，让一小截棍从嘴里露出来。卢高义苦不堪言，昏死过去，又苏醒过来。

最后，卢高义看着行刑的刀斧手，他努力挤出一丝笑容，似乎在享受这最后的时刻……

王阁昆替姜善棋扫清了她心头的"仇人"。他告诉姜善棋：王夫之的小叔王家聘因行刺卢高义落到了他的手上。

姜善棋大吃一惊："王大人欲怎样？"姜善棋一直在暗中寻找王家聘，因为王夫之在信中提到过。但她没有想到，小叔如此冲动和鲁莽，好在卢高义已被定罪，并最终被王阁昆残酷杀害。否则，后果不堪设想。

"香妃说怎么办就怎么办。"王阁昆倒是爽快。

姜善棋表示感谢，让他放了王家聘。王阁昆当即表示照办，并发给他路费回衡州。因为，王阁昆现在迫切需要姜善棋帮他一起除掉马暨垂，这是他的心病，也是他通向权力高峰的最后阻力。

实际上，如何给马暨垂定罪，姜善棋思考了好一阵子。当王阁昆提出十六条罪状其中包括"谋反罪"等死罪时，姜善棋惊叹于他的想象力和他的心狠手辣，她没有表示异议，她得走一步看一步。

王阁昆当然清楚，要让马暨垂坐实这么多的罪，并不容易。他只拣最重要的罪，即"谋反罪"。"香妃知道，皇上最痛恨谋反。"

姜善棋点点头，道："王大人，需要小妃做什么，但说无妨。只要能够做到，小妃必将倾力而为。"

王阁昆狡黠一笑，道："马暨垂的把柄在王某手中。香妃唯一要做的事就是，说服皇上亲自审理此案。"

姜善棋点头同意，心想：此事不难。即便不劝他，永历帝自己恐怕也要去宗人府审理此案的。

马暨垂虽被关在地牢中，但还在不断地给皇上上奏。但狱吏按照王阁昆的指使，把奏折一次次扔回给他，称皇上怒而不收。

王阁昆又指使狱吏用各种酷刑折磨他，马暨垂也是条硬汉，始终没有承认自己"谋反"。王阁昆提起他从广州搬兵回来途中打着张献忠旗号之事，被马暨垂呵斥道："此事皇上早已明鉴，你休得猖狂！"

"哼！看你能够猖狂多久！"这时，恼羞成怒的王阁昆用上了绝招：阉割。他轻易不用此招，一旦用了，就要用得彻底，揭开他儿时的创伤。每流一次血，他就对世界多一分恨，他要用加倍的报复来麻醉这种恨和痛。

在行阉刑前，王阁昆让马暨垂在一旁观看别人受刑：一个小太监拿一根绳子把一个眉目清秀的年轻人的阳具绑起来，让其血液不流通，直到变黑、坏死，一个时辰后，小太监用利刃一下子割掉年轻人的阳具。接着拿香灰盖住年轻人的伤口处，止血，同时拿根麦秆插在年轻人的尿道里。年轻人痛得昏死过去……

看着这一幕，王阁昆脸上的表情有些古怪。

马暨垂当然知道王阁昆这样做的目的。

一个人，无论他的意志多么坚强，总有一个极限。王阁昆的残忍超出了马暨垂的承受极限，他彻底崩溃了。因此，当王阁昆问他看了"阉刑"后的感想时，马暨垂答非所问，承认自己有"谋反"之心。

　　王阁昆道："马大人是如何谋反的？"

　　马暨垂一怔，道："王大人想是什么就是什么。"

　　"马大人聪明。"王阁昆长舒一口气，赶紧命人做笔录。做完，马暨垂看也不看，就在上面签了名、画了押。

　　当晚，姜善棋对永历帝道："马暨垂马大人犯'谋反罪'，小妾有些不信。此事影响甚大，朝廷议论纷纷。皇上要不要亲自审问一下？"

　　"此事确实蹊跷。但看了宗人府送来的材料，马暨垂已经招供，签字画押，朕又不能不信。"永历帝叹道："人，都是会变化的。先王待马暨垂不薄，朕更视他为心腹，他竟然还欲'谋反'，是何道理？当年，他去广州搬兵勤王，在路上打着反贼张献忠旗号，已是大逆不道之事。"

　　"正因此，皇上再忙，也要亲自审一审才好！"姜善棋道。

　　"香妃愿陪朕去一趟乎？"永历帝道。

　　"不妥。"姜善棋道："皇上没听见朝廷闲言碎语？"

　　"那又怎样？"永历帝不屑道。话虽如此，他也不再提及让她去。

　　翌日上午，永历帝亲自来宗人府提审。

　　马暨垂一听永历帝来了，顿时觉得有希望了。

　　然而，当王阁昆差人押他走出地牢、并将他见过的"阉刑"割下的那位年轻人的"阳具"用布包住塞进他的口袋时，马暨垂顿时像被雷击过一般萎靡下来。他知道，永历帝救不了他。这仅仅是一个程序、一种仪式，显示皇上对他的重视，让他死得无冤可鸣，无话可说。

　　因此，当永历帝拿着王阁昆奏上的"铁证"，问这些罪行是否属实时，马暨垂十分爽快，全部认罪。

永历帝很震撼，迟疑一会儿，最后问道："你还有什么要说的？"

马暨垂老泪纵横，哽咽道："小人原以为可以一辈子为皇上效命，岂料天不佑人。小人罪有应得，心无他念。"

王阁昆劝永历帝诛杀马暨垂及马家老小二十三人，但姜善棋劝永历帝以慈悲为怀，不要斩草除根，劝道："马暨垂虽然罪不可赦，然念在他效命先王的份上，留他家老小一条活路。"

永历帝同意了，赐马暨垂一剑，令其自我了断……

第二十四章　蝶舞

一

王朝聘不知道从哪里获悉王家聘去了永历朝并且失踪了，他非常焦急，非常烦躁，嘴里不停地嘟哝着什么。

那天傍晚，王朝聘一见王夫之回来，就劈头盖脸对他进行了一顿质问和数落："你小叔去了永历朝，你知晓不？他失踪了，你知晓不？每天见你忙忙碌碌，都在干些什么？家里发生这么大的事，你会不知晓么？你若知晓缘何不告诉我？"

正巧，这个时候王廷聘来了，他见王朝聘发怒，连忙拉他坐下，道："大哥休要发火。小侄也是为你身体着想，此事急也没用。"

"这么说，你也早已知晓？"王朝聘一听更火了，他气呼呼道："你们还有多少事情瞒着我？我还没进黄土里，你们就把我当摆设吗？"

"父亲大人，小儿正要跟您禀报此事。"王夫之让王朝聘冷静下来，又给王廷聘倒了一杯水，道："小叔找到了，正在回衡城的路上。"

"啊？真的？"王朝聘和王廷聘都显得十分吃惊。

王夫之郑重地点了点头。

原来，就在几个时辰前，王夫之意外地收到姜善棋的一封密函，主要讲了两件大事：一是小叔王家聘的事。他去永历朝竟是为了行刺卢高

795

义，结果被内务总管王阁昆抓住，在姜善棋过问下，王阁昆放了他，并给了盘缠回衡城。二是恶贯满盈的卢高义、马衿升和邓澄忠都已被"解决"。姜善棋的信写得很简单，把小叔行刺仇人说得有惊无险，把"解决"卢、马、邓的事情说得也很轻松。尽管如此，王夫之知道，权力的纷争、人性的幽暗和生命的困斗，从来不是简单之事，风轻云淡之下，涌动的必定是刀光、剑影和鲜血。

王朝聘听说小弟已在回衡城的路上，便说了一句："这个家聘，也真是有点乱来！"

而王廷聘听说姜家和王家仇人卢、马、邓已被"解决"，便道："莫叫人不知，除非己莫为。恶行必有恶报也。"

王夫之送走王廷聘，还没回到房间，突然看见李国相急匆匆赶来，边走边喊："夫之老弟！"

王夫之站在门口，望着李国相，道："国相兄，怎么了？"

李国相走到王夫之身边，低声道："我去花药山，猛地看到一个人，特别像时求。不，我敢断定，就是他。"

"啊！管兄在衡州？"王夫之大吃一惊，道："你真的看到他了？他在哪里？你说花药山？"

"我很奇怪。明明是时求，我叫了他的名字，他一回头，看到我也不回答，反而快速朝外跑去。"李国相道："我立即追去，边跑边喊，可他不停步，像要刻意躲避似的，一下子就不见了。"

"躲避什么？也许看错人了？管兄不是在永历朝吗？"王夫之有点不信，道："如果他在衡州，为何躲避你？为何不来找我们？"

"夫之老弟！我绝对没看错人！"李国相异常肯定，道："至于他为什么躲避大家，我就不知道了。"

"你来了正好。"王夫之道。接着，他把永历朝发生的事情，包括小叔的事情，以及卢高义、马衿升和邓澄忠都被除掉的消息告诉了李国相。但他没有透露这些信息来自姜善棋。

"如此说来，朝廷决心整顿纲纪，未来可期也。"李国相听了很高兴，没有追问信息来源。他看了看王夫之，道："眼下，朝廷正是用人之际，夫之老弟莫如早日前去效力？"

"可衡州还有这么多事情。"王夫之叹道："衮冕兄、思琴、晓书、若画，还有伯实兄等，都仿佛躲在什么地方，让人放心不下。"

"此等之事，非一时半刻能有结果。我盯着就是，一有消息，即刻告知你。"李国相不以为然，道："你去永历朝，莫说建功立业，就说善棋，你去了，她一定会很高兴的。"

"善棋"二字很重要，但永历王朝的中兴更重要。虽然王夫之嘴上说的还是"我再想想"，但其实他已下定决心：立即启程去永历朝，尽忠报国，义无反顾！

然而，时局动荡不安，永历朝一直处于风雨飘摇中，一会儿梧州，一会儿桂林，外有清兵围堵，内有宦官作乱。永历帝性格偏弱，常常忠奸不识，举棋不定，使得政令不畅，各行其是。

王夫之把欲入朝廷做一番事业的想法跟父亲大人说了。

"上次为父就说过，此事由你自己定夺。朝廷毕竟是朝廷，你若入朝，不能由着性子，你得好自为之。"王朝聘道："我与你母年岁虽大，但无须担心。"

王夫之有些感动，他又告诉母亲大人，说自己要出趟远门。他没有说去立功报国，而是说去寻找四姐妹，请她在家等待消息。

谭孺人一听，连说好："这是大事，你放心去，我再也不会像上次那样外出，让你们担惊受怕。"

王夫之又去跟大叔及大哥、二哥告别，请他们经常下山看看，既然两位老人不愿上山，也只有随了他们。

"贤侄此去，如往永历朝赶考，希望能得到好名次。哈哈。"大叔笑笑道："我在家等你小叔回来，有空就去找大哥聊天。现在我年岁亦大，每天写写画画，幸而能喝能吃能睡，于我足矣。"

大哥和二哥则说："放心。家里事情有我们在，有空写信回来即可。"

王夫之将家里一切安排妥当后，翌日日上三竿，他匆匆吃了早餐，遂背着简单行囊，决意朝广西方向进发。

刚出门，面前赫然站着两个人，王夫之一看，竟是憔悴不堪的夏汝弼和一脸苍白的张学夫。

王夫之惊道："啊？汝弼兄，到处找你都找不着。你像风一样，突然出现了。这些日子你是怎么过来的？都经历了什么事情？还有学夫，也好久不见了，怎么你们俩在一起？"

"唉，说来话长。"夏汝弼长叹一口气，道。"好长一段日子，夏某一直在找一个人，夫之兄知晓不？可再也找不到了。"

"啊？你在找谁？"王夫之盯住夏汝弼，问道。

"若画。"夏汝弼刚说出这个名字，泪水就涌出了眼眶。"我、我找得好苦。我不相信、我真不相信若画不见了，这一定是梦……"

原来，张献忠攻衡州城期间，姜若画在尚德客栈临时搭起的医疗点与夏汝弼朝夕相处，很快喜欢上了他，用薄薄的手绢抄了一句古诗送给他："呦呦鹿鸣，食野之苹。我有嘉宾，鼓瑟吹笙。"

夏汝弼也喜欢姜若画的美丽、善良和聪明，遂在心里也悄悄爱上了她。他回赠姜若画一块玉佩，并附有自己写的一句诗："感激念知己，玉中琴瑟鸣。"

在衡州破城的前夜，夏汝弼提议带姜若画回夏家见见父母大人，他说："乱世之中，婚配之事，你情我愿，宜早不宜迟。"

其实，夏汝弼并不想操之过急，他只是有点悲观，觉得如果不早一点促成此事，未来不可预见。

姜若画对时局的看法没有夏汝弼那么敏感和悲观，她本来有点不想去，但又怕夏汝弼不高兴，便悄声道："山有木兮木有枝，心悦君兮君不知。如此也罢。"

为了不引起衡州学子的议论，夏汝弼跟姜若画约好，两人分开走，晚上到衡水桥会合，然后再一起去夏家。姜若画听从了夏汝弼的保密建议，连姜善棋、姜晓书两个姐姐都不知道她当晚去了哪里。

然而，临走前，夏汝弼被突然告知衡水桥有危险，说是"维鹰会"的人在那里布了圈套，如果夏汝弼去，就要被抓走，不让他救治伤员。就这样，夏汝弼没有去成。当他急忙去找姜若画时，发现她已经不在尚德客栈了，遂立即赶紧差人去找，却再也没有见到姜若画。

实际上，当天晚上，姜若画如约来到衡水桥，她等了好一会儿，却并未见到夏汝弼。她有些奇怪，正准备快快回去时，一个男子悄然来到她的身边，神秘道："此地危险，汝弼先生在一个安全的地方。在下带你去。"

此男子不是别人，而是"维鹰会"的邓澄忠。当晚，邓澄忠的确在衡水桥设了圈套，要抓捕夏汝弼。但夏汝弼没有来，他见姜若画在此徘徊，看她的样子像在等什么人，也许正是夏汝弼，便灵机一动，谎称带她到一个安全小屋，说夏汝弼已在那里等她。

姜若画信以为真。然而当她进入小屋后，发现并无夏汝弼，立刻警觉起来，想逃走，但为时已晚。

那间小屋距衡水桥只有一炷香工夫的路程，是河边守水工临时休息的小屋，里面除了一张小木床，什么都没有。邓澄忠把姜若画带进屋后，立即关上门。姜若画尖声喊叫，邓澄忠用手捂住她的嘴，两人扭打了一会儿。但姜若画很快被邓澄忠打昏，并被强暴了。

邓澄忠满足兽欲后，仍然将姜若画关在小屋中。

邓紫鎏带着邓澄诚等人来到了衡水桥，四处寻找邓澄忠，他们要与一帮"维鹰会"的成员一起去营救马衿升。慌乱中，邓澄忠匆匆返回到衡水桥，邓澄诚问他刚才怎么不见了。邓澄忠回答说是去桥下解手，以此搪塞过去。邓紫鎏问邓澄忠见到夏汝弼没有，邓澄忠说他没有来。邓紫鎏便带着他们急匆匆朝地下工厂方向奔去。

也不知过了多久，姜若画苏醒过来，发现遭到强暴，悲痛欲绝。

突然，一个年轻人冲进小屋，二话不说帮姜若画穿好衣服，并迅速将她背了出来。

这个年轻人是聂世平，他是姜若画救治过的重伤员。经过夏汝弼和姜若画的精心治疗和悉心照顾，聂世平的伤势恢复得很快。那天，他无意中听到姜若画嘀咕一句晚上要去衡水桥，看样子似有些不情愿却又不得不去，于是就多留了一个心眼。当姜若画走出尚德客栈时，他就一直悄悄跟在后面。可是，快到衡水桥时，由于人多又乱，姜若画一下子不见了。

当姜若画在小屋发出撕心裂肺的尖叫时，聂世平似乎听到了，却又看不到人。情急之中，他像无头苍蝇，从桥的这头跑到桥的那头，又从桥的那头折回到桥的这头，并且大喊"若画姐姐"！

然而，聂世平的呼喊，在黑夜中的衡水桥回荡，却得不到姜若画的任何回应。最后，当他发现桥边的那间小屋时，一种直觉告诉他，当时姜若画那绝望的尖叫就来自那个地方。他发疯般地冲过去，打开门，姜若画已经苏醒过来，正在绝望地哭泣。

"若画姐姐，世平来晚了。你怎么了？"聂世平把姜若画背到一个安全的地方，将她放下来，弄点水给她喝。可她紧闭着双眼，不停地哭泣，就是不说话。聂世平意识到发生了什么，他重新背起她，急忙朝尚德客栈方向跑去。他的想法很简单，那里有夏汝弼，还有她的两个姐姐，那里就是她的家。

可是，当聂世平汗流浃背地来到尚德客栈时，他赫然发现，那里已经是一片火海，一堵临街的墙轰然倒塌。许多伤员被火海吞没。他背着姜若画赶紧离开那片火海，本想要去找王夫之或者李国相等人，可是，他不知道这些人住在哪里。而姜若画不仅不配合，而且当她看到尚德客栈成为一片火海时，由于惦念着夏汝弼和两个姐姐等人的安危，她努力挣脱了聂世平，披头散发，疯子一般要冲进火海。

聂世平紧紧拉住她，并强力将她背了起来，泪流满面道："若画姐姐，世平的命是你和汝弼先生救下来的。这一回，就是死，也要把你救出去！"

那一刻，姜若画感受到了死神的降临。可聂世平用受伤的身躯，硬是顶住了死神的肆意进攻。

紧接着，张献忠破了城，成批成批的大西军涌入衡州城。在全城宵禁前，聂世平趁着黑夜，背着姜若画出了城，一路向西，沿着泥泞的乡村小道，一刻不停地往前走，直到聂世平完全瘫倒在地。

姜若画嘤嘤哭泣道："你为何不让我死？"她相信夏汝弼和两个姐姐都已葬身火海。衡州城破了，她的一切希望也跟着破了。一旦生无可恋，活着，将会比死亡更痛苦。

"若画姐姐，你别这样想。"聂世平小声道。"当初我也觉得要死了，可是你救下了我。"

聂世平叫姜若画为姐姐，是一种尊称。实际上，他比姜若画还大两个多月。战乱时代，一切不可能都变成了可能。聂世平对姜若画的爱，是那样纯洁、美好、浓烈，充满着梦幻色彩，带着苦难时代的特殊印记。聂世平十分爱她，可姜若画不爱他，也不能接受这份爱。如果不是这特殊的机缘，聂世平连想都不敢想，姜若画亦不可能让他背着，更不可能走出这么远的一段路。

那天晚上，聂世平搀扶着姜若画，走走停停。天上一片漆黑，还刮着小风，聂世平能闻到姜若画身上散发的幽香，他要带她回到自己的家乡荷堂村，那里离衡州城并不远，只有十五六里的路程。

那一天、那一夜发生的事情，改变了姜若画的一生。

姜若画最终活了下来，荷堂村和聂家热情地接纳了她，村民们的淳朴与善良感染了她，聂家用最高的礼遇和最深沉的爱融化着她。可她的心一直走不出那一场大火，那一次灾难，那一个夜晚。

一天又一天，时间就停在了那里。可是，生活却还在继续。荷堂村的村民，包括聂家的人，都把姜若画当成了聂世平的媳妇，都觉得聂世平有福气，娶了这么漂亮的一个女子。只有聂世平知道，每晚跟他住在一起的，只是他的若画姐姐。

姜若画知道这对聂世平不公平，可她无法改变。

很意外，姜若画怀孕了！村民们更加羡慕聂世平，聂家老小也高兴坏了。然而，只有姜若画知道，那是仇人留下的种子。尽管如此，聂世平还是希望姜若画把孩子生下来。但姜若画做不到，她觉得每一天都被人用刀子在伤口上割。她每晚用拳头击打着下腹，试图用眼泪和愤怒"掐死"这个孩子的生长。在那贫穷的日子里，荷堂村村民不时送来一碗鱼汤或一碗蘑菇炖肉，聂家人也极力省吃俭用，把有限的营养物质尽可能送到姜若画的胃里。

姜若画常常边吃边哭，不知如何是好。她让聂世平去衡州城打听一下情况，特别是夏汝弼、姜氏姐妹和王夫之等衡州学子的情况。每次回来，聂世平都叹着气，告诉姜若画，没有他们的半点消息。

日复一日，姜若画几乎就要认命了。

恰在这时,发生了一件可怕的事:姜若画不顾聂家人反对,腆着大肚,执意到荷堂村后的山上拾柴,不料在一个半山坡,她被毒蛇咬伤,滚下山坡,被人发现时,已昏倒在地,奄奄一息。

聂世平火急火燎将她背回家中,趴下身子,对着姜若画后脚跟上的蛇伤吮吸起来,吐了一口又一口黑血。由于太急,不小心将一点毒血吸入体内。同时,由于当初的战伤并没有完全康复,受到这一次的毒血感染,结果,姜若画慢慢苏醒过来,而聂世平却陷入昏迷。

最后,在荷堂村最会解蛇毒的一个九旬老人的努力下,聂世平从死亡线上捡回一条命,但他的下肢完全不听使唤,彻底瘫痪了。

村民们纷纷惋惜,并不断责备聂家人:怎么这个时候还让姜若画上山拾柴?聂家老小一声不吭,默默承受着这难言之隐和残酷的现实。

聂世平父母也的确不明白,为什么姜若画如此不爱惜自己的身子和肚子里的孩子?

事已至此,责备也没有用。直到此时,聂世平才满怀歉意地告诉姜若画:他其实早就打听到了,夏汝弼还活着,姜家姐妹可能也活着,王夫之和李国相等人也还活着。

聂世平说出这个消息后,如释重负似的。姜若画听了,眼泪"唰"地流了出来,止都止不住。良久,聂世平轻叹一声,道:"若画姐姐如果要去找他们,我不会阻拦。唯一的请求是:把孩子生下来。不管是谁的孩子,生下来,就是聂家的孩子。"

姜若画十分痛苦,想着聂世平从未与自己行夫妻之实,却在此刻要她将仇人的孩子生下来,她心烦意乱,无法回答。这时,聂家老小都围了过来,突然跪在姜若画面前,聂世平的父亲道:"姜姑娘,老夫知道你在此受委屈了。眼见平儿这个样子,你就行行好,将孩子平安地生下来吧。"

聂世平的母亲也跪在地上，小声道："姜姑娘万不可再行鲁莽之事，伤人害己。不管你此前遭遇了什么，聂家永远是你的家，你肚里的孩子永远是聂家的孩子。"

姜若画泣不成声，痛下决心。她连忙请大家都起来，明确表示：她愿意将孩子平安生下来，她保证这一段日子在家好好休养。

然而，人算不如天算。就在姜若画郑重保证后的第三天，孩子早产了，而且是个死胎。整个聂家如丧考妣，气氛压抑得令人窒息。聂世平父亲老泪纵横，他的母亲也两眼发直。只有聂世平，心情反而很轻松，他对姜若画道："姐姐尽力了，我很感激。"

当荷堂村村民得知这个不幸的消息后，议论纷纷。慢慢就有些刺耳的话传到聂家父亲、母亲耳边，听得两位老人如坐针毡。大约是生下死胎后的第七天，姜若画头一回主动走进聂世平双亲的卧房，十分平静地告诉他俩关于孩子的事情，以及与聂世平的真实关系。说完后，她也不看两位老人的反应，就垂着头退了出来。

第二天天还未完全亮开，姜若画就从装作熟睡的聂世平身边爬起来，悄悄地离开了荷堂村，离开了聂家。她给聂世平留了一封信，上面写着："世平哥，如果来世有缘，我愿陪你到老。"

这一切，早在聂世平的意料之中，他留住了她的身，却留不住她的心，她的心早已飞出了荷堂村。因此，姜若画一走，聂世平就看了她的信，并趴在窗边默默地看着晨光中远去的黑影，想起与她相识以来的点点滴滴，泪水不知不觉地滑了下来……

二

姜若画到达衡州城后，先是去了尚德客栈，发现那里面目全非，已变成了一个铁铺，且关着门，毫无动静。姜若画决定去王衙坪，那里有她的大姨和大姨父，是她们四姐妹在世上唯一的亲人，她至少可以在那里休养一段时间。何况还有她四姐妹引以为豪的王氏三兄弟，虽然与他们交往不多，但他们的高大形象老早就矗立在四姐妹的脑海里了。尤其是王夫之——她的"夫之哥"，在尚德客栈为伤员疗伤时，"夫之哥"也在那里不断忙碌，对她体贴、关爱有加。姜若画一想到王夫之，心里涌起一股暖流，她相信通过"夫之哥"，去找夏汝弼等，应该容易找到。

然而，当她气喘吁吁而略带激动地来到王衙坪后，姜若画发现王家的大门是虚掩着的，里面静静的，她正要敲门，突然听到大姨高声说道："王朝聘，我看你就是一个胆小鬼！怕'维鹰会'的人，怕大西军的人，怕这怕那，每天龟缩在家里，守着那几本破书，有什么用？"

"你真是无理取闹！我怕谁了？一把老骨头，有什么可怕的？"大姨父大声争辩道："四姐妹杳无音讯，怪我这把老骨头？世道如此乱，你让我去哪里找她们？"

"你就是没有尽力去找。四个大活人，怎么一点音讯都没有？衡城这个屁大的地方，如果尽力去找，哪会找不到？"谭孺人仍旧气呼呼的，大声说道："你就是瞧不起我堂妹一家，觉得四姐妹是从'湘春楼'出来的！"

姜若画触电般僵住了。

只听王朝聘没好气地吼道："看你胡说八道！我哪里瞧不起她们？我没有为她们四处奔波？去这里找人，到那里去求人，没有我的尽心尽力，她们能出来吗？"停了一下，王朝聘又道："可她们是从'湘春楼'出来的，这是事实不？我没有瞧不起她们的，至于别人说什么，你管得了么……"

姜若画捂住耳朵，再也不愿听下去，转身就跑。伤心、羞愤、屈辱、无助……这些混杂的情感，像凶狠无情的野狼一样追赶着她，撕咬着她。她不知道大姨与大姨父的争吵因何而起，她不知道也不想知道。"湘春楼"成了四姐妹一生的耻辱，是套在她们脖子上的沉重枷锁。姜若画越想越绝望，越想越灰暗。她去找谁？

此时，王夫之虽然惦念着四姐妹，却没有办法找到她们。更何况，他正在南岳忙着堵胤锡交代的公差。

姜若画跑出王衙坪后，徘徊了好一阵子，不知该到哪里去，产后的身体还没有完全恢复，她走了几个小时，已经毫无力气，又渴又饿。当走到衡水桥时，脑海里升腾起一个念头：还是去找夏汝弼。不管怎样，哪怕他不爱现在的她了，她也应该去看一下他，见个面。这样想着，便挣扎着，慢慢来到衡水桥，因为那个夜晚，夏汝弼是跟她约定在这里见面，然后再去夏家的。

衡水桥离夏家一定不是太远，至少是去夏家的必经之路。否则当初夏汝弼不会约她到这里。姜若画这样想。

然而，街头的房子密密麻麻，高高低低，哪一座是夏家的？即便她费尽心思找到了，夏家人会接纳她么？如果了解到她的身世，夏家人会不会瞧不起她？这样一想，她再也没有力气往前走了。望着桥下黑乎乎的河水，姜若画感觉活下去太难了，她产生了跳下去一了百了的冲动。

姜若画缓慢而费力地爬上一个桥墩，正要往下跳的时候，被一个中年男子用力拖了下来，斥道："你想干什么？想自杀吗？要自杀就在自己家里自杀，不要吓坏别人！"

中年男子抓住姜若画的手，一直送到桥头，警告道："回去吧，人生没有迈不过的坎！"

想想也是，要死就在家里死，不要吓着别人。可是，我的家在哪里？姜若画四处张望，很无力也很无助。就在这时，她突然想起那天晚上自己在这里等夏汝弼的情景，她又抬头看了看四周，猛地看到了桥下的小木屋，一阵恐惧和恶心袭来，白晃晃的太阳下，她仿佛觉得自己被人剥光了，一把刀子顶在她的胸口，她惨遭蹂躏。姜若画猛地尖叫一声，疯狂地朝街上跑去，一下子倒在地上，昏迷过去……

那真是一种擦肩而过的爱啊。当姜若画千辛万苦寻找夏汝弼时，夏汝弼正协助王夫之完成堵胤锡交付的修建二贤祠和方广寺的公差，后又与王夫之、王介之及弟弟夏仲力在南岳山上待了一段时间，直到张纯熙被"蒙面人"所害，他又与王夫之等人下山看望了张纯熙的媳妇胡三妹及其两个孩子张纯和张熙，然后才回到夏家。当听说有个姓姜的美丽女子来找过他时，他陡然一怔，很快意识到应该是姜若画。

确实，那个美丽的女子就是姜若画。

那天，姜若画在街上昏迷后，被一家开中药铺的夫妇救起。碰巧，这对夫妇认识夏家父子，告诉她夏家在什么地方。这对善良的夫妇问她要不要陪她去夏家，姜若画婉言谢绝了，她一是看到中药铺生意忙、走不开，二是担心去了夏家，如果夏家人不接纳她，或者夏汝弼装作不认识她，会太难堪。因此，她是独自一人去的。

在夏家，姜若画没有见到夏汝弼，转身离去。

夏家人追上来问她贵姓，她答了一句："姓姜。"夏家人再问有什么事需要转告吗？她摇摇头，说："没有。"

很长一段日子，夏汝弼的心里一直有个声音在喊他，他做过几次梦，都是姜若画发生了惨事。他不知道她还活着。即便他跟王夫之忙着堵胤锡交办的公差，他的内心也总是感觉压抑和痛苦，很少有舒展欢颜的时候，原因就在于他内心有份沉甸甸的牵挂。毕竟，姜若画是第一个让他产生爱慕之心的人。

夏汝弼是一个把自己的内心世界保护得极好的人，也是一个性格软弱和小心翼翼的人。他没有公开与姜若画的恋情，是因为他害怕别人笑他。直到张献忠破城前夜，他约定带姜若画去家里见家人，姜若画去了，他却没有去。对此，他十分自责，觉得是自己害了姜若画。他害怕接到她的死讯，又总是想象她可能已经死了。

获悉姜若画还活着，并来找过他，夏汝弼完全被这个消息揪住了心，他又惊又喜，再无二念，全身心投入到寻找姜若画的过程中。

王夫之和李国相等人都不知道夏汝弼究竟去了哪里，好像一下子消失了似的。王夫之还专门去夏家找过，他的弟弟夏仲力忧心忡忡地说，"哥哥好像着了魔，出门了好长时间，也不知去干什么，也没有半点消息。"夏家两位老人也是既焦急又无奈。王夫之便安慰他们，说夏汝弼通医术，心又善，一定不会有事的。

夏汝弼进入了生命中最痛苦、最灰暗的日子。他先是独自找到一个有名的画师，让这个画师按照他的描绘画了一幅姜若画的肖像图。然后拿着这幅肖像图，走遍了衡州的每一条街道、每一处店铺、每一个小巷，又去了衡州城附近的四十多个村庄，包括姜若画曾经待过的聂世平的荷堂村。

在荷堂村，夏汝弼见到双腿瘫痪的聂世平，十分惊讶。而聂世平见到恩人，更是激动万分，泪流满面。

"你是说若画在这里生活过一段时间？"夏汝弼紧紧抓住聂世平的手，连连问："究竟发生了什么？她去了哪里？现在在哪里？"

聂世平一边流泪，一边将姜若画的事情如实告诉了夏汝弼。

夏汝弼听得浑身发抖，两眼发直。他无法想象这样一个美丽的弱女子竟遭受到如此残酷的虐待。

最后，聂世平哀哀地告诉他："早前两天，我突然收到二十两银子，还有一张便条，上书：'好好活着。'我怀疑是若画姐姐汇来的。可她做什么了，哪来这么多钱？"

聂世平一脸茫然地看着夏汝弼。

夏汝弼拒绝了聂世平的挽留，连夜回到衡州城里，继续寻找。随后，他又去了湘乡、常宁和衡山等地寻找。

在衡山，夏汝弼碰见了胡三妹，她正与张学夫的父亲合伙开一家牛肉馆，生意还不错。

胡三妹见到蓬头垢面、衣衫褴褛的夏汝弼，大惊失色，连忙引他入店，先让他喝下三碗热汤后，才问道："出什么事了，夏先生？"

夏汝弼苦笑一下，并不愿多言，只顾埋头吃着牛肉。

胡三妹见状，不再问话，知道这些读书人喜欢把事情烂在肚子里。她把张学夫叫来，交代他跟着夏汝弼，直到帮助夏汝弼把事情办好才回来。

"你回去，我不会有事的。"起初，夏汝弼不愿意张学夫跟着，但张学夫很懂事，从不过问夏汝弼的事情，总是见事做事。尤其是在衡山，张学夫地形熟，不到两天时间，就带夏汝弼走了个遍。慢慢地，他觉得张学夫是一个好帮手，有他做伴，也不错。

于是，两人又到南岳各个庙宇里去寻找，直到此时，张学夫才知道夏汝弼要找一个叫姜若画的女子。

夏汝弼懂医术，亦会急救，所以，无论是山上山下，还是田垄地里，抑或村庄农舍，他都目光坚定，应对自如。有张学夫同行后，最大的好处是，夏汝弼少了一些孤独，他可以讲出自己的想法。张学夫会揣测他的心理，可以和他进行较深层次的交流。这样，他寻找姜若画似乎变得顺利起来。遗憾的是，经过荷堂村、见过聂世平后，夏汝弼再也没有找到有关姜若画的任何蛛丝马迹。

直到十天前，夏汝弼与张学夫来到耒阳，竟然意外地见到了枯骨般的曹伯实，并且从他嘴里知道了姜若画的消息。

<h1 style="text-align:center">三</h1>

王夫之一听夏汝弼见到了曹伯实，十分吃惊，大声问："啊？你见到伯实兄了？他怎样了？快说，他究竟怎样了？上回我与朱归孺专门去耒阳找他，都没见着。"

夏汝弼见王夫之如此惦念曹伯实，眼眶顿时红了。"真是好兄弟。"夏汝弼这样想。他看着王夫之焦急的表情，轻声叹道："他跟我一样，乱世中的这些遭遇，真让人不敢相信。"

确实，夏汝弼在耒阳见到了曹伯实，既无比意外，又伤感万分。他俩一交谈，才明白"同是天下沦落人"，真是"同窗又同难"。两人各有各的苦，各有各的痛。

"此生到头了。"曹伯实感叹道。

无巧不成书，可以说曹伯实碰到姜若画纯属巧合。

说来有些心酸。那是曹伯实从成都历尽千辛万苦回到耒阳老家闭门三天后的第四天一早，他刚开门，就接到一个神秘人送来的纸条，上书："你在找姜晓书么？她成了水东江凝香馆里的红牌小姐"。

这张纸条对曹伯实的刺激十分巨大。他不敢相信这是真的：一是他亲眼看到姜晓书被强盗掳走，即便不死，亦无法逃出；二是纵使姜晓书侥幸逃回耒阳，以她的品性，也绝对不会去凝香馆这样的地方；三是即便姜晓书万不得已，她也不会在耒阳附近从事这样"见不得光"的工作。

曹伯实明知不可能，但又不确定字条内容的真实性。要想确定真假，唯一的办法就是亲自前去探究一番。他当机立断，悄然而去。

而这，也正是为什么王夫之和朱归孺那天特意来看望他，他的双亲大人都不知道他去了哪里的真正原因。

水东江坐落在离耒阳府不到十里的老镇，这个老镇最出名的地方就是凝香馆，即便是战乱年代，这里也是车水马龙，灯红酒绿，一年四季生意兴隆。连外地人都知道，要吃花酒，要找妓女，要找乐子，去凝香馆。大西军攻入耒阳时，不少将士去凝香馆寻欢。张献忠一怒之下，将凝香馆的六十多名女子悉数掳回衡州，投入大西王府的后院。但仅仅半个月后，凝香馆又重新招满了新的女子，生意更加火爆。

那天下午，曹伯实独自一人来到凝香馆，打听姜晓书的事情。没有谁知道这么一个人。曹伯实找到凝香馆的秃头老板，秃头老板直言，他从来没有听说过"姜晓书"这个名字。

曹伯实不甘心，又设法找到老鸨，老鸨也作了同样的回答。

曹伯实想，是不是换了名字？曹伯实便请老鸨把馆里的红牌小姐找来给他看看，谁知老鸨眼一横，恶声恶气道："这位先生好大的口气，红牌小姐是你随便叫来看的吗？"

曹伯实连忙拿出一把碎银子，塞在老鸨手中。老鸨顿时眉开眼笑，道："看来，这位先生还真是一个大方的主。"

"现在可以叫来看看吗？"曹伯实急道。

"看你猴急的，要吃热豆腐，就得有好性子，懂不？"老鸨说着，冲曹伯实放肆一笑，道："告诉你，这个馆里有十位红牌小姐。请问这位先生，你要叫哪一位，还是都叫来？"

曹伯实一愣，随口道："就叫排号第一的红牌小姐。"

老鸨摇摇头，道："咱馆里没有第一或第二的排号，都是有各自的艺名：芊芊，霞霞，莺莺，青青，悦悦，琴琴……都是红牌小姐，她们个个身怀绝技，色艺俱佳，只要肯出钱，保你玩得开心。"

曹伯实想了想，道："请问这些红牌小姐中，有没有一个叫若若或书书的小姐？"

老鸨奇怪地看了曹伯实一眼，道："咱这里没有你说的红牌小姐。"停了一下，像是想起什么似的，突然道："对了，倒是有一个叫柔柔的，还有一个叫弱弱的，亦是红牌小姐。"

"啊？"曹伯实大吃一惊，瞪着眼睛道："那你快去叫来。"

"这位先生好不懂事，难不成是初入馆的'童子哥'？"老鸨白了曹伯实一眼，有些不屑道："你究竟是要'独霸天下''双龙戏珠'，还是'入木三分''妻妾成群'？"

曹伯实被老鸨的行话弄昏了头，他结结巴巴道："在下只叫'柔柔小姐'或者'弱弱小姐'。"

"那你究竟是要叫谁？"老鸨一听真生气了，道："是叫一个，还是叫两个？"

曹伯实只好老老实实道："那就叫'柔柔小姐'。"

老鸨伸出手，道："先交一两银子。选定了，玩开心后，再交一两银子。"

"这、这……"曹伯实很尴尬，道："在下、在下只是想……"他未说完，因为老鸨已经极不耐烦了。如果说只是想看一眼，根本没门儿。于是，曹伯实忍气交了一两银子后，便被带到一个叫"青月"的包间，很小，里面仅有一张床，却有一股浓浓的香气，他闻了后感觉很不舒服。曹伯实十分矛盾：他既紧张，又害怕；既希望是姜晓书，又不希望她待在这样的地方。

很快，"柔柔小姐"来到曹伯实的包间：不是姜晓书，他长长地出了一口气。他没让"柔柔小姐"进来，遂又叫来了"弱弱小姐"，也不是姜晓书。

老鸨过来道："你还要叫谁？先交银两。"

曹伯实把心一横："既然来了，就要弄清事实，先一口气交上五两银子，一个一个叫吧。"于是道："再叫'芊芊小姐'"，不是；又叫了"鹂鹂小姐"和"青青小姐"，不是；遂又叫了"霞霞小姐"和"莺莺小姐"，都不是姜晓书。曹伯实还要往下叫，可是老鸨冷冷地提醒道："你不能再叫了。你已经叫了五位小姐了。"

"啊？"曹伯实一激灵，拍了一下脑袋，恳求道："请行行好，我交银两，最后叫一个吧，就是'悦悦小姐'。"

老鸨一听，表情有些怪异。她上上下下打量了一下曹伯实，然后道："'悦悦小姐'是本馆'金牌小姐'和'头牌小姐'，要叫她，至少提前三天预约。懂吗？"

"哦哦，不好意思。"曹伯实摇摇头，道："那她现在有空么？"

"没空！"老鸨没好气道，言罢，甩手走了。

不一会儿，一个灰衣壮男来到"青月"包间，告诉曹伯实，如不重新交钱，休想在此逗留，得快快离开。

曹伯实摸了摸口袋，再也没钱，他只好出来。但到了晚上，他再次进来，先是走到"闻香阁"，里面并排坐着清一色的女子，等待客人的挑选。曹伯实从门缝里看了一阵子，眼花缭乱。为防止被人发现，他很快离开了，然后又试图一个一个包间打探，最终被人发现，并逮住了。

老鸨闻讯，立即走到曹伯实面前，吼道："你究竟要干什么？"

"在下只想见见'悦悦小姐'。"曹伯实诚实答道。

"老娘告诉过你，要见'悦悦小姐'，至少得提前三天预约。"老鸨很生气，道："你下午就来了，贼头贼脑的，究竟安的什么心？"

"那、那在下三天后再来。"曹伯实无比沮丧，道："请排上号。"

"这还差不多。"老鸨一听，顿时眉开眼笑，道："不过，老娘提醒你，到时记得多带些银子。要找乐子，得有本钱。"说完，反手一甩，长袖差点拂到曹伯实的脸上，屁股一转，浪笑着走开了。

四

　　就这样，到了约定的日子，曹伯实一早就来到凝香馆，先交了一两银子。但直到晚上，他才被安排到一个叫"醉仙"的包间。

　　这个包间比三天前的"青月"包间略大一点，里面摆了两盆植物，一盆蝴蝶兰，一盆海棠花，香味也略淡一些。包间虽然好一点，但曹伯实的心情却比上次还要紧张和焦虑。

　　大约到了辰时，曹伯实终于听到门外响起细碎的脚步声。他屏住呼吸，脚步声在"醉仙"包间前停了下来，听到两声轻轻的敲门声："客官，小女'悦悦'到了。可以进来吗？"

　　曹伯实打开门，触电般呆住了。

　　"啊？你——""悦悦小姐"见到曹伯实，像见到了鬼一样，尖叫一声，掉头就跑。

　　"晓书，晓书！你别跑、别跑！我是伯实！"曹伯实也看到了，他泪流满面，发疯似的跟在后面。但很快，他就被三名汉子阻住，"你想干什么？"

　　曹伯实不顾一切往前跑，跟阻止他前进的三名汉子扭打在一起。三名汉子气急败坏，恶狼般扑向曹伯实。以一敌三，曹伯实原本就身子虚弱，这一下，他被三人拳打脚踢，很快倒在地上。

　　这时，"悦悦小姐"竟又折过来，对准其中一名汉子就是一巴掌，厉声吼道："你们别管！不许动他！"说罢，她就弯下身子，试图扶起曹伯实，可曹伯实却一把抱住她，哭喊道："晓书！晓书！我带你回家！"

　　"悦悦小姐"奋力挣脱，站在曹伯实面前，极力压抑着自己的情感，道："哥，我不是晓书，不是三姐。我是若画。"

　　"啊？若画？若画？"曹伯实不敢相信，他呆呆地望着姜若画，喃喃道：

"你、你是若画？你、你怎么、怎么在此……"

在曹伯实心目中，这个妹妹又美丽又善良又聪明，应该有个好前程。姜若画总是喜欢叫他"哥"，而不是"姐夫"。他没想到她的意中人竟是夏汝弼。

说来也有意思，姜若画因为叫了郭衮冕"姐夫"，她觉得应该有一个叫"哥"的。她原本把这个称呼留给姜善棋的丈夫，可是，姜晓书先一步成家，她便对曹伯实叫"哥"。由于姜晓书与姜若画是孪生姐妹，两人像一个模子刻出来的，只是姜若画的左前臂内侧有一个黑色胎记而姜晓书没有，曹伯实对这个妹妹的感情特别深。

曹伯实万万没想到，在凝香馆他会碰上她这个妹妹！

姜若画也不敢相信自己的眼睛，她不敢相信曹伯实会到这样的地方来，她不知道该如何面对，她的精神崩溃了。

当天晚上，曹伯实与姜若画在"醉仙"包间坐了下来，气氛凝重、绝望、悲伤，开始两人都垂着头，谁也不说话。后来，还是曹伯实率先开口。他将这些年来寻找姜晓书的点点滴滴全部讲了出来。

姜若画听完，泣不成声，异常感动。她也向曹伯实讲了自己的悲惨遭遇，讲到她被聂世平救起到荷堂村的种种细节，包括她回到衡州城后四处寻找夏汝弼，但她没有讲去王衙坪的事情，最后她走投无路，被人卖到了凝香馆……

曹伯实听了揪心不已，痛苦不已。直到姜若画讲完，他才抓住姜若画的手，颤声请求道："到哥家去，好吗？我是你的哥。我的家就是你的家。"

"哥……"姜若画看着瘦得不成人样的曹伯实，心疼道："你、你还会再去找姐姐么？"

"嗯。"曹伯实异常肯定地点点头。"我向苍天许过愿：对于晓书，生要见人，死要见尸。"

"哥，我问你一句。"姜若画突然严肃地看着曹伯实，道："你真的不介意姐姐的过往么？她可是从'湘春楼'出来的。"

"这是什么话！'湘春楼'又怎么啦？一朵花掉在污泥里，水一洗，还是花。"曹伯实叹道："说真的，你们四姐妹受的苦太多了！正因为此，我看到你们就心疼，真的太心疼。"

听到这里，姜若画的心顿时撕裂开来，泪如泉涌。她为姐姐高兴，也为自己难过。姜若画不知道夏汝弼会不会也像曹伯实这样一直在找她，"他不会，他早就忘记了。"她总是如此暗示自己，因此心情更加灰暗、更加悲伤。

"哥，一定要找到姐姐！"姜若画庄重地叮嘱道："老天都在看，你会找到的，一定会的。"

"好，哥一定去找，一定会找到！"曹伯实答道，同时感到姜若画的"叮嘱"有些奇怪，但怎么奇怪，他不敢深究。他甚至不敢看姜若画的眼睛。

"哥，你有没有大姐、二姐的消息？有没有衰冤姐夫的消息？我好想他们。"姜若画说着，又流起泪来，见曹伯实没有吱声，忽然轻声问道："对了，夫之哥还好吗？还有国相先生、统鲁先生、克峻先生等，他们都还好么？"

曹伯实摇摇头，安慰道："虽然没有见着他们，也没有他们的消息，但我相信，他们都还活着，都因为种种原因，生活在某个地方。我相信，大家都会有重新见面的那一天。"

"他们都还活着、都还活着？"姜若画喃喃地重复着，一副茫然若失的样子，"大家都会有重新见面的那一天。会有吗？什么时候？在哪里？"她像是问自己，又像是问曹伯实。

"若画，你不用多想了。你要多多保重身体。"曹伯实道："好好活着，一定能见着大家的。"

"好好活着？好好活着……"姜若画望着屋顶，那里有一圈黑云似的东西，似动非动，屋子里灯光本来就昏暗，看不清那是什么。姜若画突然问："哥，我们都是恶人么？我们不该好好活着么？"

"啊？若画，我们当然不是恶人！"曹伯实大吃一惊，道："我们是好人，我们都应该努力好好活着。"

"哥，我们究竟造了什么孽，受了这么多的罪？"姜若画泣不成声，连连道："恶人为什么这么多？他们为什么要害我们？我们的苦日子何时才是尽头？"

"若画，善有善报，恶有恶报。"曹伯实道，这话连他自己都觉得苍白无力，"不是不报，时候未到。"

"哈哈哈！"姜若画突然尖声笑了起来，令人毛骨悚然："哥，这话我从小就听大人说，可是，真是这样么？你看到恶人得到恶报了吗？你还相信这话？反正，我再也不信了！"

"若画，别说这些了。"曹伯实小心翼翼，特意停下来，生怕触痛她。"你跟我回去。我刚才讲过，那是哥的家，也就是你的家，好吗？哥在这里求你了。"

听到"家"这个字眼，姜若画压抑的泪水再次奔涌而出。小时候，父亲经常讲到这个字，母亲经常讲到这个字。但自从父母被害后，这个字就飘走了，再也难得进入她的耳膜。此刻，"家"的字眼从曹伯实嘴里蹦出来，像一团火，烧着她，也吓着她了。

"嗯，嗯……我、我……我再……我、我再想想，再想想……"姜若画有些语无伦次。

"不，你要答应我，现在就答应我。"曹伯实固执道："若画，你一个人在外，太苦了，这里不是你该待的地方。"

这句简简单单关怀的话，再次击中了姜若画隐藏在深处的痛。她记得夏汝弼曾经说过这句话。可是，夏汝弼此刻在哪里？即便他在眼前，他又能像以前那样面对她么？不错，这个地方不是她该待的，在"湘春楼"，她还只是艺妓，卖艺不卖身。在这里，纯粹就是出卖色相，出卖肉体，这是她最为深恶痛绝的。可生活逼着她，做了自己最瞧不起、最厌恶的事情。如果大姨父、大姨他们知道，该用什么样的眼光看她？王氏三兄弟又该如何看她？别人又该用什么样的眼光看她？……罢了，罢了，不用再想了，这辈子已到尽头了……

　　姜若画抬起头，看着曹伯实，道："好，哥，我答应你。三天后，你来这里，领我回家。"

　　"好，我们一言为定。"曹伯实又惊又喜，手足无措道："三天后，哥一定来这里带你回家。你等着！"

　　姜若画苍白的脸上露出了一丝难以察觉的笑意，她点点头，再次叮嘱道："哥，你答应我，一定要找到姐姐。"她停了停，又道："不但是三姐，还有大姐、二姐，都要找到！你答应我，快说！"

　　曹伯实既奇怪又难过，但看着姜若画不由分说的表情，他不忍心拒绝，便道："好，我答应你。我一定要找到她们。我向天发誓，我一定要让琴棋书画四姐妹团团圆圆到一起。"

　　"哥答应了，就会办到。"姜若画喃喃道，竟突然笑了起来，好像她们四个姐妹现在就在一起似的，她的眼睛里闪烁着泪光，但是，这泪光一下子就暗了下去。本来，姜若画还想让曹伯实去问一下夏汝弼，是不是真心爱过她。但话到了嘴边还是咽了回去，她强作欢颜，与曹伯实道了别。

　　"哥，记得三天后来接我呀。"

五

曹伯实万万没有想到，当他满怀希望来接姜若画回家时，他却被凝香馆的老板和老鸨叫住。望着老板和老鸨奇怪的表情，曹伯实有一种不祥的预感，连忙问："你们这是……若画她怎么了？哦，对了，是'悦悦小姐'，她怎么了？她在哪？"

"很不幸，昨天晚上，'悦悦小姐'悬梁自尽了。"凝香馆的秃头老板叹道："对不起，我们不知道她是你的妻子。"

若画自尽的消息犹如晴天霹雳，曹伯实不敢相信这个事实，他冲凝香馆的秃头老板咆哮道："她不是我的妻子，她是我的妹妹！"

"这都无关紧要。"这时，凝香馆的老鸨假惺惺地插话道："关键是，她真的死了。我们都很难过，但人死不能复生，请节哀顺变。"

"胡说！你们胡说！"曹伯实突然像一头发怒的狮子，狂躁道："若画在哪？快告诉我，我要见她！"

这时，迎面走来三名壮汉，他们对曹伯实道："我们带你去。"

凝香馆的秃头老板和老鸨也跟在后面。

曹伯实见到姜若画躺在一具棺材里，他有些震撼，也有些意外，凝香馆居然给了她一副棺材。

姜若画静静地躺在那里，苍白、纤弱、宁静，依然那么美，那么动人。

凝香馆老板叹息道："真是个好姑娘，客人都喜欢。她连一副棺材也在遗书中交代，并留下了买棺材的银两。老天不公。她虽然只有一个残缺的生命，但却有一个完整的灵魂。她留下了一切，不欠世上任何一个人。"

"这位先生，'悦悦小姐'不在了，我给你讲，到了这个地步，还如此重情重义的，'悦悦小姐'是第一人。"凝香馆的老鸨也伤感道："她深爱着一个人，叫什么，夏先生？对，夏先生，姓夏，名汝弼。这个名字我记起来了，因为她闲聊时，讲的全是这个夏先生的事情，心里想的也全是他。"

曹伯实泪如泉涌。他在心里喊道：若画，我的好妹妹，你怎么爽约了！你不是答应我好好的，让我三天后来接你回家么？我把你的床都铺好了！听说你是晓书的妹妹，在外面受了很多苦，我的父亲特地杀了一只鸡，炖好了，等你回家吃；我的母亲将被子洗得干干净净，在阳光下晒干，说要让你睡得踏实。我跟他们说你长得跟晓书一模一样，两位老人还不相信。你怎么就走了，你都没让两位老人看一眼就走了……

"不是说好的来接你回家的吗？你不是答应过让哥带你回家的吗？"曹伯实站在棺材前，针刺般难受。他静静地看着姜若画，眼泪放肆地流下来，嘴里不断重复着这两句话。

"'悦悦小姐'习惯每天夜里给夏先生写信，来凝香馆后从未间断，她说这是她活下去的理由。"老鸨见曹伯实悲伤，她忍不住唠叨道："她跟其他姑娘不同，心地善良，又有文化。她反复说，那些过往，那些情仇，都埋在生活的点滴里，轻轻拨弄，就会飞出火花。唉，真是好姑娘。这里再也找不到这么好的姑娘了。"

"她还说了什么？"曹伯实这下抬起头，盯着老鸨问。

"有一天夜里，已经很晚了，我去看她。"老鸨忽地记起什么，叹道："她就坐在床沿上，望着屋顶。我看到床头有一张便笺，上面写道：'你可能早已忘记了我。可你分明又在我身边。那么多的你的回忆，为何不见你的人影？明知他日会去找你，可我何时才能确定？每个人都有爱，包括你。只是心中的那人，不曾是我。'我看了，好难过，好悲伤，因为第一次见到这样的文字，所以很快就记住了。我叹了一口气，不敢扰她，遂悄悄离开了。"

"这姑娘心太好，总是为别人着想，从不替自己着想。"凝香馆秃头老板道："她在遗书中说，她就想埋在后面的竹林里。你放心，我们一定会好好安葬她。"

这时，凝香馆老鸨捧着姜若画的遗物，郑重地对曹伯实道："这是'悦悦小姐'的东西，都被她理得整整齐齐。她还有一函，是写给夏先生的，也一并转给你。"

那天，曹伯实在给夏汝弼讲述的过程中，数次停下来，哽咽难忍……

夏汝弼听了后，情绪彻底崩溃，无法自持。要不是张学夫搀扶他，夏汝弼必定瘫倒在地。夏汝弼把姜若画遭受的一切折磨和苦难，都归咎于自己的愚钝、懈怠、失责和无能。姜若画受的苦越多，他的自责就越强烈。当听到姜若画悬梁自尽，夏汝弼双手猛地插在地上，好像这样就能阻止似的，弄得指甲翻起，鲜血直流。

曹伯实大惊，道："汝弼老弟，倘若自残就能救若画于世，曹某早已死过多次矣。"

张学夫一边哭一边拿药给夏汝弼包扎好。夏汝弼浑身发冷，陷入无尽的绝望中。直到曹伯实讲到姜若画给他留有一函，夏汝弼像抓住了生命的稻草，努力挣扎着，不让自己顺着绝望的情绪沉沦下去。

曹伯实将姜若画的函拿在手中，夏汝弼两眼放光，拼出一点力气，道："给我。"

然而，当夏汝弼看完姜若画写给他的文字后，他的情绪再次崩溃，当即大叫一声，吐出一口血，倒在地上，昏迷过去……

几乎就在同一时刻，荷堂衬的聂世平收到了姜若画的一笔巨款和一包遗物，其中还有聂世平母亲送给姜若画的一个银镯，据悉是聂母的母亲当年送给她的自己陪嫁的礼物，十分贵重。

聂世平一见，眼泪"唰"地就涌了出来，特别是他看到了姜若画夹在包裹中的一张便函，上书："污泥浊世，身脏心洁。纷扰不再，仇痛皆消。一切了了，山水清白。"

聂世平看完后，当即昏倒在地。他能想到姜若画离开荷堂村后发生的一切，内心痛苦不堪。第二天，他自尽于家中，追随着姜若画的魂魄，去了另一个世界。

这一切，夏汝弼不知道，别人更不知道。一个贫困家庭、双腿残疾的青年的死亡，不用说衡州，就连在荷堂村也没有弄出什么声响。聂家双亲怀着丧子剧痛，用姜若画寄来的银两，让聂世平入土为安。无论是聂世平的随风而去，还是夏汝弼的悲怆万分，这都不是姜若画的原意，她不希望看到这些……

夏汝弼在曹伯实处休养了好几天，身子慢慢有了点力气，他等不及了，坚决要去姜若画坟前看看。

曹伯实遂买了些纸钱和香烛，带上祭品，与张学夫一起，陪夏汝弼去了一趟水东江的凝香馆。

令人惊奇的是，自姜若画入土后，凝香馆后面的竹林常常飞出成双成对的蝴蝶，凝香馆的人便说"悦悦小姐"变成了蝴蝶仙子。

夏汝弼去的那一天，他也见到了许多蝴蝶。

让人惊叹的是，姜若画的坟竟然有人来祭奠过，坟头上有烧剩的纸钱和香烛，不知道是凝香馆的秃头老板、老鸨还是别的什么人，夏汝弼没有多想，曹伯实也没有多想。他们把祭品放在坟头上，摆好，点了纸钱和香烛。夏汝弼让曹伯实和张学夫离开，他要一个人在姜若画的坟头上待一会儿。

过了半个时辰的样子，曹伯实见夏汝弼还没走出来，不放心，便与张学夫重新回到姜若画的坟头，发现夏汝弼直挺挺地躺在坟头上，一动不动。

"啊？汝弼老弟！"曹伯实大叫一声，与张学夫一左一右，扶起夏汝弼，道："你别吓唬我们！"

"这、这是不是梦？这里真的躺着若画？"夏汝弼神情恍惚，半晌才喃喃自语道："这是真的吗？这是真的吗？"

那天下午，曹伯实、夏汝弼和张学夫三人在姜若画的坟前坐了许久，直到暮色苍茫，他们才一言不发地离开坟头，离开水东江……

王夫之听了，一脸泪水，满眼通红。

"夫之先生，您知道，夏先生的身体原本就虚弱。"此时此刻，想起那不堪回首的一幕，张学夫还历历在目，他忍不住插话道："哪里经得起这般打击？当时真吓坏了曹先生一家人呐。"

"你别多嘴。"夏汝弼瞪了张学夫一眼，消瘦的脸上淌着泪水。他长长地叹了一口气，对王夫之道："确实悲痛欲绝，然终究无济于事。想想自己历经万苦千难，最后得到的是黄土白骨，谁不心寒？"

"唉，真没想到！多好的人啊，竟就此去了。"王夫之扼腕痛惜，拍了拍夏汝弼的肩膀，安慰道："汝弼兄，若画是我的表妹。你的伤痛，我感同身受！"

夏汝弼怔怔地望着王夫之，没有吱声。

"既然伯实兄在家，我一定要去看看他。"王夫之道，"当然，我要去水东江，到若画的坟头烧一炷香。"

"要去看伯实兄，就得趁早。"夏汝弼慢慢恢复了正常情绪，轻声道："我回衡州时，他还在家。但我相信，他还会去寻晓书姑娘的。"

王夫之点点头，道："我能看看若画给你的信函吗？"

"早就应该给你看的，刚才说着说着，就忘记了。"夏汝弼边说边将姜若画的信函捧给王夫之，道："不看，心疼；看了，更疼。"

"哦？"王夫之轻轻答了一声，盯着夏汝弼，然后小心翼翼，屏住呼吸，展函一看：

> 无力卷珠帘，枯坐蛾眉倦。但见泪痕湿，不知怜谁牵。逼入凝香招风雨，当年心意付山涧。
>
> 相思不忍诉，旧事漫过天。
>
> 辗转尘雨千万行，行行带泪串，雁去愁肠断。若是前生未有缘，为何错相见？若是今生曾有缘，为何情缘断？
>
> 夜过也，东窗泛白孤灯怨，来生化蝶趾。

王夫之看了一遍，又看一遍，泪水不知不觉流了下来，感觉信里的每一个字都是血水泡出来的。

过了好一会儿，王夫之才叹道："若画是柔女子，弱女子，更是奇女子。她像一朵花，还未真正开放，就凋谢了。"然后，他回过头来，郑重其事地对夏汝弼道："汝弼兄，你为若画，寻也寻了，痛也痛了，欲不辜负她，唯有更好地活着，爱着，做出一番事业来。若画会一直在天上看着你的。"

夏汝弼慢慢仰起头，看了看灰沉沉的天空，喃喃道："若画，你在天上看吗？"然后，他垂下头，看了看王夫之，道："我会好好活下去。"他轻轻擦掉眼角上残留的泪水，若有所思地点了点头。

第二十五章　过湘乡

一

王夫之从曹伯实和夏汝弼那里获悉姜若画自杀，异常震惊和难过，觉得老天爷对姜家太残忍。不过，王夫之没有将此事写信告诉姜善棋，甚至对于自己要去永历朝，他也没有提前告知她。每每想到四姐妹遭受的苦难，王夫之就情不自禁有些自责，觉得包括自己在内的王家人没有帮一帮姜家，真是一种罪过。因此，对于入朝的事情，王夫之尽量不去给姜善棋添乱，知道她在永历帝身边，周围都是虎狼之辈，她非常不容易。

确实，永历王朝偏安一隅，但"麻雀虽小，五脏俱全"。朝廷派系众多，时时危机四伏，处处刀光剑影。有时，你的一句话，一个动作，稍不小心，就人头落地，甚至你还不知道自己的头是如何落地的。

正因为此，姜善棋凡事三思，特别低调和警觉。她出身卑微，无派无系，唯一的依靠是皇上，虽然看上去多么的风光，其实她清楚，一旦皇上厌弃了她的身体，她就像桌上的抹布，随时可以扔掉。她并不是一只花瓶，她有自己的想法和打算。这也是她巧借外力、联手他人做了一系列大事的原因所在。她想，等自己站稳脚跟后，她就会主动跟亲友联系，安插人员，培植势力。但变化比想法快。当她惊悉三个仇人在朝，她毫不犹豫，除之而后快。在永历朝的每一天，她得时刻准备，精心算计，慢慢让自己变得强大起来。就像王阁昆，他的出身也很卑微，但他能够隐忍，能够察言观色，能够把握机会，最终成了权倾一时的朝廷命官。

姜善棋明白，她虽然不会像王阁昆那样不择手段，心狠手辣，但身在朝中，有些事情不是你不做就不会发生的。王阁昆已经被斗争的惯性推着，停不下来。"鲜血有如琼浆，斗争就是快乐。"这是王阁昆的人生追求，是他行事的动力，也是他的价值所在。而这，却是姜善棋感觉可怕和厌恶的地方。姜善棋由此也料到了王阁昆的结局：自取灭亡。只是，她没料到，城门失火，殃及池鱼。

巨大的灾难毫无征兆地降临到姜善棋的头顶！

王阁昆采取极端手段，先是除掉了翁不群，继而处死马衿升、邓澄忠和卢高义，然后又以不实罪名极力迫害马暨垂等人，这股黑色风暴在永历朝掀起巨大波浪，以致宰相堵胤锡、兵部尚书丁魁楚和吏部尚书瞿式耜为首的开朝元老们向永历帝集体发难，要求对王阁昆用种种"阴谋"和"莫须有"的罪名对朝中大臣大开杀戒的行为进行"惩处"，否则他们集体请辞，史称永历"倒王事件"。这些元老意识到，如果对王阁昆的恶行再保持沉默，下一个轮到的必定就是自己。

特别是堵胤锡，作为当朝宰相，他竟一次又一次被派到湘阴察看章旷的练兵之法，永历朝好像不需要他似的。丁魁楚和瞿式耜也深感在永历朝中不仅有力使不上，而且处处暗藏杀机，稍有不慎就会被王阁昆派的密探抓住，后果堪虞。高世泰的被杀就是例子，皇上查了许久，最后不了了之。因此，用"外敌似虎，内患如狼"来形容当时的永历朝恰如其分。在开国大臣们看来，皇上再不采取强力措施，就会重蹈太监弄权亡国的历史悲剧。虽然，在王阁昆设计杀害翁不群、迫害马暨垂等朝中重臣时，丁魁楚、堵胤锡和瞿式耜等人也观望、默认，甚至关键时刻还成了怂恿者和帮凶，但最终他们意识到，王阁昆不会就此罢休，他一定会将刀子伸向每一个阻止他为所欲为的人。

与此次"倒王事件"相呼应，作为朝中文人集团的典型代表、翰林院侍讲学士、礼部侍郎方玄痴满怀悲愤，写下气势磅礴的《拟上劾王疏》，从品性、德行、责权、利害和治管五个方面对王阁昆进行了痛快淋漓的揭露和批判，建议永历帝严惩这样的"奸佞之臣，朝中败类"，否则"上行下效，贻害无穷矣"。方玄痴深知，既然朝中重臣高世泰高大人可以被杀，他随时也有被杀害的危险。

永历帝见丁魁楚、堵胤锡和瞿式耜等开朝元老集体请辞，又加上方玄痴等文人集团义愤填膺、气势汹汹的弹劾，立即慌了。他从没有见过这种阵势，心知如果这些功臣请辞，永历朝岂不停摆了？

王阁昆也万万没有料到这些"老东西"竟会暗中结盟，集体发难，连一向以儒雅清流著称的方玄痴也不再淡定，强行"出头"，对他进行史无前例的"打击报复"，他大惊失色，气急败坏，努力自保。

由于永历帝离不开王阁昆，更离不开开朝元老们和方玄痴等文人集团，作为妥协，永历帝下旨对王阁昆进行"限权"，要求他只管自己的内务府；同时，对丁魁楚、堵胤锡和瞿式耜等人进行安抚，请他们以大局为重，负起朝中大臣的责任。而对于方玄痴，永历帝召之密谈，严肃告诉他："朕已知《永历颂》非王夫之所撰。你好自为之。"方玄痴吓得出了一身冷汗：本是好心，却弄巧成拙，犯下"欺君之罪"。方玄痴自此对朝中诸事置之度外，多数时间云游四方。

与此同时，一向务实稳重、不爱计较的永历皇后也向永历帝发难，认为香妃姜善棋表面上"温敦仁慈"，实则以皇帝"心腹"和"香妃"双重身份"干政乱政"，此乃"牝鸡司晨"，如不加制止，后患无穷。

永历皇后姓王，单名瑾，出身大户人家。父亲王略是粤中郡守。王瑾从小接受儒学教育，性格沉静文雅，待人谦逊。当永历帝还是永明王时，王瑾就已嫁给他。朱由榔承袭父位，为桂王时，王瑾又为桂王妃。朱由榔登基成为永历帝后，虽然姜善棋贵为"香妃"，也确实深得永历帝的宠爱，但王瑾顾全大局，从不争风吃醋，更不搬弄是非，她和永历帝的感情也很稳固。

此刻，永历帝对皇后的发难既难过又吃惊。难过的是，皇后一向不问朝政，眼下开朝元老们对王阁昆发难，皇后就对香妃姜善棋发难，像是约定好似的；吃惊的是，皇后"发难"，并不只是在枕边吹吹风，她还拿出证据，说香妃的婢女采诺都有记录：翁不群和马暨垂的事情，王阁昆都事先找过姜善棋，有过密谋，认为这女子极有"异心"和"野心"。

永历帝闻此，十分吃惊，有些不信。

"请皇上看看这个。"皇后拿出了翁不群仿写的先王遗诏递给永历帝看，并告诉他，这是从姜善棋处搜寻到的。姜善棋利用永历帝的信任，在翁不群仿写的遗诏上盖了御玺。

"啊？皇后，真有此事？"永历帝瞪大眼睛，倒吸一口冷气。在证据面前，永历帝不得不信。他定定地看着皇后，又心生悲凉：他不敢相信皇后居然在香妃身边安插密探，而婢女采诺竟然是皇后派往亓辉宫里的"监视者"。

"一个人连御玺都可以拿到，如果有人模仿皇上下旨，她盖上皇上御玺，她不就成了皇上？既如此，她还有什么不能干的？太可怕矣。"皇后振振有词道。

"为何当初翁不群向朕辩称香妃手中有此真诏时，她不拿出来作证？"永历帝感到既震惊又困惑。

"这正是香妃存有'异心'和'野心'之处。"皇后望着永历帝，道："翁不群知道皇上喜欢这个假遗诏，以为据此可以对付王阁昆，将王阁昆先前拿出的两个遗诏均视为假的，再治王阁昆欺君之罪。但关键时刻，香妃见死不救，翁不群终于被处死。此间疑点多多，翁不群与香妃之间一定有什么隐秘或难堪之处。"

"这些旧事，朕不爱听。"永历帝顿时不悦，这是他的隐痛，不愿面对，更不希望提及。他冷冷道："香妃当年确是从衡州'湘春楼'救出来的，但当时先王做主，翁不群、王阁昆和马暨垂等都在场，从未听说翁不群对姜氏姐妹动过邪念。以先王之威，翁不群纵有贼心，亦不敢有贼胆去冒天下之大不韪。"

"皇上日理万机，臣妾本不该说此旧事，然以妇人直觉揣测，翁不群与香妃必有'不伦之事'。"皇后不以为然，淡定道："故此，翁不群罪有应得，死有余辜，此亦是香妃不愿出手相救之因。翁不群一死，她就安稳了。"

"皇后派人搜查了亓辉宫？"永历帝盯着皇后，问道。他隐隐觉得此事一定与开朝元老们集体发难有关，可能是什么人，比方说堵胤锡或丁魁楚在她那里说了什么。永历帝觉得瞿式耜与香妃关系不错，曾当着他的面说过香妃"温敦大方"，应该不会暗中捣乱。虽然皇后一向不关心这些事情，但兔子被逼急了，也会咬人，此乃人之常情。

"没有禀告皇上，臣妾不敢搜查。"皇后道："皇上看的先王遗诏是亓辉宫使女采诺偷偷送来的，现在她已经回不去了。"

"朕定会彻查此事。"永历帝怒道："绝不姑息！"

二

婢女采诺会背叛自己，这是姜善棋万万没有想到的事情。所谓"人生如棋，一着不慎，满盘皆输"，讲的就是这个道理。姜善棋小心再小心，最终还是踩中了埋在身边的炸弹。

永历帝回到乾宁宫后越想越气，也越想越可怕。仿佛朝廷上下都布满了机关和眼线，所有的人都盯着他。永历帝回想起香妃要看御玺这件事，印象中是有过一回，具体细节已然忘了。当时，香妃好像只是好奇，看了后也被自己拿走了。香妃怎么会用它来篡改遗诏？目的何在？永历帝想不明白，他要亲自去问一问，这究竟是怎么一回事。

正在这时，门外侍卫高声叫："宰相大人求见。"

待永历帝准许后，只见堵胤锡恭恭敬敬走进来，跪拜后，永历帝赐座，道："堵公早朝时说要去一趟湘阴，何时动身？"

"禀报皇上，臣明日就出发。行前有一物欲呈皇上。"堵胤锡回复道，然后从衣袖里拿出一个精致的盒子，奉送给永历帝，道："此乃衡州知府朱归孺所送，皇上应当熟悉。"

永历帝一见那盒子，顿时明白是什么东西。他打开一看，果然就是嵌宝石花形金饰件，脸色骤然一变，厉声道："此物乃衡州桂王府所独有，朱归孺从何得来？"

堵胤锡一看永历帝发怒，心想，这下坏了。朱归孺因为曾多次去湘阴拜访他、犒劳军营，自称章旷弟子，堵胤锡觉得此人用心良苦，恭敬勤快，谈吐得体，脑子好使，对其印象颇深。永历帝登基庆典，朱归孺亦从衡州赶来，对堵胤锡官拜宰相，喜形于色，恭贺连连。又见他跟翁不群、王阁昆乃至马暨垂皆能说上一二，堵胤锡遂没有把他当外人。其间，朱归孺又来肇庆两回，每次都带了些衡州土产，说是专程拜访堵大人，吃一顿饭，也不提什么事情，遂匆匆返回。

此次来，朱归孺除了送些衡州土产外，说是有一件宝物要送给皇上。堵胤锡一听，有些迟疑，便说送给皇上的礼物，不能随便送，更不能乱送。朱归孺便说是当年衡州桂王府的通关宝物，他花重金购得，皇上见之，睹物思情，应该高兴。堵胤锡见朱归孺说的在理，正好要去跟皇上辞行，如果礼物得到永历帝喜爱，朱归孺欲来朝谋个差事，堵胤锡顺便推荐一下，算是帮他一个忙，亦是好事。

岂知，堵胤锡好心办坏事，真是大大出乎他的意外。

"回禀皇上，朱归孺说是从某典当铺购得，考虑到这些宝物乃衡州桂王府所特有，故特地献上。"堵胤锡如实说道。

本来，朱归孺设想得好好的，他想以此作为觐见之礼，毕竟这是桂王府私物，亦是当年王爷的心爱之物。若皇上一高兴，许一高官也未尝不可能。堵胤锡有些想当然：既然朱归孺花重金从典当铺购得，献给皇上，表达忠心，皇上也不应有不快之理。

可惜时机错了。如果不是皇后说起香妃那些事情，永历帝可能真如朱归孺和堵胤锡所想象的那样，睹物思情，皆大欢喜。问题是，这宝物当年只有老桂王、三王爷、四王爷三人所有，后来三王爷擅自作主，让姜思琴和姜善棋也各得一件，以为方便之用。为此，老桂王还大发脾气，要将姜氏姐妹的两件宝物收回。后来是翁不群、王阁昆等人从中规劝、周旋，才将此事平息。可见，桂王府对此宝物的重视。三王爷醉酒衡州街头，王夫之将其送到尚德客栈，三王爷为感谢王夫之，送出一件宝物，老桂王又大发了一次脾气。这就是为什么郭衮冕从王夫之处借得此宝物进而行刺桂王被抓后，三王爷对他和王夫之恨之入骨的原因。

"朱归孺在哪里？"永历帝冷冷道，目光似刀。

"回禀皇上，臣派人立即传朱归孺叩见。"堵胤锡暗暗叫苦，不知道接下来会发生什么。

"不见了。传旨下去，先交宗人府关押起来再说。"永历帝异常坚定道："堵公办完此事，即去湘阴前线，不得有误。"

堵胤锡大吃一惊，永历帝从未如此果决过。这一回说话的口气、威严、腔调和眼神，才真正是一个皇帝的气派。君臣之间，君强臣弱，君弱臣强，从来就是如此。那些以为皇帝好欺负的大臣，是因为他们没有看到皇帝发威的时候。

"臣遵旨！"堵胤锡只好道一声，叩拜而去。

当天下午，永历帝处理完公事后，一声不吭，径直来到亓辉宫。

姜善棋一见永历帝来了，绷着脸，事先也不打个招呼，便明白事情的严峻性。但她是一个好强的人，皇上虽然可以决定一个人的生死，但她可以决定自己的尊严。因此，她引永历帝入座，亲自捧上茶后，遂先告起状来："婢女采诺被皇后叫去，还偷了妾身旁的一件东西，说是'宝物'也不为过，至今没有回来。"

"那'宝物'朕见了。"永历帝不动声色，不怒自威道："这里还有一件'宝物'，香妃要不要见一下？"

姜善棋一听，有些紧张，不知道永历帝说的是什么东西。不过，既然翁不群伪造的老桂王遗诏永历帝都见了，没有什么会比这个更令人恐惧的了，于是道："妾身好奇，请赐一见。"

永帝历便将装有嵌宝石花形金饰件的精美盒子往姜善棋面前一扔，道："此'宝物'乃夫之先生所持有乎？"

谁知，姜善棋一见，亦不打开盒子看看，便道："夫之先生确曾有过此'宝物'。但因借给衮冕先生，衮冕先生来桂王府找思琴姐，阴差阳错，他被当成刺客打得半死。此'宝物'后被三王爷收走。"

"这么说，此'宝物'是姜思琴的或是你的？"永历帝冷冷地看着姜善棋，有些鄙夷地说道。

这么一问，姜善棋的眼泪"唰"地流了下来，心想嵌宝石花形金饰件为桂王府所赐，既是宝物，又是耻物，当初不过为了方便两姐妹供桂王府玩乐罢了。

想到此，姜善棋心里悲凉，她亦不擦泪，听任眼泪流，凛然道："回皇上，此'宝物'应是姐姐的。"说罢，姜善棋转身从宫里拿出自己的那一件，奉给永历帝，道："妾身把此'宝物'视为生命，一直带在身边。皇上如欲收回，亦请便。"

永历帝没料到姜善棋反将他一军，他怔了一下，但很快严厉道："既视此物为'宝物'，姜思琴为何送予他人？"

姜善棋早已从管时求处知道姜思琴还活着，她典当了此"宝物"，一定有其难言之隐。于是道："小妾不知姐姐是生是死，但小妾知道，姐姐肯定不是将此'宝物'送予他人，而是她身陷绝境，迫不得已，才典当此'宝物'。若不是为了救命，小妾相信姐姐断然不会轻易动它。"停了一下，又稍稍提高声音道："如果典当此物，能救姐姐一命，难道皇上不希望姐姐这样做吗？"

永历帝冷哼一声，不予回答。他紧盯住香妃眼睛，停了一下，然后突然问："那采诺献给皇后的'宝物'，香妃应当清楚是什么，你该如何解释？"

"回皇上，那遗诏确实是翁不群伪造的。"姜善棋早有准备，她明白，皇后让采诺将此偷去，永历帝一定知道了。说不定，这还是皇上和皇后演的双簧戏。既然事情都已摊开，就不用遮掩了，最多不过是死，没什么大不了的。"当时翁不群与王大人争斗时，希望小妾作伪证，小妾一向光明磊落，不屑为之。"

"在翁不群看来，香妃是完全可以救他的。"永历帝镇定地看着姜善棋，似乎在审问她似的，道："可你见死不救。当年翁不群对你们姜氏姐妹可是关爱有加矣。"

显然，姜善棋听出了永历帝话中隐藏的"不伦"之意，她心一跳。处死翁不群那晚，永历帝在她的枕边也说了轻佻之语，当时她没理会，只是躲到一边流泪。现在，永历帝又以"关爱"之名行"讥讽"之实，姜善棋便气不打一处来，仿佛心中的伤疤再次被揭开，血淋淋的。于是冷冷道："不是小妾见死不救，而是王大人欲置翁不群于死地，更是皇上执意要处死翁不群。"

"何以见得？"永历帝声音冷得可怕。

"皇上追求德行天下，把'正统'看得至高无上。"姜善棋从容道："翁不群活着，'正统'二字就有阴影。"

"轰"的一声，永历帝猛地怔一下。此话显然点中了他的脑穴，一下子刺痛了他。永历帝想：大家一直都在合谋看朕的好戏，以为朕真的愚昧好欺，其实你们的所作所为，一直掌握在朕的手里。这一点，永历朝文武百官竟然没有看出来，都以为遇到了一个弱君，都可以既来辅佐他，又搞点小动作。只有姜善棋明白，皇上装得很小心，装得很弱小。因为他确实是篡位上来的，他德不配位，无法一开始就做得很强势。他最在意的是王阁昆、翁不群和马暨垂这三位当朝元老，因为他们是知道老桂王遗诏之事的。登基后，永历帝看到王阁昆迫不及待地夺权，他很乐意并暗中相助，连王阁昆都被骗了，以为永历帝真的软弱可欺。永历帝很希望这三位元老互相残杀，最好全部魂归西天，他就能彻底消除关于遗诏的心头阴影。

"一派胡言！"永历帝冷冷道："你要知道，翁不群一直是桂王府的幕僚之长，是帝王之师。"

"是的，翁不群知道得太多了。正因为此，皇上才要杀他。"姜善棋豁了出去，心想，反正顶多就是死，这皇宫也没啥可留恋的，遂进一步揭开玄机，道："马暨垂和王阁昆也是如此，都是知道得太多。历史上，卸磨杀驴、过河拆桥的事情一再上演，这不稀奇。"

"放肆！"永历帝勃然大怒，虽然他对姜善棋一直客气，今天本来是兴师问罪的，可没想到，她丝毫没有收敛之意，反而任性耍泼，仿佛把永历帝内心看得清清楚楚，这还了得？"朕问你，那御玺的事情是怎么回事？翁不群要仿父王遗诏，篡改事实，如果你不盖上御玺，岂不亦是枉然？翁不群与你联手，难道有假？"

"皇上息怒！容民女直言！"姜善棋满脸涨红，她已经将自己降身为"民女"，而把永历帝赐予的"香妃"置之不顾，显然是意识到事情的严重性，既然放手一搏，还有什么可顾虑的？只听姜善棋道："御玺确系民女所拿，翁不群伪造遗诏，亦确是民女盖的御玺。"讲到这里，姜善棋望着永历帝，提高声音道："可是，难道民女拿御玺，皇上真的不知道？当初民女借口好奇，难道皇上真的相信了？"

"朕确实是相信了。"永历帝被姜善棋逼问得异常恼怒，但努力忍住，厉声道："你和翁不群犯了'欺君之罪'，你可知道？"永历帝心想，既然你自我矮化，将自己视为"民女"，朕还求着你不成？因此，永历帝亦不称呼姜善棋为"香妃"了。

"民女并未犯此死罪。"姜善棋争辩道："其实，民女所作所为，皇上一清二楚。没有皇上的默认，民女亦不敢如此胆大；没有皇上的默认，民女亦不可能拿到御玺，更不可能盖上御玺。"

"你认为朕不会废黜你？"永历帝突然带着讥意，冷言道。

"民女之命有如蚁命，轻轻一踩，便死于非命，何况一个小小封号？"姜善棋嘴角上露出一丝笑意，道："皇上不再演戏，民女甚是欢喜。其实朝廷大小事，皇上一直洞若观火，明察秋毫。但皇上一直隐忍着，民女佩服皇上的气度，皇上不是历史上的'阿斗'。那些以为皇上软弱可欺的人最终都会付出沉重的代价。皇上君临天下，有霸气，更有睿智……"

"你以为这样奉承，朕会高兴？"永历帝打断姜善棋的话，冷冷道："朕会把你交给皇后，你且好自为之。"言毕，拂袖而去。

永历帝离开亓辉宫后，姜善棋一直回味刚才与永历帝对话时表现出来的理性、坦荡与尊严，她不再压抑，感觉很痛快。她当然明白，这种痛快是要付出巨大代价的。采诺的背叛对她来说算不了什么，姜善棋知道，这个婢女很不一般。她不认识采诺的父亲奚鼎铉。采诺说，父亲中过举，不仅跟王夫之熟，跟王家其他人如王朝聘也熟，尤其跟王夫之小叔王家聘还长时间在衡州知府共事，这让姜善棋放松了警惕。她一直以为采诺是皇上派来的，没想到是皇后派来的。

此刻想想，真是后怕。姜善棋原本想用翁不群伪造的遗诏来对付王阁昆的，她试图说服永历帝，让他相信王阁昆手中的两个遗诏都是假的，而唯一的真诏是翁不群放在她那里的。姜善棋一直很讨厌王阁昆，知道这个阴险的人最终会把目标对准她。然而，姜善棋没有料到，永历帝其实早已掌握了这一切，他不需要姜善棋和王阁昆的对决，他更不愿意在两人对决时由他来做裁决，他需要的是两个人都滚蛋，或者都消失。只有这样，他才觉得清净。

姜善棋没有想到皇上如此无情。她回想自己这一路走来，看到了繁华，体会了沧桑，也感受了刻骨的耻辱与伤痛。姐姐还活着，两个妹妹不知怎样？还有姐夫衮冕先生和妹夫伯实先生，大姨父、大姨母以及夫之哥三兄弟、国相先生等衡州学子，她原本以为还能见到他们，至少可以看看时求先生和子参先生，因为他俩就在朝廷。然而，姜善棋觉得没有时间和机会了，时求先生被她秘密派去守护姐姐了，而子参先生，她也无法再见到他了。这两位先生都有恩于她，在永历朝，姜善棋感到有些牵挂的就是他俩了。原本，等自己真正有能力在皇上面前说话时，她就会涌泉相报，鼎力推举他俩。当然，姜善棋心心念念，也会鼎力推举夫之哥。她觉得夫之哥和国相先生等衡州学子才是真正的国之栋梁，都值得推荐。但现在，这一切都不可能了。

想到这一点，姜善棋感到有些凄凉，内心隐隐发疼。

姜善棋明白，皇后派来的人已经在路上了，留给她的时间不多了。对于死亡，她并不恐惧。她看了看亓辉宫，看了看自己睡过的大床，甚至掠过一丝永历帝在床上晃动的影子。但她决然地将其赶走。她尽力稳定自己的情绪，一定不能让皇后派来的人小觑她。这样想着，姜善棋略作打扮，整理一下衣衫和头饰。对了，还有那件嵌宝石花形金饰件。姜善棋捧在手里，轻轻抚摸着，似乎在抚摸一段不堪回首的往事。姜善棋原本打算要退回给永历帝的，但他拂袖而去，没有机会给他。不过，如果真退回给他，永历帝一定会更加恼羞成怒的。想到姐姐万不得已时用它去典当，她忍不住又伤心起来。因为这件所谓的"宝物"于她已经毫无用处了。

突然，亓辉宫外面传来急促的脚步声。姜善棋脸上露出轻蔑的笑容，一言不发地端坐着，似乎等着被捉拿。

很快，门被踹开了，皇后派了四名亲信进来，其中还有一个女的，竟是一脸紧张、满面是泪的采诺。

姜善棋冷然道："休要动粗，民女走就是。"

姜善棋刚刚走到门口，斜刺里猛地冲出两个蒙面人，他们抓住姜善棋，其中一人二话不说，用刀尖在她美丽的脸上快速划了几下，顿时血流如注。

"你们是何人，为何如此虐待民女？"姜善棋愤怒地吼道。

两个蒙面人也不说话，只死死地封住姜善棋嘴巴。皇后派来的人目瞪口呆，以为是皇上派出锦衣卫化装成蒙面人前来捉拿香妃，因而一时没反应过来。两个蒙面人便一左一右，迅速架起姜善棋冲出亓辉宫，朝着茫茫黑夜急奔而去。

"一帮废物！"当获悉姜善棋被人毁容掳走，皇后十分震惊，亦十分愤怒，她正欲派人追拿法办。

"人已至此，生不如死。"当时，永历帝正好就在皇后处，他闻讯后叹了一口气，道："皇后休虑，更休计较，任其自生自灭矣。"

三

王夫之听夏汝弼说曹伯实在耒阳，当即表示要去看他。王朝聘见儿子回来，有点吃惊道："你不是去永历朝么，怎么又回来了？"

"临时有事，明天一早出发。"王夫之答道。

"家聘还没回来。"王朝聘嘀咕道："照理，早该到家了。"

王夫之道："可能路上耽搁了吧。父亲大人休要担心。"

此刻，虽是上午，但天空阴沉，乌云翻动，湿风吹拂。王夫之怀着复杂的心情，与夏汝弼、张学夫一起，离开衡州古城。他们沿着通往桂林方向的泥泞小路，艰难行进在不可预知的"入朝"途中。

张学夫背着古琴，手里拿着王夫之和夏汝弼的简便行李，紧紧跟在二人身后，很少说话。每次坐下歇脚，他都递去水壶，或送些点心，自己却不坐，也不吃，只是恭恭敬敬地站在一旁伺候。王夫之看他如此敦厚有礼，甚为喜欢，让他也歇歇，喝口水，吃吃点心。

再说那一天，王夫之在夏汝弼和张学夫陪同下，特地去耒阳看望了曹伯实，终于见到了他，人瘦了许多。王夫之同曹伯实聊了一会儿，觉得他这些年虽然为了寻找姜晓书吃尽了苦头，却依然能够感觉到他内心的执着和坚定，这让王夫之很感动。

曹伯实见到王夫之也很高兴，表示他已经回归到正常生活，毕竟父母年事已高，他要陪他们过好剩下的每一个日子。王夫之问及他还会不会去找晓书，他毫不犹豫地点头，道："此为毕生之事，亦是承诺若画之事。

只要晓书尚在人世，我相信自己一定能够找见。"

王夫之随后专程去水东江祭奠姜若画，曹伯实觉得太伤心，便让夏汝弼和张学夫陪伴，自己没有再去。王夫之表示理解。在姜若画坟头，王夫之亦看到蝶飞蜂舞的情景，"难道人死后真有魂灵吗？"他想起姜若画送给夏汝弼的诗词，心痛难平，唏嘘不已。

让王夫之略感欣慰的是，夏汝弼似乎从绝境中走了出来，他的情绪慢慢恢复，身体也慢慢好起来。因此，当王夫之决定前往桂林到永历朝谋事时，夏汝弼二话不说，表示同行。

夏汝弼对王夫之道："若画一去，夏某再无二念。若能在永历朝谋得一职，实实在在做点事情，也算是告慰若画在天之灵。"

虽然王夫之心情仍然有些忐忑，但有了夏汝弼的加入，他仿佛又感受到岳麓山下求学或在衡州结社时产生的冲动与向往。他已经耽搁太久，不能再耗下去。王夫之颇为感动，道："永历朝百废待兴，我等正是效力之时。"

然而，离开衡州，一路走来，阴雨绵绵，道路泥泞，王夫之一行每天走走停停。他们走了半个月，才到达湘乡。

还好，此时的湘乡，没有被战火燃及，镇子里出现难得的一片平和，街两旁的门店都开门纳客，人声鼎沸。这让王夫之略感欣慰。

走在人群中，夏汝弼突然发出阵阵咳嗽，身子猛烈摇晃一下，嘴唇也有些发白。唉，说来真不容易。夏汝弼舟车劳顿，饥一餐，饱一餐，没有足够的睡眠。姜若画的离去，对他创伤太深，加之他染风寒已有数日，囊中羞涩，也没买什么药材，只在山野里自己找了一些草药煎了汤喝下，病情却不见减轻。他一直在发烧，头脑昏沉沉的，坚持往前走。

张学夫见夏汝弼不舒服，立即走到他身边，脸上有些焦虑。他想去扶一下，却被夏汝弼推开了："不碍事，不碍事。"

王夫之有些担心，道："汝弼兄，你再不吃药，会出大问题。"

夏汝弼道："只是风寒，已熬过来了，赶路要紧。"

张学夫小心道："恩师，身体要紧。您脸色苍白，气喘如此，如何赶路？"

王夫之又看了一眼夏汝弼，摇了摇头，道："学夫说得对。汝弼兄，我们不能蛮来。先在湘乡暂时住下。"

这时，王夫之忽地想到了在武昌中举时认识的学兄欧阳镇，他拦住一位年长的路人，问道："敢问老伯，欧阳镇先生家在何处？"

"哦，欧阳先生。"湘乡无人不晓欧阳镇的大名。顺着老伯的指点，王夫之一行很快找到了欧阳镇的家。那是一座大宅子，红砖碧瓦，高墙大院，好不气派，门口矗立着两座石狮子。

门童通报了主人，王夫之他们被请进院子，见到了欧阳镇。

四年多不见，欧阳镇的气色还是那么好，只是比之前更加富态了，面庞似乎宽了一些，肚子也大了些。他从门里快步走出来，哈哈大笑，拱手道："稀客，稀客！夫之，叔直，别来无恙！"

王夫之也拱手笑道："山公，您还是如此神清气爽。"

夏汝弼吃力地抱抱拳，道："山公，路过宝地，多有叨扰。"

"哪里，哪里！请都请不来！"欧阳镇欣然引路，把他们带进客厅，坐定，命仆人斟茶，又快人快语道："前日还提起你们，今日你们就来了，看来真是心有灵犀。"

王夫之感慨道："武昌一别，一晃四年。我等亦每每念叨兄长。今路过湘乡，定然要来见您一面。"

欧阳镇"嗯"了一声："路过？你们此番是去何处？"

王夫之道："实不相瞒，我二人欲前往永历朝效命。"

欧阳镇奇怪地看了二人一眼，没有就此发表意见。他倒是谈及往事，有些感慨不已。夏汝弼坐在一旁，一直未说话，额头上全是汗水。王夫之忍不住道："山公，汝弼染上风寒已有数日，未及服汤药医治，快支撑不住了。可否找个床铺躺下歇歇？"

"你看，只顾高兴说话矣。"欧阳镇赶紧命人把夏汝弼扶进一间内室，给他盖了两床被子，又命人去请大夫。欧阳镇随即对王夫之道："如此赶路，亦要顾及身子才行。"

大夫很快到了，他为夏汝弼号脉、开药，夏汝弼自己懂药理。他在大夫开的药方上加了两种药，欧阳镇命人熬好。夏汝弼吃了汤药后，不那么咳了，烧也退了一些，疲惫地睡下。大家这才稍微安心。欧阳镇随即邀请王夫之到前厅喝茶，王夫之欣然答应，又叫张学夫一同出门。张学夫放下古琴，看了一眼夏汝弼，忧心忡忡，不愿意离开："小生在此等恩师醒来。"

这时，已近傍晚，门里突然进来两位书生。

王夫之见之，大为惊喜："孔蒸，伯修！"此二人乃龙孔蒸与洪伯修，也是武昌同时中举。他俩见到王夫之，亦颇为激动。

龙孔蒸道："听闻夫之和汝弼到访，我与伯修就赶紧过来了。"

洪伯修道："怎么未见叔直？"

欧阳镇道："他病倒了，刚服下汤药，正在内室休息。"

众人一听，就要去探望。欧阳镇道："刚睡下，别去打扰他。"

龙孔蒸道："上次黄鹤楼宴会，他的琴声震撼全场。"

洪伯修点头："叔直琴声，直指人心，每每忆及，音犹在耳。"

欧阳镇道："今日，佳朋满座，等他醒来，请他抚琴一曲，以饱耳福矣。"大伙连连点头。

众人说话间，一位英俊少年笑盈盈地走了进来，他眉清目秀，满身活泼的样子，眼里闪烁出聪慧的光芒。这位少年走到欧阳镇身前，喊了一声"父亲大人!"然后主动给龙孔蒸和洪伯修请安。

原来,这个少年就是欧阳镇的儿子,大名叫欧阳淑,字予私,只有十七八岁,二岁发蒙,三岁识字,五岁读诗书,聪明好学,十三岁中秀才,比王夫之中秀才还早一岁,尤擅诗词创作。年少成名的他,很多诗词作品已在整个湘乡广为流传。

欧阳镇将儿子介绍给王夫之。欧阳淑向王夫之鞠了一躬,道:"久闻夫之先生大名。家父时常说起您,今后要多多向您学习。"

王夫之看着欧阳淑,十分高兴,道:"真是虎父无犬子。看着贤侄,感叹之余,欣慰之至。"此为真话。从他身上,王夫之仿佛看到了自己年少时的影子。

黄昏时分,又有两位宾客上门,分别为李广生、郑石,都是书生。他们对欧阳镇十分尊敬。这些人多是隐居避祸的贤士,或漂泊流浪的落魄书生,身上都没有什么钱,经常饥一餐饱一顿,只有欧阳镇家境殷实,对他们多有帮助。欧阳镇志向远大,广交朋友。他不问出身,只看才学和人品,对落魄书生或避祸贤士,他关爱有加,也十分乐意容留和接济他们。每次有客人来到,欧阳镇宴请之际,尽可能将书生或贤士叫来,一起欢聚,畅所欲言。

现在,丰盛的晚宴准备就绪,美酒也已经端上了桌子。欧阳镇、王夫之和众客人一一坐下,欧阳淑也被应允入席。夏汝弼还在沉睡中,欧阳镇没有把他叫醒。

看着满桌的酒菜,王夫之打趣道:"好久未见如此盛宴。世道乱,人自危,一般人哪能如此慷慨?也只有山公礼贤下士。"

"中岁颇好道,晚家南山陲。兴来每独往,胜事空自知。"欧阳镇摇摇头,吟了王维《终南别业》前两句,笑道:"有朋自远方来,不亦乐乎?"

"行到水穷处,坐看云起时。"洪伯修接上话,吟出了王维《终南别业》的第三句，也是全诗名句，道："这年头，能够让鄙人有心情吟出此诗的只有山公处矣。"

"洪兄所言极是。"龙孔蒸笑着把王维《终南别业》的最后一句接上："'偶然值林叟，谈笑无还期'。山公，湘乡孟尝君也。"

"不敢当，不敢当。"欧阳镇满面笑容，连连作揖道："今夫之从衡城来，在下特别高兴，大家不用客气，畅怀吃喝。"

"乐善好施，乃山公本色。诸君尽兴！"洪伯修昂首擎杯，朗声道："莫使金樽空对月，千金散尽还复来。"

"若无闲事挂心头，便是人间好时节。"郑石举起杯，道："喝酒！"

"好！喝酒！喝酒！"众人一饮而尽。

天色已晚，门里亮着昏黄的灯光，门外也就显得格外黑了，不知何时又下起淅淅沥沥的雨水。王夫之望了窗外一眼，想着每日泥泞中的艰辛，感叹道："可惜今晚无月，雨水又来捣乱了。"

李广生道："梅雨季节，多半如此，湖湘尤甚。我来此一月有余，半数都在雨天中度过，无雨亦为阴天，朦胧不见日月。"

王夫之敬了李广生一杯酒，忍不住问道："先生为江陵人，不知有否见过堵公和章公？"

"夫之兄指的是堵胤锡和章旷两位将帅吗？"李广生望着王夫之，答道："李某离乡多年，未曾谋面，倒是常常听闻他俩的消息。听说章公还在镇守湘阴，而堵公不是贵为永历朝宰相了吗？"

王夫之点点头，道："确如兄所言，此亦是王某与汝弼兄欲去永历朝效力之缘由。"

"此时正值兵荒马乱，众人大多在家静观其变。"郑石听了王夫之的话，有些吃惊："夫之先生何故逆时而动？"

王夫之慨然道："男儿志在四方，浮生于世近三十载，无寸功寸业，甚感虚度光阴，苟活如此，尚不如痛快一死。"

"此等气节，甚为佩服。"洪伯修大声叫好："如不嫌，我当同行。"

"夫之兄休要提死！"欧阳镇向王夫之敬了一杯酒，慨然道："既无寸功寸业，何不留此性命，以图大业？枉死只会让亲者痛、仇者快。"

"我乃俗世之人，万不敢轻言死。好死不如苟活。"龙孔蒸认同欧阳镇所言，接话道："不过，既为读书之人，为国尽忠乃本分。我当永铭一言：生为明之体，死为明之骸。"

"我等皆为读书之人，以愚之见，投身行伍未必是上佳选择，读书人有读书人的使命。"欧阳镇吃下一口菜，提高声音道："夫之兄有心报国，冒死前往，这是他的选择。我辈尊重，但不贸然效之。"欧阳镇讲到这里停了一下，看了诸位一眼，然后郑重其事道："平心而论，愚辈更向往科举仕途，自古以来，此乃读书人之正途也。"

四

风声雨声皆有声，国事家事均无事。这是读书人的期盼。一直以来，读书人有"立德、立功、立言"的人生追求，也是他们与生俱来的心灵冲动。

因此，欧阳镇的话又不免触及了众人的伤心之处！寒窗苦读数十载，为的就是金榜题名，荣登朝堂，以此建功立业。现在，金榜上倒是有名了，朝堂却已经破败不堪，仕途之路变得遥遥无期。几年下来，各人也有了各人的遭遇和心境。

"诸位乃意气书生，一身傲骨，郑某自不能相比。"郑石自饮一杯，也不看诸位，自嘲道："世道如斯，不虞之事十之八九。郑某只求一隅安身，图三餐果腹，知足矣。不问国事，问亦徒劳。"

欧阳镇听了，也不恼，反而向他敬了一杯，笑道："郑先生淡泊名利，我等比不得。"

"哪里是'淡泊名利'？'求而不得'罢了！哈哈哈！"郑石不接欧阳镇之好意，只顾任性放纵，大饮一杯，道："看破红尘万事休，今朝有酒今朝醉。过了今朝，郑某再无美酒佳肴。什么家事国事，不如酒事实在。来，来，喝！"

王夫之一听，顿感一阵胸闷。他先是对欧阳镇之言抱有异议，什么科举才是正途，眼下天下乱局如此，他们还在痴心妄想，做着黄粱美梦。他们读书读的是死书，却不知读书原本就不是目的。若读书人都如欧阳镇这样等待天下太平，天下就能太平了吗？至于郑石之辈，王夫之更是瞧不起。这些人，胸有点墨，浅薄自负，装疯卖傻，荒诞不经。王夫之心里藏不住话，正欲厉声斥之，忽见李广生抬头问他："夫之先生既有心报国，何不投奔武冈永历朝廷？"

"啊，武冈？永历朝廷？"王夫之仿佛遭到一记闷棍，惊愕万分，羞愧不已。"你说什么？"

直到此时，王夫之才知道永历帝已经到了武冈，他还以为永历朝从肇庆到了桂林，并停在那里。

其实，当年四月，朱由榔就已经移驾武冈，李广生等书生只知道皇上在武冈主持明朝大局，却不知朱由榔实际上是被大明的余将刘承胤挟持到了湖南武冈。说到底，还是窝里反。大明朝的皇子皇孙们为了皇位你争我夺，大明朝的遗老遗少们也没闲着，都仗着手中的兵权争权夺利。谁立的皇帝，谁就拥有头功；而挟天子，更能号令诸侯。

环视那时的天下，大明的正统血脉，只剩朱由榔一人，大家都想抓住这根救命稻草。除了明朝的残余势力，还有四下流窜的乱民们，李自成、张献忠造反，要了大明的命。随后，大清又要了农民军的命。

继李自成身亡之后，当年年初，清军打进了四川，在四川盘踞多年的大西皇帝张献忠也不得善终。他的四个义子带着剩余的部队逃出四川，在湖广大地上四处争战、游荡。这些队伍人数众多，关键时刻，大明朝廷还要看他们的脸色。因为，对抗清军，他们是为数不多的一支有生力量，大明也想招抚他们，为己所用；同时，他们多年漂泊不定，也想有个名分。从前，他们被骂逆贼，现在被称为农民军或起义军，但群龙无首，他们希望有所依靠，安定下来。于是，在堵胤锡和章旷等人的努力下，高一功等大将纷纷归顺了大明，开始抗清。

然而，这些起义军抗清的动因与其说是自觉，不如说是无奈，他们的境界达不到王夫之所希冀的高度。说到底，熙来攘往皆为利益，虽说他们归顺了大明王朝，但也不会悉心为朝廷卖命。清军一来，他们还是自顾逃命，又走到"农民造反，只为活命"的老路上来。

这是当时的窘况。王夫之知道一些，但更多的是不知道。比如，一腔热血的王夫之到了湘乡才从朋友口中知道永历皇帝竟然到了湖南武冈。听到这个消息，王夫之不由得放下手中的碗筷，有些颤抖地向李广生问道："此话当真？"他满眼里流露出热辣的希冀。

欧阳镇对王夫之的问话感到诧异，他郑重道："夫之当真不知道？眼下时局异常危险，情势亦是瞬息万变，瞿式耜瞿公亦在南方抗清。何腾蛟何公、堵胤锡堵公、章旷章公等主力仍在湖湘大地与清军周旋，湘潭一带已是战火四起。湘乡就在湘潭之内，显然并不安全；衡州略远一点，亦不安全；就连广西等地也有战祸绵延之虞。永历帝顾此失彼，只能四处奔走。若论悲观，我等不知命丧何时！"

欧阳镇此话一出，全场顿时寂静下来。王夫之听了，难过之极。

郑石咳了两下，打破沉默，以一以贯之的放涎风格，轻佻道："天下之事想也白想，不想为妙。还是美酒佳肴更好！"

洪伯修似乎也不愿多想，高声应和："对对！花间一壶酒，行乐须及春。来，来，举杯！"

"举杯邀明月，我歌月徘徊。"龙孔蒸笑道："李白爱酒。我辈在酒中把他的诗乱剪一下，亦无不可。"

众人面面相觑，随即笑道："好，一醉方休，万事皆空！"

王夫之见众人举杯痛饮，他垂下头，早已没有喝酒的心思了。不过，他并没有当即离席。

四盏高高的蜡烛放在不同的方位，蜡烛的光芒把整个厅堂照得透亮。就在这时，洪伯修饮下杯中酒，他缓缓站起来，晃动着身子走到一角，拿出一柄剑来，站到中央，朗声道："今日雅聚，无丝竹悦耳，且让我舞剑，献丑助饮！"言罢，他身子一正，将剑舞在空中，一招一式，忽慢忽快，忽上忽下，红色的剑穗在他手腕处跳来跳去，一条条雪亮的剑光在空中来回晃动，仿佛游龙戏凤，煞是耀眼。

"舞剑无歌怎行？"欧阳镇见王夫之在沉思中，欲把他拉入酒席，遂大呼："夫之，莫负时光，快快赋诗一首。"

众人都知道王夫之诗词功夫了得，也跟着附和。

"在座者，哪个不会赋诗填词的？山公为甚独独推举在下？"王夫之抬起头，从忧思中回到现场，抱拳对欧阳镇道："贤侄予私正好在场，年少即有诗名，不如先来一首？"

欧阳镇望着儿子。欧阳淑整个晚上陪着敬酒，少有说话。此刻，见王夫之叫他作诗，他也不怯场，站起来大大方方道："各位皆长辈，个个才华横溢。小侄在此献丑，权当抛砖引玉也。"只见他沉吟片刻，仰头朗声道："浮云一别十年间，花语水流谁争先。青春易老山河在，最是难了是吾愿。"

"哈哈！予私果然了得！"王夫之惊道："贤侄少年成名，王某算是见识了！佩服，佩服！"一个少年，在如此场合，短短一两分钟内即兴完成一首诗，殊为不易。王夫之所说佩服，绝非恭维之言。

"好！夫之兄，既然小儿抛了个石头，你不拿块玉出来，众人定会不许。"欧阳镇笑道："况且，你是上宾，才华最旺，休得推辞！"

王夫之原本不想做，转念克制下来。心想，此等场合，不能由着性子，刚才欧阳淑已经作诗，自己再扭捏，实有不妥。先前多位恩公，包括父亲大人在内都言自己太过耿直，劝自己收敛内心，水滴石穿，攻坚克难，方能成事。这里的坚与难，必然包括对自己个性的打磨和锤炼。凡成大事者，莫不从容淡定，能屈能伸，能纳能容。就像郑石之流，欧阳镇未必真心喜欢，但能容他、敬他乃至放纵他，这就是气魄和胸襟。这样一想，王夫之笑着应承下来："好，承蒙各位高看，王某不妨献丑一首，佐以新曲，以和洪兄之舞也。"

说罢，王夫之慢慢站起来，端着酒，看了欧阳淑一眼，又看了洪伯修一眼，吟唱道："长歌短剑负双轮，绿醑红灯尽一旬。"

"好诗！"洪伯修会意，大叫一声，立即追随着王夫之的吟唱，将剑锋运行得恰到好处，节奏、速度、力度都应和了王夫之的节拍。

王夫之接着唱下去："昨夜隔江春半雨，去年草阁小寒身。夷门有酒谁浇墓，破壁无家惆问津。燕子衔愁消未得"，唱到此处，他特意停了下来，洪伯修的剑也跟着停在了半空。突然，王夫之高高地昂起头，喝下一杯酒，喝得满脸都是，然后再轻轻吟道："相留莫待落花晨。"吟毕，泪光已经闪现在他眼中。众人没有鼓掌，也没有说话，只静静看着他。

这时，洪伯修也停了下来，片刻过后，又重新舞动手中的剑，速度越来越快，招式越来越乱，他自己高声重复诵唱尾句"相留莫待落花晨"，猛地摔倒在地上，似醉非醉。

众人吃了一惊，想去扶洪伯修，却见洪伯修躺在地板上，仰天大笑起来："哈哈，痛快，真痛快也！"

王夫之深知他心中之苦，也感谢他以剑为诗，与自己互为唱和。当年，他们曾多次在武昌一起参加秋闱，但洪伯修并不走运，数次均落第。崇祯皇帝吊死煤山，众生悲苦，他更是有苦说不出，怀才不遇可能是世上最难受的滋味之一。还好，隆武皇帝继承大统，又广开科举，那年秋闱，就在衡阳。洪伯修意气风发地前往，其间也和王夫之等人有过见面。那时的他满眼发光，看得见无限希冀。岂知，运气还是欠佳，他再次名落孙山。接着，隆武皇帝没了，又有了新皇帝；新皇帝又没了，又出现新的皇帝，却是再无科举。从那之后，洪伯修把一切抱负与志向藏进心中，郁郁苟活。王夫之的到来，让他重新燃起生命的激情。

正当众人都在替洪伯修惋惜之时，忽然一阵清幽的琴声从屋角缓缓升起，如诉如泣，令人心醉。

原来，夏汝弼喝下汤药，昏昏沉沉睡了好一阵子。他醒来之后，便听到外面人声鼎沸，好不热闹。张学夫见恩公醒来，大喜，遂要急忙去报告王夫之，却被夏汝弼拦住了。夏汝弼支起耳朵听了一下客厅的动静。不一会儿，他听到洪伯修在舞剑，又听到王夫之赋诗吟诵，甚为感怀。这时，他再也按捺不住，起床悄悄进到屋内的左角，众人浑然不觉。当王夫之吟唱"夷门有酒谁浇墓"，仿佛一下子击中了他，伤感之余，总觉得少了些什么。

于是，夏汝弼让张学夫把古琴抱来。

其时，众人都已有七八分醉意，焦点全在洪伯修与王夫之身上，却压根没有注意夏汝弼已经把古琴支起在屋子的左角，直到琴声缓缓响起，众人才恍然惊觉。

毕竟都是读书人，都有过见识。既然夏汝弼醒来，且以琴助兴，自是最好不过。这原本也是主人的希望所在。大家惊喜之余，便没有即刻前去问安、打扰，只是把目光纷纷投向他。

夏汝弼一弹琴就没有停下来的意思。众人聚精会神，安静聆听。琴声在寂静的厅堂里轻轻流淌，宫商角徵羽，婉转悠扬，如风飘向山谷，又伴着窗外的雨声，一下接着一下，真如大珠小珠落玉盘，悄然落进每个人的心间，众人的呼吸也都跟着慢了下来。继而，那琴声开始如泉水，叮叮咚咚，余音不绝，空气里弥散着一层愁绪与哀伤，众人的心跟着下沉，陷入很深的沉思。最后，琴声突然急促起来，仿佛狂风大作，暴雨倾盆，又仿佛有人在死命地捶门。琴声在最疾处陡然停了下来，寂静持续了十几秒，没有人出声和走动，他们似乎都在等待什么，仿佛处在黑暗之中渴望一缕光明，这琴声不敢在此结束，也不能在此结束。王夫之的心脏已经提到嗓子眼里，就等着有什么东西打破这寂静。

几秒后，一声商音昂然响起，王夫之的心脏猛地抽搐，已经潸然泪下，抬眼望去，在座之人也都流下眼泪。紧接着又响了一声羽音，再响一声商音，如此反复，频率越来越快，声音越来越大，然后，又越来越慢，越来越低，至此高山流水，曲终人静。

"叔直兄！"众人齐声叫道，纷纷站起来，也有人高叫："汝弼兄！"

夏汝弼从屏风后走出来，眼睛还是红红的，脸上留有泪痕。众人一一与他行礼。洪伯修抢先一步，紧紧握住夏汝弼的手，道："几年不见，兄的琴声里多了一份悲怆与凝重，听哭了。"

夏汝弼苦涩道："不瞒兄说，我怕是再也弹不出当年的书生豪情矣。"众人听了，感慨万千，许多人脸上多了一份失落之感。

"叔直，我看你不咳了，脸色好了些，有了红润，我宽慰许多。"欧阳镇拍着夏汝弼的肩，说道："吃饭前见你昏睡，故没敢叫你。"

"快快吃点东西。大病初愈，先喝些热汤。"王夫之赶紧弄了一碗热汤，放在夏汝弼桌前，同时回头，示意张学夫坐过来，道："你也来陪你恩公一块儿吃，不用拘谨。"

欧阳镇特地让厨房为二人加了三个热菜。

当晚，欧阳镇要留王夫之与夏汝弼在府中住下。

王夫之婉辞，对大家真诚说道："见过众兄，心满意足。既已尽兴，不如离去。"众人感觉意犹未尽，纷纷挽留。

"府中简陋，但住宿还是有的。"欧阳镇如此说，王夫之还是摇摇头。欧阳镇也不勉强，只好随他。"这些吃用请带上，以备不时之需。"欧阳镇立即作出安排。

王夫之很感动，他让张学夫接下，遂和夏汝弼一前一后，出了门。这时，王夫之回头对欧阳镇道："山公！你宅心仁厚，真有孟尝君之遗风，委实难得。今日一别，不知他日能否再见。无论如何，请务必珍重。"

"两位仁兄执意去永历朝，即去武冈，令我想起王昌龄之《送柴侍御》。"欧阳镇执王夫之左手，握夏汝弼右手，轻轻吟道："沅水通波接武冈，送君不觉有离伤。青山一道同云雨，明月何曾是两乡。"

王夫之听了，依依不舍，道："美酒饮不尽，终归有离伤。"

"正有离伤，相聚难忘。"夏汝弼强作笑容，道："山公请留步。各位友人亦请留步！"

"真担心你们的安危。还是那句话：前程重要，生命更重要。世道不虞，人心不古。兄弟好自为之！"欧阳镇道："敝处随时欢迎各方友人，大家在此吃酒诵诗，吟词舞剑，不亦乐乎？若太平盛世，书生生活，理当如此矣。"

王夫之和夏汝弼点头称是。就在转身离开之际，夏汝弼又特地多看了欧阳镇一眼，他突然很怕那是最后一眼。他嘴唇嚅动，似乎想说点什么，终究没有说出话来。

大街上，灯火寥落，甚为灰暗。几个人走走停停，仿佛有说不完的话。王夫之和夏汝弼走了老远，才彻底告别。

五

"夫之先生，请等一等！"

突然，郑石一身酒气追了上来，道："这黑灯瞎火的，如蒙不弃，郑某诚邀夫之一行到敝处过一夜，可乎？"

"这？"王夫之有点吃惊，正要拒绝。谁知郑石道："郑某知道夫之先生心里其实瞧不起酒徒之辈，郑某虽是口无遮拦，却也并非得过且过之徒。如此夜里，叔直先生又大病初愈，如何经得起风雨折腾？"

郑石把话说到这个份上，王夫之没有理由再推辞，况夏汝弼确实需要休息，便点头同意。王夫之不在欧阳镇府上过夜，就是怕麻烦。而愿意去郑石处，主要想看看他的真实处境。

郑石见王夫之同意了，十分高兴。他立即在前面带路，并悄悄告诉王夫之："其实，今天晚上，山公那里还有一拨人要应酬。"

"啊？"王夫之大吃一惊，道："怎么不把大家弄到一起？"

"物以类聚，人以群分。"郑石道："若无另一拨人在，今晚你想走，恐怕山公也决不会同意。此类事情，我在山公那里碰见多次。"

"山公，真乃'常无懈倦，恒求善事'也。"夏汝弼听后感慨道。

此时，渡口起了很大的风，厚厚的乌云盖住了月光。王夫之、夏汝弼和张学夫在郑石的带领下一一登船，他们要渡过涟水到对岸。

郑石寄宿的地方，是江对面的僧舍蠡庆庵。

桨声响起，离岸暂没。黑色的夜里，雨终于停了，乌云一点点散开，一弯新月出现在天边，淡淡地照亮了乌油油的水面。艄公摇橹，摇摇晃晃，他们来到了江的中心。

"夫之先生，叔直先生，两位仁兄何不寻堵胤锡堵公而去？"郑石问道，他不等王夫之问答，又自言自语道："不过，堵公四处奔走，行踪不定，难以得见。"

"堵公乃当朝重臣，亦是我等恩公、伯乐，我辈当然愿意前去效力。"王夫之从实道："入了堵公军营，亦即入了永历朝。只是，我们的初衷是在朝廷谋事。毕竟，书生从军，纸上谈兵，毫无优势。"

"设想不错。不过，所谓当局者迷，旁观者清。"郑石摇摇头，笑道："恕郑某直言，你等只一门心思想着入朝，亦如当初吾辈一门心思科举一样。可科举的门开开合合，朝廷的门也是开开合合，没有一扇门真正属于自己，或者说，当你走进这扇门时，这扇门已经关上。你走向另一扇门，以为它是开着的，你费尽心机走了过去，发现另一扇门又要关了。你赶紧往里面挤，结果脑袋被两扇门夹住，你进亦不是，退亦不是，不进不退也不是，总之就是怪诞，就是难受，就是无所适从。"

一语言罢，郑石不再吱声。王夫之和夏汝弼未再作声。王夫之心想，这个郑石，看起来粗鄙，思路倒还缜密清晰。初听他的话，未必中听，可细细一想，又不无道理。

郑石见王夫之不吱声，停了停，又道："夫之先生所说书生从军，纸上谈兵，郑某不敢苟同。无论历史还是当下，那些声名显赫的将帅哪一个不是书生出身？目下镇守湘北的何公、堵公和章公等，哪一位不是读书万卷的书生？"

一席话，说得王夫之无言以对。

这时，郑石把自己的一件上衣脱下，披在夏汝弼身上，道："叔直先生，你感冒才好一些，当心着凉。"

此刻，天地空寥，四周落寞，水流湍急，桨声频频。风更大，夜更深，空气更凉了。

王夫之一行到达蠡庆庵时，快到黎明时分。郑石把自己的床位让了出来，先把夏汝弼安顿好，又找出两个空位，让王夫之和张学夫睡。但张学夫一定要与夏汝弼做伴，且随他去。

张学夫的空位就由郑石躺下。夜深人累，倒头便睡。

翌日一早，王夫之刚起床，张学夫已经为他打来一盆清水，伺候他洗漱。王夫之走出门时，夏汝弼已经坐在门口迎候，精神好了许多。

张学夫忙着收拾行李。

这时，门外突然响起笑声，道："莫道君行早，更有早行人。"

抬眼一看，竟然是龙孔蒸与洪伯修、欧阳淑一同出现在寺庙之中。

王夫之大惊，还来不及开口，龙孔蒸笑道："叔直没有被吓着乎？"

"洪某一夜未眠，终究还是寻你而来。"洪伯修上前一步，坦言道："不过，洪某与龙兄只是过来送你，并非与你一同赴朝。"

"无妨。谢了。"王夫之说着，转身指着欧阳淑道："贤侄你也来了，莫不是偷偷出门？山公会同意你冒险而为？"

欧阳淑摇头，朗声道："父亲大人对先生学识和人品甚为敬重。况小侄业已长大成人。昨晚听了先生吟唱，心潮澎湃。恰龙、洪两位叔叔要寻你而来，小侄心向往之，请求父亲大人，即刻准允。"

夏汝弼道："山公人品学识俱佳，非迂腐之人。"

王夫之颇为欣慰，回头问道："孔蒸，伯修两位仁兄，你们当真不与我们同往？"

洪、孔二人还未作答，欧阳淑却大声道："小侄愿与夫之先生同往武冈，为皇上效力。"

王夫之见欧阳淑初生牛犊不怕虎的模样，以为只是说说，遂笑了。

龙孔蒸与洪伯修也笑了。

这时，郑石提着一篓斋饭，大声嚷嚷："都来凑合吃个早点。"

众人也不推辞，围坐一起，边吃边议。

"国难当头，同室操戈。"洪伯修颇为不满道："所谓朝廷，不过乌合之众；所谓圣明，不过同流合污；所谓复国，恐怕只是空谈。"

王夫之严肃地道："伯修兄，此等妄言，因何而起？"

龙孔蒸却道："夫之兄，伯修兄之言虽然难听，却是实情。"

王夫之突然笑了，道："三位此来，不是送行，而是阻行？"

"青春易逝，凡事三思。今堵公在常德偏安一隅，何腾蛟在永州自行其是，永历在武冈前途未卜矣。"洪伯修不顾王夫之恼火，长叹一口气，道："洪某思量再三，看不到目标，无法同往。希望二位有朝一日，位列朝堂，一展救国之志也。"

王夫之虽有些惊愕，倒也淡然接受，他说道："既为送行，终有一别。三位渡江爬山，一夜未眠，寻踪而来，道出缘由，说出顾虑，在下感慨万千，此情此景，永生难忘。"停了停，王夫之又抱拳道："前程渺茫，但友情殷切，夫之定会记念各位，请多保重！"

洪伯修一脸惭愧。

龙孔蒸道："如有叮嘱，请兄开口。吾等当尽力而为！"

王夫之想了想，迟疑片刻，终于从行囊里掏出一本手稿，名曰《莲峰志》。他凝视这本手稿，轻抚再三，道："既如此，今王某确有一不情之请。"王夫之特意停下，见龙、洪二人紧紧地盯着手稿，坦言道，"今王某欲前寻永历帝，想有一番作为，然有一事长念于心。此为《莲峰志》，陈述南岳七十二峰之事，成稿已有段时日，唯恐疏漏错误，更怕战火毁之，故交与二位学兄校正、勘误并保存之。"

龙孔蒸抢先拿着那书稿，欣然答应："此为吾之荣幸！"

洪伯修道："我亦会认真学习。"

一声惊雷响起，刚刚放晴的天，又突然大雨倾盆起来。

王夫之在心中默然道："春雷巨响，此为天怒，抑或吉兆？"

与洪伯修、龙孔蒸和郑石等分开后，王夫之和夏汝弼陷入了沉思。这兵荒马乱的，大路不敢走，只能走山路，没有交通工具，即便有也不敢用，如何到得了武冈？

王夫之将目光投向夏汝弼，正好夏汝弼也掉头看他。四目相对，王夫之问："汝弼兄如何思虑赴朝廷之事？"

"报国无坦途。我等既已动念，且非一时冲动，半途而废断然不可。"夏汝弼毫不犹豫，道："既然永历帝到了武冈，我等就去武冈。"

"好啰，我们终于可以去武冈啰！"王夫之还未回答，就听一个声音从后面冒出，回头一看，竟是欧阳淑！

王夫之大惊，道："予私，你怎么没有随洪、龙二叔回去？"

"夫之先生，愚侄既已出来，没长半点见识，岂能就此回去？"欧阳淑理直气壮道："适才跟着洪、龙二叔往回走，瞅个机会又溜了回来。愚侄要随你们去找永历帝，在皇帝身边谋个差事。嘿嘿。"

张学夫见欧阳淑回来，异常高兴。毕竟，他俩是一辈的，且都青春年少，正是充满幻想的时候。不过，张学夫与欧阳淑家境不同，个性也就不一样。明明内心喜欢，张学夫也不敢表现出来。倒是欧阳淑大方、率真得多，他走到张学夫身边，回头又对王夫之道："夫之先生，如不嫌弃，可否收愚侄为书童？"

王夫之哭笑不得，道："愚叔喜欢你这个贤侄。但要知道，去找永历帝是要吃无数苦头的，而且，也不知道能不能找得到。在此期间，你若有何闪失，山公怪罪下来，我和叔直如何担当得了？"言毕，他又望了一眼夏汝弼。

夏汝弼点点头，提醒道："贤侄，这可不是儿戏。你要思量清楚，现在回头还来得及。"

欧阳淑斩钉截铁道:"两位长辈放心,愚侄所言,绝非戏玩。万一缺肢少臂,只要还有一嘴,当自会向父亲大人解释清楚,不会损长辈之间任何情谊!"

事已至此,王夫之反对也无用。他们四人重新上路,朝着武冈方向进发。由于不敢走大路,每天在山路上辗转,走了好几天后,突然发现,像是回到了一个似曾相识的地方,却不知道叫什么名字。周围人迹罕至,没有罗盘,没有方向,山高路险,王夫之一身泥泞,心情十分焦躁。

夏汝弼也很无奈,自言自语道:"这南岳七十二峰,我们都不知是在哪一座峰下。"

若真是迷路了,从深山老林逃出来,都困难。王夫之意识到问题的严重性。他不仅焦躁,而且恐慌。他让欧阳淑和张学夫分别去探路,特地叮嘱:"不要走得太远,我们在此等待。若没有碰到山民,就即刻沿途返回。"

两位少年应声而去。

王夫之找了一块巨石坐了下来,他望着一旁的夏汝弼若有所思。

这时,夏汝弼突然回头看着王夫之,肃然道:"夫之兄,讲心底话,此番出来,有否后悔?"

"此等浑话如何说出?"王夫之身子忽地一颤,他用陌生的眼光看了夏汝弼一眼,然后慢慢地,站起身来,异常严肃道:"汝弼,吾辈早非孩童矣。此番行动,皆凭内心驱使,你我志同道合,如此而已。"言及此,他又特地看了夏汝弼一眼,继续道:"既如此,吾辈则不能亦不该有'后悔'二字!其实'报国'不难,亦非日日张口'报国',更非得侍奉君王或奔赴疆场杀敌立功才算'报国'。吾从不认为,世上有一既成之路,曰'报国路'!吾辈在心里,在路上,在途中,时刻为君想为国想为民想,此番所为，即为'报国'！虽然，此路之尽头在何方尚不清楚，但这正是吾辈寻之理由！此路十分艰辛凶险，既在意料之中，亦正是吾辈依凭内心驱使努力前行之所在！"

"夫之兄言，黄钟大吕也！"听了王夫之这番肺腑之言，夏汝弼热血激涌，十分感动。他用力拍了拍王夫之的肩膀，慨然道："夫之兄，汝弼之知音也。今生有君，真福气也。"说到此，夏汝弼停了一下，又道："古人云，朝闻道，夕死可！吾辈所为，此之谓也。"

王夫之很欣慰，患难之中，志趣相投，殊为难得。王夫之真没想到夏汝弼这个看起来瘦弱、有着天生忧郁气质的书生却有着常人少有的自期、高格和抱负。"众生芸芸，知音难觅。"王夫之有夏汝弼这样的知音，实乃幸事矣。

夏汝弼望着远处一棵松树，道："常听人说'报国无门'，此言大错！发此论者盖为自己不行动找理由。果乎报国定要出入官府、戴着官帽才算为之？非也。以夏某浅见，有心报国，处处可为！"

王夫之庄重地点点头，忽地问道："吾辈日日在山林里辗转，虽说是朝着永历帝所在方向而寻，但久久未能走出困境，亦不知最终是何结果。如此，亦有意义乎？"

"夫之兄多虑了。"夏汝弼摇摇头，道："吾能预料三个结果。一是顺利走出困境，早日抵达朝廷，此为好结果；二是艰难走出，辗转数月，最终抵达朝廷，此为次结果；三是折腾数月，无功而返，此为最坏结果。即便最坏，亦不后悔！"

王夫之补充道："吾还能想到两个更坏的结果：一是终抵朝廷，但物是人非；二是困于山林，死无葬身之地。"

"果如此，亦认命。"夏汝弼目光炯炯，坚定道。

就这样，王夫之与夏汝弼去武冈朝圣，相互鼓励，但雨水不断，艰难曲折，一路上心惊胆战，随处可见乱兵过境留下的满目狼藉，辗转多个村落，他们躲过一劫，又躲过一劫。王夫之三番五次警告欧阳淑回去。但欧阳淑死活不肯，他还拔出身上的利剑，信誓旦旦表示，有乱兵，他也不怕。

风雨飘摇，前程渺茫。王夫之四人向西北行至车架山时，又遇特大暴雨，接连多日，没日没夜地下，像要一次下个够似的。暴雨冲垮了道路，也淹没了山路。而乱兵又突然出现在各地，鸡犬不宁，人心惶惶。他们万般无奈，久久被困在车架山上，几乎陷入绝境……

第二十六章　清兵压城

一

那日下午，王夫之一行好不容易走出车架山，来到一个破败的小村庄，打算进去找一些吃的，甚至希冀借宿一晚，岂料，刚到村口，突然一群乡民惊慌失措地从村里冲出。这些乡民个个争先恐后、不顾一切地往前冲。他们大多拖家带口，蓬头垢面，背着大包小包，扛着箱子，腋下夹着孩童，或拉着板车，赶着牛车，呐喊声，哭泣声，号叫声，响成一片。

"啊？此为何事？"王夫之目瞪口呆，他还未来得及询问他们为何事惊慌，那些乡民已经像一股洪流瞬间汹涌而去。

世界突然清静了。村子里空荡荡的，道路上，田野中，山径上，再也不见一个人影。

死寂的氛围有些诡异，乌鸦飞过天空，嘶哑地鸣叫，让人毛骨悚然，不寒而栗。王夫之脊背一紧，下意识地对夏汝弼大呼："不好，有乱兵。我们快躲！"

夏汝弼会意地点点头，他与张学夫、欧阳淑一起，跟王夫之拔腿就走，跑向背后不远的大山。他们刚刚从大山出来，害怕大山，却又只得依靠大山。王夫之一行爬进斜坡上的密林，不一会儿，狂乱的呼喊声就从后方传来，并且越来越近，越来越大，越来越急，就连空气都跟着震动，山野也跟着摇晃。他们躲进灌木丛，蹲在地上，屏住呼吸，但见一支乱兵从山脚下呼啸而过，传来叮叮当当的刀剑声，还伴有一股浓浓的臭味，混合着一丝不易察觉的泥土味和血腥味。

乱兵走后，山野寂静了好一会儿。王夫之的心还悬着，他有一种直觉，感到危险并没有过去，相反，危险正在逼近。

欧阳淑已耐不住性子，见外面安静了，起身就要前行。王夫之一把把他拉住："休得乱来！"

恰在此时，前面突然传来一个女人凄惨的尖叫声，声音越来越急，又戛然而止，仿佛一个洞被人堵住，只有低沉闷顿的呜咽声，继而又响起几声淫荡的奸笑。

欧阳淑飞身跑出。王夫之并没有拉住欧阳淑。几乎是一瞬之间，年轻气盛的欧阳淑已经轻盈地越过灌木丛，蹿到林子里，一下子消失了。王夫之叫了声"不好"，感觉那片树林像一张血盆大口，会无声无息吞没欧阳淑。

这时，树林里猛地响起一声惨叫。紧接着，王夫之看见欧阳淑提着长剑跳出树丛，剑锋上正在滴血。一个蓬头垢面、衣衫破烂的大汉提着大刀，在他身后紧追不舍，口中大喊："看你往哪跑！老子要宰了你！"

王夫之、夏汝弼和张学夫趴到地上，欧阳淑正好越过他们的头顶，往侧面疾驰而去。那个大汉仍然大骂着，也追着跳了过去，完全没有意识到灌木丛后面还有人。

说时迟，那时快，夏汝弼突然站起，抢起棍子，死命砸向那个壮汉的后脑。壮汉惨叫，转过身子，愤怒地看着夏汝弼，就要挥刀相向，张学夫突然跳了出来，挡在夏汝弼身前。大汉的刀已经举到了半空，张学夫吓得闭起眼睛，伸手阻挡。岂料，大汉手中的刀没有落下来，却见一道寒光一闪，一柄利剑插入了壮汉的后背。壮汉抽搐片刻，流了一摊血，很快没了动静。

夏汝弼脑子一片空白，浑身发麻，无论怎样想象，这样的时间，这样的地点，这样的事情，他想不到会真实发生。欧阳淑气喘吁吁地折回，又愤怒地拔出剑来，重新给了那壮汉一剑。

张学夫恐惧万分，双腿发软，额头冒汗。为挡住夏汝弼那一剑，他想一定会非死即伤。

一切发生得如此之快。王夫之惊魂甫定，手握龙星剑，走了出来，他小心翼翼蹲到地上，摸了摸那壮汉的鼻息。这是父亲大人把祖传的宝剑交给他后，他第一次用它杀人。王夫之感到不可思议。

"夫之兄剑法精准果决，如若不然，夏某或学夫的性命难保矣。"夏汝弼感激道，又向张学夫投去感激的一瞥。

王夫之把血拭去，让剑入鞘，然后站在尸体前，一言不发。

欧阳淑道："该死的畜生！死了？活该！"当确认壮汉真的死了之时，欧阳淑紧绷的神经松弛下来，他一下子瘫坐到地上，气喘吁吁，浑身发抖。

原来，两个乱兵流子抓了一位村姑，他们强行把姑娘拖带到山林里，不顾村姑苦苦哀求和大喊大叫，撕开她的衣服，就要施暴。欧阳淑哪里见得了如此暴行？真是"怒从心头起、恶向胆边生"。欧阳淑不顾王夫之拉扯，迅即跳将过去。此时，一个乱兵正在脱那村姑的裤头，另一个乱兵正在猴急地脱自己的裤子，身边还放着一把带血的大刀。欧阳淑大叫一声"住手！该死的畜生！"他用力刺了一剑，脱裤子的乱兵应声倒地。另一个乱兵猛一抬头，发现是一少年坏他们好事，立即反扑。欧阳淑看着这个乱兵凶神恶煞的模样，撒腿就跑。乱兵紧追不舍。他没料到树林里还有别人。

关键时刻，王夫之举起了龙星剑，成了埋伏在暗处的"杀手"，一剑夺了乱兵性命。

这次意外事件，也是欧阳淑第一次杀人，他的双手一直在发抖。王夫之喊他，他也没听见，两眼发直，仿佛丢了魂。

"贤侄，没事了，结束了。"王夫之拍了拍欧阳淑的脸颊，欧阳淑这才回过神来，他顿时又记起了那位村姑。

王夫之跟着欧阳淑赶到树林中，那姑娘半裸着身子躺在地上，见到王夫之，她慌忙穿好衣服。王夫之待她镇定下来，问及缘由。姑娘嘤嘤道，乱兵来的时候，她和爹娘逃得慢了，因为她爹眼神不好。她爹让她先逃，她不愿意，结果一家人被乱兵追上，爹娘都让乱兵杀了，她也被乱兵掳走。

欧阳淑骂道："可恶！禽兽不如的东西！"

王夫之仰天长叹："大明非亡于清人之手，而毁于国人之恶。"他们让姑娘赶紧逃命，但姑娘不愿离去，她想跟他们走。

欧阳淑道："姑娘还是逃吧，去寻你的亲戚。"

姑娘凄苦道："天下还有安全的地方么？家人全死光了，哪里有亲戚？"

欧阳淑报出自己的姓名，豪气道："你且去湘乡寻欧阳镇山公，报我欧阳淑名字便可。"

王夫之大为惊愕，他们未料到欧阳淑竟有如此侠骨仁心。但姑娘仍旧目光迷离："欧阳镇山公是谁？小女如何找得到？到处都是乱兵。"

欧阳淑道："山公乃家父！到了城内，只需一问，便知我家。"

姑娘不说话了，低着头，身子仍旧抖个不停，嘴唇已经乌青。

"也罢，送佛送到西。"欧阳淑叹道："我护送你一同前往。"

王夫之更为吃惊，眼下乱兵压境，他怕欧阳淑遭遇不测，遂道："贤侄，你不能前往，若有不测，我等如何向山公交代？"

欧阳淑铁了心，坚定道："两位先生且上白石峰避祸，那里有几处僧寺，可以安身。愚侄快去快回，到时与你们在白石峰会合。"

"白石峰？"王夫之闻之有点愕然，他面色沉重，一脸忧郁。这白石峰与先前的车架山同属南岳衡山的范围。南岳七十二峰，峰峦叠嶂，千沟万壑，东南西北，方圆八百里，与浩浩荡荡的八百里洞庭相得益彰。王夫之离家已经数十天，兜兜转转，竟只是原地打圈。这是王夫之万万没想到的，但现实就是如此残酷。

"贤侄，既已到家，切莫折返！"王夫之见状，道："此一路凶险，前途未知，你带一弱女，尤得当心！"

"两位先生放心！"欧阳淑说完，朝张学夫点点头，而后淡然一笑，带着那姑娘下了山。

这时，王夫之看到夏汝弼还是一副失魂落魄的样子。第一次杀人，他被自己的行为吓到了。张学夫也是惊魂甫定，方才英勇救主，实际上，他是怕极了。若不是王夫之挥剑赶到，恐怕师徒二人之命难保。

过了好一会儿，夏汝弼才回过神来，道："两具恶尸如何处理？"言毕，又喃喃自语："掩埋了吧？若不然，必为野禽虎狼分而食之。"

王夫之朝地面看了看，叹了一口气，道："此等恶尸，虎狼食之亦会中毒，反而疯狂伤人。"

夏汝弼明白王夫之苦心，知其同意，此乃书生之性善也。恶徒虽死，掩而葬之，合乎人世伦理和孔孟之仁爱矣。于是，他们与张学夫合力而为，花了一个多时辰，总算草草埋了尸体。然后，他们略作休息，吃了几颗干果后，便一同朝白石峰进发，并最终登上了白石峰。

在山顶上，果然有一处寺庙。王夫之一行寄宿下来。很快，他们重新陷入长长的煎熬和不可预知的等待。

雨，仍是没有完全停歇。山洪暴发，泥石乱溅。比这更恐惧的是乱兵猖獗，强盗横行。

登高望远，常常只见大地一片狼藉，烽烟四起。王夫之欲哭无泪。那段日子，王夫之与夏汝弼在古木鸣泉间，踞石问天，歌诗弹琴，或泣或吟，或旁游白石、铜梁诸山，或观小瀑布，彷徨山中，不知往返。这些过往，让王夫之终生不忘，后来他在《病枕忆得》中特地记下："丁亥岁有《淫雨弥月，将同叔直取上湘间道赴行在所不得，困车驾山，哀歌示叔直一首》。"

王夫之曾诗云："破壁能容得，开尊复屡邀。云飞随鸟度，雨定看虹消。偶尔躅幽怨，相将慰寂寥。冰弦聊此日，随分谱渔樵。"

夏汝弼在其遗集《楚风补》中，亦有《同夕堂游车驾山》诗一首作证。王夫之亦写有《游白石峰记》，该文开头写道："登高山而送目，各有其情焉。而余之情其何居也？岁丁亥，月在午，梅雨百倍于往岁，伏草庵而息者四旬，乃今始得与王子而农拔榛径登白石峰。"

当欧阳淑践诺来到白石峰时，已是半个月之后的事情。令人吃惊的是，与欧阳淑同行的还有洪伯修与龙孔蒸。

龙孔蒸见到王夫之，抱拳道："夫之兄，汝弼兄，你们受苦了！"

王夫之望见三人，惊喜莫名。故人重逢，高兴之余，王夫之还是有些赧颜，先前他信誓旦旦去武冈寻找永历帝，结果，近两个月了，他还被阻在这里，仿佛只是做了一个荒唐的梦。

龙孔蒸不以为然，高兴道："此乃天意。"

王夫之只能淡然道："确为天意弄人。"

洪伯修犹豫片刻，突然道："听闻清军已占长沙，又克常德。"

王夫之大惊失色："此言当真？"

龙孔蒸点点头，道："千真万确，堵公和章公已至湘西永定。"

原来，堵胤锡虽贵为永历朝宰相，受命督军与清兵决战。然一再吃败仗，湘阴失守，退至常德；常德失守，他与章旷退驻慈利。后又退守湘西永定。眼看城池一一失陷，他悲愤不已，羞愧难当，当即拔剑想自刎，以谢失职之罪。众将士都抱住他不放，他弃剑痛哭。

李自成老部下马进忠、王进才纷纷请战，以死相报，誓言为国效命。堵胤锡信心大增，重整旗鼓，抱着必死之心，督师出战，亲赴沙场，将领和士兵也跟着他奋勇杀敌，大败清兵。

未几，常德、辰州相继克复。随后，王进才复桃源，袁宗第复澧州，李锦等连拔荆门、宜城等州县，一时军声复振……

王夫之为去武冈效忠永历朝廷，困居山野，与世隔绝，哪里知晓这些大事！

正在这时，欧阳镇带着半篮食物前来，看见王夫之，老远就喊："诸位，不好啦！清军大举南下，衡州不日恐遭清人毒手！"

王夫之与夏汝弼大为震惊，半晌说不出话来。

张学夫望着王夫之与夏汝弼，显得有些害怕。

事不宜迟，王夫之下定决心道："回衡州，马上走。"

"饿成这个样子，令人疼矣。既然要回衡州，我亦不留。"欧阳镇气喘吁吁地走上来，迅速摆开食物，道："赶快吃。吃了，再走不迟！"

王夫之有些感动，没有推辞，他对夏汝弼道："恭敬不如从命。我们快快吃完，打道回府。"他希望赶在清军攻城前，回到衡州，为家人，也为衡州百姓的生命安全尽一份绵薄之力。

二

每个人都有自己的生命劫难，每个人都有自己的内心困斗。王夫之与夏汝弼下定决心试图去永历朝谋差，路上花了两个来月，既没抵桂林，也没到武冈，光在南岳群峰内兜兜转转就耗了四五十天，在九死一生之余，骤然得知清军将攻衡城，他们才如梦初醒，从白石峰下急急赶往衡州。

事实上，这样的生命劫难，这样的内心困斗，并非王夫之所独有。早在一个多月前，也就是王夫之与夏汝弼从衡州出发前往永历朝时，姜善棋的生命劫难和内心困斗更加惊涛骇浪，令人后怕——

姜善棋得知皇后派了四名亲信进来，包括一脸紧张、满面是泪的采诺抖抖地立在她的面前。姜善棋当时冷然道："休要动粗，民女走就是。"她刚刚走到门口，斜刺里猛地冲出两个蒙面人，他们抓住姜善棋，其中一人用刀尖在她美丽的脸上快速划了几下，顿时血流如注。

姜善棋愤怒呵斥，奋力挣扎，但是徒然。皇后派来的亲信一时被搞糊涂了。两个蒙面人趁机架着姜善棋逃向茫茫夜色中。不一会儿，喊叫声突然响起，一个个黑影举着火把追了上来。

蒙面人挟着姜善棋不敢回头，没命似的往前跑。过了好一阵子，追喊声渐渐远去，火把也全部熄灭。蒙面人感觉已经逃出很远很远，到了一个隐蔽的地方，他们才将姜善棋放下来。

蒙面人坐在地上，大口大口喘着气。其中一个年轻的，他脱下面罩，柔声道："对不起，善棋，让你受委屈了！"

姜善棋一看，竟是刘子参，惊道："怎么是你？"

另一个蒙面人是个老者，竟然是王家聘。姜善棋一看之下，顿时惊得说不出话来。

王家聘道："善棋，你还认得老夫吗？"

姜善棋点了点头，虽然她与王家聘见面的机会很少，但因为王夫之一家的缘故，姜善棋在王衙坪见过他几面，特别是王夫之中秀才的那一回，姜善棋被姜德明带去贺喜，她还被安排与王家聘同桌吃饭，王家聘说了不少王夫之调皮的事情,让姜善棋印象很深。因此,她流着泪,问道:"表叔,您没有回衡城?"

王家聘点点头,他的确没有回去。来肇庆,王家聘与奚鼎铉一直有联系,即便在王夫之和刘子参等人认为其失踪的日子里,他也与奚鼎铉保持着联系。王家聘还把行刺卢高义未果被王阁昆抓后又放了的事情也写信跟奚鼎铉说了。正当他拿着王阁昆给的盘缠、犹豫着要不要回衡州时,王家聘突然接到奚鼎铉的一封急信。"采诺写信给我,说皇后抓到了姜善棋的把柄,可能有生命之虞。"这是奚鼎铉急信中的原话。王家聘急忙告诉了刘子参,让姜善棋多加小心,尽快离开,以防不测。当时刘子参非常奇怪,他还问如此重大机密,王家聘怎么知晓的?王家聘非常生气道,啰唆什么?快去救人,否则就晚了……

"皇后心太狠,皇上也不是东西。"王家聘骂了一句,叹道:"善棋,让你受苦了!"

姜善棋身子发抖,眼泪再次涌出,无声流下。

"别哭了,善棋。这样对伤口不好。"这时,刘子参点亮了一支松节灯,他一边细细地擦洗姜善棋脸上的血迹和泪水,一边用早已准备好的草药将她脸上的伤口敷好。望着惨不忍睹的姜善棋,刘子参心疼极了,安慰道:"善棋,比起生命来,忍这点苦也算不了什么。"

"这究竟是怎么回事?"姜善棋冷冷道:"你将我的脸毁了,我活着会快乐?"

"你的脸不毁,你就活得快乐?"刘子参突然反问道。见姜善棋怔了一下,他又道:"你以为我愿意这么做?告诉你,如果晚一步,有人不仅会毁你的脸,而且会让你受尽侮辱,最终死得比狗还难看。"

姜善棋十分吃惊,她从来没有见过刘子参在她面前如此无所顾忌。她也明白刘子参所讲属实,但这话由他嘴里说出来,似乎格外刺耳和难受。

"你以为救了我，我会感激你？"姜善棋生气道："虽然你救了我两次，就是救十次，我都不会感激你！"

刘子参听罢，知道她说的是气话，遂摇摇头，叹道："善棋，我从来没想过要你感激。上次在祁阳，也是晚上，也很惊险，但当时主要是为了救四王爷，顺便救了你。不过，救了又怎样？四王爷做了永历帝、你做了香妃后，我向你们提过要求、成了永历朝的重臣么？这一次，更不用说，虽然是专门来救你，却是在你最危险、最倒霉的时候，难道我还会寄希望于你为我谋取什么吗？"

姜善棋当然知道这一点，可是，因为破了相，毁了容，心情最是痛苦，她需要找到发泄点，刘子参就是最好的发泄对象。她原本想着过些日子，等局势更明朗，自己的地位更牢固，她就向永历帝力推刘子参和管时求，甚至向永历帝提出下旨给王夫之，请他来朝廷效力。然而，这些心思谁会知道？事情变化太快，局面变得太糟。

"我现在这样子，活着还有什么意义？"姜善棋像是问刘子参，又像是问自己。

"善棋，一个人活着，不一定非得享受快乐。"刘子参认真而诚恳道："活着的意义，也不仅仅是享受快乐。有些人，注定就会不快乐！就像你现在毁了容，这样的痛苦你都忍受下来，而且还能做一番事情，生命就会变得更加饱满而富有意义。"

"子参说得在理。生命是一个过程，每一段都有独特的意义。"王家聘也劝道："善棋，你知道我为什么要行刺卢高义么？因为他是'蒙面人'的幕后主使，我的媳妇是被他杀害的，我的家是被他毁掉的。我专程来永历朝行刺，就是我这个阶段的生命意义。"

"那我的生命意义在哪里？我还能做什么？"姜善棋忍不住，又流泪了："我能有什么快乐？"

"你要做的事情还有很多。"刘子参一本正经反问道："你不是要去找你的思琴姐，还有两个妹妹晓书和若画吗？逃出朝廷，不是可以全心全意去找了吗？要是找到她们，就会有快乐。一家人在一起，哪怕住在乡里茅屋，吃的野菜稀粥，不也挺美好？"

这一席话真正戳中了姜善棋内心深处最柔软的部位，她顿时泪流满面，良久，长长地叹了一口气，喃喃道："不知道姐妹们现在都在哪里……"

话音未落，突然一支冷箭破空而来。刘子参将姜善棋一推，只听王家聘"啊"地叫了一声，倒在地上。刘子参大吃一惊，赶紧将松节灯吹熄，低声道："有人追杀。王叔，您没事吧？快趴下，我们往左边滚爬。"

刘子参朝王家聘看了一眼，抓住姜善棋的手，倒在地上，用力往前挪动。

王家聘忍住剧痛，道："你俩快往前挪，不用管我。"

就在这时，从后面传来一阵激烈的打斗声。紧接着，几个阴影冲过来，将刘子参和姜善棋从地上提起来，道："别怕，我们是宰相堵大人派来接应的！"

"还有表叔！"姜善棋大叫一声。刘子参也冲接应的人道："左前面还有我们的一个老者。"

接应的人没有理会，他们推拉着姜善棋和刘子参，发疯般地往右边小道走去。摸黑走了三里多地的样子，后面的打斗声完全停止了。这几个人才慢慢停下来，为首的对刘子参道："总算把你俩救了出来。前面就是渡口，堵大人正在那里等我们。"

"我们还有一个人。"刘子参有些不满，但他看到为首的人脸上裂开两道伤口，鲜血还在流淌，其他接应者也都满脸血迹，他不忍说下去，只好对姜善棋叹道："他们尽力了。"

姜善棋当然明白当时的险境，她感到心疼和内疚。

刘子参与姜善棋上了船，与堵胤锡见了面。直到此时，姜善棋才知道，原来刚才发生的这一切都是堵公缜密安排的。

堵胤锡看着绑着一脸绷带的姜善棋，叹了一口气，开门见山道："善棋，堵某也不叫你香妃了。今晚的事情，说起来，其实都是皇上的意思。"

"堵大人，小女让你操心了。"姜善棋听堵胤锡说是皇上的意思，心里涌出一股凄凉之情，同时她明白永历帝用心良苦：他一定不会告诉堵大人如何去做，他可能会暗示堵大人，让她活着，但又不能毫发无损地活着。不然，皇后那里交不了差。

姜善棋猜对了。原来，堵胤锡听说，朱归孺因为"献宝"而被莫名抓了起来，关进地牢，他心里有些难过。他回到宰相府后，正要准备去湘阴。这时，永历帝派人来告诉他，让他去向皇上"辞行"。

堵胤锡感到很奇怪，因为才从乾宁宫回来。况且，哪里有皇上下旨，让大臣去"辞行"的？"此中必有玄机。"堵胤锡想。

"拜见皇上。"堵胤锡见到永历帝，行礼后，只听永历帝说了一句："香妃不听话，皇后很生气。堵大人去湘阴，莫如带上她。"

见堵胤锡有些发怔，永历帝又补上一句："皇后派的人已经在路上了。堵大人快去。"

"啊？"堵胤锡瞪着眼睛，马上答道："臣遵旨。"

堵胤锡当即密派刘子参前去救人，叮嘱他务必注意策略。堵胤锡因为跟王夫之、朱归孺等人熟悉，对刘子参、管时求以及姜善棋等人自然也就多留意了一点。为了妥当起见，堵胤锡让刘子参带个身手敏捷的可靠的人去，且都要蒙着头。如果遇上皇后派去的人，尽量不要发生正面冲突。

当时情况太紧急，刘子参对一般的兵卒既不放心，也不敢带。正好王家聘在他那里，听说姜善棋有危险，王家聘二话不说，坚决要求跟刘子参同去："善棋算是老夫的表侄女，没有她，我行刺卢高义老贼被抓，早被处死矣。"

刘子参不再言语，两人蒙好面，带着刀剑，飞奔而去。

刘子参和王家聘联手救出姜善棋后，皇后和永历帝很快就知道了，彼此都明白是怎么回事，但都不说出来。皇后知道，虽然永历帝要让姜善棋自生自灭，但她对自己所恨之人，心地不会那么仁慈。皇后最终还是密派数人去追捕，交代不必逮回，就地格杀。

堵胤锡也知道，靠刘子参二人可能会出差池，于是他也派了数人前去接应。最终，王家聘挨了暗箭，左腿受伤，倒地不起……

幸而，刘子参和姜善棋都被救了出来，来到堵胤锡的船上。

姜善棋真没想到，皇后平时温厚仁慈，看似对宫里事情不闻不问，却对她如此嫉恨；她更没料到，永历帝、堵公和刘子参等人为了让她"带着伤痕活下来"，动了这么多心思、做了这么多事情。一个小女子的生与死，竟让这么多人牵挂，她还能说什么？面容虽毁坏，但生命尚在。自己的劫难和困斗终得过去，要对得起牵挂、帮助自己的人。这样想着，她的情绪慢慢稳定下来。唉，不知道表叔是否脱险？表叔说得对："生命是一个过程，每一段都有独特的意义。"既然活着，就要活出价值。

"善棋，还有一事得告诉你。"见姜善棋在沉思，堵胤锡突然道："内务总管王阁昆王大人亦在船上。如果你不愿见他，就得委屈你，将你置于船底一粮草间。"

"啊？"姜善棋大吃一惊，她此刻最不愿见的就是王阁昆，道："王大人怎么亦在此？"

"你毋须意外和惊慌。许多事情，出人意料，有时想想，亦未必是坏事。"堵胤锡摆了摆手，云淡风轻似的说道："当初来永历朝效力，就是王大人到湘阴去请堵某的。现在，他提出要随堵某去看看前线将士，亦在情理之中。"他停了一下，朝远处望了一眼，又特意补充道："皇上也知道并支持他去看看。"

"堵公又在说王某了。"突然，王阁昆从船舱一端走了出来，大大咧咧道："堵公还不回舱，亦不请王某喝酒，是烦王某碍事吗？"

堵胤锡一见，有些惊慌，姜善棋更是不知所措。

既然无法回避，不如从容应对。刘子参很机敏，他满脸堆笑，立即上去搀扶着王阁昆，一步一步走到堵胤锡身边，道："你看，堵大人碰上一故人，聊了几句。"

"这、这……"王阁昆见到姜善棋，迟疑半晌，到底认了出来，顿时惊出一身冷汗，开口道："这不是香妃么，你怎么、怎么……？"

"拜皇上所赐，香妃变回了姜善棋。"姜善棋冷笑一声，道："王大人既不必怜悯，亦不要高兴。天灾能躲，人祸难防。一个人的生与死，于皇上而言，就是一念之间。"

"那是，那是。"王阁昆对姜善棋还是客气，既然说是皇上所"赐"，他就不用再去瞎猜，只好说道："不过，香妃也好，善棋亦罢，王某对你永远敬重……"

"好，好。都是老朋友，咱们去船上喝酒。"堵胤锡见姜善棋轻巧地化开了尴尬，立即招呼着，朝各位摆了个"请"的手势，并带头朝舱内走去。

王阁昆跟着堵胤锡，也往舱内走去。

堵胤锡回头见姜善棋一动不动，便对刘子参道："善棋身体欠安，不勉强她，你且带她去休息……"

三

"什么，内务大臣王大人？他来干吗？"

正在湘阴督师的章旷，听说堵胤锡和王阁昆要来军营巡查，心头甚是不悦。堵胤锡倒还罢了，虽然在永历朝当了宰相，毕竟这一支队伍还是他的一块心头肉，他本来也是经常来前线，这没什么可说的。可是王阁昆，你一个大太监，听说已经把朝廷上上下下折腾得不行，许多人见了你的背影都避之不及，现在你来前线搞什么名堂？

尤其让章旷头痛的是，当时军营粮草严重不足，将士情绪十分低落，已出现小股队伍成建制投降对岸清军的迹象。而王阁昆此番前来，背后用意究竟为何？你能带来大批粮草、提振士气？在章旷看来，王阁昆前来，非但无助于提振士气，反而会给大家添乱。

章旷心头不悦王阁昆还有一个很重要的原因，而且是引起他内心深处极其煎熬的一个原因，那就是：他的胞兄章梁竟然降清了，这是他万万没有想到的。虽然章梁在信中告诉他这个消息时充满痛苦和无奈，强调是他们的主帅左梦庚无耻和无能所致，作为个人，他无法左右大局，只能审时度势，择善从之而已。但在章旷看来，这不是章梁投清的理由，更不是世受皇恩的章家人的做派。

当然，章梁的理由究竟是什么，章旷猜不到，亦不愿去猜，最简单的办法就是像章梁一样，把责任推给左梦庚。须知，左梦庚的父亲就是鼎鼎大名的左良玉，他手中曾握有八十万大军，在其父去世以后，左梦庚毫不费劲地成了这八十万大军的主帅。

谁也没想到，这个纨绔子弟竟是一个地地道道的草包。当清军首领阿齐格带领一万多八旗军冲进湖北的时候，左梦庚及其所属二十三个总兵共计八十余万人闻风丧胆，竟没有一个敢于迎敌的。

在此交代一下这个英亲王阿齐格，他是清太祖努尔哈赤第十二子，多尔衮之胞兄，其母为大妃阿巴亥。皇太极时期他曾率兵攻打明朝边境以及入朝作战，名重一时；清军入关时，他作为清军前锋随多尔衮作战。顺治元年（公元1644年）封和硕英亲王，其地位仅次于四大贝勒。

"再怎么厉害，也只有一万多清军。而且进入湖广山川大地，他们的骑兵威力也大打折扣。"作为武昌知府的章梁当时这样想。当他得知左梦庚按兵不动，有意降清时，真是又惊又气。他急忙找到左梦庚，陈述自己手中有五千兵卒，愿意率先出城迎敌。

章梁的请战遭到左梦庚一番训斥。"阿齐格是谁，你懂吗？"左梦庚振振有词道，眼下崇祯自尽，大明王朝气数即尽。迎降清军，非个人胆怯，实乃时局使然。"你是将，我是帅。不要弄错了主次。"左梦庚言毕，让章梁离开。

章梁仍要争取。当他禀告永历帝在桂林主政，何腾蛟等数十万明军都在积极抗清，时局会有好转之时，左梦庚竟斥章梁见识浅，声称永历帝为"小朝廷，小胡闹，小作为"，并警告章梁如率兵乱动，将就地正法："各将帅不应逞个人之能，要以每个将士安危为重。"

左梦庚口口声声为将士安危着想，可是，国家危亡时，将士不挺身而出，反而缩头缩脑，将士苟且活命亦无耻乎？然而，章梁毕竟人微言轻，主帅如此，他还能做什么？难道随崇祯悬梁而去乎？结果，在一万多八旗兵面前，左梦庚率八十万大军连同章梁的五千兵卒齐刷刷投降了阿齐格，阿齐格喜不自禁。阿齐格随即从左梦庚所部中挑选出一批比较勇猛和有血性的人，如李国英、金声恒、卢光祖、徐勇等，命他们带领各自精选出来的明军，跟随八旗军征战江西和湖南。

章梁所部五千余人，另加一万三千名清兵，则被增派到岳州，与章旷所部形成对峙局面。原先章旷所部与岳州守军相比，还占优势，如此一来，湘阴立即情势危殆，章旷能不忧乎？

最让章旷揪心的是，对岸的清军头领章梁就是自己的胞兄。

堵胤锡和王阁昆等人来到湘阴后，章旷将严峻情形立即作了禀报，希望堵胤锡亲自修书，向在长沙督阵的何腾蛟求援。同时，请王阁昆尽快向皇上禀报，增加粮草，并派人速往广东，调兵支援。

然而，这两件重大事情，堵胤锡和王阁昆两人谁也没有当一回事。对堵胤锡而言，他虽贵为永历宰相，但正如左梦庚所言，永历朝乃小朝廷，不是崇祯的大明朝。否则，何腾蛟等人怎么不去当这个宰相？因此，现在让他去求何腾蛟，一是放不下架子，二是即便放下架子，何腾蛟亦未必给他面子。这就是堵胤锡不当一回事的原因所在。

而对于王阁昆而言，他来此，根本不是为了向永历帝禀报前线实情的，他有自己的重要私事要办。当他看到面目全非、惨不忍睹的姜善棋时，他的震动极大。比起香妃在永历帝心中的位置，他的下场不会好过她。他必须尽快找到新的主子。

因此，王阁昆此番来，最急迫的事情就是要与清军首领阿齐格密谋大事。王阁昆对堵胤锡道："我不懂军务，四处看看，无需张罗，我自行其是可也。"

"王大人请便。"堵胤锡求之不得。

眼见王阁昆已走，堵胤锡正欲跟章旷讲一讲永历朝发生的事情，还未来得及张口，突然文之勇和唐克峻急忙走进来，道："报告恩公，清军又派了一小支军队于城门前叫阵。"

"任其叫罢。"章旷不以为意，他将文之勇和唐克峻介绍给堵胤锡，道："衡州学子都不错。前有王夫之为堵公两度扩修南岳山上的庙宇，后有之勇和克峻诸生为国杀敌。"

文之勇与唐克峻连忙向堵胤锡行礼，道："在下拜见堵大人。"

"好，好！衡州诸子，下马会读书，上马能杀敌！"堵胤锡望着文之勇与唐克峻，真心赞道，随后又问道："你们俩来军营多久了？有无武夷先生和夫之先生的近况？"

"李定国率贼军退出衡州后，在下与几位同仁即来投靠恩师章公，只是未立寸功，颇有遗憾。"唐克峻叹道。

见堵胤锡问及王夫之情况，文之勇遂答道："约莫两个月前，在下曾得夫之一函，说自己身在衡州心在朝廷，并表示处理完俗务后即会赴永历朝效力。"

"哦？"堵胤锡有些吃惊，道："可惜未曾见到。"

正在这时，又有人来报，说叫阵者言辞粗鲁，令人愤怒。

唐克峻情绪激昂，主动请战："请恩公允在下与之勇兄领一百兵卒前去克敌，死而无憾！"

"好！你们二人各领精兵一百，分头夹击，速战速决！"堵胤锡当即表示同意。

然而，待唐克峻和文之勇一走，章旷却叹了一声，道："堵公可否知道，派人前来叫阵者是谁？"

堵胤锡一怔，道："岳州增兵后，主将莫不是你胞兄章梁乎？"

实际情况比堵胤锡和章旷想到的还要严峻得多、复杂得多。不错，派人前来叫阵的是章梁，而领头来叫阵者竟然是衡州学子邹统鲁和唐克恕！这一点，也大大出乎文之勇和唐克峻的意料。当他们二人各领一百精兵从左右两侧冲出城门时，邹统鲁和唐克恕早有所料，赶紧变阵分头迎敌。

唐克恕看到自己的哥哥唐克峻冲在队伍的最前面时，立即愣住了："哥，你、你没有死？"

唐克峻抬头一看，也傻眼了："弟，怎、怎么是你？"

与此同时，邹统鲁和文之勇各自冲在队伍的最前面，彼此亦愣住了，几乎异口同声道："啊？怎么是你？"

当初，他们四人结伴前去投靠章旷，快到湘阴时，他们被阻在一个小镇。居民喊着"清兵来了"，纷纷逃命。邹统鲁等人看见清兵从镇上来回奔走，烧杀抢夺，哭声一片。镇上难民无法逃生的，纷纷投河。更有清兵见年轻女子，不顾私德，当众奸淫。对不从者，皆用长钉钉其两手于木板后，仍逼而淫之。

唐克峻等人哪里受得了此等羞辱，随即不顾力量悬殊，挺身而出，很快四人被冲散。但他们义无反顾，冲入敌阵，奋勇杀敌。

没过多久，一支骑兵冲杀进来，见兵就杀，见人就砍。原本十分骄横的"清兵"原形毕露，纷纷惊叫"快跑，清兵真的来了！"顿时作鸟兽散。

唐克峻和文之勇便被裹挟着，潮水般地往前溃退，直到进入湘阴，他俩才明白，前面在镇上横行霸道的，竟然是明军的散兵游勇装扮的，后来一支小骑兵才是真正的清军。

邹统鲁和唐克恕被清军抓了俘虏，被押到岳州。他们二人获悉真相后，十分震惊和愤怒：大明的军队竟然对自己的同胞如此残暴，比大西军都有过之而无不及。他俩认为文之勇和唐克峻可能遭到屠杀，情绪十分低落。在岳州清兵营里，他俩经过一番痛苦煎熬，作出了一生中最重要的决定：降清。

邹统鲁为此还特地给王夫之写过一信，表示他和唐克恕的心情一样，对明军极度失望，降清，是迫不得已的事情，信中云："时局已变，内心困斗已久。唯有顺应潮流，方有出路。"

邹统鲁和唐克恕起初还很自责，慢慢地，发现清军战斗力极强，八旗军个个剽悍强壮，骁勇善战。阿齐格只带了一支一万多人的八旗军，却让八十多万人的明军集体投降，这种匪夷所思的事情就发生在眼前，他俩原有的自责和歉疚被撕得粉碎，并断定大明王朝的终结者就是清军，这是历史的必然。

让两位衡州学子感到非常意外的是，章梁大人竟然作为清兵的头领，来到岳州，而对岸镇守湘阴的明军首领却是他的胞弟章旷。

越是害怕的东西，越是来得快。章旷真没料到，此刻率兵来城前骚扰叫阵的竟然是衡州学子，而且唐克恕还是唐克峻的胞弟，亦如他是章梁的胞弟一样。

听了文之勇和唐克峻的禀报后，堵胤锡看了章旷一眼，当机立断："章公，你率一半人去临湘，堵某留一半人镇守此处。如此，即便发生意外，心中亦会坦然。"

章旷听罢，内心"咯噔"一下，明白这是堵公的痛苦选择。这样做了，责任确实免了，但战局也就定了。合在一起，至少可以抵抗一阵子。因此，章旷谢绝了堵胤锡的好意，道："堵公放心，只要章某在，湘阴就在。"

堵胤锡叹道："章公，你以为堵某只是为你着想？你以为堵某还会回到永历朝去？你以为大明王朝还会……"堵胤锡讲到这里，突然鼻子发酸，眼眶红了、潮湿了，声音哽咽得再也说不下去。

这悲壮的一幕，章旷、文之勇和唐克峻都看在眼里，痛在心里，泪水在每个人的眼里打滚……

刘子参和姜善棋压根不知道前线情况，他俩提前下船，于晨光微启中回到了衡州。

姜善棋顾不上毁脸之伤、劳顿之苦、旅途之疲，迫不及待去找管时求。刘子参本来想先带她回到自己家里，休息几天，换换药，清理一下脸上伤口，等她恢复了身体，再去找人。但姜善棋不管这些，很固执，很急迫，刘子参只好依了她。

两人悄然来到花药山下，敲开了一栋灰白夹杂的老宅之门。

一个老者探出头来，看见刘子参搀扶着满脸绷带的姜善棋，吓了一跳，上下打量一番，问道："请问两位客官是要住宿吗？"

刘子参摇摇头，抱拳道："管先生在吗？"

"昨天跟一个李先生出去了，就没回来。"老先生道。"听管先生说，好像要去耒阳办个事情，走得有点急。"

"李先生是谁？去耒阳干什么？"刘子参自言自语，"难道是李国相老兄？"

姜善棋摇摇头，道："不对。说好要秘密行动，不要跟夫之哥、国相先生等衡州学子联系。这是我反复叮嘱过的。"

管时求在衡州这段时间，就一直住在这个老先生家里，他确实没有跟衡州任何人联系。因为这里离"福光"小邮驿很近，方便观察姜思琴，管时求向姜善棋详细说明过，并得到姜善棋的认可。获悉姜思琴就住在花药山下的梧桐寺里，姜善棋叮嘱管时求千万不要打扰她的正常生活，默默注意、关照就行。

此番回到衡州前，姜善棋放了最后一次信鸽。按理，管时求应知道姜善棋回来，应该在家等待，此刻怎么不在呢？

姜善棋凭直觉判断，肯定出了什么问题。

说来也是凑巧，打从上次发现管时求后，李国相就好奇，经常来花药山下游晃，终于在前天上午亲自挡住了管时求："时求老弟，没料到真是你！你在做什么，怎么回避大家？"

管时求见事已至此，不好再隐瞒，他觉得李国相也不是外人，就一五一十将姜善棋让他潜回衡州寻找、跟踪、观察并找到姜思琴的事情都如实讲了。李国相听得一愣一愣的，直到听说管时求找到了姜思琴，他立即兴奋起来，当下就要去见姜思琴。

管时求道："你看，如果早被你知道，思琴的生活可能就麻烦了。"

"麻烦什么？我还会害她？"李国相眼一瞪，不以为然。

"思琴不跟咱们联系，也不回郭家，宁愿一个人待在破寺里，一定有她的苦处和难处。"管时求摇摇头，道："你去看她，就是打扰她平静的生活，就是害她。"

"衮冕老弟有消息吗？"李国相觉得管时求讲得对，遂转移话题道："如果找到衮冕老弟，思琴岂不就与他团聚了？"

管时求摆摆手，道："我不能到处活动，你的消息比我多才是。"他停了一下，道："夫之兄在哪里？还有其他兄弟，有没有确切消息？"

"夫之老弟报国之心拳拳，听说与汝弼老弟去桂林永历朝了。"李国相感慨道，"不过，这路途遥远，他们不走水路，又没有车马，亦不知何时能到达朝堂。纵使到了，亦不知永历帝会给他什么差事。"

接着，李国相把他知道的情况，一一讲了。

管时求听说文之勇和唐克峻在湘阴章旷手下，也很高兴。但听说邹统鲁和唐克恕在岳州的清军那里，他感到十分震惊和惋惜："统鲁兄和克恕弟怎能降清？如果克峻兄和克恕弟面对面作战，他们兄弟岂不要互相残杀？"

李国相也跟着叹息。他突然拍了一下大腿，道："对了，伯实兄回到耒阳了，而且，若画亦埋在耒阳。"

"啊？若画埋在耒阳？"管时求大吃一惊，道："出什么事了？"

"一言难尽。"李国相道："不如我们去耒阳看看？上回夫之老弟和汝弼老弟去时，我正好有事，没有去成。"

不料，就在管时求决定去耒阳时，他收到了姜善棋放飞的最后的信鸽，知道她将很快回到衡州。管时求本来要在家等姜善棋的，但他答应了李国相，而且考虑到姜善棋不会这么快就回衡州，因此，就跟李国相前往耒阳，见到了曹伯实，聊了一阵子，然后去了水东江那片蝴蝶纷飞的竹林，祭拜了静静躺在坟墓里的姜若画……

本来曹伯实还准备请大家吃完饭再回去，管时求道："吃饭来不及了。善棋可能回衡州了，我得尽快赶回去。"

"啊？善棋回来了？"李国相惊叫一声，也没有心思吃饭，遂与管时求一起，匆匆赶了回来。

而此时，清军大兵压境，衡州城乱作一团。

四

"寒空历历雁声孤，踪迹从今落五湖。无限烟波寄愁思，片帆天际是归途。"王夫之心急如焚，亦如这诗中所绘。经过十来天的紧张跋涉，王夫之一行疲惫不堪，终于接近衡州渡口了。

天气放晴，心情纷乱。张献忠破城才多久？清军又要破城，衡州百姓的日子如何过？危城之下，一家老小是否安宁？王夫之领着夏汝弼和张学夫向北疾行，穿越崇山峻岭、羊肠小道，归心似箭。

蒸湘河近在咫尺，家在前方。见到熟悉的渡口，王夫之快速奔了过去，却发现那里空无一人。轻舟摆在水面上，摇摇晃晃，草棚已经坍塌，了无生气。放眼望去，王夫之这才发现脚下的江水有些浑浊，黄色的泥浆中渗着丝丝血色，腥膻的气味扑鼻而来。

"啊，你看！"夏汝弼大叫一声，用手指了指江面，那里赫然漂浮着一具尸体。再往远处眺望，但见多具尸体或隐或现散落在水中，整个江面一片血红，像在发出无声的哭泣。空中飘动着一股难闻的血腥气。

王夫之心头一紧，不祥的预感汹涌而来，他的手心冰冷，却又流出汗来。

"看来清兵杀进了衡州,屠城了。"夏汝弼一声哀叹,王夫之顾不上说话,跳上一条破船,他发现船舱里竟然还有两具发臭的尸体:一个老人,一个姑娘。姑娘的衣服全被撕扯烂了,下体裸露在外面,老汉腹部则插着一把刀子。

"苍天!你睁眼看看!"王夫之哀号道,迅速找来一条白布把两具尸体盖上,眼泪"唰"地一下,止也止不住地奔流而出。

夏汝弼和张学夫也泪流满面。

王夫之随即又急忙跑到船头,抓住了船桨。就这样,他们乘着一叶孤舟,飘零在茫茫的江面上,不忍直视那些浮尸。几百米开外,摇摇欲坠的衡州城暴晒在太阳底下,陷入沉寂之中。一条又一条弯弯扭扭的烟柱无力地飘向天空,四周灰蒙蒙一片,仿佛远古留下的荒废遗迹,不时传出一两声撕心裂肺的喊叫。

头顶,乌鸦乱飞。疲惫和恐惧充满了王夫之和夏汝弼的全身。

不一会儿,船只悄无声息地靠了岸。三人小心翼翼下了船,落地的瞬间他们仿佛穿越了百年沧桑。往昔人声鼎沸的大街,如今空无一人,酒肆和商铺都关了门,走街串巷的市民销声匿迹,墙上留有大火烧过的痕迹。不再有享受天伦之乐的晒太阳的老人,也不见了天真无邪嬉闹追逐的孩童。

王夫之一行走到一个转角处,他们顿时傻了眼:一步之遥,一条死狗暴晒在太阳底下,身体已经腐烂,黑压压的苍蝇嗡嗡地飞来飞去。放眼望去,满地狼藉,货物、水果和大米散落一地,乱七八糟的杂物中,还躺着几具已经发臭的尸体,地上的血块已经变黑,恶臭熏天。听到他们的脚步声,几只正在撕咬尸体的乌鸦飞了起来,更多的乌鸦在屋檐的瓦片或树木上起起落落,哀哀嘶鸣。

眼前的惨状令人震惊。走过一个街口，王夫之和夏汝弼就此别过，两人一言未发，连一声"保重"都无力说出。张学夫身子发抖，流着泪向王夫之挥挥手，跟随夏汝弼去了。

王夫之独自行走在路上，听着孤独的脚步声，他总觉得周围气氛有些怪异，琢磨不透。就在拐向王衙坪的街口，一个小女孩突然出现在十米开外的地方，她穿着暗红色的绸布衣服，蓬头垢面，一动不动地站在那个店铺门口，面前躺着一具尸体。她用呆滞的目光茫然四顾，满脸泪痕和血污。王夫之被她吸引了，他慢慢走近，看了看身旁的尸体——这一定是她家什么人。

小女孩直直地盯住王夫之，满眼哀伤，又投射出几分怪异的戾气。她慢慢伸开手掌，举到半空，仿佛在讨要什么东西。王夫之停了下来，就要靠近她。看到她的手和胳膊，他又如梦初醒，心头一紧。她的手和胳膊上长满了脓疮，与她近在咫尺的，就是一具腐烂的女尸，刚才她应该就是趴在这女尸旁边。

"大灾之后，难免会有大疫。"王夫之喃喃自语，心存恐惧。

可那个小女孩依旧眼巴巴望着他，仿佛一个乞讨者。离开，王夫之于心不忍；不离开，他也不敢靠得太近，正当他不知如何是好的时候，一位暮气沉沉的老人从门缝里走了出来。

"小花，过来。"老人无力地喊了一声，小姑娘纹丝不动。他又用力喊了几声，小姑娘动了一下，侧着身子，眼睛直直盯着王夫之，慢慢挪到老人身边。

王夫之从老人口中得知，门前的女尸是他儿媳，也就是小女孩的母亲。"暴徒，暴徒！"老人说不下去。原来，清军在五天前攻占了衡州城，四处烧杀，无恶不作，然后又往南去了，留下哀鸿遍野、伤痕累累的衡州城。接着，就暴发了瘟疫，市民们纷纷逃到乡里和山上去了。他们既怕清兵，也怕瘟疫。一时半刻，都不敢回来。

临别，老人仔细看了看王夫之，突然道："啊？你不是武夷先生家的三公子？"

"老伯，在下正是。"王夫之苦涩答道。

老人却摇着头，一直叹气。王夫之又慌了。

只听老人道："赶紧回去吧，你家里好像有人过世了。"

"啊？"王夫之犹如遭了当头一棒，飞速往回赶。家人是谁遭到不测？父亲？母亲？抑或……？

王夫之不敢猜想。哪一个都不该这么离去。王夫之恨自己没有翅膀，飞过这地狱般的地方。目光所及之处，颓败不堪，一片死寂。田野满是萧索，人丁稀少，野鸟哀号，乌鸦乱飞。

王夫之的心底已经被掏空了。

当听到村庄上空响起的一声哀嚎，王夫之几乎难以自持。那正是从家的方向传来的母亲的哭喊声。快快，王夫之一阵踉跄，差点跌倒，他转过一个弯，步过一座桥，家门突兀在眼前。

顿时，王夫之见到了不忍看到的王衙坪前的一幕：几条素缟之下，一个苍老消瘦的背影，拄着拐杖，颤颤巍巍地走着，那背影于王夫之而言，真是再熟悉不过了。

"大叔！"王夫之抖抖地叫了一声，眼泪再次奔涌而出。

王廷聘"哦"了一声，停下来，转过身子："你总算回来了。"

四目相对，叔侄二人愣了好一会儿。王廷聘抓住王夫之的手，叹了一口气，又重重地说了一声："你总算回来了。"

王夫之不安道："大叔，这是怎么了？"

"唉，参之走了。"王廷聘连连摇头，道："就在昨天。"

"啊？二哥走了？"真是晴天霹雳，王夫之身子一颤，泪水顿时涌了出来。他用力推开家门，王廷聘也跟着走了进去。院子里支着一口大锅，烟火升起，锅里的水滚沸，家里的几个女人正在那里忙活，脸上遮着白布，把沾满屎尿的破衣烂衫，放进锅里烹煮，似在消毒清洗。看见王夫之，她们都站起身，脸上写着悲哀，想说些什么，却又没有说出来。屋子里母亲的哭声还没停止，伴随着一阵阵咳嗽声，恐怖的气氛溢满了院子。

这时，大哥王介之刚好走出门，看见王夫之，一脸凝重道："小弟回来就好，回来就好。快进屋，快进屋。"

正堂屋里放着一口用破旧木板临时制作的简陋棺材，腥臭的液体从木板的缝隙里慢慢渗出来，在地板上形成了一摊浑浊的积水，棺材周围洒满了硫黄，地上也有硫黄粉的痕迹。

王夫之刚想凑上前去，立即被王介之拉住了："小弟，不要过去。"

王夫之吃了一惊。

王介之面露难色："二弟可能染上了瘟疫！"

王夫之迟疑地看了大哥一眼，坚持将盖到王参之脸上一块用艾草熏过的麻纱轻轻掀开，并且凑到棺材前凝视二哥。此刻，王参之静静地躺着，仿佛一根腐朽的木头，嘴巴张开，眼睛紧闭，面色发黑，瘦骨嶙峋的身上裹着一层白布，白布已经被他身上流出的液体浸透，腥臊的气味隔着遮在脸上的白布钻到鼻孔里，王夫之的肠胃顿时一阵痉挛。

"啊！"王夫之哀嚎一声，痛苦至极，他跪在地上，以拳砸地，哭叫道："二哥，小弟回来了！你快睁开眼睛看看！快睁开眼睛看看！"

王介之叹道："二弟命苦，躲得过清兵却躲不过瘟疫。"

王夫之从大哥口中得知，清兵攻陷衡州时，他们家人逃进深山避难，包括双亲大人，他俩这一回也愿意跟着逃离，千辛万难，总算躲过一劫。回来后，二哥立即染上瘟疫，病情凶猛，很快归西。

祸不单行的是：王夫之的二嫂也在此前归西了。清兵攻陷衡州之时，王参之与她随王家人逃往山中，半途中，二嫂从一山崖旁摔下，流血过多，死在深山中。

"叔叔！"此时，一声呼唤，王参之的儿子王敉扑进王夫之怀里，哭个不停。王夫之紧紧搂着这个侄子，一句话都说不出来。

"小弟不必过于悲伤。此等乱世，能活下来，就是奇迹。"王介之见王夫之悲痛欲绝，遂安慰道："王家如此，周围百姓更如此。快去看看双亲大人。"

恰在此时，王夫之听到父亲的咳嗽声。他抹掉泪水，移步内堂。昏暗之中，王朝聘坐在躺椅里，身上盖着一张破旧的毯子。虽是小别，父亲却不可遏制地苍老了。他的背影沉重，哀伤爬满了额头，喘息粗重，双手颤抖，眼睛却始终睁着。

王夫之叫了好几声，王朝聘才有所反应，眼皮半睁，低声且浑浊地吐出一句："夫儿回来了？"

王夫之"嗯"了一声，上去拜了，请了安。让王夫之略感安慰的是，面对一个又一个悲剧，父亲大致还能镇定，年岁大了，经历多了，一切也就看淡了。

然而，母亲却不一样。就在王夫之父子对话间，谭孺人坐在被子里，靠着墙壁，边哭边咳嗽。看见王夫之，她哭得更厉害，似乎有说不完的悲痛，最后，又不知道怎么说了，以致神情恍惚。

王夫之坐到床边，默默握住她的手，心头一颤。母亲骨瘦如柴，身薄如纸。她不停地咳嗽，整个身子跟着不停抖动，床也跟着抖动，蚊帐上的灰尘和墙角上的蜘蛛网也跟着抖落了。

"你找到四姐妹没有？"谭孺人突然问了一句。"她们都还好吗？"

"啊？四姐妹……琴棋书画……四个妹妹，"王夫之顿了一下，立即说道："找到了，找到了，她们都好，都好。"

"真的好？没骗我？她们出嫁了没有？有孩子没有？现在哪里？"谭孺人提了一连串问题，只有父母才对自己的儿女这么关心啊。王夫之有些感动，只听谭孺人又道："这些孩子，怎么也不来看我一下？你没告诉她们，我想她们？"

"母亲大人，她们太忙。她们挺想念您的，说过一段时间就来拜访您。"王夫之连忙岔开话题，哭泣道："二哥走了，我、我……"王夫之猛地觉得自己不应该外出，而应该留下来与家人同甘共苦，所谓"父母在，不远游"，理应如此才是。

"你啊你，也不用埋怨。唉！"谭孺人看着远处，痴呆似的唠叨："那日子真难熬。清人比大西军凶得多，杀得衡州血流成河。你二哥背着我上山，高一脚，低一脚，好几次险些摔倒。我让你二哥歇一歇，你二哥不歇息，说清兵在追，背着我一路走进了深山……"

王夫之眼前立刻浮现瘦弱的二哥艰难背着老母的一幕，不禁心如刀绞，自责不已，心想，如果自己在，至少可以分担一些。

谭孺人又道："你二哥每天守在我身边，给我端屎端尿，给我捶背接痰，我走到哪里，你二哥跟到哪里；我想去哪里，你二哥背到哪里。老天爷，你怎么忍心把他从我身边夺走……"

王夫之泪流满面，不知该说什么。

"现在，我想去摸摸你二哥，可是，他们不让；我想去看看你二哥，可是，他们也不让。"谭孺人接着道："可那是我儿子，我的儿子！为什么不让我摸，也不让我看……"

谭孺人哭诉个没完没了，仿佛在和王夫之说，又仿佛自说自话。

尽管谭孺人无意责怪王夫之，可是，她的每一句话都仿佛大石头般压在了王夫之心头，王夫之越听越发觉得自己不孝，他也不说话，任由母亲絮叨。母亲咳嗽，他就为母亲捶背；母亲吐痰，他就为母亲接住，又端来热水，让母亲漱口，拿手帕小心为母亲擦拭嘴角的痰渍。

谭孺人悲伤至极，说了小半天，说着说着，最后累了，睡了……

月亮挂在中天的时候，王家人终于聚在了一起，他们坐在院子里，没有半点快乐的气氛。特别是二哥才死不久，王夫之感觉他还在桌旁，像往常一样坐着。王夫之忽然想起破门所言"活生"与"生活"的区别，二哥的一生究竟是"活生"还是"生活"？

王夫之心里堵得慌，不愿去多想。生离死别，原本正常，不是这一个，就是那一个。但乱世中的生与死、聚与离却显得格外不同寻常。

因为王参之的死亡，王家人忘却了过节的事情。但大婶心里记得，她东拼西凑，好不容易弄了一点面粉，匆忙做了几个月饼，又匆忙送到了王夫之家里。看着那圆圆的月饼，王夫之有些凝噎了。

夜深人静，一家人散了。父亲回了自己的房间，大叔王廷聘被大婶带回了家，大哥王介之也喝了一些酒解闷，而后头晕，也睡去了。

厅堂之内，万籁俱寂，月光重新铺满了院子，那堆火已经熄灭，只剩火星与灰烬。

王夫之回到内堂，虽然和王敉坐在距离棺材一丈开外的地方，但他仍旧担忧，担心敉儿也会染上这怪病。他想让敉儿进屋休息，可是，敉儿却一脸倔强，一动不动，也不说话。王夫之欲再劝说，敉儿的眼泪就流了出来："小叔，我成了孤儿，成了孤儿……"

这一幕，令王夫之痛到心肺：敉儿小小年纪，却在承受丧父之痛。当初药儿过世，自己都痛得透不过气来，何况敉儿在眼睁睁地看到母亲大人过世之后，现在又看到父亲大人躺在棺材里，再也叫不醒了，这是怎样的一种痛？

月光已经探进了厅堂，薄薄的一层，像粉末一样轻轻地落到地上，二哥的棺材上有了这些粉末，闪闪发亮。王夫之突然有些恍惚，有些虚妄了。物是人非，王夫之在心底发问：一个书生，这一头是家，另一头是国，如何抉择？难道家与国真的不能两全？

衡州上空，阴沉沉的，偶尔闪过一道闪电，像刀划过海面。而乌云一层一层，重重地压下来，似乎要埋葬整个大地。

五

清军攻入衡州，与岳州失守、长沙失守有关。

早在两个月前，永历帝就意识到事态的严重性，他派宰相堵胤锡去前线视察，连王阁昆要去也得到准允，可见永历帝对此是重视的。

堵胤锡亲临现场后，险中求胜，作出部署。章旷只能服从，他带领一半将士连夜往临湘方向开拔。王阁昆见一半将士突然被抽走，不知发生了什么，连忙去找堵胤锡，问道："清兵打过来了？"

"王大人休慌！"堵胤锡道："此乃正常调派。"

"章大人既走，谁将镇守湘阴？"王阁昆大惑不解。

"堵某原本就在此地督师。"堵胤锡坦言道："现敌情汹涌，局势严峻，堵某仍愿镇守此地。"

"堵公乃当朝宰相矣。"王阁昆大吃一惊，道："难道宰相大人不回朝廷乎？"在王阁昆看来，此乃自绝后路。

"若湘阴不保，常德不保，湖南亦不保。"堵胤锡点头，凛然道："果如此，堵某回到朝廷尚有意义乎？"

王阁昆连忙竖起拇指，道："堵公为国操劳，将个人生死置之度外，王某敬佩，敬佩矣！"

王阁昆与堵胤锡此次的谈话，虽然简短，但内容丰富。他意识到处境凶险，也更加坚定了自己投靠清军的决心。当晚他就向堵胤锡告辞，说要立即回朝，向皇上禀报。

实际上，这些天王阁昆一直在加紧活动，并与清军头领阿齐格达成了秘密协定，即王阁昆设法将永历帝骗到某个隐秘地方，等清军一到，遂推出去杀头，作为降清的见面礼。

没料到，阿齐格故意将消息透露给章梁，章梁立即将此转告了弟弟章旷。章梁希望弟弟在惊恐之余认清形势："大明王朝完了，永历明朝亦要完了，你还执迷不悟？"

章旷既为永历帝感到悲哀，又为王阁昆这种卖身求荣者感到愤怒，他将情况火速告知了堵胤锡。

当永历帝接获堵胤锡密报，说王阁昆图谋不轨时，他大吃一惊。永历帝虽对王阁昆去前线有所疑虑，但也没想到他会投靠清军，并要拿"朕的头去献降"。永历帝气极之下，立即命人捉拿王阁昆。

没料到，王阁昆还是抢先一步行动了，他带着一支五百人的队伍闯入乾宁宫，不顾大小，也不分妇幼，见人就杀，见头就砍。一时间，乾宁宫尖叫不断，血流成河。

可悲的是，在这关键时刻，永历帝身边竟没有人愿意挺身而出，只有一个小宦官叫邓成凯的，用矮小的身子死死地挡在永历帝前面。

永历帝哀叹道："王贼一手遮天，你为何不早告诉我？"

邓成凯道："处处都有眼线。小奴因为不说，才活到了今天。"

乾宁宫被王阁昆包围得水泄不通。永历帝身边的卫士被悉数斩首。

王阁昆挥起一刀，劈向邓成凯，道："不知天高地厚的畜生！还不快快滚开！"

"皇上，您快跑！"邓成凯挨了一刀，血流如注，他突然冲向王阁昆，夺下他的刀，反手刺向他的喉咙。

王阁昆没料到，这个平时一声不哼的小宦官，竟然有如此功夫，他顿时傻眼了。

永历帝也吃了一惊，然而，毕竟整个乾宁宫都是王阁昆的人。永历帝想逃走，是不可能的。想到这里，他想保持自己的体面和尊严，遂冷然道："王大人好大的胆子，你不是在湘阴军营吗，何时回朝来，竟然大逆不道，要行刺朕？"

就在这说话间，一支毒箭"嗖"地飞来，穿过邓成凯的咽喉，只听"咚"的一声，邓成凯倒在地上，瞪着眼睛，死死地看着王阁昆。

"哼！一条死狗！"王阁昆飞起一脚，踢在邓成凯的脸上，邓成凯顿时毙命。

这时，王阁昆转过头，阴冷地，一字一字对永历帝道："足下本是小人，篡改遗诏，残杀兄长，令人不齿。足下登基后，又一意孤行，骄横跋扈，滥杀无辜。天下都已背叛足下，请足下自行裁决。"

王阁昆一口一个"足下"，像审判似的。永历帝气得七窍生烟，但事已至此，又能怎样？

"足下真是可怜。此刻有什么心愿，王某能关照的，自会成全。"王阁昆嘲笑道。

想不到，性命攸关时，软弱无能的永历帝竟然把王阁昆的嘲笑当真了。他居然与王阁昆讨价还价，先是提出做一地藩王，被王阁昆坚决拒绝了。接着，他请求只为万户侯，也被王阁昆断然拒绝。最后他竟愿意废为平民，只求留一条活路。

王阁昆心里"咯噔"一下，他再一次想到了那堆恶心的蛆。在王阁昆看来，永历帝也不过是一只蛆而已，只不过这只蛆不是生在粪坑里，而是生在厨房里的肉板上罢了。由此，他更加鄙视，也更加恨自己竟然长时间为这样一只蛆服务。

"王大人，在下只求做一介平民。如此，可否？"永历帝自觉废了"朕"，

892

将称谓改为"在下"，可怜巴巴地望着王阁昆道。

王阁昆哈哈大笑，笑得眼泪都流出来了，然后道："休想！王某奉英亲王阿齐格大人之命，前来索尔首级矣。"

永历帝拿起王阁昆递来的短剑装作自行了断的样子，突然挥剑刺向王阁昆，嚎叫道："你这只粪坑里的臭蛆，朕跟你拼了！"

王阁昆大吃一惊，他没料到堂堂皇上也会装矮示弱，想要趁他不注意，反将他杀掉。

王阁昆把头一偏，抽出利剑，刺向永历帝，并冲部属喊道："快将这个废物拿下！"

正在这时，一支利箭"呼"地飞来，不偏不倚，正中王阁昆的剑柄，发出"噗"的一声，迸发出一团小小的火花。

只听一个熟悉的声音在乾宁宫内猛地响起："快救皇上！"话音未落，马暨垂一马当先，率领数百精兵赶来护驾了。

恰在此时，皇宫里的锦衣卫也闻讯赶了过来，与王阁昆的人马杀在一起。

马暨垂救下永历帝后，挥刀直取王阁昆："你这个贱人！老子今日不宰了你，誓不为人！"

王阁昆的人马哪里经得起马暨垂的精兵和锦衣卫的冲击？不到一泡茶的工夫，乾宁宫遍地尸体，一片狼藉。王阁昆逃之不及，很快被马暨垂抓住。

永历帝见是马暨垂，惊魂未定，羞愧不已。

马暨垂倒是豁达，道："皇上不必难堪。一切祸因均是这个贱贼所起。"

"朕已赐你自尽，谁敢救你？"永帝历感到不可思议。

"常人确实不敢。"马暨垂感叹道："幸亏香妃假传圣旨，让刽子手刀下留人，马某才有命于今天。"

"哦，香妃，香妃。"永历帝喃喃道，"可惜她亦被逐出宫外，不知她此刻在哪里？"

"啊？香妃遭谁诬陷？"马暨垂大吃一惊，随即挥刀砍下王阁昆左臂，厉声道："是否亦是此贱贼所为？"

王阁昆知道一切完了，也无所畏惧。他看了一眼流血的手臂，冷冷道："什么香妃？不过就是'湘春楼'出来的风尘女子。她现在回到了衡州，你去找她，可得欢娱。"

"放肆！"永历帝怒吼一声，冲上去，朝王阁昆脸上用力甩了一巴掌。马暨垂也勃然大怒，挥刀将王阁昆的右臂砍断。

王阁昆顿时倒在地上，昏死过去……

马暨垂令人将王阁昆押下去，对永历帝道："微臣来晚了一步，让皇上受惊了。"

"朕现在担心的是，清军大举南下，岳州、长沙能否守住？"永历帝叹了一口气，道："这一回，你救了朕。有你在，朝廷安稳多了。"

"香妃果真回到了衡州？"马暨垂道："皇上能否召回她？"

永历帝摇了摇头，道："只怕朕下旨，她也不会回来矣。"

看来，永历帝是了解姜善棋的。毁容，是他的主意，不这样，皇后这关过不了；放她一条生路，也是他的主意，不这样，处死她，他的良心也会不安。

对姜善棋而言，入宫本身就是一个错误，那时她左右不了自己的命运，阻止不了错误的发生。而一旦有机会走出后宫，姜善棋有了新的天地，即便没有毁容，她也不会回头。

此时此刻，姜善棋正全力以赴，与刘子参在衡州寻找管时求。

"时求兄可否知朝廷之乱和你的近况？"刘子参边走边问姜善棋。"他知道你回来了？"

"我只告诉他会回来。"姜善棋不置可否,道:"至于别的,没有多说,他应当知道。因为如果不是意外,我很难独自回来。"

"那我们明天再来。"刘子参道:"今天我们先去我家?"

姜善棋道:"实在不想给你添麻烦。"

"这样说就见外了。"刘子参说完,跟管时求租房的屋主老者打了一个招呼,就带着姜善棋往自己家里走去。

当天下午,刘子参正在家里给姜善棋换药,管时求与李国相急匆匆走了进来。管时求见状大叫一声:"啊,善棋,你怎么了?"

李国相也很惊喜和意外,他先跟刘子参打了个招呼,接着走到姜善棋身边,道:"哪个浑蛋如此狠心将你伤成这样?"

刘子参叹一口气,道:"善棋脸上之伤是刘某所为。"

"你、你疯了?"李国相和管时求异口同声道,"你为什么要伤害善棋?"

"唉,如果不这样,你们现在就见不到善棋了。"刘子参一边换了药,一边将永历朝最近发生的事情跟李国相和管时求讲了一下。

原来是"苦肉计",是皇后要害姜善棋,永历帝与堵胤锡设计救下了她,执行人是刘子参。大家听罢,感慨不已,纷纷叹息。

李国相听说堵胤锡去了湘阴,便道:"这下好了,章公也可轻松一些了。"

但是,刘子参不以为然,忧道:"清英亲王阿齐格收降左良玉之子左梦庚八十万大军后,由清军八旗军统领,正排山倒海般向湖南、广西方向压来,堵公、章公虽然到了湘阴,即便与明军督帅何腾蛟合力一处,恐亦难以抵挡矣。"

"战况着实危急。"姜善棋开始说话,道:"若湘阴、长沙等失守,清军南下,衡州首当其冲。此清军与张献忠之大西军又不相同。"她见大家沉默，心情沉重，便转移话题，对管时求道："时求先生，善棋在朝时天天高度紧张，每每如履薄冰，原想等自身地位稳固后，将你和子参先生一道向皇上保荐。谁知事与愿违，一再连累你们，内心实在不安。眼下善棋已到衡州，时求先生如欲回永历朝，尽可回去。"

"唉，乱世如斯，奸臣当道。所谓功名，当如粪土矣。"管时求朝大家看了看，苦笑一下，摇了摇头。

第二十七章　衡州变天

一

管时求收到姜善棋最后发来的信鸽传书，正好是他答应与李国相一起去耒阳看曹伯实的时候，他当即明白"事发太突然，必有大意外"。但他没有料到事情变得如此之糟。他曾满怀憧憬要在朝廷干一番事业，哪知辗转折腾两年，仍然是一个准六品的闲职。衡州的家已经毁了，父亲大人和弟弟也都没了，他失去的实在是太多太多。在永历朝廷，他原本希望靠着姜善棋这棵大树，终究会有发达的一天。谁知姜善棋自身不保，被逐出宫外，脸也被毁坏，再也没有翻身之日，真是欲哭无泪。

因此，面对姜善棋让他回永历朝，管时求除了自嘲，还能说什么？当初，他一个小兵，身披血袍，敢于在两广总督沈犹龙面前直陈时局之危，拼死相求，感动沈犹龙，派出广东总兵宋纪领精兵五千，终于在祁阳县邑救出朱由榔等人，所谓报国，莫过于此也。而今想到清军即将南下，前程灰暗泥泞，管时求又一次站到了人生的风口浪尖，一旦选择不当，不仅后悔莫及，而且永无翻身之机。

"这兵荒马乱的，能活下来就不错了。"李国相见管时求陷入沉思中，遂安慰道："管弟休得悲观。在朝廷当差有在朝廷当差的难处，在故土谋事有在故土谋事的便利。前番夫之老弟和汝弼老弟说去永历朝廷，都快两个来月了，一点音讯都没有，估计还在路上奔波。"

"哦？夫之和汝弼两位仁兄去永历朝？"刘子参摇摇头，然后突然问管时求："对了，你们昨天去了耒阳，看望伯实兄了？"

"是的。知道善棋回来，我和国相兄看了伯实兄后，饭都没吃，就急匆匆赶了回来。"管时求点点头，叹了口气，说道："我们先回花药山下租住处，听老房东说你们走了，就猜测你们可能到了这里。"

"耒阳那边情况怎样？"姜善棋赶紧问道。

刘子参也急切地望着管时求："快说说。"

"善棋，你要有心理准备。"管时求一脸严峻，欲言又止："这、这消息，唉，也太糟了。"

"还是我来说吧。"李国相道："人生太艰，好与坏，都得面对。"

于是，李国相把与王夫之去见曹伯实、曹伯实带他俩去看姜若画的坟以及曹伯实寻找姜晓书、姜若画如何自尽于水东江凝香馆等情况一五一十讲了出来。李国相担心姜善棋受不了这样的打击而崩溃，甚至做出自残行为。令人意外的是，姜善棋并未表现出过激的反应，只是眼泪汪汪，不停地流，嘴里喃喃自语道："三妹还没找到，四妹自尽了？这是真的？是真的吗？我的命怎么如此苦！"

刘子参听了也忍不住流泪，他为曹伯实找姜晓书所经历的苦痛而流泪，更为姜若画这么美好的女子所遭受的屈辱而流泪。他当即请求李国相："明天我想陪善棋去耒阳看看，你能再去一趟吗？"

李国相真的不想去。每一次去耒阳，都是一次对心灵的折磨。但现在，刘子参对耒阳不熟，姜善棋心情不好，如果自己不陪同，他们如何是好？姜善棋的"冷静"是因为她经历得太多，也是因为大家都在，她极力克制而已。一旦只有刘子参在身边或一个人独处时，她会不会崩溃？想到这里，李国相点了点头，答道："你们今天先好好休息一下，明天上午我来叫你们。"他又回头对管时求道："时求老弟你有事么？要不，也一起去？"

"我、我就算了。"管时求摇了摇头，看了看姜善棋，又看了看刘子参，叹道："待在衡州这个地方，物是人非，只会让我伤心。唉，我看不如尽快回永历朝去。"

"时求先生，你在衡州这段日子，是因我的安排，很私密的。"姜善棋有点担心，提醒道："如今你欲回朝，得找个理由。否则，空缺这么久，朝廷未必允许。"

"善棋，你安心休养。关于这个，你毋须多虑。"管时求道："管某家毁了，父亲大人和弟弟都没了，修家，服丧，守孝，哪一个理由不成？"说到这里，管时求眼睛通红，泪水快要掉下来，他赶紧控制情绪，抱拳向诸位告别，先行离开了。

"唉，还是书生模样。时求老弟牺牲太多。"李国相望着管时求远去的背影，叹道："其实，在永历朝，似时求老弟这等人才，可有可无矣。"

"话虽如此，但朝廷确实是时求兄赖以活下去的希望所在，也是他的精神支撑之所在。"刘子参推己及人，说此话时，内心隐隐有些发痛。

不到一刻钟，管时求突然折返回来，对姜善棋道："今天还有点时间，你们要不要去看看思琴住的梧桐寺？"

"啊？你快回朝廷去，走水路可能方便些。"姜善棋很是感动，她希望他早点回到永历朝，便说道："反正只有一个梧桐寺。等我们从耒阳回来，就去找姐姐。"

"哦，这样也好。"管时求觉得也对。反正自己也没有姜思琴的具体住址，只看到她进了那座破寺就再也没有出来，那应该就是她生活和居住的地方。管时求向众人抱抱拳，转身走了。

翌日一早，李国相叫了一辆马车，来到刘子参家门前，把姜善棋和刘子参接上，直奔未阳。

李国相一行抵达曹家时，已是申时。然而，曹伯实不在家，曹父说有人告诉儿子，说发现了姜晓书的踪迹。儿子一早就出去了，不知何时能回来。

"啊？有三妹消息了？"姜善棋一听，尖声叫道："她在哪里？"

然而，曹父把门重重地关上了。他不知道眼前这个脸上缠满绷带的女子与自己的儿媳妇有何关系。

"善棋，别急。"刘子参将姜善棋搀扶开，轻声道："既然有了晓书的消息，伯实兄再去找她，就是好事。"

"确实是好消息。"李国相也说道："希望伯实能很快找到晓书。"

曹伯实在不在家里，没什么关系。李国相原本不希望去找他。每个朋友来，都要去姜若画坟上看一下。曹伯实作陪去时，他的心一次又一次被撕开。就像李国相自己，他也不希望经常来未阳。不过，刘子参和姜善棋与曹伯实都是好友，特别是曹伯实还是姜善棋的妹夫，他们到未阳去祭奠姜若画，如果不去曹伯实家，说不过去。现在人家不在，正好快走。

于是，李国相一行人二话不说，直奔水东江凝香馆后面的那片竹林。一路上，姜善棋很紧张，先前的淡定似乎不见了，代之的是小心而惊恐的模样。一点风沙吹来，都让她避之不及，吓得不行。

"唉，老天爷真是有眼无珠！"李国相在心里叹息。"姜氏四姐妹，好好的人儿，却没有一个有好命的。"

大家终于到了那片竹林，姜善棋开始哭泣。刘子参轻声道："千万别哭，你脸上的伤口才换药，被泪水一泡，不仅产生刺痛，还容易引起感染、发炎。"

姜善棋哪里顾得了那么多？离坟地越近，她哭得越伤心、越厉害了。想想也是，情同手足的姐妹，音容笑貌，举手投足，历历在目，年纪轻轻的就死了，就埋在这泥土里了！

李国相见状，也劝道："善棋，人死不能复生。你的心情我们理解，但你自己也要好好保重。"李国相正说着，忽地抬头，发现前面坟堆边有个人呆坐在那里："啊？有个人在坟前坐着？他是谁？"

那人听到后面的脚步声，扭头一看，站起来，拔腿要走。

"等一等！"李国相大喊一声，一个箭步追上去，一把抓住那个人："你是谁，在这儿干什么？"那人转过头来，李国相一看，吓了一跳，叫道："呀？鼎铉兄？你怎么在这里？"

此人正是奚鼎铉。好久不见，一见面，竟然在一个不该见面的地方，刘子参和姜善棋均感到十分蹊跷。姜善棋不知道，眼前这个人正是背叛她的婢女采诺的父亲。

"奚大人公务繁忙，怎么在此凭吊故人？见了我们，为什么要逃走？"刘子参问道，他和李国相等衡州学子都对这个人没什么好印象。特别是他在张献忠破城前召开的大会上信誓旦旦，又要杀敌，又要捐款，口号喊得震天响，结果，他是第一个逃出城去的人。后来又一直在衡州知府忙上忙下，跟着朱归孺，好事、坏事一起做。

刘子参一直不知道，奚鼎铉跟王家聘熟悉，并保持秘密通信，皇后要对姜善棋下毒手，这一消息正是通过奚鼎铉给王家聘的密函了解到的。否则，纵使皇上想留姜善棋一个活口，纵使堵大人派刘子参去营救，也晚矣。"到底怎么了？你快说！"刘子参提高了声音，催促道。

岂知，奚鼎铉话还未说，却突然哭了起来，而且哭得十分伤心，嘴里不停地嘟哝着什么。

一个老男人，偷偷在一个女子坟前凭吊，还哭哭啼啼的，搞什么鬼？李国相很不耐烦地问道："奚兄，你倒是说话，怎么动不动就哭起来？这要给谁看？"

这一问，奚鼎铉更是哭得不行，还狠狠地打自己耳光。

刘子参好像听清了他嘟哝的话，立即追问道："什么？你害了若画？你对她做了什么？究竟是怎么回事？快说，你快说！"

李国相和姜善棋也大吃一惊：姜若画的死难道还有一些隐情？

过了好一会儿，奚鼎铉才控制住自己的情绪，他头都不敢抬，只是低声叹气道："奚某没、没对若画做过什么，可是，奚某看到别人对她做了什么。明知邪恶，但奚某没有勇气和胆量去制止。"

原来，张献忠破城前，奚鼎铉在桂王府当差的女儿采诺告诉他，桂王准备南撤了，衡城保不住了，建议他尽快逃离。奚鼎铉遂急忙带着家人逃出，他的确是第一批逃离衡州的人。但安顿好家人后，奚鼎铉又鬼使神差，一个人悄悄返回到城里。

那天晚上，奚鼎铉正在衡水桥前走动，看见姜若画站在那里像是在等人，心想，城里乱成这样，这女子还出来，胆子不小。因为不认识，便没上去打招呼。没过多久，一个男子走到她身边，奚鼎铉起初以为是她要等的人，也没在意。但很快，那个男子带着她竟然走向一条偏僻的小路，奚鼎铉感觉有些异常，他悄悄跟在后面，然后看见二人进了一间破屋。不一会儿，听到里面传来喊叫声、撕扯声和打斗声。

奚鼎铉怔怔地站在那里，脑袋发蒙，双腿发软，他意识到什么，但又什么也没做。直到那个男子出来，奚鼎铉眼睁睁地看他离去。后来他才知道，那是"维鹰会"的邓澄忠，他强奸的那个漂亮女子是姜若画。

再后来，奚鼎铉从女儿采诺那里了解到，姜若画的姐姐姜善棋竟然成了香妃，成了永历皇帝身边的红人，而采诺竟然成为她的贴身婢女。这样的事情，他是做梦都想不到的。

一次偶然的机会，奚鼎铉发现朱归孺竟然囚禁一个女子供他淫乐，而那女子跟衡水桥下被邓澄忠强奸的女子一模一样，奚鼎铉以为是同一个人，大吃一惊。后来，据说这个女子被朱归孺送到大西守备府去，献给李定国了。这是朱归孺在跟他父亲朱啸虎闲聊时，被奚鼎铉无意中听到的。

朱啸虎问："你跟姜若画究竟怎样了？打算娶她？"

朱归孺回答道："我弄错了。她不是姜若画，而是她的双胞胎姐姐姜晓书，她俩长得一模一样。"

"还有这样的事情？"朱啸虎很吃惊，生气道："你怎么打算？难道一直关在那里？"

"唉，姜晓书嫁给了曹伯实。"朱归孺叹道："我不想关她了。我打算把她献给李定国。这样的漂亮女子，相信他一定会喜欢……"

朱归孺当上衡州知府后，除了将那个"得善楼"又真正变成了大型屠宰场外，他还秘密经营了许多商铺和店面。衡州街上几乎所有的棺材铺都是朱家开的。这还不算，耒阳水东江的凝香馆，其实也是朱归孺在幕后掌控。朱归孺因为忙碌，许多事情就让奚鼎铉去处理。他知道奚鼎铉胆小，做事认真，得了好处后，能够守口如瓶。他对奚鼎铉信任有加，还许诺将来推荐他做衡州府的同知。于是，奚鼎铉所做的事情越多，由此掌握朱归孺的秘密也就越多。每个月，奚鼎铉都要到凝香馆来收钱。

有一次，奚鼎铉突然发现姜若画竟然在凝香馆里做事，而且是"红牌小姐"。为了弄清事实真相，他叫过多次服务，通过聊天，他对姜若画有了较深的接触，知道她的家世，她的悲惨过往，包括她们姐妹与衡州学子的关系，他越交往越觉得这是一个内外兼美的难得的好女子。他曾打算救她出去，但出去做什么，他和姜若画都没想好。加之，他害怕被朱归孺知道，所以一直没敢行动。直到姜若画死去，他才觉得自己太窝囊，太不是男人……

"你为什么要把这些秘密告诉我们？"李国相听得很痛心，也很生气。刘子参差点要打人。而最气和最痛的应当是姜善棋了，她抓住奚鼎铉，狠狠地打了他一巴掌，还向他脸上吐了一口血水。两个妹妹的悲剧，仿佛都让她经历了一遍，她气得浑身抽搐。

"朱归孺，你这个畜生！"姜善棋咬牙切齿道。

"听说朱归孺被永历帝关了起来？"奚鼎铉对李国相的提问并没有回答，而是低声道："你们想报仇都找不到人。"

原来，奚鼎铉因为靠不上朱归孺这棵大树了，所以，他才敢说出这些秘密来。这个可怜的人，真是活得可耻可恨！当初，要是他勇敢地站出来，制止邓澄忠的暴行，姜若画就有可能走上另一条人生轨迹。

同样的道理，如果奚鼎铉发现朱归孺囚禁姜晓书是为了个人私欲后，能够设法救出姜晓书，那姜晓书，包括曹伯实都可能过上另一种生活。历史多次给了这个胆小的书生证明自己的机会，可他一次也没有抓住。好在，他是第一个发现姜思琴住在梧桐寺的人，并给予了力所能及的帮助，包括告诉姜思琴姜善棋在永历皇帝身边，使姜思琴有机会直接写信去。

"你真是个懦夫！"李国相恨恨道。

"奚某是个胆小鬼，对不起姜氏姐妹。"奚鼎铉依旧小声道："但说出这些秘密后，心里舒坦了许多。"

"你倒是舒坦了，可我们大家都痛苦起来。"刘子参挥拳要去打奚鼎铉，被李国相制止了："打也没用。虽然邓澄忠死有余辜，可朱归孺还活在人世。"

听李国相这样说，姜善棋冷静下来。她伏在姜若画的坟上，紧紧地贴着地面，仿佛这样就能贴着妹妹的心似的，"画妹，姐姐来看你了。姐姐来迟了！"说罢，她又哭了，泪水汹涌，怎么止也止不住。

"善棋，我们尽快回去。"刘子参提醒道："尽快找到思琴，比守在这里更重要。"

"确实如此。"李国相亦劝道："若画在此安息，这里不会动，可以常来。但思琴是否还住在梧桐寺，不能只听时求老弟说，只有真正找到她，才算数。"

想想也有道理，姜善棋这才从地上艰难地爬起来，刘子参搀扶着她，李国相在前面引路。

奚鼎铉走在最后，他频频回头。

竹林里，几只蝴蝶跟着大伙，在头顶上下飞着，宛如姜若画的魂，在依依不舍地给大家送行。

"啊，清军越过岳州，攻破长沙，气势汹汹，杀向衡州……"

突然，水东江小镇上喊声一片，人影攒动。奚鼎铉一晃，不见了。

眨眼间的工夫，水东江如洪水决堤，一泻千里。李国相等人大吃一惊：真是兵败如山倒，秋风扫落叶，清军来得真快。

"事不宜迟，我们快快回去！"

于是，李国相在前，刘子参扶着姜善棋居后。残阳下，他们一行人朝衡州方向急速奔去。

二

1647 年二月，清军首领英亲王阿齐格从左梦庚降军中选出孔有德、耿仲明、尚之信三位虎将，即所谓"三王"率领四十万大军大举进攻湖南，作为先头部队的将领章梁已率六万余人抵达岳州。

章旷与堵胤锡分开后，急行三日赶到临湘。堵胤锡试图固守湘阴，但很快被清军攻破，退往常德。章旷打算死守临湘，他亲自到新墙和潼溪督战。

清军轮番进攻，炮兵、骑兵和步兵，不断压向临湘前线。

眼看弹尽粮绝，临湘危在旦夕，章旷传令王允成、王进才即刻带兵前来救援。但二人抗命不从，竟偷偷逃回了长沙。清军兵临城下，临湘城三面被围，章旷披着斗篷，戴着头盔，背着长剑，走上临湘城头，他气壮山河地怒吼："城存我存，城亡我亡。临湘城，吾棺也。"

"临湘城，吾棺也！"文之勇和唐克峻将刀举过头顶，用力挥舞，跟着怒吼。众将士群情激昂，与章旷并肩作战，全力抵御住清军的疯狂进攻。

无奈之下，清军令章梁到阵前督战，邹统鲁和唐克恕自告奋勇，分列两旁。

章梁骑在马上，向城头上的章旷大喊："旷弟，章家世承皇恩，个个精忠报国。然当今天下已为清军所占，吾等当顺应潮流，救民于水深火热中。若尔等执迷，虽血肉横飞亦难挡清军铁蹄矣。此乃愚兄替尔等着想，亦为父母着想，更为章家着想，请旷弟做识时务者，开门投诚。"

章旷大吃一惊，他没想到胞兄已从岳州赶到临湘。但章梁之言，并未动摇他。章旷站在城墙，凛然道："兄若真为父母、家族着想，就不会弃明投暗。大明王朝眼下遭难，我等更应拼死效力。尔既降清，我与尔便是敌人。放箭！”

话音刚落，一排利箭夹着冷风飞向章梁阵地。

章梁连忙后退，并跳下马，跪在地上，大叫两声："苍天，何以如此造孽！"他泪流满面，不能自已。

邹统鲁和唐克恕上前扶起他，道："将军无需悲伤，此乃天意。"

章梁突然指着唐克恕道："你的兄长唐克峻就在城头上，你敢手刃其头乎？"

唐克恕愣了一下，连忙如实答道："小人不敢。"

章梁又指着邹统鲁道："对面城头上有你的恩公和同窗，你敢手刃其头乎？"

"战场上，不是你死，就是我亡。"邹统鲁抽出刀，凛然道："在下服从军令。"

章梁看了唐克恕一眼，又看了邹统鲁一眼，表情严峻，不置可否。眼看章梁无法说服章旷，无法令其投降，清军很恼火，只好亮出了红衣大炮，将一百余门红衣大炮一字排开，炮兵们装好火药后，一声令下"开炮！"成百上千的炮弹飞向临湘城内。

城墙在炮声中纷纷坍塌，清军如潮水般一拥而上，明军与清军展开了肉搏。

"冲啊！"邹统鲁大叫一声，挥刀杀向敌阵。

明军一士兵举着长枪，奋力迎敌，与邹统鲁杀在一起。

唐克恕迟疑一下，也挥刀杀了过去，他四处张望，似在寻找唐克峻。但邹统鲁在杀死那个举长枪的明军士兵后，侧目看了一眼唐克恕，却见一把刀从他背后猛砍过来。

"小心！"邹统鲁急忙冲上去，将唐克恕一拉，自己迎了上去，与偷袭者厮杀。

唐克恕吓出一身冷汗，立即帮助邹统鲁解决了这个偷袭者。

打巷战、肉搏战，清军不在行，但投降清军的明军却厉害。临湘城门前硝烟四起，火光冲天。城中杀声一片，混乱不堪。

邹统鲁与唐克恕携手杀进城中，突然，看见前面几个清军被一明军挥枪刺倒，邹统鲁从侧面冲上去，正要举刀，只听唐克恕惊叫一声："啊，是之勇兄！"邹统鲁一慌，将刀砍向一边，正好砍中一个冲上来的清兵，当即倒下，头破血流。其他清兵见邹统鲁挥刀砍杀自己人，又惊又怒，立即围上去，将文之勇、唐克恕围在一起。

文之勇惊道："统鲁、克恕，你俩不用手软，快快跟我拼杀！"说罢，文之勇举枪刺向邹统鲁，又回头刺向唐克恕。

清兵见状，愣了一下，毕竟所穿衣服不同，但他们很快弄明白了，将邹鲁统和唐克恕分割出去，把文之勇里三层、外三层包围起来。

文之勇毫无惧色，挥枪斩杀，怒吼不断，接连又有三四个清兵倒地受伤。

"克恕，快走！"邹统鲁见状，知道文之勇必死无疑，便拉着唐克恕要走。

突然，唐克恕挣脱邹统鲁手臂，咆哮一声，"之勇兄，我来了！杀啊！"挥刀杀入包围圈。

清兵没料到后面有人刺向自己，纷纷闪开，唐克恕再次杀入阵中，与文之勇挤在一起。

"你怎么还不走？"文之勇厉声道："你要跟我一起死吗？"

"要死，就死在一起。"唐克恕道："怎么没看到我的兄长？"

"克峻兄留在湘阴，跟在堵公身边，应无大碍。"文之勇道。

原来，章旷分兵到临湘时，特意问过唐克峻和文之勇的去留。文之勇当即表示跟章旷走。唐克峻想了想，决意留下来。他以为胞弟唐克恕就在对岸清兵中，一旦相遇，希望能够说服弟弟回到自己身边。再者，他认为堵胤锡毕竟是永历朝宰相，排兵布阵很在行，在朝野的影响也很大。有堵公督军，湘阴不会失守。谁知大错特错，章旷刚到临湘，清军就大举进攻湘阴。堵胤锡为保存力量，立即退走常德……

"噼噼啪啪"一阵激烈的打斗，刀光剑影，杀声震天。文之勇和唐克恕越来越吃紧，空间缩得越来越小。文之勇一脸是血，他的背被唐克恕顶了一下，他突然回头冲唐克恕喊了声："统鲁在哪？他真的死心塌地降了清军？"

就在这时，团团包围的清军后面发生一阵混乱，只见一人飞刀杀入重围，大声道："统鲁在此！"

文之勇泪流满面。邹统鲁却哈哈大笑，对文之勇和唐克恕道："今天咱们比一比，究竟谁的功夫好、杀敌多？"

"好！杀啊！"文之勇精神一振，再次冲入敌阵，左右砍杀。

邹统鲁和唐克恕也发疯一般，冲入敌阵。团团包围的清军竟然被三人杀出一道血路来。但很快，新的包围圈再次形成，并且乱箭齐发，乱刀齐砍，毫无章法，一下子，将三人砍倒在地，很快剁成了肉泥……

蒙正发立在城头一角，跟在章旷身边，眼睁睁地看着面前的这一幕，无比动容："大人，那奋勇杀敌的乃衡州学子文之勇么？对了，那两个清兵怎么与文之勇一起赴死？"

"唉。两个清兵亦是衡州学子，一个叫邹统鲁，一个叫唐克恕，本已投降清军，见文之勇被困，他们本能地一起赴死矣。"说到这里，章旷悲痛欲绝。

"自古衡州出豪杰！"蒙正发流着泪，叹道："学子报国，慷慨如斯，与天地同光矣！"

明军溃败，死伤无数。眼看大势已去，章旷厉声吼道："临湘城亡，乃旷之罪责，旷已无颜面对吾皇。"话毕，他拔出长剑，大喊："旷乃一介书生，承蒙先帝与当今圣上垂爱，授以守护疆土之重任，今旷守土不利，唯有以死谢圣恩。"

就在章旷将长剑抹向脖子时，众将士把他抱住。

眼见求死不成，章旷厉声道："休要拦阻，旷已无面目再见圣上与何公。"

众将士大喊："大人万不能轻生，留得青山在，以图东山再起。"

章旷道："旷等苦心经营，心血用尽，以三湘财力与民众血肉铸此城池，今毁于一旦，此而不能恢复，更何望哉！"

情急之下，作为章旷左右手之一的蒙正发抓住他的衣角，跪在地上，声泪俱下道："以死谢罪，大人之心日月可鉴。然则，临湘失守罪责非在大人，而在人心不古，天不佑人。大人名为督军巡抚，听号令者几人？以区区兵力据守此地，胞兄章梁好心劝降，予以严词拒斥，已难能可贵，大人功大于过。"

章旷斥道："休得开脱！败就是败，罪就是罪。"

蒙正发道："大人，人固有一死，或重于泰山，或轻于鸿毛。你若殉国，蒙等亦不会苟活。城在人在，城亡人亡，蒙等一同赴难。"

自己死，章旷并不畏惧，但是，手下也跟着死，他心疼道："你等不准赴死！此乃军令。"

蒙正发道："蒙等乃大人之兵，大人死，蒙等不敢活。"

众将士也决然道："大人亡，我等皆不活！"

章旷长叹："旷乃大明将领，战败自罚，与你辈何干？"言罢，他再次拔剑自刎，众人一拥而上，夺过他手中的长剑，将他扛到肩上，下了城墙，任由他怎么呼喊，众人也没有将他放下。然后拉出大马，架上马车，蒙正发和几个随从将他带出临湘城，直奔长沙。

见到何腾蛟，章旷面如死灰，叩首谢罪，请求一死。

何腾蛟长叹一声，道："相外将内，主弱客强，事已久不可为。临湘之所以不失，半壁江山之所以立于危局，全凭公等一片丹心。公何罪之有？若言罪，堵公分兵是罪，湘阴失守是罪，堵公退常德往西，更是罪。堵公乃永历朝宰相，竟然犯此大忌，实属不该。再者，若言罪，亦是吾治军无方，更是吾判断失据。吾原以为，清军再强，吾等凭长江天险，可守一年半载，谁知兵败如山倒，此乃吾之不虑矣。"

章旷闻此，顿时默然。

何腾蛟一直不愿意去永历朝廷，他内心一直瞧不起这个小朝廷，觉得前线战事吃紧，堵胤锡却舍弃兵营，一心向官，才酿此大错。

可以说，何腾蛟的态度也代表了当时很大一部分明朝将领，他们把崇祯所在的朝廷看成大明王朝，崇祯死后留下的还是那个大明王朝，只不过这个大明王朝已经被撕裂，分成了几个小王朝。什么福王、桂王等，抢着登基，其实都是小明朝。他们要效忠的还是那个大明王朝。即便它只是一个符号，一个图腾，一个空架子，他们一心想恢复的也还是这个大明王朝。

因此，堵胤锡去永历朝，何腾蛟虽不阻拦，心里其实是瞧不起的。即便贵为宰相，又能怎样，最后不还是回到湘阴，被清军一击，立即退回常德。章旷很理性，也很清醒。他知道何腾蛟对堵胤锡还有看法，不愿火上浇油。此时此刻，责备他人，已没用；再言死，亦是矫情；唯有同心协力，退敌才是正道。

"何公一心为国，日月可鉴。"章旷缓缓起身，双手作揖，万分忧虑道："事到如今，何公如今有何打算？"

何腾蛟道："湘阴失守，临湘又失守，长沙危在旦夕。若再失长沙，大明江山将岌岌可危，贼寇可长驱直入矣。"

章旷悲愤道："湘阴、临湘丢于吾手，吾断不会再拱手相让长沙。何公，旷定当与长沙城共存亡，即便只剩一兵一卒，亦抗争到底。"

何腾蛟唏嘘一声，道："吾于心不忍。公有王佐之才，当堪大用，请珍重此身，以图中兴。长沙城已埋道宪兄，再葬吾之骸骨足矣。"

何腾蛟此言显然是要殉国，他让章旷出走。

章旷不答应，心想，何公已判明情势，别无退路，便道："何公，知遇之恩，无以回报，您若殉国，吾当随行。"

何腾蛟还欲坚持，但章旷已经铁了心留下来。大敌当前，再争执实无意义。二人立刻整顿长沙防务，紧张忙碌之中，何腾蛟仍在思量如何把章旷劝出长沙城，他已经预感到长沙城不保，也下定了必死的决心。他确实爱惜章旷之才，大明到了这般田地，多一位良将就多一分希望。

值此之际，何腾蛟听闻云南两位明军将领胡一青和赵印选在云南战败，出逃至湖南攸县，这二位与章旷有些交情，何腾蛟便委派章旷前往招抚："快快前去。多一份力量，多一份希望。拜托，拜托。"

与此同时，何腾蛟又派人去湘西北各地调集军队，甚至派人劝堵胤锡回长沙，共同与清军决一死战。

三

章旷领了新令，肩负重任，有了希望。他当即启程，乘着小舟，带着蒙正发等几个亲信，沿着湘江一路南下。面对青山绿水，壮观又秀丽之景，章旷不由自主地想起了自己的老家。若沿着湘江一路北上，再往东行，他就会抵达故乡，那里面朝一望无际的大海。若不是兵荒马乱，他原本可以衣锦还乡，阔步走在自己家乡的土地上，享受大明的阳光，而如今，他虽然贵为朝廷大员，却是临危受命，时刻走在刀刃上。想到气焰嚣张的清军，再想到硝烟弥漫的湘阴、临湘，尤其是兄长章梁竟然投清，而且还来劝他投清，章旷胸口突然感到一阵疼痛，头晕目眩，一个踉跄，倒在船头，吐了一大口鲜血。蒙正发赶忙上来扶住他，刚想叫随从，章旷一把抓住了他的领口，低声道："休要声张！当务之急，不能乱了军心。"

蒙正发话到嘴边，又咽了下去，眼睛已经湿润了。

这不是章旷第一次吐血。这两年他镇守湘阴，一心忙于防卫，整顿军务，操练士兵，布置战术，储备粮草，事必躬亲。特别是堵胤锡前往永历朝后，兵营一切大事小事，调兵遣将，他都要亲力亲为。当时，兵营中各路将士成分复杂，各自为政，事事掣肘，章旷经历了种种不顺心的事情，受了很多怨气，每天只有两个时辰的睡眠，精力耗费殆尽，身子磨垮了。半年前，还在湘阴时，他在一次会议上第一次感到胸口不适，一阵咳嗽，血已经涌进口中，但是，被他含住了。他连忙退场，躲到偏僻处，才把那口血吐出来，被细心的蒙正发看见。章旷当时亦不让蒙正发声张："千万不要言传，军心浮动乃大忌。大敌当前，不能自乱阵脚。再说，若是传到敌营，后果不堪设想。"

此刻，蒙正发再想劝他，章旷喘了一口气，道："入冬，寒气盛，虚火升，应无大碍。"

原本，章旷自己也是这样认为的，蒙正发也信了。可是，后来，他又吐过几次血，右胸经常疼痛，他才觉得身体可能出了可怕的状况，然而，他一直忍着、瞒着。蒙正发一清二楚，更加担忧他的身体。湘阴、临湘先后失守，章旷既羞愧又气愤，若是一般的失败，他可能还好接受一些，但是如此窝囊的惨败，他耿耿于怀，因为，若军心齐整，未尝不可与清军一战。

擦了那口鲜血，章旷把手帕藏进怀里，喝了几口水，总算好些，又顺了几口气，胸口也不疼了。看着大好河山，章旷感叹道："大明之殇，祸在人心，人心不齐，恐难有复国之望矣。"

蒙正发道："大人何出此言？"

章旷自知来日不多，也就无所顾虑了，道："自宦官篡政起，就已人心不古，袁崇焕将军被杀，只是一个开端。此后，北疆再无安宁，旷以为，清军强悍只是表面，朝廷人心尽丧才是根本。民乱即为失民心，若无李自成张献忠们，大明何以落到如此地步？加上吴三桂之流投敌叛国，大祸就已经临头了。"

蒙正发道："大人此话句句是实。"

"如今，吾辈深受其害，不能自拔。"章旷道："环顾我大明军队，赤胆忠心者几何？左良玉之子左梦庚，竟拱手奉敌八十万大军，丧尽天良矣。眼下何公兵营，多半仍出自乱民之军，他们只会见利忘义，能不惹是生非便好，如何指望其忠心报国，一心杀敌？"

"可不？"蒙正发怒目一瞪，道："临湘危难之际，若王允成与王进才听从大人军令，前来会合，亦绝不至于今天去攸县搬兵。"

"正发，表面上，章某是督军，其实只是空架子。"章旷无奈道："莫说李自成与张献忠的人，大明的军队章某能令动几人？莫说我，就算何公、堵公，又能向谁发令？不过皆为利来，皆为利往矣。"

蒙正发道："平日只会你争我夺，清军来了又成惊弓之鸟。"

章旷道："所说甚是。打造一支义勇之师谈何容易。"言谈之间，章旷突然想到了王夫之，他记得上次见面后，王夫之就兵权和军心的问题多次向他上书，虽然，他清楚军队的问题，也能体会到王夫之的良苦用心，却是无能为力，如今，他已是败军之将："正发，此去攸县，必经衡州，可以去见一见学生了。"

蒙正发道："您是说王夫之先生？"

"正是。"章旷道："还有管时求、李相国等，人品学识俱佳，皆为我朝难得之人才。"说到这里，他突然想起了文之勇、邹统鲁和唐克恕三人，心中甚是难过。

一阵沉默。船在逆水中，"哗啦""哗啦"，艰难地往前进发。这些年来，蒙正发时常听章旷说起衡州诸子，赞赏有加，对王夫之尤甚。临湘之战，文之勇等三位衡州学子，让蒙正发感慨万千。

此刻，章旷触景生情，又提起衡州诸子来，蒙正发本欲顺着章旷的话，说去看看王夫之等人。但他格外忧心战事，遂岔开话题，道："每念及军队，莫不让人担心。眼下只望长沙城不要再出乱子。"

"长沙若丢，南国尽失。"章旷愤慨道："国难当头，希望何公麾下将士同仇敌忾，能够自重自强。"

然而，这只是章旷的希望而已。残酷的现实是，此时长沙已经响起了隆隆的炮声，这炮声不是清军的，而是明军自己的。

在这关键时刻，长沙城里的明军居然自相残杀起来。

镇守长沙这几年，因为归顺南明的农民军不听指挥，恣意横行，何腾蛟吃了很多亏，深感力不从心之际，他觉得只有建立亲信部队，才能树立自己的绝对权威。为此，他特地从湖湘各地征召家丁，组建了一支队伍，将其培植成中坚力量。他把这支部队当成"何家军"，放在长沙自己身边。清军攻占了湘阴、临湘，各路兵马都撤回了长沙，其中就包括对章旷的军令拒不执行的王允成与王进才。这支原本就是草寇成员的部队，一直没有改掉长期养成的恶习，加之王允成与王进才治军无方，又无严令，这伙乱兵在长沙城里为非作歹，吃要吃好的，住要住好的，用也要用好的，他们要求很多，嫌弃何腾蛟给他们安排的营地面积太小，且地段不好。

作为首领，王允成不从同舟共济着想，而为一己之私故意挑事。他对着部属发牢骚："哼，都是大明的部队，却有亲娘生与后娘生的。咱们就是后娘生的。"

原来，王允成盯上了何腾蛟的"何家军"营房，他派人索要被拒绝，便异常恼怒，不仅亲自带着部队前去闹事，而且鼓动部属大打出手。"何家军"亦很强悍。无奈之下，何腾蛟出面调停，但也没调停出个结果，双方均不让步。何腾蛟回帐后，很生气，但此刻只能忍忍。他正要前往"何家军"兵营做劝服工作，一发炮弹从他头顶飞了过去，在他百米开外的地方炸响，天崩地裂之间，鸡飞狗跳，浓烟滚滚。紧接着，一颗又一颗炮弹从他头顶呼啸而过，在四处炸开了。

"这帮畜生！"何腾蛟目瞪口呆。他万万没想到，王允成居然对何腾蛟的"何家军"兵营开炮了。当然，那些"何家军"也不是吃素的，他们也向王允成开炮了。一时之间，炮声隆隆，喊声震天。清军没来，长沙城自己乱成了一锅粥。

何腾蛟从炮火里急忙撤出来，一身污泥，满面乌黑，不禁大怒，立刻去找王允成，还没到达王允成的营房，远远地就看见那些士兵正在将从长沙搜刮来的金银财宝和柴米油盐打包装车，等何腾蛟到了帐前，王允成和王进才刚好走出门来。他们竟然还要兴师问罪、恶人先告状。见此情状，何腾蛟大为不解，赶忙质问他们究竟要干什么。

"老子为国卖命，却被你们戏弄。哼！"王允成怒气冲冲道："此处不留人，自有留人处。老子不稀罕这里。"

何腾蛟大惊失色，道："大敌当前，你要临阵脱逃？"

王进才亦愤愤不平，道："享福的事情轮不到我们，该拼命时想到我们了。再不走，有何意义？"

何腾蛟义正词严，斥道："你们敢走！擅自出城者，军法处置！"

王允成啐道:"去你娘的军法。老子就是军法。想来就来,想走就走。哼!"言罢,王允成看都不看何腾蛟一眼,与王进才一起,头也不回,带着一干人马扬长而去。

何腾蛟气得咬牙切齿,却没有任何办法。王允成和他耍流氓,他却不能也耍流氓,若真要治王允成的罪,双方人马肯定要打起来。先前,争抢营房,互相开炮,已经造成了人员伤亡,真再打起来只怕一发不可收拾。然而,即便忍让如斯,经过这一遭的变故,已造成不可挽回的后果。何腾蛟的"何家军"人数有限,王允成与王进才的部队才是主力,因此,当清军来犯,长沙已经无力抵挡。

章旷闻讯,如晴天霹雳,正欲掉头赶往长沙,就传来长沙沦陷的噩耗。长沙沦陷之际,何腾蛟也欲拔刀自刎,同样被部下救了下来,他一路南撤,终在衡州与章旷会合。

章旷见到何腾蛟,气愤万分:"又是这个王允成,成事不足,败事有余!"

何腾蛟无奈感叹:"我等均败于己人之手,怎能甘心!"激愤之余,何腾蛟又道:"吾与君及堵公组建临时军政,看似百万大军,遍及两湖,实则徒有其表,环顾帐下众将,唯君有军人之正气。其他人等,均为以抗清为名而行烧杀抢掠之鸡鸣狗盗之辈。"

章旷闻此心头一热,却深感羞愧。他立即派人去找朱归孺,却发现怎么也找不到。衡州知府堂一片混乱。章旷既生气又吃惊,"王夫之在哪里?衡州其他学子还能找到吗?"

四

李国相急匆匆地从耒阳回到衡州,看到街上人声鼎沸,车马乱行,哭声一片，混乱不堪。

"啊？清军来得这么快吗？"李国相惊道。

"国相兄，听说何腾蛟和章旷两位主帅昨天率大军来到了衡州。"这时，刘子参突然跑过来，喘着气道："恩公章旷章大人指名要见夫之兄和衡州学子。"

"啊？可是，夫之不在。"李国相道："不如我俩先去拜见恩公，了解一下最新战况？"

章旷从何腾蛟营帐出来，刚刚回到自己营地，还来不及洗一把脸，就听蒙正发报告说有衡州学子求见，他二话没说，让刘子参和李国相快快进去。

刘子参在永历朝虽然只是一个准六品的小官，毕竟算是朝中之人。他见到章旷，还是以弟子自居。李国相没有入朝，也是以弟子自居。两人以弟子之礼参拜后，章旷坐在他们对面，开门见山道："此番清兵来犯，气势汹汹，暴烈嚣张，较之先前李张贼寇，不可同日而语矣。"

"这个弟子明白。"刘子参急道："恩公可有退敌良策？"刘子参毕竟在永历朝当差，如果不是堵胤锡特派他护送姜善棋回衡州，他是不能随便回来的。因此，他希望局势尽快安定，否则，不知何时才是回朝之日。

"所谓退敌之策亦是自我安慰罢了。"章旷毫无避讳道："敌强我弱，此乃事实。我辈将悉力而为，死而后已。"

"恩公何出此言？"李国相从章旷话中听出了一股冷气，他不知道恩公为何这样说，他关心的是文之勇和唐克峻等人。"衡州学子文之勇和唐克峻投恩公而去。听说邹统鲁和唐克恕原本亦是投恩公而去，但半途变故，被清军所俘，不知恩公有他们的消息乎？"

李国相此言一出，章旷顿时沉重下来，垂着头，用力握了握手心，能听到指节发出的响声。一旁的蒙正发见恩师难受，便替他直言回复道："衡州学子都是勇士。文之勇、邹统鲁和唐克恕三人，殊途同归，英勇杀敌，壮烈牺牲。唯唐克峻随堵公征战于常德，暂无消息。"

李国相和刘子参呆呆地望着章旷，好像不敢相信似的。

这时，章旷长长地叹了一口气，突然问道："夫之在哪？他怎么没来，他还好不？"

李国相有些恍惚，他看了刘子参一眼，又看了蒙正发一眼，然后答道："夫之与汝弼两位老弟去永历朝谋差，也不知到了没有。两个来月了，一点消息都没有。"

"唉。这兵荒马乱，永历帝一会儿肇庆，一会儿桂林，一会儿武冈，一会儿又是桂林。如此反复，路途遥遥，不好走，不好走矣。"章旷没见到王夫之，感到有些遗憾，提醒道："眼下国家艰难，你们要学会自保，不要冲动行事。"

"弟子记住了。"李国相和刘子参异口同声道。

"那好，你们赶快走。"章旷突然大手一挥，道："快去，快去。衡城非安全之地，你等走快，越远越好！局势未定前，休要回城！"

李国相和刘子参脸色苍白，意识到恩公话中有话。他俩有些不知所措，蒙正发拉着他俩走了出来，低声道："此生恐无再见之日。你们快走，若见到夫之兄，请代恩公和我问候他。"

当晚，章旷修书一封，派快马向堵胤锡请求支援。

堵胤锡这回倒也大方，虽然守卫常德十分吃力，还是决定支援何、章，他急令从江西等地增援的十万大军开拔长沙，为首的是刘承胤。

然而，这刘承胤不是一个安分的家伙，更不是一个有大局观的将领，而是一个充满野心的投机分子。他见长沙失守，清军气势如虹，竟然擅自放弃湖南，不听堵胤锡之令去衡州增援，而是赶去桂林，因为此时永历帝在桂林。

何腾蛟和章旷左等右等，不见刘承胤部到来，情急之下，重新部署。此时，清军浩浩荡荡，一路追了过来。何腾蛟和章旷只好一路南逃，丢盔弃甲，溃不成军。衡州百姓惊慌失措，也跟着四处逃亡。

衡州几无抵抗，就此沦陷。

何腾蛟和章旷带着两千多人退守到了永安，清军紧追不放，他们又退守至永州。此时的永州城几乎已是空城，舟车劳顿，又无粮草，部队进退维艰，何腾蛟则四处奔走，借粮募兵。

章旷亦带病奔波，不辞劳顿，试图重整旗鼓，与清军决一死战。

然而，面对困境，看着衣衫褴褛、食不果腹的士兵，还有四处逃难的黎民百姓，章旷忧心如焚，却毫无办法。他又开始大口吐血，这次不同以往，他吐血的频率更高，吐血量更多，咯血呈黑色块状。他感觉自己的胸膛就像要被刀子割开了，但是，他依然瞒着将士，主持军务。他在自己的卧室立了一副对联，赫然写着："指顾河山还在手，宁辞病骨炼风霜。"

这是一种信念，一种永不放弃的精神。

章旷预感到自己时日不多，他死也要死在沙场上，可是，他对手下的这支部队不放心，对大明的江山社稷更是不放心，环视手下众将，自郑古爱被派往堵公身边后，他现在最信得过的只有蒙正发。

那晚，章旷把蒙正发叫进了营帐，与之促膝长谈："正发，你是跟着我一路过来的，你的品格我清楚。军中众将士，唯你，最能让我放心。我日日吐血，命不久矣，军中重担就要落于你肩，切戒疏忽。"

蒙正发闻此立刻下跪，诚惶诚恐道："大人，正发不才，恐难当此大任。大人，您定会康复，带领我等重拾河山。"要是章旷殉国，蒙正发能做什么？他真的很害怕。

章旷一激动又咳嗽出了血。他停了一下，抬起头，又道："无人可长命百岁，旷亦不例外。残阳照魂，病马归山。旷时日已尽，然大明复兴大业无尽，莫要再说丧气话。此事由不得你，旷已有奏表。"

蒙正发的眼泪唰地掉了下来。

章旷拉住蒙正发的手，道："哭什么？军人宁可流血，不能流泪！"说完，他让蒙正发将自己扶起，直直地坐下。

"记住了，大人。"蒙正发擦掉眼泪。

章旷喘了一口气，断断续续回顾了从前经历的种种，然后，语重心长地对蒙正发道："我等都是大明将士，赤胆忠心，早将生死置之度外。我死以后，你们继续这未完成的事业。"

最后，章旷缓缓起身，"我给你写几句话。"章旷一边说，一边摇摇晃晃走到文案前，他凝气运神，挥笔泼墨，写下四句：

血为水火心做炉，熔铸湖南土一块。

指心誓日与子期，死报君恩身不爱。

"你我有缘三年，日后全靠自己矣。"章旷哆嗦地拿着墨迹未干的嘱托，郑重其事，塞到蒙正发手中。

蒙正发受宠若惊，道："大人，请保重身体。您一定可以痊愈。"

章旷苦涩一笑，道："世人皆以身病为病，我以国病为病。但得粮草不竭，兵士鼓锐东下，重拾河山，我身自当豁然而愈矣。"

很显然，这一次，章旷是彻底病倒了。八月初七，章旷两眼发黑，几度吐血，他在油尽灯枯之时，拉着蒙正发的手，吃力说道："感足下三载共事，有如形影，亲如家人。无如鬼伯催促，唯有幽明千古矣。"

众将士围着章旷，纷纷痛哭。章旷却使出最后一丝力气，大吼："吾毕生以祖士雅击楫渡江、刘越石闻鸡起舞为师，下马读书，上马杀敌！此旷之所愿。你等皆七尺男儿，不去杀敌报国，却在此效儿女之态，作哀哀断肠声何耶？"

众人闻之一振，顿时停止了哭泣。

寂静之中，章旷的喘息越来越重，只听他连呼三声"圣上何在"，终于吐出最后一口黑血，哀魂飘出，离开了人世。

军营顿时哀恸一片。

蒙正发拿着一封奏书，泣不成声，那是章旷举荐蒙正发为翰林院庶吉士的折子，书内有云："正发以诸生起兵崇阳，臣服其勇；弃家不顾，仗策南来，臣服其义；甫解橐鞬，遂登贤书，臣服其学；帷中运筹，盾头草檄，臣服其才；督催饷务，衣遮蔽肘见，臣服其廉；与臣共事两载，不肯离臣一步，不屑求臣一官，臣服其静而正。"

何腾蛟闻讯赶来，手扶章旷灵枢，他的心空了，仿佛少了一臂，他赠一挽联，肯定了章旷的功绩——

振军声于菜色之时，

复残疆于桑榆之日。

从此以后，世上再无章旷……

王夫之从白石峰下回家后的第二天，李国相闻讯赶来。他知道王参之的病亡对王夫之打击挺大，见到他后，什么也没问，也没说，只是轻轻地拍着他的肩膀，算是无声的安慰。

倒是王夫之率先打破沉默，忍住悲伤，叹道："唉，国相兄，我与汝弼兄兜兜转转两个来月，灰头土脸回来，一无所获矣。"

李国相道："回来，就是最大的收获。"

王夫之苦笑一下，道："怎么样？你们都还好吗？"

"这年头，活着就是好。"李国相停了一下，看了看王夫之一眼，最终还是忍不住说道："可惜你回来得晚了几天，不然可以见恩公章旷章大人最后一面。"

"啊？你说什么？恩公他……"王夫之不敢往下说。

李国相便把衡州失守前与刘子参拜会章旷之事说了，"我们见面不久，恩公就过世了。"

"恩公！——"，王夫之大叫一声，吐出一口血来。

二哥王参之的去世对王夫之的打击已经很大，听到恩公章旷殉国，他更是天旋地转，痛心疾首。王夫之回忆自己在湘阴前线曾向章旷献计，在《盛夏奉寄章峨山先生湘阴军中》一诗中写道："克师在和公自省，丹忱专在念时艰"，提出最好的办法是劝何腾蛟与堵胤锡结盟。章旷忌讳何腾蛟与堵胤锡的关系，没有采纳自己的建议，导致战局溃败，并一败再败。然而，这责任焉能由恩公承担？

李国相走了好一会儿，王夫之还坐在那里发呆，他不敢相信这是真的。与恩公交往的点点滴滴一遍又一遍在脑海中回放，他痛苦万分，满含热泪，写下一副挽联："垂千秋之生气，留不死之孤忠"。在王夫之心中，章旷之死，是一个大明男子汉应该有的死法，也是一代忠臣追求的死法。章旷配得上这样的死法。

多年后，王夫之再次路过湘阴，看到章旷曾在潼溪血战的指挥部旧址，他仍然情绪激动，掩面落泪，并挥笔写下《夜泊湘阴追哭大学士华亭伯章文毅公》——

残烟古堞接湖平，认是湖南第一城；
云闪灵旗魂四索，波摇旅梦月三更。

愁中孤掌群眉妒，身后伤心九庙倾；

近筑巴丘新战垒，可能扶目看潮生。

王夫之写完后，意犹未尽。他凝视旧址，心潮澎湃，久久不去。

直到晚年，王夫之还将章旷的儿子章有谟带在身边，悉心关照。章旷有王夫之这样重情重义的弟子，死而无憾矣。

五

衡州梧桐寺因寺内有一棵饱经沧桑的梧桐树而得名，它离花药山很近，紧伴着回雁峰，每到秋冬之际，成群结队的大雁就飞落到这里的梧桐树上，等待来年春暖花开时又飞回北方。

众所周知，回雁峰，是南岳七十二峰之首，因风景秀致、人文荟萃，自古以来就是文人墨客、远方游子览胜、聚会的地方。

梧桐寺就坐落在回雁峰左侧的斜坡上。

梧桐寺颇有一些来历，相传是唐代德宗光启年间，这里住着一位被贬的宫女桂妃。桂妃原本是北方的大家闺秀，因父亲是朝廷大臣，她在宫中敢于直言，深受大家爱戴。后因父亲受唐末黄巢农民起义牵连，被逐出宫廷，随着家人避难来到衡州。偏偏时运不济，父母因病双亡，桂妃失去了依靠，生计没有着落，只好凭着天生的歌喉和高雅的气质，做了一名歌妓，引来成群成群的大雁流连不舍。桂妃病逝后被埋在梧桐寺，人们在她的坟堆上栽了一棵梧桐，几年后，这棵梧桐就成了这个寺里最大的梧桐。曾经香火兴旺，后连年天灾，加上战乱，梧桐寺慢慢荒废，几间房屋摇摇欲坠，除了偶尔的流浪者或拾荒人，没有人愿意住在这里。

那天晚上，李国相和姜善棋、刘子参一行从耒阳回来，姜善棋迫不及待，坚持要来梧桐寺找姜思琴。但由于李国相和刘子参去拜见章旷，他们便让姜善棋待在刘子参家，哪里也不要去。

李国相还特地叮嘱：去梧桐寺，必须等他来。李国相担心姜善棋见到姐姐后，控制不住，反而弄出不该有的麻烦来。

刘子参也担心这个情况，同意要去就三人一起去。

从章旷处回来，刘子参知道事态严重，告诉姜善棋要做好逃出衡州的准备。姜善棋说只有找到姐姐，她才愿意离开。本来第二天要去寻找，但街上实在太乱，李国相迟迟没来。

到第三天，街上更乱，到处是清兵。姜善棋与刘子参只好关着门，心惊胆战地待在家里。

清军进城后的第六天。

黄昏时分，李国相终于来到了刘子参家，一进门就说：“街头还是乱得很，但我知道善棋等不及了。我们赶紧去。”

“谢谢国相先生。”姜善棋说道，他们一行三人悄然来到梧桐寺。但见该寺完全掩没在几棵苍劲的梧桐树下，树根裸露着，像一双双手死死地抓住大地，树干伤痕累累，其中一棵尤其硕大无朋，傲然挺立在寺内中间。这棵最大的梧桐树俨然一副成仙得道的样子，淡然地看着周围发生的一切。它的旁边有一口小井，里面溢满着水。进入寺内，虽然杂草丛生，房屋破败，了无生气，但四周弥漫出一股幽静肃穆、森森郁郁的神秘气氛。

“恒生，恒生。你在哪里？外面到处是野人。你快出来！”

突然，一声叫喊打破了寺内的寂静。这叫声如此熟悉，又如此陌生。姜善棋心头一紧，众人抬头看见前面一间倒塌的屋角下，一个两三岁大的孩子正跪在地上，埋头抓拾着什么东西，不断往嘴里塞。

"啊？这小孩在吃虫子？"刘子参眼尖，一下看出来了，立即跑过去，看到小孩吃得一嘴泥巴，手里还抓着两条小虫子，嘴里还在滋滋地吃着呢。

小孩见到刘子参等陌生人，立即爬起来，将手里的虫子一把塞进嘴里，用力嚼着，喊了一声："姆妈——"拔腿就跑。

一个披头散发的女子一把抱住了小孩，瞪着恐惧的眼睛看着刘子参等一行人。突然，这个女子"哇"的一声，丢下孩子，撒腿就往后面跑去。

"思琴！思琴！我们来看你了！"刘子参抢先一步，拖住了姜思琴，大声道："善棋也来看你了！"

李国相抱起小孩，擦了他嘴巴上的泥土，追上去，道："思琴，你受苦了。我们都不知道你住在这里。"

"姐！"姜善棋走上去，叫了一声，泪流满面，她紧紧地搂住姜思琴，似乎再也不想分开。"姐，你写给我的信都收到了。我们终于见面了。"

"啊？棋妹。你、你怎么啦？"姜思琴发现妹妹头上缠着绷带，惊叫着："你、你的脸被划、划了？谁这么狠心？"

刘子参叹了一口气，道："是我划的。你听我说。"

"不怨子参先生。"姜善棋不愿提及被伤之事，道："姐，谁都不怨。这是命，是活下来的代价。就像你现在一样，也是命。"姜善棋一边说，一边从身上掏出一块小饼递给小孩，道："姐，这是你的孩子吧，多大了？他的父亲是谁？"

小孩接过饼，立即吃了起来，看得出，他饿坏了。

姜思琴一听妹妹的问话，身子猛地抽搐了一下，眼泪"唰"地涌了出来。她看了看孩子，从牙缝里挤出一句话："这孩子三岁多了，叫恒生。"

李国相发现孩子的头上插着几根银针，便有些惊恐地问道："这孩子病了吗？他的头顶插了好几根银针？他还吃不知名的虫子，是为治病吗？"

姜思琴听了李国相的问话，身子又猛地抽搐了一下，她突然搂着姜善棋，揪心撕肺地哭喊道："我们为何这么命苦，这么命苦！"

过了好一会儿，姜思琴把大家带进自己的住处，是梧桐寺唯一的看似完整的房屋，一间砖瓦结构的小房，原是这座寺里的住持住的。住持走了后，这间小房空了。姜思琴来后，就住在这里，虽然四处漏风，下雨下雪时，也会有雪水雨水滴下来，但比起其他的房子，这里还算是不错了。

姜思琴把姜善棋、刘子参和李国相带进屋后，自己坐在地上哭泣。

李国相一直抱着那个叫"恒生"的孩子。这孩子很乖，不说话，也不乱动，看得出他极怕姜思琴。刘子参打了一盆水，给姜善棋的脸清洗了一下。

外面的天空黑了下来。姜思琴挣扎着爬起来，点了一盏松节灯。大家也没讲吃的事情，姜思琴把自己被"维鹰会"关在"德雅居"、成为樊志高发泄兽欲对象的事情——讲了出来，包括郭衮冕被关在地下室，受到非人的折磨也讲了。当发现自己怀孕后，她觉得自己疯了，她恨这个孩子，所以给他取名叫"恒生"，就是"恨生"的意思。每次看到这个孩子，就像看到了樊志高一样，心里的怒火和仇恨就压抑不住，她给孩子头上扎银针，扎了又取出来，然后再扎进去。有时忘了，银针就留在他头上。孩子饿，吃泥巴，吃野菜，吃虫子等等，一方面是食物缺乏，另一方面也是"恨"，是她故意让他变成"野孩子"……

"姐，你不能这样对待孩子，不能这样。"姜善棋听了，成了泪人儿。她紧紧地搂着姐姐，姜思琴浑身发抖，眼泪唰唰地往下流。

刘子参和李国相听了也目瞪口呆。"思琴，不管发生什么，这是你的孩子，你不能这样对待他！"两人也都这样劝道。

"这么晚了，我们出去找点吃的吧。"李国相道。"忙了一整天，又饥又渴的。"

"是的，我们出去看看。"刘子参对李国相道："就让她们姐妹带着恒生在寺里说说话。"

刘子参和李国相刚刚走出梧桐寺，突然碰上奚鼎铉。由于光线太黑，奚鼎铉在前面喊了一句："是国相和子参两位老弟吗？"他边说边走了过来，道："送来一点吃的。清军进城后已经封城，现在瘟疫越来越严重，你们赶快逃走才是！"

"既然已经封城，我们何以出得城去？"李国相急道。

"明天上午，我在城南值守，要出城，务必赶在午时前从此门出去。"奚鼎铉道："这里还有三张出城牌，每张最多带两人，小孩与老人不适用。"说着，他把出城牌交给李国相，抱拳告辞了。

"时间紧迫，我们赶紧准备。"李国相将一张出城牌交给刘子参，道："明天你带着思琴、善棋等一起走。"

"可是，小恒生怎么办？"刘子参犯难了。

"你想想办法，伪装一下。既然奚兄在城门值守，应该问题不大。"李国相道，"我赶紧去王衙坪一趟。王家还有一大家子人。"

"好，你先去。我来想办法。"刘子参道。

李国相一路小跑，来到王衙坪，王家人还没吃晚饭，都在焦急地等王夫之，他一早出了门，到现在还没回来。

"伯父、伯母，你们都还好吗？"李国相说着，朝王朝聘夫妇打了声招呼，他见王介之大声咳着，便道："介之感冒了？"

"没事，前几日着凉了。"王介之点点头，道："对了，你见着我小弟么？他一大早出门，此刻还没回来。"

"啊？夫之不在家，他去哪里了？"李国相大吃一惊，道："现在街上如此之乱，千万不要出什么事！"

"我们担心没有用，夫儿一向固执。"这时，王朝聘开口道，"他早上出门前，跟我说了一声，说是去看什么姜百户的什么人？"

"啊？夫之出门，要去看姜百户的家人？"李国相颇感意外，时间很紧，他掏出一张出门牌，对王介之道："要想出城，务必在明天午时前从衡城南门逃出去。"接着，李国相将奚鼎铉讲的内容重复一遍，说了一声："清军进城，凶狠无比。你们赶紧准备。"

"夫儿还不回来，真让人担心。"谭孺人叹着气，自言自语道。

王介之让双亲大人去做些准备，他满脸焦虑地盯着门口，期待王夫之的身影早点出现……

第二十八章 "头可断，发不可薙！"

一

　　"姐！我们的命确实太苦，可我们还活着。许多人为了我们能活着，做了很多很多事情，我们知道一点点，大部分其实都不知道，甚至有人为了我们活着把命都搭上了，所以，我们要好好活着。"

　　姜善棋搂着姜思琴，不断地说着，比划着，互相哭诉了好一阵子后，她忽地发现刘子参拿着一些吃的站在外面，似乎不想打扰姐妹俩的交谈，但又似乎很焦急。姜善棋头一扬，让他快快进来。

　　刘子参走进屋，把明天逃离的计划简单明了地讲了。

　　"既然出城牌不能包括小孩，我就带着恒生留在梧桐寺。"姜思琴听罢，止住泪水，说道，"等形势好转了，我再来找你们。"

　　"那怎么行？"姜善棋道，"姐不走，我就不走。"

　　"都走，一个不落下。"刘子参说道，"我已经设想好了，你们就放心吧。"接着，他把自己的详细计划跟姜氏姐妹讲了，不等她俩讨论，决定道："就这么办。我先回去准备。明天一早，我来接你们。"

　　这正是："肠已断，泪难收……情知已被山遮断，频倚阑干不自由。"大时代的一滴泪，落在自己的身上就是一把刀。泪干了，留下伤疤，你连埋怨的地方都没有。这就是姜善棋和姜思琴的切肤感受。不仅如此，她俩历尽艰辛，能够在战乱中重逢，已是不幸中的万幸。虽然眼下还不知道晓书小妹在哪里，若画小妹已经长眠水东江，但乱世中的命都是蚁命，千千万万死难者，数不胜数，各种悲剧、各种惨死、各种不可思议的事情都有，能活下来者，都是奇迹。

"姐，我想去王衙坪，看看大姨和大姨父。"姜善棋忽然说道，"这些年，心里一直惦记着他们，也不知道他们一家过得可好？"

"这个时候去，好不好？"姜思琴指了指刘子参留下的吃的东西，说道，"我们还没有吃饭。"

这些年，姜思琴无时无刻不想念大姨一家人。事实上，从"湘春楼"出来后的第一件事，姜思琴就想去王衙坪。她知道自己和三个妹妹之所以能够出来，与大姨父的反复求人、四处奔波有关。但当时身不由己，桂王府让姜氏姐妹隐姓埋名经营尚德客栈。王朝聘得知姜氏四姐妹从"火坑"出来，两个小的去了耒阳，两个大的却不知所踪，还专门找翁不群问过，翁不群回复说姜思琴和姜善棋活得很好，不用担心，并说桂王有令，其他无可奉告。王朝聘也没办法。姜思琴和姜善棋在尚德客栈一直没有见过大姨和大姨父。后来情况有了变化，但处境越变越糟。所以，姜思琴和姜善棋一直没有去王衙坪。

"姐，我们把吃的一并带去。不要选什么时机了。有时，为了选一个更好的时机，反而失去了机会。"姜善棋道，"对大姨和大姨父来说，我们也不是外人。再说，明天我们就要出城，各奔东西，以后何时能够再见，很难说。"

"那好，棋妹，你说的也在理。我们现在就去。"姜思琴听妹妹讲得对，便收拾一下，抱起小恒生往外走。姜思琴这次与姜善棋见面，发现她变化很大。特别是姜善棋的谈吐和见识，让姜思琴很吃惊，心中暗想：毕竟在朝廷、在永历帝身边待过，家国天下，皆能容下，格局和境界都大了许多。苦也罢，痛也罢，长见识也罢，这就是命，获得活下来的收获。

一句话，这是经历带给姜善棋的财富。尽管这些经历带给她许多灾难与悲苦，包括毁容，但她认了，这是她活着必须面对和承受的代价，她别无选择。

"我们走！"姜善棋戴上面罩，拿起一袋吃的东西，与姜思琴和恒生一起，迅速离开了梧桐寺。

姜思琴和姜善棋来到王夫之家，轻轻敲了敲门。

"小弟，你总算回来了。"王介之以为是王夫之回来了，立即上前开门。当见到姜氏二姐妹时，王介之顿时愣住了，张着嘴，站在门口，半天说不出一个字来。

"介之哥，我是善棋。"姜善棋倒是很镇定，因为戴着面罩，王介之认不出姜善棋，心想：外面发瘟疫，你戴个面罩管用吗？

姜善棋见王介之还在发愣，有些不信，她又指了指姜思琴，道："我们姐妹来看望一下大姨和大姨父，他们在家吗？"

"还有夫之哥，他们都在家吗？"姜思琴指着背上的姜恒生，对王介之道，"这是小外甥，姜恒生。"

"哎啊啊！哎啊啊！我的天。真是想不到，想不到！"王介之语无伦次地叫了起来，脸上抽搐着，又惊又喜，连连道："快快请进，快快请进！双亲大人天天念叨着你们，都想病了。"王介之将三人请进屋后，回头大声武气地喊："父亲大人，母亲大人，你们快快过来，快快过来，看看谁来了！快来，快来！"

令大家吃惊的是，先前还病恹恹的谭孺人，闻讯后一阵风一样扑了过来，她抱住姜氏姐妹就嚎啕大哭："琴妹子，棋妹子，是你们俩吗？这不是做梦吗？你们这些年去了哪里，一点儿音讯都没有！你们不知道，我有多担心？我跟你们姨父从不争嘴的，但因为你们的事情，我跟他凶过好几次。每天晚上，我都睡不好！耳边老是响起妹妹的声音：你看见我的孩子了吗？她们还好吗？每次都是梦，醒了我就哭，大哭！"

真是碰巧，上次王夫之说四姐妹得空就会来王衙坪看望的，谭孺人本以为是他随便说的，没料到，她们真的就来了，怎能不高兴！谭孺人用手抖抖地抚摸着姜氏姐妹，上上下下摸了一遍，嘴里不停地说着什么，含糊不清，却又停不下来。

姜氏姐妹抱着大姨哭作一团：长辈的唠叨、责备、牵挂，都是温暖的、温馨的，这才是真正的"家"的感觉。

"大姨，对不起，我们应该早来看望你们的，但身不由己。"姜氏姐妹边哭边说："大姨，您知道吗？我们心里也老是惦着你们呢。"

这时，王朝聘也已走出书房，一脸惊喜地看着大家，乐呵呵地笑着，见小恒生被吓哭了，王朝聘便抱起他，摸摸他的脸，慈祥地说道："别怕，别怕，这是外公家。"

正逗着，王介之拿了一点糖果塞给他，笑道："恒生，叫我舅舅。告诉你，你的面子可真大。小时候，你的外公从来不抱我们的。"

"啊，小外甥！"谭孺人放开姜氏姐妹，转身一把抱起姜恒生，说道："叫恒生？小恒生几岁了？"说完，谭孺人照例习惯性这里摸摸，那里看看，好像从没见过小孩似的。

姜思琴回答说："大姨，三岁多了。"又对姜恒生说："快叫外婆。"然后坐了下来，与姜善棋简单地讲了一下各自的过往。这原本是极其悲惨的事情，但她俩避重就轻，特意将事情讲得轻描淡写。

即便如此，王朝聘还是无比愤怒，大声骂道："暴徒！畜生！没有人性！"他不知道永历帝如此昏聩无能，他更不知道姜恒生的父亲是谁。姜氏姐妹不愿讲得太多，觉得自己的痛不应该转嫁给别人。

谭孺人听得老泪纵横，直到此时，她才意识到姜善棋已被毁容，她将姜善棋的面罩掀开，顿时浑身发抖，对姜善棋哭道："真造孽！真造孽！老天真是瞎了眼，让你们一家人受了这么多的苦！"

"大姨，别难过。这是命。能够活着见到你们，就是万幸了。"姜善棋安慰道，她抬头看看四周，忽地问道："夫之哥不在家？"

王介之点点头，叹道："今天一早，他出门说是去看姜百户的家人，到现在还没回来，我们正等他吃晚饭。"

"啊？夫之哥去看姜百户的家人？"姜思琴一听，浑身一颤，道："好久没见姜夫人了，多善多好的一家人，我的恩人，我也好想去。"

姜善棋怕勾起姐姐痛苦的回忆，遂叹了一口气，赶紧转移话题，问道："听说夫之哥去永历朝，走了两个来月，无功而返？"

"是啊，是啊。"王介之摇摇头，自嘲道："小弟一腔热血，可惜报国无门。"

"对了，你们还有两个妹妹，她们怎么没来。"这时，王朝聘和谭孺人异口同声问道："晓书，若画，她俩还好吗？"

"哦，这两个妹妹……对，是的，她们都很好。"姜思琴将恒生拉到身边，低着头，答道："下回她们也会来看望你们的。"

"是的，两个妹妹正好有事。"姜善棋也赶紧掩饰道："她们会来的。"说罢，将头扭向一边，生怕不小心让两位长辈看出破绽来。

"棋妹子，我问你一件事。"王朝聘忽地对姜善棋问道："我的小弟王家聘去了永历朝，听说返回衡州了，可至今没有他的踪影。你有没有他的消息？"

"啊？表叔他、他还没回衡州？"姜善棋不知该如何回答。她想，那天晚上表叔与刘子参一起救她，中箭后倒在地上。皇后派的人追了上来，恐怕凶多吉少。"按理，表叔应该回来了……"

"好了了了。刚才国相兄来过。衡州到处是清兵，又加上瘟疫流行，我们准备逃离衡州了。"王介之见王朝聘又在过问小叔的事情，怕出什么意外，便赶紧岔开，问道："你们有何打算？要不，跟我们一起走？"

姜善棋连忙摇摇头，答道："不麻烦了。我们明天也会逃离，回耒阳去。"

"那里，虽然令人伤心，但毕竟是我们的故里。"姜思琴接话道："况且，还有曹伯实一家在。"

"哦，如此，也好。"王朝聘知道情况紧急，只好说道："你们在此吃顿便饭。"

"介儿，你陪两个妹妹说说话，我这就去弄吃的。"谭孺人吩咐王介之，转身走进了灶房。

"我来烧火。"王朝聘也赶紧跟了过去，道："多做一点。"

"大姨、大姨父，不要费心，我们自己带了一些吃的来。"姜善棋边说边跟进了灶房。

"你们来了，老人家太高兴了。"王介之对姜思琴说，"前一阵子，母亲大人出门去找你们，结果还失踪了，将父亲大人吓着了，我和三弟也吓坏了。"

"啊？怎么回事？"姜思琴一听，十分吃惊。

"还好，虚惊一场。"王介之将那天的事情简单地讲了，道："母亲大人常说，她有三个儿子，没有女儿。你们就是她的亲生女儿。"

姜思琴不再吱声，任凭泪水"唰"地流下来。交谈中，听说王夫之的妻儿、王家聘的妻子都不在了，王参之刚刚因为瘟疫去世，他的妻子也先于他去世，姜思琴的心一次又一次被撕裂。时代的洪流如此这般地裹挟着每一个小人物，他们的命运就像那翻滚着的泡沫，快速地碎没了。

饭后，姜氏姐妹带着小恒生，依依不舍地告别了王衙坪。

王朝聘和谭孺人一直站在门口，姜氏姐妹一步三回头，直到完全消失，他俩还站在那里，一动不动。

谭孺人一直在抽搐、流泪。

王朝聘也没忍住，默默流泪。

王介之从来没有见父亲大人如此真情流露过，可能与他年岁大了有关。他催促道："父亲大人，母亲大人，清军就要来了。琴妹、棋妹都走了，我们也该动身了。"

王朝聘说了一句："没见着晓书和若画，我心里还是放心不下。"

"看你如此挂牵她们，我总算明白，你还是一个有良心的人。"谭孺人看了一眼王朝聘，忽地说道："你知道吗？我一直没有跟你说起。"

"什么事？"王朝聘望着妻子，说道："你是想说，我最后一次赴京，那上路的盘缠仍然是堂妹送来的，对不对？"

"啊？原来你知道？"谭孺人大吃一惊，道："你带着夫儿去耒阳还钱，刚回来，堂妹就悄悄来到这里。她担心你读书人死要面子。"

"不是至亲，谁会借那么多钱给你？"王朝聘摆摆手，叹道："你以为我会相信你借得到那么多钱？唉，读书人是要面子，可他心里亮堂。一个人光靠面子，能走多远？"

正在这时，王夫之满脸疲惫地推门进来，一声不哼，闷着头，表情异常沮丧和沉重。

大哥见他回来，连忙迎上去，道："三弟，你终于回来了，家里人都在担心你。"

"见到了要见的人？"王朝聘平时很少过问这些事情，今天有些例外，他插话道。

谭孺人则赶紧给王夫之装了一碗饭，说道："刚才思琴和善棋带着小外甥恒生来了，她们赶着有事要办，就没等你了。"

"啊？琴妹和棋妹来过？还有小外甥恒生？"王夫之听了，大吃一惊，顿时抬头追问道："她们去了哪里？"

"小弟，你赶快吃饭。"王介之催促道："明天一早要逃出城，大家都急得不行。"说完，王介之就把李国相讲的事情以及姜氏二姐妹的情况，简单地讲了一下。

王夫之听完，长叹一口气，连连跺脚，并嘀咕了几句什么，才开始吃饭。王夫之一边吃，一边讲起自己今天出门的情况。他说早上出门没走多久，竟然碰上大叔王廷聘。获悉王夫之要出城去看一下姜百户的妻子欧阳文澜，王廷聘坚持要一起前去。然而，四个城门都关着，没有出城牌根本出不去。王夫之与大叔在城里转了一天，都没能出去。一直到傍晚，见出城无望，便去了姜百户的坟墓旁，一看，杂草丛生，根本看不出是墓地。好在旁边有三棵松树，是当年栽下来的，如今长得高高的。王夫之去附近居民家借来锄头，他和大叔将姜百户的坟墓重新垒了起来。大叔问他："你刚回来，参之又病逝，诸事缠身，清兵在街头到处抓人，为什么突然想着要去看姜百户的家人了？"王夫之告诉大叔："从白石峰回来的这几个晚上，我每晚都梦见满头是血的姜百户，梦见他在火焰中喊着要回家。"王夫之讲到这里，特地停了下来，望着大叔，叹道："此次清军快速破城，明军望风而逃。如果明军多一些像姜百户这样的英雄，衡州城哪能说破就破了，黎民百姓还用四处逃离吗？"一席话，说得大叔连连点头，感慨不已……

"大叔回家去了？"王介之问道："我们只有一张出城牌，最多能带两人，这如何是好？"

这时，王朝聘插话道："我说过，我不走。你母亲也不走。家眷都留下来，你们兄弟俩，还有你大叔，快快离城就行了。"

二

第二天上午，衡州城南门前，奚鼎铉早早地来此值守了。因为出城牌很难搞到，出城的人并不多。

王夫之拿着出城牌，带着王介之和王廷聘非常顺利地出了城。

奚鼎铉远远地看着，装作不认识，更没有过来打一声招呼，王夫之也明白他有任务在身，尽量装成公事公办的样子。

王夫之一行出城后，就朝南岳山上奔去。

就在王夫之他们离城不到一根烟的工夫，一辆马车出现在城南门前。守城清兵上去盘查，发现一个男的赶着马车，后面坐着一个戴着面罩的人，便凶里凶气地问道："出城干什么？"

那男的将出城牌递上去，指着戴面罩的人道："我的内人得了麻风病，我要送她去乌公山的土地庙里。车上这些稻草和床垫等，都是她的生活用品。"

守兵将信将疑，奚鼎铉闻讯跑过来，大声斥道："戴着面罩做什么？"随即，他故意用刀尖将面罩掀开一点点，让守兵看了一眼，忽然惊叫一声："啊？麻风病人！快滚，快滚！"

那男的一挥鞭，马车飞快地出了城。

走了好一会儿，刘子参才将马车停到路边，从马车后面的稻草和床垫下，把姜思琴和小恒生拉了出来，并对姜善棋道："对不起，把你当成了麻风病人。"

"我倒宁愿是麻风病人。"姜善棋道，回头对姜思琴说："我们先到耒阳安顿下来，如有需要，再去找伯实。"

"安顿下来后，第一件事去父母的坟头看看。"姜思琴道："第二件事，去看看画妹的坟头。"话一出口，她的眼泪就流了下来……

由于战火连年，明朝末年腐败政府向各地百姓强征"三饷"（辽饷、剿饷、练饷），且层层加码，数额之多，已达极限，黎民百姓苦不堪言，衡州更是如此。

不过，清军入衡后，充分吸取明朝政府和大西军的教训，采取积极措施，减免赋税，明令禁止"火耗""加耗"等额外索取。清军派出旗官旗兵，骑马策鞭，扯着绳索，把衡州权贵巧取豪夺的大批"无主荒地"和有主良田围占起来，作为官田，让百姓栽种，不收杂税，因此迅速稳定了局势。

不仅如此，清军还委派专人将逃离衡城的人请回来。就这样，逃出城外的人又纷纷回来了。

王夫之和大哥王介之、大叔王廷聘也回来了。

刚到家一会儿，夏汝弼就急急忙忙赶了过来。

王夫之一见，有些吃惊，连忙问："汝弼兄，你怎么回来了？你的脸色怎么如此难看？这些日子，你在哪里避难？"

"这些日子，你的这位同窗小夏天天来到王衙坪，看你回来没有。"王朝聘嘟哝道，"见你不在，就走了。我问话，他也不说。"

"啊？出什么事了？"王夫之十分紧张，他抓住夏汝弼的手，走到一边，心都悬了起来。

"夫之兄，出大事了！湘乡学子，一个一个殉国。我们见面才多久？竟然就是永别，太可怕了！"夏汝弼语无伦次，急得说不出话来了。

"啊？你、你别吓我！山公他们……"王夫之目瞪口呆，他尚未说完，夏汝弼就哭着说："山公和他的家人，龙兄、洪兄等，他们、他们统统都殉难了……"

原来，就在王夫之和夏汝弼离开不久，清军大举进犯湘乡。乡民四散，鸡飞狗跳。驻守湘乡的明军也纷纷逃窜。

"乡民逃，守军亦逃。若人人皆逃，清兵如入无人之境。大明子民还有一点骨气和血性吗？"欧阳镇不愿逃离，他掷地有声道："鄙人虽一介书生，手无缚鸡之力，但尚有一腔热血，一把骨头。清兵来犯，虽螳臂当车，但至少给来犯者泼一身污血，喷一脸碎骨！令其惊慌狼狈不亦有种乎？"

欧阳镇之言，闻者无不动容。他抱着"宁为玉碎，不为瓦全"的决心，誓死与清军战斗。

龙孔蒸与洪伯修见状，亦同仇敌忾，誓死参加战斗。

欧阳镇说到做到，他打开粮仓，把家中剩物全部赈民。接着，他又拿出全部银两，收编了一支五十多人的乡军，并给每人发了钱物。如战斗中杀了敌人，提来人头还可领赏。一批乡民饿得半死，听欧阳镇这么一召唤，挺奏效。这留下来的五十多人，个个血性，敢于拼命。

欧阳镇命儿子欧阳淑和家仆一起外逃，但倔强的欧阳淑不愿意离开，欧阳镇厉声道："你难道希望欧阳家族全部葬送于此乎？"

龙孔蒸与洪伯修赶紧上前劝说，欧阳淑这才怏怏离去。

龙、洪二人又迅速联络湘乡一些书生与志士，搜罗一批刀棍剑棒等武器。一切安排妥当后，便在欧阳镇家大院四周埋伏。

很快，清军蝗虫般呼啸而来，未遇任何抵抗，他们顺利占领湘乡后，只留下三百余名清军守城，其余大队人马一路向南开进。

当晚，清兵正在城中狂欢。欧阳镇兵分两路，一路由自己带着三十余名义军，趁着夜色，从东门杀进了敌营；另一路由龙孔蒸和洪伯修带着二十余名义军，从北门冲入敌军粮库。由于守军主力在城中狂欢，守营清兵只有十余人。

欧阳镇等人偷袭成功，将十余名清军悉数斩杀。

与此同时，龙、洪二人率领的义军也将清兵粮库成功烧毁，但自己也损失了近一半人马。城中狂欢的清兵闻讯后飞速赶回，欧阳镇与龙、洪等人会合，准备全力突围，但已经晚了。

大批清兵将欧阳镇等人四面包围，刀光剑影，杀声震天。

激战中，欧阳镇受了重伤，右腿已经断了，胸口中剑，血流不止。龙孔蒸也伤得不轻，左手臂被砍断，脑袋被划了条口子，全身是血，情况万分危急。

恰在此时，西面方向的清兵突然发生骚乱，洪伯修抬头一看，有十余条硬汉挥刀杀来，为首的竟穿着僧服，近了才看清，居然是"食客"郑石！与他同在的还有江陵人李广生等。

郑石穿着僧服，让清兵产生错觉，结果吃了大亏。否则，他们这点力量根本杀不进来。郑石浑身血迹，他见欧阳镇和龙孔蒸伤势严重，无法动弹，便让洪伯修带着他们朝西南撤退，他和李广生殿后。

欧阳镇坚决不从，为不拖累大家，他从带血的上衣口袋里掏出砒霜，大吼一声："大明皇天在上，庶民欧阳镇无力回天，就此报国！"吼毕，将早已为应对不测而准备好的剧毒丸和着血吞服下去，顿时七窍流血，魂归西天。

龙孔蒸见状，也大吼一声："山公，吾随你而去！"拔剑自尽。

洪伯修、郑石和李广生等人眼睛一红，齐声嘶吼："杀啊！"便什么也不顾了，挥刀杀向清兵。

战斗持续了一个时辰，洪、郑、李和所有义军壮烈殉国。

天亮后，人们在清理尸体时才发现，欧阳淑也死于乱军中。原来，欧阳淑遵循父命，将一家老少带至深山安顿后，当天晚上，他亦佩剑出山，寻义军而来，当欧阳镇杀入敌营时，欧阳淑已经赶到。隔着敌阵，他还来不及见父亲一面，说上一句话，就被两个清兵从背后突击，残忍地斩去头颅。一朵花，刚刚盛开，还来不及向世界展示最美的花瓣和最沁人的芳香，就被残暴的闪电击中……

听闻欧阳镇等湘乡诸子如此英勇，王夫之如锥钻心，悲痛不已，分离前的一幕及往日的交往，历历在目。王夫之想不到欧阳镇如此决绝，如此英烈。湘乡相聚，欧阳镇还对王夫之投身行伍不以为然，认为科举才是正途，王夫之尤其记住了他所言"读书人有读书人的使命"。当时王夫之还把欧阳镇视为"只想不为"一类人物而心生不悦之感，现今想来真是惭愧。

更令王夫之惭愧的还有郑石，当初差不多要把他视为酒肉之辈，对他冷讽有加。尽管王夫之一再告诫自己不要以貌取人，也不要以言度人，但要把郑石纳入自己内心尊敬的一类人确实很难。没想到关键时刻，郑石用鲜血和生命证明了自己。国难当头，这些或正统或边缘的书生都当仁不让成了保家报国的另类英雄。虽然这些人的悲壮无法改变历史，历史甚至也不会将这些人的英名流传下去，但这些人义无反顾地做了，他们所做并不是为了在历史上留名，而完全凭着一个书生的本能和责任心。正如夏汝弼曾经说过的，所谓"书生"不是一个空洞的符号，而是有血有肉的人。书生说到底就是普通人，只不过比普通人多读了一些书、更明白一些道理罢了。不要以为书生就是纸上谈兵的人。不是的。王夫之更加领悟了夏汝弼所言"有心报国，处处是门"的深刻内涵。欧阳镇等湘乡书生就是在家门口为国捐躯的，他们没喊一句"报国"的口号，但他们却践行了"书生报国"的心愿。

"壮哉！湘乡诸子！"王夫之长呼一声，扼腕痛惜道："山公等湘乡书生如此有血性，明知不可为而为之，壮我大明之威。此乃大明之幸，亦为大明之不幸。"

"夫之所言极是。湘乡书生皆为我等楷模。"夏汝弼流泪道："夏某尤为心痛者乃欧阳公子予私贤侄！多么英武的少年，本该有大好前程，不料于乱世中死于非命。"

提及欧阳淑,王夫之终于忍不住,泪水不觉涌出,他又想起那天晚上欧阳淑当场赋诗"青春易老山河在,最是难了是吾愿",这样才华横溢、英姿勃勃的人说没就没了,不由痛心疾首,哽咽道:"予私,不当亡,实不当亡矣。"他握紧拳头,狠狠地在空中挥舞了一下。他把对湘乡书生的敬重化成了对清政府的仇恨。

三

那些天,王夫之陷入极度的哀伤、苦痛和无助中,脑海里不停地闪现宋人林景熙《书陆放翁诗卷后》:"天宝诗人诗有史,杜鹃再拜泪如水……床头孤剑空有声,坐看中原落人手!青山一发愁蒙蒙,干戈况满天南东。来孙却见九州同,家祭如何告乃翁!"

王夫之连日发烧,浑身乏力,病倒了。但他强打起精神,暗示自己不能倒下去。就在这个时候,胡三妹带着张纯、张熙专程来看望他,张学夫跟在后面,挑了满满一担的东西,包括从南岳山上采到的野菌、野菇,一些鸡蛋和鱼肉,还特地杀了两只母鸡和两只鸭子,煮好、炖烂,送到王家。王夫之看到张纯、张熙长得好,感到欣慰。

"许久不见夫之先生,我们来看看。"胡三妹感叹道:"夫之先生辛苦操劳,更瘦了。"

"你们并不富足,来看看,我就很高兴了。"王夫之真诚地对胡三妹道:"你们还带来这么多东西,我受之有愧矣。"

"夫之先生,你别这么说,山里人也拿不出别的东西。"胡三妹道:"这些吃的都是自己上山摘的,土里种的,或家里养的,又没花什么钱。"

王夫之看着张纯、张熙到了读书的年岁,便问道:"两小孩子上学了没有？"

胡三妹摇摇头，叹道："这天乱地乱，到哪里上学？"她指着张学夫对王夫之道："看看学夫，跟着夫之先生和夏先生出了一趟远门，回来就变得不一样，像个读书人了。"

张学夫站在一旁，嘿嘿笑。王夫之知道，胡三妹希望他收下两个儿子为徒，他也愿意教教他们，可是眼下还不太平，自己都没有安顿好，又怎么敢轻易答应别人求学之事？

"我刚从山上回来，许多事情尚未细想。"王夫之主动对胡三妹道："一旦局势明朗，我愿意收下纯儿、熙儿为书童，教他们读书识字，将来报效国家。"

"哎呀呀，快快拜师夫之先生！"胡三妹闻讯，激动得泪流满面，硬要带着两个儿子，跪在地上，向王夫之叩了三个响头，仿佛行了此礼，就名正言顺成了王夫之门下的弟子了。"这一天，也正是纯熙盼望的。他若泉下有灵，必托梦于我，向夫之先生拜谢。"

王夫之赶紧扶起他们，心里颇为感动。但一听到张纯熙的名字，他的心情又开始沉重起来……

十月，原本是桂花遍地香的季节，衡州则是满地荒芜、悲怆。清政府统治衡州，王夫之及其家人很不适应，一直笼罩在一种捉摸不定的哀伤中。以前，衡州也有各种不同势力统治，但终归是明朝的天下。王夫之从来没有意识到，打从清军进城后，这个天已经变成了清朝的天。明朝的地碎成一块一块的，明朝的天在哪里？

王夫之看不到。他觉得这一切，都不真实。就在这样的氛围中，大叔王廷聘过世了，王夫之几乎难以承受。

王廷聘一向性情豁达，"生当洒脱，死亦清白"，这是他的信条。实际上，他对自己的生命早有预感，先走一步也正是他的愿望。他一生好酒，肝脏出了问题，跟酒精不无关系。况天下分崩离析，令人提心吊胆，他表面上不问世事，半夜里还是惦记读书人的事情，"国破山河碎"，也让他度日如年。所谓喝酒，并不全是爱酒，有时也是一种寄托。衡州陷落，他的日子更加清苦，在王夫之眼中，大叔凡事看得开，看不开的事，也能被他藏在心里，安安稳稳。除了埋葬姜百户那次，王夫之看不出大叔生命中有什么值得痛苦的事情。

去世前，王廷聘专程来找王夫之喝酒。坐在火炉旁，他的脸色蜡黄，形容枯槁，拖着颤颤巍巍的身体，道："夫之，王家祖上乃大明忠臣，我等不能背叛祖宗。"王廷聘似乎意识到，叔侄的这顿酒、这次谈话，是他生命中的最后一次。

王夫之点了点头，有点讶然。这话大叔可不常说。

王廷聘又道："皇恩浩荡，我等无以为报，恪守本分，不能忘本，大明存亡，我等皆为大明子孙。无论世道如何变化，这一条不会变化。"到了这个时候，他仍旧没有忘记喝酒。

王夫之握住他的杯盏，让他不要再喝了。他却轻轻推开王夫之的手，怡然自得地小酌一口，道："命不久矣，不差这杯。"

"大叔不要这样说。"王夫之道。"阎王爷离我们还远得很。"

王廷聘笑了笑，道："夫之，书生报国未必只能一死。勿苟活，勿枉死。千万记住，你有大才，不要白白送了性命。"

王夫之越听越不对劲，心想，这像是父亲大人常讲的话。

"学海无涯，足够你一辈子探索。为叔的劝你一句：不能立功，至少立言。战火岁月，不缺你个兵；和平年代，怕缺你诗文。"王廷聘一本正经，道："你让叔留个念想，让你的文字伴着你的学识、智慧流传下来，此乃你之职责矣。"说完，王廷聘拿出一摞厚厚的手稿，郑重交给王夫之，道："为叔的学问不精，此《先秦诸子释本》和《春秋考辨》乃叔一辈子心血所凝，其中还有些许诗词，能见叔之心迹，你得闲一看，或可解乏也。"

王夫之接过厚厚的手稿，怔怔地看着大叔，他突然感觉奇怪，感觉有点陌生。王廷聘眼里有一道光，很亮、很强的一道光，穿过黑暗的迷雾，直达心灵的隐秘处。刹那间，王夫之感觉大叔仿佛变成了父亲大人，这还是心目中的大叔吗？他十分意外。大叔一生从未督促自己在学业上如何精进，每次见面，除了喝酒聊天，说点不着边际的事情，几乎从不谈及学问之事。此时为何要说这些？王夫之当时不解。直到晚年，当他守着草堂在学海里孜孜以求时，大叔最后眼里的光芒似乎一直照射着他，让他感到温暖和慰藉。那一道光，是大叔留给他的形象；那一番话，是大叔交代的遗嘱。

"那一次喝酒，那一次谈话，自己竟没有意识到这是跟大叔最后一次喝酒、最后一次谈话。"过了许久，王夫之还感觉有些恍惚。

王夫之回忆大叔如何教他写诗作文，早年他执迷于自己的偏好，不愿秉承父亲所提倡的"王、储"或二叔宗法的"黄建""开天"，沉湎于竟陵派"幽深孤峭"的模仿中。大叔很不高兴，直言"何为作此儿女嗫呢"！并不断纠正和训诲他，使之最终放弃竟陵体，转为雅好唐音，崇尚汉魏，拒绝姝媚淫逸的靡靡之音，以慷慨昂扬之笔，追求苍凉辽远之诗境，真正回归到诗学正道上来。大叔颇为欣慰，彼此唱和，多有长进。可以说，大叔对王夫之一生的影响很大。到了晚年，大叔曾在南岳山上盖了一间小房子，取名"曳涂居"，所谓"曳"者，漂泊不定，不拘一格也；"涂"者，自由自在，兴之所至也。王夫之也曾模仿大叔的"曳涂居"，建有一草舍，取名"浉涛园"。"浉"者，干爽也；"涛"者，碧浪也。既有干爽又有碧浪，表达了自己海纳百川的包容态度……

安葬完大叔，王夫之没有想象中的悲伤、颓废和绝望，他看了太多的死亡，四周被死亡的气息所笼罩。死亡连着死亡，无边无际的死亡追随着每一个人。死是如此容易，活是如此艰难。一个又一个亲人，原本活生生的，现却再也发不出声音，躺在地下长眠不醒。那谈不完的话不再谈了，那喝不完的酒不再喝了。这就是死亡，是生命的必然，也是每个人的终点。

小叔失踪后，父亲一直难过。大叔走了后，父亲的情绪越来越差。平时，他们兄弟仨虽然并不显得亲密，但一旦分离，才显得那么的恐慌和伤痛。父亲作为王家老大，反而比两位叔叔活得更长（在他的潜意识里小叔已经不在人世），父亲觉得这是自己的过错，但又不能表达出这份过错。

接连六天，王夫之每天上午去大叔坟头上看看。第七天照例去了。站在大叔的坟地，王夫之长久地伫立，只感到天高地阔，风吹鸟飞。回忆过往，他在记忆的最开端就看见大叔年轻的笑脸。那个时候，大叔端着酒杯，对他就像对待自己的孩子一样，给他诵读《庄子》。从那之后，大叔的面庞就一直萦绕在他的眼前，他见大叔比见父亲的时间还多，大叔对他比对儿子还好。大叔带他长大，大叔教会了他做人。他清楚记得大叔的话："我生之时，大明盛世；我亡之时，大明犹在。走在大明凋落前，了无憾矣。"

那天王夫之回到家，已经是吃中饭的时候。他没有心情吃饭，只想上床休息一下。

这时，突然听到有人敲门。谭孺人打开门，发现是一位打扮精致的老妪，便问："请问你找谁？"

那人轻声答道："我找夫之先生，请问他在家吗？"

王夫之闻讯出来，顿时惊住了："啊？这不是姜百户……姜夫人！"

"稀客，真是稀客！快快请进，请进来！"王夫之连连说道。"您怎么找上门来了？"

欧阳文澜微笑道："其实，我来过好几回了。只是不凑巧，没有碰上。"

"真的吗？"王夫之感到抱歉，道："您多时来过这里，我怎么不知道？"

"唉，前两次，听说您去永历朝了。"欧阳文澜叹道："清军进城后，许多人都跑了。我又来过一回，听武夷先生说，您去了南岳山上。其实，清军不是大西军，夫之先生完全没必要离开衡州城。"

王夫之听了，马上皱起了眉头，不过也没往心里去。他告诉欧阳文澜，自从清军封城后，他还打算去看她。因为不让出城，最后只好去了姜百户的墓地。

欧阳文澜点点头，对王夫之说，她知道，也很感动。她也去了姜百户墓地，看到新垒的坟地，在那儿哭了很久。附近居民告诉她，是王夫之和什么人一起垒的新土。

王夫之告诉她，那一次，是大叔陪他一起去的。而今，大叔已经归西。欧阳文澜听了，难过了好一阵子。

"不过，我今天来很开心。"欧阳文澜望着王夫之，说道："衡州知府对我很体恤，发了一笔抚恤金。女儿也找了新的对象，一切都稳定下来，不再担惊受怕，生活越来越好了……"

"你是说，清政府给姜百户发了一笔抚恤金？"王夫之十分震惊，冷冷地问道。

"是啊。这难道有错吗？"欧阳文澜感到不解，说道："姜有义是在抗击大西军时牺牲的，明朝政府从未给他嘉奖，相反，还迫害我们。清政府拨乱反正，有了一个名分，死者得以安息……"

"这是清政府笼络人心！不是安的什么好心！"王夫之大声叫道。说真的，如果是别的什么人，王夫之早就叫她滚出去了。可是，她是姜百户的遗孀，是英雄的亲人！可是，欧阳夫人怎么被一点点小恩惠就蒙蔽眼睛了呢？

"夫之先生，我不管人家安的什么心。"欧阳文澜站了起来，明知王夫之不高兴，仍然还要说出来，"我只是衡州城的一介子民，小小百姓，也是妇道人家。在我看来，让每个普通人过上正常日子，让每个流血的人，甚至牺牲者得到应有的尊重，不瞎搞，不折腾，不自吹，我就欢迎这样的府廷。这就是民心所向的好府廷……"

"够了！你走吧！快走吧！"王夫之气得浑身发抖，吼道，"我再也不想看到你！"

"夫之先生您、您……我有错吗？"欧阳文澜一脸惨白，她没想到，王夫之如此生气。她自己也气得不行，捂着脸，快速往外走，任泪水哗哗流下来……

四

天在变，地在变，人在变，一切在变，但王夫之没有感觉到变化。或者说，他看到了，但不承认所发生的变化。

这天上午，奚鼎铉来到王衙坪，称有"公干"。王夫之这才知道，奚鼎铉做了衡州同知。王夫之感到吃惊，虽然心里不爽，但还是祝贺他高升了，然后问奚鼎铉"公干"来此做什么。

奚鼎铉竟然吞吞吐吐，似乎有什么难言之隐。

王夫之不大高兴，道："既为公干，为何不敢言说出来？"

奚鼎铉搔搔头，终于说了出来，说清廷的政令"留头不留发，留发不留头"，他是来王衙坪劝王家人剃发的。

"须发自古乃父母所赐。你好歹也是读书人，焉不知此乎？"王夫之一听，勃然大怒："王家人头可断，发不可薙！"

剃发又称薙发，实为满洲独有之习俗。男子在额角两端取一直线，剃去直线以外、顶发四周边缘的头发，只让中间保留长发，然后分三绺编成长辫一条垂于脑后。

多尔衮入关后，强力推行剃发"以别顺逆"，凡迎降清人的全要剃发，非迎降的传檄限期剃发作为归顺的表示。多尔衮颁令："各处文武军民尽令薙发，倘有不从，以军法从事。凡遵依者为我国之民，迟疑者同逆命之寇，必置重罪。"还特地强调："不随本朝制度者杀无赦。"

在这种强令下，各地百姓纷纷委曲求全。清军还派了不少剃头匠，挑着剃头担，逡巡于大街小巷，见到没薙发的，拉来便剃，稍一反抗，就砍头。砍完头，还专门将其挂在特设的剃头担的竿子上。王夫之对此极为反感和愤恨，这难道亦是天命乎？这就是姜百户遗孀口中的好府廷所为？他反思战国时期阴阳家邹衍所主张的"五德始终说"，为当时主流学者推崇。"五德"本指五行木、火、土、金、水之五种德性，邹衍认为："五德"周而复始，决定了历史变迁、皇朝兴衰。比如，明朝的"明"属"火"，火克金，而水又克火，皇太极将"后金"改为"清"，以为国号，最终"清水"灭了"明火"。王夫之将此斥之为"谬毒"，他认为清廷强制推行的薙发即为"夷狄"之野蛮行径，清王朝就是野蛮王朝。

"夫之先生休要大怒，卑职依令行事而已。"奚鼎铉见王夫之如此生气，也不强行，依旧微笑。他停了一下，又特意提高声音说道："衡州知府章梁大人专程来拜访武夷先生，马上就到，卑职先行知会一声。"

王夫之愕然，他呆在原地怔了许久，最终还是将消息报告给父亲王朝聘。

王朝聘听罢惊道："章梁大人做了清廷的衡州知府，当真？"随即手一扬，道："友人故交，可见；清廷知府，不见。"

"见与不见，终归是见。"王朝聘话音未落，章梁已经走了进来，打着哈哈，作揖道："武夷先生，别来无恙也。"

王朝聘冷哼一声，扭头就往内室走去。

章梁也不恼，背着双手，跟上去，道："武夷先生，章某虽然做了衡州知府，但青山不改，章某还是当年的章某。"

"章大人，你还敢说是当年的章梁？"王朝聘突然停住，回头盯着章梁，厉声道："罗亦篪做衡州知府，与大西贼军拼杀，死得壮烈，算得上明廷好汉。你认贼作父，当了清廷知府，算什么东西？"

"武夷先生，世道已变。良禽尚懂择木而栖，而况人乎？"章梁顿时脸上挂不住，他没料到读书人说话如此粗直，如此不留情面。他辩解道："章某与罗大人，乃此一时，彼一时矣。若罗大人在世，亦是如此。"

"老朽真没想到章大人会降清为臣。"王朝聘怒道："降清也罢，还如此为自己辩解！"

"章某并非为己辩解。"章梁异常恼怒，但强忍住，说道："识时务者为俊杰。章某所言，乃实情而已。"

"好一个识时务者！"王朝聘闻之更为恼火，他大声道："你的胞弟章旷为抗清流尽最后一滴血，死不瞑目。这才是章家人的血性，明廷的脊梁！你不为章家人争光，亦不应将祖上的荣光丢尽矣！章旷若泉下有知，定会托厉鬼索你矣！"

"啪！"的一声，王朝聘的厉言斥责，仿佛一记耳光，重重地打在章梁脸上。章梁突然捂着胸口，剧烈地咳了起来，吐出一口血，他赶紧用绢包住，塞进袖内。

过了好一会儿，章梁喘口气，低声道："武夷先生，关于剃发之事，刚才同知奚大人已报告了。若武夷先生执意不允，恳请外出暂避风头。"章梁说完，也不等王朝聘和王夫之回应，转身走了。

王夫之心细，他知道章梁先派奚鼎铉来探口风，见奚鼎铉说不动王家人，自己便亲自来劝说。因为王家人在衡州影响大，大家都在观望。如果王家人不剃，别人就会仿效；如果王家人剃了，章梁就会大做文章。王家父子明白，章梁暂时还不会蛮来，不过，如果清廷盯得紧，将来还是逃不过的。

章梁与奚鼎铉走后，王夫之听见王朝聘一个人唠叨："苟活如此，拼命逃亡，何日是尽头？"

现实就是如此。要待在城里，必须剃发。否则，就得离开。王夫之没有办法，决定带父亲大人再去南岳山上躲一躲。

王朝聘道："你一次次逃离，又一次次回来，还嫌不够折腾吗？"

王夫之听父亲这样说，就知道他同意了。如果不同意，他才懒得给你说。父亲显然知道，此番去南岳，也许是一生中的最后一次。眼下时局凶险，各种坏消息堵都堵不住往耳里塞。再去南岳"逃难"，亦算是"魂归九泉"之前的一次探路吧。

听闻王朝聘入山，与王夫之和王介之两个儿子住在一起，南岳山上的僧人和一些书生纷纷前来拜访。性翰法师率先前来，给他们送来一些粮食。王夫之露出难得的笑容。重修方广寺，多亏了性翰法师忙碌打理，节俭从事，王夫之才能顺利完成堵公交付给他的公差。

"阿弥陀佛！武夷先生别来无恙？"性翰放下两斗大米，向王朝聘请安，并向王家兄弟问好。

王夫之感激之余，道："年景不好，法师还能为我们着想，受之惶恐矣。"

王介之也道："贵寺僧人众多，尚不知食能果腹否？"

性翰道："佛门中人向来粗茶淡饭，再说，寺庙还是香火不断。"

王夫之惊道："世道离乱，何以香火鼎盛？"

性翰解释道："天灾人祸之下，烧香祈福者甚多，我等皆不收取香烛钱。他们感激，故而送些柴米油盐来，积少也就成多。且不止百姓，还有官与兵。"

王夫之惊道："衡州官兵早就跑光，何来官与兵？"

性翰犹豫了一下，从实道："贫僧所指，并非南人，而为北人。"

所谓北人，即为清军。王夫之与王介之大惊失色，王朝聘也顿时变了脸色，气氛一下子有些紧张。王夫之疑惑地道："大师身为明人，何故受清人嗟来之食？"

"阿弥陀佛！"性翰合掌作揖，念道："先生此言差矣。贫僧乃出家之人，早遁入空门，再无明人清人之分，只有无缘人与有缘人之别。佛陀乃天下之佛陀，众生之佛陀，向佛者不分南北，南人可以跪拜，北人亦可矣。"

"荒谬！"王朝聘断然道："方广寺乃明人所建，堵公所修，何以接纳清人之许愿祈福，难不成要佛陀保佑贼人灭我大明乎？"

"阿弥陀佛，罪过，罪过。"性翰再次念叨："佛家有云，'放下屠刀，立地成佛'，佛家只教人向善，善念皆得庇护，恶念自难圆满。"

王夫之摇了摇头，道："法师所言差矣。恶人偶有善念，但终为恶人。倘人无善恶之分，则天下无恩与怨、亲与仇矣。"

王介之亦插话道："佛家虽以慈悲为怀，博爱众生，但善恶不分，此等做法断断不可。"

王朝聘尤为不快："是故吾终生不在佛前下跪！所谓博爱，往往善恶不分，南人、北人怎能混为一谈？"王朝聘本有拒食驱人之心，但看着两个儿子，觉得不能做得太决绝。山上还有众多佛门弟子，与他多有交集，于是忍住怒气，摆摆手道："性翰，你真糊涂。"

性翰赶紧鞠躬，道："阿弥陀佛，贫僧记住武夷先生斥训。"

王夫之望着性翰的背影，心情复杂。而王朝聘指着性翰留下的两斗大米，决然道："此为清人所赠，王家人决不食之。"

翌日上午，破门闻讯赶来，他一手拿着拐杖，一手提着御寒的衣服和毯子。进了门，他先是口宣"阿弥陀佛"，随后安然道："夫之先生，别来无恙？"

王夫之看见破门，甚为感动，回礼道："法智大师，一向安好？"

破门笑道："苍茫众生中一蜉蝣尔，贫僧随遇则安，得过且过矣。"言毕又特地去向王朝聘请安："武夷先生，久仰大名。贫僧内心一向崇敬。"当看到老人家身体欠佳时，便不多打扰，侧身退出。破门也跟王介之打了招呼，然后道："王家老少上山，南岳顿时灵动起来。"

王夫之道："若能修得大师之境界，夫之亦可安居此山中。"

破门道："贫僧乃蚁民，生活至上，偷度浮生而已。"

"蚁民也好，浮生亦罢，终归一生矣。"王夫之叹道，他望着破门，突然想起什么，随即问道："法智大师，能说说'云在青天水在瓶'与'满船空载月明归'之禅意乎？"

"一切禅诗，皆在禅心。"破门笑道："日前无聊，抄有惠洪之《青玉案》，夫之先生若不弃，可据一粲也。"

"法智大师有心了。"王夫之接到破门的书法长卷，连连作揖。他将破门送走后，才徐徐展开惠洪《青玉案》，读之泪目——

> 绿槐烟柳长亭路。恨取次、分离去。日永如年愁难度。高城回首，暮云遮尽，目断人何处。
>
> 解鞍旅舍天将暮。暗忆丁宁千万句。一寸柔肠情几许。薄衾孤枕，梦回人静，侵晓潇潇雨。

王夫之与破门曾谈及惠洪，破门认为王夫之对惠洪比较了解，因而抄诗以遣怀。惠洪命途多舛，四次入狱，且被削籍刺配海南崖州，三年得赦，有"出九死而仅生"之坎坷。惠洪盛赞苏轼"姓名自可磨千古，文字收藏付六丁"，认为他的逝世是"一代风流今已矣，三吴云水故悠然"。王夫之不以为然，可能与惠洪盛赞苏轼有关，他内心对东坡仍有陈见。尽管如此，王夫之对惠洪《渡海》一诗还是颇为欣赏："万里来偿债，三年堕瘴乡……余生实天幸，今日上归艎。"

王介之见王夫之在发呆，便过来问他。王夫之将破门抄送的惠洪《青玉案》示与他看。王介之看罢，发出感慨道："历代贤能，缘何坎坷曲折，更有无数风流，难展报国之才？"

"生不逢时，天不佑人，才俊骨傲，凡此种种，皆为缘由。"王夫之说着，也发出感慨道："惠洪也好，憨山也罢，破门亦是，为何贤能者均看破红尘、遁之山林？"

没有谁能够回答，王夫之和王介之也不需要回答。

此刻，钟声响起，回音绕梁，漫天余韵如雾如雨，在南岳山上兴腾、盘旋，久久不散。山上湿气太重，冷气横生。王朝聘与王夫之、王介之居住在寺里，很少能够安心入睡。

有一天晚上，王朝聘忽地主动跟王夫之谈及当年憨山大师的事情。王朝聘说，憨山大师长他二十二岁，万历二十年（公元1592年），他与憨山大师在南岳山上论道，对憨山大师的《春秋左氏心法》提出异议，当时年轻气盛，憨山大师亦不遑让，双方你来我往，各有所得。

随后，憨山大师告诉王朝聘，《楞严经》七趣因果，世间书籍没有与它对应的批注。憨山大师认为春秋就是说明因果的书，故发愤写出《春秋左氏心法》，借弹劾政治上不明因果而致的腐败，提倡因果乃立世之本。王朝聘闻之，十分感佩。

憨山大师还谈及幼年读老子《道德经》，因文古意幽，文句艰涩难懂，决心参究其义理，做到悟透才落笔，"如有一字未通，决不放过"。历经十五年始成《道德经注》。

交谈中，憨山大师感慨道："我在写经批注时，总是凝神入观，体契佛心，到了内心智慧明彻时，才写在纸上，如果一涉思议，即不中用。"

说到这里，王朝聘对王夫之和王介之道："可见一切妙文，皆从般若心中流出，非偶然所得也。"

王朝聘在南岳寺中有关憨山大师的谈话，对王夫之后来做学问大有启迪。王朝聘在山上一共待了十来天，因为心情压抑，最终病倒了。王夫之心急如焚，与王介之做了种种努力，但病情并未好转。

王朝聘挣扎着，用命令的口吻对两个儿子道："黄土就淹到老朽脖子上了，还有什么可怕的？不躲了，回去！"

于是，王夫之和王介之带着父亲，悄然回到了王衙坪。

到家后，王朝聘接连发烧，不想吃喝，浑身无力。他执着谭孺人的手，喃喃道："喋血流浪，碌碌无为。抱残守缺，蝼蚁之命。咱俩缘分，看来已尽。"

谭孺人扶着丈夫的头，靠在床上。她不说话，只默默地看着他，脸上显得出奇地平静。

那些天，王朝聘时而清醒，时而昏沉。王夫之一直待在他的身边，看他有什么叮嘱。因为，早在一年前，即清朝顺治三年，也就是1646年，王夫之二十七岁，王朝聘七十八岁，他感到生命大限将至，遂把自己一辈子对《春秋》研读的心得体会毫无保留地传给了王夫之："将来可用之。"

然后，王朝聘缓慢而决然地对王夫之道："切记：务必明理明智，务必深明大义，确保读书人之尊严。家事是小，国事是大。若清人再犯衡州，一定不能任其妄为。纵然一死，也要反抗到底。"

"放心吧。父亲大人。"王夫之流泪点头。

是离开的时候了，王朝聘目光清透，面容平静。

临终之前，王朝聘对王夫之和王介之告诫道："我一生清白，未吃清人一粒米，未饮清人一口水，未言清人一句话。我死后，将我葬于南岳，勿让灵柩在衡州清人土地上停留，避免与腥膻相涉。湘楚之地，有先君屈子等千古壮士，威武不屈，贫贱不移，是为我等之先驱楷模。"

"孩儿记住了。"王介之与王夫之含泪应诺。

王朝聘最后望着王夫之，叮嘱道："《春秋》乃王家几代悉心研究之书，他日时机成熟，定将《春秋》之说赓续，此乃遗愿矣。"

顺治四年（公元1647年）十一月十八日，一代名儒王朝聘驾鹤西去。乱世之中，虽然艰难，却也享年七十九岁，算得上寿终正寝了。

王夫之早已清楚，父亲的离开是迟早的事情，但是，当父亲真的离开时，他还是禁不住泪流满面。他感觉到彻骨的痛，以及前所未有的孤独与无助。

五

"水声冰下咽，沙路雪中平。"白雪落地，寒气腾升。王衙坪前经历过许多丧事，这一次尤为庄重肃穆。

王夫之和王介之小心翼翼地用席被裹着父亲的尸体，放到厅堂中，打来一盆清水，认真细致地擦洗着，边洗边流泪。两人谁也不说话，擦洗完，又给父亲穿上寿衣，然后慢慢抬着，稳稳地装进棺材。

一切是那么肃穆而安静。

李国相、夏汝弼等衡州学子以及王朝聘生前若干弟子在山下挖了一穴，将王朝聘棺材埋了。胡三妹带着张学夫和自己的两个儿子张纯、张熙在坟头上拜了三拜，胡三妹哭得一塌糊涂。

性翰与破门闻讯赶来，嘴里念着"若离于爱者，无忧亦无怖"，执意要为王朝聘做一场法事，以超度他的灵魂。但王夫之态度坚决地拒绝了："父亲大人向来不信佛法，无需木鱼香火。谢谢大师了。"

王介之亦道："谢过两位大师。父亲大人去得安详，已得永生。"

章梁和奚鼎铉闻讯后也都派人送来挽联。章梁写的是："磨砥以须问天下头颅几许，及锋而试看先生手段如何。"奚鼎铉写的是："到此尽是弹冠客，此去应无空心人。"两人的对联皆被王夫之拒之门外。看着他们的挽联，王夫之非常生气。他明白，两人都在暗示王家人"剃头"之事。章梁不念旧情，不对父亲的生平作出评价，心心念念的还是清政府规定的"剃头"之事，王夫之算是看穿了章梁的心机。他很是想不通：章梁是恩公章旷的胞兄，一家人，同一血脉，为何兄弟差异如此之大？

令王家人感到非常蹊跷的是，有人送来一头全羊，烤得黄黄的，由两名壮汉抬来。王夫之等人当时正在墓地，不在家。回去后，问是谁送来的，家人说不知道，只说送者戴着面罩，没有说话，但看起来像个老妪。王夫之大吃一惊：莫不是姜百户夫人欧阳文澜吗？她为什么要戴着面罩，是不希望我们认出来？而一想到欧阳文澜，王夫之心里就像是打翻了五味瓶，心情十分复杂。他想拒收这头羊，可一来不敢肯定是否为欧阳文澜所送，二来家里实在没什么吃的，况且已经被家人切开了，招待衡州学子等客人，他只能装作视而不见。

过了头七，王夫之在父亲坟前拜了，回家收拾好行囊，便二话不说，上了续梦庵，此庵之名即为承父之前梦，亦彰自己仍有大梦。在王夫之看来，与其被人嫌、被人催，被衡州知府的人监视，还不如自己主动逃离，上得山来，仍然做着自己的旧梦。

与王夫之随行的是他的侄子王敉。看着王敉，王夫之好像看到了自己的药儿，心里稍有一丝慰藉。二哥王参之原本有两个儿子，可惜，小儿子王致三岁时夭折。王夫之想念二哥，心疼二哥，二哥不在了，他就格外疼爱敉儿，也自然成了王敉的收养人。

其时，王敉十二岁，比较懂事，父母双亡，让他过早地体会到生存的艰辛和活着的不易。此后很长一段时间，他跟着王夫之南行北走，寸步不离。

于王夫之而言，短短一年左右的时间，却似经历了几辈子的悲欢离合。这样跌宕起伏的人生，确非王夫之所愿，但他无法选择，也无法用生不逢时作为逃避现实的借口。

父亲去世后的一个多月，王夫之每天都会去一趟父亲的坟前，给父亲上一炷香，磕三个头，用扫帚清扫墓前的落叶，用手拔去坟上刚刚冒出的草尖。有时候，他坐下来和父亲说说话；有时候，他只是站着，看着坟冢发呆。冬天雨雪多了，新泥容易滑落，每次他都用手将那些泥土捧起来重新添到坟上。后来，他便搬来石块围住坟冢，一层层地垒上去，一个方形的台子基本成形了。

一天下午，王夫之坐在墓前，耳边再次想起父亲临终时所说的话："生为大明人，死为大明鬼，与清人不共天，只有恨。"心中感慨不已。他敬佩父亲的人格和学识，父亲一生刚正不阿，不卑不亢，无愧于先祖，亦不负于"武夷先生"的清流卓拔之名。

就在这时，飘起的大雾之中，走来三人，一位是乡绅模样的中年人，戴着员外巾，身着对襟的锦帛马褂，穿着灰色绸缎裙；另一位是个老实巴交的小市民，戴着黑色毡帽，穿着灰色薄棉袍；身后跟着一个童子，挎着篮子，篮子里放着元宝、蜡烛、香和一叠纸钱。

王夫之起初以为是路人，不以为意。但他们走过马迹桥，却在父亲的坟前停了下来。

王夫之仔细一看，原来竟是两位故人，一位是城内的刘善人，一位是近郊的陈乡绅。他们都是父亲生前的学生。王夫之曾在衡州与他们有数面之缘，父亲死时，他们并没有出面，不止他们，很多知交故友和学生都没到场。遵从父亲的遗命，一切从简，王家也就没有通知外面的人，连曹伯实和姜氏姐妹等人都没有通知。王夫之在续梦庵住了一个多月，隔三岔五，总能碰到前来给父亲上香的故人，如此，也就见惯不怪了。

刘善人和陈乡绅到了坟前，童子放下篮子，掏出元宝、蜡烛、香和纸钱，兀自忙活着，两人见王夫之在坟前，吓了一跳，立即趋前寒暄请安。多年之前，二人跟着王朝聘学习四书五经和仁义礼智，一个做生意成了商人，一个继承家业成了乡绅，逢年过节，他们常去拜访恩师。张献忠占领衡州，他们便结伴外出逃难了，等他们要回衡州之时，清人又来了，归期一推再推，最后还是冒险回来了。

刘善人道："漂泊多年归来，方知武夷先生辞世，特来祭拜。"

陈乡绅道："每念往昔，先生教诲之声不绝于耳，如今却是永别了。"

王夫之拱手道："难得二位贤兄未忘家父，多谢一片心意。"

刘善人道："师恩大于天地，怎敢忘却？"

陈乡绅也道："先生之名，衡州皆知，学识渊博，自成一派，品性高洁，以人心力学，实为理之大家，万人之师表。陈某三生有幸，十六从学，闻先生之声，始知世间之理法，无师便无我。"

王夫之难免感怀："家父一生向学，心有所持，以治学为己任，艰难度日亦未尝有一丝懈怠，心怀大志，科举场上几进几出，无奈却无一官半职，然则，经学盖衡州，桃李满湖湘，已无憾矣。"

刘善人道："其时，先生避居山洞，生活难以为继，却还叮嘱我等读书明理，自己亦是挑灯夜读，奋笔疾书，如今想来，那是难得之快乐时光。"

王夫之亦觉伤感："家父所书，应是研习《春秋》之心得。晚年尤爱此学，亦常以此教授鞭策于我，临别之际，仍叮嘱我赓续此学。"

童子已经点好香烛，烧着纸钱，刘善人与陈乡绅走上前去就要给王朝聘跪拜。看着他们的背影，一道亮光在脑袋上闪过，王夫之吃了一惊。他们的后背垂着两条一模一样的辫子！

这是清人的打扮。王夫之慌忙喊道："二位且慢！既然前来祭拜，烦请脱帽。"

刘善人与陈乡绅面面相觑，犹豫了一下，还是脱了帽子，低下头，露出半个光亮的脑袋。

王夫之的脸色霎时间就变了，厉声道："你们竟然剃了头发，成了清人！"

刘善人哭丧着脸道："夫之先生，我们也不想如此。然时下满城都是清人，刚一回来，刀就架到我们脖子上了，不剃头就要掉脑袋。"

王夫之愤慨难忍，道："脑袋重要，还是头发重要？"

陈乡绅赶紧道："别怨我们，都是为了活命。"

王夫之喊道："活着并非贪图一命！"

刘善人道："命若不存，谈何活之？"

王夫之气冲冲地道："家父在世，常明示小儿，宁死，不向贼人屈膝；家父辞世，仍留遗训于小儿，柩不入清人土，不过清人市。二位以家父学生前来祭拜，诚如此，置家父学理于何在？"

陈乡绅叹道："古语道，好死不如赖活。夫之先生，何故与自己过不去？为了活命，何谓清人？何谓明人？总归是这片土地的人。"

"清人霸我土地，侵我良田，你等忍了、驯了、服了、认了？"王夫之厉声道："生为明人，当堂堂正正！岂能认贼为亲？"

刘善人摇头道："果如此，难道唯有一死方为正道？"

陈乡绅亦规劝王夫之："古今兴亡多少事，一朝天子一朝臣。自盘古开天辟地，多少朝代更迭，兵家战争常有。历史无非成王败寇，金人当年攻下大宋，不也有了元朝，皇朝之事，岂是我等小民所能左右！谁人做皇帝，谁家天下，又能如何？衡州仍是衡州，百姓依然是百姓，锅碗瓢盆，柴米油盐，求的还是一个活法。"

"浑话！"王夫之气得发抖。

刘善人解释道："夫之先生，并非我等无骨气，也并非讲你太过执着。我等亦读过圣贤书，明白天下事，然而，我等只为齐家，并无治国平天下之愿。普天之下，我只识衡州，拖家带口，不敢求死，只能苟活。"

王夫之一声长叹，内心虽然痛，但也只能闭上眼睛，握紧拳头。因为他明白，不能要求所有人都像他一样。因为，在严酷的现实面前，每个人有每个人的想法和活法，而刘、陈二人的想法和活法是大多数人的选择，这看起来似乎本无可厚非。然而，正是这无可厚非的逻辑，那些作乱叛国者便一个个出现了，大明正是因此而走到今天这个地步。想到这些，王夫之还能强求什么？他睁开眼睛，泪水已经在眼眶里打转，低声道："感谢二位对家父一片情谊，可是，父命难违，二位今已为清人，夫之万不敢让二位祭拜，家父九泉之下亦不愿与清人有何干系。元宝、蜡烛和这纸钱，你们且收回吧，还望见谅。"

刘善人还想再作解释，陈乡绅见状拉住了他，对王夫之道："果真如此，我等只好改日再来祭拜恩师。"

王夫之手一扬，冷冷道："往后，二位也不用再来。"言罢，他的心脏不停地抽搐。

刘善人和陈乡绅无可奈何地看了王夫之一眼，又望了望眼前的墓地，默默地转过身，怏怏离去。

两位故人离开以后，王夫之陷入了长久的思考。活着真的那么重要吗？活着真的很重要，天下那么多人，熙来攘往无不为了活着，既然为了活着，为什么又要一次次发动战争？战争似乎只是为了满足一小部分人的欲望而产生的，而这一小部分人决定了历史的轨迹。显然，他并不在这一小部分人当中，那么，就应该熟视无睹吗？众人的熟视无睹与随遇而安恰恰成就了这一小部分人的杀戮与霸业。

望着两位故人的背影，王夫之又退一步想：大明真的该寿终正寝了吗？清人真的开始接管了天下？当大清取代大明，一代又一代人成为大清的子民，他的挣扎与愤怒在后人看来是不是不合时宜？

然而，王夫之的内心清楚地告诉他：断断不能妥协，更无法接受大清的事实。天还是大明的天，地还是大明的地。舍此，活着有甚意义？可笑也罢，刻板也罢，愚忠也罢，这是他作为一个读书人的全部尊严，也是他活下去的底气和骨气。

第二十九章　南岳起兵

一

阴雨绵绵。南岳山上雾霭重重。王夫之在续梦庵整理一批书稿，时不时去父亲坟前坐坐，有时也去陶令微和王参之的坟头看看。

"夫之老弟，可找到你了！"有一天中午，李国相突然从衡州城山下风风火火跑到续梦庵，推开房门，大声叫道："你听说没有？常宁民众举起义旗抗清了！"

王夫之大吃一惊，道："啊？此话当真？"

李国相道："常宁书生谢煟和龙尚可，大冶人周师文和江夏人郑古爱带着民众反清了。近日，常宁清军大部南去攻打明军，城内防务空虚，几位志士步湘乡诸子之后，召集了几百人，深夜突袭常宁城，大快人心。"

王夫之闻讯眼前一亮。他早就听说过周师文，此人乃侠义之士，一直跟随堵胤锡抗清，只是交往不多。对郑古爱，王夫之倒是熟悉，他们同年中举，郑古爱亦是恩公章旷的爱将。王夫之有些不解：按说堵公的人应该都在湘西北，周师文为何跑到了湘南？王夫之并不知道周师文正是受堵胤锡所托，回家征兵。而郑古爱在返回永历朝廷途中，接堵胤锡密令，去耒阳与周师文会合。

正说着，管时求和夏汝弼也匆匆赶了过来。

王夫之见到管时求，吃惊道："时求兄不是去广西永历朝了吗，怎么没去了？"

管时求确实是在清兵攻打衡州前，打算离开的，但当时水路走不了，没有船只。陆路也走不了，没有马车。他奔波了数天，没走成。未几，清军来了，他只好逃到山中。后来回到城里，听人说起王夫之家中变故，哀伤太多，管时求不忍打扰。不久，他听说夏汝弼也在南岳山上，便追了过来。

实际上，夏汝弼在南岳山上碰到管时求，很是意外。夏汝弼也以为管时求去了永历朝，管时求叹了口气，两人互诉别离后种种事情。他们都跟王夫之和李国相等一样，被奚鼎铉特殊"关照"着，继续保留着头发，但不能回衡州城。

可以说，是南岳诸峰庇护着身处险情中的衡州学子。

见王夫之问自己的情况，管时求抹了一把脸，喘着气，大声道："夫之老弟，总算见着你了。常宁城出大事了，你知道吗？明朝宗室朱蕴金起兵反清了，各路志士都在向那里汇集，听说有上千人马，好像已经占领了常宁城。"

夏汝弼接话道："何止志士友人结成义军反清？数月来，南线战事同样捷报频传。不知各位听闻否，何腾蛟大人到了广西一带，大破清军。"

王夫之一听，精神为之一振，道："此等消息，委实振奋人心也。"

原来，章旷病逝后，南线战势风云突变：1648 年年初，清军大举进犯广西，何腾蛟从大局出发，返回桂林，与瞿式耜并肩作战，抵御了清军进攻，还在兴安、松林等地展开反攻，经历大小几十战，杀敌无数。五月，又率部进攻全州，经历五次进攻，八次大战，取得大捷，收复了全州；六月，江西原已降清的金声桓高举反清复明大旗，据地归附，声势复振。

随即，何腾蛟率部进驻全州，乘胜追击，夺取永州。

短短一年，天下局势出现了转机，人们也看到大明死而复生的希望。西南的两广、云贵和江西等地被重新夺回。湖南方面，大明军队开始反攻。堵胤锡率部在西线反攻常德等地，何腾蛟则在南线率领大军进攻永州。湘南大部分清军均奔赴永州驰援，颇有顾此失彼之窘迫。随着此次反攻高潮，湖南各地的民众也纷纷起义反清，常宁地区的民众起义则是众多起义中声势最大的。

"哈！真是'但使龙城飞将在，不教胡马度阴山'。"王夫之感叹道："何公、堵公，还有瞿公，真乃我大明之股肱也！"

李国相道："我大明收复河山，有望矣。"

"金声桓之流，先是降清，后又反清，如此反复，墙头草所为，怎堪大用？马进忠、王进才之流，几次抗命出走，烧杀抢掠，见利忘义，唯利是图之流，焉能指望？"夏汝弼倒是头脑清醒，他看了看诸位，不无忧虑道："然而，此等墙头草、利禄之辈眼下却是重要力量，朝廷百般安抚，何公、堵公等正直之士，皆敢怒不敢言，如此，是福是祸，难以预料矣。"

"前车之鉴，血迹未干。"王夫之点头赞许，这是他最担心的。

管时求亦点了点头，道："汝弼所言，正中大明当下之痛处，更是真正之困境。"

"凡墙头草者，皆会审时度势。"李国相相对较为乐观，他说道："清军虽有虎狼之势，却并非不可战胜。事实就在眼前。相信反清大军能同仇敌忾，奋勇杀敌，收复河山。'黄沙百战穿金甲，不破楼兰终不还'。"

"果如此，大明早不至于此矣。"夏汝弼有点不以为然。

管时求点点头，大声道："诸位暂且不论这些，眼下战局正好，反清声势空前，我辈甘于受困于南岳山上乎？"

"诚哉此言！"王夫之亦颇为激愤道："想当日，清军在嘉定屠城，在扬州屠城，在东南各地屠城，我大明子民均有骨血，奋起反抗，誓死不降。且如今，清军已到湖湘，依然在各地屠城。常宁起兵，我辈当学湘乡诸生、步常宁后尘，高举义旗，报仇雪恨，复我家园！此亦家父生前之最大遗愿也。"

几位衡州书生仿佛有一团火，在心中熊熊燃烧。

李国相道："我今日前来，正是想和诸位商讨此事。"

"眼下最是良机！"管时求道："目前衡州城内清军兵力空虚，只有数百守城将士，且纪律松懈。此时不反，更待何时？若我等揭竿而起，未必不能夺回衡州；即便不能，亦能打乱清军部署，令南去清军必有后顾之忧，亦有助于天下抗清大局。"

李国相低声而严肃道："若要起义，我等誓做赴死打算。"

"最坏也就如此罢。"管时求也道："倘能为大明战死，岂不是我等之幸？"

王夫之心情激动。他背着双手，慢慢走到门口，看着不远处父亲的坟墓，慨然道："为大明效死，乃家父之遗命！即便捐躯，也是为光复大明，实现报国之愿矣。"

管时求道："眼下我等应尽快联络衡州众义士。还要联合各地义军，形成一线。我与大冶人周师文有些交往，跟郑古爱亦熟，可修一书，差人去联系。"

"我去。"王介之不知道什么时候也来了，插话道。

王夫之看了大哥一眼，心情有些激动：大哥总是在最需要人的时候，他就出现了。当很多人都在热闹时，他似乎不存在。

那几日，王夫之与几位挚友徒步行走在崇山峻岭之间，抵达一个又一个柴门，怀着相同的报国之志，四处奔走。衡州各方志士义愤填膺，对清"留发不留头"的野蛮行为恨之入骨，遂纷纷响应。

很快，由衡州学子和一批僧人、道士、逃难者、伐木者、村民、山民等组成的一支三百余人队伍应势而生。王夫之成为起义领导小组重要成员。大家又推举在永历朝当差、与清人有过作战经验的管时求作为总指挥。管时求当仁不让，慨然应允。衡州学子经过细心筹划，制定了作战方针，他们的目标十分明确：占领衡州城。

大雁惊飞，风暴来临。

从南岳山上看衡州城，但见烟雾迷蒙，残阳如血。

二

衡州以西为南岳，南岳以西为渣江，渣江以西有河田，山坡之上，葱葱郁郁的树林之中，有一片开阔地带。

王夫之等起义军的营帐就扎在此地。

金秋时节，凉风阵阵，夕阳西下，晚霞漫天，篝火熊熊燃起，闪闪发亮的刀枪剑戟搁在木架子上，一堆又一堆的铁锹、镰刀和锄头堆在一堆柴禾旁。起义军当中，除了书生侠客，不乏衡州当地的百姓，四下征集求助，兵器依旧短缺，于是，这些农具也成了他们杀敌的武器。三三两两的兵勇正在草场上操练，一个黑影格外扎眼，他身高大约五尺，身形略显清瘦，似乎是尚未成人的少年。此少年手持长剑，一人对阵六人，闪转腾挪，上下跳跃，拳脚如风，长剑如电，六个对手围在他身边，却不能靠近，几十招过后，六人败下阵来。

此少年名叫李璟，乃李国相之子，自幼文武兼备，少年成名，颇有李国相之风范。他成长在大明衰亡之际，却有一颗天下之心，一身是胆。在他身后，李国相正和几十个乡民操练阵法。一条空空的袖子垂在身体一侧，他笔直站立，腰挎大刀，单手扶着刀柄，有节奏地喊着口号，随着他的号声，横排成行、竖排成列的乡民也有节奏地喊着号声，挥动手中的刀剑和农具，或砍，或劈，或刺，其中部分人动作缓慢，有气无力，有些松垮。于是，整体看上去动作不够统一，阵形也跟着乱了，李国相不够满意，来回踱步，高声训话："战场杀敌，靠着一口胆气，想想家人和亲人的血债，想想家破国亡的种种痛苦吧，你就能有一股冲天的怒气、怨气和正气，汇成浩然之气。有此之气，方能奋勇杀敌。知道了吗？"

"知道了！"众人高喊。

"砍，劈，刺，需迅疾，迅疾而生虎威，而生虎力。练兵是为打仗，需有精气神，精气神乃生勇，有勇则无畏，无畏则无所不能。"李国相接着讲战术的要点："一己之力，可杀敌，但要胜仗，需阵法、战术。同心协力可断金，同仇敌忾可破敌。"

"杀！杀！杀！"山谷里，喊声震天。

练兵场后面就是营帐，帐前亮着火把，帐内点着松节灯，一把长案桌摆在中间，上面摆着一张地图，众人围着地图，拿着指挥棒与旗子。管时求、王夫之与各路义军代表正在研究作战部署。他们约定，以火把为信号，七日后的夜半时分，趁清军休息、防备最弱之时，分散各处的义军同时行动，从四面八方合围城防清军。

与此同时，常宁也会有一部分起义军前来支援，以迅雷不及掩耳之势，杀衡州清军一个措手不及。

众人散去，夜已经很深，兵勇歇息了，李国相和儿子也走了进来。空空荡荡的营房内，管时求和李国相还在研究战术部署。

王夫之站在一旁，盯着地图上的南岳群山和衡州城池，又一次陷入沉思。想着他从未到过的京城和素未谋面的崇祯皇帝，想着恩师章旷的音容笑貌，想着父亲的谆谆教诲，他在无边无际的灰暗与寂静之中，似乎看见了火焰，然后，他激动得有些战栗。他从来没有这种感觉，三十年的生命、无数的日日夜夜、所有的饱读诗书，都是为了这眼前的生死一搏。他甚至似乎看见刀光剑影，听见杀声震天，他带剑上阵，在战场杀敌，用自己的血与肉从清军手里夺回生他养他的故乡。

李国相望着儿子的背影，疼惜道："璟儿没有赶上好年景。唉，此念亦不对，谁天生就当于乱世中奔命乎？时势造英雄。越是乱世，越是义勇之士成就伟业的好时机！"

"此言甚得吾意。"管时求想到起兵的事情，便问道："常宁义军当真会前来支援，助我等一臂之力？朱蕴金旗下现有数千人，此番会派多少援军前来？"

王夫之道："大哥还没回来，如果有一二百人来支援就好了。"

不巧，在这节骨眼上，夏汝弼的母亲亡故了，他赶忙回家奔丧。临走时，他表示，一定会在战斗打响之前赶回。

王夫之要他宽心："百善孝为先，专心处理家事。"

三天后，王夫之与起义军一同操练，果真看见夏汝弼缠着白纱出现在眼前，随他一同前来的竟然还有张学夫。夏汝弼憔悴不堪，形容枯槁，蓬头垢面，眼圈都是黑的。见他如此，王夫之心疼道："为何不在家中安心处理令堂大人后事？"

"均已安排妥帖，待在家里亦无意义。"夏汝弼道："眼下正是起兵关键时刻，母亲在天之灵也会体谅为儿的孝心。"

王夫之道："无家则无国！生死事大，怎能如此轻率？"

夏汝弼道："人死不能复生，我当缠纱上阵杀敌，以尽忠代行孝。若战死，可在阴府与母重聚；若幸存，自会请罪于母坟前。"

"学夫怎么也跟来了？"王夫之望着夏汝弼道。他想起欧阳淑，又想起李璟，现在又是张学夫，他们都还是孩子。王夫之有点不忍心。夏汝弼却道："非我鼓动。是学夫深明大义，执意要来。"

张学夫道："小生不知何为大义，但对清军，只有仇恨。上了战场，当以死相拼。"王夫之叮嘱他："务必小心"！

终于到了约定起兵的日子。

整个白天，王夫之如坐针毡，不敢独处。他手握龙星剑，不停地摆弄着招式，又和李璟对打了几个回合。刚坐下来，喘了几口气，夏汝弼就闯进营帐，因找不到总指挥管时求，他便对王夫之发脾气："衡州诸生今日起兵抗清，如此大事，为何将我排除在外？"

王夫之道："汝弼，你并非置身事外，而是与我等同在。"

夏汝弼坚持道："何故我不在攻城义军之列？"

"不能上阵杀敌即不是抗清？非也。"王夫之试图解释。"你曾说过，有心报国，处处可为。"

"你等勿要羞辱我！"一向文绉绉的夏汝弼突然大发雷霆，怒目圆睁道："我确说过'有心报国处处可为'，那是在你欲去广西、去永州、去武冈等寻报国之门，去而不得万般无奈之下发的感叹。眼下时局已变，清兵就在衡州，触手可及。如不为亲赴前线，我会在母亲尚未下葬安好就赶到营帐吗？"

"请勿激动，大家理解你一片报国之心！"王夫之安慰道："然时求兄的安排亦有道理。同处一支队伍，职责各有不同，正规军队，亦有人不能迎面手刃敌人者，但是他们需负责车马粮草等大事。让你处理善后诸事，责任同样重大。衡州义勇，谁无父母，谁无兄弟，谁无妻儿？此番起兵反清，胜固然好，败则牵连家人。我等信任你，故将妻儿老小一并托付于你矣。"

夏汝弼虽然知道王夫之说得有理，但心里仍有不甘，道："我知你等念我不通刀剑，才出此策。可是，眼睁睁看着你们为国杀敌捐躯，我辈岂能偷生自保？"

王夫之道："汝弼，你我皆为大明书生，情同手足，皆为大明而战。休要争论了，待凯旋时，希望还能与君于衡州相见。"

与夏汝弼一样，李璟的名字也被排除在首发义军之列。尽管李国相心甘情愿让儿子披挂上阵，但是，王夫之和管时求于心不忍，瞒着李国相，作出了这个决定。

李璟坚决不从，管时求则称："军令如山，不得造次。"

李国相获悉后五味杂陈，道："我理解你们的好意。但从直而言，我希望他能随我出征，又希望他能活下来。诚然，此番起兵，虽凶险异常，亦不能过于悲观。"

"是啊，不能把上战场等同于上坟场。"王夫之点头道："我等众志成城，衡末两家一心抗清，必能成事。故生死之事，不能悲观。可有抱死之心，决不能有失败之心！"

李国相点头，慷慨陈词："若用我之性命，可换衡州，死不足惜；若用璟儿之性命，可换衡州，亦死不足惜。然军令此出，我必遵从。"

入夜，篝火升起，在架起的木架上吊着铁锅，锅里放着水和大米，火里还烧着从山林中猎杀的一头麋鹿。有人道："好久没有吃到白米饭了，还有肉。"又有人道："即便是最后一顿，又何妨？吃饱喝足，杀敌有劲！"众勇士填饱了肚子，开始在灯火里擦拭武器，刀剑被磨得锃亮，斧头也磨得锃亮，连铁锹也变得锃亮。

夜深之时，起义军召开最后一次大会，管时求详细部署了行动安排，李国相作了战前动员：

"衡州为我等之家乡，有我等之良田屋舍，清人乃外敌，占我河山，杀我百姓，戮我妻儿，剃我发须，夺我家园。为了家与国，为了冤死的亲人，我们今日聚首于此，抱定必死之心，誓要夺回家园，光复衡州……"

"杀！杀！杀！"李国相话毕，队伍喊声震天。

时间到了，李国相命人在高地上堆起干柴，浇上松油，然后举起一支熊熊燃烧的火把，他坚毅地走到柴堆前，对着众人高呼："众位兄弟，此刻开始，我等便将性命交由苍天与大明矣，拿起武器，奔向衡州，夺回我们失去的家园！"

一位大汉抱着一坛酒，给每位勇士斟上一碗。管时求举起酒杯，嘶声吼道："喝下这碗酒，挥师回衡州！"把酒一饮而尽，众人用力摔碎了酒碗。

李国相高高扬起手臂，身前的柴堆已经被点燃。无边无际的黑暗之中，又亮起一堆火，接着是另一片火光，无数的火光仿佛天上的星星一样在黑色的大地上亮起，跳跃。

管时求仰头望着黑沉沉的夜空，见时辰已到，遂大吼一声："进发！"

"壮岁旌旗拥万夫，锦襜突骑渡江初。"王夫之想到了辛弃疾。瞬间，他浑身一紧，下意识地握紧了龙星剑，急急行走到队伍的前面。队伍穿越黑黝黝的丛林，走过熟悉的山涧。王夫之的血一点点热起来，他的心脏跳动得厉害，手心里已经全是汗水。书生仗剑，立功成真。此刻，他全然忘却了恐惧，只剩下兴奋的战栗。

突然，王夫之看到一个熟悉的背影，惊喊一声"璟儿！"那人停下脚步，转头看他，果然是李璟。"你怎么回来了？"

王夫之有些生气。李璟铁了心要当先锋，他小声求王夫之道："先生，千万别声张，我不想让家父知道。"

微弱的光亮里，看着李璟青葱的面庞与澄澈的眼神，王夫之想起年少的自己，又想起了欧阳淑，都是意气风发，无所畏惧，然而，璟儿毕竟还是个孩子，他不希望欧阳淑的悲剧再次发生。

王夫之决然道："这是违抗军令！快快回去。"

李璟道："我不回去，我要上阵杀敌。"见王夫之仍旧一脸严肃，李璟又道："如不能上阵杀敌，我当立马自刎。"言毕，就去拔剑。

"休得胡来！"王夫之赶紧制止。事已至此，责备亦无用。

王夫之软下来，道："切记，一会儿投入战斗，只可跟在我身后，万不可冒进。"

"璟儿记住了。"李璟兴奋异常。

不知不觉，队伍走出了南岳群山。衡州城头的灯火越来越近了。黑暗之中，众人蹑手蹑脚向前行走，连呼吸都小心翼翼。衡州城近在眼前，管时求挥了一下手，众人俯下了身子。穿越丛林，步过田野，乘舟渡江，衡州义士终于抵达衡州城下。

王夫之无法控制自己的情绪，心脏像要跳出来，呼吸也有些困难，龙星剑似乎要急不可耐地出鞘了。此刻，他与清军只有一步之遥，然而，他只能趴在草丛之中，无法动弹。四下望去，微弱的火光中，管时求一脸铁青，空气似乎凝固。

突然，远处亮起一点火光，接着，蒸湘河对岸也升起一个火把，但常宁援军的方向没有任何动静。五更时分，月亮挂在西天，整个天空涂抹着一层淡淡的光，凉意一点点升起。

情况有变，再也不能等了！

"杀啊！"随着管时求一声令下，李国相已经站到垄上，独臂挥刀，仰天长啸："冲啊！"数百位义士齐齐站了起来，挥动手中的武器，喊声一片，杀声震天。

守城清军还在睡梦之中，几路义军已经杀到帐前。很多清军，手忙脚乱，还穿着睡衣，没抓到武器，就已经命丧黄泉。

突袭战很快转变为阵地战，数百名清军与数百名义军混战在一起，短兵相接之际，火光四起，鲜血乱溅。火光之中，人头攒动，刀飞剑舞。乱军之中，王夫之的触觉、嗅觉和听觉变得异常灵敏，身如疾风，剑如流星，恰好躲过了敌人的刀枪，几个清军已命丧其剑下。激战中，王夫之眼里只有清军，他一时忘记了李璟。

李璟也忘记了紧跟在王夫之后面。他初生牛犊不怕虎，剑术了得，寒光闪闪。他竟冲到了最前面，在数名清军的包围中，他闪转腾挪，左砍右刺，飞身之际，他刺中了一名清军的肩膀；翻滚之时，他砍断了两名清军的手臂。很快，更多的清军围了过来，他且战且退，且退且战，忽然后背碰到一个人，微微歪了一下脑袋，他用余光看见那人正是他的父亲李国相。

李国相独臂挥刀，正与三名清军搏杀，袍子和脸上沾满了血污，看见儿子，他大吃一惊，喊了一声"璟儿！"身上已经挨了一刀，李璟一个转身挡到他身前，刺死了那名清军。

战斗持续了几杯茶的工夫，起义军占据了绝对优势。衣衫不整的清军节节败退，正在仓皇逃窜之际，突然侧面传来很大的呐喊声与马蹄声。王夫之原以为是常宁的援军到了，他大喊一声，却见一支满身裹着皮制铠甲、带着皮制兵器的部队气势汹汹冲了过来。

为首的是一位身骑高头大马、满身银光铁甲、头戴银光头盔的七尺大汉，头盔上还有一根尖顶，飘着红缨。此大汉名叫阿蒙，是英亲王手下的得力大将。只见阿蒙横刀跃马，挥舞着长刀，带着数百名兵士冲杀过来，原本望风而逃的守城清军突然精神振奋，掉头杀了过来，起义军顿时陷入腹背受敌的境地。

面对这突如其来的变故，起义军没有心理准备，一时间乱了阵脚，片刻之后就被冲得七零八落，跑的跑，死的死，被俘的被俘。王夫之和管时求也被逼到了墙角，两人仍旧奋勇杀敌。管时求用"管家枪"挑翻三名清军，王夫之也砍倒两名清军。

然而，清军太多，眼看义军大势已去。就在这时，背后突然一声大吼："夫之兄，我来了！"王夫之抬头一看，只见郑古爱提着板斧，带领十来人奋勇冲了进来，疯狂地向清军发起攻击。清军一时人仰马翻。王夫之也大吼一声："郑兄来得正好！"趁势和管时求反攻过去，很快与郑古爱会合在一起。

王夫之和管时求分守东西方位，郑古爱守在北方，并让他带来的三个人守住南方，剩下数人分别攻击中位。这种战术对付骑兵颇有效，因为每个人只要朝着一个方向砍伤马身或马蹄，马背上的清兵就会倒下，王夫之等人就势补上一刀。刚开始，清军吃了大亏，但他们人数实在太多，王夫之他们加上郑古爱带来的一共十余人，经不起几次冲杀，很快就支撑不住了。

管时求朝王夫之叫了一声"撤"，王夫之说了一声"好"，并向郑古爱大喊："郑兄往后撤"，但话音未落，不知从哪里飞来一支利箭，"嗖"的一声逼近王夫之喉管，在这千钧一发之际，只见一个身影飞也似的挡在了王夫之前面，顿时倒地，血流如注。王夫之一看，正是郑古爱。王夫之抱住郑古爱的头，叫了声"郑兄……"郑古爱用尽力气喊道："小心后面……"话没说完，一支长枪刺进了郑古爱胸口。

王夫之怒吼一声，朝背后偷袭的清兵挥剑砍去，这个清兵人头落地。郑古爱也闭上了眼睛，王夫之悲痛欲绝。不一会儿，郑古爱和他带来的兄弟全部阵亡。

管时求见状，一把拽住王夫之，"快走！"转身冲进了巷子。在这片熟悉的土地上，他们巧妙地避开了清军的追击。直到来到一片废弃地，管时求感觉已经安全了，才一屁股坐在潮湿的地面上。王夫之也跪在地上，嘶哑地哭喊道："郑兄和他的兄弟们都殉难了！"

与此同时，伤痕累累的李国相也被几位战友拖进了巷子，趁黑退至渡口，乘船到了蒸湘河对岸。李国相捶胸顿足，几次要重回战场，都被义军战士拉住。他的儿子杳无音讯，他认定儿子已经战死。

确实，李璟没有逃出来，原本他和父亲并肩作战，但是，杀得兴起，冲得太靠前，清军援兵一到，他和父亲失去了联系，在十几名清军合围之下，他最终被俘。

王夫之深切体会到战场上形势的瞬息万变。想想刚才的拼杀，想想郑古爱的壮烈，王夫之头脑发麻，甚至出现空白，但很快变得更加敏锐、饱满，饱满得有些胀痛。"郑兄是为救我而死！"王夫之终于厘清了思路，那利箭的嗖嗖声，那带毒的长枪的舞动，死亡的魔掌原本是伸向自己的……此刻，喊杀声远了，火光也熄灭了，呜呜的风声中，月光有些薄凉，树上的寒鸦扯着嗓子哀号。王夫之彻底清醒了，仿佛做了一个梦。他抹掉脸上的血迹，坐在林中的石头上，对一旁的管时求道："时求兄，我本应战死，像郑兄一样，可你何苦拉我离开？"

"死，死！你只知道死！难道起兵就是为了战死吗？"管时求大声责问道："既然败局已定，何故还要寻死？难道唯有战死，才能显示你的忠诚？难道唯有战死，才能显示你报国的纯粹？无谓的死亡，有意义吗？我们都死了，谁来见证我们的死？我们要活下去，要为这些死难者活下去！"

管时求一席话，说得王夫之口服心服。他慢慢平静下来，叹道："唉，人算不如天算。我军苦等后援，为何常宁却只有郑兄十余人赶来？而清军援兵反而从天而降。若非如此，我等早已拿下衡州。"

听了王夫之的感叹，管时求也非常痛心。衡州起义原本计划有十路义军响应与参与，然则，最后参战的只有三路，其时，有几路义军确实抵达了指定位置，但是他们按兵不动，隔岸观火，妄图战事收尾，再杀上去抢夺功劳。各人打着小算盘，注定了这次起兵的结局。因此，当突然见到清军大队人马赶来时，他们立即未战先怯，最终也没有露面。

常宁援军大部没有出现，王介之早早抵达约定接应地点，但三更不见援军踪影，四更没有风吹草动，到了五更，心急如焚的他只能看着自己的影子声泪俱下了。本来，早在傍晚时分，周师文和郑古爱就准备带着数百人的队伍挥师北进，然而，常宁义军推举的盟主朱蕴金却硬生生把他拦下了。

　　实际上，接到衡州王介之的求援，周师文就及时向朱蕴金作了汇报，但是，这位大明遗少目光短浅，胸无大志。自从常宁起义成事，并推举他为头领之后，他就有了自己的"金銮殿"，只顾着敛财、吃喝与纵情美色。义军之中也有不同的声音，认为他没有任何功劳，不应坐在那个位置上。周师文则坚持：若推举他人，"名不正则言不顺"。大明是朱家的天下，有了他，义军就有了正统地位，而打着他的旗号，也更利于招兵买马。不曾想，这家伙真的把自己当成了皇帝，把义军看成自己的军队。他对周师文道，若他成了皇帝，一定封周师文为首辅大臣。周师文当然也心动，但却没被利欲蒙蔽心智。周师文一定要带着部队前去衡州，朱蕴金便让手下拉他回来。他不从，骑着大马，就要奔向衡州。朱蕴金立刻让手下放箭射他，令他险些丧命。他策马回来，怒不可遏地问朱蕴金："何故命兵士向我放箭？"

　　朱蕴金道："将军误会了。我并非要你性命，而是救你。"

　　周师文道："一派胡言，飞箭无眼，我几乎丧命。"

　　朱蕴金道："我怕将军有去无回，万一被俘或殉难，如何是好？"

　　在朱蕴金的百般刁难之下，周师文最终也未能挥师北进。

　　郑古爱可以说服周师文出兵，却无法说服朱蕴金。周师文未能挥师北进，郑古爱只好偷偷带着自己的十余名兄弟冒死赶到衡城，并在关键时刻救下了王夫之和管时求，而他和他的兄弟们却血溅衡城，全部阵亡。王夫之万万没有想到，郑古爱以这种惨烈的方式向另一个世界的恩公章旷报到去了。

南岳起兵，管时求认为他们已经做了充分的准备和布局，为了摸清清军的实力，他多次派人到城中查探，确定城中只剩百余名守军，而且都是归降清军的大明部队，军纪不严，士气涣散，战斗力不强，如此他们才发动进攻的。所以，他觉得夺取衡州有七八成把握，他不明白，眼见战斗就要结束、胜利在望之时，为何会突然杀出一支正规的清军？

管时求感到不可思议，王夫之也百思不得其解。

三

说来也是天命。当时清军南线战事吃紧，何腾蛟指挥大军，在永州和清军交战正酣，清军出现败退迹象，所以，北方清军纷纷接到命令支援永州城防。同时，常宁起兵之后，湖南起兵反清的浪潮迭起，为了守住湖湘各城池，更多的清军被增调到衡州、常德、湘潭等城市。

那支突然出现的清军就是从湘潭赶来衡州、准备增援永州的阿蒙所部，作为八旗军中的佼佼者，阿蒙以凶悍勇猛著称，屡立战功，深受英亲王阿齐格的喜爱。

当天晚上，阿蒙率领数百将士刚抵衡州，听闻衡州义军正与守军激战，立即投入了战斗，很快扭转了战局。

管时求与王夫之在河田军营与李国相重新聚首，蓬头垢面的李国相痛哭流涕，他是衡州诸生中最粗犷的一位，身材魁梧，性格刚毅，平日里没有谁见过他的眼泪，这次却出乎王夫之的预料。

李国相为自己没有战死而悔恨，更为儿子的事情担忧。不久，他得知儿子仍旧活着，被关在大牢里，清军要他说出义军的一切，严刑拷打之下，李璟一个字也没说。然而有一名被俘义军受不住皮肉之苦，把事情和盘托出。清人知道此次起义乃管时求、王夫之与李国相等人发起，军营就在渣江西岸的河田，正欲派兵前来追杀。

同时，他们留下李璟，要挟管时求等人去自首。

十万火急，李国相当即就要前去营救儿子。

管时求与王夫之拉住他，道："当下不是拼命的时候。务必保持冷静，三思而行。"

"璟儿怎么办？"李国相问。

管时求道："前往衡州，只是徒劳，清人万万不会归还璟儿。"

王夫之道："你若不去，璟儿还有一线生机。"

李国相心急如焚，道："我不能让璟儿独自送命。"

"既然如此，我与你一同前往，希望我二人能换璟儿性命。"王夫之道，"我本应照顾好璟儿，或死于战场。他有难，我有责。"

"国相兄，如去，我亦去！"管时求也要一同前往。"作为总指挥，我亦有责。"

见两位兄弟如此决绝，李国相又不忍心，遂暂搁下前去营救之事。然河田不能久留，何去何从？管时求等一时难以决定。权宜之计，他们向未阳方向撤了十几里地，在丛林之中暂且扎下营帐。

几日过后，噩耗接踵而至：被俘的义军大部分都在衡州雁峰广场上被斩首示众，头颅被清军高高悬挂在衡州城上，以儆效尤，让衡州百姓看看起兵反清的下场。

夏汝弼化了装，闻讯赶到雁峰广场，但见满院的尸体和血泊。他泪流满面，痛苦万分，自责不已，觉得有负于挚友所托。但清兵的残忍岂是他的责任？起兵失败，夏汝弼知道清兵会疯狂报复，但没想到报复来得如此之快。

突然，在雁峰广场的北楼上，夏汝弼还看见几颗血淋淋的头颅高高悬挂在上，他气得浑身发抖，攥紧拳头，嘴唇咬出了血。

正在这时，三辆马车赶了过来，每辆马车后面带着一个小拖车。三辆马车停在雁峰广场的东南角，每辆车上都下来几名兵卒和数名屠夫，为首的竟然是奚鼎铉。他们要干什么？夏汝弼躲在一堵墙后，恐惧地看着。只见屠夫们拿杀猪刀，兵卒们用水冲洗着尸体，屠夫们再将每具尸体分成三段：头颅、胸腹和下肢，兵卒们再分别将它们装上车。"天啦，他们要将尸体拿去做人肉馒头吗？"

夏汝弼终于忍不住，径直走到奚鼎铉身边，大声质问道："你们要干什么？你还是人吗？"

奚鼎铉一见夏汝弼，大吃一惊。他脸一红，嘟哝道："在下也不知道做什么用，只是奉命行事。你最好快点离开。否则……"

正说着，只见章梁带着一名八旗军将领走了过来，此人正是阿蒙。

夏汝弼不认识他们，他立即退回到那堵破墙后，只听章梁问奚鼎铉："刚才那人是谁？"

"回知府大人，那是一个逃难者，他打听这些尸体做什么用。"奚鼎铉道："仿佛看到了肉包子想吃似的。"

章梁和阿蒙哈哈大笑，章梁转身介绍道："此为衡州同知奚鼎铉奚大人。"

阿蒙问奚鼎铉："总共有多少尸体？"

奚鼎铉道："还在统计中，估计有三十多具。"

章梁叮嘱道："很好。要洗干净。然后统一送到朱啸虎朱大人那里去。"

朱归孺被永历帝投入大牢后，章梁前来主政衡州。他跟朱归孺以前就认识，上回章梁来看望王朝聘，而后去南岳祭拜，还是朱归孺作陪的，朱啸虎也参与了。章梁对朱家父子印象不错，也知道朱归孺在永历朝生死不明，因此，他不但让朱啸虎仍做工房掌管，还让他兼任吏房掌管，权力更是大了许多。

阿蒙点头，赞许道："因战线拉得太长，我们眼下粮草紧张。你们要保障将士们吃好喝足，才能克敌制胜。"

夏汝弼听了不仅要呕吐，还差点瘫痪了。他们真的要将这些尸体与猪肉掺杂在一起，做人肉包子。畜生啊！奚鼎铉作为衡州学子，怎么变成了野兽？一瞬间，夏汝弼真想冲上去，与这些人同归于尽。

这时，夏汝弼听到他们议论王夫之的事情。夏汝弼强打精神，屏住呼吸听了起来。阿蒙有些怒气，恨恨道，此次南岳起兵，主要是王夫之等衡州学子带头，如果不是自己及时赶到，衡州就变天了。章梁道，他没想到王夫之等人会起兵反清。奚鼎铉说幸亏抓住了李国相的儿子李璟。阿蒙说把李璟当作人质，若王夫之、李国相等人前来营救，就一网打尽⋯⋯

夏汝弼听到这里，急了，不小心踩滑了一块大石头，石头顿时滚了下去。阿蒙厉声道："那边有人？"章梁有些意外，看了眼奚鼎铉。奚鼎铉四下里看了看，道："估计还是那个逃难者。"他边说边走到废墙边，用脚狠狠地踢了一下，大声吼道："想吃肉包子，还不去乞讨！难不成要当探子？快滚！"说完，他朝夏汝弼方向做个快滚的动作，然后往回走来，对阿蒙和章梁道："那个家伙被吓跑了。"

"报告将军、知府大人，这里清理完毕。"一个小头目上前报告。奚鼎铉问道："总共多少具尸体？"

小头目答道："报告同知大人，总共三十六具。"

夏汝弼失魂落魄地回到家里，见到了弟弟夏仲力。本来夏仲力上次要跟邹统鲁和唐克峻等人去湘阴找章旷的，因为当时母亲有病，加之夏汝弼不在家里，所以没有走成。南岳起兵，他也应该要参加的，但母亲去世，夏汝弼让他尽孝守坟，自己到南岳，希望参加战斗，结果被安排善后。这项善后工作让他看到了战争最残酷的一面。

夏汝弼找了王夫之一整天，都没有找到。傍晚，夏仲力看见哥哥回来，憔悴不堪，忙问发生什么了。夏汝弼道："赶快找到王夫之等人，要他们千万不要下山到城里来救人。"

这时，夏仲力告诉夏汝弼一个十分震惊的消息：朱啸虎的大型屠宰场，也就是在原衡州郡学遗址上建成的所谓"得善楼"，即现在衡州最大的棺材铺昨天晚上突发大火，烧得一干二净。

尤为可怕的是，朱啸虎的头颅被挂在"得善楼"的门楼上，他一家十二口悉数被杀，且这十二口的尸体都被砍成三截放在棺材里，每具棺材里放一颗头颅，一起烧掉了，只剩下十二块头骨。

夏汝弼异常震惊，不知何人所为，只是叹道："真是造孽！"他本想将在雁峰广场看到的一幕告诉弟弟，但忍住了，觉得太血腥，不堪复述，只是催促弟弟快去找王夫之他们。

"如果看到国相兄，更要告诉他，千万不要来城里！他儿子在清军手中，等机会成熟了再救。"夏汝弼反复叮嘱夏仲力："请国相兄务必不要冲动！"

夏仲力刚走，夏汝弼实在太累，刚想休息一会儿。就在这时，有人敲门。夏汝弼开门，只见一条人影闪了进来，并迅速关上房门。

夏汝弼定睛一看：天啊，竟是刘子参！

四

原来，那天刘子参带着姜氏姐妹和小恒生出城后，径直来到耒阳。曾经的耒阳客栈早已易主，场地也变成了一家餐馆。姜氏姐妹回到自己老家，因多年无人居住，灰尘扑面，破败不堪。

刘子参帮着清理、打扫，总算有个落脚的地方。稍作安顿后，姜氏姐妹去了父母坟头，抱头痛哭。然后，又去了妹妹若画坟头，照例又是抱头痛哭。刘子参一直陪着她们，完了问她们：去不去曹伯实家看看。

原以为曹伯实不在家，没料到他正好回来不久。曹伯实痛苦地告诉大家，他在武陵山下一座叫"水月庵"的庵堂里找到姜晓书，她做了尼姑，法号清玉。曹伯实在庵堂外等了三天，庵堂住持玄静师太说，清玉不愿意见他，只转告他："晓书已死。"

听说晓书妹妹还活着，姜思琴和姜善棋立即就要去武陵山"水月庵"，曹伯实甚至做了动身前的各种准备，但最终还是被刘子参极力劝住了。原因很简单：外面实在太乱，路途遥远，太不安宁。"我们一定会去找晓书，但不是现在。"刘子参强调："反正知道了晓书所在的地方，早一点去，晚一点去，她终归不会跑掉。"

曹伯实觉得刘子参讲得有理，便劝姜氏姐妹暂时回去休养一段时间，到时一起再去。

有一天，刘子参鼓起勇气，表白了自己对姜善棋的爱。毁容后的姜善棋也终于接受了这份爱。"因为毁了你的脸，我才有资格爱你。"姜善棋被刘子参这句话深深打动了。她没有扭捏和推辞，只有叹息和眼泪："我给不了美丽，唯有一颗心。"这是她的肺腑之言，也是她的真诚。

曹伯实和姜思琴见证了这份爱，伤痕累累，沉重，沧桑，结实。

清军破衡城后，耒阳亦被清军接管了。曹伯实和刘子参在外躲避了几天，因放心不下姜氏姐妹和家人，就回来了，并按要求剃了头。他们默默地忍受着一切屈辱。来耒阳的清军除了二百名驻扎外，其余都是流动性的，他们常常去水东江凝香馆猎艳狂欢。

就在王夫之等人在南岳起兵后的第三日，耒阳水东江凝香馆突然发生爆炸，浓烟滚滚，烈焰冲天。"凝香馆"完全葬身于一片火海，化为一片焦土，死伤无数。后据衡州知府粗略统计，大火共造成一百三十八人死亡，其中清军一百一十二人，余下为"凝香馆"方面的人和来历不明者。阿蒙闻悉后十分震怒，他自己也差点死了，幸亏因为临时有事，他提前两个时辰离开了凝香馆。

章梁也很惊惧，不知是什么力量制造了这一悲剧。

就在凝香馆遭殃后不久，朱啸虎的"得善楼"也发生爆炸并被烧毁，这个衡州最大的棺材铺不仅埋葬了朱啸虎一家，而且将清军从衡州雁峰广场拉来的南岳义军的尸体也一并烧毁，现场惨不忍睹。

阿蒙暴跳如雷，发誓要将灾难制造者找到并处以极刑。

衡城戒严。章梁认为"凝香馆"和"得善楼"事件与南岳义军有关。

奚鼎铉明白：此事应与姜思琴和姜善棋有关。他担心复仇者会把怒火对准他，因而把自己的猜想告诉了阿蒙和章梁。

还真是让奚鼎铉猜对了。刘子参与曹伯实多次化装，秘密往返于衡州和耒阳，他们从"维鹰会"留下的地下火药厂弄来炸弹和火药，与姜思琴、姜善棋一起，偷偷装埋到"凝香馆"和"得善楼"的楼梯间，连曹伯实父母和家人也参与了。因为他们的参与，能分散两处人员的注意，使刘子参、曹伯实和姜思琴、姜善棋顺利地完成各自的工作。

姜氏姐妹深知危险，对刘子参和曹家人的义举十分感激。

"凝香馆"被炸毁并焚烧后，姜思琴和姜善棋来到妹妹坟头上坐了一会儿，浓密的竹林烧毁了一大半。

姜思琴喃喃道："四妹，我和二姐又来看你了……"

那些天，耒阳阴云密布。清军四处搜查，最终将曹伯实的父母、一个哥哥和一个堂弟共四人悉数抓住。曹伯实、刘子参和姜思琴、姜善棋来到衡州，又炸毁并烧掉了"得善楼"。清军如临大敌，衡城的搜查比耒阳更严苛。

曹伯实、刘子参和姜思琴、姜善棋四人分散逃离。

刘子参在家待了一刻钟，发现有人追来，赶紧逃到夏汝弼家⋯⋯

"那伯实兄和思琴、善棋呢？"夏汝弼听完刘子参的简单诉说，已经吓出一身冷汗。

"我也不知道汝弼老弟在家。他们应该都逃向南岳山上，去找夫之他们了。"刘子参道："幸亏郭老先生在爆炸前去了耒阳曹家，接走了姜恒生，不然后果越发不堪。"

"你剃发了？"突然，夏汝弼叫道。

"不剃发，寸步难行。"刘子参点点头，道："伯实兄也剃了。但是，我们办成了大事。"

正在这时，几个清兵恶狠狠地闯了进来，"快到广场集合！"他们赶着夏汝弼和刘子参来到衡州广场，这里黑压压的全是人。

广场前面有三棵樟树，上面捆绑着几个人。

突然，夏汝弼发现李国相的儿子李璟被绑在一棵树上，"啊，姜思琴和姜善棋也被抓了起来？"

刘子参大吃一惊，瞪大眼睛，他真不敢相信。

不仅如此，曹伯实的父母和兄弟也被捆绑在树上。

阿蒙怒气冲冲，挥着砍刀，不断地大骂。阿蒙身旁有一条凶恶的大狼狗，他在怒骂时，大狼狗也气势汹汹，不断狂吠。阿蒙发泄完后，大狼狗也停了下来。

这时，站在一旁的章梁用手势压了压躁动的人群，开口说话："大家不用怕。阿蒙将军认为'凝香馆'和'得善楼'事件，是南岳乱党干的。清军兄弟希望大家尽快提供消息，把王夫之、管时求和李国相等人抓住。从现在开始到辰时止，如王夫之等乱党头领还不出现，每过一个时辰，杀掉一人；过十个时辰，杀掉十人。"

刘子参义愤填膺，正欲冲出去营救姜氏姐妹，夏汝弼紧紧抓住他："切勿贸然行事。此番出去，救不出人，只能白白送死！"他不知道弟弟夏仲力是否找到了王夫之，情况万分危急，他不知如何是好。

突然，刘子参发现奚鼎铉看见了他。奚鼎铉低头在章梁身边说着什么。刘子参以为奚鼎铉告发了他，不顾夏汝弼的告诫，毅然决然地冲了出去，并大声道："凝香馆"和"得善楼"事件，与王夫之等无关，更与被捆绑的这些人无关，完全是他一人干的！

刘子参话音刚落，阿蒙挥拳砸中刘子参左脸，吼道："就凭你一人？老子信了？呸！"阿蒙朝刘子参吐了口痰，又挥拳砸中他的右脸，恶狠狠地吼道："快说，同谋在哪儿？"

话音刚落，一把砍刀"呼"的一声，飞向阿蒙。章梁惊叫一声"将军当心！"阿蒙轻轻"啊"了声，脑袋一偏，砍刀落地。与此同时，另一把砍刀飞了过来，阿蒙身旁的一名卫士见势不妙，飞身挡住，顿时倒在地上。阿蒙惊魂未定，这才看清面前站着一名老者，凛然道："你这夷狄的野狗，来此撒野，毫无人性，欺人太甚也！"

奚鼎铉叫了一声："啊！是你……王……家聘……"

"是我。"王家聘竟然面带微笑，淡定地朝奚鼎铉点头道："奚兄，王某命大，尚未死去。"

刘子参见到王家聘，也异常吃惊。

长话短说。那天晚上，刘子参带着姜善棋离开后，王家聘因为箭伤被皇后派去的人俘获。审讯中，皇后得知他是衡州人，因为行刺卢高义而被王阁昆抓住，后因姜善棋的缘故放他一条生路，他竟然不回衡城。皇后本来要将王家聘处死，但奚采诺说，王家人对永历朝廷很忠心，永历帝登基前，王家聘的大哥王朝聘写了《劝进表》，他的小侄王夫之写了《永历颂》。王家聘行刺卢高义是因为卢高义不仅杀害了他的妻子，而且干了许多伤天害理的事情。皇后听说过这些事情，遂刀下留情，将王家聘关进地牢。不久，唐克峻来到朝廷，并暗中与采诺联系上了，两人合计将王家聘营救出去。王阁昆叛乱事件发生后，皇后异常震惊，表示凡与王阁昆相关联的人一律处死。王家聘因为被王阁昆放生，所以也在被处死名单中。受刑前的晚上，采诺假借皇后之命，与唐克峻一起，装作最后一次提审王家聘的样子，试图营救其出狱。不料，三人刚出地牢，就被皇后派去的人抓住。其实，采诺的一举一动完全在皇后的掌控中。皇后知道采诺与刘子参有秘密联系，也知道采诺将她即将搜查姜善棋的机密泄露了，皇后很恼火，但她不动声色，她需要采诺拿到姜善棋的把柄。姜善棋最终逃生，皇后还是没有对采诺动手，直到采诺与唐克峻合谋营救王家聘，皇后再也不能容忍了。然而，就在皇后要对他们三人采取先斩后奏的时候，永历帝驾到。得知采诺和唐克峻是因为营救姜善棋的小叔王家聘而被抓住时，永历帝当即要求皇后放他们一条生路。永历帝骨子里还保留对姜善棋的一份温情，特别是她冒死救下马暨垂，而马暨垂最终又救了他的驾。皇后见皇上态度坚决，只好将他们放了，但采诺再也不能在她身边服侍了。唐克峻因为堵胤锡的原因，继续留在永历朝廷，而采诺和王家聘当天启程回老家，风雨兼程，一路艰辛，好不容易回到衡州，正好赶上这一幕……

"老东西敢偷袭我！"阿蒙咆哮一声，飞起一脚，将王家聘踢倒在地。"老子有一百种方法让你死！"阿蒙吼完，手一挥，那头狼狗凶狠地扑了上去，片刻之间，王家聘便成了一团血糊糊。

刘子参"啊"的一声，扑上去，要与阿蒙拼命，被阿蒙一拳击倒在地。阿蒙朝地上的王家聘冷哼一声，再次恶狠狠地对刘子参吼道："快说，同谋在哪儿？"

"我！"姜善棋尖叫一声："我是同谋！"刚才王家聘出来的时候，她都愣住了。她没有料到，表叔王家聘舍命相搏；她更没想到，阿蒙如此残忍，只眨眼间的工夫，王家聘就一动不动了。

"还有我！"采诺从人群中冲了出来，扑到王家聘身上，嚎啕大哭。奚鼎铉一见女儿采诺，顿时愣住了。

"还有我！"姜思琴同样大叫："我也是！"

"还有我！"突然，夏汝弼从人群中冲了出去，一步，一步……坚定地站到刘子参身边。

"还有我！还有我！"善林典当铺的老板刘善林和头柜汪志勇也参与了爆炸行动，他俩也从人群中走了出来，大声喊道。

这时，人群激愤，不断逼近清军，空气中弥漫着暴动的情绪。

许多人举臂大喊："还有我！还有我！……"

刘子参从地上爬起来，吐了一口血，猛地扑向那条狼狗，抱住狼狗的头，挥拳击去，又奋力撕咬。阿蒙气得浑身发抖，拔出砍刀，劈向刘子参。

正在这时，一支利箭破空而来，"当"的一声，击中砍刀，阿蒙大吃一惊。突然，广场后面人群汹涌，一支训练有素的明军及时杀到，与衡州城民众一起，迅速向清军杀去。

阿蒙和章梁顿时愣了：哪来的明军？

原来，何腾蛟攻克永州后，他们马不停蹄，杀向衡州，正好救下刘子参、姜思琴等众人。

"杀啊！"刘子参从清军尸体旁拾起砍刀，与夏汝弼一起，向阿蒙等清军奋勇杀去。李璟等义军被一并救出。经过一夜的血腥厮杀，阿蒙战死，章梁和奚鼎铉被抓，衡州被成功收复。

何腾蛟下令处死章梁。想起他的弟弟章旷，何腾蛟感叹不已，问他有什么想说的。

章梁头都不抬，淡然一笑，道："生不逢时，生不如死。已无他念，只求大人用刀快点。"

同样，奚鼎铉被下令处死。

采诺找到何腾蛟，说"他是我的父亲大人"，希望何腾蛟刀下留人。何腾蛟虽然认识采诺，但对她的请求不置可否。

临死前，奚鼎铉意外地提出了一个请求："请将我的尸体站着埋下。因为，我跪着活了一辈子，如果有来生，我想站着活。"

"说下去。"何腾蛟感到有些意思。

奚鼎铉遂望着何腾蛟，继续慢条斯理道："奚某好歹也是书生。但奚某不信书生报国。书生就是书生，有头脑，明利害，知得失，会选择。"说到这里，他特地停下，垂下头，道："心也不坏，就是有点胆小。"

"将死之人，能坦陈内心，且从容有度，不算胆小矣。"何腾蛟叹了一口气，道："你还有什么放心不下或要交代的吗？"

奚鼎铉摇了摇头。

何腾蛟有些意外，问道："你不为自己的家眷求情吗？"

"奚某既死，家人的生死，由不得奚某求情。"奚鼎铉镇定答道："若大人怜其蚁命，不求情亦会放生；若大人心狠如铁，求情亦是等死。"

"想不到你还有点血性。"何腾蛟对奚鼎铉倒是有点欣赏起来，想再给他次机会，遂再次提醒道："还有什么要交代的？"

"我想见一下小女采诺。"奚鼎铉认真想了想，说道。

何腾蛟手一挥："照准。"

见到采诺后，奚鼎铉问她是与王家聘一起回来的？采诺点点头。奚鼎铉又问："何以回来了？"采诺泪流满面，没有吱声。

"我一辈子就要结束了。"奚鼎铉从容道："唯一放不下的就是你。你小小年纪就被我送到桂王府，至今尚未婚配。"说到这里，他看着采诺，庄重道："夫之先生尚未续弦，你聪明伶俐，若有好命，能为夫之先生倒茶端水，做饭洗衣，我九泉之下亦欣慰矣。"

采诺哭得伤心欲绝。

何腾蛟派人送采诺离开后，又对奚鼎铉问道："还有什么要说的？"

奚鼎铉忽然笑了起来，道："作为衡州举人，奚某写了一辈子'颂书'，只可惜完成半部，一直没写完，想想有点可悲。"

"什么'颂书'？"何腾蛟见奚鼎铉居然还能笑出来，颇为吃惊。

奚鼎铉望着何腾蛟，认认真真说道："何大人有所不知。奚某中举后，为谋得一官半职，先是想写《崇祯颂》，但觉得崇祯远在北京，奚某无法呈送，便着手写《桂王颂》，因为当时桂王就在衡州。岂料，写了不到三分之一，张献忠破城了，天下好像姓张了，便将《桂王颂》改写成《天王颂》，准备写成后献给张献忠。岂料，还没写到一半，清军破城，转而改写《顺治颂》，刚写到一半，被你俘虏了。"

"哦？"何腾蛟听了，亦笑了，道："你是谁当权就歌颂谁，是吧？可惜还没来得及写《永历颂》，你就要命赴黄泉了。"

"《永历颂》写不了，况且有人写了，只是有些不堪。"奚鼎铉摇摇头，道。"我请求何大人把我一辈子改了又改的那半部'颂书'，放进我的坟墓里。"

何腾蛟点点头，觉得奚鼎铉这人真有点意思，遂道："为什么你说《永历颂》写不了，别人写了又有些不堪？"

"因为早在永历帝登基时，听闻衡州举人王夫之就写了《永历颂》。"奚鼎铉非常认真道："王夫之少年成名，才华和人品远在奚某之上。他写了，可也没有改变他什么，岂非不堪乎？现在，你来了，一切了了。这就是我的命。"

何腾蛟沉思了一番，又看了看淡定赴死的奚鼎铉，心想，此刻他若求我放生，恐怕我也会成全他。但是，奚鼎铉说完这些后，不再言语。何腾蛟只好下令，将奚鼎铉勒死，特地交代下属不要为难奚家老小。

奚鼎铉被处死后，他的老母亲、他的媳妇郑氏和他的女儿采诺获准到现场收尸。奚母老泪纵横，郑氏和采诺也是不断流泪。哭了好一阵子后，奚母、郑氏和采诺用早已准备好的朱砂对尸首上的脑门心、背膛心、胸膛心窝、左右手板心、脚板心等七窍连同耳、鼻、口诸处一一点好，密密细细，均均匀匀，以图封住其七魄三魂。

随即，几个兵卒在衡州城南墙脚下挖了一个深坑，奚母、郑氏和采诺将剩下的朱砂全部撒在底部，意为镇好"老屋场"。奚母对着尸体作揖道："儿啊，来世挑个好家，不做官，只做人。"哭毕，奚母拿了点银子给兵卒们，以示感谢，然后带着郑氏母女缓缓离去。

兵卒们便将奚鼎铉的完尸抬了，慢慢放进深坑，让其贴墙站着，将土填进去，再把他一辈子写的那半部"颂书"恭恭敬敬地放在尸首的头颅旁，并在右边竖起一块厚厚的木牌，用火烙上一行醒目的黑字：

跪着活，站着埋。衡州同知奚鼎铉之墓。

刘子参在奚鼎铉墓地旁挖了一个墓坑，他和姜思琴、姜善棋等人一起，买了一副棺木，把王家聘埋了下去，也立了一块碑，上书：

一辈子卑微，一瞬间伟大。衡州平民王家聘之墓。

五

何腾蛟收复衡州，救下刘子参和夏汝弼等众人，王夫之闻讯狂喜，与李国相、管时求和夏仲力等冲下山来，见到了大家，并获悉刘子参与姜善棋成了患难夫妻，以及姜晓书还活着，在武陵山下的水月庵里做了尼姑。王夫之泪流满面，与曹伯实拥抱在一起，向曹父曹母表达了问候和敬意，又与刘子参、姜思琴、姜善棋等人一一作揖问候。

王夫之听说了小叔王家聘的事情，他一下子呆住了，随即泪流满面。他没想到，小叔最后的壮举成为生命的绝唱，他对得起王家的血性和忠诚。

刘子参等人又告诉王夫之有关章梁和奚鼎铉之事，他听了心情复杂，唏嘘再三。章梁曾是王夫之的父亲的朋友，与方玄痴、罗亦簏亦均是好友，他的弟弟章旷还是王夫之的恩师，如今，却是以这种方式死去，九泉之下，他还能与父亲、罗亦簏成为朋友吗？还能与章旷成为兄弟吗？而奚鼎铉，不管怎样，他是衡州学子的一员，善于钻营，趋利避害，虽有一些想法，但他有心无力，做大潮之下的浮萍，最后时刻见出人性的微光，可悲复可叹。

王夫之当天就去小叔墓地拜谒，看到碑上的文字："一辈子卑微，一瞬间伟大。"他感慨万千，泪水再次涌出眼眶。他本来是要去拜访何腾蛟的，但何腾蛟实在太忙，分身乏术。

确实，那个时候，何腾蛟几乎就是永历朝廷最重要的一个人，军队的指挥权几乎都在他的掌控之下，与堵胤锡相互呼应。何腾蛟委派曹志建、卢鼎、焦琏、赵印选等率军围城三月，经历大小三十六战，终于攻下永州，又一路北上，收复衡州。接着，他率部继续北上，夺取了湘潭与长沙。

与此同时，西线堵胤锡则指挥部队杀了回马枪，接连收复湘阴、临湘、岳州，又挥师夺取了常德和宝庆等地，湖湘以前所失的土地渐次恢复，抗清声势为之大振。

令王夫之兴奋的是，广东、四川等地的明军不但坚持抗清，而且声势再起。清军后方的榆园军、吕梁山的起义军和关中农民义军都发动了广泛攻势，战果不俗。而郑鸿逵、朱成功等也从台湾反攻，收复福建沿海州县。

一时间，永历政权控制的区域扩大到了云南、贵州、广西、湖南、江西、四川、广东七省，出现了南明时期第一次抗清高潮。自清军进入北京城以来，没有比这更令人振奋的了。占据着半壁江山，大明朝似乎出现了复国的曙光。

永历帝在朝廷的威望因此得到了加强。在将其关押了好长一段时间水牢之后，永历帝终于下旨对王阁昆处以极刑，借以发泄他心中的愤怒。刽子手遵照马暨垂手令，用"点天灯"的方式处死了权倾一时的王阁昆，令百官震惊不已。

所谓"点天灯"，是一种极其残酷的刑罚：施刑人把王阁昆扒光衣服，赤条条的，用麻油布包裹，放进油缸里浸泡。入夜，施刑者把王阁昆提出来，将他的头和脚拴在一根高高的木杆上，从脚上点火，烧得王阁昆撕心裂肺。油尽火灭后，再往油缸里泡一小会儿，提出，复又点火，再燃，全身烧得吱吱响。最后，施刑者将王阁昆固定在一个架子上，在他的脑袋上钻个小洞，倒入灯油并点燃，此时，王阁昆已死，他的尸体慢慢萎缩，最后只剩下一堆烧焦的骨头，并被扔进茅厕里，任粪蛆啃咬。这个早已洞悉蛆虫的小人，忙碌一世，算计一生，最终还是重新做回到粪蛆中……

马暨垂重新执掌锦衣卫后所做的第一件事，就是亲自督办对王阁昆的极刑。处死王阁昆后，马暨垂接到朱啸虎一封信，他才知道朱归孺因为献宝而被关押。早在衡州桂王府时，马暨垂与朱啸虎父子就有接触，得过一些财物，印象还不错。马暨垂向永历帝建议，释放朱归孺，以示皇恩浩荡。

鉴于马暨垂的救命之恩，永历帝犹豫了。不准许吧，于情不合；准许吧，自己威望受损。永历帝不说准允或不准允，只跟马暨垂说，朱归孺就交由爱卿处置吧。这样等于既给了马暨垂的面子，又救了朱归孺一命。马暨垂当然高兴，问朱归孺愿意留在朝廷还是回衡州，如回衡州，仍做知府。朱归孺本来要说留在朝廷，为皇上效力。但他瞥了一眼马暨垂，遂改口道，"朱某之命系马大人所救，一切听从马大人吩咐。"马暨垂想了想，道："你还是回衡州吧。"马暨垂知道朱归孺跟堵大人相熟，如果留在朝廷，反而有所不便。

然而，就在朱归孺准备踏上回衡之途时，他接到密报：耒阳"凝香馆"和衡州"得善楼"均被炸毁，父亲及全家老小全部被杀。他突然觉得有一把复仇之剑已冷冷地抵住了他的胸口。他如实禀报了家里的变故，马暨垂倒吸一口冷气，他让朱归孺留在锦衣卫，化名黄权，做了他的贴身侍卫，对外面放风说皇上下令处死了朱归孺。

王夫之得知皇上处死朱归孺是他决心前往肇庆再次投奔永历朝的时候，他十分震惊："朱归孺机关算尽，最后竟以这种方式结束，真是可悲可叹。"王夫之想起与朱归孺交往的种种，竟然产生一丝难过，毕竟，无论王夫之怎样对他，他都没有伤害过王夫之及其家人，相反，总是给予力所能及的帮助和关照。"唉，斯人已去，覆水难收矣。"

南岳起兵失败与何腾蛟率部救下刘子参等人对王夫之再次投奔永历朝产生了决定性影响。"只有朝廷，才是真正的希望所在。"这是王夫之心里的真实想法。

那天，王夫之没有机会拜见何腾蛟，便问刘子参、曹伯实等人，是否愿意跟他去肇庆朝圣，没有人回应，连夏汝弼、夏仲力兄弟俩也不吱声。

"我去。"唯一响应的是管时求。

王夫之能够理解，刘子参与曹伯实、姜思琴和姜善棋表示回耒阳，潜在意思是要去找姜晓书，并将她接回耒阳。而夏汝弼和夏仲力还在服丧期间，不宜外出。

于是，王夫之和管时求来到南岳山上，跟大哥王介之和母亲告别。望着白发苍苍的母亲，王夫之有些哽咽。

王介之道："三弟去吧，无需顾虑，母亲大人有我照顾。"

来不及多想，王夫之挥泪告别，与管时求上路了。

经过二十多天的颠沛流离，临近春节，两人终于抵达了南明政权的中心地——肇庆。走进城门的一瞬间，王夫之有了如沐春风的感觉，这是他第一次抵达王朝的都城。虽说这个王朝已是破败不堪，只是苟延残喘，然而，此时的大明毕竟还是大明。即便国不成国，君不像君，但是，只要皇帝在，他的梦就有所依托，走在那石板路上，他仿佛触摸到了自己燃烧的梦。

王夫之一扫内心长期以来的阴霾，似乎天空放晴了。他与管时求穿行在街道上，目光所及，一派欣欣向荣的景象，楼宇鳞次栉比地列在两旁，饭店和酒馆的生意火爆，织坊和药铺门前人头攒动，妓院门口站着花枝招展的女子和南来北往的客人，沿街摆满了各种摊铺，卖肉的、卖包子的、卖绸缎的、卖鞋子的，等等，花花绿绿之中，那些大红灯笼和红色的春联格外抢眼，节日的气氛正浓，人们漫不经心地走着，脸上挂着笑容，安详而温暖，这本就是新年该有的氛围。

然而，王夫之觉得有些诡异。人们何以如此放松？好像太平盛世了，可以享受普天同庆了？就连那偶然经过的官员的轿子也是不紧不慢，一下一下懒散地晃着。若不是亲身经历，王夫之一定不会想到，战火正在熊熊燃烧，前线将士出生入死；天下危在旦夕，百姓处在水深火热之中，朝廷却没有应有的紧迫感和危机感。

一天下午，王夫之终于看到了皇家船队，他有些激动。宽阔的河面上，波光荡漾，上百艘华贵的大船聚集在一起，仿佛一片硕大的陆地。风吹过，船只金光闪闪，旌旗飘动，这便是大明皇帝的行在。据说永历帝就在那条最大的龙舟上。每日，他在船上召见群臣，商议国家大事。而大明各级官员与机构也都分布在这些船只中。龙舟变皇宫，看似气派，实际上，恰好说明了大明的尴尬。水面和陆地之隔，也将平民百姓与王公贵族自然分成两个世界，只隔着一道窄窄的舢板和多重守卫，皇朝便成了遥不可及的地方。

王夫之和管时求拿着帖子，找了半天，才算找到贡院的船只，刚一上前，就被卫卒拦挡了下来。管时求最窝火，他虽在永历朝效力过一段时间，但作为中书舍人，不仅是个闲职，而且更多的只为当时的香妃姜善棋个人服务。现在时过境迁，一切从头来。他原想跟着王夫之，应该很快就会得到永历帝的召见。哪知，莫说永历帝，即便想见朝廷普通官员都不容易。

管时求不由得发牢骚道："唉，人的一生其实就那么关键几步，只要走错一步，一生完全改道，没有回头的路。"

王夫之知道他心情压抑，明知故问："你有走错的地方吗？"

管时求苦笑一下，没有回答。

王夫之便道："你是否后悔跟善棋当差的那些日子？"

管时求答非所问，摇摇头，道："子参兄命运稍好些。"

王夫之一惊，看了管时求一眼，沉默下来。

"不说这些了。"管时求回到现实，道，"你不是认识朝中阁老方玄痴方大人吗？听说当年永历帝登基时流传一时的《永历颂》还是他写后托你的大名而发布的，后他还致函于你，邀你赴朝共谋大业？"

"此一时，彼一时也。"王夫之点点头，道："当年，永历帝登基的《劝进表》还是高世泰高大人所写，而以父亲大人之名发布。且父亲大人确实在桂王府教授过永历帝。即便如此，又能怎样？"

"所以说，人生走错一步，结局就大不相同。"管时求又回到老话题，道："永历帝登基时，武夷先生和夫之老弟如及时赶来，此刻必是朝中重臣矣。"

"如此就好吗？"王夫之道："翁大人，还有内务总管王阁昆王大人，不都死得很惨？"王夫之停了一下，又道："人生，每一个阶段有每一个阶段的机缘或命运。有时明明知道是机会，可你就是抓不住。抓住了，在那一个阶段可能就会通达。但抓不住的未必就错失了，兴许，在另一阶段，以一种更好的方式呈现。"

"唉。我们这些学子，只有百姓的命，却偏偏做着大臣的梦，甚至是皇上的梦，把天下大事都往身上揽，结果，一根绳子就可以将自己勒死。"管时求自嘲道："行了，夫之老弟，我们不要空议了。你亦不要清高了，我们可否求见方大人？"

看来只能如此了。王夫之请求卫士传话，说要拜见方玄痴方大人。

"什么方大人圆大人的？"谁知卫士眼一横，懒得搭理王夫之。

"朝中阁老方玄痴，方大人。"王夫之强忍怒气，一字一句道："我是衡州王夫之，与方大人有些渊源，算是故交。"

那个卫士一听，将王夫之上上下下打量一番，回头跟另一个卫士道："此人说跟方玄痴方大人是故交，哈哈哈！"

"不要动辄拿朝中要员来压我们。"另一个卫士走来，对王夫之训斥道："既然你跟方大人是故交，总该有些凭证，比方，你有他的信函之类的东西吗？"

王夫之一下子愣住了。他当然保留着方玄痴的信函，但他没有带在身上。他明白，再跟这两个卫士解释，只能自取其辱。就这样，找方玄痴的大门暂时关上了。

好不容易碰上了一个识字的差役，王夫之和管时求赶紧递上帖子。听闻王夫之二人是当年的举人，差役瞥了一眼，嘀咕道："大明举人遍布天下，都想求个一官半职，这还得了？"

看着王、管二人手里的帖子，那人又道："前儿还有几位举人前来送帖，说是想参加阁试，被我给回了。官不好当，皇上更是见不着。"

见他阴阳怪气，王夫之脸色铁青。

管时求却是赔笑道："大人说的是。能不能进得了这门，还不是要过大人您这关。"

那人眉开眼笑，又故作严肃道："不要拍我马屁。我算啥？不过是小小当差。瞿大人、严大人、王大人才是内阁之主。"

差役口中的瞿大人就是瞿式耜，这是响当当的人物。管时求恭敬道："大人说的是。都说我大明内有瞿、严、王等几位大人，外有何大人、李大人等，均为我大明脊梁——对了，还要加上与我等有些交情的堵大人。"管时求提到堵大人又马上后悔了。

果然，差役的手不经意抖了一下，动了动眼睛，冷笑道："堵胤锡大人？当朝宰相，虽不在朝，确为大明栋梁。但是，你等别拿堵大人来压人，刚才拿方大人不管用，现在用堵大人，也要按规矩办事。"差役心里想：真正跟方大人、堵大人有交情的，也轮不到他来交涉了。

王夫之觉得这个差役真可恨：我们确实是按规矩办事，不然也就不会站在门口，千辛万苦等着给你们递帖子。王夫之恼怒无用。还好这个差役最终接过了帖子，只是拿着帖子的手伸在半空，好久没动。

管时求在一旁请求道："有劳大人，他日有幸入朝共事，一定感激不尽。"

差役冷笑了两声，阴阳怪气道："没看到马上就要过春节了？"

王夫之愣了一下，不明就里道："哦，预祝大人佳节欢愉！"

"哼！"只见他摇了摇头，嘟哝一声什么，转身走进门里。

管时求追上去，问道："大人，何时才能给我们回复？"

"真不懂规矩！这样的人即便入朝，也成不了大事。"差役自言自语，忽然回头看了他俩一眼，又觉得可怜，便冷冷道——

"回去等吧。"

第三十章　报国无门

一

接连好几日，王夫之每天都与管时求往永历朝吏部大门前跑一两趟，但都毫无音讯，也不见了那差役。管时求在朝中倒是认识几个前同事，但都是地位低下的小吏，或只有泛泛之交，或只打个招呼，知道姓甚名谁而已，现在没办法，他只得前去打听一下。不料，在那些小吏的家门口，他都吃了闭门羹，要么大门紧锁，要么从门缝里露出一个人头，看一眼外面的人，转身将门关上。

"何以如此？何以如此？我等乃流寇窃贼乎？"管时求愤愤不平地对王夫之道。

"管兄毋须牢骚。"王夫之道："这年头，没有利害关系者，均多一事不如少一事。"话虽这样说，王夫之心里终究不是滋味。

除夕那天，二人的盘缠就要见底了，他们身处异乡，又值佳节，更觉凄凉。然而，夜幕降临，满城红色，爆竹齐鸣，火树银花，河面大船上更是灯火辉煌，歌舞升平，好像所有人都是喜庆的，好像天下真的是太平盛世。只是这太平盛世与衡州的两个举人无关。

王夫之饥肠辘辘，叹道："以尽忠之心来朝廷，奈何报国无门矣。"他边说边走进路边较偏处一个叫"好运来"的小酒肆。

管时求早已走到王夫之前面，径直进了酒肆，他拣一靠窗位置，一屁股坐下来，回头冲柜台前一小伙子叫道："店小二，来一盘红烧肉，一盘爆炒肥肠，一盘干笋，一碟花生米。温一壶米酒。"

"你这口气，像个土财主。"王夫之坐下，提醒道："算一下还剩多少银两，别到时惹麻烦。"

"唉，过年了，即便没钱，也要过年。"管时求不予理睬，颇不耐烦地冲店小二道："快点，快点！"

店小二听管时求嘴里一句"即便没钱，也要过年"，形迹可疑，感觉像是无赖似的，便报告了店老板，低声道："爹，这两位外来客，穷困潦倒似的模样，口气倒是蛮大的，感觉要来搞事。"

店老板是一个中年人，穿着灰色对襟短褂，秃顶，小眼，嘴唇上留着一小撮胡子。他走到管时求身边，又看了看对面的王夫之，特地提醒道："两位客官，不好意思。今天是除夕，原本就要歇业的。因临时有事，没来得及关门。"

"什么意思？"管时求一听气了，道："刚才进来时没说歇业，还说欢迎，老子点菜时没说歇业，此刻竟说歇业了，是何道理？"

老板也不生气，只是笑笑道："现在告诉两位也不迟。你看，店里客人，除了二位，别无他人。"

"老板的意思是，如果有别的客人，就营业？"王夫之也十分生气，瞪了一眼，大声道："你是怕我们赖账吗？"

"如此说话就没意思了。"老板不动声色，瞥了王夫之一眼。

"明明欺负我们是外地人！明明瞧不起我们！却找了一个可笑的理由！"管时求"嚯"地站了起来，怒气冲冲道："大过年的，连你们都如此欺负人！这日子还要过得下去？老子今天非要坐店里，看你到底营业不营业！"说完，飞起一脚，踢翻了一条木凳。

王夫之知道店老板有些过分，管时求要借机把这些天憋在心底的火气发出来，劝是没用的，只好由他去。王夫之抬眼看着窗外。

"客官误会了，误会了。"老板见势不妙，赶紧道："请坐，请坐。大过年的，小店确实是歇业的。但两位客官为了前程，亦在奔忙，都不容易。这样吧，店里也没帮工。那个小伙子是我的儿子。我亲自炒几个菜，咱们一起吃个团年饭吧。就像咱店名盼望的那样：'好运来'，祈福明年时来运转，好运连连。两位客官，这样行吗？"

"老板什么时候这么大方了？白吃的团年饭也算上我一个吧？"

突然，一个身材高大、颇有几分英气的年轻人走了进来，看了王夫之和管时求一眼，随意地坐下道。

"啊？蒙大人，你可忙完了？"老板连忙迎了上去，道："就一直在等你呐。正好来了两位客官。"

"两位先生从哪里来？"蒙大人"哦"了一声，对王夫之和管时求道："这大过年的，还在外面奔波？"

"我俩从衡州来。"王夫之叹了一口气，道："本来想到朝廷谋个差，不意来得不是时候。"

"你俩从衡州来？想到朝廷谋差？"蒙大人上上下下打量起王夫之来，见王夫之点点头，便道："那你们认识武夷先生和夫之先生吗？"

王夫之一愣，连忙从实道："武夷先生乃家父，鄙人乃王夫之。"

"啊？这么巧？"蒙大人一听，惊叫道："在下蒙正发，恩公在世时，时常叨念兄，在下亦是挂牵。湘阴一别，恍如隔世矣。"

"啊？竟是蒙兄？失敬！失敬！"王夫之也异常吃惊：蒙正发怎么变得认不出来了？我们不仅在武昌见过，而且在湘阴前线亦见过，岁月如刀，将两人雕刻得都走了形。蒙正发留了长须，脸上有一道刀伤，穿着永历朝服，举手投足像极了小官吏的模样。而王夫之则更加消瘦，眼晴陷进去很深，蓬头垢面，脸上也拉拉杂杂有了一些胡须，谁能认出他是腹有诗书、名重湖湘的衡州学子？

"我见你有些面熟，正在犹疑间，不曾想真是夫之兄！"蒙正发非常开心，道："什么风把你吹来了？"

原来章旷死时，曾举荐蒙正发为永历朝翰林院庶吉士。后来，何腾蛟又举荐他入内任户科都给事中，官不大，只有正七品。户科有左右给事中，为从七品；另还有给事中（从七品）若干。衙内各科人数不同，官品皆不高，但权力很大。户科主要有"封驳"：辅助皇帝处理奏章；"科抄"和"科参"：稽察六部事务；还有"注销"：指圣旨与奏章每日归附科籍，每五日一送内阁备案，执行机关在指定时限内奉旨处理政务，由六科核查后，五日内统一注销。

"原来是蒙兄！"王夫之得到确认，是蒙正发，长舒一口气。他十分高兴地打量着对方，忽道："你脸上的刀伤是怎么回事？"

"休提了。战场上，没少肢缺腿掉脑袋，就要谢天谢地了。"蒙正发摆了摆手，道："小小刀伤算得了什么？"

"蒙兄言之有理。你大难不死，必有后福矣。"王夫之笑道，遂将管时求介绍给他认识。

"武昌鹿鸣宴上见过管兄。"蒙正发作揖道："只是未有深谈。"

"在下确实见过蒙兄。"管时求连忙还礼，道："此番再会，感慨莫名。"

三人边说边坐到一张桌前。蒙正发冲一旁发呆的老板道："遇见故人，你呆着干吗？还不快快炒菜，上酒！"

老板回过神来，连声诺诺，赶紧招呼儿子一起忙去。

王夫之道："大过年的，蒙兄还忙着处理公务？"

蒙正发叹了一口气，发起牢骚来："案头材料如山，哪里忙得完？"他朝老板看了一眼，道："我是这个店的常客。老板是中原禹州人，姓朱，大名得胜，曾与我是营中同事。章公去世后，他跟着我来到这里，因没读过什么书，谋不了好差，又不想打杂，就开了这个店。我们彼此关照。说实在的，没有他，我连个团年饭都吃不成。"

正说着，朱得胜和他儿子端着碗筷和热汤上来了，先给每个人盛了一碗，道："先喝点汤，暖暖身子。"

"好！两位兄长，快快喝！"蒙正发自己大喝一口，感慨道："那次南下衡州，章公还说及二位，并言入衡当邀见面，当晚果然见了国相兄和子参兄，可惜没见到你。你到湘阴那次，前后数日，咱们来不及叙聊，你就匆匆别去。章公最后一次到衡州，亦没见到你，甚为遗憾。"

"我亦感觉殊为遗憾，十分痛心。"王夫之叹道："以后每每想起章公，皆有痛不欲生之感。章公为国尽忠，不死之死，与日同光矣。而其胞兄章梁竟然为清军效力，后被何督师在衡州抓住并处死。一对兄弟，道路不同，结局迥异，悲不尽言，徒令人感伤莫名矣。"

"不说那些伤心事了。"管时求喝下热汤，直言道："蒙兄在朝廷站稳脚跟，我与夫之老弟本次赴朝，日后全仗蒙兄力荐。"

"管兄与夫之兄欲来朝谋差？"蒙正发看了看二位，脸色顿时凝重起来，问道。

王夫之点点头，道："本该早来。一路追寻，直到今天，仍游荡在朝廷大门之外。"

"唉，说来惭愧，朝廷莫如军中。军中勇猛，热血，正直，就有出头之日。"蒙正发摸了摸下巴上的长须，随即又摇了摇头，坦言道："而朝中是染缸，有毒的，无毒的，干净的，肮脏的，都在其中。蒙某不善权谋，疲于应对个中杂事，未有功绩可言，人微言轻矣。"

蒙正发说的确是实话。南明朝廷就是一个大染缸，鱼龙混杂，乌七八黑，党派林立，充斥着一批尔虞我诈、阿谀奉承和玩弄权术的小人。

蒙正发不善权术，不结奸党，亦不想与乱臣贼子同流合污，正义耿直的他能有多少作为？他不归属任何党阀或官僚集团，凡事爱较真，且仗义执言，得罪了不少人，许多事情原本很容易，因为他的参与，反而办不成了。

一番客套和叙旧之后，终于回到正题。王夫之说出了来此谋差的艰辛与彷徨、苦闷与失望。蒙正发听到送帖之事，皱了皱眉道："王兄，你以为那厮想要什么？是银子。"

王夫之也猜到是这个意思，但他不愿承认，觉得永历朝廷不应如此。而实际上，再破败的朝廷也是朝廷，再窘迫的官场亦还是官场。既然永历朝是朝廷，永历帝是个皇帝，那朝廷也罢，皇帝也好，大小一律不论：凡在朝廷行走，凡想为皇帝效劳，就是在官场走，在仕途上奔，没有银子是不行的，送帖之事更是如此。且如今，半个中国的举人贡生等读书人都在向肇庆汇集，想要入朝做官的人不在少数，要入门就要孝敬或献贡，尤其是对那些看门的奴才和差役更要格外小心，他们是入门的第一关。奴才和差役永远是奴才和差役，你当官后、飞黄腾达后，可以使唤他们、折磨他们甚至虐待他们，但在入门前，就得看他们的脸色。不了解这些，你就入不了道、进不了门。王夫之想起父亲当年多次赴京，一事无成，想想真心痛：世道变了，但官道还没变，或者说，变得更加不堪。

管时求气愤道："国难当头，无数将士在前方浴血杀敌，朝廷居然如此乌烟瘴气，怎不让人心寒！"

"实话说，送了钱财也未必有用，朝中无人，万事难办。蒙某这个小差，若不是恩公章旷临终奏荐、何腾蛟何大人再荐，亦不会有。"蒙正发叹道："朝廷大小衙门，养了多少闲人。"说到这里，蒙正发停了一下，然后说道："不过，两位仁兄的事，蒙某定当努力。"

"如方便，请蒙兄帮我找一下方玄痴方大人。"王夫之知道蒙正发所言句句属实，如果完全靠他，入朝必定无望，于是犹豫道："本不想打扰方大人，但别无他法。再说，找方大人亦不知管不管用。"

"哦，好，好。方阁老乃本朝元老之一，在朝中是有影响之人。只是他喜云游，个性散淡，不理朝事久矣。不知此刻是否在朝中……"蒙正发欲言又止，他端起酒杯，手一挥，岔开话题，道："今乃除夕，万家灯火。他乡遇故知，高兴！来，咱们干杯！其他，以后再说。"言毕，仰头喝下杯中酒。

这时，朱得胜和他的儿子将菜上齐了，又提了一壶热酒，也上了饭桌，坐下，拿了酒杯，倒满，喊了一声"为好运来！干杯！"一仰脖，将酒喝了下去。

王夫之和管时求也端起各自的酒杯，仰头喝了下去。

二

没想到，除夕夜，王夫之与管时求都喝醉了。蒙正发什么时候走的，王夫之都不清楚，但他记得蒙正发走时说的一句话："请耐心等。我会尽快找人牵线搭桥，争取让两位仁兄早日入朝。"而且他还将身上的银子全部掏了出来，给了王夫之。

翌日早晨醒来，王夫之发现自己还在"好运来"酒肆。朱得胜和他的儿子也躺在地板上，店里一片狼藉。他正睁开眼睛，望着王夫之，嘿嘿笑。

王夫之说了声："朱老板，新年大吉。"然后环顾四周，道："时求兄在哪儿？"

朱得胜揉了揉眼睛，也看了看四周，道："俺也不知晓。是不是跟着蒙大人去什么地方了？"

"不可能。"王夫之从地上爬起来道。

正在这时,只见管时求从外面急匆匆走进来。王夫之一见,便道:"你一大早去哪里了?"管时求却没理会,只是对朱得胜道:"昨晚的团年饭,蒙大人付了钱?"

"一顿饭而已,谈钱就见外了。"朱得胜此刻很大方,道:"何况,这小店,没有蒙大人的关照,恐怕早就关门大吉了。"

"那我们就多谢了。"管时求拉起王夫之的手,对朱得胜抱拳道:"后会有期。"

刚刚走出"好运来"酒肆,王夫之立即挣脱管时求的手,急道:"你究竟干什么去了?"

"我刚才发现一个人,非常像另一个人。"管时求神秘兮兮道:"你肯定想不到,这个人跟你很熟!"

"你卖什么关子!"王夫之吃了一惊,道:"是谁?快说!"

原来,大约是早上刚入卯时,天蒙蒙亮,管时求醒来,发现王夫之与朱得胜父子都还躺在地上和衣睡着,他出门去找茅厕。街上突然出现一支巡逻的官兵,为首的人竟然是朱归孺!管时求吓了一跳,差点叫了出来。这时,朱归孺也看到了管时求,顿时怔了一下,但赶紧低下头,跟后面的巡逻兵吆喝一声,就匆匆往前走了。

管时求迅速追上去,抓住最后一个巡逻兵,问他们当头的是谁,那个巡逻兵说是什么锦衣卫的黄权黄大人。

"明明是朱归孺,怎么可能是黄大人?"管时求道:"我敢肯定,那一定是朱归孺!"

"朱归孺不是被皇上处死了吗?"王夫之听了,也吓了一跳,道:"难道他被谁救了?化名黄权?"王夫之感觉此事蹊跷。如果皇上要处死的人被救了下来,那救他的人权势肯定很大。朱归孺还活着,而且就在锦衣卫效力。王夫之一头雾水。

王夫之不知道，若朱归孺真在朝廷，对他谋差有无影响。

"朱归孺非愚，只是坏。想想其实也很惨。"管时求不无感叹道："他跟他父亲朱啸虎，一生钻营，最后得到了什么？如果他甘于做一个屠夫，说不定像庖丁解牛一样，把一头猪解剖得得心应手，分毫不差，反而痛快。"

"那又怎样？"王夫之道："正因为他们父子不甘于做一个屠夫，所以，他们投机、钻营，至于结果，谁能想到？朱归孺既非愚亦非坏，只是命运弄人，结果不遂人愿。可我们的结果，自己能想到吗？"

"朱啸虎死了。朱归孺也死了，不过，黄权活着。"管时求摇摇头，道："想想，有点滑稽，也有点悲哀。"

"这恰恰也是朱归孺不敢面对你的原因。"王夫之叹道："假如我们真的入朝，难道彼此躲着、避着，一直不见？"

"唉，眼下不管那么多了。"管时求道："我们得找个地方住下来。蒙兄临走时，叮嘱我们不要乱走，坐等消息。朝廷派系多，眼线多，大家表面上客客气气，背后却是斗得你死我活。"

王夫之听闻此言，心里有些不悦，但也没有辩解什么。他和管时求在河边重新找了一个客栈，安顿下来。春节期间，街上人头攒动，王夫之和管时求没心情上街去游玩，每天都去吏部大门前看看。

正月初六那天，王夫之和管时求见到了蒙正发。蒙正发告诉王夫之，他专程去了一趟方府，问了他的家人，方阁老去了哪儿，回答说："云游未归。"

"方阁老是永历帝多次征召才来朝的，是永历帝身边重要幕僚，按说他应时刻待在朝中，为皇上竭忠尽智才是。"王夫之有些不解，道："方阁老怎么老是出去？万一永历帝有急事找他，岂不误事？"

"既然夫之兄说到这个份上，我就从实说开。"蒙正发感慨道："方阁老太正直，也有点自傲，不在乎毁誉与名利。因此，他在朝廷不太受待见。"

"唉，清流之人都是如此。"王夫之道。"然一朝之中，若既无发诤言之人，又无呈逆帖之士，那朝廷岂非一潭死水？"

"表面是这样，但暗中汹涌。"蒙正发停了一下，忽然道："方阁老有一事，与夫之兄有关，让皇上十分不悦。"

"啊？什么事？"王夫之心一紧，明知故问。

"当初，听说方阁老写了《永历颂》，但发布时，却说是夫之兄撰写的。"蒙正发低声道："此事后来被小人当作把柄，说他欺上瞒下。皇上知晓后，亦大为不满。方阁老因此失势。所以，夫之兄若有机会见到皇上，千万不要提起那档子事。"

"这个自然，在下从不愿掠人之美。"王夫之对方玄痴好心办坏事耿耿于怀，甚至成为心中一道阴影。但事已至此，再抱怨亦无用，现在听蒙正发提及此事，只好叹道："此事原本就不妥。"

"在下倒有不同看法。"管时求不以为然，斗胆说道："若是明君，永历帝应当感谢方阁老，也应该重用夫之老弟。毕竟登基之时，需要造势，需要天下尽知，望而归之。然功成之后弃之，不是明君所为。"

"啊？管兄，你说什么？在下没听懂。"蒙正发闻之，十分紧张，借口有事离开了。

王夫之望了管时求一眼，垂头默然，无言以对……

就在每天等消息却没有消息的难捱之时，蒙正发带来一个噩耗，这个噩耗像一个惊天炸雷，在王夫之头上突然响起，震耳欲聋。

"何腾蛟何大人殉国了！"蒙正发话一出口，失声痛哭起来。

王夫之闻之，"咯噔"一下，像挨了一记闷棍。自己历尽千辛万苦，来到朝廷旁，本想过些时间就能见到何大人，并在他手下谋事。不料，人算不如天算，他竟然殉国了！比起父亲的离去，亲人的离去，友人的离去，甚至恩公章旷的离去，这个痛苦没有更小，只有更大，大得让王夫之难以承受。

"何大人殉国了？何以如此？"王夫之望着蒙正发也抱头痛哭，不敢相信。

原来，南明的军队原本就是一锅大杂烩，各路人马，各怀鬼胎，各有各的小算盘，何腾蛟名曰督师，实际上，他对军队没有绝对的领导权，没有多少人对他言听计从。以江西明军将领金声桓为例，他是大明逆臣左良玉的部下，左良玉死后，他归降了清军，但是因为封侯不成，甚为不满，于是又反清复明。

再说马进忠、王进才之流，他们都是李自成的老部下，虽说没有归降清朝，但是，也不是全心全意为大明卖命，他们只会为自己着想，先是在湘阴坑了章旷，又在长沙坑了何腾蛟，后来，他们还坑了堵胤锡。就连高一功和李锦带领的"忠贞营"也不够忠贞。虽然忠贞营直接接受堵胤锡的指挥，但是堵胤锡有时候也指挥不了他们。当年，何腾蛟、堵胤锡原本想东西齐头并进占领湖北，何腾蛟委派章旷在湘阴作战，堵胤锡指挥忠贞营攻打荆州，然后会师武昌。但是，湘阴失手，围攻荆州也以失败告终，堵胤锡屯兵常德，忠贞营却不听使唤，跑到了巴蜀，结果，湘西北城池尽失。

再说张献忠死后，他的"养长子"孙可望等人带着部队从四川出走，一路烧杀抢掠，占领了云贵。后来，又投奔了永历帝，并顺理成章地成了云贵正统、合法的占领者，他们在后方隔岸观火，养精蓄锐，就是不出力。

大明自己的嫡系将领也不是什么好东西，个个贪生怕死，谋权夺利，刘承胤当初就在武冈挟天子以令诸侯，后归降了清朝。

何腾蛟也罢，堵胤锡也罢，手里都没有自己的嫡系部队，说到底，是南明没有堪当大任的王牌部队，万事求人，用兵打仗要看别人脸色，再有能耐的将领也没辙了。同时，南明的将领忠勇有余，才识与境界却十分有限，这也决定了他们难成大事。更糟糕的是，南明朝廷昏庸无能，内部党争不断，将归降农民军与南明正规军区别对待，以至于农民军顾虑重重，不敢誓死效命，反复无常，这些也是导致南明后来战事失利的主要原因。

顺治五年（公元1648年），清军正在围攻江西南昌，对长沙虎视眈眈，危急之下，朝廷委派李成栋从广州千里奔袭驰援江西金声桓。

堵胤锡决定进攻长沙，一方面可以稳定湖南局势，另一方面围魏救赵，也可缓解江西局势。他若打下长沙，便能抢到何腾蛟的头功。

堵胤锡下令马进忠东出长沙，但是，马进忠不从。此前，他得到的命令是等待进攻荆州，他觉得自己的实力不足，已经四处求援。

此时，与马进忠在一起的将领是旷南卿。原来，张献忠攻衡时，旷南卿与张纯熙同时被抓，旷南卿原本要被张献忠处斩，但他机智脱逃，返回岳麓书院，受山长吴道行临终所托，把一批珍贵手稿和儒学经典释本转交王夫之。旷南卿偷偷返回衡山，蒙着头，把吴山长珍贵手稿和儒学经典释本送到张纯熙家，而当时张纯熙还在衡州城，他只好交给胡三妹，叮嘱几句，速速离开。

后来，旷南卿几经周折，进入左梦庚部，与马进忠共事。旷南卿刚柔并济，与马进忠相处得十分融洽，马进忠也很是信任他。

"啊？旷南卿旷兄，那是我在岳麓书院的大哥，吴道行山长临终托他给我带遗物的大哥？"王夫之又惊又喜。"旷兄成了马进忠的得力干将？

这些年，我一直念想着他！"

"是他！旷南卿。"蒙正发道："我听何大人和堵大人说过此人，两位主帅皆对他颇为欣赏。可惜，最终死无完尸。"

"啊？旷兄死了？"王夫之大声道："死无完尸？何以如此？"

"唉！还是遇人不淑。"蒙正发感叹道："马进忠终归是个小人，他以草寇之心、忠君之名行枭雄之事，顺之者昌，逆之者亡。"

"快快说来。"王夫之心提到了嗓子眼。

蒙正发说："当时，马进忠准备进攻长沙，他需要一些援兵。"

旷南卿立即想到了身在怀化的马蛟麟。此时的旷南卿身为堵胤锡的监军，早在湖北的时候，他就与这位左良玉的旧将马蛟麟有所交往，二人交谈，亦很投缘。

旷南卿差人前往求援。

马蛟麟哈哈大笑，在他的记忆里旷南卿应该是一名秀才，于是便问："旷秀才何以至此？"

使者答曰："旷大人已经贵为御史监军！"

"原来如此。"马蛟麟大喜，拍着胸脯道："吾当为此秀才效死力！汝归告马将军、旷监军，约定十一月下武陵合营，明春取武昌。若吾至而旷监军不在，必不轻饶坑蒙诓骗我之人。"

使者归来，如实言告，旷南卿大喜，立刻准备粮草等。马蛟麟率部前来。然而，此刻马进忠自感羽翼丰满，不听调遣，他不仅铁心要养精蓄锐，而且一意孤行要攻打荆州。

见马进忠不听军令，堵胤锡遂召回了旷南卿。

马蛟麟听闻旷南卿离开了马进忠，再也不愿意前来常德了。

无奈之下，堵胤锡只好又以攻打荆州为名，急忙前去调遣驻在巴蜀的忠贞营，李过与高一功的部队此时正缺少粮草，便听从了堵胤锡的调遣。

堵胤锡带着忠贞营又一路向常德奔来，距离常德还有百余里，他差人给马进忠传话：在常德合兵一处，攻打长沙。

马进忠立即惶恐不安，他觉得堵胤锡带着忠贞营是来抢粮食和地盘的，说不准还要治他违抗军令之罪。在马进忠看来，把旷南卿调走，就是对他不信任的表现。于是，他迅速带兵撤离常德，临走在城中杀人无数，并将城内财产和粮食洗劫一空。

为了阻止马进忠胡来，堵胤锡速派旷南卿率一队十余人快骑前去"监军"。然而，此时的马进忠哪里听得了旷南卿的忠言？他带着部队一路抢掠烧杀，迅速席卷了益阳、宁乡、湘潭和湘乡。

"马将军住手！"旷南卿横刀立马,面对马进忠疾呼:"如此抢掠烧杀，非义军所为，同流寇无异矣！"

马进忠最恨别人称他"流寇"，他吼道："旷监军休得挡道，否则，休怪马某无情！"

旷南卿面无惧色，凛然道："马将军如不住手，旷某甘当盾牌！"

"既如此，马某成全旷监军！"马进忠说完，下令："放箭！"

可怜旷南卿和他的一队十余人快骑没有死在清军的屠刀下，却死在自己人的冷箭下……

堵胤锡闻后大为震骇，异常恼怒，他带着忠贞营一路追赶，所到之处，只见死伤者无数。等忠贞营抵达湘潭时，整个湘西北变成千里赤野，以至于后来，清军不费吹灰之力占领了常德。

堵胤锡又恨又气，然而，他却拿马进忠一点办法都没有，因为，大明比任何时候都更加需要马进忠这支部队，哪怕他为非作歹，毕竟打着"明"字旗号。

此时，江西比湖南的局势更凶险。

李成栋的救援部队被堵在半路，南昌眼看就要失守，江西不保，肇庆也就危险了。

"旷兄！没想到岳麓书院，成为你我永别之地。"王夫之听完，早已泣不成声，泪流满面。

三

"那么，何大人他又怎么殉国了？"

王夫之从旷南卿的悲剧中走出，急切地问蒙正发。可蒙正发在讲述中多次哽咽，难以继续。过了好一会儿，王夫之从蒙正发断断续续的讲述中，总算弄清了何腾蛟是如何殉国的。

顺治六年（公元1649年），何腾蛟急急从衡州出发，带着几十名侍卫上了船，他要沿着风急浪高的湘江，速速抵达湘潭，会见堵胤锡。

终于，南明两位相知相交、互敬也互斗的朝廷脊梁，于四面楚歌中见了面，这也是彼此最后一面。他们商定：由堵胤锡带领忠贞十三营火速驰援江西，而何腾蛟则坐镇湘潭。此时的湘潭已近空城，何腾蛟身边只有他亲自带过来的三十名侍卫和数百名守城士兵，而马进忠的部队还在前往湘潭的路上。

是年正月二十日，清军在济尔哈朗统率下没有遇到有效抵抗，快速抵近道林市，他们从抓住的俘虏中得知，何腾蛟正在湘潭城内，而这座城几近空城。济尔哈朗大喜，遂差孔有德率部昼夜兼程，追至城下，又派降将徐勇以轻骑突入湘潭。

何腾蛟被围，徐勇劝何腾蛟投降。

这个徐勇原是左良玉部将，和何腾蛟共过事，见其一副奴颜婢膝的模样，何腾蛟怒火中烧，骂不绝口，举剑要砍他，徐勇赶忙退避。

既然何腾蛟不投降，清军就只能打了，战斗没有持续多久，明军的营垒就空了，湖南副总兵杨进喜战死殉国。

最后只剩何腾蛟一人，他戴着方巾、穿着便服坐在堂内，悲怆涕零道："五年督师，心血呕尽，未尝有一丝懈怠，今日竟落得这样地步，此难道天意？天亡我大明乎？"

清军从四面八方涌来，把他俘虏，押送至城外慧德庵。

徐勇遵济尔哈朗之令，亲致降书，称："世道已变，顺者昌，逆者亡。大明气数已尽，执忠乃愚，降清乃智，请大人三思矣。"

何腾蛟不看降书，愤而撕之，掷之，慨然道："既已执，唯有死。"

济尔哈朗闻罢，更为钦佩，不忍杀之，以为数日后，何腾蛟会有转变。岂料，何腾蛟不仅未变，而且开始绝食，以死相抗。

随后几天，清军一再劝降，甚至用了美色诱惑。

然而，何腾蛟一言不发，毫不动摇。无奈之下，清军杀进何腾蛟的老家，俘获了他的全部家人。

济尔哈朗传话："何家四十余口之命系于将军一人，将军让其活则活。"但何腾蛟始终不降，结果何家人全部被处死。

济尔哈朗仍不死心，又派人送来了劝降书，书曰："公幼习儒业，岂不闻子舆氏云'顺天者存，逆天者亡'乎？若顺天命而归真主，富贵共之。若不然，亲尸被掘遭鞭，更有妻辱子戮，虽悔何及矣。"

这一次，何腾蛟说话了，他对劝降者坚定而决绝道："为天下者，不顾其家，为名节者，不顾其身，且腾蛟赋性硬拙，各奉其事，各为其主，各存其体耳。文王之政不及妻子，今偶及之，是岂先生之初意乎？欲掘吾亲之墓，吾亲已归三尺，难保百年不坏之坟，擒吾之子，身旁有长子在，可奉祖宗礼祀。次子未见面而生，仍付之未见面而已。执吾之命妻，年几六十，欲挟吾顺，不能也。"

何腾蛟心意已决。然而，何腾蛟越是顽固，济尔哈朗越是不甘心。

济尔哈朗亲自致信何腾蛟："今天厌于明，神器有主。尚思收既覆之水，燃久死之灰，弃身不顾，而单骑被执，心与文山一辙，而境遇之艰难倍过之。忠贞亮节，谁不怜惋？先生之道尽矣。若肯承合天意，知命来归，当不让洪承畴之一席也。"

面对如此威逼利诱，何腾蛟仰头一笑，慷慨答曰："腾蛟少壮登朝，运逢屯胜。甲申三月，自分一死，所以苟延至今者，思步汾阳后尘也。不意志切才疏，致兹狼狈，负恩辱国，臣罪当诛，尚可苟延人世乎？头可断，心可剖。先王、先公实式凭之。"

清军终于无计可施了。

济尔哈朗又气又恨，私下说：明军竟有如此硬气之人！

接下来数日，何腾蛟每日居庵中，正襟危坐，不卑不亢。

清军派使女去，他看都不看。派人送食物去，亦被推倒。

无奈之下，清军命庵中一僧将一钵清水送去，何腾蛟摇了摇头，拒道："此乃清人之水，我不能饮。烦劳大师，为我另取一壶江心水，饮了好上路。"

僧人双手合一，念了一句："阿弥陀佛"，遂从蒸湘河中取了一壶水，递给何腾蛟。

何腾蛟捧着那碗水，望着南方，流泪道："此水取自湘江，自衡山而来，源自粤桂，有吾皇之恩泽！可涤我五脏六腑，洗我七魂八魄，死，我亦瞑目矣。"

绝食七日之后，何腾蛟居然还活着。

清军进行了最后的劝降，何腾蛟慨然道："孔曰成仁，孟曰取义，衣带之遗，彼则行之，我则继之，吾志决矣，勿复多言。"

前来劝降者无不震惊而感叹："此等忠勇，日月可鉴，我亦感佩，其志不可移，可遂其愿，留其名节。"

济尔哈朗遂命人送来一根丝绳，一面汗巾，由何腾蛟自裁。

湖湘大地，天色沉沉，冷雨霏霏。五十七岁的何腾蛟孤单而从容地走到自尽的地点，面对巍巍南岳，他留下了一首惊天地、泣鬼神的绝命诗，而后追崇祯之魂而去：

> 天乎人事苦难留，眉锁湘江水不流。
>
> 炼石有心嗟一木，凌云无计慰三洲。
>
> 河山赤地风悲角，社稷怀人雨溢秋。
>
> 尽瘁未能时已逝，年年鹃血染宗周。

何腾蛟殉国后，与何腾蛟近在咫尺的马进忠却带着部队一路西窜，逃到了宝庆，与王进才会合。

不久之后，清军来犯。马进忠和王进才等人又将宝庆城洗劫一空，向西南逃窜，一路奸淫掳掠，躲到了武冈。而忠贞营将士走到茶陵和攸县一带亦突然徘徊不前。虽堵胤锡三令五申，然李过与高一功无动于衷，他们以人困马乏、粮草不足为由再三推脱。

恰在此时，南昌失守。弹尽粮绝之际，有着墙头草之称的金声桓疲倦了，累极了，不再惊晃。他杀死了妻子，投水自尽，及微存的光亮步何腾蛟之路，以死殉国。

清军一路南下，在赣州与李成栋部大战十几日。最后，洪水泛滥，李成栋在信丰落马跌入江水中溺死，孤魂散去。至此，江西尽失。

刚刚露出的大明王朝复兴的曙光就如此这般被一点一滴吞没了，历史的天空重新陷入沉沉的黑暗中。

永历帝惊悉何腾蛟英勇殉国，十分悲痛，沉痛哀悼，多次祭奠，追赠他为中湘王，谥文烈，并让何腾蛟的儿子文瑞做了佥都御史。

康熙十四年（公元 1675 年），清廷表彰已故明朝忠臣，赐何腾蛟谥号忠诚，拨资建祠。

王夫之获悉后，非常震惊，认为清廷真会安抚，收买笼络人心，同时又觉得非常荒唐可笑，心想：这对于一生抗清、永不言降的何大人而言，所谓"忠臣"的表彰和"忠诚"的谥号，九泉之下的他会安心接受吗？他会不会跳出"坟墓"，举起大旗，挥舞刀剑，再次呐喊着冲入清军之中？

四

那些天，王夫之觉得天都快要塌下来了，他不断地喃喃自语："为什么何大人殉国了？究竟发生了什么？为什么呀？"

"夫之，你别难过了。也许我们本就不该来！"管时求见王夫之如此痛苦，手足无措，轻声道："你还记得国相兄说过的话吗？连他都对大明绝望了，我们还在一厢情愿！"

提到李国相，王夫之立即想起分别时李国相发出的长叹："此朝廷还有望乎？朱氏王朝还能依靠否？尔等固执前去，明知不可为而为之。鄙人此时，血如冰，心已死。"

的确，李国相比王夫之要清醒，他早就意识到大明已无救、朱氏王朝不可倚了。但王夫之明知无望，还要把无望当有望，并义无反顾地走下去。管时求听说何腾蛟死了，也很痛苦。他想：若何腾蛟的死对大明朝廷还有一丝震动、对大明的复兴尚有一丝帮助的话，他的死还有点价值。只怕他的死，对永历王朝并无半点影响。

果真，何腾蛟的死只是溅起一点水花，成为一些庸臣的饭后谈资，永历朝在根本上并无什么明显变化，醉死梦生的人仍然在醉死梦生，歌舞升平者依然在歌舞升平。大明就像一个烂透了的苹果，外面看起来还光鲜，里面包裹着一堆早已腐臭的蛆虫。

王夫之感觉自己像一只蚂蚁，既无法撼动历史的大树，更无法撼动永历朝这棵病入肌体的现实之树。他突然想回衡州，重拾诗文，承续文脉，也许这是一个不错的选择。

"夫之，不要把大明跟某一个人联系起来。个人的力量终归有限。"管时求对王夫之的迷茫徘徊不以为然，说道："何大人固为人杰，但一个何大人顶不起大明的天穹。大明需要有更多像何大人这样正直的人，才有希望。如果遇挫即打退堂鼓，那么，恩师吴道行山长和黄真川白死了，恩公章旷白死了，何腾蛟何大人白死了，旷南卿白死了，甚至罗亦簏罗大人、姜有义姜百户等无数英雄的血都白流了。"

管时求这番话振聋发聩，王夫之听了口服心服：是啊！若正直的人都离开朝廷，朝廷岂不更黑、天下岂不更乱了？自己就这么离去，对得起那些死难者吗？更何况，何大人虽然殉国，但朝中还有堵胤锡、方玄痴等大人，天不会塌下来。

就在这时，蒙正发带来了好消息："方阁老回来了，他约你和管兄前去一晤。"

王夫之一听，顿时振奋起来。自六年前黄鹤楼初次相见，王夫之就把这个"老朋友"记在心里了。听说方玄痴回朝，三年前南岳山上的一幕又重回王夫之的脑海。当时方玄痴说："大明王朝虽然四分五裂，但依然还是大明王朝。"方玄痴还说："我虽一介书生，于仕途一向淡漠，但经此一遭，却越发懂得：所谓爱国，不在书本，不在口头，而在一点一滴之行动中。只要一息尚存，就当尽臣民之分，此乃责无旁贷矣。"

方玄痴的这番话，王夫之一直感铭于心，成为他历经千辛万苦仍然念念不忘报国的强大精神支柱。现在，就要见到亦师亦友的方阁老，能不高兴乎？

　　然而，当王夫之与管时求满怀希冀见到方玄痴时，方玄痴虽然热情、客气和亲切，但豪情不再，物是人非，他似乎表现得有些矜持，不敢敞开心扉，多次欲言又止。看得出，方玄痴过得并不开心，虽然蒙正发委婉提起过方玄痴的处境，王夫之起初不以为然，直到见面，他才感觉到方玄痴比想象的要苍老许多，清瘦许多。

　　"欢迎，欢迎！"方玄痴拉着王夫之的手，上下打量一番，笑道："贤弟风霜染眉，愚兄满面沧桑，岁月不饶人矣。"

　　方玄痴说完哈哈大笑，他转身和管时求作揖、让座，然后叹了一口气，若有所思地对王夫之道："自南岳分别，碌碌无为，三年一晃而过矣。"

　　"距黄鹤楼初次见面，六年矣。"王夫之心一惊，望着方玄痴，接上话茬，亦感慨道："所谓'白驹过隙，时光荏苒'，不过如此罢。"

　　"请喝茶。"方玄痴点点头，招呼道，自己先抿了一口，道："世事纷乱，心中尤念夫之贤弟等衡州学子。"

　　"我等何尝不是如此？"王夫之有些激动，道："每每夜深人静，从黄鹤楼至南岳山，悠悠往事历历在目矣。"

　　"对了，贤弟春节前即到，为何不事先知会我一声？"方玄痴略带责备道："早知你们来，我就不会外出了。"

　　"方阁老乃朝中重臣，皇上许多大事要与您商讨。"王夫之道："夫之乃一介布衣，所念皆为琐事，怎敢轻易叨扰？"

　　"什么方阁老、圆阁老的，贤弟如此称呼，令人惊讶和陌生。"方玄痴道："直呼玄痴或方兄吧，听起来顺耳，行乎？"

　　"好，好。"王夫之喝了一口茶，有些不好意思。停了一下，他郑重其事道："这些年，无论经历什么，方兄之言'所谓爱国，不在书本，不在口头，而在一点一滴之行动中'一直响在耳边，不敢懈怠，此亦本次来肇庆之由因。"

"确实如此。"管时求插话道："衡州学子皆有报国之心，夫之尤甚，时刻不忘为国分忧，可惜难入其门矣。"

"时求兄应是朝中之人吧？"方玄痴看着管时求，有点不解道："曾听香妃提起过衡州诸学子，其中就有管兄，想来应该是你！"方玄痴还没有改口对姜善棋的称呼，可见他还是怀念永历朝最初的那些日子。

"惭愧，香妃口中的管某正是在下。"管时求见方玄痴没有改口，他也以"香妃"称姜善棋，起身答道："管某虽然见证了永历帝登基之典仪，入朝为卒，中途因故回衡，毫无建树。所谓碌碌无为者，即为在下也。此番与夫之一同前来，希望方兄多多引荐。"

方玄痴从管时求言语中听出了他的一些不满，遂提醒道："时求贤弟不必为香妃之事耿耿于怀矣。"他见管时求愣了一下，便继续道："实话说，永历帝对香妃爱恨交织。不光是你，连堵公和我都受牵连。若你在朝，包括子参等，恐怕性命均不保矣。"

管时求大吃一惊。

王夫之闻之也很难受，心想：原以为是方玄痴心高气傲和所谓"清流"而受皇上冷遇，殊不知，香妃之事将堵公和他也牵连进去。看来，当初香妃在朝时，许多谋划，堵公和方玄痴都清楚，甚至是直接参与者。王夫之后来才知道，永历帝之所以放过"香妃"姜善棋，完全是堵公和方玄痴在皇上面前力保的结果。这一保，姜善棋的命是留住了，但堵公的宰相之职就"挂"了起来，他常年不在朝廷就是明证；而方玄痴的幕僚之位也因此大受影响。王夫之哪里知道堵公和方玄痴在朝廷的难处！

"实话说，本次与时求兄来肇庆，就是希望谋个小职，给贤兄打打杂，为本朝效力。"王夫之不想让往事干扰心情，便岔开话题，道："盼贤兄能够力荐。"

方玄痴嘿嘿干咳了两声，遂低下头，接连喝了几口茶，并没有接王夫之的话题谈下去，似乎有一些避讳。管时求欲言又止，默默地看着窗外。王夫之见气氛尴尬，心里发急，却不知说什么好，便也低头喝茶。

这时，方玄痴突然问道："近来一直参佛论道，对武夷先生与憨山大师甚为钦佩。武夷先生还好吧？"

王夫之又是一惊。憨山大师是佛道思想融合的大师，对老子与庄子均有解读。方玄痴把家父与憨山大师列在一起，显然是提醒自己家有渊源，道有分岔，若有恒心与毅力，条条小径通大道。

"谢谢贤兄念及家父。"王夫之叹了一口气，道："家父已经驾鹤西去。"

"哦？"方玄痴微微一震，道："当年高世泰和翁不群借武夷先生之名发布《劝进表》，永历帝欣喜莫名。而今两位竟已作古，真是痛惜乃哉！"

方玄痴提起高世泰和翁不群，像是给王夫之敲响一个警钟：高世泰此等人物死于非命，最后不了了之；而翁不群作为帝师，对永历帝有如此大恩，最后亦死于非命。永历朝如此不堪，你还幻想什么？

可惜，王夫之想不到这些，他甚至认为翁不群借家父之名，本就犯了欺君之罪。王夫之有点不悦道："家父跟高大人、翁大人不是一类人，家父亦不能与憨山大师相提并论矣。"王夫之的意思很清楚：学问固然重要，但学问的最终目的是经世致用。高世泰学问、人品皆好，但他家世显赫，且他本人一直位居官场高位，与父亲不可同日而语；而像翁不群那样，学术不精，心术不正，终归不是正道；而像憨山大师那样，只有学问，没有致用，也不是他的人生追求。

"无妨，无妨。"方玄痴是何等机智，就像武林高手一样，你来一硬拳，他轻轻一晃，就躲了过去，根本不去直接对撞。

方玄痴命人续茶，又道："憨山大师常言：三界唯心，万法唯识，心外无法，心外无事，除此一心，无片事可得，识乃心迷而有，已失真如之名。"

王夫之虽然有些郁闷，却不好发火，因为他还需要方玄痴帮助，遂顺着方玄痴的话道："修心、融净、修行，三者合一是也。"

方玄痴微微点头，道："愚兄有所感同，自认不懈于智，有穷理极物之僻。寂感之蕴，深究其所自来，是曰通几；物有其故，实考究之，大而元会，小而草木蠢蠕，类其性情，征其好恶，推其常变，是曰质测。"

王夫之不想在此探讨学问，他突然提及章梁、章旷两兄弟，本来是想聊一聊章氏兄弟的事情，但方玄痴立即制止，不让王夫之说下去。

显然，方玄痴知道章氏兄弟的事情，甚至远比王夫之更清楚。那个幽暗处，有方玄痴的伤心和疼痛，而且这种伤心和疼痛不能让任何人触碰，即便是王夫之也不例外。

"喝茶，喝茶。"方玄痴机械地举着茶杯，眼睛发直，手有些发抖，喃喃道："还是读书好，做学问好。生也有涯，仕亦有涯，唯学而无涯矣。"

王夫之忽地感到，眼前的这个人，一下子老了，曾经虽然散淡却有雄心的人不见了。而眼前的他，言行举止，多像一人啊，是暮年的父亲大人，怎么会这样？王夫之忍着泪，道："理在气中，气无非理；气在空中，空无非气。通一无二者也。"

"好，好！贤弟此理，乃石破天惊也。"方玄痴连忙放下茶杯，重复着王夫之讲的话，细细琢磨，然后道："以此煮茶，茶不醉人，人自醉矣。"

"愚弟一时感念,恐为妄谈。"王夫之见方玄痴走出了刚才的伤感,心里有些高兴,道:"贤兄过奖了。"

就这样,方玄痴和王夫之一边喝着茶一边聊起了学问,感觉不错。管时求插不进话,只顾听着,似懂非懂。说到最后,方玄痴又提及"儒释道"的合而为一,针对此,他特地意味深长道:"无执,则可修心;融圆,当为最高境界。"

显然,方玄痴的这番话暗示王夫之不要太过执念,人生选择多多,入朝当官只是其中一条小道而已。

但王夫之有自己的坚持,他和父亲一样,是儒家的坚定守护者,因为执念太甚,他并未体会到方玄痴的话外之音,反而就事论事接话道:"道者,虚无也;佛者,空寂也。无执则无以达天下,融圆则无以明是非。修心所以通晓义理,有识乃为真知,若非如此,何谓圣人?"

方玄痴并不回答,只捋了捋胡须,淡然而笑。

"老氏之说不可全信。"王夫之见状,又固执地强调一句,"释氏之说亦全非真言。但信者皆真,疑者不全,因人而异矣。"

虽然不是敞扉而谈,但说者、听者皆在节制中用委婉的方式将谈话的突兀点磨得不留痕迹。不知不觉,他们竟然谈了一个多时辰,方玄痴意犹未尽,依然坚持自己的论断与见解。王夫之在学问上很自信,不愿改变自己的看法。智者交锋,就在这泰然自若中,一笑了之。

方玄痴没想到王夫之竟有如此卓拔见识,感觉已经超越了武夷先生,遂更有了一种惺惺相惜的欣慰之情。

管时求不断给王夫之使眼色,王夫之只得起身离开,稍稍提高声调说道:"贤兄学问似海,愚弟难望项背。但愿有机会同朝谋事,共为大明振兴献上绵薄之力。"

"尽可放心!"临别时,方玄痴意外地对王夫之和管时求作出了庄严承诺："常言道，良禽择木而栖。既然两位贤弟视永历朝为栖息之处，愚兄定当全力为之。"

王夫之和管时求要的就是这句承诺，遂抱抱拳，满怀希望而去。

五

"欲渡黄河冰塞川，将登太行雪满山。"在等待中，王夫之体会到父亲当年在京城谋差时的那种漂泊感与无助感，也特别理解李太白曾经发出的生命感叹："行路难，行路难，多歧路，今安在？"

王夫之回到租住屋焦躁不安地等待。在永历朝，方玄痴并非人微言轻。他虽然没有先前那样有影响，毕竟还是朝廷重臣。他一直没有给王、管二人透底，是因为他怕自己的努力难以达到王、管二人的期望。作为王夫之心灵上的知者，他更害怕王夫之入朝后难有作为，甚至撞得头破血流。不过，既然王夫之如此看重在朝谋事，他虽不便直接向永历帝引荐，但立即向瞿式耜、严起恒等朝中大臣作了引荐。

就这样，在方玄痴暗中张罗和大力推动下，王夫之和管时求的命运似乎有了重大转机，"先去翰林院学习"，这是方玄痴的设想。王夫之和管时求甚为高兴，两人对前程充满信心。

此时的永历朝危机重重，险象环生。何腾蛟殉国后，堵胤锡带着忠贞营，急忙撤回衡州，准备抵抗从湘潭追来的清兵。但忠贞营根本不听堵胤锡的指挥，一意孤行逃向广东。

结果，堵胤锡在衡州孤军奋战，损失惨重，勉强坚守数日之后东走耒阳，随后终于赶上了忠贞营。

然而，忠贞营犹如无头苍蝇，东躲西藏，危机四伏。由于粮草缺乏，他们好些日子没有吃上一顿饱餐，逃亡中竟然抢掠大明将领曹志健的营地，并杀了足足三千大明兵士。

曹志健异常愤怒，奋起反攻，一路把他们追到了郴州。

忠贞营损兵折将，来不及喘口气，清军再次追来。忠贞营又望风而逃，逃到了岭南。

堵胤锡眼巴巴地看着忠贞营离去，既气愤，又伤心。他带着自己的亲信，狼狈逃回到曹志健的军营。而曹志健将忠贞营犯下的恶行怪罪到他头上，既不攻击他，也不礼待他。

一生征战无数、挂着永历朝"空头宰相"的堵胤锡，哪里受过这等屈辱？后来，幸得当地乡绅的援助，堵胤锡才领着一群散兵游勇，逃脱清军追赶，赶赴广西梧州。

江西沦陷，广东告急，肇庆不保。永历朝风雨飘摇，已经将皇宫行阙迁到了桂林。

令人意想不到的是，忠贞营也到了梧州，获悉堵胤锡亦在，不敢停留，又一路西进，逃到浔州。

永历帝大为恐慌，生怕李过与高一功造反，遂赶忙派大学士严起恒与副都御史刘克湘前去慰问安置。

途中，二人恰巧遇见堵胤锡。于是，大家将堵胤锡请到桂林面圣，永历帝亲自出门迎接。

君臣相见，没有欢喜，只有哀恸。永历帝执手堵胤锡，未言先泪。堵胤锡则拜倒在地，浑身发抖……

早在肇庆危机之时，方玄痴找到王夫之，直言："目下局势有变，入翰林院学习之事暂缓"。按照方玄痴的想法，王夫之一时半刻无法"立功"，莫好先"立言"吧。"立言"亦是报国之道，于王夫之更为实际。故当务之急，乃是回衡州隐居，多做些千古文章，比耗在"空等"和"不确定的目标"中更明智。方玄痴委婉劝道。

可是，王夫之心有不甘，管时求更是铁了心，两人跟着方玄痴、蒙正发等人一同到了桂林。

到达桂林后，王夫之和方玄痴常常会面，饮茶、聊书、参经、论道。王夫之一再提及引荐之事，但他始终避而不谈。

"贤弟，若入翰林院学习之事暂缓，莫如直接谋个正职。"一天上午，天空晴朗，方玄痴专门到王夫之租住屋旁边找了一个小茶馆，开门见山道。

两人名义上虽是喝茶，但各怀心事。

王夫之一坐下，听见方玄痴的话就急了，直通通道："学习亦是为了谋职。愚弟学识，贤兄清楚。若直接能谋正职，岂不更好？然入朝之事，为何迟迟不见动静？"

"谋正职非一时半刻可为，需强人力荐之。"眼见王夫之"单纯""固执"，且"不谙世事"，方玄痴接上王夫之的话，沉吟片刻，终于叹道："贤弟入朝之事，愚兄时刻惦念，只是今非昔比，愚兄恐自身难保，力不从心矣。"

"啊？上回还说得好好的，究竟发生什么大事了？"王夫之大惊失色，连忙问。

"乘风好归去，山水更清白。"方玄痴看了王夫之一眼，念了一句偈语似的话，不再多言，只闭目养神，一副气定神闲的样子。

原来，此次从肇庆迁都桂林，经历了一番危机。方玄痴仗义执言，认为每次朝廷迁址，都有"利益关涉"，使"妥协"与"退让"成为朝廷面对强权的一种隐忍与无奈，不仅无助于振兴大明，而且严重损害朝廷威信。如此直言，当然得罪了朝中那些坚持"迁都"的利益集团。因此，抵达桂林不久，方玄痴就被人参了一本，说方玄痴不顾当前实情，固执一隅，暗藏私欲，"祸心极大"。

永历帝明知方玄痴言之有理，但因为要依靠利益集团的力量，只好选择"漠视"并"加罪"方玄痴。况且，方玄痴所言"妥协"与"退让"，恰恰击中了永历帝隐秘在心中的伤痛，他不希望别人去揭开它。于是降旨，名义上是让方玄痴去云贵等地"习察"，实际上是"放逐"。他不得不离开朝廷。

多年来的教训，让方玄痴早有预见，他对此习以为常。但这一回，他感觉疲惫不堪，特别是王夫之不明就里，好像他不帮忙似的，弄得他既狼狈又压抑，当年他在南岳山上跟王夫之讲的那番励志之言，早已被朝廷内斗的齿轮磨得面目全非，连他自己都有些厌恶了。

"贤兄何时离开桂林？"王夫之明白了偈语的语义，忍不住问道，泪水蓄满了眼眶。

"处理完一些琐事，即会离开。"方玄痴强颜欢笑，道："贤弟事情，先前诸公答应帮忙，应非饰言。凡事顺其自然，贤弟不必过急。"

"愚弟记住了。"王夫之低声道。

"一旦入朝，恪守本分即可。"方玄痴字斟句酌，略略提高声音道："贤弟慷慨热血，公正无私，才情傲人，实乃国之栋梁，能做大事矣。但能做大事与能成大事，不可同日而语。"

王夫之又点了点头。

"愚兄奉劝一句：朝中之事，你不做，总有人会做。"方玄痴盯着王夫之，看了好一会儿，才慢吞吞道："有些事，别人想做，但做不了。贤弟的重点应在此处，贤弟的价值亦在此处。"

多年以后，王夫之孤独地守在自己的草屋，面对一盏残灯，回想起方玄痴此刻的叮嘱，真是字字含泪、句句带血，他禁不住老泪纵横。实际上，方玄痴早就洞穿了他的命运，而他却还在人生的迷途中反复挣扎、徘徊了那么长时间，才最终领悟到方玄痴这番话的深意。

按理，方玄痴该将堵胤锡回朝的消息告诉王夫之。但方玄痴想了想，没有告诉他，因为他不知道堵胤锡会在朝廷待多久，会不会休整一下，再度被派出去。同时，方玄痴还有另外的考虑：一是时过境迁，堵胤锡虽然很赏识王夫之，但会不会顾虑一些说不清的事情；二是他不希望王夫之过度看重入朝之事，自己是过来人，知道朝廷远非想象的那么美好；三是如果告诉堵公回朝的消息，王夫之会不会更加执着，将全部的情感投入其中，而最终却碰得头破血流。作为挚友或者知音，方玄痴认为王夫之放弃入朝更为明智，但王夫之很固执，管时求更固执。

三天后，方玄痴独自一人，也不向王夫之等人道别，便离开了朝廷。实际上，他并未去云贵等地考察，而是选择隐居在湘桂交接的新宁崀山脚下的风雨庐，并在此出家为僧了。

其间，永历帝曾多次召方玄痴回朝任职东阁大学士，他心灰意冷，不为所动。

王夫之深感遗憾，但他无法左右别人的选择。方玄痴不喜欢官场，喜欢在学海中畅游，他和王夫之一直保持着书信联系。不止一次，他劝王夫之随他一同研学，相信必有所成；而王夫之则劝他重新归朝，相信能成大事。两人惺惺相惜，互有规劝，但最终各持己见，既无法同朝谋事，又无法同隐研学。

后来，方玄痴从湘桂边境回到广东，在永历朝廷最为危机之时，王夫之再次请他出山，并赋诗曰："愁里关山江北杳，尊前星汉粤天寒。棋枰应尽中原略，莫遣苍生属望难。"

方玄痴见诗莞尔，回朝会友。见到王夫之后，方玄痴表示只是回家看看，闲居数日后，将再次出游。

方玄痴没有食言。他一走，王夫之顿感风雨飘摇，前程一片渺茫。他与管时求再次陷入重重的焦虑中，纠结、徘徊、不安。管时求则夜不能寐，目光呆滞，望着某处，一坐就是半天。王夫之知道他难受，却无法安慰。两人原本寄希望于方玄痴的大力引荐，岂知他看透朝廷，厌恶仕途，乘风而去。王夫之和管时求仿佛失去了依靠，头疼不已。

天无绝人之路。正当王夫之和管时求考虑要不要回衡州时，突然峰回路转，蒙正发带来了一个好消息：恩师堵胤锡回到桂林了。

看来，王夫之的春天来了。

果真，没过多久，通过蒙正发的牵线搭桥，王夫之和管时求在朝廷署公的船上见到了堵胤锡。

那一刻，王夫之等得太久，他真想大哭一场。

谨以此书

献给绵延不绝的华夏文明

献给历史、天空和湖湘大地

献给淹没在时间深处的志士仁人

湖南省作家协会"湖湘历史文化名人长篇小说"创作工程项目

四卷本长篇历史小说

王船山

卷四

微光

聂茂 著

团结出版社

卷四　微光

目 录
contents

第三十一章　人心难测

一

当李国相突然收到王夫之从肇庆发来的求助信时，他正打算陪着郭衮冕的父亲郭其保和他的孙子姜恒生去耒阳找姜思琴。

王夫之的信很短，核心内容是盘缠用光了，请借一百两银子，并说入朝谋差之事还在紧张进行中，信末留有四个字："曙光初现。"

李国相看到这封信，五味杂陈，他知道找衙门办事很难，到朝廷候官更难。王夫之一定陷入了绝境，否则，他轻易不会开口借钱的。所谓"曙光初现"，不过是王夫之的自我安慰，向朋友表明付出这个代价是值得的，但至于结果究竟怎样，谁也不敢保证。李国相对王夫之太了解了。当初曹伯实在寻找姜晓书时曾向王夫之借过钱，王夫之侠义心肠，卖掉岣嵝剑后仍不够，便来找李国相帮忙。

只是眼下，李国相自己的生活也相当窘迫，他唯一的儿子李璟自南岳起义失败被俘后受尽折磨和虐待，虽然捡回一条命，但身体一直没有恢复，完全变了一个人似的，年纪轻轻的，既没有朝气，也没有闯劲，常常独自沉默，望着某个地方，一待就是一个下午，木偶似的，偶尔突然大吼一声，像陷入一种安癔症，吃了不少药，没什么成效，挺让人担心的。加上多年的战争，流离失所成常态，逃难，回来;再逃难，再回来。

如此反复，李家原本尚算殷实的老底早就掏空了。

再说，衡州学子死的死，散的散，失踪的失踪，遇到紧急事情，李国相想找个朋友商量一下都很困难。以前王夫之在衡州时，大小事情，大家都习惯去找他。虽然年龄上李国相还长王夫之几岁，但衡州学子遇事更愿意向王夫之倾诉，李国相也是如此。这固然与王家三兄弟及武夷先生的影响和威望有关，也与王夫之本人的性格、品质、才华和影响力有关。王夫之单纯、热情、执着，报国之心格外强烈，大明复兴之梦格外持久，这也是衡州学子们共同的追求。

然而，多年来，兵荒马乱，战火不断，衡州学子首当其冲，深受其害。衡州学子就像一块顽石，被火烧，被雷击，被巨浪肆意拍打，终于散了，碎成一摊泥，在时代大潮下，七零八落，再也回不到最初的整体。这是李国相最强烈的感受，也是他最痛苦的感受。王家父子像一块磁石，只要他们在衡州，衡州学子就有一股向心力、凝聚力和生命力，有事无事，喜欢去王衙坪看看，走走，聊聊。现在，武夷先生和他的两个兄弟都去世了，王夫之不在，大批衡州学子也不在了，李国相突然感觉空荡荡的。邹统鲁、文之勇、唐克恕都死了。包世美死得更早、更荒诞、更离奇，虽然有人还认为他没死，可李国相觉得这个人就是死了，至少再也没有见过他。王参之死了，张纯熙死了，奚鼎铉也死了，听说朱归孺也被皇上处死了。衡州学子活下来的，只有王夫之、王介之、管时求、夏汝弼、夏仲力，当然还包括耒阳的曹伯实，可这些人李国相很难见到。

唐克峻也是生死不明，只知道当初他跟着堵胤锡在常德，后来怎样就不知道了。而在衡州的，即便能见上，比如王介之，是能找到的，但对于这个王夫之的兄长，感觉他沉稳有余，冲力不足，李国相很难像对王夫之那样，什么事都想跟他讲。当然，还有郭衮冕，可他处于失踪状态，这让李国相更焦躁。死了，心里反正没了念想。可失踪，太磨人，郭衮冤老父坚决不信儿子死了，每次吃饭，还给他留个座位、一双碗筷，这样的日子，在李国相看来，简直快要疯掉。

现在，夏汝弼也变得像郭衮冤一样，李国相提心吊胆的，生怕有人突然走来告诉他：在某个地方发现了夏汝弼的尸体，或者是夏仲力的尸体，甚至还有儿子李璟的尸体。因为，夏仲力和李璟的状况都令人担忧，不知道接下来会发生什么。夏汝弼虽没有随王夫之去永历朝廷，但他也没有在衡州城里生活，不知道在哪里，消失了一样，生死不明。李国相深知：姜若画的死，对夏汝弼的打击太大。虽然当时看起来像走出了阴影，其实陷入了更深更重更黑的阴影。夏汝弼的弟弟夏仲力倒是见过几回，李国相问他夏汝弼去了哪里，夏仲力要么答非所问，要么显得茫然不知所措。夏家赖以生活的中药铺也快关闭了。

"因何生？何以生？因何死？何以死？"有一次偶然碰面，夏仲力这样问他，李国相吓了一跳。"生者焉知其生？死者何证其死？"还有一次，夏仲力从后面追上去问他，李国相又吓了一跳，弄得李国相害怕看见他。夏仲力总是神经兮兮，每次见面，他都向李国相提起这样的问题。几天前，在街上碰上了，李国相还没来得及问夏汝弼的事情，夏仲力却抓住他的手，大声问："生以何凭，死以何据？"李国相立即甩开他，也大声道："你什么时候死、怎样死，我不知道。但我知道，你现在是活着的，你跟我说话，看着我，抓住我，这就是凭证！"说完，李国相不管夏仲力是如何想的，赶紧离开。他觉得夏仲力跟他哥哥夏汝弼一样，精神分裂，神情落寞，叫人害怕……

"李先生，我们走吧。"

郭其保拉着孙子姜恒生的手，见李国相站在门口发呆，遂催促道："你怎么啦？这几天，恒生想他娘，想得特别厉害，怎么哄都哄不住。"

李国相看到姜恒生脸上还有泪花，便道："行，走，马上走。"这孩子四岁多了，可看起来不到三岁，瘦兮兮的，一脸蜡黄，严重的营养不良。李国相赶紧拿了一点吃的给姜恒生，姜恒生怯怯地望了李国相一眼，没有接过食物，却嘤嘤地哭了起来。

郭其保便叹道："在老朽这里，亏不了他。这孩子是病了，想他娘想病的。"

先天下午，听说姜思琴和姜善棋从武陵山庵堂那边回来了，郭其保立即找上门来，迫不及待又可怜巴巴，请求李国相陪他去耒阳一趟。多年来，李国相在衡州学子心目中既是老大哥，又是老好人，凡事找他，错不了。李国相侠胆心肠、乐于助人，很少有拒绝的时候。

这次也是如此。李国相家里本来有事，特别是王夫之的求助信，让他内心沉重，不知如何筹到这笔钱。但他心软，见不得老人的哭诉和小孩的眼泪，他当即答应郭其保，尽快将姜恒生送到姜思琴身边。

就在这时，一个老妪带着一个年轻女子走到李国相门口，老妪看着李国相，说道："李先生，您还认识我吗？"见李国相满脸疑虑，便道："我姓郑，夫君是奚鼎铉，前衡州同知。听他生前多次提起过您，我也见过您一两回。"说着，又指了指旁边的年轻女子，介绍说："这是我的女儿采诺，一直在永历朝皇后身边服务……"

采诺便向李国相施礼道："见过国相先生。"

李国相赶紧还礼，他非常吃惊。一是奚鼎铉的遗孀郑氏在提起奚鼎铉时不卑不亢，没有因为夫君是被何腾蛟处死的而羞愧与忌讳；二是介绍女儿采诺时，也是大大方方，甚至有一点骄傲。李国相问郑氏："请问奚夫人，您找我有事？"

郑氏见郭其保爷孙俩在场，便道："我能否单独跟国相先生说两句话？"

"无妨。"李国相与郑氏走到一旁，采诺也跟了过去。郑氏也不避她，小声道："国相先生，小女采诺心地善良，尚未婚配。夫之先生亦未续弦。夫君临死前跟小女有个交代，希望她能给夫之先生添茶倒水，洗衣做饭……"

"啊？"李国相万万没有想到，郑氏竟然是来请他给采诺做媒人的，遂连连摆手，道："这个、这个……夫之现在不在衡城……"

一旁的采诺脸红红的，对李国相道："国相先生休得勉强。家父虽有交代，但此事要靠缘分。"说到这里，她拿出一包银子，对李国相道："听说夫之先生和时求先生在永历朝谋差，我知道出门在外，开销甚大。这是我多年来积攒的二十两银子，虽然不多，但也许派得上用场。"见李国相有些迟疑，采诺以为是李国相无法将钱送到王夫之手中，于是补充道："克峻先生现在永历朝。国相先生可以将钱寄给他转交夫之先生。"

"啊？克峻在永历朝？"李国相瞪着眼睛，连忙问道："快说说怎么一回事？"

采诺便简单地讲了一下与唐克峻一起营救王家聘，被皇后逐出宫并返衡的事情。李国相听呆了。半晌，他接过采诺塞给的银子，讷讷道："如此，真是雪中送炭，太谢谢你了。"

"我家夫君生前是个读书人，对夫之先生敬重有加。夫君胆小，老实，但心地善良，无害人之心。"临走前，郑氏诚恳地对李国相说道："现在，采诺把办嫁妆的钱都拿了出来。请国相先生把我家夫君的遗愿和我们的想法跟夫之先生说说，此事成不成均没关系。"

李国相点点头，有些心酸，他表示一定会写信告诉王夫之。李国相想，既然知道唐克峻在朝，采诺为何不自己把钱寄去？但一转念就明白了：一是她寄钱给唐克峻再转王夫之不妥；二是唐克峻现在是什么情况她也不知道；三尤其重要的是，她即便寄了钱去，也不好写信讲这些事情。

"李先生，你忙完了吗？"郭其保等得有点急了。

"好，我们马上出发。"李国相走到郭其保身边，叫了一辆马车，带着郭其保爷孙俩，经过一个上午的颠簸，终于急匆匆地赶到了耒阳曹伯实家，见到了姜思琴。正好刘子参、姜善棋和曹伯实亦在屋内，但气氛古怪、沉闷，有些压抑。李国相猜想，他们去武陵山下水月庵见姜晓书，可能又没见到？

"是不是晓书连两个姐姐来了，她亦不见？"李国相惴惴不安地问道。"子参，怎么大家都不说话？"

二

确实如此。二十多天前，姜思琴和姜善棋在曹伯实和刘子参的陪同下，满怀希望出发，从耒阳走水道，经衡州，过益阳，抵常德，再走山路，泥泞曲折，险象环生，不知爬了多少座山，转了多少个弯，行了多少座桥，终于疲惫不堪地来到一个古色苍凉的山脚下，看到几间灰白相间的老宅。老宅后是一片竹林，多节的竹根从墙垣间垂下，旁边有一个遮满浮萍的废井，几只蝴蝶悠闲地飞着，间或飞出一两只红色或绿色的蜻蜓。老宅正门上悬着一块木匾，上面写着斗大的三个大字："水月庵。"这三个字仿佛可以将外面世界的喧嚣与纷争隔开。

姜思琴一行满怀期待与忐忑，其时，落日的余晖丝丝缕缕，无声无息地落在水月庵的老宅上，洒遍每一个尘封世俗和时光的角落，空气中弥漫着植物腐烂的气味。水月庵正门上的漆油因年代久远而腐蚀，但却透露出一种沧桑的宁静与厚重。曹伯实望着紧闭的大门，说了一声："今日已晚，我们找个地方休息，明天一早再来。"

一夜无眠。姜氏姐妹和曹伯实、刘子参既激动，又紧张。

翌日一早，姜氏姐妹和曹伯实、刘子参迫不及待地赶来。然而，出乎大家的意料，姜晓书似乎铁了心，无论姜思琴和姜善棋怎样请求，她连见面的心思都没有，仿佛血缘、亲情、家庭等，都已与她无关。

姜思琴等人不死心，连续三天，他们来到水月庵大门，请求见见"清玉"。但姜晓书不为所动，她只让玄静师太转告："姐妹缘尽，晓书早死，清玉苟活。不见，人人好；见了，人人烦。"

姜思琴闻此捶胸顿足，失声痛哭。

姜善棋又气又急，大声嚷道："如此决绝，难道姐妹情谊在佛祖那里一钱不值？我等生不逢时，人人皆有苦难，难道都要死去？你不回去也罢，见见面，了此情缘亦不行？"

陪同前去的曹伯实和刘子参也眼睛红红的。刘子参扶着姜善棋，道："你别急坏了身子。再等等，既有烦心，情就未断。"

曹伯实则跪在玄静师太的脚下，拉着她的裤边反复央求，甚至狠心地说出："求求你，师太，请你劝劝清玉。我们只见一面，说一句话，往后死了这条心，再也不来打扰！"

玄静师太不动声色，叹了一口气，回复道："我跟清玉说说。能见不能见，我不知晓。你等明天上午再来，彼此惜缘可矣。"

第二天上午，众人早早又一次来到水月庵门前，静静地等待着。过了一个多时辰，门终于开了，玄静师太走了出来，后面跟着一个尼姑，跐一双薄底布鞋，穿一件灰色长衫，头上没有一根青丝，垂着头，走过石板地，像风一样悄无声息。

"三妹，我们来看你了！"姜思琴一见那尼姑，立即冲动地叫道："你受苦了！"言毕，她竟跪在地上痛哭，浑身发抖。

"书妹，抬头看看，我是棋姐，是棋姐。"姜善棋也是泪流如注，她怔怔地看着清玉的后背，不知道说什么才好。

"晓书，我是伯实，是你的夫君啊。"曹伯实轻轻地唤了一声，眼泪豆子般地掉下来:"我一路追你,找你,到了成都,见了面,又一起离开。谁知天不怜人,后被山贼抢劫追杀,财物尽失,彼此失联。伯实九死一生,回到耒阳。没想到,老天爷,你竟活着,到了这里……"

"晓书,我是子参哥。"刘子参亦动情地说道:"我们都想念你,你跟我们回去吧。"

可是,姜晓书只是淡淡地看了诸位一眼,垂眉作揖道:"各位施主远道而来,若为参佛静修,清玉欢迎。若为世俗情缘之事,清玉恐会让诸位失望矣。"

"晓书!"四个人几乎异口同声,瞪大眼睛,大声喊道。

"此庵没有晓书,只有清玉。"姜晓书静如止水,再次看了四人一眼,遂跟玄静师太道:"师太,没事了。我们走吧。"

"晓书!……"

姜善棋发疯般追上去,就要抓住姜晓书,被玄静师太用手一挡,姜善棋感到一股巨力袭来,心头一震,她没料到玄静师太有如此内功。姜善棋还要试图去抓,只听玄静师太冷冷道:"一切因缘,自有天定,强求不得。请施主自重。"说完,她轻轻搭上清玉伸来的手,头都不回,飘然而去。

曹伯实听到"一切因缘,自有天定"后,几乎要瘫痪下来。他不知道姜晓书究竟经历了怎样的灾难和折磨,但他知道,那一定是十分可怕、令人不堪回首的黑色记忆,她不愿触碰那一段可怕的记忆,她想彻底遗忘,像没有发生过似的。如果做不到这一点,她宁愿死去。因为,她实在无法承受那些屈辱和痛苦。

确实,姜晓书变成清玉,经历了灵与肉的撕裂,俗世里的一切让她无法面对和承受。出家,是她唯一的选择。

那天,姜晓书和曹伯实从成都李定国处走出来,他俩很快被山贼盯上,曹伯实被打晕在地,姜晓书奋不顾身冲上去拼命,也很快被打翻在地。随后,曹伯实被山贼头目扔进山下的小河里,而将昏迷中的姜晓书带上山寨。傍晚的时候,姜晓书醒来了,一个山贼上前试图拉她的手,姜晓书立即将被山贼拉过的手咬掉一块肉,厉声道:"贼污我身!"又有一个山贼笑嘻嘻地去扯她的胳膊,姜晓书又二话没说,把自己胳膊上那块被山贼碰过的肉恶狠狠地咬掉,全身血淋淋的,她吼道:"贼污我肱!"面对如此烈性的姜晓书,山贼们被彻底激怒,立即再次将其打晕,关进一个山洞里。

翌日上午,姜晓书醒来,山贼头目派人送来水和食物。姜晓书不吃不喝,嘴里轻轻叨念着"曹伯实"的名字,想着去死,以头撞石,再次昏迷过去。醒来后,一个女山贼监护她,不让她自残和自虐,也不给她食物和水。

姜晓书待在山洞里,双腿盘坐,一言不发。大约到了第八天,饿得不行、渴得不行的姜晓书终于向女山贼开口说:"让我死吧"。女山贼端来食物和水,姜晓书忍不住吃了、喝了,她活了下来。女山贼退了出去,山贼头目进来了,粗暴地奸污了她,往后,每天来折磨她。

姜晓书一下子想起在衡州被关押遭虐待的日子,她彻底崩溃了。

后来,由于山贼头目和二头目闹矛盾,在一个漆黑之夜,二头目将姜晓书背下山来,准备乘船离开山寨,被发现后,山贼头目带着一批山贼追来,将二头目杀死,丢进河里。

在山贼们的打斗中,姜晓书跳河自尽,呛了几口水,下沉中,突然被一根木板挡着,她本能地顺势抓住,精疲力尽地伏在木板上,被激流冲到澧州武陵山下。

河岸上的一老者发现了昏迷中的姜晓书,将她救起。这个老者在水月庵做杂活。姜晓书苏醒后,老者做了热汤和一些吃的。姜晓书一言不发，吃了，在老者家里待了三天。老者问姜晓书家在哪里，家里还有些什么人，等等，姜晓书垂头，只顾流泪，仍然不说话。

有一天，老者去水月庵打杂工时，姜晓书也跟着去了，一见到玄静师太，姜晓书就浑身一颤，感觉这个人就像自己的母亲，慈眉善目，轻声细语，心灵一下子松弛下来。

玄静师太见到姜晓书，也感觉特别亲切。水月庵里烛香袅袅，木鱼声声，吃的是素食，讲求"三净肉"，即不见杀、不闻杀、不为我杀，与外面世界的危机四伏、凶恶横行完全不同。姜晓书当即请求皈依佛门。玄静师太看着她坚定的眼神，叹一口气，亲自为其剃头、净身，赐法号"清玉"。

姜晓书终于有了灵魂的栖息地。玄静师太从不说自己的身世，也不问姜晓书的来历。

直到一天深夜，姜晓书与玄静师太在月下小路上意外相遇，彼此有些惊讶，两人似乎心有灵犀，均不问为何还不入睡，只默默地携手坐到一旁的亭台上，凝视对方。良久，两人敞开心扉，聊了各自的遭遇，姜晓书这才知道，玄静师太竟是李自成爱妃，真名姓窦，名美仪。

原来，1645年五月，李自成在湖北通山县内的九宫山被当地农民程九伯当成流贼杀死后，窦美仪落到了程九伯手里。程九伯得知自己和外甥杀死的竟是农民军领袖李自成后，知道农民军不会放过他，吓得惶惶不可终日，于第三天晚上，带着外甥和窦美仪等数人匆匆逃走。程九伯和他的外甥每天轮番折磨窦美仪，窦美仪多次自杀和逃走，都被发现。自杀和逃走不成后，程九伯每到一个地方住下，就用绳子将她死死拴住。当逃到澧州武陵山下时，遭到一伙山贼抢劫，程九伯和他的外甥奋起反抗，终因寡不敌众，双双被杀。厮杀中，窦美仪乘乱逃脱魔掌，逃到一山口边瘫倒在地。醒来后，她已到了水月庵……

"直到现在，亦没有人告诉我，是谁送我来此庵的。"玄静师太感叹道，一副不喜不惧、不恩不仇的样子。

"也许，这就是命。"清玉亦长叹一口气道。

"不，我觉得是缘，冥冥之中的命定，就像你我的相遇。"玄静师太郑重说道："更是佛主的指引。"

"到了这里，我的心有了从未有过的宁静。"清玉点点头，平和道："外面的纷攘、纠结、爱恨、恩仇，均与我无关矣。"

"祸福无门，唯人自召；善恶之报，如影随形。"玄静师太道："不宽恕，不原谅，便是苦自己。"

"放下便是了了，了了便是——。"清玉感悟道："心物——，天地无痕，怡在其表，静在其里矣。"

"设若某天，亲人来寻晓书，清玉当如何？"玄静忽然问。

"晓书已死，七情六欲随风而去。请师太放心：此庵只有清玉，而清玉与尘世无涉矣。"清玉淡然答道。

所有这一切，曹伯实永远不可能知道，姜思琴和姜善棋也永远不会知道，他们只能无比失望而又疲惫不堪地回到耒阳……

李国相和郭其保老人又哪里知道曹伯实和姜晓书等人的真实遭遇。

从水月庵返回的这些天，曹伯实一家一直压抑沉闷，李国相一行的到来没有掀起任何波澜。此刻，刘子参见气氛依然沉重而尴尬，便将姜恒生拉到身边，轻轻问道："恒生，你饿了吧？叔叔去给你弄点吃的来。"

李国相本来想跟曹伯实透露下王夫之的事情，看到这个样子，他不想说了。显然，他们的现状和条件不可能给李国相帮上忙，与其如此，不如自己独自扛起来，回去后再想办法吧。

当天下午，李国相要赶着回衡州。

刘子参对姜善棋道："我们也回衡州去吧，好歹那里还有一个家。"而郭其保也劝姜思琴带着孩子回衡州，他的理由是："郭家再穷再难，终归是你们的家。"

曹伯实心情不好，也不挽留。

姜思琴牵着儿子的手，跟姜善棋说想再去三妹坟上看一下。郭其保、刘子参和姜善棋均没有吱声，他们看了看李国相。

"我就不去了。时间不早了。"李国相想着为王夫之筹款的事，虽然采诺拿来了二十两，但还远远不够。他心里很焦急，遂摇头补充一句："我下回再去看吧，反正还会来的。"

三

"夫之，你何时来此？"

堵胤锡见到王夫之，很是开心。一别多年，堵胤锡想不到会在桂林见到这个衡州学子。而王夫之更是激动不已，"堵公，您还好吧！"言罢，竟然流出了眼泪。

管时求也十分激动，王夫之特地介绍了他。

堵胤锡握了握管时求的手，道："听香妃说过，难得，难得。"

管时求在朝时，堵胤锡虽未见着他，但知道他在做什么。而且，直到此时，堵胤锡还称呼姜善棋为香妃，令人感动和感慨，这是他对姜善棋人品的最大肯定。

"堵公回朝，我们就有奔头了。"王夫之不愿提及姜善棋在朝时的事情，那段日子，对堵胤锡、方玄痴、刘子参和管时求等人都有影响；因为姜善棋给王夫之写过信，对他自己也有影响。现在，既然来永历朝谋差，希望重新开始，靠才识、靠品行、靠忠诚，为朝廷效力。

"好说，好说。你们都是青年才俊，朝气蓬勃，朝廷正需要你们呐。"堵胤锡答道。虽然他知道朝廷今非昔比，自己的作用和影响已大大下降，但在晚辈面前，他不愿流露出来。

听堵胤锡如此说，王夫之满心欢喜。管时求特地提起衡州学子与堵胤锡的渊源。王夫之一听，很快接上话，说起当年修葺南岳二贤祠、方广寺，以及他和夏汝弼曾北去欲寻找堵胤锡报国之事。见堵胤锡在认真听，王夫之遂说起他们在衡州起兵失败的事情。

堵胤锡叹了一口气，说道："听闻此事，有些遗憾。"他很喜欢王夫之的耿直与骨气，也喜欢管时求的个性与本色，以这样的人品和忠心，堵胤锡一定要争取把他俩留在朝中，以辅助永历帝治理朝政。

"入朝之事，一拖再拖。"管时求嘟哝道："要不是堵公回朝，我辈准备打道回衡州了。"

"朝廷复杂，派系严重。"堵胤锡看了管时求一眼，脸色顿时凝重起来，他沉思了片刻，然后对二位道："你等入朝之事，容我思考周全再说。"

堵胤锡是朝中重臣，曾位居永历朝开朝之宰相，虽然种种原因未能谋得实权，但他从戎大半辈子，为了大明江山，经历生死无数。此番虽不是得胜回朝，处境一度有些尴尬，但多年来的风霜雪雨摆在那里，谁也否定不了，没有功劳也有苦劳。永历帝依然敬重他，各派势力都在极力拉拢他。因此，对于举荐王夫之和管时求入朝，他自信并无多难，完全能够成人之美。

王夫之和管时求从堵胤锡府中出来，突然看到侧面有一个人影很是眼熟，那人似乎也看到了王夫之和管时求二人，迟疑了一下，又匆匆往前走去。

"克峻！"王夫之忽地叫了一声。那人猛地应了一声，回头见是王夫之和管时求，连忙上前道："啊？果真是二位？何时到了这儿？见到堵公了吗？"

"老天爷！真没想到在这里见到你！"管时求很意外，抱住唐克峻，看看他的穿着，大声道："哇，做官了！克峻入朝做官了！"

"啊，真好啊！"王夫之也很兴奋，摸了摸唐克峻的官服，道："在哪个衙门高就？教坊司？"

唐克峻没有想象中的高兴，点点头，淡然道："惭愧，唐某不才，跟着堵公，谋了一个教坊司司业的职位，正六品而已。"

唐克峻的淡然不是装的，而是有理由的。这些天，他老是往堵胤锡府上跑，想要换一个差事。凡入朝者大多希望进入都察院、翰林院和礼部等重要机构，不仅有实权，而且升迁快。教坊司虽是礼部的下属机构，但主要负责后宫事务，每天面对的是清一色的女人。每个女人，即便看起来是失势的女人，你都得罪不起。而女人的心思最细，也最敏感，有时不小心得罪了，自己都不知道是如何得罪的。一旦得罪了某个女人，仕途也就完了。这些事情，外人哪里懂得？初来乍到的王夫之和管时求自然就更不清楚了。

"唐兄，你一入朝就得了正六品，真是跟对了人！"管时求有些妒忌道："管某比你早入朝，如今啥都不是，一切得重新开始。"

"确实，唐兄应该知足，跟着堵公好好干。"王夫之真诚叹道："付出了那么多，总算没有白费。"

"在教坊司谋生，实非唐某所愿，早知如此，宁愿不入朝。"唐克峻似乎被刺痛了，冷冷道。

王夫之和管时求十分吃惊，突然觉得眼前的唐克峻竟有些陌生起来。

管时求叫了一声："啊？唐兄焉能如此说话？"

王夫之虽然理解唐克峻失去胞弟的悲痛，但亦觉得他如此冷淡有些过分，遂道："唐兄此言差矣。克恕殉国，我辈均心痛。然而，你想想，之勇兄、统鲁兄、嗣箕弟等大批学子以身饲虎，左车臣、姜百户等将士英勇殉国，更不用说成千上万的黎民百姓均因战争之灾而丧失了生命，他们的家人除了悲痛，又得到了什么？即便侥幸活下来的，如伯实兄、子参兄、时求、汝弼，包括思琴与善棋等，还有已经当了尼姑的晓书与至今不知生死的衮冕兄等，他们经历的灾难与痛苦，一点都不比你少，可他们以及他们的家人得到了什么？"

王夫之情绪激动，语速越说越快，仿佛压抑了很久似的。管时求深受感染，不断点头附和，并时不时看一眼唐克峻。

没料到，唐克峻不仅不为所动，反而突然问道："看来，你俩此番来朝，不为入仕，只做说客？"

"你、你……焉能如此说话？"王夫之和管时求一下子被问住了。

管时求似要辩解，自己当初与刘子参入朝，确实没有想要做官，朝廷让他们做什么就做什么。可如今，这样的话他委实说不出来。

还是王夫之反应快，他郑重道："我与管兄来此，确为入朝而来，但久等之下，报国无门。我找堵公，不是伸手要官，而是请其举荐。"

"堵公若能举荐，岂不入朝为官乎？"唐克峻讥道："不要开口报国，闭口报国，好像一说为官就俗气了，一说报国就高雅了。其实，大家都清楚，读书人的终极目标，就是当官。"说完，唐克峻也不看王夫之和管时求的表情，低着头向二位抱一抱拳，道了一句："对不起，唐某有事，就此告辞。"

王夫之和管时求怔怔地望着唐克峻的背影，颇为伤感地摇了摇头。良久，王夫之感慨道："兄弟一场，时过境迁，竟陌生矣。"不过，王夫之终究还是高兴的，"不管怎样，克峻亦是衡州学子。他为官了，是件好事。"

管时求也点头道："经历磨难，活下来已属万幸。而克峻兄不仅活下来，而且入朝为官，且为正六品，真可谓修成正果矣，我辈理当为之高兴，真是高兴！"

"时候不早了，我们快去'好运来'酒肆。"管时求提醒王夫之道："兴许蒙兄早就到了。"

王夫之和管时求刚到"好运来"酒肆，朱老板赶紧迎上来，大声叫道："恭贺两位先生，看来你们的好运真的来了。"

"此话怎讲？"王夫之有点惊讶，忙问道。

"蒙大人早到了。他知道你们去找堵大人了。"朱老板笑道："真没想到，你们竟能攀上堵大人。有他的举荐，你们不仅能很快入朝，而且肯定是高官。往后，这个小店还得仰仗二位呐。"

"真有那一天，我们一定跟蒙大人一样，把'好运来'酒肆当成定点吃喝的地方。"管时求很高兴，顺着朱老板的话说下去："等你发财了，我辈再来向你借款，给朝中要员打点打点，这样升迁就快。而我辈官做大了，还能不关照你吗？"

"那是，那是。"朱老板连连点头，道："在下若赚了钱，就弄一个更大更气派的酒楼，到那时就不像现在这样寒酸了。"

"不用，不用。小酒肆更好。"王夫之见管时求跟朱老板一唱一和，心想，这个管时求，怎么还有这样的想法！自己没钱，借钱都要去送人，这哪是做官，这是做生意呀！而一想起把官场当商场，王夫之脑海里立即浮现出朱归孺来，他不禁打了一个寒战。

"朱老板，管兄说话不思量，你千万不要追求大酒楼。"王夫之一本正经道："小酒肆不受人注意，大酒楼太张扬、太显目，大家都关注，客人反而不好来。"

"夫之先生讲的也有道理。"朱老板愣了一下，摸摸脑门，道："这小酒肆倒是经常有大官人来，比如朝中堵大人、瞿大人、严大人和马大人等，都常来，看来，小酒肆真有小酒肆的好处。"

王夫之吃了一惊，道："朱老板所讲的几位大人，是指堵胤锡堵大人、瞿式耜瞿大人、严起恒严大人和马暨垂马大人乎？果如此，岂不半个朝廷的重要人物都来过？"

"夫之先生猜对了，正是这几位大人。"朱老板有点自豪道："堵大人来得最勤。瞿大人和严大人来过一两回，马大人也来过多回。主要是蒙大人的面子大。"

"正所谓，山不在高，有仙则灵。"管时求听了，亦肃然起敬，道："斯是酒肆，因陋得福矣。"

"不敢当，不敢当。"朱老板摇摇头，道："正如夫之先生所言，官场太复杂，暗哨、密探、眼线很多。小酒肆反而方便些。"

"哦，对了。朱老板，你不是说蒙大人早到了，为何还挡在这里，不让我辈进去？"管时求有点奇怪。王夫之也感觉奇怪，来这里多少回了，从来没见朱老板站在门口说这么多话的，便道："是不是蒙大人在里面忙什么事情，暂不便会面？"

"蒙大人来了没一会儿，金大人就到了。"朱老板神秘道："这个金大人，外号'金大炮'，可是个了不得的人物。"

"难道是卫公金堡金大人？"王夫之吃了一惊，道："此公与方玄痴方大人一起，时称'绝代双雕'？"

"正是、正是这个'雕大人'，据说'翅膀'硬得很。"朱老板望着王夫之，很是吃惊的样子，道："夫之先生连这些都知道？"

"卫公金堡金大人，谁人不知？"王夫之笑道，"在下虽不在官场，但总不至于如此孤陋寡闻吧。"

金堡，字道隐，号卫公。明万历四十二年（公元 1614 年）出生，浙江仁和人，长王夫之五岁，小方玄痴三岁。王夫之晚年在《永历实录·金堡列传》中有如下记载：金堡"孤介旷远，不屑为时名。弱冠，博通群书，熟知天下利病。文笔清坚，度越蹊径。应崇祯丙子乡试，五策谈时政，娓娓数万言，危词切论，直攻乘舆无讳。主者奇之，举于乡。闱牍出，天下拟之罗伦廷对"。可见王夫之之推崇。

应该说，金堡确为奇才，可惜生不逢时。崇祯九年（公元1636年），金堡参加乡试中举，二十七岁时进士及第，曾任明王朝临清知州。清兵入关后，金堡先随隆武帝，任礼科给事中，后随永历帝，授兵科给事中。

多年来，金堡漂泊不定，辗转浙江杭州、台州，福建，广东南雄、肇庆、韶关，广西梧州、桂林等地，每到一地，他都是朝廷最为活跃的"刺事者"。

"谁在背后说金某坏话？"朱老板与王夫之正在闲聊，突然听到店内一个洪亮声音传出，随即出现一高大虎耳之人，他的身边站着蒙正发。只听这高大虎耳之人说道："想来此二位就是蒙弟口中的衡州学子夫之先生和时求先生了？"

蒙正发连忙笑着给王夫之和管时求介绍道："此乃朝廷金堡金大人，每天放大炮，不仅蒙某怕，朝中许多大臣都怕，连皇上都敬畏他三分。"

"皇上会敬畏金某？"金堡哈哈大笑，道："蒙兄如此吹捧，金某可消受不起！"说完，看了王夫之一眼。

"幸会金大人。"王夫之连忙趋前施礼，说道："金大人在朝野一身正气，王某十分景仰。"

"金大人之名，如雷贯耳。"管时求亦赶紧跟上，作揖道："管某在此得见，三生有幸矣。"

朱老板将各位请入包厢，坐定后，金堡首先对王夫之道："当年，衡州武夷先生、山西罗亦篾先生、淞沪章梁先生等皆在京候官，发生多少故事？武夷先生才华横溢，八上还是十上京城，竟无所获，后来好歹去国子监转了一圈，唉。罗亦篾先生和章梁先生剑走偏锋，始得入仕！后罗亦篾先生为保卫衡州，战死沙场；而章梁先生因降清，亦在衡州被何大人处死。最为感慨者当是章旷章大人，他是正发老弟恩公，听闻亦是夫之先生和时求先生恩公，却是为抗清而死。章氏兄弟，一为降清，一为抗清，均已作古。后人如何评判之？"

王夫之和管时求目瞪口呆：这个金堡不仅了解这些历史，而且对他们亦很了解。虽然这些多为蒙正发所说，但人家毕竟都听进去并记住了。况且有关其父辈之事，他亦如此清楚。从年岁上，金堡比王夫之只大五岁，但阅历和经验可谓丰富得太多，王夫之只知道金堡在朝廷是一个敢于仗义执言的人，对于他的背景和所历之事知之甚少。故此，王夫之肃然道："没想到金大人对父辈之事如此了解，遗憾的是，家父盼望王某为国分忧，报效朝廷，可惜至今一事无成。"

"谋事在人，成事在天。所谓报国，不能说在朝廷就是报国。"金堡大手一挥，道："有些朝廷命官不但不报国，反而害国和卖国。而许多不在朝廷者，却抛头颅，洒热血，为民请命，为国殉命，此等人士，从未把'报国'二字放在嘴上，却用实实在在的行动，彰显为民之责、报国之心。如夫之先生和时求先生等，在南岳举义旗，奋力抗清，难道不是义薄云天的壮举吗？可是，那些死难者，国家给了他们一个说法吗？你们这些幸存者，国家有给你们一个安抚吗？你们千里迢迢来报国，可是，你们遭遇了什么？朝廷的门在哪里？"

这一番话说得王夫之和管时求振聋发聩，肝胆欲裂。管时求热泪盈眶，道："金大人的话真说到我辈心坎里了。我辈来桂林吃尽了苦头，受够了白眼，来此本来是想谋个差事，可朝廷并不看重我辈的热血和痴心，处处碰壁，连个看门的差役都可以嘲笑和羞辱我辈，想想，真比乞丐还可怜……"

"时求先生这样说，金某既心酸又难过，既为你鸣不平，又有一点鄙视你。"金堡打断管时求的话，直视他，大声道："永历一开朝，你就入朝，且为中书舍人，好歹是个从七品的官。而今再次入朝，皇帝还是那个皇帝，可你却不是中书舍人了。这是什么道理？这就是金某为你心酸、难过和鸣不平的地方。朝廷如此，你为何还要前来？你把脸伸给那些不读书、只看钱的门役打，岂不是自甘受辱吗？此乃金某鄙视之理由。"

管时求一听，脸"唰"地红了。他没料到金堡如此激愤，如此直言，更没料到，他对自己如此了解。

蒙正发在一旁看不下去，他连忙打圆场，道："话也不能如此说。天下是皇帝的，也是大家的。朝廷只是一个衙门，不可能人人入朝。衡州学子跟金大人一样，都是读书人。既是读书人，报国就是天然之责，入朝是实现报国的最佳途径。这就是大家历九死而不悔，愿意来朝之动因矣。"

王夫之也觉得金堡之言有些偏激，他既是为管时求，亦是为自己辩解道："金大人言之在理。然诚如蒙兄所说，朝廷只是管理天下的一个衙门，而皇帝贵为天子，实乃该衙门之首。天下学子熙熙而来，皆为聚在皇帝身旁，献言献策，竭忠尽智，共同治理这个国家。当下国家四分五裂，战祸连年，民不聊生，如此境况，个人得也罢，失也罢，委屈、羞辱、沉浮也罢，都又算得了什么？"

金堡听王夫之这么一说，怔了一下，觉得似乎有理，便笑着站起来道："夫之先生的境界果然不同凡响。好，很好。权当金某一顿乱说，各位不必较真。"

"不一起喝一杯？"蒙正发见金堡欲走，便挽留道："写奏折不必如此急，吃了饭再去不迟。皇上亦要吃饭休息矣。"

"下回，下回，吃酒有的是时间。金某怕忘记事儿，赶紧去写。"金堡边说边叮嘱蒙正发，"凡金某之奏折，老弟得尽快上奏皇上，不得滞留，更不得截留不报。"

"放心，金大人的奏折，蒙某从来都是第一时间呈报。"蒙正发道："朝廷数金大人奏折最多，皇上是否全看，便不得而知了。"

"无妨，无妨。皇上看与不看，与你老弟无干。"金堡冲蒙正发点点头，然后向王夫之和管时求揖首，认认真真道："金某得回去写奏折了，这一回要好好参老贼一本。你们尽兴喝。下回逮个时间，咱们喝个痛快。"

王夫之望着金堡的背影，感慨道："朝廷还有此等人物，实乃朝廷之幸也。"

"别人未必这样看矣。"蒙正发摇摇头，笑道："这个金大人，真的非常有意思。不仅敢说，而且从不拐弯抹角，总是直刺人心，许多人都怕他。"

"以前有所耳闻，今日一见，更觉得非同一般。"王夫之道："方阁老虽为清流，却讲究含蓄，耿直，敢言，但讲方法。所以，别人怕他，都是内心害怕。而金大人却不同，他拿着刀，对着脓包就是一刀，不管这个脓包是不是旧伤口。他图的是痛快。这样的人内心单纯，没有黑暗，或者说，不想让黑暗留在心里。方阁老内心也很单纯，却能包容黑暗，并尽可能清除黑暗。此两类人，一是清流，一是另类，都是朝廷可爱之人，却皆为不受朝廷欢迎之人。"

"确实。金堡官居兵部给事中，与蒙某一样，只是小小的七品官，可他考虑的事情比皇上还多，而且口无遮拦，得罪了很多人。"蒙正发道："可金堡不管不顾，他的信条是：'在朝一天，直刺一天。'他刚才找我，又是为弹劾朝中重臣。而这个重臣，连皇上都忌讳他三分，可金堡就敢拍这只老虎屁股，还催促我一定要及时奏报。所以，我讲连皇上都怕他三分，并非信口雌黄。"

"犯此大忌，他不担心被去职？"管时求小声道。

"去职倒无所谓，怕就怕别人罗列'莫须有'罪名，到时没什么人给他鸣冤说话。"王夫之不无担心道："历史上，因言获罪者太多矣。"

蒙正发点头道："我亦如你们一样，提醒他多次，暗中保护他多次，有些奏折，我一看，皇上解决不了，报上去皇上还会生气，而遭弹劾者定会被记恨。因此，我尽量不送这些奏折。但金堡固执，皇上没有反应，他就总是催问，弄得我很尴尬。"言毕，他摆摆手，道："罢了，罢了，这个金大人，不说他堵心，说了他烦心矣。"

<h1 style="text-align:center">四</h1>

朱老板把菜都放到桌上摆好了，并给三个人加满了酒。

"蒙兄因何心烦？你快说说金大人的过往。"王夫之听得异常认真，一脸的敬重，他见蒙正发还知道金堡更多的故事，立即催促道："此人有趣。堵心也好，烦心也罢，我都想听。"

管时求给蒙正发斟满一杯酒，也问道："金大人是怎么入朝的？"心想，这种性格的人能混到今天，已是异数了。

蒙正发见王、管二人真有兴趣，也不客气，喝了一口酒，遂娓娓说起金堡的旧事来。

原来，金堡考中进士后，到山东临清做知州。他揭发奸猾，打击腐败，安抚流离，颇有政绩。时临清有山贼聚众数万，严重扰民。入驻临清的山东总兵刘泽清要率兵攻打，金堡不许，道"既为山贼，必有其难"。他只带几名下属亲抵山贼老巢，贼首叫王猛，亦读过书。金堡遂与王猛交谈，王猛终被他的赤诚与勇义所打动，甘愿自缚官府，叩头请死。金堡降服山贼，但他耻于邀功，绝口不提。

总兵刘泽清获悉后，本该嘉奖金堡，然刘泽清将此功记在自己头上，且平时横行霸道，民怨不止。有一天，刘泽清一行与金堡的马车临街相遇。因金堡的职位比刘泽清低许多，刘泽清满以为金堡会下车让道，谁知金堡岿然不动。刘泽清命人抓过金堡的车夫就是一顿暴打，金堡毫不示弱，亲自前去，直接抓住刘泽清的车夫一顿暴打。刘泽清恼羞成怒，回去后，竟然带兵围攻临清州府。王猛得此消息后,即刻率众来救,加上自发而来的百姓,总人数不下数万,竟将刘泽清所部围了个水泄不通。只要金堡一声令下,刘泽清就会惨遭血洗。无奈,刘泽清只好屈尊求和。金堡见对方屈尊礼待,便单骑往见,以社稷为重,与刘泽清歃血为约,团结一心。

一场危机就此解决。跟单枪匹马降服王猛一样,山东巡抚本应嘉奖金堡,然不但没有,还吓得半死,竟亲自跑到临清斥责金堡:"君自不畏祸,勿贻我辈忧。君姑以疾请假归,需大用,可乎?"

世道漆黑,曙光难现。金堡愤而解职,刘泽清留之无果。临清黎民闻讯,哀号送之,数百里不绝。

明清易鼎,金堡于杭州愤然起兵,抗清失败后,他抛妻别雏投奔浙东鲁王。因见鲁王无大志,便远走福州投奔唐王隆武。谁知隆武亦非明君,金堡上书弹劾南安侯郑芝龙,得罪了隆武。须知,郑芝龙对隆武有拥立之功!离开隆武后,金堡报国之心不灭,乃将一腔复国热血倾注到了永历帝身上,只可惜,永历帝亦有苦难言。论资排辈,以金堡的能力、经历与才华,他至少可授四品之职。

不过,对于永历帝只授予其兵部给事中,金堡并不在意。

金堡更在意的是他上奏的折子,皇上是否看了,有否批复。殊不知,职位越低,皇上对所奏之折的重视程度必定会越低。

"木秀于林,风必摧之。"蒙正发讲到这里,叹道:"以金堡的个性,早晚会出事。"

"蒙兄听到什么了?"王夫之为金堡捏一把汗,他夹了一块肉给蒙正发,道:"刚才说他又弹劾朝中重臣,弹劾谁,能透露乎?"

"唉,你们好奇,不告诉不好,告诉你们亦不好。"蒙正发想了想,最终还是压低声音,神秘而紧张道:"金堡要弹劾都察院的左都御史马暨垂马大人,此人你们应当清楚,当年就是崇祯帝派到衡州桂王府监视桂王的锦衣卫首领，对永历帝有救命之恩。当年内务总监王阁昆那么牛，想扳倒他，都没做到。金堡竟然要动他，这岂非拿鸡蛋碰石头？"

"如此，确实自不量力。"管时求向蒙正发敬了一杯，道："凡事首要自保，否则，搭了性命进去，悔之晚矣。"

"我不知金堡抓住马大人什么把柄，不敢妄言他的对错。"王夫之倒是不以为然，道："若事事想着自保，亦为不妥。人人如此，那朝中大事，谁敢直言？即便我辈行事，亦未首先自保。否则，南岳之义举，恐不会发生。大凡以弱刺强者，必有溅血击鼓之心，飞蛾扑火之勇，每每置生死于度外矣。"

"话虽如此，但还得注意方法。"蒙正发对王夫之道："杀敌一千，自损八百，还算勉强。如果伤敌毫发，损己全身，当无意义矣。"

管时求点点头，道："自己命都不保，又怎能置敌于死地？"

"谈完了没有？吃得怎样？饭菜都快冷了。"此时，朱老板看了看桌上的酒，道："你们赶紧吃。要不要热一下？"

蒙正发摇摇头，他跟王夫之和管时求碰了杯，又喝了一杯，然后道："对了，你们见了堵大人，情况不错？"

"感觉挺好。堵大人答应帮忙。"王夫之吃了一口菜，道："十分感谢蒙兄为我辈牵线搭桥，费心费力。"

管时求也充满感激，再次敬了蒙正发一杯，道："蒙兄不像某些人，入朝后不希望别人也入朝。"

此言一出，王夫之立即意识到管时求在埋怨唐克峻了，心想，你也不用这样想，兴许人家有难处。

"对了，前几天，我忽然碰到了朱归孺。以前他做衡州知府时，去见过章旷恩公，我认识他。没想到，他也入朝，且改名换姓，叫黄权，官做到了吏部考功清吏司，正五品。这个位置可是个不得了的位置，所有的擢升，都要经过他这一关。"蒙正发眼睛一挑，似乎想起了什么，突然道："不过，很奇怪，他见了我，仿佛不认识似的，扭头就走，真是怪人。听闻是都察院的马暨垂马大人在关照他。"

管时求一听，立即朝王夫之望了一眼，意思是，你看，上回我看到的是他，你还不相信。

王夫之脑海里立即闪过一丝阴影，他觉得朱归孺不单是逃避管时求，也逃避蒙正发，逃避一切他认识的人，如果有一天，真的跟这样的人同朝共事，会发生什么？当然，从单纯的原因来看，朱归孺逃避管时求等人，是因为他因罪被皇上处死过，害怕有人告发。可是，还有别的原因吗？在王夫之看来，在朱归孺身上发生任何事，都有可能。特别是他的职位，如此关键。只要他对某人做点手脚，不仅此人升迁无望，还有可能有牢狱之灾。

正因如此，王夫之感觉那是一团阴影。可是，难道因为此人在朝，自己就放弃入朝的机会？况且，一直以来，朱归孺对王家人都是尊重的，对王夫之尤其如此。"不应将朱归孺想象得那么坏吧？"王夫之在心底这样安慰自己。

"我也见过朱大人。"管时求道："听说他被皇上处死了。这可能是他害怕见到我们的原因。"

"此事我亦听何腾蛟何大人说过。当初，朱归孺也去拜访过何大人，何大人对他印象还不错。"蒙正发道："皇上其实知道他改名换姓了，否则，怎么会赐他如此重任？据说马大人和何大人都保荐了他。此人功力深、人脉广，叫人佩服。"

管时求道："希望将来有机会一起共事时，彼此不要拆台，若能照应当然最好。"

"但愿如此。"蒙正发道。

"对了，蒙兄，有一事我辈不明白。"王夫之忽然道："我们刚才从堵公那里出来时，碰上了克峻兄。要知道，我辈是同窗，都是衡州学子，还同时赴武昌应试。他虽未中举，可他已然在朝为官，比我辈中举者还好。然则他对我与时求兄不冷不热，不知何故？"

"这个事情，你们现在未入朝，不了解其中的门道。"蒙正发笑笑，道："我也是前些日子才碰上他，多少有些接触。因为他是衡州学子，我们自然亲切了许多。他是教坊司司业，职位六品，管的是婆婆妈妈的事。我呢，虽是七品，职位低，可在许多人看来，我的位置更重要。他对我很尊重，我对他亦敬重。官场嘛，说到底，没有做不完的官，只有做不完的人。"

"诚哉斯言！"王夫之和管时求举着酒杯，道："喝酒！喝酒！"

翌日上午，王夫之醒来后，发现管时求正在跟一个人聊天，那人一见王夫之醒来，便道："终于醒来了。看来昨天喝得不少。"

五

"夫之，你看谁来了？"管时求见王夫之醒来，说道。

真没想到，来者竟是唐克峻。王夫之有些吃惊，迅速下床，笑道："克峻兄，没想到是你。"

"怎么没想到？昨天我们不是还见过面吗？"唐克峻此刻一脸笑意，仿佛昨天的冷漠不是他脸上的，说道："你想想，我们是同乡加同窗，这是什么渊源？什么关系？什么缘分？"

"确实啊。"听唐克峻这样一说，王夫之竟有些不好意思起来，仿佛昨天的不悦是自己造成的，他说道："我一直跟时求兄说，克峻一入朝，就当了六品大官，可喜可贺。"

"要请吃酒。"管时求道："抽个闲时，我们几个痛快一醉。"

"这个记下，尽快一聚。"唐克峻仍旧笑道，"原本今天就请，可惜，堵公面子大，他要请你们到他家做客。"

"啊？就在今天？"王夫之大吃一惊，心想：昨天才见过面，今天就要请我们，是不是入朝的事情有着落了？

唐克峻似乎看穿了王夫之的心思，道："堵公爱才。看来，你俩入朝的事有了眉目。"

"夫之，你不觉得克峻变化得有点儿快吗？"管时求待唐克峻离开后，对王夫之说道。

"不用瞎猜。"王夫之不以为然，道："晚上能够去堵公家一聚，真是有面子，我辈盼望之至矣。"

当天傍晚，王夫之和管时求一前一后到了堵胤锡家，两人发现，蒙正发和唐克峻已经到了。

堵胤锡道："都是熟人，大家聚聚，聊聊。"他停了一下，顺口问蒙正发道："你通知吏部的黄权了吧，他就是朱归孺朱大人。你们都是衡州学子，彼此认识，也一起聊聊。"

"在下去吏部找了，但没见着黄大人。"蒙正发有些奇怪，道："去他住的地方也找了，亦没见到。吏部的同僚道，已有几天不见黄大人了，谁都不清楚他去了哪儿。"

"哦。知道了。"堵胤锡皱了一下眉头，道："改个名，但满朝的人都知道原名，改什么？又要回避什么吗？唔，不来也罢。"堵胤锡像是有点不高兴，自言自语，然后又特地对王夫之道："不过，有一人你应该没见过，才高胆大，有意思，有意思。"

"堵公说的是金堡金大人吗？"王夫之笑着问。

"竟被你猜着了。"堵胤锡有些吃惊，道："你们见过面了？"

"你们又在议论金某了！"正说着，金堡的粗大嗓门破空而来，他见过大家，也不感到意外，只顾大大咧咧道："堵公位居开朝宰相，我辈竟能破门而入，可见堵公多么平易近人！"

"哈哈哈！"堵胤锡大笑道："'金大炮'何时学会唱赞歌了？难得，真难得也！"

"堵公，金某并非粗人，更非愚者，说的乃是实话。"金堡一本正经道，又朝众人道："各位评评，在下说得在理不？"

"确实，确实。"王夫之等一干人连忙答道。

堵胤锡开怀大笑。

王夫之又补上一句："兼容并蓄，海纳百川，此乃堵公之襟怀、之胸境也。"

大家一听，又连连点头。

堵胤锡道："想不到夫之亦唱赞歌来了。还有谁，要唱赞歌的，一块儿唱了罢。"

唐克峻道："堵公两袖清风，堂堂正正。为了朝廷，堵公鞠躬尽瘁，忠心耿耿。此乃在下心底话，毫无饰言。"

堵胤锡打着哈哈，转而问蒙正发，道："可有赞否？"

"在下本不想说，害怕说出来，堵公以为拍马屁，不说又显得矫情。"蒙正发恭敬道："皇上说堵公是'不同流俗，光明磊落'。还有什么比这更中肯的吗？"

众人一听，眼睛"唰"地射向堵胤锡。

堵胤锡一愣，他随即摆摆手，朗声道："不管大家说的是真心话还是马屁话，堵某听了这些都高兴。往后大家就是一家人，有什么事需要堵某帮忙的，直说；堵某需要各位帮忙时，也不会含糊。"

"此话当真？"金堡本已坐下来，这时特地站起来，指着王夫之和管时求道："此二位才华、人品均不错，入朝之事就全靠堵公了。"

王夫之没料到金堡如此率真，管时求也吃了一惊。

堵胤锡倒是不以为意，道："此事堵某已有谋划，放心好了。"

唐克峻道："虽然堵公一言九鼎，可入朝之事，亦急不得的。"唐克峻知道朝中事情复杂，不要高兴太早，他为堵公开责，管时求听了有点不悦。

"正是，正是。"蒙正发接话道："堵公刚刚回朝，许多事情有一个熟悉过程。"

"什么急不得的，什么熟悉过程？"金堡眼皮一翻，道："可以打官腔，说官话，但真正为家人办事，就不会有此敷衍。"

唐克峻和蒙正发脸都红了，堵胤锡则笑道："看来，金堡金大人是逼着堵某表态，叫王、管二才俊明天就入朝，是吧？哈哈哈……"

王夫之十分着急，他觉得唐克峻和蒙正发讲的是实话，虽然金堡是为他好，但他也不忍逼得堵公喘不过气来。求人办事，本来就要自矮三分，尽可能不要冒犯所求者才是。管时求也着急，心想，这个金堡，不要好心办坏事啊，便道："我与夫之入朝之事，让各位费心了。堵公刚回朝，我辈就添乱，于心不忍矣。"

"唉，金某看来是瞎操心。"金堡故意道："原来夫之和时求二位并不急着入朝矣。"

"凡事有命。不强求，真不强求。"王夫之此话说得十分诚恳，连连抱拳："谢谢各位，谢谢各位了。"

蒙正发为了转移话题，赶紧拉着金堡去一旁说起他的奏折之事。看来，金堡对奏折比对王、管二人入朝要急得多，他很快与蒙正发说起悄悄话来。管时求则对唐克峻说起衡州故人之事，包括李国相、夏汝弼和姜氏姐妹之事。

唐克峻听得入迷，不断摇头，感叹连连。管时求心想：这些重大事情，如果我不说，你似乎也并不想知道。否则，第一次见面就应迫不及待来问了。

堵胤锡眼见吃饭尚早，便要与王夫之对弈。王夫之欣然应战。两人坐下，堵胤锡道："我执白，你执黑吧。你先走。"王夫之便拣黑棋开路，堵胤锡下得很从容。三五几下，王夫之就被逼得险象环生。

堵胤锡见此，便道："人生如棋，太强易折，太弱易泻。"

王夫之知道堵公以棋喻人，轻轻一笑，他借力发力，将颓势很快扭转，道："好棋、险棋，皆系人为。若能把握机缘，则可化危为机矣。"

堵胤锡见王夫之有如此悟性，很高兴，继续道："对弈亦是对心，不要乘人之危。真正的对手，是仇人，亦是知音。"

王夫之吓了一跳，道："愿闻其详。"

堵胤锡走了一棋，道："是否对手，一棋便知。"见王夫之还是不解，堵胤锡笑道："对手强势，以柔化之。柔者不弱，更非颓，而是蓄，是敛，是收与容，化者之时，克势即呈。有了克势，不可轻易出击。逮住机会，一旦出击，必制胜矣……"

"可惜棋盘并非战场，否则，大明王朝也不至于落到今天这般地步。"金堡突然插话道，堵胤锡回头，才发现大家都围在棋盘前，指指点点。王夫之便笑道："下棋是俗事，亦是乐事。国破家亡之际，仍可从容对弈，并从中感悟生命之义，有此幸者，足矣。"

"诸位看看，这盘棋，谁是胜局？"堵胤锡忽地站起来，搓搓手，望着各位道。

"堵公棋艺高超，显然更胜一筹。"管时求率先发话。

唐克峻和蒙正发认真看了看棋盘，亦点了点头。只有金堡似乎故意要跟堵胤锡过不去，道："从棋盘上看，夫之确实吃亏，已到穷途。不过，"金堡将一枚黑棋往前面一摆，道："现在看看，堵公的优势还剩多少？"

堵胤锡立即执白子回了一棋，直接插入王夫之棋盘中心，笑道："金堡棋艺确在夫之之上，但颓势就是颓势，若不承认，慢慢积蓄，却硬要急于冒死一战，等于将棋盘拱手让人。"

金堡一看，王夫之的棋盘已是死水一潭。他的脸上顿时红了，道："老谋深算，非堵公莫属矣。"说得大家都笑了起来。

终于开饭了，大家分头坐下。

堵胤锡居中，他频频举杯，高谈阔论。

众人一边吃喝一边奉承："堵公乃大明之希望，重整河山全仗堵公矣。"

堵胤锡嘴里说着"哪里，哪里"的话，实际上有些得意忘形，因为他并未厉言制止。

"什么希望？敢说不是水中月、镜中花乎？"金堡忽然挑事，道："眼下朝廷如此混乱，奸臣当道，没几个人敢于直言，包括堵公，亦是默然。金某不自量力，每每发声，虽然刺耳，却句句属实。然朝中诸臣，有谁呼应了？如此一潭死水，不是败局已定吗？"

"金堡，话不能如此说。"堵胤锡虽不高兴，倒不在意，道："眼下朝廷看似乱，实则有章法。堵某亦承认，朝廷派系太多，各方只顾自己利益，缺乏长远打算，要做一番大事，牵制太多。但总体而言，皇上和文武大臣都在努力谋事，朝乾夕惕，卧薪尝胆，力图中兴矣。"

各位连连点头，道："那是，那是。"

"哈哈，堵公真会说话。别的大臣金某不敢说，堵公你是'卧薪尝胆，力图中兴'吗？"金堡觉得大家很虚伪，便站起来，借着酒劲质问堵公道："公复湖北，而弃湖北者，亦公也；督师复湖南，而蹂湖南以及至陷者，亦公也；公与督师誓援江西，顾引忠贞营入粤，蹂内陆，而致南昌之不救者，亦公也。公忠孝闻天下，一旦所为竟如此！公不疾出楚，他日何面目见曹志健，何况天下乎？"

此言一出，整个酒桌鸦雀无声，堵胤锡羞得面红耳赤，无言以对。场面一时有些混乱和难堪，王夫之十分难过，却无力反驳。管时求着愧难当，欲言又止。唐克峻谁都不看，只顾啃一块骨头，一副事不关己的样子。

　　最终，还是蒙正发站起来，将金堡按在座位上，笑道："你在堵公家撒野，在下与克峻早有领教，堵公亦宽宏大量，不会计较。可夫之和时求二位，从未见识'金大炮'的威力，此番终于如愿以偿矣。"

　　"无妨，无妨也。"堵胤锡尴尬一会儿后，马上恢复了常态，然后面对金堡，郑重道："堵某一向尊重知无不言，言无不尽。亦激励自己有则改之，无则加勉。但堵某还是奉劝一句：不要低估小人的能力，更不要高估自己的能力。同时，不要把正直、敢言、爱国当成挡箭牌，暗箭、毒箭一旦射出，你的挡箭牌一文不值矣。"

　　金堡一听，脸色顿时惨白，头上冒着热汗，只好举杯向堵公敬酒，并道歉。金堡也意识到自己的过分：把一个朝廷或一个国家放在极少数人甚至一两个人身上，本身就是不应该。而对那极少数人甚至一两个真正为国为民的人不去理解和支持，反而极尽挖苦，就更不应该。金堡这样一想，眼泪忍不住流了下来，他觉得这话说得痛快，实则伤人，而且伤的是最不该伤的人。

　　王夫之分明看到堵胤锡强忍泪水，十分感动。他把堵胤锡的这番话牢牢地记在心里。他觉得此时的堵公，真是铅华洗尽，苍老毕呈，完全还原成一个小小的赤子。

　　"喝酒！永历未亡，明朝尚在，堵公和各位才俊均在。"蒙正发举着杯，吼了一声，"为了大明，为了皇上，为了堵公，为了诸位，干杯！"

　　"好！干杯！"堵胤锡也一声巨吼，这才是指挥过千军万马的猛虎之啸、督师之吼。

　　王夫之等人都凛然站起，一仰头，连同泪水喝了下去。

第三十二章　赶尸者

一

李国相为给王夫之筹款，除了奚采诺送来二十两银子外，他还找了许多人，甚至变卖了自己的一些家产，东凑西挪，到手的银子还不足六十两，离王夫之希望的一百两还差一大截。为此，李国相还专门去南岳山上找过王介之，因为他不肯剃发，一直不敢回衡州。王介之带着老母亲，还有侄儿侄女等一家子人，日子过得苦不堪言，要不是性翰法师等人不断接济，恐怕生活难以为继。李国相找他时，王介之还以为李国相是来给他送食物和银两的，李国相见是这样，只好把王夫之借款的事咽进肚里，提都不提，只是说顺便来看看。由此明白，王夫之为什么不找大哥去筹款了。

谭孺人问李国相见到王夫之没有，"你们是好朋友，总该有联系吧？"李国相笑笑说："有联系，有联系。王夫之去了永历朝，每天事情多，不久就会荣归故里来看您。"谭孺人摇摇头，说，"当官不当官，荣归不荣归，都无所谓。他还在服孝期间，能守在家里是最好的。"

李国相回应道："那是，那是。"

从南岳山上下来，李国相立即去了奚夫人家。因为他突然有了一个想法：奚夫人不是想让他做媒，把采诺许配给王夫之吗？如果采诺真有心，她可以先去服侍谭孺人。王夫之是个孝子，只要谭孺人高兴，她一发话，岂不成了？果然奚夫人听了李国相的提议，觉得不错。而采诺表示，自己连皇后都服侍过，还服侍不了王老太太吗？

临走时，采诺又拿了十两银子出来，塞到李国相手中。李国相见奚家也很寒酸，便道："你这点钱自己留着花吧。"

"实不相瞒，李先生，这也是意外之财。"奚夫人抢着说道。

"啊？怎么回事？"李国相有些吃惊。

奚夫人见状，叹道："我家夫君被明军杀了头。现在清人掌权，对我们表示感激和慰问，这十两银子就是他们给的抚恤金。"

原来如此。李国相五味杂陈，他不想收下这十两银子，但奚夫人和采诺态度坚决，说她们原本就没指望这笔钱。"夫之先生和管先生都在永历朝谋差，他们用得着这些钱。"采诺甚至还说："李先生可以告诉他们，这钱是借给他俩花的。日后做了大官，有钱还，两人各占一半。"

话说到这个份儿上，李国相还能拒绝吗？他明白，这是采诺在给他卸压。通过这两次接触，李国相觉得采诺真是一个通情达理的好姑娘……

然而，十来天过去了，所筹款项停留在七十两银子的数字上，再也无法往前推进。没办法，李国相只好来到刘子参家。

打从上次与李国相去了耒阳，回来后，刘子参与姜善棋一心想着在衡州安顿下来，过上平淡安静的日子。刘子参原来家境尚可，家里开个书店，亦有不少藏书。但他的藏书在大西军进城时大多被烧掉了。刘子参本来想重新开一个书店，但乱世之中，谁还看书？他又想开个客栈，因资金不够，也作罢。然后又想过开一家小酒肆，可是帮工难找，食材难得，厨师更难寻。实在没办法，他便开了一家药铺，把夏汝弼家快要倒闭的药铺接手过来。这不，生意刚刚开始，刘子参为节约成本，经常去南岳山上寻找药材，切碎、晒干，每天忙得贼死。

姜善棋则在药铺里打理，清理药物储存间，将所有药材登记造册。这是一件很细心也很烦琐的工作，容不得半点马虎。一旦弄错，后果不堪设想。同时，有顾客上门，除了卖药外，姜善棋还要帮顾客煎药，每天也忙得没半点空闲。

"国相先生，快请坐。"姜善棋见李国相走了进来，连忙停下手中活计，招呼道："有事吗？找子参？"姜善棋见李国相严肃的面容，就知道他是无事不登三宝殿的。

"子参又上山去了？"李国相往药铺里看了一下，叹道："要是汝弼在，跟你们一起经营，该多好。"

"是啊，是啊。"姜善棋道："我与子参都不懂药材和处方，而汝弼先生却精通这些。有他在，不愁没生意。"停了一下，她又特地问道："有汝弼先生的消息吗？"见李国相摇摇头，她又关切道："对了，你家璟儿情况如何？"

"唉，璟儿还是老样子。"李国相想起自己的儿子，心情更加沉重起来，道："我昨天去了夏家，汝弼还无消息，仲力则完全疯了，竟然不认识我了。唉，那么年轻，跟我家璟儿差不多。我真担心璟儿也会疯掉。"

"别那么想。您进来坐坐，喝杯水。"姜善棋边说边直起腰，冲药铺后面叫道："子参，国相先生来了。"她叫完，又解释道："他今天出门早，刚刚采药回来。"

"国相兄，你还好吧？"刘子参拿着一块脸帕，一边擦脸一边对李国相道："本来过几天去看你的。药铺刚开张，杂事多，一时没顾上。"

"理解，理解。"李国相走进店里，坐下来，道："咱们本是抗清义士，现在却剃了头，成了清人。想想，真是痛心啊。要是夫之老弟知晓，不知他该做何想？"

"唉，人在屋檐下，为生活计，不得不低头。夫之应能理解咱的窘境。"刘子参道："我们现在就是小小百姓，图的是太平日子。如果不做清人，那就像介之兄等人一样，拖家带口，上山当流民。"

"那也不是长久之计。"李国相摇摇头，道："前几天我去南岳山上看过介之兄，看那日子过的，饥一顿饱一顿，个个瘦得像猴，简直惨不忍睹。我估计他们支撑不了多久。"

"到时怎么办？"刘子参道："王家人可是反清复明的坚定支持者，夫之尤其如此。"讲到这里，刘子参忽然问道："夫之和时求有消息吗？听说去了桂林，他们入朝为仕了吗？"

"实不相瞒，我来找你，正是为此而来。"李国相说完，便把王夫之给他的信递给刘子参看。刘子参拿过信，一脸凝重，边看边摇头。

姜善棋见状，忙道："怎么了？是不是缺银两了？"

李国相没吱声，心里却说：唉，善棋，你真是太聪明了。

刘子参对姜善棋点点头，又对李国相道："你筹了多少？"

"你还记得奚鼎铉吗？"李国相忽然反问道："他有一个女儿采诺曾在永历朝皇后身边服侍多年，上一回同夫之小叔一起返衡……"

"你怎么说起这个人了？"刘子参表情怪异，脸上肌肉抽搐了一下，他快速看了姜善棋一眼，道："我和善棋不想提她。"

这时，一颗豆大的眼泪猛地从姜善棋的脸上缓缓滑下，只听她长长地叹了一口气，看着刘子参，轻声慢语地说道："子参，你不用这样。这些日子，我反复思考过了，皇后其实很精明，她了解许多事情。采诺也很无奈。她不做，另一个我身边的人也会按照皇后吩咐去做的。这是命，不用怪采诺。"停了一下，她补充道："再说，如果不是这样，我会离开永历朝吗？我俩会在一起吗？"

"唉，善棋，采诺伤你至深，你以德报怨，还替她辩解，心地太善良了。行吧，你这样说，我也放下心来。"刘子参颇为感慨，然后对李国相道："关于夫之借钱的事情，你到底筹了多少？"

"刚刚七十来两银子，还差三十来两。"李国相从实道："不瞒两位说，采诺主动送来三十两银子，真不容易。"

"哦？"姜善棋和刘子参非常意外，道："采诺哪有这么多钱？"

李国相只好把采诺送钱的情况跟姜善棋和刘子参讲了，也讲了奚夫人希望王夫之娶采诺为妻的事情。姜善棋下意识说道："原来如此。只是，夫之哥会同意吗？"

"这就看缘分了。"刘子参接了一句，又转向李国相道："夫之兄那儿，还差三十两银子怎么办？"

"我几乎找遍了朋友，只差去耒阳跟伯实兄讲了。当初，伯实兄去成都寻找晓书，夫之借给他三十两银子，还把那把传奇的岣嵝剑典当了。但伯实兄现在那个样子，我怎么忍心开口？即便狠心开了口，他又从哪里弄到钱？"

"找他没用。"姜善棋道："只会让他徒添痛苦和无助。"

"要么，先汇这些去应应急？"刘子参道："等我们这个药铺有点起色了，再想办法汇点去？"

"不妥。眼下正是用钱的时候，夫之哥不到万不得已，是不会写信来求助的。一百两银子对我们来说是个大数，但对于在外办事者来说，并不多。"姜善棋当即反对，道："永历朝门面虽小，但麻雀俱全。像夫之哥入朝之事，看起来简单，做起来颇费周折。朝廷穷，为官者亦穷，不少人只能伸长手脚去捞外款。没有银子开路，再大的能力、再高的才华，亦寸步难行。"

李国相不断点头，道："本来我也想先汇这些银两去。但想想不行，还是善棋考虑得周全。"他看了刘子参和姜善棋一眼，忽然压低声音道："另外，眼下衡州是清人当权，要把这点银两汇到桂林去，邮驿会当场没收。为这事，我特地问了一位在'福光'邮驿工作的朋友，他告诉我，凡是邮向非清军占领地的款项，一律没收。严重者，还将以'通敌者'论处。想想，多可怕？"

"啊？那怎么办？"刘子参急了，道："通过商人带出去？"

"这年头，你轻易信得了一个商人吗？"李国相道："我反复想了，实在没办法，我亲自跑一趟。这样，代价虽然大一点，但至少可靠。因此，如果有银两，一次性送去是最好的，免得再次折腾。"

"哦，确实如此。"刘子参和姜善棋看着李国相，觉得这个粗直的汉子，不仅细心，还很热心。乱世中，有此友情，殊为难得。

姜善棋道："这样吧。这两天，我赶紧想想办法，争取给你凑个整数。"

李国相不抱多大希望，说了句"都想想办法，我再找找他人。"李国相离开后，刘子参对姜善棋道："你是不是打算将那块衡州桂王府的嵌宝石花形金饰件送到典当铺去？"

姜善棋坐在药铺前，一动不动，望着什么地方发呆，对于刘子参说的话，好像没有听到似的。刘子参只好叹一口气，道："药铺开张，千难万难，都熬过来了。当初你要为接手此药铺去典当，我还不让。这一回，为了夫之哥……"

"不仅是夫之哥，还有时求先生。"姜善棋打断刘子参的话，道："你不知道时求先生，被我派回到衡州，秘密寻找姐姐吗？要是他不回衡州，至少做到六品以上的官了。现在，他不仅从零开始，还要回避我的事情。你想想，我欠他的实在太多！"说到这里，姜善棋盯着刘子参，用一种陌生的眼光看着他，反问道："怎么，你觉得我不该为他俩做点什么吗？"见刘子参不吭声，姜善棋断然道："这东西是我的，什么时候出手，什么时候收回，我说了算。"

"善棋，我不是舍不得这件宝物，我是担心典当不了多少银子。"刘子参有点发急，道："再说，你已怀上了孩子，将来……"

"不要给我谈将来。"姜善棋咬了咬唇，哽咽道："我曾经设想过许多'将来'，但没有一个'将来'兑现。所以，我再也不相信什么'将来'。我欠债太多，过一天赚一天，过一天还一天债，谁也保证不了'将来'是什么。只希望离开这个世界时，我是个'不欠'之人。"

刘子参紧紧地搂着姜善棋，眼泪夺眶而出。

二

当天下午，姜善棋便拿着嵌宝石花形金饰件去了善林典当铺，头柜汪志勇认识姜善棋，客气地将她引进来，问有什么东西需要典当的。姜善棋也不想隐蔽，拿出那件宝物，冷然道："你看看，这件东西能当多少钱？"

汪志勇一看，脸色顿时变了。他用奇怪的目光看了姜善棋一眼，说道："这宝物，你还敢拿来典当？要是被清政府知道了，岂不要命？"停了一下，汪志勇又道："当年，刘老板收了一件一模一样的宝物，花了一大堆银子，结果来了一伙黑衣人，将宝物抢走。后来才知道，抢此宝物者竟是衡州知府朱归孺朱大人，他要拿去献给永历帝，岂知马屁拍到了蹄子上，献了宝，不但没有当上大官，反而被永历帝赐死了。这事你知道吗？"

"你少跟我啰唆。"姜善棋依旧冷冷道："你作不了主，叫刘老板出来。"

"刘老板出来也是一样不敢收。"汪志勇正要去后门，只听一个声音传了出来："啊？原来是刘太太，失敬，失敬！"刘善林从后门走出，对汪志勇道："快倒茶水。"又对姜善棋道："请坐，请坐！"

姜善棋道："刘老板，这件宝物，你真的不敢收？"

刘善林拿着宝物，脸上肌肉顿时抖了一下，压低声音对姜善棋道："要是别人来典当，我还真的不敢收。"然后他看了看四周，又道："但是你来了，定是遇到极难之事，我不会袖手旁观。这样吧，我们去后屋聊聊。"

过了一个多时辰，汪志勇见姜善棋不苟言笑，一脸肃穆地走了出来。汪志勇道："怎么样？刘老板还是不敢收吧？"

姜善棋没有吱声，只是瞥了汪志勇一眼，似笑非笑地走出了善林典当铺。汪志勇望着姜善棋的背影，摇了摇头。他正要去后屋看一下刘善林，却见刘善林走了出来。

汪志勇用探询的眼光望着刘善林，轻声道："真收下了？花了多少银两？"

刘善林叹道："你知道她当了这件宝物做啥用吗？"见汪志勇摇头，刘善林继续道："夫之先生和时求先生要入永历朝做官，年前就去了，盘缠用光了，写信回来筹钱。这年头，谁手头会有多余的钱？"

"啊？你就不怕受牵涉吗？"汪志勇颇为紧张，道："听说新来的衡州知府是从江西过来的，叫什么来着？好像姓吴吧，听说还与夫之先生有什么恩怨。"

"瞎说什么？别听到风就是雨。"刘善林不悦道："新来的衡州知府叫吴军吴大人，吴大人原是江西总兵，好像跟夫之先生的老师欧阳霖是有过节，吴大人曾把欧阳霖整得半死，但欧阳老先生也不断奏本朝廷，吴大人差点被革职，恨得不行，花了不少银子才摆平。吴大人不但对欧阳霖，他对所有读书人都怀恨在心。吴大人降清后，被派到衡州来了。不光夫之先生，所有衡州学子都得小心。"

"不过，现在的衡州学子，死的死，散的散，也成不了气候。"汪志勇道："夫之先生和时求先生去了永历朝，要是谋上一官半职，对衡州是好还是坏呢？"

"这要看永历朝能不能打过清政府。"刘善林皱着眉头，瓮声瓮气道："要是永历朝能收复衡州，夫之先生在朝廷做官，对家乡自然有好处。如果永历朝还像现在一样，那衡州不仅得不到好处，还会更糟糕。唉，不说了，我们做小老百姓的，管这些干吗？"

刘善林与汪志勇的谈话说的是实情，可惜姜善棋没听见，她一门心思想着王夫之入朝之事，刘善林收下了桂王府宝物，给了她十五两银子，姜善棋觉得很满意了，当时觉得给个十两银子她也会当掉。刘善林说看在夫之先生面上收下，也是想帮他一把。

姜善棋相信刘善林说的是真心话。她拿着银子，赶紧塞进衣裙里。走出善林典当铺，刚刚拐了一个弯，姜善棋突然被人迎面拦住，她大吃一惊，一抬头，尖叫道："啊？国相先生，是你？你一路跟踪我？"

"误会，误会。"李国相连忙摇头，道："我要告诉你一个天大的好消息。刚才到药铺去了，子参说你来了善林典当铺。"

"这年头，还有好消息？"姜善棋很疑惑，她毕竟是经历过大事的人，只见她冷然道："是不是夫之先生和时求先生谋到了高职？"

"不是，不是。"李国相连连摇头，大声道："你想不到，你真的想不到！我们都没想到！"

"究竟是什么事情，让你激动成这个样子？"姜善棋见李国相说得如此诚恳，有些奇怪，道："不用卖关子，直说吧！"

"衮冕回来了！衮冕回来了！"李国相激动道："他不仅回来，还带了老婆孩子回来……"

"什么？"姜善棋的确震惊到了，她连连问："谁回来了，谁回来了，谁还带了老婆孩子回来了？"

李国相意识到自己失言，连忙道："走，我们去郭家吧。"李国相转身便走，姜善棋紧紧地跟在他后面。

原来，李国相从刘子参的药铺刚回到家，还没来得及歇一口气，就见郭其保连走带跑地赶到李国相家，看着李国相，只顾着嘿嘿笑，张着没牙的嘴巴，像一个黑洞，半天说不出一个词儿。

李国相不知道出了什么事情，连忙请老人家坐下来，倒了一杯水给他，道："郭伯，你怎么啦，发生什么事情了，不急，不急，慢慢说好吗？"

过了好一会儿，郭其保才颤巍巍道："冕儿、冕儿回、回来、回来了，冕儿回来了。哈哈哈！"说罢，这个天天盼儿回家的老画家老泪纵横，抱住李国相，道："快去，快去我家，看看，快去我家看看。我这、这不是梦吧？"

"袁冕回来了？真的？"李国相大吃一惊，"他没死，他终于回来了？他在郭家？好，我们马上走！"

李国相立即跟着郭其保，快步来到郭家，唯恐晚一步，就见不到郭袁冕似的。果然，在郭家，李国相见到了一个男子，蓄发盘髻，扎着青布包头，穿着无领对襟长袖衣，衣外斜挎白布"坎肩"，下着大裤脚长裤。

"老天爷！"李国相一愣，失声叫道："这是郭袁冕吗？"李国相仔细一看，果然是郭袁冕啊！

"袁冕！袁冕！你回来了！"李国相冲上去，与郭袁冕拥抱在一起，他异常激动，道："太好了！你终于回来了！"

"国相兄！"郭袁冕也抑制不住内心的激动，将李国相上上下下打量一番，道："是的，我回来了。我回来了！"

李国相兴奋极了。他要将郭袁冕回来的消息马上告诉姜善棋，他跑去药铺找人，结果，刘子参问他找姜善棋什么事，李国相没有说。刘子参告诉他姜善棋去了善林典当铺，李国相转身就走……

然而，当李国相和姜善棋兴冲冲来到郭家要见郭袁冕时，突然，他俩同时瞧见了另外一个人，不，应该是两个人：一个女子站在郭袁冕一旁，她手里牵着一个两三岁的小男孩，长得很像郭衮冕，小男孩正拿着一块糕点吃着。

李国相和姜善棋马上愣住了。女子有一张清秀的面容，眼睛大大的，头上盘着发髻，将细辫绕于头顶，用五色细珠盘起，衣襟的颈部至胸前绣有花彩纹饰。她穿着一身蓝布衣服，胸口有刺绣，同时在衣襟、袖口、裤脚镶边处也绣有精美的图案花纹；腰系青布带，带端绣几何纹。远远看去，就是一朵静静开放的花儿。而站在她身旁的孩子，正牵着女子的衣角，怯怯地望着李国相和姜善棋，眼睛眨巴眨巴地闪着。

"这两位是……？"虽然猜到了，但李国相还是忍不住问道。

"这是我的内人，叫阿妮。"郭衮冕又指了指一旁的孩子，道："这是我的儿子，叫贵单。"

这时，郭衮冕看到姜善棋，表情十分复杂，轻轻地叫了一声："你是善棋吗？你的脸怎么划成这样？出什么事了？你也在衡州？"

姜善棋强忍悲伤，点点头，说了一句："你还活着，并且回来了，就是好事。"她说话时，眼睛一直没有离开郭衮冕旁边的阿妮和贵单。

阿妮带着贵单叫李国相"阿伯好"，又叫姜善棋"阿妈好"，手脚有些局促，脸都红了，像个犯错的人。

李国相在心里长叹一声："这演的是哪曲戏啊？"

郭其保倒是高兴坏了，搂着小贵单，又是亲又是捏，嘴里嘟哝着："孙宝，孙宝。"吓得小贵单哭了起来。

这时，李国相一把拉过郭衮冕，两人走到一旁，李国相紧张而小声道："你在外面成家了，并且有了孩子？你知不知道姜思琴还活着，而且就住在你家里？"

郭衮冕"啊"地叫了一声，他呆呆地望着李国相，一言不发。

李国相又朝郭其保招招手，郭其保走过来，李国相亦压低声音道："思琴和恒生哪儿去了？你告诉衮冕没有？"

郭其保看了李国相一眼，又抬头看了阿妮和贵单一眼，低声嘟哝道："思琴和恒生去了哪儿，我也不清楚。见到冕儿，我只顾着高兴，除了跑去找你，告诉你这个好消息，我还没来得及跟冕儿说呢。"

郭衮冕直到这时才反应过来，他的眼球快要鼓出来，吓得都快要瘫到地上："什么？思琴……思琴……她还活着？她就住在我家？"郭衮冕一拳砸在头上，喃喃道："思琴还生了孩子？天啦，是谁的孩子？我的孩子吗？"他茫然不知所措。

真是凑巧，正在这时，姜思琴带着恒生从外面回来了。

李国相一见，颇为尴尬道："思琴，你去哪里了？"

"刚去花药山下的梧桐寺，找了点吃的。"姜思琴一见郭衮冕，猛地愣了一下，她本来也是无比激动，但扭头看到一旁的阿妮和贵单，顿时明白是怎么回事，眼泪"唰"地流了下来。

良久，姜思琴极力控制住自己的情绪，低着头，干巴巴道一句："你回来了。"

郭衮冕"扑通"一声，跪倒在地，拉着姜思琴的裤角，道："思琴，你、你让我找得好苦、好苦啊！"

"不是吧？你现在不是很好吗？"姜思琴冷冷道："你以为我死了吧？可惜命硬，没死成。"

站在一旁的阿妮看到丈夫跪在一个女子面前，也马上明白了什么。她带着贵单走过来，扶起郭衮冕，绷着脸，一言不发地站在那里，仿佛警告姜思琴："这是我的男人，你不要欺负他。"

"姐姐！"姜善棋也满面泪水，她扶着姜思琴，牵着恒生，担心姐姐做出过激的事情。

然而，姜思琴看了姜善棋一眼，又看了郭衮冕一眼，道："我不值得你找，好好珍惜现在的一切吧。"说完，她牵着恒生，走进屋子里，很快就出来，手里多了一个包袱。

姜思琴对郭衮冕道："这原本就是你的家，我借住了一段日子，谢谢了。"她转头对姜善棋道："走，别妨在这里。先到你家去吧。"

"思琴！"郭衮冕再次跪倒在地，大声叫道："这里就是你的家，是你的家，我只是回家来看看你们啊……"

然而，姜思琴和姜善棋带着恒生，也不和郭家任何人打招呼，头都不回，决然而去。

父子重逢，夫妻重逢，原本是开心和狂喜的，但眼前的一幕却让人揪心不已。郭其保本想抱着两个孙子，他一直把恒生当成自己的孙子，现在又有了贵单，也算是对自己忙碌一生的回报。然而，看着郭衮冕一跪再跪，他老泪纵横，拉着李国相的手，嘶叫道："国相先生，这、这哪里错了吗？这究竟是怎么回事呀？"

"伯父，衮冕和思琴，谁都没有错。"李国相拍着郭其保的手，长叹一声，道："要说错，是连年战乱，是混账时代，是不争气的朝廷和不作为的命官造成的……"

三

往事不堪回首。

那是张献忠处死了"维鹰会"的樊志高和老鹰樊尚铭后，郭衮冕和姜思琴逃出了关押他俩的"德雅居"。姜思琴是率先逃出来的，因为怀上了樊志高的孩子，她不想再见郭衮冕。

当郭衮冕在奚鼎铉的帮助下逃出来后，他到处寻找姜思琴。由于长时间遭到关押和身心受到摧残，郭衮冕回到家里，分不清东西南北，行为有点怪异和疯癫，让父亲郭其保担心不已。虽然身体没有恢复，但寻找姜思琴的意志十分强烈。最初他在衡州四周寻找，后来越找范围越大，一直往西南方向进发。当王夫之与夏汝弼为了去武岗而在湘乡辗转数月时，郭衮冕则在西南山林里迷失了方向。

有一次下暴雨，郭衮冕从山坡上滑下来，一直滑进潇水河里，他奋力挣扎，昏迷后，被潮水冲入九嶷山下的宁远河，在河旁一个叫西湾村的地方，被瑶族捞尸人当作尸体捞起。

这名捞尸人叫蓝祥，瑶族，四十多岁，是当地有名的大善人。"捞尸人"这个职业很特殊，需要五行属水和命理属阴的健壮男人才能做。由于战争连连，民不聊生，河里的尸体还真不少，蓝祥每天划着竹筏在河里转悠，隔三岔五就捞一具尸体上来，放在家里的停尸间。一般尸体要放十来天，如果没人认领，别的捞尸人可能就将尸体重新放入河中，任其漂向天涯海角。蓝祥不是这样，他会将尸体洗干净，穿戴完好，再行埋葬。他认为这是积德的事情，善待死者，告慰生者，让死者安息。

蓝祥有一个老婆，但命薄，她生下女儿阿妮后，得病去世了。阿妮长大到十八岁，眉目清秀，越长越像其母。她没读多少书，但心地单纯善良，帮着父亲处理一些尸体的事情。

父女俩就在河岸的半边楼里，相依为命。

那天半夜里，郭衮冕从停尸间突然醒来，发现身边是数具尸体，吓得他大叫起来。蓝祥听到"救命"后，立即与阿妮端着油灯，来到停尸间，见郭衮冕还活着，遂将他抬回到房间，先是让他喝了姜汤，喂了一些山药水，再烧了一桶热水，让他洗了澡，换了衣服，躺在木床上。蓝祥自己则睡在地板上。对他而言，没有什么比一个人死而复生更大的事情了。

过了半个月，郭衮冕身体恢复得差不多了，他试图离开，这时他才知道，他进了深山里的瑶乡，要想回到衡州老家，他一个人根本没法做到。

不久，郭衮冕惊骇地发现，蓝祥不仅捞尸，他还赶尸。赶尸时，蓝祥作为法师，他不在尸体后，而在尸体前面带路。他边走边敲锣，走三步，喊一声，这样使夜行人避开，也提示有狗的人家把狗关起来。因为尸体被狗缠住，可就麻烦了。每次赶尸，至少要五具以上，先跟死者家属谈好价钱，并预付一半。赶尸前，蓝祥要将尸体分割，喷上自制药水，防止尸体腐烂。每次出门，蓝祥要穿着道袍，将尸体一具一具分开，每具尸体相隔七尺左右，他背上死者残肢，并将它套在又长又大的黑袍里，头戴大草帽，让草帽将整个头部盖住，不让面部轮廓露出来。

作为一种古老仪式，法师要完成赶尸工作，至少需要一个"赶尸术士"在前面开路。郭衮冕没进这个家庭前，常常是阿妮装扮成"赶尸术士"在尸体前面扔黄纸、摇铃铛，给扮成法师的蓝祥指路。这些尸体排成一排，不用背着走，而是在法师的控制下，他们自己像麻雀一样跳着走。父女二人还特意营造出恐怖气氛，使人不敢接近。如果路途太远，两人还要替换角色，一日一换。

想到一个女孩来做这种事情，郭衮冕觉得不可思议。作为对救命恩人的回报，他主动请缨，替下阿妮："让我试试吧。"蓝祥道："这些日子，你梦里常常叫着什么琴的名字，想是你的亲人吧？"郭衮冕点点头，将自己的遭遇简单地说了。蓝祥叹了口气，说："这兵荒马乱的，如果你心里还念着那个什么琴，我给些盘缠，你继续找去。或者，你留下，我将阿妮许配给你。"郭衮冕没吱声，但在心里，他认为姜思琴应不在人世了。

三天后，郭衮冕与阿妮成了亲，彻底替下了阿妮，蓝祥做起来轻松了许多。他们常常在夜里出发，尸体都戴着高筒毡帽，额上压着黄纸，上面画着符，垂吊在脸上。光郭衮冕参与的赶尸，每年都有二十起左右，路途远的有重庆、成都，近的有永州、桂林，还有长沙、岳州等。但每次去长沙和岳州，阿妮都不让郭衮冕去，如果郭衮冕去了，她担心经过衡州时会发生意外。郭衮冕也理解她的担心，也从不主动要求赶尸去这两个地方。蓝祥知道哪些客栈是专做赶尸者生意的，这样的小店很特别，一年到头都不关大门。

蓝祥每次都算好路程，到达目的地的前两天，死者家属得准备好衣衾棺材，一旦蓝祥将"家人"送到，他要立即将尸体的残肢拼起来，也要将寿衣寿帽寿鞋穿戴齐备，而后装进棺木。整个入殓过程，全由蓝祥独自完成，不允许旁人插手和旁观，连郭衮冕都不许观看。

为什么会这样？蓝祥神秘地说：这是关键时刻，生人一旦接近尸体，就会有"惊尸"的危险，而一旦发生"惊尸"，赶尸者将十分麻烦，十有八九路上会出大事，要么"尸人"与活人打架，要么"尸人"攻击赶尸者。赶尸者即便不会命丧黄泉，至少也会大病一场。

郭衮冕又惊又怕，问岳父大人遇到过这种事情没有，蓝祥摇摇头，说前辈们遇到过，他一直小心翼翼，对每具尸体都很尊重，因此尚未出现"惊尸"事件。

赶尸前最后要做的仪式，就是将尸体"入殓"这一关。赶尸者一般都会选择在三更半夜进行，让阴气尽量灌进尸体。蓝祥将香、盐、蜡等洒在尸体上面，用手轻轻抹好，均均匀匀，将一切打理妥当后，家属才去认领。满意后，家属向尸体告别，再将没有付完的另一半辛苦费交到法师手中。

就这样，在那封闭的瑶乡，郭衮冕体验到的完全是另一个世界，另一种风俗，另一种生活。这些"尸体"是好人还是坏人，是富人还是穷人，生前干了什么事，他都不知道。但郭衮冕要与人们"对话"与"交心"，很神奇。他觉得自己就是一具"尸体"，被一种神秘的力量或蓝祥父女赶着……慢慢地，他习惯了，安宁了，认命了。他甚至感激淳朴善良的瑶民接纳了他。他与阿妮成亲一年后，有了贵单，日子在封闭的瑶山平静地前行。

然而，最近一段日子，郭衮冕不断做噩梦，看到血淋淋的姜思琴在暴雨中大声呼救，看到披头散发的老母亲在狂风中奔跑，看到瘦得不成人样的老父亲跪在河边撕心裂肺地喊着他的名字……

直到这时，郭衮冕才突然明白，原来在心底里，在不愿触及的黑暗一角，还有一个家，一个从小就居住其间的家，包括失散的妻子和白发苍苍的老父老母，亦包括朝夕相处的衡州学子，特别是夫之兄弟，他觉得欠他们的太多。他不是"尸体"，他是人，是有灵有魂的人，也是有情有欲、有血有肉的人。他不能逃避，更不能忘记，而且逃避不了，忘记不了。他得回去看看，必须去看看，看看那曾经有过的一切。

郭衮冕知道阿妮担心，遂指着贵单道："这是我们的儿子，这里是我们现在的家。我去衡州，只是看看老父老母，看看那个曾经的家。"他笃信，姜思琴已经去了另一个世界。

然而，女人的心思毕竟细腻而敏感，阿妮还是有些担心和害怕。

岳父蓝祥倒是大度，他故作轻松地对女儿笑着道："衮冕要回去就回去嘛。不恋家的麻雀一定不是好麻雀。你拴得了一时，拴不了一世，怕个啥？"

为了打消阿妮的顾虑，郭衮冕主动提出："我带着你和单儿一起回去，好吗？我们去看父母一下大人，拜个祖宗，认个槛门，马上就回来。"

阿妮听这样一说，便破涕为笑，道："去看望阿爸、阿妈也是应该的。"她嘴里的阿爸、阿妈指的是郭衮冕的爹娘。

郭衮冕不知道两位老人还在不在人世，这样一想，他又立即伤心起来，也更加急迫起来。阿妮很贤惠，也挺能干，她为回衡州做了周详的准备，把一些瑶乡特产弄了一大包，遂择一个吉日，蓝祥用自家小船，送他们到永州。本来郭衮冕邀岳父一起去衡州，但蓝祥道："这些天宁远河水下去了不少，正是捞尸的好时节。况且有几单赶尸的活儿，也要好好准备。等你们回来，咱们就得起程了。"

就这样，郭衮冕带着阿妮和贵单回到了衡州的老家。他万万没有想到，姜思琴还活着；他更没想到，姜思琴还住在自己家里……

四

姜善棋与姜思琴带着恒生从郭家出来，径直来到刘子参家。

刘子参见姜善棋回来，脸色十分难看，大为吃惊："你不是去了善林典当铺吗，情况怎样？"刘子参又对姜思琴道，"你来我家还提着大包干吗？"

姜善棋还来不及回答，姜思琴倒是抢先回答了："衮冕带着老婆孩子回来了，这两天只能借住在此。"然后，姜思琴十分警觉地反问姜善棋，"你去善林典当铺了？当什么去了？是不是也去当桂王府的那个所谓宝物？做什么用？"

姜善棋的眼泪忍不住流了出来，道："姐，你别装成没事一样好不好？衮冕回来了，你就一言不发离开郭家，你觉得这样就省事了？"

"我原本就不想住郭家的，都是你们劝我去住的。"姜思琴道："我看着恒生住在郭家尤其尴尬。说到底，那不是我的家，更不是恒生的家！"

刘子参这才明白郭衮冕回来了，而且带了老婆孩子回来。他愣了一下，劝姜思琴道："世道太乱，民不聊生，发生什么事都要理解和包容。衮冕一直在寻找你，终于找着，他肯定以为你出了意外……"

姜思琴打断刘子参，冷哼一声，道："他什么寻找我，真好听。直说吧，我得知怀上恒生后，就觉得无脸再见衮冕，我不配拥有那个家。懂吗？你们理解怀上仇人孩子的那种愤怒和绝望吗？"

姜善棋见恒生吓得哭了起来，赶紧拉着他走进房间。姜思琴一把拉过恒生，用力打了他一耳光，恶狠狠地吼道："走，你这个丧门星，短命鬼！我们还是去梧桐寺，你们谁也别来烦人！"

"姐！"姜善棋赶紧抓住姜思琴，大声哭喊道："你赌什么气？恒生犯了什么错？他还只是一个孩子！"

"娘，你打吧。如果你打了觉得好过了，就用力打吧。"姜恒生特别懂事，他跪在姜思琴面前，仰着头，用带着稚气的声音说道。

姜思琴听了，一把搂过孩子，亦跪在地上，任泪水夺眶而出。

"你们这是干吗？"李国相急匆匆走来，将姜思琴和恒生从地上拉起来，回头对刘子参和姜善棋道："我看，眼下还是让思琴带着恒生去梧桐寺，这样好些。走，我送他们去吧。"

唉，看来也只能这样。

"唉，真是造孽！"待李国相带着姜思琴和恒生走远了，刘子参才重重地叹口气，道："这兵荒马乱的，还真怨不得谁啊。"

"你不说话会死吗？"姜善棋突然感到一阵恶心，她张开嘴，干呕了一气，一脸惨白。

刘子参倒来一杯水，忍不住轻声道："好一些了吗？我知道你难受。这年头怀孩子真不容易。"

姜善棋喝了一口水，喘着气，道："这才刚刚开始。"姜善棋觉得奇怪，也有点责怪刘子参。她真不明白，她跟永历帝在一起那么长时间都没怀上；最初跟三王爷在一起，也没怀上；甚至被翁不群一再欺负，也没怀上。原以为这一辈子不会有孩子了，她也认命。可为什么跟刘子参就怀上了？难道这也是命吗？这究竟是好还是坏？

正是因为自己怀上了孩子，姜善棋更觉得姐姐因为仇恨樊志高进而仇恨小恒生，是不应该的，小恒生是无辜的，他那么小，已经遭受到他这个年龄本不该有的痛苦。退一步讲，姜思琴跟郭衮冕也一起生活很长时间，为什么没怀上孩子呢？姜思琴跟朱三王爷、朱四王爷也有不短的时间，包括翁不群，为什么都没怀上孩子呢？这说明，姜思琴命中注定有这么一个孩子，或者说，命中注定有这么一段孽缘，命中注定有一辈子的痛楚……

刘子参见姜善棋情绪稳定下来，便小心翼翼道："桂王府的那件宝物真的典当出去了？"

"你希望刘老板不收它，是吧？"姜善棋还是有点不大高兴，瞪了一眼，说道："我说过，夫之哥既是我的表亲，更是我十分敬重的人。当年他为伯实寻找晓书妹妹，把岣嵝剑都典当了。更何况，我欠时求先生太多太多。"

"不是，真不是。夫之和时求都是我的好兄弟，为他们做点事，是应该的。再说，这宝物是你的，你想怎么处理都行。"刘子参诚恳道："只是这东西，毕竟非同一般。第一，刘老板能拿得出一大笔钱来不？第二，这一大笔钱如何到得了桂林，如何让夫之及时用上？"

"这个，你不用操心。"姜善棋道："一会儿，国相先生来了，我把银子交给他就是。"

正在这时，一个刺耳的声音传来："子参兄，你快告诉我：何以为生，何以为死？"

刘子参吓了一跳，抬眼一看，竟是夏仲力，遂立即请他进来，道："刚从哪里来，你一脸的泥土？额头上还出了血，怎么搞的？"

"刚从天堂来！很好，很好！"夏仲力瞥了刘子参一眼，道："快告诉我，何以为生，何以为死？"他停了一下，又道："或者你回答：生以何凭，死以何据？我现在活着还是死了？"

姜善棋递给他一杯水，夏仲力一口喝下去，看着姜善棋，忽然惊叫道："你是天仙胚子，我认得你。何时下到俗世人间？多不值得啊……"

"见到汝弼没有？"刘子参知道夏仲力脑子有问题，赶紧插话，把姜善棋拉开，道："我们需要他的帮助。"

刘子参害怕夏仲力疯起来，伤害姜善棋，便尽量小心陪着他，跟他聊着，不断变换谈话内容，转移他的注意力。

就在此时，忽然听到门外传来一阵急促的脚步声。姜善棋抬头一看：李国相从梧桐寺返回来了。怎么，他身后还跟着一个少年？

李国相一见夏仲力，连忙道："哦，原来是仲力老弟啊。"他指着身后的少年，道："他叫张学夫，一直在找令兄汝弼呢。"又转身将张学夫介绍给刘子参和姜善棋。

刘子参见李国相回来了，紧张的心情松弛下来，他问道："张学夫？是不是衡山举人张纯熙的侄子？"见张学夫点头，刘子参便道："听闻过，听闻过。你的名字有大志向，要向夫之学习，是吧？"

张学夫脸红了，道："你们都是晚辈学习的楷模。"

"学夫真会说话，将来准有出息。"姜善棋看着张学夫，道："听说你跟夫之和汝弼一起，去投永历帝，结果被雨水阻在湘乡一带。这样的经历，十分难得啊。"

张学夫不好意思起来，点头道："那次跟着两位老师，虽然没有到达朝廷，但从老师身上学到许多东西。"

"学到什么？说说看。"刘子参笑道。

"我也说不好，只晓得要尽忠报国，多学本领，做个好人。"张学夫说的声音不大，有点害羞似的……

那么，张学夫又是怎么碰上李国相的呢？

原来，李国相将姜思琴送到梧桐寺后，姜思琴认认真真道："国相先生，你放心。衮冕回来了，真是好事。我看得清，想得通。这是命。你安心回去吧。我待在这里，好好把恒生带大。"

"那你好好休息吧。"李国相说罢，不知道该如何安慰她，遂叹了一口气，转身离开了梧桐寺。

经过夏汝弼家门时，李国相突然看到有个少年在探头探脑，走近一看，原来是张学夫。

"你来这里干吗？"李国相有些吃惊，他认识张学夫，上前问道："你从哪里来？"

张学夫如实相告，他从衡山专门来看夫之先生和汝弼先生，可王家没人，汝弼先生家的门也是关着的。张学夫说："我们好久没见面了，挺想念两位老师的。伯母还让我捎些东西来，人都找不到，幸亏没带。"

李国相知道，张学夫是张纯熙的侄子，而张纯熙就是与他们一起在武昌会试中同上黄榜的读书人，张纯熙的内人，也就是张学夫的伯母叫胡三妹，听说此人虽没读过什么书，却对读书人特别尊敬，张纯熙死后，她一边与张学夫父亲开个小店，一边还将张纯、张熙两个孩子拉扯大，已经非常不容易了。更难得的是，胡三妹常常惦念王夫之等衡州学子，这兵荒马乱、人人自危的年月，她还有这番心思，真叫人感慨万千。

"我要去找善棋，你跟我一起去吧。"李国相对张学夫说，他还在惦记着为王夫之筹款的事。于是两人来到了药铺……

"国相先生，我找你有点事。"这时，姜善棋忽地在房里叫唤起来："你过来一下。"

李国相赶紧走进去，他看到姜善棋手里拿着一个沉沉的布袋，吃惊道："你筹到钱了？"

"此事非同小可。"刘子参在一旁提醒道："若是走漏半点风声，莫说帮夫之的忙，还会把自己的命搭进去。"

姜善棋没有理会刘子参的话，小声说道："这是十五两银子，我只能做到这一步了。"说罢，她将布袋子塞进李国相手中，问："你真的自己送去？走水路还是陆路？几时出发？"

"我正要跟你们商量此事……"李国相正说着，突然，门外传来一声喊叫，紧接着是混乱的脚步声和激烈的吵闹声，还夹杂着打斗声和尖叫声……

李国相一惊，感觉不妙，他本能地将布袋子塞回姜善棋手中，急促道："我出去看一下。"

李国相出门一看，吓了一跳，但见大批兵卒怒气冲冲地围了过来，张学夫独自一人挡在刘子参的药铺门前，正举着手，大声地争辩什么，被一个兵卒狠狠地甩了一个耳光。李国相冲上去，大吼一声："你们要干什么？为什么打人？"

"打人？"为首的是一个肥头大耳的男子，五十来岁的样子，从兵卒中挤出来，他穿着黑色大袍，头戴官吏帽，一脸凶相地望着李国相，喝道："本官姓吴，名军，乃衡州新来的知府。你是刘子参吗？"

"我不是。"李国相一惊：新来的知府大人吴军？他带着这么多兵卒来此做甚？他压住怒气，道："知府大人就可以打人吗？"

这时，屋里的刘子参走了出来，怒目道："在下就是刘子参，有何贵干？"

吴军打量了一下刘子参，然后盯着他的脚板，头都不抬，问："姜善棋呢？她在哪？本官要找她！"

刘子参反问道："我们究竟犯了何事，堂堂知府大人带这么多兵卒私闯民宅，有何道理？"

"好！等我抓住姜善棋，再来跟你讲道理！"吴军手一挥，大声命令道："给我搜！"

"不用搜！"姜善棋走出来，冷冷道："民女就是姜善棋。"

吴军走到姜善棋身边，对她认真打量一番，然后道："本官问你，你得从实回答：你去善林典当铺做什么？"

刘子参一听，马上意识到麻烦大了。李国相也脸色发白，他明白姜善棋是如何筹到银子的。只见姜善棋从容道："民女是在押犯吗？民女去哪，办何事，都得向官府报告吗？"

"休得狡辩！"吴军恶狠狠道："你典当宝物，私通明廷，为王夫之等人入永历朝筹措银两。清府有令，凡通敌者，查实立斩！"

李国相一听，顿时愣住了，刘子参也吓得冷汗直冒。

姜善棋倒是镇定，她看了吴军一眼，道："既然吴大人了解得如此详细清楚，为何不在善林典当铺抓个现行？民女既已回家，你有何实据证明民女犯了'通敌罪'？"

这时，夏仲力不知从哪里冒了出来，一下子冲到吴军面前，用手指着他，大声叫道："快快告诉我：生以何凭，死以何据？"

吴军吓了一跳，回头冲兵卒吼道："哪来的疯狗，在此撒野，给本官抓起来，狠狠地打！"

李国相赶紧挡在夏仲力面前，对吴军道："吴大人，此人精神有疾，刚才有所冒犯，请大人息怒！"

但吴军哪里顾得了这些，手一挥，几个兵卒一拥而上，将夏仲力打翻在地。张学夫见状，奋力冲上去，抱住夏仲力，往回拖，却被另一伙兵卒打翻在地。

李国相和刘子参一同大叫："仲力！学夫！"两人迅速冲进兵卒群，试图救起夏仲力和张学夫，但这个举动，在吴军看来，就是反抗！是暴力抗法！是挑衅他的权威！

"统统给本官抓起来！"吴军大声吼道，立即命人将李国相等四人捆绑起来，同时下令对药铺进行彻底搜查。

夏仲力毕竟是精神不正常的人，他哪里甘愿被全身捆绑？他大吼大叫，又踢又抓，还张开嘴巴作咬人状。这还了得？他立即被几个兵卒摁倒在地，一顿暴打。夏仲力痛得嗷嗷大哭，不断挣扎、撕咬，但每一次挣扎，都换来更多的暴打。

李国相怒吼道："住手！他是一个孩子！他还是一个病人！"刘子参也吼叫："打不得！要死人的！"但这些兵卒，对于死人，根本不当一回事。夏仲力很快被打得全身是血，昏倒在地，动弹不得。

姜善棋披头散发地扑上去，像一头愤怒的母狮，恶狠狠地推开前面的兵卒，抱起夏仲力的头，哭道："仲力，快醒醒，快醒醒！"

就在这时，一个兵卒从药铺里搜出那个沉沉的布袋子，交给吴军，道："知府大人，您要的东西找到了。"

吴军摸了摸布袋子，又拎了拎，甩了甩，突然哈哈大笑，道："这么多的银子，好啊！"然后眼一横，命令兵卒将姜善棋一并捆绑起来。"统统押上，带回知府候审！"

郭衮冕闻讯，带着阿妮和贵单急匆匆赶来，但为时已晚。

刘子参的药铺前一片狼藉，惨不忍睹，各种中草药散落一地，血水、雨水混合着泪水，在肆意地横流。

郭衮冕跪在地上，捶头顿足，嚎啕大哭："苍天啊！你为什么如此残忍！"

阿妮拉着贵单也跪倒在地，泪水从指缝间无声地流出来。

随后赶来的郭其保站在儿子身边，长长地叹着气，良久，他才费力地弯着腰，缓慢但坚定地将郭衮冕拉了起来，道："冕儿，你还是带着阿妮和贵单回瑶乡去吧。为父活不了多久，不忍留你们在此受折磨啊。"

郭衮冕紧紧搂着枯瘦的老父亲，阿妮和贵单也站了起来，默默地贴在郭衮冕身后，一家人以这种方式团聚在一起。

天阴沉，风呜咽，再纷纷……

五

"时求兄，我收到国相兄汇来的银子啦！"王夫之提着钱袋子，边跑边喊，眉开眼笑，兴奋极了。这些日子，他天天去邮驿，但每次都是失望而归。"有了这些银子，熬到入朝应无问题了。"王夫之跑到管时求身边，举起手中的钱袋子，大声说道。

其时，管时求正愁眉苦脸，站在租住房的门前，没话找话跟房东闲聊。房东姓夏，大名叫天福，是个憨厚人和实诚人。王夫之二人已经欠了房租，还有饭钱，如果是别人，早就不让租了。但对夏天福来说，他虽然经营得很艰难，倒也还能勉强支撑着，这样做当然也有原因：一是考虑他们是外地人，来桂林谋差不容易；二是他们是读书人，在等待入朝，说不准就要做官了，日后也能沾点光；三是"好运来"的老板朱得胜替王、管二人做了担保。

"夫之先生，听到这个好消息，我真的比你们还开心。"夏天福长叹一口气，道："刚才我还跟时求先生说，如果再没借到钱，我也要关门了。"

"这叫天无绝人之路。"管时求见王夫之收到银子，也无比兴奋，道："走，我们请夏老板去'好运来'吃一顿！"

"不用，不用，你们在谋大事。"夏天福道："你们把房租和饭钱结了，我就感激不尽了。"

很快，王夫之把所欠的房租和饭钱付清了，松一口气，道："都说无官一身轻。我看，'无债一身轻'才更准确。"

"哎，夫之，你和时求都在啊。太好了！我正好要找你们！"正在这时，蒙正发匆匆走来，对王、管二位道："昨天堵公告诉我，关于请瞿式耜大人与严起恒大人聚一聚的事情，他出面约好了。问你们准备得怎样了？"

"好啊，今天晚上或明天都行啊。"王夫之有了银子，说起话来就有底气了，神态也笃定多了。"就看他们方便。"

按照堵胤锡的意思，如果能够将瞿大人与严大人请到一起吃一顿饭，王夫之和管时求入朝的事就百分百成了，而且还有可能谋个好职位。王、管二人当然盼望如此。不过，说实话，幸亏收到了银子，否则就很尴尬了，总不能还要堵胤锡或蒙正发出钱吧？

"那我就去回复堵公，看他定在什么时候合适。"蒙正发说完，匆匆离开。

"哎，国相兄这回帮了大忙！"王夫之望着蒙正发的背影，跟管时求感叹道。"我知道大家的日子都不好过，不知道他从哪里凑了这么多银子。"

"国相兄没写个信函来，哪怕是只言片语？"管时求感觉有些奇怪，道："他的家底我清楚呀，靠他自己肯定不行。"

"我也奇怪，他连一封信都不写。"王夫之停了一下，又道："这老兄只干实事，从不表功。这是他一贯的做派。"

王夫之与管时求并没有往别处想，他俩决定去"好运来"吃一顿，并坚持让老板朱得胜和他的儿子一起吃："这一回，我们请客。"

饭后，王夫之回到住处不久，便把请朝中要员的饭局也定了下来："就在明晚，地点就在'好运来'。"这是蒙正发的意思。堵胤锡也表示赞同，说瞿大人和严大人都不是讲排场、摆阔气的人，关键在这小酒肆里说话方便。

翌日下午，王夫之和管时求早早来到"好运来"酒肆。

傍晚时分，蒙正发、唐克峻和堵胤锡先后到来。王夫之和管时求一一迎进，满面春风，十分开心。

不一会儿，王夫之看到两个身着官服、一瘦一胖的人同时走了进来。堵胤锡带着王、管二人，立即迎上去，隆重介绍道："二位乃大明辅臣瞿式耜瞿大人与严起恒严大人。"

王夫之连忙行礼，才知道瘦的一位是瞿大人，胖的一位是严大人。管时求也立即作揖，并行了大礼。

堵胤锡与大家闲谈几句，就一一入座。

王夫之看着两位大人，不免有些紧张与忐忑。两位朝中要员，气场很大。瞿大人显得气定神闲，严大人也一副笃定自信的样子。王夫之禁不住在心中赞叹：瞿式耜"瘦得有定力"，他不动声色，坐如泰山，不苟言笑；严起恒"胖得有魄力"，他不怒自威，慈眉善目，不时抚一下胡须，面带安详的微笑。

蒙正发和唐克峻对瞿大人和严大人都十分恭敬，两位大人说话，他们点头附和；两位大人大笑，他们也跟着笑。气氛看似轻松，实则拘束、肃穆和凝重。

不过，这种场合，难不住堵胤锡，他坐在主位上，长袖善舞，左右逢源，一会儿跟左边的瞿大人说说话，一会儿跟右边的严大人笑一笑。饭局是他组织的，他请来了朝中两位重臣，对王夫之和管时求而言，这真是天大的面子，也只有他这位名震朝野的元老才有这样的能耐。王夫之很感动，在心里暗暗发誓：一旦入朝，一定要干出一番大事来！

"各位同僚，各位才俊！"堵胤锡拿起酒杯，站起来，道："堵某长年在外，血溅战袍，大难不死，现已归来，开心一聚也。堵某先敬大家一杯！"

"岂敢，岂敢！"众人纷纷举杯，站起，喝酒，气氛庄重而热烈。

王夫之想：堵公真是好人呐，他把今晚的聚餐当成自己的答谢宴了。管时求脸色微红，眼睛亮晶晶的，会意地看了王夫之一眼。

"外面千好万好，还是在家好。"堵胤锡喝下杯中酒，意味深长道。然后招呼大家坐下，又道："今晚没有外人，亦无要务，大家不拘泥，不放任，不醒不醉，刚刚好。"

蒙正发知道，堵胤锡喝酒时，喜欢讲"不醒不醉"，这原本是矛盾的，可在堵胤锡看来，喝到最好的状态就是"不醒不醉"。

当晚，堵胤锡一如既往，带着武将特有的粗犷气息，不拘小节地哈哈笑着，大大咧咧地招呼着客人，频频举起酒杯，全然不顾严起恒若有若无的局促和瞿式耜忽明忽暗的脸色。

事实上，瞿式耜与严起恒平日里很少私下会面，在党派林立的朝野，他们怕别人说闲话，但是，堵胤锡做东，他们又不得不到场，虽然，此时的瞿式耜为全军督师，严起恒为首辅大臣，实际上都是永历帝的左膀右臂。一般朝中大臣要请这两人出来，是十分困难的。然而，堵胤锡毕竟不是一般朝中大臣，他曾是永历登基时的宰相，现在是左丞相，实际上还是宰相，只是权力有点旁落。但不管怎样，很长一段时间，堵胤锡在朝野都是举足轻重的人物。何腾蛟死后，放眼朝廷，能征善战者只有堵胤锡一人，至少永历帝是这么认为的。永历帝曾赐他龙旗十二，天下兵马，均受节制，可随意调遣，其权力之大、信任之高由此可见一斑。

奇怪的是，在王夫之眼中，永历朝力量最强的人并非这位恩师，而是瞿式耜；永历朝最德高望重的臣子亦非这位恩师，而是严起恒。以致晚年王夫之在《永历实录》中追述永历朝廷诸事时，卷一描述永历帝行在之前后经过，卷二为人物要述，赫然在列者即为瞿、严列传，王夫之将其放在众将群臣首位、次位，可见二人在他心中的分量。

王夫之对瞿式耜的身世十分了解，认为他是国家栋梁、民族英雄。

瞿式耜出身于官宦世家，亦是理学世家，年少拜理学大师钱谦益为师。瞿式耜一身正气，不畏强权，不结私党。为了挽救危局，他仗义执言，屡屡进言，上疏劾斥掌权佞臣，举荐贤才良将，皇帝多采其言。即便触犯了当权集团的利益，瞿式耜亦无所畏惧，后遭受周延儒等人的排挤、陷害，一气之下，他罢官归田。

1644 年李自成攻克北京，福王在南京建立政权，是为弘光，瞿式耜巡抚广西，从此与桂林这座城市结下生死之缘。1647 年，他与丁魁楚、堵胤锡等拥立桂王朱由榔在肇庆登上皇位，建立永历朝，作为"开国之臣"，他的地位是无可撼动的。

在风雨飘摇的乱世，瞿式耜自始至终都对大明王朝保持着至高的忠诚。他不只是贤臣，更是良将。几年间，他与何腾蛟一内一外，支撑着永历朝廷的存亡大局。何腾蛟督师主要在湖南、江西、湖北作战，可以说是前线；一旦清军越过前线，守卫城池的任务基本就是瞿式耜的了。如无瞿式耜，永历可能早已和弘光、隆武一样，死无葬身之地……

"吃菜，喝酒。"堵胤锡一边布菜，一边起身给严起恒倒酒。

严起恒赶忙起身，谦逊道："怎能让督公给我斟酒！起恒受之有愧。我自己来吧！"

堵胤锡笑道："严公，这是哪里话？您贵为首辅大臣，放眼大明，除了吾皇，就数您严公。"

"当然还有您瞿大人。"堵胤锡又转身给瞿式耜斟酒，亦笑道："你们俩都是朝廷顶梁柱，堵某敬酒，怎会受不起？如若是他人，堵某以武夫之倨，自不会屈尊降贵。但严大人与瞿大人，德才兼备，忠勇有加，均是我永历朝廷左膀右臂，实乃国之楷模，为二位敬酒，堵某至为诚恳。"

堵胤锡说的是实话。严起恒德行甚高，崇祯时期考中进士，当时，考生内部有这样的说法，若想得到一份好差事，需向周延儒供奉四百两金银方可，严起恒听罢哈哈大笑，拂了拂衣袖，不以为然地走开了。严起恒当然没有得到好差事，但他问心无愧。后来，他在广州任知府，将管辖区整理得井井有条，两袖清风，分文不贪。来永历朝廷后，他历任主管户部，管理钱粮。战事连连，军费和粮草成了大问题。何腾蛟在湖南督军奋战，为了筹措军粮曾肆无忌惮征收赋税，郝永忠、曹志健等部队也变本加厉、横征暴敛，百姓苦不堪言。严起恒根据实情制定相关政策，既使军粮和军饷得以为继，又让百姓休养生息，恢复信心。所以，军中各将领都敬他三分，百姓则夸他是个好官。

王夫之感佩严起恒"清慎端和，不为捭阖赫奕，而骄帅悍兵，服其德望"，可谓真心话。说到底，严起恒是永历朝的财务总管，没有他，永历朝不能维持运转，前线战事也无法开展。

眼下，严起恒更是贵为首辅大臣，可见永历帝对他的倚重。他与瞿式耜成为搭档，共同镇守桂林。堵胤锡敬他三分，也惧他三分。

听完堵公一番肺腑之言，严起恒谦逊道："此言差矣。没有堵公，就没有我永历朝，若非您在两湖运筹帷幄，奋死抵抗，清军早已杀到桂林，哪容我等在此吃喝闲聊？如今，您更是重任在肩，我大明光复，真要仰仗堵公了。"

这话说得有点过头，但堵胤锡听了舒服，嘴上显得谦逊，赶紧道："光复我大明，岂是我堵某一人之事？堵某纵有天大之本领，一人也难以成事，且看如今各路兵马，哪一个好使唤？"

严起恒道："成事在天，谋事在人。如何应对，想必堵公自有办法。眼下，忠贞营确实乃烫手山芋，李过在浔州欲要何为？"

堵胤锡接下十二龙旗，节制天下兵马，永历皇帝下的第一道命令就是把忠贞营调走，让忠贞营进驻湖南。说穿了，永历帝是怕忠贞营造反。堵胤锡心里也明白，说是节制天下兵马，但又有几支兵马听他指挥？这些天来，他一直为此事烦心。

现在，既然严起恒问及，堵胤锡只好摇了摇头，实话道："为匡扶大明，尽忠报国，死不足惜。堵某战前杀敌，只希望严公确保我军饷与粮草万无一失。缺钱少粮，谁会替我卖命，替大明卖命矣？"

此话一出，严起恒面露赧颜，如今，他是首辅大臣，但更多的只是面上的风光，实际上，此时的永历朝和从前的大明历朝相似，宦官乱为，党派林立，结帮营私，争权夺利。内务总管王化澄较之前任王阁昆，其阴暗狠毒有过之而无不及。王化澄就是严起恒的死对头，再加上陈邦傅、马暨垂、朱天麟、胡执恭与严云从等奸臣小人钩心斗角，败坏朝纲，致使朝廷政令不畅，效率低下。永历帝既没有崇祯的雄心，又没有崇祯的威望，更谈不上明主圣君，他无事则亲小人远贤臣，有事则留忠臣善后，自己逃之夭夭。很多时候，严起恒力不从心，只是割舍不了对大明的深爱，所以，在风云诡谲之中，他只有竭尽所能，尽忠尽责。

此刻，面对堵胤锡的发问，严起恒亦从实道："严某何尝不想钱粮充足，万民富庶？然南国三年，几易其主，战事连连，土地失而复得，得而复失，如此反复，商市不能开，田地不能耕，江山千疮百孔，百姓苦不堪言，钱粮从何取之？万民如何安息？"

堵胤锡闻之惊讶，道："言下之意，严公亦无能为力乎？"

严起恒正色道："堵公放心，纵有千难，起恒也一定想尽办法，保障堵公无后顾之忧矣。堵公只管率部向前，斩杀清人，将士打到哪里，起恒支持到哪里，纵使拿出起恒所有家当与俸禄！"

瞿式耜点点头，不失时机插话道："堵大人尽管放心，抗清乃我朝第一大事，堵大人又是我朝抗清第一人，我等万不会亏欠堵大人军饷，必要时把瞿某的家当与俸禄也拿去。再不然，瞿某冒死上谏，劝圣上减少皇家俸禄。"

"堵胤锡为永历朝抗清第一人！"这话无论从谁口里说出来，堵胤锡几乎都觉得理直气壮，因为，何腾蛟已故，能与堵胤锡比肩的委实难觅。但是，唯独这话从瞿式耜口中说出来，让堵胤锡觉得有些心虚，毕竟瞿式耜贵为督军，即便不比官位大小，只比战功、威望和影响，瞿式耜相较于堵胤锡，不说有过之而无不及，至少也在伯仲之间吧。

王夫之被三位朝中大臣的气势所慑，他无法品味出他们谈话间的微妙之处和尴尬之处……

第三十三章　灵堂为谁而设

一

1647 年，永历朝廷刚刚成立，正月间，清兵破肇庆，逼梧州，瞿式耜带着将士誓死捍卫城池，护卫永历帝抵达桂林。与之形成鲜明对比的是，同为拥立之臣，丁魁楚、曹晔投降清军，吕大器、王化澄则亡命而逃。永历帝刚到桂林，就听到平乐被袭，永历帝马上又要逃向全州。瞿式耜反复劝说，痛哭流涕，永历帝也不听。临走时，永历帝要瞿式耜一起走。瞿式耜垂泪道："吾皇怜爱，臣感激不尽，然臣有保卫桂林之责，不敢弃城而走，哪怕粉身碎骨，臣亦心甘情愿。"永历帝十分感动，擢升他为文渊阁大学士，兼兵部尚书，赐尚方宝剑。

瞿式耜颇有雄略，他一面调度粮草，一面把驻在黄沙镇的焦琏部队调回桂林，甚至真的把自己的俸银也拿出来犒赏将士。不日，清兵果然袭击桂林，攻入文昌门。瞿式耜沉着指挥，依靠焦琏、白贵、白玉等部队奋勇厮杀，清兵全面溃退。

是年五月，奉命到桂林驻防的刘承胤部和焦琏部发生摩擦，刘承胤一怒之下将桂林洗劫一空，带着部队和永历帝到了武冈。当时，何腾蛟苦苦进言，希望永历帝不要出走："驾不幸楚，楚师得以展布。兹乃半年之内，三四播迁，民心兵心，狐疑局促，诚不知皇上何以为国也？"

但永历帝去意已决，不听忠言，加上刘承胤和马暨垂等人合谋，挟持了永历帝的亲娘，永历帝最终去了武冈，让瞿式耜独自留守广西。

刘承胤走后，焦琏也在盛怒之下率部退出了桂林。

此时的桂林几乎成了空城，瞿式耜预感到大事不妙，立刻派人将因雨破损的城墙缺口予以修复，并且固防。清兵果然来犯，满以为不费吹灰之力即可占领桂林，甚至委派了占城之后的官吏，还带来生活物品。瞿式耜一边差人召回焦琏，一边安排分门防守，频频发炮轰击城外敌兵，自早到午，亲自督战，又把存储的粮食，蒸成饭，熬成汤，亲手送到将士手中。将士们甚为感动，以死效命，竟然抵御住清军的数次进攻。第二天清晨，焦琏率部队冒雨来援，杀了清军一个措手不及，混乱之中，清军吓得丢盔弃甲，纷纷逃窜……这段历史，王夫之有所耳闻，因而对瞿式耜格外敬重。

当晚餐桌上，王夫之很认真地倾听。听了好一阵子后，王夫之终于意识到餐桌上的三位朝中大臣的对话都很睿智，他们有自己的一番打算，每一句话都是深思熟虑的。显然，这个时候，瞿式耜把高帽送给堵胤锡，说他是"永历朝抗清第一人"，其实是把堵胤锡放在火上烤。这话既是说给别人听，表示自己对堵胤锡的尊重，同时也将堵胤锡推在前面；又是为自己的行事留有余地，一旦出现什么意外，也有辩说的空间。

"堵某感谢瞿大人谬赞。"堵胤锡当然也听出了话外之音，但他不好当面反驳，只是拱拱手，笑道："说堵某乃'抗清第一人'，要论功绩，实不敢当；要论'抗清之心第一人'，则当仁不让矣。"

堵胤锡的回答，也是滴水不漏。王夫之暗暗佩服。因为"抗清"和"抗清之心"，虽只有一字之差，然意义迥然不同。前者重结果，后者看过程。从决心论，"抗清之心"人人可列第一，堵公此说，只为表明态度，无可厚非。

严起恒听了，哈哈大笑，道："眼下局势严峻，诸位尽心尽力，为国分忧，如此，则永历中兴有望矣。"

瞿式耜见堵胤锡言不由衷、严起恒说的是废话，便继续道："朝廷诸臣中最重要的是要有核心人物，功绩也好，忠心也罢，堵大人均可称得上'抗清第一人'，此乃瞿某肺腑之言也。"

王夫之忽然感到很奇怪，为什么瞿式耜要坚持送堵公这个称号？他看到酒席上开始有一些微妙的情绪在流动，堵公、瞿公和严公的脸上都有些许变化。

果然，堵胤锡听闻瞿式耜不断称自己为大明抗清第一人，有些汗颜和焦急，连连摆手："瞿公言重了，言重了！堵某受不起！真的受不起！'大明抗清第一人'，堵某万万不敢当。在堵某心中，除却我朝何公腾蛟大人，谁敢当此抗清第一人？"

堵胤锡觉得自己这话说得甚好，将自己同一个死人比，没让自己落下风；将瞿式耜同一个死人比，也没有让瞿式耜占上风。他没承认自己是第一人，也没否定自己是第一人，自觉滴水不漏，心满意足。

岂知，瞿式耜当即提高声调，严肃道："何公乃擎天英雄！独力支撑两湖，厉兵秣马，危难之际，缺兵少粮，仍能挽狂澜于既倒，扶大厦于将倾，保湘楚几载不破，为我大明留存复国之一线希望，其死重于泰山，可歌可泣。"

堵胤锡听了这话就有些不高兴了，心想：口口声声称我为抗清第一人，结果，我连一个死人都比不得。在堵胤锡看来，你瞿式耜抬何腾蛟，无非就是让我丢面子。更何况在瞿式耜口中，守卫两湖仿佛成了何腾蛟一人之功，而对他只字未提。

不过，瞿式耜认为自己所说均为肺腑之言，他觉得死者已矣，可盖棺论定，而生者变数多多。况且，在官场伦理中，死者为大，从来如此，怎么夸，亦不为过。

堵胤锡当然也明白此理，他不便正面反驳，只是有些不高兴而已。遥想当年，他与何腾蛟面和心不和，许多事情，并不齐心协力，纵使章旷多方调和，均无功而返，两位主将有隙，贻误战机之事遂时有发生。但那些不快往事怎能轻易让同僚知晓？

瞿式耜有些固执和迂腐，他见堵胤锡不语，以为他同意自己的看法，遂又补充道："当务之急，乃忠贞营之事。去年郝永忠作乱仍历历在目。外战之将，战败入城，胡作非为，烧杀抢掠，更甚者祸乱朝廷，杀害朝廷命官，蛊惑乃至要挟皇上，此为兵家之大忌矣。"

王夫之一惊，心想：瞿公此话说出了永历朝的症状，既宣泄了自己的愤懑，也直击了永历朝的痛处。

那是1648年二月，联明抗清的农民军将领郝永忠，在灵川战役中受挫，退到桂林，受到当地驻军的歧视，发生了所谓"二月兵变"。事态扩大后，郝永忠还派军官为难瞿式耜，致使事态发展到不可收拾的地步。瞿式耜只得退驻樟木港。郝永忠请永历帝向西逃走。

瞿式耜力争，永历帝不听。左右侍卫督促着永历帝赶紧离开，瞿式耜又争。永历帝道："瞿卿不过想尽忠社稷罢。"瞿式耜为此泣下沾衣。郝永忠随即大肆掠夺，杀朝廷命官太常寺卿黄太元。瞿式耜的家亦被抢掠，家人拿出何腾蛟的令箭，才混出城去。

不久，赵印选诸营从灵川赶到，也是掠夺一番，城内城外遭受洗劫。郝永忠逃向柳州，赵印选等逃向永宁。而正是在这个当口，清军从湖南一路打了过来。幸而瞿式耜回城，料理后事，安定人心，加强战备，督师何腾蛟亦带兵前来保卫桂林。瞿式耜和何腾蛟研究作战方略，指挥三路出击，将士奋不顾身，反复冲杀，清兵全面溃退。桂林至此转危为安，大大安定了民心，鼓舞了斗志。

瞿式耜当时以大学士兼吏、兵两部尚书，力主调和主客，联合农民军共同抗清，又由于何腾蛟指挥得当，各路军队相互配合，故而取得了麻河、全州等几次大战役的胜利，随后才有南明第一次反清高潮。

然而，高潮来得快，走得也快。转眼何腾蛟死了，剩下瞿式耜，大有独木难撑危局之势。

要说只有瞿式耜，似乎有些过头，毕竟还有堵胤锡，而且还有严起恒。虽然，严起恒贵为首辅，一向不带兵打仗，但很多人都觉得，何腾蛟死后，群龙无首，最好的办法就是让严起恒出山督师。没打过仗不代表他不会打仗，更不代表他不能指挥。此事经由廷议，永历帝也倾向严起恒亲自率兵出征。

然而，严起恒反复考虑。毕竟，他久居朝中，无实战经验，虽有威望，但战场不是官场，更不是赌场，他最终还是没答应。他不想赌，也不敢赌。

永历帝权衡再三，不得已，只好把天下军权交给了堵胤锡，后来的事实证明，堵胤锡确实指挥不动那些悍兵强将。严起恒连连叹息，暗暗摇头……

酒局就是江湖。所谓当局者迷，旁观者清。当天晚上，王夫之在堵、瞿、严三位朝中大佬于举手投足和喝酒言谈间，已感觉他们各有所想、各有所求、各行其是。再加上他们所谈之事，其实都是朝中大事，王夫之和管时求二人平时根本没机会听到，偶有所闻，也多来自道听途说。而此刻，王夫之近距离地接触他们，分享他们的喜怒哀乐，聆听他们的压抑痛苦，感受他们的家国情怀，听得有些入迷，一时竟忘了酒局的初衷。

不过，组局者堵胤锡没有忘记，这是他的庄重之处，也是他的严谨之处。

"瞿公之言，堵某深以为然。"堵胤锡又敬了瞿式耜一杯酒，道："忠贞营之事，堵某当尽快解决，不日便去浔州面见李过等。不过，"堵胤锡说到这里，特意停了一下，把头转向严起恒，又朝王、管二人看了一眼，道："眼下，堵某有一事拜托二位。"

严起恒故作一惊，道："堵公有何事？只要严某力所能及。"

官场上，许多事情不说，大家都心知肚明。严起恒一到"好运来"酒肆，看到王夫之和管时求二人那一刻，心里便明白，今晚聚餐必是为他俩而来的。瞿式耜亦已明白，既有所聚，必有所求。对于王夫之，瞿式耜曾有耳闻，感觉还不错。对于管时求，瞿式耜虽觉陌生，但当晚见他毕恭毕敬，虽未说话，仍能感受到他具有与王夫之一样的报国热情。

堵胤锡笑了笑，遂指了指王夫之与管时求，道："此二位乃衡州举人管时求与王夫之，皆为章旷之学生，均胸怀大志，满腹学问，且忠勇有加，执念报国，有胆有识，以效命大明为己任。适前，曾在衡州起兵反清，血染战袍，大难不死，今特地前来投靠朝廷，望二公思量，录其入朝，予以提携。"

堵胤锡言罢，王夫之与管时求立刻起身向瞿、严二位敬酒，道："小生初来乍到，望多加指教、提携与培护。"

严起恒向王夫之与管时求点了点头，又摆了摆手让他们坐下，笑道："堵公所托，严某一定慎重考虑。"

瞿式耜却一脸严肃，道："堵大人，瞿某将丑话说在前头。入朝之事，看起来事小，牵涉面却大，实非某某人所能决定，然朝廷确需热血报国之人才，若二位确有真才实学，瞿某一定尽力举荐。若德才有失，人品有疵，则恕瞿某无能为力，还望海涵。"

堵胤锡一听，拍着胸脯道："这个自然！堵某虽为一介武夫，荐人一向严格。若王、管无德无才，堵某断不会如此隆重推荐。"

严起恒笑道："此事堵公大可放心。瞿大人一向公正无私，求贤若渴，朝堂之内人尽皆知。"严起恒心想，我表态"慎重考虑"，你瞿式耜却说一大通话，好像朝廷是你一人似的。学子入朝，若在平时，确非某某人所能定。但眼下，朝廷之事你我二人，还有堵公，哪个不是一言九鼎？举荐一两人入朝，从头做起，有何难哉？

瞿式耜可能也意识到自己把事情看得太过严重，实际上他也知道，朝廷庸才众多，不少人都是通过各种关系入朝的，什么德与才、品与识，都是借口，不入朝试用，焉能知道？因此，为了不让堵胤锡有什么误解，瞿式耜亦赶紧解释道："适瞿某之言，乃对事不对人。瞿某向来举贤不避亲。堵公以个人名节担保，想来二位一定能堪大任。"

酒局上，大人物说话，小人物倾听，从来如此。当晚蒙正发和唐克峻没能说上几句话，王夫之与管时求更是插不上话。此刻，虽堵胤锡为自己举荐，二人亦无法表达入朝的急切心情。况且，王夫之感觉第一次见面，瞿式耜对他的印象似不太好，他说不清为什么，兴许瞿式耜把对堵胤锡的一些不满转移到了他的身上？他不敢这样想。他相信瞿式耜做事是有原则的。后来事实证明，瞿式耜对王夫之相见恨晚，十分投缘。

酒席结束之后，大家也就散了。看着瞿、严、堵三人先后离开，王夫之心里有说不出的滋味，眼下的大明存亡之责真的就在这三人肩上，而三人能为自己入朝的事情聚到一起，无论结果如何，都是他一生的荣幸。

二

当天晚上，王夫之与管时求回到租住屋，两人都很兴奋，聊了很久才入睡，直到第二天中午才起床。王夫之起床没多久，唐克峻就急匆匆走来，塞给王夫之一封信，"是介之兄写来的"。

"啊？"王夫之非常吃惊。他来永历朝后，由于事情迟迟没有结果，他也没有给家里写信。现在听说是大哥写来的，他的第一感觉就是："母亲大人出事了？"要是在此节骨眼上有什么意外，那就麻烦大了。他迫不及待地打开了信。

让王夫之很讶然，王介之在信中并没有讲到母亲大人有什么事情。相反，他告诉王夫之，有了采诺的照顾，母亲大人的身体和精神都好了很多。"采诺？她来家里照顾母亲大人？"王夫之急切往下看去,他才明白：原来母亲大人考虑他续弦的事情，而这个采诺就是她满意的续弦对象，"年轻端庄，心地善良，干活利索"。这是信中原话。王夫之开始还没理出头绪，这个采诺是谁？直到信中提及"奚鼎铉"，他才猛地想起姜善棋和刘子参曾经说过有关采诺的事情。信里还讲到姜善棋和刘子参最近也去南岳山上看望了母亲大人，并对采诺当年的做法表示谅解，希望王夫之不要因此而对采诺心存芥蒂。信中最后写道："母亲大人时刻惦念你，望一切安好。此信托克峻转你。得闲回复。保重。切切！"

"夫之兄，你在发什么呆？"管时求见王夫之一动不动，问道。

"都说'儿行千里母担忧'，委实如此矣。"王夫之这才抖了抖手中信，叹道。

"你有人牵挂，尤其是母亲大人牵挂，当知足矣。"管时求道："谁牵挂我？"

"对了，管兄。"王夫之看了管时求一眼，忽然问道："当年在善棋身边一个婢女叫采诺的，你认识吗？"

"见过几面，挺漂亮的，也挺机灵。"管时求道："当时香妃很信任她。听说她是皇后所派，后来不知何故被逐出皇宫，上次好像还是随你小叔家聘先生一块儿回的衡城？"

"是的。她是跟我小叔一起回衡城的。"王夫之点点头，说道："说来也是可怜。她的父亲被何腾蛟何大人处死时，还是她与奚夫人去收的尸。"

"你怎么突然想起她来了？"管时求感觉奇怪，问道："是不是介之兄的来信，提及了她？"

"没有你不好奇的。"王夫之也不避，把大哥的来信递给管时求。

"啊？采诺现在介之兄家服侍你的母亲大人？"管时求一边看，一边大声叫了起来："夫之兄，如果你找采诺续弦，真是太有福气了。"

王夫之没有吱声，出门已有数月之久他想念着远在南岳山上的母亲大人、大哥及其他亲人……

而此时，南岳山上，王介之家里出现了少有的温馨一幕：谭孺人与奚鼎铉夫人郑氏正坐在卧房里吃茶聊天，脸上露出微笑。采诺在灶前忙碌，锅里热气腾腾。王介之带着孩子们在外面院庭里追逐玩耍，不时发出一两声叫喊。

"王夫人，现在山下已经太平，你们可以考虑下山去了。"郑氏对谭孺人道。

"奚夫人，老实说，此事我管不了。"谭孺人摇摇头，叹道："山下是清人掌权，听说新来的知府姓吴，对王家人很凶。他派人四处抓我们，王衙坪的门都不敢开。"说完，谭孺人指着窗外的王介之道："你看，介儿跟夫儿一样，忠于明廷，绝不剃头。这是王家人的硬气和骨气。我们在山上苦一点就苦一点，不然，下山去被抓起来，那就糟了。"

不一会儿，开饭了。一家人坐在一张桌上，采诺张罗了六个菜。她不断地给谭孺人夹菜，并说："您先尝尝，看是否合口味。"她也给郑氏和王介之的孩子们夹菜，像半个主人。

谭孺人望着采诺，满眼的欢喜。"辛苦了，辛苦了。你也快吃吧。"

"前些日子，采诺告诉我，可以写信托克峻转交小弟夫之，我当即给小弟写了信去，此刻应该收到了。"王介之边吃边说："小弟在朝中候任，肯定就像当年父亲大人在京候官一样，居无定所，非常艰难。他不给我写信，我也不知道真实情况。倘若遇到意外之事、棘手之事，一个人处理起来，还真是束手无策。"

"写了信去就好。"谭孺人道："你把家里情况都说了吧？特别是采诺姑娘在此照顾我？"

"说了，说了。您放心吧。"王介之说着，偷偷看了一眼采诺，只见她满脸绯红。

"唉，做长辈的，都希望自己的孩子早点安定下来。"郑氏看了谭孺人一眼，又看了看采诺，感慨道。

的确，人生不容易，安定最重要……

此刻，王夫之的挚友夏汝弼也终于安顿下来，姜若画的那沉重一页也翻篇。他不想再挪一步。这些日子，夏汝弼太累太疲了，他从衡州到耒阳，再回到衡州，过车架山入南岳，经双峰白石峰转向祁阳郡，往永州，历经大半年，最终到达九嶷山下，独自一人隐居在一座废弃的古庙里，此庙斜靠在玉官岩旁边，距舜帝陵很近。

夏汝弼觉得此地空净，庵檐似莲，头冠状花，乃取名"莲冠庵"，自号"莲冠道士"。他每天日出采药，日落回庵，过着与世无争、与人无涉的清寡日子。

每天一早，夏汝弼坐在玉官岩上，面朝舜帝陵，轻轻吟诵唐朝布袋和尚写的《插秧歌》："手把青秧插满田，低头便见水中天。心地清净方为稻，退步原来是向前。"当他细细把玩这首诗时，感觉这和尚明面上写插秧，实则写修行啊。青青秧苗，皆为法身。而修行者，只有屏蔽了眼、耳、鼻、舌、身、意这六根，心才能够清静，智才能入道。修行之路诱惑多多，只有去除贪嗔痴，才能从"见稻是稻"到"见稻不是稻"再到"见稻还是稻"，这一过程，就是修行的路途啊。及此，往事已成浮云，功名已成尘埃，情缘已成空梦，夏汝弼长叹一声，眺望山下，只见远方一片空蒙，灰暗无比，苦海无边，他顿觉自己解脱出来，澄明顿悟，生死淡然。

夏汝弼能有今天，实属不易。事实上，王夫之与管时求去永历朝谋差前，曾盼望他一同前去。王夫之劝道，上回去在湘乡被雨水所困，此次有时求兄引路，一定能顺利到达。夏汝弼没有答应，也没说要去什么地方，要干什么。管时求知道他表面上走出了情感泥沼，实际上陷入了无休止的折磨中，遂特地叮嘱："在衡州将中药铺经营好，一旦入朝需要资助，到时求你相助。"夏汝弼慨然应允。王夫之和管时求遂与他作揖告别，挥手而去。

那些日子，夏汝弼经营着祖传的中药铺，可他精力不济，心思也不在药铺上，更不用说上山采药。而他的弟弟夏仲力因为精神有疾，不仅帮不上忙，还经常添乱。尤其让他痛苦的是，每天晚上，夏汝弼总能看到一个穿白衣白裤的窈窕女子在他的窗外晃动，他去看的时候，她不见了，他不看的时候，她又出现了，但每每看不清脸。夏汝弼有一种强烈的直觉，那是姜若画回来找他了，他一点都不害怕，不仅不害怕，他还喜欢窗外有人的奇特感觉。他甚至还专门悄悄去了一趟耒阳的水东江，到了姜若画坟头，在那里坐了许久。无数的蝴蝶在他面前飞来飞去，其中有一只蝴蝶还停留在他的肩膀上，他还用手捉住了它，放在掌心上，轻轻抚弄它的翅翼，直到放飞后，他突然觉得，手心里的蝴蝶就是姜若画，这样一想，泪水奔涌而出。

那一次，夏汝弼原本要去看一下曹伯实并与他好好聊一聊，不巧，夏汝弼去了后，曹父告诉他，曹伯实与刘子参带着姜思琴和姜善棋到武陵源山脚下的水月庵去找姜晓书了。

回来的当晚，夏汝弼再次看到那个穿白衣白裤的漂亮女子在窗外默默地看着他，最后向他招手。夏汝弼突然感到，他的魂随着那个女子的招手，飞了出来。他就跟着这个女子从家里出来，走向衡州城外，自始至终，两人走成一条线，女子在前，他在后。两人边走边说话，虽然看不清脸，但他觉得这女子就是姜若画。也不知走了多久，夏汝弼发现前面有一间柴屋。女子说，累了，进去休息一下。

夏汝弼就与她进去了，很快就睡着了。

翌日一早，夏汝弼醒来后，却又什么都没发现，既不见柴屋，也不见那女子，但他并不觉得孤零零的。因为他相信，到了晚上，一切都会有的。果然，一到晚上，他又看到那个漂亮女子在前面向他招手，他自然又自觉地跟着她往前走，两人照例边走边聊。那女子还问了衡州学子的一些事情，包括王夫之与管时求去永历朝谋差，问他为什么不去。他回答说他不能去，如果去了，就见不到她了。后来还聊了什么，记不起来了，但总的感觉聊得很开心，好像有说不完的话。

也不知道走了多久，到了什么地方，反正到处是山，树荫蔽日。快天亮的时候，他俩来到一眼泉水边，那里有一间敞开的石屋，是赶尸人打尖（中途停顿休息）时用的。那女子说，今天就到这里吧。夏汝弼躺下来，和衣而睡。当他醒来时，他发现一枚月亮停在他的额头上，他用手一摸，发现是太阳，悬在高高的树上。他苦笑了一下，朝四周一看，照例不见了那个女子。

就这样，夏汝弼连续七天跟着那女子往深山里走。到第八天时，再也不见那个女子出现了。而此时，夏汝弼幡然醒悟，原来，那个女子只是他迷途时的引路人，现在他清醒了，接下来的路应该由他自己独自去走了。

于是，他顺着感觉，率性而为，每天主要靠采集露水、山药和野草为生，偶有山人或村人遇见，问他何为何往，他均默而不答。没有谁知道他是王夫之的好友，更没人知道他曾经一腔热血报国，一门心思救民众于苦难之中。他在永州瑶山待的时间最长，当地山民多次见他逍遥于山野之间，携一药罐和一把琴，戚戚然浪迹山林，僦僧楼而止。日就古木鸣泉间，藉危石弹琴吟啸以终日。问其姓氏，不语，人亦不能测。偶邀至家，或歌或哭。与语世事，则闭目不答……

最终，夏汝弼在九嶷山下玉官岩旁的莲冠庵做了“莲冠道士”，心灵总算安顿下来，他居住的地方，与郭衮冕所在的宁远河旁的西湾村相距不过三十里路程，可惜他俩都无从知晓彼此相隔得如此之近。

真是无巧不成书。夏汝弼在莲冠庵安顿之日，正是郭衮冕排除千难万险回到衡州之时。

郭衮冕回衡后，发生了一系列匪夷所思的事情，吴军率知府兵卒打死夏仲力（夏仲力在被抓到知府衙门后的第二天晚上就毙命了）、打伤张学夫和李国相等人，并将刘子参和姜善棋以“通敌罪”抓进知府衙门，关进地牢。郭衮冕带着家人想去探视都不得见，没有比这更叫郭衮冕欲哭无泪和扼腕痛心的了。郭其保自觉来日无多，画廊早已废弃，也没有心情作画。他原本希望儿子临终尽孝，但他担心儿子会牵涉到“通敌罪”案情中，遂催促他带着阿妮和贵单速速回到瑶山去。

然而，郭衮冕焉能坐视不管？“虽然人微言轻，终归需有人奔波。”郭衮冕如此回复父亲。他对阿妮道：“外面的世界这么乱，你已看到，如果欲回瑶山，你尽可带着单儿回去；如果愿意等待，一俟时机好转，国相、子参和善棋等回到家中，我即携你和单儿回去。”

“夫君在哪里，阿妮和单儿就在哪里。”阿妮坚定地答道：“况且阿爸年事已高，亦需有人在旁照料。出门前，家父单独叮嘱阿妮，不用担心他。”

郭其保和郭衮冕父子闻此，甚为感动，觉得这瑶山女子能够如此识大体、顾大局，实是幸事。

郭衮冕再次来到知府衙门，希望能够见到李国相、刘子参、姜善棋中的任何一人。

然而，郭衮冕不仅不被允许入门，而且还惨遭兵卒们一顿羞辱和暴打。正当一个瘦高的兵卒拿着一根竹棍抵住郭衮冕的脑袋准备再次施暴时，一声怒吼从背后传来，众兵卒一怔，来者竟是一个俏丽的女子。郭衮冕这才发现，姜思琴怒容满面地站在了他的后面："你们这帮畜生！凭什么打人？"

瘦高的兵卒见是一个女子，感觉自己的威严受到了挑衅，立即挥棍打在郭衮冕身上，道："怎么？老子想打就打，你要管闲事，瞎嚷嚷，连你一起打！"

谁知话音刚落，瘦高的兵卒都不知道是怎么回事，就被姜思琴倒抽了两竹棍，只听姜思琴骂道："你们这些看门狗，不打不知道自己贱！"其他兵卒一看，来了一个不怕死的，顿时呼拉一声，围了过来。

郭衮冕连连叫苦，跳起来，怒吼道："你们想干吗？打了我算白打了，还要打一个弱女子？"

"她是弱女子？哈哈哈！"瘦高的兵卒被姜思琴打得很没面子，本就火冒三丈，见竹棍还在姜思琴手中，更是恼羞成怒，他狂笑一声，像疯狗一样扑向姜思琴："你这臭娘们，老子不剥了你的衣服，强奸你，吃了你，就算你狗娘养的！"

"知府衙门大门前怎能让一帮毫无人性的牲畜在此撒野？"突然，一个模糊的身影仿佛从天而降，他拎起瘦高兵卒的脖子，像捏住一只鸭子一样，任凭瘦高的兵卒如何挣扎，竟然纹丝不动。

众人一见此人，立即惊叫了一声："黄大人！"并迅速闪开。被叫作"黄大人"的人将瘦高的兵卒摔倒在地，踩上一只脚，冷冷道："还不快快给郭先生、郭夫人道歉！"

瘦高的兵卒便像狗一样，爬到郭袞冕和姜思琴脚下，低声道："对不起，郭先生、郭夫人！小人错了！"

"滚！"被称作"黄大人"的人喝道，瘦高的兵卒屁滚尿流地逃开了。

"啊？朱大人？是您！"郭袞冕惊叫一声，但"黄大人"看都不看郭袞冕和姜思琴一眼，垂着头，径直朝知府衙门厅堂匆匆走去。

"确实是朱归孺。"姜思琴百思不得其解。为什么众兵卒管他叫"黄大人"？他不是被皇上处死了吗？难道他化名"黄大人"又复活，并且重新执掌衡州知府了？不对啊，吴军不是衡州知府吗？她迷糊了。

"思琴，我……"郭袞冕没想到会在这里碰上姜思琴，他既意外，又感动，也欣慰。

"袞冕，你不要有任何内疚或歉意。"姜思琴长叹一口气，心平气和道："我们经历的悲惨之事太多了，许多事情来得猝不及防。"

"是啊，是啊。"郭袞冕连连点头，道："但我确实对不住你。"

"要说对不住，首先是我对不住你。"姜思琴淡然道："实话说，恒生不是你的血脉，而是仇人樊志高的。"说到这里，姜思琴忍不住转过头去，不让郭袞冕看到她的眼泪。

然而，郭袞冕道："我知道。这个我早已知道。"

姜思琴身子猛地抖了一下，她回头怔怔地看着郭袞冕，颤声道："你、你说、你知道？你、你真的知、知道？"

郭袞冕点点头，道："当年咱们被关在老鹰的'德雅居'，我在地下室，你在楼上，我们被强行分开，我就知道，你一定会惨遭毒手。"他这样说着，走过来轻轻拉住姜思琴的手，道："我原以为那孩子是樊尚铭老贼的，没想到是樊志高那畜生的！"

姜思琴泪如泉涌，她挣脱郭袞冕，道："不说了。快去设法救国相先生吧，还有子参和善棋。对了，还有学夫！"

"怎么救啊？"郭衮冕直犯难，想了想后，道："只好去求朱大人朱归孺，刚才他还救了我们。"

"这个人靠不住！"姜思琴忽地瞪着眼，厉声道："休要再提这个人，他已经死了！被皇上处死了！"

郭衮冕愣愣地看着姜思琴，一头雾水，心想："这是怎么回事啊？刚才明明就是朱归孺，他怎么被皇上处死了？"

"无非是钱。那个姓吴的狗知府很坏。"姜思琴愤然而决然道："我们分头去筹钱！就是死，也要把大伙救出来！"

令郭衮冕和姜思琴万万没有想到的是：翌日上午，李国相最先被释放出来。随后，刘子参、姜善棋和张学夫也被释放了出来。

李国相走出知府衙门的第一件事，是径直来到善林典当铺。

刘善林一见李国相一脸怒气，知道来者不善，连忙赔笑道："国相先生，小人听说了你的遭遇，真对不起。但绝对不是小人告的密！"

"头柜汪志勇呢？"李国相冷冷道。

"我们正在处理他的后事。"刘善林指着店内一个还在哭泣的女人道："这是他的女人。这个汪志勇啊，太糊涂，他出卖你们，把我也害惨了，还搭上自己的一条命，真是可恨复可怜！"

"什么？"李国相惊叫道："汪志勇怎么啦？"

三

原来，姜善棋来典当铺后，汪志勇从刘善林那里得知是为王夫之筹款，便起了歹意，他偷偷跑到衡州知府告密。

其时，知府吴军正在向下属大发雷霆："你们这些浑蛋！怎么能够将王夫之的媳妇弄死？好不容易有了一点线索，就被你们这帮蠢猪活活掐断了！"

吴军早就想拿衡州学子开刀，特别是对王夫之，他十分憎恨。为此，他派人天天在王衙坪蹲守。一天傍晚，蹲守者突然看到一个年轻女子打开了王夫之家的房门，他们一拥而上，将年轻女子抓住。

"你是谁？跟王夫之是什么关系？"为首的蹲守者审问年轻女子："你为什么有王夫之家的钥匙？你回家干什么？"

"我姓奚，名采诺。我是夫之先生的亲人。"采诺毫不畏惧，淡定道："我来家里拿手炉和脚炉。南岳山上潮湿阴冷，夫之先生的母亲要用。"

"你是夫之先生的亲人，是他的媳妇吧？"为首的蹲守者恶狠狠地吼道："夫之先生在哪里？他为什么不回来？你快快交代。"

"夫之先生在哪里，我不知道。"采诺忽地警告蹲守者："但我告诉你们，我的父亲奚鼎铉是前衡州同知，他为国殉难。清人政府已追认他是英雄……"

"啊？英雄？奚鼎铉也算英雄？"为首的蹲守者突然哈哈大笑起来："那个胆小鬼、没骨气的家伙原来就是你父亲……"

"啪！"的一个耳光，重重地打在为首的蹲守者脸上，采诺像一头咆哮的母狮子，怒不可遏地扑向他，又撕又扯又大声骂道："你这头蠢狗，竟敢侮辱我的父亲！我跟你拼了……"

在采诺心中，再也没什么比用"胆小鬼、没骨气"来侮辱父亲更让她怒火万丈了。采诺是见过世面的人，她明白落到这伙人手中不会有好下场。尽管她渴望成为王夫之的"内人"，但她知道，这个愿望再也无法实现了。既然如此，她要用自己的鲜血、眼泪和血性为老实本分的父亲讨回一份公道。因为，她是奚鼎铉的女儿。

为首的蹲守者被打得眼冒金星，他命令几个蹲守者饿狼般扑向采诺。很快，采诺就倒在血泊中，再也无法站立起来……

"知府大人，王夫之的同伙在为他筹款。"汪志勇等吴军将那些蹲守者斥走之后，他直截了当地说道。"王夫之在永历朝谋差，知府大人可以对王夫之及其同伙以'叛国罪'定罪。"

吴军一听，用力拍了一下大腿，心想，这下好了，总算抓到了王夫之和衡州学子致命的把柄，他大方地奖励了汪志勇一大锭银子，并立即派出一队快马前去抓人。

很快，李国相和刘子参等人被押送到衡州知府衙门。

吴军原以为，通过李国相等人，可以把王夫之家人及王夫之本人抓到，哪知半路杀出个程咬金：朱归孺出现了。

朱归孺拿着左梦庚的密函，吴军一看，朱归孺即将赴任湖南道台，他哪里敢得罪？虽然心不甘情不愿，他还是释放了李国相等人。吴军最担心李国相等人要追究他致夏仲力之死的责任，便先下手为强，将汪志勇抓到衡州府堂进行毒打和逼供，要他承认是他乱棍将夏仲力活活打死的。

吴军派人诱供：只要汪志勇承认，就立即释放他，并得到一笔新的奖励。汪志勇不再企望新的奖励，只求保全小命，便二话不说，在供词上签字画押。

就这样，汪志勇钻进了吴军设的圈套，给自己下了死亡通知书。

汪志勇被打死后，刘善林带着他的老婆去领尸，见其状惨不忍睹，汪志勇的老婆当即昏死过去……

此刻，李国相见到刘善林，知道了事情的原委，他原有的愤怒也转为了叹息，只好一言不发地离开，快速来到郭家。

"谢谢你，衮冕。"李国相握着郭衮冕的手，感叹道："这回没有你，我们恐怕就回不来了。"

李国相还来不及坐下来，喝一口水，刘子参和姜善棋疲惫不堪地回到了家。

姜善棋与姜思琴拥抱在一起，道："姐姐，听兵卒说了，你和郭衮冕筹了不少钱，将我们赎出来了。"说完，泪水涟涟。

刘子参亦说道："这年月，你们筹了多少钱了，都是从哪里筹来的？一定是一笔可观的数目。"

郭衮冕和姜思琴都听糊涂了，连连道："我们是打算去筹钱。可是还没筹到，你们就出来了。"

"啊？"李国相和众人大吃一惊，道："怎么可能？那个狗官吴军亲口说，是你们筹够了钱，才放我们出来的。"

"难道是朱归孺暗中帮了我们……"郭衮冕和姜思琴对视了一眼，自言自语道。

"什么？朱归孺？"姜善棋反应激烈，瞪着眼睛，道："怎么跟他扯上了？他不是被皇上处死了吗？"

郭衮冕便把昨天发生的事情跟大家讲了，李国相道："可能朱归孺化了名，变成'黄大人'了。"

刘子参困惑不解，道："要说做官，朱归孺即便化名'黄大人'，也应在永历朝为官。怎么来衡州了，这可是清人政府啊？"

"是不是朱归孺降清了？"姜善棋感觉很怪异，她严肃道："此可是一大事，应尽快与夫之先生联系，让他知道，以防万一。"

"亦不知夫之老弟此时情形。"李国相道："原本打算给他弄点银两过去，现在身无分文啊。即便写信去，都不知其收取地址。"

"克峻兄不是在永历朝吗？"刘子参突然想起来，道："可以与克峻兄联系，他一定能找到夫之和时求。"

"那好，我回去就给克峻写信。"李国相道："希望夫之和时求二人顺利入朝，为衡州学子争光。"

遗憾的是，李国相等人的愿望虽好，可现实太残酷。

王夫之入朝之事一波三折，大半年过去了，他和管时求每天处在从希望到失望、又从失望到希望、再从希望到失望这样的循环中，像个黑漆漆的无底洞。

刚刚现出曙光，但马上被黑暗吞没，王夫之和管时求欲哭无泪。

原来，就在堵胤锡设宴、专门请来朝中大佬瞿大人和严大人后的第三天，堵胤锡前往浔州找忠贞营，湖南前线吃紧，他希望忠贞营赶赴湖南支援。

临行前，堵胤锡特地叮嘱王夫之："入朝后，一定尽力报国，朝廷定会量才录用。"停了一下，他又说道："以堵某经验来看，拜托了瞿、严二位，你入朝应无问题，但职位不会太高，你不要在意。大凡成大事者，往往起点很低。从低处一步一步走来，就会扎实、稳妥，后面擢升就快。"

"堵公，学生记住了。"王夫之突然自称"学生"，虽发自内心，但仍惶恐，怕有高攀之嫌。

不料，堵胤锡听了哈哈一笑，颇为惜才似的道："以你之才、之性、之品，为师者均会欢喜矣。"

王夫之听堵胤锡如此夸他，便放松下来。他憨厚一笑，道："恩公放心去吧。学生入朝，只为报国，并不在乎官位高低。陆放翁诗云：位卑未敢忘忧国。"

"好，好！"堵胤锡翻身上马，扬鞭而去。

王夫之望着越来越小的背影，他的眼眶潮湿了。他相信很快就会再次见到堵胤锡的，说不定有朝一日还可以在他手下当差呢。

岂料，堵胤锡去到忠贞营的时候，正好碰上李过去世。

高一功以老帅刚死、新帅刚上任为由，断然回绝了堵胤锡让他们去湖南支援的请求。堵胤锡一点办法也没有，他拿着龙旗也没辙，只是憨了满肚子的气。忠贞营也不理他，一直驻扎在浔州。

恰在此时，朱天麟与朱邦傅向堵胤锡进言，声称高一功和忠贞营不可倚仗，不如发一龙旗到云南去找孙可望。他手下有张献忠的残余部队，孙可望的军力比忠贞营还要强大得多。

堵胤锡想了想，觉得有些道理。但是，要拉拢孙可望，就要给他一些实实在在的好处。孙可望乃贪得无厌之人，一直无心为大明卖命，先前他曾要挟，提出许多苛刻条件，其中最重要的是，若要他归顺，朝廷必须封他为秦王。朝中正派大臣均闻之不齿，议论纷纷，大多不愿与他同朝共事。有人直言：孙可望如此作恶多端、祸害大明之人，且未有寸土之功，却要封王，而且封的还是"秦王"，不但狂妄，而且异想天开。更有人表示，一旦孙可望入朝，他就离朝……正因如此，朝廷一直不敢有人应承此事，堵胤锡也怕惹火烧身。

"此一时，彼一时也。孙将军未到朝廷，英雄无用武之地。"这时，胡执恭乘机进言，道："公乃一身正气，生而为朝，死亦为国，非一分一毫为己谋利，天下皆知。若公去请，孙将军必会欣然入朝，则永历中兴，指日可待矣。"

堵胤锡听了胡执恭的进言后，犹豫起来，他认为自己一心为公，现永历朝危机重重，朝不保夕，如不借助外力，恐难支撑多久。放眼天下，孙可望确是一支难得的外部力量。

"依愚计，不如姑且把秦王之事应允下来，待真的控制孙可望之后，再从长计议。"胡执恭见堵胤锡动了心，遂进一步道："孙将军一旦入朝，他若为所欲为，朝廷自有应对之策矣。"

此言有理。走一步，算一步。堵胤锡想，以朝廷目前的状况，也只能如此了。于是，堵胤锡便以龙旗为令，口头上允诺了孙可望的要求，并叮嘱胡执恭切切保密，不可外泄。毕竟此事重大，他需回朝与诸臣商议，奏报永历帝下旨为准。

岂知，胡执恭表面答应，为了表功，他暗地里先斩后奏，早已做好了册封宝典等，未等堵胤锡回朝奏报，他便差心腹送到了孙可望那里。

孙可望信以为真，大喜，立即修书一封，派快马送到永历帝手中，其中有言："既已册封吾为秦王，当有相应仪式广而告之，令天下知之。"

永历帝忽然得此书，大骇：如此大事，堵胤锡竟然瞒着他，跟孙可望私下达成了协议。欺君之罪，这还了得？虽永历帝心中有疑，但因气愤而未加深思，只是下了一道圣旨，令堵胤锡速速回朝伏罪。

至此，堵胤锡才知道自己被胡执恭出卖了。

皇上震怒，满朝哗然。文武百官对堵胤锡的指责声，铺天盖地，一波接一波。

堵胤锡接到永历帝圣旨，这才意识到酿成大错，但悔之晚矣。他一生报国，征战无数，最后竟被以"欺君之罪"论处，情何以堪！谁会听他解释？他又如何面对诸臣的指责？

忧愤之中，堵胤锡被扶上马背，面对黄沙飞尘，他突然感到胸口极闷，"啊"的一声，一口黑血奔涌而出。堵胤锡顿时眼前一黑，从马背上跌落下来，以头触地，血溅了一地。

就这样，南明当时最有权势的武官尚未来得及开创属于自己的时代，便以如此不堪的方式死在了浔州……

"苍天啊，国难当头，恩公怎能撒手西去？"

惊闻堵胤锡猝逝，王夫之痛心疾首，泪如泉涌。他刚刚有了些门道，看到了入朝的希望，突然之间最大的依靠失去了。

王夫之仿佛自己的心脏被人狠狠割去了一块肉，那种痛的滋味谁也无法体会到。

四

金堡是第一个把堵胤锡去世的消息告诉王夫之的。接着就是蒙正发，然后就是唐克峻。每个朋友来说及堵公去世之事，王夫之和管时求听了，都要痛哭一场。

那天晚上，以堵胤锡的名义请了当朝首辅大臣严大人和全军督师瞿大人在"好运来"小店聚餐，金堡是知道的，他也知道堵胤锡没让王夫之请他，是怕他在酒席上说些不中听的话。金堡当时还有气，心想，你堵胤锡也小看金某了，我虽心直口快，但从不搬弄是非。现在想来，只有堵胤锡能够真正接纳他、宽容他。获悉堵胤锡去世，想起与堵公并不多的交往以及自己的放肆，金堡不由心如刀绞，嚎啕大哭。

蒙正发心情尤为沉重，他跑来告诉王夫之，边说边哭，认为不仅王夫之，包括他自己都失去了一个很大的依靠，更重要的是永历朝失去了一位擎天之大臣，这不是某个人的不幸，而是整个永历王朝的不幸。蒙正发一直跟随章旷，知道堵胤锡与何腾蛟之间一直在明争暗斗，章旷从中做了许多工作，但成效甚微。而今，这三个人都去了另一个世界，物是人非，留下千疮百孔的世界，睹物思人，能无悲乎？

唐克峻的心情比谁都复杂，一方面，他的确很悲痛，堵胤锡是他最直接和最有力的依靠者，他跟随堵公南征北战，他无限崇拜和敬佩堵公，堵公对他也很赏识，也有意栽培他；另一方面，唐克峻认为堵公对王夫之入朝之事非常操心，已远远超出了一个伯乐应有的程度，如果堵公在朝，王夫之在永历朝的发展，以他的才华、能力、影响与知名度等，一定会迅速超越他的地位。

说来令人难以置信：唐克峻与王夫之都是衡州学子，同一个地方的人按理说应互相帮衬，互相抬轿，但实际上，他暗地里一直在跟王夫之较劲，他认为自己各方面比王夫之都不差。他没考上举人虽然很遗憾，但历史上有大才而没中举的人多的是。而且从眼下情势或根基上看，他的发展已经比王夫之要好很多，将来王夫之入朝，如果没有堵公这样的大佬挺他，王夫之在职位上一定很难超过自己。如果这样，他就是衡州学子在朝中职位最高的人，在故乡他就是一个最显赫的人物。因此，堵公驾鹤西去，唐克峻虽然十分悲痛，却于悲痛中似乎有一种说不出来的轻松与快意。

面对堵公之死，朝廷上下一片默然，静寂有余，哀恸不足，且气氛诡异。

"我辈应该为堵公设立灵堂，进行祭拜。"金堡提议。

蒙正发立即响应，道："堵公为我朝鞠躬尽瘁，理应祭奠！"

然而，唐克峻明确表示担忧："目前朝廷对堵公之死是负面评价，皇上余怒未消，设立灵堂会不会引起不必要的麻烦？"

"什么叫不必要的麻烦？"金堡一听唐克峻的话，火了，嚷道："堵公终生为国，天下皆知。何大人尽忠，皇上一再举祭。同为我朝大臣，同为我朝流尽最后一滴血，结局如此不同，公平乎？"

"各位休要争议。"蒙正发抱拳道："金兄基于情理，唐兄基于法理，各有各的道理。依愚之见，可以让夫之兄和时求兄个人名义设立灵堂，因为他俩暂时不是朝中之人，故此行为即为民间行为。而民间行为，朝廷管不了，这样，于情于法，均可接受。"

唐克峻率先表示赞成，道："可依蒙兄主意办。否则，即便各位出于好心，在各自所属衙府设立灵堂，谁敢前去拜祭？倘唐某在教坊司设立灵堂，金兄在兵部设立灵堂，蒙兄在户科设立灵堂，以目下之情势，谁敢前去拜祭？"

"我敢！——"突然，一个熟悉的声音传来！

大家抬头一看，顿时全都呆住了：来者不是别人，竟然是朱归孺！准确地说，是吏部考功清吏司的黄权黄大人！

朱归孺提高声音，道："堵公一心为公，驾鹤西去，为他设个灵堂，有何可怕？"

朱归孺不是消失了好些日子吗，他怎么突然冒出来了？而且竟然还来到了王夫之和管时求的租居地！由于朱归孺的职位是正五品，比在场的每一个人都高，而且他所在的部门是最有权力的部门，更重要的是，他是一个神秘而且充满争议的人物。他的出现，是所有人都没有想到的，而他的表态更是出乎所有人的意料。朱归孺也不跟王夫之和管时求打一声招呼，径直大方地走了过来。

"没有什么敢与不敢的。有真感情，有真尊重，有一腔热血，就要敢为敢当。"朱归孺看了各位一眼，颇为愤懑道："堵公轻信他人，被手下人背叛，悲愤而亡，此乃事实。孙可望之流虽举朝唾弃，但他手下确有一支强军，如能为我朝所用，有何不可？若我朝不用，被敌方收编，岂不树一强敌乎？皇上动辄以'欺君之罪'定人，而真正欺皇上误我朝者并非堵公，而是躲在暗处的一些人。诸位难道不知乎？"

在场者听了朱归孺之言，面面相觑。

"大人之言，正是金某所想而不敢言者。"金堡抹了一把脸，向朱归孺作揖道："皇上一向被奉若神明，其亦自认英明，实为小人所挟持矣。"

蒙正发和唐克峻吓得不敢吱声，他俩万万没有想到，朱归孺竟然如此敢说，连一向桀骜不驯的金堡也敬他三分。蒙正发想，若朝廷多几个这样的"清流者"，若皇上能容纳这样的"仗义执言者"，则朝廷必会风清气正许多。只可惜，正直者难得其位，更难安其位。小人之所以得势，是因为小人善揣心思，每每捡人家爱听的说，不中听的、忤逆的，明知有道理，亦决不说出。长此以往，能不误国乎？

王夫之更是没有想到，朱归孺会突然出现，而且表现得如此抢眼、如此强悍、如此不顾自己的前程，他究竟要干什么？一直以来，王夫之对朱归孺总是敬而远之，刻意与之保持距离，觉得此人深不可测，事实上，朱归孺确实深不可测，他干了许多事情，往往让人匪夷所思。这一回，他又有什么惊人之举呢？

"金兄所言甚是。皇上把忠臣视为奸臣，把奸臣视为忠臣，实令天下仁人志士寒心矣。"朱归孺停顿一下，又扫了各位一眼，接着道："刚才蒙兄和唐兄均建议以夫之兄和时求兄名义设立灵堂，还美其名曰'民间行为'。朱某认为此举不妥：一是，若为民间祭拜，于堵公不公，皇上应当率诸臣祭拜才对；诚然民间可以设灵堂，可以有祭拜，但那是民间自发地表达对忠臣的敬意，两者意义迥然，绝不可等而视之。二是，诸位想过没有，夫之兄和时求兄来桂林干什么，不就是为了入朝吗？如果因为此事阻碍了二位的入朝，进而阻碍二位日后的发展，作为朋友，大家将会心安吗？"

大家骇然不语，蒙正发和唐克峻低下头去。

王夫之一听，豁然开朗：真是一语点醒了梦中人！真没想到，朱归孺的心思比大家想的要远得多、也细腻得多。尤其听到朱归孺第一次称他为"夫之兄"，他感到有些吃惊，同时也有些感动。

管时求眼睛放光，不断地冲朱归孺点头示谢。

最后，朱归孺手一挥，像个勇士，郑重其事地宣布道："既然诸位都不愿在以所属之部门设立灵堂，黄某自不量力，就在吏部考功清吏司设立灵堂。诸位来拜也好，不来拜也行。如蒙允许，黄某把诸位名字贴在拜位下即可矣。"

"黄大人如设灵堂，金某第一个登门敬拜。"金堡当即表态。

"黄大人，不，还是叫朱兄亲切些。"蒙正发心善，他觉得朱归孺这样做，还是有些不妥。"朱兄愿以溅血之心拜祭堵公，堵公泉下有知，自当欣慰。然此牺牲小我成全大我之事，蒙某虽然尊重，却并不认同。若朱兄真的在吏部设灵堂，蒙某也必掷帽前去拜祭，然诸位还是冷静一想，果如此，后果如何？恐堵公亦不愿见之矣。"

当年朱归孺去见章旷时，蒙正发就在现场，对他从衡州前往湘阴犒军颇存好感。后在堵胤锡和何腾蛟帐前亦见过一二回，觉得此人精力过人，亦聪明过人。入永历朝后，两人并无交集，彼此偶尔见面，也多是点头而已，并无什么交谈。蒙正发听闻朱归孺种种传奇，好也罢，歹也罢，他内心有自己的忖度与判断，觉得朱归孺虽善钻营，但心眼并不坏。眼下他以牺牲一己之身成全大家，他有些不忍，在当朝重要部门谋得五品官位，太难太难，他不忍朱归孺自毁前途。

"啪！啪！"只听身后响起两声掌声，众人回头一看，天啦！来了一个并不老的老者！王夫之一见，欣喜地奔上去，叫道："啊？方阁老，您何时回来了？"

"谁说我朝无清流？这里清音激荡，浊气顿消矣。"只见方玄痴不紧不慢地走进来，跟各位抱抱拳，尤其对朱归孺道："黄大人平时不显山露水，大隐隐于市，关键时刻终现本色！方某佩服，佩服矣！"

"方阁老见笑了。"朱归孺连忙回礼，道："眼下时不待我，情势危殆，还望方阁老多多指教。"

对于方玄痴，在场的所有人，包括金堡与朱归孺，都是敬重有加。

只见金堡拱拱手，道："方阁老，我辈可称'匹夫'，却不敢叫'清流'。'清流者'，乃位高权重又不阿谀之辈，进，可居庙堂之高；退，可处江湖之远。'匹夫'逞一时之勇，'清流者'谋进退有据；'匹夫'易做，'清流者'难为。除非清流俗流相杂，清醒糊涂相混，舍此无他矣……"

"金堡一向怪话连篇，看似荒诞不经，恣肆狰狞，实则心地纯正、最为清醒之人。"方玄痴打断金堡的话，道："堵公仙逝，我朝断了一栋梁。方某本已看破红尘，不问世事。然堵公蒙冤而逝，方某心有不爽。多年来，堵公与方某天各一方，却心有灵犀，更有杯酒之交，故云游中哀然折返，正赶上朝中一股黑云，汹汹然扑向堵公，方某虽然势微，仍可奋力一搏矣。"

"方阁老听闻到什么？"王夫之一惊，连忙问。

"诸位有所不知：王化澄和马暨垂等正密谋派人，赶往堵公家抄家，抓捕家人，赶尽杀绝。"方玄痴义愤填膺道："方某昨晚连夜上奏，今朝又与严大人和瞿大人等商议对策。"

说到这里，方玄痴突然提高声音道："眼下朝中堪乱，密探遍布。请诸位尽快散去，不要贻人以'结党'口实妄加罪名。"停了一下，他果断作出如下安排道："正发与克峻等速去堵公家，劝家眷先去方某家。黄大人可派亲信暗中保护，中途接应。如无意外，可不现身。夫之和时求二人速去方某家，协助我家人做些准备。"

"方阁老，金堡干什么？"金堡见没有安排他，连忙问道。

"金堡随方某先去严大人家，再去瞿大人家。"方玄痴凛然道："此事看似为堵公一人一家，实则跟诸位都有干系。请大家务必分秒必争，胆大心细，少说多做，见机而行。"

众人道声"喏"，立即分头而去。

五

王夫之暗想：方玄痴毕竟是干过大事的人。平时见他散漫，看似不着调，关键时刻，他指挥得有条不紊。要是有千军万马，他一定也能指挥得从容有度，临危不乱。如此大才，没有得到朝廷重用，真是我朝之不幸矣。

"原以为再也难见到方阁老了。"管时求感慨道："还有朱归孺也是。没想到，他们都是热血悲歌、慷慨激昂之士！"

"最看不透的还是朱归孺。"王夫之一边小跑，一边跟管时求道："他今天的言行，彻底颠覆了我的认识。"

"如此肆无忌惮，也许另有所谋？"话一出口，管时求也很吃惊。

"另谋什么？"王夫之气喘吁吁道："难道他不欲在朝中当差了？"

管时求不再言语，王夫之也不再说话。两人急匆匆赶到方玄痴家，发现他家早已如临大敌，周围密密麻麻都是人。有兵卒，有衙役，更多的是闻讯赶来的普通百姓。

王夫之拉着管时求用力挤进去，费了好大的劲，终于来到方玄痴家中，一打听，才明白，方玄痴出门前已经放出风声，说忠臣堵胤锡被奸臣所陷，气死之后仍受到不公平对待。方玄痴本身就是当朝元老，而堵胤锡更是永历皇帝登基时的宰相，朝野对此二人的口碑都很不错。方玄痴以"清流"著称，堵胤锡长年征战，没有功劳亦有苦劳，大家还是心中有数的。因此，方玄痴放出风声后，各界反应强烈，大家一传十，十传百，纷纷自发前来。一些人是来看热闹的，也有一些是做暗探的，另有一些人却是来做护卫的，还有不少人介于看热闹和做护卫之间，因势而动。

王夫之心想：方玄痴真有他的办法。不管怎样，这么多人在现场，一旦堵公家人来此，朝廷即便派人来抓，恐怕也不是好抓的。但另一方面，王夫之又担心，事情闹得如此之大，将来如何收场？倘若被人诬以"煽动不明真相的人对抗朝廷"，岂不罪加一等？

事已至此，王夫之也没有后路了。他既然参与进来，就没有退却的余地。况且现在，他和管时求一无所有，怕什么？朱归孺，金堡，蒙正发，唐克峻，尤其是方玄痴，哪个不是置个人安危于不顾？

王夫之沉思之间，管时求冲他大叫一声："夫之，快到门口边，堵公家的人已到！"

王夫之抬头一看，这才发现，外面黑压压的人群正自动让出一条道，堵公家的人一个挨一个，静静地进入方玄痴家中。王夫之和管时求协助方家人，立即将他们一个一个引入各自的房间。

这一幕，令王夫之热血直涌：公道还在人间。

然而，没过多久，人群背后突然响起一阵骚乱和惊叫声。原来，朝廷派出捉拿堵家人的宗人府卫士也赶到了。

"这么快？"王夫之嘀咕一声，正在狐疑中，他的肩膀被人重重地拍了一下，王夫之扭头一看：朱归孺竟不声不响站到了他身后。

"情况紧急，长话短说。"朱归孺低声而急促道："王化澄和马暨垂等人还是要捉拿堵家老小，方家这弹丸之地，抵抗不了多久。我等急需转移堵公一家老小。"

"外面到处是人，宗人府的卫士也到了，如何突围出去？"王夫之焦急道。

"夫之兄，你看，正发兄，克峻兄，都到了。"朱归孺吩咐道："你跟他俩一起，维持秩序，不要让堵家人惊慌。时求兄跟朱某带领堵家老小，从后门逃出去。"

这时，蒙正发挤了过来，低声道："你们快走。时间越长，越不易逃走。"

"好！这里就交给诸位了。"朱归孺见王夫之一脸担心，特意安抚道："放心。宗人府的人虽然已经赶到，但要进入方家，尚需时间。人群中，安插了朱某的心腹。他们的任务就是阻止宗人府的卫士进入方家。"说完，朱归孺带着管时求跑到后门去了。

唐克峻进来，对王夫之道："你不用担心，宗人府的人进不来。"

"何以见得？"王夫之不理解。

"你看最前面吧，那里黑压压的人，看起来，都是老百姓。"唐克峻道："其实，里面有不少是咱们的人。毕竟当了那么长时间的知府，朱归孺做事很缜密。"

果然，王夫之听到前面吵吵嚷嚷，几个宗人府的卫士正在那里跟一群人激烈地解释什么，王夫之听不清楚，只听到几个单句，断断续续，什么"吃饭"，什么"报国"，什么"忠臣"，什么"冤屈"，等等。卫士们试图冲破人群，蜂拥进来，但很快就被黑压压的人群挤了出去。王夫之想：今天这些卫士，还能跟人讲道理，难得啊。

突然，一匹马嘶叫一声，从人群中冲了过来。马背上坐着一个人，正挥着鞭子，狠狠地抽打两旁的人。

唐克峻惊叫道："啊？左都吏马暨垂马大人来了？看来，内务总管王化澄也在后面。他们动作真快啊！"

果然，马暨垂后面出现另一匹马，王化澄骑在上面，一边挥鞭，一边厉声呵斥挡道者。

马、王二位当朝红人的出现，加之卫士们的不懈努力，现场总算慢慢安静下来。马暨垂连挥三鞭，冲着人群大声叫道：

"各位安静，大家听着：内务总管王大人和鄙人一起，遵照皇上圣旨，前来督办公务，请无关人员尽快散去！"

王化澄则用特有的鸭公音大声喊道："各位乡亲父老，各位朝野臣民，我等奉命执行公差，沿途阻扰甚频。此地人群如山，背后定有阴谋。"王化澄讲到这里，突然恶狠狠道："王某和马大人秉着冷静、公正，一再忍让，若有人以为可欺，那就错了！"言毕，王化澄挥刀将身旁的一棵树砍断。

"好！好！"突然人群中走出一人，拍了两下手掌。

王夫之一看，竟是金堡，只见他缓缓地走上前，彬彬有礼道："在下金堡，乃当朝兵部给事中，小小七品之职，愿以蚁命之躯斗胆请问马大人、王大人，你们口口声声称执行公务，究竟是何公务，竟要来此执行？"

马暨垂和王化澄一见金堡，顿时一怔。还是王化澄反应快，他指着金堡，故作镇定道："原来是'金大炮'！王某敬告你，此事与你无涉，最好速速离去。"

"二位大人还声称奉旨行事，请问圣旨在哪儿，可见乎？"金堡不为所动，依然不紧不慢道。

"圣旨在哪儿，你尚无资格盘问。"马暨垂冷冷道。

"好！马大人所言，金某倒也认了。"金堡说着，突然哈哈大笑起来，道："金某之所以认了，乃职位太低矣。"说到这里，金堡猛地提高声音道："皇上以天下为命，天下以百姓为大。卑职无资格查问圣旨何在，在场所有百姓，总该可以查问吧。二位大人可否当众宣读？"

"国家大事，黎民百姓无需知晓。"王化澄冷冷道。

王化澄此言一出，顿时群情激愤，纷纷大喊：

"假传圣旨，欺瞒百姓！"

"严惩国贼，肃清奸臣，整顿朝纲！……"

王化澄一见捅了马蜂窝，又急又气，又挥刀砍下一树枝，吼道："一群刁民，想造反吗？"

马暨垂也恼羞成怒，挥鞭击打身旁的卫士，两名中鞭者抱头倒地，又翻跳起来。围观者与卫士们情绪都被激了起来，谁都不愿让步，大有一触即发、同归于尽的样子。

空气都快凝固起来。

"啪！啪！"突然，又是两声掌声响起，只见一老者从人群中缓缓而出。王夫之一看，方玄痴竟然也在人群中，怪不得家里见不到他。

此刻，朱归孺已经将堵家老小从后门悉数转移，方家立即清静下来。

王夫之的心也安定下来。

"王大人、马大人兴师动众，方某不知你等率兵前来敝府，究竟为何事？"方玄痴道："方某一向喜欢安静，如此闹腾，实在不适，简直可怕。"

马暨垂一见方玄痴，暗叫不妙。王阁昆与翁不群之后，敢与他叫板的可能只有方玄痴。永历帝登基前，方玄痴就应召入朝，成为永历帝身旁重要谋士。马暨垂知道读书人诡计多端，他尽可能回避他们。况且，方玄痴当年在他遭王阁昆暗算时，还仗义执言，马暨垂一直感念于心。他听王化澄说，方玄痴仍在云游，没有回朝，所以才与王化澄一起，试图将堵家老小捉拿归案，以除后患。如今，上不得，下不得，情形十分尴尬。

而王化澄一见方玄痴，更是感觉头痛。虽然一路追来，途中遭遇种种，王化澄以为是金堡等人暗中所为，眼下才明白，方家门前人山人海，每进一步都有千钧力量阻拦他，原来是方玄痴提前布局，如执意前往方家搜查，恐捉人不成反而留下把柄，成为日后大患。

"既然二位大人辛苦为国，不如进去坐坐？"方玄痴不急不慢道。

"方阁老棋高一着！"王化澄尴尬地笑笑，道："王某佩服！"

马暨垂听王化澄如此一说，连忙挥鞭命令所有卫士速速退去。马暨垂向方玄痴作揖道："不知方阁老回来，实在打扰。下回再来府上吃茶。告辞了。"

王化澄和马暨垂等人退走后，其他人也纷纷离去。

方玄痴这才淡定地走进家门，并冲门外的金堡叫道："既然王、马二位大人不进来吃茶，难道你也不进来？"

"虚惊一场。"金堡进来，松了一口气，喝着茶，对方玄痴道："方阁老果然料事如神。"

王夫之和管时求紧张得出了一身冷汗。现在这个样子，是最好的结果。王夫之和管时求没有暴露，唐克峻和蒙正发也没有暴露。大家将方阁老围在茶座中间，都感觉松了一口气。

"此事不会就此罢休，你等要做最坏准备。"方玄痴一脸凝重，他比在座者要忧心得多，只听他道："今天方某，当然包括金堡，与当朝最红的二位大人结了梁子，好戏会在后头。"他停了一下，又道："马暨垂倒还好对付些，毕竟心机不多。最坏的是王化澄，此人位高权重，诡计多端，心胸狭窄，为人狡诈，须格外小心！听明白了吗？"

"听明白了！"众人齐声道。

"此事过后，方某将会彻底退出江湖。"方玄痴说到此，仿佛卸下了重负似的，道："日后，如各位在深山荒岭遇到一野夫，拄着拐杖，踯躅而行，嘴里念念有词，那便是方某人。各位若能施一壶清水，送一箪素食，方某人知足矣。"

"方阁老不应如此灰心吧？"王夫之听到此，泪水"唰"地涌了出来。蒙正发和唐克峻亦沉重地垂下头，默默流泪。

"叮嘱一句：若黄大人果真在吏部设立灵堂，各位应以审时度势为要务。"方玄痴仍然一脸凝重，叮嘱道："万不可冲动行事，抛头露面，成为别人的猎物。各位记住了否？"

"记住了。"众人齐声叫道。王夫之用力点了点头。

第三十四章 罪与罚

一

曹伯实听说郭衮冕要来看他，又惊又喜。他没料到郭衮冕还活着，而且还有了新的家庭。想起当年的那些点点滴滴，曹伯实一夜没有睡好。一大早，他就迫不及待地坐在门前等待他们。这些年，为了寻找姜晓书，他过得太辛苦、太煎熬、太痛苦，所幸，他最终还是挺了过来。虽然才过而立之年，他的脸上皱纹历历，写满了沧桑和疲惫，看起来像个老人。曹伯实的母亲过世了，他的父亲也越来越老、越来越走不动了。耒阳县令多次叫他继任主簿一职，曹伯实起初一直抗拒，现在看来，为生存计，他也只能委曲求全。

郭衮冕来了，曹伯实正好可以跟他聊聊。以前，李国相、王夫之、夏汝弼、刘子参和姜思琴、姜善棋等人也常来，但他们来有一个重要、神圣但沉重的任务，那就是去水东江姜若画的坟地上祭奠，那种感觉，让曹伯实十分压抑和难受。很长一段时间里，曹伯实没有走出个人心中的阴影，跟姜若画的悲剧也有些关系。他甚至想，如果自己不去水东江找晓书，若画是不是不会死，至少不会那么快地死去吧？更何况，姜若画与他的妻子姜晓书原为孪生姐妹，长相几乎一模一样，每次去姜若画的坟地，他脑子里不由自主地涌出与姜晓书在一起的许多事情。

就在不久前，曹伯实还只身一人，再一次前往武陵山下水月庵，执意要见姜晓书。这一次，曹伯实除了家父外，没跟任何人说，也比以前任何一次都更决绝、更坚定，似乎要做一个了结。

玄静师太见曹伯实又来了，而且跪在水月庵门前，一天，两天，三天，不吃、不睡、不离开，她看着有些可怜，又有些可怕，担心出事，遂递给他一张字条，开示："一念空时万境空，重重关隔豁然通。东西南北了无迹，只缘身在此庵中。"

然而，到了第四天早上，玄静师太开门一看，曹伯实还跪在那里。她顿时一愣，摇了摇头，上前用力拉起他，叹道："曹先生，凡事不可执念，更不可愚执。你先起来。唉，我再去跟清玉说说吧。"

玄静师太走后，曹伯实又虔诚地跪了下来。一直到下午，玄静师太出来，对曹伯实道："曹先生，明日太阳升起时，你到庵内半月亭里东边石凳上坐下，清玉应会见你一面。"听到此言，曹伯实差点大哭一场，不由想起了欧阳修《玉楼春》的开头两句诗："尊前拟把归期说，欲语春容先惨咽。"

翌日一早，曹伯实怀着紧张、焦虑、害怕又略带兴奋的心情急匆匆地赶到半月亭，其时，太阳刚刚升起。曹伯实拣东边石凳坐下，努力平复自己的情绪。忽然，他似乎听到轻微的声音，抬头一看，对面石凳上已然有一人，她灰衣布衫，侧着脸，垂着头，罩一面纱，默默坐着，一声不哼。

曹伯实瞪大眼睛，轻声而急促地叫道："晓书，我是伯实啊。"

"叫我清玉。"那人淡淡道，声音中有一股威严的、不容置疑的力量。

"晓书，你过得好吗？"曹伯实执拗地叫着"晓书"，他刚说完，刹那间，只觉得千言万语直奔心田，竟不知从何说起。他停了一下，再次急促道："晓书，晓书，你知道伯实有多念想你？你知道伯实为了你经历了何止九九八十一难？你知道伯实没有你活不下去？你知道我的双亲大人有多关心你？你知道我的母亲因为一直见不到你而积郁成病，已驾鹤西去？"

曹伯实说到这里，泪水汹涌，他顾不上擦一下，迫不及待地说下去，语速也越来越快："你知道你的琴姐、棋姐有多牵挂你？你知道你的妹妹若画现在在哪里？你知道夫之哥和他的家人有多担心你？你知道大家多想你回去？你知道衡州学子们都念叨着你？他们也都在念你、寻你、找你啊。告诉我，晓书，你究竟要怎样才能跟我回去？……"

"红尘是苦海，凡事有定数。"清玉终于开口了，她也不看曹伯实，只顾自言自语道："心安是好，放下即静。"

"啊？晓书。"曹伯实见姜晓书说话了，精神为之一振，道："晓书，快告诉我，你还好吗？"

"一念愚即般若绝，一念智即般若生。"清玉望着远方，依旧淡淡道："世人多情，吾爱寂静。心知相一，无怨无恨。"

"枯藤破衲，白酒青盐。东轩残月，一杯甘露。"曹伯实一怔，急道："如此存活，果真便能一切了了？"

"了与不了，皆在悟。缘起即灭，缘生已空。"清玉面色平静，道："既已入庵，不了亦了。日日入定，光明寂照；夜夜空净，凡圣含灵。如此，一念不生，六根剔尽，你是谁，谁是你，均如微尘。"

清玉一口气说了这么长的一段话，却让曹伯实听得有如万箭穿心。

"这些年，伯实天天寻你，找你，求你，追你，孤苦伶仃，流离失所，辗转奔波，万苦千辛，赴汤蹈火，亦无怨言。"曹伯实泪流满面，道："而今终于见到你，唯一所念、所盼，乃求你回归俗世，续未了之缘，了未了之情。如此，你果有登天之难乎？"

"涅槃，顿悟。一切了了。阿弥陀佛。"清玉缓缓站起，喃喃道："缘起时起，缘尽还无。执念是病，强求是罪。"

"啊，晓书？哦，清玉。"曹伯实见姜晓书欲走，立即叫了一声："伯实再有最后之唯一请求。"

清玉停下，依旧偏着头，淡然道："拈花是微笑，忘记即拥有。有何请求？"

"清玉，你能否摘下面纱，让伯实好好看你一眼？看最后一眼，行吗？"曹伯实言语中带着哭腔，声音分明有些颤抖。这正是："蓦然一念狂心歇，内外根尘俱洞彻。"

"今日得见，已逾矩，越天矣。"清玉言毕，头都不回，缓慢而决然地走出了半月亭。

曹伯实看着姜晓书的背影，一步一步，越来越远，他明白，这辈子再也无缘见面，原本满满的心一下子空空荡荡，想起曾经的点点滴滴，禁不住抱头痛哭，泪如雨下。

"去吧，去吧。尘世真是烦腻。"这时，玄静师太走来，不嗔不怒道："果有未续之缘，未了之情，来世再续、再了矣。"

这一刻，对曹伯实而言，恰如："翻身触破太虚空，万象森罗从起灭。"玄静师太也走了。太阳爬得高高，金光炯炯，无声无息。曹伯实轻叹一声，然后退着身子，一步一步，从半月亭中走出，在水月庵大门前，又足足站了两个时辰才长长地叹一口气，静静地离开。

曹伯实从武陵山回来，扎扎实实睡了三天，他睡得很实，很酣畅，感觉空中甚至有一丝香甜。记忆中，只有无忧无虑的儿童时代有过这样的睡眠。直到做了一个梦，他在一个开满鲜花的墓地上放风筝，红红的天空，有许多蜻蜓在飞舞，他突然醒来了。他意识到自己重生了，生活原本给了他两种选择：一是死去，一是活下去。当"活着"比"死去"更艰难的时候，他勇敢地选择"活下去"。

为了做一个彻底的了结，当天下午，曹伯实痛下决心，去水东江那片竹林，想在姜若画的坟前坐坐。可刚走到那里，曹伯实突然发现坟前有一个人，正在烧纸钱，并久久地跪在那里，像个罪人。

"啊？这是谁？"曹伯实大吃一惊。直至悄然走近，他更是差点叫了出来："啊？怎么是你？"

曹伯实万万没有想到，跪在姜若画坟前烧纸钱的竟是朱归孺！

尽管有过无数次设想，但真的遇到朱归孺时，曹伯实的愤怒和仇恨已经淡然了许多。之所以如此，一来朱归孺的境遇已经很惨，他的父亲和朱家老小以及他的宅院等皆被复仇者杀尽与炸毁，朱归孺是唯一的漏网之鱼，想想也是可怜；二来从武陵山回来后，曹伯实着实看淡了许多东西，包括生与死、爱与恨、恩与仇。姜晓书作为最大也是最直接的受害者，她似乎对发生的一切都已经淡忘。事实上，当奚鼎铉告诉他们有关朱归孺对姜晓书的暴行后，曹伯实和姜思琴、姜善棋、刘子参等人对朱归孺一家做出了最直接、最原始、最愤怒的复仇。朱归孺应该意识到是谁干的，但他没有进行报复。既然姜晓书变成了清玉，朱归孺此刻来到姜若画坟前叩罪，曹伯实还能怎样？他甚至产生一个突然的想法：如果姜若画从坟里出来，跑到水月庵，姜晓书会听妹妹诉说吗？

直到此时，曹伯实才真正体会到清玉从佛门修行中所感悟的"心安是好，放下即静"之深意。

也许是悲痛过深，忏悔过深，朱归孺竟没意识到背后有人。他一直跪在姜若画坟前，不断抽搐，流泪，喃喃地说着什么。听到背后有人咳嗽，朱归孺这才骇然停止，一抬头，他看见了曹伯实，怔了半晌，然后才缓缓地站了起来，道："伯实，你来了？"

"你不是叫黄权、黄大人了吗？"曹伯实冷冷道，话一出口，觉得没必要如此，便道："怎么不在知府衙门，来此做甚？"

朱归孺猛地将手插进泥土里，埋头道："我、我这辈子伤害最深的就是两个人，一个是埋在这里的人，若画，不，严格地讲是晓书，我爱若画，却把晓书当若画；一个就是你，因为你是晓书的丈夫，也曾经是我的左膀右臂。我真是牲畜都不如！"

"唉。你、你也得到了报应。"曹伯实不知所措，依旧冷冷道："真是作孽。你现在忏悔、自责甚至自残，于我，于晓书，或者于若画，又有何意义？"

朱归孺把手从泥土里抽出，指甲上尽是血。他顾不上擦，叹一口气，慢慢坐到坟地上，盯着姜若画的坟头，喃喃道："伯实，我虽然在武昌中举。那是阴差阳错。我读书不多，一直敬重衡州学子，也敬重你。"朱归孺叹了一口气，继续道："我总想干一番不同于父辈的事情，我确实干了不少事情。然而，我得到了什么？家没了，家里人也没了。"

"你是自作自受，遭现世报应。"曹伯实哼一声道。

"真是报应。"朱归孺惨然一笑，偏头看着曹伯实，道："当我发现，被我强迫的不是若画而是晓书时，那一刻，我真的快疯了。我脱掉裤子，举起刀，要将自己的男根切掉。一抬头，我看见晓书瞪着一双恐惧的眼睛，晓书以为我要杀她……"

"不要提晓书。"曹伯实斥道："晓书死了。"

"啊？晓书死了？谁说的？"朱归孺惊叫道："她不是在武陵山下的水月庵做了尼姑，叫清玉吗？"

"你不配叫她清玉。"曹伯实道。

朱归孺一怔，想了想，颓然道："我把她献给大西军李定国将军，实是希望她好。后来我在衡州做同知，包括再后来做上衡州知府，总希望暗中帮你做一点什么。你做了耒阳主簿，耒阳县令差点也快做成了……"

"住口！你以为这样就能减轻你的罪孽？"曹伯实本来想看一眼若画的坟，跟自己的过去彻底告别，然后以新的心态，再履耒阳主簿一职，如今听朱归孺一说，心里反胃得很，当即决定不去做了，"你的话让我恶心！"

"伯实，你怎么骂我、打我，我都接受。"朱归孺道："顺便告诉你一声，永历朝我不会再去了，但夫之兄还在那里。如果有一天夫之兄回衡州，你见到他，请转告他，永历朝也不是他待的地方……"

"啊？"曹伯实听了目瞪口呆，不由得尖叫了一声。他听人说，朱归孺本已被皇上赐死，是马暨垂等人救了他，他随即改名黄权，在永历朝谋得五品要职。可见，恶者并未得到恶报，反而混得风生水起。曹伯实原本愤愤不平。谁知朱归孺竟然舍得放手，他究竟要干什么？

正在这时，曹伯实忽然发现周围有一些兵卒，心想，难道是朱归孺的随从？果不其然，只见一名信卒匆匆跑来，对朱归孺恭恭敬敬道："道台大人，总督大人叫快马前来禀报，说有要务请你速速回去。"

曹伯实这才恍然大悟：朱归孺之所以不去永历朝了，是因为他居然降清，居然做了清廷道台大人！

"知道了。一边去！"朱归孺见信卒还在望着，凛然道。然后回过头来，叹了一口气，对曹伯实道："伯实，想来你已猜到，我入清廷了。两广总督左梦庚大人乃左良玉大人之子，他对我有些偏爱。"

曹伯实有些恍惚。朱归孺在说话，曹伯实盯着脚下一片枯黄的烂叶，没有吱声。他的脑海里浮现出一排排面具的影子，每一个影子似乎都是朱归孺的，又似乎都不是。他试图固定其中一个，结果一看，什么都没有。

"伯实，我想重新开始。目前，大多数时间我在长沙署公于，有事无事，可随时来找我。"临别前，朱归孺特地叮嘱道："此次回衡州看看，正好碰上衡州总兵吴军那杂种为难国相、子参等人，遂狠狠收拾了吴军一顿。对了，我还偶遇思琴和衮冕，可惜来不及问候请安，你若见了，一并问好……"

二

应该说，朱归孺走出这一步，也是下了很大决心，很不容易的。

那天，朱归孺和管时求将堵胤锡一家老小悉数转移到船上，然后对管时求道："你带着他们往衡州方向进发，我三日后将快马赶上。"

这件事，朱归孺本来可以安排唐克峻和蒙正发去做，但他自己去做似乎更放心一些。他也不想让马暨垂看见，毕竟马暨垂是他的救命恩人。

还有重要的一点，朱归孺要跟管时求好好谈谈，希望管时求跟他一道入清廷谋差。朱归孺知道，他在永历朝为堵胤锡设灵堂、做出最后的疯狂之事，一定会连累不少人。管时求和王夫之入朝之事被悬起来不说，他们的恩公如瞿式耜和严起恒等人也会受到不少冲击。

朱归孺猜的其实并不全对，他设灵堂一事也出现了微妙的变化。

再说王化澄与马暨垂没能捉拿到堵胤锡家人，还被方玄痴与金堡当众羞辱一番，二位当朝重臣如何咽得下这口恶气？回去后，他俩立即到永历帝处告状，希望揪出幕后黑手，正好碰上瞿式耜和严起恒，心想坏了，幕后黑手就在眼前，瞿、严二人已捷足先登，从永历帝的神态中，王、马二人能够感觉得到。

果然，永历帝见王、马二人到来，立即道："两位爱卿来得正好。刚才瞿大人、严大人还在说起孙可望之事，看来，朕误会了堵大人的一片苦心。"

永历帝一定调，王、马二人还能说什么？况且，瞿、严二位就在现场，他俩的威望并不在自己之下。最关键的是，堵胤锡私定孙可望之事，虽然有忤逆皇上之嫌，但亦是情势所迫，为朝廷着想，他不仅没有得到半分私利，反而搭上一条性命，如此，朝廷若还对堵家老小定罪，岂不为天下人所耻笑？

1137

马暨垂率先开口道："皇上英明。堵公只是性急了些，所定之事，确为本朝大事。堵公为此殒命，实是可惜。"马暨垂对堵胤锡印象还不坏。两人都是行伍出身，虽然粗放一些，但心不坏，尤其是对朝廷和皇上，更是忠心耿耿。当年，他深陷王阁昆恶意栽赃、人人惧怕王阁昆之危殆情势，堵胤锡却为他说了几句公道话，马暨垂记在心里。此次要不是王化澄反复劝说，马暨垂也决不会出来。马暨垂出来，主要也是针对瞿、严二人的。

王化澄闻马暨垂之言，知道他欲脱责，亦赶紧道："幸皇上圣明。适才微臣与马大人前往堵公家，试图表达哀悼之情，慰问一二，岂知堵家竟然人去楼空，不知所踪。"

永历帝眉毛一扬，惊道："却是何故？"

瞿式耜连忙道："目下朝廷上下，均以为堵公犯'欺君之罪'，皇上大怒。堵家人怕被捉拿，该是躲起来了吧？"

严起恒亦道："微臣斗胆奏报：微臣以为，皇上即便不亲自操办堵公祭祀大典，亦应下旨朝廷各部自行设坛祭拜。"

"启禀皇上，微臣以为此举不可。"王化澄当即反对，言辞激烈道："堵公所为毕竟'越位'，皇上原本愤怒，欲治之罪，朝廷尽人皆知。现皇上心慈，念堵公开国元老份上，不加追究，已属开恩。若依严大人之意下旨，皇上威信何在？"

马暨垂望望瞿、严二人，又望望王化澄，折衷奏道："以微臣愚见，莫如睁一眼闭一眼，既不下旨，亦不禁止。"

"马大人所言，照准。"永历帝道，"各位爱卿回去罢……"

瞿式耜后来在跟王夫之和管时求讲述此事的经过时，接连说了两声"好险！"王夫之听后感慨道："幸亏瞿大人和严大人主持公道，伸张正义，否则，堵公灵魂都不得安宁。"

"夫之说出了我的心声。"管时求点头道："如此，朱归孺为堵公设灵堂，也会减轻不少压力。"

的确，当朱归孺冒着巨大风险在吏部考功清吏司设立灵堂祭拜堵胤锡时，他并不知道永历帝对堵公的态度已由"治罪"转为"冷处理"。灵堂设立后，最先来拜的是金堡，接着是蒙正发，朱归孺并不吃惊。

可是，到下午的时候，来的人越来越多。不少人结伴前来跪拜，毫不回避，朱归孺颇为吃惊，暗想"公道自在人间"。

瞿式耜和严起恒也一道来了，朱归孺有些发蒙、意外，他连忙迎上去，道："二位大人也来祭拜？"

瞿式耜一本正经道："黄大人敢立祭坛在前，老朽从流来拜在后，有何不可？"

严起恒亦严肃道："这一回，黄大人可谓闻名朝野矣。"

其实这些对朱归孺而言，都不重要了。如果不是与左梦庚提前谈好，他也不敢拿性命去做赌注。失踪的那些日子，正是朱归孺与左梦庚在武昌会面密谈的时候。左梦庚作为两湖总督，对永历朝五品职位的朱归孺秘密来访，他是极为重视的。早在十年前，朱归孺去武昌拜访他老爹左良玉时，左梦庚就在现场，后来还有两次接触，印象不错。这一次，朱归孺要求并不高，只求做个湖南道台，这样一个四品官位，左梦庚当即就答应了他。

谈好条件和细节后，朱归孺本来是要立即返回永历朝的，但听左梦庚说，原江西总兵降清后，到衡州做了知府，如果想顺便回家乡看看的话，不妨找吴军接洽一下。左梦庚的本意是说，一般降清者，职位上不会上升。相反，大多会降一两个品阶。唯独你朱归孺，不但不降，反而跃升了。同时，左梦庚知道朱归孺老家在衡州，让他回家看看，既是安抚，也是对他亲切关怀、高看一等的表示。

万万没料到，朱归孺回衡州时，正好碰上吴军拿李国相、刘子参等人开刀，同时见到了姜思琴和郭衮冕，觉得此番回乡，虽然是"潜入"，却是大有收获，他不仅解救了李国相、刘子参，而且了解这些同窗好友千辛万苦为王夫之入朝筹款，颇为感动。朱归孺回到桂林后，立即以李国相名义将一百两银子悄悄转交到了王夫之手上，就像当年在岳麓书院，王夫之缺钱，他悄悄送银两一样。朱归孺喜欢这样：帮人不留名，不是他德行高尚，而是他的做事风格和客观情势所致。

朱归孺原本打算在吏部考功清吏司设立三天灵堂，但看到朝廷上下，越来越多的人来到他供职的衙门，他有些害怕了，只过了一天，他就撤了灵堂。幸亏马暨垂当时没来，否则，他不知道该如何面对。一直以来，朝廷知道他的人并不多，他一向很低调务实，只求做好分内事，不贪功，不犯上。设立灵堂，与其说是他很正气，不如说他是为了践诺。他答应金堡、蒙正发、唐克峻和王夫之、管时求等人在他办公的地方设立灵堂，他必须做到，反正他去意已决，若皇上要拿他治罪也无所谓。

最怕的是，他自己走不掉。这是朱归孺最为担心的。

因此，当天晚上，朱归孺不顾一切，趁黑悄悄离开了桂林，离开了风雨飘摇的永历朝。那一刻，他不知道是该庆幸还是该悔恨？临行前，朱归孺原本想找王夫之单独谈谈，把自己所经历的一切全部告诉他，包括去清府做道台，但终究没有这样做。时间来不及是一个原因，更重要的原因是，他担心王夫之不会听他的，甚至会坏他的事。本来，朱归孺还想委婉地告诉他：小心唐克峻，但也没机会提醒了。

不知道为什么，朱归孺对唐克峻有一种说不出来的厌恶感。那么多人来拜祭堵公，唐克峻没来，这更加重了他的厌恶感。虽然唐克峻也是衡州学子，但朱归孺感觉这个人城府深、心眼多，他没有王夫之的血性、率真和才气，他似乎更有手段，更适合泡入官场的染缸。

幸亏，朱归孺走得快。因为第三天，唐克峻收到了李国相发来的密函，信中讲到他们的遭遇，以及所了解到的朱归孺。

李国相在信中推测：朱归孺一定是降清了。

"此人善于钻营。请你和夫之、时求等小心为上。切切。"李国相在信中如是叮嘱。

王夫之得知朱归孺降清，非常吃惊。当看了李国相的信后，他由吃惊转为害怕。因为他隐约感觉到，自己在最困难时所得到的那笔资金极有可能与朱归孺有关。果如此，自己岂不成了"通清"嫌犯？

"出什么事了，你怎么不说话？"唐克峻见王夫之脸色难看，遂问道。"朱归孺降清，应在意料之中矣。"

"他为什么这样？"王夫之很是不解，喃喃道。虽然朱归孺行事不按正常逻辑来做，但这一回显然玩得超出所有人的想像。

"倘若他欲在朝中长期待下去，他会表现得如此张扬乎？"唐克峻盯着王夫之，道："他敢于在考功清吏司搭建灵堂，我就看出了他的异心。可惜，不少人还去拜了，动静大得很。"

"你没去拜吗？"王夫之忽然问。

"我？我只有一个脑袋，不想轻易丢掉。"唐克峻叹道："况且我辈人微言轻，因而没去凑热闹。当然，对堵公，我还是敬重他的。我在心里拜了就行。"唐克峻停了一下，看着王夫之，问道："你去了？"

"我欲去，但没有资格去。"王夫之悻悻道。

"时求兄呢？"唐克峻又问："他去哪里了？怎么还没回来？"他看着王夫之，怪异地看着，突然惊叫道："啊？难道时求兄他、他随朱归孺降清了？"

"克峻兄无需大惊小怪。我亦刚刚才知晓。"王夫之淡然道："人各有志，不能强求一律。"的确，王夫之对于管时求降清，也是毫无心理准备。

当时，朱归孺安排管时求负责向衡州方向转移堵公一家老小，没料到，他一去不返。

事发太突然，管时求自己都蒙了。

当管时求带着堵公一家老小乘船走了两天后，朱归孺才赶来与他们会合。直到此时，朱归孺才明确告诉管时求，不要再回永历朝了。左梦庚答应了他做湖南道台的要求，到长沙后，他承诺让管时求谋一个六品以上的职位："识时务者为俊杰。成王败寇，自古皆然。"

见管时求惊愕不语，朱归孺又直言道："想想看，你千里走单骑，到广州搬救兵，从永州救出四王爷。四王爷登基变成永历帝时，你我都在现场。可是，你才得了一个中书舍人，小小的从七品，可有可无的官。这公平吗？永历帝有情义吗？"

朱归孺见管时求仍然不吱声，他又为自己鸣不平："桂王一到衡州，鄙人一家就一直向桂王府送去无数的猪狗牛羊和鸡鸭鱼兔，无论世道多艰，都让他们吃好喝好。永历帝登基后，鄙人好好地向他献宝，他不感恩，反而还要诛杀我，这样忠奸不分的朝廷，这样糊涂无能的皇帝，永历朝还有希望吗？"

管时求一直没有吱声，但他并没有激烈反对。这表明了他的心动、默认和选择。他只是感觉有些悲怆、有些可笑：一个反清斗士变成了降清小吏，这样的身份反差足以让他泪流满面。但待在桂林的这些日子，委实让他不堪回首。他只是感觉对不起王夫之。

起风了，外面黑漆漆的。船在河面上，发出"吱呀，吱呀"的响声。两岸点点灯光，投向深邃的天空，顿时被吸得无影无踪……

三

在水东江姜若画的坟前，朱归孺跟曹伯实说完话后，便在一队兵卒簇拥下快速离开了。

曹伯实复又坐在那里，喃喃自语："这是什么世道？刚才所见都是真的么？这是不是在做梦？"然后，他拍打着姜若画的坟地，又道："若画，朱归孺刚在这里做了什么？说了什么？他真的忏悔了吗？"

几只蝴蝶在他面前飞来飞去，曹伯实试图抓住其中一只，却怎么也抓不住。

曹伯实知道，这并非梦境，一切都是真实的。曹伯实从水月庵回来后以为内心释然了，岂知，碰到朱归孺，又差点让他前功尽弃。幸亏，他及时稳住了自己，他也更加知道，"放弃"是多么艰难，多么痛苦；也更加明白"姜晓书"变成"清玉"得有多大的忍力、毅力和定力才能做到。

离开水东江前，曹伯实站在坟前，作了这样一番告别："若画小妹，我三天前才回到耒阳家里。我又去见了你的姐姐晓书，她现在叫清玉了。她忘记了我们，忘记了所经历的一切，包括你。我来这里，就是想告诉你，缘起缘尽，一切了了。从此，我也不会再去看她，也不会再来看你了。"

这些话，要是往常，曹伯实一定说不出来，即便说出来，也会撕心裂肺般的痛，可这次，他说得很清晰，很冷静，很淡然，仿佛这些话不是他说的，而是在读一本故事书。说完，曹伯实拍拍屁股上的泥土，再看了看已经凹下去的坟地，包括朱归孺在坟前泥土上留下的血迹，以及坟地上稀稀落落长出的野草，转身往家走去……

曹伯实从水东江回来后没几天，就听说郭衮冕要来看他。曹伯实非常高兴，这是他"重生"后见到的第一个来访的衡州学子。他期待与郭衮冕好好聚聚。

这一天中午，郭衮冕终于来到耒阳，曹伯实足足等了大半个上午，但他觉得值。郭衮冕带着阿妮和贵单上前向曹伯实请安。曹伯实抱着郭衮冕，既不哭，也不笑，只是久久地看着他。对于他有了阿妮和贵单，曹伯实好像一点也不吃惊，更不意外。

郭衮冕流了泪，道："伯实兄，我是衮冕啊。"接着，郭衮冕将阿妮和贵单介绍给曹伯实，并说："本来国相兄和子参兄，还有善棋，大家都要陪我一起来的，但国相兄的儿子临时出了点状况。而子参兄和善棋则忙于整理中药铺，都有事。最后还是学夫带我们找来的。"

直到这时，曹伯实才看清，旁边还站着一声不吭的张学夫，曹伯实冲他点点头，算是打了招呼。他请郭衮冕等人进屋坐，倒上茶，拿出一点吃的给贵单。

已是午饭时分，曹伯实请人做了几个菜。郭衮冕感叹道："时间过得真快啊，我们开始变老了。"

"思琴呢，还有恒生，他俩怎样？"曹伯实突然问道。

"哦，对了，本来思琴也要带着恒生一起来的。"郭衮冕连忙解释，道："不巧，听说姜百户家的人来看她了。思琴让我转告你。"

"你是说姜有义的夫人欧阳文澜去梧桐寺看思琴了？"曹伯实有些吃惊，问道。

郭衮冕点点头，道："也有可能是思琴去找欧阳老太的吧。"郭衮冕停了一下，从实道："我本来希望思琴一直住在我家，但她不愿意。又提出让她去夫之兄家住，她想了想，也觉不妥。特别是采诺惨死在王衙坪，思琴就更不敢去了。"

"采诺是谁？"曹伯实问道："她跟夫之怎么回事，又因何惨死于王衙坪？"

郭衮冕便把奚鼎铉和采诺的事情简单地跟曹伯实讲了。

"匪夷所思，委实匪夷所思矣。"曹伯实听了感叹不已。

郭衮冕点点头，回头继续讲姜思琴的事情："眼看恒生慢慢长大，思琴觉得老住在梧桐寺也不是办法，遂想搬到姜百户的家去。"

"如此，倒也不错。"曹伯实看了看阿妮和贵单，问道："此番来耒阳，是要去若画的坟头看看吧？"

"是的，伯实兄。"郭衮冕道："要到若画的坟上看一看，也顺道来看看你。然后回瑶乡去，亦不知何时能够再回衡州矣。"

"哦。也好，也好。"曹伯实道："先吃饭，先吃饭吧。也没什么菜，权当打个尖，歇个脚罢了。对了，你从衡城来，听到夫之什么消息没有？好长时间没联系了，也不知道他过得怎样？"

"唉，听说他还在永历朝候任。"郭衮冕叹了一口气，道："介之兄带着王家人一直躲藏在南岳山上，前一阵子思琴和善棋还偷偷上山看过，听说夫之老母亲病得不轻。唉，新来的知府吴军，此人坏透了，他对夫之及衡州学子心狠手辣。希望夫之一切安好……"

实际上，管时求离开后，王夫之一人守在永历朝，连个商量的人都难找。他更孤独，也更压抑，不知道还能支撑多久，也不知道这样支撑有没有意义。

就在这个时候，一天傍晚，蒙正发兴冲冲地来到王夫之的租住房，见租住房的老板夏天福正端着吃空的饭碗，坐在那里跟王夫之聊天。

王夫之一见蒙正发，赶紧出门来，道："吃了吗？"

"还没有。要不，一起吃去？"蒙正发道："你该请客了。"

"什么？入朝的事情终于有消息了？"王夫之见状，欣喜道："快说，我一定请客！"

王夫之拉着蒙正发立即去了"好运来"酒肆。

"我从一大堆入朝名单中，发现了你的名字，而且职位很好。你千万得保密。"蒙正发刚坐下，看了看四周，见没人，便迫不及待道："是礼部仪制清吏司主事，正六品。首辅大臣严起恒严大人在你的任职上专门写了一句话：'公正之德，锦绣之文，礼仪之人。'旁边，我还看到全军督师瞿式耜瞿大人有个圈签。实话说，经我手入朝者，不计其数，此为头一回所见。"

"真的？真的！"王夫之听得热血激涌，历经千辛万苦，总算如愿以偿。"如此，真乃太高兴了！"

"礼部仪制清吏司主事，这个职位非常好。虽是正六品，但朝中各类大事，都得由此处安排。"蒙正发一边喝酒一边说："夫之兄，真是可喜可贺矣。"

然而，令人万万没想到的是，三天后朝廷发榜，王夫之看到了自己的名字，但下面的职位却成了"行人司行人"，他一下子愣住了。"行人司行人"，这只是一个从八品的职位，与蒙正发所见的正六品权势部门相差甚远。

虽然王夫之并不期望一入朝就能获得较高职位，但既然蒙正发亲眼所见，那就是铁板上钉钉的事情，为何突然出现反转？他着实很失望，也想不通。

蒙正发也很尴尬，他十分惊愕、纳闷：谁有通天的本事，把即将要公布的消息，在最后一刻改变了？

"祝贺！夫之兄，终于入朝为官了！"这时，唐克峻跑来道贺。

王夫之表示感谢，但显然并没有想象中的高兴。

唐克峻道："如果时求兄不走，一定同时入朝为官了。只可惜，他走了邪道。"

王夫之闻之不语，他不知道该说什么。

历史就此写就。1649 年年底，永历朝任命王夫之为行人司行人。按规定，朝廷不日将对他进行阁试。

此时，王夫之的内心有些纠结：一方面，职位太低，虽然心里有落差，但如果不去，既辜负了瞿公、严公的力荐，也对不住九泉之下的堵公；另一方面，父亲丧期未过，他还是守孝之身，一旦通过阁试，他真的任职了，就难以马上离开。

唐克峻了解到王夫之的纠结后，直言道："以愚之见，现已至年尾，令尊武夷先生丧期半年后将毕，不如等半年后再定。"

王夫之觉得有道理，他又去找蒙正发商量，想听听他的想法。

"两难之下，不如请奏免除阁试，不接行人之务，可当行人之责。"蒙正发郑重建议："如此，进退皆可，且家事、国事两不相误，忠孝亦可两全矣。"

蒙正发此言正中王夫之下怀。实际上，这也是蒙正发委婉表达对朝廷任命的不满。蒙正发还告诉王夫之：此次职位之变，实有小人状告王夫之与朱归孺降清有种种关联。他希望王夫之隐而不发，谨小慎微，不让小人握住新的把柄。

王夫之感到好笑，尚未入朝，就有人与他为敌，日后在朝，如何是好？然而，既已登船，他也顾不上那么多了，只能见机行事。记得堵公前往浔州找忠贞营前，亦曾特地叮嘱王夫之：如职位不高，"你不要在意。大凡成大事者，往往起点很低。从低处一步一步走来，就会扎实、稳妥，后面擢升就快"。

王夫之反复思考，权衡再三，最终以"有孝在身"为由，写下《请终丧免阁试疏及奖许明旨》，陈述报国之心，所历之艰，以及父丧在身，请求免除阁试以及暂不接受官职等。

很快，永历帝批准了王夫之的申请，未授予其官职，但可在朝中自行其是。即王夫之可以在行人司做些工作，朝廷不以行人的职位来考核和要求他。

就这样，王夫之穿上了朝服，既谈不上欣喜，也无所谓失落，但心情复杂则是无疑的。那些天，王夫之行走在龙舟之间，行走在前途渺茫的反清复明之途，走走停停，看各个衙门，各色官员，进进出出。这就是朝廷啊。王夫之盼望了二十载，奔走了二十载，挣扎了二十载，吃了多少苦，流了多少泪，受了多少罪，而今总算位列朝堂，成为其中一员。即便是破败不堪的朝廷，即便是摇摇欲坠的王朝，他毕竟有了归属，哪怕这个位置只是一个微不足道的从八品小官——行人之职，它比管时求曾经有过的中书舍人和蒙正发户科都给事中都要低，更不用说唐克峻的教坊司司业，那可是正六品的职位。

当然，王夫之不愿去比，要比，就跟自己没有入朝时比。在王夫之看来，至少这是一个起点。有了这个起点，他就进入了历史的舞台。官衔虽小，责任却大。他要做的工作是宣读或拟定圣意，这是一份关键性的工作，与皇上有了最直接的关联。他要对严大人和瞿大人感恩，要对九泉之下的堵大人感恩。

永历帝批准了王夫之守孝的申请后，王夫之在朝中做了一些杂事，大约待了一个半月，熟悉了朝廷的一些情况，然后，他悄悄返衡，住到南岳山上大哥的住处：耐园。

四

王夫之一到家，大哥王介之就告诉他，这一段时间，衡州城里发生了许多事情。王介之特别提到了新任衡州知府吴军，说他是挺坏的一个人："简直坏透了！此狗官当年在南昌加害恩公欧阳霖，现在来衡州，又来祸害我们衡州学子，坏事做尽。"王夫之一向温和隐忍，如非十分气愤，他决不会一见王夫之就提及这个"狗官"。

"啊！死人！血，可怕……"突然，母亲房里一声尖叫。

王夫之大吃一惊，就要冲进去，被王介之一把拉住，道："这些日子，母亲大人精神受到很大刺激，有些失常，你去没用，等她安静一会儿再去吧。"

"母亲大人怎么了？"王夫之不解，问道，"她见过那么多的事情，包括父亲、叔父、弟弟、舅舅、婶婶、媳妇、儿子等人的死，以及战火中衡州无数的死难者，母亲都经历过了，她都挺过来了，并没有精神失常，现在为什么会这样，究竟发生了什么事情？"

"说来真是痛心，为兄的也每每自责。"王介之叹了一口气，开始讲述采诺的事情。

原来，王夫之去永历朝候任，谭孺人身体一直不好，南岳山上阴冷潮湿，风大雾浓，母亲很不习惯。打从采诺来照顾她之后，谭孺人的身体和精神有了明显好转。采诺体贴入微，奚夫人郑氏人也很好，经常上山来跟母亲拉家常，奚家还经常送来一些吃的，改善山上的生活。有一天，谭孺人无意中说，天气冷得太难受，衡城王衙坪的家里有手炉和脚炉，要是山上有这两个炉子，日子就好过多了。说者无心，听者有意。采诺当即表示下山去取火炉，她向谭孺人要房屋钥匙。谭孺人摇摇头，说："去不得，听说天天有人监视。"采诺说她有办法。

谭孺人见采诺机灵，想想只是去家里拿两个炉子，应该不会有事。而采诺也认为，自己的父亲奚鼎铉刚被清人政府追认为英雄，清人政府的人应该不敢拿她怎样。本来，采诺的母亲郑氏要一起去的。但采诺不让，觉得一旦真有危险，也不要把母亲搭上。

直到采诺下山后，王介之才知道这件事。他心里焦急，但没有立即追去阻止。结果，酿成了谁也不愿意看到的悲剧。

谭孺人获悉采诺因为帮她去拿两个火炉而死在自己家门前，她当即气得吐血，昏迷过去。醒来后，她情绪极不稳定，不停地唠叨："是我害死了采诺，是我害死了采诺。"

更可悲的还在于：采诺被安葬后的第三天，衡州知府吴军在大门口遭到一次猛烈的袭击，一个老妪挥着菜刀发疯般地追着吴军砍。吴军身边的两个卫士躲闪不及，被砍倒在地。吴军被溅了一身的血，右臂受了重重的一刀。他见势不妙，抽出长剑奋力抵抗，同时恶狠狠地命令其他卫士："给我往死里打。"老妪很快被一顿乱棍打死，吴军还不解恨，挥剑在老妪身上一顿乱戮。

这老妪不是别人，正是采诺的母亲、奚鼎铉夫人郑氏。

一周后，奚鼎铉年逾古稀的老母因承受不了媳妇和孙女的被害，悬梁自尽了。一个家，就这么彻底没了。

谭孺人知道郑氏和她婆婆也因"两个炉子"的事先后死去，她的精神更加承受不了，一下子崩溃了。她万万没有想到，因为两个小小的炉子，就要了三条活生生的性命。尤其重要的是，采诺是谭孺人为王夫之相中的准媳妇，郑氏是她的准亲家，而且两人在一起，无话不谈。谭孺人本来想着，等王夫之回来，陪她下山去见见采诺的奶奶，甚至去奚鼎铉坟头上去烧一炷香……所有这些设想，都戛然而止。这让身体本已虚弱、年岁已高的谭孺人如何承受得了？

按照王介之的安排，王夫之回到南岳耐园两天后才去给母亲谭孺人请安。王夫之见到瘦得不成人样的谭孺人，喊了一声"母亲大人，夫儿回来了"，言毕，就喉咙哽咽，说不出话来。王介之随即跟谭孺人说："母亲大人，夫之回来了，给您请安……"

谭孺人望着王夫之，半天不吱声，最终竟是哭起来，像个小孩，也不说话，只是身子发抖。王夫之便扶住她，不停地说："母亲大人，我回来了，夫儿回来了。"

过了好一阵子，谭孺人才突然说出一句："好好的，全没了……"王夫之点点头，连连道："母亲大人，夫儿知道，夫儿知道。"

好不容易才让谭孺人的情绪稳定下来，王夫之给她喂了半碗骨头汤，谭孺人又喝了一碗热腾腾的中药，这中药是性翰法师找南岳山上的老中医开的，这位老中医开的药方对治理精神方面的疾病很有效果。谭孺人吃了两个疗程，情绪有了明显的变化。这让王夫之稍感心安。

刚回来的几个晚上，王介之和王夫之经常聊到深夜，兄弟俩从来没有这样聊过。王介之不仅讲到了刘子参、李国相和曹伯实的点滴事情，还说在清府为官的管时求对王家关照有加。

兄弟俩十分默契：关于永历朝的事情，由王夫之说。而有关衡州的事情，则由王介之说。

以往交谈时，王介之虽是大哥，但更多的是倾听者，王夫之说得更多。王夫之从永历朝回来的这几天，王介之一反常态，说了不少的话，有时，王夫之想插嘴都插不进去，他感到有些讶然。

王介之说，衡州学子个个有"出息"，当然，有"出息"的人不包括他自己，他在南岳山上要服侍母亲，他不参与外面的事情，他不后悔。王夫之对管时求的事情颇为关心，听说管时求对王家颇为关心，便随口问了一句主要为家里做了些什么事情。王介之没有细说，而是强调他所讲的这些事情主要来自李国相，实际上，管时求在清府做了什么官，王介之也不清楚。在王夫之心中，人禽之辨、夷夏之辨和君子小人之辨，是国人恪守的做人原则，它是易、诗、书、春秋、礼固然蕴含的根本大义，也是以五经为代表的中国文化的核心价值。管时求做了清府之官，是由他的人品决定的，与朱归孺一样，都是个人的人生选择，至于他俩是禽是人，不作妄议。但至少在王夫之看来，管时求与朱归孺都是"另类"，他感到痛心。

头几天，王夫之每个白天都要去潜圣峰下马迹桥看看，那里是父亲的安息地。王夫之特地给它取名叫"岳阡"。无论刮风下雨，他每每坐到父亲的坟前，安静地看着四周的农田，想起父亲的一生，再联想到自己刚刚入朝，不禁感慨万千。王夫之想起小时候在父亲书柜中见到曾祖父（王雍）的试论手稿。父亲告诉他，曾祖父参加过明穆宗隆庆四年（公元1570年）的乡试，不中后回乡做了衡州州学的训导，后又做了江西南城的教谕，"以文名著南楚"。王夫之便饶有兴趣地读着手稿，一读竟然入迷。父亲便夸他"孺子可教"。此刻，王夫之坐在父亲的坟头前，他仍然记得文章"清健朴亮"，其中有"论留侯用四皓争太子，非大臣礼"之句。这里的留侯指的应是张良。王夫之幡然醒悟：曾祖父的评判可以补充宋代朱熹《资治通鉴纲目》之不足。

最初两天，王介之陪着王夫之一起到父亲坟前坐坐，后来王夫之不让他来，他更愿意一个人跟父亲交流点什么。即便什么也不说，王夫之也能感觉到父亲就像生前一样，肃然地站在那里，一言不发地看着他。而每天回到耐园家中，王夫之就开始整理从前的书籍，仿佛生怕耽搁了什么。

王介之有些奇怪，问王夫之道："怎么不下山去看看朋友？"

王夫之答道："再等等，会去的。"

王夫之说不清为什么，自从管时求跟着朱归孺降清后，他在震惊之余，又一直在反思，他试图弄明白他们为什么这样做，但越想越糊涂。王夫之拖拖拉拉不大愿意下山去跟同窗旧友会面，除了山下吴军继续做恶、派人严格监视外，对管时求的"心结"也是缘由之一。

一天上午，刘子参与姜善棋来到耐园，看望谭孺人和王介之，正好碰上王夫之在房间整理旧稿，刘子参大惊："啊？夫之兄，你何时回的衡城，大家都不知道？"

见王夫之只是勉强笑了一下，姜善棋也颇为不解地问道："听克峻先生说夫之哥在永历朝谋了差事，怎么回来了？"

王夫之吃惊地反问道："克峻兄跟你们有联系？"

刘子参抢先道："是听国相兄说的。他收到了克峻兄的信函。"

"原来如此。"王夫之漫不经心道："是谋了个差，在行人司谋了个准八品的小官。"说完，又自嘲地瞪了瞪眼。

姜善棋直言道："职位太低了。"她似乎意识到如此说不好，又马上补充道："不过，入了朝，也就入了道。以夫之哥的能力，必会快速升迁。永历朝像夫之哥这样人品和才华俱佳的人太少了。"

"这个难说。"刘子参不以为然，直言道："如果朝廷真是以人品和才华而定职，夫之兄是何等人才？打一开始就不应该定这个职位。"

此时，坐在一旁的王介之越听越不是滋味，立马打圆场，说道："二位高看我了。我好歹是个孝子，官大官小无所谓。此次回来，守孝乃第一位。"

"那是，那是。"刘子参和姜善棋连忙点头。

姜善棋跟谭孺人聊天去了，王夫之忽地对刘子参道："子参兄，我想去小叔坟前烧炷香。你能带我去吗？"

"好啊。你正好可以顺便看看奚鼎铉的坟地，还有采诺、奚夫人的坟地都在旁边不远处。"刘子参满口答应，道："你定时间就行。"

刘子参真是直性子。按照王夫之原先的想法，刘子参带他去就行了，他自己去小叔坟前烧香，当然会到旁边的奚鼎铉坟上烧香，同时也会到采诺和奚夫人坟前烧香。某种意义上，去采诺坟前烧香，更为急迫。想想母亲大人为什么病得如此之重，都跟采诺有关，而采诺与自己有关。

现在，刘子参把他心里想的都直接捅了出来，王夫之只好顺势说道："今天下午就去，好吗？"

这一下，把刘子参难住了。毕竟，王夫之乃衡州知府吴军着力通缉的要犯，这样的人要下山，他得跟管时求报告一下，让管时求派人暗中保护，不能有丝毫闪失。否则，不仅王夫之有危险，还极有可能把他自己也搭进去。

王夫之见刘子参面色凝重，立即问道："子参兄，怎么了？"

还是姜善棋反应快，她听到王夫之说下山，立即过来接话道："夫之哥，衡州现在是清府地盘，你是永历官员。你要下山，我们得安排周全，不能有任何差池。"

"对对，就是此想，别无他意。"刘子参连忙说道。

王夫之听这么一说，他表示理解，道："我乔装打扮，悄然下山。到了目的地，我独自行动。完事后，再悄然返回。"

"我陪小弟去一趟吧。"王介之望着刘子参和姜善棋，插话道："我熟悉路途，可减少你们的牵涉。"

当天下午，王夫之化装成农人，挑着一担干柴；王介之穿着性翰法师送给他的僧服。由于王介之时不时要下山去买点日常生活用品，为了方便，他接受了性翰法师送的僧服。他们一行从南岳山耐园出发，到达山上大路边，刘子参叫了一辆马车，大家坐上去，直奔目的地。

快到奚鼎铉墓前一里地的样子，马车停下，刘子参让王夫之与王介之下来。王夫之再次挑着干柴，与王介之一起，朝王家聘坟前走去。刘子参与姜善棋在一旁紧张地看着他俩。

王介之来过这里，他走在前面，王夫之跟在后面。两人快到王家聘坟前，王夫之把干柴放下，看了看四周，发现有两三个路人在不远的地方说话，对王夫之这边看都不看。王介之与王夫之来到王家聘坟前，但见坟头竖有一块碑，上面一行小字让王夫之鼻子一酸："一辈子卑微，一瞬间伟大。衡州平民王家聘之墓。"他赶紧克制自己的情绪，烧了三炷香，拜了三拜。王介之站在旁边，双手合一，嘴里含糊其词，喃喃地说着什么，像僧人念经一样。

拜完后，王夫之又来到旁边奚鼎铉的坟前。这里，也竖着一块厚厚的木碑，用火烙上一行醒目的黑字："跪着活，站着埋。衡州同知奚鼎铉之墓。"王夫之看了，眼睛顿时红了起来。他也烧了三炷香，拜了三拜。

这时，王介之低声道："小弟，往左边小径半里，就是采诺的墓地，奚夫人郑氏以及奚鼎铉的老母之坟也在那里。你顺便去看看吗？"

王夫之点点头，道："当然。马上去。"

"有件事，一直没有告诉你。"王介之道："采诺坟前也立了一碑，以你媳妇的名义。"

"啊？"王夫之大惊道："如此妥乎？"

"此事并非孟浪之举，实乃奚夫人所坚持，并经母亲大人同意所为。"王介之依旧低声道："为兄的第一时间知晓此事，亦觉不妥，然采诺已逝，生前未得其实，死后入列王家，既遂奚同知之愿，亦彰采诺之孝，更了郑氏之心，奚家人九泉之下当欣慰矣。"

王夫之默然以对，既感慨，又感动。两人很快就到了采诺坟前。这里果然立了一碑，上书："生死以对，爱恨相依。王夫之夫人奚采诺之墓。"

王介之提醒道："小弟，你看，这墓碑上还有一行小字。"

王夫之认真一看，竟然是："王朝聘夫人谭孺人手写。"刹那间，王夫之眼泪涌了出来。他知道母亲大人读过几年私塾，但从来没见她显露过。这次，母亲大人写的这几个字，柔中带刚，厚重健实，足可看出她的笔力了得。更重要的是，母亲大人做了一生中从未做过的事情。"生死以对，爱恨相依"，这八个字，也彰显了母亲大人对"王夫之夫人奚采诺"的高度认可。王夫之除了感动外，还能说什么？他取来香烛，慢慢点起，认认真真鞠了三个躬。

然后，王夫之又到奚夫人郑氏和奚鼎铉母亲坟上烧了香，并均拜了三拜。想起奚鼎铉的一生，又想起采诺及她的家人，王夫之又悲又伤，欲哭无泪……

正在这个时候，刘子参急匆匆跑来，拉着王夫之的手，催促道："快走，有人来找麻烦了。"说完，又将王介之推了一把。"我重新叫了一辆马车，就在路边等着。你们不要回头，这边我来应付。"

王夫之这才明白，原来不远处的那两三个路人，实是清府派的密探。此刻，他们正带着一小队人马快步朝这边走来。刘子参迎面走向他们，嘴里大声吼着什么。那一小队人马见到刘子参，马上停了下来，其中为首一人走上前，与刘子参发生了争执。

王夫之与王介之顾不上这些，他俩迅速跑向马车，挥鞭赶路，朝南岳山上进发。

五

王夫之从山下回到王介之的耐园，心情非常糟糕，晚上失眠、噩梦不断。他本想去看看大叔的墓地，看看妻子、二哥参之、舅父和儿子药儿等人的墓地，但一想起这些亲人的历历往事，他就情不自禁陷入思念和恐惧交织的情绪中，正应了唐朝郑谷那句诗："半床斜月醉醒后，惆怅多于未醉时。"

唯一欣慰的是，谭孺人的病情稳定，精神慢慢好起来，情绪也好了不少，能够正常与王夫之交流了。但王夫之在她面前有些失语，不知道该说些什么，有时只是望着母亲发呆。作为母亲，谭孺人懂得儿子的失语或发呆，虽然她对外面世界发生了什么并不知晓，但她凭直觉知道，王夫之过得并不开心。

王介之见王夫之心神不定的样子，遂劝他早日返朝："小弟服孝的时间差不多就行了。多事之秋，你尽早回朝吧。父亲大人在天之灵，也能理解小弟的。"

但王夫之摇了摇头，亦迟迟未动。因为一想到永历朝，就想起蒙正发所说的，有人在他入朝职位上动了手脚，他有些寒心："自己尚未伸开手脚，怎么就树了敌，得罪了人？"王夫之想不通。他借戴孝之名告假，想让自己冷静一下，竟很快得到永历帝批准。这样一来，王夫之觉得朝廷并不如想象的那样需要他，与其这样，不如在家多陪伴一下母亲和家人，以弥补多年来漂泊在外与家人聚少离多的遗憾。

实际上，王夫之又陪不了家人，不是时间，是心情。母亲的唠叨，听一天两天也就够了，再听，不断地听他就有些烦躁。大哥一辈子怀才不遇，他又不像管时求等人那样，可以改变"初心"。他不能，也不敢。因为他是衡州王衙坪武夷先生的大儿子，更是王夫之的大哥。这个身份，决定了他只能待在南岳山上的耐园，守着孤松、云雾、溪水、落叶和石头，当然还有那个稻草和泥巴垒成的家。王夫之从来没有问大哥有没有别的想法，他不提这个问题，怕大哥难堪。所以，兄弟俩在一起，也就越来越没话可说。

更多的时候，王夫之独自在山间小路上走走，又在院落的木凳上坐坐，有一种"做客"的疏离感，这让他很是恼火。是自己对自己恼火，很莫名，很烦躁，很无助。恼火之余，他的心中泛起一丝无法抹去的寂寥与孤独。几天后，他忽地想起父亲临终前交给他的续写春秋之大事，回到书本世界，他的心才终于安静了不少。王夫之认为春秋之义，守经事则能知其宜，遭变事则能知其权。其义根源于天道与人心，以天道人心为根据则可以揣知世变的得失与缘由，进而可以"正之以人禽之辨，防之以君臣之制，策之以补救之宜"。春秋之义对世道人心有补偏救弊之效。这应该是父亲大人临终嘱他续写春秋之缘由。

王夫之这样想，别人未必赞同。他想找人聊聊这个话题，但能够与之对话的人很难找。大哥？李国相？刘子参与管时求？都不是。他重新陷入孤独中，让大地、苍天、江河与自己的灵魂对话。

这种状态维持不了太久。王夫之毕竟不是闲人，更不是纯粹的读书者，他是仁人，是战士，更是志士，他"身在家里，心在朝中"。回衡州之时，永历朝表面平静，实已暗潮汹涌，危机四伏，王夫之了然于胸，既已入朝，焉能置之度外，独善其身？

当时的永历朝分为三派，瞿式耜、严起恒，连同方玄痴、金堡、蒙正发、刘湘客、晏清等可算左派；李元胤、袁彭年、黄奇遇、李成栋先降清后归明为中间派；王化澄、朱天麟，连同马吉祥、严云从、吴贞毓、郭之奇、万翱、鲁可藻、程源，以及胡执恭、夏国祥、陈邦傅可算右派。王夫之对左派人士情有独钟，认为他们是反清复明的中坚力量。他最恨的是右派，觉得他们玩弄权术、结党营私、祸国殃民。但他们人多势众，抱成一团，许多人敢怒不敢言。作为旁观者，王夫之看得很清楚，但人微言轻，说不上话，只能偶尔跟蒙正发和金堡借酒浇愁，发发牢骚。

王夫之尽可能不去想朝廷上的那些事情，可脑海里闹哄哄的，总是无法让他安静下来。

奇怪的是，接连三个晚上，王夫之梦见姜百户，他总是一副惨兮兮的样子，残肢断臂，血淋淋的，瞪着双眼，盯着王夫之，哑哑地问："女儿等我回去见证她成婚，可我回不去了，怎么办？怎么办？"

第三个晚上，姜百户抓住王夫之的手，两眼通红，大声叫道："夫之先生，你现在入朝为官了，可我的女儿还没成婚。怎么办？怎么办？"

王夫之骇然，试图与姜百户坐下聊聊，可姜百户没有坐下来的意思，他不停地往前面走，王夫之边追边喊。走了好一阵子，姜百户扭过头，留给王夫之最后的话是：

"夫之先生，你代我去见证女儿成婚吧！拜托，拜托。"

醒来后，王夫之发现枕头上湿湿的，不知是汗还是泪。他觉得这是某种暗示，他要去看望姜百户的坟，但一想到姜百户的夫人欧阳文澜对清府的态度，王夫之心里又挺生气的，觉得欧阳文澜没有气节，被清府轻易地"收买"了。

翌日上午，王夫之有些莫名其妙地烦躁不安，几个声音在脑海里打架。一个声音在心里喊：姜百户等着你去他的坟地看他呢，快去吧；另一个声音却在耳边发出警告：欧阳文澜拥抱清人、热爱清府，辱没了姜百户的骨气，如果到时有人背后说你也投清了，这污水你洗得干净吗？还有一个声音在说：你连奚鼎铉的墓地都去烧了香，他可是被清府追认为英雄的人，你都去拜了；姜百户是明廷的英雄，你反而不去祭拜，姜百户灵魂能安息吗？

就在这时，刘子参不声不响来到了耐园。

王夫之站在门口，静静地看着他。

刘子参也静静地看了王夫之一会儿，然后问："怎么，要出门去？"

王夫之不置可否。

"棋妹没一起来？"王介之说完，又问道："对了，上次我陪小弟去山下上坟，后来没什么事吧？"

"没事。都过去了。"刘子参说道。

"那好，你俩聊聊，我上山采点野菜。"王介之说着，离开了。

"怎么，想出去走走，散散心？"刘子参边说，边在院里的木凳上坐下，道："国相兄一直为儿子的事烦心着。昨天碰到他，还说来山上看你。"

"璟儿的病情还没好转？"王夫之问道。

"不是病的事情。"刘子参欲言又止。"璟儿好像想去参加科考，可国相兄死活不同意。"

王夫之道："国相兄不糊涂。"

"唉，说真的，时求兄也知道你回来了，早就想来见你。可是，不知道见了面，会发生什么。"刘子参叹道："时间越长，越觉得尴尬。想想，真是别扭。"

"如此，不见也罢。"王夫之平静地说。

"其实，各人有各人的难处。"刘子参道："我原本只是想开个中药铺，与善棋安安静静过完这一辈子，可是……"

"可是什么？你不说，我就不知道吗？上次下山，我见你跟来抓我的人说话，就明白了。"王夫之皱了皱眉头，斥道："你在清府做了官，与善棋有了家庭，生个孩子，或者几个孩子。这挺好啊，这不正是你盼望的吗？"

刘子参听出了王夫之话中的讽意，摇摇头，道："我开个中药铺，因为不治病，只卖药，生意不好。而家庭开支越来越大，特别是有了孩子后，入不敷出，因为生活所逼，入了清府，吃了官饷，日子确实稳定许多……"

"你不觉得背叛了自己吗？"突然，王夫之厉声质问道："你不觉得对不起长眠在衡州古城墙下的无数英魂吗？我这些天，每晚梦见姜百户，刚才就想下山去看他。那血淋淋的一幕，一辈子忘不了，我痛，我的心在抽搐！"

"可是，姜百户是为抗击大西贼军而牺牲的啊。"刘子参小声辩解道，"姜百户的夫人也接受了清府的慰问金……"

"住嘴！你别给我提起她！"王夫之大吼一句："姜百户如果有灵，他会从坟里冲出来，给他遗孀一记耳光！"

刘子参脸色惨白，他缓缓地从木凳上站起来，汗淋淋的。他默默地看了王夫之一眼，轻声道："夫之兄，我理解你的愤怒。你怎么骂，甚至打我，我决不辩解或回手，如果这样你觉得好受一些的话，如果这样能改变现实的话。"

讲到这里，刘子参泪流满面，突然大声道："难道我愿意这个样子吗？如果大明王朝让我看到希望，如果永历朝从皇上到文武大臣让我看到卧薪尝胆、齐心抗清的强大力量，我会背叛？我会变节？我会成为我自己憎恨的人？我们一起，流血，杀敌，前仆后继，为了什么？我们家不要，命不管，又是为了什么？请问：你去永历朝待了多少时间？为入朝你挣扎了多久？你在肇庆、在桂林遭遇了什么？"

王夫之没料到刘子参一口气说了这么多，顿时愣住了，看来刘子参压抑已久，也需要找个人发泄矣。

见王夫之不吱声，刘子参进一步说道："我告诉你，你与时求兄在永历朝候任缺钱时，让国相兄筹钱，除了我们尽绵薄之力外，采诺姑娘不仅将一生的积蓄拿了出来，她还把父亲奚鼎铉死后清府送来的抚恤金全拿了出来。如此说来，你的行人之职是否也有清府之功？"

王夫之不仅被问得哑口无言，而且酸楚不已。他根本不知道采诺在这件事上还有如此作为。王夫之怔怔地看着刘子参，半晌才讷讷道："正因为朝廷风雨飘摇，我辈才要同舟共济啊。"他明白这话很苍白，才忽地问道："对了，你在衡州府做什么？此次上山，你又是因何而来？"

"上次见你就想告诉你，但怕你一时接受不了。"刘子参长长地舒了一口气，他见王夫之不再纠结于他的"背叛"——至少表面上是这样，遂实话实说道："我在衡州知府衙门做工房主事，管的是工程营造、修理仓库、起盖衙门等杂事，也就是以前朱啸虎做的那份差事。"他本想趁机讲一讲朱归孺，但话到嘴边又咽了回去，只是说："这份差事拜时求兄推荐所得，此番上山亦是为他的事情而来。"

"啊？他在衡州府做什么？"王夫之本想叫"管兄"或"时求兄"的，但临时改口叫"他"，王夫之道："你为他的事情来找我，是什么事情？"

"难道介之兄没告诉你？"刘子参有点奇怪，道："既然如此，我索性都如实跟你说了吧：时求兄做了衡州同知，他是拜朱归孺推荐所得；而朱归孺做了湖南道台，他大部分时间在长沙署公。"

王夫之听了十分吃惊，朱归孺竟然在清廷做了正四品，管时求也做了清廷的准五品官，而自己在永历朝作为从八品小官还要等待阁考，他尽量控制自己的情绪，颇为嘲讽道："呵，都做了大官，值得祝贺啊。"

"时求兄让我来找你，是为他的私事。"刘子参道："本来他自己要亲自来的，一是他的确太忙，你知道，原江西总兵吴军来衡州做了知府，这家伙在南昌干了不少坏事，眼下要不是时求兄与之斗智斗勇，这家伙一定会把衡州搞得乌烟瘴气，衡州学子尤其遭殃。二是更重要的，时求兄担心你不帮他这个忙。"

刘子参讲的其实是两个意思：一是管时求做同知，对衡州有好处。他不做，别人会做。而别人做，显然不如管时求来做更好，所以，对他的入职清府，应客观看待，避免情绪化。二是管时求有私事要请王夫之帮忙。对第一点，王夫之明白刘子参讲话的用意，其实还是在为他自己辩解，王夫之不想深究此事。对第二点，王夫之有些惊讶，道："什么私事，需要我帮忙？"

"经人牵线，时求兄跟姜有义的女儿姜百合结亲了。"刘子参道："这本来是件好事，但没想到好事多磨：姜百合要求请你参加她的婚礼，这也是她提出的唯一要求……"

"怎、怎么会……这样？"王夫之闻之，脑袋"嗡"的一声，心想，这哪里是姜百合提出的要求，分明是欧阳文澜出的难题。欧阳文澜明知道王夫之对她有了成见，她自己来请，王夫之未必能够答应，只好让管时求来请。王夫之喃喃道："怎、怎么……这么巧？"

"啊？夫之兄，你怎么啦？"刘子参见王夫之脸色发白，有些吃惊道："你没事吧？什么事'这么巧'？"

说到这个份上，王夫之便把这些晚上不断梦见姜百户的事跟刘子参讲了。

刘子参瞪大眼睛，大声道："这就对了啊，老天都想成全此事。姜百户不断托梦给你，也正是希望你成全时求兄和姜百合啊。"刘子参很高兴，催促道："走，走，我们赶快去姜百户坟上拜一拜！下山后，我把时求兄也叫上。"

这时，王介之从山上采了一些野菜回来，对刘子参道："一会儿吃了中饭再走。"

刘子参冲王介之点点头，他突然想起什么，连忙对王夫之道："对了，我带了点吃的来，刚才只顾说话，没有送上来。"于是，他立即跑到门前的路口，大喊："刘师傅，快把吃的挑上来！"回头又对王介之道："我叫了一个挑夫，带来的都是吃的东西，山上生活太清苦。"

不一会儿，刘师傅挑着两箩筐吃的东西气喘吁吁地走了上来。

刘子参道："挑进屋里去。反正是些大米、红薯等粮食，还有点肉类。"王介之看了看王夫之，有点为难的样子。

刘子参便对王夫之道："放心，都是我自己掏钱买的，没有花知府里的一分钱。"

"那行，大哥收下吧。"王夫之叹一口气，道："叫刘师傅再挑回去，亦不忍心矣。你姑且一一登记在册，等时局稳了，再设法还上。"

"对，对，此法甚好。介之兄，你与刘师傅登记一下吧。"刘子参满心欢喜，连忙道："我与夫之兄要下山去了。"

刘子参知道，这是王夫之给王介之一个台阶下，也是给刘子参和他自己一个台阶下。说真的，山上生活实在太清苦，自己熬熬也便罢了，可还有一个白发苍苍的老母亲啊。

王夫之照例乔装打扮了一下。

下山后，刘子参本来要带着王夫之先去一下衡州府堂，叫一下管时求，但王夫之不愿意，说："要是碰上吴军，岂不难堪？"况且，王夫之虽然易装，但还没剃头，下山后，他已经将头发盘起，并接上一条假辫子，挺难受的，但为了去拜祭姜百户，他也只得忍了。当他与刘子参径直来到城北墙角下埋葬姜百户的地方时，王夫之赫然发现，那里已有数人正在跪拜。

刘子参惊叫道："啊？是时求兄他们！"

果真就是管时求！当然还有姜百户的夫人欧阳文澜和她的女儿姜百合！另外两人是谁？啊？竟然是姜思琴和恒生！他们围了半个圈，圈内就是姜百户的坟，旁边就是王夫之当年特地栽下的三棵松柏。王夫之隔着二丈远，他和刘子参停下来，静静地看着他们的祭拜。

最先发现王夫之和刘子参的是姜思琴。她拉着恒生悄悄地退到后面，然后走到王夫之身边，静静地望着他，没有吱声。

王夫之弯下身子，轻轻拉起恒生的手，恒生叫了一声"舅舅"。管时求回头看到了王夫之，怔了一下，嘴唇微微嚅动。

这时，欧阳文澜和姜百合也看到了王夫之，姜百合叫了一声："夫之先生！"欧阳文澜则叹了口气，立在一旁，不说话。

王夫之走上前，轻声道："你们都在这里！"说完，自己也在姜百户坟前恭敬地跪拜了三拜。每拜一次，王夫之的双膝都跪在地上，把额头也贴到地面。王夫之一丝不苟地拜完，这才缓缓地站起来，道："姜百户，我们都来看你了，你就安息吧！"

"夫之先生，真难为你了。"欧阳文澜很感动，她以为王夫之是专门回来见证女儿的婚事的。"从桂林回衡州，那么远，不容易。"停了一下，又道："本来不忍打扰你，可姜有义夜夜托梦给我，说一定得请你见证女儿成婚……"说着说着，竟哭起来。

管时求眼睛通红，望着王夫之，始终没有说话。突然，他也跪了下来，对王夫之道："夫之兄，请你看在姜百户份上，成全我们吧。"

听管时求这么一说，欧阳文澜和姜百合都怔住了。这是怎么回事？难道夫之先生不愿意？……

王夫之看着姜百户的坟头，静静地看着，良久，他才重重地叹了一口气，将管时求缓缓地扶了起来："行吧。我答应你。"

管时求情不自禁，抱住了王夫之，紧紧地抱住他，泪流如注。

刘子参见状，也流下了泪水。

"我、我怕你责骂，我、我都不敢去请你。"管时求此刻像个大男孩，他松开王夫之，一边揩泪一边说。

"别哭了。一个大男人，哭什么啊。你们成婚，值得高兴。"王夫之走到姜百合身边，轻声道："你们什么时候举行仪式？"

"一直定不下时间。因为不知道夫之先生何时能来。"姜百合从实道："现在好了，夫之先生回来了，什么时候都成。"

"万事俱备，只欠你这'春风'。"这时，刘子参看着王夫之，插话道，又回头对管时求道："既然'春风'已度玉门关，'春风'已绿江南岸，时求兄还等什么？快快成婚吧，春宵一刻值千金啊！"

管时求和姜百合顿时不好意思起来。

"思琴，你还好吗？我这一趟去桂林，衡州可发生了许多事啊。"这时，王夫之轻声问姜思琴："听说衮冕回来过，衮冕组成了新家并且有了自己的孩子？他好像在一个很远的地方，究竟在做什么呀？"

"衮冕跟一名瑶乡女子成了婚，那女子叫阿妮，生了一个孩子，叫贵单。他住在舜帝陵边上宁远河旁一个叫西湾村的地方。"姜思琴好像讲述一个事不关己的人的事情，道："他做的事情挺吓人的，好像是捞尸工，还做赶尸人。他自己说守护死者最后的尊严。唉，你们这些读书人呐……"她说不下去了。

"哦，读书人也是人。这世道，多是孤魂野鬼。衮冕做这份工作，倒是积德的事情。"王夫之接上话，认认真真道："听说你不愿意住郭家，去王衙坪我们家住行吗？"

"不妥，不妥。"姜思琴摇头，然后又说："郭老爷子过世了。郭家现在空荡荡的，我一进去，就感觉冷气逼人。"

"啊？郭老伯也走了？"王夫之有些吃惊。

"上个月走的。衮冕没回来，我忙碌了好一阵子。"姜思琴叹了口气，说道："以前，我住在花药山下的梧桐寺，但恒儿一天天长大了，老住在庵堂里不好，我便搬去了欧阳老太太家。你知道，我先前很长一段时间就住在她家。"

姜思琴说着，又看了一眼欧阳文澜，只听老太太说："思琴跟老妪处得可亲了，老妪把思琴当成了自己的女儿。"

"所以，你能出面主持百合妹妹的婚事，我特别高兴。"姜思琴向王夫之投去感激的目光，道："你知道，我的母亲去世得早。欧阳老太太心特别善良，我对她挺依赖，跟百合也像姐妹一样……"

从姜百户坟地回城里，管时求告诉王夫之，他已择好吉时：就在后天中午，在管家举行他与姜百合的成婚仪式。管时求又道：弟弟嗣箕死后不久，父亲回到家里，没多久，也因病去世了，家里自此空荡荒凉。这一回，如果不是刘子参帮忙，他真的没心思在自己家里举行婚仪。

刘子参插话道："你不住管家，难道还要住在姜百户家里？房屋越住越有人气，有人气而后才有福气。"

"不管怎样，你该成家了。"王夫之心情十分复杂，对管时求感叹道："我比你和子参兄年龄都小一些，可我的老二都七岁了，药儿如果活着，就更大了。子参兄也做了父亲。你成婚后，快点做父亲吧。"

管时求表示感谢，他看着王夫之，明知故问道："你入朝的事情，究竟怎样了？"

"唉，终于入朝了。行人司行人，从八品。"王夫之如实相告，道："这个不重要，重要的是我在守孝期。"

管时求表示惊讶，他转个话题，突然说道："这个吴军，将你的恩师欧阳霖先生迫害致死。现在到衡州，还一直派人在寻找你，真是可恶得很。"

刘子参插话道："昨天还听吴军说，有人告诉他，王家人潜藏在南岳山上，要派人去搜山。如果不是时求兄暗中张罗和保护，介之兄和老太太等家人恐怕不会如现在这样安宁。"

"别说这些。"管时求制止刘子参说下去，他告诉王夫之，曹伯实已做了耒阳县令，有机会可去看看他。见王夫之一脸吃惊，管时求又道："伯实兄曾有出家念头，因老父病重，他搁不下。不久，曹父去世了。因为老母亲还在，割舍不下，他想了想，接受了我的劝告，做了耒阳县令。当然，这也要感谢朱归孺的关照。"

王夫之忽地感觉不舒服起来，他不是眼红同窗旧友都当上清府官员，而是不明白这些被清兵伤害至深的人为何如此轻易就原谅了清廷的暴行，忘记了身体和心灵的伤痛。王夫之闷声闷气道："听说国相兄赋闲在家，我去看看他吧。"

管时求捕捉到了王夫之表情的变化，连忙道："好，好！不过，咱们吃顿饭，吃完，你再去，好吗？"

见王夫之摇头，刘子参也劝道："你回衡州了，也让我们尽尽地主之谊。"

"这顿饭改到时求兄的婚仪上吃吧。"王夫之尽量不流露出内心的不快，道："你们都是大忙人，我去闲人家自在一些。"

话已至此，强留无用，管时求本来要叫一辆马车送他去，王夫之立即摆摆手，道："不必了。"

"这不是客气，而是出于安全。"刘子参道："你虽然做了假辫子，但若受到盘查，必会有麻烦。叫辆车子，我陪你去见国相兄。"

听刘子参这么一说，王夫之不再执拗，淡然道："恭敬不如从命。时求兄你去忙，后天中午见。"

第三十五章　旋涡

一

王夫之在李国相家里见到了他，李国相看着王夫之，他只是静静地看着，神情有点木然。岁月沧桑，时间改变了许多东西。有风微微吹来。王夫之忽地挤出一丝笑容，但笑容马上消失。因为，他实在不想装高兴。

"我回来一些日子了。"王夫之干巴巴地说。

"我知晓。"李国相干巴巴地回答。

"因为山下还不太平。衡州知府吴狗天天派人监视我，试图抓我治罪。"

"我知晓。"

"所以，没有早来看你。"

"我知晓。"李国相答道。

"我在永历朝谋了个行人小差，准八品小职。"

"我知晓。"

"因孝期在身，奏请皇上允准回乡服孝。"

"我知晓。"

"你知晓什么？我还没吃饭。"王夫之忽然大声喊道："我要在你家吃饭！"

"我知晓。"李国相怔了一下,望着王夫之,道:"哦。好。我就去弄。"

王夫之有些发呆,有些生疑,这是不是在梦中?李国相什么时候变成了这样?看来,一切回不到原点,回不到从前的时光,心态、氛围、人与事都发生了变化。对李国相这位大哥,以及他所做的一切,王夫之无需用"感谢"二字来表达。而许多事情亦无需多说、细说和再说,包括向李国相借款以及由此发生的种种,两人都已经知道端详。回衡州这么长时间,两人终于见面了,为什么很难有深入的交谈?

"我不吃了,马上走。"王夫之用近乎愤怒的声音吼道:"国相兄,你有什么不满,就直接跟我说。为什么如此冷待我?"

"啪!"的一声,一只碗被狠狠地摔在地上,碎片四溅。李国相冷冷道:"我为什么不上山去看你,我为什么对你冷漠?还用我说吗?"说到这里,李国相突然吼道:"为了你和时求去永历朝谋个好差,我把家里翻了个遍,远远不够,再为你四处筹钱,善棋当掉了桂王府的通行牌,子参将药房里仅有的一点盈余都拿了出来。尤其重要的是,采诺拿出了一辈子的积蓄以及清府对奚鼎铉同知的抚恤金,甚至流血、死人,被清府抓去坐地牢……所有这些,我们有过埋怨、有过责难、有过要求你回报吗?"这时,李国相突然哭了起来:"我真没想到,你竟然只谋了个行人司行人的职位,不是我瞧不起你,是永历朝瞧不起你……永历朝瞧不起你就是瞧不起我们整个衡州学子。所以,朱归孺很清醒,跟了左梦庚,做了清府的湖南道台;时求也醒悟,跟着朱归孺降清,做了清府的衡州同知;子参也无奈,跟着时求,到衡州清府为官。璟儿要去参加清府的科考,我坚决不同意。璟儿拗不过我,遂写了一张字条,你看看。"

李国相一边哭一边从身上摸出一张字条,王夫之亦痛哭,他流着泪,接过字条,但见上面写道:"衡州诸叔,纷纷降清,盖新旧更替之必然。时局逼势,逆者诛,顺者生。诸叔虽叛故国,贼旧君,然苟为利于我,固不能不以为功也。且此思绪乃父所有，诸叔未以为然。璟儿科考，与降清诸叔同理，不耻不悲，只为个人前程计。否则以一己之力，能让蚍蜉撼大树否？"

王夫之读完，一脸峻然，全身发抖，久久不语。他呆呆地捏着璟儿的信，任泪水无声地流，一流再流。

"夫之，眼下朝廷奸臣当道，良才不用，皇上昏聩，我辈守忠君之道，怀报国之心，然徒有其念，百无一用。如此，我辈值得吗？璟儿的前程在哪儿？我的前程在哪儿？你的前程在哪儿？衡州学子及其后人的前程又在哪儿？……"

"国相兄，你不要问前程，也不要问我。"王夫之终于镇定下来，打断李国相的诉说，朗声道："你等对我的恩德，我时刻铭记，无需多言。然我辈报国，不是国好报国，国不好叛国；而是国好报国，国不好更要报国。国如父母，父母有病，儿孙逃之，可否？国相兄若降清，璟儿若科考，皆是个人选择，我无权置评。"说完，抱拳而去。

王夫之极力不去回想刚才与李国相发生的冲突，这是他一生中仅有的一次。他知道李国相难受，自己何尝不难受？乱世穷年，流离失所，每个人都承受着独特的创痛，也都用独特的方式释放自己的压抑，舔着自己的创痛，擦干自己的眼泪，抚慰自己的伤口。这不是谁的错，是时代使然，你无力改变。

王夫之情绪低落，终于回到了南岳山上，可谓筋疲力尽。然而，刚到耐园，王夫之抬眼就见胡三妹带着两个儿子站在门口。

王夫之心里不由得"咯噔"了一下。

胡三妹却兴高采烈地迎上来，大声道："听说夫之先生回来了，特意过来看看。不意先生下山去了，正欲择时再来，先生竟又回来了。"

张纯、张熙两个孩子也异常乖巧地上来请安，"小生拜见恩师！"

由于心情欠佳，王夫之也顾不上回礼，他一看到两个孩子，立即想起当初答应胡三妹收她孩子为书童的事情，而两个孩子嘴里的"恩师"尤其让他感觉有些刺耳和沉重，心想：你们是不是不希望我再回到永历朝，只待在南岳山上，设坛讲学？

"我已入朝当差。本次回家小住，既为服孝，更为看望母亲大人，不日即会离开衡州。"王夫之说这话时，显得有点淡漠，更显得身不由己。

"哎呀呀，夫之先生入朝为官，真是太好了。"胡三妹没有听出来话外之音，反而高兴道："以先生的才情，一定为朝中大臣，能为衡州百姓争光。如此，我们山里人也跟着添光，两个小儿前程更亮堂，今后的日子更有盼头了，真是可喜可贺啊。"

胡三妹的话正好戳中王夫之的尴尬处，他"哼"一声，没好气地自嘲道："唉，连个县令都比不上，准八品，有什么可喜可贺的！"

"终归是入朝了，这就是天大的事情。"胡三妹还是不明就里，说道："我家纯儿、熙儿要是哪天入朝了，我祖宗八代都要放鞭炮庆祝。"胡三妹一说完，脸"唰"地红了，马上意识到这话有问题，讪讪道："对不起，夫之先生，我家小孩哪能跟您相比啊。"

王夫之对此有些敏感，他摆了摆手，道："如果没有什么事情，你们回去吧。我想休息一下。"

"好，好。夫之先生好好休息吧。"胡三妹说完，转过身，带着张纯、张熙离开了耐园。

王夫之走进屋内，发现地上放着一大堆吃的东西。不用说，都是胡三妹送来的。见胡三妹一行走远，大哥王介之委婉道："小弟心情欠佳，倒也不必将不好的心情推给胡三妹。她其实不是专程来的，她隔三岔五就会来一次，送点东西来，她知道我们在山上生活不易……"

"哦？我刚才发火了吗？"王夫之看也不看大哥一眼，没好气道："她送了一点吃的来，我就要迎着她，感激她，让她高兴？"

话一出口，王夫之感觉不对劲、太刺耳：这是我说的话吗？多伤人呀！大哥守"明"志不入"清"道，常年待在山上，包括母亲大人在内一家子人的吃喝，都得靠他悉心张罗。即便如此，家里仍常常吃了上顿没下顿，要是没有像胡三妹等热心人的接济，王家人恐怕早就饿死了。

"小弟不必这样。"王介之苦笑了一下，他十分理解王夫之的心情，不予计较，只叹了一口气，道："快去看看母亲大人吧。"

王夫之发现谭孺人躺在床上，把脸埋在被面下，遂赶紧上前问道："母亲大人，又犯病了？哪里不舒服？"

"唉，夫儿，我真是受够了。"谭孺人动了一下身子，把脸摆正，叹道："思琴和善棋来山上看过我，可两个小的，晓书和若画，一直没有上来看看。你们知道她俩在哪里，生活得怎样，成家没有，有孩子没有？真让人挂念和操心。"谭孺人说了一大堆，也不等王夫之回答，又抱怨道："这山上常年鬼阴鬼阴的，天冷，雾重，潮湿，看不见阳光。我这把老骨头，到处痛，活着就是折磨。真的好想躺到坟地里，到你父亲身边，听他发牢骚，气我、凶我。这老东西还真让我想他……"

王介之在一旁摇头，这是母亲最近一段时间的常态。王夫之也不知道说什么好。父亲在世时，母亲没什么抱怨，或者说她的抱怨被父亲一个人消化掉了。父亲一去，兄弟俩才感觉，自己苦一点没什么，但母亲也待在山上，确实有些不便。然而，他们又不能下山去。

"你父亲在世时，经常烦我、骂我。我身子痛，不舒服了，也可以找他发火、吵架，他一走，我的魂就没了。"谭孺人又嘟哝道。她见王夫之不吱声，忽然又重复道："对了，琴儿四个姐妹也不来看看我。你父亲过世时她们也没来一下。她们怎样了？特别是那个书儿，还有画儿，一直就没见个面，都还活着吗？是不是都死了，你们瞒着我？"

"母亲大人，外面的事情您就不用操心了。"王夫之越听越不是滋味，说道："这世道乱，她们也确实忙。"

"你不要骗我了。你告诉我，她们是不是真的死了？"谭孺人紧紧盯着王夫之，提高声音道："她们死了也没什么，可你要告诉我，不要总是给我盼头，却又盼不到她们到来！"

"母亲大人，您不要乱想了。"王介之过来解围，说道："我们知道您在山上活得不好，我们也很难过。可是，山下是清人的世界，衡州知府还要捉拿我们，一旦下山，就会自投罗网……"

"你们就是吓唬人！我都是要死的人了，鬼都不怕，还怕衡州知府吗？"谭孺人打断王介之的话，她猛地看着王夫之，突然问道："对了，听说你入朝为官了，好不好过？不好就回来。还有，听说你下山去了，到采诺坟上烧过香没有？还有她的母亲奚夫人，也要给她烧香，包括她的奶奶，都要烧香。人要讲良心，我晚上时时梦见她们，多好的一家人啊……"说着说着，她竟呜咽了，进而老泪横流起来。

看到母亲的这个样子和山上生活的情况，王夫之的心更乱了。

第三天上午，王夫之下山参加了管时求与姜百合的婚宴，差点跟不请自到的吴军撞上了。幸亏刘子参从中周旋，将吴军巧妙引开，王夫之这才得已借机快速离开。

回到山上，王夫之再也没有心思待下去。不过，母亲的身体不容乐观，他想离开衡城但又有些不忍。最后，在大哥王介之的劝说和鼓励下，王夫之下定决心，带着侄子王敉，连夜赶赴朝廷。

王夫之后来回忆此事时说道："此非严光、魏野时也。违母远出，以君为命，死生以之尔。"意思是此时永历朝到了最危急的时刻，虽知可能于时局无补，亦要尽自己一份心力。王夫之在《诗广传》的《论无将大车》篇中亦写道："文信公有云：'父母病，知不可瘳，无不药之理'，弗恤尘之雠而必将之，其情有尽焉者乎！"这里的意思，与当时王夫之向李国相慷慨陈词的一样，是用比喻的方式说，国家若父母，父母若得了绝症，为人子女者，虽知治愈无望，但依然会尽力去挽救。王夫之秉持"苟利国家，不求富贵"之初心，真正做到了"位卑未敢忘忧国，明知不可而为之"。这是时人难以做到的地方，亦是后人无比感佩的地方。

二

然而，当王夫之费尽九牛二虎之力回到桂林时，却傻眼了：永历帝已移驾梧州。王夫之心情抑郁极了，没办法，只好再追。而当他好不容易赶到梧州时，永历帝再次迁移，返回肇庆。

"捐躯赴国难，视死忽如归。"可是，当王夫之终于赶回到行人司，他的心情快崩溃了。这个司有三十多人，工作很杂，举凡颁行诏赦、册封宗室、抚谕请蕃以及赏赐、慰问、赈济、军旅、祭祀等，莫不涉及。做得好，才有可能升任诸如户科给事中、兵部给事中等职。王夫之一想到自己由礼部仪制清吏司主持降到行人司行人，心里就憋得慌。究竟得罪了谁，自己刚入朝就遭到如此打击？他想了许久，根本就没有头绪。

王夫之在行人司还没理出个头绪来，朝廷又要迁都，或者压根儿称不上迁都，只是皇帝移驾罢了，这让王夫之的心情糟得不能再糟。实际上，历史已将王夫之置于一个非常尴尬的位置：永历朝这个在正统历史上并未得到全面认可的朝廷，苟延残喘地存在了十五年。王夫之置身其间，成了一枚可有可无的棋子。

可笑的是，这十五年间，永历帝像一个难民，都城的地点以及迁都次数之多达到了令人难以置信的地步。

最初，永历帝在肇庆监国，随后三四年中，行在前后有桂林、梧州、武冈，只看这几个地方可能还不觉得太多，不过，反复迁徙的次数实在是太过频繁。永历帝频繁迁都彰显了永历朝廷极其脆弱、混乱以及永历帝的无能。

而那些日子，正是王夫之一生中青春激扬，豪情万丈的黄金岁月。可以想见，王夫之在动荡中是多么的痛苦与悲惨、苦闷与无助，也给他晚年的反思提供了更加真实而深刻的生命体验。

每次迁都，瞿式耜都坚决反对，极力劝阻，他始终坚持应将行在设在桂林，并非因为桂林是他的地盘，而是因为频频迁移伤筋动骨，乃国家大忌。迁徙一次，伤害一次，反反复复，朝廷再也没有什么威信，人心也都散了，朝堂和三军再无凝聚力。即便"郝永忠叛乱""清军压境"，瞿式耜都力主永历帝留在桂林，但永历帝一意孤行，一次也没听从。

尤其是 1648 年，永历帝要从梧州再次迁回肇庆。瞿式耜认为，在当时大明版图上，桂林为战略要地，倚桂林可图天下，至少对南中国而言是如此；定桂林亦可定民心和军心。而永历帝坚决反对。

永历帝最后还是移驾到了肇庆。

这当然与内阁王化澄和朱天麟的策划有关，其中，还有陈邦傅的参与和个人算计。永历帝移跸肇庆后，瞿式耜愤愤不平，曾在永历三年（公元 1649 年）九月的一封信中写道："吾之留守桂林……唯知奉承剃发之人，全不顾朝纲清议，太看不得。与之同流合污既不能，终日争嚷又不耐，反不如身居局外，犹得清清白白做一人也。"

实际上，永历帝有一种"肇庆情结"。他监国和登基都在肇庆。特别让永历帝终生难忘的是登基那天，是他生平最辉煌的时刻。当天，除了来自南方各省的明朝大臣外，连意大利、西班牙、葡萄牙、暹罗（泰国）和安南（越南）等国的使节也纷纷前来祝贺。永历帝身着黄袍，在阅江楼检阅了行军仪式，二十四门红衣火炮排列江边，近万名将士列队恭候于楼前。当红衣火炮喷射而出，众臣齐呼"万岁，万岁，万万岁"，场面热烈而壮观。

在往后的日子里，永历帝还常常梦见这震撼的一幕。然而，一瞬的辉煌，却要用一生的暗淡来偿还。

客观上，永历帝也真是命运多舛，他的王朝刚刚建立，就受到清军猛烈的打击。大兵压境之下，永历帝慌忙退走广西。其间，两广和湘、赣等省的众多城镇相继失守，广西省会桂林遂差一点被清军攻陷，幸得瞿式耜浴血死守，才将清军击退。随后永历军队先后收复梧州、平乐等地，并联合义军，在全州大胜清军，使战局出现了转机，永历帝才得以坐在龙椅上好好喘一口气。

可惜好景不长。永历三年（公元1649年）正月以来，噩耗频传，先是何腾蛟在湘潭殉国；继而金声桓、王得仁在南昌覆亡；紧接着，堵胤锡在浔州亡故……这还不算，三月，永历重臣李成栋兵败翻船身死，永历帝闻之掩面垂泣，朝廷上下更是惊惶一片。

李成栋养子李元胤来到肇庆行在，在永历帝面前痛哭流涕，永历帝安慰一番，封李元胤为南阳伯挂车骑将军印，然李元胤不就，仍以锦衣卫都督同知提督禁旅。

永历帝劝而不得，只好从之。

恰在此时，金堡参了陈邦傅一本。金堡将奏本呈给瞿式耜审定，瞿式耜知道所奏之事：原来，陈邦傅上奏永历帝要做"浔州留守"。与瞿式耜留守桂林一样，永历帝也批了诏书。

可是，陈邦傅却放风说自己是"浔州世守"，"留"与"世"，一字之别，意义迥异。前者是安顿下来，为国谋；后者是祖辈在此，安守故土，乃为本分。陈邦傅本想拥兵自重，效仿刘承胤，挟天子以令诸侯。其时，陈邦傅手握数十万大军，却不想如何为朝廷出力，只想着如何谋得私利。

瞿式耜了解陈邦傅的奸诈，觉得金堡参奏甚好，但劝其小心。

果然，陈邦傅获悉此事恼羞成怒，当着永历帝面赌咒发誓，声称自己从未有谋逆之心。他还请求永历帝委派金堡做其监军，以证清白。

金堡不为所惑，继续参他："邦傅何人？而敢请天子从官为其监军，妄意臣且惧之，得复其矫诏称世守之罪。乞追原敕，视有无'世守'字样，令罪有所归。"

群臣哗然，纷纷要求陈邦傅拿出诏书，无奈之下拿出来一看，诏书上果然没有"世守"二字。

两天后，金堡又参了陈邦傅一本，其内容是指陈邦傅与朱天麟遣胡执恭作伪敕册，铸宝封孙可望为秦王，害死了堵胤锡。

此为实情，孙可望不仅写信来朝廷质问，而且将堵胤锡活活气死。朝廷这才明白，原来堵胤锡是被一群奸臣"利用了、冤死了"。

如此一来，陈邦傅对金堡恨得咬牙切齿。

不仅陈邦傅，而且王化澄、马暨垂、朱天麟等人亦都把金堡等看成了眼中钉、肉中针，但他们拿金堡等没办法：一来金堡不贪腐，不盗名，清正廉洁，从不授人以柄；二来他的背后有严起恒与瞿式耜等朝中大臣撑腰，要动金堡，并不容易。他们知道，这些情况都是绝密的，如果不是朝廷核心层泄露，金堡是没有机会获得的。陈邦傅等人把仇恨转移到严、瞿二人身上。

奸臣们总是善于选择时机。这不，清军大兵来袭广东，南雄州已经失守。夏国祥造谣说李元胤、杜永和要挟持永历帝归降清军，消息传出，举朝哗然。永历帝胆小，立即下旨西撤梧州。

于是，西江之上，大大小小上百条船只齐齐升起了白帆，浩浩荡荡向西逃窜。对于这些，当地老百姓司空见惯，这些船只是永历的"皇家方舟"，平日里都停在肇庆的江面上，时刻整装待发。

王夫之没有准备，行动十分仓促。他本来在肇庆安了新家，开始了新生活，但还没把新房暖热，就匆匆带着新婚妻子郑若兰逃难似的上了船。

说来也是缘分。郑若兰是襄阳人，当时年方十八，她的父亲郑仪珂曾是武昌知府章梁部下，是王夫之在桂林的租住房东夏天福的表舅。郑仪珂带着女儿来夏天福处过年，期间与王夫之相识，相谈甚欢。当获悉王夫之丧妻两年、尚未续弦时，郑仪珂当即表示愿许女儿郑若兰与之为妻。

王夫之不从，说有孝在身，待回衡州后再说。实际上，王夫之之所以没有答应，是因为李国相来信，讲到母亲大人为她物色了采诺作为续弦对象，他要回去看看是否合适。然而，回到衡州后，王夫之发现物是人非，采诺已经命归黄泉。

而等王夫之服孝期满，再来桂林时，郑仪珂回襄阳去了，独独留下了郑若兰。郑若兰告诉王夫之，说父亲已安排她在此等候。

王夫之感到不可思议，一是郑若兰的名字中有一个"若"，此若非采诺之"诺"，却让他产生联想："诺者无言"即为"若"，采诺已矣，不能言说了，但若兰来了，她可以陪伴王夫之，此为其一。其二，更重要的是，郑若兰亦是践父亲之"诺"而留其位、守其志，与采诺遵父亲遗言有相似之处，这让王夫之感觉冥冥之中结下善缘，他无法回避，更无法拒绝。于是，在夏天福的见证下，王夫之与郑若兰组成了新的家庭……

侄子王敉格外高兴。

就这样，王夫之带着郑若兰和王敉来到梧州。在梧州，永历朝行在，以及内阁六部都在船上办公，甚至关押犯人的牢房也在船上。永历帝脱离了李元胤控制的广东，来到了陈邦傅的地盘，于是，陈邦傅他们蠢蠢欲动。

王化澄、朱天麟与马暨垂怂恿兵部尚书吴贞毓、礼部尚书郭之奇等人联合上疏，状告金堡、袁彭年、刘湘客、丁时魁、蒙正发把持国政，裁抑恩纪，谋危社稷。

明知是谗言，是污蔑，永历帝居然"相信"，或者假装"相信"，因为别人都拿他作盾牌，他有心无力，自欺欺人。结果，金堡、刘湘客、丁时魁、蒙正发等一干忠臣立即被锦衣卫押入了大牢，个个被打得皮开肉绽。袁彭年因为是李元胤的人，才得以幸免。

金堡等入狱，有如晴天霹雳，令满朝惊讶。明眼人很清楚，王化澄、陈邦傅、朱天麟等人的终极目标并非金堡，他们更想除掉的是那些位高权重的政敌，确切地说，是严起恒与瞿式耜。

在这样的风口浪尖，严起恒作何抉择？是缄口沉默，还是挺身而出？是忍辱而退，还是冒死一拼？

入朝为行人以来，王夫之与金堡、蒙正发、刘湘客等人交往甚密，深知他们为人正直，忠君爱国，日月可鉴。他们同时含冤入狱，王夫之义愤填膺，而满朝文武居然明哲保身，不敢置喙，更令王夫之出离愤怒。虽然，他只是小小的行人，但他顾不了那么多。

此时，唐克峻主动找到王夫之，一脸愤怒的样子，说金堡蒙冤，应当声援，并约好王夫之当晚一起去找严起恒。

奇怪的是，王夫之到达严府后，左等右等，不见唐克峻来。

王夫之横下心，硬着头皮敲响了严府的大门。等了一会儿，但见一人虚开半边门，道："你是谁？欲找谁？"

王夫之答道："找严大人。"

那人冷冷道："严大人不在家。"

王夫之一惊，又报上自己的名号："请您把我的名号报上去。"

那人扫了王夫之一眼，仍旧冷冷道："我说过，严大人不在家。"

"我看见严大人回来了。"王夫之不知从哪冒出来的勇气，镇定道，"我有要事找严大人。"

那人一怔，心想：来者何人，如此固执？正欲说什么，只听门内传出一个苍老的声音："外面是衡州王夫之吗？请进来！"

王夫之进门一看，发现严起恒独自一人坐在客厅中，正在喝茶。

"打扰了，严大人。金堡等忠臣蒙冤，大人听闻乎？"王夫之行礼后，急切地对严起恒道："诸君弃坟墓，捐妻子，从王于刀刃之中，而党人杀之，则志士解体，虽欲效赵氏之亡，谁与共之？"

严起恒示意王夫之坐下，他岂不明白其中的道理？金堡等人均为朝廷之忠义之士，抛妻弃子，甘愿誓死忠于危难之大明，刚正不阿，一心为国，若把这样真心实意为朝廷办事的人杀了，天下人当然会心寒，还有谁愿意为大明效命？

然而，有人未必这样想。严起恒开口道："夫之，你现在名气很大啊。"

王夫之一惊，不知严起恒此话是何意，严起恒只好道："为你入朝之事，堵公费了不少心思，严某与瞿大人亦费了不少心思。现堵公已走，你虽入朝，却远非人之所愿矣。"

"大人请说，晚生愿闻其详。"王夫之觉得严起恒话中有话。

"你有所不知。"严起恒叹道："当初录你入朝，本擢你为礼部仪制清吏司主持，正六品。严某还特地写上'公正之德，锦绣之文，擢礼仪之人'，并请瞿式耜瞿大人圈签过。如此铁板之事，后来竟然变了。尤其可笑的是，本人对此一无所知。"

王夫之虽听蒙正发说过，但现从严起恒口中说出，感觉又有所不同。尽管如此，他装作淡定的样子，道："严大人一番苦心，晚生记下了。"停了停，又补充道："晚生才入朝，并无冒犯之举，不知怎的得罪了哪位前辈？"

"此事本不欲说。"严起恒道："事已至今，说亦无妨。你跟王化澄王大人，还有马暨垂马大人，抑或当朝别的大臣，有过节乎？"

"晚生跟王大人或别的大臣多不认识，更无交集。"王夫之脊背发凉，摇摇头道："与马大人虽然见过，亦无任何私情，谈不上得罪，更谈不上有过节矣。"

"与谁同来？有没有人跟踪？"严起恒盯着王夫之，忽地严肃道："朝廷就是江湖，密线太多。当下有些诡秘，从安全出发，大家少走动为妙。"

"回大人，本来与衡州学子克峻兄约好一同来拜会大人，然迟迟未见他，晚生便独自来了。"王夫之见严起恒如此说，亦理解他的家人不让他进屋的缘由了。"晚生什么也不是，应该无人跟踪吧。"

严起恒叹了一口气，道："原本等你守孝归来，严某挑个头，与瞿大人等一起，奉旨对你等进行阁试，眼下看来，皇上对阁试没有心思亦无兴趣，因此，你仍可如前，在行人司自由进出和帮忙。行人司事杂，亦需要人打理。"

王夫之有些气闷，但只能如此。朝廷虽说亦是江湖，却又多了许多江湖上没有的条条框框。王夫之一直处于江湖之远，而今进入朝廷这个江湖，才感觉这个江湖比想象中的江湖要严酷得多、深不可测得多。本次来严府，自己确有一些孟浪，但严大人想来能够理解吧。

"严某能理解你，但别人未必如此。"严起恒好像看出了王夫之的心思，道："坦率地讲，朝廷不少人在回避你。"

"却是为何？"王夫之脑袋"嗡"的一声，大吃一惊，心想，既然大家在回避他，那到严府来，对严大人就构成了危险。想到此，王夫之惶恐道："晚生初入朝廷，不懂规矩和禁忌，若有冒犯，万请大人海涵。"

"你不用问为何，亦不必自责。"严起恒停了一下，又道："此事甚为复杂，你不明白似更好。切记：凡事能不出头，尽量不出头。这是江湖的规则，更是仕途的秘诀。"

王夫之点点头，心想：怪不得唐克峻最终没有来。可是，他为什么主动跟我说来找严大人呢？上次，朱归孺在吏部设灵堂拜祭堵胤锡，唐克峻说好要去，后来亦没有去。他对王夫之的解释是，当天他被马暨垂马大人叫去办事，王夫之并未细究，现在想来，这种解释并不合理。种种迹象表明，唐克峻与他并不是一条心。特别是在王夫之的任命上，蒙正发告诉王夫之，他只给王夫之本人和唐克峻透露过消息。任职结果公布后，唐克峻见到王夫之时，眼里有一种奇怪的表情，难道他会做出对不起自己的事吗？按说，他也没有能力更改任命这样的大事啊？王夫之不敢往下想。

严起恒见王夫之一脸肃穆，手足无措，便道："金堡等人之事，严某自会过问。你刚入朝，以旁观为主，千万不可轻举妄动。若图一时之快，冲动行事，后果将不堪设想。"

三

此乃实话，王夫之不是第一个请严起恒营救金堡的人，可能也不是最后一人。事情刚刚发生，严起恒就和瞿式耜等近臣作了商议。后来，又陆续有人来找他。然而，官场毕竟是官场，朝廷毕竟是朝廷。严起恒顾虑很多，不是怕惹火烧身，也不是怕奸臣们的最终图谋。站在他的位置上，讲究策略十分重要。现在考虑的不是个人的安危，而是国家的危亡。挺身而出很容易，赴汤蹈火亦不难，但是，这样不管不顾地做了，能救出金堡等人吗？如果救不出金堡，反而把自己搭进去，岂不更糟？

尤为重要的是，难道永历帝真的不明白金堡是忠臣？

然而，一想到永历帝，严起恒就打了个寒战：他真是个无能的软主，是一个糊涂的皇帝，更是一个任人愚弄的皇帝。此次内阁、宦官、内侍、尚书大员等众多朝臣对金堡等人集体发难，来势汹汹，加上陈邦傅对金堡等人的不利奏折，永历帝一见这阵势就怕了。别的不说，光陈邦傅一人就掌握着十万大军，皇太后和皇后等也被陈邦傅拿捏在手中。可以说，永历帝无论糊涂与否，都必须治金堡等人的罪。否则，不仅他这个皇帝不能做了，个人的性命恐怕也可能不保。

永历帝尚且如此，他严起恒又能做什么？若此时他挺身而出，无异于飞蛾扑火，也正中乱臣贼子的下怀。要知道，朱天麟等勾结孙可望，其实最重要的一个目的就是"挟上"，以除严起恒与瞿式耜而后快，终极目标并非金堡等人。

对于王夫之出面，来谈营救金堡等人之事，严起恒更是警觉。王夫之虽是刚刚入朝，但其入朝的推荐函是他写的。王夫之最终降职使用，出乎他的意料。严起恒听到一个说法，有人向皇上告密，说王夫之有通清嫌疑，还说王夫之入朝前在桂林的一切花销都是降清者所提供。此事如经查实，王夫之就是"叛国罪"，那更不得了。

严起恒不知道，是谁从中作的梗，但他知道，作梗的人一定位高权重，绝非常人所能为。

不久，严起恒又听说：王夫之父亲和他本人在永历登基时分别献上的《劝进表》和《永历颂》皆系"伪作"，有人据此说永历朝之所以鸡飞狗跳、连年不顺，就是这些"伪作"造成的，意思是"伪作"败坏朝纲，令国运转向，上天不会对"非正宗之朝"给予关爱和垂怜，皇上为此大为震怒……如此这般，王夫之虽然入朝短，职位卑，但"名气"大，"麻烦"也大。不少人回避他，亦是基于自保的缘由。严起恒虽不信邪，也相信王夫之的人品，但多年为官，让他明白，任何事情，一旦谣言四起，绝非好事。

此刻，面对王夫之执意为金堡冒头，严起恒正思忖如何办得妥当。

"大人，晚生原本可以不闻不顾。此番回朝，难得新婚，贱妻在侧，虽苦犹乐矣。"王夫之鼓起勇气道："然晚生看不得冤情，尤看不得小人得志，友人蒙冤……"

严起恒忽然笑了，心想："这个王夫之还是书生那一套，太单纯了。哪朝哪代没有小人？小人得志，那才是社会常态；正因为小人得志，朝廷才复杂啊。"

王夫之见严起恒笑了，先是愣了一下，随即亦笑了。这时，严起恒站起来，从室内捧出一个精美盒子，打开，拿出来，在王夫之面前展示，原来是一幅画。

严起恒道："看看这幅《饮马图》，可是有些来历的。"

王夫之不明白此刻严起恒拿出宝贝般的《饮马图》作甚，听说有些来历，便道："可否请大人说来听听？"

严起恒便道，这画原是崇祯帝心爱之物。老桂王朱常瀛分封衡州时，崇祯帝作为礼物赠予他这个皇叔，老桂王十分喜爱，一直将它带在身边。老桂王驾崩后，永历帝得到此画。后因何腾蛟何大人征战有功，便赏赐于他。何大人于画无甚研究，为了联结堵胤锡，又转赠于堵大人。"堵大人亦是重武轻文，又转赠你的恩公章旷，此事蒙正发应该知道。"严起恒言及此，停顿片刻，接着说：据说章旷喜得此画，爱不释手。

"章旷逝后，一神秘者将此画转赠于严某。可见，心爱之物，未必能够恒久保有。"严起恒摇了摇头，笑着对王夫之说道。

王夫之听呆了。直到"一神秘者"出现，王夫之本欲问之，但终究没有敢说出口。严大人如果不是忌讳，定会说出。既有所忌，便不能问，问了反显轻薄。但王夫之不知道严大人展示此画是何用意，遂道："真没料到，此画经历丰富而奇特，如此，当为绝世珍宝矣。"

"你看看此画有何奇妙之处？"严起恒忽然问王夫之。

"啊？"王夫之道："晚生于画一窍不通，故不敢妄评。"话虽这样说，但他还是凑近认真看起来。但见画面上呈现一幅初秋郊原、溪涧牧马的图景：平缓无波的水面，林木环绕的堤岸，秋高云淡，绿草红叶，环境幽雅。此时，一乌衣红帽奚官策马而来，前后十几匹马肥硕健壮，姿态各异，生动活泼。画面清丽，构图新颖，风格别致，古朴厚重。尤其是画面正中的一匹马，眼睛大大的，正专心吃草。

忽然，严起恒指着正中的这匹马，道："这准是一匹瞎马。"

王夫之颇为吃惊，道："大人，可它的眼睛明明是睁开的。"

严起恒遂又笑道："正因为它睁着眼睛，所以才是瞎马吗。你知道吗？不瞎的马吃草时眼睛是闭着的，因为它怕眼睛被草尖刺伤。"

王夫之怦然心动："啊？我，不正是画面中的那匹瞎马吗？我睁着大大的眼睛，却没想到草尖会刺伤眼睛。严大人这是在以画晓理、以理喻人矣。"顿时，他既佩服严大人，又感激他的警示。

"这样，后天是马暨垂马大人的生日。你明天将它送去吧。"严起恒道："马大人受封文安侯，又过生日，可谓双喜临门。他收到你的画，应该很高兴。"

王夫之一脸惊讶：严大人把这么贵重的东西交给自己，并让自己送给当朝位高权重的马大人，究竟是为什么？

"不要问为什么。有关此画的种种传奇，朝廷许多大臣都略知一二。马大人一定清楚。"严起恒严肃道。

"那生日当天，晚生需要前去拜贺吗？"王夫之有些紧张，问道。

"当然要去，空着手去可也。"严起恒点点头，提醒道："不过，拜过马大人后，即可找机会离开。尤其不要让人当着你的面谈及《饮马图》

的事情。"

"晚生记住了。"王夫之想了想，迟疑道："马大人位高权重，门庭若市，晚生如何进得马府？"

"明日皇上早朝，马大人必不在家。"严起恒站起来送客，又叮嘱王夫之："此事你知我知，别无他知。即便新婚妻子，亦不告之。如此，大家均好。"

王夫之连声"诺诺"。

翌日上午，王夫之来到马府。果然马暨垂不在家。王夫之对门卫说，他是行人司的，马大人让他送来一批文案。进门后，他将《饮马图》交给马家人，并留下一张便条："欣闻马大人双喜临门，特来拜贺。晚生行人王夫之敬贺。"

第三天，乃黄道吉日。马府门前，红笼高悬，马暨垂笑容满面，客人们谈笑风生，鱼贯而入。王夫之早早去了，拜过马暨垂，本欲离开。马暨垂冲他微微一笑，意味不言而明。

突然，王夫之发现唐克峻亦来了，遂欣喜过去，道："克峻兄亦来道贺？"

谁知唐克峻没好气道："只许夫之兄来道贺，不许唐某来吗？"

王夫之一愣，道："你说什么？"

唐克峻意识到话中的生硬，连忙打趣道："夫之兄，你新婚之喜，尚未请客。我等盼着吃你喜糖。"

王夫之不置可否。话不投机，他想着如何离开。

正在此时，王化澄、陈邦傅和朱天麟来了，马暨垂回到屋内，大厅里顿时热闹起来。唐克峻赶紧迎了过去。

王夫之默默地看着，他在等待两个人的到来。

终于，瞿式耜和严起恒一前一后赶到了。王夫之见到瞿式耜也有些吃惊，他专程从桂林赶到梧州，真不容易。而瞿式耜和严起恒看见王夫之，则装作没看见一样，只忙着跟马暨垂作揖道贺，又与王化澄、陈邦傅和朱天麟等人点头致意。

"诸位携福而来，敝府蓬荜生辉。"马暨垂红光满面，他是一个附庸风雅的人，已早早地将《饮马图》悬挂中堂，他带着大家来到画前，郑重其事道："马某一介武夫，于文于画皆不懂。然此画意境高远，画风厚实，深得吾意。"

马暨垂讲到此，提高声音道："马某本就姓马，一生戎马倥偬，秣马厉兵，为国为民，于千军万马中一马当先，虽不敢称汗马功劳，但老骥伏枥，廉颇未老；报国之心，马不停蹄矣。"

众人立即鼓掌。王夫之暗想："马大人一口气说了那么多马，看来提前做过功课。"只见马暨垂指着正在吃草的马，道："马某最喜居中之马，瞪大眼睛，专心吃草。吃饱喝足，听令主人扬鞭挥马，驰骋疆场。"

王化澄点点头，道："此画最出色处乃眼睛，真是炯炯有神矣。不仅画龙要点睛，画马亦要点睛。"他忽然转向一旁，对严起恒道："你说对不对，严大人？"

"所见略同，所见略同矣。"严起恒连连道："严某亦认为此画画得最好的是眼睛。"言毕，瞥了角落里的王夫之一眼。

王夫之心一惊，赶紧悄悄离开了大厅，而后快速溜出了马府。

陈邦傅凑近此画，忽然惊叫道："马大人，此画不正是传说中的《饮马图》乎？"

马暨垂得意道："正是。"

"从何得来？"朱天麟闻之，凑得更近，脸上溢满羡慕之情："缘分不浅矣。"

瞿式耜插话道："值此双喜临门之际，马大人喜得《饮马图》，可谓功德圆满，它昭示马大人横刀跃马，更上一层楼矣。"瞿式耜驻守桂林，他来梧州给马暨垂道贺，可谓非同一般，从中见出马暨垂在朝中之地位及其影响。

"哈哈哈！'横刀跃马，更上一层楼！'好，好！喝酒去！"马暨垂笑得前仰后合，整个大厅都回荡着他响亮的笑声。

四

"营救金堡！"

这是严起恒参加马暨垂的生日宴会回到家中后从心底发出的奋力呐喊，特别是当他看到王化澄等人得意扬扬、频频庆贺的时候，这种呐喊更为强烈。他知道自己的行动，是豁出去的不计后果的冒险，是"明知不可而为之"的书生意气，他愿意，且必须去做，这是向充满妖气、戾气和腐气的朝廷投下的一道闪电。如果这道闪电注定不能撕开厚厚的铁幕，反而被闪电烧成骨灰，他也无怨无悔。

于是，悲壮的一幕出现了：作为首辅大臣，严起恒率领众文武大臣前去觐见，却被拦在了永历帝的龙舟外。严起恒站了半天，永历帝不为所动。无奈之下，严起恒跪在河滩上，流着眼泪，哭谏。他还是比较小心的，他没有直言金堡等人无罪，而是说局势危机，人心惶惶，正是万众一心、抵御外敌之时，若朝廷内部掀起飓风，势必影响整个局势，倘人心不定，恐万劫不复。

王夫之等人亦跪在河滩上，一动不动，泪流满面。

严起恒一拜、二拜、三拜，不断重复一句话："谏臣非今所宜谴，严刑非今所宜用，请释堡等。"

然而，龙舟上死一般寂静。永历帝一直没有回复，更不用说让严起恒进去面谈，仿佛跪在外面的这个人是一个微不足道的小臣。

瞿式耜闻讯也急了，回桂林前，他接连上了七道折子，救援金堡等，永历帝一直没有回复。

严起恒的跪拜，瞿式耜的奏请，在朝中引起很大反响。接着，曹志健、焦琏、胡一青、杨国栋、马进忠、王进才、马宝等领兵之将也纷纷上疏，要求查明真相，再做结论，而不要草草给金堡等人定罪用刑。不难看出，金堡虽然说话直，得罪了不少人，但他从不为自己谋利，因此得到一些清廉正直之士的同情和支持。

然而，王化澄等趁机在永历帝面前大进谗言，说金堡与马进忠等人内外勾结，企图把持朝政。王化澄等人不仅要跟金堡等人算总账，还要把马进忠等人拉进来，准备对异己者一网打尽。

马进忠闻此大惊，立即上奏："臣等于堡，从无阃外之交，但缘皇上今日具官济济，而中外舆论，谓可心膂寄者唯一金堡。乃忽举此崇祯、弘光取败之弊政，而加诸直臣，军民之心无不惊骇。乞速宥堡，置之言路，以回天意、收人心。"

所在这些，永历帝均置若罔闻。金堡等人还在狱中。王夫之心急如焚，欲去探监，却不被允许。严起恒有些绝望了。

恰在此时，高一功来到朝廷。作为李自成的妻弟，高一功自李自成死于九宫山后，成为农民起义军的核心，他接受何腾蛟的招抚，被授予总兵之职。永历四年（公元1650年），李锦卒，高一功兼统其军，时受命以五千兵卒入卫梧州。

当时，永历帝害怕高一功有异心，十分警觉。

王化澄获悉高一功偕同手下将士前来觐见皇上，立即授意吴贞毓、方翱、程源、郭之奇、鲁可藻等密遣使于藤县与他会见，王化澄开门见山，说金堡等人私结乱党，欺上瞒下，龙颜大怒。王化澄还暗示此次要把严起恒、瞿式耜一起逐出朝廷，如果高一功与之联手，日后必有重报。"若有他念，王某定会以牙还牙，决不手软！"王化澄如此警告。

吴贞毓趁机将一帧手书塞给高一功，悄声道："回去再看，照此办理。"

高一功不动声色，收下手书，哈哈大笑，道："王大人爽快！说一不二，爱恨分明。高某佩服。"高一功停了一下，故意捏了捏袖中手书，转向吴贞毓道："吴大人之意，高某亦收悉，定当遵办！"如此假装同意了。

然而，高一功岂会害怕你恐吓？他更不会受人摆布！否则，日后如何立足？因此，那天早朝时，高一功拜见永历帝后，昂起首，朗声道："启禀皇上：以兵归兵部，赋归户部，简汰疲弱，分泛战守，校勘功罪，则事尚可为；如因仍离析，兵虽众，将虽尊，皇上求一卒之用亦不可得，唯主臣皆陷而已。"

高一功掷地有声，言谈从容，句句说到了朝廷的症结所在。永历帝见高一功竭力为国，并无半毫忤逆之意，对所说"主臣皆陷"触动甚深，不免面露忧容；不少大臣为其言说而震动，无地自容；王化澄、吴贞毓等人则十分不满，怀恨在心。高一功不仅没提金堡结党之事，更无弹劾严、瞿二人之意，甚至暗中为金、严、瞿等人开脱。

朝见之后，一些大臣与高一功在舟上举行宴会，吴贞毓亦在场。表面上，吴贞毓对高一功唯唯诺诺，暗地里观察有什么人参加了这次酒会，说了些什么话。高一功似不在意，对吴贞毓亦客客气气。

然而，酒过三巡，高一功忽地拿出一纸手书，向诸臣摆动，道："此间有人密谋，令高某入朝杀人，不知各位欲知此人是谁乎？"

吴贞毓目瞪口呆，浑身发抖。众人立即把目光投向他。高一功慢吞吞地收起手书，小心翼翼地将其塞入腋下，故意道："大家不要乱看。吴大人当然不会做此等小人，对吧？"高一功对吴贞毓说了一声，然后摆摆手，道："好了，各位喝酒，喝酒！"

众人明知其意，亦不愿吴贞毓被当面揭穿，那样太难堪，遂立即应和高一功："喝酒！喝酒！"

吴贞毓后悔莫及，他没料到高一功如此狡猾。王化澄等人听了吴贞毓的禀告，心里十分焦虑，他们不仅没有达到目的，而且还将把柄留在高一功手里。一旦高一功上朝当着永历帝和众臣的面，拿出手书，揭露他们的阴谋，后果不堪设想。

高一功不愿意看到金堡被杀，他敬重金堡是一条汉子。来到梧州后，获悉金堡已经下狱，高一功奏请永历帝允准自己探监，当看到皮开肉绽的金堡时，他心疼不已，尤其看到金堡竟被打断了一条腿，十分气愤："不为私利、仗义执言者，唯公一人。今公杖创若此，其如社稷何？"

而抓捕金堡、蒙正发等人并抄其家的密令，正是王夫之供职的行人司依圣旨草拟并最终签发的，签发者为王夫之的同事，行人董云骧。圣上有旨，不得不签。王、董二人身不由己，心急如焚。

王夫之更是惊恐万分，他冒着掉脑袋的风险，偷偷跑到金堡家，希望他赶快逃亡。金堡毫不畏惧，声称："金某无罪，为何逃之？"结果，一炷香的工夫，金堡被捕并被抄家。

面对锦衣卫的严刑拷打，金堡凛然正气，大声斥责奸臣乱党，祸国殃民。金堡的怒骂招来更凶残的虐待，人被打得半死。

王夫之不敢再去密告蒙正发等人，他相信永历帝是被蒙蔽、下错了旨意，最终会发现并纠正过来的。

然而，王夫之太书生气了，他根本不会想到事情的严重性以及复杂性。这不，金堡等人的事情还未了结，王化澄、朱天麟等人就原形毕露，迫不及待对严起恒发难。他们借严起恒为金堡等人请命，指使心腹雷德复上疏弹劾严起恒，声称严起恒与金堡等人结党，金堡等人站在前台，其所行皆是严起恒于幕后密谋指使。雷德复只是一个小小的给事中，与蒙正发同级，他居然罗列了严起恒的二十四条罪状，包括贪赃枉法、结党营私、把持朝政等，每一条都是重罪。

尽管早有准备，但当这些"莫须有"的罪名真正罩在自己头上时，严起恒还是气愤难当，有口莫辩。心力交瘁之余，他只好以病退为由，请辞朝廷。

争斗至此，永历帝竟拿不定主意。身为行人司职位最低的小官，王夫之本没有资格向皇帝上疏，且严起恒等人再三叮嘱他不要"出头"，但事已至此，别无选择，他怀着一腔热血，与行人董云骧一起，越职为严起恒进行辩护，寄希望于圣君明鉴。

王夫之上疏道："大臣进退有礼，请权允辅臣之去，勿使再中奸毒，重辱国而灰天下之心。"言外之意，就是要永历帝下定决心留下严起恒，如若再犹豫不决，一旦严起恒真的离朝，人心就散尽了，国家将更乱，朝政将更不堪，皇上也会蒙羞。

"使天下后世，谓皇上为何如主？"董云骧亦怀赤子之心，以死相谏："不惜以颈血，挡众人之怒。"

两个小小行人完全置个人生死于度外，不顾一切，可谓"以卵击石"。王夫之与董云骧不仅替严起恒辩护，还义正词严，连上三疏，弹劾王化澄。此等血性，非常人所为。

接着，王夫之又上疏，指出雷德复弹劾严起恒乃受王化澄的指使，内容颠倒黑白，斥责雷德复"奉密谋，出险论，备极诬陷，谋害忠良，无视上旨，非人臣所为。若其奸计得逞，只会令忠义之士心寒，长此以往，往而不复，国将不国。请上明鉴"。

一个小小的行人，居然敢弹劾自己。而且这个小小行人弹劾的奏疏字字似箭，句句如刀，无不击中他的要害。这下王化澄恼了、怕了，他必须尽快除掉王夫之、董云骧，于是立即罗构一个"莫须有"的罪名，将王、董二人投入了监狱。

五

历史竟如此荒唐可笑。王夫之等人奋然上奏，不仅对营救金堡、刘湘客、丁时魁、蒙正发四人无补，还把自己的身家性命搭了进去。

王夫之上疏之事一经传开，朝野上下都很震动。一个小小行人，居然有如此胆色，如此血性，也让朝野更多的人关注起金、刘、丁、蒙这四人的最终命运。

永历帝一直沉默，这是不祥之兆。看来，设若没有重量级的人物出面，这四人能否活命，就很难说。王、董二人能否自由，就更难说。

王夫之的奏疏对高一功和李元胤震动甚大。高一功对王夫之刮目相看，他赶紧携手李元胤，上殿觐见永历帝。

袁彭年亦一同抵达，上疏道："臣与四人同罪，不当独从宽宥，请自诣廷尉服罪。"

永历帝见高一功、李元胤和袁彭年一干重臣均为金堡等人辩护，十分难堪，心情复杂。如果说王夫之等小小行人可以忽视的话，那么，眼前几位都是重量级人物，如果把握不好，后果将不堪设想。

"各位忠心可表，请先回去，朕自有安排。"永历帝当即下旨，让高、李、袁三人回去。

眼看永历帝有些摇摆，特别是李元胤也上疏营救金堡等人，王化澄、陈邦傅等人有些慌了，他们对李元胤的举动尤为在意。作为李成栋的养子，李元胤出生入死，心计密赡，曾任锦衣卫指挥使，提督禁旅。李成栋死后，永历帝封李元胤为车骑将军，号南阳伯。时明将杨大甫屯居梧州，常有劫掠行舟、杀戮往来军使、抢夺贡物之举。李元胤上疏，请永历帝召杨大甫入见，趁机诛杀。君臣饮酒之间，永历帝诘责杨大甫，岂知杨大甫趁势劫持永历帝。李元胤关键时刻一脚把杨大甫踹个大马趴，逮住后将其缢杀于船外。李元胤对永历帝有救命之恩。

王化澄暗想：如果此次不一棍子打死金堡等人及其背后的严、瞿二位重臣，自己就会难逃罗网。想起吴贞毓所言高一功握有他们的把柄，此事更要速战速决。否则，夜长梦多。因此，王化澄赶紧伙同陈邦傅，连夜密谋，罗构罪名，言之凿凿，声称李元胤和金堡亦是一伙的。

李元胤闻讯，又惊又怒，急急赶到殿前，长跪不起，慨然道："若皇上认定元胤与堡等为同党，堡有罪，臣愿请死。"

可惜，永历帝明知有冤，却不敢为之伸张，只是安抚道："卿大忠大孝，朕不疑卿。然卿莫认金堡等为忠良，卿忠义如此，堡却谤卿为谋逆之贼矣。"永历帝的意思很清楚：我对你的忠心还是相信的。但金堡等人的事情你就不用管了，金堡还说你"谋反"呢。他说你坏话，你为何还要帮他呢？

"此事当真？是谁上疏？抑或面奏圣上？"李元胤闻言，反应更为激烈。见永历帝难堪，李元胤泣道："若为传言而中小人奸计，当误国矣。"

永历帝心知肚明，顿时哑口无言。

但李元胤并不罢休，他声泪俱下，朗声奏道："言者谓臣党金堡等，臣父自虏中归顺，堡从黔、楚来，从无交往；袁彭年与臣父子同谋归正，陛下自擢彭年都宪，臣父子不敢以一字荐彭年功。彭年、堡自行其志，于臣何涉？臣父子自以归顺功蒙不次之赏，何求于堡？堡间关从王，而登籍十年，官止七品，抑思文皇帝所授也，堡亦何藉于臣父子而为之援？今援师逗留，臣旦夕与广州俱碎。臣父死，臣且继死，而言者必欲中臣，不知何心！"

这番话令永历帝无比震惊。

李元胤继续道:"诸臣从皇上,幸而成,取富贵;即不幸,固有余地。佟氏世仕虏中,固山、公、侯、文武大吏将数百人,臣为陛下手刃佟养甲,岂复有余地求活耶?臣誓以死报国家,如此其决,而犹谓臣结党欺君。臣不足恤,恐天下怀忠愤之心者,将以臣为戒矣!"

李元胤在此诉说了一段往事:清朝两广总督佟养甲被胁迫降南明,郁郁寡欢,暗中多与清廷联络,伺机反攻明军。岂料,佟养甲的信使为李成栋所获,知道了这位老上司的"用心",便欲杀之。李元胤劝义父先禀永历帝后再遵旨诛杀,他还自告奋勇,到佟养甲处,假意说朝廷派他屯军梧州。佟养甲信之,大喜,连忙带亲兵上船,沿河而下。中途,李元胤奉永历帝手谕,半路杀出,将佟养甲及其亲丁数百人悉数斩杀。李元胤述此,目的很明确,就是一切以皇上圣旨为从。即便将在外,也会遵从此礼数:"元胤忠心如此,皇上不知乎?"

永历帝听了后,脸上红一阵、白一阵,不知如何是好。他知道这位重臣不好惹,更知道他讲这些,表面上为己表功,实际上为金堡等人脱罪。关键是,李元胤所言,皆为实情。

永历帝示意一旁的高一功将他扶起。

高一功扶起李元胤后,方才跪下上疏。他也是替金堡求情,故意将屁股撅得老高,道:"皇上重处堡等人,是也。然则上疏奏堡之人,实不如堡等。若然处堡,亦无胜于堡等之事。国事堪虞,窃以为此时此地不便如此。"

永历帝让高一功快快起来,但高一功却不起来,继续伏地,凛然禀道:"另奏,臣以为行人王夫之等出于忠心,虽越职上奏,有些轻率,触犯圣颜,然情急可宥,事急可谅,恳一并宽恕。眼下清贼大兵压境,当此之时,勿要再令事态扩大,以定民心军心。"

高一功言罢,满朝沉默。

朝廷众臣没想到高一功不仅为金堡等人辩护，还为王夫之等人说话。永历帝顿时面露赧颜。

对于王夫之，永历帝心情十分复杂。王夫之为人正直，才华横溢，有目共睹。永历帝登基时，其父武夷先生所写《劝进表》、其本人所写《永历颂》至今无人超越，虽有人认定两文并非王氏父子所写，但至少是以王氏父子名义发布的，永历帝仍感念这对父子。当年武夷先生毕竟亦授课于桂王府中，虽时日较短，但若以儒家"一日为师，终身为父"教诲来看，永历帝还得承认武夷先生为帝师，而武夷先生从未以此身份为己谋利。王夫之还救过其兄，他本人亦在衡州桂王府见过遭受诬告的王夫之。后来在南岳举义旗抗清，虽然失败，然一介书生，热血如此，亦当难得。

因此，本来王夫之能够入朝，永历帝是高兴的，根据他的历练，授其四品、五品之职，亦是认可的。然而，永历帝最终还是轻信了王化澄所谓"通敌嫌疑"之说。何以如此？原来，唐克峻将李国相给王夫之之信密报给了王化澄，并说降清者朱归孺多年来一直暗中支持王夫之，二人牵连甚多。

永历帝对朱归孺降清是异常恼怒的，遂把这无名怒火转移到了王夫之头上。此为其一。其二，最令永历帝耿耿于怀的是姜善棋对王夫之的敬重与念想。当时，身为香妃的姜善棋在永历帝身边时曾提及王夫之以及王家对朝廷的忠诚（幸亏她没有讲自己是王夫之的表妹），讲到王夫之时她满眼放光。永历帝毕竟也是人，姜善棋的表现给了他错误讯号，引起他内心不爽，但他又不便说出。后来，姜善棋派管时求入衡州觅姜思琴踪迹，永历帝是清楚的，当初还以为她与王夫之有私情。王夫之给姜善棋写信，永历帝也全部掌握，但他从未表露半点，当事人永远不会知晓，即便是皇后，亦不知此事。

永历帝把此事藏得很深，直到王夫之入朝，他才堂而皇之地"相信"

王化澄的诬告。而当王夫之"越职"上疏，弹劾王化澄等人，永历帝下旨令捕他入狱，乍看之下是"法办"而已，但有谁知道永历帝内心的黑暗、无奈，以及不可言说的隐痛？

拿小小的王夫之"法办"，朝廷上下居然没有人为之说话！也许是王夫之的职位太低，难道不闻他就是《永历颂》的作者吗？或者反过来说，正是因为这个缘故，才没有人敢来替他说话？

现在，终于有人站出来了，永历帝可谓喜忧参半。喜的是高一功说得很在理，天大的事情没有抗清重要，将金堡等人和王夫之二人放出来，让他们团结一致，共同抗清，岂不是好？忧的是，乱臣贼子总是一副德性，他们打着忧国忧民的旗号，干的却是伤天害理的事情，大难临头还要窝里斗，当年崇祯朝大臣亡国，眼下又何尝不是如此？

然而，崇祯帝生前无法阻止"大臣亡国"，永历帝更没有能力和魄力做到，他只能图一时之安，接受奸臣们给他设计的一层又一层圈套。

永历帝明白，高一功和李元胤祖护金堡等人，没有一个结果，是不会善罢甘休的。然而，王化澄、朱天麟和吴贞毓、陈邦傅等人把持朝纲，个个强悍，又怎会轻易"服软"？永历帝眼下最依靠的就是这伙人，如果他们不高兴，后果亦是难以想象的。永历帝被两股力量拉在中间，左右摇摆，痛苦不已。

正在这关键时刻，马暨垂请求陛见，永历帝连忙宣他进来。

这段日子，马暨垂一直作壁上观，审时度势，不动声色。眼看已至残局，他得出来收拾了。

马暨垂跪拜后，永历帝赐座，见他奉上一画，展开一看，竟是《饮马图》，大惊："此画如何在爱卿手中？朕记得，当年已赐何大人矣。"

"微臣知道，此画乃皇上心爱之物。"马暨垂笑道，"而今回归皇上，亦是物归原主、缘分所至矣。"

细说来，马暨垂虽是一介武夫，却甚有心计。当初王夫之将此画进献于他，马暨垂遂心生疑虑：你如何有此宝物？心里便想到幕后定会有人，但他不去计较，以"得之幸矣"示人。后打听到此画原是永历帝赐给何腾蛟，再想到堵胤锡，再想到章旷，进而想到蒙正发和金堡等人，立刻明白背后献画之人高明，而在他生日之前通过王夫之转献于他，更是高明中的高明。目的只有一个，就是请他出面，为金堡和蒙正发等人说话。

起初，马暨垂不以为然，心想，王夫之幕后之人越想让我出面，我越不出面。后来得知王夫之入狱，马暨垂大吃一惊：表面上，王夫之是替金堡等人说话而致入狱的，如果深究他与朱归孺等人关系，就会算到自己头上来。朱归孺毕竟是自己在永历帝前保释的，虽然当初有堵胤锡替其说话，但最后起作用的还是自己。尤其朱归孺化名黄权，更是"欺君之罪"，虽然永历帝知道其间种种，但一旦有人上奏，追责起来，皇上是难以偏袒的。因此，他要尽快救出金堡等人和王夫之二人。马暨垂对王夫之有一点敬畏或害怕，觉得对这些文化人给予尊重些为好，因为他们手中有笔，既可以颂你亦可以贬你，且所颂所贬全由个人好恶和主观判断。《饮马图》虽然宝贵，但比起身前死后的名声来，实在算不了什么。而将此画献给皇上，必能从情感上打动他。

事实确实如此。永历帝一见此画，心情马上高兴起来，他也知道马暨垂不会凭空来献画，而是有所求，遂明知故问道："爱卿一向忙碌，此番献画，却为何事？"

"皇上圣明。"马暨垂再次叩拜，道："微臣今日观此画，想起何大人，进而想起堵大人、章大人，可惜这些大人，一一作古，心里有些酸楚。进而想起蒙正发、金堡等后辈所犯之事，委实令人难受。大敌当前，金堡等人热血为国，日月可鉴。此事愈久而不决，皇上威严愈损矣。"

马暨垂将何大人、堵大人、章大人等已故重臣抬出来，故意不说这些人与蒙正发、金堡等人的渊源，只说大敌当前，金堡等人赤心为国。永历帝闻之汗颜，心想，连一介武夫都能看出的事情，自己却还优柔寡断。

永历帝对金堡等人有了明显的倾向，但他并不说出，而是问道："以爱卿之见，如何判罚王夫之越职之罪？"

"微臣斗胆提出，可让王夫之将功赎罪矣。"马暨垂胸有成竹道。

永历帝一惊："此话怎讲？"

"当年皇上登基，王夫之曾以《永历颂》名重一时。"马暨垂道："而今皇上于危难中励精图治、奋发图强，天下皆闻，莫如令王夫之再写一部《永历永世颂》，若此，岂不戴罪立功乎？"

永历帝闻之欣喜：真没想到马暨垂想出了如此一招妙计。心想，如果说当初的《永历颂》不是你王夫之所亲撰，现在你既入朝，为我所用，写一部《永历永世颂》，一是检验你的才华，二是检验你的忠诚，三是检验我在你心目中的地位，真是一举多得矣。

当然，永历帝毕竟贵为皇帝，明知此事为自己贴金，但也故意表现出为难与纠结。他对马暨垂道："从《劝进表》到《永历颂》，皆民间自发行为。若下旨令某人为朕歌功颂德，岂非为天下人耻笑？"

马暨垂不以为然，道："眼下需要精诚团结。况皇上贵为天子，怎么歌颂都不过分。果若下旨让王夫之撰写，他当感激涕零，秘密而为，焉会道出皇上降旨？"

永历帝面色欣悦，道："此事容朕想想。"

马暨垂看了永历帝一眼，从他的表情中，猜到了事情已解决。马暨垂不禁舒了一口气。

果然，永历帝下旨，赦免了金堡、刘湘客、丁时魁、蒙正发四人。王夫之和董云骧二人也随即出狱……

第三十六章　铁血英魂

一

远远地，王夫之就看到了站在浮桥最前面的郑若兰，她的后面是侄子王敉、夏天福和"好运来"酒肆老板朱得胜，郑若兰的旁边还站着一个人，仔细一看，是唐克峻。王夫之感觉有点意外。他跳过浮桥，郑若兰赶紧抓住他的手，扶住他，轻声道："你终于出来了。"

夏天福指着朱得胜，对王夫之道："他特地过来，说中午请大家去他店里聚一下。"

"接风洗尘，压压惊。"朱得胜打着哈哈，道："我请客。"

"压压惊，可以说。"唐克峻则笑道："但夫之兄又不是一旅人，接什么风，洗什么尘？"

朱得胜有板有眼道："待在那地方，屋是黑的，风是湿的，尘是脏的，洗了才有'好运来'。"

王夫之听了，一直绷着的脸，终于笑了起来。

这时，唐克峻将王夫之拉到一边，悄声道："马大人奉旨传谕，说皇上欲请你撰写《永历永世颂》。夫之兄，以愚之见，你的'好运'真的来了。"

"什么？你说什么？"王夫之听了，顿时一怔：心想，把我放出来，

1201

还有如此条件？

郑若兰见情况不对，立即走过来，关切地问王夫之："你没事吧？"

王敉神情也有些紧张。

"没事，没事。夫之兄交好运了。"唐克峻冲郑若兰一笑，又对王夫之道："你们去聚聚吧。我有事，先走一步。"言毕，他也不跟其他人打招呼，遂转身而去。

对于永历帝的最终妥协，王化澄等人也不敢提出不同意见。毕竟，皇上终究是皇上。更何况，高一功手中还握有他们的把柄。此事能够做到这样，亦十分不易。王化澄他们十分清楚，一旦高一功和李元胤等人生变，后果不堪设想。

毕竟，永历帝还要靠高一功和李元胤抗清。

王化澄起初还不知道马暨垂出面了，当唐克峻偷偷向他禀报，马暨垂要王夫之撰写《永历永世颂》，还说此乃皇上的意思时，王化澄立即露出笑意，知道马暨垂并没安什么好心，他估计王夫之也不会乐意写这篇颂文。在王化澄看来，金堡的性格就是王夫之的性格。他虽然没跟王夫之打过什么交道，但从此次冒死上疏的"痴劲"和"愚执"来看，王夫之与金堡是一路人，或者说，他跟方玄痴等所谓"清流"为一路人。这些人热血有余，谋略不足，成不了大事。王化澄内心害怕的其实还是严起恒、瞿式耜和马暨垂等朝中大佬。

实际上，瞿式耜和马暨垂也很惧惮王化澄等人，知道他们结党已久，为达目的不择手段，因此，凡能回避王化澄等人的，尽量回避。严起恒经此一遭，感触尤深。他虽然逃过一劫，但仍处险境，稍有不慎，就会家破人亡，遂执意托病辞官。他接连上了五道奏折，永历帝都没批准，永历帝原以为不批辞官，也是对他受委屈的最好安慰。他万万没有料到，严起恒竟不辞而别，登上小舟，前往平乐，要告老还乡。

高一功和李元胤闻讯进谏，请永历帝务必挽留下严起恒，谏曰："严公不在，恐有大乱。"

永历帝怎不知道后果？他急令高一功、李元胤等人速去追赶严起恒的行船。高一功拜道："严大人为何要不辞而别？如不解心结，一是难以回朝，二是即便回朝，也不再谋事矣。"

李元胤也在一旁劝道："此次严大人受气，纯系王大人等而起。解铃还须系铃人矣。"

永历帝明白，这是要让王化澄去负荆请罪，便让二人先去试试。

高一功、李元胤去后，永历帝立即召见马暨垂，问：严起恒现已离朝，该如何将其追回？没想到，马暨垂的意思跟高一功、李元胤一模一样，就是要请王化澄出面："严大人离朝是心里不痛快，而王大人出面，可以让严大人气顺一些，毕竟是他挑起的事情。"马暨垂也想借此杀杀王化澄的威风。

永历帝只好传手谕让王化澄速去，且务必要将严起恒挽留下来。

"请爱卿速去办理。"永历帝把手谕交给马暨垂，郑重地说道。

严起恒离朝，王化澄正乐着呢，心想：你总算有了自知之明，知道王某的厉害了吧？可是，当马暨垂拿着永历帝手谕找上门来时，心里顿时一惊，这是哪门子事？皇上为何要让马暨垂送手谕来？一定是永历帝很不高兴了。

不过，王化澄明知永历帝不高兴，他还想耍花招，试图采取"拖"的战术，让严起恒远离朝廷再说。因此，他对马暨垂道："请回禀皇上，王某处理完杂事，就领旨去追严大人。"

然而，王化澄的如意算盘还是打错了。因为，就在此时，高一功、李元胤与军中众将发出联合声明："半壁存亡，恃严辅臣一人，不索钱，不滞军机，何故雷德复，受逆贼略，思加逐害？愿与同死！"

高、李等人的声明显然是要揪出雷德复的幕后主使，王化澄吓出一身冷汗，无奈之下，他赶紧捧着皇上手谕，连夜出朝，追上严起恒，满是歉意道："此次严大人受惊，王某感同身受，深为不安。小人雷德复挑起事端，必加严惩。然皇上一日不能无严大人伴左右，朝廷一日不能无严大人掌全局。故皇上差王某前来，急请严大人忍辱负重，以江山社稷为重，速速回朝为盼！"

严起恒长叹一声，他知悉高一功、李元胤等人的声明，也知道皇上的心思，现在王化澄亲自来请，不能不给面子。因此，他虽然心灰意冷，最终还是回朝了。

不过，严起恒回朝之后，坚决离开了内阁，任皇上怎么挽留，亦不愿再做首辅，只勉力做了一位侍臣，声称愿为永历帝"效死"。

有一件事，王夫之甚为感动：严起恒回朝后的第一天晚上，就将王夫之请到家中，推心置腹进行交谈。严起恒长王夫之九岁，在朝廷的历练中，与王夫之更是泥石之别。

此刻，严起恒却像一位兄长，温暖而亲切。他问王夫之对时局有何看法，王夫之虽不再慷慨激昂，却仍然执着热烈，认为国难之时，受挫之后，尤不可泄气。王夫之不无感慨道："积乱之世，君非天授之主，国无永存之基，人不知忠，而忠岂易言哉？"

严起恒一惊，想了一下，问道："乱世之忠，何以为忠？明主不辨，为何报国？"

王夫之脱口道："天下之足，皆吾足也；天下之目，皆吾目也；天下之耳，皆吾耳也。能欺其独知，而不能掩其众著，明主之术，恃此而已矣。愚氓一往之情辞，不屑听也，而况宵人之投隙以售奸者哉！"

严起恒闻言若有所思，他直视王夫之，手有些抖，良久，嘴里喃喃道："危楼还望，叹此意，今古几人曾会。"

王夫之没有听清，他感觉气氛有些压抑，遂道："严大人，若晚生有不妥之处，恳请指出。"

严起恒执王夫之之手叹道："未有不妥。当年严某正如你此时之热情。然当年天下还是大明的天下，而今，天下被撕开一半，永历帝非崇祯帝，此大明亦远非彼大明矣。"

王夫之心里一颤，急道："严大人此话何意？"

严起恒纠结半刻，放手道："严某虽不敢言贤弟生不逢时，然以贤弟之才、忠贞之心，早生十年，在朝之位必在严某之上。"

王夫之听严起恒称他"贤弟"，愣了一下，甚为愧然。严起恒又道："本朝虽是小朝，然积弊甚深，误臣众多。贤弟之才难有发挥，贤弟之心谁能见之？愚兄老矣，不图长进。然贤弟正是英雄之年，却难展英雄抱负，能无遗憾乎？"

"以大人之见，晚生当如何？"王夫之闻之，颇有受挫感。

严起恒斟酌再三，盯着王夫之，一字一句道："以愚之见，报国，非一定得入朝，非一定得入仕，非一定得奔赴沙场矣。"

王夫之听出了严起恒在讲此话时声音中的颤抖。王夫之静静地看着他，感觉他不再是那位德高望重的朝中重臣，而是一位苦口婆心的温敦长者。王夫之忽地垂下头来，这时，他听到一个声音在耳边响起："士之有志，犹农之有力也。农以力为贤，力即不勤，而非无其力；士以志为尚，志即不果，而非无其志。士之知有善，犹工贾之知有利也。工贾或感于善，而既已知利，必挟希望之情；士或惑于利，而既已知善，必忌不肖之名……"

"啊？既已知善，必忌不肖之名。"王夫之重复着这句话，一时有些恍惚，他不知这番言辞究竟是严起恒说的还是自己说的。他看着严起恒的嘴唇在动，而自己的心也在动，怎会如此？

"贤弟此番入狱，未必是坏事。"严起恒特地停顿一下，他面色发红，略为提高声音道："历代贤圣，皆发愤而为，逆流而进也。"

王夫之听了，极为感动，心想：晚生何德何能，让与自己交往不多的首辅大臣严大人如此费心！

严起恒又道："放眼历史，太史公受腐而隐忍，发愤留《史记》，荡气回肠，辉耀千古。举凡《春秋》《离骚》《国语》和《史记》等，哪一部不是漫漫长夜中的黑暗之灯？中华文明之泱泱，靠的就是这些文脉的烛照，天下学子之忧心、之报国、之图强，靠的就是这些文明的熏陶矣。"

"严大人所言，晚生当知。"王夫之点点头，回应道："仁民者，亲之推也；爱物者，民之推也。君子善推以广其德，善人不待推而自生于心。一人之泽，施及百年，弗待后嗣之相踵以为百年也。"

"子曰：'朝闻道，夕死可矣。'贤弟既知，何苦还在此蝇营狗苟，蹉跎岁月？"严起恒忽地重新抓起王夫之的手，颇为激动地大声道："贤弟何不效先贤之能，做千秋之事？"言毕，已是泪流满面。

王夫之亦是泪水滂沱。

二

王夫之回去后，心情久久不能平静，严起恒的一番话令他的心灵受到了前所未有的震撼。虽然一直以来，王夫之受到许多人的忠告和劝说，无论是吴道行山长、黄真川恩师，还是欧阳霖、章旷、堵胤锡，以及小叔王廷聘和父亲王朝聘等人，都直接或间接提醒他"做千秋之事"，但都没有严起恒的话对他所产生的直接影响这么大。事实上，这一夜，严起恒的激动言说，在未来的漫长日子里，反复回响在王夫之的耳边，成为他秉烛前行的重要精神推力。

两天后，唐克峻突然再次上门，直截了当，打探关于《永历永世颂》的写作进展情况："夫之兄，大作写得顺利乎？"

　　"克峻兄，你为何对此事特有兴趣？"王夫之有些不高兴，他本来就不大想写，唐克峻的打探大有催促的意思。他真不知道唐克峻为什么如此在意他写这篇颂文。

　　"不是唐某独有兴趣，朝中人皆有兴趣。"唐克峻笑道。听说严起恒与王夫之有晤，唐克峻忽然道："严公决意辞去首辅大臣，往后就是无用之人。现朝廷上下，皆以王化澄王大人马首是瞻。夫之兄少与严公这类无用之人混在一起，免得王大人产生异想，到时你我均吃哑巴亏。"

　　王夫之闻此甚为恼火，想起严起恒提醒的有人告密："朝中复杂，不以疏亲论敌友，不以乡党论朋非。"严起恒说他明明特地推荐王夫之为礼部仪制清吏司主持，正六品的职位，公布后却成了行人司行人这样一个从八品的职位了。"贤弟想过没有，这是谁告的密？"严起恒严肃问道。王夫之摇头，因为他一直不愿意把此事与唐克峻联系起来。然而，事实终归是事实。王夫之入狱后，唐克峻也常常到王夫之家中，以关切的口吻打探情况。起初郑若兰也认为这是对王夫之的关心，但慢慢地她感觉有些不对，至于为什么不对，她也讲不清楚，她只是提醒王夫之要提防身边的朋友出卖。

　　想到这里，王夫之冷冷道："克峻兄，以一时成败论英雄，这未免太现实了吧？在王某心目中，即便严大人成了平民百姓，他仍然是无人替代的朝中重臣，仍然是夫之心中的顶天英雄。"

　　见唐克峻一怔，王夫之话风一转，颇为讥讽道："以你之见，我们都去巴结王大人，如此，便不会吃亏？"

　　"这个、这个……"唐克峻有些语无伦次。

　　"是不是王大人让王某吃过哑巴亏，比方说上次入朝之事？"王夫之越说越生气，终于忍不住道："严大人说他明明推荐王某为礼部仪制清吏司主持，公布后却成了行人司行人的职位。克峻兄，你说，此事与王大人无关乎？"

唐克峻顿时摇头，脸色极不自然，道："夫之兄毋须猜测，唐某是为你好，毕竟，我们都是衡州学子，一荣俱荣，一损俱损。出门在外，同窗携手，乡党互助，乃人之常情。"唐克峻停了一下，又道："至于皇上降旨让你拟颂文，此非你个人之荣光，实乃衡州学子之诸人荣光。唐某有幸忝为其中一员，十分盼望你早日写出，震惊朝野，光宗耀祖，舍此而无他意矣。"

"说到衡州学子，倒是提醒王某了。"王夫之忽然盯住唐克峻，道："王某入朝前十分窘迫，曾向国相兄写函求助。上回王某回衡州为父守孝，偶遇国相兄，他说给你写有一信，讲了不少情况，王某竟然一无所知，却是何故？"

"国相兄确实写有一信。"唐克峻坦然道："唐某确实收到此信，看过此信，且向你隐瞒了此信。"

"哦？"王夫之有些吃惊，他没料到唐克峻如此淡定，遂问："看来，克峻兄真是有意为之？"

唐克峻点点头，道："国相兄在信中言，他们设法筹集的款项被衡州新任知府吴军所夺，且被投入府监中。信中还言及朱归孺'通清'之事，如此等等。如果夫之兄欲看此信，唐某愿意拿来。"

王夫之一愣，悻悻道："私看他人信件，总是不妥吧！"

"妥与不妥，要看时机。若非唐某收此信，后果难料矣。"唐克峻不悦道："唐某完全出于保护你的意思，看来是错了。"

"何以见得？"王夫之有些不信。

"你想想，如果你知道从邮驿中取得的银两是朱归孺暗中所赠，你

1208

还能用吗？如果不用，你怎么请堵公、严大人和瞿大人等人聚餐，进而为你入朝出力？"唐克峻振振有词道："更重要的是，如果朝廷获悉你跟一个降清官员有如此密切关联，你还能入朝为官吗？"

"如此说来，王某应该感谢克峻兄啰？"王夫之冷冷道。

"作为乡党，又是同窗，唐某无需你的感谢。"唐克峻道。

"王某终于明白，是谁向朝廷密报此事了。"王夫之故意咳了一下，瞥了一眼唐克峻道。

事已至此，唐克峻不再掩饰，直言道："夫之兄，入朝调职之事，唐某确有过失。当初是唐某向王大人报告了此事，主要是为了争取主动，因为不单涉及你，还涉及时求兄，以及唐某本人。因为马大人跟朱归孺有涉，故王大人亦不敢造次，只是对你略作惩罚，并未有牢狱之灾。即便后来你因上书之事入狱，激怒王大人，亦未扯上此事。之所以一直未给你说，是怕你思虑太多，亦怕你误解。说真的，此事压得唐某心神不定，深负罪责，然唐某出发点是好的，无有半点恶意。"唐克峻仍旧镇定，道："而今说出来，唐某心里舒服多了。正因为此，如果夫之兄写了颂文，就会一扫阴霾与晦气，前程一派大好矣！"

王夫之见唐克峻说得诚恳而实在，居然抓不住把柄，可见他早就深思熟虑了，亦不知他心里究竟是如何想的。"也许真是我想多了？"王夫之心里有些难受，他发不了火，更谈不上感激，他只是闷闷道："克峻兄关注颂文之事，王某一时难以胜任。至于大好前程，亦非王某所能左右。如此，王某恐要让克峻兄失望矣。"

"夫之兄如此态度，唐某无言以对矣。"唐克峻闻之，心里甚为不爽，但又不便再说什么，遂抱抱拳，悻悻而去。

见唐克峻走远，一直在隔壁房间的郑若兰慢慢出来，轻声对王夫之道："夫君，一个地地道道的告密者变成了一个从从容容的邀功者，看来你得谢谢他才是。"

"何出此言？"王夫之惊道。

"很简单，如果唐克峻真是为你好，他既不密告，亦不出声，岂不更好？更简单的办法，将衡州来信给你，难道你看了信，就会乱了方寸吗？"郑若兰道："以贱内之见，你若入了朝，又上了六品，就会盖过他的风头矣。"

郑若兰曾经告诉王夫之，他入狱后，每天总感觉有一双眼睛在盯着她，特别是晚上，窗外有人影晃动，发出老鼠跃过树林般的响声，像在偷窥什么似的，挺吓人的。她把这个情况跟夏天福说了，夏天福让她不要出门。但有一晚，她实在忍不住了，就麻着胆子，推门一看，发现人影竟然就是唐克峻，问他为什么在这里、做什么。唐克峻有些惊慌，只是道一声"刚好路过"，就匆匆走了。

从此，郑若兰对王夫之这个朋友就有了警惕、戒备和提防之心，但王夫之总是不以为然，这一次也是一样。

"克峻既已主动说出，我仍视他为兄弟。此事到此为止。"王夫之知道郑若兰有看法，他认为那是妇人之见，遂道："我辈非小人，休得以小人之心度他人。"停了一下，他特地提醒道："对了，明天中午，我请了金堡兄、湘客兄来家聚聚，你提早准备一下吧。"

"此是家中小事，夫君无需操心矣。"郑若兰说完，走进厨房。侄子王敉很懂事，正在默默洗菜。

郑若兰明白：王夫之是那种"宁让天下人负他，他不会负天下人"的有着浩然正气之人，这也正是她欣赏、喜欢和爱他的地方。郑若兰比王夫之小了整整十四岁，但她能理解王夫之丰富而高洁的内心，真是难得。王夫之颇为欣慰，曾特意写有一诗赠她："心心长待笋班齐，南北中分人望迷。残腊易消春易老，怕教抛尽惹莺啼。"

翌日中午，王夫之夫妇在窄小的院子里摆了一张桌子。

刘湘客提前到达，坐下后，王敉奉上茶，刘湘客只顾闷声吃茶。

不一会儿，金堡也到了。王夫之见刘湘客一脸失落的表情和还未消肿的小腿，遂安慰道："湘客兄，出来就是万幸。此番含冤入狱，过不在你。小人无德，你算受辱，亦算无损，不必如此气馁。比起你来，金兄遭罪更多矣。"

金堡翻翻眼，自嘲道："无妨，好歹还活着。"

刘湘客佩服并感谢王夫之嫉恶如仇的正义与以卵击石的勇气，但他咽不下这口恶气，不是恨自己含冤遭受酷刑，而是恨小人把持了朝政，好人没有好报。

"刘某死不足惜。若我之死可挽救败坏之朝纲，则我之大幸矣。"刘湘客喝下一口米酒，气愤道："然而，忠言不得谏，善言不得听，逆言不得进，实在可气。更气者，乃鼠辈当道，奸臣弄权，小人误国，长此以往，大明恐陷万劫不复矣。"

这也正是王夫之的忧心之处。眼下，永历朝乌烟瘴气，王化澄等人非但不能明察秋毫，制定救国良策，反而尽干些残害忠良之勾当，怎能不让人心寒？

"昔日长城战，咸言意气高。黄尘足今古，白骨乱蓬蒿。"王夫之忽地想起王昌龄这几句诗，不禁感慨万千。他朝刘湘客叹了口气，转头看着金堡那条被打断的腿，欲说还休。

金堡见状，动情道："值人人畏见于堡、畏言于堡，唯恐引火烧身之际，独贤弟挺身而出，仗义执言，振聋发聩，虽刚刚入朝，且小小行人，位卑人微，却以飞蛾扑火之决绝、以身伺虎之义勇，慷慨激昂，义薄云天。贤弟，尔乃新婚燕尔之时，却甘冒忤逆奸臣之险、血溅朝廷之危，完全置个人生死于不顾，究为何耶？"

"无他。人微方激昂，位卑好忧国。"王夫之掷地有声，道："金大人光明正大，天下皆闻！我明尔之言，知尔之心，敬尔之胆。若朝廷人人如尔之忠直，吾朝有望矣。"

金堡闻此，竟嚎啕大哭。仇者打他、残他、虐他，他未尝流半滴泪，王夫之一番话，却让他肝胆尽裂，痛不能抑。

王夫之吓了一跳，赶紧敬酒，转移话题。

席间，金堡和刘湘客说起当初他俩还相信朱天麟是朝中栋梁，并在朱天麟面前大骂马暨垂败坏朝政，应严惩不贷，岂知他们是一个鼻孔出气。王夫之听罢颇为难过，感觉朝廷真是凶险。这一次，自己不顾身份，舍命相救，完全是路见不平的本能或急于报国的内心冲动。

"民以食为天，此言不假。"刘湘客喝完酒，起身，先走一步，"酒足饭饱，谢了。回去睡一觉。"

"好，得空再聊。"王夫之说完，他与金堡又深谈了一会儿。金堡再次感谢王夫之义薄云天，明知不可为而为之。然则，正是这份执着，让事情出现了转机。金堡坦言道："堡以为必死于狱中矣。"

"与人同其事而旋相背，与人分其齿而忽相临，怀非常之情而不相告，处不相下之势而遽视之若无；有心者不能不愤，有气者不能不盈。"王夫之朗声道："死等耳，亦恶能旦颉颃而夕北面，舍孤弱而即豪强乎！故曰：冒死以争，亦人之常情，而毋庸逆料其终也。"

"堡，几无友人。"金堡最后动容道，"唯夫之肝胆相照，天地多苍茫，隔山有知音。人生如此，已无憾哉。"

临别时，王夫之问金堡未来有何打算，金堡迟疑半刻，拿出一部诗稿交给王夫之，说是刚刚整理完的。他对王夫之道："未来有何打算？此诗已明吾志也：'挑灯说鬼亦无聊，饱食长眠未易消。劣得狂朋争一笑，虚舟虚谷尽逍遥。'"王夫之看完大惊，金堡竟如方玄痴一样，面对满朝小人的卑劣，对朝政亦萌生倦意，竟有了出世向佛的打算……

送走金堡，王夫之径直前往蒙正发家探望，发现他的心情亦糟糕，但比起金堡，稍好一点。至少，见到王夫之，他的脸上还能勉强挤出一丝笑容来，并故作轻松道："江湖险恶，身不由己。朝廷多贤，不差你我。"

王夫之道："呜呼！人之能免于无恒者，斯亦可矣。"王夫之知道，牢狱就是炼狱，没有谁进入后，出来还跟先前一样。

"江湖虽险恶，由己不由人。"王夫之轻轻化解了蒙正发的懈怠与淡漠，强调个人的作为。显然，他的话无法引起蒙正发的共鸣。蒙正发看着王夫之，忽然高声道："江湖险恶，岂能由己？朝纲既坏，贤能何为？"

王夫之见蒙正发如此严肃，大惊，知道他心绪难宁，触目灰色，一时不知从何安慰，或者说，他眼下要的压根不是什么安慰，遂匆匆告辞。

从蒙正发住处返回的路上，王夫之在心里反复思考"畏死"与"愧心"这个问题。老子曾有言曰："民不畏死，奈何以死威之？"王夫之认为，老子之言，乃"近道之言也"。重要的是，"民不畏死，而自有畏者。并生并育于天地，独以败类累人主之矜全，虽甚冥顽，能弗内愧于心？"

这次与金堡等人聚首，王夫之本来要请蒙正发一同前来，但遭到郑若兰的反对："此乃非常时期，各有各难。请二位已是极限。"王夫之起初还以为她怕人多难张罗，后来一想，亦觉不妥：一则请了，人家未必会来；二则怕留下什么把柄。本来朝廷给他们定的罪就是结党营私，刚出牢狱，贸然聚首，免不了产生"结党"的嫌疑。

王夫之没料到，郑若兰竟是一个既有主见又很理智之人。记得王夫之冒死救援金堡等人之时，郑若兰亦劝过："满朝文武都在看着，不差你一个行人，用不着拿命犯险。"

"眼下万马齐喑，恰恰就差我这个行人当炮引。"王夫之执拗道："尔既跟了我，就得有这种准备。"

"若兰不畏死，亦不怕夫君做炮引。"郑若兰不卑不亢争辩道："若兰只是担心夫君舍命后能否出现万马奔腾！"

"这个……"王夫之一怔，他还真没想到此问题。他能体会到郑若兰言语中的爱意和担心，犹豫片刻后，他终究没有听她的，坚定道："结果如何，非我所控。若人人算计而为，谁还舍生取义？"

眼见无法说服王夫之，郑若兰最终改变主意，叹道："夫君且去吧。既为人妻，有祸同担；夫为国事，妻当同往。"

王夫之见妻子目光炯炯，一副你死我必亡的正气样子，一股热流涌入眼眶……

此刻，王夫之从蒙正发住处回到家，郑若兰微笑着，站在门口迎接。她的身后站着侄子王攽。王夫之望了郑若兰和王攽一眼，心里有了一丝"甜"的感觉，更准确地说，是一种找到"根"和有了"家"的感觉。然而，一想到国事，他又难免陡生惆怅：清军已经进攻广东，不日就会进攻广西。这个家，这难得的温馨，这"根"的安宁，这"甜"的感觉，就像风雨中的朝廷一样，也会飘忽不定，让人痛苦而揪心。

三

事实上，王夫之对当时局势有着比较清醒的认识。当金堡等人含冤下狱、朝中内斗正凶的时候，清军攻占了整个湖南。马进忠、曹志健、杨国栋等部皆败退，战事急转直下，清军马上就要打到广西。刘湘客对此也很清楚，他心灰意懒地对王夫之道："且问如何为朝廷分忧？君不见朝廷上下奸臣当道，不可一世，忠臣敢怒不敢言。况皇上一叶障目，良莠不分，岂会听罪臣之言？"

王夫之见状只能叹气，他何尝不知这永历帝乃是无能之辈？但是，谁让永历帝是大明最后的希望呢?

是年八月,清军来犯,满朝惶恐。永历帝决定向南到南宁。众将纷纷劝瞿式耜一同逃难,瞿式耜却临危不惧,选择留守。恰逢他六十大寿,军政界的人物都在为他张罗一场寿宴。

王夫之应邀在瞿式耜府邸住了一些日子,也忙前忙后帮忙张罗着。王夫之隐隐约约感觉到,这或许是他能为这位老人做的最后一件事。

瞿式耜当时颇为高兴,张灯结彩之中,他与众人把酒言欢,谈笑风生,共叙家常,一脸平静,面露喜悦之情。但谁都知道,那是暴风雨来临前的宁静。瞿式耜意识到这是他最后的荣光,六十岁了,人生到了花甲之年,足矣。

宴会之前,瞿式耜与王夫之有过一次深谈。瞿式耜对王夫之在府中行事格外满意,他喜欢王夫之,把王夫之当成自己人。

那次深谈,瞿式耜是有心的。他开门见山对王夫之道:"圣上曾嘉许你'骨性松坚'。可见圣上还是了解你的。"

王夫之知道,这是永历帝赦免他时讲的一句话。此时再次被瞿式耜提及,物是人非,王夫之五味杂陈。

瞿式耜忽然问:"久闻夫之熟读《资治通鉴》,可否说说你如何看待晋惠帝'何不食肉糜'之说?"

王夫之一怔,他明白,瞿公所问,看似闲聊,实有深意。因此,王夫之思忖片刻后,认真答道:"惠帝之愚,古今无匹,国因以亡。乃唐顺宗之瘖而无知,宋光宗之制于悍妻而不知有父,其愈于惠帝无几,而唐、宋不亡,有人焉耳。四顾晋廷之士,有可托以天下者乎?"

瞿式耜听了,肃然起敬。他明白:王夫之所追求的人生,是以天下之兴亡为己任的人生。此何尝不是自己毕生之追求?

是的,王夫之希望自己的人生就是一部书写天地正气之大书。在与严起恒交谈后，这种追求更加清晰。王夫之认为，天地正气之大书贵在"义"。而"义"可以分为三种：第一种是古往今来所有人都公认的正义；第二种是一个人的正义；第三种是一时的正义。一个人的正义和一时的正义都不能违背所有人的正义。王夫之所认同的"义"就是为天下人的"公义"而奋斗的事。这种追求对生命的影响是恒长的，即"生"与"义"是相辅相成的。

"夫之'骨性松坚'，非常人可比。你刚入朝中，即以国事为重，忠心耿耿，刚正不阿，又遵守孝道，当今朝廷，委实难觅第二人。"瞿式耜说到这里，忽地感叹道："可惜老朽认识你太晚。"

"能认识大人，是晚生一辈子的荣幸。"王夫之有些感动，又有些伤感。他觉得这个曾经权倾一时的人此刻却像一个最最普通的老者，他甚至莫名嗅到了一种死亡的气息。

"上次，弹劾王化澄，拯救金堡等，文武百官，人人可为，却不为。而你，小小行人，一腔热血，因谏入狱，何以如此？最难者若何？"瞿式耜盯着王夫之，问道。

王夫之脱口答道："受谏之难也，非徒受之之难，而致人使谏之尤难也。位尊矣，人将附之而恐逆之，然附尊位者，非知谏者也；权重矣，人将畏之而早已惴之，然畏重权者，非能谏者也；位尊而能屈以待下，权重而能逊以容人，可以致谏矣，而固未可也。"

瞿式耜一脸凝重，又道："所做之事，所患者何？所忧者何？"

"朝中上下，正气不足，邪气充溢。此不祥之兆也。"王夫之坦言道："故所忧患者，才智有余，而勤于干理，于是乎怀忠欲抒者，夙夜有欲谏之心，而当前以沮，遂以杜天下之忠直，而日但见人之不我若，则危亡且至而不知。"

"夫之，果为大才，若在太平时代，你可为股肱之臣，献定国安邦之策。如今你生不逢时，眼下朝中多非善类，非你安身立命、一展抱负之地。"瞿式耜摇摇头，认真看了王夫之一眼，忽然提高声音，正言道："老朽时日不多，且听我一言：当进则进，不能进则退矣。"

王夫之有些吃惊，但一想到瞿式耜最近所受到的大小打击，他又很能理解。不过，前辈的奉劝，包括严起恒的奉劝，虽然都是为王夫之着想，但他还是坚定自己的信念。因此，王夫之答道："大人，晚生只是人微言轻，但绝非贪生怕死之辈。若能为皇上分忧，为大明出力，则死而无憾。"

瞿式耜心想：这年轻人怎会如此执迷不悟？而越是如此，他越觉得可惜。大明若能多一些这样的人，并委以重任，未必就没有希望了。只是这样的人太少，所以才要保护。他语重心长道："夫之，你我皆为人臣。此等道理，我比你明了。死，绝非你我所惧，重要的是要死得其所。作为亡国孤民，生，才是考验，是痛苦。万不可逞一己之血力挽狂澜，做白白牺牲者。我且无能为力，你又如何？"

王夫之面色苍白，明知瞿式耜之言甚对，仍有不甘，但又不便反驳。王夫之闷声闷气地道了一声："在下记住了。"然后他把话题转到战局上，劝瞿式耜尽快离开桂林。

瞿式耜则摆摆手，淡然道："夫之，你记住老朽的话就行了。至于去留问题，老朽自有安排。"说真的，若不是决心留下来，他定不会接受众人为其举行这个寿宴。

说到底，瞿式耜的主意已定，他就是借这个寿宴与众人告别。天下没有不散的筵席。六十岁，乱世之年，饱经风霜，亦算是有寿之人了。

在这次寿宴上，通过瞿式耜的引荐，王夫之见到了张同敞。

张同敞出身名门，系张居正曾孙。1642年，崇祯下诏命张同敞慰问湖广诸王，调兵云南。在回京路上，张同敞获悉崇祯在煤山自缢。未几，张同敞接到唐王征召，赴湖南抗击清军。唐王被俘后，投奔永历帝，名义上为都御史，实则名不副实。王化澄在兵部安插了自己的亲信，并升其亲信为副都御史，又捧明将赵印选上位，等于架空了张同敞。

此刻，张同敞表示十分担忧，万一清军来袭，他是否能够号令三军，齐心杀敌？

瞿式耜一想到王化澄，心里压抑，不觉唏嘘，若不是此等奸臣弄权，局势不至于败坏到此等地步。瞿式耜对前来祝寿的众将道："战事已避无可避，我等亦退无可退，望诸位皆以国事为重。"

张同敞当即答道："且不论他人如何，同敞定不会弃桂林于不顾，誓与恩师共存亡。"

听着张同敞的话，王夫之感觉到大战在即，非比寻常。瞿式耜一副气定神闲的样子。王夫之突然有些心疼他。这次寿宴，是瞿式耜大喜的日子，是不是也是他大限的日子？

王夫之怀着崇敬之情，为瞿式耜写下生日祝词："千古英雄此赤方，漓江南下正汤汤。情深北阙多艰后，兴寄东皋信美乡。进酒自吹松粒曲，裁诗恰赋芰荷裳。萧森天放湘累客，得以商歌侍羽觞。"

瞿式耜收下祝词，微笑致谢道："好了，夫之。皇上已到南宁。此处非久留之地，你可去也。"

很快，寿宴散了，人群离去。王夫之虽有不舍，也不得不离去。

瞿式耜收拾停当，立即披挂上阵，伫立城头，他对守城将士作最后的动员——

"瞿某半生功业均在桂林。桂林为最后之要塞，若然失守，恐万劫不复。众将若弃我而去，我不怪罪；众将若与我同在，我不言谢。我为桂林留守，守土有责。城在人在，城亡人亡。"

清军曾先后多次围攻桂林，瞿式耜都能带领众将士齐心抗敌挺过去。

当时，瞿式耜认为，只要士气高涨，三军振奋，战术运用得当，还是可以与清军决一死战的。不过，他也清楚，这次不同往日。桂林不仅是一座孤城，而且已经成了清军的眼中钉，这次他们格外重视。

孔有德亲自率领几十万人马来犯，下足血本，誓要啃下这块硬骨头。何腾蛟和堵胤锡先后亡故，军中群龙无首，众将士本就心猿意马，尤其是"金堡案"一闹，搞得朝野一片狼藉，元气大伤，加上大难临头各自飞，就连永历帝都逃命了，士气大为受损。

瞿式耜当然知道此时军中人心惶惶，原本就三心二意的众将更是要作鸟兽散。他必须做一个表率，下定必死的决心，以此来激励众人，期望能够挽回颓势。

瞿式耜最后的动员没有像历次那样得到将士们喊出"杀杀杀"的回应，这样的结果本也没什么意外。让瞿式耜意外的是，他身边最亲近的几个人也难以看见。

就在此时，身边悄然来了一个人：王夫之。

"大人，守土抗清，人人有责。晚生能力有限，但杀敌报国，义不容辞。"王夫之道："贞生死，尽人道，晚生不违天命。"

瞿式耜看见王夫之，听到他讲的话，长叹一口气，道："若天下人皆有夫之之心，大明何愁不能收复河山？"

"大人休要悲观。"王夫之道："众将士皆在，看吧！都御史也挥旗在列！"

瞿式耜一抬头，看到张同敞正在前方奋力挥旗。

"夫之，老朽与你相识不长，却识得你心，见得你才，你要做千古学问，成万世师表，比之方阁老有过之而无不及。"瞿式耜握住夫之的手，动情道："切记：勿断文脉！历代壮士，皆沐文脉而生。苍天宇宙，因人设事。既有为武者，必有为文者。你文武双全，国运不济，不可因武废文，强求于己。为国捐躯者，有我等已足矣。"

王夫之大恸，泪流满面。

瞿式耜用颤抖的声音说道："切记：未到非死之时不可轻言死，你且留住文脉，国家可亡，天下不亡。留住了文脉，天地就有了灵光，江河就有了魂魄，后来者就有了薪火，有了源流，有了动力矣。"

"晚生记住了。"王夫之听了无比感动和震惊，但他仍执意要随瞿式耜与清军决一死战。

瞿式耜劝道："郑氏若兰乃你新婚之妻，我见过她，知书达理，贤淑可人，她不能没有你。赶紧回去！"

见王夫之仍然不为所动，瞿式耜慨然道："老朽亦为读书之人，深知文脉之重要。人的肉体终有一死，文脉之光，可耀千古。我再说一遍：为国捐躯者，有我等已足矣。你若执其一义以求伸，其义虽伸，而非万世不易之公理，是非愈严，而义愈病。"语毕，瞿式耜忽地厉声道："人不自畛以绝物，则天维裂矣。老朽令你速速离开！否则，即有碍事之嫌矣！"

事已至此，王夫之再留无用。他明白，瞿式耜曾说过"生民之生死"高于"一姓之兴亡"，希望他积"文气"，续"文脉"。一姓可亡，但天下不会亡，江河不会废。何也，文脉之光，魂魄所系，乃生生不息也。

"快走。老朽不欲再见你。"瞿式耜别过头去，肩膀微耸。如此严厉而动情之言，竟出自一位视死如归的长者之口，直震得王夫之五脏六腑都跳出来了。

"大人，我走了……"王夫之大声喊了一声，连"保重"二字都说不出口来，他用力擦了一把泪水，转身离开了瞿式耜，痛苦万分地告别了桂林。

四

王夫之上路了。但他并未回衡州，而是义无反顾地踏上了追随永历帝之路。妻子郑若兰和侄子王敉与他在一起。王夫之觉得此行凶险，曾打算安置郑若兰和王敉到安全之地，但两人皆不答应。

王敉道："叔，兵荒马乱，在一起踏实。"

顺治七年（公元1650年）冬，王夫之一行无法抵达南宁，他们被幽困于广西永福水砦中，整整四天没有吃上一顿饭。眼看回朝无望，王夫之仍然执迷不悟，朝着他认定的方向，奋力向前。结果，路上又遇到大雨倾盆，这阴雨绵绵的日子竟然持续了两个月，他们被逼得无路可走，甚至做好了一同赴死殉国的打算。王夫之不由想起当年与夏汝弼、张学夫为追寻永历帝去武岗之情景，那次在五六十来天的时间里，他们竟然一直兜兜转转，始终没有走出南岳诸峰。现在也是三人，只不过夏汝弼、张学夫换成了郑若兰和王敉。

王夫之对郑若兰叹道："本想给你宁静时，不料尽是烂泥日。"

郑若兰倒很豁达，她安慰道："烂泥也好，宁静也罢，夫君在，人心安。"

王夫之一行躲在小村庄的一废弃的破屋里，外面大雨不断，屋子里雨水不断。王夫之以口诵的方式给郑若兰讲述故国之思。王敉在一旁悄悄记下："寒烟扑地湿云飞，犹记余生雪窖归。泥浊水深天险道，北罗南网地危机。"

后来，王夫之在《哀雨四诗》中回忆此段艰难日子时特地写道："庚寅冬，余作桂山哀雨四诗，其时幽困永福水砦，不得南奔，卧而绝食者四日。亡室乃与予谋间道归楚，顾自桂城溃陷淫雨六十日，不能取道，已旦夕作同死计矣。因苦吟以将南枝之恋，诵示亡室，破涕相勉。"

王夫之感恩上苍让郑若兰陪伴在身旁，还有侄子王敉。离开桂林时，王夫之曾劝过郑若兰,让她带着王籹回衡城。但郑若兰一口拒绝,倔强道:"生,一起生;死,一起死。休得赶人。"

"唉,真乃前世之缘矣。"王夫之甚为感动。如果当时,郑若兰能够早点离开,此刻可能就回到了故土衡城。但郑若兰不同意,王籹也不同意。打从王参之去世后,王夫之一直带着王籹,视为己出。这孩子懂事,已经是一个小帮手了。

在这段艰难的日子里,对于郑若兰,王夫之十分珍惜。他爱已故的陶孺人,也爱郑若兰,虽然爱的方式相同,但获得的感受却不同。对陶孺人,是后知后觉的爱;而对郑若兰,却是一见钟情的爱。陶孺人敦厚温顺,话语不多,他们的交流也不多,更多的时候,王夫之都是只身在外,而她在家里安静做着一个女人的本分,代他伺候爹娘,无怨无悔,等她离开人世,他才觉得她是多么重要,心里也就有了一份愧疚。郑若兰出身名门,琴棋书画都有涉猎,家国大义也都了然于胸。他们志趣相投,形影不离,心心相印。他苦,她也苦;他忧,她也忧;他乐,她也乐。十八岁的青春,她给夫之带来了太多的欢愉和热忱。有此一爱,一生何求?当然,偶尔,他也会想母亲帮他物色好的奚采诺,他想,如果采若活着,跟在身边的是不是就是她了?他肯定也会爱她,但现在想起这个从未见过面的女子,他更多的是心痛……

外面的暴雨还在下,他们寸步难行。老实说,对于这场雨,王夫之毫无准备。起初,王夫之以为这雨下几天就会停下来,眼见山地冲毁,道路泥泞,他们便在山野人家短暂留住。雨小了一些,他们继续赶路,但还没走上半天,大雨又开始落下,他们只能躲到山野树丛。后来的日子,雨水断断续续,他们走走停停,停停走走。山高坡陡,林深幽静,羊肠小道,泥巴裹满了裤腿,走两步,滑一步,他们相互扶持。雨云层层,寒烟阵阵,整个世界雾气茫茫,他们再也不知道自己身在何处。最后无奈之下，他们只能在山脚下一座废弃的破屋里住了下来，一住就是近两个月。

天气日渐寒冷，王夫之三人只能相互依偎着取暖，夜里点了灯，听着满世界的雨声，他们絮絮叨叨着过往的一些事情。当郑若兰和王攽都入睡后，王夫之却睡不着，他与天地对话，心骛八极，神游万仞。王夫之认为决定世界万物变化发展的力量是物质，而不是心。"阴阳二气充满太虚，此外更无他物，亦无间隙。"气就是物质，充斥宇宙，只有聚散，没有生灭。他从郑若兰做饭的场景生发联想，干柴燃烧，化为火焰，看起来消失了，但其中的木头成分仍归于木，水的成分仍归于水，土的成分仍归于土，变化细微，难以觉察。朱子提出"存天理，灭人欲"，王夫之认为"人欲"也是"天理"，两者不能截然分开。他把这些感悟匆匆记了下来。

在生之艰难的极端恶劣环境中，王夫之心境澄明。阳明先生重视"心"的感知，也强调经世致用，但他的弟子越来越脱离实际，甚至流于"狂禅"。"风声雨声读书声，声声入耳；家事国事天下事，事事关心"，此原本文人志士的责任担当，然当时王学弟子都醉心于空洞的义理，不问天下事，追求"无善无恶"，与禅学无异。王夫之认为大明之亡，与此有关。

王夫之喃喃道："自异端有直指人心见性之说，而陆子静、王伯安附之，陷而必穷，动之不善宜矣。"

"夫君念念有词干吗？"郑若兰突然开口道，"怎么还不入睡？"

"啊？"王夫之一惊，"胡思乱想中，不意惊醒了你。"

"倒也无妨。"郑若兰嗔道："反正睡不着了。"

"外面还在下雨。"王夫之明知故问。

"有雨必有风，不理也罢。"郑若兰答道。

王夫之见状，也不劝她重新入睡。两人靠在草席木板床上，望着黑漆漆的夜，闲聊起来。郑若兰说她第一眼就看上了他。王夫之有些不信，问她看中了哪一点。郑若兰只是笑，半晌才面露羞涩："也不是哪一点，而是整个儿人，头一面，便觉与夫君有缘。"

王夫之叹一口气，四周寂静。他忽地想起杜工部有一首诗叫《江村》，问郑若兰："你能背诵此诗否？"

郑若兰道："读过此诗，竟然忘了。"

王夫之便颇带情感地朗诵起来："清江一曲抱村流，长夏江村事事幽。自去自来堂上燕，相亲相近水中鸥。老妻画纸为棋局，稚子敲针作钓钩。但有故人供禄米，微躯此外更何求。"

郑若兰听了，触景生情，她十分真诚道，她要和夫君白首不相离，死后也要埋在一起。王夫之点头，道：将来带她回衡州，上南岳，隐居山野，沐晨风，看残阳，过着散淡日子。

这时，郑若兰忽然满怀希冀道："何时才能归故乡？"

时局太乱，郑若兰真的有些迫不及待了。

王夫之一怔，答非所问道："待大明恢复，我定会自朝中还乡，归园田居，再不问世事矣。"

此刻，王夫之仍是心系朝廷，抱着那个宏大梦想，即便这梦想早已不再真实，他也舍不得放手，或者说不愿醒来。

听到王夫之的回答，郑若兰锁起眉头，低声道："有无大明，我都与你长相厮守。哪怕颠沛流离，哪怕居无定所，有你就有家。"

夜已经很深很深了，王敉已经入睡。他每天都很累。王夫之带了不少行李，一路上，王敉背了很多东西。郑若兰要替他分担，他不让。在小村破屋住下之后，他们开始为吃的发愁。王夫之本就没带多少钱，加之居住于山野，距离集市也比较远，王夫之便时常和王敉一起出门寻找食物和干柴。脏活重活，王敉抢着干；烧火做饭，他也给郑若兰打下手。

此刻,看着熟睡中的王敉,郑若兰感叹道:"敉儿踏实驯良,小小年纪,恭顺能干,真是难为他了。"

王夫之亦叹道:"这孩子命苦。我愧对二哥。"

郑若兰宽慰道:"你亦不必这般自责,敉儿读书明理,自是你的功劳。艰难困苦非苦,无依无靠才苦,心无所向尤苦矣。"

王夫之知道郑若兰也在说她自己,不觉心一动,把她抱得更紧了,道:"待回到衡州,你要帮敉儿物色一好女子,如你一样人美心善。如此,亦算对二哥有所交代。"

"我记住了。"郑若兰答道。

黎明时分,王夫之忽地被远处的喊叫声惊醒。他和郑若兰赶紧爬起来,叫醒王敉,一起冲到门口,突然看见外面已经是一片汪洋。连日大雨,洪水泛滥,冲垮了河堤,漫延到大地之上,淹没了村庄和农田,刚好从王夫之的屋前和屋后流过,茅屋已经成了一座孤岛。

王夫之卷起裤管,走进水里,水面正好淹没了膝盖,刺骨的冰冷从腿部传上来,令他打了一个寒战。

"叔叔去水中做甚?"王敉惊叫一声,也跟着走了下去。

"秋末冬初竟有如此大雨,实乃天之异象!"王夫之对王敉说了一声:"不好,莫非桂林城已遭大难?"

"啊?你看,夫君!"郑若兰大叫了一声。

还没等王夫之反应过来,但见很多流民拖家带口,大包小包,急匆匆涉水而过。一问才知,他们正是来自桂林城。

桂林已经沦陷,瞿式耜也已殉国。

原来,就在王夫之携家人离开桂林不久,孔有德便带领清军攻克了全州,一路疯狂,杀向桂林。危急关头,身为督军头的张同敞果然调令不了三军,众将败的败,逃的逃,散的散。尤其让人气愤的是赵印选带着十几万大军却隔岸观火，陈邦傅带着十万大军伺机逃窜。只有胡一青孤军奋战，结果溃不成军。

很快，清军越过了广西前线，直逼桂林城，此时桂林已是残阳如血，几无生气。瞿式耜被迫以皇上圣谕，召唤各将领前来守城，依旧无人响应。分封在桂林的朱姓皇族子弟也准备逃走了，临走之前，曾前来劝瞿式耜："先生受命督师，全军未亏，公且驰入柳，为恢复计，社稷存亡，系公去留，不可缓也。"瞿式耜淡定不语。皇族子弟当场落泪，拽着他的袖子，坚决请他上马。

瞿式耜从容地答道："殿下好去，幸自爱！留守，老臣初命也。老臣此心安者死耳，逃死而以卷土为之辞，老臣万万不能矣。"

危难时刻，人心散了。张同敞站在阵前督战，众兵士只顾逃窜。绝望之时，他单骑闯关，进了桂林，面见瞿式耜。

瞿式耜大惊："生死攸关，你竟自投罗网？"

张同敞跪在地上，声泪俱下道："弟子知先生抱死守城，同敞无能退敌，愿与先生同死城中。"

瞿式耜起身，长叹一声，将他扶起，道："既为陪死，先杀敌耳！"

孔有德的大军正在桂林城内烧杀，满城烽火。四处狼藉之时，瞿式耜的军营中已空无一人，甚至连看门的守卫都没了。师徒冲出军营，杀了个痛快。敌退后，二人穿血衣回殿，支桌布碗，就着残酒剩菜，边吃边赋绝命诗。掷笔停杯，张同敞置生死于度外，安然入睡。

瞿式耜回到厢房，沐浴更衣，将大明朝服穿戴整齐，遣散了家人和侍从婢女。黎明时分，重回殿内，叫醒张同敞，摆一残棋。二人饮茶对弈，只等清军前来。瞿式耜唱诗，乃辛弃疾名词《鹧鸪天·有客慨然谈功名因追念少年时事戏作》之上阕："壮岁旌旗拥万夫，锦襜突骑渡江初。燕兵夜娖银胡䩮，汉箭朝飞金仆姑。"

张同敞朗声吟诵该词下阕："追往事，叹今吾，春风不染白髭须。却将万字平戎策，换得东家种树书。"

刚刚吟毕，大批清人冲进殿内，见此情景，大骇。

不一会儿，孔有德赶到，也愣住了。

孔有德对瞿式耜既爱又恨，他感叹瞿式耜镇守桂林那么多年，此前曾派使者前来劝降，瞿式耜烧了信函，杀了使者，等于明确拒绝。现在穷途末路，仍然风平浪静，不屈其尊。

孔有德没想到他们会以这种方式见面，遂击掌嘲笑道："此乃瞿阁部乎？好阁部！"

瞿式耜亦不为意，回敬道："此乃王子乎？好王子！"

瞿式耜明显话里有话。孔有德意在劝降，言不由衷地夸了瞿式耜一番。瞿式耜不苟言笑，保持大明重臣的风度。

张同敞则不同，他看见孔有德，哈哈大笑，道："麾下从毛将军起海上，受朝廷恩命，官三品。今国且垂亡，吾以麾下为久死矣，而尚存耶？或者吾殆见鬼乎！"言外之意，就是说孔有德身为大明将领却不为大明尽忠，而是通敌卖国，罪该万死。

面对张同敞奚落，孔有德颇为愤怒，立即命人将他按倒在地，残忍地砍掉他一条胳膊，又挖掉他一只眼睛。如此仍不解恨，孔有德亲自上去割下他一只耳朵，吼道："你有种，你英雄！老子让你活不好、死不成！"

张同敞血肉模糊，惨然而笑，直呼："叛国之贼，速杀我！国士不可辱也！"

"押下去！"孔有德被骂得心烦意乱，命人把二人关了起来。

第二天，孔有德派明朝旧臣前去劝降。二人不为所动。孔有德不死心，再次派人来，瞿式耜干脆用袖子堵住耳朵，连听也不听了。在狱中，瞿式耜和张同敞擦干血迹，吟诗唱和，狱卒骇然。

瞿式耜唱道："莫笑老夫轻一死，汗青留取姓名香。"

张同敞酬道："衣冠不改生前制，名姓空留死后诗。"

十天后，孔有德再次见了二人，好酒好菜招待，依然没有劝降成功。暗中，瞿式耜写了一封密函，陈述桂林城内军事分布和虚实，秘遣信使，带给城外将领焦琏，要求焦琏奇袭桂林。谁知这封信被孔有德截获。眼见二人铁心不降，他决定处决二人。

临刑前，瞿式耜挥笔写下："从容待死与城亡，千古忠臣自主张。三百年来恩泽久，头丝犹带满天香！"

张同敞大笑，与恩师一道慷慨殉国。

未几，清军攻陷整个广东。李元胤身着官服，高呼："陛下负臣，臣负陛下！"慷慨激昂，亦挥刀自尽。

袁彭年则投降了清人……

惊闻桂林沦陷，瞿式耜、李元胤等人壮烈殉国，王夫之惊闻之下，悲痛欲绝。希望在哪里，未来当何从？因为此时，永历皇帝已经被孙可望挟持，胁迫到安龙府（今贵州安龙布依族苗族自治县）。

暴雨成灾，道路泥泞，前途茫茫。王夫之入朝效力，已无可能。

郑若兰默然落泪，恳求道："夫君，事已至此，回家去吧。"

侄子王敉也轻声道："叔，回去吧。敉儿也想家了。"

两个人的声音虽小，却仿佛一记重锤，击中了王夫之心里最柔软的地方，他的眼睛潮湿了。外面大雨迷蒙。当年永历皇帝在武冈之时，王夫之前去投奔，同样大雨成灾，无功而返。再往前，当年父亲数度前往京城，一无所获，他理解了父亲当年的绝望。没想到，这个绝望，仿佛一个轮回，落到王夫之头上。他像传说中的那只鸟，一生都在飞翔。现在，他再也飞不动了。他厌倦了天空，只想落到树上那个枯枝搭起的小巢里。

就这样，昏黄的天空下，大雨未歇，暮色渐浓，王夫之三人逆风而行，朝着衡州方向艰难进发。

五

清顺治八年辛卯，王夫之偕郑若兰、王敉，历尽艰辛，终于回到了南岳山上长兄王介之的耐园。一回到家，他才知道母亲已经过世。

王介之告诉王夫之：母亲去世前的一段日子，她不断念叨着夫之的名字，还有琴棋书画四姐妹的名字。说她有三个儿子、四个女儿，儿女双全，可都不来为她守终，边说边流泪。最后说不出话，嘴唇仍在抖动。王介之知道，这是母亲最后对王夫之和四姐妹的牵挂。

临终前，母亲嘱咐王介之："归葬先君岳阡之右，远离城市秽土，协先君清泉白石之志。"

五日后，王介之将母亲安葬在南岳潜圣峰下马迹桥。父亲在此长眠五载有余，他专门给它取了个名，叫"岳阡"。意思是山道旁的一个墓穴，普普通通，与父母生前的个性相契合。

听了长兄的叙说，王夫之心如刀绞，泪流满面。脑海里全是凄凉的画面，这正是："醉拍春衫惜旧香，天将离恨恼疏狂。年年陌上生秋草，日日楼中到夕阳。"

郑若兰与王敉也哭成了泪人儿。王夫之望着王介之，感觉长兄一下子苍老了许多。

王夫之回衡州后的第二天上午，淅淅沥沥的秋雨笼罩着整个南岳。苍茫的雾气之中，两座土坟静静躺在山脚下。王夫之默默坐在"岳阡"旁，思前想后，泪水再次涌出。郑若兰站在他的身后，也跟着落泪。侄儿王敉本来要来，王夫之不让。王介之说来作陪，他也不让。他想静一静，可现实无法让他静下来。

当天晚上，王夫之提笔写下一首诗："百里望岳阡，将为茂草墟；良惟身事闇，岂云天运殊。"一句"天运殊"，把国难、家灾和个人悲惨的境遇表达得淋漓尽致。

此刻，已是午夜，郑若兰终于睡去，发出轻微的鼾声。

王夫之异常疲惫，但越疲惫越睡不着，脑海里不断翻腾着国事、战事、人事。他想起一路走来的点点滴滴，师友的寄望，亲人的关怀，历历在目，难以释怀。他想起严起恒叮嘱的"文脉的烛照"，寄希望他"效先贤之能，做千秋之事"。他更想起瞿式耜的厉声责斥："为国捐躯者，有我等已足矣。"嘱托他"人的肉体终有一死，文脉之光，可耀千古"。还有吴道行、黄真川及父亲大人等等，这一声声、一幕幕，无不肝肠寸断，义薄云天啊。"我王某何德何能，让这些顶天立地的英雄为自己托孤承志、血洒疆场啊？'文脉'究竟是什么？这一路走来，跌宕起伏，虽九死而不悔，难道就是'文脉的烛照'所致？可是，我王某能守住这根'文脉'，继而发扬光大吗？……"

王夫之不知什么时候睡去的。

醒来的时候，发现外面光线很亮，也不知是什么时候。郑若兰在灶台旁忙碌，有个人坐在旁边，正在跟她说话。

王夫之昏昏沉沉下床来，那人连忙过来扶住："累坏了吧？"

"啊？国相兄。"王夫之惊叫一声，道："你怎么来了？"

"听说你回来了，就上山来看看。"李国相笑笑道："上次你回来，我没及时来看你，让你记恨了。"

"哪里，哪里。"王夫之摇了摇头，定了定神。他看着李国相，叹道："你也老了不少。"

"岁月催人老，这是自然规律。"李国相道，"你一走，衡州可发生了不少事情。"

王夫之静静地看着李国相。

李国相也不卖关子，简单地说了三件事。

第一件事是：朱归孺竟然去武陵山下水月庵看望了清玉，并当面向清玉讲述了自己的罪行。清玉听后没有任何表情，仿佛朱归孺犯的那些罪行不是发生在她身上。送客时，玄静师太对朱归孺道："朱大人来与不来，都一样。于清玉而言，以前的那个人早已死掉，清玉与朱大人所说种种，毫无干系。"朱归孺返回长沙后，大病一场。

第二件事是：管时求提出"减粮减税"，令吴军很恼火。适逢左梦庚南来视察，吴军主张增加摊派用作献资，管时求坚决反对。朱归孺从中调停。管时求彻底得罪了吴军。

第三件事是：管时求建议李璟参加科考，他愿从中帮助。李国相不为所动。李璟自己报名，偷偷参加科考，竟然高中黄榜。李国相很不高兴，认为是管时求"关照"所致，遂将其告发。吴军正拿管时求没办法，李国相的告状，令吴军无比高兴。眼看管时求要被革职，朱归孺来到衡州，管时求化险为夷。

"第三件事，是我对不住时求。"李国相道，"璟儿是凭自己的本事考上的。虽然我不赞成他科考，但他考取了，不是别人关照所致。"

"唉，国相兄。"王夫之长叹一口气，不知道说什么才好。

实际上，李国相在向王夫之说起这些事情时，王夫之胸口一直隐隐发痛，朱归孺毁了姜晓书，罪不可恕，不必多说。对于第二件和第三件事，王夫之觉得无论是吴军还是管时求，他们每个人都像蛛网上的蚊子，都在挣扎着，都不希望自己成为蜘蛛嘴里的食物。或者说，无论明朝还是清朝，每个朝廷都是一个江湖，每个知府衙门都有一张蛛网，下面都有一个染缸，出没其间的是人，包括曾经的他自己。

回头来看，王夫之觉得有些可笑，也觉得有些可怜。那些身处其中的人，每天都在提防、暗算、争斗，根本不知道自己的命运早已掌握在蜘蛛手中。而身处江湖之外的人，例如李国相，他也自觉地靠近这个蛛网，有意无意做着与江湖规则一样的事情。正因为此，对于李国相所说儿子参加科考之事，王夫之不知道是该责备李国相还是该赞扬李国相——以前他一直是持赞扬态度的。而对于朱归孺，王夫之更是无话可说，觉得这个人一会儿深陷蜘蛛网中，一会儿又游离在江湖之外，一会儿站在染缸的边沿，所行之事，实在难以琢磨透。

"夫之兄，你怎么不说话？"李国相道，"不说也罢。告辞。"

李国相仿佛是专门来告诉王夫之这几件事情的，王夫之留不住，便送他走到门外："我陪你走一段吧。"说完，他真的陪着李国相沿着山路一直往下走。大约走了一炷香的工夫，李国相道："你回山上吧。有空下山走走，衡城跟以前比，有些变化。"

王夫之折返，刚刚回到屋里，就听到王介之在跟什么人说话。王夫之推门一看，但见两个少年正放下扁担，满头是汗，一看竟然是张纯、张熙。

王介之说："不是说，要你们不要再上山来嘛！"又道："你娘的身体好些了没有？能够下床了吗？"

王夫之一听，大吃一惊，连忙出来问道："怎么？胡三妹病了？什么病？"

"忘了跟你说了。"王介之摇摇头，叹道："说来也是中了邪。母亲大人去世后，胡三妹硬要跟男人们一起，为母亲大人挖墓穴。挖到一个人高的时候，突然窜出一条蛇来，很大的一条蛇。胡三妹竟去抓它，结果被咬伤了。"

"啊？后来呢？"王夫之急道，"我知道她喜欢抓蛇、吃蛇，也经常被蛇所伤，曾劝过她，可她不听。"

王介之接着说道："胡三妹开了一家餐馆，生意很不错。其中一道主打菜就是蛇，各种吃法，炒、蒸、炖，她样样会做。每天餐馆开门前，她都在山上捉蛇，也收别人送来的蛇。这些年，自己一家在山上得到过胡三妹不少的接济，心里一直过意不去。我原以为她想把两个孩子送到你门下读书，有一次我还特地问她。胡三妹说，她自己没有这个想法，但有个恩人一直让她这样做，说赚再多的钱都不如多读几年书好。我问这个恩人是谁，她一直不说。后来我突然猜到，这个恩人是不是朱大人朱归孺？"

"叔叔，就是朱大人，现在长沙府当官。"两个少年齐声道，"这个恩人来我家看过多次，我娘叫他'朱大人'。听娘说，我家餐馆开张前，这个恩人还给过一些银子帮助我们开起来。"

原来如此。王夫之恍然大悟。这个朱归孺，真不知道他心里究竟想些什么。王夫之摸了摸两个少年的头，问道："你们想读书吗？"

"想啊，天天都想呢。"张纯抢先答道，"学夫哥也说，只有读了书，有了知识，才不会被人瞧不起。"

"你娘的身体好些了吗？"王夫之问道，"还有你的学夫哥，他在干吗？"

"这次娘吃了大亏。大夫说，她的右手坏死了，要砍掉才能保命。"张熙说，"不过，我娘不信，她还在熬药吃。至于学夫哥，他在我们餐馆帮忙，所以没有上山来了。"

"你回去告诉你娘，再过一段时间，我就让你们来跟我读书，好吗？"王夫之庄重地承诺道。他摸了摸两个孩子的头，又说，"让你娘好好养病，有时间我会下山去看她的。"

"太好喽，太好喽。"张纯、张熙闻讯，兴高采烈地下了山……

第三十七章　树欲静，风不止

一

王夫之虽然回到衡州，待在山上，但南国之事频频传入他的耳朵：永历皇帝已经逃到了云南隆安，他别无选择，只好满足了孙可望的欲望。清军进攻桂林之时，孙可望派兵围攻南宁，胁迫永历皇帝，尽快下旨，最终，他得偿所愿，有了秦王的封号。此时的永历帝与蝼蚁无异，他为了活命，不得不做违心之事。从此，大明复国彻底沦为空谈。

"大哥，我们各自都有一家子人，我还是回到续梦庵去。"一天傍晚，王夫之对王介之说道："这样彼此都方便一些。"

"有什么吃什么，这里也是你的家。"王介之道，"反正不是外人。"

王夫之感激王介之的安顿。他在大哥的耐园待了十来天，最后还是带着郑若兰与王攽，来到了空落寂静的续梦庵。

"这个家还是老样子。"王夫之对郑若兰苦笑道。他离开这里有几年了，但是，再回来却没有半点生疏感。家，永远是家。飞得再高的鸟最终也会栖息在自己用树枝搭建的鸟巢里。王夫之带着郑若兰与王攽略作打理，翻翻屋顶，刷刷墙壁，就此安顿下来。

王夫之苦中作乐，还为此专门写了一首诗："新买茱萸半亩堂，苔侵床足月侵墙。天涯芳草迷归路，病叶还禁一夜霜。"可见他对漂泊的厌倦，对故土的依恋，对安顿下来的渴望与欣喜。

此刻，黑沙滩的水依旧清澈，慈枝和尚仍旧住在那里。续梦庵之所以还能居住，与慈枝和尚的看护也不无关系。

"老马恋栈，倦鸟归巢。这里，永远是你的家。"慈枝和尚闻讯而来，笑道，"我每隔十天或半月，就会来打扫一次。知道夫之先生迟早会回来的。"

王夫之听了非常感动，也倍感亲切，他问询慈枝别来无恙，又问起方广寺的近况。他清楚地记得，方广寺和旁边的二贤祠是他和夏汝弼等人负责重修的，二贤祠里供奉的是朱熹和张拭，而当时给他们派遣差事的便是堵胤锡。如今，堵胤锡已死，只空留圣贤之祠无人问津。

还好，方广寺的香火依然鼎盛。

慈枝和尚告诉王夫之，如今的大清国也是讲佛道的，大清的衡州官员们常来此上香。

王夫之听了，心头一颤，若清人常来此地，那么，他注定不能长住于此。但他没有把自己的忧虑向慈枝和尚表露出来。

夜深人静时，王夫之又想到了莲花峰，想到了西敏寺。前些日子，经过那里，见到了苍枝和尚，如今的苍枝也成了寺中的住持。往事不堪回首，王夫之只是去永历朝打了个转，被朝中的漩涡呛晕了一下，那些故人明明还活在他脑子里，却早已是天路迢迢，后会无期了。

方广寺的钟声响起的时候，王夫之忽地想起夏汝弼，他的琴声再次萦绕于耳边。记得在岳麓书院时，有一天傍晚，夏汝弼望着他，抚琴叹道："炎帝神农氏曾亲手制作第一把'五弦琴'，那是怎样的一把'神琴'？吾辈只会弹琴，不会制琴。"口气中不乏遗憾。王夫之当时笑道："兄以琴会友，以琴交心，以琴抒怀，于怡情愉悦中铭炎帝之功，感而谢之，足矣……"

王夫之由此想起炎帝故里的刘杜三和陈耳臣等同窗好友,可惜,刘杜三已归黄土,陈耳臣亦不知所踪。

天气晴了下来,雪一点点融化了。郑若兰忙着打扫房间,王夫之和王敔则忙着修葺房屋。忙碌的上午过去,午后,他们终于可以歇息,郑若兰已经烧了茶水,煮好了清粥,并特意备了一小碟酸菜。

恰在此时,破门和尚突然来访。

"阿弥陀佛。夫之先生归来,南岳顿时灵动矣。"听闻王夫之归山,破门早就想来拜访,无奈前几日一直下雪,大雪封路,满山冰冻,滑不得行。阳光刚刚洒下来,他便拄着拐杖,提着一筐糕点,匆匆前来拜会。

"谢谢大师惦念。快快请进!"王夫之慌忙回礼。

破门一点都没有变,还是那身破袈裟,还是那么平静安详,时间对他仿佛无可奈何。王夫之则不同,他消瘦了很多,也憔悴了很多。这难道是佛门与俗世之不同吗?

破门坐下后,王夫之亲自奉茶,恭身以对。他们在烧着木炭的小火炉前坐下,相互看了对方好一会儿。破门轻声道:"先生清癯了很多,脸颊内凹,眉骨突出,在外不易,定是遭了不少罪责与磨难。"

多年前,王夫之在破门面前坚定道:书生当报国,有志在四方。为了大明,他要出去闯荡。如今,他却是跌跌撞撞地回来了。想到此,王夫之不无感叹道:"时间如白驹过隙,我等兜兜转转,一路漂泊,而今追寻未果。重回故里,却恍如隔世。"

"人生原本就是旅程,一程有一程的风景。"破门笑道:"先生既出,跌宕起伏,必有收获?"

王夫之叹道:"一言难尽。先前,寄居山中,心念大明,夫之誓要拯救苍生。然终于获职入朝,一年半载,度尽生死,看遍河山,见得皇上真容,阅得群臣百态。诚如大师所言,诸多事非我所能想所能为也。

既无所为，莫如返家矣。"

破门点头道："若苍生已得救，先生何故非要再救之？若大明已无救，先生欲救而何以救之？以贫僧之浅见，生死祸福均一念之间，先生若已释怀，天下亦释怀。世事时局早已非先生所能左右，执念其间，必增烦忧。"言外之意，只要黎民百姓得休养生息足矣，至于是大明的天下还是大清的天下，都无所谓了。

王夫之原本点头，但随之摇了摇头，自嘲道："大师此言差矣。"不过，此次若反驳，似乎没有先前那般底气十足。或者说，他经历的伤痛，一时难以释怀。故此，王夫之只是摇头，不再高声反驳。

破门不以为意，顿了片刻，道："贫僧知先生之才，佩先生之德，敬先生之心，惜先生之境遇。天下虽大，却无容身之所；朝堂虽高，却非安身立命之地。先生命数不在此等。此归来，概不出也，如此甚好。以贫僧陋见，若先生诚能著书立学，经天纬地，激浊扬清，实为衡州之福、儒学之幸，亦是先生报国之图也。"这时，破门从长袖下掏出一条长幅，送给王夫之，道："摘录幼安词以赠，得闲可一粲也。"说完，也不顾王夫之的反应，破门作揖而去。

王夫之叹一口气，打开一看，只见破门在长幅上苍劲有力地写道：

夷甫诸人，神州沉陆，几曾回首！算平戎万里，功名本是，真儒事，公知否？况有文章山斗，对桐阴、满庭清昼。待他年，整顿乾坤事了，为先生寿。

"这个法智，真有意思！"王夫之盯着长幅慢慢看，越看越心热。他突然又想到瞿式耜临终所托"文脉"之事，心有所动，遂对着破门的背影喃喃道："大师谬赞，用心良苦，夫之委实惶恐。天下有才有志者甚多，如方阁老玄痴、蒙给谏正发、"金大炮"金堡等才俊。以衡州论，亦有李举人国相、夏举人汝弼等。诸生皆以天下为怀，然终究不能逃隐世之途。概此亦夫之之命数也。"

王夫之说得没错，方玄痴已归隐田园，蒙正发在牢狱之灾后遁迹山林，金堡也已经出家为僧，衡州学子死的死、困的困、逃的逃，一曲好戏，苍凉收场，真是一言难尽矣。这些有才有德者均无好命，不是个人无能，实受时局所困。

永历六年（1652）二月，孙可望和李定国整合了南明朝廷的残兵剩将，兵分两路，分别向北和向东进发，一路势如破竹，收复四川，进入广西，攻克桂林，并乘胜北上，连克永州、祁阳等地，声震湖湘。其中李定国尤其勇猛，他带领的大军配备了几百门大炮，声势浩大，拿下了桂林，逼得孔有德自尽身亡，还杀了罪臣陈邦傅。

反清大军连获大捷，顺治帝闻之大震，立即派出皇室大将尼堪率兵平乱。顺治帝十分重视，除赐尼堪御服、佩刀、鞍马外，还在北京南苑列兵祭旗，为之送行。

是年十月三十日，李定国统兵进入衡州。进入十一月后，南明军的反攻力度更大。半个月后，尼堪的八旗大军抵达湘潭，随后在衡山县击败了李定国的一千八百人前线部队，并于当年十二月二十二日夜不顾疲劳抵达衡州，与李定国打了一场遭遇战。

李定国在蒸水率军出击，接着转战到城北香水庵、草桥，双方未能分出胜负。二十三日凌晨，李定国佯装败退，尼堪追击，至蒸水南岸演武坪，陷入另一支南明军的埋伏。伏击的南明军突然炮击清军精兵，清军大乱，尼堪所部被截成三节。李定国指挥苗兵手持大刀专砍马腿，清军无心再战，将士皆欲退兵，被尼堪厉声喝住："八旗大军遇强抗强，从无言退。况我身为宗室，更要血战到底。"

尼堪率部奋起反攻。他的骁勇十分引人注目。在他横冲直撞时，南明军把他死死包围起来。由于卫兵和主力被分隔，仅有二十多名骑兵护卫的尼堪最终被斩杀。

李定国缴获了尼堪的铠甲、绣旗，正欲乘胜追击，忽然发现冯双礼、马进忠未到，一打听才知，他们被孙可望密派去了湘乡。李定国一气之下，只好收兵。

"衡州大捷"灭八旗三品以上高级将领十五名，其中满八旗十三名、蒙八旗二名。须知，从清军入关到桂林战役之前的八年，明、顺、西三方一共才消灭清军含汉八旗在内的三品以上将领十八名。

清朝官方记载："自国家开创以来，未有如今日之挫辱者也。"

顺治帝浩叹："我朝用兵，从无此失。"

事后，连一代宗师黄宗羲也忍不住赞道："逮夫李定国桂林、衡州之战，两蹶名王，天下震动。此万历戊午以来全盛天下所不能有。"

这一仗，鼓舞了成千上万的反清斗士纷纷加入南明军队。然而，就在衡州志士一片热闹之时，王夫之并没有像先前那样，热血澎湃，贸然出山。他不想顺应时势弄个虚名，亦不想伺奉皇上得个实利，而是要实实在在、真真切切地体会"留住文脉"的微言大义。

恰如破门所言，也许，这是他另一种报国之途。夏汝弼曾言，有心报国，处处可为。父亲、章旷、严起恒、瞿式耜等均反复阐明"文脉"之重要。这样一想，王夫之反而有了一种从未有过的踏实与安宁。

不过，这种安宁的日子并不长久。

一天下午，王夫之正在埋头研读《易经》，一个故人的来访让他沉潜的心又翻动起来。一切毫无征兆，但一切又是那么巧合，仿佛精心安排了一样。

"夫之兄，找到你真不容易啊。"故人竟是刘湘客，他直通通道："你怎么待在这里？山下重回大明的天下，何必还守在此处？"

王夫之见刘湘客身后还有几个兵卒，异常吃惊，谨慎道："看来刘兄已就高位，只不知是明军还是清军？"

"什么高位、低位的，就是给大明当个差！"刘湘客快人快语道，"李将军定国兄颇有雄才，虚心向学，开门纳士，我在他麾下谋得一职。"

"原来刘兄成了李将军的心腹幕僚，可喜可贺。"王夫之道。

"若夫之兄能够出山，共佐李将军，必成大事。"刘湘客道，"此乃刘某专程前来拜访之意，亦是李将军之所盼矣。"

这一回，王夫之没有什么冲动，显得冷静和务实得多。他沉吟一番，遂客气地对刘湘客道："此次回家，家母过世，披孝在身，心情低抑。刘兄得到李将军重用，必能施经天纬地之才，展安邦救国之志。若有缘，待孝期一过，小弟再来投奔李将军麾下，与兄共襄大业。"

刘湘客看了王夫之一眼，眉头一皱，觉得此话不像是他印象中充满热血和激情的那个王夫之讲的。但他讲到"家母过世，披孝在身"，理由非常充分。刘湘客知道王夫之的性格，他不再劝说，只好抱拳道："既如此，刘某军务在身，不再打扰，就此告辞。"

王夫之看着刘湘客远去，不知为何，心中突然涌出一丝酸楚。

郑若兰道："湘客先生到家，连一杯茶水都来不及喝上一杯。此非你我待客之道矣。"见王夫之不吱声，还站在门口，她便试探性问："衡城既为明军所控，我们要否下山去？"

王夫之头都不回，答道："再等等吧。"这些年，城头变幻大王旗，王家人上山下山，搬来搬去，躲来躲去，真是折腾够了。王夫之回过头来，发现郑若兰还在望着他，遂补上一句："时局尚未明朗。"

而这，恰恰是王夫之没有立即答应随刘湘客去的原因所在。

不过，王夫之毕竟不是凡夫俗子，内心所系，还是国家、社稷之大事。他对李定国挥师湖南，收复全境，十分高兴。当年张献忠离开之后，李定国在衡州待过一段日子，百姓对他治下印象还不错。若能同刘湘客一道，参与李定国复明大业，见证新的历史，亦是让人心动，令人向往。

刘湘客走后，王夫之内心开始躁动，他无法继续看书，忍不住出门去造访破门。见面后，他径直问道："山中一日，世上千年。衡州已是新天地，李将军恢复湖湘之事，大师可有耳闻？"

破门知道王夫之有心事，故意问道："出家人六根清净，有闻亦无闻。先生此言何意？"

王夫之道："定国将军特差人上山，邀我前去共事。我犹疑不决，当往抑或不当往，大师可否指点迷津？"

破门笑道："此先生之事，何故问贫僧！贫僧若言当往，先生便往乎？贫僧若言不当往，先生又当如何？"

"大师虽遁红尘，但对人世之事颇有卓见。"王夫之皱紧眉头，思忖良久，叹道："定国将军原本大西贼军之大将，亦是朝廷讨伐之人，然则，其举兵反清之心，天下尽知；其率领众兵，收复湖广旧山河，功不可没也。何公、堵公尚不能如此，我等敬佩有加。定国将军适才差我昔日同僚刘湘客前来相邀，言辞恳切，我以母孝在身婉拒之，然心中仍有一丝热气，令我不得安宁矣。"

破门明知故问道："既然如此，先生为何还有所顾虑？"

王夫之一脸严肃道："定国将军之心，虽日月可鉴，然孙可望之徒，却人神共愤。当世之朝廷乃我大明之朝廷，或是孙可望个人之朝廷？复土为明或复土为贼？"

"既有顾虑，何须寻思去与留？"破门望着王夫之，认真道："昔一心一意，循永历圣迹，尽忠而去，结果如何？况彼一时，此一时也。乱局之时，尤当谨慎。人生苦短，精气有限，能成一事，当属造化矣。"

"诚哉斯言。"王夫之听到破门的真实想法，心中明朗许多，也更加坚定了自己的意志。所谓"成一事"，当然就是"留住文脉"了。此当是大事，非常人能为者。

就这样，在外面天地搞得非常热闹的时候，王夫之没有冲动行事。大哥王介之告诉他，刘子参跟着李定国去了湘潭。王夫之听了有些吃惊。他没有多问，担心一问就会搅乱自己的心情。李定国收复河山，王夫之固然高兴，但他深知，此时的朝廷已由孙可望把持，局势诡异，前途堪虞。王夫之不再多想，他重新回到"青灯黄卷，晨钟暮鼓"苦涩而寂寞的日子中。

果然，没过多久，孙可望露出了狐狸尾巴，他野心勃勃，为的是想恢复大西政权，而不是真心为大明打江山。

刘湘客入营帐拜见李定国，里面气氛异常凝重。

李定国巡视部将，问道："君等读史，以曹操、司马懿为何如人，奸耶？愚耶？"

刘湘客与幕僚们面面相觑，不知道该如何回答。

李定国道："操、懿有戡乱之才，喋血百战，摧大敌，扶弱主，以垂令名于后世，如探囊取物，而顾以此博万世笑骂，犹持黄金换死铁，农夫樵竖之所不为，而操、懿为之，非至愚而何！"

显然，李定国把自己比喻成了曹操和司马懿，说他们并非奸臣，而是忠义，忠义至愚。明明他们可以自己当皇帝，却扶持弱主，抵御外敌，最后，还落得万世骂名。

其实，此时的李定国还看得不够清楚，这曹操是谁？他并非真心为皇帝卖命，而是挟天子以令诸侯。

刘湘客之所以愿意跟随李定国，觉得他境界高远，光明磊落，与孙可望不是一路人。李定国是忠良，而非贼人。

事实确实如此。翻开这段历史，可以清楚地看出：李定国和孙可望二人矛盾是很深的，虽然同属张献忠义子，格局却是大相径庭。李定国的境界与见识远在孙可望之上，但是，碍于孙可望的权位和势力，李定国每每有心无力，无可奈何。虽然，李定国率领大军，身在湖广，可以自行决断很多事情，然而，他仍旧不能彻底摆脱孙可望的掌控。

当时，孙可望下发的各种文书用的都是张献忠大西府的七叠篆印，举义父之旗，承义父之志，树个人之威，由此可见其枭雄之心。

衡州光复后，刘湘客趁机进言，请求李定国将永历皇帝接到兴隆，以摆脱孙可望控制。李定国为避免火拼，最终也没有采纳刘湘客建言。

刘湘客本是条热血汉子，他再也无法忍受，认定李定国心有他念，对自己有疑。纵使自己竭忠尽智，辅佐定国将军，最终亦是为孙可望卖命，他越想越气，遂道："吾立身十余年，滨死者数四，岂更从人作贼耶！"

一怒之下，刘湘客离开了李定国，复归山林。如同闪电，落下之后，再无踪迹。

忽一日，王夫之收到刘湘客不知从何处发来的一封信函，他才知悉此事。眼见山河满目疮痍，而永历政权风雨飘摇，奸臣当道，有识之士得不到重用，王夫之苦闷至极。他对时势的担忧、对国家命运的关切，最终化为字字句句，融入悲切的诗作中："悲风动中夜，边马嘶且惊。壮士匣中刀，犹作风雨鸣。……国忧今未释，何用慰平生。"

王夫之再也没有见到刘湘客，后来，听说刘湘客遁入佛门，最后客死他乡，王夫之扼腕叹息，连呼"嗟乎，悲乎！"……

二

冬天的南岳，冷风嗖嗖，雪花片片，大雾锁山。大明初露的曙光又一次昙花一现。江山轮回，壮士喋血。半个湖南重回清军之手，三湘四水再次进入昏天黑地的世界。

此时，孙可望在四川败给了吴三桂，颓势之下，他怕李定国势力独大，抢了他的位置，竟然派人策反一批大西旧将，让李定国的军队内部开始混乱，甚至出现自相残杀的惨况。清军首领尚可喜利用这个机会，连克湘潭、衡州等城池，势如破竹，不可阻挡。历史何其相似，当年何腾蛟收复又迅速失去湖南全境的悲剧再次重演。

故土反复被蹂躏。王夫之站在南岳黑沙潭前，看着莽莽的群峰和群峰下自己瘦小的影子，他悲愤难抑，欲哭无泪。一个滚烫的声音在他的心中痛苦地嘶喊："大明吾皇！好好的江山，好好的子民，竟被你统统抛弃于不顾！即如是，夫之仍然跟你、随你，别无他，只因生于斯、长于斯，一切祸福，皆拜这片厚土所赐矣。"

一天上午，李国相来看王夫之，问他最近在忙什么。

王夫之自嘲道："无聊之人，唯有读书写字，以遣闲时也。"

"自古以来，立德、立功、立言，乃书生之毕生追求。吾辈立功未有建树但已尝试，立德乃终生修炼之事，立言非常人可为。"李国相坦言。

"立德、立功，国相兄皆可为之；所谓立言，国相兄亦可当仁不让。"王夫之道。

"此言差矣。立德、立功，无有可比，姑且听之。"李国相望着王夫之，忽地严肃道，"然则立言，绝非中个举人即可。衡州诸生中，诗文最好者当属夫之老弟，此乃有目共睹人皆尽知也。正因此，你当卓拔而出，勇担立言之大义。"

"嗬，今天刮起什么风？"王夫之略为诧异，道："国相兄欲说尽说，勿有遮拦。"

"昔横渠有言：'为天地立心，为生民立命，为往圣继绝学，为万世开太平',此是何等气派!"李国相也不打诨,提高声音道:"大明之教训,理应让后人知。夫之若参天文,识地理,以古喻今,辩朱子,追横渠,将大明之悲与历史之痛合而书之,如此立言,既可承横渠之大志,又可建千秋之勋业矣。"

王夫之默默听着,垂着头,心里非常安静。

李国相见王夫之不吱声,道:"不对乎? 夫之,你在想什么?"

王夫之抬起头,不以为然,道:"敢问此等千古文章唯夫之可做乎?"

李国相点点头,一本正经道:"我告诉你,我之所以不让璟儿入科举之途,乃希望他到你身边,端茶送水,秉烛磨墨,当个使唤,有此一用,足矣。"

"国相兄!"王夫之叫了一声,鼻子发酸,眼睛潮湿了。这个"大哥",真比兄长王介之想得还细致而周到啊!衡州学子的家事,他一个人挑了一半。现在自己的学问之事,他也如此上心,甚至将璟儿前程系于自己一身,他究竟图个什么?

半夜里,王夫之从梦中惊醒,外面的天空漆黑如铁。此时的永历帝困在安隆,受制于人。所谓的江山支离破碎,所谓的朝廷名存实亡。

有一天,王夫之忽地收到方玄痴从武冈发来的信,他希望王夫之前去聚聚。方玄痴在信中说,李定国就在武冈,曾力邀他出山,许以重位,但方玄痴不就。他呼唤王夫之,曰:"时乎不再来?"意思是他很希望与王夫之见一面。不仅如此,方玄痴还专门抄了一首诗作附于信后——

枫林红透晚烟青,客思满鸥汀。二十年来,无家种竹,犹借竹为名。

春风未了秋风到,老去万缘轻。只把平生,闲吟闲咏,谱作棹歌声。

王夫之读罢信，欲哭无泪。这封信是转辗了好长时间才到王夫之手中的。信中所附词作，乃南宋自号竹山的词人蒋捷写的《少年游·枫林红透晚烟青》。王夫之很熟悉这首词，它抒发了作者客居江湖的亡国漂泊之愁。王夫之从中读出了方玄痴的沧海桑田。以方玄痴的才情，他完全可以亲撰诗词，王夫之相信方玄痴如能亲撰，写出的诗词必定胜过竹山之作。然而，方玄痴没有写作的欲望，却以这种抄录的方式寄寓自己的心境，并将这种心境让挚友知悉。

王夫之感慨之余，给方玄痴回了一函，道："不能披淄以行，寓意赫蹄，意难即白。"

没过多久，王夫之收到了方玄痴的回函。方玄痴特地说明前番相邀，有些唐突。他非常理解王夫之"不能披淄以行"的心情。信中有一段文字，让王夫之心情久久不能平静下来——

"沧海桑田，朝代更替，事事可变，唯'文脉'不断，虽屡经兵燹而历久弥新。何故？盖因有屈子、太史公等众多立言者矣。夫之执于此，敢不直追屈子、太史公乎？方某有心无力，放眼四方，唯夫之可信、可堪、可为。望夫之排除他念，悉心以对，全力以赴，必铸盖世之功矣。"

王夫之读罢，心中发热，久久激荡。在他的印象中，方阁老是一个散淡之人，从不违己，亦不励人。此番来信，当属例外。无论是瞿式耜、严起恒等人的嘱托，还是父亲大人的叮咛和李国相等人的规劝，都没有像方阁老这样让王夫之更加感觉肩上沉甸甸的重担，因为王夫之一直敬重方阁老，觉得他的学识、经历和境界都在自己之上，连他都认为只有自己能够胜任赓续"文脉"之大任，王夫之能不怦然心动吗？说到底，这是一场战斗，是没有硝烟、看不到敌人的战斗，是不知道起点也看不到终点的战斗，是自己跟自己的战斗……

"三弟，你发什么呆？"王介之来了，道："日子过得还好吗？"

王夫之抬起头，发现王介之眼睛红红的，像是哭过似的，大吃一惊，急忙问道："出什么事了，大哥？"

"胡三妹死了，"王介之道，"张纯、张熙两个孩子也死了。"

"啊？怎么回事？"王夫之大叫一声，眼里闪过一丝恐惧。

原来，胡三妹听两个孩子说，王夫之回来了，亲口答应不日将收他俩为学徒、教授他俩知识十分高兴，病情慢慢好转，有了一点胃口，便对张学夫说想吃泥鳅。

张学夫立即带着张纯、张熙两个堂弟去稻田里捉泥鳅。那原本是一块干稻田，里面的泥土被做成了土砖，露出一个大坑。一场大雨，将大坑填满了。张学夫带着两个堂弟在这个水坑里捉泥鳅。说来也是奇怪，水坑里的泥鳅居然特别多，也不知从哪里来的。张学夫埋头捉泥鳅，没有在意突发情况。张熙捉不到泥鳅，看到满手的泥巴，便到旁边的水塘去洗手。水塘上有一块巨石，紧挨着这块稻田，张熙就站在巨石上去洗。张纯也捉不到泥鳅，看见弟弟去洗手，就陪他一起。结果不小心，张熙滑入池塘中，张纯本能地去拉弟弟，也滑入池塘中。

一个过路的山民看到池塘中半隐半现浮出两个头颅，大叫了一声。张学夫这才赫然发现，疯狂地跳下去，将两个堂弟抱上来，但为时已晚。

胡三妹听说后，当即昏了过去。醒来后，胡三妹不吃不喝，神经有些错乱，时而大哭，时而大笑。张学夫久久地跪在她面前，也一直哭，仿佛是他害了两个堂弟似的。直到第三天，胡三妹清醒了一些，她让张学夫准备三副棺材，请人到她丈夫坟旁挖三个墓穴，说多出的一副棺材和一个墓穴是虚葬，将来她死了，就将这个虚葬埋实就行了。张学夫昏头昏脑，照着去做了。

第五天，三具棺材都运到了家里，胡三妹挣扎着，将两个儿子洗得干干净净，穿上春节时才舍得穿的衣服，在张学夫和邻居的帮助下，她亲自将孩子放入棺材里，然后，又分别在两个孩子的棺材里放进早已买好的新书包。直到这时，胡三妹才开口说话。她对张学夫说，将来王夫之先生开班授课时，盼能给她的孩子留两个座位。做完这一切，她说想休息一下，张学夫便出来了。

然而，第六天清早，当张学夫打开房门时，发现胡三妹已经躺在属于她的棺材旁，她穿得整整齐齐，服毒身亡……

王夫之听到这里，瘫倒在地，猛地吐出一口血来。郑若兰也是泪流满面，赶紧递来一杯水。

王介之说了一声："生死有命，贵贱由天，三弟不必过于伤悲，记住胡三妹的交代吧。我们一家欠她不少啊。"说完，就长长地叹了口气，他一步一步，有些踉跄地离开了续梦庵。大哥也老了。

那真是一段十分痛苦而灰暗的日子。

一直以来，王夫之心里装着两个中国：一个是王朝中国，一个是文化中国。当他历尽千辛从王朝中国跳出来，审视文化中国时，他的心终于安静下来。他意识到上半辈子在王朝中国碰得头破血流的点点滴滴，将为他下半辈子在文化中国驰骋疆场奠定坚实的基础。王朝中国可以亡，但天下不会亡，因为文化中国一直在那里，不会因皇权的浮沉和朝代的更替而消失。这个文化中国的血液与魂魄不正是长辈、同僚、亲友反复讲到的"文脉"吗？直到此时，王夫之才突然发现，他的确可以把王朝中国里自己所经、所历、所思、所想进行深刻而全面的爬梳、检视、反省和总结，给文化中国注入新的血液和魂魄，这是多么宏大、辽阔而有价值的事情啊。

事实上，王夫之产生这样的灵魂升华和思想质变并非始于一朝一夕，而是经历了一个从不自觉到自觉、从质疑、否定到肯定的过程。早在 1656 年，三十八岁的王夫之就写下了一部《黄书》。在这部关于黄帝文明的书中，王夫之开始思考明朝灭亡的原因，探求中国的复兴之路和兴盛之道。

王夫之在书中振聋发聩地写道："中国财足自亿也，兵足自强也，智足自名也。不以一人疑天下，不以天下私一人。休养励精，士饱粟积，取威万方，濯秦愚，刷宋耻，足以固其族而无忧矣。"这样的思考是何等的深邃、辽阔和正气，这又是何等的文化自信和民族自豪！王夫子坚持"大贾富民，国之司命也"，并断言："公其心，去其危。尽中区之智力，治轩辕之天下。"这样的襟怀、境界与格局远远超出了王夫之同辈人的认知。

然而，沧海桑田，树欲静而风不止。虽然王夫之内心已经安静，但外面的世界却总是掀起一阵阵波澜，甚至惊涛骇浪。王朝中国和文化中国毕竟没有楚汉之界，更谈不上完全分开，它同属于一片苍天、一块厚土，同属于一个既真实又虚幻的世界。

一天上午，曹伯实来续梦庵探望王夫之，两人见面，久久无言。曹伯实带了一些吃的来，顺便将上次去成都寻找姜晓书时所借的银两还上。曹伯实说，这年头，活下来的每个人都不容易。他现在已经没什么想法，为了糊口，他做着耒阳县令，中规中矩，尽量不想别的事情。每天回家，看到老母亲还活着，他就足矣。

"父母在，不远游。这没有什么不好。"王夫之真诚道，"每每想起自己侍奉双亲不够，至今心里还隐隐发痛。"

曹伯实听了有些欣慰，点点头，道："正因为此，李定国将军收复衡州，时求兄和子参兄都劝我老骥伏枥，热血从军，但我婉谢了。"说到这里，他特意停了一下，看了一眼王夫之，忽然低声道："说真的，我内心还是很感激李将军的。当年他没有违逆晓书的意志，后来还给我们盘缠回家，这些都让我铭记不忘。"

"唉，晓书终归成了清玉。"王夫之感觉肺部被一根针划了一下，吃力地说道，"你再也不去武陵山下了吧？"

曹伯实答非所问："思琴和善棋来看过你吗？"

"都过得不容易。"王夫之摇摇头，道："听说思琴带着恒生住在欧阳文澜老人家里。善棋生了儿子，忙着中药铺的事情。世道乱，时求兄和子参兄也根本顾不上家……"

正说着，突然看到刘子参急急忙忙跑来，见到曹伯实，愣了一下，匆匆打了一声招呼，遂径直对王夫之道："夫之兄，吴军那狗贼还在三天两头打听你的消息。时求兄让我来告诉你，他现在自身难保，估计你会有大麻烦，请你暂时避一避风头。"说完，转身就要离开。

王夫之叫住刘子参，道："我听大哥说你去了湘潭，时求兄也先于你跟着李定国将军去了湘潭。"

"我没走成。"刘子参叹了口气，摇摇头，道："时求兄立功心切，加之受知府吴军的气太多，他本要提着吴军的狗头去见李将军的，哪知吴军那贼鸟溜得比兔子还快。没杀掉那贼鸟倒也罢了。时求兄确实是跟着李将军往湘潭去了。岂知，时求兄一去，吴军那贼鸟带着一支清军杀了回来，将时求兄家人悉数捉拿，已有身孕的姜百合、欧阳老太太以及欧阳老太太那个有点痴呆的儿子姜燕吉顷刻之间被悉数处死。衡城重新陷入血雨腥风中……"

"啊！老天！"王夫之目瞪口呆，"狗贼吴军丧心病狂，焉能如此？怎能如此？"

曹伯实听了，也如晴天霹雳一般怔住了，喃喃道："焉能如此？"

眼见刘子参急着要走，王夫之忽然一把拉住，急忙悄声问了一句："你有朱归孺的消息吗？"

“一直未有。”刘子参摇摇头，似不愿多谈。

直到这时，王夫之才知道，朱归孺竟然失踪了。王夫之明白，刘子参此刻上山，是冒着生命危险来告诉他衡城危急现状和吴军的疯狂的。与其说吴军不会放过他，不如说清军不会放过他。情势危急，他得尽快离开。

王夫之不敢待在续梦庵，他来不及告诉大哥一声，也来不及带上王敉——只写了一张字条给他，让他自己在续梦庵生活，有困难去找大伯。王夫之担心出事，遂连夜出发，带着郑若兰，一路颠簸，一路逃命，也不知走了多久，最终来到了耶姜山。这里峰峦叠翠，地势险要，是佛教、道教之地。山里有数十座庵堂，山路上偶尔见到道士、尼姑。

“嘿，反清之心，漂泊之命。时不我逼，原是蝼蚁。”王夫之对郑若兰自嘲道。他在一座古旧的文庙后面发现了一间破败的小泥房，他停了下来，修整一下，将漏风的地方补了些泥砖，自筑了一个火灶，搭了一个木床，又从文庙的道士那里借来一张桌子，一个简单的家就算安顿下来。

王夫之离王朝中国越来越远，距文化中国越来越近。“中国”越来越小，“天下”越来越大。许多年后，他才看清两者之间的深刻关系，不禁哑然失笑：他曾经飞蛾扑火般爱上的中国其实只是一个王朝，一个皇权，而这个王朝或皇权并不爱他，更不在乎他的死活。而在文化中国里，他能掌控自己的命运，拥有自己的天下、自己的江山、自己的王国、自己的子民。

正因为此，王夫之并不觉得逃难的日子不能容忍。相反，他远离了江湖，远离了嘈杂，远离了尘世，他感到安全、踏实。每天早晨，他先去拾捡干柴，摘些野菜，接着弄些砖瓦、木头，将泥房加固，做点苦力活，然后读书、写作，过着近乎原始的生活，质朴而简单，忙碌而充实。

郑若兰挺能干，烧火做饭，洗帐缝衣，样样都行。她还能熬药、做针线活，缝缝补补，甚至打了两双草鞋，并将换来的食物分配得均衡，一日三顿，粗茶淡饭，汤汤水水，从未断过。

王夫之在此沉潜下来，进入自己的文化中国，也就进入了自己的土地、自己的血肉、自己的灵魂、自己的王国。他看到了一个辽阔无边、粗砺、野性而生机勃勃的天下。从前，他饱读圣贤书，以史为鉴，誓做堂堂正正的书生，为民代言，为国奔走；而今，时间就在眼前，历史就发生在身边，自己就是历史，就是历史的一部分。他亲身经历了南明的朝堂，也看清了百姓生活的苦难现实，因而在时间的河流里，他对历史以及历史进程的逻辑有了更加深刻的认识。

夜里挑灯，王夫之重读《春秋》，反复咀嚼，伏案书写，仿佛能看见父亲和叔父的身影，也能与吴道行山长、黄真川老师的气息相接续，还可以与章旷、堵胤锡、严起恒、瞿式耜、方玄痴以及破门和尚、李国相等师友相联系，文脉就是血脉，世界从来没有如此开放、辽阔而清晰，澎湃起伏，如砥如荡。

王夫之联系自己的经历，自己的苦难，他重新读着《资治通鉴》，产生了许多新的心得。他曾经觉得大明的历史已经盖棺定论。李自成进京，崇祯皇帝在煤山上吊自尽，随后，李自成又被大清赶出了北京城。清人入主中原。朱氏后人和朝廷遗老遗少在南方建立了南明政权，然而，却没有一个能堪大任，如今，只剩下永历朝廷这没有多少血肉的骨架在苟延残喘。无数的书生志士，先后为大明奔走，赴汤蹈火，乃至殉国。他曾为那些皇子皇孙呐喊助威，而他们一个个先后死去，他一次次痛哭；他曾为大明投身行伍，乃至起义反清，以死报国；他曾把希望寄托在永历朝廷，哪怕是行人司一个小小的从八品的行人之职，他也尽心尽力，竭忠尽智，却因为仗义执言，银铛入狱，寒心至极。如今，他虽然避世，不与权势者为伍，不入清朝为仕，却并不觉得这是一件很光荣的事情。更不觉得这是一件多么了不起的事情。他只想做一个"真的自己"。他没有自号"贞人"，而是"活人"，他逃入山野，跌入尘土，乃隐之、屈之、忍之，不得已而为之。因为，这是一个"活人"能做的全部。

然而，当王夫之跳出王朝中国，而从文化中国来审视这段历史时，他忽然发现：大明的命运是大明自己铸成的，当时的士人学者追求义理、考据、辞章，走进空泛的死胡同而不自知，对国家、民族前途的关心也是建立在以"我"为中心的虚幻想象上，与残酷的现实相距甚远。实际上，孔孟之道等儒家圣人之学，自两汉以降，而魏晋，而南北朝，而隋唐，千百年间，一直未有善续先秦儒家的灿烂文脉。无论生命之光，或哲学之慧，都开显不出来。尤其是在唐末五代之时，华族的文化生命更是萎缩。直到朱张等理学家出来，才复活了先秦之灵光、儒家之智慧。可到了大明王朝，文人志士再次重蹈虚脱失血的精神苦旅与思想窠臼。王夫之触摸"文脉"肌理，深入"文脉"骨髓，感叹"文脉"之万千气象，深觉华夏文明之深奥丰富，每一次驻足，每一次接近，都是一次灵魂的洗礼。王夫之下定决心，他要当仁不让，义无反顾，为之承继、赓续和弘扬。这是历史的选择，时代的选择，更是他自己的选择。

在日复一日的读书、思考和写作中，王夫之越来越切身体会到：血淋淋的现实连接着历史，并且很快成为苍凉历史的一部分。

三

1654 年的春天似乎比往年来得都要晚一些，但去得又要早一些。三三两两的炊烟从林丛深处腾起，飘到半空，懒洋洋的，然后慢慢散开，消失在山林中。几只飞鸟从文庙清丽的天空中飞过，将一串鸟粪落在身

1253

后的泥舍上。

郑若兰正在泥舍里忙活，桌子上放着切好的黄姜，地上还有更多的黄姜。耶姜山别的不多，黄姜到处都是。低矮的泥舍里，烟雾弥漫，空气中散发出一股淡淡的苦辣味。郑若兰在柴火上支着陶罐，煮着野菜粥，这野菜采自深山。一个发黑的旧铁壶，里面的水也沸腾了，冒着翻滚的水汽，滋滋作响，清苦的日子反而容易让人满足。

不一会儿，郑若兰端着一碗清粥，递到王夫之面前，道："这是最后一点米煮出来的，你快趁热吃下吧"。

在耶姜山这段日子，王夫之集中精力重读了《春秋》和《资治通鉴》，写下了一些读书札记和释文。随身携带的这两种大书，多年来看过不知多少回，但都是断断续续，没有系统地读过，偶有所想，也没有及时写下读书心得。这一次不一样，不仅一页一页、一字一字都不放过，而且将所思所想全都写了下来。他一本正经地跟郑若兰说："先前，起兵挥刀向清人，以死报国，乃吾父之遗命；而今，苟且存活，山中偷生，既为完成吾父临终之遗命，亦为不负诸公殷切之期许。近来一直在思考《春秋》，还有《资治通鉴》，如若历史不能逆转，唯有铭记与沉思，我责无旁贷。此次漂泊逃命，天不亡我，当为'文脉'留一迹矣。"

郑若兰道："夫君境界高远，贫穷不坠青云之志。若兰虽不能为夫君红袖添香，但希望给夫君添茶加水，日日相伴，足矣。"郑若兰并不完全理解王夫之所说的意思，但这段日子，她看到丈夫日出而作、日落而息，夜里挑灯研读，不以为苦，反以为乐，她就安心了。

王夫之闻之欣慰，正要吃粥，文庙里的小道士突然走来，唱一声"喏"，说道："先生，'莲冠道士'到访，请见之。"说完，亦不等王夫之如何反应，他就匆匆退了出去。

什么"莲冠道士"？不认识。这深山老林竟还有人要见我？王夫之颇为疑惑，他放下饭碗，正要站起来去追问小道士，只见一个熟悉的身影走了进来："夫之兄！"

"啊？汝弼，是你？"王夫之惊叫起来，他冲上去，紧紧抱住夏汝弼，大声说道："这不是梦、不是梦吧？汝弼，是你，真是你吗？老天爷，你怎么在这里？"

来人正是夏汝弼，他一脸清瘦，蓄有长髯，头顶道冠，两眼放光，道："夫之兄，我也真没想到会在这里见到你！"

郑若兰赶紧倒了一碗井水，递了过来。

夏汝弼道："这位是？……"

王夫之连忙作了介绍。夏汝弼叫了一声"嫂夫人"，便接过碗，坐下喝水。然后，他说起自己在九嶷山下玉官岩的古庙里隐居的事情。而一旦说起那个穿白衣白裤的漂亮女子，夏汝弼又伤感起来，感叹自己做了"莲冠道士"，乃据白衣女子所指引，心灵总算有了依托。

王夫之也讲了自己一路走来的坎坷，但他最急迫想问的是："汝弼兄，你怎么知道我在这里？"

夏汝弼眼一瞪，神秘兮兮道："就像我隐居玉官岩后，自以为与世隔绝。可外面的事情，还时不时地搅和进来。"

"你倒是说说，这究竟是怎么回事？"王夫之急道。

"就是刚才带我来的那个小道士，说你在这里。"夏汝弼朝外看了一眼，说道："我不信。因为没什么事儿要提防，我就跟着他过来了。没想到，果真是你！"

王夫之知道，他的身份已经暴露。好像有一个熟悉的人在跟着他似的，他顿时感觉不安起来……

可不，当天傍晚，有人送来一张纸条，上面一行小字猛地刺痛他的神经："清廷正在侦缉，请速离开。"

王夫之将字条展开给郑若兰看，郑若兰看了默不作声，转身就去收拾。翌日一早，两人被迫离开耶姜山。

不久，永州云台山的山林中出现了两个陌生的瑶族人：一个面黄肌瘦的中年男人，随行的是一个挺着大肚子的女子，他们头上裹着一条厚厚的布带，看起来像瑶族人，行踪十分诡秘。

这两人正是王夫之和郑若兰。

王夫之刚刚离开耶姜山，清兵就搜寻过来，二人便躲进了瑶族人居住的大山，隐姓埋名，化身为山野乡民。两人缺衣少粮，饥寒交迫，困苦不堪。郑若兰怀了几个月大的胎儿，跟着王夫之惶惶度日，但始终没有发出一句怨言。

逃命之时，王夫之把能够丢的都丢了，只留下《春秋》《易经》等少量书籍和自己写下的一大摞手稿。

郑若兰道："逃命，逃命，逃了才是命，须轻装简行才是。"

"此书乃吾之命根，他处无有可寻。"王夫之凛然道，"一摞杂稿皆心血所凝，人在，稿必在。"

王夫之在云台山寺院住下后，自称"一壶道人"。这里天高皇帝远，王夫之心情再次松弛下来，不仅常在寺院里散步，遇到有缘人还乐意交谈一阵子。没过多久，湘南一带的书生就三三两两来到了此地。

"听闻一壶道人栖身在此，特来寻找。"

"莫要声张，一壶道人即衡州王夫之先生。"

"王先生之学，博大精深，所讲《春秋》，一时无双。"

"先生博学，《易经》见解尤为深刻。"

王夫子既没有刻意回避，也没有显得特别高兴，对于这些远道而来的求学者、问道者、拜师者，他愿意与之讨论、交流。起初还是散讲，慢慢有了讲坛，听者也越来越多。而每次讲学，王夫之都要摆上两个座位，不许人坐，空空的，他也不解释缘由。

郑若兰清楚，丈夫在那里给死去的张纯、张熙留了位置。

一些来访者带来一些食物，王夫之也收下，让郑若兰煮了，一并分享。

某日，一位不速之客突然到访。

王夫之一看，顿时喜出望外：竟是郭衮冕，真是天大的意外！

郭衮冕提着一些腊肉、干笋、大米等食物，上门道："听闻此间有位高人，乃衡州举人，自称大明遗臣，我猜是你。虽犹疑再三，终究要来看看。果然是你。"郭衮冕呵呵一笑，也十分兴奋。

看着郭衮冕一身明人打扮，王夫之觉得格外亲切："我在衡州时，听国相兄等人聊起你，说你有了新的家庭，还把嫂夫人和孩子都带了回去。耒阳伯实兄也说你们回宁远前还专程去看过他，当然也去若画坟上祭拜了一番。"

郭衮冕点点头，告诉王夫之，他从衡州回到宁远河旁的西湾村后，家里发生了变故。丈人蓝祥在一次"赶尸"中，被"尸人"欺负，从此一病不起，两个月后过世了。埋了蓝祥的当晚，家里出现一条黑蛇，怎么赶都赶不走。郭衮冕用刀子将黑蛇砍成三截，每一截都不死，在地上跳着滚动着。妻子阿妮受到刺激，说那是她阿爸，神经出现问题。儿子贵单也受到刺激，口吐白沫，乱舞乱抓。

郭衮冕自己也吓得不轻，但他必须镇定下来。一周后，他带着阿妮和贵单离开了西湾村，到数十里之外的一个苗寨安顿下来。

有一天，郭衮冕接到一张神秘的纸条，说王夫之夫妇在耶姜山文庙里"讨生"，郭衮冕不信。没过多久，郭衮冕又接到一张神秘的纸条，说夏汝弼在九嶷山下玉官岩的古庙里隐居。郭衮冕仍然不信，但因为距玉官岩不远，所以抱着试试的心理去古庙看看。结果，虽然没见到夏汝弼，但根据古庙里的道士描绘，郭衮冕推测，所谓"莲冠道士"应该就是夏汝弼。返回时，郭袭冕再次接到一神秘纸条，说夏汝弼前往耶姜山去看望王夫之了。这一回，郭袭冕不敢轻易否定神秘纸条内容的真实性，但他不明白，这个暗中派人送纸条的神秘人究竟是谁？他想做什么？

"然后呢？"王夫之也很吃惊：这人究竟是谁？为什么对自己的行踪如此清楚，而且把这些行踪设法送到感兴趣的人手中，此人是敌是友？他的目的究竟是什么？"你再说说，你怎么找到这里的？是不是又接到神秘纸条了？"

郭袭冕不置可否，道："后来我又去了玉官岩的古庙，找到了夏汝弼。他说他刚从耶姜山回来。"

"汝弼是来看过我。"王夫之急道，"然后呢，你怎么到了这里？"

郭袭冕摸出一张纸条，交给王夫之，纸条正面有一行小字："不问因缘，相见是欢。"背面则画着一幅画，直指云台山寺院。郭袭冕不解道："每次送纸条的人都不同。"

"可是，这人究竟是谁？"王夫之自言自语。

"夫之兄，不去管它罢。"郭袭冕手一挥，道："不管怎样，我们又见面了，这才是最重要的。"

四

自那之后，郭袭冕常来，每次都会带些米粮油盐，接济一下王夫之。慢慢地，王夫之名气越来越大。学子们不仅敬仰他的学问，更感佩他"誓为明人"的骨气和血性。而这，也正是清兵要抓捕他的原因。

没多久，整个湘南山区的大部分书生都陆续来了。这些书生来云台山，其实也是经过一番纠结和挣扎的。一方面要来求学，另一方面也知道王夫之不希望他们着清人打扮，因此路途上要千般小心，否则就有麻烦和危险。尽管如此，还是有不少书生求知若渴，冒险前来，有结伴者，更多的是独行者。真可谓筚路蓝缕，白衣飘飘，神情峻然，意气风发，书生们从四面八方聚集到王夫之所在的山野之地。他们无一例外，都是明人打扮，长发披肩，发髻高耸。看到他们对儒学渴望的眼神，感受着他们内心的虔诚，王夫之格外高兴，讲坛越拓越宽，越筑越高，凡来求学，来者不拒。

山中，阳光静好；庭前，空气和平，仿佛身处大明太平盛世。这就是追求一生、最终要过的日子的模样？王夫之排除杂念，他坐在学子们中间传经论道，享受难得的读书时光。

一次课后，王夫之与郭衮冕品茶，感叹道："鄙人何德何能，诸生愿静坐于此听在下之胡言？"

郭衮冕笑道："夫之才学品性，衡州泰斗，湘南魁首，众人仰之，是为师表也。"

王夫之摇头："亡国孤民，岂敢称师！"

王夫之为国事奔波、操劳多年，未有寸功，自认失败，开悟之后转向承续"文脉"之际，他的学识和名望早已传遍半个湖湘。欣慰之余，他又惶恐，也更加敬畏文化中国的博大精深，读书的欲望也就更强烈了。讲学之余，王夫之全身心习研、诠释和分享《春秋》《论语》《易经》和《诗经》等经典，并沉浸在与众位学生的探寻、求索和讨论中，他感觉到前所未有的欢愉与充实，以至于忘记了自己在逃难，也忘却了饥饿与寒冷。

就在这个时候，噩耗突从天降：侄子王敉死了。

那晚，王敉没有跟王夫之出来。早晨起来后，他看到字条，知小叔小婶已走，他自己独立生活了十来天，后来又跟大伯王介之在耐园住了一段时日。这时，他以为风声过去了，便坚持出门要往永州寻找王夫之。不料，被追捕王夫之的士兵发现，他们对王敉紧追不放。王敉一路东躲西藏，最终还是被一队清兵从四面八方围拢过来，将他活捉。清兵头目拷问王敉，让他说出王夫之的藏身之地。王敉闭口不言，任凭清兵如何严刑拷打。

清兵折腾了好些天，一无所获，一气之下将王敉杀死，扔进一条浅水沟里……

听闻王敉为了寻自己而遇难的消息，王夫之悲痛欲绝。他冒着生命危险，经过一番打扮，趁黑偷偷返回了耐园。

其时，王敉已经下葬，葬在他的父亲王参之坟头的旁边。

王介之告诉王夫之：他是三天后才找到敉儿尸体的，当时他的身上伤痕累累，嘴唇发黑，眼睛瞪着，仰面躺在浅水沟旁。王夫之听了，他的心在抽搐。

王夫之十分自责，在王敉坟前点了香烛，烧了纸钱，并当即写下一首哀诗："斜日荒荒打枣天，山头回首杳墟烟。当时不道今生别，犹向金风泪黯然。"

之后，王夫之又在旁边的二哥王参之坟前拜了三拜。

清军依然在南岳四周搜查。王夫之不能多作停留，又换上瑶人的衣服，再次踏上逃难的道路。临行前，他与长兄王介之话别，想到父亲和母亲，想到王参之，又想到敉儿，王夫之万分不忍和难过，泪眼婆娑，欲说还休。王介之一脸凝重，亦痛苦得说不出话来。

王介之的儿子王敔刚刚成家，见状上前劝慰："人生不能复生，叔父当珍重。"

王敔聪慧耿直，自幼饱读经书，十五岁便补邑文学，为文清通醇正，诗文有陶渊明和谢安风旨，自从父亲王介之避世以全名节，他便长伴父亲膝下，年纪轻轻，放下出仕的念想。王夫之没有参加王敔的婚礼，看到他长大成人，又想起与王敉过往的点点滴滴。他曾许诺王敉回衡州后给他成个家，还让郑若兰去物色女子，不料没有等到这一天，王敉竟撒手而去，呜呼哀哉。

王夫之离开前，李国相带着儿子李璟过来看望他，说是让李璟拜王夫之为师。

"上回已经给你说过此事。当时他的身子尚未完全恢复，现在无碍矣。"李国相道，"若能为夫之端茶送水，有所伺候，我亦心安矣。"

王夫之看着李璟，郑重地对李国相道："璟儿参加清朝科考，并高中黄榜，这也是难得啊。你何必这样误他前程呢？"

"那是璟儿无知，一时冲动，落下笑柄。"李璟连忙抢先答道："璟儿近段闭门思过，父亲大人说得对，盛世立功，乱世从学。恳盼先生纳为弟子，此生此世，一心受教，浮名利禄，再无旁骛。"

"实话说，时求老弟去湘潭再无返回，子参老弟日子也不好过。"李国相面色相当平静，他望着王夫之，说道："尤其是朱归孺失踪后，衡州学子，谁能依凭？璟儿若入清朝，在吴军狗贼门下，还有前程吗？"

"吴军狗贼！"王夫之恨恨道，觉得李国相的担心不无道理。

"吴军狗贼，就是我心里的阴影，这道坎怎么也迈不过。"李国相点点头，停了一下，又补充道，"璟儿想明白了。你让他跟着，呼唤、支使，终归有些小用。你到哪他跟到哪，世道不宁，唯此，我才略略安心矣。"

"漂泊之命，生活不易。"王夫之叹道："上顿吃了，下顿难继，璟儿可否？"

"哪里话？"李国相严厉看了儿子一眼，李璟表态没事。李国相见王夫之松了口，儿子也表态没事，遂开心道："夫之老弟，上回老兄劝你'立言'。而今璟儿跟了你，打打下手，整理文字，他日论及，我老脸亦有光矣。"

"唉，国相兄，你是一直在以种种方式，帮衬老弟。"王夫之见李国相说得如此真诚，他还能说什么呢？"你当我真的不知道？"

李国相眼圈一红，说一声："璟儿赶紧回家准备一下。"说完，向王夫之抱抱拳，匆匆下山去了。

返回云台山之前，王夫之特地去父母坟前看看。没想到，他猛地发现姜氏姐妹正在那里拜祭。

"夫之哥，你回来了？什么时候回来的？"姜善棋一脸苍白，从坟地上爬起来。

姜思琴也直起身来，道："唉，你还是小心一点，少回来，少露面。听说清兵到处在抓你。"

王夫之点点头，他站到姜善棋身边，看到她脸上被刀子划破后留下的伤疤，哽咽道："你受苦了。子参兄还好吗？"说完，他又转头对姜思琴道："欧阳老太太一家惨遭此难，时求兄不知所踪，令人担心。你现在住在何处？"

姜思琴叹了一声，道："我与棋妹在一起。"

"恒生还好吧？"王夫之问，又转头对姜善棋问道："你家小孩多大了，叫什么名字？……"然而，还没等姜氏姐妹回答，只听山下有人喊了一声："清兵来了。"

"夫之哥，别问了，你快走吧。"姜氏姐妹赶紧催促王夫之离开，"天高路远，亲情永在。多多保重。"

山下的嘈杂声越来越近，王夫之又气又恨，又别无他法，赶紧回到耐园将就一夜。翌日一早，他带着李璟失魂落魄地回到永州云台山。

"唉，回家一次，滴血一次，巨创一次。"王夫之叹了一口气，然后将此番回衡州的经历简单跟郑若兰说了。郑若兰不由得担心起来："你现在讲学，动静越来越大。清兵如果真要抓你，应是不难找到的。"

"师母无须担心。"李璟道："璟儿将一刻不离先生。"

刚刚回到云台山的第三天，郭衮冕出现在家门口，他见到王夫之，就问道："有什么变故，来去匆匆，神情悲戚的？"当看到一旁的李璟，他立即惊叫道："啊？璟儿也来了。国相兄呢？"

郭衮冕以为是李国相出事了。

"国相兄还好。"王夫之只好如实相告，"璟儿来帮我干些杂活。"

听闻王夫之侄儿王敉不幸遇难的消息，郭衮冕又惊又气。他抓住王夫之的手，焦急地劝道："清人既然仍在抓捕你，此处已不安全，须尽快离开。"

想起清军对王敉的残忍，王夫之心有余悸。他何尝不想找一个更为安全的地方？特别是妻子的肚子一天比一天大，要是有任何闪失，后果不堪设想。

可是，天地之大，竟容不下一介草民！何其可悲可叹矣！

郭衮冕看出了王夫之的犹豫，略作停顿后，说道："如不嫌弃，与我为邻如何？我已从苗寨搬到了永宁山下，距此并不遥远。"

"哦，怎好如此麻烦你？"王夫之不好意思。

"休要他想，活着要紧。"郭衮冕道。

"郭叔所言极是。"李璟插话道，"郭叔、家父与先生等，皆为生死之交，情同手足，危难之中，互助互帮，天经地义也。"

"事不宜迟，我先回去收拾一下。隔日即来与你等同往。"郭衮冕对李璟之言表示赞许，立即返回。

几天后，三个瑶人打扮、一个明人装束的人走在一起，悄然往南，行色匆匆，进入了湘南永宁山中。

王夫之夫妇与李璟寓居于一个破败废弃的道观中。因为郭衮冕的家就安在道观旁一步之遥的两间茅房里，他觉得这样可以关照王夫之一行。

王夫之原以为只是暂居，没想到，这一住就是三年。

虽有郭衮冕的照顾，但生活不能全靠别人。郭衮冕有自己的难处，阿妮身体虽然恢复了不少，但精神尚在调理中。好在贵单无碍，让郭衮冕轻松了不少。但兵荒马乱，一下添了三口人，吃饭就是个大问题。

最初一段日子，王夫之东躲西藏，隐居在郭衮冕家旁边的山林里，甚至还在山洞里住过。他和李璟每日都在山中寻找食物，最多的还是野菜野果，地瓜萝卜，还有一些竹笋菌类。郑若兰还与李璟去山中的一处寺庙讨过斋饭。看着郑若兰含辛茹苦，王夫之难过极了。

熬过了最初的艰难，慢慢也就适应了。郭衮冕经常来看他。有一回，两人谈起了学问之事，又提到云台山的收徒开讲，郭衮冕告诉王夫之，有弟子说他常有惊人之论。王夫之忍不住自我调侃道："老夫行与世违，不求万世敬仰，但求言骇众听。"

郭衮冕笑了。他知道，并非王夫之刻意与众不同。只是，王夫之绝非凡夫俗子，在漫长的行与世违中，他那卓尔不群的创造与发现注定他会"言骇众听"。

夜色降临，王夫之一家在山洞中生起火堆。郑若兰有孕在身，加之操劳太累，铺着草席，早早地睡下了。

王夫之就在一旁昏黄的油灯里读书写字，李璟在一旁看书，侍候笔墨纸砚。

"出去走走吧。"写累了，王夫之说道，"今夜月光不错。"

常常在月高风清之时，王夫之喜欢和李璟在道观旁的山野里散步，有一条小路直通山外，与小道相伴的是一条小溪，潺潺地流动着，发出轻微的响声。走了一会儿，前面有一块石头，王夫之就坐在石头上。

李璟问："先生喜读《易》，为何又做《老子衍》？"

"凡事皆有序，文章亦如此。"王夫之答道：《老子》，道德也。论《易》先论道。"

李璟又问："诚如先生所言，何为《易》之道？"

“道，体乎物之中以生天下之用者也。”王夫之答道：“道弗藉人，则物与人俱生以俟天之流行，而人废道；人相道，则择阴阳之粹以审天地之经，而《易》统天。”

李璄道：“老子言‘有物混成，先天地生’。是曰‘道使天地然’，先天地而有道矣；‘不偏而成’，混成矣。先生所言大相径庭。”

王夫之笑道：“若夫‘混成’之云，见其合而不知其合之妙也。故曰‘无极而太极’，无极而必太极矣。太极动而生阳，静而生阴，动静各有其时，一动一静，各有其纪，如是者乃谓之道。”

师徒二人在山野之间，无拘无束，一问一答，将天地万物生生不息之精神尽了于心，而又探源索道，吞吐万象，穿越千古，承接华夏灿烂文明。王夫之越来越喜欢李璄的聪明灵气，从对话中，知道他读了不少儒家经典，学问扎实，甚慰。而李璄则越来越崇拜王夫之的学识和人格。

日子在贫苦中一天天逝去。郑若兰的肚子越来越大了，破败的道观摇摇欲坠，很不安全。在郭衮冕的奔走、张罗和坚持下，他们搬出了道观，住进了稍远处的一座寺院。

<h1 style="text-align:center">五</h1>

青灯古佛，香火阵阵，钟声落下，木鱼也不再响动，深深的院落里，厢房的灯还亮着。王夫之披着冬衣，坐在案前，对着窗口的大樟树默默地思考着。有时他能坐上一整夜。很深很深的寂静之中，天地乾坤，江河万里，宇宙就在耳畔，历史就在身边。他能听得见时间的雨水落下的声音，寒风吹动的声音，暗处虫鸟闲聊的声音，黎明从草尖上滚落的声音，甚至还有树木和野花交流的声音。无数的声音在他的脑海里回荡，一切

了然于胸，他觉得格外通透。

没过多久，郑若兰即将临盆，住在寺院中多有不便。郑若兰不敢出门，每天感觉紧张而尴尬，必须尽快搬走。

幸亏郭衮冕细心，他早有安排，招呼山民，为王夫之一家在永宁山下的东北角盖了一座茅舍，背靠山脊，面朝小溪，门前一片平场，四周古树参天，鸟语花香。搬到此处后，王夫之感觉不错，向郭衮冕道了谢。此后每每深居简出，除了读书写作，就是拓荒捉野、锄地耕田，偶尔往后山跑，采摘芝菜山菌，掏一窝鸟蛋，抓一只野兔，补滋、照料一下郑若兰，只等孩子出生。

一天忙完，傍晚时分，坐在溪畔，王夫之开始和李璟论道。这是他感觉快乐的事情。所谓论道，并不是他与李璟探讨某种生存之道，而是他要分享对某个典故、某段历史或某种观点、某个人物的喜恶或臧否，其中多为安邦治国平天下之大道。例如，王夫之坚持认为，大明的沦丧皆因道德的沦丧，始于很早之前，为君者不行天道，为臣者不行四德，尤其在"贞"字上，大明之祸并非源于天下人无"智"，而恰恰源于太多有智之人在为一己私利，玩弄权术，尔虞我诈，钩心斗角，背信弃义，是为不忠者。王夫之在永历朝廷见得太多了。永历朝是大明王朝的一面镜子，能照出各色妖魔鬼怪。所以，大明王朝才一败再败。

其时，王夫之并未想过要建立一套经天纬地的唯物主义之哲学体系，他再读和解读《周易》，更多的是为了匡扶正义，重新树立早已坍塌的儒家道德人伦秩序。王夫之通过批判老子与佛陀的价值体系来实现尊儒的目的。比方，老子从包容无为出发，要求统治者仁慈、利物而不争，以感化天下。王夫之将老子斥为异端小人，他执着于儒家的教化和儒、道的区分。王夫之也批判佛教的空论、缘起论、心性论和认识论等内容，这是他的破。在破的同时，王夫之还要立，他立的正是他所认为的儒家正统之道德人伦。这个过程其实很有趣，他在佛家的世界里，把佛陀说得体无完肤；又在不知不觉中，运用老子的辩证思想将老子批得一无是处。最终，他重读《周易》，接应天地，思如泉涌。在破立之中，他越辨越明，乾坤并肩，天下惟器，道不悬于器外而生。所有这些，正是古典朴素的唯物主义思想。王夫之于不知不觉中创造了古往今来卓尔不群的哲学体系。

从历史长河来看，虽然也有先贤提出过唯物思想，比如宋朝张载，然而，像王夫之这样系统地阐明"天下间惟器，太虚一实"之思想，还是头一遭。

弟子李璟既不理解，也无法接受。李璟颇为不安，仰头问道："此亘古未有之说，岂不有悖王子，更悖于程朱？"

王夫之摆摆手，反问道："若皆因循而守，何以治学造新于天下？"

恰在此时，"啊唷！——啊唷！——"传来了郑若兰痛苦而长长的喊叫声。

"啊，若兰要生了？"王夫之赶紧跑回茅舍内，吓了一跳。但见郑若兰满头大汗，一脸苍白躺在地板上，大腿之下流了一摊血。

李璟害怕，且不便上前。

王夫之手足无措，大喊一声："快去叫人！"

李璟迅速跑向郭衮冕家。

很快，郭衮冕带着阿妮匆匆赶来。在阿妮的帮助下，茅舍里传出了婴儿响亮的啼哭声，有人大喊一声："恭喜王先生，是个公子！"

王夫之又惊又喜。惊的是，在兵荒马乱的年代，活下一个大人都不容易，更何况小孩？喜的是又有了一个儿子，但这种"喜悦"只有一瞬间，接下来是更大的压抑，更多的挑战，甚至是恐惧。

当然，对初为人母的郑若兰而言，她是高兴的，虽然也知道活下去不容易，但新生命的到来，至少让她看到了希望，找到了依凭。

王夫之给这个孩子取名"勿幕"，初衷很简单，就是健康地活下去，不要像花儿一样刚刚开放就匆匆谢幕了。然而，这样简单而美好的愿望并没能使这个孩子好好地活下去。

半年后，尽管王夫之和郑若兰竭尽全力、悉心照料，但王勿幕因为一场重病，在缺医少药的深山里折腾多日，最终还是夭折了。

王夫之和郑若兰双双为此大病一场。王夫之经历的生离死别较多，情感上有些麻木，病后恢复得也要快许多。

但郑若兰经此打击，身体一下子垮了下来。她年纪虽轻，头发却掉得厉害，长期营养不良，瘦得弱不禁风，让王夫之看得直掉泪。王夫之为此写了一首《清平乐·咏雨》，以此表达自己痛苦而无助的心情——

归禽响暝，隔断南枝径。

不管垂杨珠泪迸，滴碎荷声千顷。

随波赚杀鱼儿，浮萍乍满清池。

谁信碧云深处，夕阳仍在天涯？

春天不知不觉就来了，雨后的阳光照到身上，有一些暖意。

那天上午，王夫之放下书本，正陪着虚弱的郑若兰在茅舍前晒太阳。李璟眼尖，早早报了一声："来客人了。"

但见郭衮冕领着一位穿戴锦衣玉帛、一副乡绅模样的人登门造访。郭衮冕介绍道："乡绅名曰陈戒之，乃对面山峰下西源山庄的主人，其人心胸豁达，仗义疏财，其庄园就像一个书院，每日都有名师讲课，远近书生出入其间，煞是热闹……"

王夫之抬头一看，眼睛一亮：此人不是以炎帝故里乡民为荣的攸县陈耳臣吗？他什么时候变成陈戒之了？青春年少时，曾在岳麓书院与之同窗数月，互帮互助，分手后，时有牵挂。那年陈耳臣率先去福州追随隆武帝，同窗好友刘杜三随即前去，杀敌报国。然刘杜三为保护隆武帝，与清军厮杀，被割去首级，尸体挂在城楼上，陈耳臣还冒着生命危险将尸体取下，偷偷焚烧于郊外，并拾得三块骨头带回湖南，特地绕道衡城，送给王夫之一块……

很显然，陈耳臣也认出王夫之了，大声叫道："哎呀呀！竟是夫之兄！失敬，失敬啊！"

王夫之道："陈兄发达了，名字也改了？"

"岳麓一别，已有数载。福州归来，噩梦连连。"陈耳臣一边摇头，一边叹道，"这年头，顺者昌，逆者亡。改名换姓，实出无奈矣。"

原来，陈耳臣在攸县颇有名望，从福州回来后，他改名戒之，就是要戒去一切虚妄之事。从此，他不问时事，专攻商贾，家业越来越大，影响越来越隆。清兵占领湖南全境后，陈耳臣愈发小心。当地官员经常前去探询、游说，希望他入清为官，偏偏陈耳臣个性倔强，不愿趋炎附势。陈耳臣意识到，不想与清政府发生任何瓜葛，唯一的办法就是离开故土，隐姓埋名，远走他乡。于是，他来到了永宁山下。

王夫之听了，甚为高兴。见陈耳臣一副明人打扮，像是见到了久违的亲人，感叹道："这世上还有跟夫之一样不谙时务者，真乃知音也，幸哉幸哉！"王夫之接着也说了一些有关岳麓书院吴道行山长以及旷南卿等人的事情。

"真没想到，你们还是同窗旧友。"郭衮冕也颇感意外，"难得，真是难得矣。"

"可不？所谓'山不在高，有仙则灵'。"陈耳臣接过话，开心道："这段日子，老有人讲起一壶道长学问如何了得，建议力邀去敝院讲学。陈某心生景仰。前些天碰上袞冕先生，说与你是好友，便想由他出面来邀。没料到，一壶道长竟是旧友夫之兄，岂非缘分乎？"

陈耳臣见一旁的郑若兰脸色苍白，有些浮肿，又见茅舍如此贫寒，当即摇摇头道："此处太潮，又霉又黑，不宜久居。敞院地方大，请夫之兄给陈某面子，携嫂夫人等一并搬去吧。"

第二天上午，陈耳臣和郭袞冕来接王夫之时，王夫之已准备停当。他随即带着郑若兰、李璟一起去了西源山庄。这里亭台楼榭，小桥流水，花香鸟鸣，春意盎然。

一切妥当后，陈耳臣问王夫之要不要休息一下。王夫之听说不少人在外等待听课，他还有些不信。然而，令王夫之吃惊和感动的是：讲课的云坛前果真是人头攒动，有少年，有青年，也有年过而立不惑之人，都是明人打扮。较之先前开坛授课，又是另一番光景。看来，陈耳臣和郭袞冕提前做了充分准备。

王夫之见状，说不用休息。他只提了一个要求："请你在云坛前留两个座位，无有人坐。"见陈耳臣有些不解，王夫之道："有两个来不了的弟子，你看不见他俩，但他俩能够看见我们。"

陈耳臣顿时明白了，立即差人去办。郑若兰和李璟都知道，那两个空位是留给胡三妹的两个孩子纯儿和熙儿的。这几乎成了王夫之每次授课的必备。

听说王夫之来讲学，不少人面呈欣喜之色，不断交头接耳：

"先生'骨性松坚'，为书生楷模。"

"先生之才，衡州无出其右，湖湘亦是翘楚。"

"先生博览众家之书，而独守圣人之志。"

王夫之在陈耳臣陪同下，缓缓走上云坛。众人肃然起敬，场面顿时静止下来。陈耳臣本欲介绍一下，场下有人立即高声喊道："王夫之先生如雷贯耳，谁人不知？吾辈皆慕名而来也。"

"既如此，陈某就将云坛交给夫之兄了。"陈耳臣遂向众人拱拱手，又向王夫之抱拳道："一壶道长，请！"

王夫之还礼，陈耳臣退下。众人纷纷向老师鞠躬，王夫之抱拳还礼，示意众人坐下，准备正式开讲。

刚开始，王夫之还有些拘谨，他没想到会有这么多人前来，声音有些颤抖："王夫之自幼从先君武夷先生学习《春秋》，长兄石崖先生亦在旁多有教诲。后求学石鼓书院、岳麓书院，举于乡，国变以来，间道奔走，行于永历朝中，酸楚杂陈，冷暖自知。而今复归于乡。无论于何时何地，未敢忘圣人之学，尤以《春秋》为甚，尔以为读春秋乃知大义，明是非，辨善恶。此番受邀开讲，心有惶恐，然盛情难却，愿与诸君共同探讨研习。"

开场白讲完后，王夫之心气顺畅，完全放松下来，当话题转到主旨内容《春秋》时，他更加闲定、从容和自信了。

"元年春王正月。"王夫之问，"何故谓之'春王正月'？"

众人低头交谈，莫衷一是。

王夫之于是旁征博引，侃侃而谈。王夫之指出："王正月"，此为《春秋》开篇之语，亦是后世众儒研习《春秋》面对的第一个问题，他也不能例外。先前他尽考各家之言，不外乎以下几种：周改时改月；周改月不改时，即以夏时冠周月；周时月俱不改；存疑莫敢论定。他则认为，周平王东迁以后，王室微弱，诸侯恣意妄为，周道已绝，然而《春秋》仍以王称之，可见鲁国仍旧行周礼，以示"大一统"之义，故"王正月"之王仍旧是周平王，此正月为周平王之正月，非天之正月，以寓周正之差，夏日得天。

短短一席话，王夫之说到了朱熹、胡安国等先儒对《春秋》的注解，又引证了《周礼》，还融会贯通到《诗经》。众生纷纷点头。

一旁的陈耳臣和郭衮冕心悦诚服，频频附合。

郭衮冕对陈耳臣耳语："夫之兄确为旷世之才。"

陈耳臣点头："先前读《春秋》，每每无功而返。今听了夫之兄释言，茅塞顿开矣。"

课后，陈耳臣准备了一桌好菜，又给王夫之准备了一身长袍。王夫之营养不良，太瘦，穿上长袍，像竹竿撑起晾晒的衣服，空荡得很，但他心里还是欢喜的，拱手道："陈兄费心了，夫之受之有愧。"

陈耳臣笑道："夫之兄能穿上，乃给陈某面子。"

此后，经陈耳臣接济，王夫之的日子滋润了不少。讲课成了王夫之的日常生活，他的名声越传越广，前来听课的书生越来越多，从最初的十几人到后来的几十人、上百人。

就在王夫之讲学经年之时，郑若兰又生了第二个儿子，王夫之甚为高兴，他给儿子取名王敔。与郑若兰生的第一个儿子叫勿幕，意谓人生刚刚开始，期盼不要过早谢幕，但这个孩子最终还是夭折了。现在这个儿子，王夫之取此名，也寄寓着他简单而质朴的愿望，"好好活下去"——敔者，乃古时一种乐器，奏乐将终，击敔，即可使演奏停止。

陈耳臣出于好奇，追问此名由来。王夫之沉思片刻，叹了一口气，道："贱儿之名实跟始祖炎帝有一点关联。"

陈耳臣顿时瞪大眼睛，道："说来听听。"

王夫之便道，他这些年，一直在漂泊，许多时候，感觉快要支撑不下去了。奇怪，一想起炎帝，似乎感受到一种力量，看到了一丝微光。炎帝之时，天地混沌，危机四伏，什么都没有，什么都要亲力亲为，但他九死一生，从未放弃，做了那么多事，积了那么多德，泽被后人。说到这里，王夫之停了一下，看了看陈耳臣，便继续道：我从左丘明《世本·作篇》中还发现，炎帝竟然还作琴。神农琴长三尺六寸。上有五弦，曰宫、商、角、徵、羽。炎帝不但让后人活下来，还要设法让大家快乐地活下来。这种境界，非常人所能至。"为了纪念这位'神人'，我特地将贱儿的名字取为敔。我们不但要活着，而且要好好地、顽强地活着。"

陈耳臣听到此，忽然涕泪纵横，叹道："吾辈一直以'炎帝故里乡民'为荣，但自从福州归来，吾虽活在人间，却形同'走肉'，竟然忘了自己原是炎帝后人！"

"唉，吾儿贱名，实也关联着刘杜三，还有旷南卿、曹伯实等昔日一众同窗好友，都是高山流水，伯牙、子期也。"王夫之说着，也泪流满面，道："特别是夏汝弼，他精通音律，琴艺高超，懂琴，爱琴。而今，死的死，散的散，天地之间，惟有这盘残局，屹立其间，让你我对弈，若无微光，岂不苦乎、惨乎？"

陈耳臣听罢，感同身受，顺着王夫之的话说道："炎帝确为'神人'，万世景仰。然兄素有'奇才'之名，历经变故，从未放弃。兄当以炎帝精神为光，秉文心之烛，究天人之际，通古今之变，殊途同归，亦能彪炳千秋矣。"

王夫之止住老泪，他紧紧握着陈耳臣的手，缓慢但坚定地点了点头。他明白：这就是生命的微光，无论多么艰难，都将是支撑他活下去的理由、活下去的力量。

在陈耳臣的接济和帮助下，王夫之夫妇随后的生活，较先前生勿幕时好了不少。郑若兰也更有养育经验。而且，王敔的先天体质也比王勿幕好了不少，所有这些，皆是王敔得以长大成人的关键所在。

王夫之曾有过去炎帝故里朝拜的念头，但随之打消了。乱世穷年，漂泊苦旅，弱妻孺儿，焉能想走就走？

课余他开始集中精力修订《黄书》。大明亡国之耻一直搁在心头，他必须认真思考与深入反思。向死而生，这是王夫之此时的心境，也是他后半生的心境。当越来越多的拖着长辫子的书生前来听讲时，王夫之思考的是："何以为德？贞者大德！"他忽地想到了流亡中的永历帝，心中不免惶恐起来："吾皇危在旦夕，吾却在此为清人教书育人，巩固疆土，岂不等同于背叛？"虽然一些弟子碍于情面仍着明服，但王夫之知道，他们的心早已归顺了清府。

陈耳臣劝道："大明抑或大清，圣人之学不改。"

郭衮冕则笑道："大清亦奉圣人之学。"

王夫之有些惊讶，但不想争辩。在王夫之看来，当时，清人追捕他的风头已过，他可以安心求道讲学。清人理应知道他的行踪，只因为他所做的乃讲学传道，并无反清之谋划，更无实际之行动，且所讲之学亦是清人重视的儒学之道，受教之人多为清人之子，所以对他的抓捕也就没必要了。而事实并非完全如王夫之所想，真正的原因是衡州知府吴军当时正陷入四面楚歌，自顾不暇，最终死无葬身之地。

一天上午，李璟正在取水时，发现陈耳臣削发留辫，穿着清服，与郭衮冕在古槐下窃窃私语，他断断续续听到"收费……不让……夫之知道"之类，心中一惊，匆匆回来告诉王夫之，却被王夫之斥道："不许瞎说！"

巧的是，当天下午，郭衮冕给郑若兰送来一双"花盆底"旗鞋，一件外坎衣和一件齐平衫，还给王夫之儿子王敔送来两件童装。

郑若兰穿上正好，很开心，正在给王敔试衣，王夫之散步回来，一见，脸色骤变，大声呵斥郑若兰："反了，反了！清人的衣服你也敢穿！还给敔儿穿！岂有此理！"

郑若兰怔怔地停在那里。

郭衮冕连忙过来打圆场，说道："要怨就怨我吧。嫂夫人和孩子的穿戴实在过于破旧，我便自作主张，对不起，夫之兄！"

王夫之并未给郭衮冕面子，依旧怒气冲冲道："快脱下，扔出去！"说罢，亲手将王敔刚刚穿上的新衣剥下来，王敔吓得哇哇大哭。

郑若兰打从与王夫之一起生活以来，从未见他发如此大的火，她也吓得一边脱衣一边流泪。

陈耳臣闻讯赶来，还未开口，就被王夫之顶了回去："别来劝！身体发肤，受之父母，不敢毁伤；穿衣着装，见之家国，不可造次！别人之事，不敢多嘴。本家之事，必有法度！"

"王朝更迭，古来有之。"陈耳臣忍不住道，"明月久远，清风早拂。事已至此，尘埃落定矣。"

"石无情，人有魂。无执念，尘飞扬。"王夫之倔强道，"皇权可禅、可继、可革，而不可使异类间之。夫之心念，或许愚执，或许偏见，本已固化，亦难改矣。"言罢，头也不回，拂袖而去。

郭衮冕深知王夫之的脾气，不敢强留。他拿出一包银子，交到郑若兰手中，告诉她，王夫之开坛讲学时，陈耳臣与他私下向每个学子收了一点茶水费，起初只是聊补家用，后来人员越来越多，积少成多，本来要分给王夫之一份的，怕他多虑，一直未说。眼见王夫之执意离开，前途莫测，他把自己的一份连同王夫之的一份一并交给郑若兰，叮嘱她不用跟王夫之说及。

临走时，陈耳臣和郭衮冕都来送行。

陈耳臣充满歉意道："为生活所逼，削辫更衣，抗不过命，只好认命了。"说完，拿出一包银两，塞进王夫之手中，道："此为兄开坛讲学之所得，勿嫌弃，请收下。希望今生再有重逢之日。"

王夫之接下银两，嘴唇微动，眼里蓄着泪水，他真想大哭一场，为自己，更为陈耳臣。当初见面穿明人服、说明人话，原来都是做给他看的。别人也就罢了，同窗好友，亦要做戏，实不应该！"就算一个人扛起一个朝代，也要奋力前行。"这是王夫之心中的声音，他背着这份愚执，面对好友的尴尬，看着妻儿的窘相，他强忍着心酸，不让泪水流下来。

郭袞冕拉着王夫之的手，道："若回衡州，代我去看望一下思琴。这一辈子欠她的，我是还不了了！"停了停，他又道："还有一个人，一直想去看看，估计这辈子再见不到了，就是晓书，听说入了佛门，现在叫清玉，在武陵山下。如果你去了，也代我问声好吧。"

王夫之一直没有说话，他不知道说什么，是感激，是怨恨，是不舍，亦或彷徨？还能再见吗，还需要再见吗？他明白：山重水复，此一去，便是永别。

就这样，王夫之心情复杂，面色沉重，带着郑若兰和李璟返回了故乡。途中，王夫之怀着异常痛楚悲怆的心情写下一首《蝶恋花》，他在词前特意写了一行说明："湘水经东安县东，有沉香塘，石壁隙插一株，云是沉水香，澄潭清冷，绿萝倒影。"其词为——

湘水自分漓水下。曲曲潺湲，千里飞哀泻。
冰玉半湾尘不惹，停凝欲挽东流驾。
百尺危崖谁羽化。一捻残香，拈插莓苔隙。
忆自寻香人去也，寒原夕阳烧悲尬。

王夫之回衡州城后不久，郭袞冕带着阿妮和贵单离开了永宁，隐迹山林，再也了无声息。

陈耳臣也返回攸县老家，回到炎帝故里，继续隐姓埋名，过着与世无争的平静日子。

第三十八章　六经责我

一

山雨连绵之时，王夫之偕郑若兰、儿子王敔与李璜一行，悄无声息地回到了南岳山上的续梦庵。

看见王夫之回来，慈枝和尚和善地笑了："先生别来无恙？"

许久未见，王夫之倍感亲切："法师，身体可好？"他很感谢慈枝这些年不弃不离，照看着续梦庵。如果没有他的照看和打理，风吹雨打，这庵恐怕早已倒塌了，即便不倒塌，也无法再住人。

慈枝咳嗽了几声，轻轻念道："贫僧老矣！时日不多也。"

慈枝只是一位平凡的僧人，没有多少学问，有的只是一颗避世山野、念佛向善的心。十几年间，他一个人在山上过着寡淡的日子。与这样的一位僧人为邻，王夫之感觉他更像是一位熟悉的亲人，慈枝给王夫之很多生活上的帮助和指点。"看看，还需要什么？"慈枝平和地说道。

王夫之站在庵前与慈枝聊了几句。见他容颜苍老，王夫之一时心绪难平，真是不知不觉中，时光已跟着老了，续梦庵的草房虽然有些破败了，但还能住，这就够了。王夫之本想如此道一声谢，终究是没有说出口。因为"谢谢"二字，对慈枝所作所为而言，委实过于轻飘，不如不说，一直欠着。李璜已把行李拿进庵中，郑若兰带着儿子王敔也走了进去。

送走慈枝，面向莽莽山野，王夫之透过树枝，看见一块块天空肢离破碎，马匹一样的云朵似动非动，他深深吸一口气，感觉到一种秋菊般淡淡的寂寥，从头顶坠落。

李璟把续梦庵收拾了一下，王夫之说："你回去看看父亲大人，并代我问候一声。我先歇几天就去看他。"说起来，王夫之真有些想念李国相了。

没过多久，王介之牵着孙子的手过来了。见到大哥，王夫之有些难过，大哥已然华发丛生，刚刚懂事的孙子就依偎在他怀里。兄弟二人坐在续梦庵前，诉说着别后发生的人和事，生出许多感慨。

临走时，大哥道："刚回来，好好休息一下。听国相兄说，你在发愤立言，这是好事。山里生活清苦，你要劳逸结合，有了身体，再图长久之计。"

大哥永远是大哥。特别是父亲、母亲过世后，大哥当仁不让成了家里的"长者"，甚至连母亲的唠叨也接了过来。王夫之既尊敬，又感动。有这样的大哥时时为你着想，真是一种福气。

"放心吧。我会注意的。"王夫之摸了摸侄孙的头，送走了他们，四周复归平静。山中的生活确实清苦，王夫之早已习惯。实际上，无味或者有味，全在内心，只要灵魂宁静，总能发现美的细节，正如"秋晚翠娟娟，寒条经雨边。断云藏半树，归鸟没孤烟"。王夫之劳作之余，把这些发现和感悟记下来，写成诗文，充实心灵。

王夫之本想下山去走走，见见一些旧友，如刘子参、姜善棋等人，当然包括李国相。对了，他还答应郭衮冕要去看看思琴和晓书的。

就在这时，李国相与李璟上山来看望他了。

王夫之站在门口，呵呵一笑，道："正打算去看看你。"

"我不来看你，你才不会去看我。"李国相故意说道，然后打量了一下王夫之，又道："还好，没多大变化。璟儿说，你天天写，我真怕你写急了，把自己写残。因而忍不住，上山来看一下。算是让你打个盹儿，停一下。"

"你是老兄，怎么说都行。"王夫之请李国相进屋，让郑若兰倒茶。李璟抢着把这些事干了。王夫之指着李璟，道："你派了个长工来，我不用花一分钱，得了这样的好帮手，真是多谢了。"

"哪里的话。璟儿跟着你，学到不少东西。这可不是有钱就能买到的。"李国相把手一扬，说道："等我们日后百年了，后人谈论你、研究你，把璟儿和我也带上，这是钱能买到的吗？"说完哈哈大笑。

王夫之也被逗笑了，道："你老兄总是用这种乐观方式激我、励我。冲着你这番心意，我也要把文章做得锦绣端庄，传诸后学。"

寒暄一阵子后，王夫之关切地打听起衡州诸事和旧友的情况。

李国相叹了一口气，告诉王夫之说，管时求去湘潭后一直没有消息，真是有些奇怪。刘子参辞了衡州府的公差，与姜善棋重新经营中药店，他们带着儿子，生活还算平静。李国相说他一直没见到姜思琴，先前姜思琴在姜善棋那儿住过一阵子，后来听说她带着恒生去了耒阳，也不知是不是找曹伯实去了，反正是再也没有音讯。

王夫之听了，也叹了一口气。他把在耶姜山和云台山见过夏汝弼和郭衮冕的事情跟李国相讲了，他又讲到碰见陈耳臣的事情。

李国相唏嘘不已，道："璟儿回来就给我讲过。没想到在那么偏远的山地，竟然碰见故友，真是缘分不浅啊。"接着他又感叹道："汝弼和衮冕两位老弟怎不回衡州来？再怎么说，这里还是故土啊。"

王夫之道："故土未必能安魂矣。"

"此乃实话。"李国相点点头，忽然道："你想去耒阳看看伯实吗？如果想去，趁着自己身子骨还硬朗，我愿陪你去一趟。"

王夫之心里明白，李国相说是陪他去看伯实，实际指向姜思琴。李璟一定将临别时郭衮冕的嘱托告诉李国相了。想到这里，王夫之道："好啊，明天就去。辛苦国相兄。"

曹伯实听说王夫之、李国相来看他，异常高兴，立即从县衙署回到家里。

王夫之见曹伯实身着清朝县令官服，不免有些尴尬。

曹伯实似乎意识到了，连忙上去拉着王夫之的手道："夫之兄，听说你们来了，一时手足无措，激动得来不及更衣，罪过，罪过。"

"夫之老弟休要计较。"李国相一旁打着圆场，道："伯实老弟人在江湖，身不由己。"

曹伯实连连说："国相兄所言极是，所言极是。"

"无妨。"王夫之道，"伯实兄历经万苦，终入正途，不易矣。"

"古人云：生死有命，富贵由天。经历人世间一系列事情，终于对此有了些许领悟。"曹伯实朝王夫之点点头，他叹了一口气后，忽地问道："夫之老弟几时回到衡州的？再不离开了吧？"

王夫之遂将在耶姜山和云台山发生的事情跟曹伯实讲了。

听到郭衮冕的临别叮嘱，曹伯实刹那间明白了郭衮冕埋在心底的那份牵挂，说道："两年前，思琴的确来过耒阳，但她将恒生放在曹某家，去了武陵山下，再也没有回来。半个月后，恒生半夜出去寻找思琴，从此亦是音讯全无。我四处找，可怎么也找不见。"

"啊？思琴和恒生皆无音讯？"王夫之大吃一惊，"怎么会是这样？怎么会是这样？"

李国相听了也很吃惊，道："你再也没去武陵山下，看看思琴是不是与晓书在一起？"

"唉，那个伤心之地，我前前后后去了近十次。"曹伯实坦然道，"我与晓书缘分已尽，再也不想去了。"

"世上再无晓书，只有清玉。然于我而言，晓书还在。"王夫之喝了一口茶，自言自语。忽然，他回头冲李国相道："既然来到耒阳，见到了伯实兄，还有一位故人，我们也去看看？"由姜晓书，王夫之自然想到了另一个表妹。

"还有一位故人？"李国相一时没反应过来，正在疑惑之际，曹伯实接话道："夫之老弟要去看若画，曹某愿带路。"

"哦哦，确实该去看看了。"李国相恍然大悟。

于是，曹伯实在前面带路，王夫之与李国相再次来到姜若画坟前。但见水东江竹林山里，小小的坟头上长满杂草，坟堆有些损毁。曹伯实倒是颇有预见，他带来了砍刀和锄头。三人一起，将坟堆四周杂草清除，并重新垒了土。

"画妹，我们再来看你了。你大姨生前天天念叨着你，现在老人家也去了天堂，你们可以重逢了。"王夫之面色凝重，喃喃道："唉，画妹，青草可长，青春不再。世道多变，但有些东西永远不变。"

李国相在一旁道："若画，你知道你大姐思琴在哪里吗？还有她的儿子恒生，请你托个梦来吧。"

从耒阳回来，王夫之的心情很糟。他一直犹豫要不要去武陵山下找找思琴，看看晓书。如果去了，要是晓书不肯见他，如何是好？

春节过后，王夫之决定到西乡小云山去一趟。那里不仅有父亲的弟子刘庶仙和欧子直，而且有他寄居在刘庶仙家里的儿子王敔。这孩子也是命苦，当他两岁时，母亲陶令微就逝世了。王夫之当时四处奔波，逃来逃去，没有定所。大哥王介之和二哥王参之都有一家子人，且各有各的难处。

刘庶仙知晓后，自告奋勇，表示愿意带养王敔："反正我有一个女儿慕青，只比王放小三个月。家里多一个人，只是多一双碗筷。我家青青有个伴儿也好，而王放也不用跟着你东奔西跑。"

就这样，王放寄居在刘庶仙家。当初，王夫之以为最多半年或一年，王放就会回到自己身边，没想到，他待在小云山，与慕青一起，玩得很开心。刘庶仙也将王放视为己出，总是叫着"放儿"，完完全全的一家人。其间，王夫之抽空也去探望过，每次见了王放，见他长得壮实，与刘家人没有丝毫的隔阂，也就放心了。

小云山位于湘江以西，地势较为平坦，林深幽静，水肥草长。刘庶仙在此有一座大房子，他的藏书甚多，达到六千多册。张献忠攻入衡城后，他就一直在此避世。

欧子直的房子在刘庶仙家的旁边，也有不少藏书。刘、欧两家交往频繁，过着一种怡然自得、逍遥自在的生活。王放、刘慕青与欧子直的家人也相处得十分融洽。

见到王夫之，刘庶仙很高兴，刚坐下就开聊："这些年，外面发生许多事情，衡州学子也大多受到影响。王家首当其冲。武夷先生之后，数你名气最大，你所受的冲击也最大。"

"幸亏有你这处安静之地。偶尔过来，遮风避雨。"王夫之说道，四周看了一眼，问："放儿呢？不在家？"

"让他通知子直去了。"刘庶仙说道。

这时，一位穿着水田衣的俊俏少女给王夫之施礼、倒茶，清脆的声音在王夫之耳边响起："夫之伯伯请用茶。"

"你是慕青吧？"王夫之有些吃惊，他望着刘庶仙，用询问的口吻道："才几年时间，竟然长成亭亭少女了。"

刘庶仙道："是啊，岁月不饶人啰。"

王夫之不由得多看了一眼刘慕青。她的水田衣是用各色零碎锦料拼合缝制成的，整件衣服织料色彩互相交错形如水田，简单而别致。她的头上有一霞帔，像两条彩练，绕过头颈，披挂胸前，霞帔下面挂着一颗金玉坠子。

刘慕青声音清甜，走路轻盈，王夫之越看越喜欢，忍不住吟道："关关雎鸠，在小云山兮。窈窕淑女，君子好逑矣。"

刘庶仙哈哈大笑，道："一会儿你看到放儿，必也倍感骄傲。"

"笑得如此开怀，一定来了贵人。"话音刚落，欧子直推门进来，后面跟着一个阳光少年。刘庶仙对王夫之道："夫之兄，你看放儿，长得比你壮实多了。"

当天王放着赫色宽松衣，穿一双灰色浅面鞋，蓄发挽髻，飘巾后面有两条小飘儿，身子一动，就左右飘舞着。见王夫之正与刘庶仙谈笑，王放立即上前请安："父亲大人，放儿向您请安。"

王夫之望着儿子，满眼放光，连忙向刘庶仙和欧子直道："快向两位叔叔请安。"

"都是一家子人，低头不见抬头见。"刘庶仙和欧子直异口同声道。"我们还需请安吗？"

王夫之对欧子直道："你家轩儿怎样？"

欧子直有一个儿子，叫欧楚轩，年龄比王放大一岁，但性格有些怪，不善交际，平时也不与王放一起玩。见欧子直问起儿子的事，便道："轩儿还好，喜书，尤爱《诗经》。"

"不错，不错。"王夫之道。

这时，刘慕青给欧子直倒茶，对一旁的王放小声说着什么。王放频频点头，间或还微笑一下。

王夫之和刘庶仙都不约而同地看了他俩一眼，又会心地笑了。

不一会儿，就开饭了。王夫之与刘庶仙、欧子直喝着酒，王放和刘慕青乖巧地坐在一旁，听大家谈天说地，谈经论道，个个都很放松。

久违的亲情和温暖化解了王夫之的孤独。他突然感觉到生活的宁静与幸福。这是很少有过的感觉，弥足珍贵。

饭后，王夫之聊起刚刚修订完成的《黄书》，发出感叹："大贾富民，国之司命也。"随后他又兀自念道："余既不难夫离别兮，伤灵修之数化。余既滋兰之九畹兮，又树蕙之百亩。"

王夫之在此住了二十多天，将刘庶仙和欧子直家的藏书又翻了个遍。他抄录了一些笔记，想着家里还有郑若兰，便回去了。

临别时，王夫之特意赠送给刘庶仙一对联，意味深长——

无事何必到南乡，不争名、不争利、不争地权，既住了二十多天，应该要快些走走；

有心要求谋东西，志在国、志在民、志在世界，忙奔着五千余里，那晓得死便休休。

刘庶仙接过对联，很兴奋，立即大声读起来，当读到"志在国、志在民、志在世界"时，他立即默然下来，一脸庄重地望着王夫之。然后垂下头，又细细品味一番，叹道："唉，都说夫之兄文章诘屈聱牙，藏腑甚深，奇辞奥旨，灰雾晦涩。然此联有如幼儿学语，田妇叨家，通晓明了，一清二白。通白即意寡？非也，此联哲理真切，人生真谛，全在其中矣。"言毕，刘庶仙对王夫之抱拳，郑重其事道："此联从此乃镇家之宝，刘某必藏之绝处，传之后世也。"

"刘兄言重了，不敢当。"王夫之笑道："实话实言，如村妇俚语，有何名贵？"说完，朝王放望了一眼，掉头就走。

这一次，王放仍然没有跟王夫之回到南岳山上。

二

王夫之从小云山回到南岳山上的当晚，情不自禁跟郑若兰谈及王攽的事情。郑若兰很开明，说王攽愿意回来就回来，她不会反对："攽儿比敔儿大了十二岁多，如果回来，正好可以帮忙，照看一下弟弟。"

"攽儿现在还不想回来。"王夫之见妻子这样说，他很欣慰，说："他与慕青青梅竹马，庶仙的心思，是想将慕青嫁给他。现在还没有捅破这层关系，估计要过些日子。要是成了，攽儿真是有福之人。"

"听你说得如此好。"郑若兰柔声道，"如果攽儿娶了慕青，岂不了却你一块心病？"

"此事我让子直兄打探打探。"王夫之点点头，"不过，攽儿要是成家，估计还得上山来住。"

"只要你开心，只要孩子愿意，此处家门永远敞开。"郑若兰道。

初春三月，山中犹寒。从续梦庵往左向上爬一里地的样子，再顺着山道往左拐，再转向一个半山腰，就来到王夫之舅父的家门口双髻峰。舅父过世后，由于没人打理，房子已经坍塌，舅父的家已经成为一片废墟。王夫之很长时间没有来此看看，他怕睹物思人，产生伤感。但最近迫于生计，他和李璟往这边走得比较勤快，原因在于，这里的竹笋等野生植物生长较丰富，特别是双髻峰背后有一大片茶园，到了春天，常常茶园飘香，氤氲一片。

常常是，王夫之和李璟去双髻峰时，郑若兰就在家照看快满三岁的王敔。小家伙很活泼，喜欢乱跑。王夫之不断叮嘱郑若兰，要悉心照看。山上有蛇和蜈蚣等，也要小心避让。续梦庵的房子也要维护和加固。王夫之忙不过来时，郑若兰也一点一滴做些力所能及的事情。每天还要烧饭洗衣，一家子的事情，看起来不多，忙起来不停。郑若兰常常累得腰酸背痛，但她总是忍住，从不在王夫之面前哼一声。

"璟儿，今天赶个早。"王夫之很早就起来了，他说了一声，遂与李璟一起，到双髻峰山中挖竹笋，采摘紫茸。王夫之一边采摘，一边思考着天人合一的问题。"啊？下雨啦？"李璟叫了一声。王夫之也感觉到了雨滴。他们抬头看看天空，并没有下雨。头顶上飘下的雨滴，细细的，若有若无，原来是树枝上挂着的寒露，被微风吹落所致。这些微雨掉在脸上，落进脖子里，并不觉得冷，而是有一丝痒。

当天这个早赶得好。王夫之师徒收获颇丰。在茫茫雾气中，他们背着背篓，扛着锄头，正要往续梦庵走去。

突然，混沌之中传来一阵欢快的鸟语和嘈杂的人声。一阵风吹过，雾气散去了一些，青色的天穹下，一层一层的绿，以层峦叠嶂的方式出现在王夫之眼前。不远处的大山之下，层层梯田里，一群茶农或站或佝或蹲，在茶树林间，人影在晃动，声音在跳跃，甚至还夹杂着一两声亮悠悠的山歌。这情景，让王夫之的脑海忽地想起曾巩的一首诗来："雨过横塘水满堤，乱山高下路东西。一番桃李花开尽，惟有青青草色齐。"

眼见一位妇人正在近处垄上青翠的田里采茶，王夫之走上前去，抚摸着妇人竹篓里那晶莹剔透、宛若竹尖的茶树新芽，道："这些上等毛尖，设若炒糅得香喷喷的，做成绿茶，就可以拿到集市上换些铜钱了。"

那妇人笑道："正是，夫之先生。"

"啊？你认识我？"王夫之吃惊道。

那妇人点点头，仍然笑道："我不仅认识夫之先生，我还认识若兰妹妹。"

一旁的李璟忍不住答道："师母不但会相夫教子，勤俭持家，还会广交朋友。先生沉浸在文字中，哪里顾得上这些？"

这时，一位僧人带着一个沙弥正好从云雾里走出来，吟了句"阿弥陀佛"，并轻声笑道："夫之先生若想经营茶叶买卖，需再开上几亩山地才行。"

王夫之定睛一看，原来是方广寺的性翰法师，不由得呵呵一笑："大师今日怎有雅兴来此采茶？"

性翰道："但闻茶歌声，便知采茶季。"

王夫之笑道："此山非我等之山，乃官府之山；此茶田亦非我等之田，乃官府茶田。且看众人忙碌茶树间，有几人为自家采之？"

只见层层的茶树中，那些采摘者穿着满人的衣服，忙忙碌碌，掀起的衣角里盛满了鹅黄色的茶尖，腰间的竹篓里也堆得高高的，快从边上溢出来了。他们唱着茶歌，扬着笑脸，连吹过的风也浸润着一股清新的茶香。

天地祥和，山人欢愉。王夫之情不自禁，吟诗一首——

清梵木鱼暂放松，园园锯齿绿荫浓。

揉香按翠三更后，刚打乌啼半夜钟。

这才几年，这些山民早已经忘却大明，他们活得透明纯粹，怡然自得。

刚才那位妇人的采茶，让王夫之忆起《诗经·周南·葛覃》，该诗描述一位女子在山上采制衣的葛草。葛草碧绿又茂盛，黄鸟欢快地鸣叫。女子心情雀跃，干完活收拾衣服和行装准备回娘家。《毛诗序》认为该诗夸赞后妃之德，因为后妃在娘家时就擅长女工，勤劳朴实，出嫁后可以成为天下女子的楷模。郑玄、孔颖达都认同这种观点，朱熹也基本认可该观点。王夫之却从刚才妇人的对话中获得新的诠释：人必须在束其心力的事情之外，还要有自己剩下的、多余的时间和精力，这样才能心灵安定，获得品味诗情、欣赏画意的心境。《诗经·周南·葛覃》一诗中所言采葛制衣、割草织布等虽为辛苦的劳作，但该女子能在其间感受黄鸟欢快的鸣叫，感受自然万物的自由状态，因而这些劳作和世间万物一样，呈现出一种自由的状态。诗中的女子并没有让劳作之事完全占据自己的生活和心灵，劳作之余依然有余力、有余心、有余道，故能俯仰以乐天物，自由快乐地劳作。眼下自己寄居山野，奋笔疾书，承续"文脉"，不也是这样的一种"劳作"么？……王夫之这样想着，感到恬静而充实。

然而，眼前的一切又真实地提醒王夫之：那些穿着满人衣服的采茶者辛勤劳作采下的上等好茶，最终将进入大清的官府，成为大清王侯将相和达官贵人饮用的贡茶……王夫之忽有一种错觉：为何大明土地上生长的东西，都成了大清的，连南岳山上土生土长的茶叶都不例外？

的确，大明土地上生长的一切都是大清的了，因为江山都是大清的了，天下都是大清的人，还有什么不是的呢？此时的永历皇帝已经逃出云南，奔往缅甸，整个云南都是吴三桂的了。大明王朝早已不在。

尽管如此，王夫之仍固执地认为，只要永历皇帝没死，天地日月就始终都是大明的。大清的江山也好，大清的天下也罢，王夫之统统不认，他只认定自己是明朝人。

一天傍晚，吃完饭后，王夫之坐在续梦庵门前，对李璩道："近段研诗，感悟甚多。诚如陈白沙所言：'大抵论诗当论性情，论性情先论风韵，无风韵则无诗矣。''有此性情，方有此声口。'诗以道性情，道性之情也，切忌无病呻吟。"

李璩道："文字当有性情，无性则假，无情则空。"

王夫之道："性情之外，写诗需有风韵，叙求雅健，忌俗与弱。叙议诗最为难写，往往有议论而无风雅。叙议诗不损风韵者，《大雅》为最，其中理语造极精微。"

李璟道："这些日子，璟儿跟着先生读书，颇有心得。每日有悟，亦学先生样，一一记下。"

见李璟颇有得意之色，王夫之忽地问道："璟儿，我且问你：《春秋》人人读，然如何读，才是最好？"

"反复读之，细细品之，逐字悟之，方是正道。"李璟想都没想，脱口答道。

王夫之摇摇头，不以为然："记住，若要读好，至少分六等。"

"啊？请先生详解。"李璟大为吃惊。

王夫之眉一扬，郑重其事道："第一等，孤立读之；第二等，先读'四书'，再读之；第三等，读完《诗经》《尚书》《礼记》《周易》，再读之；第四等，读完程朱理学，再读之；第五等，知悉阳明先生后，再读之；第六等，掌握考据学和现实之用，再读之。每个等次，读出的意义皆有别。凡经典，不可轻言读懂矣。"

那些天，是王夫之与李璟在一起时最为快乐和难忘的日子。

然而，半个月后，王夫之正在山间寻找草药，忽地听到屋后传来一阵凄厉的哭声。

李璟死了！李璟竟然死了！李璟竟然由于误食有毒的山蘑菇被毒死了！

先天下午，李璟到山上采蘑菇，在半山腰上一片阴暗、潮湿的碎石旁，长有一种奇形蘑菇，颜色鲜艳，呈紫色，菌盖中央呈凸状，菌面厚实板硬，菌杆上有菌轮，菌托杆细长或粗长，一折即断，闻起来有一股辛辣、酸涩的味道。李璟很高兴，采回来满满的一背篓。

郑若兰看后觉得有问题，担心是毒蘑菇。李璟认为没事。当时，王夫之也不敢肯定是否有毒，建议郑若兰先给家里的一只鸡吃下，看看是否中毒。郑若兰照做了。蘑菇刚刚做好，李璟不顾警告，抓起就吃。那只鸡也吃了，像是没事，撒着欢儿走了。李璟可能太饿，他又抓起一大把，狼吞虎咽地吃了下去，还笑笑说："都快成了山里的野人，命大，毒不死。"

郑若兰正要拿一点给在一旁玩耍的王敔吃。突然听到王夫之的尖叫："看，那只鸡！那只吃了野蘑菇的鸡！"郑若兰也出门来看，发现刚刚还撒着欢儿的鸡，竟然扑腾了几下，倒在一丛荆棘中，死了。

就在这时，李璟也开始觉得肚子疼，身体非常难受。郑若兰赶紧帮他将吃进去的毒蘑菇抠出来，但李璟吐不出来。整个晚上，李璟上吐下泻，浑身发冷，脸色苍白，折腾了一个晚上，才昏睡过去。

王夫之以为没事了，一早到山上去采草药。谁知王夫之出门没多久，李璟突然鼻孔出血，不一会儿，就咽了气。

"苍天眼瞎了！"王夫之赶回来的时候，大叫一声，跌坐在地。

"璟儿好端端，竟就死了。"郑若兰哭得眼睛红肿，不知所措，她不断地自责，说自己发现有问题，但没有制止他，或者说制止得不及时，不坚决。

事到如今，王夫之也不知道如何向李国相交代。

第二天，李国相闻讯赶了过来，他抱住儿子的尸体，哭得死去活来。那些天，王夫之本是让李璟回到父亲身边，可李璟忍不住来到山上，一是帮王夫之分担一些生活杂事，二是可以学些诗文，增长见识。李国相和王夫之都没想到，这个经过战火和漂泊历练的生命怎么会夭折在南岳山的毒蘑菇上。

李璟下葬后，王夫之看着续梦庵的一切，睹物思人，心情压抑，精神有些恍惚。无奈之下，王夫之决定离开这里。

刘庶仙闻讯也很难过。他匆匆赶来，建议王夫之一家去小云山住一段时间。王夫之便带着郑若兰和王敔先在刘庶仙家住了半个来月。王攽与弟弟王敔相处得不是很好。王攽嫌王敔太任性、太闹腾，王敔也不大听哥哥的话,一不高兴就哭。倒是刘慕青带着王敔,两人能够玩到一起。

不久,距离小云山不远的金兰乡茱萸塘成了王夫之新家的所在地。在刘庶仙和欧子直等人的帮助下,王夫之在此建造了一座草房,名曰败叶庐。"秋水蜻蜓无着处,全现败叶衰柳。"这是王夫之住在此处时写下的一句词,真实地反映了他此间内心的压抑与无助。

搬完家,王夫之本想有新的开始,岂料悲剧再次突然降临:郑若兰在一个炎炎的夏日里撒手而去。临走之际,郑若兰躺在床上,四周蝉鸣不断,她说不出话,也睁不开眼睛,只是不断地流泪。

"若兰,你不能走,你怎能走啊。"王夫之握着郑若兰的手,泪流如注。他不断地呼喊,小小的王敔也哭成了泪人。然而,郑若兰终究闭上了眼睛。

过了好一会儿,王夫之还紧紧地握住郑若兰的手不放,但慢慢地,郑若兰身上的体温一寸一寸消失了,年仅二十九岁的生命定格在刚刚建成的败叶庐中。

爱妻离去,将王夫之刚刚稳定下来的日子击得粉碎。安葬完郑若兰之后,王夫之独守空房,坐也不是,站也不是,抱着默默哭泣的王敔,感觉到彻骨的冰凉和死寂的孤独。

王夫之一共写了十四首诗来悼念郑若兰。在《来时路·悼亡》之一中叹道:"来时苦大难,寒雨飞瀼瀼。今者复何日,秋原称叶黄。"

多年之后,王夫之又写下:"一万五千三百三,愁丝日日缠春蚕。天涯地窟知音绝,新剪牛衣对雨谈。"

王夫之悼念郑若兰的诗词中,除了深切的相思之意,也融入了苍凉的家国情怀。如《扫地花·忆旧》:"微霜碾玉,记日射檐光,小窗初透,夜寒深否?问素罗新裁,熨须铜斗。闲揽书帷,笑指砚冰,慼皱香篝。有黄熟篆销,芳膏结纽。自惹闲愁后,对莲岳云压,苔潭珠溅,炉烟孤瘦。叹渺渺京华,不堪回首。碧海人归,雄剑谁怜孤吼!空凝望,绕湘流,暮云荒岫。"这些内容隐含着他与若兰共同经历的一切,其间家与国、情与恨、眷恋与徘徊,怎一个"愁"字了得!

许多年后,王夫之也已归西,儿子王敔在回忆母亲时如此写道:"通文辞而不拈笔墨,体孱弱而躬亲釜臼,播迁与先子以节义共矢,栖迟与先子以薇蕨共甘。"从中可见出苦难岁月里父母大人的相濡以沫和彼此守望的深情……

三天后,王介之带着家人来看望,却不知道说什么好,只是不断地重复一句话:"我才听说,多好的人啊。"

王夫之看着大哥,强作笑脸,道:"真是好人。年纪轻轻的,就走了。留下敔儿和我。唉,天不佑人。这就是命。"

"让敔儿跟我去住一段时间吧。"临走时,王介之道,"你好好休息一下。"说完,带着王敔就走了。

接连多日,细雨绵绵。王夫之坐在篱笆院里,看着夕阳,他的心也跟着郑若兰走了。他把疼痛与思念化作了诗句,吟诵在郑若兰的坟墓前:"蝶飞三月雨,枫落一林霜。他日还凄绝,余魂半渺茫。"

王夫之突然觉得为什么生命如此脆弱?生是什么,死又是什么?死去的人真的会在另一个世界相遇吗?他们的灵魂真的会转世,成为新的人?若真是这样,王夫之的悲伤会减轻许多。然王夫之并不这么看,因而,他的沉重,他的压抑,他的苦痛,集中积聚在他的胸口,让呼吸都感觉困难。若不是刘庶仙、欧子直与李国相等人的陪伴、安慰和照料,王夫之要挺过这一关,真的很难。

幸而,王夫之有一股野劲、韧劲、狠劲,他的生命力是强大的。虽然活着艰难,但仍然还在活着。王夫之突然想起破门和尚曾经说过的"生活"与"活生"的区别来。以前似乎没有对此多加考虑,此时,他觉得自己真有点如破门所说,是"活生",只是他理解的"活生"与破门有一点点区别，那就是，所谓"活生"，就是活下来要承受生命的一切痛苦和磨难，像是受难，这些痛苦和磨难，有一些是来自家国民族的，有一些是来自亲人故友的，更多的却是自身的。他要活下去，替那些没有活够的人活着。或者说，那些过早离开人世的人，把活的日子积攒起来，都交给王夫之，让他"活生"，立于明处，存于人间，其他人在暗处，合力推着他，以奔涌不息的气力和耗之不竭的精神去完成"文脉"的赓续、旷世的伟业。

王夫之时常念想着刘杜三和陈耳臣，这两位"炎帝故里乡民"让他对炎帝有了更深的了解。他从《周易》《管子》《庄子·盗跖》《淮南子》《国语·晋语》等古书中发现炎帝秉持"天下为公"信念，以身试毒，赴汤蹈火，无怨无悔，终至"男耕而食，妇织而衣，刑政不用而治，甲兵不起而王"……王夫之感动于炎帝在荒蛮野瘴、蛇虫遍地、豺狼出没的情况下所做的一切："炎帝不是为己，而是为公，为黎民苍生，死而不朽，伟大矣。"他从中得到启迪和激励："无论世道如何混沌，天地如何黑暗，都要发光，哪怕是极其微弱的光。惟有光，洞穿混沌，照亮黑暗，让人得到温暖、力量和希望。"

为此，时不待我。王夫之将憨山大师一首诗抄录下来，压在桌上，时时警醒和自励："片石荒碑倚岸头，当年曾此会诸侯。王纲直使同天地，应共黄河不断流。"他知道，不是他要选择"活生"，而是那些死难者及其未竟的事业选择他，令他九死一生。

正在这时，刘子参和姜善棋前来探望。

刘子参道："听介之兄说及你的近况，甚为担心。"

姜善棋看了看王夫之，又看了看败叶庐，心想，怎么叫这样一个不吉利的名字？嘴上说的却是："此处距山林较远，比续梦庵略为好些。"

王夫之请二人进屋坐下，寒暄数语后，迫不及待地问："你们是否确认，思琴真在武陵山下？"

"是的。谢谢夫之兄的挂牵。"刘子参点点头道。

姜善棋补充道："大姐亦不仅在天陵山下，而且就在水月庵，与晓书妹妹在一起。我们去看过。"

"思琴也皈依佛门了？"王夫之有些吃惊，又问，"恒生呢，他也在吗？"

"思琴在水月庵打杂，只为了与晓书在一起。"刘子参摇摇头，叹道："倒是一直没有恒生的消息。这么小的孩子离开大人，外出未归。我们以为凶多吉少。"

姜善棋道："几天前，突然收到一神秘人的纸条，说恒生在益阳总兵刘进忠手里。"

见王夫之又惊又疑，刘子参继续说道："夫之兄还记得刘进忠吗？当年是张贼献忠部下，后降清，指认张献忠，让雅布兰射之于马下者便是此人。"

又是神秘纸条！

王夫之不由得想起夏汝弼和郭衮冕，想起他们收到的神秘纸条，感觉不可思议。王夫之道："刘进忠怎能不知？听闻他因恨张贼残暴，攻占常德时，直言张贼不应戮杨嗣昌之父尸，而惨遭毒打，后受吴三桂诱劝，背叛大明。他几时到了益阳？恒生为何到了他手里？恒生还好吗？"

"这也是我们想知道的。"姜善棋道，"前些天我们专程去水月庵，将恒生的事情告诉思琴。谁知思琴十分淡漠，说了句'恒生早就死了'，我们大惊，再问，她再也不言语。"

"我们原本希望陪思琴去找刘进忠。可思琴不愿意去，她恨樊志高太甚，没有随着时间而改变。偏巧这恒生越长越像樊志高，思琴因而更加愤怒，她把对樊志高的恨统统转移让恒生来承受。"刘子参道，"她对恒生的针刺与打骂、诅咒乃至抛弃，都是对樊志高的报复。"

"唉，真是造孽。"王夫之道，"你们有何打算？"

姜善棋看了看刘子参，然后看着王夫之，道："夫之哥能去一趟水月庵吗？晓书一向敬重夫之哥，兴许晓书妹愿意见夫之哥。"

王夫之一怔，看了二人一眼，随即垂下头，喃喃自语道："去吗？我去吗？真想去看看啊。可我见了能说些什么呢？琴姐、书妹，还是当年的姐妹吗？"

如果后退一两个月，王夫之一定二话不说就去了，但自从李璟和郑若兰在较短时间内先后离去，王夫之感觉自己突然间心被掏空了，人也变得苍老了。老人这个字眼，曾经让他有些敬畏。而今，自己就是一名地地道道的老人，天地还在，江河不废，但许多事情都变了。

三

王夫之似乎想通了，放下了，然而，时代大潮还时不时溅起水滴，这小小的水滴足以将一个人淹死。

1662 年三月十二日，清廷诏告天下："念永历既获，大勋克集。士卒免征戍之苦，兆姓省挽输之劳。疆围从此奠安，闾阖获宁干止。是用诏告天下，以慰群情。"

王夫之住在山上，消息闭塞。直到两个多月后，他才惊悉永历皇帝已经遇难，不觉悲痛万分。他将自己关在屋里，让所有的痛苦化成文字。他为大明写了太多的悲愤诗，悲愤之血几乎流干，忠贞之骨几乎烧尽。

早在一年前，永历帝在缅甸被俘虏，王夫之闻讯，甚是悲痛，挥泪写下《鹧鸪天·杜鹃花》——

锦国春从恨里裁，云安涪万浅深开，山头万片留芳影，枝上三更结怨胎。

　　红泪滴，血函埋，他时化碧有余哀。伤心臣甫低头拜，为傍冬青一树栽。

当时，王夫之只是觉得永历帝不妙，但没想到这么短的时间内，永历帝竟然命丧黄泉，比起崇祯帝的自杀，永历帝死得尤为不堪。

接连下了几天豪雨，败叶庐恰如其名，将王夫之的心情衬托得更加沉重而压抑。

一天下午，天空终于放晴，王夫之正准备出门去看一下大哥王介之，这时，一个有点苍老的人站在他的面前，嘶哑地叫了一声："夫之兄！"遂泪流满面，怔怔地看着王夫之，再也说不出话来。

"啊，克峻兄？"王夫之仔细一看：天啦，真是唐克峻！他连忙请进屋，道："克峻兄，你、你回来了，几时回来的？"

唐克峻答非所问，颤抖道："永历帝他、他被虐杀，大明没了……"

"我知晓，我已知晓。"王夫之顿时泪崩，他内心里好不容易沉下去的哀痛被唐克峻再次搅动起来，"大明没了……"

王夫之当初回衡州，想到唐克峻还在永历朝，心中一直还有些许安慰。唐克峻在永历朝人微言轻，但他想方设法，日日小心，步步算计，先跟堵胤锡，继跟严起恒，再跟瞿式耜，后又跟马暨垂和王化澄，渴望飞黄腾达，可惜命运不济，他的仕途一直未有大的造化。

早在1655年，李定国把永历帝护送到昆明，唐克峻即为随从。翌年，李定国击败孙可望。孙可望山穷水尽，随即降清，将南明军事机密告之清廷。唐克峻跟着李定国，把孙可望痛骂一顿。

1659年，吴三桂率清军进攻云南，李定国护送永历帝逃至缅甸，唐克峻则被留置昆明。永历帝被缅甸国王莽达收留。两年后，莽达弟弟莽白发动政变，夺取王位。莽白假意请永历帝过江盟誓，去后即被俘，随行诸臣被悉数杀害。

1661年十二月，吴三桂大军进入缅甸，莽白将永历帝献给吴三桂。永历帝给吴三桂写信，提起当年崇祯皇帝死后，吴三桂曾缟素誓师、提兵讨贼的壮举，以示感化。信末哀求道："仆今日兵衰力弱，茕茕孑立，区区之命，悬于将军之手。如必欲仆首领，则虽粉身碎骨，血溅草莱，所不敢辞。若其转祸为福，或以遐方寸土，仍存三恪，更非敢望。倘得与太平草木，同沾雨露于新朝，唯将军是命。冀裁之。"吴三桂冷笑拒之，但他同意见永历帝一面。永历帝见之叹道："今亦已矣！我本北人，欲见十二陵而死，汝能任此事乎？"

永历帝希望死之前能够看一看祖宗的陵墓，吴三桂点点头。

就在清廷诏告永历帝被捉的同一天，吴三桂将永历帝及其家眷押回昆明。唐克峻混在人群中，看到永历帝"面如满月，须长过脐，日角龙颜，顾盼伟如也"。他心痛至极，苦不能言，当时真想冲上去与清军拼命。

吴三桂把永历帝一家关押在世恩坊原崇信伯李本高宅内。唐克峻试图面见永历帝，为此差点掉了脑袋。唐克峻无比愤怒，对吴三桂恨之入骨。他多次试图行刺吴三桂，然而，吴三桂处戒备森严，无法靠近。

由于吴三桂担心押解永历帝赴京，路远生乱，因此建议尽早处决永历帝，他的奏请获得清廷同意。

1662年四月二十五日，吴三桂把永历帝朱由榔等三人用弓弦勒死，命昆明知县聂联甲把三人棺木焚化于北门外。吴三桂从火化处取得永历帝一片骨头携回作证。

尘埃落定，悲愤无益。唐克峻趁当地人收集永历帝未烬小骨之际，偷得一小块藏于胸口，连夜逃出了昆明城。

永历帝少量散骨葬于太华山。南明最后一帝悲惨落幕，明朝从此烟消云散。

是年五月，吴三桂因擒获朱由榔有功，晋封为亲王。

得知永历帝被杀，李定国气得吐血，连呼"大明亡矣"，随即卧床不起。临终前，李定国嘱咐后世子孙"宁死荒郊，勿降也"。

王夫之得知李定国悲惨殉国，念其义勇，决心为他立传。后在《永历实录》中卷十四有《李定国列传》，王夫之描写李定国"长八尺，眉目修阔，躯干洪伟，举动有仪度"，在军中"独以宽慈著"。其攻破城池未尝妄杀，遇士绅百姓必设法保全。

不久，王夫之陆续得知李来亨、刘体纯、郝摇旗等义军将领在与清军的战斗中身亡。听说李来亨等被几万清军包围，誓死抵抗，为免被俘，最终含泪拉着妻子以及部下投火自尽。

此等壮烈，天地动容。王夫之掩泪悲叹："来亨既死，中原再无大明一寸疆土，再无大明一个子民！"

王夫之曾一度痛恨张献忠等农民军起义将领，认为他们逼得崇祯皇帝自缢，后来慢慢被农民军的忠义行为所打动。特别是高一功为营救他也出力多多，这让他早年对农民军抱有的敌对情绪在南明抗清之中逐渐消解和释怀。他意识到农民军也是与自己同一战线的人，他们共同的敌人就是清军。

因此，李来亨等农民军将领为复兴明朝而抛头颅洒热血，在王夫之眼里是顶天立地的英雄，是地地道道的明朝汉子。这些为大明流血的忠魂值得被祭奠，他们可歌可泣的抗清事迹不能被遗忘。王夫之要做的就是将悲痛化作血泪文字，在《永历实录》中，他特辟章节，为高一功、李定国、李来亨等抗清英雄树碑立传，并为明末反抗清朝统治的志士写下《搔史》十篇，留给后人。王夫之思想的转变恰恰是他面对山河破碎、家破人亡的心路历程之缩影。

这是时代的悲剧。王夫之所经历的心灵巨创，也同样发生在李国相、夏汝弼等衡州学子身上，唐克峻也不例外，甚至更加悲惨。

这不，唐克峻一路逃窜，不知受了多少难，吃了多少苦，心中只有一个执念：一定要回到衡州，就是死，也要把永历帝的骨头带回家。

"克峻兄！"王夫之听到这里，忍不住涕泪纵横，抽泣不已。当年陈耳臣将刘杜三的骨头也带回了"炎帝故里"。故土、故土，死了就埋在这里。一个"固"字，一个"土"字，很好地诠释了这一切。

唐克峻离开后，王夫之还是情绪难宁。记忆的闸门一旦打开，便往事如潮。四十多年来，他与这些衡州学子，追求功名，一心报国，可到头来，一无所获。天还是那块天，地还是那块地，可衡州学子，非死即亡，流血、逃亡、失踪，哪一个得了善终？

王夫之喃喃道："长相思，永离别，地坼天乖清泪竭。"

是年十月十日，王夫之记起永历帝的生日，他老泪纵横，挥笔写下："瑞霭金台，琼枝光射龙楼雪……黄竹歌声悲咽，望翠瓦、双鸳翼折。金茎露冷，几处啼乌，桥山夜月。"

那些日子，王夫之很少出门，悲哀的气息和颓废的情绪持续加深并且不断扩散。

就在这时，王夫之意外地收到金堡寄来的七十六首诗歌，皆为七律，曰《遣兴诗》。此时的金堡已经出家为僧，名号甘蔗先生。看到金堡手迹，永历朝廷的事情又浮现眼前，王夫之不由再次痛哭失声。

永历帝灰飞烟灭，大明彻底完了，但总得有人记录那些不该忘记的人和事。王夫之开始动笔写《永历实录》，这才发现他对永历帝真是又恨又痛，倘若永历帝有才有德，大明不至于到这般田地。

尽管如此，王夫之在书中涉及朱由榔时，还是特地将朱由榔的"榔"字写成了"桹"，不只是"避讳"，更是一种情感。一字之变，既写出了王夫之心中的纠结、孤愤和伤痛，也写出了他对永历帝的怀念、不舍和尊重。因为王夫之明白，大明亡国的责任，不应由朱由榔一个人承担。那些奸臣腐吏，每一个的罪行都罄竹难书，死有余辜。

后来，王夫之在反思大明灭亡时痛切地写道："汉、唐之亡，皆自亡也。宋亡，则举黄帝、尧、舜以来道法相传之天下而亡之也。"他进一步指出："儒者之统，与帝王之统并行于天下，而互为兴替。其合也，天下以道而治，道以天子而明；及其衰，而帝王之统绝，儒者犹保其道以孤行而无所待，以人存道，而道可不亡。"

一个政权的覆灭，还只是亡国，如果"道法"断传了，文化传承截断了，那就是亡天下了。反之，如果帝王之统被推翻，儒者之统、文化之统仍能存续，而只要思想文化能够薪火相传，生生不息，那么民族仍能居安思危，东山再起。文化的赓续，文脉的传承，思想的正本清源，何其重要。王夫之愈来愈感受到肩上的重担。

春节前夕，唐克峻特地前来拜访王夫之，一进屋，就神秘兮兮道："给你看一样东西吧。"说完，他从怀里摸出一个小木盒，轻轻打开。

王夫之一看里面是一小块骨头，便明白是怎么回事，摇摇头，叹道："一直秘不示人的宝贝，现在舍得拿出来了？"

唐克峻也叹道："上回你想看，我不让。此刻想来，真是可笑。"见王夫之不语，又道："你看，如果我不说这是永历帝的，谁会把它当回事？你把它当成石头，有人在意吗？你把它看成是动物的骨头，有人在意吗？你把它看成是任何人的骨头，又有人在意吗？我真傻，独独守着这块骨头，放在心窝子最隐秘的地方，永历帝知道吗？纵使他在天有灵，纵使他凤凰重生，我守着这块骨头，就能出人头地了？"

王夫之一惊，随即摇摇头，道："克峻兄，亦不能视之为敝屣。正因为它非比寻常，你寄之以心，赋之以情，即便石块，亦焐热矣。"

"委实说，如果生命重来，我定当另选人生。"唐克峻道，"目下活着，如行尸走肉，万物入眼皆无趣矣。"

王夫之望着唐克峻，不语。

这时，唐克峻主动聊起当年劝王夫之写《永历永世颂》的可笑事实，说道："夫之兄，你知道吗？我对你又妒又敬，明知不可而为之。蠢不可怕，可怕的是把蠢当成精明。当年多少事情，现在想来，真是不可理喻矣。你看，我是不是亦愚执？或者说，我对你太不了解？"

"我已放下，你还惦着。"王夫之淡然道，"物是人非，爱没了，恨也消了，一切皆云烟。既无死，则贞生。"

"此言甚好：既无死，则贞生。"唐克峻喃喃道。

临走，唐克峻表示要将永历帝那块小骨偷偷埋下，永不触碰，永不让人知晓。他要与前半生彻底做个了断，并让王夫之见证。

王夫之点头："如此，你卸下重负，当轻松矣。"

一年过后，王夫之写完了《永历实录》，如释重负，他彻底放下了那些忧思与疼痛，遂打点行装，带上几本书，走出败叶庐，他再也没有了撕心裂肺的绞疼和难以割舍的牵挂。

四

然而，一波未平，一波又起。

不知从何时起，衡州一带突然出现了反清复明的义军，打的还是朱姓旗号。听闻义军由大明孤臣遗老策动，众说纷纭中，矛头莫名其妙指向了王夫之。

消息传来，王夫之惊异万分。他虽心怀大明，可是，他从未想过兴风作浪，当年青春年少，南岳起兵，也是书生冲动罢了。而今他已接受大明灭亡的事实，心如止水，读书写作，别无他求。可是，谣言四起，由不得他辩解，他只能再次背起行囊逃亡。儿子王敔要跟他一起走，王夫之觉得他还少，让他待在大哥家中。

一个人孤独地走在逃亡路上，虽然清苦无比，但王夫之已经习惯了。他走着走着，突然觉得有人跟踪。他停了几次，回头四顾，却不见人影；再踏上路途，他又觉得那人还是跟着。晚上投宿，他格外小心，握着一把小砍刀才敢入睡。

实际上，王夫之被跟踪，不是近来才有的事情，早在半年前，他就发觉了。

那日，他去拜访刘子参。见面后，刘子参道："眼下风声紧，清人正欲拿人，夫之兄名头太大，须小心才是。"

刘子参显然听到了反清复明之事，以为王夫之真有参与，遂委婉提醒。而王夫之当时并不在意，因为他压根就没想过要起兵反清。

姜善棋倒是问了一句："夫之哥，可曾想好去水月庵吗？"

王夫之一惊，含混道："唔，去吗？或去罢。"

离开刘子参住处，王夫之觉得被人跟踪了，一直被跟到了败叶庐。后来，很长一段时间，每当他出行，便觉得那人还在尾随。特别是见过唐克峻之后，被人跟踪的感觉尤为强烈。但他想，为人不做亏心事，半夜敲门心不惊。他也并不感到害怕。

这一次也一样。王夫之从败叶庐出来不久，他就发觉被人跟踪了，他回头看了几次，发现并无意外情况，慢慢放松下来。他想去攸县走走，到始祖炎帝陵去看看。况且母亲曾说她的祖籍为茶陵，亦为始祖故里。当时年少，许多事情未及深究，现在想起，有些后悔，也留下许多遗憾。王夫之一路走走停停，快到攸县境内时，他一会儿想起母亲大人，一会儿想起刘杜三，一会儿想起陈耳臣，心里终是难过起来。他在一家小客栈过了一夜，兴尽而止，翌日折返回衡。

夜幕降临之际，王夫之悄悄回到耐园。

王介之见他回来，道："你回来得正好。妖风似乎过去了。"说完，王介之让王敔过来。

王夫之见儿子正在吃饭，便问："怎么他一人先吃？"

王敔叫了声"父亲大人"，抬起头，讪讪地望着。王介之让他继续吃饭，侧脸对王夫之道："无妨，他饿了，就先吃吧。"王夫之道："真给大哥添麻烦了。"饭后回到自己的住处。

初春，有雪，欧子直忽地来败叶庐拜访。

王夫之问："听庶仙讲，你家轩儿要参加大清的科举？"

欧子直面露赧颜道："让夫之兄见笑了。"

王夫之道："己所不欲，勿施于人。你之所求，乃你志，轩儿亦然，与我无干。"王夫之似乎看透了，做好自己就行。他的观念变了。别人有别人的想法，一代人做一代人的事情，王夫之不能强求他人都像他一样恪守明志。

欧子直原本以为王夫之会责备他的，听完王夫之的话，觉得他现在真正放下了，于是道："既如此，夫之兄为何不入清效力？"

王夫之摇摇头，望着对方，决然道："国亡志不移，君死贞不变。清人，戎狄之邦，行孔孟之学，亦为戎狄，实贼也。若向其行孔孟之礼，有辱孔孟。"

欧子直辩道："读书者为官；为官者为民。或曰大清，或曰大明，皆为天下之民。天命难违，天下已为大清，即为民，当出世。"

王夫之不以为然，道："大明之君君大明之民，大清之君君大清之民，官者，为君分忧，我乃大明书生，为大明之君效死命，不为大清之君君其民。读书非只为官，读书亦为学，不知经学，何以为人，更遑论做官。"

这时，欧子直看到王敔，乃问："敔儿不在小云山，而来败叶庐陪你？"

"前天才过来。"王夫之点点头。

欧子直若有所思，道："夫之兄誓不入清，放儿当如何？"

王放跟着刘庶仙，自小熟读四书五经，加之他禀赋很高，年纪轻轻，已然满腹学识。王夫之一怔，他似乎从未想过此事，见欧子直问起，便垂头心想：自己可以在山中终老此生，可是儿子呢？他能与我一样吗？

就在王夫之犹疑之际，王放走过来，淡定道："欧叔休得担心。放儿自幼读圣人书，明君子理，放儿生于大明，为大明之民；吾祖为明臣，放儿亦为明之后，与大清毫无干系。"

欧子直有些不解："若不为功名，读书为何？"

王放答道："读书以明志，以知理，读书方能做人，通晓天道人性，乃知大义大贞，君子有所为，有所不为，不能为，誓不为。"

听到儿子这么说，王夫之甚为宽慰，但想想自己坎坷的一生，又有些心酸。他笑道："子直兄，你跟我家略有不同。你家未受大明恩禄。轩儿有志，出仕也好，入世也罢，终归是他的选择。"

"夫之兄宽恕轩儿，我很感激。"欧子直道，"无论大明还是大清，吾辈一生别无选择矣。"

王夫之心想，倒也未必。但他没有说出来，而是换个话题，问："庶仙兄家有个闺女青儿，你家轩儿跟她玩得多吗？"王夫之心细，怕轩儿亦有想法。

"啊？这个……"欧子直感觉这个问题有些奇怪，这时，他见王夫之扭头朝王放看去，心里顿时明白了，道："青儿跟轩儿玩得很少，但她跟放儿倒是很合得来。"停了一下，他又补充一句："我看他俩挺般配的。"

王夫之笑道："那就拜托子直兄多多操心一下。"

送走欧子直后，王夫之让王放回小云山去。

一个有情，一个有意。王、刘两家结成亲家，经欧子直一说，水到渠成，彼此欢喜。刘庶仙高兴地对王夫之说道："我担心青儿配不上放儿。"

王夫之也很高兴，连忙道："庶仙兄把话说反了。攽儿从小就在你家，你一直把他当儿子看。而今，他既是你的儿子，又是你的女婿。"

刘庶仙连连点头。应王夫之要求，婚礼办得比较俭朴，只有两桌客人，都是至亲好友。湘阴刘象贤特意赶来贺喜。

刘象贤与刘庶仙、欧子直等，当初一道在王朝聘门下受教，刘象贤与刘庶仙性情相投，常有往来。婚宴结束，刘象贤再次向王夫之发出邀请："得闲一定到湘阴走走。"王夫之像往常一样，一笑置之。

婚后，王攽暂时还住在刘庶仙家，王夫之有些不好意思。

从小云山回来，王夫之埋头写作多日，浑身胀痛，感觉太累，便择一晴天，出门去拜会李国相。

李国相的住处离败叶庐不太远，四周开满桃花，美其名曰"桃津"。李国相自称桃坞老人。自李璟被毒蘑菇毒死后，李国相很少出门，明显老了，断了的一臂尤为扎眼。王夫之又不禁想起南岳起兵那个火光四溅、杀声震天的夜晚，当年的他是多么的豪情满怀啊。

老友见面，省去寒暄。李国相直接问："听说夫之老弟开始写历史了？"

王夫之点头，道："近来整理永历朝大小人物，初有所成。"

"此乃正事。往小处说，了却心事；往大处说，做千秋之事。"李国相念念不忘道，"李某早就说过，此事非你莫能为，盖因凡人不能为、圣人不愿为之事也。"

王夫之道："不敢求千秋万代，只求无愧于心。"

李国相道："你亲历永历朝之事，痛之彻骨，记之犹深，后世能从中窥斑见豹，知古鉴今，革故鼎新，此为头功也。"

王夫之道："木良有耳，莫若无耳；永历有耳，实为无耳！"他又想起唐克峻怂恿他写《永历永世颂》，突然觉得并无可笑之处。虽然他的心里早已否定了永历的德行，但他同时又肯定永历的正统。他怒其不争、哀其不幸，也只能跟着陷入悲剧人生。

此时的王夫之，似乎真正理解了当年方玄痴为何要离开永历朝。而此时，方玄痴已经定居江西，他还是对王夫之心心念念，多次来信邀其面叙。方玄痴给王夫之写信，王夫之则写诗以寄情："霜原寸草不留心，一线高秋入桂林。苦笑双遮伊字眼，宫商遥绝断纹琴。"二人之间，情深义重，同为亡国遗臣，同怀旷世学问。王夫之常常觉得，方玄痴就是另外一个自己，他们心有灵犀，心心相印……

从李国相处回来，王夫之再次觉得被人跟踪，但是，他又觉得可能是心有所虑，恍惚所致，难道真是幻觉？不然，这么长时间，跟踪一个苍老之人，意欲何为？王夫之有些糊涂了。而当他抵达败叶庐，那种被跟踪的感觉又消失了，于是，他认定那是错觉。

没有什么杂事和杂念。王夫之安静以度日，著文以养年。他很少出门，因为，所行之处全是满人，尤其是那些勤勤恳恳的乡民，他们并没读过圣贤书，只是为了讨生活。看着男人留着辫子，女人裹着小脚，在四下里忙活，王夫之总有恍如隔世的感觉：朱氏王朝早已翻篇，天下居然已姓爱新觉罗。

王夫之再次深深地意识到，亡国只是一个政权的覆灭，如果整个文化覆灭了，那么就将亡天下！王夫之感到震撼，他要把文化传承、文脉赓续，把拯救天下黎民苍生当成自己的责任使命。作为一生"阅古今人所作诗不下十万，经义亦数万首"的求索者，王夫之不仅遍读这些经典，更遍读历朝历代不同学者对这些经典的诠释与阐发，他对四书五经、历代诗作、佛学典籍以及老子、孔子、孟子、庄子、屈子、司马迁、司马光、张载、朱熹、王阳明等人的著作烂熟于心。庞大的阅读量，使得王夫之坐拥了千古之智慧。王夫之自信具备了赓续"文脉"并使之发扬光大的能力，他为此挥笔写下"六经责我开生面"。是历史选择他，也是

"六经"选择他，他要为之呕心沥血，开出新面。

现在，只要不出门，王夫之面对天地之间那些花草树木与飞禽走兽，行走在没有仁义礼信之分的万物之间，他便认为自己依然活在大明王朝。戴着斗笠，束着衣服，脖子上搭着汗巾，他忙活在菜地、山渠和农田里。浇水、施肥、翻地，锄头举起又落下，半天下来，他汗流不断，腰酸背疼；晨起与傍晚，背着背篓，扎起裤管，他走进山中，山芋、竹笋和菌类是他寻找的对象，他已经掌握野生美食的生长时令和生长环境，寻找起来得心应手，熟悉大地，亲吻泥土，收获也就必然颇丰。砍柴也是必不可少的事情，握着砍刀，一下、两下、三下……他的手掌磨出了厚厚的茧子；卷起衣袖和裤脚，拿着自己编织的鱼篓，撑着自己扎起的竹筏子，他在山塘中抓鱼、取螺，等他浑身沾满了泥水，鱼儿和小螺也就装满了篮子。

王夫之感到踏实：这就是普通乡民的日子，不是他追求的但却是真实的日子。

五

此时，衡州发生了一件惊天惨案：知府大人吴军一家老小一共七口被仇人所杀。

王夫之竟然在第一时间知道了，原因是，报仇者是管时求。

那天深夜，王夫之正在松节灯下看书，突然传来一阵敲门声，声音不重，却有些急促。王夫之开门一看，顿时愣住了：管时求满脸是血，站在门口，面色模糊。

"啊？时求兄怎么啦？"王夫之十分吃惊，连忙让他进屋，道，"被人追杀？"他还以为管时求被清军追拿。

岂知管时求闷声道："我杀了吴军！一家七口全都杀了！"

王夫之闻讯目瞪口呆，半晌才讷讷道："竟是如此！竟是如此！"对于吴军的被杀，想起恩师遭遇的迫害，王夫之觉得痛快。他立即倒了一盆清水，让管时求洗去血水，又找来一件衣服，让他换了。然后煮了一壶茶，倒了一碗热茶递过去，叹道："时求兄，这些年你一定受了不少苦！"

管时求闻之，顿时忍不住泪流满面，垂着头，哭道："夫之兄，这些年，我哪里是人，分明是疯鬼、饿鬼、黑头死鬼啊……"

"时求兄受苦了，你真受苦了。"王夫之不知该如何安慰。李定国率兵杀回衡州，管时求祭起"反清复明"的旗帜，实在有些冲动，而欲拿吴军人头作为复明的见证，更是过于鲁莽。在王夫之看来，管时求复明之心并不决绝，否则当年就不会被朱归孺说动而离开永历朝。与其说管时求要反清，不如说他反的是吴军。没料到，吴军的人头没拿到，却将已有身孕的妻子姜百合、岳母欧阳文澜以及那个有点痴呆的儿子姜燕吉推进了万劫不复的深渊。

管时求也没料到，事情完全失去了控制，朝着最坏的方向发展。当他带着三名兵勇冲进知府行署时，不仅没见着吴军，反而还遭到一队卫兵的埋伏，三名兵勇都丧了命。他自己凭着管家枪虽然杀了出来，但身上多处挂彩，血染战袍。

要不是李定国大军及时赶到，以管时求当时危殆的处境，恐怕早已命丧黄泉……

"夫之兄，百合肚子里有了我的骨血啊！欧阳老太太多善良，她唯一的儿子多单纯，可他们都死于非命。为什么这样，为什么这样啊？"管时求情绪失控，继续道："我这一辈子，什么苦没吃，什么罪没遭？到最后却什么也没有啊，什么也没有啊，哈哈哈……"

王夫之站起来，紧紧地搂住管时求，泪流满面道："时求兄，静一静！

别说这些了。国家都亡了，我们还有什么呢？"

过了好一会儿，管时求才算安静下来，喝了一口茶水，摇了摇头，有气无力道："生不逢时，这就是命。"

"听说你随李定国去了湘潭，然后呢？"王夫之也喝了一口茶，道："后来见了永历帝吗？克峻兄一直在永历朝……"

"永历帝，永历朝，哼，我这一辈子就是被永历害了！"管时求突然怒气冲冲道，"要不是他，我怎会家破人亡？"

王夫之大骇，惊道："时求兄，你怎能说出如此胡话？"

"夫之兄，我知道你心里还有永历帝。可我说的也是实话。"管时求此刻异常冷静，道："实话说，我跟李定国将军去了湘潭，也去了长沙。到长沙后我就去找湖南道台朱归孺，得知他已逃去益阳。"

讲到这里，管时求恨恨道："也就在这时，清军重新夺取衡州，吴军狗贼将我家人悉数斩杀，我的天塌下来了，心空了。我不知道这些年是如何活下来的。也许，是仇恨支撑了我吧。"

王夫之倒吸了一口冷气，心里很痛：看来，在失去联系的这些年，管时求将全部心思就放在报仇这一件事上面。

这时，管时求忽地冷冷问道："你觉得刘子参和姜善棋是怎样的一对人？"

"他俩做错了什么吗，让时求兄心存芥蒂？"王夫之惊道，从管时求问话的语气中，他意识到管时求一定误会什么事了，否则不会如此说话。

"姜善棋是永历帝身边的红人，号称香妃，工于心计，心狠手辣，可惜当时我被她利用。"管时求自言自语，道："刘子参也善于算计，不是善茬。两人走到一起，真是绝配。"

"时求兄，有话就直说。"王夫之有些不悦，道："如此评说友人，殊为不妥矣。"

"友人？他俩配吗？不妥？我说错了吗？哼！"管时求气呼呼道："夫之兄，我们都被假相蒙住了！"

"何以见得？"王夫之不喜欢管时求这种阴阳怪气的样子。

"你想想，为什么吴军那贼人能够容得了他俩？"管时求道，"刘子参为了免遭怀疑，辞了公差，从衡州府退了出来，但他开的中药铺生意兴隆，这兵荒马乱，要不是有人暗中关照，他俩的日子能够如此红火吗？"

"究竟发生什么事情，让你如此记恨他俩？"王夫之真的生气了。他对刘子参的印象不错。虽然刘子参做了一些事情有点奇怪，比方，刘子参最早从永历朝回衡州，告诉他有关永历朝的相关事情，他跟朱归孺接触在先，但直到离衡，也没有告诉王夫之。后来，小叔跟他一起去永历朝，他也没有尽快告诉王夫之，让王家人误以为小叔失踪了。这里面一定有他的掂量和考虑，或许他还与朱归孺有一些不为人知的事情。但无论如何，他也没有做什么出格的事情，没有做伤害王家人以及衡州学子的事情。同时，他与管时求的关系也一直还不错，去衡州知府行署工作，还是管时求拉他去的。现在他突然如此评判刘子参，究竟发生了什么？这时，王夫之似乎突然想起什么，道："难道你怀疑他俩与吴军有勾连？"

"夫之兄，既然说到这个份上，我也不想隐瞒了。"管时求道，"决定反清复明，开门迎接李定国将军，我只跟刘子参和姜善棋说过。而刺杀吴军狗贼，我是反复谋划、天衣无缝的，也只有他俩知道。行动前，他俩答应暗中接应。可实际上，他俩带着吴贼的人马去了我家……"

说到这里，管时求又猛地号哭起来："可怜啊，当初我被姜善棋利用，对她言听计从。对刘子参，我也像对亲人一样，处处替他着想。可他们恩将仇报，这、这还是人吗？"

王夫之将信将疑，正欲说话，突然听到外面发生异响，他开门一看，几个火把闪动着，正朝家门口急匆匆赶来。

管时求慌忙道："一定是来抓我的。夫之兄，后会有期。"

还没等王夫之反应过来，管时求就从后门溜了出去，趁着夜色，一下子消失得无影无踪。

王夫之一怔，没缓过神来。一队清兵冲到门前，为首的瘦高个大声吼道："你就是王夫之？"他将火把往王夫之脸前晃了几晃，又道："有陌生人来过吗？"王夫之不吱声，他便一挥手，道："给我搜！"

"夫之兄，让你受惊了。"侧面阴影里突然传来一个声音，"城里发生了大事，知府吴军一家被杀。"

王夫之大惊，手一甩，道："子参兄？这些人是你带来的？"

刘子参点点头，小声道："据说是时求兄下的手。现在，凡衡州学子都要搜查，一个都逃不掉。清军知道我跟你熟，逼着我带路……"

"血衣，一件血衣！"屋里突然有人尖叫。

"这是什么？"为首的瘦高个拿着血衣，指着王夫之鼻尖，叫道，"快说，你把这厮藏到哪里了？"

王夫之顿时无措，但见刘子参一把抢过血衣，故意闻了闻，随即有点责备地对王夫之道："啊，夫之兄，昨天我帮你宰野兔时弄了一身的血，你让我脱下，说洗好晾干后，下回来时再给我。怎么忘记洗了？"刘子参边说边将血衣穿上，竟然比较合身，又道："算了，不劳驾你了。我自己带回去吧。"

王夫之顺势道："惭愧，惭愧。一时忙碌，竟给忘了。"

为首的瘦高个见是这样，便嘟哝了一句什么，带着清兵嚷嚷地走了。王夫之追上一步，对走在最后的刘子参道："你和善棋还好吗？"

刘子参却故意大声道："夫之兄，现在是大清盛世，好自为之吧。"

望着刘子参消失的背影，王夫之耳边反复响起"大清盛世"这四个字，想起管时求所说种种，又想起刘子参和姜善棋的点点滴滴，特别是当晚刘子参刻意为他掩饰。他断定，管时求误解刘子参了。

至少有一件事，管时求搞错了：他说刘子参和姜善棋带着吴军的人去捉拿姜百合等人，此事明明是管时求跟李定国去了湘潭后，吴军重回衡州府才发生的事情。这么关键的时间对不上，说明管时求记忆有误。

一夜无眠。

第二天，王夫之正想去找大哥说说，没料到，王介之却主动找上门来，说昨天晚上，刘子参带着一队清兵去了他家。"听子参悄声告诉我，时求杀了吴军一家后，在你处待过？"

王夫之点点头，并把管时求说的事情跟大哥讲了。王介之听后，沉吟一番，道："时求所说，真假难辨。当务之急是你自身的安全，最好先出门避避风头。"

王夫之又想起刘子参说的"大清盛世"四个字，忽然不安道："你抽空下山一趟，提醒一下子参和善棋。我担心时求兄……"王夫之没有往下说，王介之已然明白，道："好，我专门去一趟……"

王夫之再次离开衡州。半个月后，待事情平息下来，他又悄然回到衡州，先到王介之的耐园道个安。

王介之见弟弟回来，道："你离开后一切还算太平。我也去了一趟子参家，当时子参外出采药未归，便跟善棋聊了一会儿。看来都还不错。"

"有没有时求兄的消息？"王夫之问。

王介之摇摇头，道："吴军在衡州口碑太差。他家发生血案后，竟有人在衡州知府衙门放鞭炮。听说新的知府很快到任，吴军血案也就不了了之。"

王夫之闻此释然。他回到败叶庐，心情也重新平静下来。他整理前期的写作成果，仅列出的目录就有：《周易外传》《老子衍》《尚书引义》《春秋家说》《春秋世论》《诗广传》《读四书大全说》等。他作出标注："外传"引义""广传""衍""说"等着重两点:一者,"传""义""说"等,以揭示经旨为根本;二者,"外""引""广""衍"等,从经义出发,指向义理之发明、历史之经验以及政治之批判。两者皆属"六经注我"之格。

一天黄昏,王夫之在房中整理书稿,忽地接到方玄痴从江西发来的信。他甚为兴奋,信中,方玄痴寄有一诗:"药铛茶灶一炉煎,霜雪堆头信纸传。松叶到春原堕地,竹花再种更参天。"

这些年,方玄痴多次邀请王夫之前去江西,他的书信也常常如期而至。这些书信已经成为王夫之单调生活中的一抹亮色。王夫之与方玄痴,两位皆以"明朝遗老"自称的孤臣,共同演奏了一段高山流水、隔空相对的历史佳话。

对着这些文字,王夫之又想到与方玄痴在肇庆时的一幕幕。其实,他和方玄痴在经学上的理念不甚相同,每次见面都会唇枪舌剑,然而,恰恰是这种辩论才让他将方玄痴视为知音,而非对手。虽然方玄痴诚恳相邀,但山高水远,时局动荡,且王夫之年岁渐大,终究没有成行。

不过,王夫之仍然享受着方玄痴寄来的白纸黑字,他仿佛在和老朋友叙旧。此诗和着方玄痴寄送来的诗歌韵脚,让王夫之孤苦的心里增添了一份友情的慰藉。

几天后,王夫之一出门,忽地再次感觉被人跟踪。他敲了敲额头,很疼,明白不是幻觉。王夫之回头去看,那人又悄然消失了。每次被跟踪,王夫之并未受到任何伤害,但跟踪者就是不肯现身。

"奇怪,真乃奇怪也。"王夫之茫然四顾,喃喃自问:"跟踪者究竟是谁?意欲何为?"

第三十九章　铅华未落

一

"有人跟踪！"

王夫之不是害怕，而是怅然。因为这种感觉如此真实又如此虚幻，如此长久又如此短暂。他突然觉得，其实并没有人跟踪，要说有，那是不是师长、亲人和同窗的魂魄？想到此，王夫之心里一阵发冷，他的脑海闪过一串长长的名单：先是岳丈陶万梧被乱兵所杀，不久原配陶令微忧愤伤心而死，再是舅父谭玉卿也被乱兵所杀。接下来，长子王勿药，二哥王参之，父亲王朝聘，大叔王廷聘，小叔王家聘及小婶吴氏、侄子王敉，母亲谭孺人、三子王勿幕和再婚妻子郑若兰，以及表姨父姜德明、表姨谭梅儿和表妹姜若画，等等。更不用说，对他的人生有过重大影响的师友、同窗和弟子，如吴道行、黄真川、章旷、高世泰、堵胤锡、何腾蛟、瞿式耜、旷南卿、刘杜三、郑古爱、湘乡诸子和李璟等，这一份名单将会更长，更长。而每一个名字，都是一个活生生的生命，都有一个悲惨的故事，都有一个不死的灵魂。

"这些不死的灵魂是不是在天上看着我，有时实在太想念了，就忍不住坠到地面，变成一个影子，跟着我？"王夫之这样想着，竟然产生一种从未有过的奇怪感觉，甚至涌出一丝丝发酸的温暖。

王夫之决定去一趟湘阴，看看老友刘象贤，这是他多次下决心要去而多次被中断的事情。"此次一定要成行。"

前面曾有提及，刘象贤跟刘庶仙和欧子直一起，均在王朝聘门下受教。刘象贤乃湘阴绅士，为人豪放，家境殷实，颇有人脉。当年在王衙坪求学时，他总是偷偷与王夫之见面、嬉闹。

战乱时，刘象贤多次力邀王家人前去避难。五年前，刘庶仙女儿刘慕青与王夫之儿子王攽成亲，刘象贤参加了他们的婚宴。刘象贤也诚邀王夫之去湘阴。类似的邀请，发出过多次。但每一次，因种种缘由，皆未成行。父亲王朝聘过世时，刘象贤执弟子之礼，特地从湘阴赶来祭拜。王夫之去永历朝谋差，刘象贤亦多次到南岳山耐园王介之家，既对师母谭孺人尽一番孝心，又打探王夫之谋差进展，送钱送物，从未计较。尤其是上次，当听闻王夫之遇上麻烦，刘象贤二话没说，找人打点关系，几番周折，帮王夫之平息了事端，有关"清人捉拿王夫之"的消息彻底停息。王夫之得以从攸县边界回来，冲淡平安，笃定写作……

王夫之一贯生活严谨，不爱串门。他总是替别人着想，觉得去了，就给人家添麻烦。关于湘阴行，他是多次起念，均未成行。想起与刘象贤的种种过往，他此番下定决心，一定要去看看这位故交了，趁着自己还有一点力气走动。

"千盼万等，稀客终于来了。"刘象贤非常高兴，上下打量一番后，拉着王夫之入座，吩咐人倒茶，颇为夸张地说道，"夫之兄大驾光临，乃感天动地之盛事也。"

"如此抬举，折煞我也。"王夫之抱拳答道。

"我们多长时间不见了？"刘象贤掐指一算，道："总该有四五年光景了吧？"

"差不多。期间，多次起念欲来，皆废。"王夫之不无感慨道。他停了一下，忽然道："这些年，感觉一直被跟踪，或人或魂，鲜有停息。"

"啊？夫之兄应是被学问跟踪罢？"刘象贤并不知晓王夫之所指，笑道，"夫之兄追求天人合一，阴阳无界。学问至此，臻于化境矣。"

王夫之亦笑笑，不再解释。他在刘象贤府上住下，宾至如归。听刘象贤说，刘家宗祠做了翻修，族里的人想请王夫之撰一副对联，但又不好贸然开口，想让刘象贤试探一下口风。王夫之一听，笑道："此乃好事善事，夫之荣幸之至，何拒之有？"说罢，当即挥毫写下一副对联——

天地德，祖宗恩，当酬当报；

皇王土，圣贤书，可耕可读。

刘象贤喜不自胜，赞不绝口。王夫之意犹未尽，忍不住讲起了当年对南岳二贤寺的二度修复："先是受湖广学政高世泰所托，再是受朝廷重臣堵胤锡所托。战事频仍，尚念修寺，且一修再修，虽有杂音，但在下义无反顾，与衡州学子，排除干扰，齐心协力，始得事成。"

刘象贤点点头，道："此事早前听说过，攸县同窗陈耳臣和刘杜三去福州前曾专事绕道探望，规劝夫之兄与之前行，适逢重修二贤寺，夫之兄婉拒，若去，后果定是不堪。如今看来，亦是天命。"言及此，刘象贤忽然道：《资治通鉴》讲到刘邦对萧何营建未央宫之事发出质疑，认为萧何铺张浪费，有损他的形象。萧何对此答曰：'天下方未定，故可因以就宫室。且夫天子以四海为家，非壮丽无以重威，且无令后世有以加也。'夫之兄如何评判？"

这是王夫之的一个心结，他颇有感慨。司马光在《资治通鉴》一书中从悯民与守德角度抨击萧何，并以"臣光曰"之语对萧何进行尖锐批驳：一是天下未定，天子应以解民生为要务而非急于修建宫殿；二是天子应以仁德服天下而非靠宫殿壮自己；三是天子应以节俭稳江山而非以奢侈显皇权，云云。司马光此番评说，看似无懈可击，且为历代学问大家所赞赏。但王夫之对"臣光曰"不敢苟同，认为司马光批评萧何并非客观、更非全对。他要为萧何辩护，遂对刘象贤道："萧郎以'壮丽示威'之言，虽然鄙陋，然亦未尝非人情也。"他接着举南岳二贤寺为例，郑重道："乱世修寺，乃为信念：佛寺道观金碧辉煌，烛香弥漫，鼓击钟鸣，凡参拜者，未必信奉佛道之学说，却叹服佛寺道观之壮丽。故'以壮丽示威'，乃常情也。说萧郎之'鄙陋'，其只知宫殿壮丽显天德，不懂仁义礼乐彰德威也。"王夫之在《读通鉴论》卷二第十三条中还专门写下《萧何以壮丽示威》一节，予对此以充分阐释。

很多湘阴书生闻声特前来拜访，这令王夫之大为吃惊。他没想到，居住衡州多年，他的大名已传遍湘阴。湘阴学子都知道王夫之曾有幸见过章旷、堵胤锡和何腾蛟等朝廷重臣，也都知道王夫之才华盖世，报国无门，于是纷纷要求他据实评价这些大人物。这一下，把王夫之难住了：章旷是恩师，堵公是恩公，何大人是顶天立地的英雄。在王夫之心目中，这些国家栋梁，只能仰视和爱戴，不能随意评点和臧否。

面对一道道渴望的眼神，王夫之灵机一动，表示可以说说历史人物："以史为鉴，愿为所闻？"众人说好。于是，王夫之比较北宋韩琦和范仲淹之优劣得失。他认为韩琦的优点是"磊落而英多，任人之所不能任，为人之所不敢为"，缺点是无"曲体求详之密用"，故韩琦镇守西北边疆，虽然勇于进取，但谋疏而败。其回朝执政，对于"法度、典礼、铨除、田赋"等皆不熟，遂无更张，以小心维稳为要务。

而范公一心以天下为己任，举凡"人之贞邪，法之疏密，穷檐之疾苦，寒士之升沉，风俗之醇薄，一系于其心"，且"惟恐有伤于物，而恶人之伤物也独切"。故范公镇守西北边疆，由于不擅军事，乃不求功，日日谨慎,故能"终保西陲"。但回朝执政时,因有"好善恶恶"之个性,不容"伤物"之存在,故急于改革,大事更张,"裁幸滥,核考课,抑词赋,兴策问,替任子,综核名实,繁立科条",北宋政局由此跌宕,纷乱不安。

何以如此?王夫之直言:韩琦和范仲淹皆"善用其短,而不善用其长矣"。说到这里,王夫之不再开释,他只是感叹,摇头,但没有说开去:这样的事情和境况,同样发生在章旷、堵胤锡和何腾蛟等朝廷重臣身上啊。说到底,这是王夫之心中的隐痛,像刺一样藏在肺部,每一次深呼吸,都会发痛。没有谁知晓。为了缓解这种隐痛,王夫之在《宋论》卷四第九中专门论及了韩琦和范仲淹的异同,其所好所恶,跃然纸上。

那些天,刘象贤不止一次喝高。王夫之本来能喝,在刘象贤的豪情下,也难得地连醉两回。

望着日晚醒来的王夫之,刘象贤站在一旁,颇为得意道:"难得一醉,难得一醉。你我这把年纪,还拘泥什么?能醉一回算一回矣。"

王夫之知道刘象贤为女儿取名涵静,乃源于老子所言"涵虚守静",一个好的名字,再加上涵静本人系大家闺秀,举手投足,动静皆宜,气质娴雅,淑兰香随,刚刚好,遂借着酒劲,半是赞美,半是感叹道:"如此佳人,谁能配得?"

刘象贤听出了王夫之的弦外之音,他也见过王敔,年少聪慧,五岁会诗文,性情清正,印象颇佳。若成良缘,当求之不得。刘象贤遂笑道:"夫之兄,令公子敔儿若非龙驹,当是凤雏。小女涵静若能与敔儿连理,实为刘家之荣幸。"

王夫之道:"刘兄愿以令千金下嫁我敔儿,实乃王家之福分矣。"

王、刘两家,知根知底,婚姻之缘,你情我愿。大人做主,儿女皆欢。王敔与刘涵静的婚事很快办好。

婚礼上,王夫之无限感慨:"湘阴一去,刘兄得我一儿子,我得刘兄一闺女。此等好事,五年前,在小云山亦发生过。乱世之中,有些姻缘,实为良缘,老天有眼,万幸矣。"

坐在台下的刘庶仙站起来,即兴吟道:"身无彩凤双飞翼,心有灵犀一点通。"

这时,一旁的刘象贤也十分高兴,举着酒杯,亦吟道:"得成比目何辞死,愿作鸳鸯不羡仙。"

王夫之眼里蓄满泪水,他向各位亲友敬酒后,来到大哥身旁。王介之斟满一杯,站起,高高举着酒杯道:"小弟,今日可开怀大喝,醉也无妨。"王夫之一听,泪水刹那间涌了出来,他仰头喝下满杯酒,什么也不说了。只有大哥知道,这些年,他是如何一步一步熬过来的。

两个儿子均已成家,王夫之总算长长地舒了一口气。

虽然自己还独自生活在隔世的明朝世界,但王夫之的山居生活暂时安稳,他没有下山,没有回到王衙坪,那是他的胞衣地,蕴藏着父母的气息、兄弟的情谊以及自己少年的时光、青年的梦想。衡州古城总体上安静,但清朝的世界,王夫之不愿意参与进去。

王夫之在山上读书写作,教育儿子。他不仅与王攽、刘慕青讨论儒学经典,也与王敔、刘涵静谈论诗经楚辞,他还谆谆教诲儿子,甚至写成文字,让他们慢慢体味、感悟:"立志之始,在脱习气。习气熏人,不醪而醉……袖中挥拳,针尖竞利……岂有丈夫,忍以身试……焉有骐驹,随行逐队?无尽之财,岂吾之积。目前之人,皆吾之治。特不屑耳,岂为吾累。潇洒安康,天君无。……以之读书,得古人意。以之立身,踞豪杰地。以之事亲,所养惟志。以之交友,所合惟义……"这些家规家教如细雨煦风浸润在日常生活的点点滴滴中,王家的家风也是祖传下来的一种乡约民俗,一代一代,从无失传。

夏日刚过,天空晴朗。莲花盛开,蛙跳蝉鸣。

王夫之一家从金兰乡茱萸塘败叶庐前搬到了不远处的观生居。两个多月前，经亲友、故交和弟子们的帮助，王夫之在距离败叶庐几百米的地方建造了这座新草庵，取名观生居，名字深得《易经》奥义。有了观生居，王夫之了却了两桩心事：一是与第三任妻子张紫眉喜结良缘；二是将败叶庐分家给了儿子王攽。

可以说，从续梦庵到败叶庐，再到观生居，这是王夫之的心路历程和精神写照。

阳光正好，天空湛蓝。微风起，鸟飞过。此刻，观生居门外，一位年轻女子正在菜地里忙碌，那是王夫之的第三任妻子张紫眉。郑若兰病逝后，王夫之以为这一辈子再也不会组建新的家庭，但生活毕竟涉及油盐酱醋、锅碗瓢盆，若事无巨细均亲力亲为，他什么事情都干不了。后在朋友们的关心、劝说和牵线下，他再次续弦，娶张紫眉为妻，重组家庭。一年后又有了一个可爱的女儿。王夫之的心情慢慢舒畅起来、亮堂起来。

观生居建好后，王夫之立即搬了出来，他迫不及待地把败叶庐留给儿子王攽和儿媳刘慕青住。王攽夫妇略加整修，征得父亲同意，改名"揽月堂"，以示与败叶庐的区别。

王夫之道："改名'揽月'亦好。人之一生，终得要有揽月之志。"

儿子王敔成家后，他与妻子刘涵静在败叶庐住过一段日子。观生居建好后，王夫之带着他们夫妇搬了出来，略带心酸道："为父暂无力为你们独辟一居，我们住在一起，虽然有时委屈，亦算有个照应。"

"父亲大人见外了。"刘涵静开明道，"我们住在一起，理所当然。"

王夫之的妻子张紫眉和王敔的妻子刘涵静，虽是婆媳关系，但因年龄相差不是很大，倒也没有什么隔膜，有时还像姐妹一样亲近，这让王夫之父子颇为欣慰。

生活安顿下来，日子变得波澜不惊。王夫之没有了撕心裂肺的国仇家恨，没有了殚精竭虑的上下奔走，也没有了惴惴不安的流亡逃命，他彻底静止下来，在平淡的时光里，安居在乡下偏僻的一隅，体味着生活中以前容易忽视也不会去触摸的细致纹理。每日重复着大致相同的事情，穿着虽然破旧但缝补得整整齐齐的衣衫，吃的虽是粗茶淡饭，但一日三餐一顿也没有落下，然后在日光里读书，在油灯下读书写作。这样的日子，王夫之并不觉得压抑与难受，他体会到"知而不行，犹无知也"的道理，主张"君子之道，力行而已"，坚持治学应当为国计民生致用，反对治经的烦琐零碎和空疏无物。他每日都能从书本中获得这样的启迪或感悟，写下自己对生命的思考与追寻人生价值的心得，以此沉淀，苦难与忧思落入笔端，残酷的现实也变得云淡风轻。

王敔喜欢诗，王夫之乐意与他讨论诗，刘涵静和张紫眉也常常在茶余饭后静静坐着，听父子俩谈诗论道。

"何谓《诗》？"王敔问道。

王夫之答道:《诗》虽为文学妙品，然古人并不单纯如此。《诗》收录最早的作品乃西周初期之作。随着周公制礼作乐，《诗》逐渐成为贵族参与社会政治之手段，慢慢成为权贵之言而存在。

"从常人看，《诗》之功能若何？"王敔又问。

《诗》者，所以荡涤浊滞而安天下于有余者也。"王夫之答道。他的意思很明确:《诗》之功能和作用就是涤除人们心中因为无余而产生的"浊滞"之情，让人享受有余状态下的安定和充实。

"父亲大人，请以《诗》为例，如何读出通透之意？"王敔再问。

"好。"王夫之见儿子所提问题均有针对性，心情不错，遂以《秦风·蒹葭》为例，说道:"蒹葭苍苍，白露为霜。所谓伊人，在水一方"，此乃人心之唯美意境。但治学要摒妙悟之风，若无"道阻且长"之努力，妄求"霏微缥缈"之境，则本末倒置矣。

说到这里，王夫之见儿子听得认真，他兴致勃勃，忍不住又以《诗经·豳风》中《东山》和《七月》两首诗为例，认为《东山》乃东征之士叙述归家之复杂感受；《七月》描绘的乃周民一年的生产和日常生活。王夫之指出，作者阐发士兵和农民的感情是不一样的，我们不能把士兵当农民用，亦不能把农民当士兵用。

接连十余天，王夫之主动跟晚辈讲授诗课。每天傍晚，一家人坐在观生居庭外，听王夫之谈诗，内容之广、之深、之精，对日后王敔的学问，特别是对诗学的诠释，产生了重要影响。

王夫之总是先谈别人持论，再讲自己的观点。例如，王夫之谈诗之情景关系时说，前人论此，大抵两个方面：一是景哀则情哀，景乐则情乐，如"悲落叶于劲秋，喜柔条于芳春"，如"嘉会寄诗以亲，离群托诗以怨"；二是情哀则景哀，情乐则景乐，如"登山则情满于山，观海则意溢于海"之类。同样是花，在欢快情感下，是"乱花渐欲迷人眼，浅草才能没马蹄"（白居易《钱塘湖春行》）；在伤感情感下，则"细看来不是杨花，点点是离人泪"（苏轼《水龙吟》）。同样是杜甫，面对同样景物，心情愉悦时，"春风花鸟香"；感伤国破时，"感时花溅泪"。如此情景互动，已为世人普遍接受。

然而，王夫之从日常生活情感体验出发，发现情景并不一致的关系。你内心愉悦，周围景物仍可萧瑟；你内心悲泣，周围景物也可欢愉。外界景物自有其本身的物貌及运动、发展变化之律，不以人的主观情感意志为转移。

王夫之道：国破，山河依然在；朱颜已改，雕栏玉砌应犹在；虽不见当年秦始皇，万里长城今犹在。诗人虽想"寄愁心与明月"，但明月不知世间愁，"人生代代无穷已，江月年年望相似"，"明月不谙离恨苦，斜光到晓穿朱户"。凡此种种，"物"和"景"乃自然之客观存在，不以人的意志和诗人情感而变化。王夫之说到此，忽地忆起黄真川先生的那次大哭。黄真川先生给衡州学子上诗课，诵读并解读《春望》，突然嚎啕大哭起来，双肩耸动像两只小小陀螺。这一幕，王夫之永生难忘。给家人谈诗，讲到"国破山河在"的时候，他的心陡地紧了一下，仿佛被一根针刺到了某根神经。再往下讲时，他极力压制自己的情感，语气明显缓慢多了。

"故以乐景写哀，以哀景写乐。若此，倍增其哀乐也。"王夫之长长地抒了口气，颇有感慨地说道。有人认为，曹公写《石头记》，黛玉葬花一节，就是受此影响。王国维《人间词话》中也有类似论述。

为了让家人更多地理解，王夫之十分耐心地用例子加以说明。比如，《诗经·小雅·采薇》的"昔我往矣，杨柳依依；今我来思，雨雪霏霏"，王夫之认为此乃"以乐景写哀，以哀景写乐"之典范：征人将要远行，心中充塞悲哀之情，然此时杨柳依依；征人归来，自有欢喜情感，入目却是"雨雪霏霏"。杨柳依依之春天，更反衬征人心中之悲苦；征人回乡，虽是雨雪霏霏之冬天，但心情丝毫不受影响，哀景中之乐情反而更见其乐矣。

而这些，恰是"诗言志、歌咏言"之本质所在。王夫之还以王昌龄之《青楼曲》为例，作进一步分析。该诗云："白马金鞍从武皇，旌旗十万猎长杨。楼头少妇鸣筝坐，遥见飞尘入建章。"论者大多认为，该诗写了两场景，一为威风将军率千骑在长安大道行进；一为楼头弹筝少妇抬头，遥见队伍滚滚飞尘。

"少妇遥望非实写，乃'取影'，即将军想象之景也。将军凯旋归来，即将加官晋爵，共享荣华富贵，故想象妻子坐在楼头遥望自己，得意之情跃然纸上。"言及此，王夫之意味深长道："诗文自古就在，但读者不同，意旨乃不同也。诗文懂与不懂，乃与读者境遇、格局、悟道有关矣。"

"孩儿懂了。原来还可如此读书。"张紫眉和刘涵静满心欢喜道。

"其实，类似的诗词尚有许多。"得到妻子和儿媳的肯定，王夫之温和一笑。对当年父亲授课，不让三兄弟旁听。王夫之甚为不解。此刻他在家中论诗，反而觉得趣味盎然，想到此，王夫之忍不住将《诗经·小雅·出车》拿来分析了一番。此诗讲述一位武士随帅出征凯旋，讴歌了统帅，表现了诸臣建功立业的雄心。

当时许多论家认为，该诗是从妇人角度描写妇人采蘩时遇到凯旋之帅时的欢愉心情。王夫之道："若此，则索然无味也。诗家忘了'影中取影'也。"诗歌评论"取影"说，特别是此处"影中取影"，皆为王夫之依据自己的创作体验之独特发现。王夫之坚持认为诗歌创作有想象中的想象。《诗经·小雅·出车》中的妇人采蘩非实写，乃出征归来之士想象着妻子有此凯旋之景。征人不仅勾勒相见时的欢欣，更想象相见之时妻子欢喜无限的心情。

二

大明早亡了，王夫之仍然活在自己的世界里。他保留着大明男子的发型，乡民流传他的"奇事"：不管天晴下雨，王夫之出门皆头戴斗笠、脚着木屐——意即"头不顶清朝的天、脚不踏清朝的地"。

就在这时，一个不速之客的来访，再次将王夫之平静的心打乱了。

那是雨后的一个傍晚，幽灵一样的管时求突然出现在观生居。

王夫之大吃一惊："啊？时求兄？"

管时求倒是淡然，道："怎么，夫之兄，有了新婚妻子，旧友来访，亦不欢迎？"

"岂能如此，岂敢如此？"王夫之对管时求说话带刺既很吃惊又不习惯，他立即请管时求进屋，并让张紫眉倒上茶水，然后关切道："这些日子，你去了哪里，还好吗？"

"好与不好，均不重要。"管时求接过茶，有点阴阳怪气，"见到夫之兄，才最重要。"

"时求兄何出此言？"王夫之感觉管时求话里有话。

"刘进忠到衡州做了知府，没来拜访夫之兄？"管时求忽然问道。

"刘进忠是谁？啊？你是说益阳总兵来衡州做知府了？"王夫之摇摇头，道："时求兄的消息比我灵通啊。"停了一下，王夫之又问道："刘进忠为何要拜访山野之人？王某与他并无交集，更无旧谊。"

"咦，真是这样？"管时求面无表情，道："那曹伯实做了衡州同知，难道也没来拜访夫之兄？"

"啊？伯实兄高升了？我亦不知。"王夫之真的很吃惊，道："伯实兄经历千难，终有今天，值得高兴。"

"你们当官的当官，发财的发财，做学问的做学问。一个个家庭和美，事业有成。"管时求大声道，"高兴，高兴，太高兴了！"

王夫之听出了管时求话中的冷讽、激愤与不平，道："时求兄，时过境迁，物是人非；命运难违，放下是福。"

管时求闻之哈哈大笑，笑得脸上的肌肉一团一团挤到一起，隆起一个个小包，十分难看。

王夫之道："有那么好笑吗？"他本想告诉管时求，唐克峻回到衡州并且见过他了。心想，这个你不知道吧？

没料到，管时求却以异常冷静的口吻道："我知道克峻兄回到衡州，他来见过你；我知道汝弼兄在九嶷山下玉官岩的古庙里做'莲冠道士'，他也见过你；我还知道在耶姜山和云台山时，衮冕兄一家与你们在一起的一些事情……"

"啊？时求兄，原来这些年，你、你一直在跟踪我们？"王夫之瞪大眼睛，声音有些颤抖，感到不可思议，"汝弼兄和衮冕兄收到的神秘便条，难道都是你派人送达的？"

"谁跟踪你们？为什么要跟踪？"管时求亦大声叫道，又疑惑道，"什么神秘便条？"别跟我指东说西！

王夫之见管时求一脸发蒙，明白他是真的不知道这些事情，于是便把夏汝弼和郭衮冕一再收到神秘便条之事简要讲了一下，又讲了自己这半年多来一直被人跟踪的事情。

管时求听后，似乎一点都不觉得奇怪，反而突然问道："夫之兄，难道你真的不知道，这些年有人一直在暗中帮你？"

"你是说朱归孺？"王夫之越发觉得不可思议，道："为什么要暗中帮我？"

"为什么要帮你？他帮你的理由是什么我不知道，但我知道他一直在帮你。"管时求叹道："早年，我一门心思要入朝为官，结果家破人亡，一无所有。这些年，我被折磨得人不如鬼，丧魂落魄，流离失所。但我没有死去，让我活下去的唯一理由是报仇。"

"你报了仇，又怎样？"王夫之道。

"所以，一个人活着总得有一个活着的理由。"管时求答非所问，道："有人暗中帮你，也许，这就是他活下去的理由。"

"如此说来，你知道朱归孺在哪里？"王夫之既紧张又好奇。

管时求摇摇头，道："我不知道他在哪里。但我知道，他是一个有天大能量的人。只要他想做，很少有做不成的事情。你不觉得刘进忠和曹伯实到衡州为官有些蹊跷？"

"时求兄，我被你说糊涂了。我对山外这些事情不感兴趣。"王夫之道，"顺便问一句，衡州官场上的变故是什么时候发生的？"

"夫之兄，我对你问的事情也不感兴趣。"管时求站起来，抱拳退出观生居，"话不投机，告辞。"

王夫之真没料到，管时求变成了这样的一个人；他更没料到，在他外出短短的一段时间里，衡州发生了如此多的大事情，而他居然一无所知。难道大哥也不知道吗？怎么没听他说起过？他忍不住跑去耐园问，王介之叹了一口气，反问道："山野之人，时光停留在大明王朝。清朝发生的这些事情，对我们还重要吗？我有必要去了解吗？这样的事情，如果在城里，也许在路边或酒肆茶馆里便能听到。在这闭塞的山上，我又怎能听到？"

王夫之顿时语塞，他这才发现，真正淡泊睿智的是大哥。王夫之于是问大哥在忙什么？王介之道：他一直在思考"夷夏之辨"与"人禽之辨"，但越想越不明白。"小弟如有兴趣，不妨替我多多想想，开示阐发。"

王夫之点点头，沉吟片刻，道："夷夏之辨"与"人禽之辨"亦是自己思考的聚焦点，已有不少心得，只是没有形成完整文字。若有写出，到时再请大哥教正。

王介之又道：最近将《春秋四传质》和《春秋家说补》两部书稿进行认真的校对、勘误，越读书越觉自己太浅，越著文越觉先贤不凡。他摇头晃脑道："到老六经犹未了，及归一点不成灰。这是我的命，亦是我的造化。"

大哥的话令王夫之肃然起敬。这种敬意已经超过了亲情、血缘的关系，而上升到学识、道德与人格上。

沿山路回来，王夫之反复回味着大哥说过的话："山野之人，时光停留在大明王朝"，不禁哑然失笑。

王夫之知道，王介之毕生致力于经学，除《春秋四传质》和《春秋家说补》外，他还撰有《周易本义质》《诗序参》《诗经尊序》等书。

大哥在辨析名理、"扶树教道"等方面深深影响着王夫之。王夫之为大哥的著作《诗传合参》作序，又为其《耐园家训》作跋，称赞大哥乃"立身立教，大率皆藏密反本为用"。

王夫之走进观生居的木门，两侧挂着他撰写的一副对联，想起大哥讲的"到老六经犹末了，及归一点不成灰"，自己不也是以这副对联自勉吗？王夫之再次盯着木门上的对联，顿时心底起风雷，感觉有一种力量排山倒海似的涌来，他不觉脱口念了出来："六经责我开生面，七尺从天乞活埋。"

说真的，每次看到这副对联，王夫之内心的平静总是被一种力量搅得不宁。这种不宁不是躁动搅起来的不宁，而是一种热血和激情，是少年、青年时代才有的万丈光芒的东西。经历了人生的坎坷与风雨，他本已变得平和、淡泊，但面对浩瀚的历史和辽阔的天下，为天地立心的责任与使命又不能不令他激情澎湃、壮志凌云。

王夫之迁居观生居，最大的好处就是和好友李国相住得更近一些，往来也就更频繁一些。人老怀旧，能够让王夫之怀旧者越来越少，当年那些热血书生大多已离世。李国相以种桃为生，与自然为伴。

这天上午，王夫之写了一叠文字，掷笔，洗手，到李国相处吃酒。饭桌上喝的酒就是桃坞老人李国相自酿的桃花酒。酒后，王夫之写诗相送："曳杖行何适，桃花一坞红。回塘积落英，从君识东风。"

除了李国相家，王夫之也经常到亲家刘庶仙家走走，看看，说说话。与李国相和刘庶仙相比，近邻的欧子直倒是见得不多了。原因是，欧子直的儿子欧楚轩考中了康熙朝的贡生，他陪着欧楚轩入国子监读书去了。

不知不觉，王夫之在这片小地方生活几年了。他想起逝去的平淡时光，先是败叶庐，后有观生居，总归是没离开茱萸塘。有段日子，王夫之哪里也不去，天天看书写作。终于，墨迹干了，他把装订好的一叠厚厚的书稿放入一个木箱中，封面上赫然写着：《五十自定稿》。

王夫之打开门，走出来，一束阳光照着他的脸。他听到了一个熟悉的声音："夫之兄！"王夫之抬眼看去，竟然是曹伯实。

王夫之一脸的惊喜，但他来不及开口，却见曹伯实引着一个身材高大的人走来，道："知府大人十分敬重夫之兄，今天轻车简从，特地到山上来拜访。"

刘进忠的突然来访，令王夫之十分错愕，他看了看曹伯实和刘进忠，又看了看后面的几个随从，道："山野之人，早已不问世事。今有劳各位上山，真是罪过。"

"夫之先生学识渊博，德高望重。"刘进忠倒是客气，揖首道，"刘某早想来见。只因公务繁杂，一时脱不开，故延至今天，还请见谅。"

王夫之请刘进忠和曹伯实进屋去，其余人站在外面。刘进忠坐定后，王夫之直言道："刘大人光临寒舍，不知有何见教？"

不知怎的，见到刘进忠，王夫之立即想起马进忠。两个"进忠"，名字一样，姓氏不一，却均与自己有些交集。这难道就是缘定吗？实际上王夫之在永历朝身陷囹圄时，马进忠还为他说了话。但由于马进忠杀害好友旷南卿，王夫之异常愤恨，虽然时间久远了，但现在回想起来，依然历历在目。不知道是不是"进忠"这个名字的缘由，总之，王夫之对于刘进忠的来访，并不热情。

刘进忠见王夫之并不热情，也不见外。他掏出一张纸条，递给王夫之，道："有故人想见先生一面。"

王夫之展开一看，上书："百年心事归尘土，一生功名付明月。"没有具名，但王夫之一见，心里"咯噔"一下：此乃朱归孺字迹啊。这个不想读书的人，竟然悟出了生命真谛。

"请问：朱大人现在何处？"王夫之朝刘进忠问道。

刘进忠道："朱大人在武陵山下，久病不起，恐不久于世矣。"

"啊？何以如此？"王夫之一听，异常吃惊。

原来，李定国率部攻占湘潭、直逼长沙时，朱归孺感到不妙，立即退守益阳，与总兵刘进忠一见如故。刘进忠认为天下已定，李定国等乃夕阳余晖，不足为虑。果然不到两个月，衡州、湘潭等相继收复，朱归孺递了辞呈，不愿再回长沙，而是寓居益阳，并请刘进忠给他三名兵士，为其私事所用。这就是为什么王夫之这些年不断感觉被人跟踪，以及在漂泊途中他和夏汝弼、郭衮冕等人不断接到神秘纸条的原因，说到底，是朱归孺在暗中保护、救助和帮助他。

有一天，朱归孺带回一个小男孩，告诉刘进忠，这个小男孩叫姜恒生，是个苦命的孩子，他想收养。但姜恒生天天闹着要去"水月庵"见母亲。朱归孺提出去武陵山看看，并向刘进忠坦然说出了自己的不堪过往。朱归孺的事情发生在张献忠攻衡州期间，刘进忠残留一丝念想，他对张献忠还有较深的感情，虽然他对张献忠的残忍有过批评，但毕竟曾经跟着张献忠打天下，也敬佩张献忠是条好汉。

刘进忠从朱归孺嘴里得知"水月庵"里的姜晓书曾经与张献忠在一起时，遂决定陪朱归孺走一趟。第一次去，并未见到清玉，却见到了姜思琴。

朱归孺本以为姜思琴会留下自己的儿子恒生，然而，姜思琴很决绝，无论儿子如何哭喊，她都心如止水，声称再也不愿见到他，说完就走，恒生跑着追上去，抓住她的衣服，反而被姜思琴狠狠地打了一耳光。

姜恒生还不放手，姜思琴一脚踹在他肚子上，厉吼一声："快滚！"朱归孺赶紧将姜恒生从地上抱起来。

回到益阳后的第二天，姜恒生不吃不喝，眼睛肿得睁不开，也不说话。第三天，他不知从哪里扯了一大把野草，也不洗，拿起就吃。朱归孺一惊，吓了一跳，问怎么能吃这个野草。

姜恒生小声说，这是母亲草，吃多了，身上会散发一种气味，母亲闻到后，就不会厌弃他，转而喜欢上他。

朱归孺说，谁教你的？姜恒生说，母亲告诉他的，母亲还让他吃土，说吃得越多，长得越壮实。他脑袋里还有不少的针，也是母亲插进去的，现在一哭就痛……

朱归孺无法理解，一个母亲怎么会如此折磨自己的孩子？他拉起姜恒生，说："不要做这些傻事了。听叔叔话，叔叔一定让你回到母亲大人身边，并且让她爱你……"

"叔叔，爱是什么？"姜恒生问。

"啊，爱是什么？"朱归孺想了想，道："爱，就是喜欢。"

"你真的会让母亲大人爱我？"姜恒生抬起头，脸上写满向往，"你什么时候让我回到母亲大人身边？"

"恒生，母亲大人对你不好，打你、骂你、折磨你。你为什么还要回到她身边？"朱归孺突然问。

"她是我的母亲大人。"姜恒生想都没想，答道："她对我不好，是因为我做得不好。"

"你知道，你的父亲大人是谁吗？"朱归孺小心翼翼问道。

姜恒生摇摇头，道："母亲大人说她是做噩梦时怀上我的。啊，对了，我就是她的噩梦……"

说到这里，姜恒生突然怔住了，似乎意识到什么，又喃喃重复道："噩梦，我是母亲大人的噩梦、噩梦……"

然后，姜恒生再次抓起一把野草，快速塞进嘴里。

"不要吃这个！"朱归孺不忍看下去，将野草从姜恒生嘴里扯出来，警告道，"这野草有毒，吃了会死的！"

当天晚上，姜恒生跳湖自杀。

朱归孺目瞪口呆。他万万没有想到，姜恒生小小年纪，竟是如此重情，如此暴烈……

姜恒生的死，对朱归孺的刺激很大。后来他又多次前往"水月庵"，恳求见一下清玉，均未果。他倒是见过姜思琴，但姜思琴也不搭理他。当他告诉她姜恒生自杀时，姜思琴仿佛没听见，没有任何反应。

朱归孺不再回益阳，他就待在水月庵里，跟着信徒，每天烧香拜佛，嘴里念念有词。

应朱归孺之请，刘进忠拨出专资，对水月庵进行翻修，并在庵旁东侧兴建两间小屋，取名"灵泉舍"。

从此，朱归孺大部分时间待在"灵泉舍"中……

"朱大人之事，想必伯实兄知悉吧？"王夫之看着曹伯实问。他无法想象，一个终生追求功名的人最后竟然看破红尘，既然如此，现在为何要见自己？

其实，曹伯实也是最近才听说朱归孺的事情，特别是姜恒生的自杀，让他深感自责。对于姜晓书，他本想忘记一切过往，然而，经历的那些生死、煎熬与痛楚，又岂是想忘掉就能忘掉的？

见王夫之问及自己，曹伯实叹道："朱大人的事情，以前略有所闻。但具体种种，也是刚刚知晓。"

曹伯实说的是实情，对于自己意外高升，他也是上任后才听刘进忠提及，说朱归孺对他俩的事情如何费尽心思，云云。

获悉朱归孺重病在床，将不久于人世，曹伯实也是心急如焚，他对王夫之道："劳驾夫之兄去一趟武陵山下吧。"

"好，明天就去。"王夫之点点头道。上次刘子参和姜善棋请他去水月庵，他便犹豫、挣扎了好一阵子。他觉得应该去，但又不知道去了该说什么、该做什么。这一回，他仍然不知道该说什么、该做什么，但是，他觉得，去是应该的。

朱归孺的一生是面镜子，能映出一个人的灵魂。这灵魂无关乎美丑与对错。王夫之从中看出了一个人的挣扎、焦虑与无奈。这是个人的悲剧，更是时代的悲剧。

然而，第二天上午，就在王夫之下山准备去武陵山下时，一个骇人的消息传来：刘子参和姜善棋于昨晚被杀，他们的中药房被烧毁殆尽。

刘进忠和曹伯实正在紧急处理此事。

王夫之的心像被锤子狠狠地锤了一下，痛得说不出话来，他本能地叫了一声："时求兄，这不是你做的吧？"他多么希望这样的悲剧不是发生在刘子参、姜善棋和管时求之间。然而，残酷的事实在于，它的确是管时求的又一次报复，也是他生命中最后的一次疯狂。王夫之很后悔，他曾经让大哥专门下山去提醒刘子参与姜善棋，但这种重要的事情，自己应该去说一声才是。实际上，对于一个躲在暗处一心要报复的人而言，对受害人再怎么提醒也未必有用。

管时求杀人放火后，不仅没有逃走，反而主动走进衡州知府衙门。当一脸血迹的管时求手握尖刀站在门口，叫嚷着让刘进忠来见他时，门卫一拥而上，将管时求捆绑起来，推到刘进忠面前。

闻讯赶到的曹伯实一见管时求，顿时目瞪口呆。

管时求却哈哈大笑，道："吴军狗贼一家是管某杀的，昨晚杀人放火之事也是我干的。现在，世上的仇人，我都杀了，再也没有道理活下去了。"说完，奋力冲向旁边的门柱，一头撞上去，只听"砰"的一声，脑袋开花，鲜血溅到在场的每一个人身上，当场毙命。

管时求事件，让王夫之对人性产生了怀疑。《孟子》云："人皆有不忍人之心者，今人乍见孺子将入于井，皆有怵惕恻隐之心。"

那么，管时求的"恻隐之心"在哪里？如果是白痴或疯子看到"孺子将入于井"时，可能不会有"怵惕恻隐之心"。可管时求是曾热血报国、知书达礼的学子呀。王夫之进而追问："则夫天命者，岂但初生之顷命之哉？……初生之顷，非无所命也。何以知其有所命？无所命，则仁义礼智信无其根也。幼而少，少而壮，壮而老，亦非无所命也。"由此，他认为人性之根由乃"命日生，性日受"。王夫之从残酷的现实中总结出来的"日生日受"人性论，首次将人性置于生命成长和后天环境中去审视，突破了"人之初，性本善"的儒家教条，闪烁着唯物主义辩证法的思想光芒。

王夫之想：管时求把报仇作为活下去的动力，而且把报仇当成一种愚执。他当然不是白痴，他是举人，有知识，有追求，也有热血，但他缺乏的只是良知。当他的刀子刺向吴军时，他想到的只是姜百合的惨死；当他的刀子刺向刘子参时，他想到的仍是家人的悲剧，却没有看到刘子参毫无防备的微笑，那种微笑只有没有心理阴影的人才能自然散发出来；当他再把刀子刺向姜善棋时，他想到的还是这个仇恨，甚至加上了自己在永历朝为她所做的一切，却没有看到姜善棋美丽的脸上留下的伤疤；当他把刀子最后刺向刘子参与姜善棋的儿子时，他想的是自己与姜百合还没来得及出生的孩子，这更加剧了他的仇恨和疯狂。可以说，愚执烧毁了他的理性，泯灭了他的良知，使他变得跟白痴、疯子一样，甚至更加恐怖……

半个月后，唐克峻来到观生居，闲聊中，王夫之无意间讲起这不堪的一幕，他的心情仍然异常沉重。

唐克峻道："管时求经营一生，奋斗一生，最后以这种方式结束。他留给世间的是伤口，是警示，是仇恨，值得吗？有意义吗？"

王夫之叹道："管时求毁了别人，也毁了自己。给衡州学子也带来极其恶劣的影响。这样的人生，是'蠹生''恶生''歹生'。"

那一段日子，王夫之每晚做着噩梦，天空从未放晴，阴雨绵绵，心情压抑。

不久后的一天，又一个坏消息传来：方玄痴死了！

惊闻方玄痴逝世，王夫之不敢相信。

王夫之问：死于何因？

传递消息者答：死因不明，据说是病逝。

王夫之又问：死于何病？则无人能答。

王夫之再问：死于何时、何地？亦无人回答。

王夫之捶胸道：苍天！一个人从地面上消失，且此人生前在朝野均有重大影响，可他竟然是何时何地何因而去皆不知，何以如此？"江湖此日空愁病，独望苍天思茫然。"这是方玄痴写给王夫之最后一封信中的诗句，真实地反映了他的苦闷与惆怅。王夫之原本是要回复的，但方玄痴没有标出他的地址，王夫之不知往何处投寄。他后悔方玄痴在武冈时，自己没有前去聚谈。

天下没有不散的筵席，片刻的相聚终究无法抵消别后空渺的怀想。王夫之从方玄痴之死深切感悟到：以己反诸其所言、所行、所志、所欲，孰与之合，孰与之离，因是而推之以远大。他希望"人之所以为人"，坐而言之，起而行之，人无不善，自处贞介。然而，要做到这样，何其难矣。

王夫之原以为自己能够淡然地面对这一切，可是，当高山不再流水，当琴弦突然崩断，当悲剧真的来临，当痛苦无法释放，他猛地发现，自己还是那个初心不变的人，只不过随着时间的流逝将心境打磨得更为苍老，更加厚实，更善于把痛苦和不堪之事放进内心更隐秘的地方罢了。

晚年，王夫之在记叙这段历史时，将方玄痴之死归于病死，将方玄痴病亡处列为萧氏春浮园。也许这样做能够让王夫之好受一些。实际上，他真的不清楚方玄痴具体死于什么缘由，死在什么时候、什么地方。有人说，方玄痴死于万安舟中。原因是，方玄痴以造反获罪，在被清人押解去广州的途中死去。至于是病死、被杀还是自杀，具体情况就不得而知了。

王夫之以自己的方式为方玄痴的人生画上了句号。这是历史留给他的机缘，也是苍天交给他为知音立碑的根由。

三

康熙十二年（公元 1673 年）春，康熙皇帝决议撤掉骑在头上的三藩。

第一藩就是当年叛明投清、为清人打下汉人江山的镇南王吴三桂；

第二藩和第三藩则分别是靖南王耿精忠与平南王尚可喜。

吴三桂闻讯恼羞成怒，杀了云南巡抚，扯起大明的旗号，造反了。吴三桂假惺惺地来到永历皇帝的坟墓前，长跪不起，痛哭流涕，然后带着大部队一路冲杀，号召天下"兴明讨虏"，声称大清"窃我先朝神器，变我中国冠裳"，信誓旦旦高喊"共举大明之文物，悉还中夏之乾坤。"

吴三桂真够无耻，大清的大半个江山几乎都是他打下的，是他灭了大明，就连永历皇帝也是他辱杀的。如今，大清皇帝要撤掉他的藩王称号，他就不乐意了，打着大明的旗号造反了。

一时间，天下战火纷飞，硝烟四起。

1678 年，吴三桂挥师攻占了衡州。

乱局如斯，人心不古。王夫之想避世山野以保全自己和家人，可是，麻烦还是找上门来。吴三桂打着反清复明的大旗，为了装点门面，遂四处搜寻大明的旧臣、遗孤。忠义两全、德识双馨的王夫之赫然在列，成为首位笼络的重要对象。

招募的邀书很快送到了王夫之家中。王夫之万万不会苟同于吴三桂这等汉奸国贼。

愤怒之余，王夫之将邀书撕碎，付之一炬，掷地有声道："吾安能作此天不盖、地不载语耶！"他对使者大声怒吼："吴三桂者，大明之贼，中华之贼！吾万死不从！快滚！"吓得使者灰溜溜回去了。

孤灯之下，王敔道："吴三桂起兵，曰'兴明讨虏'！"

王夫之道："名为'兴明讨虏'，实为国之窃贼。"

王敔道："依父亲大人之意，吴三桂乃借大明之旗谋私利之实？"

"此司马昭之心，路人皆知也。"王夫之愤而斥道。

看着愤怒的父亲，王敔流下眼泪："父亲大人，此为祸事。邀书既出，吴贼势必要见到您。您定然不愿前往，此祸何解？"

王夫之沉默片刻，手一挥，道："最难亦不过流亡山野！"

就在这时，唐克峻闻讯来到观生居，问："清人与吴三桂相比，又当如何？"

王夫之恨恨道："清人，贼也！杀我天子，夺我河山，此仇不共戴天，此恨此生不绝。桂，逆贼也！桂为千古罪人，不可恕，比之清人尤甚。"王夫之对唐克峻之问感觉有些奇怪：这个问题还需问吗？你自己不也与吴贼不共戴天吗？王夫之忽然想起大哥提及的"夷夏之辨"与"人禽之辨"，他觉得自己对这个问题有了更深的思考。

王夫之虽不会向清人称臣，但他更恨吴三桂这样毫无骨气、随时变脸的无耻国贼。王夫之没有意识到唐克峻上山试探的目的。唐克峻见王夫之态度坚决，遂默然告辞。

实际上，唐克峻并没有把永历帝的那块骨头埋掉。相反，他每天要摸一摸并研究那小块骨头究竟是永历帝身上的哪个部位，一会儿肋骨，一会儿头骨，一会儿膑骨，反复猜测、把玩，沉陷其中，难以自拔。

送走唐克峻后，王夫之想起自己这把年纪还要继续漂泊，心头难免悲愤、悲凉。大半生，他几乎都如野草浮萍，生活困顿，离群索居，无处安身，无处立命，甚至无家可归。好不容易在茱萸塘安顿下来，还没过上几天安稳日子，现在又要避祸流亡。

看着父亲骨瘦如柴的身子和脸上刀刻般一道道皱纹，王敔甚为心疼，眼泪竟是止也止不住地流了下来。

"无需流泪。"王夫之道，"为父虽老朽，亦不惧客死他乡。"知道吴三桂不会放过他，翌日一早，王夫之就要出门远行。

岂知，刚一出门，王夫之就看见蒙正发的儿子蒙之鸿站在路边，他很吃惊，问："你父亲大人怎样了？你怎么来了？"

早在永历朝时，王夫之就见过蒙之鸿，当时还是书童模样，文文静静，很少说话。几年不见，蒙之鸿竟长成英俊青年。

蒙之鸿告诉王夫之，家父去世了。临终前，特地嘱咐，守丧期满，就去找王夫之，以义父之礼待之，并将父亲大人所写《三湘从事录》和诗集《欸乃声》九十首交义父订校。

王夫之接过两部书稿，感到沉甸甸的，这是一份信赖，也是一份纪念。他不由脱口道："白头还做他乡客，不负青天只月明。"《三湘从事录》凡三万四千余言，乃蒙正发明亡后参加抗清复明经历之实录，王夫之读后认为"文笔畅达，善尽事理"。而《欸乃声》充分反映了蒙正发的诗歌成就。王夫之特别欣赏其中佳句，如"荆台不乐呼先辈，高阁从来束腐儒""千里孤身分两地，一天雪意酿同云"等，他曾反问蒙正发，这样的诗"讵可不谓句意双到？"蒙正发默而不语。

蒙之鸿见义父盯着诗稿看，又道："盼义父为家父作墓志铭。"

王夫之毫不犹豫，当即答应。数日后，王夫之撰写出《明文林郎户科右给事兼掌兵科都给事蒙公墓志铭》，称其"少颖悟而益以勤敏，文思博赡……抱匡世之志，倜傥怀大略……胸无宿冤，言无机巧"；在永历朝"力持纲纪，清冒滥，劾功罪，裁凌躐"，云云。

其实，王夫之从永历朝返回衡州，蒙正发当时也回到了衡州，但他心灰意冷，待在一座孤岛上，少与故旧老友往来。后来，王夫之还是从唐克峻口中得到消息的，他说蒙正发也在反思和写作中，但究竟写的是什么也不知道，因为唐克峻也没有去过那座孤岛。王夫之本来还计划抽空与唐克峻、曹伯实等人去看望蒙正发，没想到，他就这么逝去了。蒙正发临终前，让儿子前来拜会王夫之，显然也有托孤之意。

此刻，见到蒙之鸿，王夫之徒生伤感，连连唏嘘："有些事，想到了就要马上去做，否则就迟了。"

"看样子，义父要出门？"蒙之鸿问道。

"是啊，兵荒马乱，生不由己，死不由人。你父亲大人在衡州时，王某懈怠，早该一晤矣。"王夫之嘀咕一句，让蒙之鸿进屋洗了把脸，匆匆喝了一碗热汤，然后道："我等马上离开这里。"

这时，蒙之鸿又从背上包裹里拿出一沓书稿，郑重交到王夫之手中，道："家父这些年在衡州孤岛上深居简出，日日反思，除了《三湘从事录》和《欸乃声》外，另有诗集《漆园放言》《龙璧吟》《芦草遗灰》三卷，亦请义父一并指正。"

王夫之大吃一惊，他没料到蒙正发如此用功。"好！"王夫之掷地有声，应承下来。他当不负友人重托，认真校订之。王夫之将蒙正发的书稿交给妻子张紫眉，叮嘱道："你等在家里，不要出门。这些书稿，跟我的书稿同等重要，甚至更重要，你务必看护好。一旦出现意外情况，宁舍全家不舍书稿。切记！切切！"

张紫眉含泪点头，目送王夫之与蒙之鸿在寒风细雨中离去。

王夫之出门后，一路向西北。他带着蒙之鸿不敢在集市久留，多半时间还是在山野之地度过。逃难者还不少，他俩杂入其中，走走停停，停停走走，每日食不果腹，衣不暖体，王夫之不以为意。当漂泊已成常态，野外生活便能淡然处之。对王夫之而言，白天好办，晚上难挨些。他们偶尔也能借住路人家一两晚，清汤寡水，活命便可。

天空开始飘起小雪，老天爷也不给脸。王夫之拄着竹杖，穿着草鞋，戴着斗笠，披着蓑衣，和背着行囊的蒙之鸿迎着寒冷的空气和雨雪，吃力地走在林中。飞鸟从头顶飞过，溪涧流水潺潺，岸上有些花朵已经绽放，露水打湿了他的草鞋和赤足，远处，南岳绿得发黑的群山环绕在他面前，他的心情颇为敞亮，默默念道："不信闲愁在，千峰一徜徉。"

从清晨到傍晚，王夫之与蒙之鸿一直在走，虽然慢，但没有停步。不知不觉，大地上已经升起了袅袅炊烟，他俩终于抵达了渡口。河水潺潺，与林中樵夫的喊声和叮叮当当的伐木声合在一起。

整个晚上，王夫之二人就无奈地守在渡口边。当新一天的太阳出现在空中时，王夫之二人好不容易登上了一叶轻舟。岸边风景不断变化，忽而，凄冷的风中，岸上的芦苇沙沙作响；忽而，开阔的河滩上，几棵柏树静默不语。大地苍茫，江水沉郁，整个世界只有这一叶孤舟。久久注视着撑船的老翁孤独苍老的背影，一瞬间，王夫之觉得自己也是那么孤独和苍老。他再次望向撑船的老翁，听着那桨声，看着那有频率地晃动着的身子，又一次体味到野性生命的韧力和倔劲。

直到太阳西落，王夫之二人下了船，然后走到一个村落。真累！他俩便歇歇脚，在农户家里讨一口水喝。空荡荡的禾场上，一群孩童正在嬉闹，浣洗归来的妇人吃惊地看着他们。几棵柳树在一丛翠竹旁亭亭玉立，碧绿的枝条上偶尔泛出稀疏的鹅黄。

当晚王夫之便在这个村子歇脚。浣衣的妇人心肠甚好，把床铺腾出来，又为他俩做了吃的。热腾腾的汤也喝了，王夫之掏出一点银两，妇人竟然不要，比起吴三桂等人之贪，这个妇人的质朴令人动容。

翌日一早，他俩道了谢，朝西往一座高山走去。翻过一个小山包，过了一片农田，然后登上了这座高山的峰顶。极目远眺，山峰连着山峰，参差不齐的千沟万壑之中，松树连成郁郁葱葱的一片。这样的时候，王夫之格外感恩南岳诸峰，湘乡也在南岳七十二峰的范畴之内。正是这样的一片山林给了他"活生"的依凭、"生活"的想象，也给了他无限的灵感。

蒙之鸿站在旁侧道："义父，日薄西山，我们当投宿矣。"

王夫之笑道："今日，且在这山中岩洞就宿如何？"

事实上也无宿可投。天色彻底黑下来，无边无际的夜色里，半空中亮着一点火光，那是从王夫之与蒙之鸿就宿的山洞里发出来的。正是在这个小小的山洞里，在随后的日子里，王夫之仿屈原《九歌》，作《祓禊赋》，抒发自己的情怀："思芳春兮迢遥，谁与娱兮今朝，意不属兮情不生，予踟蹰兮倚空山而萧清。阒山中兮吾人，謇谁将兮望春？"诗作表达了对吴三桂的极度蔑视。

蒙之鸿问道："义父，何为祓禊？"

王夫之答道："此乃民俗也。祓者，古人除灾求福之仪式；禊者，古人于春秋两季在水边举行祭祀。质而言之，乡间每年于春季上巳日在水边举行祭礼，求'洗濯去垢，消除不祥'，乃谓'祓禊'。"

"懂了，义父。"蒙之鸿道，"然鸿儿愚昧，《祓禊赋》之深义，尚需义父得闲释之。"

"无妨，我当一一说与你听。"王夫之答道。

四

那些日子，王夫之带着蒙之鸿四处游荡，居无定所，吃了上顿没下顿，走走停停，幸亏有蒙之鸿作伴，终归有个谈天的对象。蒙之鸿做到了蒙正发所要求的"执义父之礼"，王夫之颇为欣慰。但他不知道战事如何，自己的安危又如何，未来又该如何。

在漂泊游荡的日子里，王夫之给蒙之鸿讲诗，为枯燥的生活涂上一层色彩。王夫之道，朱子不认同孔子对《诗经》的总评，因为它并非篇篇皆"思无邪"，相反有邪有正。例如，朱子认为《桑中》《溱洧》等即为淫诗，乃"淫奔之人"所作。王夫之亦认为《诗经》贞淫俱有，不止《桑中》等诗，即便《文王》之什，亦不能称之为"无邪"。

王夫之进一步说道："我认同朱子之研判，然不认同他对'思无邪'之释解。所谓《诗经》之'思无邪'，朱子认为是阅者读而'思无邪'，其实不然。'思无邪'实指阅者以无邪之心来读。"

"义父，我懂了。"蒙正鸿兴致勃勃，接话道，"'思无邪'乃学《诗》者之法，即面对《诗》之贞淫，学《诗》者皆要以无邪之心临之。如此，才泥石于《诗》中之贞淫，并从中受益矣。"

此刻，阳光照射下来，打在二人消瘦的脸上。"竖子可教也。"王夫之颇为欣慰，说道……

在经历了数月的颠簸流浪和浮萍般的生活之后，王夫之念乡心切，对妻子张紫眉和幼女的思念与日俱增，"回去吧。"他终于禁不住乡愁的折磨，偕蒙之鸿悄然回到了茱萸塘观生居。

在观生居，王夫之与家人团聚，久别的重逢给他以加倍的温暖。饭桌前，张紫眉为他生下的女儿、王攽的儿子，还有敔儿的子女都围在他的身旁，难得的天伦之乐，"儿孙绕膝"，王夫之甚为高兴。

王夫之本以为流亡可以终止了，因为他觉得吴三桂只是乌合之众，势必不能长久。

谁知，吴三桂盘踞衡州不走，且一如既往搜寻明朝遗臣，王夫之的名字仍然挂在吴三桂努力争取的"幕僚"之首。

"只要老骨头不散，就得继续上路。"王夫之自嘲道，他只能被迫再次流亡。这是无奈的选择，也是他唯一能做的事情。他看了看家人，随即昂首吟道："狂风卷沙，惟地障使其静；瘴气沉迹，惟天雨使其行。痛疽扩散，敷药草以灭踪；妖魔作乱，燃炬火而遁形。"

王敔心疼，小声道："父亲大人，流亡几时方为尽头？"

"老朽性命是小，失节为大。"王夫之道，"要问几时是尽头？问天，不知；问地，不知；问群峰，风声回应，但能知乎？"

王攽忧道："前岁父亲大人多病，适才恢复，小儿多有担忧。"

王夫之道："身体并无大碍，且有之鸿陪同，无需多虑。况生死在天，非我等所能左右，为此伤神，亦为徒劳。"

有房不能住，有亲不能近，流亡之后还是流亡。谁能逆改天命？

这是王夫之的选择，也是他的固执。他坚持自己的信仰，守住自己的初心。他本可以顺天改命，安享荣华，但他不愿意。比起荣辱、功名与浮利，他更愿意带着义子蒙之鸿，再次启程流浪。事实上也是如此。他们顺着湘江而下，过了湘潭，抵达长沙。

长沙非衡州可比，蒙之鸿有些兴奋。熙来攘往的街头，喧闹的人群，井然有序的市场，各式摊点兜售着各种繁盛的物产，临街的店铺生意兴隆，达官贵人与市井百姓在门口进进出出。在人群中穿行，与裹着小脚的女人和留着辫子的男人擦肩而过，看着众人脸上祥和的表情，王夫之真真切切感受到大清的兴盛和自信。衡州的战事似乎并未影响到这里人们的生活，仿佛所有的人都坚信吴三桂并无多大能耐，终将败给他们的康熙小皇帝。

王夫之不关心谁胜谁负，在他眼中，吴三桂和大清都非正义之流。他内心想的还是大明。记得上次来长沙，何腾蛟、堵胤锡和章旷三公仍在，那时，大明还有复兴的希望。如今，物是人非，三位恩公均已作古，一切早已灰飞烟灭了。他再次抵达渡口，乘舟横渡，抵达岳麓山，看莺飞草长，花开满山，又想起年少的读书时光和逝去的过往，想起吴道行山长和同窗好友，甚至想起借钱买岣嵝剑的荒唐经历，想起朱归孺的暗中相助，而一想到朱归孺，他的心又是五味杂陈，难受至极。

"义父可有友人在此？"蒙之鸿看着王夫之漫无目的似的，不由问道。

王夫之答道："友人虽有一些，但想敲门进去讨一杯茶吃的不过一二人矣。"

随后，王夫之带着蒙之鸿特意拜访了一位同乡晚生，大名叫刘思肯。这刘思肯乃画家，系刘子参本家，长居长沙。他早闻王夫之大名，见其登门来访，真是喜不自禁。

王夫之看着这位风流倜傥、年华青葱的后生，甚觉投缘，哪怕他穿着清人服饰，留着清人辫子，王夫之也没有太多反感。毕竟，他和自己并非一代人。

刘思肯不仅知道王夫之，还知道王朝聘，心想真是学有渊源啊。这让王夫之感到欣慰。其实，刘子参曾向他多次说起王家父子。而关于刘子参及其一家发生的惨案，王夫之尽量不去提及，免得尴尬和难受。

看座倒茶后，刘思肯道："武夷先生大名，衡州皆知。少时，家父从先生学，受益良多。离乡多年，已不知乡情，武夷先生如今可好？"

王夫之感叹："家父去世已有多年，家母也已随之而去。"

刘思肯甚为感伤，摇了摇头："逝者如斯，愿天堂安息矣。"

王夫之二人当天就住在刘思肯家。晚上喝着酒，王夫之又说起对长沙城的感受来："此次抵长沙,距上次已逾二十余载,所见所闻,甚有不同,大有太平盛世降临之象。"

刘思肯笑道："大清朝治国有方,非明末可比。"

"果真如此?"王夫之沉默片刻,又自言自语道,"那天下百姓有福矣。"停了停,王夫之又问:"今吴贼掠湘,为何长沙不见异动?"

刘思肯答道:"吴三桂失道寡助,必不能成大事。"接着,刘思肯不吝赞叹:"当今康熙皇帝,年少有为,气度不凡,大有圣君之相,可比唐之太宗、宋之高祖。"

王夫之喝了一口闷酒,刘思肯对康熙的赞美令他不快,便故意问道:"依贤侄所言,吴贼者为失道,大清者则为得道乎?杀我百姓,夺我国土,禽兽之为,何以谓之得道?"

"吴贼与清帝不可比。"刘思肯并未意识到王夫之的不悦,他连连摆手,道:"吴贼乃流寇,清帝乃国擎。朝代更迭,天授之义。不然,大清何以灭大明而代之?"

蒙之鸿插话道:"大明并非大清所灭,乃大明君臣自取灭亡矣。"

王夫之没有在意蒙之鸿的插话,他觉得刘思肯将吴贼比之清帝实乃不伦不类,也不好争辩,只笑笑作罢。

刘思肯见王夫之二人穿着打扮有些怪异,忽道:"先生身在大清,而心仍系大明,何也?"

王夫之顿时仿佛被针刺了一下,这正是他最隐秘的痛啊。若不是这样,他又何以流落街头,四处漂泊?既然刘思肯不知原委,也就无须多说。王夫之看看蒙之鸿,镇定下来,举起一杯酒,哈哈一笑:"不谈国事!来,吃酒。"

刘思肯道:"先生之学识,湖湘皆知。晚生深为敬佩。"

王夫之自嘲道:"一介贫士,山野之民,难登大雅之堂矣。"

刘思肯真诚道："先生过谦了。放眼天下，讲学论道可称大师者，先生为其唯一者也。"

对学问，王夫之挺自信，刘思肯的夸赞，亦让人听起来很舒服。想起刘思肯的画功了得，王夫之似有检验之意，遂笑道："不求万人师表，但求贤侄一画！"

刘思肯一怔，眼睛一亮，随即欣然应道："晚生若能为先生作画，实乃三生有幸矣。"

王夫之本来是向其索画，而非求其为己作画。刘思肯不知是意会错了还是故意将错就错，总之，刘思肯说给王夫之作画倒是触动了王夫之的心弦，想来奔波了大半生，忙碌了数十年，自己未曾有过一幅画像。当韶华易逝、容颜渐老之际，往昔历历在目的青春影像，如今已然模糊了，就连自己的脸都记不清是什么模样。他不否认自己老了，说不准什么时候就去了黄泉，就像方玄痴，就像众多的亲人好友，时间只能留住他们的名字，而岁月却无法保存他们的音容相貌，再不给自己留一幅画像，恐怕就来不及了。

"好！"王夫之应承下来，对刘思肯道，"借贤侄精技，留一画像，可惜老了。"

"义父将老未老，此次作画，正是时候。"这时，蒙之鸿再次插话道，"画不在形，在魂也。"

刘思肯朝蒙之鸿看了一眼，点点头，道："形神兼备，似更合适。"

于是，王夫之静坐下来。刘思肯帮他摆好姿势，然后提笔运气，聚精会神，精雕细作，他反复看着王夫之和画板，一脸的庄重和严肃，似乎在干一件很重的活计。

蒙之鸿自告奋勇要帮忙磨墨，刘思肯摆摆手；他又要帮忙洗笔，刘思肯还是摆摆手。一切都是刘思肯亲自来，容不得半点马虎。

蒙之鸿见状，肃然起敬。

经过一个下午的辛劳，一幅画作终于完成。刘思肯看着画像，似乎比较满意，于是长舒一口气。他把画作郑重地呈给王夫之，道："此为先生之大像，请笑纳、指谬！"

还真应该感谢刘思肯，让后人有机会"目睹"一代大儒的真实风采。

王夫之接过画像，看着一个瘦骨嶙峋、身着灰白长袍打扮的人跃然纸上，他想象不出这个像鬼一样的人竟然就是自己，王夫之顿时吓了一跳，简直有些难以置信。

蒙之鸿在一旁赞道："果然画出了骨魂，形神兼备，惟妙惟肖也。"

王夫之抱拳道了一声"谢谢"，当即用颤抖的手在画像空白处题上一句自嘲的话："凭君写取千茎雪，犹是先朝未死人。"

当天晚上，王夫之辗转反侧，难以入眠，然后披衣下床，为自己的画像题写一首《鹧鸪天》——

把镜相看认不来，问人云此是姜斋。

龟于朽后随人卜，梦未圆时莫浪猜。

谁仗笔，此形骸，闲愁输汝两眉开。

铅华未落君还在，我自从天乞活埋。

这首词充分表达了王夫之过着人鬼不分的生活，垂暮之年依然心愿未了、漂泊四方的悲愤心情。

作为回酬，王夫之写了三首七绝送给刘思肯，总题为《走笔赠刘生思肯》，并题小记："舟泊水绿洲，遇刘先生思肯，过舟为公写小照。"其一云："故园枝叶记君家，兄弟风流竞笔花。泛宅五湖君自远，相逢犹幸在长沙。"

刘思肯接过赠诗，十分感慨和感激。

翌日一早，王夫之二人与刘思肯依依惜别，约定他日再次相见。

五

王夫之离开长沙，顺江而下，沿途的一草一木都让王夫之心疼。遥远的时光又在头顶呼呼作响，湘阴城就在眼前，仿佛还能听到震天的喊杀声。他忍不住想起了欧阳镇等湘乡学子，旌旗猎猎，江水滔滔，但人去楼空，物是人非。

不知在外奔波了多久，只感觉身心俱疲。有一天，蒙之鸿轻轻提醒道："义父，我们出门时日已长，该归乡了吧？"

王夫之一惊，又怔，而后点头，他摸了一把瘦脸，望着衡州方向的零星灯火，心绪难宁。他明白，自己的去与归，总被时局左右。他猜想吴三桂已败，因而想着归乡无妨。

然而，直到归来，王夫之才颇感意外：吴三桂并没有溃败，反而占领了整个南中国，并且把行营设立在了衡州。看样子，一时半刻不会走了。故土已为国贼所占，好在有关捉拿衡州书生和明朝遗臣的事不再发生，吴三桂的心思放在了别的地方。衡州战事总算平息了，百姓的生活似乎回到了常态。

世道如此，王夫之也必须面对。成王败寇，自古皆然。

王夫之回到茱萸塘的观生居，大哥王介之闻讯上门，特地告诉他："三弟，你幸亏离开了，否则生死难料。这段日子，衡州发生了许多大事、惨事。"

"啊？"王夫之大惊道："伯实兄他们还好吗？"他意识到，政权的变更，往往伴随着残酷的流血。

"好？太惨了！"王介之摇摇头，长叹道，"刘进忠和曹伯实等拒不配合，均被吴三桂老贼悉数斩杀。"

"啊！苍天啊！"王夫之叫了一声，又道："还有什么？"

"朱归孺已经病故。"王介之道，"伯实遇害前，专门上山来告诉我此事。他曾盼望着你去探望一下朱归孺。实话说，这个朱归孺还真是为你、为王家和衡州学子做了不少事情。最近几年，你恍惚受人跟踪，其实也是他派了人在悄悄保护你，并在危急时刻给你和汝弼、衮冕等衡州学子传递信息，助你脱困。最后的日子，他皈依佛门，有时想想，也挺难受的。"

说完，王介之掏出一幅字，交给王夫之，道："这是朱归孺题写的，临终前托人务必转交给你。"

王夫之接过一看，但见上面写道："愿以深心奉佛祖，不予浮身笑红尘。"他揣摩了一下，觉得有一点不明就里。朱归孺表示自己一心向佛，为什么要把这种心迹传达给我呢？王夫之有点琢磨不透。"唉，我当时的确是有心要去看他一下的，可惜错失了机缘。"王夫之说完，心里很痛，但他不想表露出来，换个话题问道："有没有琴妹和书妹的消息？"

"听说是琴妹为朱归孺最后净身更衣的，埋葬朱归孺后，她随刘进忠和伯实等人回到了衡州。"王介之道："至于书妹，哦，现在是清玉了。玄静师太坐化，成为肉身菩萨后，清玉做了'水月庵'的住持，她是彻底绝了尘缘。"

"唉，这段日子竟然发生了这么多事情。"王夫之不停地摇头，道："待太平一点时，我下山去看一看琴妹。"

"琴妹回到了耒阳。"王介之道，"我忘了告诉你，琴妹将恒生的遗体从墓穴里挖出来，洗得干干净净，穿好衣服，然后将他埋在水东江画妹的坟旁。据说她做这件事情时，异常冷静，没有掉一滴泪。"

"恒生不该生。小小孩子，太可怜了。"王夫之有点哽咽道，"如此看来，琴妹最终认了这个儿子，虽然有点晚，人性之善拨云见日，终归是件好事。"

王介之点点头，道："前几天，琴妹还来过山上，说她打算在耒阳重开客栈，希望我们到时去住一段时间。"

"这个想法不错。"王夫之说道，"琴妹会打理，又勤快，相信生意会兴隆的。"

王介之忽又叹了一口气，稍稍提高声音道："小弟，你肯定想不到，克峻竟然入了吴贼府中，而且做了高官。"

"克峻兄？他何以如此？"王夫之惊得合不拢嘴巴，半晌才讷讷道，"他手中不还握着永历帝的骨头？当年他还多次试图行刺吴贼，声称对其恨之入骨啊。他怎会如此自毁名节？"

"克峻最近来找你多次。"王介之提醒道，"因为找不到你，他就让我到处打听你的下落。时局变幻，人性莫测。为兄提醒你一句，我担心没什么好事，你还是离他远一点，最好再离开一段时间为妙。"

王夫之一脸凝重，没有吱声。

"都这把岁数了，真要把老骨头散在他乡吗？"王夫之真是想象不到，一个人怎么能够说变就变？按理，唐克峻是知道吴三桂的德行的，也亲眼见过吴三桂的暴行，他亲口说对吴三桂"饮其血、咬其皮、食其肉、碎其骨"均不解心中之恨。既如此，他为何还要助纣为虐，这究竟是糊涂、冲动还是别的什么原因呢？

王介之道："据说衡州知府刘进忠和同知曹伯实被杀，监斩者就是唐克峻。"

"克峻兄认贼作父，委实令人捉摸不透矣。"送走大哥后，王夫之不断地叹息道。

一天傍晚，王夫之正在家中写作。一个年轻人意外地出现在他面前，此人不是别人，竟是恩公章旷次子章有谟。

王夫之欢喜道："啊，有谟，是你？这些年你还好吗？"

早在中举之时，王夫之就在武昌见过章有谟，那时他还是个孩子，跟在父亲章旷身边，王夫之特别喜欢他，逗他玩耍，教他经文。

章有谟缘何至此？

原来，大明灭亡，父亲故去，章有谟在南方游学多年，他正准备回上海老家，结果，行至衡州，遇到战事，被阻停下来。章有谟向衡州书生打听王夫之的所在，经历种种，最后找到了茱萸塘的观生居。其时王夫之并未在家，章有谟无处可去，便想先在山上寺庙里借宿数日，再作打算。

没料到，有缘者总会相遇。章有谟住下的第三天，王夫之奇迹般回来了。见到章有谟，想起蒙之鸿，王夫之仿佛见到了章旷恩公和蒙正发老兄，因而格外高兴和珍惜。他俩一问一答，亲切交谈，一时忘却了外面的混乱。

几天后，王夫之感到局势危艰，在家中，他不仅自身不保，还会祸及家人，因此再次决定外出。蒙之鸿因为得了伤寒，回到了那座孤岛。章有谟毅然跟从，与王夫之一起，遁入山中。

然而，王夫之不敢在南岳诸峰之间久留，因为南岳距衡州太近，吴三桂心血来潮，又想起了王夫之，便派人四处寻找他。

王夫之去耐园见了家兄，他想让王介之和他一同外出，王介之心有余而力不足，加上一大家子，行走不便。

此时的王介之，感觉垂垂老矣，他对王夫之笑道："我乃前朝举人，并非臣子，想那吴贼不会为难于我。唐克峻多次见我，亦很尊重，并无造次。"

王介之说得有道理，更何况他经不起折腾。加之王夫之自己的妻女等也需他的照应。看到大哥的衰老，王夫之感觉心疼，可谓见一面少一面。

临别，王夫之又想起故去的父母，眼泪湿了衣裳，喃喃道："真是老去别堪惊，日暮长亭亦短亭矣。"

王夫之终究还是远行了。

这一回，因为蒙之鸿要给蒙正发修墓，加之得了伤寒，不能跟随。王夫之便带着章有谟去了江西萍乡。岂知不去还好，去了之后王夫之便陷入无边无际的悲痛中难以自拔。

中秋之夜，身在异乡，王夫之、章有谟与萍乡一众旧友把酒共饮，从友人口中，王夫之得知当年的阅卷恩师欧阳霖已于多年前病故。望着天上皎洁的月亮，想着远方的妻儿老小，想着年迈的兄长，想着故去的师友，王夫之不觉悲叹道："白头还作他乡客，不负青天只月明。"

新年将至，佳节倍思亲，王夫之带着章有谟悄悄回到衡州茱萸塘的观生居。此时，茱萸塘一带甚为太平，很少见到什么陌生人，想来吴三桂也是难得消停了一段时间，王夫之似乎也就安心了，于是开始着手修造新家之事。

康熙十四年（公元 1675 年），由于观生居的墙体已经破损，加之屋顶的茅草腐烂漏雨，无法再住，王夫之决定盖几间新房。在蒙之鸿、章有谟等众弟子的帮助下，王夫之花了一个多月的时间，在茱萸塘附近建好了三间茅屋，左边两间卧室，右边一间书房，因在蒸湘河之西，故取名"湘西草堂"。虽然房屋简陋，王夫之却十分珍惜，布置得淡雅素朴，特别是每个房门前都挂有一副对联，正门是"清风有意难留我，明月无心自照人"；左边第一间是自己与张紫眉的住房，门前对联是"芷香沅澧三闾国，芜绿湘西一草堂"；左边第二间住房是儿子媳妇的，对联是"密云松径午，凉雨竹窗秋"；右边书房对联是"孝思恬品，霞灿松坚"。

这样诗意雅致、文脉生动的装饰，颇有一种"斯是陋室，惟吾德馨"的味道。

此后的十七八年，王夫之一直住在湘西草堂，直到生命的终点。

看到儿孙满堂，王夫之颇为欣慰。然而，由于同父异母和年龄差异，两个儿子相处得并非十分和谐。王夫之将王攽和王敔叫到一起，开诚布公道："汝兄弟二人，正如我两足，虽左右异向，正以相成而不相戾。况本可无争，但以一往之气，遂各挟所怀，相为疑忌。先人孝友之风坠，则家必不长。天下人无限，逆者顺者，且付之无可如何，而徒于兄弟一言不平，一色不令，必藏之宿之乎？试俯首思之。"

不仅如此，王夫之还给子侄们写信，反复叮嘱："天下甚大，天下人甚多，富似我者，贫似我者，强似我者，弱似我者，千千万万，尚然弱者不可妒忌强者，强者不可欺凌弱者，何况自己骨肉！……不能于千人万人中出头出色，只寻着自家骨肉中相凌相忌，只便是不成人。戒之，戒之！"

王攽和王敔听了、看了，感动莫名，拍胸保证："谨记教诲。"

春节后不久，茱萸塘附近又有一些散兵游勇出现，诡诡秘秘，王夫之顿时心感不安，为防万一，他只能再次出走。

王夫之带着蒙之鸿和章有谟，走走停停，停停走走。几年间，王夫之不断地在南岳群山间来来回回，这山峰成了他天然的保护屏障。衡州城是他的禁区，多次与郡城擦肩而过，他都不敢进门，因为，进得去就可能出不来。那是吴三桂的"都城"，所有的城门都改了名字，驻扎着吴三桂的兵勇。看着来往进出、身着明人装束的市民，听着城内嘈杂喧闹的声音，他并不觉得时光回到了大明朝，只觉这是一场可怕的闹剧。

就在这时，衡州发生了一件大事，王夫之再也不能置身事外了。或者说，他想置身事外，却无法办到。

原来，野心勃勃的吴三桂竟然要在衡州称帝了。此时的战局对吴三桂来说极为不利。自从打下半壁江山之后，这帮老家伙就开始了大明将士最为擅长的钩心斗角。人心不齐，各有所想，很快又成了一盘散沙。前年，耿精忠被迫投降大清；去年，尚之信也被迫投降了。广东、福建、江西相继回到大清手中。吴三桂被清军围在湖南，抑或为了重整旗鼓号召天下反清复明的队伍，抑或垂死之前了却由来已久的心愿，于是上演了一场更加荒诞无耻的闹剧。

吴三桂本来自己想过皇帝瘾，却既当婊子又立牌坊，说是天下百姓拥戴他，恳请他出来登基的。据说唐克峻也居然在一旁怂恿，盼望吴三桂称帝。

虽然吴三桂一心想称帝，却要装个面子，找一位德高望重的人来写《劝进表》，以昭告天下，汇聚人心。

唐克峻趁机向吴三桂力荐王夫之："此君名动湖湘，且为明之遗臣，曾撰过《永历颂》，对明忠贞不贰，甚合适。"唐克峻明知《永历颂》乃方玄痴所作，而非王夫之所为，他为了将王夫之的分量做足，竟然不惜说谎。

对于王夫之大名，吴三桂自然清楚。当初为笼络他，邀书被其撕毁，使者被其辱骂，吴三桂虽然恼火，但也没有拿他怎样。这几年，吴三桂一直派兵在跟踪王夫之，并不是没有机会抓住他，也不是怕他，只是不想激怒他。现在自己要称帝了，若王夫之能出来"劝进"，布告天下，意义自然非同凡响。

于是事情很快就定了下来，吴三桂立即派出王府总管带着厚礼前去恭请。本来吴三桂要派唐克峻前往相邀，但唐克峻禀告吴三桂，自己不便去，若他去邀，王夫之会认为这是因为同窗之友、乡谊之情而降低大王本人对他的重视。吴三桂觉得有理，便让王府总管亲自前去。

"恭喜夫之先生!"

在湘西草堂门前,王府总管眉开眼笑,老远就向王夫之道喜。在王府总管看来,这可是许多学子光宗耀祖、求之不得的大喜事。

谁知王夫之将厚礼一推,怒不可遏道:"何喜之有?"他对吴三桂的诏书看都不看,掷之于地,踩上一脚,吼道:"老朽安能作此天不载地不覆语耶!"

王府总管目瞪口呆,他没料到王夫之如此硬气,如此不识抬举,倘若无功而返,该如何交差?

王夫之知其尴尬,也不为难他,于是在纸上挥笔写下:"某先朝遗臣,誓不出仕,素不畏死。今何用不祥之人,发不祥之语耶?"写完,将纸塞给王府总管,怒道:"回去复命矣!"

王府总管吓得屁滚尿流,落荒而逃。

王夫之匆匆收拾行囊,再次带着章有谟和蒙之鸿,迅速躲进了深山老林中。

没有《劝进表》,皇帝还是要做。1678年闰三月初一,吴三桂冒天下之大不韪,领着浩浩荡荡的队伍,在回雁峰前筑坛加冕称帝,称"大周昭武皇帝"。当天锣鼓喧天,唢呐声声。

隔着大半个南岳群山,王夫之在双髻峰的一个石洞里都能听到。

在王夫之看来,世界上有三"义",即"一人之正义,一时之大义,古今之通义"。王夫之认为:"一人之正义小于一时之大义,一时之大义小于古今之通义",而吴三桂让自己写《劝进表》,正是企图用"一人之正义"来获"古今之通义",从而承担千古骂名。王夫之清楚,吴三桂称帝不过是他最后的疯狂,苦的是天下黎民百姓。

果不其然,称帝后不到半年,八月吴三桂病死在衡州城,这似乎也印证了他的所作所为触犯天怒,背离天道,有违天理,一句话,老天爷都看不过去了。

令人意想不到的是，就在吴三桂死去的第五天，不知何故，唐克峻竟然被吴三桂的部下处死，他的头颅还在东门城头上暴晒三日，苍蝇乱飞，惨不忍睹，而他的衣袋里仍然藏着永历帝那一小块被他捂得发热的骨片。

"真是作孽啊。"王夫之闻此，浑身发抖。

第四十章　魂归船山

一

眼看春节临近，王夫之突然接到一个噩耗：李国相病逝！

"这老哥也不等我一下，竟独自去了。"王夫之喃喃道，"我要见他最后一面。"

外面狂风暴雨。

蒙之鸿劝他："义父，眼下时局艰难，路途凶险，又值暴雨，不去为妙。"王夫之怔在那里，仿佛丢了魂魄，听不进蒙之鸿的话。

王夫之终于抵达葬礼现场，人群之中，那些面孔几乎都是陌生的，王夫之再也见不到一个老伙计了。他小心翼翼地走到棺木旁，摸着棺材盖久久不愿离去，老泪纵横。李家后人忍不住打开棺材盖，让两位老友见上最后一面。

李国相静静地躺在棺材里，面容安详。空空的袖管就在身体一侧，仿佛在诉说一个王朝的灭亡，又仿佛在诉说一位书生的泣血壮志。风雨过后，一切烟消云散了。王夫之抖抖地伸出手，轻轻地抚摸了一下李国相苍白如纸的脸庞，仿佛听到了心碎的声音，又似乎看到了自己的死亡。故人已去，尚且还有自己前来送行；他日，自己长辞，哪里还有故人作别？望着苍茫天地，他感觉到的只有孤独和寂寞："谁将今古作浮烟，人各为心亦自怜。"

挚友故去，王夫之深为触动，并加倍珍惜活着的时光，也更加思念家人。送完李国相，王夫之即刻返回湘西草堂。想起李国相为他以及衡州诸子所做之事，回忆当年在衡山起兵，以及他的忠勇报国，王夫之悲怆不已。六年之后，王夫之为李国相校订完遗稿，写了一首《为芋岩定遗稿感赋》，其中两句为："应笑船山知己未，鸿踪沙上觅残痕。"

李国相去世后没过多久，又一个噩耗传来：亲家刘象贤病逝。"如此乐观豁达之人，说走就走。"王夫之泪目道，"焉能如此？焉能如此？"

儿媳刘涵静闻之大哭。王敔手足无措，抚摸着夫人的大肚子，安抚道："节哀，节哀。"

王夫之无法前去祭奠，只能无力地安慰儿媳刘涵静："逝者已矣，生者珍之。"如此，也是对自己的安慰。

真是祸不单行。正在这时，王夫之居然还得到郭衮冕过世的消息，难过之余，自然会想到夏汝弼，不知他还在人世否？

那次相见，夏汝弼说过，他之所以选择隐居在九嶷山，因该山是始祖虞舜的藏精之所。太史公《史记》载："舜南巡狩，崩于苍梧之野，葬于江南九疑"。夏汝弼说他还去过炎帝故里，寻找炎帝之"神琴"，突遇大水，差点淹死。王夫之惊讶于夏汝弼的纯粹与执着，当时，他俩本来还想多聊一会儿，岂料清兵来了，他们只好匆匆一别。王夫之真希望夏汝弼能在始祖舜帝"藏精之所"九嶷山下抚琴抒怀，平安终老。

郭衮冕逝世后，阿妮带着贵单历尽千辛万苦回到了衡州郭家。这是郭衮冕最后的恳求。他还请求阿妮带着贵单去找王夫之，"拜师习艺，做有用之人"。

然而，当阿妮带着贵单找到王夫之时，王夫之自顾不暇，他只能劝道："眼下局势动荡，我等无法在此安身。你们母子在家休整一段日子，待局势明朗，再作他计。"

王夫之想起胡三妹的两个儿子，当时他承诺张纯、张熙，收他俩为徒，结果发生意外。他再也不敢轻易许诺了。

此时清军再次杀到衡州，吴三桂的残兵剩将仓皇南逃，顿时作鸟兽散。

清军再次占领了衡州，四处索拿"南明余孽"，一时黑云压城，鸡飞狗跳。

王夫之只能再次逃亡。

"明军来，逃；清军来，复逃。张献忠来，逃；吴三桂来，再逃。"章有谟感慨万分道，"先生就像那只神鸟，永远在天空中飞啊飞，停不下来……"

"放心，终有停下来的那一天。"王夫之也自嘲道，"现在，黄土已经掩到脖子上了，飞的翅膀也没多少力气了，离停下来，只有短暂的一段距离了。"

这一回，王夫之带着章有谟和儿子王敔一起出逃。沿途村庄集市早已空空荡荡，路上到处可见携家带口向南流亡的百姓。满目萧瑟，恐慌蔓延，死亡的气息弥漫，空气紧张得让人无法喘息。

王夫之由于有些麻木，反而显得淡定。多年的流亡生涯，他练就了处变不惊的心态。赶了半天路，有些累了，他们便在人去屋空的残败村庄里休息。

远处，死寂之中隐约可以听到清军的喊杀声。

章有谟竖起耳朵，道："先生，快些赶路吧，清军就要杀来了。"

王夫之仿佛没有听见章有谟的担忧，眯着眼睛，望着满园春色，脸上竟然挂着一丝冷笑与苍然，他捋了捋胡须，自言自语道："古人丧乱中，自选林泉住。吾辈丧乱中，命中作逃奴。"

待清军疯狂杀到的时候，他们三人已涉险入山，并侥幸闯进了一处山洞。初进洞口，蝙蝠乱飞，潮霉遍地，骚气冲天，闻之几欲昏倒。

王夫之用衣袖捂住鼻子，吹亮火折子。章有谟忽然发现地上满是屎尿，吓得他又跳出山洞。王夫之哈哈大笑："若没猜错，此应是麋鹿居所。"言毕，他昂首挺胸走了进去。

章有谟讶然道："先生，我们要居于此地？"

"天然屏障，此非佳处乎？"王夫之笑着反问道，"甚好矣，知足矣。既可挡风遮雨，又可掩人耳目。"

王敔亦惊叫道："真与麋鹿争住处？"

"那又如何？天地造化，人鹿共居，不亦乐乎？"王夫之淡然道。王夫之的意思显然是，现在避祸战乱，还有什么可讲究的？只要心无旁骛，天地万物皆归于我，如此，就不受制于外物之困。

于是，王夫之三人住进了潮湿的麋鹿洞。白天倒还安宁，晚上一星灯火亮着，洞口时常传来麋鹿的叫声。王夫之不以为意。章有谟和王敔起初有些害怕，但看到麋鹿并非凶猛之兽，恐惧之心也就放下，进而释然，有时还与麋鹿逗玩，竟也有了一些野趣和生气。

深山里的麋鹿洞中，王夫之三人慢慢习惯了与鹿共处。这段奇特的经历，为王夫之提供了天、地、人三位一体的重新思考。

为了填饱肚子，章有谟自告奋勇去洞外觅食。

洞内颇为安静，王夫之吟道："君不见长松卧壑困风霜，时来屹立扶明堂。"

"此乃陆放翁之《读书》也。"王敔嘀咕一句，忽然偏头问："父亲大人，眼下衣不遮体，食不果腹，为何还有如此雅兴？"

"雅兴之有无，不在外，而在内。外之局无可左，内之心自可定。"王夫之正色道，"如此，欲有者，处处可有；欲无者，处处曰无。"

这时，洞口麋鹿突然一阵骚动。

王敔道："想必是有谟兄回来了。"

话音未落，果然就见章有谟抱着几个地瓜进了洞口。

看到章有谟青春的面庞，王夫之忽然想起了恩公章旷，不觉涌出一种伤感。

章有谟道了一声："先生，找了半天，只弄到这几个地瓜。"

王夫之拿起其中一个地瓜，道："漏网之鱼，亦无幸免矣。"言毕，将这个地瓜递给王敔，对两位年轻人道："你们两个先吃吧。"

就这样，在这阴暗潮湿的麋鹿洞中，王夫之三人整整住了一个月。饿了吃野菜喝雨水，困了睡在一片树叶铺成的地铺上。每日就着天光，每夜就着油灯，过着这种原始的生活。王夫之突然想起炎帝，自嘲道：当年炎帝也一定有过不少类似的日子吧。偶有一两只淘气的小麋鹿在一旁站着或躺着，黑暗中闪闪发亮的眼睛盯着他们，王夫之若无其事，亦不许儿子和有谟驱赶它们，更不许杀死或伤害它们。这些小麋鹿不明就里，也就安静地看着王夫之，然后无趣离去。

在与这些山中的精灵和谐相处的过程中，王夫之感悟颇多，他写下了《庄子通》，把无为而为、道法自然演绎到一个新的境界。比起上次逃难中与蒙之鸿居住在一个山洞里写下《被褡赋》的心态有了明显不同，这一次，王夫之更为豁达、通透、乐观。他从容不迫地写道："夫势之'厚'也生于'积'。'扶摇'之风，生物之吹息也；'垂天'之翼，一翮之轻羽也。然则虽成乎势，大之居然小也固然。""吾有大树，人谓之樗。"

王夫之这样的认知堪比庄子的《逍遥游》，标志着王夫之的生命王国进入一种全新的哲学境界。他特地向两位晚辈展示了自己的一首题为《雨余小步》的小诗，并作了详细释义——

莲花莲叶柳塘西，疏雨疏风斜照低。

竹箨冠轻容雪鬓，桃枝杖滑困春泥。

垂虹疑饮双溪水，砌草新添一寸葳。

不拟孤山闲放鹤，鹁鸠恰恰向人啼。

一个月后，王夫之他们回到了湘西草堂。这一回，衡州的天空，彻底风平浪静了。

很快，衡州的清朝官员差人送来粟帛，说是要嘉奖他！为何要嘉奖他？因为他拒绝为吴三桂书写《劝进表》，守住了一颗读书人为家为国的忠贞之心。

然而，王夫之拒绝了这份嘉奖。

不错，王夫之当时正过着饥寒交迫、上顿不接下顿的窘迫生活，但是，面对这份"荣耀"和"嗟来之食"，他淡淡地说了一句："无功不受禄，请带回粟帛，让王某安心过几天清静日子，此乃最高嘉奖。"

来者百思不得其解，说道："你守住了读书人的气节。许多读书人有知识，没气节。"

"他人是他人，王某是王某。无关气节，只关信念。所以，不接受嘉奖，亦不受粟帛，乃王某意志。"王夫之斩钉截铁道。

来者不知所措，悻悻而去。

王夫之习惯了清贫日子，每天看书写作，反思历史，回忆往事，在自己的精神世界里怡然自得。

"夫之先生，天气好，又出门散步呐？"一位老农问道。

夕阳中，看着迎面而来的老农，王夫之点了点头。

一旁的章有谟恭敬道："世人皆知先生王夫之大名矣！"

蒙之鸿插话道："谟君不闻南岳万峰寺长老之言'不愿成佛，唯愿见王夫之'乎？长老尚且如此敬重义父，何况他人乎？"

"皆为浮名，有此何益？"王夫之瞪眼道，"骨气，血性、信念、初心，此四者，人之脊也。"

章有谟忽而问道："先生何故名曰夫之？"

"夫之是名，更是志。名如发须，乃父母所赐。父亲大人从未告诉我此名旨趣。但我想，无非大丈夫之类，寄托他对我的某种期许。于我而言，自己取名颇多，所谓而农、姜斋、夕堂等，皆发乎心。即使每个居处，也都取有一名。说到底，一个名，一段历史，一段生活。须知，志是自发，乃个人所求也。"

王夫之言罢，呵呵一笑，指了指湘西草堂上方的大山。

蒙之鸿、章有谟顺着手指看去，但见那里耸立着一座孤独了千万年的山。山脊荒凉凋敝，良禽过而不栖，山头巨石阴沉黄褐，状如倒立之船，当地人叫它"石船山"。

"那又怎样？"两位弟子异口同声问道。

王夫之每日生活在湘西草堂，抬眼就能看到那座山，每每怦然心动，遂道："此山乃老朽之山，老朽乃此山之人。故老朽可叫船山先生。他日老骨头散架了，就请葬入山腰间，让与孤山作伴，看云起云灭，感世事沧桑矣。"

章有谟和蒙之鸿重又看了一下，齐声道："顽石一块而已，甚为普通，何故以此名之？"

王夫之慨然，对二位弟子道："有名而无志，无名也；无名而有志，有名也。"

"弟子愿闻其详。"章、蒙二位垂手，谦逊道。

王夫之释道："比如壮士，如姜有义等，虽历史无名，实名垂青史；比如奸贼，如吴三桂等，虽浪得虚名，实遗臭万年。"

"此乃与夫之或船山之名有因果否？"两位弟子仍不得要领。

"汝等再去想想。"王夫之不置可否，笑而不答，背着手，兀自走向家的方向。

回到湘西草堂，王夫之联想起弟子们的疑问，不免心绪涌动。他想到自己的坚贞，又暗暗自嘲地笑了。

二

天，完全黑下来。王夫之点起松节油灯，忽又想起大叔王廷聘当年喝酒吟诵《庄子》的场景，不禁感慨万千。此时此刻，他才深入骨髓地了解了大叔的心志。如今，他也像当年的大叔一样，困顿之中却有着豁达俊逸、超然物外、快意恩仇的胸襟，似乎真的有了逍遥游的心境，禁不住念道："奏《九歌》而舞《韶》兮，聊假日以偷乐。"

章有谟道："先生此次避祸，重读《庄子》，收获甚丰矣。"

王夫之笑道："庄子非等闲之辈，其学可以明心明志。尤其是老朽在历经沧桑、劫后余生之际，读庄子之作，感触尤深。"

"我喜庄周梦蝶。"一旁的蒙之鸿接上话，背诵道："昔者庄周梦为蝴蝶，栩栩然蝴蝶也，自喻适志与！"

王夫之道："此乃庄周名篇，我亦喜之。文字虽少，却渗透了作者诗化哲学之精义。"

"'北冥有鱼，其名为鲲。鲲之大，不知其几千里也；化而为鸟，其名为鹏。'庄周《逍遥游》似不一样。"章有谟不甘落后，也背了一段，然后问道："义父一向独创法门，推此及彼，能以'逍遥游'启愚心智乎？"

王夫之道："天下有势，'扶摇'之风是已；我心有势，'垂天'之翼是已。"

章有谟道："先生好似得道逍遥游，无所求，无所期，无所有，无所无，无所富贵贫贱。此之谓乎？"

王夫之呵呵笑了："少时读庄生多狂傲，老来再读，性悦然也。"

蒙之鸿道："常见义父研习《齐物论》。先生对庄生甚为尊崇，外人以为先生乃老庄门生，殊不知竟师从孔孟儒学。"

"诸子百家，各有所持。老夫不拘泥任何门道，各派兼收。"王夫之笑道，"况道者，儒者，法者，墨者，世人皆曰'老庄'。窃以为庄生不同于老氏，亦不同于孔孟。庄生者，屹立百家，而不同于诸子，为特殊者，非一语可言尽。"

蒙之鸿进而问："庄生《齐物论》，非老氏'绝圣弃智'乎？"

王夫之正色道："若能'绝圣弃智'，老夫就不用如此劳心伤神矣。"他不敢"绝圣弃智"，所以国破之时，他心中始终有一份幽愤，依然隐姓埋名，做圣人之学。越是读书明道，越是感愤；越是通透明了，越是煎熬。若当初大明的君臣能够明仁者之理，行圣人之道，大明何以亡国？

章有谟忽而问道："一介之士何以行走于天地？"

"心者无物，可傲然于天地。"王夫之想了想，又道："乱世者，善恶相轧之积，恶之轧善也方酷，而善复挟其有用之才，以轧乱而取名。名之所在，即刑之所悬也。"

混乱的时代，走过了跌宕起伏的半生，王夫之看淡了，也看透了。从前，年少轻狂，他心怀报国之志，亦为浮名所累，总想创造一番事业于人间。而今，故国已去，他心已死，只能清者自清、贞生贞死了，别人要怎么做，他管不了，也不想去管。

此刻，王夫之想到了瞿式耜、堵胤锡等，当然亦会想到永历帝，甚至还有吴三桂等，不觉哑然失笑。他提高声音道："庄生文章大气磅礴，行文华丽而怪矣，亘古未有，其义理亦非同一般。

蒙之鸿一脸疑惑，颇为不解。王夫之遂慷然道："生死已尔，祸福已尔，毁誉已尔，口口已尔。"说罢，王夫之一个踉跄，栽倒在地上。

"先生，您醒醒！"章有谟大吃一惊，赶紧扶起王夫之，连连叫唤："先生，快醒醒！"

"义父，您太累了。"蒙之鸿也大吃一惊，让王夫之斜靠在自己身上，道："好好休息一会儿吧。"

多年的漂泊、担心、紧张、劳顿，王夫之充分体会到破门和尚所言"活生"的艰难。这一回，他的身子垮了，终于病了，而且病得不轻。

这一年，王夫之六十有三。顽强的他无力地躺在了湘西草堂的病榻上，他的亲友和弟子聚集在他的身旁，一脸的焦急和紧张。

王夫之的目光缓缓扫过那一张张熟悉的脸：大哥已然苍老了，额头上的皱纹连着满头白发，他没想过会先大哥而去，但他觉得若这样倒是不错的，至少不用承受大哥离世的痛苦。张紫眉青春犹在，十余年日晒风吹，烟熏火燎，整日劳顿之中，她的皮肤已经粗糙，身子也有些佝偻，对于这样一位续弦，一如前面两位妻子那样，他亦心存愧疚，自她进门，就没过过好日子。他一直漂泊在外，她却勤勤恳恳操持这个家，还给他接连生了三个女儿。看着两个满眼是泪的女儿，他格外心疼，又想起夭折的小女儿。小女儿正是在吴三桂登基那年过世的，悲痛之中，他将小女儿葬在后山的一株梅树下，并特别在一旁立下一块小碑，上书："梅根千年荫野土，鹤发衰翁泪如雨。"若他不躲避吴贼，小女儿可能亦不会如此，这样一想，又将这恨记在吴贼头上。放儿和敔儿人品与学识兼优，两个媳妇刘慕青和刘涵静知书达理，举案齐眉，没给王家丢脸。放儿著有《诗经释略》，对《诗经》有着独特见解；敔儿虽然年轻，但后来居上，其学问渊博，操履高洁，时有"楚南三王"之誉。两人均已经开课授徒，几个孙辈就跟着他们读书，王夫之格外欣慰，只是他仍旧惋惜那早年夭折的长孙王夏，若长孙还活着，应该已经懂事了……

围在王夫之身旁的，除了家人，就是弟子和朋友了。病倒之后，王夫之才明白，世上没有铁打的人，更没有不死的人。每个人都会走向生命的终点。他躺在床上，思维不仅没有停止，反而更为活跃，他越发觉得自己该做的事情还远远没有做完，该写的经文还没写完，该记录的事情还没记完，不能这样撒手归去矣。不过，王夫之不得不承认青春早逝，韶华已过。他在《噩梦》之《叙》中不无悲凉道："吾老矣，惟此心在天壤间，谁为授此者？"先前还能自嘲一番，甚至在《风流子·自笑》一词中开头便是："老夫无藉处，问今古、更有几人知。"现在，这样自嘲的心情和气力都没有了。老了便是老了，最后的归宿皆为泥土，这就是天命，谁也拗不过。王夫之费力地望着众人，突然苍白地笑了一下。

命不当亡。慢慢地，王夫之的身子有了些恢复，他不顾劝阻，拖着病体，仍旧秉烛夜读，整理从前的书稿，尤其是他的《六十自定稿》。独坐南窗，安静之中，回想着前尘往事，那些远去的人又一一浮现眼前。他挣扎起身，开始动笔书写《广哀诗》，他在序言中写道："自弱冠不为人厌捐，出入丧乱中，亦不知何以独存。诸所哀者，或道在死，或理不宜死，及其时相辕会，以靖其心，以安其命。"

接连几天，王夫之先后写下关于瞿式耜、严起恒、文之勇、李国相、蒙正发、刘象贤等人的哀诗，念着冷冷的文字，数着众人的名字，他越发觉得孤单了。

诗能治病！王夫之全神贯注地写作，释放了内心长久的积压与忧愤，写完《广哀诗》，王夫之居然康复了！他将自己的康复归于友人魂魄聚集的精力，托着他活下去。

"天意如此，众亡友尚不冀王夫之与之厮混矣。"王夫之庆幸之余，又莫名惆怅。弟子们各忙各的，他愈发孤单。身边只有家人，王敔住地离他较远，王敔还在茱萸塘。在死亡边缘走了一遭后，王夫之越发觉得时间宝贵，遂把全部精力都放到了读书、思考、治学和写作上。

就在这时，王夫之开始撰写《噩梦》和《俟解》两部重要著作，这是他六十四岁时的作品，他在《噩梦·序》中写道——

> 鲁两生曰："礼乐必百年而后兴。"百年之始，荡涤烦苛，但不违中和之大端而已。天其欲苏人之死，解人之狂，则旦而言之，夕而行之可也。呜呼！吾老矣，惟此心在天壤间，谁为授此者？故曰《噩梦》。

王夫之意识到自己所处的时代为"百年之始"，隐言恢复无望。鲁两生言："礼乐所由起，积德百年而后可兴也。"言外之意，当今之世，文明毁弃，人道穷极，礼乐之兴，必待百年之后。《噩梦》旨意，要为礼乐之兴，明"中和之大端"，实有"为万世开太平"的抱负。因为王夫之始终坚信，礼乐之兴起必有其天道根据。文明虽然毁弃，但天道有常，必"苏人之死，解人之狂"，必"旦而言之，夕而行之"。此处有批判孔子"天何言哉"之意，表达自己对天道之信心。而"吾老矣，惟此心在天壤间"，则言我心与天心契合，此心必长留天壤间。

这天上午，王夫之正在整理书稿，突然听到张紫眉说道："有客人来访。"

话音未落，只见姜思琴笑着走了进来，叫了一声："夫之！"

王夫之一见，喜出望外，赶紧回了一句："琴姐，什么风把你吹来了？"说完，看着姜思琴，虽说她比王夫之大两岁，但脸色红润，感觉更有活力似的。

姜思琴告诉王夫之，她本来早就想过来了。一是客栈重开，千头万绪，事情多多；二是最重要的，是时局不稳。讲到这里，她忽然低声道："夫之哥，我要告诉你一个惊天消息。"

王夫之淡然地看着姜思琴，心想：都什么时候了，还有惊天消息？然而，当姜思琴说出"伯实跟我在一起"时，王夫之顿时震住了："什么？你说什么？琴姐，你没有乱说吧？"

姜思琴摇摇头，一本正经道："本来这次要一起来看你的。伯实思虑再三，觉得还是不冒这个风险，过一段时间再说。"

"伯实兄不是被吴三桂处死了吗？"王夫之道，"还有衡州知府刘进忠也被处死，监斩者就是唐克峻啊。"

姜思琴点点头，道："是的，对外确是这样说的。但克峻先生毒死了吴三桂这个老贼，救下了衡州知府刘进忠大人和伯实，最后被发现了。克峻先生被误解，被污名，而且死得很惨。"

"天啦，这究竟是怎么回事？"王夫之道，"琴姐，快告诉我，这、这不是在做梦吧？"

姜思琴道："夫之，这个计划是刘进忠大人、伯实与克峻先生三人密谋妥当的，当时连我都被蒙在鼓里。"

紧接着，姜思琴将刘进忠、曹伯实如何将慢性毒药送入吴府，再由唐克峻买通吴三桂的身边人，将毒药掺入食物中的这些具体细节，一一告诉了王夫之。据姜思琴所说，当初唐克峻还试图拉入王夫之，见王夫之态度异常坚决，他便没有勉强，也没有透露任何消息……

"啊，原来如此！克峻兄，我误解你了，我们都误解你了！"

"是的。我也误解克峻先生了。"姜思琴说道，泪水不觉流了下来。

"克峻兄壮哉！"王夫之亦是老泪纵横，道："没想到你隐忍如此，不惜自毁名节，杀仇报国，终得偿所愿啊。"

姜思琴忽地放声大哭，全身颤抖。

良久，王夫之望着姜思琴，轻声问道："伯实兄还好吗？"

"他现在改名为曹一凡。"姜思琴止住泪水，望了一眼王夫之，有些不好意思道："我与一凡结合在一起了。"

"啊？一凡？"王夫之瞪大眼睛，不可思议道，"好啊！你跟伯实兄，哦，是跟一凡兄结成新家庭，这是我大病之后听到的最好的消息了。"

"夫之，你前晌病了？"姜思琴一听，急问道："什么病？不碍事吧？"

"没事，本来病就好了。"王夫之呵呵一笑，道："听到你们的消息，比吃了一碗鸡肉还补啊。好，真好！"

姜思琴亦开心笑了，道："再过一段日子，我和一凡来接你，去耒阳住一段时间。"

"好，好。还真想去看看你们。"王夫之连连道，又随口问了一句："晓书还在水月庵吗？"

姜思琴点头，道："清玉妹妹再也回不到红尘。也罢，在水月庵也好，我们就此多了一个念想。"说完，就要离开。

"琴姐这么忙？"王夫之道，"不吃饭就走？"

"下回吧。"姜思琴道，"我还要去衡州城里进点货。此次绕道去山上在大姨、大姨父坟前拜了拜，然后过来看你一下。我得尽快回去，一凡一个人在客栈，我还有点不放心哩。"

"哦，如此也好。代我向一凡兄问好。"王夫之道，"下回，我一定去你们客栈住住。"

"一言为定。"姜思琴道，"夫之，多多保重！"

三

姜思琴离开后，王夫之的心情久久不能平静。姜思琴带来的消息，让他有一种在久雨泥泞的山林中见到了一束阳光的感觉，这样有亮色、有温度的感觉在他的一生中都不多见，所以格外兴奋。

大约是姜思琴离开后的第三天，一个人的来访以及他带来的消息则令王夫之喜忧参半：喜的是张学夫还活着；忧的是夏汝弼逝世了。

"啊？学夫？是你？真是你吗？"王夫之看到张学夫，感觉不可置信，"怎么一直没有你的消息？这些年都去哪里了？"

张学夫望着苍老的王夫之，眼泪"唰"地流了下来。他告诉王夫之，两个堂弟张纯、张熙滑入池塘溺亡，随后婶娘胡三妹自尽，令他内疚且无脸再见任何人，他想到了自杀，是朱归孺救下了他，说他们的死是天命，不是他的过错。朱归孺对胡三妹一家和张学夫本人帮助很大，他们也都一直以恩人待他。朱归孺带着张学夫去了益阳，然后根据他的要求，让他见到了夏汝弼，并一直执弟子之礼，侍奉夏汝弼到生命的终点。

"啊，汝弼兄去世了？"王夫之有些吃惊和伤感。

张学夫点点头："已三年多了。"说完，他将一叠文稿交到王夫之手上，道："这是恩公临死前交付我的事。"

王夫之接过文稿，有《白石峰记》《车架山同夕堂作》等数十篇。其中，《白石峰记》早就读过，王夫之再次翻看，心情又是不同："登山而思天、问天，探究天人之蕴：天有所覆盖，还是无所覆盖？是一定要覆盖天下一切荒远之地，才能成其天，还是不必如此？"

"天不佑人，天不佑人矣。"王夫之喃喃道。他知道夏汝弼学识广，才艺多，不仅精通音律，还会弹琴，懂中医，善诗文，多才多艺。可惜生不逢时矣。

张学夫还告诉王夫之，夏汝弼曾经动过回衡州的念头，但一来身体越来越差，二来衡州物是人非，回去徒增伤感。他觉得晓书在"水月庵"做了清玉，与尘世绝缘，未必不是好事。于是他选择在九嶷山下终老，与晓书的选择殊途同归。

夏汝弼去世后，张学夫也听说了朱归孺的事情，他大哭了一场，为自己不能前去祭拜而痛苦。不久，张学夫在赶尸人的帮助下，将夏汝弼的遗体送回了衡山，埋在胡三妹坟旁。

张学夫再也没有外出，他将胡三妹的餐馆重新打理起来，生意还算不错。接着，张学夫成了家，生了一个儿子，一切都还算平顺。

"夫之先生，我应该早来向您禀报这些事情。"张学夫说着，又流泪了，"可我总觉得对不起您。"

"你有什么对不起老朽的地方？"王夫之甚为不解，叹道，"你成家立业，过上正常人生活，就是好事，不一定非要成为读书人。况且，你跟着汝弼兄这么长时间，也一定学到了不少东西。"

张学夫眼睛红红的，不停地哽咽，想说什么又没说出来。

王夫之停了一下，又对张学夫说道："说真的，你现在安顿下来，比什么都强。你来看我，我就很高兴了。真的很高兴。"

"每次想到纯弟、熙弟那么向往读书，而他俩一天书都没读上，我就难过。总觉得他们的死，是我的疏忽造成的。"

"朱大人讲得对，生死有命。你已遭受了很多苦难，不要再将这些不属于你的苦难加到自己身上。"王夫之特地提醒道，"老朽告诉你，我在外讲学，每次都留了两个座位，你的两个堂弟，都听了课……"

张学夫听到这里，顿时泪如泉涌："如此，婶娘在天之灵，该欣慰了；两个堂弟泉下有知，亦该满足了。"

临别时，王夫之对张学夫叮嘱道："等天气好一点，身体再恢复一下，我去汝弼兄和你婶娘坟前烧一炷香，祭祀一下。"说完，王夫之忽然感觉有些怪异，轻声嘀咕了一句："汝弼兄与胡三妹葬在一起？"张学夫见状，马上意识到什么，连忙解释道："夫之先生，是这样的。汝弼先生临终前，特地叮嘱，不要将他葬于水东江的那片竹林，他化不了蝶，亦没有资格化蝶。他若不能葬于九嶷山下，掬沧浪之水为舜帝濯缨，则回到衡山与故人为伴，毕竟距衡州夫之诸人近矣。"

张学夫说到这里，禁不住哭了起来。王夫之听了，也忍不住老泪纵横。当年，胡三妹服毒自杀后，被安葬在张纯熙的墓旁。王夫之和夏汝弼等人还去祭拜过。他真没想到，汝弼兄会先他而去；他更没想到，汝弼兄至死也没有放下对若画的爱，即便到了另一个世界，他还是无法原谅自己，认为是他辜负了若画的爱，他也不配与若画重新开始。

然而，王夫之终究没有去衡山故人墓前祭奠，有如他曾说去姜思琴客栈住一阵子，但最终没有成行一样。生命对他来说，已经十分慷慨，他要抓紧这最后的时光，尽可能多地做一些"六经责我"的事情，这是一种自觉，更是一种使命。

在遗世独立的生活中，王夫之变得平和恬淡。他坚守着孤单，越老越睿智，越睿智越淡定，越淡定越通透，越通透越坦然。他已不再纠结于"一介之士亦何以造命"，他已经在造命；他亦不再纠缠于"一介之士如何自处"，他已经自由行走于天地之间。他在跟生命较劲，跟自己战斗："我是一道微光，只要活着，谁也无法将它熄灭。"

万籁俱寂之中，王夫之感叹着："人间今夕寒宵永，故国残山老病消。"王夫之虽披着厚厚的棉衣，但他还是感觉冷，周围冷飕飕的，他不断地、剧烈地咳嗽着，直到吐出一口黑血来。张紫眉正在隔壁屋子给王夫之缝补一件旧衣裳，闻讯出来，尖叫一声："夫君怎的？"她小跑一般，用温水打湿一块小布，将王夫之嘴上的血迹揩去，又端来一碗清水，让王夫之洗洗嘴，然后捶捶他的双肩，柔声道："好些了么？"王夫之点点头，道："无妨。你歇下吧。"张紫眉将床下地面上的血迹清理完，端来一个小瓷盆，道："夫君若有痰，请吐于此。"望着年轻的夫人地为自己张罗来去，没个停歇，王夫之叹了口气，好像这些不该发生似的，不由得摇了摇头。

晚年的日子，就是不断同病魔作斗争的日子，这是每一个生命的自然规律，王夫之也不例外。此时，他的身子大不如前，几乎每年都要病一场。灯火之中，汤药闪烁着琥珀光泽，腾起绿色热气。

不知不觉中，王夫之仿佛一直坐在湘西草堂，没有移动半步，时间却已从春到秋。这一回，他病了大约有半年之久。病中，他亦不敢荒废半寸光阴，每日照例奋笔疾书，常常一坐就是一整夜——他在与时间赛跑。他开始写《周易内传》，阐释着亘古未有的唯物主义思想和唯物主义辩证法，他自己可能都未意识到这是多么伟大的创造。在他，这只是一种"生活"的必需，也是一种"活生"的方式。他知道，剩余的时间不多了，只要还能读书动笔，他就会一直读下去、写下去；只有读书动笔，他才能忘却那些哀伤与忧思。

家里太穷，常有乡民旧友接济。张紫眉有些难过。王夫之遂道：可取一些诗文给他人，尽力不做"欠世"之人。但真要不欠，何其难矣。

就在这贫穷和疾病交织中，王夫之排除万难，以坚韧的毅力，写完了《周易内传》。随即又一鼓作气，完成了《思问录》《俟解》。王夫之越写，文思越如泉涌。

那天，蒙之鸿来探望他，王夫之格外高兴。所有的弟子当中，蒙之鸿与他最为亲近，亦师亦友。蒙之鸿作为义子，多年以来跟随着他，他们生死相依。多年父子成兄弟，两人之间不仅仅只是师生情谊。

蒙之鸿不在的日子，王夫之常感觉空荡荡的。他曾赠诗蒙之鸿，诗曰："怜君屡泛潇湘水，渺渺苍烟问客心……知尔南天回首望，暮云无际一林深。"字里行间，情真意切，令人动容。

"义父，鸿儿想您了。"蒙之鸿真的来了。

"心有灵犀啊！"见到蒙之鸿，王夫之心情大好，提议出门走走。

蒙之鸿甚为惶恐："义父久病体弱，不宜出门矣。"

王夫之哈哈大笑，吟道："老夫病中亦自强，乌鸢蝼蚁总黄肠。深衣何日裁能就，负罪孤臣拜烈皇。"吟毕，拄着拐杖，便出了门。

蒙之鸿赶紧跟上。清丽的天底下，阳光闪闪。王夫之对人性的洞察，达到了极致："人之所以异于禽兽者，君子存之，则小人去之矣，不言小人而言庶民，害不在小人而在庶民。"

蒙之鸿道："大明之祸，实为祸起小人，而非在庶民。"

王夫之一直在思考大明之灭亡，但从来不去触碰，仿佛那是一道伤口，一碰，就痛得钻心；一碰，就会流血。

"君子小人一线之间。君子小人，但争义利，不争喻不喻。"王夫之不同意蒙之鸿的分析，道，"此庶民之祸所以烈于小人也。"

直到此刻，王夫之仍旧将大明的败亡归因于民祸和朝中小人。关于君子与小人，王夫之颇有洞察："有豪杰而不圣贤者矣，未有圣贤而不豪杰者也。"

蒙之鸿道："豪杰者常有，而圣贤者难得。豪杰者未能成圣贤，圣贤者不为世之应允，失道而寡助，所以民祸，明亡于此。"

王夫之再一次沉默了，每当听到大明灭亡，他的心就会抽搐一下。他终究迈不过这个坎，也不敢迈过。

王夫之与蒙之鸿走到了田垄之上，金色的稻田上，芳香四溢，一位老农正在那里劳作。王夫之走上前去，躬身道："老人家，收成如何？日子可好？"

到附近的农户走走，这是王夫之近来才有的习惯，也是一种很好的调节方式。久病之后，他出不得远门，在四处走动得多了，便和当地民众多了一些交往。起初，看着男男女女一身清人打扮他还有些介怀，可是，时间久了，他也习惯了这种感觉。此刻，一位老汉赤裸着黝黑的脊背，伸出粗糙的手掌，掌心里捧着一把饱满的谷粒，他见是王夫之先生，便憨厚地笑了，露出焦黄的牙齿，道："老天有眼，无旱涝之灾，收成尚好，徭役也轻了，每年略还有些余粮。今年又是好年景，先生可带些谷子回去。"

看着老汉，王夫之觉得格外亲切。听闻老汉说丰衣足食，王夫之格外欣慰。他忽地笑着问老汉："想来老兄应经历过大明，眼下比之大明如何？"

老汉哈哈笑了："现在的光景比大明好百倍。不和大明比较，就拿康熙和顺治比，也是好了很多，风调雨顺，好年辰啰。"

"如此甚好。如此甚好。"王夫之低下头来。他不得不承认，他看错了大清朝。从前，他一直认为大清朝乃蛮夷之邦，治理不好这天下。不曾想，大清的皇帝竟然遵从圣人之学，行了汉人的王道，把天下打理得井井有条，比之大明朝最后那些年，百姓的生活确实好了不少。就连老天爷也向着大清，旱涝之灾不像崇祯那会儿那么多了。王夫之心里叹道：说来也是啊，天道即人道。老百姓有福，说明大清得了天道。天道即王道，为老百姓谋福，大清的皇帝算得上好皇帝。这样一想，心里又矛盾起来：天道应是贞德。大清再好，贼始终都是贼。在这一点上，王夫之的看法是固执的，不会改变的，所以，每每看这太平盛世，他心中便五味杂陈。后来时间长了，他慢慢也就释然了。总归百姓好就行。若大清比大明还差，那就逆了天道，百姓就会遭殃了。

王夫之与蒙之鸿走走停停，不知不觉，天色已近黄昏。倦鸟知飞，蝙蝠晃动，夕阳中，空气里夹杂着稻香，农舍墟里升起袅袅炊烟，远远地又传来悦耳的牛铃声和牧童的山歌声。王夫之缓缓走下田垄，跨过溪流，步过独木桥，灌木丛中挂着细小的红色果实，蜻蜓正停歇其间。他喜欢一步一步走在归家的路上，这是一种踏实、安稳的感觉。

蒙之鸿跟在后面，细小的蚊虫一直萦绕在他们的头顶。

现在，在王夫之一辈的至亲中，只有大哥王介之还与他生死相依。

阴冷的冬日，王夫之又染寒疾，身体有恙，越发觉得自己时日无多，也越发思念亲人。自己尚且如此，大哥更如是了，真是见一面少一面。他总有一种说不出的感觉，苍茫的天地间，他并没有孤绝，因为大哥还在，而大哥是他唯一的至亲，他们是一根血缘，一双父母，一起读书，一同长大，一块赶考，这一切都是妻儿和朋友所无法替代的。

四

新年过了不久，趁着早春时节，王夫之带着儿子王敔，去了耐园。尽管六十多岁了，但是，在大哥身前他还是找到了兄弟的感觉。夕阳西下，晚辈王敔和王敞陪着长辈的两个难兄难弟在林中漫步。夜晚，一家人围在一起吃饭。大哥已经是儿孙满堂，连曾孙都见到了。侄子王敞也已年过半百，成为衡州当地的大儒，亦开堂授课。

看着孩子们都在身边，王夫之倍感欣慰，格外温暖。饭桌上，和大哥王介之絮叨家常；饭后，他笑着坐到竹椅里检查曾侄孙的课业。小家伙很是能耐，年龄不大，四书五经却已经背得滚瓜烂熟，就连经义也都说得头头是道。

王夫之甚慰，夸赞王敞教子有方。

夜深了，孩子们渐渐睡去。王夫之和王介之喝着茶水，促膝长谈，王敞和王敔等兄弟几个就在一旁认真听着。

王介之拿出了自己的手稿，也就是《春秋四传质》，恳切道："偏安一隅，读读经文，为兄这辈子也就做了这一件事情。"

王夫之道："大哥过谦了。仅此一件，功在千秋矣。"王夫之当然知道，对《春秋》的诠释与注解，这是父亲大人对他们兄弟的期盼。王夫之知道，大哥写了一系列作品，但他只拿出《春秋四传质》来，也是表达大哥对于他这个小弟的期盼。

果然，王介之叹了口气，说道："小弟过奖了。我三兄弟中，你天分最高，心志最大，学识最广。国破以来，你殚精竭虑以救国；入乡以来，你呕心沥血以著书，此生守贞不改，实为王家男丁之翘楚、后世之榜样。"

"长兄之言令弟惶恐。"王夫之道，"愚弟何德何能？劳碌十载，未见尺寸之功；读书一生，未得几字真言。长兄志笃，性淡泊，为弟之榜样。弟自小从长兄学，年轻气盛而出走，老来效长兄避世而已。"

王介之道："我等皆为大明遗民，此为大幸，亦为大不幸。"

"无惧生死以守贞，安贫乐道以存志，足矣。"王夫之想了想，又道："近来，为弟再读《易经》，又读《圣蒙》，所感颇深，以知天地阴阳之生、之动，贞德之大、之永，尤胜十载前。"

王介之道：《正蒙》者，张子之著，唯物论者是其大成。"

王夫之道："家父崇朱子，小弟以为朱子圣也，然《易经》除外，尤其天地阴阳德性之论，不及朱子，尤在《正蒙》也，养蒙以圣功之正也。圣功久矣，大矣，而正之惟其始。"

见大哥投来赞许的目光，王夫之高兴，喝了一口茶，继续道："张子言无非《易》，立天，立地，立人，反经研几，精义存神，以纲维三才，贞生而安死，则往圣之传，非张子其孰与归！"

不知不觉，已是子夜时分，王夫之毫无困倦之意。但是，考虑到大哥的身体，他不敢再讲下去，便要王敔侍奉大哥去休息。

"也罢。你也累了，小弟也歇息吧。"王介之说完，又补充道："我腿脚不行了。你有空的时候，还是回王衙坪去看一眼吧。"

王夫之神色凝重地点了点头。

又一年过去了。

新年前的一天下午，天空落下一层薄雪。两个女子带着一个青年人来访，直到走到眼前，王夫之才"啊"了一声，来者竟然是姜思琴、阿妮和贵单。

交谈中，王夫之了解到，阿妮带着贵单到耒阳给姜思琴提前拜年，并在客栈住了多日。姜思琴很高兴，返回时，便主动要求陪阿妮、贵单回衡州看看，并顺道看看王夫之。

"夫之，这回一凡又没有来。"姜思琴有些不好意思道，"因为客栈离不开人。"

"无妨，无妨。会有机会的。"王夫之看了看阿妮和贵单，又看了看姜思琴，感叹道："看到你们亲如姐妹，衮冕兄泉下有知，当欣慰矣。"

"贵单参加乡试，中举了。这是最高兴之事。"阿妮抢着报喜。

王夫之本来还有些尴尬，但看到阿妮如此高兴，看了贵单一眼，道："儿子有出息，你们应该高兴。"

"我原以为贵单长年生活在山野，少有读书。岂知，竟然读了不少书。阿妮辛苦了。"姜思琴点头道，她知道贵单的读书与郭衮冕有关，但她就是不愿触及心中的隐痛。

阿妮忍不住道："孩子阿爸生前教了他不少知识，夫之先生也有指引。真是多谢了。"

贵单也终于开口了，道："今后还望先生多多赐教。"言毕，他将带来的一些年货放了下来："这是大姨和我们的一点心意。"他叫姜思琴为"大姨"，姜思琴比阿妮大一点。

"赐教谈不上，年轻人多读些经典，倒是应该。"王夫之连忙道："你们怎么还带东西来，总是如此客气！"

王夫之留大家吃饭，但姜思琴说快过年了，还有不少事情要做，阿妮和贵单也坚持要走。王夫之说了一声"每次饭都不吃就走",言毕,也只好随他们去了。

然而,新年的喜庆气氛还未彻底散去,门上的桃符仍旧亮眼,噩耗突然传来:大哥王介之去世了。康熙二十五年(公元1686年)正月三十日,王夫之最敬爱的长兄石崖先生过世了,享年80岁。在那兵荒马乱、饿殍遍野的年代,有此高寿,实乃异数。

冥冥之中,王夫之似乎一直在等待着这个消息,又畏惧这个消息。悲痛归悲痛,但也很平静,他收拾了行李,带上两个儿子王攽和王敔,急急来到耐园。

阴冷的冬日里,山间一片萧瑟,哀伤笼罩了整个院落和院子里的亲朋。有人在院门进进出出,木门里传来女人断断续续的哭声,大部分是王家的女人,也有远近的亲戚友人。院子里,人们也在忙碌着,做孝衣、折纸钱、扎花圈、支锅灶、生炉火……浓浓的炊烟升起,锅里的水已经沸腾,香气夹杂在腾起的蒸汽里扑面而来,长者则坐在桌案前,面色凝重地絮叨着陈年往事。

王夫之抵达的瞬间,众人纷纷安静下来,站起身子,齐齐看着他。他从人群中穿过,每个人都向他恭敬地行礼,他面无表情,迟缓而沉重的脚步和握着拐杖颤抖的双手却将他的哀伤显露无遗。王敔穿着素缟麻衣、双眼通红地出现在面前,王夫之的身子晃了一下。

王敔叫了一声"叔父!"泪如雨下,哀伤至极,跪倒在他面前。

王夫之心疼地将侄子扶起来,心不停抽搐,眼睛也红了,只是忍住没有哭出来。

看着静静躺在棺木里的男人,王夫之感觉很不真实。他在心里叫着大哥,可是,大哥不理他;他一直看着大哥,可是,大哥不看他。不应该是这样的,他固执地认为那不是大哥,可是,那分明就是大哥。那些女人也停止了哭泣，纷纷过来给他行礼，他无言以对。他依稀记得大哥是他此生认得的第一个人。"小弟""小弟"，大哥年轻的声音总是在他耳边回荡，大哥正在四处寻找他，要他读书，而年幼的他就偷偷躲在桌子底下。无数的光阴堆叠交织在一起，大哥的面容忽而真切，忽而模糊，可是，大哥的声音始终没有变。"小弟，快来读书，父亲大人回来又要责罚你了。"恍惚间，王夫之忽然觉得躺在那里的大哥正和他说话，他失声叫了一句"大哥"。

这时，女人的哭声重新响起。大哥的声音消失了，王夫之的眼睛已经湿了，一颗颗老泪终于从脸上滑下来。

当晚，耐园亮起了通明的灯火。坐在院子中，王夫之和蒙之鸿聊起了那些往事，人群大部分都散了，屋里的哭声也消失了，他们还没有休息的意思。王夫之道："长兄之先我而逝也，意者其留我之死，以述兄之行欤？不然，何辜于天而使茕子荼毒之至此极也！"

蒙之鸿感叹道："介之先生高洁儒雅，学冠衡州。一生操劳，可安息矣。"王夫之默然不语，坐在那里，咳嗽不止。蒙之鸿劝他去休息，他却摇头，寂静之中，又听着王敔在屋里断断续续地抽泣。

王夫之哀伤道："敔儿躬孝至深，今此不知他该如何承受。"

王介之的丧礼过后，王夫之下决心，带着侄子王敔回了一趟王衙坪。"敔儿，还记得你的胞衣地吗？"

"虽是模糊，依稀记得。"王敔答道。

故园空无一物。王衙坪的老房子已经破败，凝结的湿冷空气中，残墙断壁之间布满枯枝败叶，陈腐的气息四处弥散，梁木已朽，挂着大大小小的蛛网。故园久矣，熟悉的人、场景、声音、气息皆去矣。王夫之眼里蓄满泪水，脑海里不由想起朱熹的《答王无功问故园》，诗中云："竹从去年移，梅是今年荣。渠水经夏响，石苔终岁青。"转一念，他又想起晏小山的《鹧鸪天·陌上残絮飞》，上阙云："陌上残絮飞。杜鹃花里杜鹃啼。年年底事不归去，怨月愁烟长为谁。"王夫之满心凄凉，他下意识要去正屋瞧瞧，那里供奉着祖宗牌位，以前每次外出回来或家里有什么红白喜事，第一件事就到祖宗牌位下跪拜。现在父母大人都不在了，想想作罢。他轻轻推开自己的房屋，灰尘扑鼻，充满霉味。令他奇异的是，三个兄弟的床上，只有自己的床上有一条破旧的被子，其他两张床铺都是空空如也。王夫之站在自己的床前，往事如潮。突然，他感到一种从未有过的疲惫，遂顾不上满屋的蛛网和灰尘，一屁股坐到了床上。

王敔见状，赶紧过来清扫，将被子抖了抖，落下一层薄薄的碎灰。"敔儿出去吧，我欲独自小憩一会。"王夫之有气无力地说道。王敔点点头，他为王夫之盖好被子，悄然退出，拉上房门。

迷迷糊糊中，王夫之突然发现一个美丽的女子正在房间打扫卫生，整理物品，不由得惊骇道："你是谁？"女子落落大方，脆声答道："小女乃夫君未见之贱内，姓奚，名采诺。"王夫之"啊"的一声，道："你、你在此做甚？"采诺嫣然一笑，一口气说了下去："采诺原是来家里拿手炉和脚炉的。南岳山上潮湿阴冷，耐园更是不堪风雨。婆婆怕冷，受不了，急需用炉。"正在这时，一阵怪风吹来一团浓雾，王夫之大声叫着："采诺，采诺。"慢慢地，采诺从浓雾中走出来，披头散发，浑身是血，脸上却是笑盈盈的："夫君，采诺在此。咯咯咯，我不用服侍皇后，我要服侍婆婆。可一群野人凶我、抓我、羞我、辱我、骂我、打我。夫君啊，为了你，采诺流了血、拼了命。听国相叔说，你去了朝廷。采诺不想去那里。那里太冷，人人自危，处处陷阱。采诺到处找你，找不着啊。原来你竟回了家。咯咯咯，以后夫君去哪里，采诺就跟到哪里。"言毕，采诺不顾脸上仍在流血，笑着走近来拉王夫之的手。

王夫之猛地坐了起来，睁开眼睛，原来是梦。这时，王敔推开门，大惊失色道："小叔，发生什么事了，让您大喊大叫的？"王夫之惊魂未定，满头是汗。王敔找了块小布，用清水洗了一下，帮王夫之擦了擦脸上的汗。过了一会，见王夫之安静下来，王敔这才小声道："小叔，刚才我在门口找到一个手炉和一个脚炉，爷爷奶奶生前都很喜欢，可怎的都烂掉了？"王夫之浑身一颤，想起刚才梦中的采诺，想起母亲在采诺坟前亲撰的碑文："生死以对，爱恨相依。王夫之夫人奚采诺之墓。"王夫之忍不住双手封紧老脸，任泪水从指缝间流出……

"小叔，时候不早了。我们得回去了。"王敔手脚无措，看了看天色已晚，便道："您看看有什么要带上山去的？"

王夫之一言不发，起身，带着王敔，将每间房屋打开，看一眼，便合上。然后摸了一把脸，沉声道："敔儿，你知道李重光最好的诗词是哪一首？"

王敔触景生情，应声答道："许是《虞美人》吧：'雕栏玉砌应犹在，只是朱颜改。问君能有几多愁？恰似一江春水向东流'。"

王夫之停住，认真看了侄儿一眼，摇摇头，道："该是《渡中江望石城泣下》才对。开头即是：'江南江北旧家乡，三十年来梦一场。'"

王敔一惊，接上："吴苑宫闱今冷落，广陵台殿已荒凉。"

王夫之再接上："云笼远岫愁千片，雨打归舟泪万行。"

"兄弟四人三百口，不堪闲坐细思量。"王夫之和王敔几乎异口同声，吟毕，两人抱头痛哭。半晌，王敔呐呐道："小叔，我们真要离开了。"

王夫之点点头，揩去泪痕，整理衣裳，与侄儿并排走出房屋。王夫之轻轻带上门。

叔侄二人刚刚走出家门，一位妇人牵着一个男童从此处经过，见王夫之一身明人打扮，两襟皆上方下锐，脸庞缀木棉球以代充耳，翦数寸布缀绖下当额。而王敔则戴斩衰之冠，以双绞草绖披身，中以一寸许大麻布从额至项缀于绖上，衰肩上有负版、削衽、侈袂，腰绖以草。那妇人哪里见过如此装扮，颇感违和，甚觉怪异，遂向二人投来异样的目光。紧接着，一位老汉也走到王夫之叔侄二人身边，见状，陡地停下，嘴里低声嘟哝一句什么。那个男童忽又跑回来，抱住老汉的膝盖，大声叫了一声"爷爷，快走！"显然与那妇人是一家人。他们见王夫之叔侄二人，如见了鬼魂一样，三人推搡着，快速离开了。王夫之忽要想笑，但笑不出来。他回头望了一眼沉默的土墙和灰白的屋檐，握着王敔的手，仿佛在说："敔儿，咱们就此与家园告别吧。"

"大哥，你让我来王衙坪老家看看，竟不识了。"王夫之在心里叹道。他突然有了一种"少小离家老大回，乡音无改鬓毛衰"的感觉。几十年了，他从没有离开衡州，虽然一生漂泊，颠沛流离，心底里却也从未敢踏足出生地半步。过往的时光一一浮现眼前，他又听到了心中的虎啸。一束阳光从天而降，恍惚中，年幼的他迈着稚嫩的小脚从小路上跑来，推开家门，威严而慈祥的父亲和年轻而博学的兄长就在门里朝他微笑。王夫之黯然神伤，抬眼，又看到那位留着辫子的老汉和留着辫子的男童，以及穿着清衣急急离去的妇人，他感觉到熟悉的陌生和陌生的熟悉，故乡仍在，但物是人非，没有人再识得他，旧乡邻也不在了。

只有屋后的那棵枫树，虽饱经风霜，却依旧活着。

王夫之与王敔几无言语，二人心情沉重地回到耐园。

一路上，王敔哀伤得泪流不止，王夫之甚为痛惜，以诗抒怀："故园人今尽，先君道已亡。"

王夫之在大哥的耐园待了三天。在返回湘西草堂前，王夫之语重心长地对侄子王敔道："你之品性甚像你父，孝而谦，静而笃，然斯人已去，切莫哀伤过度。孙辈之中，你为长，往后，王家之事全仰仗于你，保重身子才是。"

王敔听罢，哭得更厉害，赶忙跪到王夫之面前："叔父大人，侄敔儿惶恐。大人在上，敢儿方能心安。您一定保重，长命百岁。"

王夫之叹道："自古以来，谁人可以百岁？我非彭祖，时日不远矣。"王夫之真的看淡了生死，也知道自己的身体状况。

在漫长而艰难的一生中，王夫之为很多亲人写过诗文，作过回忆录，写过墓表，情感丰富而细腻的他只能用文字来表达对于他们的怀念。例如，他为父亲王朝聘作《显考武夷君府君行状》，为母亲作《显妣谭太孺人行状》，亦为叔父王廷聘撰写《牧石先生暨灵太恭人合祔墓表》，字字含泪，句句真挚。

王夫之对舅父谭玉卿也是念念不忘，他在稍后的《七十自定稿》中，满怀深情地写下"仰怀悲哽三十余年"，声称舅父是："再来只恐无寻处，好记悬崖一古松。"没有舅父的日子，自己进入"渡江十日酒，遮日五更霜"似的难挨。

王夫之对亲人这样，对朋友亦是如此。他的《南窗漫记》专门记录了很多朋友的事迹，保存了他们的诗文。这些诗文是王夫之凭着之前自己和朋友交往的记忆而记录下来的，有些反复书写，有些只有一首或一句。例如，对方玄痴就反复书写。听闻方玄痴死讯，王夫之号啕大哭，作诗《闻极丸翁凶问，不禁狂哭，痛定辄吟二章》予以缅怀。五年后，王夫之又作诗云："闲愁杜口从君语，为受青原记蒯深。"

王夫之的很多朋友为国捐躯，他专门撰写《南窗漫记》来存录他们的诗文，这份珍惜和怀念让人动容。

现在，大哥王介之去世，王夫之悲痛欲绝，当即写下《孤鸿赋》，前四句是："白日昭而忽驰，青春流而犹昔。芙蓉死而红陨，白萍凋而香匿。"情真意切，令人动容。后来又专门撰写《石崖先生略传》，深情回忆了大哥的处世品格，兄弟间的手足之情，感慨大哥在乱世中的心灵苦楚，催人泪下。文中写道：大哥，你之所以先我而去，就是要留着小弟来回忆你的吗？只有悲痛到极点，才能发出如此泣血的哀鸣。

接二连三遭受亲人离世的打击，王夫之身体状况越来越差。大哥离世后的头一年，王夫之便有一耳失聪。在此境遇下，他仍不忘自己立下的宏愿："志在国、志在民、志在世界。"

当时，王夫之的生活非常艰辛、惨淡。后来儿子王敔在写父亲的回忆录《大行府君行状》时，提到此时的艰辛。王敔写了一个细节：因为颠沛流离，非常穷困，穷困到他想写书却没有纸张可写。王夫之遂跟自己的亲戚、朋友甚至弟子借来一些纸，就连别人用过的账本他也收集来。王夫之在这些纸上面写下自己的思想。他跟大家借纸或借吃的食物，既感觉不好意思，又深知没有什么好偿还的，于是又把这些写满自己思想的纸张送给借纸或食物给他的人们，以示回赠。如前文所述，他希望做个"不欠"之人。就这样，这些写在借来的纸上面的文字，包括写在账本背面的文字，就成了中华民族宝贵的思想文化遗产，成为传承民族文化生生不息的火种。

五

经历丧父之痛，王敔甚为脆弱，一有风吹草动，便是战栗不已。

康熙二十五年，亦即公元 1686 年，对王夫之而言，是极其不幸的一年，或者说，是非常悲催的一年。

长兄王介之一月逝去后，是年五月，王敔用其父生前所住房屋作为家祠，以此纪念父亲大人。王夫之还特地为之作联："门外黄鹂啼碧草，他生杜宇唤春归。"然伤情未已，是年十月，王敔因父亡哀毁过度，重病而卒，年仅五十七岁。王夫之老泪纵横，悲痛不已，随即亲自率宗族数十人参加葬礼。

记得在完成《石崖先生略传》后，王夫之曾专门写了一首《为家兄作传略已示从子敞》给王敞，诗云："无穷消一泪，墨外渍痕汪。故国人今尽，先君道已亡。蒙头降吏走，抱哭老兵狂。正可忘言说，将心告烈皇。"诗言志，歌咏言。从中可见王夫之对长兄介之的挚情，亦见他对侄儿王敞的至爱。

王夫之仰天长叹，大呼："敞儿，你年纪轻轻，还是随你父去了。"

亲人的旧亡加新死，王夫之感觉到彻骨的悲凉。

王夫之很幸运，足够长寿，以至于他有充分的时间去写那些经书；但他又很不幸，因为太过长寿，长寿像是一种惩罚，以至于他不得不孤独地看着国破家亡，更加孤独地看着亲朋一一先他而去。抑或这是天意，苍天授予他足够的聪明才智和情深义重，交给他书写圣人之言、先人之志、故人之事的使命，他唯有奋笔疾书了。

一年之后，清明时节，王夫之带着晚辈们，再次拖着老迈的身躯来到了耐园。看着苍茫的南岳群山，站在大哥和侄儿坟前，他又想起"岳阡"，记起往日不堪的离乱，颤抖着双手，焚诗以祭："中原兄弟两白头，半死余生各一丘。纵使孤飞留雁影，更谁九日哭麟州。"

一个趔趄，王夫之倒在地上，头碰到了石头。王攽、王敞和众侄子就要上前扶他，他颤颤巍巍伸出一只手，众人都不敢动了。

王夫之抖动着膝盖，拄着拐杖，吃力站起来，额头沾着泥土和血污，一脸肃穆。烧了纸钱，焚了哀诗。王夫之再次看了看坟冢，然后转身离开。紧跟其后的王敞听到了父亲的牙齿咯咯作响的声音。

多少次了，王夫之看着纸上自己的画像，或沉默不语，或哑然失笑。这半人半鬼的生活竟也熬了过来。

"活生"的过程真不容易啊。在生命最后的十余年间，王夫之极少走动。他的头发胡须花白，骨骼不再有力，牙齿也疏松，一只耳朵失聪，脚步也变得迟缓。偶尔一个上午，他背着背篓，拿着柴刀，到山中寻找野菜，或者挥着锄头，在屋后收拾芋头，甚至，拎着竹竿，在屋前打下些许板栗。

在极其贫困和匮乏的物质生活下，王夫之的精神世界是活跃的、自由的、丰富的。作为黎民百姓的一员，他思考民与官、宗与族、百姓与君王的关系。王夫之痛切地写道：

> 合天下而有君，天下离则可以无君矣。何也，聚散之势然也。聚故合同而自求其所宗，如枝叶条茎之共为一本也。一池之萍密茂如一，然而无所奉以宗焉者，生死去留之不相系焉耳。故王者，弗急天下之亲已，而急使天下之相亲，君道存也。

王夫之非常清醒：天下人要相合、要相亲，民心齐才可以有君主，也只有天下齐心，君主才能发挥作用。如果天下相离、民心涣散，君主不能发挥任何作用，也就相当于没有君主。如何做到这样？王夫之打了个比方，说天下相亲不能像浮萍那样聚集，因为浮萍从表面上看虽然茂密地聚集，但其实没有根，且互相不牵连，如此说散就散了，是没有凝聚力的。天下相亲、民心相齐，应像树的枝、叶、茎那样，彼此相连相亲。枝、叶、茎一体相连，自然会共搏其脉、共活其血、共固其根、共求其宗。

所谓"天下命脉是百姓"，即"江山乃人民"之谓也，这是王夫之民本主义思想的闪光。那么，如何才能使天下百姓像枝、叶、茎一样相亲？王夫之认为，君主必须把百姓的疾苦放在自己的心上，而要做到如此，则首先要知晓百姓的疾苦究竟是什么。王夫之举出《诗经》的《君子于役》来说明。这首诗写的是丈夫被征调去远方服徭役，留守在家的妻子对丈夫无比思念。王夫之说该诗体现了统治者不知百姓之徭役苦。当政者认为自己制定的徭役政策是根据每个地方的人口数量来定的，政策并不苛刻，老百姓应该可以承受。然而，当政者不知道的是，政策在执行过程中层层加码，最后完全变了样。因此，要培育民心，就必须体恤百姓痛苦，顺应百姓感情。这样的政权才能赢得民心，得到百姓的拥护。

在生命最后的三四年，王夫之聚精会神研究《资治通鉴》，写下殚精竭虑之鸿篇巨制《读通鉴论》。在书中，王夫之据司马光《资治通鉴》所记载的史实系统地分析了千余年的封建社会历史，以及历朝历代成败兴亡的缘由，臧否帝王将相，探求国家治理和历史发展的规律，总结出社会进化论和道德进化论的观点，"推本得失之原，立一成之型"。王夫之分析历史是为了反思现实——

> 所贵乎史者，述往以为来者师也。为史者，记载徒繁，而经世之大略不著，后人欲得其得失之枢机以效法之无由也，则恶用史为！

亡国是王夫之一生的巨痛，他对以往千余年历史的评判是为了在血与火的现实中寻觅民族复兴的良方。他的《读通鉴论》既有历史感，又有现实感，给人"一双看透历史的慧眼"。

王夫之有非常独特的思考：天下究竟是谁的天下？他直截了当指出："天下者，非一姓之私也，兴亡之修短有恒数，苟易姓而无原野流血之惨，则轻授他人而民不病。"王夫之认为，天下不是一姓之天下，王位也不是一家之王位。秦朝之所以到二世就灭亡，是因为把天下看成一家一姓的天下："秦之所以获罪于万世者，私己而已矣。"王夫之坚持认为"天下是天下人的天下，天下是老百姓的天下"。天下如此，江山亦如此。

王夫之在《读通鉴论》中特地写了一个细节，说李渊听到隋炀帝李广被弑之后，放声痛哭。王夫之说，李渊岂是有感于隋炀帝昔日恩泽而哭乎？不！李渊所哭者，非隋炀帝，所哭者，乃天下。隋炀帝既死，天将不宁，天下人将遭受更多苦楚。李渊在乱世中能哀百姓之苦，以天下人为先，天下归李唐乃历史之必然。这种民本主义思想，既反映王夫之非凡的胆魄，也彰显他思想的超前、卓越和进步……

1689 年初秋的一天傍晚，忽有贵客远道而来。

王夫之抬头一望，竟然是刘思肯与亲家刘庶仙一前一后走来。他连忙迎了上去，对刘思肯道："稀客，真是稀客。"并对刘庶仙抱拳致意。

此番刘思肯从长沙返乡，他先到刘庶仙的宅子吃住数日，后又结伴来到湘西草堂拜访王夫之。王夫之当然高兴，叫二人看座上茶。几人围着桌子，坐在竹篱笆里。张紫眉拿出板栗和山芋招待客人。

刘思肯道："若没记错，先生今年七十有一矣！"

王夫之笑道："正是。贱命能长，人生七十古来稀矣。"

刘思肯叹道："我们一别亦十年有余了。"

王夫之道："行将入土之人，难得你还惦念。"

刘庶仙道："夫之先生志大命大，非比寻常。"

王夫之摇摇头："偷生尔，长寿乃惩罚！"

三人哈哈大笑，夜色垂了下来。油灯昏黄地亮在门里，张紫眉准备了一桌饭菜，又炒了刘庶仙带来的腊肉，端上刘思肯特地从长沙带回来的老酒。

一阵碰杯后，王夫之问及刘思肯的事业，刘思肯说了自己的忙碌与充实，然后忍不住感慨道："今康熙帝果然不凡，雄才大略，安邦定国。目下大清，真乃太平盛世。"

刘庶仙思点头附和道："康熙帝八岁登基，除鳌拜，定三藩，行人道以恩泽天下，行天道以造福万民，二十八载，始造盛世。此非贼寇狄戎一言可概括，虚心以学中华，实为天下之皇帝矣。"

王夫之笑了笑，淡然道："圣君者万民之福，然此皇非彼皇。清者自清，明者自明，老朽只见明月当空，不恋清风徐来。"言罢，他端起酒杯，刘庶仙和刘思肯也都笑了。

刘庶仙道："夫之先生近来可有再写经义？"

王夫之道："老朽久病，身体不适，鲜有动笔，唯爱读史。"

刘庶仙又道："定是《通鉴》了，早前听先生提过。"

王夫之道："阅览千年，先有《读通鉴论》，后有《宋论》。"

刘庶仙道："通鉴者，自秦而论至宋，宋者明之镜也。"

王夫之点头称是。

刘思肯道："先生学识卓越，名扬湖湘。"

"徒有虚名耳！"王夫之道，"举杯！此乃天之大名。"

大家都笑了。

"先生听闻新任湖广学政潘宗洛之名乎？"见王夫之摇头，刘思肯道："此公颇有学识抱负，对先生亦极为推崇，曾多次对人提及，读书当学衡州王夫之先生。他还打算在合适的时间请先生过去讲学，甚至想邀请先生出山入仕矣。"

"老夫早已足不出户。"王夫之一挥手，心想，还道什么"出山入仕"，真是笑话。

其实，王夫之声名远播，主要还是通过弟子和好友们的口口传播。他的弟子中，有些还当上了官员，对王夫之爱戴有加，常常不遗余力进行宣讲。刘思肯在长沙等地推波助澜，利用自己为达官贵人画像之机，逢人便这番推介："家父受业武夷先生，思肯则有幸受业王夫之先生。两位皆有盖世才德。"

应该说，潘宗洛对王夫之的敬重，就是受了刘思肯的宣讲的影响。

翠日上午，阳光很好。刘思肯主动提出，再为王夫之画像，王夫之欣然答应。在黑色衣柜的最深处，他小心翼翼翻出一件衣服，仿佛拿着一件宝贝，又仿佛捧着一件圣物，那是当年在永历朝中的行人司司服，几十年了，仍然如新的一样，光滑而干净，没有丝毫褶皱。

看见那身衣服，刘思肯吃了一惊，刘庶仙也愣了一下。然后，二人笑了，王夫之也笑了。

王夫之正襟危坐，感觉那衣服有千斤重，又格外热，血液跟着沸腾，心中五味杂陈，思绪飘到了九霄云外。

刘思肯赞叹："先生如松柏翠竹，立于风霜苦寒而不改其贞其志。"

刘庶仙亦赞道："安贫以守贞，乐道而向死。如此执念之人，世间鲜见也。"

刘思肯正要让王夫之放松身子，坐得更舒服一点，突然，王夫之脸色一变，推开刘思肯，脸孔抽搐两下，道："不画了。"言罢，脱下那身行人服饰，走进内房。两位客人目瞪口呆，面面相觑。

这时，张紫眉走过来，满脸歉意地对二人道："不碍事，不碍事，一会儿就好了。"她的声音很轻，似乎生怕王夫之听到，道："每隔一段时间，他都要翻看那身官服。抚摸一阵，想心事，还流泪。真是着魔了。唉！"

张紫眉言毕，摇摇头，也进了内房。

没过多久，王夫之重又出来，脸色已经平静。他对刘思肯道："老夫失态，颇为愧疚。"停了停，又道："不必再画，只因上次之像不比此刻形象更加狰狞可怖，留下足矣。"如此一说，刘思肯也能理解，毕竟，上次画像是十年之前了。现在的形象的确更加清瘦老丑。

刘庶仙则揣度，估计是王夫之不愿以此等形象配行人服留示后人，即他不希望后人见到自己穿着行人服是如此难看。刘庶仙为这位亲家唏嘘不已，亦感怀不已。

临别时，王夫之满怀心绪，写下诗歌赠酬刘思肯："重逢无暇问前游，老去并刀割旧愁……惭愧云林幽兴绝，还留画里一人看。"

两位客人离开后，王夫之当天闭门不出。夜半时分，他独坐灯前，气息粗重，咳嗽不止，他又重新穿上那件官服，抚着缎面上的皱褶，摸着那一针一线，再看着墙上的孤影，仿佛又听到了心中的虎啸，泪水不知不觉溢了出来。

王夫之越老，心越沉重；心越沉重，执念越坚决；执念越坚决，又加快了自己心的沉重和衰老。

六

转眼间到了寒食节。早春的空气仍旧带着寒意，大地之上，没有一片烟火。王夫之站在草堂前的坪场上，拄着拐杖，朝着潜圣峰的方向眺望，想到父亲、母亲、大哥、二哥，王夫之的身体又开始发抖。此刻，他老得几乎走不动了，长年抱病也让他经不起任何风吹草动。去年这个时节，他就没有去上坟，今年同样是让放儿代他前去扫墓。

1691 年四月，王夫之距死神更近了。他咳喘中完成生命最后的思想典籍:《宋论》十五卷和《读通鉴论》三十卷。眼见身子委实一天不如一天，为了赶在死神点名之前，完成人生最后的使命，王夫之不顾体弱多病，继续伏案书写，修订史稿和经文，未曾有丝毫懈怠。直到当年九月，王夫之的胸闷一阵又一阵袭来，心口也时常绞痛不止。

清康熙三十年（公元 1691 年），王夫之七十有三。他很少出门，时常拄着竹杖在家门口眺望。他默默看到对面山上长着一块像船一样大的顽石，一副在巍巍崖壁间遗世独立的模样，不由得感慨：自己这一生，不正像这块孤独的石头一样？于是，王夫之坐在书桌旁，在空前的平静中，他要在夕阳西下、油尽灯枯之前，为自己平凡而不易的一生作个总结，遂提笔写下六百五十字的《船山记》。他以顽石自比，将石船山作为自己最后的魂归之处——

> 船山，山之岑有石如船，顽石也，而以之名⋯⋯然而予之历溪山者十百，其足以栖神怡虑者往往不乏，顾于此阅寒暑者十有七，而将毕命焉，因曰："此吾山也"。⋯⋯夫如是，船山者即吾山也，奚为而不可也！⋯⋯天与之清美之风日，地与之丰洁之林泉，人与之流连之追慕，非吾可者，吾不得而似也。吾终于此而已矣。

一年后，王夫之身体状况急骤恶化，他强烈地意识到这一次不同以往，应是大限之兆。王夫之平淡面对，从容写下墓志铭——

> 有明遗臣行人王夫之，字而农，葬于此。其左则其继配襄阳郑氏之所祔也。自为铭曰：拘刘越石之孤愤，而命无从致，希张横渠之正学，而力不能企。幸全归于兹丘，固衔恤以永世。

王夫之写完，觉得言犹未尽，又提笔在背面特地交代：

> 墓石可不作，徇汝兄弟为之，止此不可增损一字，行状原为请志铭而作，既有铭不可赘。若汝兄弟能老而好学，可不以誉我者毁我，数十年后，略记以示后人可耳，毋庸问世也。背此者自昧其心。己巳九月朔书授攽。

在王夫之的信仰里，他始终坚持自己是明人。大明王朝就活在他的骨血里，就连日期他采用的也是大明洪武皇帝的纪年。但是死后刻碑之时，他又交待后人特地删去了日期，使人不知墓中之人死于何时，以免死后受辱。潜意识里，王夫之不愿意把时间定格在大清的"沙漏"里。

这小小的细节，显示了王夫之内心的担心、纠结与痛苦。连日的幽愤中，王夫之时刻不忘大明与华夏，他写下《满江红》以寄怀："为问鹤归华表后，何人更唱还乡曲。把甲辰尧纪到如今，从头读。"

正当王夫之即将走完生命的最后时刻，潘宗洛突然到访。真是不早不晚，刚刚好。虽然先前听刘思肯提过，说潘宗洛会来拜见，王夫之以为只是说说而已。没想到这位湖湘学政没有食言，不但来了，而且来得这么快。

还好，潘宗洛来得快，王夫之尚有一丝精神。

见王夫之穿着明人的衣服，潘宗洛吃了一惊，随即又笑了，彬彬有礼地作揖，叫了一声："王夫之先生。"

王夫之抬身，抱拳，还礼。

潘宗洛道："早闻先生大名，今日得见，三生有幸。"

王夫之道："大人见笑了，老朽一介孤民，让大人屈尊降贵，颇为不安。"

"先生才学造诣，湖湘概莫能出其右。本当早来拜会，然诸事缠身，以有延误，还望海涵。"潘宗洛态度诚恳，道："晚生此番来特地给先生请安。若先生不弃，恳望收下晚生为徒。"

王夫之颇为惊诧，道："老朽何德何能，况泥土之人，岂敢妄称学政之师？"

"晚生佩服先生才识品格。当今盛世，天子英明，得天道，重经学，广纳明之儒生。以先生之才，困居山野委实可惜。"潘宗洛知道王夫之有心结，便坦言道，"明朝已为前尘往事，先生何不为大清万人师表，以泽被后世？"

"学政谬夸，老朽不敢当。"王夫之摇头，思忖片刻，从实凛然道，"老朽心系华夏，岂能为夷狄立德？读经立传，未有妄图万世之名，更不敢称万人之师。大人今日此来探望，老朽甚为感激。若为论学，老朽愿叨陋见，其他休再提矣。"

百闻不如一见。潘宗洛见王夫之如此高格，感佩不已，便也不再提及出山或讲学，只想拜读一下王夫之的大著。

王夫之见潘宗洛既诚且恳，举止投足间，腹有诗书，遂搬出一批著述，与之交谈。潘宗洛一阅，大为吃惊，他没料到，王夫之的文字如此锐利、新见而深邃。王夫之亦大为吃惊，他没料到，自己的著述，潘宗洛已从一些抄本中读过几种，故而谈论起来，毫无隔膜。

尤其让潘宗洛吃惊的是，他虽然知道王夫之著述颇丰，涉猎甚广，但看见王夫之家中堆着的一沓沓书稿，他还是感觉十分意外。眼前王夫之气色欠佳，一种莫名的责任感袭来：既然大师不能讲学，总不能让这些著述沉默山中、归入泥土吧。

"先生大著未有刊世，至为遗憾。"潘宗洛忽然问道："先生如何视之？"

王夫之看着与身体平高的书稿，朗声道："吾书两百年后始显。"潘宗洛闻言一震，随即重重地叹了一口气。

王夫之没有意识到潘宗洛心情的沉重。他对自己的书写是有自信的。他甚至说起了亡国与夷狄，说的虽是历史的事情，其实，他心里想到的还是大明。明亡之后，清朝大兴文字狱，但凡和明朝有关的文字几乎都是大忌，这既是王夫之众多著述行文隐晦之缘由，也是潘宗洛面色凝重之所在。

那真是一次历史性拜会。一个大明孤臣，一个大清高官，两人从中午谈到傍晚，亘古不变的中华之学抚平了朝代的鸿沟与仇恨，家与国、民与族、是与非，在源远流长的文脉中跳跃、翻转、飞越，因为共享一片天，共饮一江水，他们的谈话最终归结于一位老师与一位弟子的真诚交流。写作与治学，在学问的王国里，王夫之有一种平视天下的从容与豪情。

临别之际，王夫之吟《离骚》诗句以送之，显示了其孤绝忠贞之心："余此生定矣。余以兰为可恃兮，羌无实而容长。委厥美以从俗兮，苟得列乎众芳。盖不出也。"

潘宗洛真诚感叹："湘楚风流，然能与屈子比美者，唯先生尔。"他暗下决心，有生之年，一定要为先生做些什么。

王夫之摇摇头："湖湘之地，屈子在上，千古一人！有关屈子之美，老朽忝得《楚辞通释》，虽承屈子之志，然不敢与之比美矣。"

是的，不能拿王夫之与屈子相比，怎可相比？若硬要比，他们是师承关系，二人实为同一之天地、同一之江水、同一之文脉，数百年后，二人亦同时成为湖湘文化和中华文明的源流与灵魂之一。

"王夫之先生之学识之境界之品格，百年难有其右者矣。"回家的路上，潘宗洛发自内心地感叹。他并没想到这是第一次也是最后一次与王夫之会面。"江山有幸得才俊。"这是他日后经常跟同僚说出的话。

王夫之阅人无数，但他肯定没有料到，这个人将对他的后世产生重大影响。当时他看着潘宗洛意气风发的背影，只是颇为感慨。一个大清高官能谦逊地恭听一个明朝孤臣指点江山，激扬文字，王夫之觉得那背影甚为高大、饱满与祥和，仿佛散发着洁白的光芒。

惺惺相惜。与其说，这是一位大清的高官，不如说，这是一位大清的书生。这是潘宗洛宽阔的胸襟，也是大清王朝包容的情怀。

王夫之忽然感到，潘宗洛其实就像是一面镜子，从中隐约可见大清王朝走上了真正的太平盛世。最后一遇，能有此缘，亦无憾矣。

康熙三十年（公元 1691 年）冬末，天气异常寒冷。王夫之的身子越来越虚弱。潘宗洛来的那天，王家发生了一件大事：王攽在修缮王衙坪老屋时，不幸从屋顶上摔下来，生命垂危。王敔没有及时向王夫之禀报，这样做，主要基于两点：一是王夫之原本就不赞成王攽去老屋；二是潘宗洛来访，如果王夫之知道，极有可能拒见潘，这是王敔不愿看到的事情。

都说家家有本难念的经。王家同样如此，或者说，王家的经更复杂。王攽命苦，当他两岁时，母亲陶令微就逝世了。王夫之当时四处奔波，王攽就一直寄居住在西乡小云山刘庶仙的住处，与他的女儿刘慕青青梅竹马。王攽一度认为自己的父亲大人就是刘庶仙。王夫之与郑若兰成婚，在逃难中生下王敔。其时，王攽已有 12 岁多。由于年龄差别大，加之两人性格不合，王攽与弟弟王敔相处得不是很好。王攽与刘慕青成婚后，仍然一直住在刘庶仙家，虽然难受，也没办法。直到建了观生居，王夫之才将败叶庐分家给儿子王攽。王攽夫妇略加整修，改名"揽月堂"。王敔与湘阴刘象贤女儿刘涵静成婚是在郑若兰去世多年后，不久，王夫之娶张紫眉为妻，一年后又有了一个可爱的女儿，他们与王敔夫妇一直挤住在观生居。观生居破损倒塌后，在蒙之鸿、章有谟等帮忙下，王夫之在茱萸塘建了三间茅屋，取名"湘西草堂"，王敔夫妇等一大家子人还是住在一起。

再说王攽一家在"揽月堂"住了多年后，"揽月堂"也破败得不行。王攽想下山到王衙坪老宅去，他自己不便去说，怕父亲大人不同意。刘庶仙获悉后，专门找到王夫之提及此事。王夫之不置可否。王攽听岳父大人说，父亲大人既不同意也不反对，他便自作主张，与刘慕青一起，下山去整修王衙坪。为加快进度，王攽还叫了泥工、瓦工和木工各一名，经过半个多月的整修，眼看就要大功告成，在这节骨眼上，王攽见正屋门前的横梁有两块木头腐烂不堪，遂与木工一起，要将其换下。岂料，他一脚踏空，直接摔下来，以头触地，当即血流如注，昏迷过去。

消息传到湘西草堂，正是潘宗洛来访之时。王敔向继母张紫眉禀报，张紫眉心一急，当即就要告知王夫之。王敔想了想，觉得不妥，说：设若父亲大人知晓，只有干着急的份，没有用得上劲的力。张紫眉觉得也对，女儿还小，她无法下山，便委托王敔和刘涵青下山去处理。待王敔夫妇急急赶到王衙坪时，刘慕青已叫来了城中的郎中，王攽也终于醒了过来，脸色苍白。他费劲地冲王敔夫妇笑了一下，王敔赶紧上前，说了声："哥，你别动。"

翌日上午，王攽还是在刘慕青的哭喊声中离世了。

王夫之得到这个消息后，脑袋"轰"地响了一声，炸裂了似的，眼睛怔怔地望着王敔，半晌没有发出声来。王敔无力地说道："父亲大人，您要保重身子。哥要下山，您不让，他偏要，这就是命。"

"哪里是命？谁规定的？王家人究竟犯了什么，何以如此苦命？"王攽万万没想到，王夫之竟然愤懑地朝他大声嘶吼道："老朽虽说不愿下山，也不让儿女下山，但老宅毕竟还是老宅，老宅岂能变成凶宅？这是哪里的王道，哪里的规矩，哪里的天命？……"话音未落，王夫之吐出一口黑血，猛地倒在地上，昏迷过去。

王攽的意外离世，把王夫之原本虚弱的身子彻底掏空了。想起这个孩子的苦命，他就心如刀绞。王夫之最讲孝道，他对儿女的头一条要求就是孝顺。他的口头禅是："古人云，读书须要识字。一字为万字之本，识得此字，六经总括在内。一字者何？孝是也。"不仅如此，王夫之秉承王家"家教要严"的传统，"以善柔便佞教其子弟"。王家的家风是："父兄立德威以敬其子弟，子弟凛祗载以敬其父兄，嗃嗃乎礼行其间，庶几哉，可以嗣先，可以启后。不然，吾所不忍言也。"在王夫之言传身教下，王攽学问精进，知识渊博，尤爱钻研诗经，著有《诗经释略》等。

王敔承父衣钵，遍览经史和诸子百家，声名更甚，著有《蕉畦字溯》《蕉畦存稿》《笈笈草》等书。其操履高洁，与邵阳车无咎、王元复、攸县陈之驷，并称"楚南四家"。康熙二十五年（公元 1686 年），王敔出应童子试，取得秀才。次年开馆授徒，馆号"蕉畦"。第一个报名的学生，即衡山张学夫之子张明哲。王夫之闻之欣慰。

对王攽的死，王夫之悲愤甚深。埋葬王攽后，望着变了人样的刘慕青，王夫之一句安慰的话也说不出来，只任老泪肆意地流淌。

正在这时，王敔收到潘宗洛写来一函，诚邀他去清府谋事。潘宗洛对王敔甚为客气，称其为"敔兄"，信中说，考虑大儒王夫之先生年岁既高，著述堪丰，其文字奥义，千古回响，无价之诂，不敢失传，急亟人之整理、释义和刻印等，他认为王敔是最佳人选。王敔回了一函，大意是，自己才学疏浅，恐难胜任，感谢美意，况"大人在，不远游"，未来若有机缘，定来效力，云云。王敔没有把此事告诉父亲大人，在他看来，虽然父亲大人默认了他考取了清府的秀才，但并不认为他可以径直去清府谋事。王攽之死的教训是：父亲大人虽然没说准许下山，但哥贸然下山，后悔莫及。自己若去清府，后果亦会不堪。

王攽头七刚过，刘庶仙来到湘西草堂，身后跟着刘思肯。王夫之望着二位，不说话。刘庶仙说他是来接刘慕青的，"让她回娘家住一阵子"。刘思肯稀吁再三，努力转移话题，却不小心说起本家叔叔刘子参的事情，仿佛一把刀子，在王夫之心脏上狠狠地扎了一下。刘子参与姜善棋历经千辛万苦，终成患难夫妻，且有了孩子。谁能想，他俩竟然死在同窗旧友管时求的刀下，而管时求挣扎一生，最后撞柱身亡，做了人畜共喷的"恨死鬼"。

眼见父亲大人一脸惨白，浑身发颤，王敔也顾不上待客之道，连忙扶他上床休息。刘庶仙、刘慕青、刘思肯等人悄然告退。

康熙三十年（公元 1691）腊月二十六日，王夫之起床喝了一碗小粥，感觉精神好了一些。他让张紫眉拿来纸墨，王敔与刘涵静齐声劝道："父亲大人身子稍有恢复，不动为宜。"王夫之叹了一口气，摇摇头，道："听我吩咐。"张紫眉和王敔夫妇只得去准备，王夫之望了望屋前的石船山，凝神片刻，挥笔写下："荒郊三径绝，亡国一臣孤。霜雪留双鬓，飘零忆五湖。差足酬清夜，人间一字无。"写完，看都不看，掷笔道："往后，再也不用它矣。"

一天平静地过去了。

腊月二十八日，刘涵静忽地冲屋内叫了一声："父亲大人，来客了。"

王夫之躺在床上闭目养神，没有吱声。直到王敔惊叫一声："父亲大人，您看谁来了？"王夫之这才睁开眼睛：啊？曹一凡与姜思琴来了！

"伯实兄，真是你吗？"王夫之赶紧从床上下来。曹一凡连忙迎上去："是啊，是啊，夫之兄，早就想着来看你了。"

姜思琴也在一旁道："再过两天就过年了，我们过来拜个早年。"

张紫眉给客人一边倒水，一边说："你们真是客气。最近家里不顺，你们来拜年，借你们红运，将霉气冲掉。"

曹一凡便道："敔儿的事刚刚听说，真是可惜。"

姜思琴接上话，对王夫之说道："古人云：生死有命，富贵由天。你们要看开一点。"

王夫之没有吱声，他又看了一眼门外的石船山，回头对张紫眉说道："你去准备两个菜，中午喝点酒。"

这一回，姜思琴没有说即刻回去，而是转身去灶房帮忙。

曹一凡道："夫之兄，你在山上，我在乡下，都不问世事。你过的是明朝的日子，我身在清朝，过的亦是旧日子，只是换了一件衣裳矣。"

吃饭时，王夫之有了点精神，甚至有一些小兴奋。王夫之喝了两口米酒，对曹一凡说道："最近老是做梦，真是人老梦多。约摸半个月前，父亲大人问我：'《春秋》读完了么'，我一下子惊醒过来。昨晚做了一个怪梦，姑父姜德明来了。姑父一进门就笑着道：'夫之，快背一首诗来。我一直看好你咧。'"

姜思琴听说父亲托梦给王夫之，眼泪刷地流了下来，颤声道："父亲大人极少托梦于我，最近几年，更近于无。"

王夫之望了姜思琴一眼，忽然问道："伯实兄，你知道姑父姜德明说了一番什么话么？"

曹一凡死劲咽下一口米酒，摇摇头："不曾知晓。快快说来。"

王夫之便望着曹一凡和姜思琴二人，一本正经道："姑父姜德明说：'人，不能太贪。我就一介穷秀才，只有一个琴儿陪我终老的命，可我偏偏想要琴棋书画这样圆满的人生，结果害了你姑，也害了你四个表妹。最惨的是棋儿，多聪慧的人哪，要是嫁个平凡书生，就会有个好命。可她一介民女，竟阴差阳错，去做什么香妃。那样的荣华，那样的富贵，你配吗？看看最后，她没有死在皇后手中，却死在管某手中，还把好端端的子参搭了进去。'说到这里，姑父附下身子，在我耳边悄悄说：'夫之，你且记住：多大的能，做多大的事；多大的命，享多大的福。千万不要强求。唉，你说，世上哪有强求出来的好命？'"

曹一凡听得目瞪口呆。姜思琴则是抱头痛哭。张紫眉、王敔和刘涵静也都眼睛发红，泪水忍也忍不住地流了下来。

"喝酒。"王夫之说完，冲曹一凡举杯。

曹一凡并未举杯，亦不看人，只是一脸通红，忽地冲口而出："若此，果如太史公书云：'王侯将相宁有种乎？'"

"未必。"王夫之摇摇头："历史上，王侯将相，死无葬身之地者多，能善后者极少矣。"

"何也？"曹一凡望着王夫之，道。

"何也？关键在德。"王夫之认真答道："王侯将相，守德为务。一姓之兴亡，私也；生民之生死，公也。若以一人之私而废天下之公，此为失德。若德不配位、肆意妄为者，虽处高位，终有灾殃，必得报应。"

曹一凡一听，觉得王夫之把大家高看了，心想："我辈平头百姓，何以如此屡屡遭殃？"王敔也感觉话题有些太大，而且过于沉重，遂转移话题，朝姜思琴问道："表姑，你们客栈生意可好？"

姜思琴还沉浸在对父亲姜德明及家人的悲痛中，一时没有缓过神来。曹一凡答道："世道不错，生意尚好。知足常乐，如此而已。"

王夫之见话题被岔开，便再也没有说话的欲望。他酒也不喝，饭也不吃，只是怔怔地望着二位客人。曹一凡见状，站起来，对姜思琴道："我们该回去了。夫之兄累了。"言毕告辞。王夫之一言不发，目送他俩离开。

大年三十日，张紫眉一大早就忙碌起来。王敔准备写春联，心里有些悲凉。往年写春联、贴春联等事都是王夫之亲自做的，禁忌多，仪式强。今年则不同。腊月二十六日那次，父亲大人写的"差足酬清夜，人间一字无"已经交待清楚，这就是绝笔了。

刘涵静见王敔有些犹豫，便来帮忙。王敔道："你去灶房帮帮继母吧。"

中午时分，王夫之在床上闭着眼。突然有一只蝴蝶在他身边飞来飞去，王夫之挥手去赶，岂知那蝴蝶竟然说话了："夫之哥，我是画妹啊。"王夫之惊道："啊，画妹，你不是在水东江么？"蝴蝶道："我哪里在水东江？我一直在找夏哥，终于在衡山找到他了，可他不愿见我。夫之哥，你说说，这究竟是为什么啊。"

"好，画妹。我带你去见汝弼兄！现在就去。"王夫之奋力叫道。

"父亲大人，您又做梦了。"王敔刚刚写完对联，听到王夫之在说着什么，便走了进来。

王夫之睁开眼睛，见到王敔，他的情绪刹那间低落至极点，嘴里喃喃道："画妹，画妹。汝弼兄，我家画妹在找你……"

当天晚上，王夫之滴水未进，沉睡在床上。王家人十分焦急，却又毫无办法。

正月初一这天，山下爆竹阵阵，湘西草堂也放了一挂鞭炮。王夫之醒得较早，他一字一字地对张紫眉说："新年又开始了。"张紫眉答道："是的。这是新年第一天，夫君要快快好起来才是。"

王夫之没有吱声，沉默半晌，自顾自话道："飘泊一世，挣扎一生，尚有挂牵乎？"张紫眉听不懂这句话的深意。正在这时，王敔夫妇过来请安、拜年，见王夫之精神比昨天好些，便祝道："日有熹，月有光，富且昌，寿而康。新春嘉平，长乐未央。"

"拜个年，都搬出《诗经》来，亦为难得。"王夫之目光慈祥，忽然问道："敔儿可知你嫂夫人慕青回来否？"

刘涵静抢先答道："回父亲大人，嫂夫人尚未回来，仍在娘家。"

王夫之若有所失，摆摆手，让他们离去。未几，又感困意，也不挣扎，任无力的眼皮落下来。忽然，一个女子从雾丛中走来。王夫之定睛一看，啊，这不是清玉吗？谁知那女子淡然道："夫之哥，我来看你，就是晓书。"

"啊，清玉？真的是你？"王夫之大叫一声。

"夫之哥，别叫我清玉。"清玉仍是淡然道："这么多年，你一直未到水月庵去，却为何故？"

"既是书妹，我正要问你。"王夫之跳下床，大声道："姐妹深情，夫妻恩情，你都不念。那么多人去看你，为何统统绝情不见？"

"哪里不见？书妹只见有缘人。"清玉还是淡然道："夫之哥，今日既见，缘份即尽。你且保重。告辞。"言毕，清玉从雾中消失。

王夫之大叫一声，正欲奋力追出去。张紫眉死死抱着他，泪流满面，急声道："夫君，别动，看来您又做了噩梦？"

当天晚上，王夫之开始发烧，且不时说些糊话。一会儿是姜善棋，一会儿是永历帝，还说什么桂王来衡州那天，叔父带着他真的见到了朱由榔。"谁能想到他能成了皇帝？可他都做了些什么？他有德吗？"这是王夫之梦里的喃喃自语。王家人对此非常担心。

康熙三十一年农历正月初二，即公元 1692 年 2 月 18 日，王敔原本准备下山去拜年，但考虑父亲大人身体危重，不敢离开。不过，整个上午，王夫之精神尚好，安然无事。一家人吃了中饭，王夫之也吃了半碗米饭，还主动要求喝了半杯米酒，令人略感欣慰。

午饭后，王夫之见外面冬雨停歇，露出微弱的阳光，照着生出些许青草的石船山，心情向好。他对张紫眉道："将那套行人服拿出去晒晒。"张紫眉惊道："夫君说什么？怎么要晒行人服？"王夫之闻此重重地叹了一口气，想了想，遂低声嘀咕一句："唔，也罢。不晒。"

大约到了申时，王夫之面露疲态，他平静地告诉张紫眉，"老朽欲到床上歇一会。"

张紫眉道："好。有事就开口。"

直到戌时，王夫之的房门一直静悄悄的。早已过了晚饭时间，还没有任何响动。王敔放心不下，遂小心推开门，轻轻叫了一声："父亲大人。"没有回答。

张紫眉掌灯进来，发现王夫之静静地躺在床上，以为还在睡着，正在惊讶时，刘涵静忽地发现床头里面堆着一套服装，便对王敔说："你看，那是什么？"

"啊？行人服？"王敔和张紫眉几乎异口同声叫道。

王敔立即走近王夫之，摇了摇，接着喊道："父亲大人，您还在睡吗？"

张紫眉也大喊了一声："夫君，您怎么啦？"

然而，任凭众人怎么摇动、呼叫、哭喊，王夫之安详地躺在床上，他不再回应，不再漂泊不再奔走不再困斗不再担心不再泣血不再悲愤……在小小的湘西草堂，他就那么静静地躺着，仰面朝天，不再呼吸，也不再思考。他以独特的方式，去了自己的思想领地与精神王国。而他的枕旁，则是那一套沉重不堪的行人服，它像是打开过，又像是合上了，最终被叠得整整齐齐地放在那里，似在诉说着无穷无尽的苦难与秘密……

番外

王船山："吾书二百年后始显"

一个王朝的灭亡因为一个人的坚守，被整整推迟了 48 年。

在 70 多年的艰难岁月中，他以难以想象的高格与隐忍，践行了他"明朝遗臣"的诺言，也实现了他"完发殁身"的执念。

他像一颗永不生锈的钉子，一端钉在大明王朝的脚心，一端钉在大清王朝的胸口。

有了这颗强大的钉子，大清王朝就无法宣称："天下归顺，四海臣服。"

有了这颗韧性的钉子，大明王朝就能够发声："谁言河晏已清明，普天尚有一行人！"

作为强大而韧性的守灵人，他仅仅只是大明王朝中的一个准八品小官。在漂泊流离的错位生活中，他用卑微但又高贵、普通但又卓拔的坚贞，守望着前朝冰冷的头颅和凄凉的背影。

悠悠孤魂，归之船山。一腔热血，抛入江河。在他逝世十余年后，他的儿子王敔终于成了潘宗洛的幕僚，直到此时，王敔才真正读懂父亲大人那"誓为文脉续薪火、敢与绝学争熹微"的浩然正气与万丈雄心。

王朝聘给小儿子取名为"夫之"，是希望自己的儿子能够成为顶天立地的大丈夫。而他站在父亲瘦弱的肩膀和千年历史的巨石之上，用毕生的追求、抵抗、挣扎和执念，成就了湖湘文明和中华灿烂文化史上令人仰望的巍巍"船山"。

他对得起"王船山"这沉甸甸的三个字。这座"船山",既是他日日凝视对话"六经责我开生面"的自然之山,更是他时时励志警醒"我自从天乞活埋"的精神之山。

所谓"船"者,于他而言,装的是家与国、族与民、情与爱;装的是认识世界的方法论、改造世界的辩证法;装的是迷漓与笃定,是失落与坚守,是历九死而不悔的决心,是书生报国的执念;装的是对天地万物的深刻体察,是对命运的不屈抗争与完美展示,是生命的苦难、孤寂、隐忍以及涕泪交织、悲喜交加的一切。

所谓"山"者,是他的智慧所拥有的宽度,是他的灵魂所触及的广度,是他对世界认知所达到的深度,是他留世八百余万古文字所铺就的厚度,是他忠诚和信仰所铸就的"风景这边独好"的精神高度。

说到底,这个精神高度,也是王船山穷其一生,用一血一泪、一砖一瓦、一字一句垒起的生命高度、哲学高度和思想高度,更是后人对王船山如高山仰止般无比崇敬、无比热爱、无比感激的灵魂高度。

王船山一生所写著作无法精确统计,除大量散佚外,仅目前收集到的就有100多部、400余卷,共800余万字,都是他用古奥的繁体字,在泛黄的草纸上一字一句写出来的,每一个字都能读出他的呼吸、脉搏和心跳。如果翻译成现代文字,将会是亿万级文字数。这是他在文化中国里构建出来的独一无二的灿烂世界。

一间草堂,著书立说,长歌当哭,激扬文字。王船山如沐浴黑夜之后的辉煌的太阳,正缓慢而有力地爬上浩瀚的天际。

"世臣乔木千年屋,南国儒林第一人。"这是清朝大儒王闿运肃然恭敬地站在王夫之墓前题写的对联。

1839年,邓显鹤会见欧阳兆熊,与王船山七世孙王世全,商定刊刻《船山遗书》,于1840年开雕,1842年竣工。

1865 年，曾国藩攻克南京，头等大事是刊刻《船山遗书》。

1876 年，郭嵩焘担任中国第一任驻英法公使，动身前，上奏《请以王夫之从祀文庙疏》，请求王船山入祀文庙。

谭嗣同说："五百年来，真通天人之故者，船山一人而已。"谭嗣同在 1898 年壮烈牺牲前，写下一个预言："万物昭苏天地曙，要凭南岳一声雷。""南岳雷"，王船山之谓也。"雷神"下凡，天地激荡，其思想的春雨，泽被后人，滋润万世。

1985 年，美国哲学社会科学界评出全球最伟大的八位哲学家，其中四位是唯物主义者，王船山位居德谟克利特之后，费尔巴哈和马克思之前。可见其精神的光芒，不仅照亮了东方，也照亮着世界。

王船山对得起后人对他的崇敬。面对时人的不解和潘宗洛的提问，王夫之掷地有声道："吾书两百年后始显。"这是何等的自信自强！

这个被世人称之为"东方黑格尔"的执念者，如激流中的巨石。他以一人之孱弱，顶起一个王朝的脊梁；他以思想的王者，承续华夏源远流长的一脉文运……

那是一面大旗，秉持炎帝精神，悠悠苍穹，天健地坤；

那是一束微光，揽亮湖湘文明，莽莽寰宇，山清水白。

2017 年 7 月 –2019 年 3 月初稿于奥克兰 – 长沙 – 奥克兰

2019 年 9 月 –2021 年 3 月二稿于长沙 – 广州 – 奥克兰

2021 年 7 月 –2022 年 9 月定稿于奥克兰 – 广州 – 长沙

2023 年 2 月 –2024 年 5 月经八次校订、终稿于衡山 – 长沙